天津市北辰区志分志丛书之九

北辰村落简志

《北辰村落简志》编修委员会　编

方志出版社
Publishing House of Local Records

图书在版编目（CIP）数据

北辰村落简志 /《北辰村落简志》编修委员会编
.——北京：方志出版社，2018.12
ISBN 978-7-5144-3129-2

Ⅰ. ①北… Ⅱ. ①北… Ⅲ. ①村史—北辰区 Ⅳ.
①K292.15

中国版本图书馆 CIP 数据核字（2018）第160753号

ISBN 978-7-5144-3129-2

北辰村落简志

编　　者：《北辰村落简志》编修委员会
责任编辑：冯　松

出 版 人：冀祥德
出 版 者：方志出版社
地址　北京市朝阳区潘家园东里9号（国家方志馆4号）
邮编　100021
网址　http：//www.fzph.org
发　　行：方志出版社发行中心
电话（010）67110500
经　　销：各地新华书店
印　　刷：天津午阳印刷有限公司

开　　本：889×1194　　1/16
印　　张：77.65
字　　数：2290千
版　　次：2018年12月第1版　　2018年12月第1次印刷
印　　数：0001～1600册

ISBN　978-7-5144-3129-2　　定价：680.00元

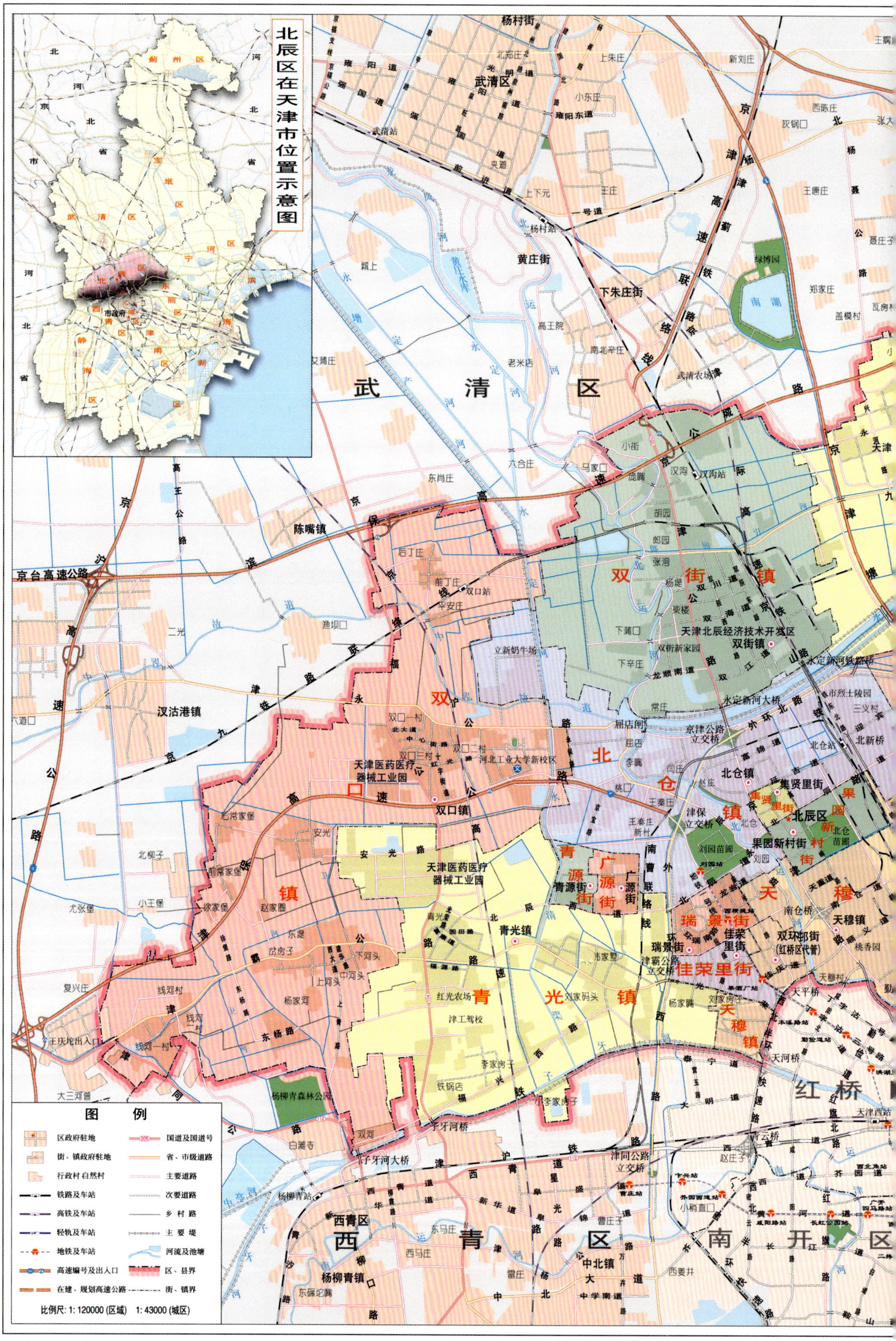

审图号：津S（2018）004

天津市北辰区地图

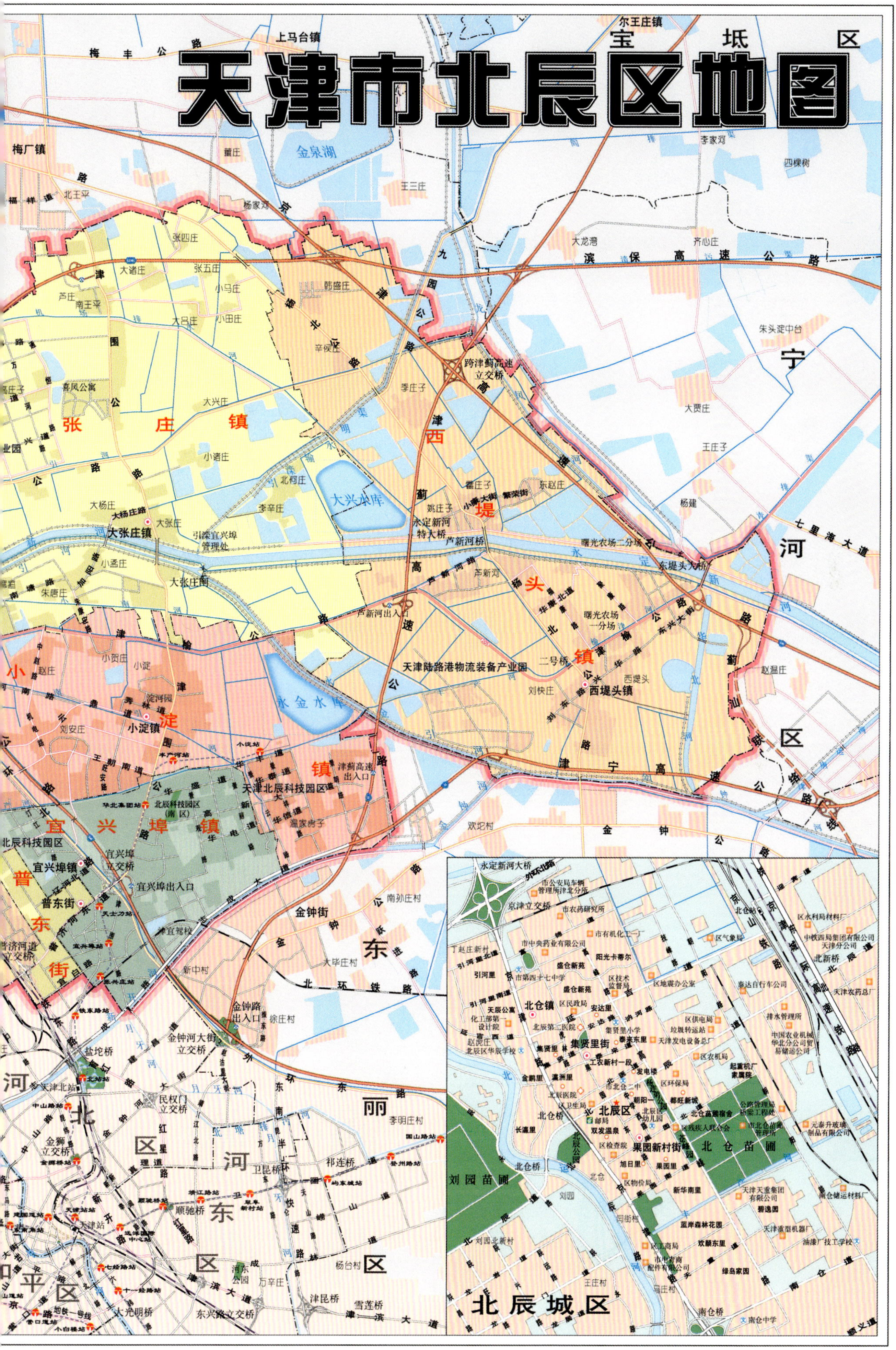

宝坻区
宁河区
东丽区
河北区
河东区
红桥区
北辰城区
张庄镇
西堤头镇
小淀镇
宜兴埠镇
普东街
金钟街
上马台镇
梅厂镇
尔王庄镇
金泉湖
大兴水库
永金水库
刘园苗圃
北仓苗圃
滨保高速公路
津宁高速
京津高速
津蓟高速
金钟公路
北环铁路
外环线
七里海大道
跨津蓟高速立交桥
永定新河特大桥
芦新河桥
东堤头大桥
天津陆路港物流装备产业园
天津北辰科技园区
北辰科技园区
宜兴埠立交桥
宜兴埠出入口
津蓟高速出入口
芦新河出入口
金钟路出入口
金钟河大街立交桥
民权门立交桥
金狮立交桥
东风路立交桥
京津立交桥
永定新河大桥
北辰区
北仓镇
集贤里街
果园新村街
天津北站
盐坨桥
大张庄镇
小淀镇
西堤头镇

凡 例

一、本志坚持以马克思列宁主义、毛泽东思想、邓小平理论、“三个代表”重要思想、科学发展观、习近平新时代中国特色社会主义思想为指导，坚持辩证唯物主义和历史唯物主义观点，力求地域性、科学性与资料性相统一。

二、本志旨在准确记录北辰行政村落及其主要村情概况，抢救性保护村落文化，故名《北辰村落简志》。

三、本志上溯事物发端，下迄2016年。个别事物记述到2015年。

四、本志以北辰现辖126个行政村为记述主体，名称以《天津市北辰区地名志》为准。依行政区划设天穆镇、北仓镇、双街镇、双口镇、青光镇、宜兴埠镇、小淀镇、大张庄镇、西堤头镇9个部分，每部分按镇辖行政村分类。为尊重历史，宜兴埠在记述十个街之前设宜兴埠镇，记述内容同各村；双口一村、双口二村、双口三村前设双口村；线河一村和线河二村前设线河村。

五、本志每村按资料性质设目，列村庄沿革、道路河流、人口方言、耕地状况、公共设施、经济概况、民间文化、英烈先贤、荣誉。部分村依据资料增设旧村改造、大事纪略、能工巧匠、附录等目。

六、本志为突出保留村落原貌，在征集大量资料基础上，绘制了耕地地块示意图、街道胡同示意图、公共设施示意图，以各村提供为准。

七、本志行文用第三人称和语体文，综合采用述、志、图、表、录诸体，以志为主。

八、本志中党组织指中国共产党组织。天津市简称市，中共天津市委员会简称市委，天津市人民政府简称市政府。

九、本书纪年以公元纪年为主，用阿拉伯数字表示；民国前采用年号纪年，年号后括注公元纪年。

十、本志标点符号执行《中华人民共和国国家标准标点符号用法（2012）》。其中表示时间起止采用一字线，表示数量区间值采用波浪号表示。

十一、本志计量单位一般使用国家法定单位标准，但源于历史习惯，在耕地数据上仍使用“亩”为计量单位。

十二、本志人口数据源于区统计局统计数据，其中1980年、2000年人口数据为户籍人口数，2016年人口数据为乡村人口数。2015年各村户籍人口数、固定资产数据来源于天津市村集体经济组织资产情况调查数据。

十三、本志中各村党政组织领导人情况表中部分资料来源于各村提供，部分资料源于各镇修志办。

十四、本志为客观真实反映各村姓氏、耕地、文化、经济、人物等要素，使用了2016年6月开展的专项社会调查资料。

十五、本志中图片部分由各村提供，部分由镇志办提供，部分由区地志办拍摄，志中未予标注。

序

行进在需要珍惜和感激的人生旅程中，我与北辰的情感连缀似乎颇具渊源。

2012年，天津第一部区县档案汇编《档案中的北辰》出版，我有幸书序；2013年，《北辰区志（1979—2009）》复审，我有幸参加审评，略述浅见；2016年，作为中国志书精品工程之一的《北辰区志（1979—2009）》出版，我有幸撰写书评，抒发感悟。近日，我又受邀为《北辰村落简志》一书撰写序言。收获是灵魂的成就。虽然时隔六载，但北辰方志团队那种敬业求实的精神，求知若渴的定力，让他们有资质、也有能力不断打造出志书精品，并赢得累累硕果，真是可喜可贺。

随着改革开放的不断深入，中国的城镇化脚步不断加快，乡村的村容村貌急剧改变，许多老建筑、老街巷、老传统都面临着迅速消逝的危险。旧有的"原住民文化、老建筑等传统的东西，就如同一杯茶被一桶水给冲淡稀释了。当地人都不了解，如何让外地人了解。"事实正是如此。

所以，习近平总书记在中央城镇化工作会议上特别指出，要让老百姓"望得见山看得见水、记得住乡愁"。而北辰方志团队编纂《北辰村落简志》的初衷，就是为了贯彻执行总书记的指示精神，想方设法，重返时间之河，对乡土村落的种种变迁进行忠实追记；对乡村的历史文化进行保护传承，使人们在今日的城镇化进程中，留得住乡愁，记得住乡音，忘不了乡思。

古人说过："志者志也"。为此，这部"简志"以126个行政村为记述单元，将村落沿革、道路河流、人口姓氏、耕地状况、街道胡同、公共设施、城镇变迁、经济概况、民间文化、大事纪略、英烈先贤、党政班子、荣誉称号等基础要素进行忠实的记录，并着重选录典籍、媒体留存的乡土史料，使每个村落的发展变迁都能够再现于读者面前。

为精心编纂该书，他们开展了大规模的村情调研，四处走访，收集资料，核对史实。区委党研室、地志办霍贵兴主任亲赴各镇辅导培训，详尽讲解如何开展调查，如何绘制草图，如何收集口碑资料。在此基础上，他们精心绘制了每个村落的耕地地块称谓、分布示意图，以及街道胡同名称、位置示意图，和主要公共设施示意图，并对尚未拆迁的村落进行航拍，以全面反映村落的历史原貌。

最终，北辰方志团队克服了收集资料之艰难，核对史实之繁复，撰写书稿之沉重，熔铸出这部200余万字、且自成一体的志书佳作。

一部《北辰村落简志》在手，百余村落的发展变迁概貌跃然心间。在城镇化迅速进展的今天，及时留住日渐衰微乃至即将消失的历史文脉，留住正在逐渐变化的社会生活，为地方文化的发展保存优秀传统，激发人们了解北辰、热爱北辰的乡土情结，用乡情与亲情编织出的纽带，促进乡土文化的传承与发展，扎根乡土，奉献乡土，进而能够从乡土文明的视角，观察和理解几千年来延续不断的中华文化。

随着岁月的流逝，这种淡远的思念和深沉的凝视，将会显得弥足珍贵。我相信，这部志书伴随着一代又一代乡里乡亲的成长，一定能够永远留住北辰悠久的乡土文化，留住绵绵不断的乡思乡愁。

罗澍伟

戊戌初秋 书于寓庐之落红室

目　录

双口镇

青光镇

宜兴埠镇

小淀镇

大张庄镇

西堤头镇

概 述

村落是大的聚落或多个聚落形成的群体，泛指自然村落、自然村和村庄区域。北辰境内的村落始建于元代，多建于明、清，少数建于民国及中华人民共和国成立后，多以最早落户姓氏或地理环境为名。“为政以德，譬如北辰，居其所，而众星共之”。北辰地理位置优越，北运河纵贯区境，历史上村庄依河而聚、因河而盛。明清时期，漕运盛达、皇仓重地、迁徙移民为域内乡村带来了巨大变迁。尤其是随着改革开放进程的不断加快，域内乡村经济快速发展，道路交通方便畅达，城乡面貌日新月异，民俗文化繁盛丰富，乡村居民安居乐业。至2016年，北辰区有9个镇126个行政村，114个自然村。

一　村落形成

早在新石器时代，境内已有先人生息，后境地遭海侵。4000年前海浸结束，津北地区再度成陆。在其后1500年里，陆海面几乎持平，苇塘遍地，已有人在此打鱼治盐。西汉初年设泉州县，在双口村西北11千米、今称城上村的地方建泉州城；西汉后期，沿海又发生海面波动，海水升高约一米，泉州城被迫迁移。辽圣宗时，在界河（大清河、海河）以北设军寨与北宋对峙，蒲口一带为辽军养马之地。

元代漕运兴起，北运河沿岸“舟车攸会，聚落始繁”，域内建有桃花口、傅家村（南仓一带）、大庄户和小庄户（平安庄一带）、鞑靼新庄（下辛庄一带）、小孙庄（天穆）、朱庄户（大兴庄一带）、四庄户（小韩庄一带）、渔家铺（宜兴埠）等村落及仓上、南仓、北仓等皇仓。

明洪武元年（1368年），大将徐达、常遇春率军征元，土著村庄多数平毁，又有部分官兵及眷属滞留北运河两岸落居。自洪武三年(1370年)六月至永乐十四年(1416年)十一月，9次徙民19万户“实北平”，相继建立穆家庄等50余个村落。域内建于明代的村庄有东于庄、白庙、霍嘴、柳滩、天齐庙、穆家庄、吴嘴、南仓、马庄、阎街、王庄、桃花寺、王秦庄、周庄、阎庄、李嘴、赵虎庄、丁赵庄、汉沟、小街、双街、庞嘴、胡园、郎园、柴楼、张湾、上蒲口、下蒲口、西赵庄、青光、双口、安光、丁庄、小贺庄、小淀、刘安庄、韩盛庄、霍庄子、姚庄子、芦新河、东赵庄、东堤头、刘快庄、西堤头、南麻疙瘩、北麻疙瘩、朱唐庄、小杨庄、小孟庄、大杨庄、北孙庄、北何庄、二阎庄、刘招庄、刘马庄、南王平、高庄子、大诸庄、小诸庄、张五庄、大兴庄、董连庄、小马庄、大吕庄、喜逢台、吕庄、小韩庄、芦庄、季庄子、张四庄、仁和营、下殷庄、小田庄等村。

清初，朝廷为满足王公勋戚的土地贪欲，跑马圈地，广招佃户耕种。雍正九年（1731年）建天津县时，境内已有村落80余个。域内建于清代的村庄有刘房子、西于庄、张兴庄、郭辛庄、刘园、屈店、董新房、杨堤、前常家堡、后常家堡、徐家堡、赵家圈、郝家堡、线河、杨家河、三河头、东堤、岔房子、韩家墅、刘家码头、铁锅店、李家房子、双河、赵庄、大张庄、李辛庄、辛侯庄、张献庄、沙庄。

民国时期，温家房子、杨家嘴、三义村、勤俭村等建村。

至2016年，北辰区有行政村126个。其中宜兴埠1个自然村分为10个行政村；双口自然村分为双口一、双口二、双口三3个行政村，线河自然村分为线河一、线河二2个行政村，郭辛庄、白庙、东于庄、西于庄、张兴庄5村社区管理分属红桥区和河北区，党政建设和经济发展属北辰区，称为市区村。

二　人口方言

人口规模　早在新石器时代，域内子牙河北岸附近就有先人生息劳作。至战国、西汉时期，今双口、东堤头、小诸庄等处已出现许多先民聚落点。后因海浸，聚落无存。宋辽时期，蒲口一带有居民散住其间。元代，北运河沿岸建有皇仓，村民逐渐增多。明永乐年间（1403—1424年），官府数次徙民，大批安徽、江苏、浙江、山东、河南、山西、河北等地移民迁居境内。清初，外地居民到域内领种耕地，人口增多。清道光二十六年（1846年），境内人口约1.3万户6万余人。

据清道光二十六年（1846年）《津门保甲图说》载，500户以上的村（村落）有：宜兴埠531户1810人，小杨庄、小淀庄（小淀）、大张家庄（大张庄）555户1700人，穆家庄（天穆）、吴家嘴（吴嘴）602户3321人，中仓（北仓）、刘家园（刘园）1543户8018人，王秦庄、大周庄小周庄（周庄）、李家嘴（李嘴）748户3773人，双口、丁家庄（前丁庄、后丁庄）、平安庄、清光（青光）852户4598人，安光、三河头、杨家河（杨河）589户2763人；100户以下的村有：张献庄、北麻疙瘩、南麻疙瘩100户463人，小街97户484人，韩家树（韩家墅）60户318人。

民国时期，域内村庄人口不断增加。民国22年（1933年），约有2.5万户近12万人。据《典籍中的北辰》载，民国23年（1934年），人口500户以上的村有宜兴埠2832户10149人，双口村771户4270人，穆家庄738户4482人，王秦庄560户3002人。

中华人民共和国成立后，区内人口迅速增多。1953年全国第一次人口普查，全区有常住居民27208户121900人，占全市人口总数的2.68%。1992年，北郊区更名北辰区。是年，据统计资料显示，全区乡村户数在1000户以上的共有18个村，占全区行政村户数的14.29%，其中青光村户数最多，为2485户7133人。乡村户数在100户以下的有11个村，占全区行政村户数的8.73%，其中董连庄村56户229人，仁和营村56户219人为全区户数最少的两个村。

2016年，据统计数字显示，乡村户数在1000户以上的有33个村（占全区行政村户数的26.19%），其中超过3000户的有3个村，即沙庄村4445户12335人，青光村3496户11006人，双街村3429户9662人；乡村人口在500人以下的有17个村（占全区行政村的13.49%），300人以下的有5个，即张五庄村101户279人，前常家堡村96户276人，仁和营村98户275人，董连庄村97户247人，张兴庄村170户217人，其中张兴庄村为全区人口最少的村。

民族　除天穆村外，北辰区内各村以汉族为主。据《天津市北辰区地名志》载，1995年，域内有83个村人口均为汉族，占全区126个行政村的65.88%。43个村内有少数民族，其中少数民族个数最多的村有北仓、宜兴埠二街、天穆、青光、韩家墅村，均为3个。在少数民族中，回族人数最多，天穆村有回族3152人，三义村有回族152人，汉沟村有回族146人；其他少数民族有满族、朝鲜族、蒙古族，分布各村人数均不足10人。

方言　域内各村方言处在冀鲁官话区与北京官话区的毗连地带，北部村方言属北京官话区，南部村方言属冀鲁官话区。具体可分为5个方言片。

武清方言片，分布在双街、双口（安光、后常家堡除外）、大张庄、小淀（温家房子除外）、霍庄子、南王平一带。该片方言与武清杨村话相似，在全国方言分区上属北京官话区怀（来）承（德）片。

津北方言片，分布在北仓（三义村除外）、天穆、宜兴埠、西堤头及安光、后常家堡、前常家堡、青光、韩家墅、李家房子东部、芦新河等村。该片方言像天津话，又带有邻近武清方言、宁河话、静海方言的一些特点。有4个声调、阴平调为降调（如北仓村31、李嘴村43），阳平调高升或中升（如北仓村45、西堤头村35），去声调高降（如北仓村52、西堤村54），多数村镇都有类似天津话齿音字多的特点。在全国方言分区上属冀鲁官话区保（定）唐（山）片天津小片。

天津话片，分布白庙一带。该片居民多为近些年从天津市区迁入，多数人说天津话。在全国方言分区上属冀鲁官话区保唐片天津小片。

静海方言片，分布在上河头一带及铁锅店、李家房子村西部。该片方言与相邻的杨柳青话近似，有4个声调，阴平调43、阳平调55、上声调13、去声调31，齿音字较多。在全国方言分区上属冀鲁官话区保（定）唐（山）片定（州）霸（州）小片的静海方言范围。

津冀鲁混音片，分布在双河、杨家嘴、刘家码头、刘房子及铁锅店东部、三义村、温家房子等村。居民多从河北、山东迁入，年长者一般还说原籍方言或带有原籍方言色彩的天津话，年轻人多说天津话或津北方言。不少人在家里说原籍话，在社交场合说天津话或普通话。

三 经济概况

明清迄至民国，境内各村先民以传统的农耕劳作为主。土地多为少数富人所占有；多数村民以扛活、卖短工为主，社会生产力低下，经济落后。中华人民共和国成立后，村民分得土地，实现“耕者有其田”，生产热情高涨，粮食生产为农耕之首；在沥涝及冬闲时节，开展治鱼、织席、打草、跑运输等副业生产。50—70年代，随着农业合作化、人民公社化的推进，土地公有，大搞农田水利建设，开展积肥活动、抗旱抢种和抗涝抢收，推进以农机具改革为中心的技术革命，适当发展畜牧水产养殖，开始创办规模小、投资少、见效快的工副业。改革开放后，农村经济体制改革全面展开，全面推行农业生产责任制，实施“东粮中菜西果”战略，出现雨后春笋般的乡镇企业大发展的局面。

20世纪90年代，北辰区经济发展驶上“快车道”。1991年，韩家墅村办工业实现年产值10150万元，为全区第一个亿元产值村，时列全国亿元村百强第四十六位。进入21世纪，域内村型较小的村以种养殖业为主，村型较大的村农业、工业、服务业商业兼具发展。2015年，长期固定资产超过1亿元的村有刘园、宜兴埠八街、韩家墅、刘房子、勤俭、柳滩、王庄等村。

特色农业享誉津门。历史上，北辰区吴嘴牛心柿子辣椒、南仓西红柿、双街中茬黄瓜、东堤头青萝卜、白庙芹菜及域内普遍种植的青麻叶核桃纹大白菜等名优蔬菜一度享誉津门。改革开放后，北辰区农业发展坚持走“高效富农、产业兴农、科技强农、政策惠农”之路，全力打造东部生态、中部精品、西部特色三大农业板块，培育发展农业龙头企业，逐步产出诸多特色农产品。如刘房子花卉，中河头和下河头白灵菇，杨家河奶牛，安光芦笋，岔房子山药，韩家墅无公害蔬菜，刘快庄“芦花山”水果，芦新河彭泽鲫、赵庄子彭泽鲫，双街村葡萄、灵芝、草莓，小杨庄太阳杏等。21世纪初，区编制完成都市型现代农业示范区总体规划，“一区六园”建设全面提速。“天津韩家墅海吉星农产品物流有限公司”为全市规模较大的农业龙头企业。徐堡大枣被认定为地理标志食品。2016年，全区设施农业达到2.5万亩，其中双街村农业科技园占地面积5000亩，韩家墅村设施农业占地面积1300亩，东堤头村、青光村设施农业占地面积分别为1263亩、1255亩；农业龙头企业和市级农民专业合作社发展到37家。

工业发展迅猛。改革开放后，农村工业作为社队企业（后改称为乡镇企业）异军突起。80年代后，村办工业蓬勃发展。90年代末，企业实行股份制改革，部分村工业向规模化、产业化和总部经济方向发展。部分村相继建立工业小区，其中郎园建有26.67公顷的工业区，数十家企业入驻；白庙村建有2个工业园；刘安庄村建工业园，占地面积130公顷；王庄村1997年创建工业小区，配套设施齐全；青光村2001年创建工业小区，占地66公顷，引进企业80余家；双街村建3个工业园区，引进50余家企业入驻，2016年实现销售收入13亿元。2016年，全区民营企业累计达到2.5万家，年收入超10亿元企业41家，3家企业入围中国民营企业500强，11家企业入选全市制造业80强。科技型中小企业、规模过亿科技企业和国家级高新技术企业分别达到6121家、372家和183家。市级名牌产品和驰著名商标分别达到109个和228件。北辰区被认定为国家新型工业化装备产业示范基地和全市千亿级装备产业基地。

第三产业蓬勃发展。元代前后，境内地荒人稀，商业初兴。明清时期，漕运鼎盛，商业、饮食业、服务业在北运河沿岸村庄发展迅速。清道光二十六年（1846年）《津门保甲图说》载，境内有铺户1075户、负贩834户、盐商1户。清光绪年间（1875—1908年），双口村开办顺号杂货、成兴号杂货铺，后到市内开办庆记煤店、庆丰斋糕点、庆丰呢绒庄、胜记百货店、庆丰源粮栈、成江粮行等商号。清末至民国年间，柳滩村开办永发砖窑，后在河北大街开办天兴恒商号。宜兴埠人经营野鸭、荞麦皮商贩遍及全市，曾有“瓜果、草帘、荞麦皮，胗肝、雁翅、老秫秸”之谣概括其品种，并在官银号市场开办协利永野禽专营店；村内有店铺120多家，以泉茂号、海泉涌果品店和永兴南酱园、孙记首饰楼等较为知名。北仓村人在市内日租界开有振江银号，在东马路开有元泰银号，北门里三义金店和天兴德金店、桂元金店、针市街德和永商行等，村内有店铺、作坊百余家，尤以经营饮食服务业居多，同泰祥饭庄、董家素席、杨家客店很有声誉。天穆村回民聚居，曾以“三把刀”著称，一把刀卖牛羊肉，二把刀卖切糕，三把刀搞建筑瓦刀；义顺成、德盛号、源顺号、义成号并称天穆牛羊肉“四大号”；村内在市内开设的有字号的牛羊摊铺100多家。汉沟有泰山势、双义成、德聚号杂货店，泰安堂、天和堂、保生堂药店等。双口村有桂行居饭店，福生堂、济善堂、福聚堂、宝德堂中药铺，德隆号、德贞永、万成号和范仲元首饰楼等数十家商号。

中华人民共和国成立后，开始建立国营、供销合作商业。1953年建区时，有国营网点3个、供销社网点55个，个体商贩4042户，主要分布在北仓、天穆、宜兴埠、双口等较大村镇。1978年中共十一届三中全会以后，实行改革开放，由计划经济逐步向社会主义市场经济过渡，多种经济成份竞相发展，区内商业呈现蓬勃发展的局面。双口集贸市场、宜兴埠宫前街集贸市场、天穆牛羊肉批发市场、韩家墅果品批发市场等规模较大。至1997年，全区共建成较大型商业企业26家，农村商业小区16处，各类市场33个，固定网点6122个。

进入21世纪，兴建瑞景鞋城、瑞顺综合市场和汽配城等一批较大商业设施。2007年，万源龙顺度假庄园被评为3A级旅游景区和五钻级酒店。2008年，瑞景大酒店建成运营，韩家墅农产品批发市场开张纳客并被农业部确定为定点市场；新建前常家堡农家乐旅游特色村和龙顺生态观光园。2009年建成中储钢铁交易大厦、华瑞服务外包基地。2013年，双街村获“中国最有魅力休闲农村”称号；2015年被农业部评为“中国最美休闲农村”。2016年，全区建成商务楼宇154万平方米，亿元楼宇达到5座。

四　城镇变迁

中华人民共和国成立前，区内农房多为土木结构，即以土坯为墙体材料，木檩起脊，铺苇和秫秸把覆盖，用草泥抹平。形式多为“里外间”（一明一暗）或“连三间”（一明两暗）；极少富有者，采用砖瓦平房“四合院”的建筑形式。天津解放时，宜兴埠有2层砖木结构楼房12间。中华人民共和国成立后，农房建设在数量上发展迅速。据1979年抽样调查，户均建筑面积50平方米，但仍以土坯房为主，出现“穿鞋戴帽房”（砖基础、砖封檐）、“里生外熟房”（砖皮、坯里）等住宅。

1978年，西堤头、刘安庄的个别农户始建楼房住宅。此后，宜兴埠等许多村镇出现农户自建的2层及多层砖混结构、框架结构楼房住宅。1979年，张湾村在京津公路西侧兴建新村，房台标高一致、房型整齐划一、街道里巷横平竖直，为区内较早的旧村改造。1984年，青光村根据规划，由天津大学和区建委设计统一兴建别墅式行列连体小二楼，一幢两户、一户一院，建筑面积百余平方米。市建委确定该村为天津市样板村。至1997年，该村统建别墅式小二楼住宅152户、建筑总面积19.8万平方米。

1989年起，宜兴埠津围公路两侧村民翻建住宅，按规划一律新建楼房。1993年始，该镇一街迁出污染较大的村办企业建农民商住楼，4～6层单元式设计，小区集中供热，管道式液化石油气配套。1996年，建成翠涛里村民住宅小区。1997年，镇政府完成街镇建设规划，划片平房改造，居民不再翻建住宅。1993年始，刘房子村开始按照村级规划实施旧村农房改造，统一建设2层别墅120套，每套别墅建筑面积200平方米～300平方米，出售给计划翻建宅屋的村民。同时，在津霸公路两侧兴建47栋3层商住楼。至1997年，该村共建成各类住宅4.7万平方米。

自1980年始，全区农房以每年新增1万多间、20余万平方米的速度发展。至1997年，农房建筑总面积644万平方米，其中楼房70.78万平方米，占11%。人均农房30.9平方米，比1979年人均9.6平方米增加2.2倍。

2003年2月，区委、区政府召开环内旧村改造工程动员大会，开始实施外环线以内旧村改造。在此前后，双街镇沙庄等3个村启动旧村改造。至2016年，区内有关村兴建起秀水馨苑、天穆新苑、喜凤花园、双街新郚、蓝岸森林、南仓新苑、瑞鑫家园等新型住宅小区。

五 村域文化

民间花会历史悠久。明永乐年间（1403—1424年），北辰域内出现北仓随驾狮子老会。明末清初，北仓少练老会、王秦庄众婴少练会、宜兴埠诚音法鼓等民间花会陆续建立；清道光年间，仅北仓一带就有72道皇会。清末民国初，北仓地区花会发展到60余道，种类繁多。1949年后，域内民间花会有高跷、地秧歌、狮子、旱船、中幡、法鼓、吹歌、腰鼓和民间武术等30余种100多道，属北仓和宜兴埠最为红火，其中北仓花会有17种、宜兴埠花会有18种。在各村中，周庄荣音法鼓、十不闲，东堤头法鼓会，李嘴道乐会，屈店道乐会，桃花寺道乐会，王秦庄雅音会、南王平吹歌会，线河吹歌会，韩家墅吹歌会，同议高跷会，张四庄高跷会，小淀高跷会，刘安庄高跷会，上蒲口高跷会，高庄小车会，赵庄少练会等较有影响。2009年，域内有民间花会近百道。至2016年，刘园祥音法鼓入选国家级非物质文化遗产名录，北仓虮蜡庙小车会、北仓少练老会、韩家墅上善道乐、双街鲍式八极拳、王秦庄同议高跷、上蒲口同乐高跷、宜兴埠永长高跷、宜兴埠天津时调大鼓、宜兴埠诚音法鼓、王秦庄少林功力拳、宜兴埠永新廿四通背拳、穆氏传统戏法等入选市级非物质文化遗产名录。

群众文化活动蓬勃开展。王秦庄民众剧团和双口村民主剧团为境内成立较早的农村剧团。中华人民共和国成立初期，各村剧团蓬勃发展，李嘴民娱剧团、田庄剧团、高庄剧团、大兴庄剧团、大吕庄剧团、宜兴埠永丰秧歌剧队、屈店评剧团、东堤头评剧团、刘快庄评剧团、北何庄评剧团、喜逢台白鸽评剧团、南王平话剧团（后改为评剧团）、小韩庄业余剧团、南王平皮影剧团等农村剧团在当时比较有影响。各剧团配合土地改革、抗美援朝、农业合作化、宣传婚姻法等中心工作，演出《柳树井》《刘巧儿》等剧目，活跃了农村文化生活，表现了翻身农民喜悦的心情，也对广大群众起到了鼓舞与教育作用。改革开放后，群众文化设施不断完善，每村建有文化团队，大秧歌、广场舞、民间花会等群众文化生活丰富多彩，表演水平不断提高。

民间绘画走出津门。清代，上河头、岔房子村曾有杨柳青青年画作坊。民国年间，北辰域内一些民间画匠在北京、甘肃等地区小有影响。改革开放后，大张庄、双口、姚庄子等农民画家创作大量绘画作品，在天津美术馆、中国美术馆展出，其中56件作品被中国民间美术博物馆收藏，10件作品被中国美术馆收藏，8000余件作品在国内及海外市场售出。

物质文化遗产丰富。1956年，在引河桥附近的北仓（红卫）砖瓦厂内出土战国陶罐、碗、盆、穿孔蚌壳及铁器等；在永金引河北岸发现战国古聚落遗址。1958年7月，在双口村东北1.5千米处，发现战国及汉代遗址。1962年5月，天津市文化局考古队在距双口村西北11千米处，发现汉代泉州遗址。1978年，在双口村东2千米的一枝花（地名）发现战国遗址；在小诸庄村南400米处，发现战国遗址；在东堤头村东1.5千米处，发现战国及汉代遗址；在大兴庄村西南200米处，发现元代、明代遗址；在芦新河村西南2千米（五嘴子）处，发现元代、明代遗址。

六 名人辈出

北辰区民风淳朴，人杰地灵，在近一个多世纪的时间里，一批又一批出类拔萃的人才走出北辰，不断演绎着令人瞩目的精彩与辉煌。

清代，北仓村赵家六代科甲，尤以赵之符最为有名；北仓村人吴士俊，任郴州、直隶知州，著有《易学溯源》《字学汇考》等书。刘园村人曹克忠，先后任甘肃、兰州、广东水师提督。民国11年（1922年），中河头村人安幸生加入中国共产党，成为域内第一个中共党员。中华人民共和国成立后，宜兴埠人温朋久为中国首任驻日内瓦总领事，是北辰区籍第一位中国外交官。北仓村人登高英雄杨连弟，在连续抢修铁路和桥梁中多次立功。2003年，宜兴埠人温家宝当选中华人民共和国国务院总理。

清末，张伯苓创办了南开中学，领衔创办南开大学。宜兴埠人温世霖与其母徐肃静共同创办普育女子学堂，成为域内百年老校。徐肃静获孙中山亲题“民国贤母”匾额，以资褒奖。北仓村人孙洪伊创办北仓蒙养小学堂、天津第十小学堂等小学校，开启民智。

域内村民多喜游泳、武术等传统体育，既强身健体，又屡创佳绩。天穆村穆家军享誉泳坛，元帅贺龙曾赞誉“古有杨家将，今有穆家军”。穆成宽、穆祥雄多次打破全国乃至世界游泳纪录，为国争光。汉沟村人郎荣标，1994年获第十二届亚运会武术比赛第二名，1995年在第三届世界武术比赛中获棍术冠军，1998年获十三届亚运会获南拳冠军。2000年，天穆村人穆霞、高庄村人秦学静入选中国垒球队，在悉尼奥运会上获第四名。

域内村民偏爱文化，涌现出许多文化界知名人士。西于庄人龚望，东于庄人周让，王秦庄人曹德兆绘画博采众长，以年毫长峰、洗墨如水自成一家。马庄人周啸天，京剧表演艺术家，18岁领衔活跃在京津等地，曾为毛泽东、刘少奇等党和国家领导人演出。霍庄子人石岩，国家一级导演，曾导演《雷锋》《我是一个兵》等。双口二村人郭振清，国家一级演员，电影表演艺术家，曾参演《六号门》《平原游击队》等，获“全国最受观众欢迎的演员”称号。刘园人张振富，国家一级演员，著名歌唱家，开创了中国男女声二重唱演唱艺术新纪元。宜兴埠人苏承龙，国家一级京剧演员，曾挑班抚顺、哈尔滨、苏州等市。

一方水土养育一方儿女。北辰村落哺育了一代又一代北辰人，他们演绎了异彩纷呈的昨天，谱写着奋进美好的今天，必将不断抒写出更加灿烂辉煌的明天。

天穆镇

天穆镇位于北辰区中南部，东邻普东街道、宜兴埠镇、小淀镇，南接河北区、红桥区，西邻瑞景街道、青光镇，北靠果园新村街道、北仓镇。镇域面积26.17平方千米（含5个市内村）。镇政府驻地天穆村。2016年，辖阎街、马庄、南仓、吴嘴、天穆、柳滩、勤俭、霍嘴、白庙、东于庄、张兴庄、王庄、郭辛庄、刘房子、西于庄15个行政村，其中白庙、张兴庄、东于庄3村社会管理属河北区，西于庄、郭辛庄2村社会管理属红桥区，该5村党组织及经济工作隶属天穆镇，被称为市内村。是年，全镇实现生产总值114亿元，本级预算（财政）收入3.6亿元，农村居民人均可支配收入25890元。

清初，隶顺天府武清县。雍正年间(1723—1735年)改隶天津府天津县。民国17年(1928年）6月，隶天津特别市五区。民国26年（1937年）8月至民国34年（1945年）8月，隶汪伪政权，天津特别市划分为9个区，境内各村多隶八区。民国35年（1946年）3月，穆家庄以南各村属国民党政府天津市三区、民国35年（1946年）9月，中共冀中区委决定将天津县与武清县（路南）合并为津武县，境内吴嘴以北各村隶属津武县六区。民国37年（1948年）1月，隶津武县三联区（四、五、六区合并称三联区）。民国38年（1949年）3月，天齐庙、穆家庄、郭辛庄、柳滩、霍嘴、勤俭、白庙、东于庄、张兴庄9村隶天津市三区，西于庄隶九区；刘房子村隶天津县七区，吴嘴、南仓、马庄、阎街、王庄隶八区。1950年7月，原隶天津县七、八区的村改隶整编后的天津县四区，其余村隶属未变。1952年11月，天穆、柳滩、霍嘴、勤俭、白庙5村改隶天津县四区。1953年7月，境内分建柳滩、天穆（是年8月称天穆回族自治乡，1956年3月称天穆回族乡）、南仓、王庄4乡，隶津北郊区（1955年6月称北郊区）。1957年，王庄乡并入南仓乡。1958年10月，区建制被撤销。境内各村分属兴淀人民公社（1961年1月改称宜兴埠人民公社）和幸福人民公社（1959年3月改称北仓人民公社），实行政社合一，撤销乡、村建置，自然村改称生产大队。1959年9月，刘房子村划归天津市副食品公司。1960年3月，北仓人民公社直属队南仓（含马庄、阎街）改隶天津铸锻件厂。6月，北仓人民公社与国营农场合并成立津北畜牧场，域内建其天穆分场。吴嘴与南仓队建南仓管理区，隶天津铸锻件厂。1961年3月，刘房子村划归杨柳青农场，1964年改隶青光农场。5月，国营农场停办，天穆分场改建天穆人民公社，南仓(含马庄、阎街）改隶天穆人民公社。1962年2月，天穆人民公社改隶北郊区。1982年11月，撤社建乡，改称天穆乡。1986年，撤乡建镇，改称天穆镇。1992年3月，天穆镇隶天津市北辰区。

天穆镇京山铁路、京津路穿境而过，是为境内最早的铁路、公路交通主干线。至2016年，镇内京津路快速路、天津西北半环快速路、津霸公路、津永公路、铁东路快速路、中环线、朝阳路、高峰路、顺义道等干支道路纵横交错，四通八达。京山铁路、京九铁路联络线、南曹铁路贯穿过境，域内有华北地区最大的南仓铁路编组站。

镇内河流有一级河道北运河、二级河道丰产河。北运河北起自阎街、南止于东于庄穿境而过，镇内段长5.3千米；丰产河西起自阎街村南，沟通北运河，穿越京津路、高峰路、京山铁路出镇，镇内段长近4千米。

附：

北辰区城中村改造天穆镇某村房屋拆迁补偿安置实施方案

按照市委、市政府关于加快城中村改造的部署要求，根据区委、区政府《关于加快城中村改造的意见》和《北辰区城中村改造房屋拆迁补偿安置办法》，为规范本村房屋拆迁补偿安置工作，制定本实施方案。

一、拆迁基本情况：

拆 迁 人：北辰区天穆镇某村民委员会

拆迁范围:（略）

二、城中村改造组织机构：

1.拆迁总指挥:（略）

成　员:（略）

2.阳光救助审核组组长:（略）

成　员:（略）

三、拆迁期限、过渡期限

拆迁期限：自2010年10月10日至2010年12月31日。

过渡期限：自2011年1月1日至2013年6月1日。

四、住宅房屋拆迁补偿安置依据

被拆迁住宅房屋面积的确认：以经核实的《天津市北辰（郊）区居民、社员建房用地使用证》证载宅基地面积确定应还迁面积。无证房屋、地下室、自接楼层等不计算还迁面积；雨厦子、封顶、煤池、罩棚、院墙、临时建筑等不予补偿。

五、拆迁安置补偿方式

本片拆迁补偿安置实行房屋定向安置，按应还迁面积与还迁房建筑面积1:1实行定向安置，还迁房安置地点:（略）。

六、还迁面积差额结算

定向还迁安置采取被拆迁人应还迁面积与所选还迁安置房建筑面积最接近的原则。增加面积应补交差价款，补交的差价款按市物价部门最终核定价格为计算依据，其中，增加面积在5平方米以内（含5平方米）的按核定价格的80%计算。增加建筑面积在5平方米以外的按核定价格交纳增加房屋面积款。

七、阳光救助

对经过公示确认的只有一处被拆迁房屋的困难家庭，实行阳光救助政策。

（一）两代人且独生子女年满16周岁或计划内生育多子女且大子女年满14周岁的，应还迁面积小于最小二居室单元，可选最小二居室单元一套；应还迁面积大于最小二居室单元，小于最小两套一居室单元组合安置房建筑面积的，可选最小一居室单元安置房两套。

（二）老少三代以上（含老少三代）应还迁面积大于一套最小二居室单元，小于一套最小二居室单元与一套最小一居室单元组合安置房建筑面积的，可选最小二居室单元安置房一套和一居室单元安置房一套。

（三）经确认小组确认的“一证”内现居住一个以上自然户（自然户指自然形成的、独立生活、独立居住的单个家庭），每户均分所得应还迁面积小于一套最小一居室单元安置房建筑面积的，每自然户可选最小一居室单元安置房一套。

（四）对经确认小组确认的特殊困难家庭，所选还迁安置房自然增加面积差价款结算给予一定优惠。

对符合阳光救助政策的，一至四款不可同时使用，增加面积补交的差价款按市物价部门最终核定价格的50%计算。

八、拆迁奖励与其他补偿

1. 为鼓励积极拆迁，被拆迁户凡在2010年11月10日（含10日）之前拆迁完毕的，给予奖励费每证10000元；2010年11月11日至11月30日（含30日）拆迁完毕的，给予奖励费每证8000元；2010年12月1日至12月10日（含10日）拆迁完毕的，给予奖励费每证5000元；超过60天拆迁期限的不予奖励。

2. 对被拆迁人所签协议发放拆迁补助费，拆迁补助费包括：对被拆迁户每证给予一次性搬家费300元；对安装一户一表（磁卡电表）的，每表补助300元；装有有线电视的，凭使用证每证补助200元；装有本住宅固定电话的，凭近期交费收据每部补助100元；空调移机费每台200元。被拆迁人按有关规定自行办理手续。

3. 过渡期周转房租房补助：

被拆迁人自行解决周转房，临时安置补助费按经确认小组审核确认的每自然户每月1200元。过渡期限自拆迁期限结束之日起计算，还迁高层住宅过渡期不超过30个月。超过期限的，自逾期之月起增加一倍临时安置补助费。租房补助费支付起止时间自被拆迁人签订协议拆迁完毕起至还迁安置房交付之日止。租房补助费首次支付6个月。

九、选房顺序

被拆迁户以《拆迁证》的顺序号为选房号，在规定的选房区内选房。

十、还迁房结算：

被拆迁户所选房确定后，增加或减少的面积差价款在还房入住前一次性结清。

十一、其他有关规定：

1. 有产权、使用权纠纷的房屋，纠纷当事人须在《安置办法》发布后立即写出书面申请，由拆迁单位审核登记，经证据保全后，先拆迁，后解决纠纷。拆迁单位依法院判决书或司法行政机关的公证书等有效法律文书解决。

2. 签订拆迁协议及选房时，必须由被拆迁人本人到现场办理相关手续。本人到场确有困难的，可委托他人代为办理，受托人须持经公证的授权委托书办理相关手续。

3. 被拆迁人已故但尚未办理产权变更手续的，应先办理继承公证，由继承人办理拆迁相关手续。

4. 被拆迁房屋有租赁关系的，由被拆迁人与房屋承租人自行解除租赁关系。

5. 对违章建筑，房屋所有人必须在公布的拆迁期限内自行拆除，超过拆迁期限的由有关部门依法拆除。

6. 在拆迁期限内拆迁人与被拆迁人未达成《房屋拆迁补偿安置协议》的，由行政主管部门依照现行的法律法规申请区人民政府或人民法院依法拆迁。

十二、办理拆迁安置手续流程及需携带的证件

1.被拆迁户携带《天津市北辰(郊)区居民、社员建房用地使用证》、身份证原件及复印件、图章、户口本原件及复印件和其他相关凭证到指定地点办理拆迁协议等相关手续。

2.被拆迁户腾房后，由拆迁单位进行房屋查验封房、开具《 封房单》。

3.被拆迁户凭《封房单》及《拆迁协议》，换取《拆迁证》。

十三、以上各项实施方案细则最终解释权归XX村民委员会所有。

天穆镇XX村民委员会

2010年10月10日

柳滩村

柳滩村位于天穆镇南部，地处京津路与中环线交界、北运河左岸，北依天穆村，南接霍嘴村，属城郊接合部。村落建设以北运河和京津路为平行线，南北延伸，占地面积69721平方米。2001—2009年，该村先后经历了北运河改造和打造京津路黄金走廊两次拆迁，京津路以西柳滩村民住宅已全部拆除，村（居）民主要集中居住在京津路东、柳滩村东侧。2015年该村有户籍人口1000人，长期固定资产19937万元。该村建有铁东路工业区、铁东路汽贸城、柳滩村东工业区，2016年，村集体经济总收入6027万元。

柳滩商业街　　（2015年摄）

一　村庄沿革

明朝洪武年间（1368—1398年），名将徐达、常遇春率军征元，沿运河北上，有部分官兵家眷滞留在津北。明洪武三年（1370年）1月由西南向北先后14次移民，在南、北运河沿岸筑房定居，形成了一个个村落。柳滩村便是其中之一，村中王姓氏族，由山东北移而至，是最早的定居所。史书记载："柳滩村始建于明洪武年间，因地处古潞河浅滩，当地又多柳树而得名。"清朝年间，诗人康达著的《蕉石山房诗草》中有一首提名《柳滩》的诗，描述了柳滩村的景物。其诗云：村落小河边，人家阡陌连。野桃开向水，垂柳舞含烟。地接津门近，人从曲径穿，来时迷渡口，隔浦向渔船。

柳滩村由小到大，历经沧桑。据《天津县新志》记载，清雍正八年（1730年），柳滩村隶属天津县。天津县分为东、西、南、北四路，共315个村庄，柳滩村属于北路村庄。民国年间，柳滩隶属天津市三区管辖。日伪时期，被划入伪特别市第八区界内。解放初期，因柳滩是市区近郊，被划归天津市三区管辖。

1953年，天津市建津东、津南、津西、津北四个郊区时，柳滩村划入津北郊区，隶柳滩乡。1958年8月，人民公社运动时，柳滩村隶属天津市红桥区幸福人民公社（后改为北仓公社）管辖。1959年建柳滩管理区，柳滩村归柳滩管理区。1960年，幸福公社改为津北畜牧场，柳滩、天穆、南仓三个管理区合并改为天穆分场。柳滩隶属天穆分场。1962年2月，恢复北郊区建制，又复归北郊区天穆公社。1983年5月，天穆公社改乡，柳滩村隶天穆乡。1986年4月，天穆公社改为天穆镇，1992年3月后，柳滩村隶属北辰区天穆镇。

二　道路河流

道路　中华人民共和国成立以前，柳滩村都是土路。至80年代，随着经济的发展，村中的道路修成了硬化水泥路，小胡同铺设了9格水泥砖。该村周边主要道路有京津（公）路、朝阳路和柳东道。

柳东道　1994年建，柳东道贯穿柳滩村东，西起京津路东至朝阳路，路宽约5米，全长1.2千米，柏油路面。

河流　北运河　古称潞河、沽水，是京杭大运河北端的一段。北起北京市通州区北关闸，南至天津市大红桥处与子牙河汇流，至金刚桥汇入海河干流。

三　人口方言

人口　据《典籍中的北辰》载，民国23年（1934年），柳滩村有234户1503人。据统计资料载，该村1980年，有445户1505人；2000年，有449户995人；2016年，有乡村户数563户988人。

民族　2010年第六次全国人口普查，柳滩村有5个民族，其中汉族3465人、回族99人、满族6人、朝鲜族4人、黎族1人。

姓氏　柳滩村为杂姓村，但又以王、郑、林、马四姓人口为多。其中王姓分南王、北王，各有200人，是村中人口较多的姓氏。

郑姓　原籍山东固城郑家口，落户柳滩，已居数代。

蔺姓　原籍山东，明嘉靖年间（1522—1566年）落户柳滩村，设摆渡于柳滩大胡同西端，连通丁字沽北大街。

方言　柳滩村属于津北方言片，该片方言像天津话，又带有邻近武清方言的一些特点。

家（族）谱选介　康姓，原籍山西省，明中叶落户柳滩，谱序为：水、辅、振、世、静、家。

四　耕地状况

柳滩村耕地大都在铁道外，与三义村和霍嘴村、天穆村为邻。该村耕地主要有马报、南白子、缸沿子、新园田、试验田这些地块。

马报　北是天穆村的耕地，西邻铁路林场，南临大道，东临增产渠，耕地300亩。

南白子 除东面是增产渠外，其余三面均邻三义村。

缸沿子 北邻白庙，东邻红旗农场，西至增产渠。南邻霍家嘴。

新园田 北临大道，西临铁路中山线，南邻铁路职工宿舍，东是霍家嘴。

试验田 东临增产渠。北临大道，西邻霍家嘴。南是霍家嘴。

1978年柳滩村耕地地块情况表

表1　　单位：亩

地块名称	位置	面积
马报	铁道外	300
南白子	铁道外	72
缸沿子	铁道外	68
新园田	铁道外	120
试验田	铁道外	12

20世纪90年代柳滩村耕地地块示意图

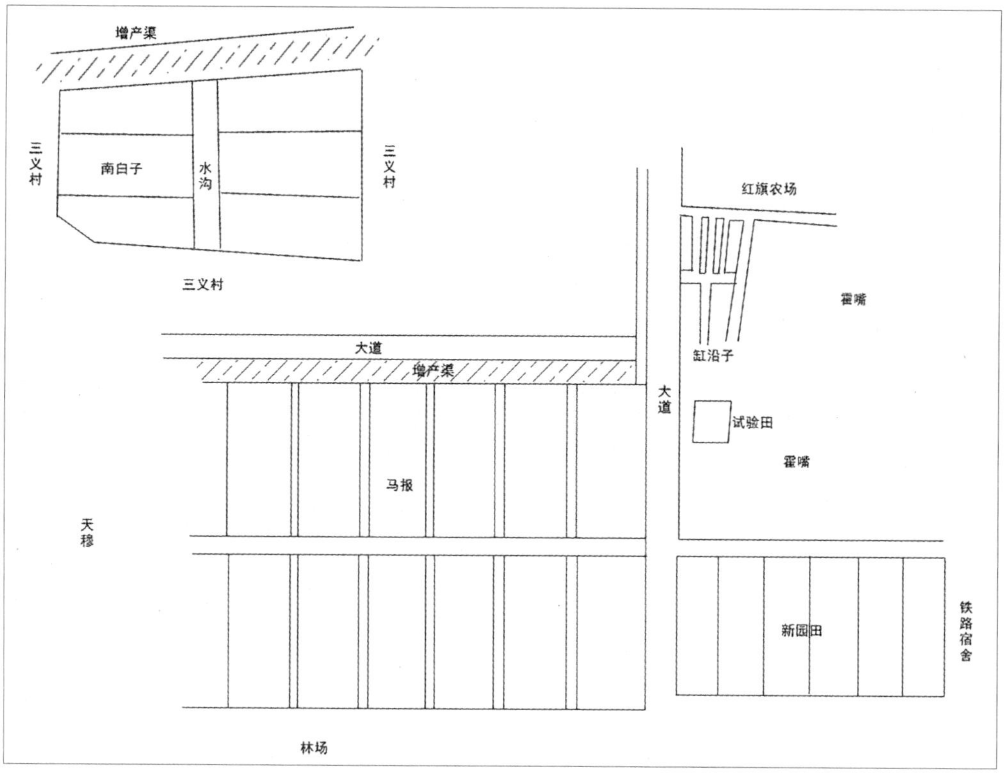

（2016年绘制）

五　街道胡同

1978年，柳滩村有8条胡同。至2000年，柳滩村街道有柳滩大街，长140米，宽2米；南中街长190米，宽6米；南新街长174米，宽6米；大胡同长180米，宽6米；柳东里一街长140米，宽6米；二街长140米，宽6米；三街长140米，宽6米；四街长140米，宽6米；五街长140米，宽6米。

1978年柳滩村街道胡同情况表

表2　　　　　　　　　　　　　　　　　　　　　　　　　　　　单位：米

胡同名称	走向	长	宽
大胡同	东北至西南走向，由京津路至北运河	180	5.5
高家胡同	东北至西南走向，由京津路至柳滩大街	90	2.5
郑家胡同	东北至西南走向，由柳滩大街至北运河	45	1.5
张家胡同	东南至西北走向，由大胡同至高家胡同	140	1.45
蔺家胡同	东北之西南走向，由北安里至柳滩大街	88	2
徐家胡同	西南至东北转东南走向	104	3.5
蔺家实胡同	从北大街向东延伸	150	3
穆家大院	南大街至南平里	60	2.5

六　旧村改造

1990年以前，村西住宅都建在北运河和京津路之间。1986—1987年，柳滩村在京津路东侧建墩式6层砖混结构农民商品住宅楼8栋，总建筑面积1.2万平方米。1993年为村民建起192座别墅式2层楼房，村民逐步搬到村东。

柳滩历经2001年北运河拆迁和2008年打造京津黄金走廊拆迁、2008年柳滩拆迁，至2009年柳滩村完成二期401户民宅拆迁工程，柳滩村西部的平房均拆除。2001年北运河拆迁，为拆迁户建造了还迁房，北运河大部分拆迁户搬迁至柳滩自建的小红楼中。2008年拆迁户还迁至辰发花园、富锦华庭小区。

柳滩村还迁房　　（2015年摄）

柳滩东里小区　　（2015年摄）

七　公共设施

中华人民共和国成立前，柳滩村公示设施甚少，有公立小学一所。中华人民共和国成立后，公共设施逐步增多，该村有柳滩小学、供销社、柳滩粮店、煤店、副食店、柳滩早点部、柳滩中学、托儿所。中华人民共和国成立初期，村中建立了私人诊所。先后有潘惠民、曹大丈2人从医。1958年私人卫生所先后由宋英发、李树桐、杨桂馨从医，“文化大革命”中与村红医站合并。1965年，建村集体卫生所，有房屋3间，面积130平方米，有药品120余种。培养了乡医4名。

90年代，村里建文化室，设有棋、牌、报纸和图书2000册。1990年以后，随着该村建设的整体推进和旧村改造的实施，公共设施减少。1997年该村投资80万元建柳滩农贸市场，占地3000平方米。2010年7月，在区图书馆的帮助下，成立柳滩农家书屋。

2015年柳滩村公共设施示意图

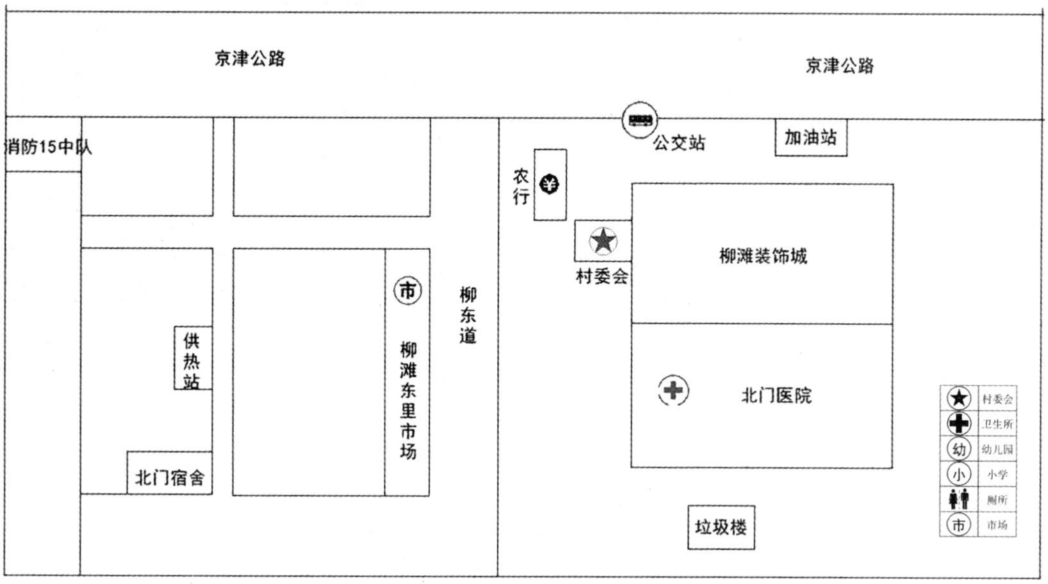

（2016年绘制）

八　经济概况

中华人民共和国成立前，柳滩村康、徐两家为首的是地主兼资本家，日伪时期康文轩开设荣发粮栈，徐日廷开设四座砖窑，康相九也经营东兴砖瓦厂和华通粮栈。村里的商业是副食摊点，米面铺和豆腐房。其中有经营副食为主的永茂号、永富号、永和号、永盛号四家小铺，人们习惯称“张家小铺”和“马家小铺”。此外有郑家米面铺，王家米面铺，郭家和宋家煤球厂，赵家大饼铺、豆腐房兼营炸油条、麻花等食品。

村办企业始于1958年。建立的第一个企业是编筐厂（柳滩编织厂），年利润10万元左右。至1971年停办。建立的第二个企业是铁厂（柳滩农具加工厂）建有地炉，以打造马用工具和小型农具为主，1965年改为生产铁锹。1967年改为生产水阀门，1977年结束。年利润四五万元。

1963年建纸盒厂（柳滩纸制品厂），为人民制药厂生产包装盒（药盒、针剂盒），年利润12万元。1984年又改为精艺纸制品印刷厂，生产鞋盒、印制商标为主。由蔺明生任厂长，经营至今。

1973年建铆造厂（天津化工石油设备二分厂），为加工型企业，年利润五六万元。至1995年停办。

1979年建晨光小型电机厂（天津市北郊区柳滩小型电机厂），产值百万元。1984年建立佳乐食品厂，从事冷食等食品制造，年产值400万元。1994年更名为津辰食品厂。1984年建幸福塑料长，是以安置残疾人就业的福利厂。1992年更名为天津市幸福塑料印刷厂。1988年建柳滩曲轴厂，1989年更名为天山空压机配件厂。

村办商业有：1984年建飞跃汽车配件经营部，零售兼批发，先后由郭洪英、康振锦、王秀英任经理。1984年建兴华五金经营部，零售兼批发。

随着村经济实力的不断增强，为了让发展成果惠及百姓，1998年柳滩村超前推行了股份制，出台了《柳滩村基金股份制度》。2003年年初，党总支为了解除老年人“人去股消”的顾虑，出台了铁东路资产继承股。柳滩村委会为了不断提高职工福利待遇，2010年10月发行了“福利股份”。与此同时，为适应群众日益增长的物质文化需求，随时修订退休金制度，提高老年人的生活待遇；与参加社会养老保险退休人员的水平保持一致。村内随时修订合作医疗制度，提高报销比例，更好地解决村民因病致贫的问题。2015年，该村经济总收入5772万元。

2016年柳滩村产权制度改革档案材料（2017年摄）

2016年11月，区确定柳滩村为村集体产权股份合作制试点村。柳滩村成立产权制度改革领导小组。经过政策宣传、制度改革方案、界定组织成员、产权量化、设置股权份额、制度章程和制度、产生股东代表、登记造册、整理归档等阶段。柳滩村产权制度改革于2017年6月30日完成。

柳滩家居装饰城（柳滩陶瓷装饰城） 位于京津路东，柳滩村投资兴建。装饰城经营装修用各种地板砖、瓷砖、玻璃、灯具、热水器、便器等。2008年改建为柳滩陶瓷城。2008年10月中旬开业，为天津市最大的陶瓷装饰城。

柳滩陶瓷装饰城（2010年摄）

九　民间文化

柳滩村陶瓷城开业时德音法鼓表演的场面（2008年摄）

花会 柳滩村的文化活动，可追溯到清道光年间（1821—1850年）。当时伴随着宗教活动和民间花会活动，村里建立了德音法鼓老会。门旗、高照、软对、硬对、灯碑、元笼、八角盒、鼓、饶、钗、钹、大图、九莲灯等道具齐全，价值百万元。该村在中华人民共和国成立前后，蔺振忠任会头，郑有才、郑文俊父子两代人为鼓手，出会时参加表演的有300人之多。1952年国庆节出会，并到北站外的第三体育场表演。之后进市区到东浮桥返回，一路上受到广大群众的欢迎，其势极为壮观。1957年参加北郊区文化馆组织的花会表演，在杨连弟烈士故居前进行表演，观者水泄不通。1961年又在村北大胡同摆了半街灯箱，该村及邻村的人都前往观赏。由于“四清”“文化大革命”等政治运动接踵而至，该会封箱。2001年，德音法鼓重新组织起来，由方万利等人组成。

剧团 20世纪50年代，以张瑞林、蔺洪奎、田佩兰等为首组建柳滩农民剧团，演出评剧《刘巧儿》《柳树井》《祥林嫂》等剧目，受到村民们的欢迎。1971—1976年，村组建文艺宣传队，由左卫东任队长，是当时区里一支有影响力的文艺宣传队，曾参加市里组织的文艺调演。2001年村委会出资10000元重新组建两个中老年娱乐队：大秧歌、德音法鼓，并提供1000平方米场地供老年人娱乐。

2007年在村委会的大力支持下柳滩村成立舞蹈队，共有30余名成员，由一些中老年人组成，年龄最长者69岁。柳滩舞蹈队以“随着节奏舞动、丰富业余生活”为宗旨，为大家提供一个展示自我的舞台，丰富了柳滩村村民的文化生活。队员们每天都按时到场训练，练习舞蹈的歌曲有几十首。民族舞、现代舞、交谊舞等舞蹈形式多样，舞蹈队由专业舞蹈教师训练指导。2007年后参加“天穆镇广场舞比赛”。

柳滩村舞蹈队参加展演获得金凤凰奖　　（2008年摄）

体育活动　康震铨在村里组织篮球队，名叫“北联篮球队”，这支球队因康家有一定的财力，康震铨上学毕业后，闲赋在家，出资买器材、购球衣、平整体地，把球队建起来。该球队不仅在村里活动，还和市里球队比赛。北联篮球队培养了一些队员，一直活动到50年代初。1958年由村团支部出面组织球队，又更名为“柳青篮球队”。

业余教育　中华人民共和国成立前，该村95%的村民是文盲和半文盲。1950年，在共产党和政府的关怀下，由小学校长王相和村长王恩成等组成冬学委员会，在津郊第一个办起冬学识字班，首批学员43人（男41人，女2人）。1952年，天津市三区文教部抽调4名教员到柳滩任教，又增加了一个班，人数增至百人。1953年，冬学校为夜校，农业合作化和党的过渡时期总路线的内容编入夜校教材。百名学员成了“一化三改”的宣传员。1958年3月，市委发出向文化进军的号召，柳滩乡于3月22日，在柳滩村召开誓师大会，进行全民性扫盲，柳滩村成立扫盲协会。第五生产队穆怀成夫妇、第一生产队方国升夫妇、十七队生产队长翟银生、社员庄魁堂、5个孩子的母亲李凤英等都是积极分子。3—6月，95天之间，柳滩村700名文盲摘掉了文盲帽子。6月26日，柳滩乡被天津市命名为津郊第一个基本无文盲乡。1960年，柳滩村被天津市和全国命名为业余教育先进单位。

北辰区最早的渡口　柳滩渡口位于北辰区柳滩村大胡同西端，建于明嘉靖三十九年（1560年）。柳滩村蔺姓置办小舟在此设渡口，已传至十六代。渡口有两只长8米、宽2.5米的木船顺河道放置，上铺木板置护栏，使用宽度为2.5米，船头搭有小亭，专供收费人员使用。为行人和非机动车使用之轻便渡口。直至1954年7月1日，由国家接管。80年代初至今仍由蔺姓经营。因年代久远，知名度高，电视剧《钟楼》剧组曾到此拍摄外景。

柳滩蔺氏摆渡　　（2001年摄）

庙宇 据《津门保甲图说》载，柳滩村原名柳台庄，清道光二年（1822年）在村西南建有药王庙，村西北建有土地祠。至今荡然无存。

十 英烈先贤

王洪生（生卒年不详） 烈士，柳滩村人。民国34年（1945年）10月参加革命，为中共天津市分委郊区小队战士。是年11月下旬调任区政府通讯员；是月，由区长李俊介绍加入中国共产党，12月调天津县支队。民国35年（1946年）3月，在王庆坨西北大范口与敌作战时牺牲。

王文义（1925—1949） 烈士，柳滩村人。民国36年（1947年）参加革命，民国38年（1949年）7月在四川乾宁县围剿战斗中牺牲，生前任中国人民解放军第二野战军某部排长。

十一 历任党政负责人

柳滩村的党组织，从1952年成立至2004年为党支部，党支部书记先后由魏俊孝等5人担任；2004年该村的党组织改为党总支，书记为郑桐海。该村村政机构为生产大队、村民委员会等，先后由王恩田等10人担任负责人。

1952—2016年柳滩村党组织负责人任职情况表

表3

党组织名称	姓名	性别	职务	任职时间
党支部	魏俊孝	男	书记	1952—1957
	赵连义	男	书记	1963—1964
	史国芳	女	书记	1965—1970
	薄玉柱	男	书记	1971—1971
	赵连义	男	书记	1972—1991
	郑桐海	男	书记	1991—2004
党总支	郑桐海	男	书记	2004—

1963—2016年柳滩村村政机构负责人任职情况表

表4

村政机构名称	姓名	性别	职务	任职时间
生产大队	王恩田	男	大队长	1963—1964
	邵春波	男	大队长	1964—1969
	王世仲	男	大队长	1969—1970
	张春明	男	工业主任	1971—1971
	蔺　衡	男	大队长	1972—1972
	邵春波	男	大队长	1972—1974
	徐成武	男	工业主任	1972—1972
	王世仲	男	大队长	1974—1974
	蔺　衡	男	大队长	1975—1982
	蔺振才	男	大队长	1983—1984
村民委员会	王敬成	男	主任	1982—1982
	徐成武	男	主任	1983—1987
	郑文灏	男	主任	1988—1997
	郑文灏	男	主任	1999—1999
	郑桐海	男	主任	1999—

说明：1998年空缺

十二　荣誉

1960—2016年，柳滩村共获国家级荣誉1次，市局级以上集体荣誉14次；该村周凤琴获1次全国先进个人荣誉；该村郑桐海获2次全国乡镇企业家、5次市级先进荣誉；该村蔺洪梅获1次先进个人荣誉；该村张桂萍获1次先进个人荣誉；该村王金来获3次先进个人荣誉。

1960—2016年柳滩村获市局级及以上集体荣誉表

表5

授予时间	荣誉名称	授予部门
1960	全国业余教育先进单位	中共中央国务院
1986	先进党组织	天津市农委
1994	市级明星小康村	天津市农工委、市农委
1999	精神文明创建活动文明标兵	天津市文明委
1999	红旗党组织	天津市委
2000	红旗党组织标兵	天津市委
2001	红旗党组织标兵	天津市委
2001	市级文明村	天津市文明办
2002	红旗党组织标兵	天津市委
2003	精神文明创建活动文明村	先进市文明委
2006	“五个好”村党组织	天津市委组织部、农工委
2008	“五个好”红旗党组织	天津市委
2008	“五个好”红旗党组织标兵	天津市委
2008	市级文明村镇	天津市文明委
2008	创“四无”社区优秀人民调解委员会	天津市司法局

2010—2016年柳滩村获市局级及以上先进个人荣誉表

表6

<table>
<tr><th>授予时间</th><th>姓名</th><th>荣誉名称</th><th>授予部门</th></tr>
<tr><td>1986</td><td>周凤琴</td><td>全国计划生育先进个人</td><td>国家计生委</td></tr>
<tr><td>1983</td><td>张桂萍</td><td>市农业系统劳动模范</td><td>天津纪委、市人民政府</td></tr>
<tr><td>2000</td><td rowspan="8">郑桐海</td><td>天津市劳动模范</td><td>天津市委、天津市人民政府</td></tr>
<tr><td>2001</td><td>全国乡镇企业家</td><td>中华人民共和国农业部</td></tr>
<tr><td>2001</td><td>优秀村级党组织书记</td><td>天津市委组织部、天津市委农村工作委员会</td></tr>
<tr><td>2001</td><td>市级文明家庭</td><td>天津市精神文明建设委员会</td></tr>
<tr><td>2002</td><td>天津市劳动模范</td><td>天津市委、天津市人民政府</td></tr>
<tr><td>2004</td><td>第五届全国乡镇企业家</td><td>中华人民共和国农业部</td></tr>
<tr><td>2006</td><td>优秀党务工作者</td><td>天津市委</td></tr>
<tr><td>2004</td><td>蔺洪梅</td><td>精神文明创建活动文明市民</td><td>天津市文明委</td></tr>
<tr><td>2009</td><td rowspan="3">王金来</td><td>五一劳动奖章先进个人</td><td>天津市总工会</td></tr>
<tr><td>2009</td><td>天津市优秀工会之友</td><td>天津市总工会</td></tr>
<tr><td>2011</td><td>天津市第六次全国人口普查先进个人</td><td>天津市统计局、天津市第六次全国人口普查领导小组办公室</td></tr>
</table>

阎街村

阎街村（当地称闫街村）位于北辰区中部，地处北运河东岸，京津路西侧，居天穆镇北部。该村为长方形，占地面积66989平方米。东距京津路50米，西距北运河50米，南距马庄村100米，北距北仓村10米（一条胡同）。2015年，该村有户籍人口876人，长期固定资产8035万元。2016年，该村农村经济总收入671.5万元。

闫街村村委会 （2007年摄）

一　村庄沿革

元代于运河旁设渡口转运粮盐，此处为官盐集散地，称盐街。清代曾称阎家街、闫街子，中华人民共和国成立后称闫街。明永乐年初（1404—1406年）成村，隶属武清县辖。清雍正九年（1731年）天津置府辖六县，隶天津县辖。中华民国前期，隶属天津县辖。日本侵略军占领天津时期，隶属天津县北仓二分局辖。国民党统治时期，隶属天津县北仓二分局辖。1951年隶属天津八区；1955年成立初级社，隶属天津市北郊区；1956年成立高级社隶属天津市北郊区南仓乡。1958年郊区建制撤销，隶属天津市红桥区幸福人民公社南仓管理区；1960年由集体所有制改为全民所有制，红桥区幸福人民公社改为红桥区津北畜牧场，闫街隶属天穆分场管辖。1961年中仓村并入，仍称闫街。1962年北郊区恢复，闫街与南仓分家归属天穆公社管辖，1983年改天穆乡辖，1986年后，闫街村隶属北辰区天穆镇。

二　道路河流

道路　中华人民共和国成立以前，闫街村东侧为日本侵华期间用石子与混凝土修筑的公路，主要连接京津方向，其他周边地区均为土路。60年代返修京津路，周边地区始有三条沥青路面。自80年代开始，随着经济发展，该区域公路建设发展迅速，至2016年，该村周边相继筑有5条道路，其中国道1条，即京津路；区道4条，即高峰路、北辰道、朝阳路、龙门道，南北通衢，纵横交错。

闫街村北的京津路　　（2014年摄）

高峰路　高峰路为南北走向，自北仓盛苍新苑小区至南仓道全长4千米，2016年全面提升改造，加宽至双向六车道，改造扩宽后的高峰路缓解了北辰区的交通压力。

北辰道　原北仓道自外环线韩家墅到外环线刘安庄，贯穿东西，双向六车道，为沥青一级路面。连接外环线、京津路、高峰路、朝阳路、铁东路等道路。

闫街村西北运河　　（2012年摄）

朝阳路　朝阳路在2008年兴建基础设施，2015年贯穿通车，北起北仓工业小区，南到普济河道立交桥，贯穿南北，为沥青一级路面。连接中环线、南仓道、北辰道、延吉道、顺义道等道路。

龙门道　龙门道是北辰区中部贯穿南北与北辰道平行的新修道路。2016年，龙门道桥正在建设中，建成后跨北运河连接北运河东西两地，为沥青一级路面。连接京津路、高峰路、朝阳路。

河流　闫街村西有一级河道1条，即北运河；村南有二级河道1条，即丰产河。

闫街村南丰产河　　（2015年摄）

三　人口方言

人口　据《典籍中的北辰》载，民国23年（1934年），闫街村共有106户630人。据统计资料载，该村1950年，有63户315人；1980年，有193户867人；2000年，有350户1139人；2016年有乡村户数367户868人。

民族　2010年第六次全国人口普查，闫街村有6个民族。其中汉族1777人、蒙古族13人、回族5人、满族9人、白族2人、土家族1人。

姓氏 闫街村是一个小村落，主要大姓有李姓、王姓、张姓、赵姓、刘姓、陈姓、周姓、夏姓等。

方言 该村属津北方言片，该片方言像天津话，又带有邻近武清方言的一些特点。

四 耕地状况

1978年闫街村共有耕地659亩。20世纪90年代，该村有5块耕地，总面积222亩。大部分地块分布在村东，少部分分布在村南，其耕地整体四至为：东界刘安庄村、西界北运河、南界马庄村、北界北仓村。闫街村改革开放前期，村内土地多数为旱田和园田、花地，改革开放后，土地陆续开发成工业区。

闫街村合成后地块土地上种植的花卉（2012年摄）

2000年闫街村耕地地块示意图

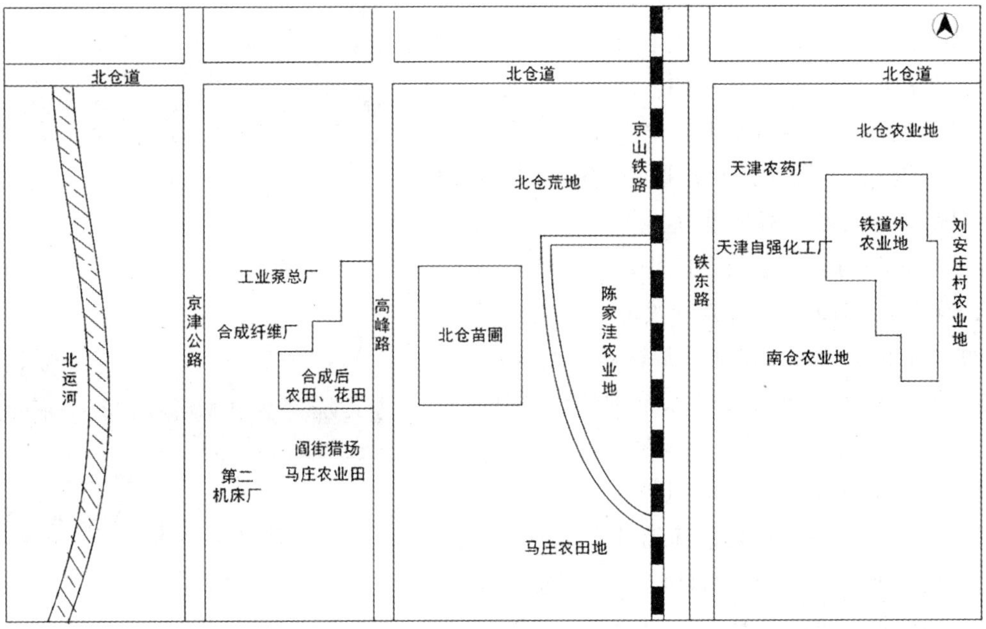

（2016年绘制）

1978年闫街村所属耕地地块情况表

表1 单位：亩

地块名称	位置	面积	地块名称	位置	面积
村北河边	村北北运河东运河大堤西	6	二机床	天津第二机床厂西侧及南侧	23
村北下坡火庙	村北运河大堤东京津路西	16	合成后地块	合成纤维厂东，丰产河北高峰路西，果园南道南	156
村南河边	村南北运河东运河大堤西	19	陈家洼	京山铁路西，北仓苗圃东丰产河马庄屇北，北仓屇南	108
合成前	合成纤维厂前京津路东	7	铁道外	自强化工厂天津农村厂东，北仓屇南，南仓屇北，刘安庄屇西	324
合计					659

五　街道胡同

中华人民共和国成立前，闫街村内街道胡同不整，均为土路，夏季泥泞，冬季扬尘。20世纪50—60年代，村内街道胡同没有什么变化。随着该村经济的发展，1980年在该村前街、后街铺设柏油路。1989年全村所有路面主街全部铺设柏油路，胡同铺设水泥砖，至2010年该村有6条街道。

2010年闫街村街道胡同情况表

表2　　　　　　单位：米

修筑年份	街道名称	长度	走向	修筑年份	街道名称	长度	走向
1980	前街	75	东西	1989	赵家胡同	73	东西
1980	后街	125	南北	1989	中仓新街	160	东西
1989	王家胡同	82	东西	1989	运河东路	400	南北

2010年闫街村街道胡同示意图

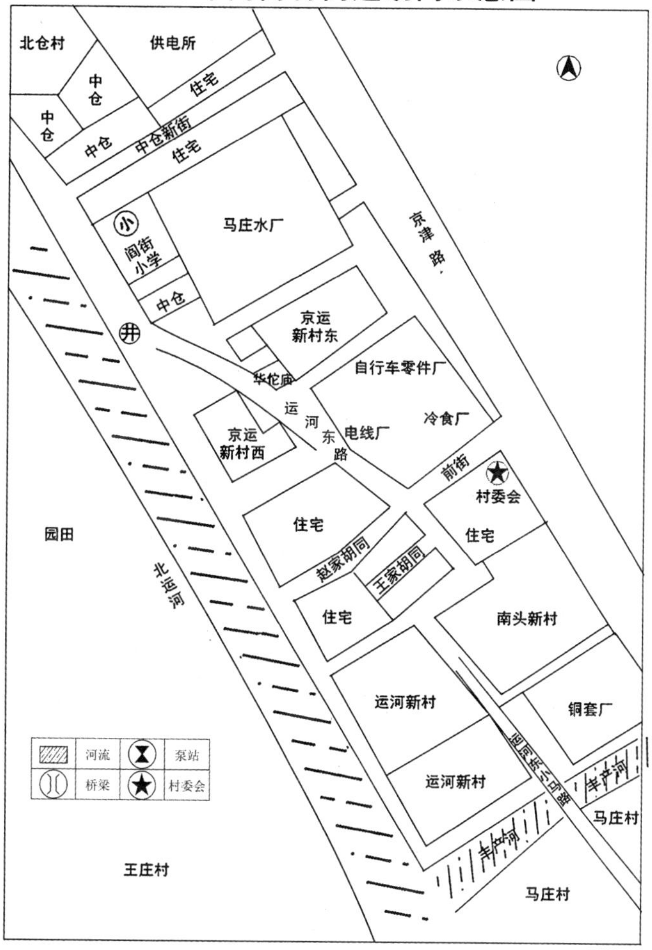

（2016年绘制）

六　旧村改造

2001年3月北运河改造拆迁131户，全部货币还迁，拆迁户大部分在北辰区范围内购置房屋。

2007年，京津路扩宽工程，沿京津路15户拆迁，还迁蓝岸森林。

2008年，京津路二期扩宽工程，沿京津路30户拆迁，2012年还迁蓝岸森林和富锦华庭。

2010年10月，北辰区城中村改造拆迁159户。

2017年1月9日，北辰区城中村改造部分拆迁户，还迁至北辰区天重道润驰新苑。（剩余拆迁户将于2017—2018年还迁闫街和马庄地块）

闫街村北主干道运河东路　（2008年摄）

七　公共设施

中华人民共和国成立前，闫街村由于村落比较小，公共设施甚少。20世纪30年代末，村内架设电线杆，村内通电。中华人民共和国成立后，公共设施逐渐增多。农业基础设施有干渠：陈家洼地块北头灌溉用“十米大沟”，铁道外地块东与刘安庄接壤“十四号渠”。泵站：运河村北泵站，用于闫街村周边农田灌溉；合成后泵站，用于合成后农田灌溉；丰产河泵站，用于陈家洼地块农田灌溉；铁道外泵站，用于铁东路东农田灌溉。

60年代中期建闫街小学，成立村“红医站”（后改为卫生所）。相继建天穆供销社直属小卖部、米面加工房。1975年后该村自来水户户通；1980年煤气管道户户通。1981年建村幼儿园，至2006年4月解散。1986年铺设下水道户户通。1996年闫街小学与南仓小学合并，全部到南仓小学上学，只有学前班在原校址上学，至2001年北运河拆迁校舍。2010年10月该村启动北辰区城中村改造拆迁，大部分公共设施被拆除，至2016年该村留存有村委会办公楼，村卫生所、小卖部、理发室。

2001年闫街村公共设施示意图

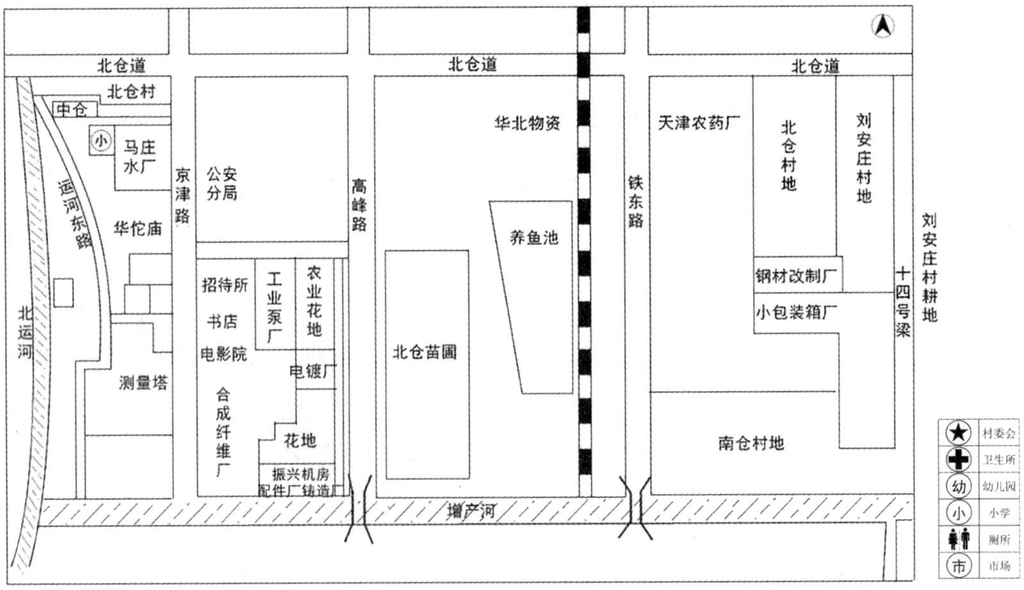

（2016年绘制）

八　经济概况

1949年前闫街村主要旱田作物为玉米，大部分土地种植草花。中华人民共和国成立后，各级政府重视兴修水利，20世纪70年代初该村开始种植水稻，1985年停种，承包给个人养鱼。至2008年土地对外出租。2014年3月，闫街村合成后地块和铁东路地块全部被政府征用。

闫街村种植草花有悠久的历史，从20世纪二三十年代村内大面积种植草花，主要销售天津市内。70年代中期该村成立花草种植队，发挥自身优势，成为该村特色种植业。1985年该村周边土地出租个人种植，承包人几乎都种植草花，至2012年闫街村土地被政府征用。

该村地处京津（公）路附近，1975年后建立小型养猪场、养牛场、养鸡场。

1962—1988年，该村相继建立前进电线厂、前进自行车零件厂、前进电镀厂、前进食品厂、前进托运站、前进铸造厂、前进糖厂、前进拔丝厂、跃进五金厂、繁星铜套厂、小包装加工厂、木箱厂等。该村地处京津路、高峰路、铁东路等重要交通干线，利用自身的有利条件，在1992年初相继在京津路、高峰路闫街村地界修建商业底商以及场院对外出租。2003年，在铁东路闫街村地块修建闫街村铁东路工业小区；2009年，在果园新村街购置商业底商；至2012年建有工业、加工业等85家企业，商业设施20余处。2016年，该村农村经济总收入671.5万元。

九　民间文化

闫街村历史上花会以少练会历史最为悠久。该村坐落在北运河的左岸，村民习武练功有着悠久的历史，清康熙年间（1662—1722年）为鼎盛时期。当年村内以李家和赵家两家为代表组成了以开办镖局为主的习武会馆，经常在华佗庙院内和运河岸边习武健身，切磋武艺，习武人员百余人。邻近村庄的青年也纷纷到此习武锻炼，成为北运河畔一处名副其实的武术之乡。闫街少林功夫拳入选天津市第四批市级非物质文化遗产名录。

闫街村武术队　（2010年摄）

闫街村夕阳红舞蹈队　该村夕阳红舞蹈队于1995年3月成立，有队员35人，由村内热爱文体的中老年妇女组成，村党支部为舞蹈队建造了良好的排练场所及活动场地，投入资金10余万元，并每年投入近万元资金，用于购置服装、道具等项支出。

闫街村古槐树　闫街村村北有庙宇一座，为华佗庙。庙内有一古槐树，树龄600余年。

闫街古槐位于天穆镇闫街村老年活动站，植于明初，至2016年树龄600余年。树高15米，树干周长390厘米。径有裂口，长2米，宽处0.18米。民国初，北仓有混混儿霸占该树，当锯北侧树杈时流出红色液体，吓得弃锯而逃。后人在断杈上添加3道铁箍，使古槐更加枝叶繁茂。20世纪80年代，常有村民在树下锻炼，有妇女说病体得到康复。一些迷信之人认为是“神树显灵”，便传“摸树能祛病免灾”，致慕名参观、许愿者日逾千人。为保护古树，政府出资筑成围墙，在树周设铁护栏，由闫街村委会管理。

闫街村600余年古槐树（2009年摄）

十　历任党政负责人

闫街村的党组织，从1962年成立至2015年始终为党支部，党支部书记先后由赵永第等8人担任；2016年该村的党组织改为党总支，书记为李宝青。该村村政机构为生产大队、村民委员会等，先后由李长林等7人担任负责人。

1962—2016年闫街村党组织负责人任职情况表

表3

党组织名称	姓名	性别	职务	任职时间
党支部	赵永第	男	书记	1962—1964
	陈家华	男	书记	1964—1965
	王文成	男	书记	1965—1983
	周广发	男	书记	1983—1988
	张文彩	男	书记	1988—1989
	王文成	男	书记	1989—1990
	张文彩	男	书记	1990—1996
	刘文梅	女	书记	1996—1997
	李宝安	男	书记	1997—2007
	李宝青	男	书记	2007—2015
党总支	李宝青	男	书记	2016—

1962—2016年闫街村村政机构负责人任职情况表

表4

村政机构名称	姓名	性别	职务	任职时间
生产大队	李长林	男	大队长	1962—1980
革命委员会	王文成	男	主任	1966—1976
村民委员会	李宝明	男	主任	1981—1984
	周广生	男	主任	1984—1997
	李宝安	男	主任	1997—2000
	李　永	男	主任	2000—2006
	李宝青	男	主任	2006—

十一　荣誉

2006—2016年，闫街村共获市局级以上集体荣誉3次；该村李宝青2次获先进个人荣誉。

2006—2016年闫街村获市局级及以上集体荣誉表

表5

授予时间	荣誉名称	授予部门
2006	天津市市级卫生村	天津市爱国卫生运动委员会
2008	天津市创“四无”社区优秀人民调解委员会	天津市司法局
2010	天津市妇联基层组织建设示范村	天津市妇联

2006—2016年闫街村先进个人荣誉表

表6

授予时间	姓名	荣誉名称	授予部门
2010	李宝青	天津市五一劳动奖章	天津市总工会
2011		天津市劳动模范	中共天津市委员会、天津市人民政府

马庄村

马庄村位于北辰区中部、天穆镇北部。北距北辰区政府1千米，南距天穆镇政府0.5千米，坐落在京津路西侧。村西靠北运河与王庄村隔河相望、北隔丰产河与阎街村相邻、南与南仓村接壤（南仓村已拆除）、村东京津路东是“东方之珠”和“大通绿岛”“蓝岸森林”“金门里”“欢颜东里”等楼群。马庄村呈长方形，整体分为三片：京津路东两片、路西一片，占地面积13.73万平方米。村西靠河岸地势较高，村东部靠公路地势较低。2015年，该村有户籍人口1340人，长期固定资产165万元。2016年，村经济总收入290.3万元。

润驰新苑（2017年摄）

一　村庄沿革

明永乐年间（1403—1424年），燕王迁都北京以后在北仓建仓储粮，北仓并建有义仓。目的是屯集粮食，赈济百姓。为此，附近各村百姓向义仓交粱。此地居住一个办理交粮手续的小官，老百姓除办理交粮手续外，还在此地拴马，喂马，逐渐住的人口增多，渐成村落。人称“拴马桩”，后叫熟慢慢演变成马家庄。没有马姓一族。后简称为马庄村。1949年3月，马庄村隶属天津县八区，1950年改隶天津县四区。1953年隶南仓乡，1958年10月，隶幸福公社，12月隶南仓大队。1961年5月，隶天穆公社，1986年后，马庄村隶属北辰区天穆镇。

二　道路河流

道路　中华人民共和国成立之前，该村有一条日本时期修的五六米宽的京津路，其他周边均为土路。中华人民共和国成立后，60年代为适应大跃进的需要，拓宽了京津路；周边修建高峰路、天重道、北仓道、南仓道及铁东路等柏油路。至80年代随着经济发展，马庄村周边区域公路建设发展迅速，至2016年，该村周边相继有7条道路。其中国道1条，即京津路，区道6条。南北通衢，纵横交错。

天重道　村东由京津路至原天津市重型机器厂一条道路，东西向。1958年修的水泥路面，路宽6米，于2008年拓宽，加之绿化带40米，柏油路，长0.8千米。

高峰路　在天重厂门西，南由南仓道往北至北仓道，南北向6米宽，柏油路。始建于1958年。于2012年第二次拓宽，加之绿化带60米宽。2016年，该路往北延长至延吉道。

朝阳路　在距离高峰路往东0.9千米处，南北向，北由北仓道往南直通市内。路宽加之绿化带40米宽，柏油路面。始建于2012年。

龙门东道　在丰产河北，东西向，东由铁东路往西穿过朝阳路—高峰路—京津路，再穿过北运河直通河西龙门西道。路宽加之绿化带70米，柏油路。始建于2013年，至2016年，正在修建中。

欢马道　自京津路至高峰路，位距天重道北0.13千米，东向西，路宽20米，路长0.8千米。始修于2008年。柏油路面。

铁东路　由朝阳路往东0.9千米，京山铁东路东80米处，南北向。北由引河路穿过北仓道至丰产河。路面是柏油路，宽6米。始建于1958年，于2004年拓宽加之绿化带110米。往南延长至普济河道大桥。

河流　马庄村建村以后的吃用水加之运输主要靠北运河。丰产河位于马庄村北，占用马庄村土地近百亩。

三　人口方言

人口　据《典籍中的北辰》载，马庄村民国23年（1934年）共有人口148户727人。据统计资料载，1950年，有197户691人；1980年，有285户1344人；2000年，有499户1505人。2016年，有乡村户数539户1340人。

民族　2010年第六次全国人口普查，马庄村共有9个民族。其中汉族5451人、蒙古族10人、回族289人、维吾尔族4人、彝族2人、壮族1人、朝鲜族3人、满族31人、土家族14人。

姓氏　马庄村共有28个姓氏。按姓氏人口多少排列为李、王、毛、陈、刘、张、杜、闫、夏、贾、潘、胡、吴、周、徐、赵、安、史、蔡、石、杨、丁、邢、梁、毕、曹、何、娄。

人口多的姓氏有5个：李、王、毛、陈、刘。其中李姓100余户350余人；王姓60余户250余人；毛姓50余户200人左右；陈姓近40户120余人；刘姓近30户110余人。

方言　该村属津北方言片，该片方言像天津话，又带有邻近武清方言的一些特点。该村的口音，村东头与村洗头、村南头与村北头都多少有些区别。

土语：扎猛子（指游泳潜泳）芝儿、今儿、芝儿个、今儿个、夜儿、夜儿个、前儿、前儿个、后儿、赶后儿、摇、太摇、忒摇、忒晚、忒难受、稀拉逛汤、娘儿们唧唧、穷不拉及、黑不拉及、瘦不拉及、胖不拉及、苦不拉及、酸不拉及、甜不拉及、臭不拉及、腥不拉及等。

家（族）谱简介

李姓分为四个家族，占300余口人；独门李姓，仅占几十人口。其中人口最多的李姓家族是“窝瓜李”，人口约占110多口人。其次是“北坑沿李”，占近100口人。

“窝瓜李”祖籍山东，随燕王扫北到此地谋生。因穷种地，种的是投资小的窝瓜，由此得名为“窝瓜李”。辈分排列：单名“永”“洪”“少”“金”。

“北坑沿李”北坑沿李来村比较早，“北坑沿李”得名是其居住地点。在村北坑边有一孤零方园200余平方米一土台上。此台名为“李家台”。辈分排列：“恒”“春”和“起”“志”“会”。

王姓在村中60余户，约220人左右，其中有5个较大的家族，占200余人，还有两个独门王，仅占5户不到20人。5个较大的家族，其中来到此村最早的是村东头王家，在燕王扫北时来的。辈分排列：“惯”“振”“俊”“志”。

毛姓家族50多户，约200人。毛姓祖籍是湖南湘潭。据说曾是老哥三，大哥一支在湘潭，为鱼头；二哥随燕王扫北到天津马庄是鱼身；三弟一支为鱼尾流落到新疆生存。南仓的毛姓与吴嘴的毛姓与马庄的毛姓家族都是一族。据该村年长者毛学强与毛秀华回忆：毛家的老家是湘潭的。其辈分排序：“春”“维”“永”“学”和“少”“秀”“建”。

陈姓在村中不到40户，人口约120人。分为两个家族。其中人口较多的是原村支部书记陈宝善一族，有20多户，70多人。具体祖籍和到村时间不祥。其辈分排列：“起”“志”“宝”。

陈姓另一家族是亲叔伯弟兄3门，在村中十六七户，有50多人，此一家族到村时间不算太早，祖籍不详。

刘姓家族在村中近30户，100余人，其祖籍在北辰区东部大兴庄。由于生活所迫，亲哥三不得不分开，二哥一支到北辰区双口落户，三弟一支清朝中前期流落到马庄生存，大哥一支仍留在大兴庄。辈分排列：“永”“庭”“国”“仲”“洪”。

四　耕地状况

70年代，马庄村共有土地18块，总面积972亩。大部分分布在铁东路、陈家洼，少部分在高峰路与京津路之间。

泵站　进入人民公社后，农田基础设施逐步增加。天穆公社在北运河设立泵站，负责向陈家洼铁东路送水，村级由高峰路二级扬水，通过十米大沟往陈家洼送水，灌溉农田。至1976年后丰产河开通，村在陈家洼、铁东路及家门口等零散地块设立了排灌泵房，保证了旱涝保收。

1978年马庄村所属主要耕地地块情况表

表1

地名	位置	耕地亩数	耕地四至
河西地	运河西	27	北至增产渠中心，南至荒地，东至南仓地交界，西至吴嘴地交界
北园	村北运河东	40	北至丰产河中心，南至马庄小学，东至运河堤路，西至北运河

续表

地名	位置	耕地亩数	耕地四至
房台子园田	京津路西村北	15	北至与阎街村交界处，南至王套地，东至京津路，西至北运河堤路
王套地	村北路西	18	北至房台子园田，南至村北坑，东至京津路，西至村北坑
南园	村南王庄桥南	3.5	北至王庄桥口，南至南仓园田，东至运河堤路，西至北运河
烈士坟（一、二队园田）	京津路东	68	北至阎街园田交界，南至天重道，东至水坑，西至京津路
托儿所前（科技组）	天重道北	15	北至农田路高心沟，南至天重道，东至猪场饲料地，西至水坑
猪场饲料地	天重道北	10	北至农田路高心沟，南至天重道，东至村养猪场，西至村科技组
托儿所后（三队园田）	路东	48	北至天津齿轮厂，南至农田道高心沟，东至高峰路排水沟，西至二机床厂
锅炉厂南园田	高峰路西	52	北至天津锅炉厂，南至南仓交界处，东至高峰路排水沟，西至天锅墙头
小铁道里（三队地）	丰产河北	72	北至北仓地交界，苗圃交界沟，南至丰产河，东至小铁道，西至北仓苗圃沟
小铁道外（陈家洼）	丰产河北	116	北至阎街村地交界，南至丰产河，东至南仓编组线，西至小铁道
陈家洼	丰产河北	95	北至北仓地交界，南至丰产河，东至京山铁路，西至南仓编组线
铁道外堤北	京山铁路东	115.5	北至南仓地交界，南至丰产河，东至南仓地交界，西至京山铁路
铁道外堤南	京山铁路东	185	北至丰产河，南至南马道，东至南仓地交界，西至京山铁路
铁道外花园地	京山铁路东	40	北至南马道，南至南仓地交界，东至南仓地交界，西至京山铁路
农药厂地	京山铁路东	32	北至北仓道，南至南仓地交界，东至铁东路，西至京山铁路
柴胡地	京山铁路东	20	北至北仓交界，南至北仓道，东至铁东路，西至京山铁路

1978年马庄村部分耕地地块示意图

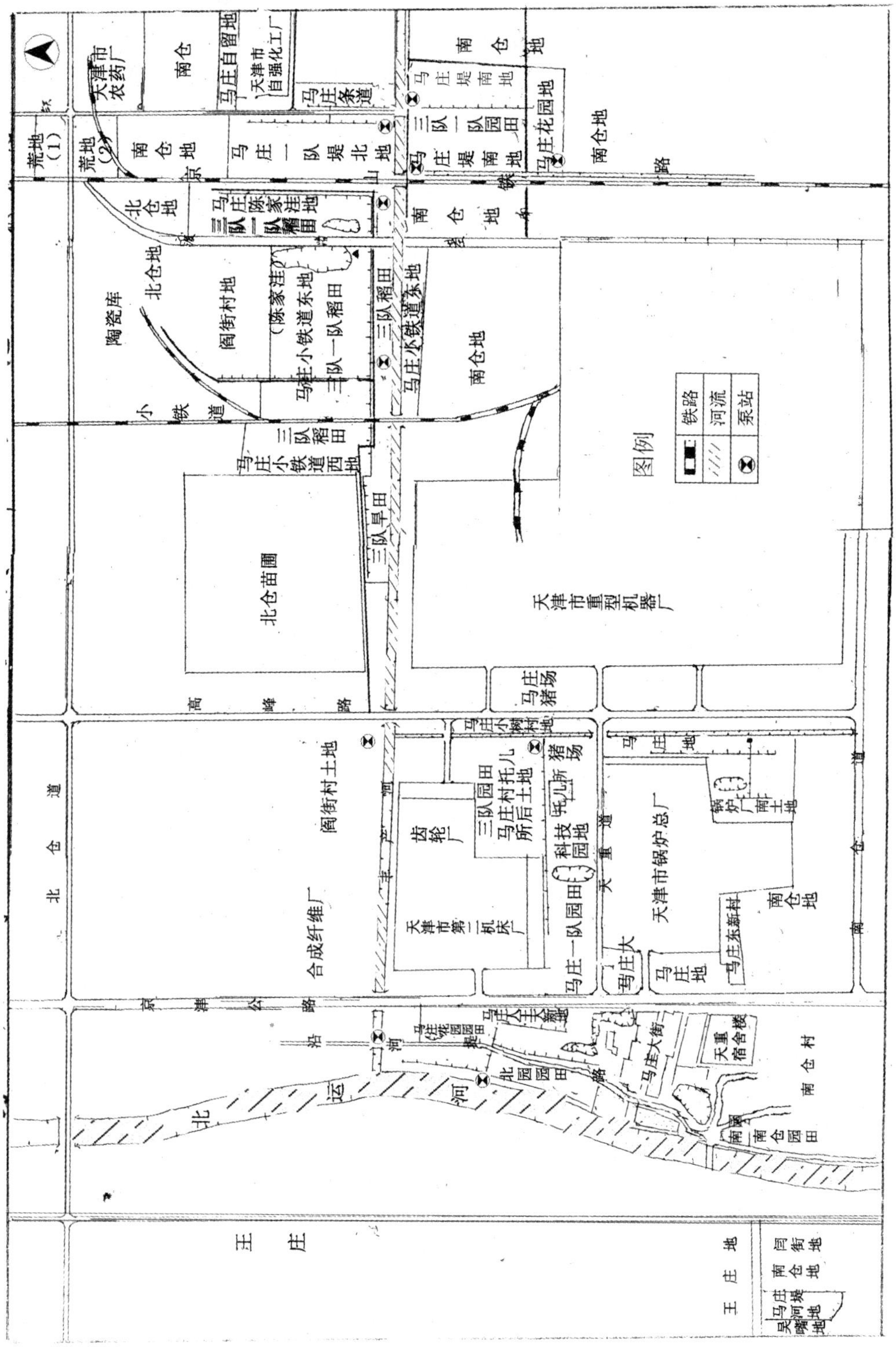

（2016年绘制）

五　街道胡同

马庄老村　明永乐年间（1403—1424年），中华人民共和国成立前一条东西向大街。街北南北向胡同四条，由西向东：北胡同、史家胡同、夏家胡同、小李家胡同。街南由西向东：毛家（闫家）胡同、李家胡同、杨家胡同、闫家胡同、王家胡同。中华人民共和国成立前至1977年全部是土路。雨季泥泞，冬季扬尘。1978年大街与北胡同由村集体投资修了柏油路，各胡同于1983—1985年，全部硬化。于2010年启动城中村改造，全部拆除。

2010年马庄村街道胡同情况表

表2　　　　单位：米

修筑年份	街道胡同名称	长度	走向	修筑年份	街道胡同名称	长度	走向
1949年前	马庄大街	180	东西	1949年前	街南毛家胡同	65	南北
1949年前	街北北胡同	90	南北	1949年前	街南李家胡同	35	南北
1949年前	街北史家胡同	90	南北	1949年前	街南杨家胡同	85	南北
1949年前	街北夏家胡同	90	南北	1949年前	街南闫家胡同	75	南北
1949年前	街北小李家胡同	30	南北	1949年前	街南王家胡同	55	南北

2000年前马庄村街道胡同示意图

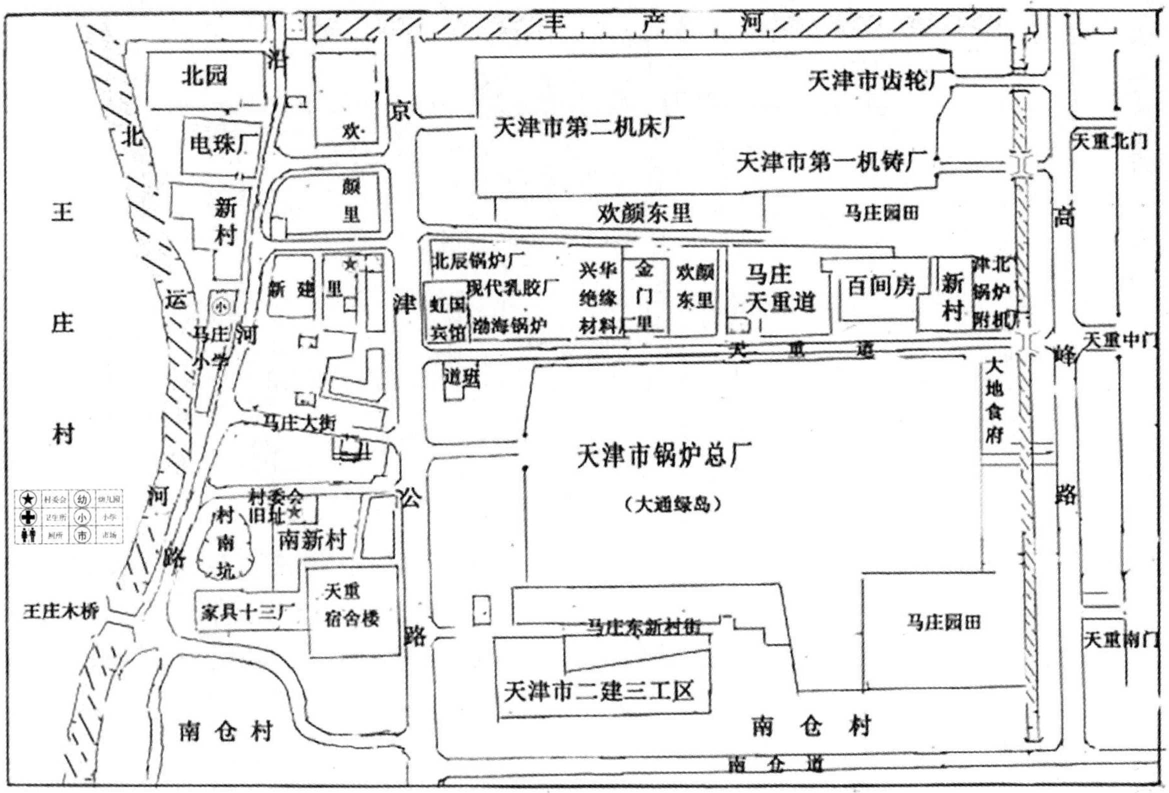

（2016年绘制）

南新村　1960—1966年建，一条东西向大街。街南大胡同一条是南北向。3条胡同也是南北向。东西向胡同两条。都是土路。于2010年启动城中村改造，全部拆除。后在村原址建南仓新苑。

1960—2010年马庄南新村街道胡同情况表

表3　　　　单位：米

修筑年份	街道胡同名称	长度	走向	修筑年份	街道胡同名称	长度	走向
1960	村南大街	150	东西	1960	东4胡同	60	南北
1960	东1胡同	40	南北	1960	老村委会后小胡同	40	东西
1960	东2胡同	95	南北	1960	天重楼北胡同	90	东西
1960	东3胡同	95	南北				

注：各新村胡同无名以数字代表其名

公路东新村　1967—1977年建，一条东西向大街。街南小胡同7条，街北小胡同10条，都是南北向。大街于1978年由村集体投资铺的柏油路面。各胡同于1985年逐步全部硬化。于2009年由于修南仓桥重点工程，全部拆除。

1967—2008年马庄公路东新村街道胡同情况表

表4　　　　单位：米

修筑年份	街道胡同名称	长度	走向	修筑年份	街道胡同名称	长度	走向
1967	路东新村大街	270	东西	1967	街北西2胡同	27	南北
1967	街南西1胡同	35	南北	1967	街北西3胡同	27	南北
1967	街南西2胡同	33	南北	1967	街北西4胡同	27	南北
1967	街南西3胡同	30	南北	1967	街北西5胡同	27	南北
1967	街南西4胡同	27	南北	1967	街北西6胡同	27	南北
1967	街南西5胡同	24	南北	1967	街北西7胡同	27	南北
1967	街南西6胡同	21	南北	1967	街北西8胡同	27	南北
1967	街南西7胡同	18	南北	1967	街北西9胡同	27	南北
1967	街北西1胡同	27	南北	1967	街北西10胡同	18	南北

北园新村　1979—1982年建，东西向大街三条。南北向胡同10条，都是南北向。大街于1992年由村集体投资铺上柏油路面。各胡同1985年后全部硬化。于2001年由于北运河工程全部拆除。现御河园就是原址。

1979—2001年马庄北园新村街道胡同情况表

表5　　　　单位：米

修筑年份	街道胡同名称	长度	走向	修筑年份	街道胡同名称	长度	走向
1979	南街	55	东西	1979	中片东2	55	南北
1979	中街	70	东西	1979	中片东3	55	南北
1979	北街	95	东西	1979	北片东1	55	南北
1979	南片东1	55	南北	1979	北片东2	55	南北
1979	南片东2	55	南北	1979	北片东3	55	南北
1979	南片东3	55	南北	1979	北片东4	55	南北
1979	中片东1	55	南北				

大北园新村 1984—1985年建，共4条南北向胡同，同时全部硬化。其中靠河边17户因2001年北运河改造工程拆除，余下37户于2010年城中村改造全部拆除。

1984—2010年马庄村大北园新村胡同情况表

表6　　单位：米

修筑年份	胡同名称	长度	走向	修筑年份	胡同名称	长度	走向
1984	东1胡同	90	南北	1984	东3胡同	90	南北
1984	东2胡同	90	南北	1984	东4胡同	90	南北

新建里 1983—1991年建，一条与欢颜里之间的村北路，路南二楼三条东西向胡同。两条南北向胡同。1992年由村集体投资将村北路与东一大胡同铺了柏油路面。同时胡同也全部硬化。于2010年城中村改造全部拆除。

1983—2010年马庄村新建里街道胡同情况表

表7　　单位：米

修筑年份	街道胡同名称	长度	走向	修筑年份	街道胡同名称	长度	走向
1983	村北路	120	东西	1983	北三胡同	40	东西
1983	北一胡同	40	东西	1991	东大胡同	90	南北
1983	北二胡同	40	东西	1992	西胡同	90	南北

天重道新村 1986—1990年建，共计9条胡同。其中7条南北向胡同，1条南北向大胡同，1条东西向胡同，同时硬化。于2010年城中村改造全部拆除。

1986—1990年马庄天重道新村胡同情况表

表8　　单位：米

修筑年份	胡同名称	长度	走向	修筑年份	胡同名称	长度	走向
1986	东大胡同	130	南北	1987	东4胡同	145	南北
1986	东1胡同	130	南北	1987	东5胡同	150	南北
1986	东2胡同	130	南北	1987	东6胡同	150	南北
1987	横胡同	38	东西	1987	东7胡同	150	南北
1987	东3胡同	100	南北				

六　旧村改造

1958年，第一次拓宽京津路，国家征用沿路土地及村民宅基地，将马庄村6户村民迁至南新村。

1984年，区与村协商征用马庄村公路东新村街南2.7亩地，将该村7户村民迁至大北园新村。

2001年，国家治理北运河，占用该村北胡同南大堤及北园新村宅基地50余亩，133户村民大部分迁至欢颜里8～9号楼及欢颜东里10～13号楼。

2007年，京津路二次拓宽及南仓桥重点工程占用该村公路东新村及村东头50余亩地，拆迁村民96户。

马庄村内胡同　（2017年摄）

这部分村民2012年还迁至蓝岸森林44～45号楼及北仓地段富锦华庭花园。

2010年，市区启动城中村改造，马庄老村、大北园、南新村、新建里（包括二楼）、天重道新村共计378户村民房屋全部拆除。其中部分村民于2017年春还迁至公路东润驰新苑南1～2号楼的六层楼房，余下将还迁至原天重道新村原址的高层楼房。

七　公共设施

中华人民共和国成立前，马庄村公共设施甚少。只有两个卖生活日用品的小铺和两台石磨。至20世纪30年代末，村内架起了电线杆，实现通电。

两家小铺　闫家小铺在村街南西头毛家胡同西侧，1956年公私合营后由天穆基层商店派员经营。1974年迁至村东街北大队部前，村集体建的五间房作为商店，由天穆基层商店派员经营。2010年城中村改造拆除、商店撤销。另一刘家小铺在村街北中部，公私合营后关闭撤销。

磨坊　旧时全村人推磨磨面都用两台石磨，一台在街南村西毛家胡同毛家房前，另一台在街北村东夏家房前。五六十年代中后期，村集体建起了电磨坊，取消了石磨，集体磨坊地址在公路东道班前，至60年代中期后取消。

保健站　1967年村成立保健站，在街北史家胡同东侧，至1981年迁址在原二队部，1984年后移至街南原党支部办公地点。

小学校　1977年建校，在村西北部，占地面积4.5亩左右，至2001年，北运河改造拆除合并到南仓中心小学。

老年协会　建于1985年，地址在原党支部大队部院内。

托儿所幼儿园　建于1962年，地址在史家胡同东侧，1967年迁至党支部院内，1985年又迁址在老二队部院内，2008年解散。

2000年前马庄村公共设施示意图

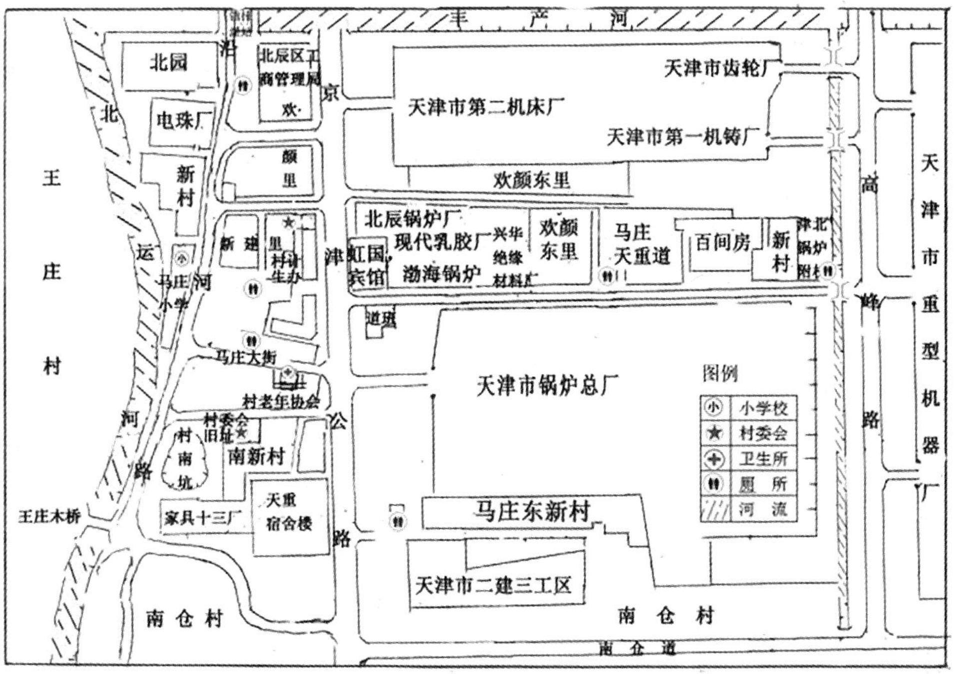

（2016年绘制）

八　经济概况

1949年前，大多数马庄村民以打八叉（短工、拾柴等）、挑八根绳（挑挑做小买卖）、拉脚皮（洋车）、租地为生。土改后，村民有了自己的土地，但由于大部分土地盐碱低渣，种植的高粱、玉米产量相当的低，在运河堤两侧少部分土地以种茅为主。进入高级社、人民公社后，土地归集体所有。在区委、区政府与村党支部的领导下，兴修水利、改土治碱，进入60年代后大部分低盐碱地开始种水稻，一度成为村的特产。70年代中期，由于水资源紧张，大部分土地都改为了旱田。通过"农业学大赛"，学习山东等地科学种田，进行间作套种，改良籽种，小麦、高粱带水移栽等措施，使该村800多亩土地单产超过400千克。1972年1月24日《天津日报》头版报道了该村的典型事迹。

由于马庄村地处城郊，交通便利。"大跃进"时期国家发展工业，将白庙至北仓村沿京津路西侧土地规划为工业区，占用该村土地1000余亩，形成附近村队地少人多的特点。1962年开始，该村发展副业生产，先后建起小五金、橡胶厂、木桶厂、外壳厂等，至1966年初具规模，年产值达150多万元，年收入不断增加，集体积累财产逐年增加，村民年分配达到20余万元。改革开放后，又先后建起了现代乳胶厂、北辰锅炉厂、锅炉安装队、渤海锅炉付机厂、锅炉付机厂、兴华绝缘材料厂等，至1986年，年产值达1800余万元，加上三产，农业年总收入2300余万元。乳胶部分产品出口销至国外，橡胶、化工产品销往全国各地；2吨锅炉销至内蒙古、东北、河北等省自治区。2000年，村级收入3500余万元。至2010年村办企业完成改制。2016年，村经济总收入290.3万元。

宾馆超市　1986年由公路局在京津路东侧、天重道北建虹园宾馆，21世纪初改名为"东方之珠"。1997—1998年，村房地产建欢颜里八、九号楼，底商一至二层。进入21世纪，大通绿岛社区建起"易初莲花"大型超市，后改为"物美"大型超市。"大通绿岛"在天重道侧楼群建了底商。

九　英烈先贤

周啸天（1914—1980）　马庄村人，著名京剧表演艺术家，曾与历慧良、袁世海等表演艺术家同台演出，为国家领导人演出，并受到接见。1963年12月21日，被选为天津市第三届政协委员。1980年去世，享年66岁。

王宝喜（1926—1950）　烈士，马庄村人，1949年参军，1950年病故于天津杨柳青医院，生前为某部战士。

李金升（1929—1951）　烈士，马庄村人，民国34年（1945年）1月参加革命，1951年5月30日在朝鲜战斗中牺牲，生前为志愿军某部战士。

陈宝珍（1932—2003）　马庄村人，1951年1月参加革命，中共党员。历任排长、连长、副处长、处长、副总工程师、副司长等职，曾荣立三等功、二等功各一次。1992年被航空航天工业部任命为研究员级高级工程师。于2003年6月14日在北京病逝，享年71岁。

十　历任党政负责人

1961年前，马庄村没有独立的党支部，阎街、马庄、南仓为一个（联合）党支部。1961年，马庄村建立党支部，支部书记张德富。至2016年，该村的党组织名称始终为党支部，没有变化。

马庄村的村政机构名称自1949—2016年先后为村公所、生产大队、村民委员会等。

1961—2016年马庄村党组织负责人任职情况表

表9

党组织名称	姓名	性别	职务	任职时间
马庄村党支部	张德富	男	书记	1961—1964
	李子玉	男	书记	1964—1965
党支部	张德富	男	书记	1965—1968
	张德富	男	书记	1971—1976
	陈宝善	男	书记	1976—1985
	陈宝华	男	书记	1986—1988
	张德富	男	书记	1988—1990
	闫志广	男	书记	1990—1997
	刘友仁	男	书记	1997—2003
	闫志广	男	书记	2003—2006
	刘友仁	男	书记	2006—

1949—2016年马庄村村政机构负责人任职情况表

表10

村政机构名称	姓名	性别	职务	任职时间
村公所	李起顺	男	村长	1949—1952
	吴起贵	男	村长	1953—1957
生产大队	李 成	男	大队长	1961—1964
	李志明	男	大队长	1964—1965
	陈宝善	男	大队长	1965—1966
	张德富	男	大队长	1968—1971
	徐秀江	男	大队长	1979—1980
管理委员会	周廷军	男	主任	1980—1982
村民委员会	张桂兰	女	主任	1982—1983
	周廷军	男	主任	1983—1985
	闫志广	男	主任	1986—1988
	张桂兰	男	主任	1988—1993
	李金洪	男	主任	1993—1998
	李金荣	女	主任	1998—2006
	刘 铁	男	主任	2006—

十一　荣誉

马庄村从1964—2016年共有4人次获市局级或市局级以上个人荣誉，其中获市局级荣誉的有周延均和刘友仁，获市局级以上荣誉的有陈学柱和刘友仁，其中1964年，陈学柱被评为五好战士，受到党中央军委接见并合影。

1964—2016年马庄村获市局级及以上先进个人荣誉表

表11

授予时间	姓名	荣誉名称	授予部门
1964	陈学柱	五好战士	北京军区
1983	周廷均	劳动模范	天津市农业学院
2012	刘友仁	五一劳动奖章	天津市总工会
2015		天津市劳动模范	中共天津市委员会 天津市人民政府

王庄村

王庄村位于北辰区南部、天穆镇西北部，距红桥区丁字沽一号路1千米。东靠北运河与马庄南仓一桥之隔、南临金苑公寓小区、西接奥林匹克花园小区、北至刘园村。村呈长方形，占地面积为21.23万平方米，距离天穆镇政府所在地1.5千米。2015年，该村有村民1830户5097人，长期固定资产29720万元。2016年，村经济总收入为1.2亿元。

王庄村航拍图 （2017年摄）

一 村庄沿革

王庄村始建于明永乐年间（1403—1424年），一王姓人家从山西洪洞县贾村到此开荒种地定居，故称为“王家庄”。以后王氏的表弟徐氏投亲而至，遂以两姓合称“王徐庄”，后因徐氏搬离此地，故又复称“王家庄”。

王庄村解放前先隶属津武县、后隶属天津县第八区。1950年改隶天津县第四区；1953年天津县建制撤销，王庄设乡隶属天津市津北郊区；1957年取消王庄乡，与南仓乡合并。1962年北郊区恢复，王庄村属天穆公社管辖，1983年改天穆乡辖，1986年后，王庄村隶属北辰区天穆镇。

二 道路河流

道路 中华人民共和国成立以前村内道路以土质路为主，直至60年代贯穿村内的主干道津永路（后称辰永路）铺设柏油路面。1992年村内多条街道均铺设沥青路面，胡同铺设水泥砖。随着经济快速发展，2003年起，辰昌路、辰兴路、龙门道、龙岩道、龙居道等多条道路通衢，纵横交错。

辰永路 辰永路作为村内历史最悠久的交通要道，在王庄村的社会经济发展史上占有极其重要的地位，是进入市区的主要通道。该道位于北运河西侧，贯穿南北，北连外环线，南端与丁字沽一号路相接，属沥青二级路面。

辰远路 辰远路位于辰永路西侧，北至北辰道，南与双环村相接，双向六车道，属沥青一级路面。

辰兴路 辰兴路位于辰远路西侧，北起北辰道，南端与龙门道相接，双向六车道，属沥青一级路面。

辰旺路 辰旺路位于辰兴路西侧，北起北辰道，南端与双环村相连，双向四车道，属沥青一级路面。

辰昌路 辰昌路修建于2003年，南北走向，北起外环线南入市区，属沥青一级路面。该路段是双向八车道，建成后极大地减轻了北辰区的交通压力。路内建有天津市一号地铁线。

龙岩道 龙岩道东西走向，位于北辰道南侧，东连辰永路，西接辰昌路，双向四车道，属沥青一级路面。

龙门道 龙门道是北辰区中部贯穿东西与北辰道平行的新修道路，龙门道桥正在建设中，建成后跨北运河连接北运河东西两地，为沥青一级路面。是连接京津路、高峰路、朝阳路的主要干道。

龙居道 龙居道位于龙门道南侧，东至王庄新家园，北与辰昌路相接，双向六车道，属沥青一级路面。

龙泉道 龙泉道位于龙居道南侧，东起辰永路，西端与辰昌路相接，双向四车道，属沥青一级路面。

河流 王庄村周边主要河流有北运河，在村东。

三 人口方言

人口 据《典籍中的北辰》载，民国23年（1934年）王庄村共有343户2301人。据统计资料载，该村1950年，有402户2016人；1980年，有765户3494人；2000年，有1386户4109人。2016年，有乡村户数1834户5109人。

民族 2010年第六次全国人口普查，王庄村有13个民族。其中汉族10741人、蒙古族10人、回族253人、维吾尔族10人、苗族3人、壮族4人、朝鲜族6人、满族26人、瑶族3人、土家族4人、畲族1人、达斡尔族3人、裕固族1人。

姓氏 王庄村以王、朱、刘、高、常、许、徐姓居多。

方言 该村属津北方言片，该片方言像天津话，又带有邻近武清方言的一些特点。

四　耕地情况

1957年，主干上水渠建成，全长600米，动土量2万余立方米。1958年，在干渠南北修建支渠16道，动土量约2万立方米。1960年，修建旱田主干渠，全长70米，动土量为2.3万立方米，支渠南北14道，土方量为2.8万立方米。1962年，修二级养水渠，全长1700米，宽17米，深4米，动土量为8.16万立方米。

1969年，在村北建电力房，排灌站。建水渠横穿津永公路，直通北运河（此渠长170米，宽30米，深5米，动土量17000立方米）。1985年农业生产队解散，园田、旱田、果园承包到户。80年代，王庄村有耕地1480亩，有地块16块。

20世纪80年代王庄村所属耕地地块情况表

表1　　　　单位：亩

地块名称	面积	地块名称	面积	地块名称	面积
三岗子（两块）	270	张家地（两块）	260	刘珑（两块）	230
小八条	240	马坟坑	110	范家地	20
闫坟	45	七秀地	75	白坟	60
赵坟	10	朱坟	10	合计	1480
红旗油厂	80	大坨子	70		

1984年王庄村耕地地块示意图

（2016年绘制）

五 街道胡同

中华人民共和国成立前，王庄村内街道胡同不整，均为土路，夏季泥泞，冬季扬尘。

1974年王庄新建民房为新村，1980年新建民房为南新村，1986年新建民房为西新村，1995年新建民房为中新村和北新村。

20世纪90年代，随着该村经济的发展，1992年全村修建柏油路，胡同铺设水泥砖。2000年10月修水泥路3600平方米和王庄村示范路。2016年主要街道有示范路、西新村路、北新村路、学校街、幸福道、前街、后街、中街。随着旧村拆迁改造开发建设，历史上王庄村街道胡同已不复存在。

王庄村老街道 （2015年摄）

1992—2016年王庄村主要街道情况表

表2 单位：米

修筑年份	街道名称	长度	走向	修筑年份	街道名称	长度	走向
2000	示范路	1200	东西	2000	西新村路	500	东西
2000	北新村路	400	东西	1992	前街	400	环形路
1992	中街	500	东西	1992	后街	800	东西
1992	学校街	400	南北	1992	幸福道	500	东西

六 旧村改造

2001年，北运河改造工程启动拆迁390户，拆迁户大部分还迁龙泉里小区，其余还迁辰兴园。2007年启动旧村改造，开工建设王庄新家园小区高层楼房两栋，2012年全部配套建设完工。

2012年，启动王庄村城中村改造工作，至2017年全村已签订拆迁协议的有1210户，已拆除610户。一期还迁房项目(A地块）建筑面积108688平方米的10栋高城楼房主体已完工。

王庄村龙泉里小区
（2016年摄）

王庄新家园小区 （2016年摄）

王庄城中村改造还迁房小区A地块
（2016年摄）

七　公共设施

中华人民共和国成立前，王庄村村公共设施甚少。1946年由徐子财个人出资修建两个碾棚；1958年王庄村成立大食堂；1968年建王庄木桥；1985年建钢筋混凝土结构桥；1983年建立新王庄小学校；1988年成立王庄老年协会；1992年成立王庄卫生院；1995年王庄储蓄所建成；1999年建造王庄村办公楼；2000年王庄小学迁址新教学楼正式建成；2001年改造原小学校旧址兴建鹏安养老院；2002年对原村办幼儿园校舍进行翻修；2005年王庄新村委会办公楼建成。

王庄村粮店　　（2015年摄）

王庄村委会新址　　（2016年摄）

1990年王庄村公共设施示意图

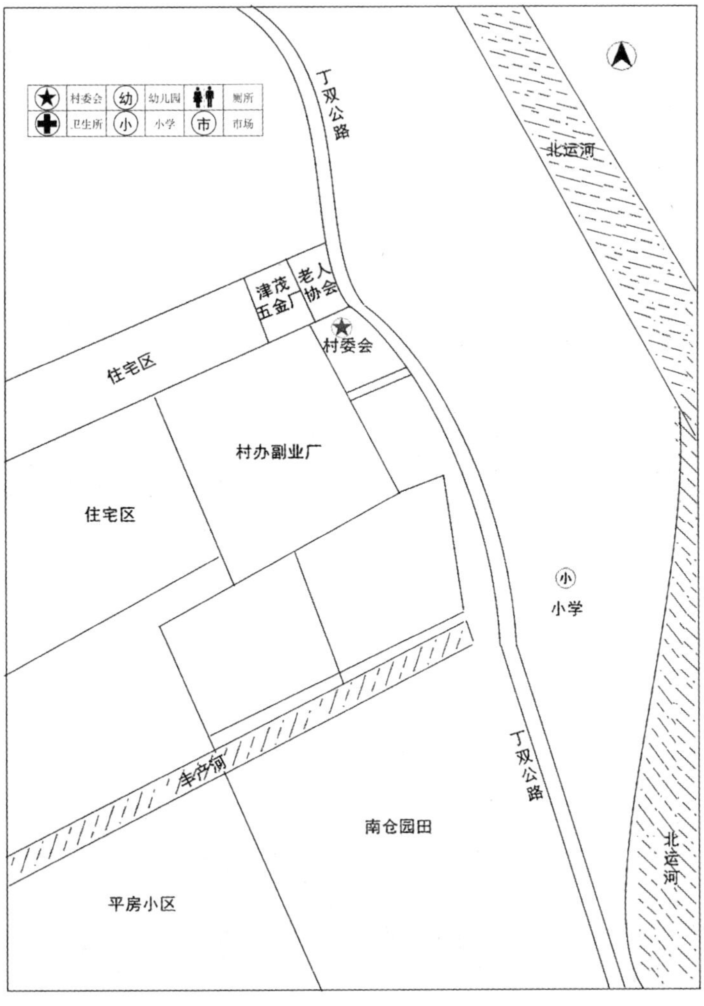

（2016年绘制）

八　经济概况

1986年，王庄村全部园田、旱田、果田承包到户。为了增加农民收入，让人们在冬季里也能吃到新鲜蔬菜，该村对农业种植技术进行革新，至1998年共建26座大棚，占地100亩。

60年代中期，该村就开始植树造林，在村北道两旁种植防风林带（树种为榆树），两侧都为双行，全长800米，栽种1280株。在北运河河坡一侧，栽种柳树共计7200株，全长900米。1998年王庄有桃树园365.4亩，共14600多株。1997年、1998年两年间与中国人民解放军某部队合作建立“军民共建林”，栽种枣树15000株，近200亩。截至1998年，王庄村实有果木数29600株，零星树木20000多株。

70年代以前，几乎每家都饲养猪、鸡，甚至还有养羊、兔、鸭、鹅等。到了90年代，王庄村只有一小部分村民做饲养畜禽工作，有养猪户6户，养羊5户，养鸡2户，养鸟20多户。

渔业也是该村的主要产业之一，1990年人工丰产河改为养鱼池，1998年新增养鱼池面积约30余亩，承包到户，每亩收入约2000元～3000元。

1961年建王庄弹棉厂，年产值50万元，利润10万元。1965—1968年，相继建起冰箱厂、柳编厂、面粉加工厂、黑白铁加工厂、缝纫厂、五金厂（当时只是加工性质），1969年建立王庄裁纸厂，整个村办企业每年平均产值200多万元，利润20多万元。1980年王庄建立汽车配件厂，年产值100万元，利润12万元，1985年解体。

该村还相继建立3个小型汽车配件厂，年产值分别为30万元～50万元，利润3万元～5万元。后其中一家汽配厂更名为“津贸五金厂”，另一个为“汇通钢管厂”，这两个村办企业为村骨干企业，年产值都在500万元以上。

80年代，该村工业企业平均12家，平均年产值为1000万元，利润100万元。90年代初，工业企业29家，1993年增长到39家，平均年产值为4000万元，利润400万元。在诸多村办企业中，金锚责任有

王庄工业园　（2016年摄）

瑞景大酒店与集贤佰悦海鲜酒楼　（2016年摄）

华润万家超市　（2016年摄）

瑞景国际鞋城　（2016年摄）

限公司、雨衣厂、津贸五金厂、振津雨衣厂、建华五金厂、灵科电子逐步发展为该村的骨干企业。

80年代中期至90年代，王庄部分村民适应改革开放新形势，在津永公路两侧盖起了经营门面，干起了三产，小吃店、日用百货店、服装店、五金交电建筑材料等店铺。

随着工农业发展，运输行业也发展起来。60—70年代运输业只是半机械化和部分机械化运输器械，80年代增加了大型运输工具。1983年，拥有胶轮大车52辆、双胶轮手拉车120辆、大中型拖拉机8台、手扶拖拉机6台、电动拖拉机3台、载重汽车8辆。1990年，该村建立新华运输场、华北运输场和一家个体运输队。截至1998年，该村有运输货车28辆、小型客车100辆、后三6辆、二轮轻骑45辆（以上数字只限村委会车管登记数）。1997年，开始建造工业园区，2004年，配套设施建设完成（包括路网、水电气、绿化、厂房、职工公寓、饭店、洗浴中心）。2003年，工业区后期13000平方米钢结构现代化厂房和48000平方米的双层框架厂房正式建成。2001年，建成王庄农贸市场，长150米、宽30米，占地面积4500平方米。2002年，北辰区家乐奥园店建成（后为华润万家超市），占地52亩，建筑面积1万平方米，总投资6000万元。2004年，集贤佰悦海鲜酒楼落成开业。2005年，在原华北木材厂地块上兴建的8000平方米工业厂房竣工验收。2006年，新天地建材装饰城（面积4000平方米）正式开业，是年瑞景国际鞋城开业，整体建筑面积65000平方米。2007年，国美电器佳园里店正式开业。2008年，瑞景大酒店开业。2012年，安建非机动车市场开业。2013年，瑞景装饰城开业。2016年，该村经济收入3111万元。

九　民间文化

圣佛庙　王庄村古老的建筑圣佛庙始建于道光二十六年（1846年），民国14年（1925年）重建。圣佛庙是砖、瓦、木结构，四梁八柱、木雕、砖雕，建筑雄伟壮观，是远近闻名的庙宇之一。庙宇总占地面积为1300平方米，建筑面积约480平方米，正殿安放一尊1米多高铜坐佛，两壁画神像，壁前有姜子牙封神位。东西厢房为配殿，也做客厅。殿前廊上方有“普度群生”（武云章题）“万古长春”（吴佩孚题）“大慈育德”三块匾；里屋上方有“千秋庇护”“大慈大悲”“威震华夏”三块匾。大殿前廊右上方悬挂一口铁制大钟。东面有一阁楼为烧香的地方。院内原有两棵老槐树是对称栽种（现仅存一棵）。圣佛庙每月初一、十五为供佛烧香日；每年二月十九日为观音菩萨诞辰日，院内会摆放各样彩灯。每逢二月十九日那天，慕名而来的善男信女络绎不绝，附近各村花会纷纷前往表演助兴。1950年该庙改为村小学校，“文化大革命”期间破四旧，整个庙宇被毁，但圣佛庙的传承在村内一直没有间断，每年农历二月二十九日王庄村家家户户都有吃捞面庆贺观音菩萨诞辰的习俗。

王庄顺和高跷会　该会成立于清乾隆年间（1736—1795年），由河北大街艺人传入王庄，由该村艺人主持。“顺和高跷会”属文跷，以优美的舞姿扭动为主。其特点以腿子高（1.5米）、鲜艳的戏衣、戏装头饰、带有假脚而闻名。每个演员都有自己特技动作，有自己的唱段，更为突出的是能在冰上表演。闻名远近的“顺和高跷会”每年春节到各村演出，曾多次去首都北京表演。1949年参加庆祝天津解放演出，还参加八一电影制片厂拍摄“大决战”的制片演出。

王庄摔跤队　2004年王庄摔跤队正式组建，由田发全担任王庄摔跤队主教练。田发全1982年以优异成绩入选天津市摔跤队，在1984年天津市青年摔跤锦标赛中获得第一名，在1986年天津市第六届全运会摔跤比赛中获得冠军。王庄摔跤队成立十余年培养上百名学员，先后有十余名学员考入天津市体校，有多名青年学员参军，在历年比赛中都取得了佳绩。2008年天津市中国式摔跤锦标赛，杨双喜（成年男子组、65公斤）第一名；2009年天津市国际式摔跤锦标赛，常继峥（男子少年组、古典式、75公斤）第一名；2010年天津市第十二届运动会中国式摔跤预赛，田元武（男子乙组、52公斤）第一名；2011年“天穆杯”天津市青少年中国式摔跤锦标赛中，张宝逸（男子乙组、60公斤）第一名、何书雨（男子甲组、65公斤）第一名；2012年天津市青少年国际式摔跤锦标赛，兰天祥（63公斤）第一名；2014年天津市第十三届运动会国际式比赛，薛铭在少年男子自由式摔跤69公斤级获第一名；2015年天津市摔跤锦标赛，曹成达获第一名（男少自100公斤）；2017年第十三届全运会国际式摔跤项目测试赛，张斌获第一名（男子少年自由式50公斤）。

十　英烈先贤

徐子财（1887—1972）　王庄村人，曾入乡学读书识礼，自幼勤勉好学，胸怀壮志。此人博学多才，不但精通国学与商道，绘画方面也相当有造诣。成年后深感中国饱受灾难，决心发展民族工业，走实业救国之路，是该村倡导实业救国的代表人物。1926年赴北京发展实业，以拯救发展中华民族实业为己任，先后开办银号（隆昌号）、面粉厂、印刷厂等，曾为抗日筹资捐款。在经营的众多实业中尤以金融最为突出。公司创立后，既继承了先人的经营经验，又自创了一套独特的经营方法。每次回乡探亲皆扶危济困、救济乡里，深得乡亲爱戴。1972年病逝于北京，享年85岁。

十一　历任党政负责人

1950—1996年，王庄村的党组织为党支部，先后由徐少清等9人担任党支部书记。1996—2016年，该村的党组织为党总支，先后由魏鹏忠和徐思清2人次担任党总支书记。

王庄村的村政机构名称自1949—2016年先后为村公所、生产大队、村民委员会等，先后由姜恩贵等15人担任负责人。

1950—2016年王庄村党组织负责人任职情况表

表3

党组织名称	姓名	性别	职务	任职时间
党支部	徐少清	男	书记	1950—1951
	王福来	男	书记	1951—1977
	马金早	男	书记	1977—1979
	孙义厚	男	书记	1979—1980
	张克明	男	书记	1981—1983
	高玉山	男	书记	1984—1985
	徐思清	男	书记	1985—1986
	陈玉田	男	书记	1986—1995
	马连武	男	书记	1995—1996
党总支	魏鹏忠	男	书记	1996—2008
	徐思清	男	书记	2009—2012
	魏鹏忠	男	书记	2013—

1949—2016年王庄村村政机构负责人任职情况表

表4

村政机构名称	姓名	性别	职务	任职时间
村公所	姜恩贵	男	村长	1949—1952
	冯有来	男	村长	1953—1956
	马金早	男	村长	1957—1962
生产大队	王福来	男	大队长	1963—1965
革命委员会	徐长洪	男	主任	1966—1976
生产大队	张永发	男	大队长	1977—1980
生产大队	高凤生	男	大队长	1981—1983

续表

村政机构名称	姓名	性别	职务	任职时间
村民委员会	张克明	男	主任	1984—1986
	田法明	男	主任	1986—1995
	李永安	男	主任	1995—1996
	朱永安	男	主任	1996—1999
	李立柱	男	主任	2000—2003
	李永刚	男	主任	2003—2006
	魏鹏忠	男	主任	2006—2009
	马玉泉	男	主任	2009—2016
	王全钢	男	主任	2016—

十三　荣誉

1992—2016年，王庄村共获市局级以上先进集体荣誉14次，其中省部级3次、市局级11次；2001—2016年，王庄村共获市局级以上先进个人荣誉5人次。

1992—2016年王庄村获市局级及以上集体荣誉表

表5

授予时间	荣誉名称	授予部门
1992	天津市绿化先进单位	市人民政府
1996	“八五台阶工程”立功村街	市人民政府
1997	治安先进单位	天津市公安局
1997	明星小康村	天津市委农村工作委员会、市人民政府农业办公室
1998	村级档案建档工作先进单位	天津市档案局
2001	1999—2000年度文明村	天津市精神文明建设委员会
2001	民主政治建设示范村	天津市委组织部、农村工作委员会、天津市民政局
2002	红旗党组织	天津市委组织部、农工部
2003	天津市民主法治示范村	天津市依法治市领导小组
2006	天津市先进基层党组织	中共天津市委员会
2006	2005—2006年度文明村	天津市精神文明建设委员会
2006	天津市老龄工作先进单位	天津市老龄工作委员会
2006	创建文明村五个一活动先进村	天津市精神文明建设委员会
2014	市级卫生村	天津市爱卫会

2001—2016年王庄村获市局级及以上先进个人荣誉表

表6

授予时间	姓名	荣誉名称	授予部门
2001	李　杰	天津市劳动模范	天津市人民政府
2003	魏鹏忠	天津市劳动模范	天津市人民政府
2004	王本强	中华慈善人物	中华慈善总会
2007		中华慈善事业突出贡献奖	中华慈善总会
2009		中国红十字志愿者之星	中华慈善总会

南仓村

南仓村位于天穆镇中部，北运河畔左岸、京津路两侧，北连马庄村，南接吴嘴村，距天穆镇政府0.5千米，村呈近三角形，占地面积17.35万平方米。2015年，该村有户籍人口3498人，长期固定资产3163万元。2016年，经济总收入1601.20万元。

南仓新苑　（2016年摄）

一　村庄沿革

元至元十六年（1279年），即在此建粮仓，名南仓。明永乐年间（1403—1424年）成村，以粮仓之名命名南仓村（传元代有傅氏父子在此地打鱼为生，某日忽闻河中一女子呼救，救之，后收为儿媳，繁衍生息，渐成村落，人称傅家村）。南仓村1949年3月隶天津县八区，1950年改隶天津县四区，1953年7月建南仓乡，隶津北郊区，1958年10月，隶幸福公社，1961年5月，隶天穆公社，1986年后，南仓村隶属北辰区天穆镇。

二　道路河流

道路　中华人民共和国成立前，日本侵华期间，用混凝土修筑的京津路，主要连接天津至北京方向，其他周边均为土路。50年代末至60年代初，京津路南仓段至元末段调直翻修。80年代修建高峰路、南仓道，2007年重修提升高峰路。1999年修建铁东路。

该村周边共有国道1条：京津路；市级道路2条：铁东路、南仓快速路；区级道路三条：朝阳路、高峰路、龙门道。京津路、铁东路、高峰路、朝阳路为南北走向，南仓快速路、龙门道为东西走向。铁路为南仓编组站。

河流　**北运河**　南仓村西侧有1条一级河道，即北运河。有1条二级河道，即丰产河。

三　人口方言

人口　据《典籍中的北辰》载，民国23年(1934年)，南仓村有356户2374人。据统计资料载，1980年，有680户2938人。2016年，该村有乡村户数1426户3898人。

民族　据村情调查，该村民族以汉族为主。

姓氏　南仓村主要姓氏有赵、柴、孟、董、周、王、陈、刘、季、于、梁、潘、马、邢、杨、沈、张、李、石、郭、姜、阎、朱、芦、吴、艾、逯、毛、曹、孙、牛、高、徐、夏、郑、何、田、倪、岳、冯。

大姓孟姓：南仓孟姓，原籍山东曲阜，后迁居张家口，由张家口迁居南仓，已近十代。其谱序为：希、元、公、彦、承、宏、闻、贞、尚、衍、兴、毓、传、继、广、昭、宪、庆、繁、祥、令、德、维、垂、佑、钦、绍、念、显、扬、西、谊、裕、璠、记、嘉、惠、馨、兰、芳、建、道、敦、安、定、懋、修、肇、彝、常、郁、文、焕、景、瑞、永、锡、世、绪、昌。

孟姓族谱与孔姓族谱相同，为全国通用。有“天下孔孟是一家”之说。曾姓、颜姓也沿用孟姓族谱。

陈姓，明永乐二年（1404年），陈氏兄弟3人由浙江北上，落居南仓。相传，陈姓为定居南仓村的大户。后长门迁居天津市河东陈家沟子定居，三门居北京，二门定居南仓。陈姓家谱早已遗失。陈姓家谱序为：广、家、连、有、瑞、庆、春、宝、国、祥。

柴姓，南仓柴姓原籍山东，至今10余代，其谱序为：天、宫、赐、福、德、梦、广、有、生、子、繁、庆、增、祥。

刘姓，南仓刘姓，祖籍山东东阿县，民国初年招赘于王姓进村。携谱图一轴，续写数十代，每年元旦香烛供奉，十年动乱焚毁，此仪废止。

李姓，明洪武二十一年（1388年）八月，李氏先祖奉诏迁于山西泽潞（曹城，长治市）一带，又于明永乐二年(1404年)集中于山西洪洞县大槐树下领取川资。从龙北上，被遣居北直隶武清县筐儿港村，明末崇祯年间（1628—1644年），由武清县筐儿港村迁至南仓村购倪姓房产定居。谱序为：廷、国、玉、树、峻、昭、著、孝、友、名、士、继、耕、读、业、兰、桂、永、昌、隆。

方言　该村属津北方言片，该方言片像天津话，又带有邻近武清方言的一些特点。

家（族）谱选介　南仓村人李伯谧于1994年再修《李氏族谱》。谱记李氏始祖于明初自甘肃迁山西再迁武清县，三迁南仓村繁衍生息。再修《南仓李氏族谱》16开1册，毛笔书写，除卷首、谱序外，有系、图、纪、世、传、录6卷，存北辰区档案馆。

四　耕地状况

该村主要耕地为铁东路东侧，面积2080亩，东邻阎街村、刘安庄村，西邻马庄村，北邻原天津骨胶厂，北运河西侧园田一块为160亩，东为津和公路，南、西为吴嘴村，北为王庄村。90年代建楼，天重后土地一块为420亩，东为铁路编组站，南为王庄村，西为天重机械厂，北为马庄村。

中华人民共和国成立后，铁东路片改为工业园区，建成厂房，2015年城际铁路周边提升改造，该片拆迁。

1963年10月，于南仓村北运河畔，首次运用顶管技术，建泵房1处，设22千瓦电动水泵2台。另于刘安庄堤北、堤南各设泵房1处，各设55千瓦水泵1台，管径500毫米，流量0.5立方米／秒，灌溉面积700余亩。

1965年年底，南仓、马庄等村在2000亩土地上，每100米为一断面挖沟渠(俗称台田)，形成河网化。

1974年，为沟通北运河与永金引河，便于调剂水源，开挖丰产河。全线有排水、蓄水、灌溉功能，使南仓等村受益土地达8000亩。

1991年土地详查时有土地239.27公顷，其中耕地121.15公顷。2010年以后，因村经济体制改革，耕地多被建成工业园区和个人租赁。

1988年南仓村耕地土地分布示意图

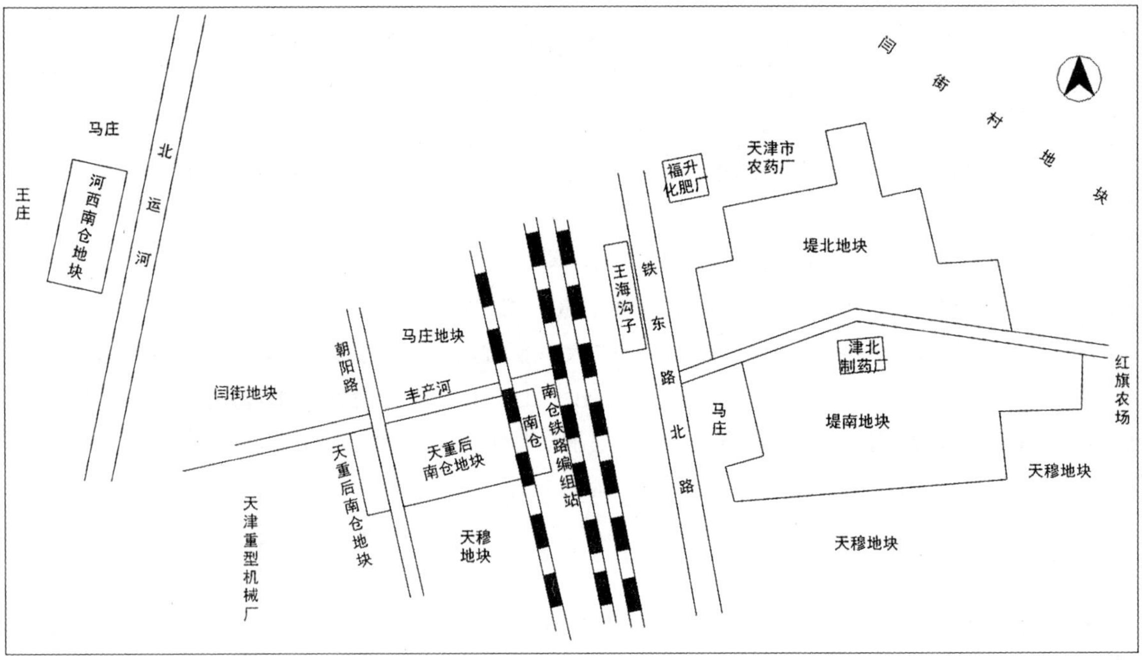

（2016年绘制）

五　街道胡同

中华人民共和国成立前，南仓村内，街道胡同不整，均为土路，夏季雨水泥泞，冬季大风扬尘，行走困难。中华人民共和国成立后，道路胡同没有多大变化，80年代村主要道路修建水泥或柏油路，90年代中期，村中重新修道路，并安装下水道，村内胡同铺设砖块。村内主要道路有5条。

2000年，村内街道胡同总共74条，老村内南北方向大街胡同有牛家胡同、北大街、拆家胡同、胡家胡同、杨家胡同、大胡同、南孟家胡同；公路东有陈家胡同、闫家胡同；东西方向有前街后街。

大堤新村有东西方向胡同5条，枣园新村有南北胡同5条，花园新村有南北方向胡同4条，北园西有南北方向胡同9条，运河新村有南北方向胡同10条，北园中有南北方向胡同7条，花队新村有胡同4条，大堤新村有南北胡同11条，二建后有东西街道胡同3条，南北小胡同1条。对外交通骨干为北街、大胡同、杨家胡同、北大堤和仓库路。1986年起村内修成柏油路8条，主长2160米，宽4米～6米。

1986年南仓村街道胡同情况表

表1　　单位：米

街道胡同名称	长	宽	起	止
北大街	395	8	京津路	八米道
前街	300	6	北大街	杨家胡同
后街	150	6	北街	大胡同
大胡同	350	8	京津路	八米道
杨家胡同	300	5	前街	京津路
八米道	275	8	大胡同	南仓小学
六米道	240	6	北大街	运河大堤
北大堤	250	5	北大街	运河大堤
仓库路	240	4	南仓道	二建新村西头
电器厂道	200	10	家具十三厂	北大街

1988年南仓村街道胡同示意图

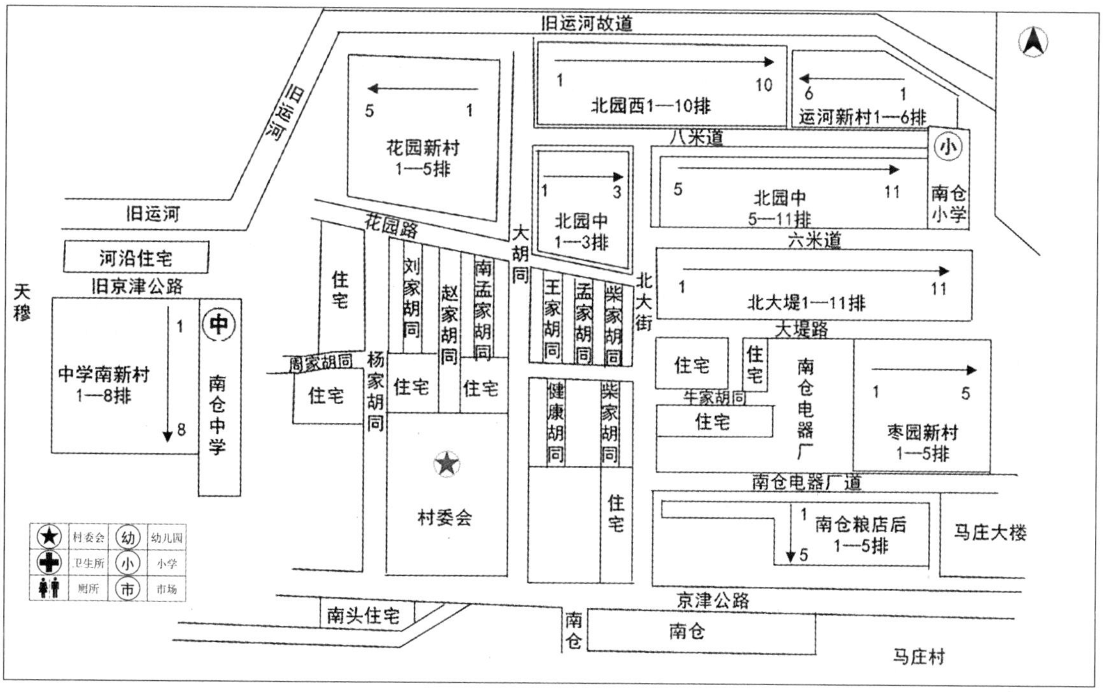

（2016年绘制）

六 旧村改造

2001年3月，北运河改造，修建滦水园，拆迁70户全部货币还迁。2005年，因天津市修建西北半环快速路南仓立交桥，南仓村迁出村民720余户，还迁至蓝岸森林小区。根据天津市政府关于加快城中村改造的布置，南仓村城中村改造拆迁自2010年10月10日至是年12月10日，历时3个月将南仓村剩余民房全部拆迁完毕。2015年8月27日开始启动还迁安置新居民区“南仓新苑”小区。

南仓新苑社区法治文化广场 （2016年摄）

七 公共设施

中华人民共和国成立前，该村落面积不大，公共设施比较少，20世纪30年代末，有公立小学一所，村内立电线杆，家家通电。

南仓新苑社区幼儿园 （2016年摄）

中华人民共和国成立后，村内有南仓小学。50年代开始，村内有粮店、煤场、副食站，至80年代后逐步撤离。六七十年代村内有理发店、托儿所、卫生所、磨面房。70年代中期村内安装自来水入户，80年代初期煤气入户，相继有线电视入户。80年代后，村民私营副食店、小卖部12户。村委会建南仓农贸市场。1988年以后，公共设施有南仓村委会、南仓小学、老年协会、粮店、南仓中学、村卫生所等。

1988年南仓村公共设施示意图

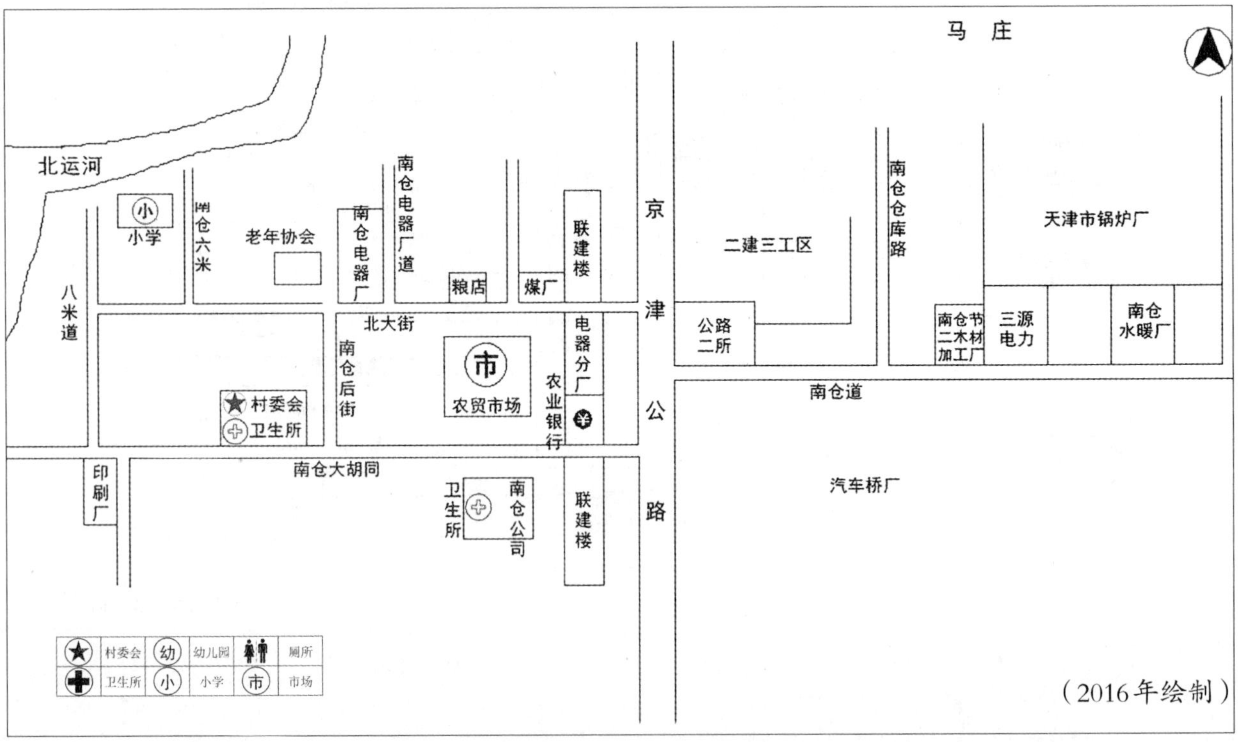

八　经济概况

1949年前，南仓村主要种植的是旱田作物，小麦、玉米、高粱、豆类。20世纪60年代末至70年代初，种植小麦、水稻为主，后旱田全部改为园田，种植蔬菜，供应天津市市民食用，成为园田队。同期村内建有电器厂、水暖厂、开关厂、印刷厂、熔丝厂、五金电料商店等。

90年代，村内建成工业园区，招商引资，引进各类工业企业，为发展该村经济做贡献。2015年因城际铁路两侧提升、改造，南仓工业园区进行拆迁。

南仓村三源公司坐落在南仓道，1983年创建，始称开关板铁壳制造厂，占地4000平方米，职工80人，固定资产40万元，生产10千伏以下电器开关。1988年更名天津市开关厂南仓分厂，继称天津市南仓电器开关总厂，占地15000平方米。专产35千伏以下开关控制设备及输变电站成套设备，在国内率先采用国际标准，1994年有职工196人，产值2490万元，利润45万元，固定资产341万元。1988年、1991年、1992年先后被评为天津市先进企业、天津市重合同守信誉单位和天津市优秀管理企业。1991年、1992年，厂长刘志新先后被评为区级乡镇企业家和天津市支援乡镇企业有功人员。

自2007年城中村拆迁改造开始，南仓村所有公建设施全部被拆除。京津冀项目又将村铁东路大部分地块拆迁，使南仓村的经济发展陷入极大困境之中，村仅靠极少部分土地租金维持村5700多人生计。2015年经营总收入1986.6万元。

九　民间文化

古树　南仓村有古树家槐一棵，位于原旧运河边，村南头京津路西侧陈家院内，约有百年历史。2001—2002年北运河改造时，修改滦水园时，圈在滦水园内。

童韵花鼓会　南仓村历史上曾有法鼓、少林会、太平鼓、皮影戏等民间娱乐活动。民国2年（1913年）经人引荐邀请到“北仓童音花鼓会”教头秦兆吉。到南仓定居后帮助南仓村组建了童韵花鼓会，亲传“花鼓”技艺，并对原有的演员、唱词及曲调进行改革，使其面貌一新。南仓童韵花鼓会，由秦兆吉亲掌鼓板，时名“渔樵耕读花鼓会”，曾一度停办。冯玉祥发动“北京政变”之后，南仓村民欢庆胜利。在村民们倡导下，恢复了花鼓会，更名为“南仓童韵花鼓会”。南仓童韵花鼓每年利用学生放假期间及冬闲排练，春节期间演出。除了在该村演出外，还常被邀到附近村庄演出，俗称出会。每年阴历正月十四至正月十六被邀参加北仓东鼎圣母娘娘出巡演出。据考，民国10年（1921年）东鼎圣母娘娘出巡最为隆重，参演花会达40道，是历年之最。各会齐聚北仓村，正月十四为“踩街”，正月十五为“亮会”，也叫设摆，即各会搭棚陈设道具，正月十六下午二时始出巡表演。各道会按顺序沿街表演，场面宏大壮观，观会群众来自四里八乡人山人海，直到深夜结束。南仓童韵花鼓会在四十道花会中被排列第十九位。

“南仓童韵花鼓会”演出顺序一般是：第一场：《莲花落》由二丑角、四旦角打着莲花落（花棍）边舞边唱。第二场：《侉莲花落》由一老生、一小生、一旦角出场演唱。第三场：《花鼓》由二旦角扮演母女推着碾子，唱着悲歌。南仓童韵花鼓会演出场面极其壮观，引领开路的是一红一黄的两面门旗，上书“南仓童韵花鼓会”，会头紧随其后，肩斜背着一紫红色香袋，手挥着一面杏黄色小旗。会头之后四个挑夫，担着圆笼之类四物，会内称“菜炊子”，圆笼内分别盛放着糕点、干鲜果品、行头、梳妆用品等。那细长的桑木扁担两头微翘，扁担两头各装一对钢丝弹簧，弹簧顶部缀着两个大红绒球，担起担子颤颤巍巍，大红绒球上下舞动，煞是好看。挑夫后便是“法鼓”，由四个精壮大汉抬着一金灿灿的雕有盘龙的鼓箱，内装红漆面大鼓，一名鼓手持棒击打。随鼓手其后是九钹、九铙、四小钹、四云罗等击打乐器，铙钹上系大红绸带，舞动起来上下翻飞。花鼓演员紧随其后。童韵花鼓演员均由十来岁男童扮演，因此又称“小会”。小演员扮相俊俏，华丽服装，精美头饰加之稚嫩的童音，令人可亲可爱。演员后面是一支由11位昆笛手组成的乐队。花鼓会最后的大纛特别壮观，大纛高挑，丈余高，猩红缎面上绣着一个黄金色硕大的“韵”字，四周镶皂红色缎带花边，八根五色彩带迎风招展，八个人一手持带，一手持小旗，是一道亮丽的风景线。此外还有40多名维持秩序人员，均手持黄、绿、橙刀旗，显得阵容格外整齐。花鼓会最受群众欢迎的是最后一场“哭五更”。

花鼓会其表演形式适于街头演出，属民间花会一种，边歌边舞曲调幽雅动听，情节时悲切时诙谐。南仓童韵花鼓于1958年停演。服装道具于60年代末由村文艺宣传队拆改利用。1996年南仓村枫叶红秧歌队负责人周凤珍为继承传统，挖掘民间艺术，又复排了“花鼓”。其曲调唱词均未改动，只是演员做了较大的调整，由原来的男童扮演改为成年人扮演。伴奏乐器也做了改进，由梆笛和笙组成新型乐队。复排后的花鼓多次在村内及天穆镇演出，吸引了北仓等村老一代花鼓艺人观赏，深受群众欢迎。南仓童韵花鼓会其腹胀道具、乐器及出会的一切费用都由热衷于公益事业的村民们捐赠。

南仓童韵花鼓会历史久远长达百年，演职人员几经更迭，因此涉及人员较多。继首创南仓童韵花鼓老艺人秦兆吉之后还聘请了李师傅（其名不详）掌鼓板。目前唯一健在的花鼓老艺人仅有80岁高龄的董洪延老先生。因此参加花鼓演出的演职人员很难准确记述。现就仅掌握部分的演职人员记述如下：

会头 第一任：陈德茂、王春轩、陈奎生；第二任：刘福绵；第三任：杨德福、苗景臣、王升；化妆师：杨德珍、沈广发。

演员 第一代：柴世彦、董福瑞；第二代：马慎言、柴有茂、王恩明、王学忠、芦学文、赵春婷、潘奎芳、王承发、金文才、赵文藻、陈家发、王桂元；第三代：董洪延、陈家云、赵文成、董洪年、倪茂林、季洪香、李善权。

昆笛手 王洪书、刘长录、刘长顺、赵福庆、陈家发、陈家奎、杨德林、陈连发等11名。

太平鼓 南仓太平鼓始于明盛于清，有500多年的历史。鼓为矩形八角，宽二尺，长半尺，柄长一尺多，柄端为倒葫芦形，配上铁环，形成“三环套月”的格局。旧时的鼓框为竹片制作，后改钢筋，鼓面用多层高丽纸裱糊彩绘上“二龙戏珠”等艳丽画面。

天津的太平鼓以南仓村为中心。太平鼓是八月十五庆丰收和年节表演，后来发展到冬闲晒太阳时孩童或老人敲打，是一种自娱自乐活动。太平鼓可敲击出各种鼓谱，如秧歌、法鼓、高跷。柄部铁环可起到钹和铙的作用。1990年北郊区文化局曾组织人力抢救和挖掘太平鼓艺术，由文化馆干部刘美勤老师创作了大型舞蹈《太平鼓》及太平鼓高跷受到群众热烈欢迎。2011年区文化馆再次组织编排了新《太平鼓》舞参加天津市比赛并获得较好的成绩。南仓太平鼓老艺人王宝利技艺精湛，常为村民制作、表演。老人去世后，其长子王金生继承了制作和表演技艺，并于1993年接受天津电视台采访。至2016年，其弟王金发承接制作太平鼓技艺，其家中存有王金生绘制的太平鼓。

法鼓 南仓法鼓会始建于清同治九年（1870年），是村民自筹资金组织起来的公益性花会。南仓法鼓会古朴庄重，仪仗简洁实用，前面为两面门旗。一会头手持堂锣，指挥全会的演出活动，另一会头身上背着香袋，手持小红旗，香袋中装有“南仓法鼓会”的帖子，行会中如与其他花会相遇，当互换帖子，这也是必要的礼节。接着就是四个挑夫各挑一副圆笼。笼内分别盛放着茶具、糕点、干鲜果品及手头用具等。挑夫迈着舞步，做着各种舞蹈动作。法鼓演出使用的打击乐器有大鼓一面，铙九副，钹九副、小钹四副、云锣四架。四人抬着大鼓，几个鼓手轮番击鼓。法鼓的套路很有讲究，共计九九八十一套。南仓法鼓会经常表演的有上擂、龙须、滚绣球、老西河等。南仓曾出过击鼓状元，此人姓陈排行第二，以漕运使船为生，人们戏称“陈二状元”。之后的鼓手胡庆发、杨茂盛等也曾名操一时。南仓法鼓会除单独表演外，有时还作为童韵花鼓会的前场，与南仓童韵花会同时出会。二会合一更为壮观。2001年前，在南仓村还能见到“法鼓”的排练场面。随着时间的推移，岁月流逝，古老的法鼓会已悄然无声。

少练会 南仓村在历史上曾有过少林会组织，但时间不长。在日本统治时期南仓村村民由石玉成、赵德明、孟继山等人自发成立了少林会，请武术师傅传授少林武功。有少林三十六招等拳术，建会初衷强身卫国。日本投降后，该组织自行解散。

皮影戏 南仓村在20世纪三四十年代就有皮影戏的演出活动。南仓的皮影戏，其唱腔具有浓郁的山西风格，属于陕西皮影。从事过皮影表演的民间艺人有沈广发（沈玉明之父）、陈治德（陈福元伯父）、王九营（其名不详）等。经常演出的剧目有《薛仁贵征西》《棒打无情郎》《穆柯寨》等。直到解放前夕已不再有演出活动。停止演出后，其道具和乐器等分别存放在沈玉明、陈福元、石振远（王九营系石振远的表姐夫）家中。1957年前仍可见到零星的“影人儿”板、鼓、月琴等。随着岁月的流逝，这些道具和乐器散落民间现已荡然无存。

枫叶红艺术团 1995年由南仓村民周凤珍出资组建南仓枫叶红秧歌队。建队初期队员有40余人，中老年妇女居多。由潘世阳投资5000元修建一露天排练场，后南仓村委会提供室内排练场地。队长周凤珍，副队长陈凤兰。建队初期以强身健体，丰富村民业余文化生活为宗旨。随着活动的开展，队员们的积极性越发高涨，后请舞蹈老师教授，排练了艺术水准较高的集体舞蹈。参加市区的各项演出活动。1997年6月被吸纳为天津市广场艺术民间联谊会会员单位。1999年参加天津市“欣园杯”秧歌大赛获最佳表演奖。2000年参加天津站广场世纪钟落成庆典表演。2001年在天津市农村广场舞比赛中获最佳表演奖。同期，南仓枫叶红艺术团还创办了一个移风易俗，喜事新办的文艺项目“花轿迎亲”，逢有结婚办喜事邀请即到。先后排演了现代群舞《好日子》《红灯舞》等。2001年聘请河北区文化馆舞蹈老师赵淑琴创编广场舞《荷花龙》。《荷花龙》是把北方地区的“舞龙”和少数民族的“板凳龙”融为一体。是年9月15日，在天津市首届农民广场舞比赛中获奖。2003年10月1日，参加天津市民间舞蹈协会主办的庆祝鼓楼商业街开业一周年花会擂台赛获奖。

枫叶红秧歌队队伍人数最多时达150余人，增排了腰鼓、小车会、秧歌、集体舞等。还资助组建了“南仓评剧团”。南仓枫叶红秧歌队曾易名“枫叶红艺术团”“枫叶红健身秧歌队”“舞蹈队”等。旧村改造期间，曾一度停止活动。2008年复建，更名为南仓枫叶红舞蹈队。由村党总支副书记、妇联主任陈淑红负责。队员30余人，以中年妇女为主，重组后的舞蹈队以健身及排演集体舞蹈为主。

2009年9月，参加天穆镇第十四届广场舞展演大赛，以津味十足的舞蹈《曲调秧歌》获展演奖第一名。2010年9月，在天穆镇第十五届广场舞展和大赛中以舞蹈《欢聚一堂》获金凤凰金奖第一名。2011年9月，在天穆镇第十六届广场舞展示大赛中舞蹈《欢天喜地》获金凤凰金奖第一名。

十　英烈先贤

孟少臣（1883—1945） 又名继安，南仓村人，中国大戏院创建人。孟出生贫苦家庭，幼时只上过几年小学，10余岁为生计只身去东北挖煤，备受欺凌。17岁随叔父在天津河北大街石桥居住，清宣统三年（1911年）在石家庄开办晋阳客栈并任经理，民国4年（1915年）返津在东站开设群贤旅馆，后在山西太原设分号，民国20年（1931年）接办天津惠中饭店继任经理，其经营有方，渐成为津门商界的知名人物。三十年代初，天津法租界劝业场一带，大商场、银号林立，唯剧院柱子多、客量少，效果差而落伍，少臣抓住商机，联合周振东、田玉川及著名京剧演员马连良、梅兰芳、谭小培等为股东，集资50万元，于民国23年（1934年）动工由法国工程师荣利设计，瑞士、美国合资的乐利工程公司施工。中间遇到波折，少臣当仁不让，再次筹资并亲自监督，遂使2303个座位的中国大戏院于民国25年(1936年)8月落成，孟少臣亲任经理。9月19日举行了开幕典礼。天津市市长张自忠等1500人出席。首由孟少臣夫人剪绳，后由马连良揭幕。马连良率扶风社居首演《群英会》加演吉祥戏《跳加官》《大赐福》。此后京剧界梅兰芳、金少山、荀慧生、尚小云、谭富英、程砚秋、李多奎、杨小楼、周信芳、侯喜瑞、叶盛兰等大师竞相到该院演出。由此中国大戏院知名度日增，名震遐迩。中国大戏院长盛不衰，至今仍是中国戏剧演出的重要舞台。孟少臣晚年退休，由长子孟广明继任经理。

李伯谧（1913—1995） 名长潏，字伯谧，为南仓村李家胡同李姓后裔。幼读私塾，体弱多病，险些夭亡，后经姑丈医治身体康复，遂从其姑丈丁永声学医。喜读书，藏书。后又拜名医左今人和华佩文。中华人民共和国成立前在家挂牌诊病。中华人民共和国成立后入职红桥区丁字沽卫生院，从事医疗卫生工作。1969年赴广西支援边疆，在南宁市卫生学校任教。1979年调回原单位天津市红桥区丁字沽卫生院工作，并晋升为主任中医师，1983年退休。退休后，专心读书致力写作，对文史、民俗等方面倍加偏爱，曾撰写《南仓李氏家谱》《子午流注秘诀》《天津当时旧俗》《调鼎集续》《南仓村志》（意见稿），并在《北郊区文史资料》《天津卫杂志》《天津烹饪》等杂志发表作品。同时为《北辰区志》《天穆镇志》编纂工作提供资料。1994年，其已80岁高龄，请缨编修《南仓村志》，不辞辛苦东奔西走，拜访知情人，伏案疾书，书稿草成不久，即病逝，其精神令人赞叹和怀念。《北辰区志》对其之精神也予以褒扬。

十一　历任党政负责人

1949—2016年，南仓村为党支部，2017年1月始为党委。先后由刘少清等14人次任书记。该村村政机构为村公所、生产大队、村民委员会等，先后由刘少清等11人担任负责人。

1949—2016年南仓村党组织负责人任职情况表

表2

党组织名称	姓名	性别	职务	任职时间
党支部	刘少清	男	书记	1949—1956
	董海江	男	书记	1956—1978
	季奎亮	男	书记	1978—1982
	杨茂才	男	书记	1983—1983
	赵玉华	男	书记	1983—1984
	杨茂才	男	书记	1984—1984
	任俊生	男	书记	1984—1985
	杨茂才	男	书记	1985—1988
	季奎亮	男	书记	1988—1991
	孟昭权	男	书记	1991—1993
	周立勇	男	书记	1993—1997
	赵凤强	男	书记	1997—2005
	苗振元	男	书记	2005—2006
	王忠喜	男	书记	2006—

1949—2016年南仓村村政机构负责人任职情况表

表3

村政机构名称	姓名	性别	职务	任职时间
村公所	刘少清	男	村长	1949—1956
生产大队	董海江	男	大队长	1956—1967
革命委员会	董海江	男	主任	1967—1978
村民委员会	季奎亮	男	主任	1978—1982
	杨茂才	男	主任	1983—1983
	赵玉华	男	主任	1983—1984
	杨茂才	男	主任	1984—1984

续表

村政机构名称	姓名	性别	职务	任职时间
村民委员会	任俊生	男	主任	1984—1985
	杨茂才	男	主任	1985—1988
	季奎亮	男	主任	1988—1991
	苗昭权	男	主任	1991—1993
	周立勇	男	主任	1993—1997
	赵凤强	男	主任	1997—2005
	苗振元	男	主任	2005—2006
	王忠喜	男	主任	2006—2009
	赵凤强	男	主任	2009—

十二　荣誉

1949—2016年，南仓村共获文明村等市局级以上先进集体荣誉3次。该村董海江获省部级以上荣誉3次，王凤强等4人共获市局级荣誉7次。

1949—2016年南仓村获市局级及以上集体荣誉表

表4

授予时间	荣誉名称	授予部门
2001—2002	文明村	天津市文明建设委员会
2002	红旗党组织	中共天津市委组织部、农工委
2002—2003	文明小康村	天津市农村工作委员会

1949—2016年南仓村获市局级及以上先进个人荣誉表

表5

授予时间	姓名	荣誉名称	授予部门
1956	董海江	全国模范民兵连长	中央军委
1956		全国残疾人社会主义建设积极分子	中央军委
1964		天津市防汛模范	天津市人民政府
2001	王凤强	九五立功奖章	天津市总工会
2001		创新明星	天津市总工会
2004	赵凤强	天津市优秀企业家	天津市总工会
2012		五四劳动奖章	天津市总工会
2013		天津市优秀村委会主任	天津市农村工作委员会
2013	王忠喜	五四劳动奖章	天津市总工会
2014	董海水	五四劳动奖章	天津市总工会

霍嘴村

霍嘴村位于天穆镇南部，河北区界内，与红桥区接壤。村为长方形，占地面积5.5公顷，东距京津路（天泰路）100米，西距北运河10米，南距白庙村300米，北距柳滩村300米。2015年，霍嘴村有户籍人口443人，长期固定资产6552万元。2016年，村集体经济总收入1865万元。

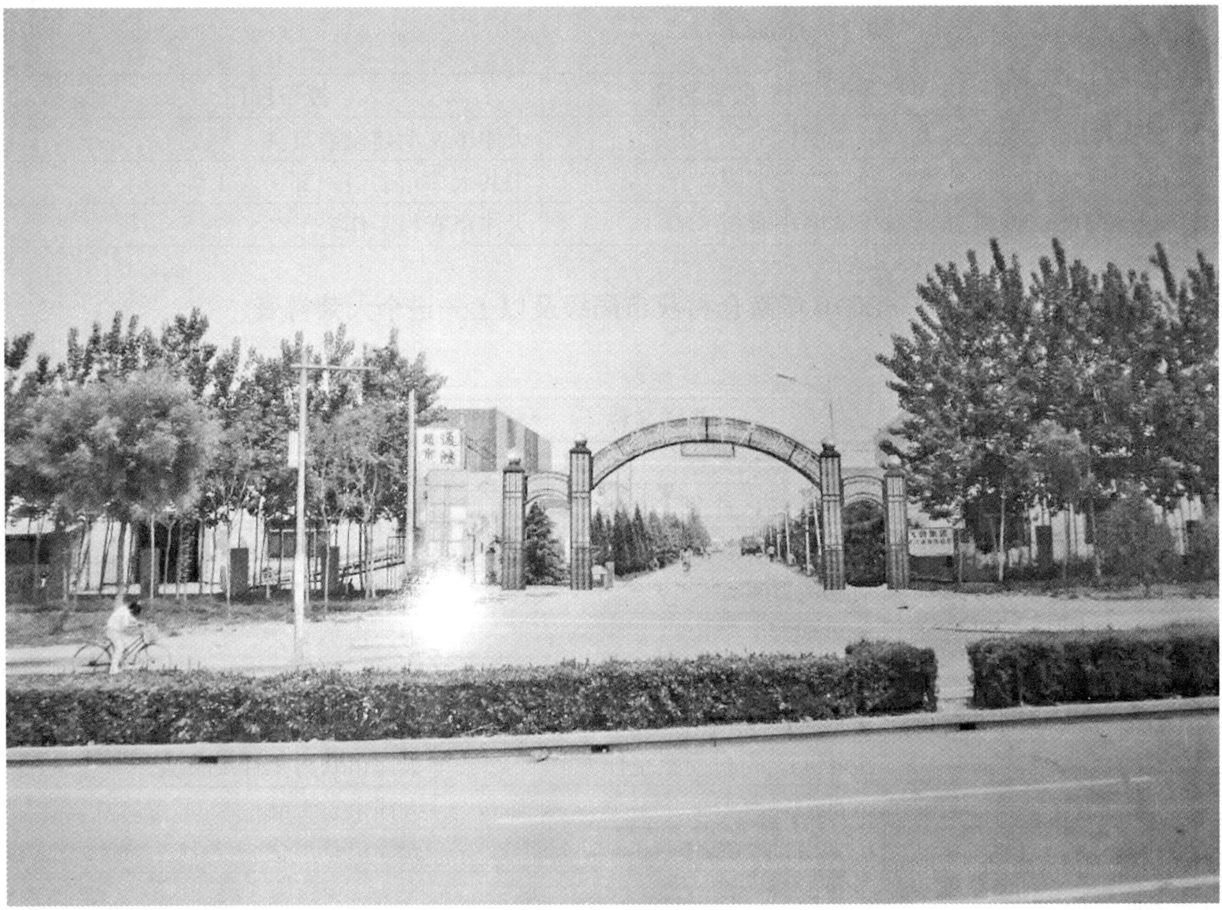

霍嘴村铁东路工业园 （2004年摄）

一　村庄沿革

明永乐年间(1403—1424年)成村，传为江浙一带移民跟随“燕王扫北”而至。最初居民为霍姓人家，后不知何故霍氏人家迁走，但村名霍家嘴却流传下来，清道光年间（1821—1850年）曾称霍家嘴，1979年称霍嘴。

村庄坐落在北运河和普济河交叉处。1949年3月隶天津市三区，1954年11月隶天津县四区。1953年7月隶柳滩乡，1958年隶幸福公社，1961年隶天穆公社，1986年后，霍嘴村隶属北辰区天穆镇。

二　道路河流

道路　中华人民共和国成立初期，霍嘴村只临连接北京和天津的京津路。1966年，在村西侧国家建设了与京津路交叉的东西走向的普济河道，同时在北运河上修建了普济河道连接勤俭道的勤俭桥。在70年代，村域内有朝阳路和市级快速路——铁东北路。

河流　村西面是由北京起始流经杨村、北仓、霍嘴、西沽，在三岔河口流入海河的北运河。村与北运河对岸的清乾隆皇帝曾登临的桃花堤公园隔河相望。

村南面是普济河，普济河曾是北运河为淀北48村浇灌土地供水的河流，有俗称海墁的闸口工程。海墁长约400米、宽约200米，底为方形青石板铺底，青石板间用浇铸铁铆连接。堤岸是白灰浇筑的高3米、宽两米的石灰埗。1970年前后，在普济河道与北运河交接处建水泵站一处，由天穆镇管理。

三　人口方言

人口　据《典籍中的北辰》载，民国23年（1934年），霍家嘴村有236户909人。据统计资料载，1950年，该村有村民282户1182人。1956年设立居委会，将居民户口分出管理。1952年天津企业大批招工和1972年铁路及长途汽车招工。1980年，有258户976人；2000年，有293户483人；2016年，该村有乡村户数330户423人。

民族　2010年第六次全国人口普查，霍嘴村共有8个民族。其中汉族521人、蒙古族1人、回族1人、苗族1人、朝鲜族7人、满族1人、黎族1人、锡伯族1人。

姓氏　霍嘴村属城郊接合部，少有大户人家，主要大姓为汪姓、何姓。

方言　该村属津北方言片，该方言片像天津话，又带有邻近武清方言的一些特点。

四　耕地状况

霍嘴村耕地比较分散，基本分为铁道外、北道口、北园、粮库、柳滩东下坡和三角地等地块，在1951年修建京津路征用了一部分耕地；后期国家发展工业，在粮库地块建设粮库、电炉厂、开关厂征用了部分耕地，1968年铁路扩建征用一部分耕地，1972年建长途汽车公司征用一部分耕地，2003年后，耕地锐减。农业

20世纪90年代霍嘴村所属耕地地块示意图

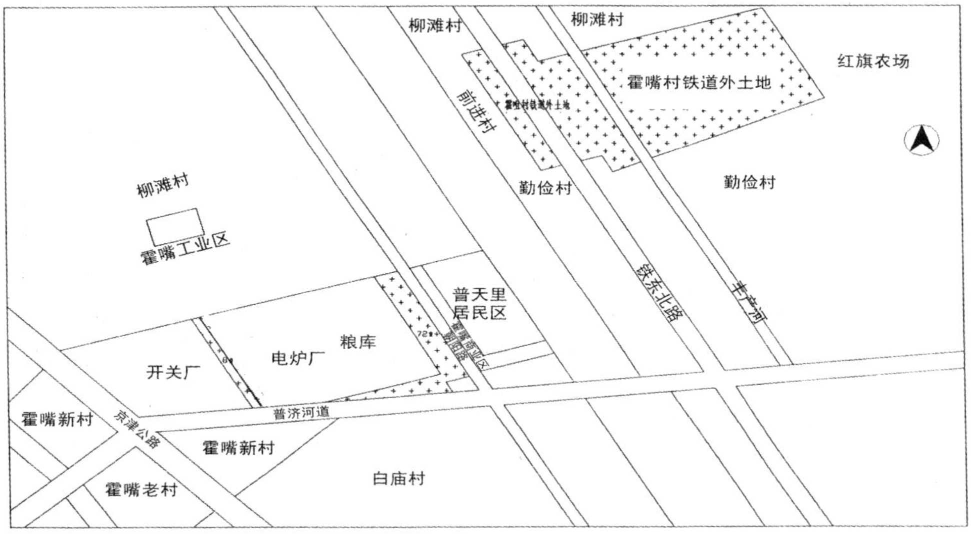

（2016年绘制）

生产设施有在丰产河水库修建的水泵站，用以浇灌铁道外农田。后丰产河水质下降，霍嘴村在农田开凿一口机井，浇灌农田。

五　街道胡同

霍嘴老村有胡同10条，分别是张家胡同、夏家胡同、水铺胡同、面铺胡同、北胡同、孙家横胡同、摆渡口街、前门口街、粮店前街、大道街；新村有5条胡同，分别为新村1、2、3、4排和卞家花园。

六　旧村改造

1955年国家发展工业，征用霍嘴村土地，建天津市开关厂、天津市电炉厂、储备粮库。1968年铁路南仓站扩建，征用部分土地。1972年建天津市长途汽车公司征用部分土地；1998年，在朝阳路建起4万平方米普天里花苑小区住宅楼，有110户村民入驻。2003年建铁东北路快速路征用部分土地。2005年，国家在京津路和普济河道交叉口修建互通式立交桥，征用霍嘴村土地，霍嘴村老村整体拆迁。由于是货币补偿安置方式，村民自己买房分散居住在河东区、河北区、和平区、南开区及区瑞景小区、普天里小区等地，住房条件都得到极大改善。

2007年年底，因建设勤俭立交桥、打造京津路黄金走廊工程，拆迁260户，还迁房地址为原散热器厂，霍嘴村民散居市内各区。2013年还迁房落成，新村村民集中住进了设施完善的高层住宅，居住条件也得到极大改善。

2012年，北辰区启动城中村改造工程，霍嘴村最后一个居住地朝阳大院整体拆迁，同样是还迁房安置方式。2016年，还迁房正在建设中。

七　公共设施

霍嘴村老村拆迁前，村办有占地约600平方米，建筑面积300平方米的幼儿园，接受村民子女，有幼教人员4人；有建筑面积600平方米的卫生院，有4名专职医生、护士；有建筑面积300平方米的老年活动中心等。拆迁后，村民乔迁新型社区，公共设施较为齐全，霍嘴村在朝阳路新建老年活动中心，同时也是村平音法鼓活动基地。

20世纪80年代霍嘴村街道胡同及公共设施示意图

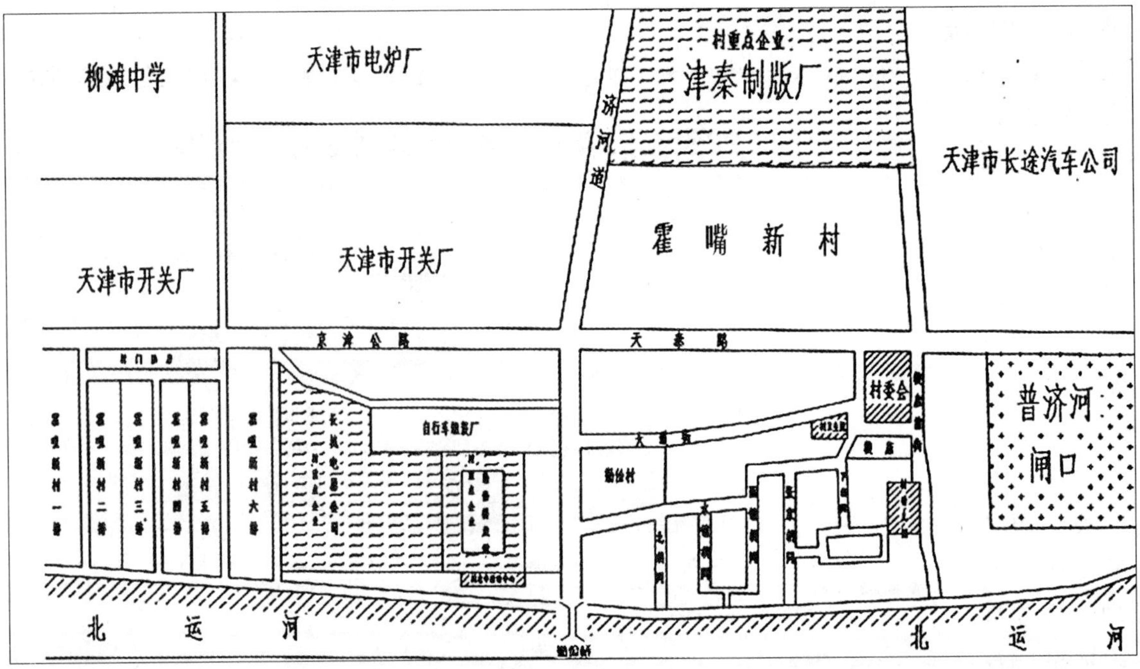

（2016年绘制）

八　经济概况

霍嘴村明清时水运兴盛，官府在该村设立漕关局，为京津水路税务关卡。该村便有了面铺、水铺、金货店等商家。清末漕运清冷时期，这些店铺也随之消失，但至今仍保留有面铺胡同、水铺胡同、摆渡口、前门口等胡同名。中华人民共和国成立以前，该村地少人多，只有部分村民依靠种地为生，其他人以黑白铁加工、焗大缸、做小生意及打零工为生，生活没有保障。中华人民共和国成立后，成立合作社，在以农为主的基础上建起了集体经济性质的孵化厂、制本厂、农药厂等，走上了集体经济道路。随着体制变革，由初级合作社、高级合作社到霍嘴村、柳滩村和白庙村合并组建的联村队式的晨光社，

1962年晨光社解散，霍嘴村成立在天穆人民公社领导下的霍嘴村生产大队，下属第一、第二农业生产小队和一个副业厂，在回乡人员带动下，副业厂在原有孵化厂、制本厂、农药厂基础上又新建了制锨厂、链条厂等企业，但总体经济规模偏小。20世纪80年代后，该村依靠近市区且交通便利的地理优势，首先开办旅馆作为副业，随后村里人家效仿陆续开办许多家庭旅馆。该村在朝阳路建设3万余平方米商业区；在铁东路建设10多万平方米工业区；另有柳滩东下坡工业区、南口路工业区、普济河道桥工业区等，总建筑面积15万余平方米，引进大型企业数十家。村委会在改善民生投资，建立职工退休金制度、医疗费住院补贴制度、教育奖励制度。发放生活补贴、取暖补贴、旅游补贴、物业费补贴、粮食补贴，并在年节发放节日礼品等。2009年，霍嘴村实现村级收入1850万元，全村人均纯收入1.9万元。村中退休职工年人均收入3.32万元。2015年，村集体总收入2409.3万元。

九　民间文化

霍嘴村坐落在北运河和普济河交口处，每年的防汛成为当时村负责人的心病，一旦出现溃堤则殃及淀北村庄安全，因此在明清时期建有龙王庙祈求保平安，龙王庙占地约700平方米，院落大门朝向北运河，有正殿一大间，南北各有配殿两间，门口有副房两间，据传说每年到龙王祭拜的日子，有隆重祭拜仪式。龙王庙在清末至民国初，年久失修荒落，1950年作为柳滩小学霍嘴校区，是柳滩小学一、二年级上课地方，1972年柳滩小学新校舍落成，霍嘴校区成为北辰教育局员工宿舍。

十　历任党政负责人

1964年，霍嘴村建党支部，至2016年，先后有赵金庭等5人担任支部书记。该村村政机构为合作社、生产大队、村民委员会等，先后由汪景珊等人担任负责人。

1964—2016年霍嘴村党组织负责人任职情况表

表1

党组织名称	姓名	性别	职务	任职时间
党支部	赵金庭	男	书记	1964—1975
	何家庆	男	书记	1975—1976
	孙宝臻	男	书记	1976—1978
	刘金藻	男	书记	1979—1981
	张玉才	男	书记	1982—

1958—2016年霍嘴村村政机构负责人任职情况表

表2

村政机构名称	姓名	性别	职务	任职时间
晨光社	汪景珊	男	社长	1958—1963
生产大队	高敬勉	男	大队长	1964—1966
革命委员会	张永生	男	主任	1967—1971
生产大队	刘金藻	男	大队长	1972—1976
村民委员会	孙宝臻	男	主任	1976—1978
	刘金藻	男	主任	1979—1981
	张玉才	男	主任	1982—

十一　荣誉

1958—2016年，霍嘴村共获市局级以上集体荣誉2次；该村张玉才1982—2016年2次获先进个人荣誉。

1998—2016年霍嘴村获市局级及以上集体荣誉表

表3

授予时间	荣誉名称	授予部门
1998	天津市村级建档工作	天津市档案局
2009	村务公开民主管理示范村	天津市村务公开协调小组

白庙村

白庙村位于天穆镇南部北运河左岸、河北区界内，为市区村。东起南口路、西至北运河、南起榆关道、北至普济河道一带的街道，占地面积8.7万平方米。2015年，该村有户籍人口657人，长期固定资产5449万元。2016年，村经济总收入2991万元，人均54227元。

白庙还迁房辽河园小区　　（2016年摄）

一　村庄沿革

明永乐年间(1403—1424年)，江淮、晋、鲁一带移民吴、李、崔3姓居此成村。万历二十年(1592年)建白马寺(清康熙赐名“孤云寺”)，由庙得名白马庙村，后略称白庙村。1986年7月，行政管理属河北区。1998年7月，经天津市体改办批准，白庙农工商公司改为天津天昊集团有限公司。1992年3月后，白庙村隶属北辰区天穆镇。

二　道路河流

道路　中华人民共和国成立以前，白庙仅有地处北运河左岸的村落，占地面积不足1千米。白庙村四方全部被坑、河环绕，进入村落基本全部是土路；仅京津路(天泰路)从村西穿过，连接自北向南(北仓、小王庄)的运输通道(渣石路)。中华人民共和国成立后修建的水泥路面，向东方向的通道为宜白路(榆关道)；向西的道路是通过摆渡(席厂、柳滩)去往红桥西沽、老丁沽。桥梁主要有北洋桥(1956年修)、勤俭桥(1964年修)。

20世纪60年代建立了白庙工区，先后修建南口路、榆关道、雁门路、古北道、普济河道(普济河北岸)。70年代修建宜白路、朝阳路，连接到白庙工业区几十家厂的运输通道。80年代修建的中环线，从村后经过，普济河道立交桥是连接京津塘高速的最近通道。

2016年，白庙村往北可通行的道路有京津路、朝阳路、铁东路等；往东可通行的道路有榆关道、普济河道、志成道；往南可通行的道路有南口路、天泰路；往西可通行的道路有光荣道、勤俭道。

河流　北运河经白庙村西流入海河三岔口，70年代前普济河自西向东经白庙村北流入金钟河。

普济河　50—60年代前，普济河自西(北运河)向东经白庙村东、宜兴埠镇北流入金钟河，在开挖新开河之后，普济河废弃淤死。80年代修建的中环线、普济河道大部分在原河道中央。

20世纪90年代白庙村所属耕地地块示意图

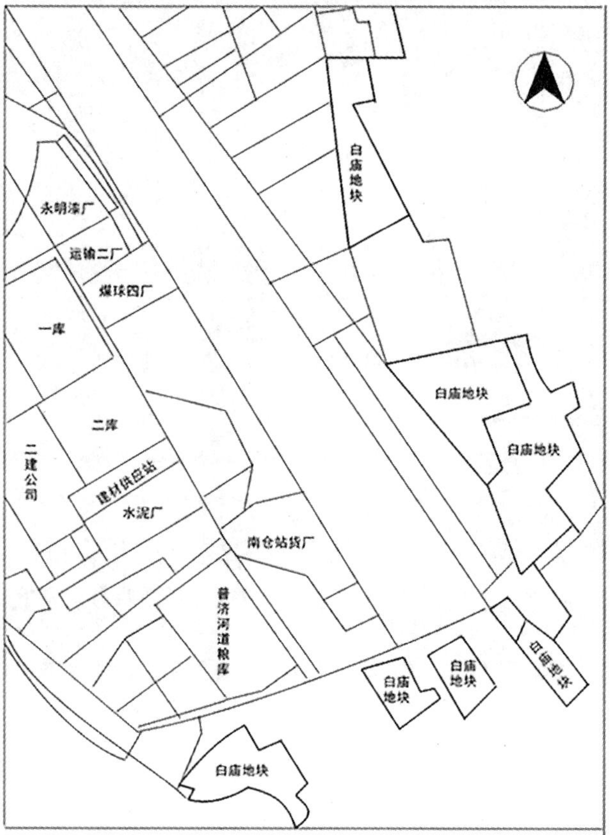

(2016年绘制)

三　人口方言

人口　据《典籍中的北辰》载，民国23年(1934年)，白庙村有人口170户334人，据统计资料载，1950年有人口180户553人，1980年有人口342户1127人，2000年有人口660户1024人，2016年，该村有209户623人。

民族　2010年第六次全国人口普查，白庙村有4个民族。其中汉族1334人、回族16人、朝鲜族5人、满族1人。

姓氏　白庙村有10余个姓氏，全村以乔性为大户。乔性兄弟9人由山西太原到津，在天穆镇域内天穆、白庙落户。天穆村一支为回族，其余皆为汉族落在白庙村。

方言　白庙村方言以天津方言为基调，与武清方言结合，接近普通话。

四　耕地状况

白庙村耕地：八里洼旱田地及原四小队：东至红旗农场，北至天穆地段，南与柳滩地块接壤，西至柳滩及天穆村。铁道外地：东至东于庄，南至东于庄及勤俭村，西至勤俭及柳滩村。原白庙积肥队：北至普济河，东至南仓编组站，南至原矿山电器及电子研究所，西至变电三处。抬田地及养猪场地：北至普济河，东至南仓编组站，南至汽车锻件厂，西至南仓编组站。

五　街道胡同

中华人民共和国成立前，白庙村街道胡同不整，均为土路，夏季泥泞，冬季扬尘。中华人民共和国成立后，50—70年代白庙村由新村和老村构成，老村由历史演变分前街、中街、后街；胡同按当时最早入住的姓氏分为乔家胡同、王家胡同、崔家胡同、李家胡同。进入80年代以来，随着村里经济的发展，按计划实施村庄改造，街道胡同调直，主要街道逐步落实硬化，随后由于人口的不断增加和村民的需要，于1979年建成白庙新村按排列分13排，2009年该村有7条街道。

2009年白庙村街道胡同表

表1　　单位：米

修筑年份	街道名称	长度	走向	修筑年份	街道名称	长度	走向
1956	白庙前街	480	东西	1970	王家胡同	120	南北
1956	白庙中街	280	东西加南北	1970	崔家胡同	85	南北
1956	白庙后街	450	东西	1970	李家胡同	160	南北
1970	乔家胡同	160	南北				

20世纪90年代白庙村街道胡同示意图

（2016年绘制）

六　公共设施

中华人民共和国成立前，白庙村公共设施甚少。中华人民共和国成立后，公共设施逐渐增多，白庙村以北紧邻最早50年代建厂的鞋楦厂及玻璃器皿厂、白庙副食店；南面是1998年京津路拆迁改造时由小王庄搬迁来的4路公交车站及随后建成的加油站；为解决新村用电问题在80年代初期建立一座变电站；白庙办公地点最早建在白庙前街地段，后建成紧邻京津路二层建筑楼房，1992年又投资兴建了

6楼框架结构的办公大楼；2016年该办公大楼出租以增加村级收入，白庙在所属八里洼地界新建办公大楼。

白庙村办公地址　（2010年摄）

七　旧村改造

为改善村民住房条件，实现新、老村平改，天昊集团经过仔细认真调研，反复研究和讨论，结合当时白庙村百姓普遍住房条件差的实际情况，及时的做出了响应政府号召，进行白庙村升级改造。集团积极奔走，协调各方面关系，与拆迁主管部门积极沟通，为百姓争取更多的政策照顾。2007年4月28日经过两委班子会议通过了河北区白庙拆迁方案：货币还房每平方米6000元左右；定向还房按1：1.15比例，按每平方米4000元计算；还迁房为铁东路辽河园社区，建房工程由河北房管局操作，其建房用地按每亩80万元返还给公司。2009年8月8日，白庙第一批被拆迁户入住北辰区铁东北路辽河园。

20世纪90年代白庙村公共设施示意图

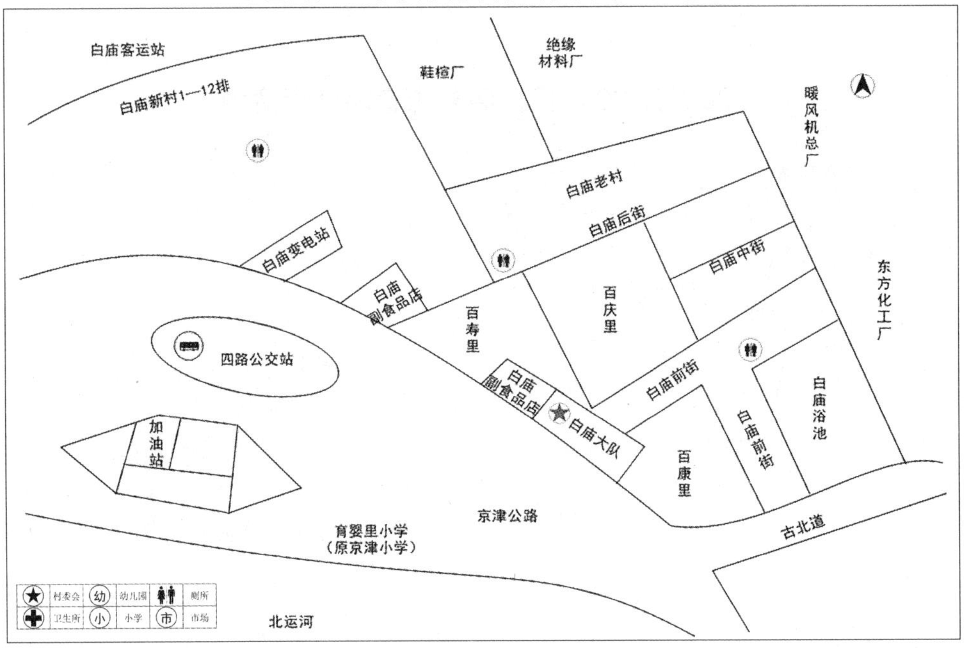

（2016年绘制）

八　经济概况

1970年，白庙村集体收入达到78万元，1989年投资兴建一座6层6000平方米的综合贸易大厦，1989年购置400亩土地兴建13万平方米的半封闭仓库，1992年集资兴建2600平方米的双气住宅楼，1993年与香港建起第一家合资企业等。

1998年7月创办天穆镇第一个集团公司——天昊集团，改革了原有的农工商管理体制，经过清产核资，将不规范的股份制并入村政办统一管理，村公司作为最大的股东控股。1997年以来，该村先后投资3500多万元开发建设白庙村第一个工业小区——铁东路工业小区达10万平方米的摩托车销售中心与4.5万平方米的铁东路仓库匹配成储存、销售、运输一条龙服务物流中心。2.2万平方米的多功能大车间为招商引资创造了良好的投资环境，先后引进祥云电缆、万博电缆、达成金属家具、金涛装具和五福家具等大型的民营企业和独资企业到此落户，年可收租金800多万元。在中片又投资200万元，改造原有的老厂房、开发旧荒地，为长途汽车、科隆汽车公司和青年旅行社及三姆森电器到此落户创造良好环境，后又在农具厂、建材商店的空地上建起3000平方米的大车间全部招租。

蓝海商贸城　（2016年摄）

2002年，投资3000万元，建村第一个工业园——八里洼300亩园中园建设。该村制定“两快一先战术”，即“建的快、租的快”，边建边租、甚至先租后建，“抢先”在铁东路拆迁之前建成。既解决了资金困难，又加快了发展速度。2003年，一期工程36000平方米全部竣工，配套工程全部到位，吸引了众多民营企业和外商争先签订合同。

2003年，该村购买北辰区大张庄村土地210亩，开始村第二个工业园——津围储运公司的建设，仅半年时间就完成了垫土、引水、修路、配电配套工程。紧接着与宜兴埠二街、天津庆新置业、LG等签订了租赁合同，实现了低成本、高水平的资本扩张。

2006年，村两委班子通过与浙江商人积极努力，共同创建了天津蓝海商贸城，一期占地400亩，建筑面积20万平方米，投资人民币5.8亿元。商贸城时为华北地区较大的综合性百货商品批发交易中心。内有礼品、工艺品、厨房酒店用品、灯具等超过10万个种类的小商品，皮草、羽绒、窗帘布艺、针织用品等商品。围绕蓝海商贸城，又将蓝海汽配城和蓝海建材城在当年5月1日正式营业，入驻商户超过总体的80%。至2016年，铁东路工业园区有租赁户35户，2016年村财政总收入2991万元，人均54227元。

九　民间文化

作为庙宇的“白庙”，又名白马庙、孤云寺，是北运河畔一个渔村内的一座古庙，始建于明万历二十年（1592年）。建庙首倡者，亦为寺庙主持，是河南洛阳籍的游方和尚。为寄托对故土的思念，他请人以洛阳白马寺为样板，精心雕刻了背驮经卷的一座白马石雕，立于寺庙的大雄宝殿之前。“白马”成镇寺之宝物，亦为庙名。远近善男信女皆至焚香拜谒，庙里香火兴旺，“白马庙”及“白马庙村”的名声不胫而走。

孤云寺庙碑　（2016年摄）

十　历任党政负责人

白庙村的党组织，从1958—1996年为党支部，1996年改为党总支，先后由乔汝贵等4人任书记。该村村政机构为村民委员会、天昊集团，先后由蔡胜元等4人担任负责人。

1958—2016年白庙村党组织负责人任职情况表

表2

党组织名称	姓名	性别	职务	任职时间
党支部	乔汝贵	男	书记	1958—1975
	鞠连喜	男	书记	1975—1995
	阚文汉	男	书记	1995—1996
党总支	周富义	男	书记	1996—

1989—2016年白庙村村政机构负责人任职情况表

表3

村政机构名称	姓名	性别	职务	任职时间
白庙村民委员会	蔡胜元	男	村主任	1989—1996
天昊集团	张淑敏	女	行政办主任	1996—2008
	乔连山	男	行政办主任	2009—
	周富义	男	董事长	1996—

东于庄村

东于庄村位于天穆镇南端，坐落在河北区境内，为市区队；居住地归河北区管理，土地所在地归天穆镇管理。东临东昌路，南临西沽铁路线，西邻天泰路（原京津路）北临席厂下坡，占地面积约5公顷，2007年征用拆迁。2009年，该村人均收入1.7万元。2015年，该村有户籍人口257人，长期固定资产3464万元。

东于庄村民还迁的东昌里小区　（1998年摄）

一　村庄沿革

东于庄村原土地坐落在白庙工业区和八里洼，即北辰区铁东路东侧。东临姚江路（与宜兴埠交界）、南邻武警六支队、西邻勤俭村白庙村、北临红旗农场，占地37公顷。明永乐年间（1403—1424年），该地为于、王姓坟茔，仅有看坟人，后人烟见稠，聚成村落，称于王庄，又称东于王庄，简称东于庄。1954—1961年，先后成立初级社、高级社、火炬社、东于庄大队，属河北区管理。1962年后，党组织和经济纳入北郊（辰）区天穆公社管理。1992年3月后，东于庄村隶属北辰区天穆镇。

二　道路河流

道路　中华人民共和国成立以前，周边道路均为泥土地和石子路，位于京津路上。60年代，重新修建了京津路，周边有了一条沥青路面。自80年代开始，随着经济发展，该区域公路建设发展迅速。至2016年，京津路经多次修缮村沿段的1000米，更名为天泰路。村周边相继筑有3条公路，均为区道，南北通衢，纵横交错。

天泰路　南北走向，河北区京津桥起至勤俭桥。连接中环线，京津路等道路。

南口路　南北走向，河北区新开河桥起至河北区普济河道立交桥至榆关道。连接中环线，榆关道等道路。

榆关道　东西走向，东自河北区中环线至河北区北洋桥，连接中环线，天泰路等道路。

河流　西临北运河，是天津市重要的一级河道，海河干流的重要组成部分，承担着防洪、引滦入津等任务。

东于庄村西天泰路　（2016年摄）

东于庄村西北运河　（2016年摄）

三　人口方言

人口　据《典籍中的北辰》载，民国23年（1934年），东于庄村有人口543户876人。据统计资料载，该村1950年有人口498户785人；1980年有191户499人；2000年有人口228户344人；2016年，该村有乡村户数208户、乡村人口254人。

民族　2010年第六次全国人口普查，东于庄村有5个民族。其中汉族1950人、蒙古族2人、回族47人、朝鲜族7人、满族5人。

姓氏　该村共有64个姓氏，主要姓氏有田、陈、王、张姓。

方言　居住市区，方言偏重于天津市区。

四　耕地状况

中华人民共和国成立前，村内土地多为农田和菜地及果木树和鱼塘。中华人民共和国成立后土地陆续被征用及开发，建设公路、铁路、营房、商品房、公租房、保障房用地。2016年已无耕地。

20世纪90年代东于庄村所属耕地主要地块情况表

表1　　单位：亩

地块名称	位置	面积	地块名称	位置	面积
南河提	姚江路西	130	前后六栅	辽河路北	12
前后十四栅	姚江路西	28	前后十栅	辽河路北	28
前后八栅	姚江路西	16	小水库	箭杆河南	50
马林坟	铁东路东西两侧	73	合计		337

20世纪80年代东于庄村所属耕地主要地块示意图

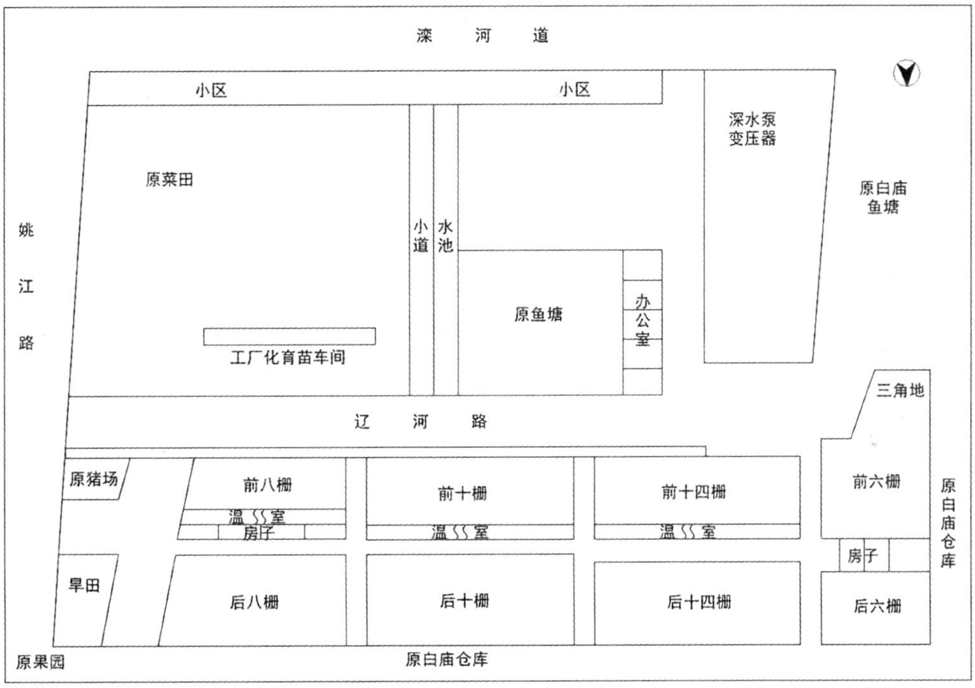

（2016年绘制）

五　街道胡同

东于庄村是混合住户，分为前街、中街、后街。又分若干胡同，如：长庚胡同、五道弯胡同等。

六　旧村改造

1997年东于庄农工商公司响应市政府号召，将坐落在河北区席厂下坡东昌里平房进行拆迁改造，新建砖混住宅楼东昌里一期、二期共12幢6层楼房，建筑面积约为4.2万平方米，并于2000年完成安置回迁工作。

东于庄农工商联合公司　（2016年摄）

2010年村公司按“五步决策法”程序，在北辰区铁东路东侧辽河路北，投资1.2亿元新建住宅楼5幢共263套房。其中偏单131套，独单131套，三室一套，建筑面积达21080平方米并纳入天津市保障房建设规划，并命名为“普鸿家园”。公司于2012年进行村民选房登记，落实到人，当年有村民286人，其中263人选房，23人未选房的，村公司给予资金补偿。

普鸿家园　　（2016年摄）

七　公共设施

东于庄村公司坐落在河北区天泰路126号，占地约920平方米，建筑面积约929平方米，是2层办公楼和平房，建有老年人活动室，给退休的老人们提供一个相互交流的场所。

2011年东于庄公共设施示意图

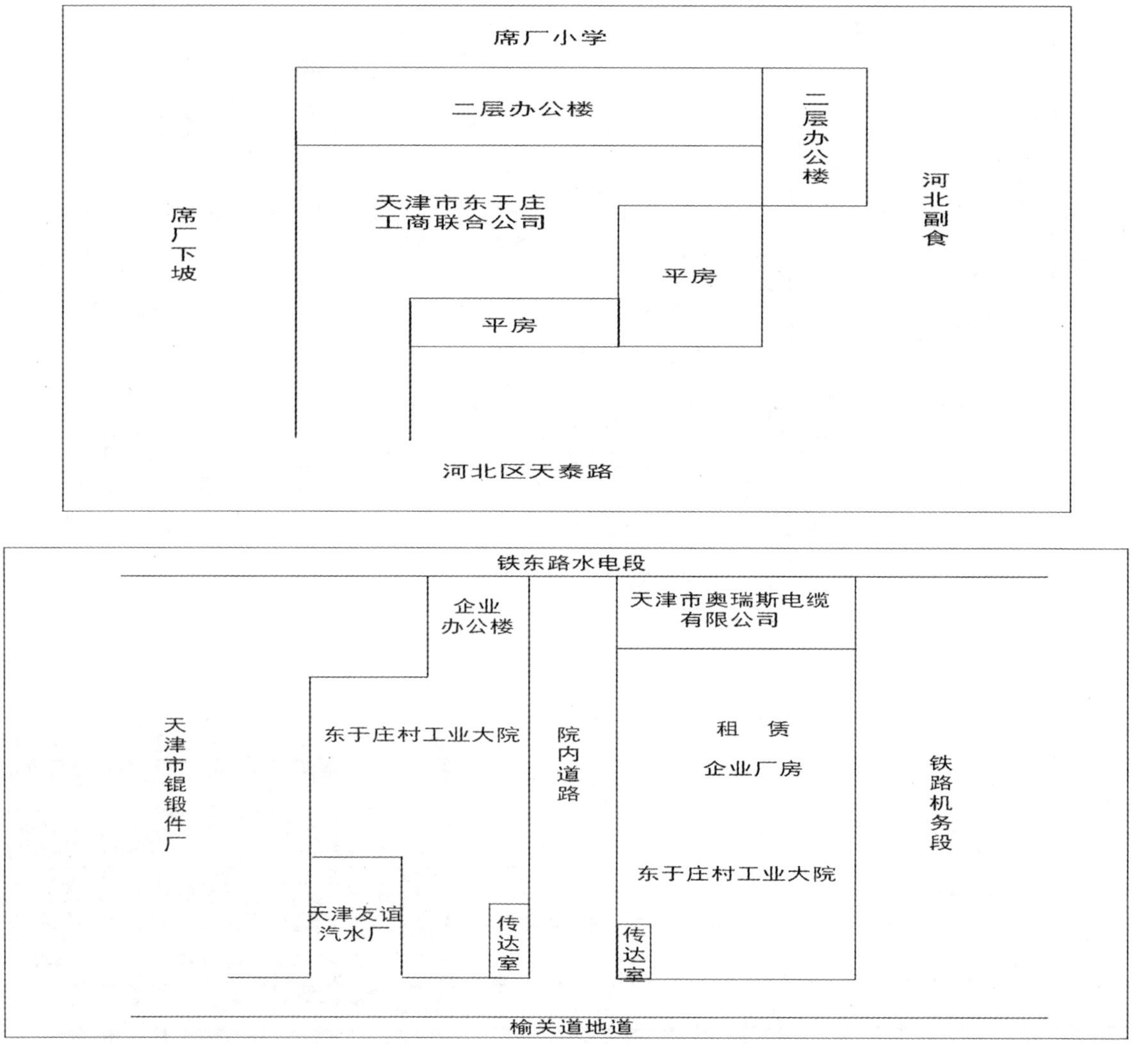

（2016年绘制）

八　经济概况

东环线缆厂　　（1998年摄）

20世纪80年代东于庄农工商公司建河北区榆关道工业大院，占地面积约33亩，建筑面积约为15000平方米。主要发展集体企业，有冶金、线缆、机电、食品饮料、汽车维修销售5个行业20多个企业，经过改制后以租赁企业为主。至2015年，只保留集体企业“天津市奥瑞斯电缆有限公司”，年产值约为1000万元，该企业于2016年转制买断。

90年代在北辰区普济河道立交桥中环线东西两侧先后建有工业厂房和商业小区，占地约100亩，建筑面积约50000平方米。主要进行租赁和加工。由于国家征地于2003—2005年全部拆除。为了发展经济，2004年村公司在铁东路东侧辽河路以北新建铁东路工业区，占地面积约10公顷。共13座厂房、2个办公楼，建筑面积40000平方米。2006—2007年在建工程钢结构柜架展厅2座和两个厂房基础，由于征地，停止施工，并于2010—2013年之间以上所有建筑物全部拆除，政府规划建设成公租房和经济适用房项目。至2016年，最后一个集体企业转制完成。

1997年，村公司在北辰区新宜白大道北侧新建普庆里小区，占地面积约20亩，建成6幢4～6层商品房共计203套，建筑面积18900平方米，于2003年全部售完。

工厂化育苗车间　　（1996年摄）

蔬菜大棚　　（1996年摄）

九　民间文化

东于庄广场舞队参加广场舞大赛
（2016年摄）

清乾隆末年，村民自建同乐花鼓会，参加50余人，表演内容多取材《水浒传》，以文唱为主，曲牌分春景、夏至、秋景、冬令。鼓会出行由：仪仗、器具、花钹、花鼓四个部分组成。摆场演出。20世纪80年代多次参加区艺术节和津沽花会表演。1990年赴京参加地坛庙会会演和比赛活动，获得一等奖。2003年成立中老年人广场舞队伍共计45人，多次参加汇演和比赛活动，并多次获奖。

东于庄药王庙建于清道光二十六年（1846年），供奉药王菩萨，50年代改建副食店。

1956年，东于庄村人赵庆奎2次出国参加举重比赛，均获82.5公斤级冠军，并创全国纪录。1958年9月30日，赵庆奎在北京举行的庆国庆表演赛中以176.5公斤的成绩打破美国P·乔治保持的轻重量级挺举世界纪录，此为天津市运动员第一次创举重世界纪录。1958年11月，在北京举行的中、苏、波举重友谊比赛中，赵庆奎以177.5公斤的成绩打破由他自己保持的挺举世界纪录。

1994年，工艺葫芦艺人张才日到东于庄村试种植工艺葫芦1亩地，当年获得成功，购买者不断，转年逐步扩大种植面积和品种，至1998年种植面积达16亩，被媒体宣传报道。1999年，张才日到刘房子村发展。

50年代，东于庄建摔跤场，席厂小学褚姓2友设场授徒，人称"褚爷"。其徒佼佼者有王恩信、范金生、王怀宝等。其中王恩信于1958年9月在全国中国式摔跤锦标赛中获最轻量级冠军。王恩信于1965年第二届全运会获次轻量级第一名，后担任国家摔跤队总教练。

十　英烈先贤

周让（1862—1936）　原名周星，字铁珊，东于庄村人，为清末至民国时期的津门著名画师。祖籍浙江山阴（今绍兴），父周襄为清代举人，幼随父学诗画17岁即有小成。清末被翰林张焕章招为女婿，随迁至天津城内居住，自此潜心读书研习画理。光绪二十年（1894年）后，他遍游南方名山大川，寻访艺术大师足迹。回津后，把家产尽让兄弟，改名周让。其绘画博采众长，善于把自己深厚的文学修养融于绘画之中，自成一家，开启了津门水墨画的新局面。20世纪30年代其写意画已誉满京津，尤以描绘竹子在风、晴、雨、露中的不同情态和风姿名满京津，有"画竹大王"的美誉。时张伯苓、冯玉祥等社会贤达均慕名拜访，许多外商亦不惜重金求画。周让健谈、豪爽，乐善好施，曾拒绝国民党司法部门高薪聘请，却出任分文未有的天津书画慈善会会长，并将卖画所得全部捐给慈善机构、孤儿院和穷苦百姓。民国25年（1936年）冬，周让贫病而亡，两个女儿无力为其料理后事，最终由其好友刘髯公出资予以厚葬。

十一　历任党政负责人

东于庄村的党组织，从1964年成立至2016年始终为党支部，党支部书记先后由陈桂英等8人担任。该村的村政机构名称有生产队、大队、农工商联合公司等，先后由杨富春等7人担任负责人。

1964—2016年东于庄村党组织负责人任职情况表

表2

党组织名称	姓名	性别	职务	任职时间
党支部	陈桂英	女	书记	1964—
	孙林茹	男	书记	1970—1983
	殷学智	男	书记	1983—2003
	李玉泉	男	书记	2003—2006
	谢玉昆	男	书记	2006—2008
	罗洪立	男	书记	2008—2012
	邵风军	男	书记	2012—2015
	闫志广	男	书记	2015—

1954—2016年东于庄村村政机构负责人任职情况表

表3

村政机构名称	姓名	性别	职务	任职时间
火炬社	杨富春	男	社长	1954—1961
东于庄生产队	孙维铭	男	大队长	1962—1964
	杨春富	男	大队长	1964—1966
东于庄大队	孙林茹	男	大队长	1966—1972
革委会	孙林茹	男	主任	1972—1978
东于庄大队	陈文荣	男	大队长	1978—1983
东于庄农工商联合公司	陈文荣	男	总经理	1983—2000
	谢玉昆	男	总经理	2000—2008
	罗洪立	男	总经理	2008—2012
	闫志广	男	总经理	2013—

十二　荣誉

1954—2016年，东于庄村共获市局级以上先进集体荣誉9次；该村殷学智和陈淑琴各获市局级以上先进个人荣誉1次。

1954—2016年东于庄村获市局级及以上集体荣誉表

表4

授予时间	荣誉名称	授予部门
1985	市级文明单位标兵	市文明办
1992	红旗党支部	天津市委农委
1993	社会治安综合治理“先进集体”	天津市委、市人民政府
1994	红旗党支部	天津市委农委
1996	红旗党支部	天津市委农委
1998	红旗党支部	天津市委农委
1998	市级文明小康村	天津市委农委
1999—2000	文明村	天津市精神文明建设委员会
2000	红旗党支部	天津市委农委

1954—2016年东于庄村获市局级及以上先进个人荣誉表

表5

授予时间	姓名	荣誉名称	授予部门
2001	殷学智	1999—2000年精神文明创建活动文明市民	天津市精神文明建设委员会
2003	陈淑琴	天津市“十五”立功先进个人	天津市总工会

吴嘴村

吴嘴村地处天津市城区北部，属北辰区天穆镇，是镇政府所在地。该村在镇政府驻地西北0.5千米处，北运河东岸、京津路西侧。东邻京津路、南邻天穆村、西邻北运河津永公路、北邻南仓村，呈三面环水状，占地面积17.5公顷。2015年，该村有户籍人口1862人，长期固定资产4208万元。2016年村财政总收入2518万元。

拆迁改造的吴嘴村　（2015年摄）

一　村庄沿革

明朝永乐二年(1404年)成村，当初有赵、古、张、裴、刘五户人家到此定居，因地处河湾呈嘴状。首居五姓人家，故称五家嘴，谐称吴家嘴，后简称吴嘴。1949年3月隶天津县四区，1961年隶天穆公社，1986年后，吴嘴村隶属北郊(辰)区天穆镇。

二　道路河流

历史上吴嘴村被北运河三面环绕，成U弯，京津路随北运河而走，是历史上这一地区最早的柏油马路，另有一条津永公路贯穿村庄，丰产河与王庄村耕地接壤。

中华人民共和国成立初期，1959年京津路调直，北运河调直津永公路，随新北运河调直，把村庄和土地一分为二，形成村内大片耕地坐落在河西，在郭辛庄村处建了吊桥，村内建了轮渡(摆渡)供村民过河劳动。

吴嘴村临北运河　(2016年摄)

随着经济的发展，京津路几经加宽改造，至2006年形成双向十车道，有人行横道、过街天桥、非机动车道等一百米左右宽的大马路。北运河加宽改造修建了沿河公路，老北运河与天穆村接壤改造成了一个大花园。与南仓村接壤的河边建了一个大型公园(滦水园)，每天都很多人在里面锻炼，游玩。

20世纪80年代开挖了丰产河(与王庄接壤)。21世纪在河西建了快速路，快速路跨河立交桥、三号路延长线和一号路地铁线等多条公路形成了纵横交错的公路网。

三　人口方言

人口　民国时期，由于战乱迁移至吴嘴村定居的人口倍增。据《典籍中的北辰》载，民国23年(1934年)吴嘴村有94户501人；据统计资料载，1980年有302户1231人；2000年有600户1300余人；2016年，该村有乡村户数714户、乡村人口1865人。

民族　2010年第六次全国人口普查，吴嘴村有6个民族。其中汉族1777人、蒙古族13人、回族5人、满族9人、白族2人、土家族1人。

姓氏　吴嘴村共有赵、刘、裴、倪、古、张、王、杨、段、罗、朱、孟、马、冯、殷、韩、叶、何、于、孙、毛、杜、黄、娄、宋、岳、曹、周 28个姓氏。其中主要姓氏有赵、刘、裴、倪、古等。

方言　吴嘴村属于北运河方言以天津方言为基调与武清方言结合，接近普通话，其调直高于天津方言。例如：上亮子、啫喱、横是、熬鱼、拾不起个儿、一边儿大、楞子、吃干饭、出么蛾子，吃饱了撑的、大拿、粘屁股鬼儿等很多方言。

家(族)谱　**裴姓族谱**　德、秀、延、长、泽。

赵姓族谱　自山东迁至吴嘴数十代，谱序为：世、宗、发、宝、风、学、春。

四　耕地状况

中华人民共和国成立后京津路调直，北运河调直，把村内土地分为北运河东、西两块的局面。

北运河东岸(村内)约有土地800多亩，其中耕地400多亩，泵站4座(大型泵站1座)沟渠、大坑多处，每片耕地都有泵站、灌溉卸水沟等，东邻天穆村，西北邻南仓村，东南邻郭辛庄村，西南北运河。

北运河西岸(河西土地)约有土地2100多亩，其中津永公路下坡1—6生产队平均每个生产队约有耕地15亩。大型泵站一座，打麦场，泄水渠加一起约40多亩。东邻天穆村，西北邻南仓村，东南邻郭辛庄村，西南北运河。

新园田1—6生产队，平均每个生产队约有耕地60多亩。二十亩地(名称)1—6队总和约有耕地140亩；四十亩地（名称）1—6队每个生产队约有耕地70多亩，后因水源不足改为旱田；红旗油厂（名称）1至6队每个生产队约有耕地50亩（旱田）；沙土包（名称）1—6队每个生产队约有耕地60亩（旱田）。

村科技队有园田50亩、旱田约100亩。每块耕地都有泵站、蓄水沟、卸水沟。

河西土地东面与郭辛庄、天穆镇畜牧场接；南面与刘家房子接壤；西南面与杨嘴、韩家墅接壤；西面与王庄接壤。

河西土地于1985年后，大部分由政府建设成双环村、佳园里、燕宇小区等。

村内土地在京津路调直后，京津路以北土地建成了天穆人民公社、东风卫生院等公益设施。村口1950前后建立了畜医站。80年代，吴嘴村有耕地2340亩，大小约10块。

1980年，农业基本设施有蓄水渠、干沟、泄水渠和北运河上大型泵站（快速路跨河桥桥下）、电力房、机井等。其中仁家坟泵站出水量95立方米／每小时，新园田机井1号泵站出水量84立方米／每小时，2号泵站出水量82立方米／每小时。每块耕地都配有机井，泵站。

20世纪50—60年代吴嘴村耕地地块示意图

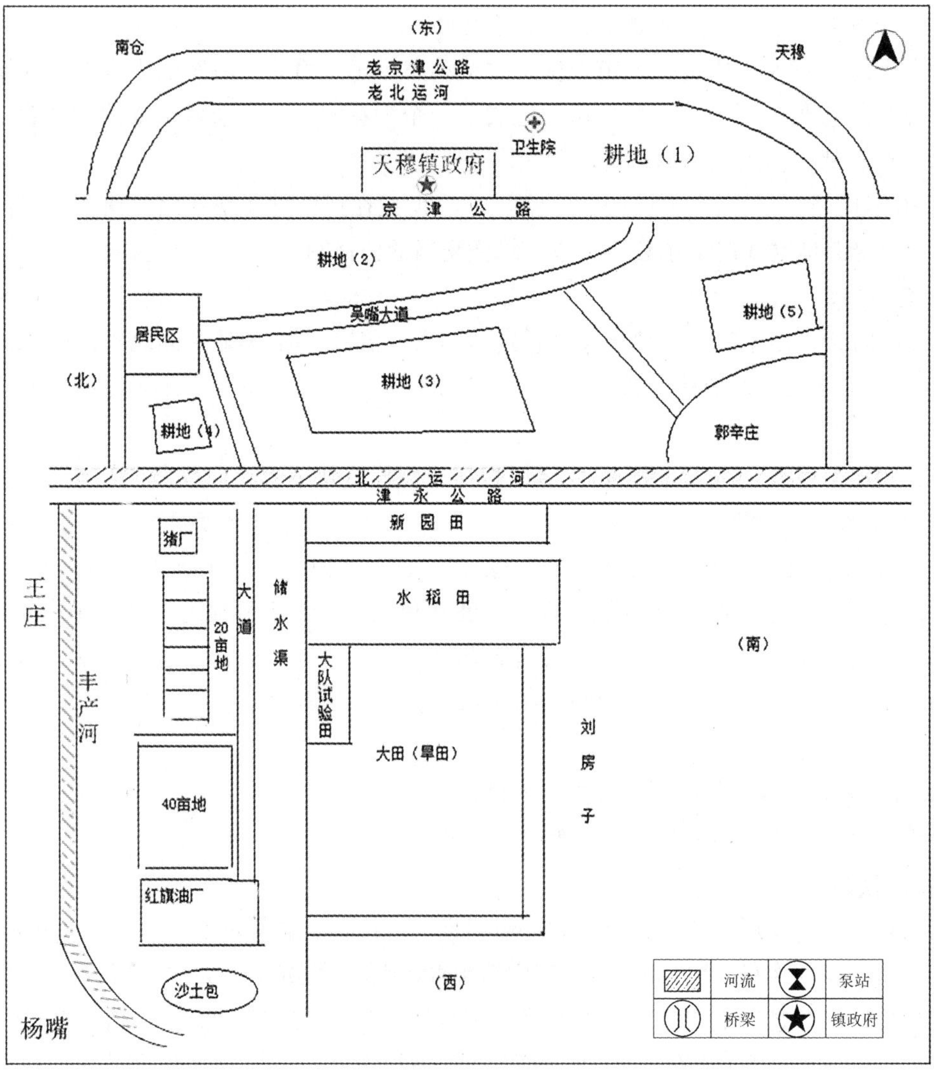

（2016年绘制）

20世纪80年代吴嘴村所属耕地地况表

表1　　　　　　　　　　　　　　　　　　　　　　　　　　　　单位：亩

地块名称	位置	面积	地块名称	位置	面积
二十亩地	吴嘴河西	140	四十亩地	吴嘴河西	240
新园田	吴嘴河西	240	红旗油场	吴嘴河西	360
水稻田	吴嘴河西	420	科技队	吴嘴河西	150
沙土包	吴嘴河西	300	老房台子	吴嘴村内	150
大长条子	吴嘴村内	180	老园子	吴嘴村内	160

五　街道胡同

中华人民共和国成立前，吴嘴村内街道、胡同不整均为土路。夏季泥泞、冬季扬尘，就一条整齐街道。进入80年代以后，随着经济的发展，人民生活的需求，按规划、整齐的发放宅基地。

吴嘴村新建里一条　　　　（2016年摄）

90年代，有东西走向主街道3条、南北走向主街道5条。村内主要街道是吴嘴大街，水泥路面，有下水道、路灯，胡同均为南北走向。水泥沥青或花砖路面，路间有花坛，路测有花池树木。除村委会为砖混楼房

20世纪90年代后期至2010年拆迁前吴嘴村街道胡同示意图

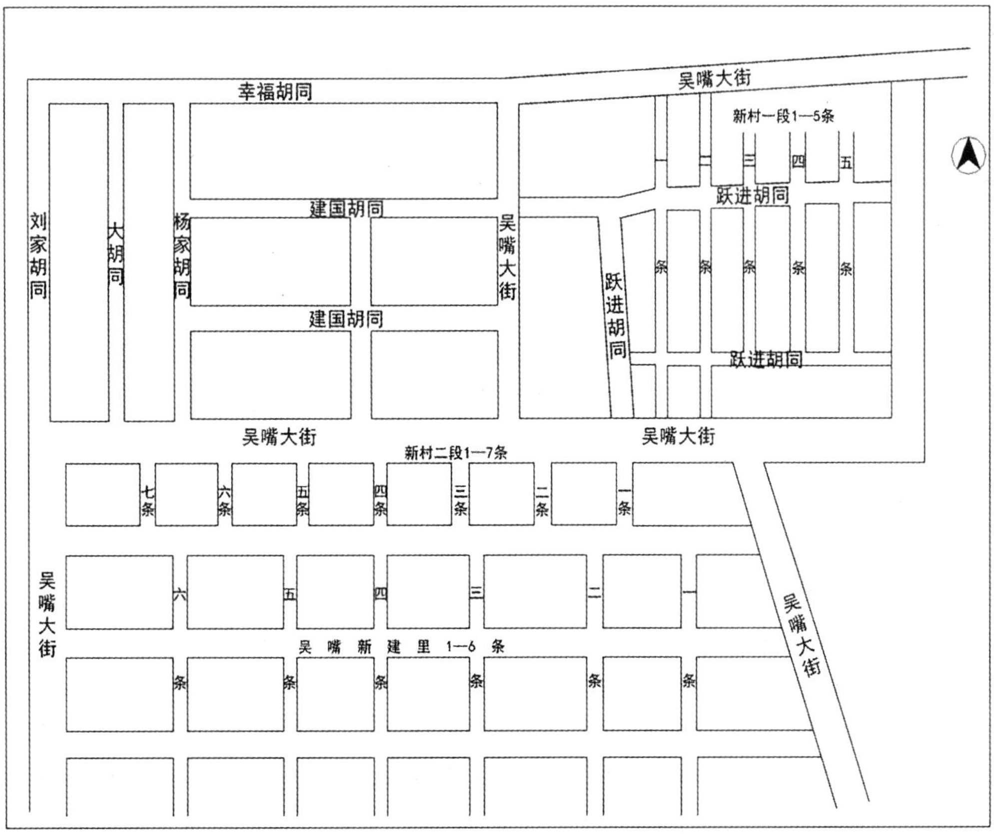

（2016年绘制）

外，其余都是砖木结构平房。村容整洁、美观，是天津市城乡建设样板村。

胡同主要有幸福胡同、大胡同、建国胡同、杨家胡同、刘家胡同、新兴胡同等。

六　旧村改造

1950—1985年由于村民人口增加，建造房基地（新建里）；1987年建造教师宿舍；1990年建造津沙里宿舍；1993年建方舟小区；1995年在与天穆村接壤处建天津民族中专，占地面积8.13公顷；1998年京津路线建大型综合超市（家世界购物广场）后改为华润万家超市北辰店，超市总建筑面积2.46万平方米；1997年村内为村民建造了两栋居民楼。

吴嘴村2010年12月20日起动拆迁，至2016年已经基本结束，剩余几户正在商谈中。回迁后的居民小区名称暂定为吴嘴新家园，位于吴嘴村中部，吴嘴新家园启动建设中（2017年9月）。

七　公共设施

中华人民共和国成立前村内有私塾，1949年建立吴嘴小学，20世纪90年代与南仓合并成南仓小学。

20世纪90年代后期至2010年拆迁前吴嘴村公共设施示意图

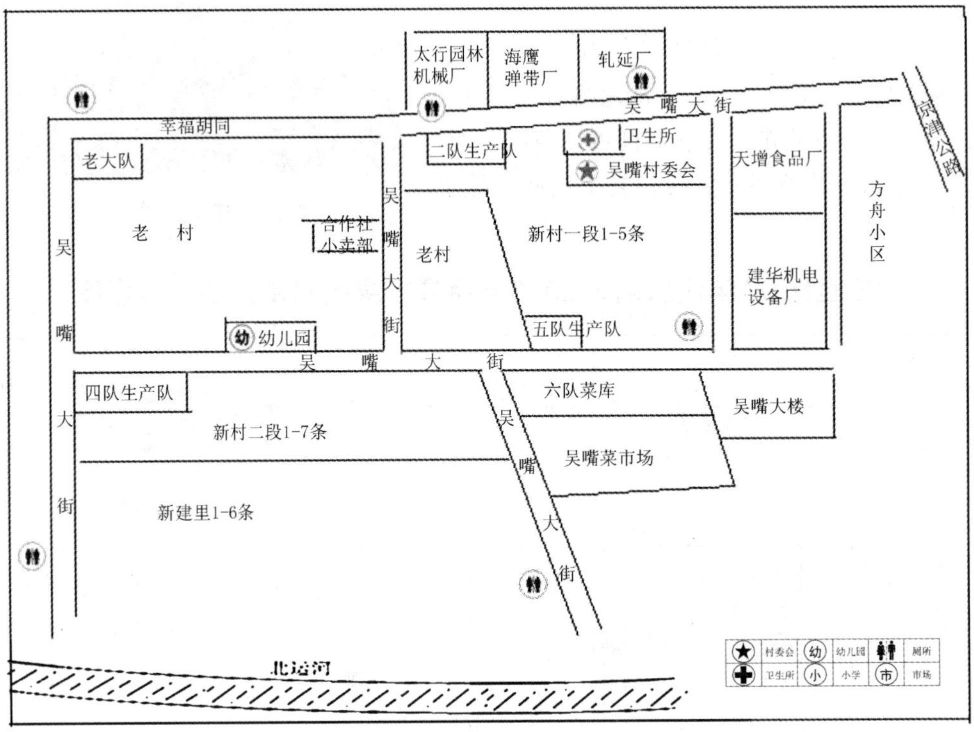

（2016年绘制）

八　经济概况

中华人民共和国成立前，吴嘴村民多数以打鱼、看坟、种地为生。

中华人民共和国成立后至1985年，村民都以农业为基础，养猪、养鱼。其中1970年后，吴嘴村培育出的西红柿和小核桃纹大白菜出口国外，为国家创外汇。出口西红柿30万千克、大白菜100万吨。

随着经济的发展和土地的流失，三次产业开始转型。1985年后，村内新建轧延厂、天增食品厂、巧克力厂、津华机电设备厂、海鹰弹带厂等。1995年后各私营企业开始发展起来，其中天增食品厂出品的冰糖畅销全国（王冠牌）。1998年吴嘴村与克瑞思集团合作，建成北辰区第一家大型购物广场——家乐、家居超市，年销售额逾3亿元。

2000年在北辰区科技园投资3600万元，建立宏鹏工业园。园区占地4公顷、建筑面积2.5万平方米，年销售收入达6亿元。后建成二期工业园17.5万平方米，全部出租。多家内资外资企业入驻，其中有世界500强企业。2003年给村民办理养老保险；2005年为村民办理镇办合作医疗；2009年为考入高等院校者村委会给予奖励。2016年村内企业有津华机电设备厂、海鹰弹带厂、园林机械厂、私营家具厂（两家）。

九　民间文化

历史上王庄村古墓不少，村民多有看坟人，但记录不祥。该村有乒乓球队、花棍儿表演、皮影戏等。1958年前后有篮球队、摔跤队、举重队、马戏团等。“文化大革命”时古墓古庙被破坏。村内有120年的老槐树。古树现存三棵：坐落在滦水园内一棵、裴延海院内一棵、古林门口一棵。

谚语　先下牛毛没大雨，后下牛毛不晴天。

一声秋雨一声凉，十声秋雨变白霜。

此处不留爷自有留爷处，处处不留爷，爷去投八路。

看嘴不饱，指亲不富。

得病如山倒，祛病如抽丝。

吃不穷，穿不穷，算计不到准受穷。

半大小子，吃跑老子。

十　英烈先贤

马兴武（1914—1950）　烈士，吴嘴村人，民国37年（1948年）11月参军，1950年7月在广东广海剿匪中牺牲。生前为某部战士。

赵宝海（1925—1950）　吴嘴村人，1950年参军，是年病故于北京丰台医院。生前为某部战士。

十一　历任党政负责人

吴嘴村党组织从1945—2016年为党支部，2017年始为党总支。先后由王叔贤等8人任书记。该村村政机构为生产大队、村委会等，先后由赵宝琦等6人担任负责人。

1949—2016年吴嘴村党组织负责人任职情况表

表2

党组织名称	姓名	性别	职务	任职时间
党支部	王叔贤	男	书记	1945—1950
	裴延苓	男	书记	1950—1950
	刘金元	男	书记	1951—1955
	罗庆山	男	书记	1956—1976
	冯振德	男	书记	1977—1984
	孟宪斌	男	书记	1984—1992
	段洪余	男	书记	1992—

1948—2016年吴嘴村村政机构负责人任职情况表

表3

村政机构名称	姓名	性别	职务	任职时间
生产大队	赵宝琦	男	大队长	1948—1966
革命委员会	赵宝琦	男	大队长	1966—1976
村民委员会	赵宝琦	男	主任	1976—1984
	段洪余	男	主任	1984—1992
	赵凤甲	男	主任	1992—1998
	叶炳臣	男	主任	1998—2006
	叶炳华	男	主任	2006—2013
	古德军	男	主任	2013—

十二　荣誉

1950—2016年，吴嘴村获市局级及以上先进个人1人次，即2006年，段洪余被市委、市政府授予天津市劳动模范称号。

天穆村

天穆村位于北辰区南部，地处北运河左岸、京津路两侧。东临天穆南大楼、南邻水泥厂宿舍、西至北运河、北至运河故道。村庄呈三角形，占地面积563864平方米。2015年，该村有户籍人口4820人；长期固定资产7678万元。2016年天穆村级收入1735万元。

天穆东苑　（2016年摄）

一 村庄沿革

明永乐二年（1404年），有浙江钱塘（今余杭）人穆重和从南京随燕王朱棣北狩燕京（北京），后于天津卫北十二里占户落户，遂称穆家庄。天齐庙村由河南人单姓建于嘉靖年间（1522—1566年），后因建天齐庙而得村名。数百年间，两村陆续迁入周、刘、赵、龙、时、李、张、高、丁、马、黑、王、乔等姓，到1997年达到292个姓氏，多来自浙江、河南、江苏、山东、河北，主要是回族。1949年，穆庄子有784户，仅8户汉民。1951年两村合并，村名取两村首字，故名“天穆”村。

天穆村建制沿革、隶属：天穆村前身穆家庄和天齐庙村，分别自明永乐十四年（1416年）和嘉靖元年（1522年）属武清县尹儿湾里（今北辰区北仓镇）辖。清康熙二十七年（1688年），属路东厅武清县；雍正九年（1731年），属天津府天津县北路；乾隆元年（1736年），属天津县西沽巡检辖。1925年天津县改划8个区，穆家庄、天齐庙村属天津县三区；1928年7月天津市县分划时属天津特别市五区；1937年8月至1945年8月，属日伪天津天津特别市八区；1945年9月至1946年1月，中共冀中区天津工作委员会决定设立天津县，穆家庄、天齐庙村属天津县四区辖；1946年3月，属国民党政府天津市三区辖。1949年1月属天津市民主政府三区，同年8月属天津市人民政府三区；1951年3月天穆村建立，1952年10月属天津市天津县四区；1953年5月属天津市津北郊区（1955年6月改称天津市北郊区）；1958年10月属天津市红桥区幸福人民公社（1959年3月改称北仓人民公社）；1960年6月13日属天津市津北畜牧场天穆分场；1961年5月属天津市红桥区天穆人民公社；1962年2月1日属天津市北郊区天穆人民公社，1982年11月天穆公社改建天穆乡，1986年4月天穆乡改称天穆镇，天穆村遂易属；1992年3月后，天穆村隶属北辰区天穆镇。

二 道路河流

道路 中华人民共和国成立以前，村东京津路为水泥路面，长1.5千米，60年代改为沥青路面。自80年代开始，随着经济发展，该区域公路建设发展迅速，至2016年，该村周边相继筑有5条道路，其中国道1条京津路，区道4条，南北通衢，纵横交错。

朝阳路 朝阳路在2008年兴建基础设施，2015年贯穿通车，北起北仓工业小区南到普济河道立交桥，贯穿南北，为沥青一级路面。连接中环线、南仓道、北辰道、延吉道、顺义道等道路。

顺义道 顺义道是北辰区中部贯穿东西的道路，为沥青一级路面，连接京津路、朝阳路。

河流 一级河道北运河环绕天穆村，由北向西向南，由柳滩向南。

三 人口方言

人口 据《典籍中的北辰》载，1934年，穆家庄与天齐庙两村共有1191户6494人。据统计资料载，1953年，天穆村有1419户7128人；1980年有1174户3989人；2000年，该村有1612户3640人；2016年，天穆村有1242户3315人。

民族 据《天穆村志》载，天穆村2005年有回族1.1万人，汉族0.19万人，满族2人。

姓氏 天穆村共有69个姓氏，主要姓氏为穆、李、张、刘、王等，具体见下表：

天穆村村民姓氏排名表

表1

排名	姓氏	排名	姓氏	排名	姓氏	排名	姓氏
1	穆	19	戴	37	夏	55	史
2	李	20	郑	38	尹	56	年
3	张	21	高	39	左	57	回
4	刘	22	闫	40	何	58	黑

续表

排名	姓氏	排名	姓氏	排名	姓氏	排名	姓氏
5	王	23	韩	41	金	59	哈
6	马	24	冯	42	廉	60	宛
7	杨	25	田	43	萧	61	郝
8	陈	26	褚	44	姜	62	谢
9	时	27	薛	45	沙	63	司
10	周	28	罗	46	房	64	武
11	乔	29	单	47	洪	65	窦
12	吴	30	郭	48	郁	66	文
13	孙	31	胡	49	安	67	吕
14	于	32	曹	50	常	68	鲍
15	龙	33	丁	51	白	69	尔
16	赵	34	崔	52	邸		
17	魏	35	贾	53	辛		
18	宋	36	石	54	铁		

方言 该村属津北方言片，该方言片像天津话，又带有邻近武清方言的一些特点。

家（族）谱选介 **穆氏谱序** 始祖穆重和；二世穆太、穆能；三至七世：玉、枝、英、世、仲；后续七世：应、思、景、从、国、朝、兴；又续七世：文、成、祥、瑞、怀、德、生；又续十四世：孝、友、为、本、伦、常、序；诗、礼、传、家、祖、训、良。

刘氏谱序 天穆村刘氏大部属于西赵河刘无疑，以世记代。自十二世“国”字辈确立谱序为：国、金、大、连、长、兆、璧；生、财、有、道、保、家、邦。

王氏谱序 世、文、志、连、永、恩、占；少、学、善、长、春、瑞、庆。

龙氏谱序 国、朝、有、万、玉；在、德、福、厚、常；忠、孝、传、家、久；继、世、友、余、良。

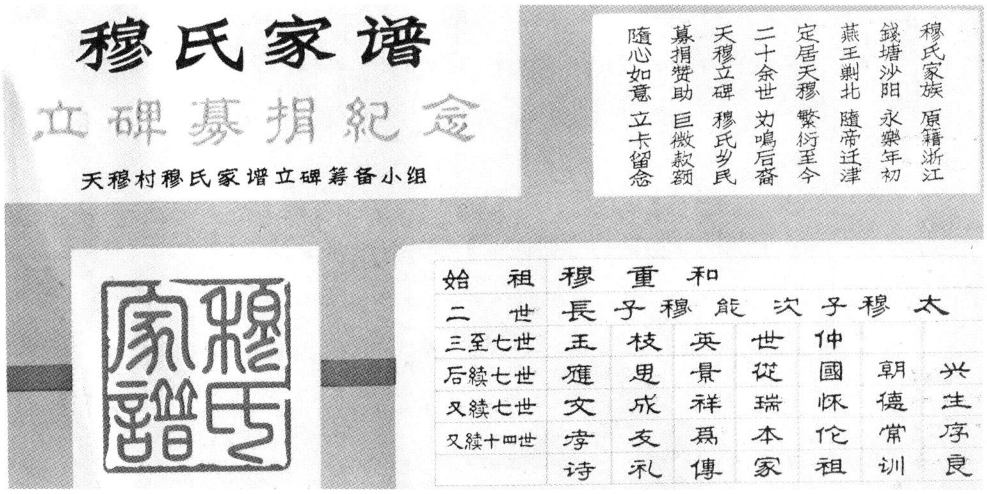

穆氏家谱　　（2016年摄）

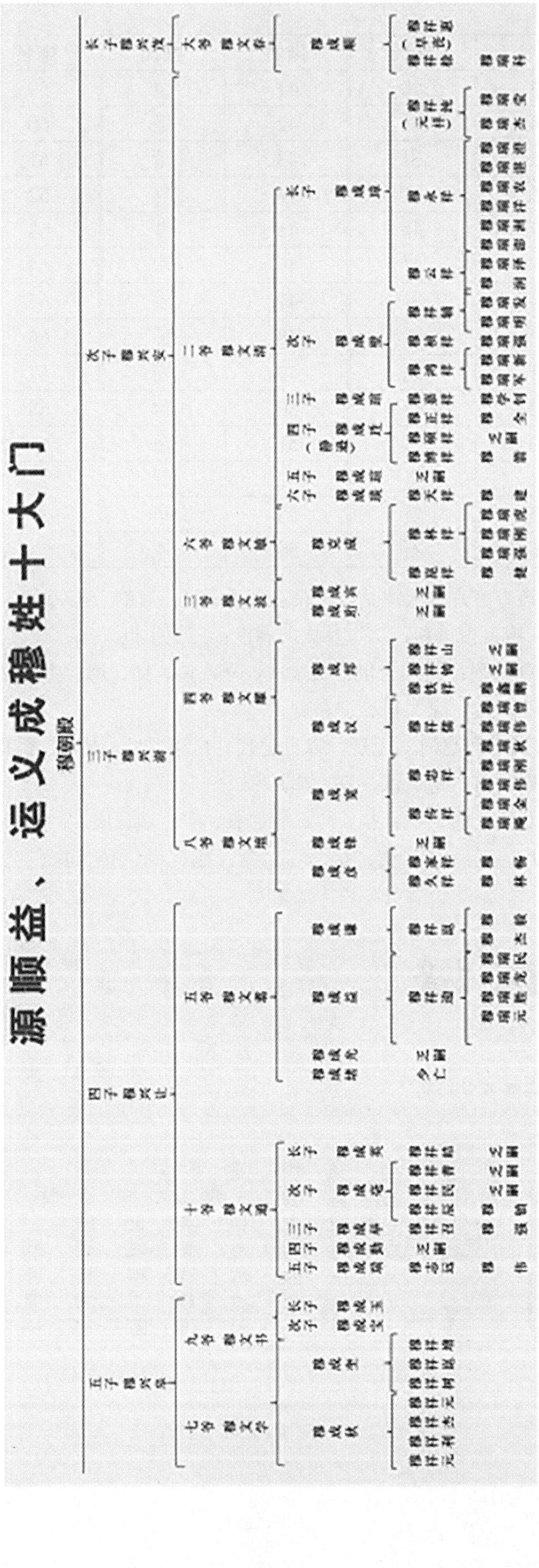

穆氏十大门图

（2016年摄）

四　耕地状况

民国37年(1948年)，该村有耕地7000余亩，人均1.2亩。1952年耕地面积5978亩，人均耕地1.19亩。1963年耕地面积2282亩，其中园田443亩，人均耕地0.83亩。1980年耕地面积1752亩，其中园田1102亩，人均耕地0.44亩。

1960年天穆村耕地地块示意图

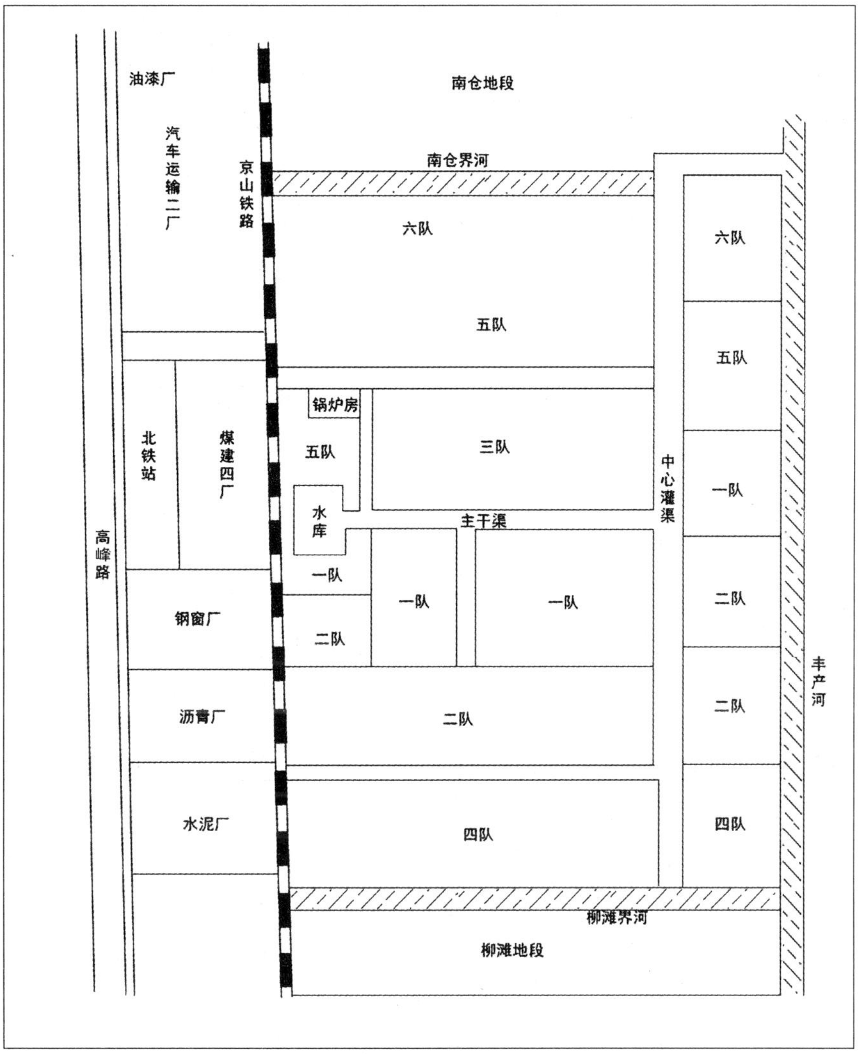

（2016年绘制）

20世纪90年代末期天穆村耕地地块情况表

表2　　单位：亩

地块名称	位置	面积
天穆大队六队	京山铁路以东、南仓界河以南、中心灌渠以西、中心大道以北	88.05
天穆大队三队	中心大道以南、中心灌渠以西，五队地块以东、主干渠以北	100.05
天穆大队五队	京山铁路以东、三队地块以西、水库以北、中心大道以北	16.95
天穆大队一队	京山铁路以东、中心灌渠以西、主干渠以南、二队地块以北	129

续表

地块名称	位置	面积
天穆大队二队	京山铁路以东、一队地块以南、中心灌渠以西、四队地块以北	81.9
天穆大队四队	京山铁路以东、二队地块以南、中心灌渠以西、柳滩界河以北	107.1
天穆大队六队	中心灌渠以东、丰产河以西、五队地块以北、南仓界河以南	37.05
天穆大队五队	中心灌渠以东、六队地块以南、丰产河以西、一队地块以北	40.95
天穆大队一队	中心灌渠以东、五队地块以南、丰产河以西、二队地块以北	34.95
天穆大队二队	中心灌渠以东、一队地块以南、丰产河以西、四队地块以北	81
天穆大队四队	中心灌渠以东、二队地块以南、丰产河以西、柳滩界河以北	36

五　街道胡同

中华人民共和国成立前，天穆村村内道路胡同均为土路。1977年村内修沥青路3084平方米；1984年筑路1.44万平方米；1985年修沥青路面4000平方米；1986年，修建外园道路1345延米；1988年建环村公路1600延米，全村胡同铺砖7万平方米，主要道路实现硬化。1998—2004年5条主要街道铺设水泥彩砖（或沥青），总计14万平方米。

20世纪80年代天穆村街道情况表

表3　　单位：米

修建年代	街道名称	长度	走向	修建年代	街道名称	长度	走向
1977	天穆大街	364	东西	1960	天穆老道	650	南北
1984	集市大街	100	南北	1901	清真北寺大街	336	东西
1984	南寺前大街	256	东西	1984	东堤大街	90	南北
1984	广场路	700	南北	1984	育红路	900	南北
1977	外环路	1500	东西	1984	光明道	800	东西
1984	纸箱厂大道	250	南北	1986	三队商品房道	400	东南转西北
1984	天齐庙街	500	南北				

天穆老道　在北辰区南部，天穆村东北部。依原北运河湾而行，呈弓状。北起京津路南仓道口，南至京津路顺义道口，长650米，宽4米，混凝土路面。成于1965年。原为京津路故道，后在两旁建房成街，故称天穆老道。两侧均为砖木结构平房住宅。两端邻京津路。通10路、18路、59路公共汽车并设站。

北清真寺大街　在北辰区南部，天穆村北部。西起天穆北清真寺，东至京津路。长336米，宽8米，沥青路面。成于清光绪二十七年（1901年）前后。因位于北清真寺附近得名。两侧均为砖木结构平房。通行小型机动车。

天穆大街　在北辰区南部，天穆村中部。东起京津路，西至平安胡同南端，长364米宽10米。1952年建，始为土路，1977年改筑沥青路。因系天穆主要街道，故名。两侧多为砖混结构平房。东段1988年建村牌坊，上有天津市原市长李瑞环题写的“津门清真水郸”。3年辟为农贸市场，摊点密集。主要经营牛羊肉、干鲜果、文具、日常用品、东邻京津路。通10路、18路、59路公共汽车并设站。

天穆集市大街　在北辰区南部，天穆村中部。南起南寺北胡同，北至天穆大街。长100米，宽9米，沥青路面。成于清光绪二十七年（1901年）前后，原无名，后建农贸市场，1987年命现名，1988年农贸市场迁出后，地名不变。两侧多为砖木结构平房。民族小学建此。通行机动车。

东天庙大街　在北辰区南部，天穆村南部，西起南寺前大街东至东堤台。长255米，宽7米，砖铺路面，成于清光绪二十八年（1902年）。因位于原天齐庙东侧得名。两侧均为砖木结构平房。通行小型机动车。

东堤大街　在北辰区南部，天穆村东南部。西起南寺前大街，东至东堤台。长91米，宽3米，砖铺路面。成于清光绪二十六年（1900年）前后。该处原有一东堤，故名。两侧均为砖木结构平房。通行小型机动车。

南寺前大街　在北辰区南部，天穆村南部。南起北运河堤，向北延伸256米，宽6米。砖铺路面。成于清光绪二十八年（1902年）。因位于天穆南清真寺前得名。两侧均为砖木结构平房。通行小型机动车。

天庙大街　在北辰区南部，天穆村南部。北起南寺北胡同，南至运河北里。长234米，宽4米，呈曲线形。砖铺路面。成于清光绪二十六年（1900年）前后，因地处原天齐庙附近得名。两侧均为砖木结构平房。通行小型机动车。

磨坊后胡同　在天穆镇中部，天穆村北部，南起磨坊前胡同，北连天穆镇养鱼池。长285米、宽2米，呈曲线形、水泥路面。两侧多为砖木结构平房住宅。中华人民共和国成立后成胡同，居民79户、268人。回族188人，余为汉族。因位于磨坊后，故名。经磨坊前胡同可达北清真寺大街。

磨坊前胡同　在天穆镇中部，天穆村北清真寺大街北侧。南起北清真寺大街，北邻磨坊后胡同。长573米、宽3米，呈曲线形、水泥路面。两侧为砖瓦结构平房住宅。原为农田，1952年建房后成胡同。居民120户，432人，回族302人，余为汉族。因位于磨坊前，故名。南端往东可达京津路。

顺义道　在北辰区南部，天穆镇东部。西起京津路，东至朝阳路。长1588米、宽7米。成于1949年前。始为土路，名二马道，1962年铺沥青路面，改名密云路。因与天津市内密云路重名，1975年用北京市顺义县名称改顺义道。两侧多为砖混结构厂房和仓库，部分为二至五层砖混结构楼房和平房。建筑构件公司门窗厂、二建加工厂、南仓二库、活塞厂等设此。通行各种机动车。

东小道胡同　在天穆镇中部，天穆村东部，西起维善胡同，东连第二玻璃厂。长158米，宽3米，砖铺路面。两侧为砖木结构平房住宅。胡同成于清光绪二十八年（1902年）前后。居民91户，299人。回族209人，余为汉族。因位于天穆村东部，道路窄小，故名。西段往南可达天穆大街。

维善胡同　在天穆镇中部，天穆村北清真寺大街南侧。北起北清真寺大街，南至天穆大街，长115亩，宽5米，砖铺路面。两侧为砖木结构平房住宅。胡同成于清光绪二十六年（1900年）前后。居民202户，657人。回族460人，余为汉族。原住户穆文盛、穆文发兄弟在此设“交义盛”面铺，除夕向贫民赊卖面粉，取名维善胡同。南端往东经天穆大街可达京津路。

德善胡同　在天穆镇中部，天穆村北清真寺大街南侧。南起天穆大街，北至北清真寺大街。长138米，宽3米，沥青路面。两侧为砖木结构平房住宅。胡同成于清光绪二十七年（1901年）前后，居民73户234人。回族64人，余为汉族，原有住户王念祖为人忠厚善良，以其人品德命胡同名，沿用至今。北端往东经北清真寺大街可达京津路。

敬善胡同　在天穆镇中部，天穆村天穆大街北侧。北起德善胡同，南至天穆大街。长146米，宽4米，砖铺路面。两侧为砖木结构平房住宅。胡同成于清光绪二十八年（1902年）前后。居民66户220人。回族154人，余为汉族。原住户穆文森堂号“敬善堂”，以之称胡同名，南端往东经天穆大街可达京津路。

敬善胡同　　（摄于2011年）

平安胡同 在天穆镇中部，天穆村北清真寺大街南侧，北起北清真寺大街，南至天穆大街。长232米，宽4米，水泥路面。两侧为砖木结构平房住宅。胡同成于清光绪二十七年（1901年）前后，居民134户433人。回族303人，余为汉族，以原住户刘竹平、刘竹安兄弟名中尾字命名。南端经天穆大街可达京津路。

乐善胡同 在天穆镇中部，天穆村西北部。北起北寺后胡同，南至天穆大街。长205米，宽8米，砖铺路面。两侧为砖木结构平房住宅。胡同成于清光绪二十六年（1900年）前后。居民126户409人。回族286人，余为汉族。以原住户穆姓堂号“乐善堂”取名。南端经天穆大街可达京津路。

北寺后胡同 在天穆镇中部，天穆村西北部。东起乐善胡同，西至天穆镇养鱼池。长177米，宽4米，砖铺路面。两侧为砖木结构平房住宅。胡同成于清光绪二十八年（1902年）前后。居民49户302人。回族211人，余为汉族。因位于北清真寺后，得名。东端可达天穆大街。

育德胡同 在天穆镇中部，天穆村西北部。北起北寺后胡同，南至明德胡同。长103米，宽2米，砖铺路面。两侧为砖木结构平房住宅。胡同成于清光绪二十八年（1902年）前后。居民47户139人。回族97人，余为汉族。由清末秀才穆文云命名育德胡同。北端往东可达北清真寺大街。

维新胡同 在天穆镇中部，天穆村西北部。南起明德胡同，北至北寺后胡同。长146米，宽2米，砖铺路面。两侧为砖木结构平房住宅。胡同成于清光绪二十六年（1900年）前后。居民64户197人。回族138人，余为汉族。以维新命名。北端可达北清真寺大街。

育才胡同 在天穆镇中部，天穆村西北部。北起北寺后胡同，南至单街子胡同北100米处。长146米，宽3米，砖铺路面。两侧为砖木结构平房住宅。胡同成于清光绪二十八年（1902年）前后。居民90户286人。回族200人，余为汉族。由清末秀才穆文云命名育才胡同。北经北寺后胡同可达北清真寺大街。

义学胡同 在天穆镇中部，天穆村西北部。北起北寺后胡同，南至单街子胡同。长142米，平均宽3.25米，土质路面。两侧为砖木结构平房住宅。胡同成于清光绪二十七年（1901年）前后。居民69户244人。回族。胡同内原有“义学”一处故名。北经北寺后胡同可达北清真寺大街。

保和胡同 在天穆镇中部，天穆村西北部。南起培养胡同，北至天穆镇养鱼池。长87米，宽3米，砖铺路面。两侧为砖木结构平房住宅。胡同成于民国19年（1930年）前后。居民120户356人。回族273人，余为汉族。因靠近北运河拐弯处，形似“宝盒”，曾称宝盒胡同，后谐音为“保和”。北经北寺后胡同可达北清真寺大街。

培养胡同 在天穆镇中部，天穆村西北部。北起保和胡同，南至单街子胡同。长125米，宽3米，砖铺路面。两侧为砖木结构平房住宅。胡同成于民国21年（1932年）。居民94户315人。回族220人，余为汉族。军阀韩复榘培养的参谋穆成刚曾居此。人们希望培养出人才，取名培养胡同。北经保和胡同、北寺后胡同可达北清真寺大街。

明德胡同 在天穆镇中部，天穆村西部。北起维新胡同，南邻王家台。长100米，宽3米，砖铺路面。两侧为砖木结构平房住宅。胡同成于清光绪二十六年(1900年)前后。居民94户302人。回族211人，余为汉族。取明德二字定名。北经维新胡同，北寺后胡同可达北清真寺大街。

单街子胡同 在天穆镇中部，天穆村西部。东起新村胡同，西至北运河，长280米，宽6米，砖铺路面。两侧为砖木结构平房住宅。胡同成于清光绪二十八年（1902年）前后。居民151户511人。回族358人，余为汉族。原为菜园，后在其东侧一边建住房，故名单街子胡同。北经培养胡同、保和胡同、北寺胡同往东可达被清真寺大街。

新村胡同 在天穆镇中部，天穆村西部。南起穆家胡同，北起单街子胡同。长62米，宽5米，砖铺路面。两侧为砖木结构平房住宅。胡同成于1932年前后。居民95户319人。回族223人，余为汉族。

因住户少，曾名小庄胡同。解放后住户增多，更现名。北经培养胡同、保和胡同、北寺后胡同可达北清真寺大街。

杨家胡同 在天穆镇中部，天穆村南寺前大街东侧，东起李家台，西至南寺前大街。长93米，宽3米，砖铺路面。两侧为砖木结构平房住宅。胡同成于清光绪二十八年(1902年)前后。居民56户172人。回族120人，余为汉族。最早为杨宝成一家居住，故名。南经李家台可达京津路。

东堤台 在天穆镇中部，天穆村东南部。西起李家台，东至南大楼平房。长240米，宽10米。土质路面，两侧为砖木结构平房住宅。成于清光绪二十八年（1902年）前后。居民82户268人。回族188人，余为汉族。因所处原有一条河堤名东堤，地势较高，故名。东可达京津路。

李家台 在天穆镇中部，天穆村东南部。南起东天庙大街，北邻冶金部宿舍。长66米，宽2米。砖铺路面。两侧为砖木结构平房住宅。成于清光绪二十八年（1902年）前后。居民27户88人。回族62人，余为汉族。因所处地势较高。原只有李姓一家居住，故名。经东堤台往东可达京津路。

天穆村城中村改造项目“天穆东苑”新区（2010年摄）

东堤头条胡同 在天穆镇中部，天穆村东天庙大街南侧。北起东天庙大街，南至东堤大街。长54米，宽2米，砖铺路面。两侧为砖木结构平房住宅。胡同成立于清光绪二十八年（1902年）前后。居民28户89人。回族62人，余为汉族。在原东堤北侧第一条胡同，故名。南端可通东堤大街。

南寺北胡同 在天穆镇中部，天穆村南部。东起南寺前大街，西至天庙大街。长84米。宽7米。砖铺路面。两侧为砖木结构平房住宅。胡同成于清光绪二十八年(1902年)前后。居民47户199人。回族139人，余为汉族。因位于天穆南清真寺北得名。西端可通天穆集市大街。

喜迁“天穆东苑”新居的天穆村村民（2010年摄）

南寺后胡同 在天穆镇中部，天穆村南部。北起南寺北胡同，南至北运河。长224米，宽5米。砖铺路面。两侧为砖木结构平房住宅。胡同成于清光绪二十六年(1900年)前后。居民98户308人。回族216人，余为汉族。因位于天穆南清真寺后得名。北经南寺北胡同可达天穆集市大街。

张家胡同 在天穆镇中部，天穆村南部。北起南寺北胡同，南至菜园。长172米，宽6米，水泥路面，两侧为砖木结构平房住宅。胡同成于清光绪二十八年（1902年）前后。居民65户224人。回族157人，余为汉族。原仅有一张姓住此，故名。北端可达南寺前大街。

穆文斋四合院（2011年摄）

王家台 在天穆镇中部，天穆村南部。北近明德胡同，南至张家四台。长372米，宽2米，砖铺路面。

两侧为砖木结构平房住宅。成于清光绪二十六年（1900年）前后。居民54户183人。回族128人，余为汉族。初此处四周皆水，中间高地，仅有王姓居住，故名。向东经南寺北胡同可达南寺前大街。

张家西台　在天穆镇中部，天穆村南部。东起张家胡同，西至西坑沿。长31米，宽4米，砖铺路面。两侧为砖木结构平房住宅。成于清光绪二十八年（1902年）前后。居民18户60人。回族42人，余为汉族。因所处地势较高，在张家胡同西，故名。东经张家胡同可达天穆集市大街。

西坑沿　在天穆镇中部，天穆村南部。南起菜园，往北长100米，宽3米，砖铺路面。两侧为砖木结构平房住宅。成于清光绪二十七年（1901年）前后。居民66户205人。回族144人，余为汉族。因北靠水坑，故名。东经张家胡同可达天穆集市大街。

茶铺胡同　在天穆镇中部，天穆村西南部。北起新村胡同，南连南菜园。长168米，宽4米，砖铺路面。两侧为砖木结构平房住宅。胡同成于清光绪二十八年（1902年）前后。居民102户332人。回族232人，余为汉族。胡同内原有一茶铺，故名。经王家台可达天穆集市大街。

穆家胡同　在天穆镇中部，天穆村西南部。南起于家胡同，北邻新村胡同，长50米，宽2米，土质路面。两侧为砖木结构平房住宅，胡同成于清光绪二十六年（1900年）前后。居民56户172人。回族120人，余为汉族。因穆祥信最早来此居住，故名。北端东行可达天穆集市大街。

于家胡同　在天穆镇中部，天穆村西南部。北起穆家胡同，南连南菜园。长51米，宽3米，砖铺路面。两侧为砖木结构平房住宅。胡同成于清光绪二十六年（1900年）前后。居民44户152人。回族106人，余为汉族。因于姓最早居此，故名。北穿穆家胡同可达天穆集市大街。

西天庙胡同　在天穆镇中部，天穆村西南部。东起穆家胡同，西至北运河。长44米，宽4米，砖铺路面。两侧为砖木结构平房住宅。胡同成于中华人民共和国成立前后。居民47户156人。回族109人，余为汉族。因位于天齐庙西得名。东端经王家台往东可达天穆集市大街。

运河北里　在天穆镇中部，天穆村天庙大街西侧。南起北运河，北至茶铺胡同，东至天庙大街，西邻天穆幼儿园。面积19270平方米。建筑为砖木结构平房。成于1991年。居民235户约700人，回族。因位于北运河北，1991年定现名。东经天庙大街可达天穆集市大街。

六　旧村改造

自2005年5月起，天穆村村委会同市区有关部门研究制定旧村改造总体规划。9月开始调查全村各户建筑面积、人口等情况。12月，初步确定融资方案。2006年4—7月，又多次研究规划方案、土地置换、融资等问题，并决定以村属铁东路、朝阳路地块置换天津市家具五厂厂地，作为天穆村旧村改造启动用地。是年12月，召开第三次村民代表会议，公布了《致天穆村广大村民的公开信》。在新建住宅楼的规划设计中采纳村民合理意见，加大卫生间面积、坐便器为南北向、电梯间加长，以适应回族群众的生活需求。

2006年12月，村党总支决定由8人组成旧村改造工作中心组，加强对改造工程组织推动。2007年8月，村党总支制定旧村改造中村干部廉政八不准规定，广泛接受各界监督，并对全体党员提出具体要求。

新建安置房命名为天穆东苑，位于京津路东侧原家具五厂地块，占地7.04公顷，规划总建筑面积23.22万平方米，其中住宅建筑面积23.14万平方米，其余为配套公建等，可安置居民3086户，总投资9.7亿元。

2007年11月正式动工，经过1年6个月的连续奋战，26座高层住宅楼拔地而起，于2009年3月竣工，共计3086套住房。道路、绿化、水电燃气配套设施陆续交付使用，达到入住条件。

2009年4月1日，按照《办理拆迁手续流程》，天穆村首批拆迁户开始选房。经过两三个月的装修，村民陆续喜迁新居。截至2012年，天穆东苑已全部入住。共安置1943户，占总户数的25%，人均住房面积33.8平方米，户均118.4平方米。天穆村旧村于2008年拆。

七　公共设施

天津市北辰区天穆民族小学坐落在北辰区天穆村集市街3号，该校始建于民国32年（1943年），是天津北辰区唯一一所少数民族全日制小学。前身为天穆小学，1975年分成两个学校，校名为“天穆第二小学”，1984年建新教学楼交付使用，1985年更名为“北辰区天穆民族小学”。

天穆小学，位于天津市北辰区京津路270号，始创于1949年，原名三区三十三保小学，后改名为三区十四小学，隶属市三区人民政府教育局，1952年更名为天穆小学，隶属天津县四区，1957年隶属北郊区文教卫生科。1966年改名为“东风小学”，隶属关系未变，1975年划分两个学校，该校为天穆第一小学，1986年又恢复为天穆小学，隶属天津北辰天穆镇教育办。1998年经改建为现校舍。

1955年，在进行社会主义改造的形势下，经天津市公共卫生局批准，建津北中西医联合诊所（由原私人诊所合并而成），总所设在天穆村，自负盈亏。负责天穆地区卫生消毒、防疫、医疗、防汛救灾期间的医务服务等。1958年，联合诊所机构、规模扩大，转建成天穆卫生所。1964年，大队选派张家深参加区红十字医士训练班，1965年初主持建起红医站：1966年，村诊所并入红医站。1983年改称村卫生所。1987年开展甲级卫生所达标活动，经区卫生局与有关部门联合验收，天穆卫生所命名为甲级卫生所。

民国时期，穆文运为天穆村第一位坐堂行医的堂医，其后是穆成章（焕一），治小儿烂嘴角有秘方。50年代初，倪文汉、张佩伦、程宪章等经营私人诊所。1955年合并成中西医联合诊所，设西医内科、小儿科、外科、妇科，大夫那素芬、王竞凡。1958年9月人民公社化后，联合诊所转为集体性质的天穆卫生所，设中西医科、内科和牙科。1966年“文化大革命”运动开始后，卫生所改称红医站。1976年5月，红医站中的骨科和部分医务人员划归天穆卫生院；留下的9人称“赤脚医生”，在大队记工分，实行半农半医待遇，后改称天穆卫生所。80年代后期，村内私人诊所再现。现有私人诊所5家：1998年，天穆卫生所改制为私人诊所，负责人穆瑞彪，有医生、护士等10人。该所位于村北部，建筑面积200多平方米：2001年5月，建天穆卫生所第二诊所，位于村南部，面积150平方米，负责人穆怀兴、段伟，有医务人员4人。两个卫生所向村民提供中西医、针灸、按摩等项医疗服务。另有刘建苓、穆祥禄等开设私人诊所。

1985年，天穆村和天津中医医院决定合办一个门诊部，位于京津路左，时有平房12间、192平方米。天津中医医院派主治医师和医师14人，投资8万余元安装上下水道，添置桌椅，购买药品。8月12日正式开业，设内科、老年病科、儿科、妇科、针灸科、眼科、急诊室、心电图室、注射室，有中西药房，解决了农民就医难的问题。

2002年，兴建新骨科医院大楼时，中医门诊部撤销。天津天穆骨科医院是一所以中西医结合治疗骨科疾病为特色的二级(甲等)专科医院。建筑面积6000平方米的六层现代化医院大楼设置骨科、内科、外科、中医、理疗、按摩等临床科室；设置医学影象、临床检验、药剂等医技科室；开放骨科病床120张。引进美国GE公司的大型X光，C型臂等影像设备；配备了现代化的手术室、麻醉及监护设备；配备了可开展128项血液生化、血流变检查等国外先进的检验仪器。医院开发、研制的骨伤科口服中药丸和外用骨科膏药具有镇疼消肿。改善微循环、促进骨折愈合的功能；独创的闭和性骨折手法复位、小夹板外固定疗法，及对各种骨关节疾病、椎间盘脱出症的治疗，在国内外享有较高的声誉。

天穆游泳馆　在北辰区中部，天穆村东、京津路南段东侧。占地面积2040平方米，建筑面积840.4平方米。被誉为游泳之乡的天穆村，为培养游泳后备人才，于1974年在此建露天游泳池。占地450平方米，池长25米，宽11.4米，深1.85米，泳道6条，后为扩大训练规模，和适应冬训需要，1985年在露天游泳池南侧扩建室内游泳池。1989年竣工。池长25米，宽12米，深2米，泳道6条。馆体结构为钢筋混凝土浇筑，主体基础和池体。砂灰砌砖墙，铝合金窗，钢屋架，屋面板屋顶。前厅办公室、更衣室为砖木结构二层小楼，馆东北角建锅炉房一间，配有0.4吨和1吨锅炉各一台。露天游泳池北侧有平房更衣室3间。门前小楼上方有杨静仁题写的馆名：天穆游泳馆。现有教练4人，司炉工2人，服务员1人。由天穆村管理。每年夏季招收学前儿童160～200人进行培训，秋后择优录取30人左右进行重点训练。经常训练者约50人。

20世纪80年代天穆村街道胡同和公共设施示意图

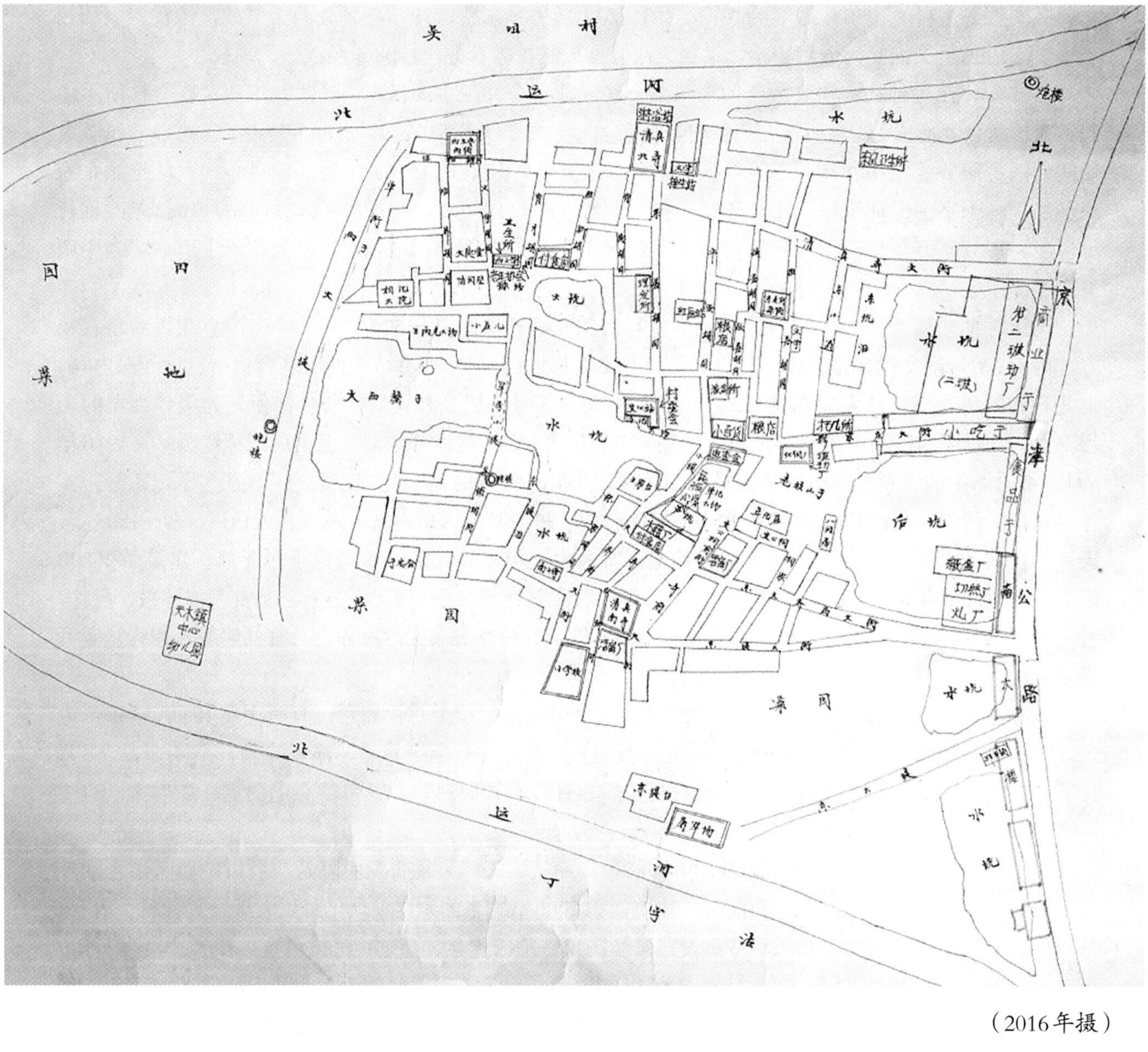

（2016年摄）

八　经济概况

天穆村三面环水，具有种植蔬菜的传统和优势。1949年全村园田200多亩，1956年扩大至近300亩，1958年起，将洼地、碱地改造成园田，当年春季播种蔬菜654亩，总产298万千克，夏秋播种大白菜等1042亩，总产365万千克。1963年共播种蔬菜1244亩，总产306万千克。成为闻名天津市的蔬菜库。

1994年，因兴建铁东路工业园，将1308亩农业用地全部转为工业用地，至此，天穆村农业劳动力逐步转移到非农产业。

2016年天穆村级收入1735万元，支出3231万元。

1995年后入住天穆铁东路工业园的企业

表4

企业名称	入驻或合作年份	占地面积（平方米）	主要产品	2004年销售收入（万元）
新宝企业（天津）有限公司	1995	70219	电冰箱	22799
正意车业技术开发有限公司	1995	3000	自行车	10346
禹红建筑防水有限公司	2000	35298	防水材料	—
滨津玻璃纤维制品有限公司	2001	408	纤维布	521
享隆静电喷涂有限公司	2001	1300	加工喷涂冰箱配件	368
绿都园艺有限公司	2001	6760	陶艺品	15
淦达气体有限公司	2001	2334	氧气、氮气等	664
晨邦涂料有限公司	2003	300	油漆	360
国英利奥生物技术有限公司	2004	1300	饲料添加剂	97

新宝企业（天津）有限公司 由台湾声宝集团与天津市华馨家用电器有限公司合资，创建于1996年，投资2.4亿人民币，占地70219平方米，厂房建筑面积1.7万平方米。是以生产冰箱为主的专业制造厂。引进国际先进的生产设备，建立由台湾科技机构和北京家电研究所提供的新宝冰箱的检验基地，年生产能力15万台。2000年有固定资产原值1038万元，从业人员256人，年销售收入9012万元。董事长、法人代表陈辉东。2005年营业收入22960万元，实现工业产值21926万元。

正隆纸业有限公司 前身为天穆村建于1978年的纸箱厂，1995年10月，该厂与台商合资，占地22800平方米，建筑面积5000余平方米。拥有先进的瓦楞纸生产线及配套的单色、双色、三色水墨印刷机、订箱机、模切机、平台切磨机，拥有国际先进水平的印刷扪切（开槽）机，专业生产各种规格包装箱、纸箱并承做各种异形包装纸箱。是天津市首批获得一类瓦楞纸生产许可证的企业，获外贸商检认可。年产瓦楞纸箱、瓦楞纸板、彩盒等纸制品360万平方米。2000年销售收入1000万元，有固定资产（原值）351万元、从业人员124人，总经理冯春来，现任总经理刘玉森。2001年通过ISO9001（2000年版）质量体系标准认证，跻身天津市包装企业50强。2005年，营业收入953万元，实现工业产值859万元。

天穆商业街 1986年国庆节期间，天穆村建成具有民族特色的天穆回民食品街，建筑面积1200平方米。1987年，在其北侧继建商业街，建筑面积3200平方米。

食品街建筑造型独特美观，采用伊斯兰教圣地麦加的建筑风格，为天穆村披上民族盛装，也为京建公路增添一景，食品街、商业街，经营者经济类型有国营、集体、个体及联营。两街开业后每月营业额达50万元，据2003年统计，月营业额达600万元，它不仅是繁荣经济，而且是民族团结见证和联系国内外友人的窗口。

2004年天穆商业街商户情况表

表5

单位全称	承租面积（平方米）	类别
盈顺饭庄	180	餐饮
津祥餐厅	180	餐饮
王朝饭店	360	餐饮
伊春饭店	60	餐饮
群贤楼餐厅	180	餐饮
红太台球城	300	娱乐
鸿发顺快餐店	40	餐饮
天穆理发店	80	服务
天穆药店	80	商业
天虹五金	60	商业
伊春分店	60	餐饮
降顺厨具	60	商业
通达综合商行	40	商业
玉环汽配	80	服务
闽赛茶叶经营部	80	商业
全冷库	80	服务
北方叉车	80	商业
天穆砂锅居	2320（20户）	餐饮
猛牛电机	180	商业
恩发德火锅	80	餐饮
美能达装饰部	120	服务

九　民间文化

天穆北清真寺　在北辰区南部，天穆镇天穆村北头、京津路西侧，占地7715平方米，建筑面积5182平方米。明永乐二年（1404年）建于穆家庄，称穆家庄清真寺。1951年随穆家庄与天齐庙村合并称天穆村，并与其南另一座清真寺区别，改称今名。该寺初建时规模很小，后因浙江移民中回民较多，原寺不能满足回民礼拜需要而扩建，清光绪二十六年（1900年）毁于八国联军兵燹。紧存清光绪三十四年（1908年）所立残碑二座，刻有“永远遵守穆姓不能联姻”等内容。后回民集资重建，规模较大。冥国37年（1948年）被国民党军队以扫清视野为名烧毁。1951年重新修复。1966年“文化大革命”期间被查封，经典文物被焚毁。1980年市政府拨款修建，并按原型建望月楼。因曾受地震损伤，1992年将大殿拆平重建，并将原藏经室平房改建成二层楼房。1995年底竣工。该寺坐西向东，砖砌围墙，中为大殿，北侧为一排女经堂，女经堂南为藏经室。女经堂与藏经室之间有一排淋浴室，系砖木结构平房。大殿顶檐为琉璃瓦，前角有风头角兽，正面悬“清真古教”等匾额3块。殿长25米，宽42米，面积1050平方米。殿内高悬素白玻璃花灯多盏，古朴典雅。殿西北角建有“敏拜尔”。可供千人做礼拜。大殿西北建有望月楼，高20米。斋月时，夜间灯光闪耀，十里可见。大殿前有辅殿，辅殿3脊18柱，柱高7米，剥离扇绘有山水花卉。辅殿前有抱厦，正中悬蓝地镶金清真匾额。寺前北侧立有“北寺史考”“穆氏宗谱”石碑2块。全寺建筑为明清风格，是天津市古老的清真寺之一，系市级文物保护单位。东近京津路，通10、802、865、610、879等路公共汽车，天穆村设站。

天穆南清真寺 在北辰区南部，天穆村南、京津路西侧。占地2317平方米，建筑面积1107平方米。清咸丰四年（1854年）建，曾遭盗害，后重修。民国37年（1948年）又毁于兵燹。1950年修缮。1989年市政府拨款和群众集资重建。因其北有天穆北清真寺，故名天穆南清真寺。大殿坐西朝东。殿顶有金色球形教徽，直径2米余，重4吨。左右两角各有小球，直径1米，∩形底架支托。顶下前檐有李瑞环题写的“清真寺”横匾。大殿正面前厦为6柱支撑，前额有金匾三块，系北京伊斯兰教协会安世伟题写。前厦至地面有10级台阶，汉白玉护栏。大殿10柱，长23米、宽17.5米、高6米。装有吊灯、壁灯、电扇和扩音器，可容纳600人礼拜。殿前左右各有一碑。右为募捐纪念碑，左刻重建南寺记。南侧配房为藏经室，北侧配房为传达室等，均为平房。整个建筑属阿拉伯伊斯兰麦加风格，为津沽独有。东近京津路，通10、802、865、610、879等路公共汽车，天穆村设站。

天穆民族书画苑 成立于2011年6月28日，同时举办首届“天穆杯”书画摄影展。天津市人大常委会主任肖怀远等市区领导莅临。书画苑会长穆祥友、名誉会长曹柏崑、秘书长王敬善、副秘书长曹恩祥、乔美娟，理事7人。得到马增荣先生大力协助。展后开办了国画、书法、素描等教学班，聘请曹恩祥、乔美娟、刘恩起、乔强授课。自2011年以来，共举办五届“天穆杯”书画摄影展，举办五届天穆古尔邦文化节书画摄影展。会员从2011年的40余人，发展到2016年的140人，其中回族会员占40%。现有市级书协、美协会员10余人，区级会员30余人，会员有北辰、红桥、河北、河东等区的。聘请两位知名书法家授课。5年来，出版书画摄影作品集一册、天穆书画摄影报一份、天穆古尔邦文化节专刊三份。先后对外举办5期书画培训班，参训学员200余人。多次参加社会公益活动（北辰区政协举办的爱心助学义捐书画活动、为天穆小学义捐书画、为四川地震灾区捐款、为中老年时报读者写春联450幅、义捐观众书画作品300余件）。该书画苑有章程，会员有会员证，交会费，坚持每周一次活动。年初有工作计划，年终有工作总结。先进有表彰、佳作有奖励。2012年被天津市老年人大学定为校外教学基地，2014年被天津市老年人大学评为优秀校外教学基地。5年来，先后有30余名会员在全国及市区各项书画展上获奖，20余名会员的作品上报刊。

天穆摄影协会 成立于2012年5月20日，时有会员近百人，收费后减至36人，2016年有会员130人。被中国摄影报、摄影手机报评为全国最大的村级摄影协会。成立以来，4次筹办“天穆杯”书画摄影展、四届天穆古尔邦文化节摄影展。坚持每月组织会员采风一次，每周组织会员学习交流一次。每年年初有活动计划，年终有工作总结，先进有表彰，佳作有奖励。4年来，邀请知名摄影家讲座10余次、出版摄影集1册、书画摄影报1份、古尔邦文化节专刊3份。多次参加社会公益活动：为四川地震灾区捐款、免费为观众拍照洗相片100余人次、为王庄小学外来务工人员子女200多人免费拍照、为天穆旧村改造留影等。4年来，有160人次获得国际、全国及市区摄影展比赛奖项；20人次在全国、天津市各大报刊发表作品。天穆摄影协会有协会章程，会员有证书，交纳会费。理事会和会长、秘书长由民主选举产生。2015年3月11日，经北辰区行政审批局批准，获得团体法人证书。

天穆摔柔俱乐部 始建于1973年，由李俊慈（号摔跤大慈）发起成立。1979年，聘请原八一队总教练卜恩富为村摔跤队总教练。此后，天穆村的摔跤竞技技术威震津门跤坛，在天津市的摔跤锦标赛、少数民族运动会、农民运动会等赛事中，多次赢得多级别比赛冠军。1999年，原国家柔道队总教练王恩信担任村摔跤队总教练。近年，时洪亮、高月亮、时洪旺任教练。2004年11月，天穆摔跤柔道搏击体育俱乐部正式成立。

十　英烈先贤

穆兴永（1752—1816） 字远峰，回族，天穆村人。为天津八大家之一的穆家始祖，初贩米面，后从事粮运和米面加工。与子开设盛德米铺、正兴钱铺、长兴染坊、正兴德茶叶店、大兴号洋货店等，另陆续购置铺面、住房40余处用于出租，遂成天津大户。

穆成泰（1821—1893） 字东元，人称穆老东，回族，天穆村人。初期经营回民食品和牛羊肉生意，后开长元德喜寿花烛店，为前店后作坊。清光绪六年（1880年）前后又开分店，产品远销全国及香港、东南亚地区。继开“德记茶庄”，时为天津较有影响的回族工商企业家。

王德舆（1827—1893） 号敬修，回族，天穆人。幼时家贫，聪而好学。清咸丰元年（1851年）举人，派任直隶容城县训导。廉洁自重，深孚众望。后因母丧回籍守孝，见村民文化落后，乃弃官用自家房舍4间开办学塾，时谓“大书房”。10余年间，弟子10余人中举，数十人进学为廪生、秀才。德舆去世后，弟德骏、子赞恩、孙念祖继续办学40余年。乡人将“大书房”所在里弄命名“德善胡同”以资纪念。

穆雅田（1859—1939） 名文盛，以字行，回族，天穆村人。幼读私塾，16岁到天津正兴德茶庄学徒，青壮年时兼看货工人。清光绪二十年（1894年），由正兴德三门四代传人穆云汉破格提升为经理。为报知遇之恩，在任40余年，忠心耿耿，苦心经营，使天津八大家之一的正兴德穆家走向鼎盛。雅田业务精通，鉴别茶叶既准又快，库存、账目无不明察，茶名、价目脱口而出。知人善任，无分回汉亲疏；经营有方，勇于创新。采茶季节，先是派人到产地收购窨制，以确保高档茶叶的正当渠道和上乘质量；又在黄山常年开庄采茶，在河南、福州等地设厂制茶。无论本地还是外埠的经销、代销商，一律采取赊销方式，旧欠可接新欠，不催不索，遂使华北大部分茶商均无力与之抗衡。雅田尤重“名牌”战略，把“绿竹”商标高档茶品推向多种博览会，民国17年（1928年）获天津第一次国货展览会优等奖（章），民国23年（1934年）获第三届铁路沿线出产展览会超等奖（证书）；旋又参加美国芝加哥百年竞进展，深受欢迎。民国24年（1935年），正兴德总、分号8处，收、制茶厂12处，仓库6处，包装罐机器制造部1处；职工近300人；资金百万元，年营业额200万元。雅田积年置产甚丰，但自奉俭朴。对济贫、修清真寺绝不吝捐输。兼任天津茶叶公会会长多年。

王学颜（1904—1999） 又名王仰之，回族，天穆村人。7岁入私塾，13岁在本村民立第八小学就读，17岁考入天津省立第一中学(今铃铛阁中学)，民国14年(1925年）中学毕业考入西北陆军干部学校，民国18年（1929年）入黄埔军校第六期炮科学习。毕业后投身军界，曾任国民党第二集团军上校团长、抗日同盟军高级参谋、南开大学主任军训教官、天津市国民军事训练委员会主任、南京训练总监部上校部副、军事委员会总政治部少将部副、陆军第二十师少将副师长兼政治部主任、第十七师少将副师长兼政治部主任、国防部少将部副、成都中央军校参谋处少将副处长。1949年冬与贺龙部十八兵团联系，12月27日部队起义。1950年解甲归乡务农。曾任天津市第六届政协委员，1983年10月至1996年8月任民革北辰支部主委，1996年9月后任名誉主委，1984年起任北辰区第一、二、三、四届政协副主席。他回乡后，很长时间在积肥队工作。担任北辰区政协副主席后，为帮助地方发展经济尽心竭力，深入到朱唐庄乡同当地干部群众一起研究脱贫措施。利用联系面广的优势，联系设备原料，请技术人员解决技术难题，促使2个乡办企业很快扭亏为盈。他努力为家乡办实事，争取到100多万元的贷款，帮助天穆镇办起规模较大的牛羊屠宰场。他深知教育是兴国基础，在区教育局支持下，先后举办工业会计班、钳工学习班、裁剪缝纫班等十几个不同类型的培训班或学习班，共培养学员750多人。他多次被民革天津市委会评为模范党员。1991年，荣获国家民族事务委员会颁发的“全国民族团结进步模范个人”金质奖章和证书。

张家深（1935—2005） 回族，天穆村人。1983—1984年被评为天津市劳动模范。他自学成才，从正骨、采药、种药、制药，制作医疗用的小夹板，成长为一位著名的骨科医生。是天穆骨科医院的创始人，主治医师，国际中西药协会会员。他幼年家贫，只读到小学二年级。1952年入中央体育学院，1956年到天津体育学院，1962年体育下马回到天穆村。他自学《人体解剖图》，克服困难寻找临床实践机会，潜心研究新药剂、针剂，并拿自己身体做实验，试制成功1号（追风丹)、3号（定痛丸)、5号（健止丸）、7号（舒苏丸）等多种药剂。1973—1974年还试制成功“1218”（以1974年12月18日的日期命名）针剂。他殚精竭虑培养学生。1987年帮助杨柳青建起骨科医院，1993年帮助天津建昌小区建立骨科医院，并被聘为兼职顾问。其生平事迹被载入《中华英才传略大系》典籍中。

李世广（1957－1980） 回族，天穆村人。1980年9月27日晚，在红桥区一号路为保护人民生命财产安全，勇拦惊马而牺牲。1981年4月4日，天津市人民政府、天津警备区在北郊区召开李世广“无私无畏、舍己为人的模范民兵”命名大会。4月5日，《天津日报》头版刊发消息并发表评论员文章《向李世广学习，作雷锋式的好青年》、第二版发表长篇通讯《李世广，你活着！》。

十一 历任党政负责人

天穆村的党组织，从1949年成立至2016年先后为党支部、党总支和党委等，党组织负责人先后由王占忠等6人担任；该村村政机构有村、乡、大队、村公所、村委会等，先后由王占忠等14人担任负责人。

1949—2016年天穆村党组织负责人任职情况表

表6

党组织名称	姓名	职务	任职时间
天穆村党支部	王占忠	书记	1949—1951
	张焕武	书记	1951—1953
天穆村回族自治乡党支部	王占忠	书记	1953—1956
	黑振福	书记	1956—1956
天穆村回族自治乡党总支	黑振福	书记	1956—1958
	张焕武	书记	1958—1958
天穆大队党支部	黑振福	书记	1958—1966
天穆大队整建党领导小组	黑振福	组长	1970—1970
天穆大队党支部	黑振福	书记	1970—1977
	王凤荣	书记	1977—1986
天穆村党总支	穆祥友	书记	1986—2005
天穆村党委	穆祥友	书记	2005—2016
	穆瑞芳	书记	2016—

1949—2016年天穆村村政机构负责人任职情况表

表7

村政机构名称	姓名	性别	职务	任职时间
穆家庄	王占忠	男	村长	1949—1951
天齐庙村	郝庆来	男	村长	1949—1951
天穆村	王占忠	男	村长	1951—1953
天穆乡	黑振福	男	乡长	1953—1953
天穆村回族自治乡	黑振福	男	乡长	1953—1954
天穆村回族乡	黑振福	男	主席	1954—1956
	刘文梁	男	主席	1956—1958
天穆乡	王占忠	男	乡长	1958—1958

续表

村政机构名称	姓名	性别	职务	任职时间
幸福（北仓）公社天穆大队	穆祥亭	男	大队长	1958—1960
天穆大队	穆祥亭	男	大队长	1960—1968
	王占忠	男	大队长	1964—
天穆大队革命领导（革委会）	穆祥亭	男	组长（主任）	1968—1972
	黑振福	男	组长（主任）	1972—1976
	王凤荣	男	组长（主任）	1976—1977
	穆祥友	男	组长（副主任、主持工作）	1977—1979
天穆大队管委会	穆祥友	男	大队长	1979—1982
天穆村公所	穆祥起	男	村长	1982—1983
天穆村村民委员会	穆祥起	男	主任	1983—1985
	穆祥友	男	主任	1985—1988
	刘向阳	男	主任	1989—1992
	穆祥友	男	主任	1992—1994
	李世英	男	主任	1994—1995
	刘桂元	男	主任	1995—1996
	刘建玲	男	主任	1996—1997
	刘全省	男	主任	1997—2000
	李世英	男	主任	2000—2006
	穆瑞安	男	主任	2006—

十二　荣誉

1961—2016年，天穆村共获市局级以上集体荣誉9次；该村黑振福等6人共获8次市局级以上先进个人荣誉。

1961—2016年天穆村获市局级及以上集体荣誉表

表8

授予时间	荣誉名称	授予部门
1961	天津市蔬菜生产先进单位	天津市人民政府
1964	河北省农业劳动模范代表会议先进单位	河北省政府
1973	全国农村体育工作先进单位	国家体委
1984	天津市民族团结先进单位	天津市民委
1985	抗日根据地村	天津市民政局
2006	天津市民族团结进步模范集体	天津市人民政府
2012	天津市创先争优先进基层党组织	中共天津市委
2012	全国民族团结进步创建活动示范村	中共宣传部、统战部
2015	天津市民族团结进步模范集体	天津市人民政府

1964—2016年天穆村获市局级及以上先进个人荣誉表

表9

授予时间	获奖姓名	荣誉名称	授予部门
1964	黑振福	劳动模范	河北省人民政府
1985	张家深	1983—1984年度劳动模范	天津市人民政府
1986、1988、1994	赵宝宽	年度劳动模范	中共天津市委、天津市人民政府
1997	穆祥友	1995—1996年度劳动模范	中共天津市委、天津市人民政府
2011		十一五期间天津市最具影响力劳动模范	中共天津市委、天津市人民政府
2005	穆瑞安	2003—2004年度劳动模范	中共天津市委、天津市人民政府
2015		天津市第七次民族团结进步模范个人	中共天津市委、天津市人民政府
2011、2013	刘玉森	天津市五一劳动奖章	中共天津市委、天津市人民政府

郭辛庄村

郭辛庄村位于北辰区与红桥区交界处，20世纪50年代末期北运河去弯调直后将村庄分在北运河的左右（东西）两岸。该村为长方形，占地面积为126亩，河岸东侧面积49亩，西侧面积77亩。左岸为老村庄，东临方舟小区，西临北运河左岸，南临沂水园，北临吴嘴、滦水园。距京津路天穆镇政府约800米。右岸东临辰永路北运河，西临西北半环快速路，南临丁字沽一号路千里堤，北临佳庆道、佳丽园。该村村民分别居住于左右两岸，村办公驻地设在右岸。该村居民均为红桥区户籍。2015年，该村有户籍人口438人；长期固定资产325万元。2016年，村里已没有耕地，村集体收入46.8万元。其中经营性收入20.7万元，村公司职工人均可支配收入13818元。该村党务、经济由北辰区领导；行政户籍、社区民事由红桥区管辖。

郭辛庄农工商公司 （1992年摄）

一　村庄沿革

郭辛庄村位于镇西南，北邻王庄，南依千里堤，跨入红桥区界内，为市区村。清康熙年间（1662—1722年）成村，村名源于郭姓农夫给地主种地，落户此处，久之成村，以首户郭姓得村名。1962年3月前属于丁字沽生产大队联村队，3月后析出，建郭辛庄生产大队，含原邻村唐家湾（明代成村，1958年北运河裁湾改道拆除，居民迁丁字沽北大街），1962年，唐家湾村民由丁字沽迁至郭辛庄。村务经济生产归属天穆镇领导，行政户籍由红桥区管辖。1992年3月后，郭辛庄村隶属北辰区天穆镇。

二　道路河流

道路　中华人民共和国成立以前，郭辛庄周边地区仅有土质公路；1959年，北运河去弯调直工程，运河将郭辛庄村分成东西两侧，当年村民只能靠划船出行。60年代开始建设沥青路面公路。1972年郭辛庄钢索吊桥建成，方便了村民的出行。自80年代开始，随着经济的发展，该区域公路发展迅速。至2016年，该村周边有国道1条（京津路）、二级公路1条，城市次干路1条，南北通衢，纵横交错。

津永公路　位于北辰区和武清区，起点位于津宝高速线路总长为12.585千米，为二级公路，设计车速80千米／小时。

佳庆道　佳庆道位于天津市北辰区，西起辰昌路，东至辰永路，规划等级为城市次干路，道路全长1080米，宽30米，双向四车道。

郭辛庄桥　1972年国家投资建设郭辛庄钢索吊桥，原为备战用桥经过申请政府批准平时供村民所用，方便了临近各村村民的出行。1993年市政府决定拆除郭辛庄钢索吊桥，后又申请建设钢筋混凝土结构桥，该桥于1994年4月18日建成通车，命名为郭辛庄桥。

河流　北运河　一级河道，1959年北运河去弯调直工程，将郭辛庄村分成东西两侧，运河右岸紧邻津永公路，运河左岸通过吴嘴村紧临京津路。北运河从村落中央穿流而过，当年村民只能靠小船来往沟通，因此村里决定设立郭辛庄摆渡口。北运河两岸生态环境优美，风光秀丽，地理位置优越，千里堤花鸟鱼虫市场，唐家湾农贸市场，均坐落于郭辛庄村地域，带来了人气、财气两旺，人称千里堤市场。

郭辛庄钢索吊桥　（1993年摄）

郭辛庄桥　（1994年摄）

三　人口方言

人口　据《典籍中的北辰》载，民国23年（1934年），郭辛庄村有84户499人。据统计资料载，郭辛庄村1950年有72户288人；1960年有95户477人；1970年有97户478人；1980年有140户470人；1990年有165户457人；2000年有175户386人；2010年有359户981人；2016年，该村有乡村户数155户407人。

民族　2010年第六次全国人口普查，郭辛庄村共有4个民族。其中汉族1017人、回族69人、满族

2人、蒙古族1人。

姓氏 郭辛庄是一个小村落，自20世纪60年代以来该村村民仍以郭姓居多，主要姓氏为李、丁、王、刘、于、周。

郭辛庄村姓氏根据居住地域分布划分如下：

郭辛庄大街：郭、马、刘、张；

李家胡同：李、周、王；

唐家湾：于、丁、王。

方言 郭辛庄村方言基本属于“北河”方言区，均以天津方言为基调，自然向北与武清方言结合，较为接近普通话，音调为北河音调。郭辛庄村的语言除天穆村回族专用语汇以外，一般大众语言和语音基本相同。

家(族)谱选介 郭姓家族字辈排序如下：永、常、学、文、煜。

四 耕地状况

据郭辛庄村村情调查资料表明：20世纪60年代，该村有17块耕地，总面积为391亩；大部分地块分布在北运河东西两侧，其中河西地块234亩，河东地块97亩，千里堤南地块（旱田）60亩。其耕地整体四至为：东界天穆村、西界南界均为丁字沽、北界吴嘴村。由于该村的位置较为特殊，处于红桥区与原北郊区（北辰区）结合处，自80年代以来，红桥区政府和北辰区政府为解决市民住房困难对郭辛

1961年郭辛庄村所属耕地地块示意图

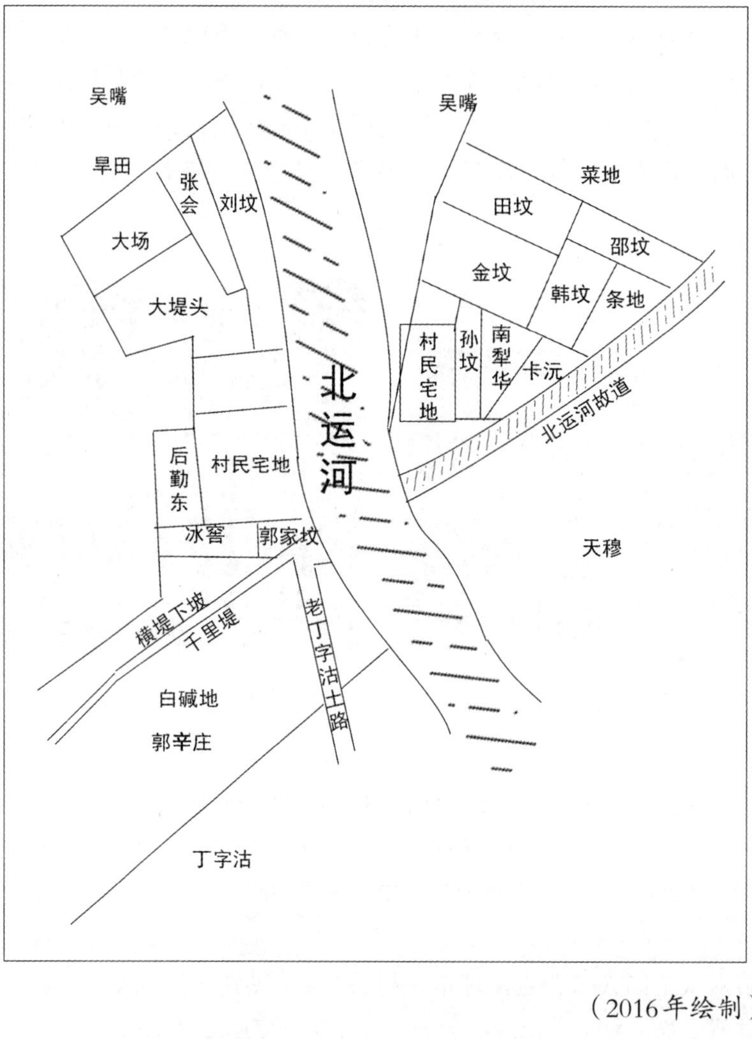

（2016年绘制）

庄村进行征地，建设解困住宅楼，先后征用农业耕地面积达100%，至1998年郭辛庄村已没有耕地，从而终止了农业生产，全村只剩下企业厂房用地48亩及村民宅基地58亩左右。

1961年郭辛庄村属耕地地块情况表

表1　　　　单位：亩

地块名称	位置	面积	地块名称	位置	面积	地块名称	位置	面积
大场	河西地块	91	大堤头	河西地块	60	张会	河西地块	26
刘坟	河西地块	20	后勤东	河西地块	22	冰窖	河西地块	7
郭家坟	河西地块	3	横堤下坡	河西地块	5	白碱地（旱地）	千里堤南地块	60
田坟	河东地块	16	邵坟	河东地块	14	金坟	河东地块	31
韩坟	河东地块	9	条地	河东地块	9	孙坟	河东地块	6
南犁华	河东地块	8	卡沅	河东地块	4	合计	391	

1977—2005年郭辛庄村基本建设征占用地情况表

表2　　　　单位：亩

征地年份	用地单位	基建项目	征地亩数
1977	天津市汽车车镜厂	建厂	29.00
1979	天津市复印研究所	建所	65.20
1981	天津市东方化工厂	单位宿舍楼	4.70
	市政工程局道桥所	延伸一号路	45.70
	609厂等九个单位	单位宿舍楼	44.00
1985	北辰区住宅办	住宅楼	77.50
	红桥区政府住宅办	住宅楼	114.00
1986	微型蓄电池厂	扩建	1.90
1989	红桥武警巡逻队	建营房	4.00
	87297空军后勤部队	扩建	10.30
1993	北辰统建办公室	干部解困住宅	43.368
1996	市烟草公司	建库	10.50
1998	红建置业有限公司	开发商品房	20.00
	现代置业有限公司	开发商品房	14.00
	玥海置业有限公司	开发商品房	100.00
2005	市政道路工程公司	修建快速	7.85

五　街道胡同

中华人民共和国成立前，郭辛庄村内街道胡同不整，均为土路，夏季泥泞，冬季扬尘。中华人民共和国成立后，20世纪50年代初该村西侧紧临二级国道津永公路，南北走向为土质路面。1958年提升改造铺设炉灰混合土路面。1967年拓建郭辛庄（千里堤）至刘园段为3千米长、8米宽的沥青路面，该路段属于市管二级国道。80年代以来，随着村经济的发展，按规划实施村庄改造，街道胡同拓宽调直，主要街道逐步落实硬化。80年代村南侧千里堤土道郭辛庄地段约1.25千米，铺设沥青路面。1994年铺设了一条长1千米从郭辛庄村到吴嘴村连通京津路的沥青道路，名为郭辛庄桥引路，属镇管道路。至

2016年，该村有14条街道，河西侧10条，河东侧4条，约6400平方米为村建村管沥青路。

1959—2012年郭辛庄村主要街道情况示意图

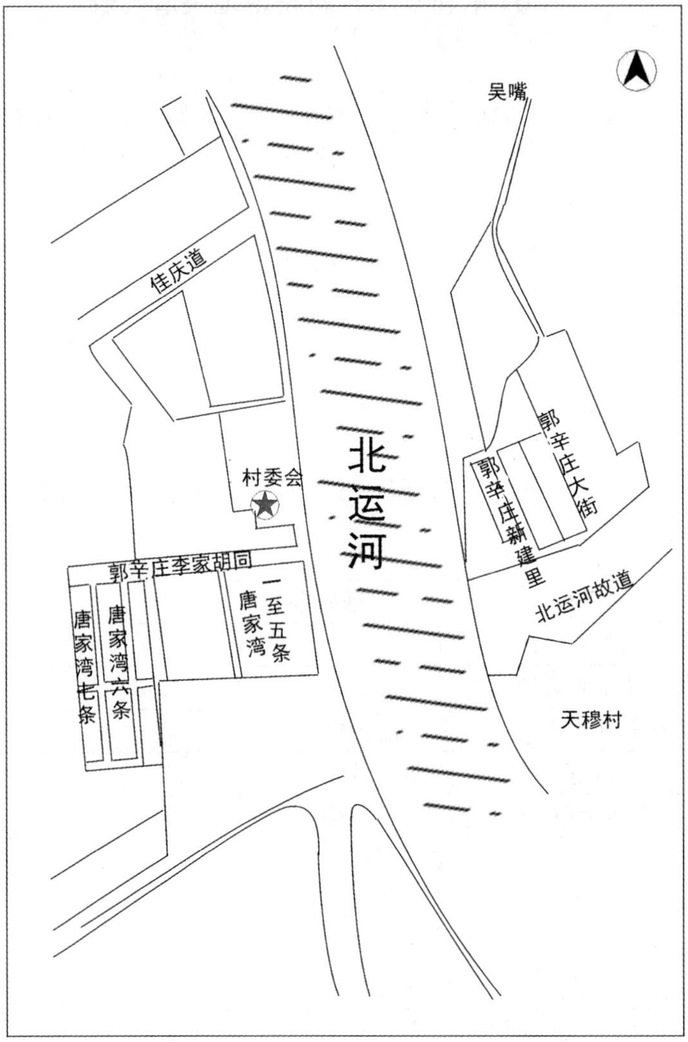

（2016年绘制）

1930—1986年郭辛庄村街道情况表

表3　　单位：米

年份	胡同名称	长度	走向	所处地理位置	说明
1930	郭辛庄大街	190	南北	红桥区千里堤北运河东侧左岸	1958年前为老河道右岸北运
1930	郭辛庄李家胡同	90	南北拐东西	红桥区千里堤北运河东侧左岸	河去湾调直后分为左右两岸
1988	郭辛庄河堤	48	南北	红桥区千里堤北运河东侧左岸	
1985	郭辛庄新建里	110	南北	红桥区千里堤北运河东侧左岸	
1962	唐家湾一条	145	东西	红桥区千里堤北运河西侧右岸	
1964	唐家湾二条	145	东西	红桥区千里堤北运河西侧右岸	
1978	唐家湾三条	145	东西	红桥区千里堤北运河西侧右岸	

续表

年份	胡同名称	长度	走向	所处地理位置	说明
1984	唐家湾四条	150	东西	红桥区千里堤北运河西侧右岸	
1984	唐家湾五条	150	东西	红桥区千里堤北运河西侧右岸	
1986	唐家湾六条	160	南北	红桥区千里堤北运河西侧右岸	
1986	唐家湾七条	160	南北	红桥区千里堤北运河西侧右岸	

六　旧村改造

郭辛庄（河东）老街道　（1992年摄）

郭辛庄（河西）老街道　（1992年摄）

郭辛庄唐家湾大街　（1992年摄）

2001年3月，北运河段综合治理，对该村河堤新建里32户村民实行拆迁。此次拆迁以货币还迁的方式进行安置，按每平米拆迁补偿费1500元，奖励金500元，总计每平方米2000元给予货币补偿。

2012年9月该村启动北辰区城中村改造，至2016年，居民住房基本拆除，尚未筹建，全部公建也在拆迁规划中。

郭辛庄城中村改造拆迁情况

（2016年摄）

七　公共设施

中华人民共和国成立前，郭辛庄村公共设施甚少。中华人民共和国成立后，公共设施逐渐增多。60年代，先后建立了托儿所、郭辛庄红十字卫生站。1966年，大队为河东岸村民安装了自来水，村民告别了饮用河水的历史。1969年，郭辛庄大队部安装了第一部自动电话机（次年又安装了50门交换台）。1970年，国家投资战备用桥——郭辛庄钢索吊桥建成，经申请政府批准平时供村民使用，由郭辛庄村承担安全维护责任。进入80年代，该村公共设施不断增加更新，日趋完善规范。1984年，由郭辛庄农工商公司投资为全村街道铺设了柏油路面。1985年，该村新建了幼儿园（是年被评为区级先进幼儿园）、卫生所（1991年被评为区级甲级卫生所）、水冲公共厕所2处。1987年，为河西岸的村民安装自来水，西岸村民告别需过桥去东岸取水的历史。1990年，实施燃气入户工程。1994年，在区镇的资助下农工商公司投资修建了钢筋混凝土结构的“郭辛庄桥”。1996年，建立了村文化活动中心，礼堂、舞台、灯光、座椅、老年棋牌室等设施完备，供该村秧歌队、评剧团、

原郭辛庄农工商公司办公楼
（1981年摄）

郭辛庄文化活动中心礼堂
（2003年摄）

1961年郭辛庄村公共设施示意图

（2016年绘制）

民乐队日常排练演出使用，丰富了村民的文化生活。2012年9月该村启动北辰区城中村改造，村内大部分公共设施已经拆除，至2016年该村留存农工商公司办公楼。

郭辛庄家具厂　（1981年摄）

八　经济概况

1952年，郭辛庄村成立互助组，主要种植玉米、高粱、红小豆、菜瓜、香瓜等农作物，亩产可达300千克～350千克。1955年，郭辛庄村成立初级农业生产合作社，该村知名农业技术员郭学义带领村民建设8间暖室种植黄瓜，该村是天津市第一个建设暖室的村庄。1956年，丁字沽和郭辛庄两村合并成立幸福高级农业生产合作社，主要种植小核桃纹青麻叶白菜、油条黄瓜、串铃小冬瓜等蔬菜。1964年，开展“农业学大寨”活动，进行改土治碱，治理盐碱地100余亩，至1965年全村粮食总产量达到11万千克。1970年，根据近郊以种植蔬菜为主的方针，该村扩大蔬菜种植面积，蔬菜品种达十几种，特别是小核桃纹白菜，种植一百多亩，由于品质高主要用于出口。种植西红柿150亩，每亩产量最高可达4000千克～4500千克。1983年，该村实行了家庭联产承包责任制，全村300多亩土地全部承包给村民耕种，家庭联产承包责任制的实施极大地调动了村民们的主观能动性和劳动积极性，自己种植的蔬菜可以直接运到市场销售，激发了村民对劳动致富的热情。

1972—1995年，该村相继建立郭辛庄化工厂、红星纸制品厂、郭辛庄五金制品厂、郭辛庄家具厂、建明制本厂、北宏医疗器械厂、荣港食品厂、宏大印刷厂、津翔塑料制品厂、源达自行车脚蹬厂、天运电工厂、橡塑制品有限公司、佛兰自行车厂、昊宇电子设备厂等多家企业。

1962—2009年部分年份郭辛庄社会经济总量情况表

表4　单位：万元

年份	总收入	上缴税收	再生产提高	社会劳动者所得
1962	19.11	0.12	1.93	13.08
1991	706.40	46.42	14.83	42.12
2009	23262.00	839.20	1517.00	1011.30

九　民间文化

疥疮膏　在很早以前，北运河岸边的郭辛庄村，有一个唐家湾，经营祖传秘方疥疮膏远近闻名。该村坐落在公路边，在天津地图上唐家湾三个字又有明显标志，所以很有名气。

据村内老者于良珍讲：“他的父亲、爷爷都是经营疥疮膏的，在解放前于氏家族共有十几户人家，仅有二户人家搞这种生意，一户做膏药，一户买膏药，挣的钱两家分，于良珍家只管买，不管做。”

疥疮膏药的主要成分是：硫磺、食醋，把两种同时放在砂锅里熬，一会就融化了紧接着用筷子搅，熬的药随搅随稠，再放醋，还用筷子搅，连放三次醋，就搅均匀了，（一般在40分钟）然后用草木灰围成小池子，把砂锅的药往里面倒铺平，大约0.5厘米厚，凝固后切成一块一块的一寸见的方块型，这样便于出售。

患者把药膏买回去，（5个小铜子一块）用粗碗底反过来，滴上几滴香油用手研，研匀了，抹在患处就好，只要擦几次就除根，每一小块可用4～5次，由于中华人民共和国成立前经常闹洪水，屋内很潮湿，所以当时患疥疮病的人很多，疥疮有几种，但不论哪一种，擦上此药就止痒，当时山东、河北省等全国各地的病人都到唐家湾买药，使仅有十几户人家的唐家湾名声大振。

评剧团 1965年，郭辛庄村成立“青年评剧团”，有演员及乐队共38人。该团聘请天津市火花评剧团的人员为导演，排练出现代评剧《野火春风斗古城》巡回演出，并参加区文艺会演。2005年，郭辛庄村成立文化活动中心，依托文化中心村又成立了郭辛庄社区评剧团，社区居民主动参加排练，排演出历史著名评剧《秦香莲》等。

郭辛庄社区评剧团演出
（2007年摄）

舞蹈队 村妇联还组织妇女成立了郭辛庄舞蹈队，在礼堂排练扇子舞等还参加了天穆镇广场舞比赛。

十　历任党政负责人

郭辛庄村党组织从1962—2016年始终为党支部，先后由马青珍等7人任党支部书记。该村村政机构为大队、农工商联合公司等，先后由郭长宾等7人担任负责人。

1962—2016年郭辛庄村党组织负责人任职情况表

表5

党组织名称	姓名	性别	职务	任职时间
郭辛庄村党支部	马青珍	男	书记	1962—1970
	郭长宾	男	书记	1970—1974
	张连和	男	书记	1974—1976
	马青珍	男	书记	1976—1981
	张连和	男	书记	1981—1986
郭辛庄农工商公司党支部	李连喜	男	书记	1986—2006
	王树宽	男	书记	2006—2009
	马稳生	男	书记	2009—2013
	马凤元	男	书记	2013—

1962—2016年郭辛庄村村政机构负责人任职情况表

表6

村政机构名称	姓名	性别	职务	任职时间
郭辛庄大队	郭长宾	男	大队长	1962—1967
	马青珍	男	大队长	1968—1970
	郭长宾	男	大队长	1971—1973
	马青珍	男	大队长	1974—1975
	郭长宾	男	大队长	1976—1977
	马青珍	男	大队长	1978—1979
	张连和	男	大队长	1980—1983
	李连喜	男	大队长	1984—1985

续表

村政机构名称	姓名	性别	职务	任职时间
郭辛庄农工商联合公司	张连和	男	公司经理	1986—1993
	李连喜	男	公司总经理	1994—2006
	王树宽	男	公司总经理	2006—2009
	马稳生	男	公司总经理	2009—2013
	马凤元	男	公司总经理	2013—

十一　荣誉

1965—2016年，郭辛庄村1人2次获市局级及以上先进个人荣誉。

1965—2016年郭辛庄村获市局级及以上先进个人荣誉表

表7

授予时间	姓名	荣誉名称	授予部门
1965	刘德仁	天津市统计先进工作者	天津市统计局
2004		国家会计人员荣誉证书	国家财政部

西于庄村

西于庄村隶属北辰区天穆镇，为坐落在镇南部红桥区的市区村。距天穆镇政府3.5千米。东临中环线，西临快速路，北临光荣道，南临子牙河，地理位置优越，水陆交织，四通八达。作为城郊接合部的西于庄村，依托着城市的改造和振兴而发挥独特作用。2015年，该村有户籍人口1059人，长期固定资产1375万元。2016年经济总收入823万元。

西于庄村丽水苑还迁房　　（2016年摄）

一 村庄沿革

清乾隆三十八年（1773年）以打渔的渔民聚居成村，名西渔庄，后演变为西于庄。沿天津市旧城区的北运河与子牙河岔口的道西边，聚集着一些村民，其中50%为于家和范家两大户。民国37年(1948年)后，河北、山东、河南、安徽等5个省88个县的穷苦人们因家乡旱涝成灾，拉家带口，背井离乡，陆续逃荒要饭到西渔庄。有的打鱼，有的卖劈柴、打短工、扛活、租地、做小买卖等维持生活。村民住着自己搭建的卧铺，四处臭坑，蚊蝇滋生，无街无道，村里自然形成的土道刮风下雨泥泞不堪污泥四溢。20世纪50年代村民住上了篱笆登和土坯房，而后延至西于庄村。位于镇西南、红桥区界内，为市区村。1984年后，根据中共天津市北郊区天穆乡《关于政企分设后村级领导机构设置的意见》，市区村要撤销原生产大队，成立农工商联合公司，特改为西于庄农工商联合公司。1992年3月后，西于庄村隶属北辰区天穆镇。

二 道路河流

道路 中华人民共和国成立前，西于庄村周边仅有土质道路。20世纪60年代的道路东临勤俭道、北临津霸公路。自80年代后随着经济发展和区域道路公路的建设，1986—2009年，东临中环线、西临快速路、北临的光荣道。

河流 该村西临北运河，是天津市重要的一级河道，海河干流的重要组成部分，承担着防洪、引滦入津等任务；南临子牙河。

三 人口方言

人口 据统计资料载，西于庄村1950年，有230户920人；1980年，有461户1662人；2000年，有528户1803人；2016年，有乡村户数599户1044人。

民族 据村情调查，该村民族以汉族为主。

姓氏 西于庄村村民姓氏共有109个，其中姓氏较多的为于、王、李、陈、刘、张。

方言 西于庄村以天津方言为基调，与武清方言结合，接近普通话。

下面列举歇后语：

狗掀门帘——嘴对付；

老太太扒鸡窝——笨蛋一个；

老妈抱孩子——人家的；

妯娌打架——改哥们；

二大爷裤腰——免；

大腿贴邮票——走人；

武大郎放风筝——出手不高；

老太太吃山芋——闷口；

二姨夫——甩货；

纸糊的驴——大嗓门；

小白菜——明见；

大公鸡上佛龛——爷不哆叨你，你哆叨爷。

四 耕地状况

中华人民共和国成立初期，西于庄村农用耕地5760亩，分布坐落在北起光荣道以南，东至西于庄后大道，西起快速路，南至子牙河北岸，分别是11顷1100亩，14顷1400亩、3顷6360亩、分布在大楼南、大楼北、小八亩、刘家房子等，官地100亩、66亩地块。曾经分布坐落地区范围：二九一厂、蔬菜公司、四十四中学、欢庆里小学、郭家菜园、燎原中学、八十中学、第二食堂、继电器厂、电控厂、第三开关厂、便鞋厂、第三造纸厂、纸箱厂、铅笔板厂等。1955—1980年城市扩建和延伸被征用3000亩。1980年有耕地2835亩，分布在子牙河北岸2246亩、千里堤西侧210亩、津坝公路南侧379亩。随着城市规划建设，1981—1985年又征用800亩。1985—1990年国家征用西于庄村二、三产业用地，2016年农业耕地仅剩348.4亩。

1978年西于庄耕地地块示意图

2016年绘制

20世纪80年代西于庄村所属耕地地块情况表

表1　　　　　单位：亩

园田地		旱田地		稻田地	
地点	数量	地点	数量	地点	数量
津坝公路以南、积肥队以北炉灰路以西	223	大楼北	202	大楼南	79
二九一以西、大部以北	56	总排水渠以西、大楼北以东	246	总排水渠以西、大楼南以东	107
西于庄积肥队以南、炉灰路以北	78	土鲁五大坑	190	排水渠以西、总排水渠以东	90
勤俭道以西、排水渠以东	75	大斜子、小八亩	110	第四水泵房以北	100
勤俭道以东、第三生产小队部以北	87	千里堤以西、靠近果酒厂	约300	三顷六、西于庄扬水站	133
第五生产小队部以南、燎原中学以西、第一生产小队以北	25			十一顷、总排水渠以东	130
小计	544	合计	1048	合计	639

续表

园田地		园田地		园田地	
地点	数量	地点	数量	地点	数量
燎原中学以东、官地以西、炉灰路以北	71	十四顷、勤俭道以东、第二水泵房以西	145	第二生产小队部以南、子牙河以北	70
官地、西于庄后大道以西	59	子牙河以北（第二水泵房）	103	第四生产小队部以南、第一水泵房	56
十四顷、勤俭道以西、第三水泵房以北	100	园田地总计	1148		

五　街道胡同

西于庄村坐落在天津市红桥区界内，居民居住既集中又分散，大部分在红桥区，分布在10余个派出所管辖（大部分为西于庄派出所、咸阳北路派出所）。50—70年代，村容村貌逐渐有所改善，建立了新村，道路胡同较规范。该村坐落在天津市城乡接合处，随着城市规划改造和村经济发展，1978年建立了西于庄大队社员新村红安里(2007年已拆迁的红桥区咸阳北路红咸里居民区)。宅基地用地90.56亩，建房656间（189户）。新村胡同1至7条，北房4米乘5米、院落9平方米，全部砖混南北朝向。坐落在东临咸阳北路、西临本溪路、南临光荣道、北临三号路。该片隶属红桥区咸阳北路派出所、咸阳北路街道办事处、宁城居委会所管辖。

1978—2007年西于庄村红咸里街道胡同情况表

表2

修筑年份	名称	长度（米）	走向	修筑年份	名称	长度（米）	走向
1979	中心道	206	东西	1979	北道	206	东西
1979	1条胡同	196	南北	1979	2条胡同	210	南北
1979	3条胡同	224	南北	1979	4条胡同	238	南北
1979	5条胡同	252	南北	1979	6条胡同	280	南北
1979	7条胡同	294	南北				

1983—2016年西于庄村集安里街道胡同情况表

表3

修筑年份	名称	长度（米）	走向	修筑年份	名称	长度（米）	走向
1984	中心道	236	东西	1984	北一中心道	68	东西
1984	北二中心道	68	东西	1984	1条胡同	145	南北
1984	2条胡同	145	南北	1984	3条胡同	153	南北
1984	4条胡同	157	南北	1984	5条胡同	157	南北
1984	6条胡同	162	南北	1984	7条胡同	165	南北
1984	8条胡同	168	南北	1984	9条胡同	96	南北
1984	10条胡同	50	南北	1984	11条胡同	50	南北
1984	12条胡同	50	南北	1984	北一条胡同	144	南北
1984	北二条胡同	144	南北	1984	北三条胡同	144	南北
1984	北四条胡同	144	南北				

1983年西于庄村街道胡同示意图

（2016年绘制）

六　旧村改造

按照天津市城市建设总体规划要求，红桥区重点工程，经市、区有关部门批准，于2007年4月，由天津市红桥房屋拆迁中心对红咸里片平房拆迁。这是西于庄村首次部分居民住房大片拆迁，拆迁户数630户1800人、1764间房屋，面积3万平方米。拆除公建有：西于庄村办公区；村重点企业中环电器厂、康达酱菜厂；租赁企业天津加利电子有限公司、宏航电器、华云自动化控制有限公司、泽丰机电有限公司、天元康宇环保科技发展有限公司、航联实业等十几个企业，拆迁面积2万平方米。

为妥善安置红咸里片拆迁居民，经红桥区政府同意，西于庄村提供70亩土地，在红桥区光荣道与咸阳北路交口处，建10万平方米定向安置房，用于安置西于庄村红咸里、集安里（尚未拆迁）被拆迁的居民，妥善解决村民的安置问题。已拆迁的红咸里片居民于2011年5月至2016年陆续办理入住，搬入10万平方米高层住宅“丽水苑”新区。新区紧靠红桥区中心，环绕在向东路、纪念馆路、咸阳北路、光荣道四通八达的中心位置，紧临子牙河畔。

西于庄村于1983年建集安里新村，宅基地用地99.1亩，建房873间（646户）。坐落在红桥区东临金潞园公寓、南邻平津战役纪念馆、西邻向东道、北邻宏泰公寓。新村建房采用砖结构、南北朝向、北房4米乘5米。隶属红桥区西于庄派出所、西于庄街道办事处、集安里居委会所管辖。集安里分布为中心道、1条—12条胡同、北二中心道、北1条—北4条胡同。自2015年起陆续为集安里街道实施硬化，主要中心道铺柏油路面，胡同铺设青色地砖，安装排水管道、新水泵，维修更换旧管道，专人清扫运输街道垃圾等（集安里居民区被纳入红桥区拆迁规划）。

七　公共设施

中华人民共和国成立后，1958年西于庄村为改变古老的打水浇地的方式，修建了第一水泵房，泵房坐落在子牙河北岸，装有2台水泵。开挖沟渠3条，主干渠宽2米，深1米；支渠2条，共长800余米。1966年建第二水泵房，安装水泵2台，130瓦，配套沟渠3条，长1500米。1970年建第三水泵房，安装水泵2台，120瓦。挖沟渠2条，长1300米。1972年西于庄村投资30余万元建历史最大的水利工程：扬水站。主干渠全长5000多米，宽16米，深2.5米，修配套沟渠支渠8000米，动土方17万立方米。建有变电室，安装控制器、变电柜等设备，3台水泵计150瓦，西于庄村水利建设达到河网化。西于庄村曾在3个不同的地点办公，1982年搬迁至红桥区光荣道165号办公。办公区的东南侧为盖来普工业园，重点企业为天津市中环电器厂。办公区四邻有咸阳北路小学、雷锋小学、天津市第八幼儿园、中嘉花园菜市场、红桥公园、平津战役纪念馆、红桥区人民政府等。

2016年西于庄村公共设施示意图

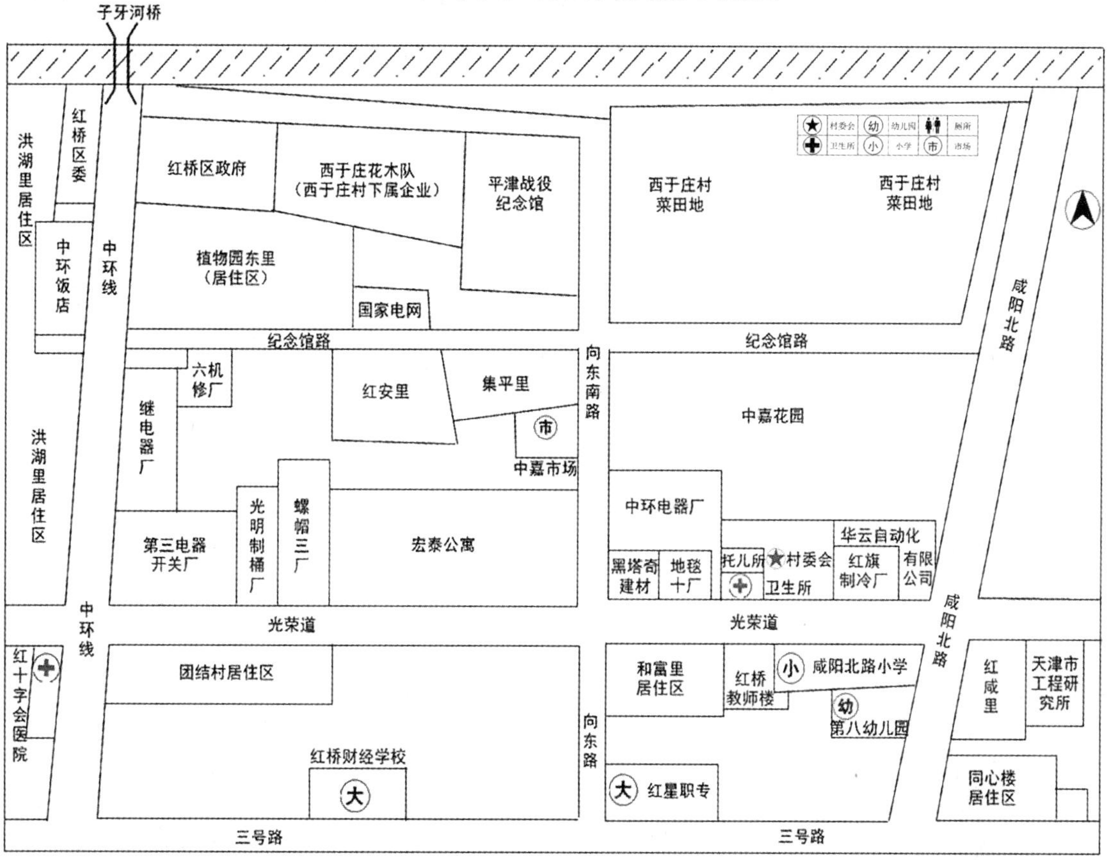

（2016年绘制）

八　经济概况

西于庄村新中国成立前农作物种植有小麦、玉米、高粱、山芋等，中华人民共和国成立后兴修水利陆续种植水稻。西于庄村20世纪50年代引进优良西红柿品种天津大红，发展至70年代。西于庄村是北辰区蔬菜科学发展基地，与天津市农科院、北京农科院建立科研实验基地。引进日本高职大学土肥研究所培育的优良品种小架西红柿，引进青岛早红、武昌大红、罗成等。番茄加粉1号、2号创亩产万斤。西于庄科技领先第四小队，研究首例天津市独一无二的蔬菜王“卷毛韭菜”，其叶片宽厚，色泽鲜亮。在天穆镇首创地膜覆盖茄子、韭菜。1978年西于庄村全面实现地膜覆盖生产，成为天穆镇精细蔬菜示范园区。西于庄村与天津市农科院共同研究黄瓜津研1号—7号优良籽种，销往东南亚。

该村工业由50年代的手工旧体制发展至80年代科技先导性企业。其研制创新的环境试验设备、等离子切割机系列焊接设备，填补了国内空白。西于庄村把工业做为振兴经济主攻点，注重科学发展道路，引进技术人员，研制生产了第一代产品电子管式环境实验设备产品、电子保温箱等。又配合航天部、造船工业的需求生产了恒湿恒温箱、真空镀膜机、细菌培养箱。天津市中环电器厂为西于庄村主要经济支柱，该厂研制生产的LGK空气等离子切割机获国家级重大科技成果奖。天津市科委在该厂召开庆祝大会，天津市委副书记刘晋峰到会场祝贺并讲话。该产品填补了国内空白，并打入国际市场，远销东南亚，销往新加坡、马来西亚、泰国等十几个国家。中环电器厂为北辰区科技先导型企业，再创科技成果新产品，TNJA-75A开关型晶体管微束脉冲氩弧焊机、LCK-40空气等离子切割机在北京“七五”全国星火计划博览会上荣获金奖。该厂研制的ZX7-400逆变弧焊机获国家科委、国家技术监督局等5个国家部委授予的“国家级重点新产品”称号。

位于云汉大厦的中华老字号“老美华”鞋帽服装店（2016年摄）

1980年后，西于庄村坚持把集体经济做大做强，保增长、渡难关、调结构、抓实效、上水平、促发展。盖来普工业园及北辰开发区第二工业园的3.7万平方米现代化厂房，为西于庄村工业发展创建了规模、奠定了坚实的基础。2007年，随着红桥区重点工程拆迁，又新建7500平方米的底商迎来新的商机和发展。

1986年1月开业的中环饭店，坐落在中环线红桥区政府东侧，建筑面积8900平方米，为天津市农民第一家“农贸旅馆”。中环饭店有530个床位，现代化服务设备齐全，可接待大、中型会议。饭店内设高、中、低档房间，更适应商饮一条龙的服务。2016饭店集住宿、餐饮、会议一体，并随着改革开放进行装修改建，抓住地理位置优越良好的商业契机，作为中环线一景，原中环饭店现为面貌一新的云汉大厦写字楼，与亚洲证券相映生辉。

“天津百饺园”和中华老字号“老美华”更与云汉大厦连成一条风景线，展示着天津饮食文化、高雅服饰的老天津卫的习俗和风貌。

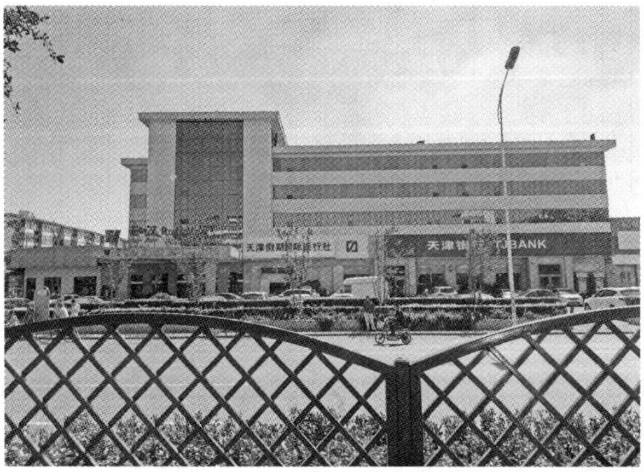

云汉大厦　（2016年摄）

天津百饺园　（2016年摄）

九　民间文化

中华人民共和国成立前，西于庄村有座黑塔寺庙，位于红桥区津霸公路南侧，四方形庙台，青砖建筑，占地约半亩。庙里供的是“八大神仙”，主要以柳为主，老百姓俗称“柳二爷庙”。庙会在每年农历四月十七日开始，香火旺盛，赶会的人来自四面八方。做小买卖的都赶来卖香、蜡烛、贡品、纸，还有卖玩具、百货、小食品的，非常热闹。有天津市内和临近村庄的人到此，有些人从大同门开始手里举着一股香火，一步一拜或三步一拜一鞠躬，还有的赤着双脚，他们非常信拜柳二爷的神灵大。家里有病有灾有疑难不解的大事就烧香许愿，还有的在庙里挂大红布帐子。庙会的前三天西于庄村里就有人主持，在大同门一条街上搭建席棚，施舍绿豆汤供给赶庙会的人喝。该庙于1950年被拆除。

西于庄村在20世纪50年代初有民间盛行的花会，腰鼓花会、高跷会、摔跤都是民间自发的。到60年代村团支部组织了文艺宣传队，名为“和平评剧团”，排演小折子戏，排演了《刘巧儿》等剧目宣传婚姻法。1972年村建立广播站，有专职广播员，采访录制编播该村新闻报道及文艺节目，村里的新人新事新气象及丰富多彩的文化娱乐节目传到田间地头。随着村民文化娱乐的需求，1987年村投资11万元建立闭路电视转播站。村民们通过闭路电视客户端的视频，收看村播音员直播、录制的节目，特别是村新闻报道。闭路电视能转播中央电视台等8个频道的节目，西于庄村是天津市自大邱庄之后的第二个闭路电视村，北辰区的第一个闭路电视村，《天津日报》做了专题报道。

随着村民生活水平的提高，1999年村在红咸里、集安里两片居民区成立了文化站，设有棋牌室、书画室。红咸里文化站与沽北书画院搞文化联谊，由书画院选派教师为西于庄村的村民和书画爱好者免费授课，该院培养的书画爱好者的作品多次参加市区画展并获奖。在庆祝中国共产党成立80周年和85周年时，西于庄村文化站汇集北辰、红桥、河北3区书画爱好者的作品举办画展。红桥区和北辰区的新闻媒体分别作了报道。

西于庄村自1999年起制定实施“职工子女报考各类院校领取奖学金”的规定。职工子女凭“录取通知书”“考试成绩单”及学历衔接“毕业证书”，根据报考各类院校（技校、中专、高中、大专、本科、研究生）的不同学级分别奖励：1000元、1500元、2000元、2500元、3000元、4000元。

家（族）谱选介　西于庄村收集挖掘的家谱有重大发现和收获，在村民中发现乐陵宋氏家族《抗日名将宋哲元家族史料研究》完整一书“宋氏族谱”三册一套。

此家族史料研究于1987年5月开始编撰，1991年10月编竣，1991年3月开始制版，1992年6月制竣，1992年7月开始印刷，1992年10月印竣。该族谱由将军张爱萍定名题签：首封“抗日名将宋哲元家族史料研究”，此卷首页由国家原主席杨尚昆题词“宋哲元傳”。

此族谱并得到中国共产党和国民党两党老一辈革命家、元老、知名人士、贤达学者等作序文、题词达四十余篇。此书收集其家族旧有史料，它从一个家族、家庭的角度获取民族共性，揭示民族的优良传统—爱国主义本质，起到教育启迪的作用。宋哲元族谱历史上曾经有过七次编修，从1987年开始第八次编修工作，历经四年编纂而告功成，寻根溯源，纪念抗日名将，爱国抗日的壮烈史迹，保留继承历史文化遗产，凝聚团结炎黄子孙。建立第八次修山东乐陵宋氏族谱天津办事处，在黄骅县滕庄子乡朱里口族中成立了续谱领导工作班子，整理民族文化，教育后世子孙实为一件功德。山东乐陵宋氏始自朱明迄于明轩上将，十有七叶。为倡道忠孝，尝续修族谱。为世显姓，重教子弟，宗族繁衍，籍亲族之认同，寻根溯源对家族源流实地考察研究。抗日名将宋哲元为乐陵宋氏家族一门宣祖门谱第五隆祖支第十七世，集居在天津西于庄村宋氏村民为宣门江祖支第二十世，其子孙为二十一世，二十二世。此族谱更为蒋介石为十七世孙宋哲元谨立十六字：“兴华立宗，修德克昌，诚真正平，万事永光”。并依字命名，永资遵守后世子孙。

此宋氏族谱是西于庄村挖掘出最完整的一部优秀的文化历史遗产。

十　英烈先贤

任海（1912—1978）　中共党员，原籍河北省大名府北堤村人，民国21年（1932年）迁居西于庄村。1951年3月与村民自发组成天津市第一个园田互助组，成员35人，任海担任组长。1952年在互助组发展的基础上建立了天津市第一个农业合作社——红星社（任海社）。1959年12月加入中国共产党，曾任北辰区第三、四、五、六届人民代表，1955年被选为红桥区人大代表，1975年在西于庄退休，1978年病故。

孙连华（1948—1970） 烈士，西于庄村人，1964年入南仓中学读高中，任校团委委员。1968年参加黑龙江生产建设兵团，任排长。1969年应邀参加天津市学习毛主席著作积极分子代表大会，10月1日赴北京参加国庆20周年观礼，受到毛泽东主席接见。1970年4月1日加入中国共产党。是年4月27日在扑救边境荒火中牺牲，兵团党委授予孙连华革命烈士称号，追记一等功。

十一　历任党政负责人

西于庄村党组织从1953—2016年始终为党支部，先后有王万顺等8人任党支部书记。该村村政机构为大队、农工商联合公司等，先后有周海楼等8人担任负责人。

1953—2016年西于庄村党组织负责人任职情况表

表4

<table>
<tr><th>党组织名称</th><th>姓名</th><th>性别</th><th>职务</th><th>任职时间</th></tr>
<tr><td>西于庄大队支部</td><td>王万顺</td><td>男</td><td>书记</td><td>1953—1955</td></tr>
<tr><td rowspan="3">西于庄村党支部</td><td>曹锡金
高恩福
任　海</td><td>男</td><td>书记</td><td>1956—1964</td></tr>
<tr><td>曹德旺</td><td>男</td><td>书记</td><td>1964—1982</td></tr>
<tr><td>窦文明</td><td>男</td><td>书记</td><td>1982—1992</td></tr>
<tr><td rowspan="2">西于庄农工商联合公司党支部</td><td>高学章</td><td>男</td><td>书记</td><td>1992—1999</td></tr>
<tr><td>韩广发</td><td>男</td><td>书记</td><td>1999—</td></tr>
</table>

1951—2016年西于庄村村政机构负责人任职情况表

表5

<table>
<tr><th>村政机构名称</th><th>姓名</th><th>性别</th><th>职务</th><th>任职时间</th></tr>
<tr><td rowspan="3">西于庄大队</td><td>周海楼</td><td>男</td><td>大队长</td><td>1951—1962</td></tr>
<tr><td>徐庭俊</td><td>男</td><td>大队长</td><td>1963—1966</td></tr>
<tr><td>宋福增</td><td>男</td><td>大队长</td><td>1967—1985</td></tr>
<tr><td rowspan="3">西于庄农工商联合公司</td><td>宋福增</td><td>男</td><td>总经理</td><td>1985—1986</td></tr>
<tr><td>张鸿培</td><td>男</td><td>总经理</td><td>1986—1991</td></tr>
<tr><td>高学章</td><td>男</td><td>总经理</td><td>1992—1999</td></tr>
<tr><td rowspan="2">西于庄农工商联合公司</td><td>韩广发</td><td>男</td><td>总经理</td><td>1999—2012</td></tr>
<tr><td>王春生</td><td>男</td><td>总经理</td><td>2012—</td></tr>
<tr><td>西于庄队革委会</td><td>高恩禄</td><td>男</td><td>主任</td><td>1976—</td></tr>
</table>

十二　荣誉

西于庄村从1983—2016年共获市局级以上集体荣誉7次，该村徐凤敏等4人共获8次市局级以上先进个人荣誉。

1983—2016年西于庄村获市局级及以上集体荣誉表

表6

授予时间	荣誉名称	授予部门
1983—1986	国家级重大科技成果奖	国家科委
1987—1990	国家级重点新产品奖	国家科委
1988	市级先进企业	市人民政府
1991—1993	国家级重大技术奖	国家科委、中国工商银行、劳动部、国家外国专家局、技术监督局
1994	市级明星小康村	市人民政府
1996	八五台阶工程立功单位	市人民政府
1997	市级红旗党支部	天津市委

1989—2016年西于庄村获市局级及以上先进个人荣誉表

表7

<table>
<tr><th>授予时间</th><th>姓名</th><th>荣誉名称</th><th>授予部门</th></tr>
<tr><td>1989</td><td>徐凤敏</td><td>市级三八红旗手</td><td>市妇联</td></tr>
<tr><td>1991</td><td rowspan="4">高学章</td><td>天津市第一届乡镇企业家</td><td>市乡镇企业局</td></tr>
<tr><td>1994</td><td>市第二届百名乡镇企业家</td><td>市乡镇企业局</td></tr>
<tr><td>1998</td><td>天津市优秀村党支部书记</td><td>市乡镇企业局</td></tr>
<tr><td>1998</td><td>天津市劳动模范</td><td>市总工会</td></tr>
<tr><td>1996</td><td>王秀琴</td><td>市级三八红旗手</td><td>市妇联</td></tr>
<tr><td>2007</td><td rowspan="2">韩广发</td><td>天津市五一劳动奖章</td><td>市总工会</td></tr>
<tr><td>2008</td><td>天津市劳动模范</td><td>市总工会</td></tr>
</table>

刘房子村

刘房子村位于北辰区天穆镇西南端，东界西于庄、南界子牙河、西界杨嘴村、北界吴嘴村。津霸公路穿村而过，距镇政府2.6千米，占地面积27.44万平方米。2015年，该村有户籍人口3021人，长期固定资产133343万元。2016年村财政总收入1780万元。

刘房子村梨香里别墅小区　　（2011年摄）

一　村庄沿革

刘房子村，原全称“刘家房子村”。清咸丰末年成村，村名来源于刘姓建草房落居于此，其后山东难民拥至，沿用村名刘家房子，也称刘房子、刘家房。初期村民多居茅草房、土坯房，砖瓦房极少，居住条件简陋。1980年后，村民普遍盖起砖瓦房。民国38年（1949年）3月至1959年8月，刘房子村隶属天津县七区；1959年9月，刘房子村划归天津市副食品局；1961年3月刘房子村划归杨柳青农场；1964年改隶青光农场；1977年11月4日刘房子村由青光公社划入天穆公社。1992年3月后，刘房子村隶属北辰区天穆镇。

二　道路河流

道路　中华人民共和国成立前，有一条东西方向从天津卫到河北省霸州的防洪堤坝穿村而过，堤坝南北两侧多为耕地，中华人民共和国成立后命名津霸公路。村东千里堤（南北方向）与津霸公路（千里堤至外环线路段后改名为光荣道延长线）交口，于2005年7月动工，2010年竣工建成天平立交桥。

河流　村南有子牙河（东西向），南岸为西青区。

三　人口方言

人口　据《典籍中的北辰》载，刘房子村民国23年（1934年）共有人口156户545人。据统计资料载，1980年，该村有450户1697人；2000年，有695户2049人；2009年，刘房子村有村民1583户4520人；2016年，有乡村户数1253户、乡村人口3073人。

民族　2010年第六次全国人口普查，刘房子村有7个民族。其中汉族6037人、蒙古族4人、回族73人、藏族1人、维吾尔族9人、苗族7人、满族18人。

姓氏　刘房子村姓氏约20余个，以张、王、李、刘、赵、陈、杨、高、周、石、徐、靳、龙、袁、丁居多，祖籍以山东居多。

方言　刘房子村受固有的家乡方言影响，老年人偏重家乡方言，年轻人向天津方言靠拢。以天津方言为基调，与武清方言结合，接近普通话，其调值高于天津方言。

家（族）谱选介　经刘房子村丁氏族谱管理人同意，节选两张丁氏族谱照片。

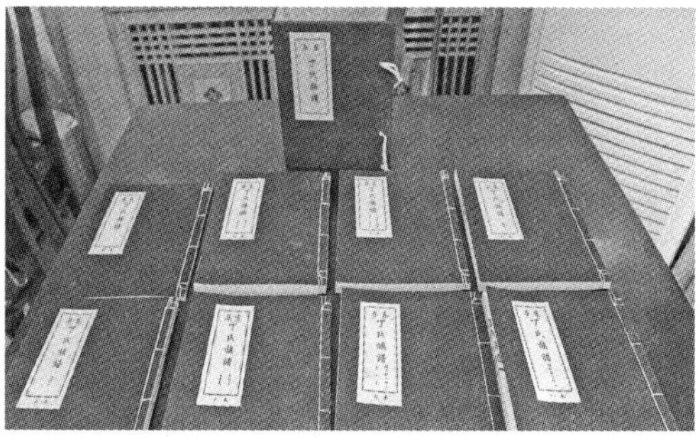

丁氏族谱　　（2016年摄）

四　耕地状况

刘房子村占地499.5亩，20世纪70年代前，该村有16块耕地，两个鱼池分布在村津霸公路南北两侧，以公路以南耕地居多。

20世纪80年代前刘房子村所属耕地地块情况表

表1　　　　　　　　　　　　　　　　　　　　　　　　　　　　　　单位：亩

地块名称	面积	地块名称	面积	地块名称	面积
果园	140	旱田地	140	墓地	40
旱田地	40	鱼池	35	大队饲养园	10
旱田地	45	旱田地	120	葡萄园	130
养猪场（后期变电站）	5	柳行地	200	园田小公路两侧大田地	720
千里堤东稻田	72	堤东稻田	240	四队园田	180
三队园田	180	二队园田	180	一队园田	180
养鱼池	35	红桥环卫局	98	刘房子东方化工厂	30
刘房子竹制品厂	50	刘房子渤海运输厂	40	刘房子新村	240
刘房子小学	20	小五金厂	5	海滨化工厂	50
红桥物回（后铁桶厂）	50	刘房子菜市场	20	天津一木材宿舍	30
天津果酒厂	20	天津海洋化工厂	60	天津果品厂	25
家合套新村	280	刘房子村委会	10	刘房子老村	240
东方红焖火厂＋海洋开关厂	80	河北航运	10		

2003年前刘房子村耕地地块示意图

（2016年绘制）

五　街道胡同

中华人民共和国成立前，刘房子村街道胡同不整，均为土路。20世纪50—70年代，街道胡同逐步改成红砖路面。自进入80年代以来，随着刘房子村经济的发展，有规划的实施村庄改造提升，街道胡同拓宽调直，主要街道逐步落实硬化，从红砖改成水泥路面。

刘房子前大街和家合套新村是最早的街道、住宅。后演变成兴义街、兴和街、兴盛街、兴安街、兴隆街、兴旺街、长顺街等。

津霸公路以南园田小公路东侧街道：东平街、东升街、怡红里街（别墅）；、西侧街道（原家合套新村）：兴义街、兴和街、兴盛街、兴安街、兴隆街、兴旺街、长顺街等。

津霸公路以北（1978年以后建设）、村小公路以西：衡芸里别墅、刘房子新村。

2010年拆迁前刘房子村街道情况表

表2

修建年份	街道名称	长度（米）	走向	修建年份	街道名称	长度（米）	走向
1965	刘房子新村	500	东西	1962	兴义街	300	东西
1962	兴和街	300	东西	1962	兴盛街	300	东西
1962	兴安街	300	东西	1962	兴隆街	300	东西
1962	兴旺街	300	东西	1962	长顺街	300	东西
1945	东平街	650	东西	1945	东升街	650	东西
1992	怡红里别墅	200	东西	建村初	刘房子前大街	1500	东西

六　旧村改造

1992年，刘房子村开始自主进行平房改造，建怡红里2层别墅。1993年起，村制定《刘房子村建设发展详细规划》，相继盖起了2～3层楼房，随后住房基本实现楼房化，形成暖香里、梨香里、沁芳里、铭仁别墅、学院南里别墅等住宅小区。2003年5月，启动刘房子旧村改造工程，共拆除私有房屋362户、2160间，建筑面积3.57万平方米，均以实物还迁方式对被拆迁户还迁。刘房子暖香里160套商品房以每平米均价1100元对拆迁户还迁，该价格比当时市场价每平方米低600余元。在暖香里购置还迁安置房共计190户，其余172户拆迁户新建住宅楼给予还迁。津霸公路以北耕地已被开发建成住宅小区，津霸公路以南伴随城中村改造工程，原有的平房全部拆除，就地建起了还迁高层住宅楼房——瑞晨家园小区。田园小区路以南子牙河以北新建了别墅区。2016年5月100余户还迁瑞晨家园一期（剩余拆迁户将于2018年还迁瑞晨家园二期）。

刘房子村拆迁前的平房老院子
（1990年摄）

还迁小区—瑞晨家园小区
（2016年摄）

七　公共设施

20世纪30年代末，村内通电。中华人民共和国成立后，公共设施逐渐增多，有干渠、排水沟、泵站等用于农田灌溉。随着改革开放的进程，刘房子村原有的一些工厂设备、设施均已搬迁或拆除不存在了。刘房子小学，隶属于北辰区天穆镇王庄小学分校，于1996年与王庄总校合并，全部迁至王庄小学。建有天津商业大学体育健身中心、辰盛路养老院、老年活动中心、辰达路卫生健康服务中心等公共设施。

刘房子村沁芳里小区
（2011年摄）

刘房子村村委会　　（2006年摄）

2003年前刘房子村主要街道胡同及公共设施示意图

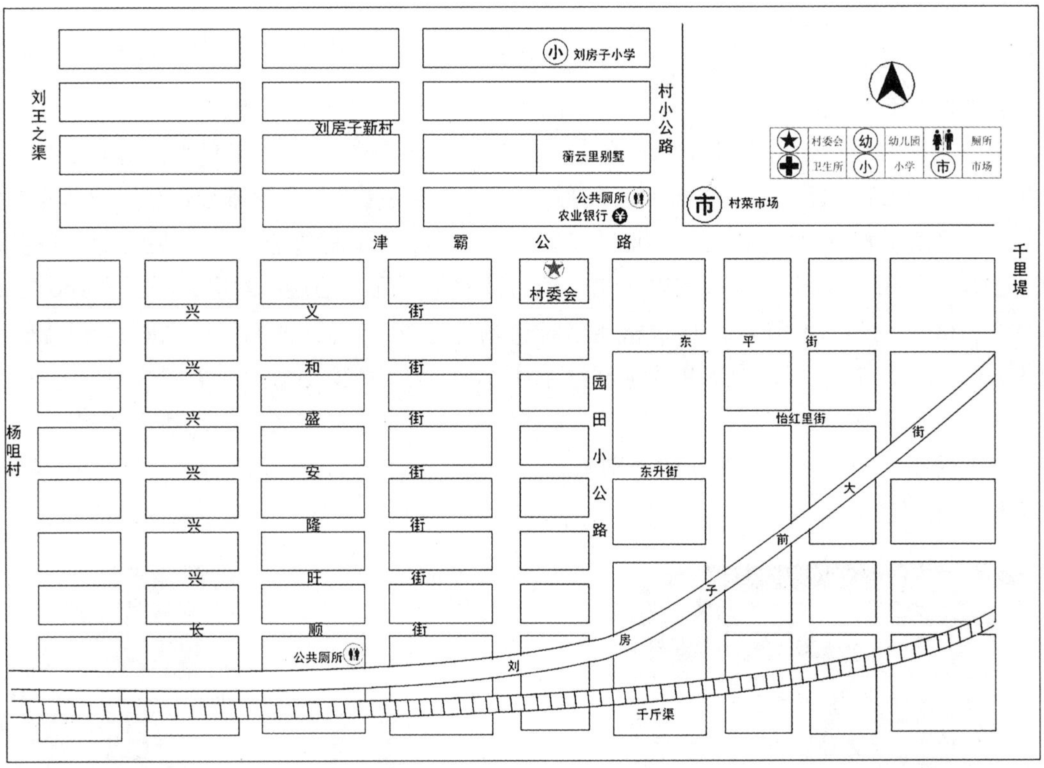

（2016年绘制）

八　经济概况

1949年前刘房子村主要旱田作物有玉米、黄豆、小麦等；20世纪70年代开始种植水稻和蔬菜。80年代部分田地承包给个人管理。

1978年前农业生产以粮食、水稻、蔬菜为主。1993年年初，刘房子村与台商阿三哥乾燥花有限公司协作，开发229.95亩，栽培适合干制花品种60个，当年销往欧美等18个国家，创产值300万美元。1993年，刘房子村筹资600万元在津霸公路两侧沿线建成刘房子商业一条街，东起千里堤，西至杨嘴村，长1.5千米，有130多个商号店铺。店面多为2至4层楼房，也有平房。经营百货、鞋帽、建材、化工、五金、眼镜、书店等。有修配、美容美发、旅店、酒店、津门小吃、烧烤等餐饮服务业。还有邮电、农业银行营业所、农村信用社等。后增设健身房，后成为餐饮、健身为主、商贸为铺的娱乐城。

1994年，先后投资逾700万元调整传统种植农业结构，发展种养结合、经济型、观赏型农业，建智能化温室2.67公顷，引进名贵花卉品种鹤望兰种苗1万株，种植工艺葫芦，引进金鱼、热带鱼及孔雀等养殖观赏新品种。在农业综合开发中投资3000万元建设2万多平方米的花卉市场。建成学生生活区、津霸公路商业街、旧物市场、农贸市场等商业服务基础设施。1996年后，刘房子形成畜牧业、淡水养殖、温室养殖业、观赏农业工艺葫芦等。1997年4月建成天津市佳兴道刘房子旧物调剂交易中心，是天津市第一家旧物调剂交易市场。2005年建大型花卉批发市场，规划用地99.9亩，被列入国家级农业综合发展项目。2016年村财政总收入1800万元。

九　民间文化

戏曲河北梆子自清代流传到刘房子村，该村人们自娱清唱。1956年，刘房子村建河北梆子剧团，组织者王德起、田凤柱等，参加者60余人，主要排演《红灯记》等样板戏。“文化大革命”初期剧团解散。1973年，重新组建河北梆子剧团，参加者30余人，组织者于金城、闫玉龙、高恩隆。主要排练《擦亮眼睛》等。

十　历任党政负责人

刘房子村党组织从1958—1965年为党支部，1965—2016年为党总支。先后有魏达和等4人任书记。该村村政机构为生产大队、村委会等，先后有陈本正等5人担任负责人。

1949—2016年刘房子村党组织负责人任职情况表

表3

党组织名称	姓名	性别	职务	任职时间
党支部	丁维君	男	书记	1948—1958
	魏达和	男	书记	1958—1965
党总支	靳万禄	男	书记	1965—1985
	王顺德	男	书记	1985—1989
	高玉强	男	书记	1989—2016
党　委	高玉强	男	书记	2016—

1949—2016年刘房子村村政主要负责人任职情况表

表4

村政机构名称	姓名	性别	职务	任职时间
生产大队	陈本正	男	大队长	1949—1958
	刘德起	男	大队长	1958—1965
	袁文升	男	大队长	1965—1970
	王顺德	男	大队长	1970—1983
村民委员会	袁宝顺	男	农工商经理、主任	1983—1989
	高国华	男	主任	1983—1985
	单本锁	男	主任	1985—1988
	高国华	男	村长	1989—1993
农工商	田东平	男	农工商经理	1989—
村民委员会	田东平	男	主任	1993—

十一 荣誉

1950—2016年，刘房子村共获市局级及以上先进集体荣誉14次；该村1996—2016年共有高玉强等8人次获市局级以上先进个人荣誉。

1950—2016年刘房子村获市局级及以上集体荣誉表

表5

授予时间	荣誉名称	授予部门
1994	模范村(居)协会	天津市计生协
1994	红旗党支部	天津市委、市农委
1995	天津市计划生育协会工作示范村	天津市计划生育协会
1997	红旗党支部	天津市委
1997	市级文明村标兵	中共天津市委员会、天津市人民政府
1998	红旗党支部	中共天津市委农村工作委员会
1998	明星小康村	中共天津市委、天津市农村工作委员会
1999	全国文明单位	中共中央文明办
2003	精神文明创建活动文明村	天津市文明委
2005	文明村标兵	中共天津市委员会、天津市人民政府
2005	文明示范单位	天津市精神文明
2006	五个好村民委员会	天津市委组织部、市农工委、市民政局
2007	天津市优秀人民调解委员会	天津市司法局
2007	市级文明小区(铭仁别墅小区)	天津市文明办
2007	平安家庭创建活动示范户(大街120号)	天津市“平安家庭”创建活动领导小组

1996—2016年刘房子村获市局级及以上先进个人荣誉表

表6

授予时间	获奖姓名	荣誉名称	授予部门
1994	田东平	天津市十佳优秀青年	共青团天津市委
2007		市劳动模范	市人民政府
1994	高玉强	天津市十佳优秀青年	共青团天津市委
1996		市劳动模范	市人民政府
1998		市劳动模范	市人民政府
2004		精神文明创建活动文明市民	天津市文明委
2015		全国劳动模范	国务院
2005	张树林	天津市绿色家庭	天津市妇联、市环保局

张兴庄

张兴庄位于河北区与北辰区交界处，位置在河北区新开河以北、宜白路以南、京山铁路线以东、马庄以西，占地面积为2.49平方千米，是沟通淀北24村的必经之路。另中华人民共和国成立初期亦有码头，为公路、铁路、水运汇集之地。北边与宜兴埠交界，南边有天津北站，是铁路客货集运之地。2015年，该村有户籍人口225人，长期固定资产130万元；2016年经济收入340万元。

拆迁改造后地处张兴庄的商品房　　　　（2014年摄）

一 村庄沿革

1954年，成立7人互助组，后组成张兴庄大队。张兴庄大队曾隶属天津市三区转盘街，在以后的归属问题上，一直属天津市河北区管理。至成立人民公社时，隶属河北区兴淀人民公社，后来先后归属织染厂人民公社、京津路人民公社。以后又经变迁，隶属北郊区宜兴埠人民公社，至1963年划属北郊区天穆人民公社，1992年3月后，张兴庄村隶属北辰区天穆镇。

二 道路河流

道路 中华人民共和国成立以前，张兴庄周边地区仅有土质公路，60年代开始有沥青路面2条：常关局大街和张兴庄大道。自80年代开始，随着经济的发展，该区域公路迅速发展，河北区张兴庄大道贯穿张兴庄。1985年修建中环线，1987年通车。中环线是围绕市区的主要干路，张兴庄位于中环线北侧，该村位于中环线铁东路段，张兴庄大道南起新开河北至宜白铁路，50至70年代，是沟通淀北24村的唯一通道，全长1.5千米。至2016年张兴庄周边公路有咏贤道、迎贤道、张兴庄大道、中环线铁东路段、曙光路等，南北通衢，纵横交错。

河流 张兴庄的最南端是新开河。该河流为东西走向，新开河西起北运河左堤（东耳闸），东至南孙庄以东1千米，全长13.2千米。

三 人口方言

人口 据《典籍中的北辰》载，1934年张兴庄有436户776人。据统计资料载，张兴庄1955年，有10户20余人；1980年，有380户779人；2000年，有186户320人；2016年，有乡村户数170户217人。

民族 据村情调查，该村民族以汉族为主。

姓氏 张兴庄2016年共有69个姓氏，其中大姓：张姓33人、王姓22人、刘姓21人、李姓13人。

方言 地处市区，语音为老天津卫口音。

四 耕地状况

耕地东至宜兴埠、南至盐坨村、西至机车车辆厂、北至宜兴埠。1954年，零散分散、低洼盐碱、坟头连片的地12亩。1957年后，可耕地和自然荒地约为985亩。地界为京山线两侧，北至南仓车站前后、西面法政桥以东、南面以新开河北岸为界。

1957年张兴庄耕地和自然荒地情况表

表1　　　　单位：亩

地块名称	面积	种植品种
稻田	579.01	主要种植水稻
菜地	197.69	主要种植西红柿、茄子、大白菜、辣椒
鱼池	128.4	
芦苇地	80.71	
合计	985.81	

1970年张兴庄大队耕地地块示意图

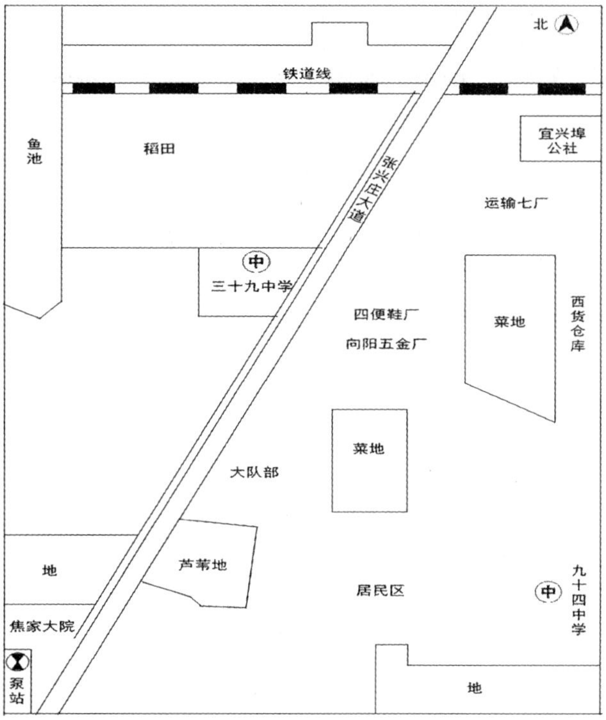

（2016年绘制）

五　街道胡同

中华人民共和国成立以前，张兴庄街道胡同不整，均为土路，夏季泥泞，冬季扬尘。50—70年代，张兴庄主要的街道胡同为新明里一条、新明里二条、新建里、新昌里、玉洁里、建桥里、建机宿舍、织染厂宿舍、焦家大院、卫星新村一段、卫星新村二段、卫星新村三段。张兴庄大道两侧的村民住宅居住区成片，无胡同名称，以顺序号排序。

张兴庄村未拆迁改造前的民居

（2016年摄）

六　旧村改造

随着形势的发展，张兴庄的土地面积逐年减少，1973年国家修北环铁路线占用土地256亩；1985年5月修建中环线二次占地363.4亩。至1994年张兴庄的农业土地为零。2004年，市政府修快速路项目，将张兴庄新明里、新建里、新昌里、玉洁里的住宅拆迁，按货币补偿的方式，自行购房。

七　公共设施

中华人民共和国成立前，公共设施很少。60年代，张兴庄处有卫生院、托儿所、幼儿园、张兴庄小学、39中学等。1997年张兴庄建加油站、海产品批发市场、人才楼等公共设施；2004年，由于政府建快速路，将一些公共设施拆除。

2016年，张兴庄周围有育贤小学、中山志成金融职专、河北区七幼、万福生活购物广场及各大银行的支行。

20世纪90年代张兴庄街道胡同及公共设施示意图

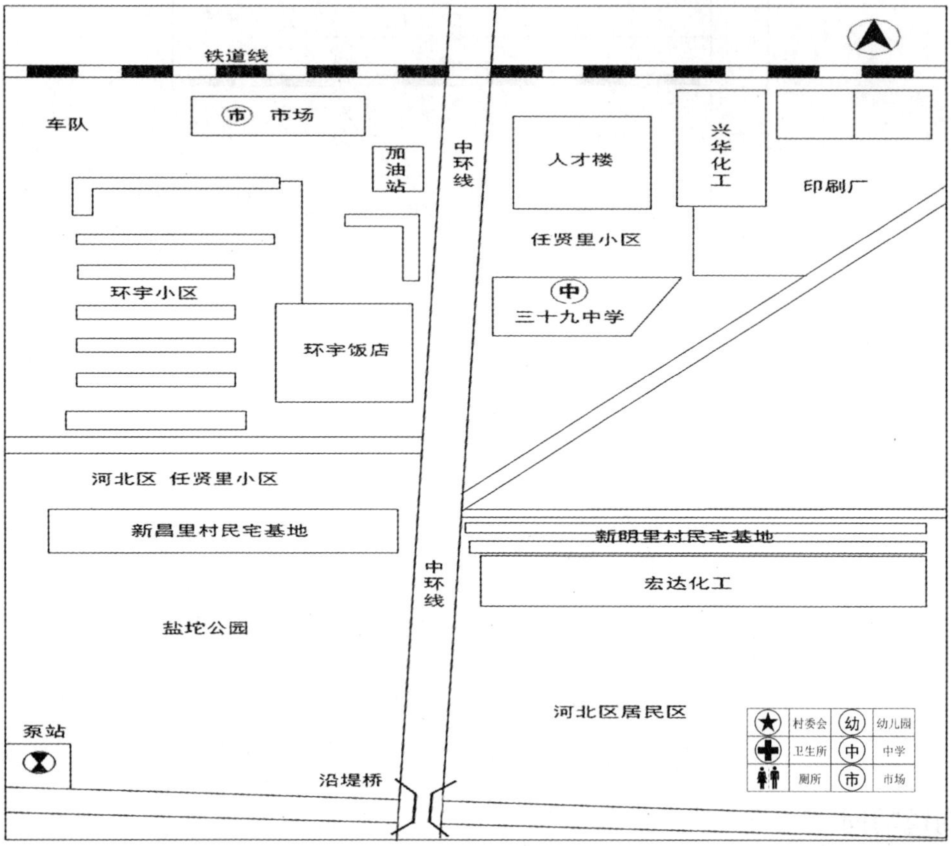

（2016年绘制）

八 经济概况

中华人民共和国成立后，1957年张兴庄开始了土地改造，将张兴庄北边的荒地和坟地平坟填坑、起高填洼，大片荒地开发成稻田500余亩。在此之前主要以大田为主，种植玉米、高粱、谷子。限于当时的地力和经济状况，亩产只有45千克。1958年，张兴庄先后建立了光明电镀厂、星群焦炭厂。1960年先后建立了裱帘厂、木材加工厂。20世纪80年代后建立宏达化工厂、兴业化工销售公司、兴业海藻酸钠厂、兴华化学试剂厂、兴华印刷厂、歌丽特服装厂、国美电器商城、环宇饭店、兴华起重运输队等。

环宇大饭店（2003年摄）

兴华化工商行（1999年摄）

80年代张兴庄建环宇饭店，可以容纳300人就餐及住宿，为天津市第一家由农民兴建的饭店，是一座10000平方米的酒店，分为餐厅、旅店、歌舞厅、冷食部、小卖部等5个部分。1987年、1988年、1989年、1993年、1994年天津电视台的春节联欢晚会、中秋晚会都在此饭店录制过节目。2016年，经济收入340万元。兴华化学试剂厂在1985年开业以来产品繁多，经济效益一直在张兴庄首屈一指，产品销往全国各地。兴华印刷厂在80年代为天津市书刊定点企业，该厂业务有彩色印刷、注册商标印刷、各种包装盒和不干胶商标、彩色画报、挂历、广告、样本等。

张兴庄人才楼　　（2003年摄）

九　英烈先贤

李国华（1923—1999）　天津市河北区人，小学文化、中共党员、残疾军人模范。民国33—34年（1944—1945年）在北京被服厂当学徒，民国34—35年（1945—1946年）在兴化县当伪军，民国36—37年（1947—1948年）为华东野战军战士。民国38年（1949年）2月复员回乡参加农业生产，1954—1955年组织互助组，1956年任京津路公社农业部长，1959年任张兴庄大队书记。1984年退休，1999年病逝。

1947年2月李国华参加中国人民解放军，解放战争期间，英勇顽强。后在一次实弹军事训练中，一个战友掷手榴弹而没有扔出去，眼看就要爆炸，李国华扑过去趴在战友身上，手榴弹爆炸了，战友的生命保住了，李国华的右手被炸断了。李国华舍己救人受到部队嘉奖，记功后被政府定为二级甲等残废。1949年3月李国华退伍到张兴庄，带领群众开垦荒地、发展生产。1952年政府奖励他一匹白螺子，他认为骡子虽然是奖给自己的，但也是人民的财产。1953年初李国华被选为天津市革命残疾军人模范，1956年11月他出席了在北京召开的全国烈属、军属、残废军人、复员军人、社会主义建设积极分子代表大会。11月16日，毛泽东、刘少奇、周恩来、陈云、邓小平等党和国家领导人接见全体代表，并合影留念。

1963年，李国华带领村民排水掘地，开发出稻田10.67公顷，获得丰收。1963年4月24日，《天津日报》在头版以《不失劳动者本色》为题，报道了李国华的事迹，此后全市掀起了基层干部参加劳动的热潮。1963年8月下旬，大清河、子牙河来势凶猛，超过洪水的警戒线，李国华在防汛抗洪斗争中表现突出，被选为天津市特等防汛模范。1963年12月22日《天津日报》以《老兵新传》为题，又一次报道了李国华的模范事迹。

十　历任党政负责人

张兴庄的党组织，从1955年成立至2016年始终为党支部，党支部书记先后由王洪钧等6人担任；张兴庄村政机构从1959—2016年为大队、农工商公司等，先后由刘克勤等6人担任负责人。

1955—2016年张兴庄村党组织负责人任职情况表

表2

党组织名称	姓名	性别	职务	任职时间
党支部	王洪钧	男	书记	1955—1959
	李国华	男	书记	1959—1977

续表

党组织名称	姓名	性别	职务	任职时间
党支部	陆富生	男	书记	1977—1979
	李国华	男	书记	1979—1984
	郭永顺	男	书记	1984—2006
	周金山	男	书记	2006—2009
	李文荣	男	书记	2009—

1959—2016年张兴庄村村政机构负责人任职情况表

表3

村政机构名称	姓名	性别	职务	任职时间
大队	刘克勤	男	大队长	1959—1968
革命委员会	张守田	男	主任	1968—1970
大队	刘克勤	男	大队长	1970—1984
农工商公司	陆富生	男	经理	1984—1995
	张金华	女	经理	1995—2006
	宋忠和	男	经理	2006—2013
	梁　霞	女	经理	2013—

十一　荣誉

1950—2016年，获先进个人荣誉3项，即1953年，李国华被选为天津市革命残疾军人模范；1963年，李国华被评为天津市特等防汛模范。2011年4月，李文荣被市委、市政府授予“天津市劳动模范”称号。

勤俭村

勤俭村位于北辰区南部，地处北运河东岸，京津路西侧，居天穆镇南部。东距京津路80米、西距北运河8米（抗洪大堤）、南距霍家嘴村4米（一条胡同）、北距中环线4米。该村为长方形，占地面积30972平方米。2015年，该村有户籍人口847人，长期固定资产27343万元。2016年农村经济总收入2028万元。

2004年兴建的勤俭工业区和2006年兴建的北方汽贸园（2006年摄）

一 村庄沿革

勤俭村至今有近百年的历史，原始坐落在京山铁路与南仓编组站之间。自清宣统二年（1910年）以来，约有十几户人家在此落户，他们来自山东、河南、河北等地，大多数靠在砖厂干活为生。约在1945年前后，山东人王提宝落户，大量亲朋好友投奔而至，在此地落户谋生，逐步形成自然村。当时居住的都是土坯砖头搭建的简易房。村落之间因有东西铁路所隔，又分为前街和后街。后为便于管理，借三国中“桃园三结义”的故事自称“三义村”。1958年因南仓编组站扩建，在霍家嘴北侧占地十几亩的地块上由铁道部门出资建起了外表是砖、内里为土坯的新式住房。中间约10米街道，两侧各有9排坐东朝西的住房。西边紧靠北运河、东面有一苇塘与京津路相隔，南面紧邻霍家嘴老村，北面以前是菜地，1966年建成勤俭桥，与京津路连通。当时环境、住房条件均良好，时村名叫“霍家嘴北新街”。当时柳滩村、霍嘴村、三义村、白庙村为联村，就叫“柳滩联村社”。1961年1月恢复三义村的村名。1985年天津市整顿地名时发现北辰区有两个三义村（另一个是北仓三义村），因该村靠近勤俭桥，就改名为“勤俭村”。

中环线勤俭桥　（2004年摄）

50年代，勤俭村隶属柳滩乡。1962年北郊区恢复，隶属天穆公社管辖；1983年改天穆乡管辖；1986年隶天穆镇辖至今。

二 道路河流

道路　该村自建村始，村东有京津路，连接京津两地。中华人民共和国成立后60年代返修京津路。自80年代开始，随着经济发展和城市交通需要，于1986年修建成中环线，形成南北通衢，纵横交错的城市道路交通网。勤俭村距普济河道、勤俭道仅有100余米距离。

河流　境内西临一级河道北运河，承担着防洪、引滦输水等任务。

勤俭村西紧邻的“北运河”　（2004年摄）

三 人口方言

人口　据统计资料载，勤俭村1950年，有56户220人；1980年，有290户760人；2000年，有362户880人；2016年，有乡村户数361户、乡村人口844人。

民族　2010年第六次人口普查，勤俭村有5个民族。其中汉族846人、回族1人、朝鲜族1人、满族3人、仡佬族1人。

姓氏　勤俭村是一个小村落，全村共有30多个姓氏，主要大姓有王、冯、庄、田等姓。因到此落户历史比较短，都没有正规的家谱。

方言　勤俭村方言主要以山东菏泽、聊城为主，多年来还保持原籍口音和生活习俗。

四 耕地状况

20世纪80年代以前，勤俭村耕地大约有726亩，共分为7个地块，其中4块为园田，3块为旱田。园田所产的胡萝卜、青麻叶大白菜产量高、质量好，远近闻名，深受市民喜爱。旱田所种植的水稻、小麦基本上也是年年喜获丰收。因修建城际高铁与铁东路提升改造，城市规划征占，村内仅有土地300余亩。

1980年勤俭村所属耕地地块情况表

表1　　　　　　　　　　　　　　　　　　　　　　　　单位：亩

地块名称	位置	面积	地块名称	位置	面积
老一队	前进村东侧	100	老二队	前进村东南侧	120
东北大地	增产渠东侧	200	河西	增产渠西侧	70
路西	京山铁路线东侧	160	旱田队	京山铁路线东南侧	40
79中实验田	白庙水库南侧	36	合计		726

20世纪80年代勤俭村所属耕地地块示意图

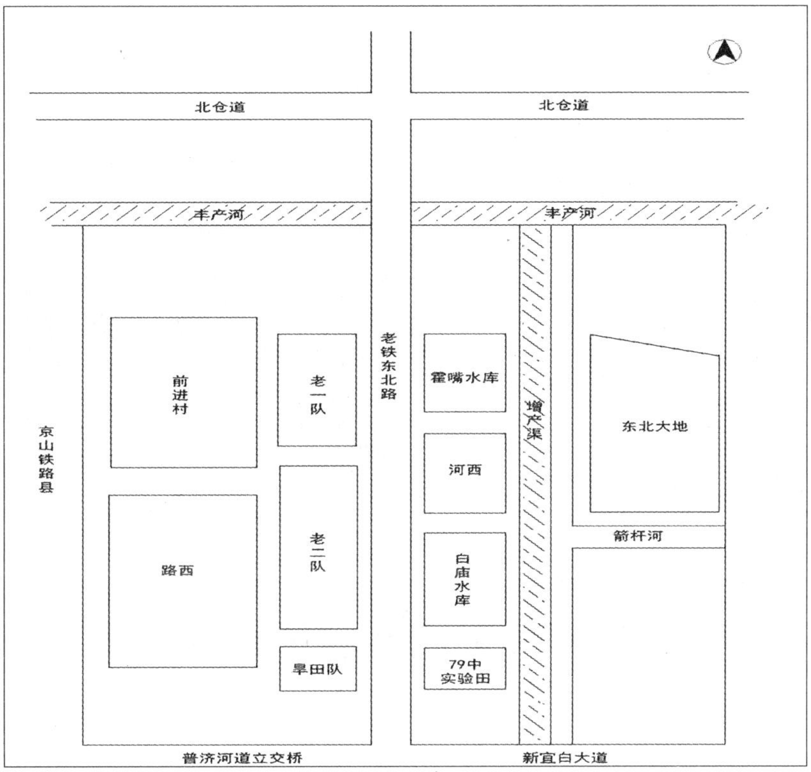

（2016年绘制）

五　街道胡同

中华人民共和国成立前后，勤俭村内街道胡同不整，均为土路，夏季泥泞，冬季扬尘。20世纪80年代以来，随着该村经济的发展，1988年在该村中心道铺设柏油路。1992年全村所有胡同全部铺设红砖，至2010年该村有1条中心道及8条胡同。

2010年勤俭村街道胡同情况表

表2

修筑年份	街道胡同名称	长度（米）	走向	修筑年份	街道胡同名称	长度（米）	走向
1988	中心道	210	东西	1988	中心道	80	南北
1992	1排	150	东西	1992	2排	170	东西

续表

修筑年份	街道胡同名称	长度（米）	走向	修筑年份	街道胡同名称	长度（米）	走向
1992	3排	175	东西	1992	4排	180	东西
1992	5排	180	东西	1992	6排	180	东西
1992	7排	175	东西	1992	8排	195	东西

六　旧村改造

随着时间的推移，人口不断地增加，1977年勤俭村与柳滩村在朝阳路置换土地50余亩，村委会给村民划分了宅基地，大部分村民在此居住。当时地理环境西面是朝阳路，东面是铁路，南面是荒地（现为普天里小区），北面是水塘（后建设成南仓站货场）。1985年正式命名为“勤俭新村”。1985年天津市规划修中环线时征占了勤俭老村的部分住房，24户村民被搬迁至红桥区洪湖里居住。1995年勤俭桥加宽又有20余户被征占，这次是货币补偿，自由购置房屋，分别在红桥、河北、北辰一带购房居住。2005年修建京津路立交桥将勤俭桥老村全部征占，至此勤俭老村全部被征占拆迁。

2010年，市政府实施城中村改造工程，于2013年6月村内全部拆迁完毕。规划在原地盖还迁楼，暂取名为“勤俭新苑”。

七　公共设施

中华人民共和国成立后，由于勤俭村村落比较小，建村比较晚，公共设施甚少。1964年相继建成米面加工厂、托儿所，成立村“红医站”（后改为卫生所）。1968年建“三义村小学”。1972年“三义村小学”与“霍家嘴小学”和“柳滩小学”合并统一为“柳滩小学”。1992年，在勤俭新村建成

勤俭村村民委员会　　（1996年摄）

2013年勤俭村街道胡同及公共设施示意图

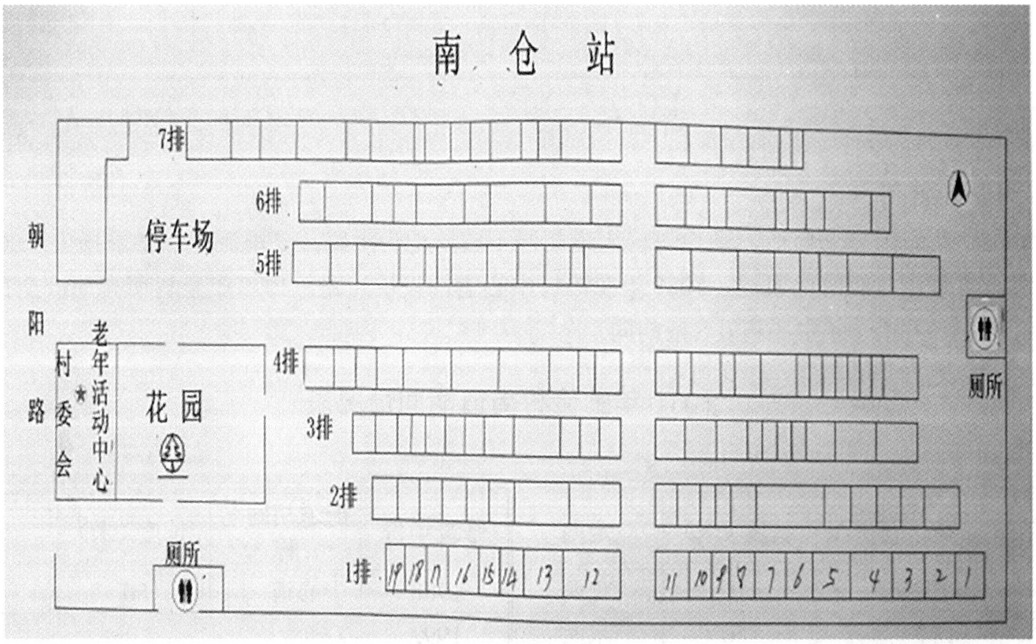

（2017年绘制）

500平方米的老年活动中心。农业生产区主要河流是增产渠与箭杆河，还有白庙水库和霍家嘴水库，农业生产用水主要依靠南仓泵站和霍家嘴泵站。如出现水涝，由箭杆河排水至小淀泵站。2010年启动北辰区城中村改造工程。2013年6月，公共设施全部拆除。

八　经济概况

1962年，勤俭村集体经济体制是联村社。联村社分家后，形成独立经济体制。当时勤俭村集体经济基础相当薄弱，70—80年代进入了工农业全面发展阶段。通过多年奋斗，村内农业方面有旱田队、田园队、科技队、养猪队、大车队。副业方面下属有铸造厂、耐火材料厂、五金加工厂、大型刨床加工厂、眼镜设备厂、汽车运输队等。因城市规划征占土地与铁东路改造，村内仅有土地300余亩。2004年村自筹资金，建造7万余平方米的勤俭工业区。2005年建造3万余平方米的北方汽贸园。2009年投资建成一座4000余平方米的普天东里菜市场，服务于周边居民。2016年村级经济收入2028万元。

九　历任党政负责人

勤俭村的党组织，从1964年成立至2016年始终为党支部，党支部书记先后由徐继春等8人担任。该村的村政机构名称有大队、村委会等，先后由徐继春等5人担任。

1964—2016年勤俭村党组织负责人任职情况表

表3

党组织名称	姓名	性别	职务	任职时间
党支部	徐继春	男	书记	1964—1976
	王洪军	男	书记	1976—1977
	方金生	男	书记	1978—1983
	杨群彦	男	书记	1984—1992
	尹卫东	男	书记	1992—2000
	张传宝	男	书记	2000—2002
	弥士忠	男	书记	2002—2004
	万保军	男	书记	2004—

1962—2016年勤俭村村政机构负责人任职情况表

表4

村政机构名称	姓名	性别	职务	任职时间
大队	徐继春	男	村长	1962—1966
革命委员会	徐继春	男	主任	1966—1976
大队	林继超	男	大队长	1976—1984
村民委员会	连俊生	男	主任	1985—1999
	孟凡福	男	主任	1999—2003
	王金锁	男	主任	2003—

十　荣誉

1962—2016年，勤俭村获得市局级以上先进个人两次。

1962—2016年勤俭村获市局级及以上先进个人荣誉表

表5

授予时间	姓名	荣誉名称	授予部门
2010	万保军	天津市五一劳动奖章	天津市总工会
2011		天津市劳动模范	中共天津市委员会、天津市人民政府

北仓镇

北仓镇位于北辰区中部，东临小淀镇，西接双口镇，南、西南与天穆镇、青光镇接壤，北与双街镇相邻。北运河流经域内，京津路、外环线、津保高速、津永公路过境。自元朝在北京定都以来，就成为皇粮漕运的集散地，因而得名“北仓”，是历史上的漕运要道、仓敖重地。2016年，辖北仓、刘园、三义村、赵虎庄、丁赵庄、阎庄、桃花寺、董新房、王秦庄、桃口、屈店、李嘴、周庄13个村；辖引河里第一、引河里第二、金凤里、天阳公寓、御龙湾、泽天下、盛仓、阳光·卡帝尔、讷河里、富锦华庭10个社区居委会。是年，实现生产总值72亿元，本级财政收入2.55亿元，全社会固定资产投入119.7亿元，农村常住居民人均可支配收入2.45万元，城镇居民3.27万元，整体经济实力保持在全区前列。

北仓地区历史悠久，已有人类活动2000年。西周属燕国，北魏属雍奴县，汉代初年改隶泉州县，唐属武清县，元属漷州县。明永乐二年（1404年），隶属顺天府武清县，至清雍正九年（1731年）初，改属天津县。弘治十五年（1502年）武清县将30个里社归并为15个，其中尹儿湾里，辖尹儿湾、唐家湾等17个村。清初，沿明制，清乾隆元年（1736年），天津县实行巡检辖村制，其中西沽巡检辖刘园、桃花寺、董新房、王秦庄、桃口、屈店、周庄、李嘴、阎庄、北仓等村。光绪三十一年（1905年），天津县设4乡34区，其中北乡十八区辖王秦庄、桃口屈店、李嘴等21村；第十九区辖董新房、桃花寺、刘园、北仓、赵虎庄、丁赵庄、阎庄等22村。1948年12月，境内解放，隶属津武县六区，1949年3月，改属天津县八区。1950年7月，原隶境内各村从天津县七、八区改隶调整后的天津县四区。1953年7月，境内各村改隶津北郊区，境内设3乡。北仓乡辖北仓、三义村2个村；周庄乡辖李嘴、周庄、阎庄、丁赵庄、赵虎庄5个村；王秦庄乡辖桃花寺、董新房、王秦庄、桃口4个村。刘园划归王庄乡，屈店划归常庄子乡。1955年6月17日，“津北郊区”更名为北郊区。1956年9月，北仓乡撤乡建镇，辖村未变。1958年4月，王秦庄乡、周庄乡、常庄乡合并为李嘴乡。是年5月，刘园村划归北仓镇。是年8月，北仓镇3村并入幸福公社，10月划归红桥区。1959年3月，幸福公社更名为北仓公社。1960年6月，北仓公社与天津市津北畜牧场合并。1961年4月，恢复人民公社的管理体制，原北仓公社划分为5个公社，其中北仓公社辖今13个村（13个生产大队、44个生产队）。1962年2月，北仓公社复隶北郊区。1963年2月19日，经市委批准，将原北仓公社、双街公社二划三，增设李嘴公社。北仓公社由北仓、刘园、三义村、赵虎庄、丁赵庄、阎庄6个村组成；李嘴公社由桃花寺、董新房、王秦庄、桃口、屈店、李嘴、周庄、常庄、下辛庄、西赵庄10个村组成。1974年12月13日，李嘴公社并入北仓公社。1977年11月，将原属李嘴公社的常庄、西赵庄、下辛庄3村划归双街公社。自此，北仓辖13个村再无变动。1983年4月，北仓公社改制为北仓乡。1986年12月，北仓撤乡建镇。

地下铁路1号线刘园站　（2016年摄）

北仓村附近的北运河　（2000年摄）

自20世纪80年代起，随着经济发展，域内公路建设迅速发展。至2016年，北仓镇有23条主要公路，其中高速公路1条，国道1条，省道2条，主要区道19条，南北通衢，纵横交错。其中津保高速公路，镇内段东起外环线3号路口处，西至王秦庄永青渠，长3千米，路宽30米，外环线王秦庄村旁为进出口处；京津（公）路快速路（103国道），8车道，镇内段南起阎街，北至引河桥，长3千米；外环线（省道），宽50米，镇内段长8千米；津永公路（省道），镇内段南起刘园，西北至屈店闸，长4.8千米，宽7米。19条区道为：北韩公路、北辰道、津永支线、富锦道、迎宾道、引河里南道、引河里北道、延吉西道、高峰路、高峰北路、高云路、祥辰路、瑞辰路、裕辰路、朝阳路、延吉道、延边道、铁东北路、铁东路。

至2016年，流经镇域内的河流有永定河、北运河、新引河、永定新河、外环河。永定河境内长2千米；西支经双街镇下辛庄进入屈家店闸，长0.8千米，最大行洪流量每秒2500立方米。北运河由武清区进入境内于屈店村东与永定河汇流，流经北仓镇12个村庄，南至天津市新红桥入海河，境内段长5.1千米，最大行洪流量每秒400立方米。新引河位于境内北部，民国20年（1931年）开挖，境内段长4千米，排洪流量每秒200立方米。永定新河位于境内北部，新引河北侧，为两河三堤，境内段长4千米，最大行洪能力每秒400立方米。外环河为天津外环公路配套工程，用于外环线公路排水和500米绿化带灌溉，境内河段北起引河桥，南至刘园苗圃，长4千米。

附：

北辰区城中村改造北仓镇某村房屋拆迁补偿安置实施方案

第一条　按照市委、市政府关于加快城中村改造的部署要求，根据区委、区政府《关于加快城中村改造的意见》《北辰区城中村改造房屋拆迁补偿安置办法》，为规范本村房屋拆迁补偿安置工作，制定本方案。

第二条　城中村改造拆迁范围为XX村界内的住宅及非住宅（详见拆迁范围图）。

第三条　城中村改造拆迁人为XX村民委员会；被拆迁人为被拆迁房屋的所有人。

第四条　XX村改造的拆迁期限为：2010年10月1日至2010年12月31日。

第五条　房屋拆迁补偿安置以经主管部门核实的“天津市北辰（郊）区居民、社员建房用地使用证”证载宅基地面积为依据确定应还迁面积，按应还迁面积与还房建筑面积1：1实行就近定向安置。

证载以外建筑物及构筑物面积不予补偿。

第六条　还迁住房实行定向安置。

第七条　还迁住房的房型有两种，即：

一居室（独单）建筑面积有57平方米、59平方米；二居室（偏单）建筑面积有79平方米、80平方米、84平方米、88平方米。

还迁住房的房型、面积以规划审批部门最终批准的方案为准。

第八条　定向还迁安置房采取被拆迁人应还迁面积与所选还迁安置房建筑面积最接近的原则。应还迁面积小于最小一居室单元还迁房建筑面积的，可选最小一居室单元一套，但原拆迁房屋为二居室的，可选最小二居室单元一套。应还迁面积大于最小一居室单元、小于最小二居室单元还迁房建筑面积的，可选最小二居室单元一套。组合选房的除外。

增加面积应补交差价款，补交的差价款按市物价部门最终核定价格为计算依据，其中，增加面积在5平方米以内（含）的按核定价格的80%计算，超过5平方米的按核定价格计算。

第九条　自由组合选房规则。补拆迁人按照从小到大顺序选房，应还迁面积不足一个循环时，可以跨档选择，所选户型和建筑面积相加之和与应还迁面积接近；同一个循环中每档户型只能选择一次。

第十条　被拆迁人按腾空交出被拆迁房屋并签订《房屋拆迁补偿安置协议》的先后确定选房顺序，《拆迁协议》的顺序号即为选房的顺序号，先交先选。

第十一条　以我村公布的拆迁启动日为界定时点。对经过公示确认的只有一处被拆迁房屋的困难家庭，实行阳光救助政策。

（一）两代人且独生子女年满16周岁或计划内生育多子女且大子女年满14周岁的，应还迁面积小于最小二居室单元，可选最小二居室单元一套；应还迁面积大于最小二居室单元，小于最小两套一居室单元组合安置房建筑面积的，可选最小一居室单元安置房两套。

（二）老少三代以上（含老少三代）应还迁面积大于一套最小二居室单元，小于一套最小二居室单元与一套最小一居室单元组合安置房建筑面积的，可选最小二居室单元安置房一套和一居室单元安置房一套。

（三）经确认小组确认的“一证”内现居住一个以上自然户（自然户指自然形成的、独立生活、独立居住的单个家庭），每户均分所得应还迁面积小于一套最小一居室单元安置房建筑面积的，每自然户可选最小一居室单元安置房一套。

（四）对经确认小组确认的特殊困难家庭，所选还迁安置房自然增加面积差价款结算给予一定优惠。

以上四条只能享受其中之一，不能同时享受。对符合阳光救助政策的，增加面积补交的差价款按市物价部门最终核定价格的50%计算。不能补交差价款的，对增加面积部分不享有产权。

第十二条　　为鼓励积极搬迁，以村公布的拆迁启动日为时点，对在30日内腾空交房并签订《房屋拆迁补偿安置协议》的，一次性给予每证10000元奖励；50日内腾空交房并签订《房屋拆迁补偿安置协议》的，一次性给予每证8000元奖励；60日内腾空交房并签订《房屋拆迁补偿安置协议》的，一次性给予每证5000元奖励。超过60天期限的不予奖励。

第十三条　对被拆迁人腾空搬迁并签订《房屋拆迁补偿安置协议》的，村委会支付一次性搬迁补助费。包括：每户给予一次性搬家补助300元；对安装一户一表（磁卡电表）的，每表补助300元；装有有线电视的，凭使用证每证补助200元；装有固定电话的，凭近期交费收据每部补助100元；空调移机费每台200元。被拆迁人按有关规定自行办理相关手续。

第十四条　被拆迁人自行安排临时住所，村委会支付临时安置补助费。临时安置补助费每户每月1200元。费用计发从腾空交出被拆迁房屋并签订《房屋拆迁补偿安置协议》次日起至还迁安置房交付之日止。临时安置补助费首次支付6个月。

过渡期限为2011年1月1日开始计算，过渡期不超过30个月。超过期限的，自逾期之月起增加一倍临时安置补助费。

第十五条　被拆迁户所选房确定后，增加或减少的面积差价款在还房入住前一次性结清。

第十六条　签订拆迁协议及选房时，应该由被拆迁人本人到现场办理相关手续。本人到场确有困难的，应委托他人代为办理，受托人应持经公证或见证的授权委托书办理相关手续。

第十七条　被拆迁人已故但尚未办理房屋权属变更手续的，应先办理继承公证或见证，由继承人办理拆迁相关手续。

第十八条　被拆迁房屋有租赁关系的，由被拆迁人与房屋承租人自行解除租赁关系。

第十九条　有房屋权属、使用权纠纷的房屋，纠纷当事人须在《安置方案》发布后立即写出书面申请，由拆迁人审核登记，经证据保全后，先搬迁，后解决纠纷。拆迁人依法院裁判书、公证书或见证书等有效法律文书解决。

第二十条　在搬迁期限内拆迁人与被拆迁人未达成《房屋拆迁补偿安置协议》的，由区行政主管部门依照相关法律法规申请区人民政府或人民法院依法拆迁。

第二十一条　被拆迁人不得拆卸原房屋的建筑构件、设施设备，违者照价赔偿。

第二十二条　对违章建筑，房屋所有人必须在公布的搬迁期限内自行拆除，超过搬迁期限的由有关部门依法拆除。

第二十三条　本方案由北仓镇XX村村民委员会负责解释。

第二十四条　本方案自公布之日起施行。

北仓镇XX村民委员会

2010年9月19日

北仓村

北仓村位于北辰区中部，为镇政府驻地，南与天穆镇闫街村接壤，北与赵虎庄相连，西隔北运河与刘园村相望。北仓老村在京津路西，村呈南北带状，占地面积45.3万平方米。北仓工农新村在京津路东，村形呈T形，北至泰来道，西邻北辰医院，南近北辰（北仓）道，东（局部）靠高峰路。至20世纪90年代，全村住宅总面积56.38万平方米，人均住房面积23平方米。2015年，该村户籍人口6781人，长期固定资产5909万元。

北仓村村碑　　（2016年摄）

一　村庄沿革

相传元明时代，北仓村为漕运码头和储粮地，曾置督粮官驻此。元延祐年间（1314—1320年），在今北仓附近北运河畔设引儿湾浅铺，后逐渐成村，改称尹儿湾。明永乐六年（1408年），平江伯陈碹建百万仓于此，以贮海运。清雍正八年（1730年），尹儿湾已改称北仓。乾隆年间（1736—1795年）北运河北岸有津邑储备仓称北仓，遂以地名。光绪年间（1895—1908年）中仓（建于雍正八年前）并入。

据道光丙午年《津门保甲图说》所载:“北仓之下曰中仓，前此粮艘曾卸运于此，设一区，民舍填集。其对河曰菜园、曰刘家园。堤衬而北，大道在河外。”村南有中仓和仓廒，村西北有关帝庙（关羽居中坐像，关平、周仓两厢站立）、娘娘庙（两层大殿，前殿为碧霄娘娘，后殿为东顶娘娘、眼光娘娘、送子娘娘）、药王庙（药王爷居中坐像，10大名医站像两厢排列），村南有土地庙。

乾隆元年（1736年），西沽巡检辖北仓等村，光绪三十一年（1905年），天津县北乡十九区辖北仓等22村。1949年3月，隶属天津县八区。1953年7月，北仓村隶属北仓乡，为北仓乡政府所在地。1958年10月起，隶属红桥区幸福（北仓）人民公社。1962年2月，隶属北郊区北仓公社，为公社管理委员会所在地。1983年3月，隶属北仓乡。1986年12月后，隶属北仓镇。

二　道路河流

道路　中华人民共和国成立以前，北仓村周边地区除京津公路外，都为土质公路，60年代津永公路、铁东路陆续铺设沥青路面公路。自80年代起，随着经济发展，区域公路建设迅速发展。至2016年，北仓村周边有16条公路，其中国道1条，为京津路快速路，也称103国道。省道2条，为外环线和津永公路。区道为北韩公路、北辰道、铁东（北）路、津永支线、延吉道（东段）、富锦道、迎宾道、延吉道、盛仓北道、高峰路、高峰北路、高云路和朝阳路13条道路。南北通衢，纵横交错。

京津路快速路　（2016年摄）

北辰道　（2016年摄）

河流　至2016年，流经村域或村边界的主要河流有4条，为北运河、新引河、永定新河、外环河。

三　人口方言

人口　据清道光二十六年(1846年)《津门保甲图说》所载，村庄时“绅衿六十户、铺口二百二十一户、烟户七百四十九户、应役一十三户、庸作二百八十七户、负贩一百二十六户、船户六十五户、僧道三户、乞丐一十九户，共一千五百四十三户（大口四千七百四十四口，小口三千二百七十四口）”。

据《典籍中的北辰》载，民国23年（1934年），北仓村有1143户6510人。中华人民共和国成立后，该村人口不断增加，据统计资料载，1962年，有934户3627人；1980年，有1622户6062人；2000年，有2418户5497人。 2016年，乡村总户数2304户6519人。

民族 据《天津市北辰区地名志》记载，该村至1995年，有回族47人、满族7人、朝鲜族3人。至2016年，该村村民均为汉族。

姓氏 2016年，全村共有87个姓氏，主要大姓有赵、孙、王、张、刘、宋、孙、郭、屈等姓氏。

辈分 北仓村名门望族赵家，在清初百余年间六代科甲，名闻朝野。若以赵士元作为第一辈，第二辈至第六辈排序依次为：璧、之、单字、方、单字。其中“之”字辈有名人赵之符。

北仓村孙姓，如按孙东来作为第一代，其子孙孝曾为第二代，第三代（单字）孙魁，第四代孙洪伊（原名洪仪，字伯兰），孙洪伊堂弟孙锡瑞，第五代孙玉书（枢）、孙冷雁（原名宝贤），第六代为“家”字辈，弟兄们若按年龄排序，依次有：家怀、家路、家明、家洋、家福、家伦、家和；第七代为“志”字辈，弟兄几个若按年龄排序，依次有：志伟、志强、志成、志立。

百岁老人 付素兰 女，生于清宣统二年(1910年)，王秦庄村人。后嫁到北仓村，丈夫宋珍，共生育6个儿子、3个女儿。老人爱劳动，能吃苦，平时心态好，为人和善。老人经常喝豆浆，很少食肉类；坚持晚上用热水洗脚。睡眠好，平时很少患病。家庭和睦，后辈对老人十分孝顺。2014年8月8日，老人坐在椅子上辞世，无疾而终，享年105岁。其四子宋宝国于2013年被评为敬老孝亲文明北辰人。

百岁老人生前照

（1997年摄）

方言 北仓村基本属于津北方言片，但跟北仓镇其他村相比，有过重的齿音字，更接近天津方言。

四 耕地状况

据北仓村上报村情调查资料表明：中华人民共和国成立初期，该村耕地面积达1万余亩。1953年以后，北仓公墓、烈士陵园、第四十七中学、北仓工业区、发电设备厂、中央制药厂等国有企事业大

1978年北仓村耕地地块示意图

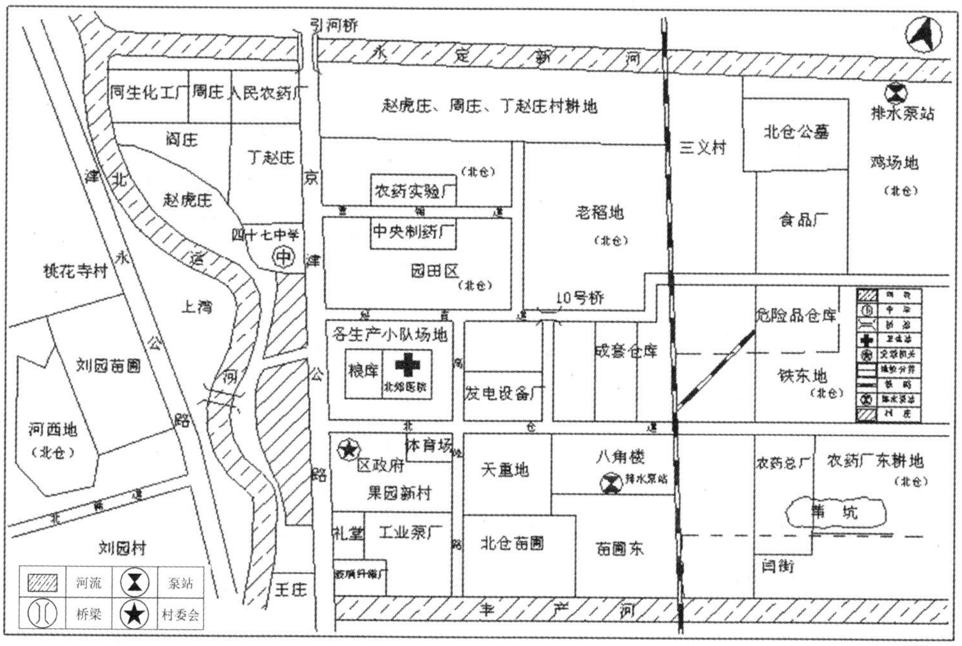

（2016年绘制）

量占地，耕地面积不断减少。1971年，耕地面积7009亩。1978年耕地面积约为3000亩。耕地分布范围广，村耕地北到永定新河；南近丰产河，与王庄村、闫街村耕地接壤；村西耕地至北运河西岸的刘园苗圃以西，与王秦庄、韩家墅耕地相连；村东耕地直到京山铁路东侧的三义村以东，与刘安庄、赵庄村耕地相接。2015年，该村有耕地1553亩。

1978年北仓村所属耕地地块情况表

表1　　　　单位：亩

地块名称	位置	面积	地块名称	位置	面积
上湾及河西	北运河西	800	苗圃东	北仓苗圃东	200
园田区	京津公路东	200	农药厂地块	农药厂东	400
老稻地	近京山铁路	300	鸡场地块	三义村村东	300
北仓道地块	北仓道两侧	300	铁道东地块	京山铁路东	300
八角楼	近京山铁路	200	合计		3000

五　街道胡同

村内胡同建成年代多为清康熙（1662—1722年）至道光年间（1821—1850年），仅个别胡同为20世纪60年代形成。中华人民共和国成立前，村内多为土路。中华人民共和国成立后至70年代前，村内除过境的京津公路外（沥青路面、1960年铺设），村内的街道胡同路面多为土路和炉灰路。1977年，北仓村在北马路铺设了第一条沥青马路。进入80年代后，随着村经济的发展，实施了村庄道路改造，至2000年，该村道路全部铺设了沥青或水泥的路面，并安装了路灯。

北仓村旧村照　（1995年摄）

2000年北仓（老）村街道胡同情况表

表2

修筑年份	街道胡同名称	走向	位置	长度（米）
1960	京津路	南北	村南至村北（村段路）	2700
1977	北马道	东西	京津路至老北仓桥	600
1988	北仓前街	南北	狮子胡同至小井子	1200
1988	北仓后街	南北	村南至北马路	1800
1989	小井子胡同	东西	前街至河堤	70
1989	阎庄大胡同	东西	前街至河堤	80
1989	后坑胡同	东西	前街至河堤	70
1989	锅巴胡同	东西	前街至河堤	60
1989	娘娘庙胡同	东西	前街至河堤	50
1989	张豆腐房胡同	东西	前街至河堤	50
1989	白家胡同	东西	前街至河堤	70
1989	北卢家胡同	东西	前街至河堤	80

续表

修筑年份	街道胡同名称	走向	位置	长度（米）
1989	南卢家胡同	东西	前街至河堤	90
1989	孟家胡同	东西	前街至河堤	80
1989	小学校胡同	东西	前街至河堤	60
1989	书店胡同	东西	前街至河堤	40
1989	十间房胡同	东西	后街两侧	160
1989	文化馆胡同	东西	后街两侧	70
1989	当铺胡同	东西	后街两侧	80
1989	棚铺胡同	东西	后街两侧	80
1989	北仓中街	东西	前街至后街	100
1989	欧家胡同	东西	后街两侧	90
1989	吕家胡同	东西	后街两侧	80
1989	狮子胡同	东西	后街两侧	70
1989	兰家胡同	东西	后街两侧	70
1989	南一条胡同	东西	后街两侧	60
1989	南二条胡同	东西	后街两侧	50
1989	南三条胡同	东西	后街两侧	50
1989	南四条胡同	东西	后街两侧	50
1989	南五条胡同	东西	后街两侧	50
1989	南六条胡同	东西	后街两侧	50
1989	铆焊胡同	东西	后街两侧	50
1989	谢家胡同	东西	后街两侧	50
1989	北车道口胡同	东西	后街两侧	50
1989	吉顺胡同	东西	后街两侧	50
1989	焦家胡同	东西	后街两侧	50
1989	李家胡同	东西	后街两侧	50
1989	杨家胡同	东西	后街两侧	50
1989	孙家胡同	东西	后街两侧	50
1989	赵家胡同	东西	后街两侧	50
1989	南车道口胡同	东西	后街两侧	50
1989	蒋家胡同	东西	后街两侧	50
1989	孙家胡同	东西	后街两侧	50
1989	果园大胡同	东西	后街两侧	30
1989	新房一条	东西	后街两侧	30
1989	新房二条	东西	后街两侧	30
1989	新房三条	东西	后街两侧	30

20世纪70年代后期，在京津路东、北仓道北建工农新村。村呈“T”字形，街道分四段，每段有7～10排，面积11万余平方米。至90年代，全村(建成村)面积56.38万平方米，人均住房面积23平方米。1997年，有农房2500间。

2000年北仓村（老村）街道胡同及公共设施示意图

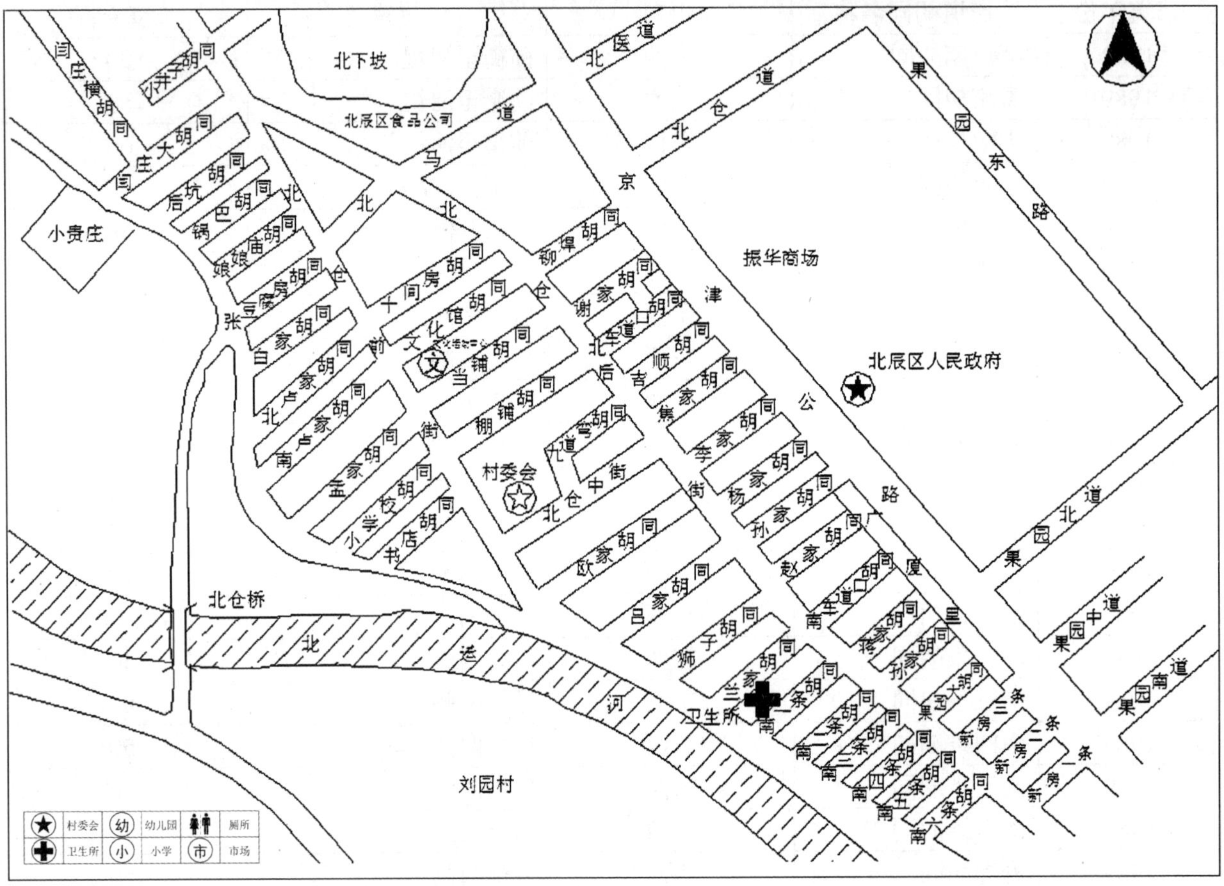

（2016年绘制）

2000年北仓村工农新村街道胡同示意图

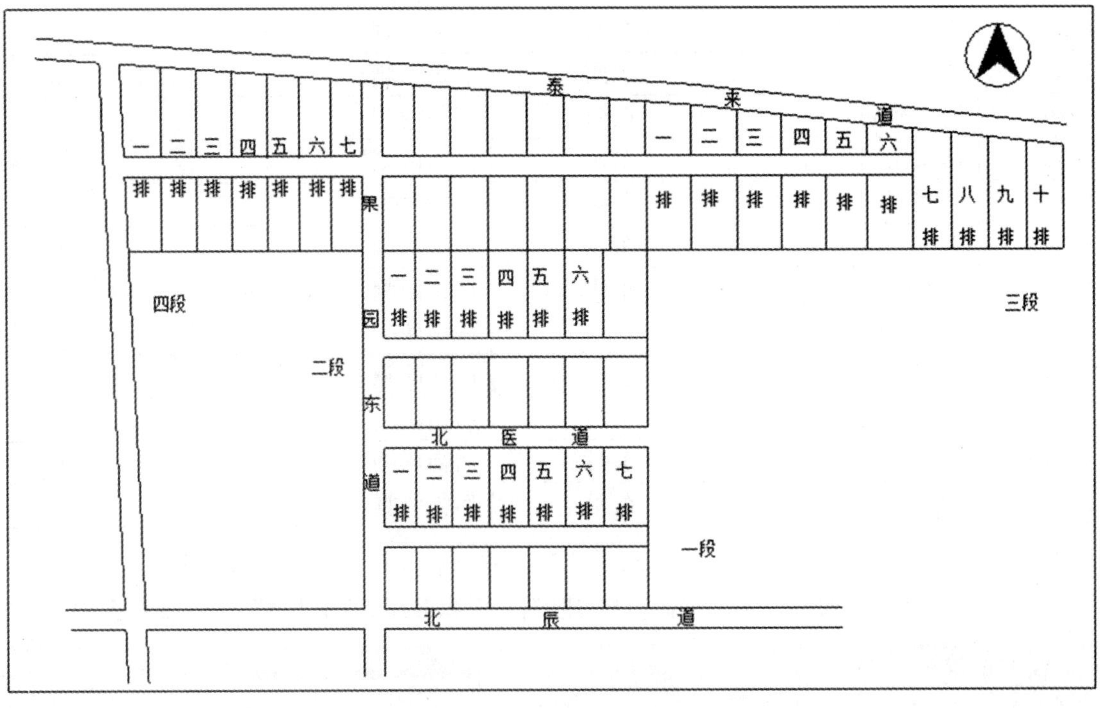

（2016年绘制）

六　公共设施

中华人民共和国成立前，北仓村公共设施甚少。中华人民共和国成立后，1949年至50年代，先后建北仓小学、北仓诊所。50年代末期至70年代，先后建国营供销合作社、生产资料部、粮店、煤厂、北仓饭店、北仓照相馆、理发店、浴池，成立了幼儿园、托儿所、红医站。80—90年代，成立老年协会，完善路灯照明等公共设施。至2016年，该村公共设施有村委会、老年协会、小学校、幼儿园、卫生所及村民健身广场等。

北仓小学为百年老校，前身为孙洪伊个人出资于清光绪二十八年（1902年）兴建的蒙养小学堂，坐落北仓村原关帝庙旧址，校长孙赐元。翌年更名为北仓民立第十两等小学堂(即高小、初小)。民国17年(1928年)改为天津县公立第六小学。民国31年（1942年）改为私立民生小学。

北仓小学学生合影　　（1949年摄）

1949年天津解放后正式定名为“北仓小学”，并迁至北运河边乡绅赵化民捐赠的盐店作为新校，扩大了学校规模。为满足城乡居民子女求学需要，1974年建成新校舍，位于京津路西、北仓村北（现双发大厦对面），1975年增建教学楼，1985年，区投资70万元建3层实验楼，总建筑面积达5383平方米。2004年7月，北仓小学迁至延吉道11号，与延吉道小学合并。新校占地面积18458平方米，总建筑面积12400平方米，40个教学教室，15个功能教室，环形塑胶跑道操场200米，面积4290平方米。

北仓小学　　（2016年摄）

该校为国办镇管全日制小学。1993年，学校实行校长负责制。2008年，实行校长职级制和教师岗位聘任制及绩效工资制。2011年10月，在校内辟建运河乡情展览馆，2013年6月被确定为天津市中小学爱国主义教育基地。

七　旧村改造

2003年3月，北仓村启动环内旧村改造工程。北仓村第一期、二期工程共拆迁村民1218户，公建单位41家；至2004年，累计拆迁民房2243户。2004年开始还迁，还迁至盛仓新苑小区，部分村民还迁至天时园及天阳公寓。北仓村原址建成北辰公园和北辰商务中心大厦，北仓村委会迁至仓生大厦内。

盛仓新苑　　（2016年摄）

北仓工农新村于2010年启动拆迁，2012年冬实施动迁，2013年12月拆完。共签订拆除协议890多户（含区妇幼保健所等公建），涉及拆迁面积11万余平方米。还迁以原址还迁为主，异地还迁为辅；部分还迁至阳光·卡蒂尔小区南侧。还迁房于2014年开始打桩建设，至2016年12月，仍在建设中。规划全部还迁面积13.8

万平方米，其中原址还迁面积13.15万平方米。

盛仓新苑 2004年建成。该小区东起高峰北路，西至荣发装饰城，南邻北仓小学、集贤市场，北至富锦道。小区内包括赤霞园、橙圃园、炎黄园、青翠园4个园，中心区域有一个广场，广场西北有村碑。占地面积14万平方米，建筑面积21万平方米。有49幢楼房、180个楼门。部分为北仓老村还迁房。

阳光·卡蒂尔 2007年建设。小区东起区武装部北，西至高峰北路，南起延吉道，北至富锦道，辖区面积15.5万平方米，建筑面积14.5万平方米，有46幢楼房、134个楼门。其中部分区域为北仓工农新村还迁房。

八 经济概况

1949年前，日本东拓公司在北仓强占土地2000亩种植水稻。1956年，北仓红星社种棉花820亩。1978年，该村种植谷子1600亩，种植面积为历史最高年份，平均亩产46千克，1980年后不再播种。1995年，该村蔬菜播种面积2540亩，产量8400吨。

50年代，实行农业合作化后，北仓村曾建立土化肥厂。中华人民共和国成立初期，村妇女组织办起了石棉纺毛厂，规模大，效益好。1979年，创建北仓织布厂，生产工业用布。70年代有副业，北仓大队纸箱厂、北仓大队农机厂、北仓大队化工厂。至80年代中期，该村又办起阀门厂、长虹化工厂、金属冷拉厂、橡胶制品厂、大华锻造厂、冲剪厂等企业。至90年代中期，该村有工厂、公司达36家。1990年，成立大明电机公司长城冲剪厂，生产电机转子冲片。1995年，建星兴制管厂，生产焊接管。1997年，成立飞龙化工建材厂，生产高效减水剂。

60年代，建集体养猪场，饲养量上百头。

80年代，村投资办商业，建立北仓建材联营部。搞仓储业，建仓库1处，同时发展运输装卸业，1987年村集体运输业总收入597.67万元；个体运输户有16家。

1990年5月28日，北仓农民技术员范贵明创办了境内第一家民营蔬菜研究所，育出“津青50天”“津青60天”白菜新品种。1994年，获天津市科技成果一等奖；1995年，该早熟大白菜在全市8个区县推广。1996年，该项目获天津市科技进步奖；范贵明于1998年4月获“天津市大白菜育种状元”称号。

北仓村新建的写字楼 （2016年摄）

1993年，北仓村工业产值13975万元，为镇内第一个亿元村。1997年，村工业总产值32340万元，比1993年翻一番。

90年代后期，开始招商引资，在延吉道东段两侧建工业区。21世纪初，逐渐形成规模，并取名鸿仓都市工业区，多占用北仓村土地。引进了富士摩根冷却机(天津)有限公司、天津市谭建科技有限公司等企业。至2015年，工业区内共入驻内资、外资企业47家，其中镇引进企业7家。是年，农村经济总收入4684万元。

1998年1月，该村注册、组建了金润房地产开发公司，先后开发了仓生大厦、金凤里小区、盛仓新苑等工程项目。

2003年，该村投资建新城供热站，位于阳光·卡蒂尔社区北，2004年建成。到2015年，供热范围：京津路以东，北起延边道，南至泰来道的大片区域，含教育中心、第四十七中学、富锦华庭、盛仓新苑、阳光·卡蒂尔、“三百万”内七八个社区，高峰路东讷河里社区，区委党校、北仓小学等机关事业单位，以及泰来道南的发电楼、志和里等社区；供热面积140万平方米。原为燃煤锅炉，2015年均改为燃气锅炉，有40吨/时锅炉3台，25吨/时锅炉1台。

九　民间文化

该村历史久远，文化积淀深厚。清代乾隆年间，北仓一带盛行皇会，各类花会组织、活动团队仅北仓村就有30多个。进入21世纪仍坚持排练、演出的有随驾狮子老会、少练老会、虮蜡庙小车会等花会。

北仓少练老会　该会创建于清朝初年，是域内首个民间群众习武组织。创始人是北仓村武林高手孙东来。孙东来在少林寺学艺14年后回到北仓村，干过护院，当过镖局的镖师。后来上了年纪，在村里教少年习武，在村民倡议下，孙东来（人称“孙二爷”）组织72户农民子弟在村内“娘娘庙”成立了北仓少练会。由于少年习武者逐渐上了年纪，仍在会里传授武艺并参与管理，遂将“少练会”改为“少练老会”。该会开始教练的武术是少林迷踪拳。第二代传人李祥，结识了天津市河东唐家口地道外、祖籍北仓的李兆兴，把发祥于天津大直沽的拦手门武艺传到北仓少练老会，此后代代传承至今。现传承人赵文发、路东升、屈宝珠，聘请王超为名誉会长及文化顾问，有习武人员100余人。2007年6月，北仓少练老会被列入第一批市级非物质文化遗产名录。

北仓少练老会演员合影　（2010年摄）

北仓随驾狮子会　北仓随驾狮子老会前身为“大鼓会”始建于明永乐六年（1408年）。至清乾隆三十二年（1767年），北仓村开始举办娘娘出巡、散福、庙会及花会赛事等活动。为使活动雄伟壮观，按照娘娘出巡的真实仪仗情况，在娘娘宝辇前，安排几道具有象征意义的花会开道，其中包括大鼓会。因庙门前摆有两只大石狮子，娘娘出巡时为娘娘保驾护驾，故庙中道长圆觉建议此会由“大鼓会”改为“随驾狮子（老）会”，参加一年一度娘娘出巡的盛大祭祀活动。出巡时不表演，人顶着狮子头走，祈求风调雨顺，五谷丰登。

北仓镇狮子老会成员合影（1957年摄）

光绪年间（1875—1908年），北仓随驾狮子老会在天津市文庙举办的庙会表演时，留下了“北仓的狮子能穿房越脊”的赞誉。民国27年（1938年），曾到中国大戏院演出。1953年，被邀请到北京参加国庆演出活动。三年灾荒时期该会停止活动。1978年改革开放后，该会得到恢复和发展。狮子由一对增加到大、小8对。1991年，参加天塔落成剪彩仪式。1992—1994年，连续3年应邀参加天津市月季花节开幕式的花会表演活动。1997年，为庆祝香港回归祖国，在蓟县黄崖关参加电视剧《同在阳光下》的录制。是年，参加天津市举办的“麒麟杯”全国龙狮会，获表演二等奖。2013年10月，被列入第三批市级非物质文化遗产名录。

北仓随驾狮子会在演出　（2010年摄）

北仓虮蜡庙小车会　该小车会建于清同治年间

(1861—1875年)。每逢春节、元宵节及各类庆典活动均参加演出，保留原貌至今。小车会表演形式是一个木制的小车道具，中坐美女一人(实际是站立行走，盘坐着的腿是假腿)，前面一人拉车，后有一人推车，推、拉、坐三人，通过“小车”形成一体，尤其是在睡车、卧车、望车和上、下桥的动作中，虽各自的角色不同，却协调一致。2007年6月，北仓虮蜡庙小车会被列入第一批市级非物质文化遗产名录。

北仓虮蜡庙小车演出现场 (2010年摄)

业余京剧团 中华人民共和国成立后，文化团体活动踊跃。1955年成立北仓业余京剧团。主要文艺骨干有刘振东、苏传玉、赵毓千、尚英太、只生光、杨勇、魏昆、冯国栋等人，经常为群众演出。1990年更名为北仓文化活动中心京剧团，团长赵玉升、只生光，艺术顾问郝学义。该团成员有30多人，生、旦、净、末、丑文武行当齐全。

1984年，为庆祝中华人民共和国成立35周年，北仓京剧团演出了五幕近代史京剧《北仓壮歌》，并参加天津市群众戏剧调演，获表演二等奖。1986年排演了大型新编历史剧《吞蝗诛“蝗”》，在天津市群众戏剧调演中获表演二等奖。1990年该团迁入北仓文化活动中心，还时常邀请市区和附近名角、票友为群众义演，每周日坚持在文化活动中心为村居民义演，并经常下乡演出。至2000年，累计为民演出300余场，排演全本剧目20多个，连同折子戏，达70多个剧目。为不断提高演出水平，聘请专业戏剧演员艺术家王紫玲、陈茂兰、李惠春先后为该团艺术顾问。为满足群众要求，在每周六增加评剧、河北梆子、曲艺剧目的演出活动。

1995年11月，只生光、赵紫光、曹德举参加首届中国京剧艺术节京剧知识电视大赛决赛，获三等奖，被评为市、区十佳票友。1998年，京剧团被天津市京剧票友戏迷协会、天津市振兴京剧基金会评为优秀团体会员单位。

90年代后，以北仓京剧团演员为骨干的区文联京剧团多演出传统剧目，代表性的全本剧目有《龙凤呈祥》《凤还巢》《红鬃烈马》《龙凤阁》等，折子戏有《辕门斩子》《二进宫》《赤桑镇》等。常在北仓村老年活动中心演出，或深入到有关部队、工地慰问演出，或到部分乡镇联谊演出，为部分企业厂庆演出。2003年，北仓村因实施旧村改造，京剧团坚持找临时场所开展演出活动。2013年，始在富锦华庭社区活动。

十　大事纪略

北仓廒 元、明、清代，境内均为漕粮转输重地。元至元十六年(1279年)，元廷在天津三岔河口至杨村间沿北运河置包括仓上、南仓、北仓在内的“直沽广通仓”，并设秩正七品大使管理。明永乐三年(1405年)，海运、河运并举，当年抵直沽交卸的漕粮941586石，均需换载小船转运北京，遂在北运河畔置露囤1400座；永乐四年(1406年)二月，扩大海漕，在尹儿湾建“百万仓”，由天津卫派兵戍守，180余万石漕粮多数先储后转，漕船泊于包括南仓、马庄、阎街、北仓、赵虎庄、李嘴在内的北运河码头。永乐九年(1411年)，漕运能力提高，境内成转漕重地。永乐十三年(1415年)，保留尹儿湾百万仓。清顺治二年(1645年)，年运漕粮逾400万石。雍正二年(1724年)修成天津最大的皇仓，即北仓廒。

清雍正元年(1723年)七月八日上谕：“天津卫系总会之所，理应修建仓廒。”遂于当年动土、翌年建成“新建仓廒”，又称“津邑储备仓”。仓址在今北辰区果园南道以北、果园东路以西、新华北楼(含)以南、京津路以东，占地250125平方米。仓廒坐东朝西，建有仓房48座，每座5间，库容40万石。四周有围墙，墙高两丈，西侧有“大使衙门”，门外大道直通北运河码头。建筑材料为蓝色城砖，是在北

清光绪二十六年(1900年)，北仓漕运码头

仓镇赵虎庄村烧制。乾隆十五年（1750年）重修，地基垫高，自廒北至塌河淀筑7000米长月堤；乾隆五十九年（1794年）十月培修并将月堤增高1.3米、增宽1米。嘉庆十二年（1807年）和十五年（1810年）先后由长芦盐政李如枚、嵩年大修，资金源于国帑、捐款和平粜结余。嘉庆十三年（1808年），在廒西加筑堤埝一道，在廒东、南、北各添兵房一二间。光绪二十六年（1900年），仓廒毁于八国联军炮火。民国初年，该地卖给北仓村孙氏“德安堂”，改为果园。解放初归属天津市园林局，1969年，区武装部在园内建房屋办公，80年代后为居民住宅区，现为新华里社区，皇仓旧迹无存。

庚子北仓之战（抗击八国联军北仓之战） 清光绪二十六年（1900年）春，境内北仓一带村庄开始有义和团活动，至是年5月，义和团在境内共建坛口47个，数千人参加。此时，驻华洋人无恶不作，义和团围攻在北京的11国驻华使团。6月10日，英国海军中将西摩尔率英、美、德、法、俄、日、意、奥八国驻津官兵2000余人赴京救援，遭义和团痛击，史称“廊坊大捷”。

西摩尔败后，列强八国纷纷派兵侵华。清光绪二十六年（1900年）6月17日，攻占大沽炮台，21日清廷下诏对各国宣战。7月11日，英军向陈家沟和小树林一带发射“列低炮（毒气炮）”，清军和义和团民及百姓伤亡千人，600匹战马无一幸免。帮办北洋军务大臣宋庆令清军退守北仓，在桃花寺村东设营。13日宋庆令练军撤往韩家墅。7月14日凌晨，天津城失守，直隶总督裕禄逃至北仓，以孙洪伊家为临时行辕，召集宋庆、马玉昆、吕本元共商御敌之策。王秦庄人黄金祥向马玉昆献计：一是疏通马庄干沟，借汛期引永定河洪水东流，使塌河淀附近方圆40里尽成汪洋，同时遍布水雷、地雷。二是奏请朝廷借北仓廒陈粮万石，以工代赈修筑工事；令天津县知事阮国祯组织民船到各村发放赈粮，加修被水围村庄堤埝，组织民工3天修成三道工事，将40门大炮分别放在北仓廒、韩家墅、桃花寺、刘园和第三道工事后。三是招募义和团和当地青年勇士3000人为义兵，守卫二、三道工事。上述计策均被采纳实施，有效地阻挡了联军北上犯京的步伐。

7月30日，日军4000人到穆家庄挑衅，被驻守南仓的武卫左军分统领郭殿邦部痛击。31日，日军千余人到宜兴埠试图北进，受水阻隔，清军火炮、水雷发威，日军死伤数十人。后英传教士宝复礼选派两名中国教徒刺探军情，得逞，并将情报绘图印发联军各指挥官。

北仓之战时期的北仓村

8月3日，联军调遣总兵力18300人、大炮70门。4日下午，美、英军沿北运河西岸，俄、法、奥军沿东岸北进，德、意军为后备队。是日夜，日军冒雨出动，潜于高粱地。5日凌晨3时，双方大炮对轰。驻守唐家湾阵地构筑工事后的清军在武卫前军统领周鼎臣带领下与日军激战。后日军转向西侧练军阵地，练军3000余人拼死迎战，持续数小时。8时，英军将“列低炮”拉到西沽炮台，并于9时向桃花寺清军大营发射，营内人员及周围数十百姓皆亡。后清军虽将两枚“列低炮”炸毁，但终因寡不敌众，韩家墅兵营和桃花寺兵营相继撤退，前军统领蒋遇春奉命断后。15时后，联军陆续到达北仓，英军从北仓廒制高点向村内炮击。17时，蒋遇春阵亡，部下多名战死。联军进入北仓，在村内烧杀抢夺，村民死伤无数，周围村庄大火彻夜不息。8月6日，八国联军北进，直入北京。

北仓之战，共持续14个小时，联军死伤384人，清军死伤数倍于联军。曾经参加过此次战役的八国联军官兵、随行记者在后来的回忆录中对中国军队的周密部署、人民的英勇战斗和军队的从容撤退给予高度评价。日本佐原笃介说："此次战事，华军枪械皆属新式。至于杨村、北仓等处，布置周密，诚出于列国意料之外"。

十一　英烈先贤

赵之符（1625—1686）　字尔合，号怡斋。清顺治十六年（1659年）中进士，官至左佥都御史。长论辩、擅诗文，著有《赵佥宪奏疏二卷》《怡斋文集》。赵之符为官20载，在朝为康熙皇帝当谏官13年，奉公无私，为民请命，被誉为"魏征式的人物"。清大学士王熙誉其为"直亮婉至无愧古人"，"以直声著天下"。

吴士俊（1800—1883）　字傅俨。祖父名圻，岁贡生；父名彰，举人，官训导。清道光五年（1825年）举人，道光十三年（1833年）进士。以知县发任湖南历宰、黔阳、辰溪、清泉、零陵、权知、茶陵、武冈等州，长沙、宝庆等府，迁郴州、直隶知州。道光二十六年（1846年）谢病归里。咸丰三年（1853年）因办团练有功赏加知府衔。士俊自幼笃静好学，曾因过度用功而致疾。卸职家居30载，未曾一日辍书不读。受乡人之聘，主讲过辅仁书院，而生平精力尤萃于所著《易学溯源》一书。道光三十年（1850年），手稿积至2700页，凡义所未达便悉加修改，直到病逝前数日才定稿。其治学"尊郑垄摈王，不以理气废象数。遐稽博采，以求伸其说，惴惴焉，惟恐汉学之坠地也"。士俊出入百家，著作等身。举凡经籍版本、文字形声、申明、训诂以及数、理、化等自然科学，无不积极探索，既有师承，又有独到见解。除《易学溯源》24卷外，还著有《字学汇考》等。享年84岁，附祀盐政文谦专祠。事载（光绪）《湖南通志·名宦》、《重修天津府志·人物》等。

赵野（清中期）　原名梦庚，字尧春，号雪萝。天津著名金石篆刻家兼诗人。年轻时与天津县梅成栋、杨霞等交谊深厚。为诗异趣横生，时有妙想。尤工篆刻，有"汉印秦章信手雕，尹儿湾上构松寮"之誉，时人以得其作品为快。著有草木名印谱《诸叶集》、诗作《天籁集》等。

张兆祥（1852—1908）　字和庵。师从津门画家孟毓梓（字绣村）。他擅长写生，其花鸟、人物、山水画作自成一派。其花鸟画多有富贵祥和之气，雅俗共赏；其书法作品字体端正，具汉隶风韵。所画工笔画《三秋图》，为其早期代表作。张兆祥卒于清光绪三十四年（1908年）正月二十九日。天津艺术博物馆藏有其《泥地设色折枝花册》；天津图书馆藏有其《百花诗笺谱》《石榴花》《牡丹图》等作品。

孙洪伊（1873—1936）　原名孙洪仪，清光绪三十四年（1908年），因犯宣统溥仪讳，改仪为伊，字伯兰。著名社会活动家，曾独资创办北仓蒙养小学堂，立北仓民立第十高级小学堂，与天津社会活动人士温世霖合办普育女学，与妹夫罗云章创设电报学堂。孙洪伊是孙中山的追随者与战友，曾当选众议院议员，担任孙中山护法军政府内政总长、南京政府国难会议委员等职务，是共产党人早期朋友，与李大钊关系密切，为促成第一次国共合作做出了贡献。

孙洪伊

孙云（1875—1955）　女，以诗画见长，先后出版诗集《梦仙诗稿》《梦仙诗稿续集》。

蓝云（1916—1992）　30年代末即享誉印坛，作品屡得齐白石等名家赞许。其作品曾参加全国第一届书法展，《天津日报》誉之为"不愧是天津印坛上的一颗巨星，祖国篆刻艺术瑰宝中的一棵奇葩"。许多书画大家印章出于其手。系中国书法家协会和天津书法家协会会员、海河印社顾问、内蒙古"北疆印社"顾问。

杨连弟（1919—1952）　中共党员，烈士，中国人民志愿军一级战斗英雄。民国38年（1949年）2月，参加中国人民解放军铁道兵部队。在修复陇海铁路8号高桥时，杨连弟机智勇敢地攀上40多米高的桥墩，提前完成修桥任务，荣获“登高英雄”的称号。1950年9月，他出席全国战斗英雄、劳动模范代表会议。10月，杨连弟参加中国人民志愿军，在铁道兵团第1师第1团第1连任副连长。在连续抢修铁路和桥梁中英勇无畏，8次立功受奖。1952年5月15日，杨连弟在清川江大桥指挥连队架桥时，被敌机投下的定时炸弹弹片击中头部，光荣牺牲，时年33岁。志愿军领导机关追认他为特等功臣，一级英雄；朝鲜民主主义人民共和国追认他为“共和国英雄”，授予金星奖章和一级国旗勋章。

1950年，杨连弟（后排右五）受毛主席接见并合影

十二 历任党政负责人

1949年6月，建立中共北仓村支部委员会。1974年为北仓村党总支。至2016年，共有9人次当选为村党组织书记。中华人民共和国成立后，北仓村在不同时期先后成立村公所、生产大队和村民委员会。至2016年，先后有8人次当选为村政负责人。

1949—2016年北仓村党组织负责人任职情况表

表3

党组织名称	姓名	性别	职务	任职时间
党支部	许振声	男	书记	1949—1953
	郭金善	男	书记	1953—1957
	董英儒	男	书记	1957—1960
	郭金善	男	书记	1961—1964
	许振声	男	书记	1965—1966
	杨宝华	男	书记	1966—1974
党总支	高继海	男	书记	1974—1997
	郭金才	男	书记	1997—2003
	黄洪生	男	书记	2003—

1953—2016年北仓村村政机构负责人任职情况表

表4

村政机构名称	姓名	性别	职务	任职时间
村公所	黄仓庆	男	村长	1953—1956
	赵文斌	男	村长	1956—1957
生产大队	赵文斌	男	大队长	1957—1966
	郭志明	男	大队长	1966—1974
	郭金才	男	大队长	1974—1983
村民委员会	郭金才	男	主任	1983—1986
	郭志明	男	主任	1986—1987
	宋德明	男	主任	1987—2005
	黄洪生	男	主任	2005—

十三　荣誉

1949—2016年，北仓村共获市局级及以上集体、个人荣誉各8次。

1949—2016年北仓村获市局级及以上集体荣誉表

表5

授予时间	获奖单位	荣誉名称	授予部门
1991	天华金属粉末厂	先进企业	市人民政府
1996	北仓村党总支	天津市红旗党组织	市委农工委
1996	北仓村党总支	红旗党总支	天津市委
2000	北仓村党总支	天津市红旗党组织	市委农工委
2000	北仓村党总支	红旗党总支	天津市委
2009	北仓村	第二次经济普查先进集体	市经济普查领导小组
2010	北仓村团组织	天津市“五四”红旗团组织	共青团天津市委
2011	北仓村	2009—2011年度市级文明村	天津市文明办

1949—2016年北仓村获市局级及以上先进个人荣誉表

表6

授予时间	姓名	荣誉称号	授予部门
1949	杨连弟	登高英雄	铁道兵机关
2009		全国“双百”人物提名	中央宣传部等
2009		天津市首届“海河骄子”	天津市委宣传部等
1984	陈文芹	五好家庭	天津市妇联
1984	杨学兰	五好家庭	天津市妇联
1997	黄新华	“九五”立功先进个人	天津市总工会
2000		1999年度95立功先进个人	天津市总工会
2007	黄洪生	天津市劳动模范	市人民政府

桃口村

桃口村位于北辰区中部，地处北运河右岸。东南邻王秦庄，西北邻屈店村，南靠京宝工业园区，东北隔北运河与李嘴村相望。村呈弯月形，占地面积4.23万平方米。2015年，该村户籍人口431人，长期固定资产2万元，集体经济总收入249万元。

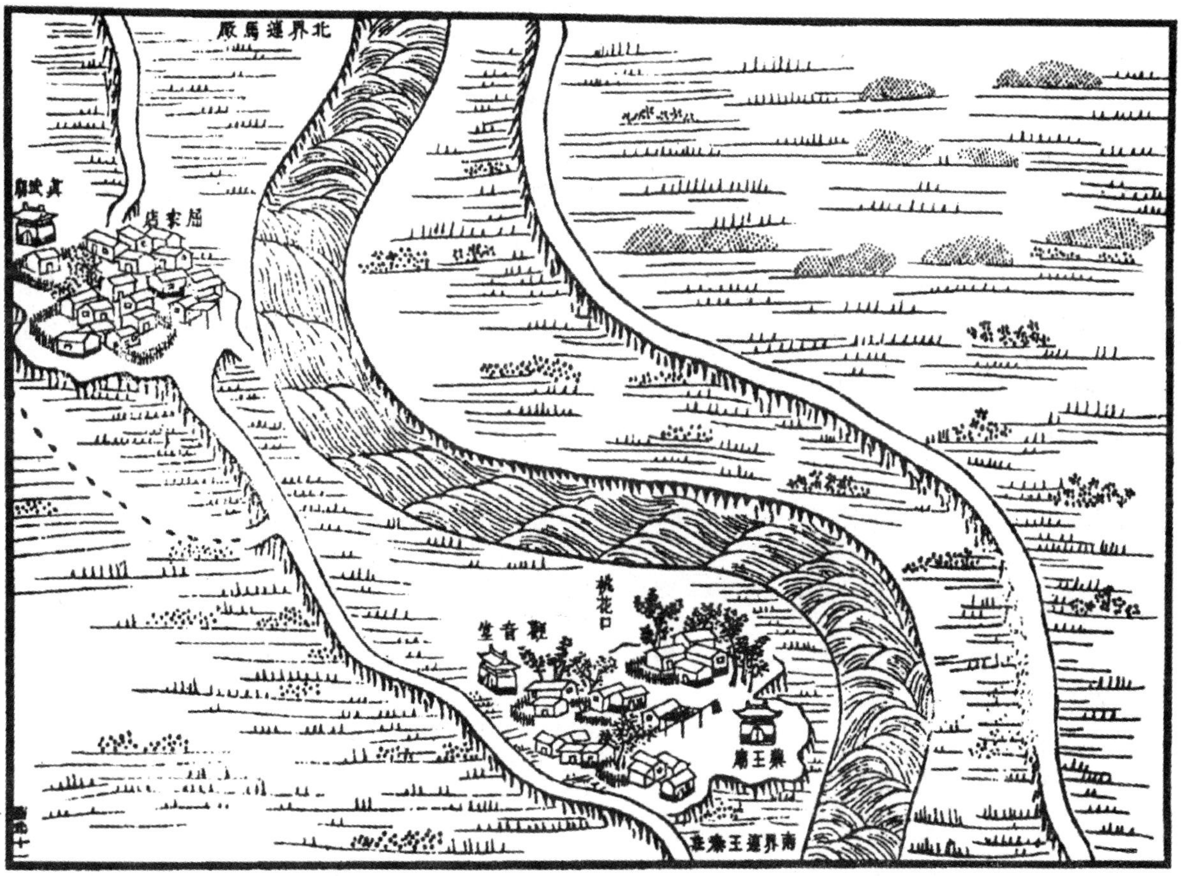

清道光二十六年(1846年)《津门保甲图说》中的桃花口(桃口)村

一　村庄沿革

元忽必烈问鼎中原，定都大都（北京），为加强军政信息传递，遂在京津之间建立驿站，即桃花口驿铺。其后逐渐成村，又因地处北运河河口，又广植桃树，故名“桃花口”，后简称“桃口”。清初，因康熙曾在此登岸赏桃花而名噪一时。

据清道光二十六年（1846年）《津门保甲图说》载：“桃花口在河道之间，堤在河外。其上村曰屈家店。图内庙三，村二，南界马厂”。桃花口南界连王秦庄，村南有药王庙，此庙正名朝阳寺，建于清康熙年间，庙中供奉着药王孙思邈和华佗，两层大殿，前殿有药王和华佗像，后殿为送子观音，主持僧姓尹。

元代桃花口设驿铺，与杨村同为河西务驿站所辖。明末海防军事繁多，桃花口改归杨柳青总铺管辖。清雍正年间（1723—1735年），划武清、静海数百村庄建立天津府，后桃花口驿铺划归天津县。清乾隆元年（1736年），西沽巡检辖桃口。光绪三十一年（1905年），天津县北乡十八区辖桃口。1949年3月，隶属天津县八区。1953年7月，王秦庄乡辖桃口等4个村。1958年10月起，隶属红桥区幸福人民公社。1963年3月，归李嘴公社管辖。1974年10月，隶属北仓公社；1983年3月，隶属北仓乡；1986年12月后，隶属北仓镇。

二　道路河流

道路　至2016年，村周边有2条公路，一条为津保高速公路，1998年6月开工，1999年6月竣工。2003年修建辅道。另一条为津永公路，由千里堤至河北省永清县。清代为土质路面驿道，后改为炉渣石灰路，1964年建成沥青路面。

河流　至2016年，流经村域的主要河流有2条，一条为北运河，另一条为外环河。

三　人口方言

人口　据清道光二十六年（1846年）《津门保甲图说》载，村庄时“铺户八户、烟户二十四户、应役三户、庸作五十八户、负贩一十七户、僧道二户，共一百一十二户（大口二百七十八口、小口一百六十八口）。”据《典籍中的北辰》载，民国23年（1934年），桃口村有23户155人。中华人民共和国成立后，该村人口不断增加。据统计资料载，1962年，有48户206人；1980年，有86户396人；2000年，有150户421人；2016年，有141户440人。

民族　据《天津市北辰区地名志》记载：至1995年，该村村民均为汉族。至2016年，该村村民亦为汉族。

姓氏　2016年，按村中各户户主进行统计，全村有12个姓氏，主要姓氏有张、刘、秦、杨、赵、乔、徐。

部分姓氏字辈排序如下：

刘姓：兴、德、文、仲、新、万、古、勇、长、存。

张姓：文、学、焕、国。

秦姓：富、得、少、学。

乔姓：有、福、凤、建。

杨姓：起、发、建、志。

方言　桃口村基本属于津北（北辰、武清）方言片，是天津方言中的一部分。它与天津方言大致相同，但发音不同于天津话阴平音的低平声调，也没有过重的齿音字。

四　耕地状况

1965年，耕地面积422亩。据桃口村上报村情调查资料表明：1978年，该村耕地面积约为350亩，其耕地整体四至为：东邻北运河，南面和西面被王秦庄村耕地包围，北面接李嘴村耕地。

1999年修津保高速延长线，2001年实施北运河改造，2009年建津保公路绿化带及2012年示范镇建设都占用该村一些耕地。2015年，该村有耕地305亩。

1978年桃口村所属耕地地块情况表

表1　　　　　　　　　　　　　　　　　　　　　　　　面积：亩

地块名称	位置	面积	地块名称	位置	面积
东门口	村西近双口	150	韩记坟	村西南	50
园田	村西	50	曹老坟地	村西南	24
大地	村西	20	魏记坟	村西南	24
堤外园田	村南	20	合计		350
徐坟、张坟	村西	12			

1978年桃口村所属耕地地块示意图

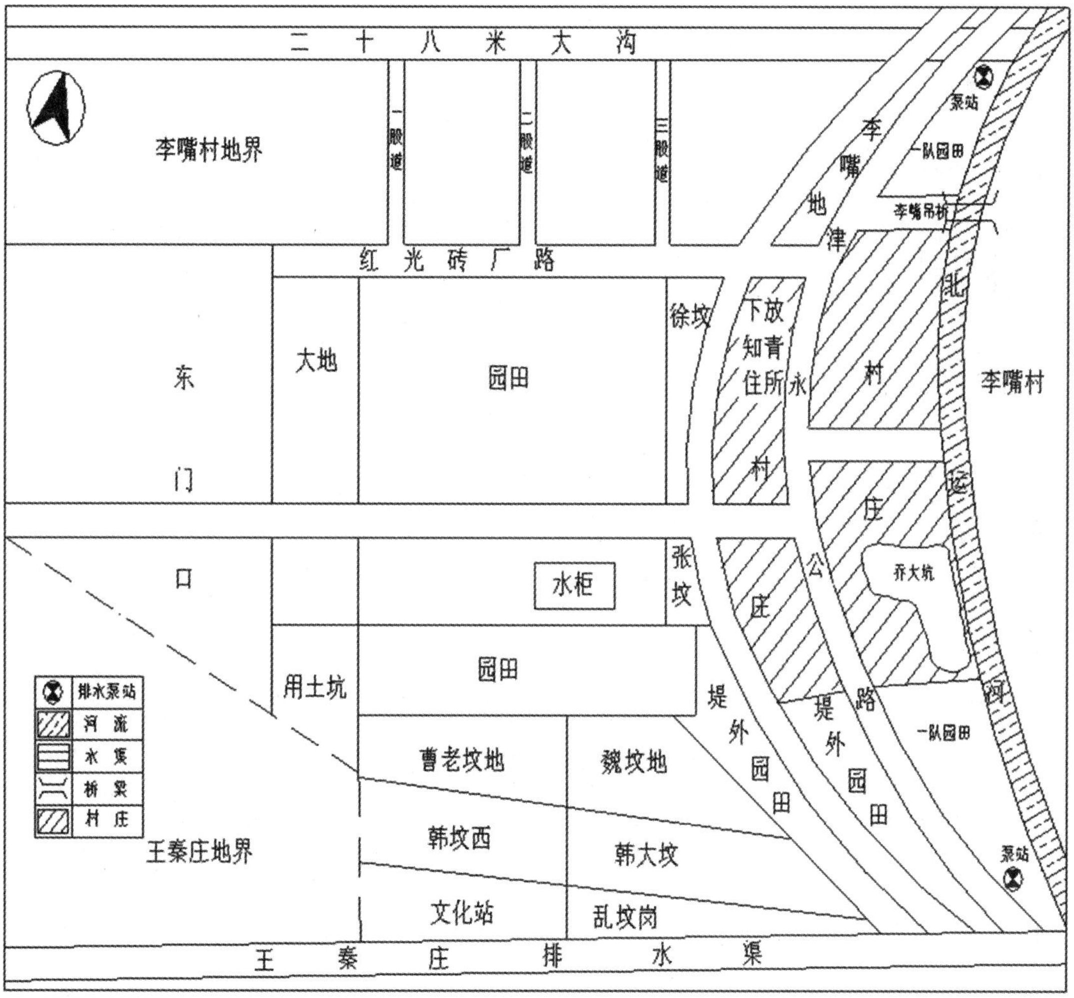

（2016年绘制）

五　街道胡同

20世纪70年代前，街道胡同路面多为土路和炉灰路，一到雨季则泥泞不堪。进入80年代后，随着村经济的发展，实施村庄道路的改造，至2000年，该村全部铺设了沥青、水泥或彩砖的路面，并安装了路灯。2007年，翻修一条面积7000多平方米的村中道路连通京宝工业园公路和津永公路。2015年，村内有南北街2条，东西街3条。

2005年桃口村主要街道胡同情况表

表2

修筑年份	街道名称	位置	长度（米）	走向
1966年	津永公路	穿村而过	600	南北
1999年	运河小公路	沿北运河	500	南北
1999年	桃口大街	从津永公路至运河小公路	100	东西
1999年	吊桥路	从津永公路至吊桥	40	东西
2005年	红光砖厂路	从津永公路至王秦庄	800	东西

2005年桃口村街道胡同及公共设施示意图

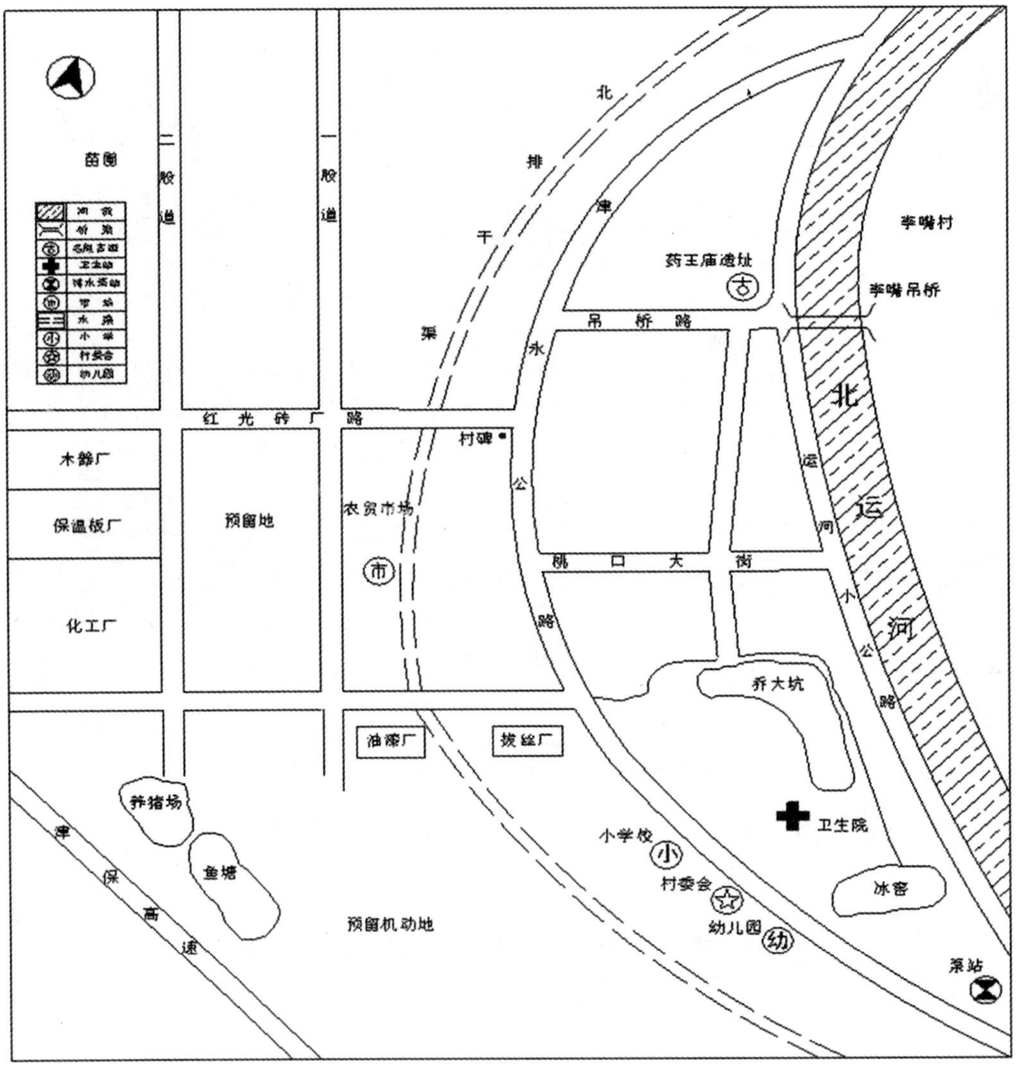

（2016年绘制）

六　旧村改造

2012年1月，启动示范镇建设工作。2015年年末，拆迁129户，余10户，拆迁工作基本完成。还迁房建设项目，于2012年在村原址开工；2016年年底，工程仍在施工建设中。

桃口村在建的还迁房（2016年摄）

桃口村旧村平房（2012年摄）

七　公共设施

中华人民共和国成立前，桃口村公共设施甚少。1971年，在桃口村村东南建李嘴公社卫生院，占地1079平方米，建筑面积240平方米；1974年10月，更名为北仓公社卫生院。2001年，迁至王秦庄村。2007年，用余土把一条穿村的臭水沟垫平，后又筹资156万元在该村曾堆积已久的垃圾死角上建占地面积1800平方米的集贸市场。至2015年，村主要公共设施有幼儿园、卫生所、村委会、代销店、农贸市场等。

八　经济概况

该村经济自古以农业为主。20世纪50年代中期，曾种植棉花。其后至21世纪初，村中种植业以粮食、蔬菜为主；养殖业以生猪为主。

1979年，大队创办桃口轧胶厂。是年，该村经济纯收入2.7万元。90年代有企业7家。1995年，村工业产值1040万元。1999年，津保公路延长线通车后，该村建有津保饭店、大众饭店、四海饭店等。2000年，全村固定资产原值632万元。

该村建有工业小区。2002年，该工业小区引进意利达家具有限公司，注册资金100万元。2011年，该公司“意利达”商标成为天津市著名商标。2012年4月，该公司迁走。

2010年，该村建成占地150亩、投资8000万元、建筑面积2.1万平方米的融龙物流项目，随后华宇物流、通程物流、加油站和综合服务楼等正式营业。同时，利用村21亩闲置土地，兴建1.5万平方米集餐饮、住宿、娱乐为一体的多功能快捷酒店。2015年，该村集体经济总收入249万元。

桃口村桃花红秧歌队成员合影（2002年摄）

九　民间文化

桃口村是域内见诸历史文献最早的村，元代就有“昨日临清卖苇回，今日贩鱼桃花口”的诗句。明、清两代，桃口村桃树成林，是远近闻名的漕运码头，也是津门著名的赏春之地，历代文人墨

2001年4月，桃口村出土的的清代文物

客在此留下了诸多诗词，如明代成始终的《发桃花口直沽舟中述怀》，清代查为仁、康尧衢、田需、管干珍等诗人赞美桃花口的诗文。

2001年4月，在北运河综合治理工程中，施工人员在桃口村东河边发现一口古井，井中出土若干清早期文物，其中包括龙头状屋脊飞檐。井旁出土一通石碑：碑身长2.65米、宽0.95米、厚0.3米，上部断裂，另有碑座。

2001年，该村组建桃花红秧歌队，村民踊跃参加，丰富了村民的业余生活。

十　历任党政负责人

1962年，该村建立党支部。至2016年，共有16人次当选为村党支部书记。中华人民共和国成立后，桃口村在不同时期先后成立村公所、生产大队和村民委员会。至2016年，先后有13人次当选为村政负责人。

1962—2016年桃口村党组织负责人任职情况表

表3

党组织名称	姓名	性别	职务	任职时间
党支部	徐文义	男	书记	1962—1972
	刘新元	男	书记	1972—1976
	张金明	男	书记	1976—1978
	徐文义	男	书记	1978—1981
	刘新元	男	书记	1981—1983
	徐文义	男	书记	1983—1986
	张金友	男	书记	1986—1989
	秦少田	男	书记	1989—1991
	刘新元	男	书记	1991—1994
	秦学宝	男	书记	1994—1996
	秦少田	男	书记	1996—1999
	刘万良	男	书记	1999—2004
	秦学军	男	书记	2004—2006
	徐春光	男	书记	2006—2008
	赵景生	男	书记	2008—2015
	秦学宝	男	书记	2015—

1949—2016年桃口村村政机构负责人任职情况表

表4

村政机构名称	姓名	性别	职务	任职时间
村公所	赵玉中	男	村长	1949—1956
	乔福恩	男	村长	1956—1957
生产大队	乔福恩	男	大队长	1957—1964
	张焕发	男	大队长	1964—1976
	张金友	男	大队长	1976—1983
村民委员会	张金友	男	主任	1983—1987
	乔玉宝	男	主任	1987—1991
	杨发财	男	主任	1991—1995
	马　珍	男	主任	1995—1999
	刘万良	男	主任	1999—2006
	徐春光	男	主任	2006—2008
	赵景生	男	主任	2008—2015
	秦学宝	男	主任	2015—

十一　荣誉

1950—2016年，桃口村共获市局级以上集体荣誉1次，即2008年，被市卫生局评为“市级卫生村”。1950—2016年，共获市局级及以上个人荣誉2人次。

1950—2016年桃口村获市局级及以上先进个人荣誉表

表5

授予时间	姓名	荣誉名称	授予部门
2009	赵景生	天津市五一劳动奖章先进个人	天津市总工会
2011		天津市劳动模范	市人民政府

王秦庄村

王秦庄村位于北辰区中部，北运河右岸，南曹联络线西侧。东与董新房村接壤，西与桃口村为邻，南临韩家墅，北隔北运河与李嘴村、周庄村相望。老村呈东西长方形，占地面积25.33万平方米；20世纪80年代始，在村东及津保公路两侧建新村小区；90年代，人均住房面积18平方米。2015年，该村户籍人口4053人，长期固定资产1099万元，农村经济总收入1272万元。

王秦庄村村委会　　（2016年摄）

一　村庄沿革

明永乐年间(1403—1424年)，始有王、秦二姓在此居住，故取名王秦庄。后一度因村中黄姓家族兴旺，曾称黄秦庄和黄庄子。中华人民共和国成立后称王秦庄。

据清道光二十六年(1846年)《津门保甲图说》所载：“王秦庄南界与董家新房相连，大道穿村而过。其对河曰大周庄、小周庄、李家嘴，堤在村外，北界桃花口。”

清乾隆元年(1736年)，西沽巡检辖王秦庄村。光绪三十一年(1905年)，天津县北乡十八区辖王秦庄。1949年3月，隶属天津县八区。1953年7月，建王秦庄乡，王秦庄村成为乡政府所在地。1958年10月起，隶属红桥区幸福人民公社。1963年3月，划归北郊区李嘴公社管辖。1974年10月，归属北仓公社；1983年3月，隶属北仓乡。1986年12月后，隶属北仓镇。

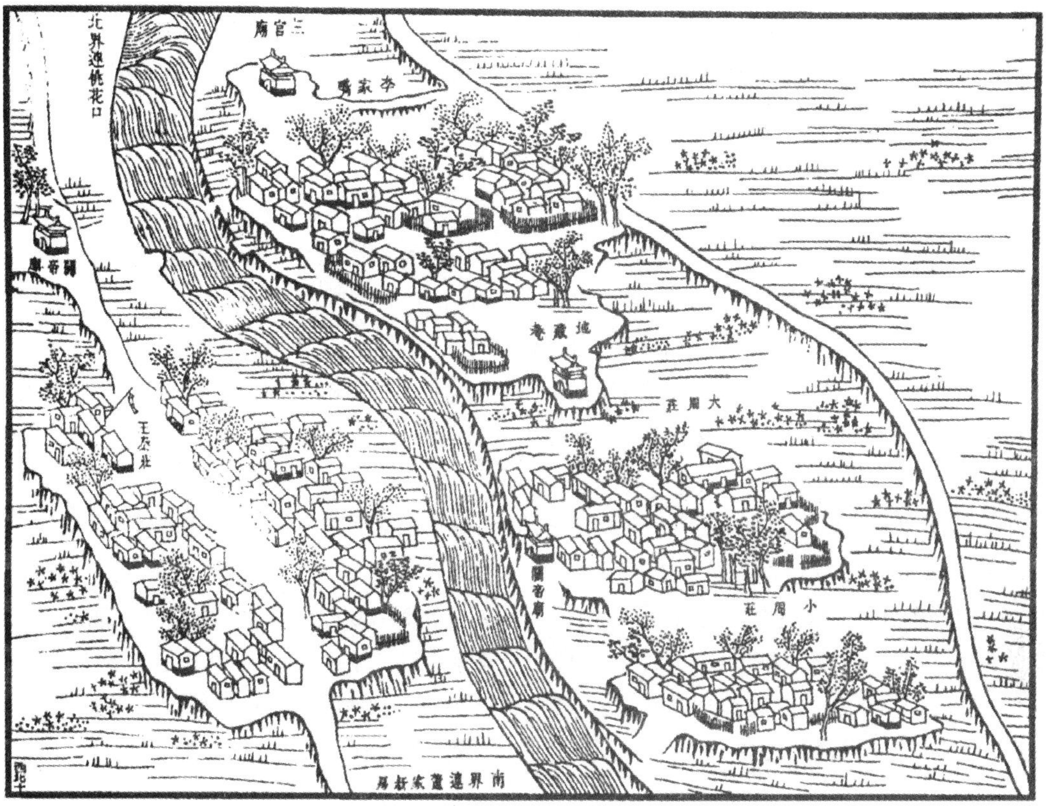

清道光二十六年(1846年)《津门保甲图说》中的王秦庄村

二　道路河流

道路　至2016年，村周边有3条公路。其中高速公路1条，为津保高速公路；省道2条，一条为外环线，另一条为津永公路。

河流　至2016年，流经村周边的主要河流有3条，分别为北运河、外环河、永青渠。

沟渠　该村水资源丰富，但时常发生洪涝灾害。20世纪60年代后期，村组织社员大搞农田基本建设，挖沟渠、建泵站、修水柜，水利设施逐渐完善。王秦庄中排干渠于1970年开挖，1975年修

王秦庄中排干渠
(2016年摄)

王秦庄排干渠
(2016年摄)

成。其连接北运河与永青渠，渠上建有拱形桥1座，涵闸4处，涵洞4处，泵站4座。王秦庄、董新房、桃花寺3个村的农田受益总面积333公顷。

三 人口方言

人口 据清道光二十六年（1846年）《津门保甲图说》所载，村庄时“绅衿十户、铺户九十四户、烟户二百四十八户、应役二户、庸作二百八十三户、负贩一十一户、医卜二户、船户八十四户、乞丐四户，共七百三十八户（大口二千二百八十七口，小口一千四百八十六口）。”据《典籍中的北辰》载，民国23年（1934年），王秦庄村有560户3002人。中华人民共和国成立后，据统计资料载，1962年，该村有579户2460人；1980年，有773户3355人；2000年，有1098户3530人；2016年，有1554户4180人。

民族 据《天津市北辰区地名志》记载，至1995年，该村村民均为汉族。至2016年，该村村民有汉族、回族、满族3个民族。

姓氏 2016年，全村共有47个姓氏，其中宋、曹、韩、王、李、杨为村中大姓。

辈分 曹姓是村中大姓，家族辈分按元、清、克、永（振）、德（大）、承、家、广，祥、宗、裕、国、恒，邦、冒、思、学、富，正、达、在、云、兴25字循环排辈分，其中“永”和“振”、“德”和“大”同为一个辈分，实则23辈。如名人曹克忠、曹德兆等。

王姓：按存、艳、林、家、安、孝、友、成、荣、世、永、云、春13个字序排辈分。

李姓：按永、振、玉、世、树、宝、学、宗、耀、光、锺、敬、翰、书14个字序排辈分。

宋姓：按平、永、清、林、宝，洪、学、安、孝、廉十个字序排辈分。

韩姓：按单字、金、如、宝、继、增、文等字排序辈分。

方言 该村基本属于津北（北辰、武清）方言片，是天津方言中的一部分。它与天津方言大致相同，但发音不同于天津话阴平音的低平声调，也没有过重的齿音字。

四 耕地状况

1965年，耕地面积7433亩。据王秦庄村上报村情调查资料表明：1978年耕地面积为5550亩。其耕地四至为：东与董新房相连，西面耕地与双口、青光接壤，村北邻北运河，河对岸是李嘴村，南面耕地接韩家墅。20世纪80年代后期，建外环果园，占一耕区耕地1300亩，但仍属农业用地。1991年，老园田改建圣罗衬衣厂，占部分耕地。1996年，在村东修南曹铁路和王秦庄车站，占二耕区耕地150亩。1999年，修津保高速公路，占老园田及五七干校耕地120亩。2001年，在王秦庄开辟京宝工业园区，占三耕区耕地1170亩。2011年，辟建“双青新家园”，又占部分耕地。至2015年，村中耕地不足3000亩。

1978年王秦庄村耕地地块情况表

表1　　　　面积：亩

地块名称	位置	面积	地块名称	位置	面积
一耕区	村南	1100	建南	村南	200
二耕区	村南	1000	小苗圃	村南	100
三耕区	村西近永青渠	1600	十三亩	村南	100
老园田	村南	500	自留地	村南	100
五七干校	村南	400	六段	一耕区南	50
条田	村南	400	合计		5550

1978年王秦庄村耕地地块示意图

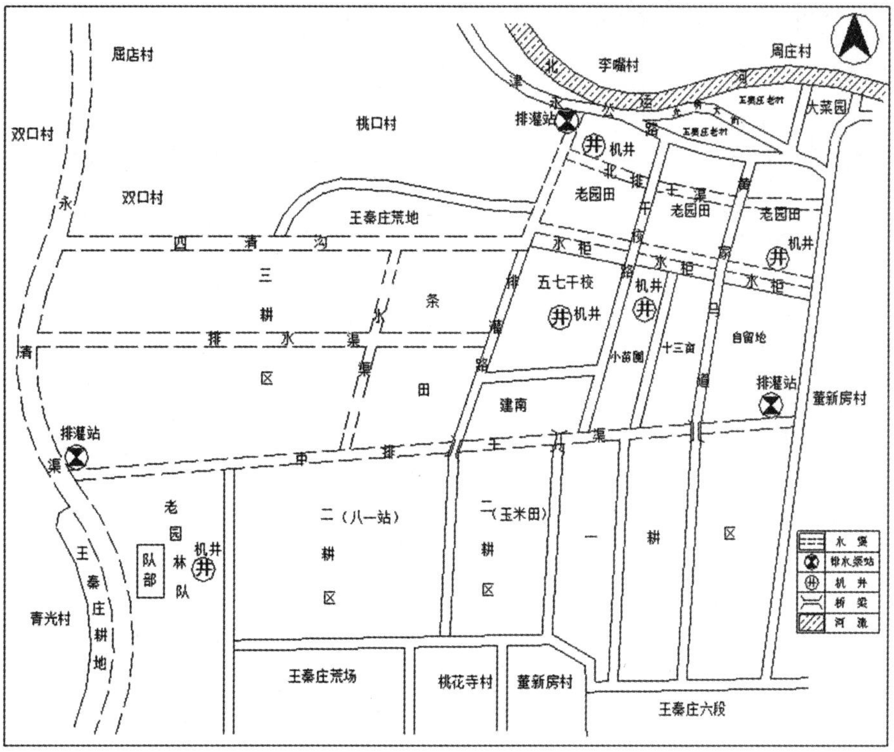

（2016年绘制）

五　街道胡同

20世纪70年代前，村内的街道胡同路面多为土路和炉灰路，一到雨季则泥泞不堪。进入80年代后，随着村经济的发展，实施村庄道路的改造，至2000年，该村全部铺设了沥青或彩砖路面，并安装了路灯。

新村小区平房
（2016年摄）

自80年代始，在村东及津保公路两侧陆续建设了菜园新村小区（共9排）、运河小区（共16排）、新村小区（分12排），村民住房条件得到改善。90年代，人均住房面积达18平方米。1995年，王秦庄村建住宅楼26栋，建筑面积3010平方米。1999—2001年，建小二楼20栋；2004—2006年，建商贸二楼。

2000年王秦庄村街道胡同情况表

表2

修筑年份	街道胡同名称	走向	位置	长度（米）
1966	津永公路	东西	村东至村西（村中路段）	1300
1973	干校路	南北	津永公路至中排干渠	1300
1988	黄家马路	南北	津永公路至中排干渠	1000
1988	生产胡同	南北	光明大街北	10
1988	劳动胡同	南北	光明大街北	40
1988	乔家胡同	南北	光明大街北	100
1988	吕家胡同	南北	光明大街北	123

续表

修筑年份	街道胡同名称	走向	位置	长度（米）
1988	李家胡同	南北	津永公路北	70
1988	建设胡同	南北	津永公路北	80
1988	曹家胡同	南北	津永公公路北	100
1988	秦家胡同	南北	北起光明大街南至津永公路	100
1988	韩家胡同	南北	北起光明大街南至津永公路	100
1988	李小铺胡同	南北	北起光明大街南至津永公路	100
1988	抬埋会胡同	南北	北起光明大街南至津永公路	100
1988	公所胡同	南北	北起光明大街南至津永公路	80
1988	十字街胡同	南北	北起光明大街南至津永公路	180
1988	冯家胡同	南北	北起光明大街南至津永公路	50
1988	供销社胡同	南北	北起光明大街南至津永公路	50
1988	小学校胡同	南北	北起光明大街南至津永公路	40
1988	王家胡同	南北	北起光明大街南至津永公路	20
1988	宋家胡同	南北	北起光明大街南至津永公路	20
2000	排灌路	南北	津永公路至中排干渠	2000

2000年王秦庄村街道胡同及公共设施示意图

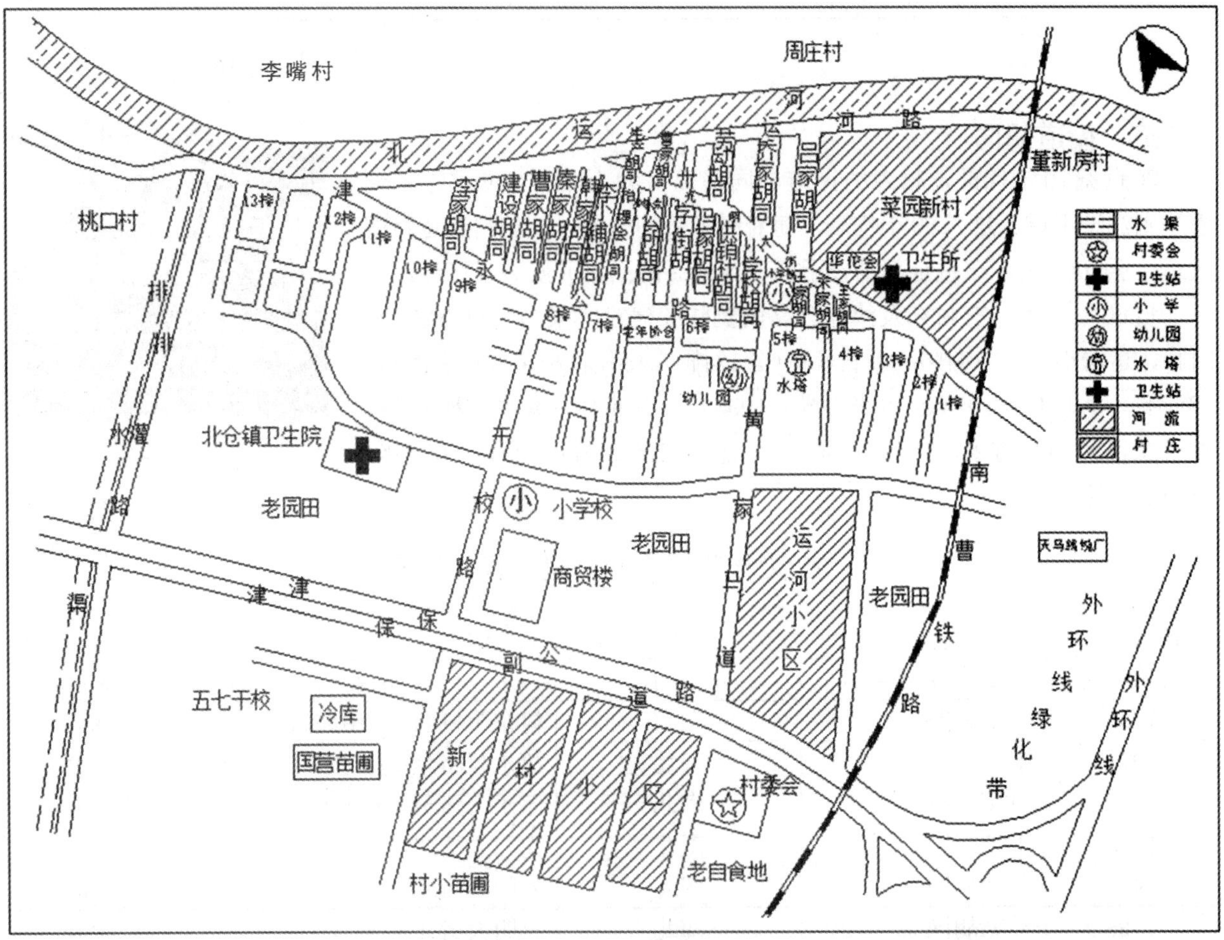

（2016年绘制）

六　公共设施

80—90年代，村内建有百货店、副食店、粮店、煤厂等商业网点，有小学校、村卫生所、镇卫生院及高跷会、少林功力拳等文体活动会所及水塔、广播塔等公共设施。

清光绪三十四年(1908年)关帝庙内建立的王秦庄小学堂

王秦庄小学前身为清光绪三十四年(1908年)，由孙洪伊、黄金祥出资兴办的王秦庄民立二十八初等小学堂，经费330两。后因学校经费困难停办。民国19年(1930年)，由黄金祥个人出资兴办私立第五十黄氏小学校。日军侵华时期一度停办。民国29年(1940年)，经村民推荐由返乡知识分子徐熙良接办，自定义务职。徐经与在外的亲友募捐维持教师工资和办学经费。民国35年(1946年)，借到张姓两处宅改做教室，聘请市内名师徐洪信和进步人士到校任教，学校规模扩大，随即为王秦庄完全小学，渐成为该地区影响较大的学校，远近20里外的青少年到此就读五、六年级。1954年，国家投资建新校，占地4784平方米，建筑面积1770平方米。

北仓镇医院　　(2008年摄)

2000年，村委会无偿拨出20亩土地，由北辰区教育局投资建设新校。学校位于王秦庄村南，占地面积15887平方米，建筑面积4262平方米，三层砖混楼房校舍。

1999年，王秦庄村委会划拨土地10余亩，由北辰区卫生局投资建北仓镇卫生院。

七　经济概况

农业　1990年，该村粮食播种面积2300亩，总产量790吨，位居全镇各村之首。蔬菜播种面积1651亩，产量6495吨，为全镇产量最多的村。1991年，油料播种面积450亩，产量50吨，为镇内各村之最。2000年，粮食播种面积1530亩，产量193吨；蔬菜播种面积1610亩，产量5527吨；油料播种面积240亩，产量30吨，继续位居镇内各村首位。2015年，粮食播种面积600亩，产量360吨；蔬菜播种面积1570亩，产量4650吨。果树栽植面积435亩，水果产量488吨。

1999年6月，该村投资120万元，建设联兴蔬菜示范园，占地200亩。至2000年春，建成单体面积0.7亩的日光温室大棚42个，打深井1眼，修建暗管防渗渠道长2200米。90年代末始，逐步成为设施农业示范园。

王秦庄大棚蔬菜示范园　　(2000年摄)

1966年始，村里成立农机站，负责人先后有李学生、宋凤桐、张德春、李宝丰等，开始添置小型手扶拖拉机。1969年，市委工作队帮助购置75型拖拉机一台，之后村组装55型履带式拖拉机一台。至70年代末，村内有75型拖拉机4台、55型2台、20型2台，手扶拖拉机10余台，基本实现了村内6000亩农田机耕、机耙、机压，一半农田实现了机种。

70年代初，王秦庄村成立农业科技站。1972年，王秦庄科技队培育出玉米杂交新品种“群丹105”“京黄113”，在全公社推广。

70年代初，在村南永青渠东侧，种植苹果、梨、桃、葡萄等面积200余亩。1979年，种植面积170亩，其中苹果产量3.58吨、梨产量5.18吨，1987年，建外环线（外侧）绿化带，果园面积扩大到1000余亩，以苹果为主，其次为桃，设施先进，年产果品1500吨以上。

2009年，该村成立天津市旺勤食用菌种植专业合作社，为市级合作社，注册“旺勤合作社”商标。近年改为种植蔬菜，被认定为“无公害蔬菜”。2014年11月，注册成立果美丰农作物种植专业合作社联合社，为区级合作社。2015年，蔬菜种植面积340亩，产量280吨。

养殖业　1962年后，该村建起养猪场，存栏100余头。1990年，有大牲畜190头（匹），生猪出栏1517头，占全镇各村第一位。实现农业总产值145.6万元，创镇内各村最高纪录。1998年，该村饲养肉鸡，年出栏2000多只。2000年，生猪出栏1690头，出栏数占全镇各村首位。2010年，生猪出栏3450头。2015年，该村水产品养殖面积200亩，产量50吨。

工业　1958年6月，王秦庄建立农药厂，后改为自强化工厂。后该村陆续建了几个队办企业，到1979年，有王秦庄肠衣厂、缝纫厂、铸件厂、电机厂等。1991年，该村建圣罗衬衫厂，占地面积1.67万平方米，建筑面积5915平方米，职工400多人；日生产太空棉衬衣3000件。该厂1994年销售收入2000多万元，利润150余万元，1996年停办。

2003年，占用王秦庄村土地建京宝工业区，规划面积77.6万平方米，工业用地面积57万平方米。引进天津市鲁克自动化仪表阀门有限公司、天津市五洲自动化技术有限公司等企业；至2015年，共引进内外资企业52家，其中镇引进11家。2006年，建村工业区占地100亩，引招企业20余家，每年收益二三百万元。

1964年，王秦庄大队总收入27.18万元，人均收入52.13元。2000年，全村固定资产原值2931万元。2010年，农民人均所得8390元。2015年，村集体经济总收入1272万元。

八　民间文化

该村注重传承非物质文化遗产。至2016年，有2个项目被列入市级非物质文化遗产名录。

王秦庄同议高跷会队员合影（2013年摄）

王秦庄同议高跷会会所（2016年摄）

王秦庄同议高跷会　民国元年（1912年），村内宋宝珍、柴庆祥、高凤林等人聘请上蒲口村刘庆云师傅授艺，建立同议高跷会，意为同商共议。会址在王秦庄村东华佗庙内，四周有围墙，内有厅房5间，宽大的场院是演出的场所。1992年5月，在古文化街参加表演获优秀奖。1994年，参加“北辰之春·万民同乐”花会表演获一等奖。王秦庄同议高跷会已传承5代：第一代传人柴庆祥（1893—1940），第二代传人赵学义（1915—1984），第三代传人李庆林（1908—2002），第四代传人吕柏林，第五代传人宋洪吉。2009年10月，王秦庄同议高跷会被市政府列入第二批市级非物质文化遗产名录。

王秦庄少林功力拳　2013年10月，王秦庄少林功力拳被列入第三批市级非物质文化遗产名录。王秦庄村有近300年的习武历史，清康熙末年（1720年），村内就曾有刘姓和景姓两家组成的以保镖为主的习武会馆，习武者30余人，曾威震一方。此会馆也成为王大友传习武术的场地。因王大友武功超群，青少年们纷纷拜他为师，并组建了习武组织众英少林会，后改名众婴少练会。少林功力拳被定为习武者必学的课程，逐渐形成了以会养拳、以拳促会的格局。

至2016年，王秦庄少林功力拳传承八代：第一代传承人王大友（1793－1864）；第二代传承人鲍春元（1817－1898）、邵文（1818－1896）、陈启（1819－1894）、李永毅（1820－1899）；第三代传承人吕国文（1877－1924）、杨禄（1897－1981）；第四代传承人吕振玉（1902－1972）、曹振坤（1903－1984）；第五代传承人曹永绵（1928－1992）、曹承贵（1935－1998）；第六代传承人李庆平（1934－2011）、吕文忠、刘绍和、杨博春；第七代传承人曹家强、赵树理、赵树和；第八代传承人高春亮。

民国7年（1918年），王秦庄村众婴少练会师生合影

众婴少练会会所（2016年摄）

农民剧团 1949年，成立王秦庄文娱剧团；至1953年，先后排演了歌剧《白毛女》《刘胡兰》《牛永贵彩排》等和话剧《杨勇立功》。1956年，配合宣传义务兵制，演出了女声独唱《我送丈夫去应征》，男声小合唱《走！我们报名去应征》。1965年8月，王秦庄组织以团员为主体的农村俱乐部。1975年，农民剧团停止活动。

王秦庄文娱剧团演员合影（1950年摄）

1991年，北仓镇举行第五届歌手大赛后，王秦庄以原剧团演员为骨干成立了星光说唱团。

健身舞蹈队 成立于2008年，有队员30多人，坚持每天组织广场舞蹈及健身体操的训练和教学活动。每年进行教学训练300余场，演出10余场。该队多次参加相关舞蹈比赛，并取得了优异成绩：2011年，获津门秋歌比赛一等奖；2012年，北辰区“三八”妇女节舞蹈大赛一等奖；2013年，北辰区“第九套广播操”大赛一等奖。

健身舞蹈队队员合影（2013年摄）

画家曹德兆 曹德兆是王秦庄村走出去的民间画家，自幼受父辈艺术熏陶，从小就爱好绘画，中央美术学院毕业后，艺术成果累累。他擅长油画、中国画，其作品曾在日本

曹德兆作品《姐妹情》

神户、名古屋、大阪、四日市，韩国及中国香港、澳门、台湾等地区展出，部分作品获奖。中国画《牡丹》获国际水墨画优秀奖。曾五次访日进行文化交流，作品多为其政府和收藏家珍藏。长期的基本功磨炼，使他练就了坚实的造型能力和绘画基础，尤其对绘画的理解和审美情趣的追求，形成了一套不俗的艺术格调和品位。他的人物画，讲究“以神写形”，不求细节的精致，多见笔墨迅疾、简括、松动，造型在似与不似之间，意到为足，画出了不同意境和神韵。出版有《曹德兆水墨人物》画集等。1980年调天津美术家协会，任天津美术家协会主席、天津画院顾问等职。

民间组织　永安水局　清宣统元年（1909年），由黄金祥牵头，添置水机2台，成立水局，取名永安水局。1949年解体。其前身为清朝末年王秦庄曹九杲等人建的“火会”。

抬埋会　清光绪十四年（1888年），王秦庄村民自发组织掩骨会。民国3年（1914年），又成立抬埋会。民国9年(1920年)，在杨家胡同盖房3间，为抬埋会所。民国17年(1928年)，抬埋会翻盖砖瓦房6间，李世江又将村西10亩地捐给抬埋会，作为西义地。

太阳会　民国初年，王秦庄成立“太阳会”，为今治安联防组织，会址在该村“新泰永”胡同坑边。有房3间。中华人民共和国成立后，村建立民兵组织，太阳会解体。

九　英烈先贤

曹克忠（1826—1896）　字荩臣，刘园村人。原姓赵，因家贫幼时过继其舅、王秦庄人曹清顺。清咸丰五年（1855年）投湖北按察使李孟群部为伍，后由兵勇升迁至甘肃兰州、广东水师提督。在王秦庄修过河堤、关帝庙，办过花会。清光绪二十年（1894年），清廷与日本交恶，复受命办天津团练，统津胜营15000人分驻各海口。史馆立传，原籍及“立功”省份建祠。子铁林袭荫。

黄金祥（1866—1942）　字玉堂，下辛庄人，后迁王秦庄。清光绪九年（1883年），逢晚清名将曹克忠募兵遂攀为乡党，投军并被收为侍卫，先后驻防小站、沧州、山海关，累任把总、千总。曾受慈禧“天语褒奖”匾。光绪二十六年（1900年），水、旱、战祸频仍，金祥从南方运粮数万斤赈济难民，得众人“乐善好施”匾。民国元年（1912年），北京“正月十二骚乱”波及津郊，亲赴韩家墅兵营游说慰抚，使沽北免遭变兵劫难，小街至桃花寺沿河21村赠“德必有邻”匾。民国6年（1917年），天津洪灾，又领衔奔走，呈天津县和直隶省民政厅，准在桃花口至凤河东堤修一小埝以挡洪水，得百姓“急公好义”匾。金祥深感学浅之苦，先后捐资兴办王秦庄小学堂、私立第五十小学，直隶省教育厅授“甄陶后进”匾。金祥一生共得匾13块。民国29年（1940年），驻双口伪县警备队以“私通八路”罪将其逮捕，后经津北乡绅联名具保获释。

田金兰（1922—2016）　女，中共党员，1950年3月被评选为天津县劳动模范。1956年当选党员代表出席中共北郊区第一次代表大会。

民国34年（1945年）起，她作为中共天津县委的群众骨干，为地下工作者站岗放哨，当交通员，出色地完成多项任务。伪大乡长汲福堂将她视为眼中钉，遂抓捕关押多日，使其经受了生死考验。她把地下党活动经费安全送到马家口，把枪支弹药藏在高粱秸里送到上蒲口。在东北野战军某部炮兵团开进村时，动员各户妇女收拾房屋，烧水做饭。在“农村四十天运动”中，当选首届村妇会副主任，带领受苦农民斗地主、分田地。中华人民共和国成立初期，她动员、带领妇女参加农业生产劳动。

十　历任党政负责人

1950年6月，建立王秦庄村党支部。1998年，升格为党总支。至2016年，共有14人次当选为村党组织负责人。中华人民共和国成立后，王秦庄村在不同时期先后成立村公所、生产大队和村民委员会。至2016年，先后12人次当选为村政负责人。

1950—2016年王秦庄村党组织负责人任职情况表

表3

党组织名称	姓名	性别	职务	任职时间
党支部	曹永明	男	书记	1950—1957
	高敬梅	男	书记	1957—1958
	杨金池	男	书记	1958—1959
	赵金榜	男	书记	1959—1962
	王振山	男	书记	1962—1963
	刘桂喜	男	书记	1963—1964
	于文瑞	男	书记	1964—1969
	牛青山	男	书记	1969—1979
	宋洪源	男	书记	1979—1998
党总支	牛青山	男	书记	1998—2002
	李学柱	男	书记	2002—2005
	杨伯生	男	书记	2005—2012
	李　顺	男	书记	2012—2015
	曹德新	男	书记	2015—

1949—2016年王秦庄村村政机构负责人任职情况表

表4

村政机构名称	姓名	性别	职务	任职时间
村公所	赵　有	男	村长	1949—1950
	安崇山	男	村长	1950—1952
	张文德	男	村长	1952—1957
生产大队	张文德	男	大队长	1957—1969
	宋孟林	男	大队长	1969—1980
	石宝强	男	大队长	1980—1983
村民委员会	于文瑞	男	主任	1983—1989
	石宝强	男	主任	1989—1995
	王学义	男	主任	1995—2004
	曹德润	男	主任	2004—2007
	赵廷莲	男	主任	2007—2012
	王安庆	男	主任	2012—

十一　荣誉

2007年，该村被评为第二次农业普查市级先进集体。1950—2016年，共有5人次获市局级奖励。该村党支部书记牛青山在60—70年代，带领广大社员，开展农田水利建设，几年间修建了中排干渠、进水渠等工程。1969年，他被北郊区选为中国共产党“九大代表”参加了是年国庆庆典，登上天安门观礼台，受到毛主席接见。

1950—2016年王秦庄村获市局级及以上先进个人荣誉表

表5

授予时间	姓名	性别	荣誉名称	授予部门
1950	田金兰	女	天津县劳动模范	天津县政府
2014	李　顺	男	天津市五一劳动奖章先进个人	市总工会
2014	李东利	男	天津市科普惠农兴村带头人	市科协、财政局
2014			天津市“乡村好青年”	团市委
2015			天津向上向善好青年	团市委

桃花寺村

桃花寺村位于北辰区中部，北运河右岸。东南邻刘园苗圃，西靠外环线，东北隔北运河与赵虎庄村相望。该村呈刀把儿形，70年代村占地面积10.2万平方米，1979年后在辰永路南侧建新村住宅450间，村居逐渐向外环线扩展，使村面积扩大到15.31万平方米。2015年，该村户籍人口1570人，长期固定资产11万元，农村经济总收入375万元。

桃花寺新苑 （2016年摄）

一　村庄沿革

明永乐年间（1403—1424年）成村，始建有桃花口大寺，村用寺名，简称桃寺；隆庆二年（1568年）重建。清康熙改称回龙寺。明清时期，该村庙宇就置于桃树园林中，遂取村名桃花寺。据清道光二十六年（1846年）《津门保甲图说》载："桃花寺，河曲巨村也。其连村曰董家新房。对河曰赵家庄、丁家庄、窑洼三村相比。堤在窑洼外，而大道出桃花寺前。图内庙六，村五，北界王秦庄。桃花寺南界连刘家园，西南有一关帝庙。"（后记载为观音庙）另载桃花寺是村名也是寺名，寺内供奉观音、太上老君，当家人赵福元。

清乾隆元年（1736年），西沽巡检辖桃花寺。光绪三十一年（1905年），天津县北乡十九区辖桃花寺。1949年3月，隶属天津县八区。1953年7月，归王秦庄乡辖属。1958年10月起，隶属红桥区幸福人民公社。1963年3月，隶属李嘴公社。1974年10月，划归北仓公社管辖。1983年3月，隶属北仓乡。1986年12月后，隶属北仓镇。

二　道路河流

道路　至2016年，村周边有4条公路。其中高速公路1条，为津保高速公路。省道2条，一条为外环线，另一条为津永公路。区道1条为北韩公路。

河流　至2016年，流经村域或村边界的主要河流有2条，一条为北运河，另一条为外环河。

三　人口方言

人口　据清道光二十六年（1846年）《津门保甲图说》所载，村庄时"铺户一十六户、烟户二百七十五户、应役二户、庸作七十五户、负贩三十七户、船户四户、乞丐七户、僧道五户，共四百二十一户（大口一千二百五十八口，小口九百二十七口）"。据《典籍中的北辰》载，民国23年（1934年），桃花寺村有198户1020人。据统计资料载，1962年，该村有170户805人；1980年，有274户1207人；2000年，有410户1300人；2016年，有456户1537人。

民族　据《天津市北辰区地名志》记载，至1995年，该村村民均为汉族。至2016年，该村村民亦为汉族。

姓氏　2015年，全村共有23个姓氏，主要姓氏有李、王、孟、赵、张、曹、冯姓。

孟姓家族辈分：兴、玉、传、继、广，昭、宪、庆、凡、祥。

方言　该村基本属于津北（北辰、武清）方言片，是天津方言中的一部分。它与天津方言大致相同，但发音不同于天津话阴平音的低平声调，也没有过重的齿音字。

四　耕地状况

据桃花寺村上报村情调查资料表明：中华人民共和国成立后耕地最多年份为1962—1966年，面积为1326亩。1978年，耕地面积约为1050亩。其耕地整体四至为：村北北运河对面是赵虎庄，村西南耕地与韩家墅相连接，村西耕地接董新房，村东南至刘园苗圃。2001年北运河改造，2007年外环线绿化带工程占用村东的东园、下湾等耕地，2011年辟建"双青新家园"又占用了该村部分土地。村南大部分耕地在2010年城中村改造时被占用。至2015年，该村有耕地803亩。

1978年桃花寺村所属耕地地块情况表

表1　　　　单位：亩

地块名称	位置	面积	地块名称	位置	面积
东园	村东	150	电线杆子	小新河东	50
西园	村西	50	四十亩	村南	100
水浇田	津永公路南	250	二节地	村南	300
老场地	津永公路南	50	合计		1050

1978年桃花寺村所属耕地地块示意图

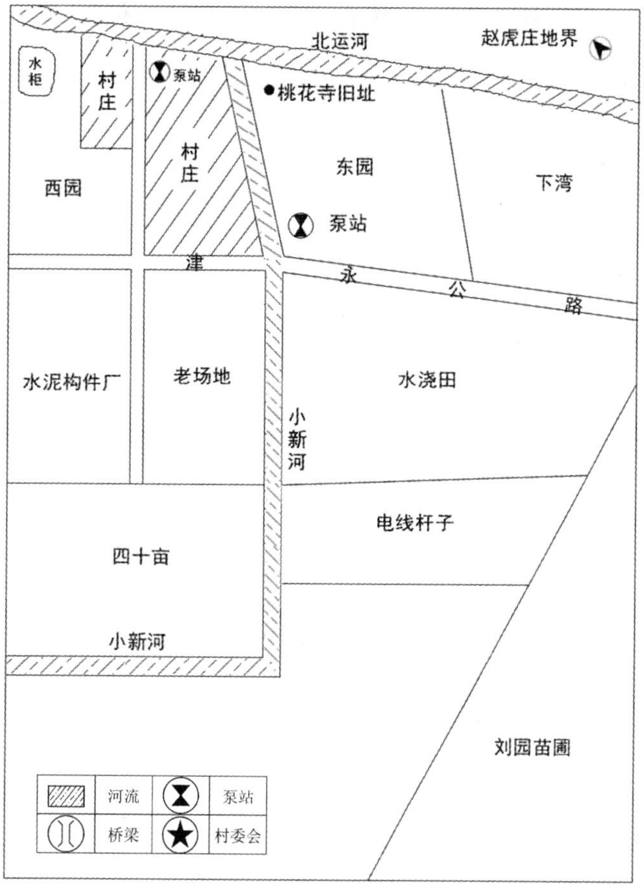

（2016年绘制）

五　街道胡同

中华人民共和国成立前，桃花寺村内街道胡同不整，多为土路和炉灰路，雨季则泥泞不堪。20世纪50—70年代，村内铺设辰永公路。进入80年代后，随着村经济的发展，按规划实施村庄道路改造。至2000年，该村全部铺设了沥青、水泥、楼板或彩砖的路面，并安装了路灯。

2000年桃花寺村街道胡同情况表

表2

修筑年份	街道胡同名称	走向	位置	长度（米）
1966	辰永路	东西	村东至村西（村庄段）	300
1987	新宇大街	南北	辰昌路至南大街	700
1997	南大街	东西	西园至新河街	200
1998	仁和胡同	南北	南大街北侧	50
1998	和平胡同	南北	南大街北侧	50
1998	信义胡同	南北	南大街北侧	50
1998	仁爱胡同	南北	南大街北侧	50
1998	忠孝胡同	南北	南大街两侧	100
1998	廉礼胡同	南北	南大街两侧	100

续表

修筑年份	街道胡同名称	走向	位置	长度（米）
1998	新辰胡同	南北	辰昌路北	60
1998	新风胡同	南北	辰昌路北	60
1998	新翠胡同	南北	辰昌路北	60
1998	新杨胡同	南北	辰昌路北	60
1998	新柳胡同	南北	辰昌路北	60
1998	新春胡同	南北	辰永路南侧	50
1998	新满胡同	南北	辰永路南侧	50
1998	新桃胡同	南北	辰永路南侧	50
1998	新花胡同	南北	辰永路南侧	50
1998	新园胡同	南北	辰永路南侧	50

六　公共设施

20世纪70年代后期，村中逐建水泥构件厂、皮鞋厂、电子变压器厂等企业。2000年，村主要公共设施有村委会、卫生所、小卖部、小学校、老年活动中心等。

桃花寺小学位于桃花寺村南、外环线以东，砖混平房，占地面积4231平方米，建筑面积475平方

2000年桃花寺村街道胡同及公共设施示意图

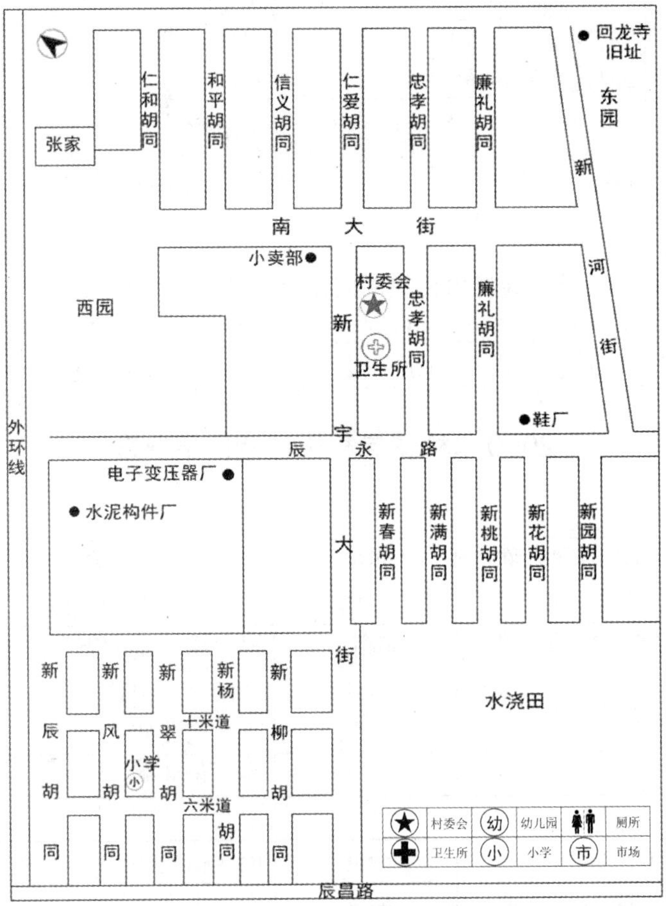

（2016年绘制）

米。始建于清光绪三十四年（1908年），由地方士绅筹办、天津县劝学所备案建“民立四十七初等小学堂”，后因时局动荡时办时停。中华人民共和国成立后，为王秦庄小学分校。1989年，经教育局批准成为独立校。1991年，由国家、乡、村共筹资16万元在村南重建新校，是年迁至新校址。2000年8月，并入王秦庄小学。

七　旧村改造

2010年启动桃花寺城中村改造，2011年开始拆迁，至2012年，共拆迁421户，拆迁面积8.2万平方米。2011年8月，还迁房开工建设，2014年10年建成，新小区取名桃花寺新苑。该新苑总占地16.01公顷，地上建筑面积8.88万平方米，其中楼房12幢、住宅1148套，建筑面积8.65万平方米；配套公建0.23万平方米，另地下设施1.66万平方米，总建筑面积10.54万平方米。

桃花寺村旧村街道
（2016年摄）

八　经济概况

20世纪50年代中期，该村曾种植棉花。1990年，该村粮食播种面积190亩，产量72吨；蔬菜播种面积983亩，产量3218吨。有大牲畜18头，生猪出栏23头，农业产值60万元。2000年，粮食播种面积30亩；蔬菜播种面积1295亩，产量4591吨。有大牲畜20头，生猪出栏420头。2015年，粮食播种面积200亩，产量120吨；蔬菜播种面积200亩，产量435吨。有大牲畜50头；生猪出栏300头。

1976年，成立队办企业，称津北桃花寺构件厂，生产五孔板、七孔板，1979年实现净产值11.2万元。1979年，队办五金厂净产值为7.44万元。至80年代中期，该村兴办桃花寺皮鞋厂、汽车配件厂、运河皮鞋厂、塑料厂等。1985年，村工业产值实现89.8万元。1995年，工业产值实现1941万元。80年代，村成立了运输队，1987年，营业收入11.9万元。

1964年，桃花寺大队总收入10.47万元，户均收入251元，人均收入50元。1979年，该村经济纯收入2.67万元。2000年，全村固定资产原值1060万元。2010年，农民人均所得8021元。2015年，村集体经济总收入375万元。

九　民间文化

桃花寺吹歌会　创建于40年代初。每逢农历七月十五日（俗称鬼节）该会都要搞盂兰胜会（放河灯），把两只对槽大船用铁链并排拴好，后随30余只小船。大船上高悬汽灯，船帮四周点燃蜡烛；小船帮沿上挂满纸灯。大船开启，竹管乐队奏响乐曲，顺流而下，满河灯光通明。月色下，河水粼粼，凉风习习，观众漫步在运河两岸观赏此美景，欣赏着悠扬动听的乐曲，心旷神怡。80年代始，桃花寺吹歌会仍坚持音乐排练及演出活动。1990年，加入天津市花会协会。1994年1月，代表北辰区参加市文化局在静海西双塘举办的吹歌大赛，获第三名。

桃花寺遗址　传说600年前，在桃花寺村旁建立一座观音寺。明隆庆二年（1568年），重建桃花口大寺，分前后殿，东、西有配殿，十分壮观气派。清代康熙、乾隆年间兴盛。清光绪二十六年（1900年），被八国联军烧毁。后重建，庙址迁到村东北运河岸边，分前后大殿、东西配殿。1952年，曾改为小学校；2001年，因北运河改造而拆除。

十　历任党政负责人

1954年，该村建立党支部。至2016年，共有9人次当选为村支部书记。中华人民共和国成立后，桃花寺村在不同时期先后成立村公所、生产大队和村民委员会。至2016年，先后有12人当选为村政负责人。

1954—2016年桃花寺村党组织负责人任职情况表

表3

党组织名称	姓名	性别	职务	任职时间
党支部	纪景春	男	书记	1954—1961
	毛永平	男	书记	1961—1966
	纪景春	男	书记	1966—1975
	曹家伟	男	书记	1975—1984
	李文发	男	书记	1984—1997
	赵洪亮	男	书记	1997—1999
	赵　杰	男	书记	1999—2009
	李文发	男	书记	2009—2012
	赵学秋	男	书记	2012—

1949—2016年桃花寺村村政机构负责人任职情况表

表4

村政机构名称	姓名	性别	职务	任职时间
村公所	赵玉堂	男	村长	1949—1954
	孟广发	男	村长	1954—1956
	冯振华	男	村长	1956—1957
生产大队	贾长春	男	大队长	1957—1966
	李文发	男	大队长	1966—1980
	赵金华	男	大队长	1980—1983
村民委员会	赵洪亮	男	主任	1983—1994
	赵　杰	男	主任	1994—2004
	单文荣	女	主任	2004—2006
	王世荣	男	主任	2006—2009
	孟昭和	男	主任	2009—2015
	赵洪宝	男	主任	2015—

十一　荣誉

2008年，桃花寺村被天津市综合治理委员会评为“平安示范村”。

李嘴村

李嘴村位于北辰区中部，北运河左岸河嘴处。西隔北运河与屈店村相望，西南隔北运河与桃口村相视，东面与周庄村接壤，北面为永定新河。该村呈长方形，占地面积19.52万平方米。2015年，该村有户籍人口2505人，长期固定资产115万元，村集体经济总收入613万元。

李嘴村吊桥　　（2016年摄）

一 村庄沿革

明永乐年间（1403—1424年）成村，因李、邓等姓迁此建村，又处河嘴，曾称李家嘴，民国后称李嘴。据清道光二十六年（1846年）《津门保甲图说》所载：原村名李家嘴，村西有三官庙，村东有地藏庵。

另据2002版《北仓镇志》记载，李嘴村东有一菩萨庙，早为尼姑主持，在民国三十多年时，由该村徐姓女人半路带发出家。李嘴村西有一十八罗汉庙，建于清乾隆年间（1736—1795年），到民国时主持僧姓石，人称石老爷子，管理庙内事物兼教私塾。后来一疯和尚在十八罗汉庙后盖一华佗庙。

清乾隆元年（1736年），西沽巡检辖李嘴。光绪三十一年（1905年），隶属天津县北乡十八区。1953年7月，周庄乡辖李嘴村。1958年4月，常庄子、王秦庄、周庄3乡合并为李嘴乡，李嘴村为乡政府所在地。10月起，隶属红桥区幸福人民公社。1962年2月，隶属北郊区北仓公社。1963年3月，北仓、双街两个公社划三，增设李嘴公社，李嘴大队为公社所在地。1974年10月，撤销李嘴公社，李嘴大队划归北仓公社。1983年3月，北仓公社改为乡建制，李嘴村隶属北仓乡。1986年12月后，该村隶属北仓镇。

二 道路河流

道路 至2016年，村周边有4条公路。其中高速公路1条，为津保高速公路；省道2条，分别为外环线、津永公路。区道1条为津永支线。

河流 至2016年，流经村域或村边界的主要河流有3条，分别为北运河、永定新河、新引河。

三 人口方言

人口 据《典籍中的北辰》载，民国23年（1934年），李嘴村有328户1423人。中华人民共和国成立后，据统计资料载，1962年，该村有346户1505人；1980年，有498户2185人；2000年，有780户2238人；2016年，有788户2578人。

民族 据《天津市北辰区地名志》记载：1995年，该村村民均为汉族。至2016年，该村村民亦为汉族。

姓氏 2016年，全村共有103个姓氏，主要姓氏有王、李、赵、张、刘、侯、郑、贾、闻等姓。

部分家族辈分排序如下：

刘姓：宝、绍、锡、景、凤或建、单字等排序。

闻姓：永、兆、銘、单字、浩等字排序。

王姓：永、福、起、俊、德等字排序。

方言 该村基本属于津北（北辰、武清）方言片，是天津方言中的一部分。它与天津方言大致相同，但发音不同于天津话阴平音的低平声调，也没有过重的齿音字。

四 耕地状况

据李嘴村上报村情调查资料表明：20世纪60年代，李嘴村耕地面积为2159亩。70—80年代，李嘴村与河对岸桃口村调整、调换过几次耕地。1978年，耕地面积约为1880亩。2010年，示范镇改造，村中耕地逐被占用。其耕地整体四至为村北是永定新河；村西南为北运河，河对岸为桃口村、王秦庄村；村西南北运河对岸有一河西地块与屈店耕地相接；村东邻周庄村。2015年，该村有耕地1739亩。

1978年李嘴村所属耕地地块情况表

表1　　　　单位：亩

地块名称	位置	面积	地块名称	位置	面积
家后	村北	800	菜田	村东	180
北园	村西北	100	河西地	北运河西	400
西园	村西	70	河北地	永定河北	200

续表

地块名称	位置	面积	地块名称	位置	面积
东园	村东	80	大窖	村南	50
合计					1880

1978年李嘴村所属耕地地块示意图

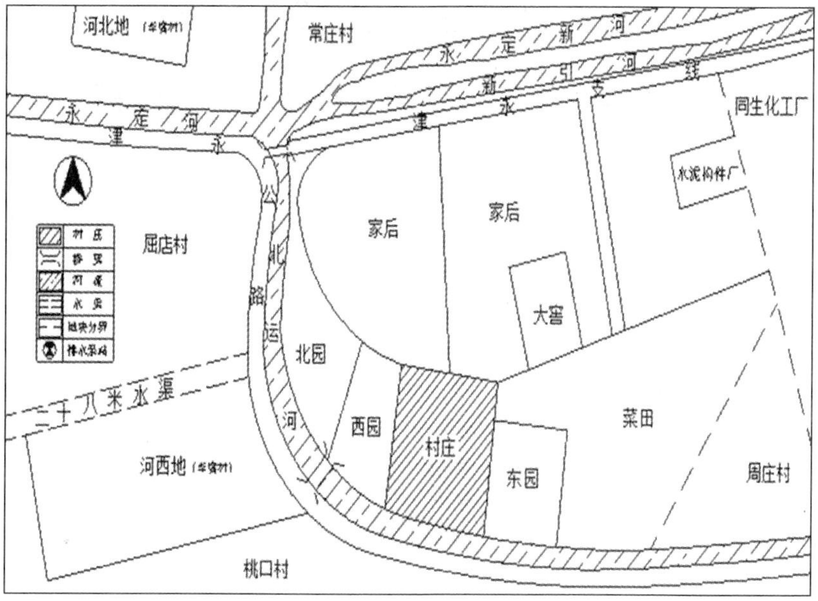

（2016年绘制）

五　街道胡同

20世纪70年代前，除过境的公路外，村内的街道胡同路面多为土路和炉灰路，一到雨季则泥泞不堪。进入80年代后，随着村经济的发展，实施了村庄道路改造。至1993年，该村全部铺设了沥青或楼板的路面，并安装了路灯。

东西走向的仁爱大街是老村主要街道，西起西大胡同，东至自强胡同；1979年后陆续在村北建新村，东西新村各分五排。

2000年李嘴村主要街道胡同情况表

表2

修筑年份	街道胡同名称	走向	位置	长度（米）
1992	东大胡同	南北	北起津永线南至北运河堤	800
1990	家后大街	南北	北起津永线南至李嘴大道	400
1992	李嘴大道	东西	村东村碑处至西大胡同	1200
1993	仁爱大街	东西	西大胡同至自强胡同	300
1993	西大胡同	南北	李嘴大街至仁爱大街	100
1993	邓家胡同	南北	李嘴大街至仁爱大街	150
1993	李家胡同	南北	李嘴大街至仁爱大街	150
1993	周家胡同	南北	李嘴大街至仁爱大街	150
1993	闻家胡同	南北	李嘴大街至仁爱大街	150

续表

修筑年份	街道胡同名称	走向	位置	长度（米）
1993	东大胡同	南北	李嘴大街至仁爱大街	400
1993	家后街	南北	李嘴大街至津永公路	300
1993	马棚路	南北	李嘴大街至仁爱大街	100
1993	一号沟公路	南北	津永公路至李嘴大街	400
1993	自强胡同	南北	津永公路至李嘴大街	100

2000年李嘴村街道胡同及主要公共设施示意图

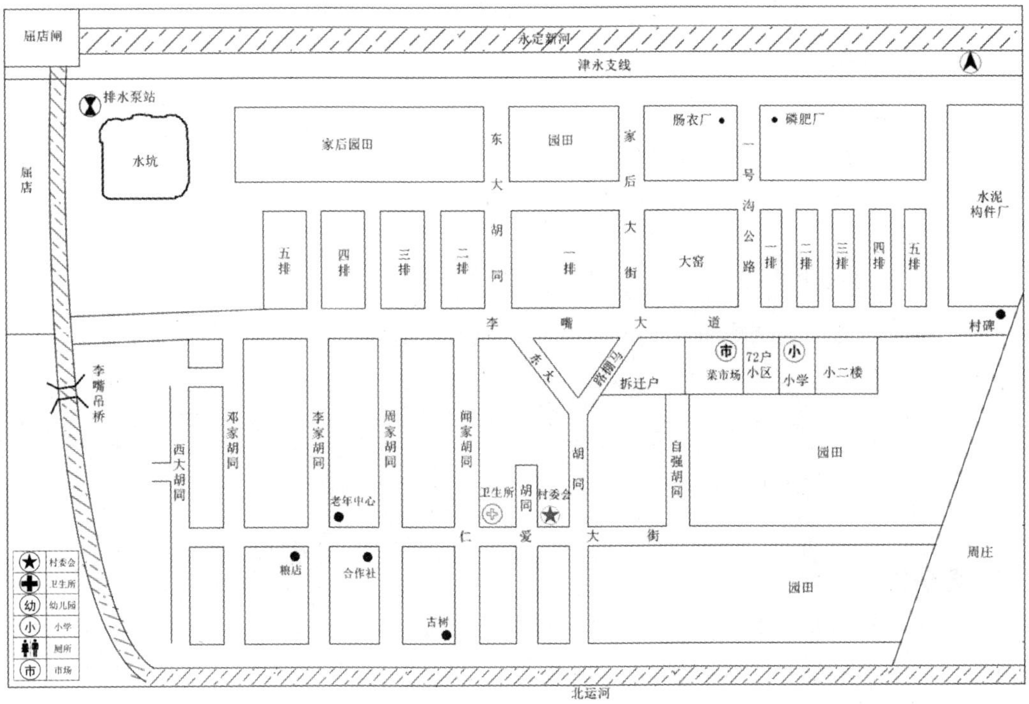

（2016年绘制）

六　公共设施

2000年，村主要公共设施有村委会、小学校、卫生所、供销店、高跷会会所（老年活动中心）、粮店、李嘴村吊桥、李嘴村通信塔、扬水站、菜市场等。李嘴村吊桥跨北运河至对岸桃口村，初为战备桥，60年代由国家投资兴建，长70米，宽3.5米，钢缆牵引，上铺木板，有护网。后两端加固砖垛，

李嘴小学　（2016年摄）

李嘴村通信塔　（2016年摄）

由李嘴村维护，2008年前后进行维修。

李嘴村通信塔是村中标志性的设施，位于老村正中，方圆几千米外都能望到。

李嘴小学为百年老校，始建于清光绪三十四年（1908年），为天津县民立三十七初等小学堂。1987年9月，新建李嘴小学投入使用，占地1万平方米，教学楼建筑面积1540平方米，投资41万元。

七　旧村改造

1986年年初在村东构件厂西建20栋2层住宅楼，建筑面积1530平方米；1987年，动工建设二期16栋2层楼，当时成为北仓镇农民住宅样板房。2012年1月，李嘴村作为示范镇建设村启动拆迁，是年拆559户。还迁房位于北运河对岸；至2016年，还迁房主体工程基本完成，配套设施正在施工中。

八　经济概况

1951年，李嘴村刘福培育出中核桃纹大白菜7号新品种，帮薄心足、成熟早、抗病性强、产量高、耐储藏，单株2.5千克左右，为冬春季市场看家菜，在全区推广。1957年，全国农业展览会上曾展出此菜品。70年代后，李嘴村“中青七号”大白菜闻名津城，远销到北京、河北省承德，以及东北等地区。1986年，该村王福才提纯复壮的中核桃纹大白菜新品种获市、区科技成果一等奖。

1978年12月中共十一届三中全会后，北仓公社开始推行定额管理、小段包干、包产到户为中心的生产责任制，由原来的生产大队集体所有制逐步承包到个人。经过宣传推动，李嘴大队于1982年10月推行家庭联产承包责任制，为其他大队农村体制改革树立了榜样。1984年年底之前，各村基本完成了改革（1983年3月，公社改乡，生产大队改村）。

1979年，该村经济纯收入29万元。1986年，津北水泥构件厂成立，多年来效益好，为提高村民生活水平做出了贡献。1997年，人均纯收入2828元。2000年，主要企业有水泥构件厂，镇流器厂、肠衣厂、磷肥厂等。全村固定资产原值7026万元。2010年，农民人均所得8013元。2015年，村集体经济总收入613万元。

九　民间文化

剧团　1950年12月，建立李嘴村民娱剧团，兰宝仁为团长，为境内第一个农民评剧团。该团曾在土改运动中演出歌剧《穷人恨》，配合婚姻法宣传排演歌剧《小二黑结婚》与《小女婿》，在合作化运动中演出《李顺达》，在“四清”运动中演出话剧《箭杆河边》等。“文化大革命”期间，该团解散。

同和高跷会　李嘴村同和高跷由村民王福星于清光绪二十九年（1903年）创立，至2016年，传承九代。第一代传承人王福星（1878—1953）；第二代传承人王连起（1899—1974）；第三代传承人王俊华（1908—1940）；第四代传承人赵东生（1921—1996）；第五代传承人王福林（1936—2009）；第六代传承人张秉胜（1952年至今）；第七代传承人杨宝山（1963—2012）；第八代传承人李国水；第九代传承人刘洪涛。李嘴村同和高跷以北方浓郁的广场舞蹈形式，表现了渔民一家人的喜庆和欢乐，主题“全家福、渔家乐”。时至今日，同和高跷仍活跃在村中，高跷道具及服装设专门库房、专人保管。50多名会员有固定活动地点。逢年过节、冬闲时节，会员集中训练，有专人辅导，另外还有一批小高跷腿子，供儿童练习，建立比较舒适的训练场所，供青少年排练。2015年，李嘴村同和高跷在做申报区非物质文化遗产的各项准备工作。

李嘴村同和高跷会演员和村干部在村委会前合影（2010年摄）

农民画家侯宝明　1970年，村民侯宝明开始跟画家曹德兆学习绘画，80年代师从张为民，专注创作农民画。1983年，作品《房前屋后》参加全国农民画展，获文化部、中国美术家协会颁发的二等奖，并到挪威、瑞士等国家展出。1989年后，有《闹元宵》《村头》等数件农民画作品被中国民间美术博物馆收藏。他的现代民间绘画《运河冬趣》被选编入天津市九年义务教育四年级美术教材。90年代后期，他成为天津市美术家协会会员、中国民间文艺家协会天津分会会员。2007年1月，被天津市群众艺术馆、区文化局授予“现代民间绘画艺术家”称号。

侯宝明画作《走向胜利》收藏于李嘴村委会

十　英烈先贤

胡毓枫（1900—1941）“五四”运动时追随周恩来等人，参加天津爱国学生运动，并在李公楼一带烟草工人中设秘密联络点。后与中共地下党联系密切，常以职业为掩护，多在津北及市内法租界爱华里、南市影院一带从事地下宣传活动。曾不畏强暴，担任控诉律师公会会长李洪岳之原告辩护人。民国30年（1941年）冬遭暗害。

刘福（1900—1971）1951年，他培育出的中核桃纹大白菜，在全区推广，并曾被选送到全国农业展览馆展出。为北郊区蔬菜生产发展做出突出贡献，发展园田生产功绩卓著；1952年，被评为“天津专区农业生产劳动模范”；1964年，又被评为“河北省农业生产劳动模范”。

王福才（1924—2007）中共党员，担任大队长，主管园田生产。其推广和发展大中棚保护地生产，节约用水用电，实现防渗渠道网络化灌溉，办好农科站，培育蔬菜优良品种，使该村成为区重要蔬菜生产基地，1983年被评为“天津市农业劳动模范”。实行反季节种植。至1986年，在园田播种面积减少的情况下，上市量仍达到508万千克。是年，经他提纯复壮培育的中核桃纹大白菜新品种获市、区科技成果一等奖。

十一　历任党政负责人

1950年6月，该村建立村党支部；1998年6月，为党总支。2016年，共有8人任村党支部书记。中华人民共和国成立后，李嘴村在不同时期先后成立村公所、生产大队和村民委员会。至2016年，先后有12人次当选为村政负责人。

1950—2016年李嘴村党组织负责人任职情况表

表3

党组织名称	姓名	性别	职务	任职时间
党支部	魏福贵	男	书记	1950—1953
	历　忠	男	书记	1954—1969
	刘景泰	男	书记	1970—1994
	王忠玉	男	书记	1994—1998
党总支	王俊岗	男	书记	1998—2005
	马兰忠	男	书记	2005—2006
	王庆春	男	书记	2006—2008
	刘凤春	男	书记	2008—

1949—2016年李嘴村村政机构负责人任职情况表

表4

村政机构名称	姓名	性别	职务	任职时间
村公所	曹德宏	男	村长	1949—1953
	兰禄勋	男	村长	1953—1957
生产大队	吕长祥	男	大队长	1957—1967
	张炳胜	男	大队长	1967—1983
村民委员会	王福才	男	主任	1983—1985
	张秉金	男	主任	1985—1986
	王忠玉	男	主任	1986—1998
	王俊岗	男	主任	1998—2005
	王守龙	男	主任	2005—2006
	王庆春	男	主任	2006—2013
	庞秀成	男	主任	2013—2015
	王庆春	男	主任	2015—

十二　荣誉

1950—2016年，李嘴村水泥构件厂共获市局级及以上集体荣誉2次。1950—2016年，李嘴村共获市局级及以上个人荣誉3人次。

1950—2016年李嘴村获市局级及以上集体荣誉表

表5

授予时间	获奖单位	荣誉名称	授予部门
1990	水泥构件厂	先进企业	市人民政府
1991		重合同守信誉单位	市人民政府

1950—2016年李嘴村获市局级及以上先进个人荣誉表

表6

授予时间	姓名	荣誉名称	授予部门
1952	刘　福	天津专区农业生产劳动模范	天津县政府
1964		河北省农业生产劳动模范	河北省政府
1983	王福才	天津市劳动模范	市人民政府

周庄村

周庄村位于北辰区中部，北运河左岸。南临近北运河，西北接李嘴村，东南与阎庄接壤，东近外环线。老村呈正方形，20世纪80年代始在村北建新村，90年代村占地面积8.3万平方米。2015年，该村户籍人口999人，长期固定资产368万元，农业经济总收入402万元。

周庄村村委会廊道　　（2016年摄）

一　村庄沿革

传明永乐年间(1403—1424年)周姓居此，逐渐成村，称为周家庄。清雍正后称大周家庄、周家庄。中华人民共和国成立后称周庄子，又称周庄。

据清道光二十六年(1846年)《津门保甲图说》所载：村原名大周庄和小周庄，村西有一关帝庙。庙为四合院，东西南北各有砖瓦房3间。

清乾隆元年(1736年)，西沽巡检辖周庄。光绪三十一年(1905年)，隶属天津县北乡十九区。民国38年(1949年)3月，隶属天津县八区。1953年7月，建立周庄乡，辖李嘴、阎庄、丁赵庄、窑窝等5个村，周庄为乡政府所在地。1958年10月起，隶属红桥区幸福人民公社。1963年3月，属李嘴公社下属大队。1974年10月，隶属北仓公社。1983年3月，隶属北仓乡。1986年12月后，隶属北仓镇。

二　道路河流

道路　至2016年，村周边有3条公路，其中国道1条为京津(公)路快速路，省道1条为外环线，区道1条为津永支线。

河流　至2016年，流经村域或村边界的主要河流有3条，分别为北运河、永定新河、外环河。

三　人口方言

人口　据《典籍中的北辰》载，民国23年(1934年)，周庄村有134户723人。中华人民共和国成立后，据统计资料载，1962年，该村有134户601人；1980年，有188户871人；2000年，有289户1040人；2015年，全村乡村总人口307户1016人，从业人员548人。2016年，有349户954人。

民族　据《天津市北辰区地名志》记载，1995年，该村村民均为汉族。至2016年，该村村民亦为汉族。

姓氏　2015年，该村共有27个姓氏，其中高、薛、苗、赵、王5个姓为该村主要姓氏。

辈分　苗姓是村中大姓，家族辈分按：德、恩、广、立、学、廷、永、堂、景、元、文、林、继、曾、世、祥十六字排序，其中堂、元、林、曾、祥五字为名的尾字。

方言　该村基本属于津北(北辰、武清)方言片，是天津方言的一部分。它与天津方言大致相同，但又不同于天津话阴平音的低平声调，也没有过重的齿音字。

四　耕地状况

中华人民共和国成立后，该村耕地最多年份为1970年，面积1080亩。据周庄村上报村情调查资料表明：其耕地四至为：西北接李嘴村，东南接阎庄，西南与王秦庄村隔北运河相望，东北面永定河北岸有一小块耕地，与双街镇下辛庄村相连。村东京津公路外永定新河南侧近京山铁路还有一块耕地。耕地除村东北方向的全地、杨老地、堤甲子、西菜田、东菜田、新园田、大道外等地块，还有永定河两侧的牛角地、辛庄洼及京津公路东的老稻地、新稻地。70年代在牛角地打深井两眼，并埋入管道，300亩耕地实现自动喷灌。1978年，周庄村有耕地1080亩，其中园田420亩、大田660亩。后因建外环线、外环线绿化带、南曹铁路、实施北运河改造、建北仓污水处理厂等工程的征用土地，以及同生化工厂造成的污染，21世纪初以来，可耕种的土地仅有450亩，主要分布在牛角地及辛庄洼(360亩)。2015年，该村有耕地765亩。

1978年周庄村耕地地块情况表

表1　　　　单位：亩

地块名称	位置	面积	地块名称	位置	面积
全地	村北	140	大道外	村东	200
西菜田	村西北	60	牛角地	津永公路北	300

续表

地块名称	位置	面积	地块名称	位置	面积
东菜田	村东南	40	辛庄洼	永定河北	60
新园田	村东	60	老稻地	近京山铁路	60
杨老地	村东	60	新稻地	公路外	40
堤甲子	村东	60	合计	1080	

1978年周庄村耕地部分地块示意图（村东地块）

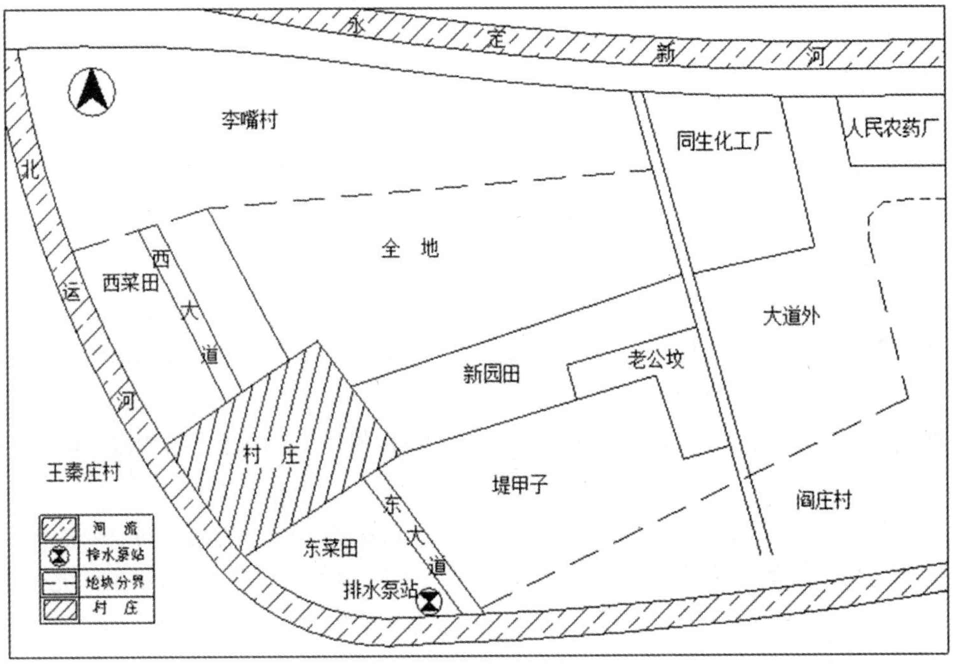

（2016年绘制）

1978年周庄村耕地地块示意图（永定河北地块）

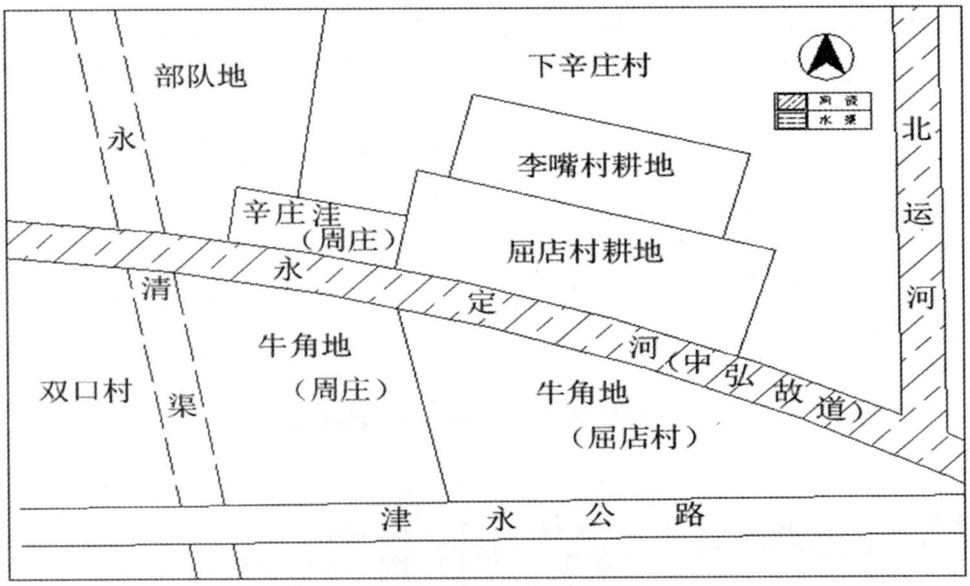

（2016年绘制）

1978年周庄村耕地地块示意图（公路东地块）

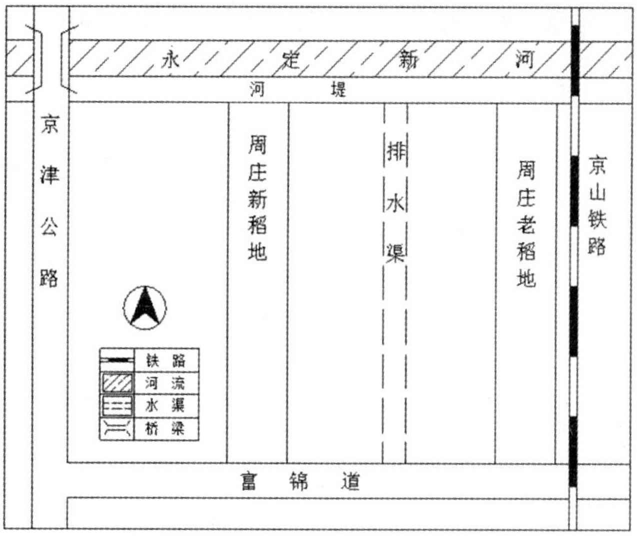

（2016年绘制）

2010年周庄村街道胡同示意图

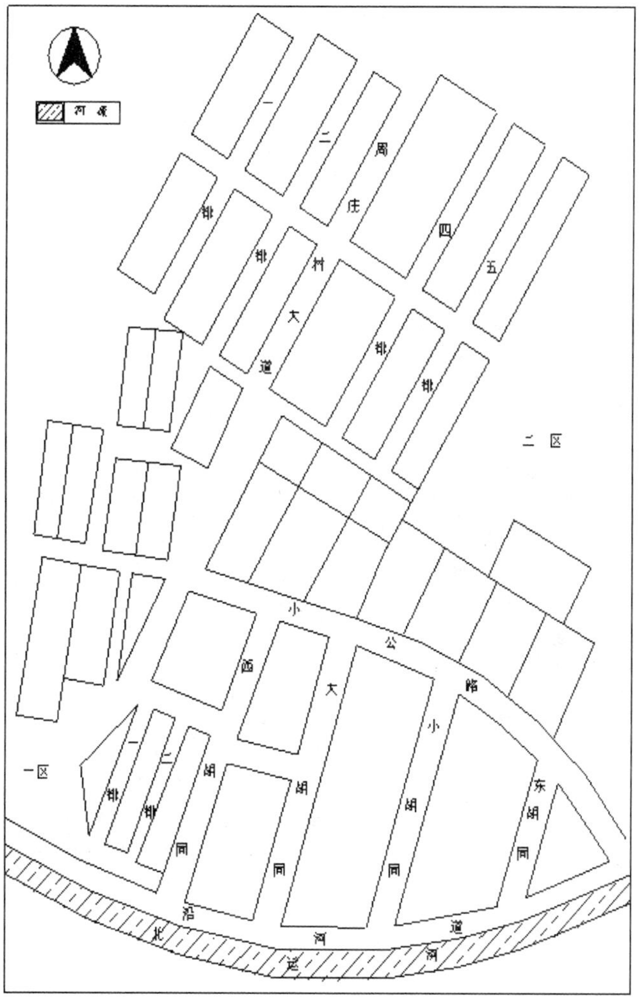

（2016年绘制）

五 街道胡同

20世纪70年代前，村内除过境的公路外，街道胡同路面多为土路和炉灰路，一到雨季则泥泞不堪。进入80年代后，随着村经济的发展，实施村庄道路改造。至2000年，该村全部铺设沥青、水泥或彩砖的路面，并安装路灯。

80年代周庄村开始在村北建新村，有五排胡同，住宅均为砖木结构平房。90年代村庄面积8.3万平方米，人均住房面积17.23平方米。1995年，建5座居民小二楼，面积544平方米；1996年，建7座居民小二楼，面积761.6平方米。

2000年周庄村主要街道胡同情况表

表2

修筑年份	街道胡同名称	走向	起止	长度（米）
1998	周庄村大道	南北	南起北运河北至大红门道	300
1998	小公路	东西	村西至村东	150
1998	东胡同	南北	小公路至沿河路	40
1998	小胡同	南北	小公路至沿河路	80
1998	大胡同	南北	小公路至沿河路	100
1998	西胡同	南北	小公路至沿河路	100
1998	沿河道	东西	村西至村东	200

六 公共设施

中华人民共和国成立前，公共设施较少，后逐渐增多。2000年，周庄村主要公共设施有村委会、卫生所、供销社、小学校、老年活动站、健身器材活动场等。

周庄村体育设施 （2016年摄）

周庄村卫生所 （2016年摄）

2010年周庄村公共设施示意图

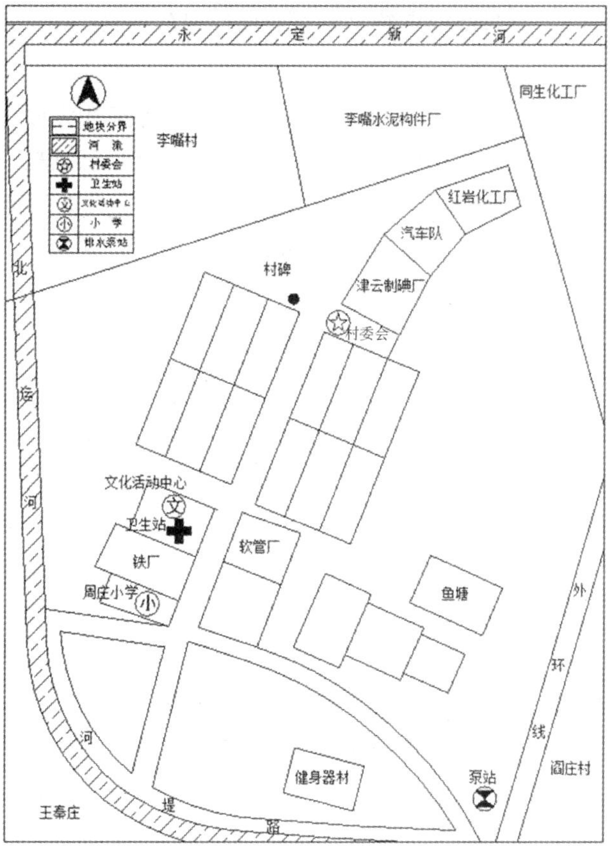

（2016年绘制）

七 经济概况

1964年，周庄大队总收入2.47万元，户均收入374.7元，人均收入71元。1979年，该村经济纯收入7.20万元。2000年，全村固定资产原值3408万元。2010年，农民人均所得1.2万元。2015年，村农业经济总收入402万元。

周庄村1955年种植土豆丰产(1955年摄)

蔬菜种植 1955年，周庄乡五一社引进东北土豆良种播种240亩，亩产达2500千克，被媒体广泛宣传。之后，周庄建设一面坡温室。70年代温室大棚在北仓公社也是名列前茅。80年代末，打500米深井一眼，主要用于冬季大棚生产。温室大棚面积105亩。该村的芹菜、菜花有知名度，销售到北京和东北。2005年，周庄播种蔬菜面积达800亩，总产量2528吨。

村办企业 60年代末，该村开始建立铁厂。1983年，创建津云制碘厂。1987年，建立津北华利软管厂。1997年，建立东升五金厂，经营铁管加工；2000年，销售收入470万元。2000年，建立达实预应力金属制品有限公司，生产钢丝，是年销售收入495万元。

能工巧匠致富 20世纪60—70年代，村干部陈学龄、高学孟致力于村副业发展，建起周庄村铁厂，聘请天津造船厂技术人员到村指导，培养出一批技术能手，使得村里电焊工、修理工、机械制造加工等人才较齐全，被邻村称为“能人村”。他们还组成施工队，对外承揽设备维修、加工制造业务，多年来为天津炭黑厂、同生化工厂、大明电机厂等多家企业单位服务。

八　民间文化

周庄荣音法鼓会　始建于清光绪十年（1884年）。成立后，每年都参加北仓皇会活动。其与津门法鼓会大体相同，行会的前半部分是执事，或称之为摆设（亮驾），包括门旗、软对、硬对、灯对、灯牌、圆笼、八角盒、烊梢子、茶炊子等；后半部分是乐器演奏，也是法鼓会的重头戏，鼓曲的演奏是整个乐器演奏的核心。主要乐器有大鼓1面、铙7副、钹8副、小镲4副、铛4副、云锣4架等。该会活动坚持到20世纪50年代。

周庄十不闲　始建于清光绪二十年（1894年），每年都参加北仓皇会演出，不仅自导自演、自娱自乐，也供大家欣赏。该会集说、唱、演于一体，难度大，曲艺性很强。其主要靠说唱打动观众。该会活跃到民国时期。1949年后停会。

民间救火组织　水局也称水会，为民众义务救火团体，其会所多为集资自建的房屋，用以存放救火器具，如水机、水筲、挠钩、长柄镰刀、灯笼等设备。周庄村护安水局建于清光绪末年，有水机两台（保存完整存放于村委会）、水筲40付等救火设备。之后，邻村阎庄村也加入了护安水局，再添置水筲40付。遇有火灾，不分村界，互相支援。1949年后解体。

九　历任党政领导人

1959年，该村与阎庄村建立联合党支部。1964年，独立建立村党支部。至2016年，共有8人次任村党支部书记。中华人民共和国成立后，周庄村在不同时期先后成立村公所、生产大队和村民委员会。至2016年，先后有11人次当选为村政负责人。

1964—2016年周庄村党组织负责人任职情况表

表3

党组织名称	姓名	性别	职务	任职时间
党支部	陈学龄	男	书记	1964—1980
	高学孟	男	书记	1981—1983
	张瑞和	男	书记	1983—1984
	苗杏元	男	书记	1985—1991
	苗品元	男	书记	1991—1993
	王福江	男	书记	1993—2009
	赵立平	男	书记	2009—2012
	王福江	男	书记	2012—

1949—2016年周庄村村政机构负责人任职情况表

表4

村政机构名称	姓名	性别	职务	任职时间
村公所	高学林	男	村长	1949—1953
	陈学龄	男	村长	1953—1957

续表

村政机构名称	姓名	性别	职务	任职时间
生产大队	陈学龄	男	大队长	1957—1959
	苗会元	男	大队长	1959—1976
	高学孟	男	大队长	1976—1980
	张瑞和	男	大队长	1980—1983
村民委员会	陈学龄	男	主任	1983—1985
	苗品元	男	主任	1985—1990
	王福江	男	主任	1991—2009
	张志明	男	主任	2009—2012
	李志海	男	主任	2012—

十　荣誉

1950—2016年，周庄村共获市局级及以上集体荣誉2次。

1950—2016年周庄村获市局级及以上集体荣誉表

表5

授予时间	获奖单位	荣誉名称	授予部门
2008	周庄村	市级民主法治村	天津市综治委
2009	周庄村	市级卫生村	天津市卫生局

阎庄村

阎庄村位于北辰区中部，北运河左岸。东靠外环线，西邻周庄村，南依北运河，村东近京津路。该村呈长方形。2002年前，村面积为5.05万平方米，后因外环线绿化带等工程占地，2003年，村面积减到3.33万平方米。2015年，该村户籍人口507人，长期固定资产593万元，农村经济总收入352万元。

阎庄村村民新居鑫发花园小区　　（2016年摄）

一　村庄沿革

相传明永乐年间（1403—1424年），始为周庄属地，称小周庄，后陕西阎姓迁入，逐渐成村，曾名小阎庄、阎家庄。民国年间称小阎庄，中华人民共和国成立后称阎庄。

清乾隆元年（1736年），西沽巡检辖阎庄。光绪三十一年（1905年），天津县北乡十九区辖阎庄等22个村。民国38年（1949年）3月，隶属天津县八区。1953年7月，周庄乡辖阎庄。1958年10月起，隶属红桥区幸福人民公社。1962年2月，隶属北郊区北仓公社。1983年3月，隶属北仓乡。1986年12月后，隶属北仓镇。

二　道路河流

道路　至2016年，该村周边有区级以上公路3条，其中国道1条为京津（公）路快速路，省道1条为外环线，区道1条为津永支线。

河流　至2016年，流经村域的主要河流有4条，分别为北运河、新引河、永定新河、外环河。

三　人口方言

人口　据《典籍中的北辰》载，民国23年(1934年)，阎庄村有65户345人。据统计资料载，1962年，该村有47户235人；1980年，有97户389人；2000年，有144户397人；2015年，全村乡村总人口179户529人。2016年，有151户508人。

民族　据《天津市北辰区地名志》记载：至1995年，该村村民均为汉族。至2016年，该村村民亦为汉族。

姓氏　2016年，全村共有12个姓氏，阎姓是村内第一大姓，人口约占全村80%。其他姓氏还有赵、张、许、魏、马、宋、侯、王等姓氏。

辈分　阎庄阎姓按：永、单字、德（或尔）、学（或继）、俊、宏等字排序。

方言　该村基本属于津北（北辰、武清）方言片，是天津方言中的一部分。它与天津方言大致相同，但发音不同于天津话阴平音的低平声调，也没有过重的齿音字。随着人们文化程度的提高和普通话的普及，近年来境内一些方言及语言已被标准话代替。

四　耕地状况

据阎庄村上报村情调查资料表明：20世纪70年代，该村有10块耕地。面积约为516亩。村西南是北运河，对岸董新房村，村东接北仓村地，村北是永定新河，村东南接丁赵庄村。1978年，该村耕地面积约为470亩。80年代修南曹铁路，大窖等地块被占用。2006年建污水泵站，京津路东的老稻地、新稻地等地块被占用。2007年，建外环线绿化带也占用一些耕地。2011年村改造后至2015年，村耕地面积所剩无几。

1978年阎庄村所属耕地地块情况表

表1　　单位：亩

地块名称	位置	面积	地块名称	位置	面积
大窖	村东南	60	二道沟	村北	30
老园田	村西	50	耕地	村北	30
老稻地	京津路东	100	阎家坟	村东	20
新稻地	京津路东	50	赵家坟	村南	20
大道外	村东	60	一道沟	村北	50
合计					470

1978年阎庄村所属耕地地块示意图

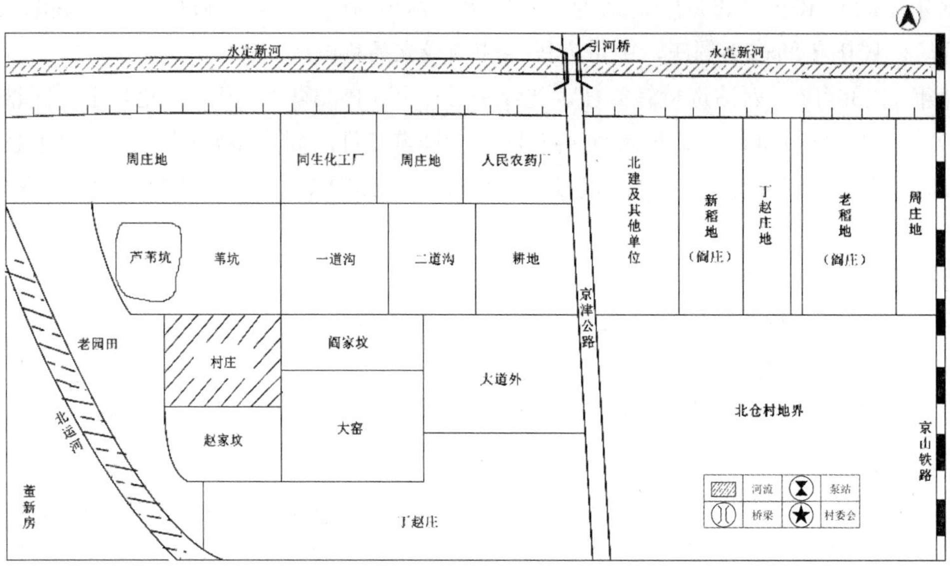

（2016年绘制）

五　街道胡同

中华人民共和国成立前，阎庄村内街道胡同不整，均为土路。20世纪70年代前，村内除过境的公路外，街道胡同路面多为土路和炉灰路，一到雨季则泥泞不堪。进入80年代后，随着村经济的发展，实施了村庄道路改造，并在村北建新村，新村分为2个区域，一区有3排，二区有5排。至1993年，该村全部铺设沥青或楼板的路面，并安装路灯。村内有3条主要道路，老村有2条主要胡同。

2000年阎庄村主要街道胡同情况表

表2

修筑年份	街道胡同名称	走向	位置	长度（米）
1992	环村公路	环形	北村口环行至村南外环线	1000
1993	河堤路	东西	东起外环线西至周庄村	300
1993	新村大道	东西	北村口向西至河堤路	400
1993	赵家胡同	东西	老村主要胡同	150
1993	许家胡同	东西	老村主要胡同	150

六　公共设施

中华人民共和国成立前，阎庄村公共设施甚少。在1988年各户均拥有彩色电视机的基础上，1989年，村集体投入资金，使各户电视最早实现有线化，成为北辰区有线电视第一村。1989年建有线电视网。1993年7月，该村安装程控交换机1台、64门，村民向外打电话，要经村里总机转接。随着经济的发展和村民生活的需求，村委会决定撤销原交换机，每户改装直拨电话。区电话局于1995年1月为该村安装199部直拨电话，189户受益，每部装机费2500元（村委会补1000元）。成为天津市郊区户户通电话第一村。

2000年，该村主要公共设施有村委会、卫生所、农机站等。2009年，该村与中国联通合作投资4万元，在全区率先组建了包括固定电话、移动手机、村内广播系统在内的通讯虚拟网络，成为北辰区网络第一村。

2000年阎庄村街道胡同及主要公共设施示意图

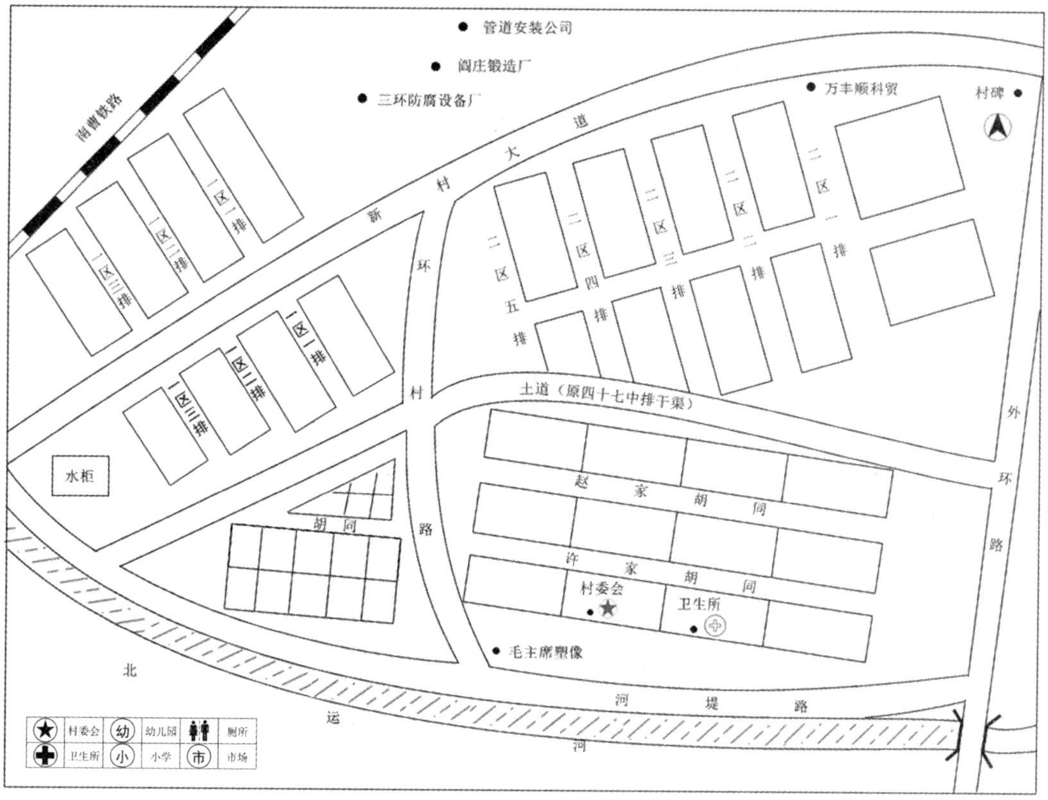

（2016年绘制）

七　旧村改造

2002年外环线绿化工程建设，该村进行第一次拆迁，至2003年共拆迁120户，拆迁面积4.3万平方米，还迁房于2003年10月交付村民。还迁房名为鑫发花园小区，位于丁赵庄村，2002年始建，2003年建成，建筑面积4.7万平方米。此小区除阎庄还迁村民外，还有79户董新房村还迁户。2011年实施示范镇改造，该村进行第二次拆迁，还迁房安置在富锦华庭小区。

八　经济概况

阎庄村经济发展迅速，在运输、电信等许多方面创建了全区乃至全市第一。

1962年，大队运输装卸收入400多元。1966年，该大队首先购置了1台拖拉机。70年代初，有3辆马车搞运输。1972年购置4辆140型汽车，成立了区内最早即第一个村办集体汽车运输队，成为全区之最。

2000年，村办企业主要有永生化工厂、刀具厂、兴发化工厂及阎庄锻造厂等。21世纪初，在该村旁建了道达尔加油加（天然）气站。2010年，在外环西路阎庄段建了闽和引河桥装饰城，占地60亩，分8个功能区，经营陶瓷、洁具、木地板、木门、灯具、窗帘、工艺玻璃、壁纸、橱柜及各种装修材料等。2000年，全村固定资产原值2541万元。2015年，村集体经济总收入352万元。

引河桥装饰城　（2016年摄）

九　历任党政负责人

1959年，该村与周庄村建立联合党支部。1964年，建独立村党支部。至2016年，共有3人当选村党支部书记。中华人民共和国成立后，阎庄村在不同时期先后成立村公所、生产大队和村民委员会。至2016年，先后有8人次当选为村政负责人。

1964—2016年阎庄村党组织负责人任职情况表

表3

党组织名称	姓名	性别	职务	任职时间
党支部	许宝贵	男	书记	1964—1982
	魏文光	男	书记	1982—1988
	阎尔本	男	书记	1988—

1954—2016年阎庄村村政机构负责人任职情况表

表4

村政机构名称	姓名	性别	职务	任职时间
村公所	赵春台	男	村长	1954—1955
	阎树林	男	村长	1955—1957
生产大队	阎树林	男	大队长	1957—1968
	阎品如	男	大队长	1968—1983
村民委员会	阎品来	男	主任	1983—1990
	魏文光	男	主任	1990—2000
	阎尔本	男	主任	2000—2015
	阎俊岭	男	主任	2015—

十　荣誉

1977年，阎庄大队被评为天津市“农业学大赛”先进单位。2008年，该村成为市级民主法治村。1965—2016年，该村共获市局级及个人荣誉5人次。

1965—2016年阎庄村获市局级及以上先进个人荣誉表

表5

授予时间	姓名	荣誉称号	授予部门
1965	阎　华	农业先进工作者	市人民政府
1981	许宝贵	优秀党员	天津市委
1983	阎尔本	天津市劳动模范	市人民政府
1985		天津市劳动模范	市人民政府
2009		天津市劳动模范	市人民政府

丁赵庄

丁赵庄村位于北辰区中部，北运河左岸。村东南邻赵虎庄村，北至南曹铁路线，东靠京津路，西南为北运河，西北临外环线。该村呈长方形，占地面积8.18万平方米。老村近北运河，中村位于老村东北方向，两个村隔大堤路连接。80年代起，在京津路西建新村。2015年，该村户籍人口1072人，长期固定资产519万元，村集体经济总收入483万元。

丁赵庄鸿泰园住宅小区 （2016年摄）

一　村庄沿革

传明永乐年间（1403—1424年），有丁、赵两姓居此，逐渐形成两个村庄，称丁家庄、赵家庄。清雍正末年合称丁赵庄。后又分称丁家庄、赵家庄。民国时期称小丁庄、小赵庄。1955年两村合并，复称丁赵庄。据清道光二十六年（1846年）《津门保甲图说》中载：丁赵庄由村西赵家庄与村东丁家庄合并而成。

清光绪三十一年(1905年)，天津县北乡十九区辖丁赵庄。1949年3月，隶属天津县八区。1953年7月，丁赵庄为周庄乡下属村。1958年10月起，隶属红桥区幸福人民公社。1962年2月，隶属北郊区北仓公社。1983年3月，隶属北仓乡。1986年12月后，隶属北仓镇。

二　道路河流

道路　至2016年，村周边有8条公路，其中国道1条，为京津(公)路快速路；省道1条，为外环线；区道6条，分别为引河里南道、引河里北道、延吉西道、祥辰路、瑞辰路、裕辰路。

河流　至2016年，流经村域或村边界的主要河流有4条，分别为北运河、新引河、永定新河、外环河。

三　人口方言

人口　据《典籍中的北辰》载，民国23年（1934年），丁赵庄村有148户769人。据统计资料载，1962年，该村有105户485人；1980年，有168户660人；2000年，有村民218户708人；2015年，有村民293户867人，从业人员436人。2016年，有293户871人。

民族　据《天津市北辰区地名志》记载：1995年，该村村民均为汉族。据村情调查，2016年，该村村民亦为汉族。

姓氏　2016年，全村共有26个姓氏。主要姓氏有王、赵、孙、付、朱、胡、郭、郑、丁、张、梁等。

辈分　部分家族辈分排序如下：

王姓：志、洪、永、宝。

丁姓：作、振、树、立。

赵姓：杰、家、庆、建、鑫。

方言　丁赵庄村基本属于津北（北辰、武清）方言片，是天津方言中的一部分。它与天津方言大致相同，但发音不同于天津话阴平音的低平声调，也没有过重的齿音字。

四　耕地状况

据丁赵庄村上报村情资料表明：中华人民共和国成立后，该村耕地最多年份为1971年，面积993亩。1978年，耕地面积约为830亩。北到永定新河；西南至北运河，河对岸为桃花寺村；村西接阎庄村，村东接赵虎庄村，村东京津公路两侧均有耕地。另外，在京津路东、富锦道北有该村一大块耕地，在2000年建污水处理厂时被占用；北运河改造等其他工程项目等占用了该村一些土地；2010年城中村改造后，村北、村西的耕地所剩无几。2015年，该村有耕地594亩。

1978年丁赵庄村耕地地块情况表

表1　　单位：亩

地块名称	位置	面积	地块名称	位置	面积
老稻地	京津公路东	140	朱记坟	村西	40
新稻地	京津公路东	100	王记坟	村西	70
开荒地	京津公路东	100	东园	村南	60

续表

地块名称	位置	面积	地块名称	位置	面积
大官地	村北	150	河北地	公路外永定新河北	70
马记坟	村北	100	合计		830

1978年丁赵庄村所属耕地地块示意图

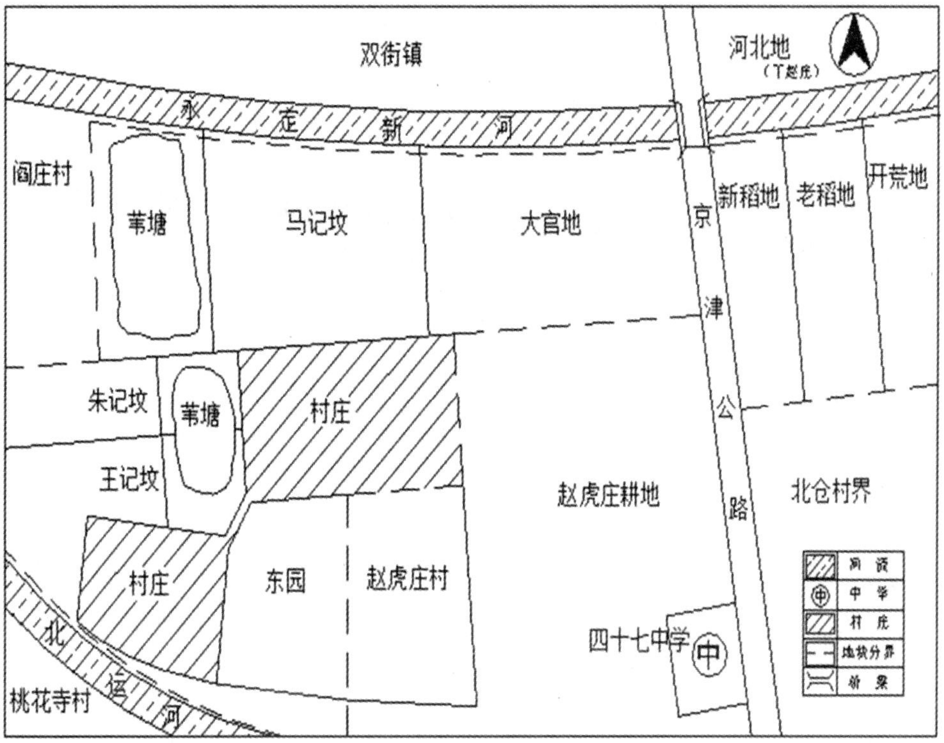

（2016年绘制）

五　街道胡同

中华人民共和国成立前，丁赵庄村内街道胡同不整，均为土路，夏季泥泞，冬季扬尘。中华人民共和国成立后，随着村经济的发展，实施了村庄道路改造，街道胡同拓宽调直，主要街道逐步落实硬化。至2000年，该村街道胡同全部铺设了沥青或水泥路面，并安装了路灯。

2000年丁赵庄村街道情况表

表2

修筑年份	街道名称	走向	长度（米）	路面
1992	裕辰路	南北	800	水泥
1998	富辰路	南北	800	水泥
1998	引河里北道	东西	1100	水泥

六　公共设施

2000年前后，该村主要公共设施有小学校、卫生所、村委会、菩萨庙、引河桥蔬菜市场等，村办企业有丁赵织布厂、木制品厂等。另外该村有5棵百年以上的国槐，分布在村庄的不同位置。

丁赵小学始建于1949年，赵虎庄、丁赵庄、阎庄农民子弟在此校读书，隶属王秦庄小学。1979年，在赵虎庄大道北侧天津水泥设计院旁建新校，占地6016平方米，建筑面积2536平方米，教室24间，操场面积1800平方米。是年，设班级13个，教职员55人，学生318人。遂改为完全小学。新学校在化工设计院、水泥设计院支持下，教学条件得到很大改善，教育教学质量得到提高。2000年，该校划归第四十七中学附属校。2008年1月，恢复体育中学建制，原丁赵小学作为体育中学校址。

2000年丁赵庄新村主要街道及公共设施示意图

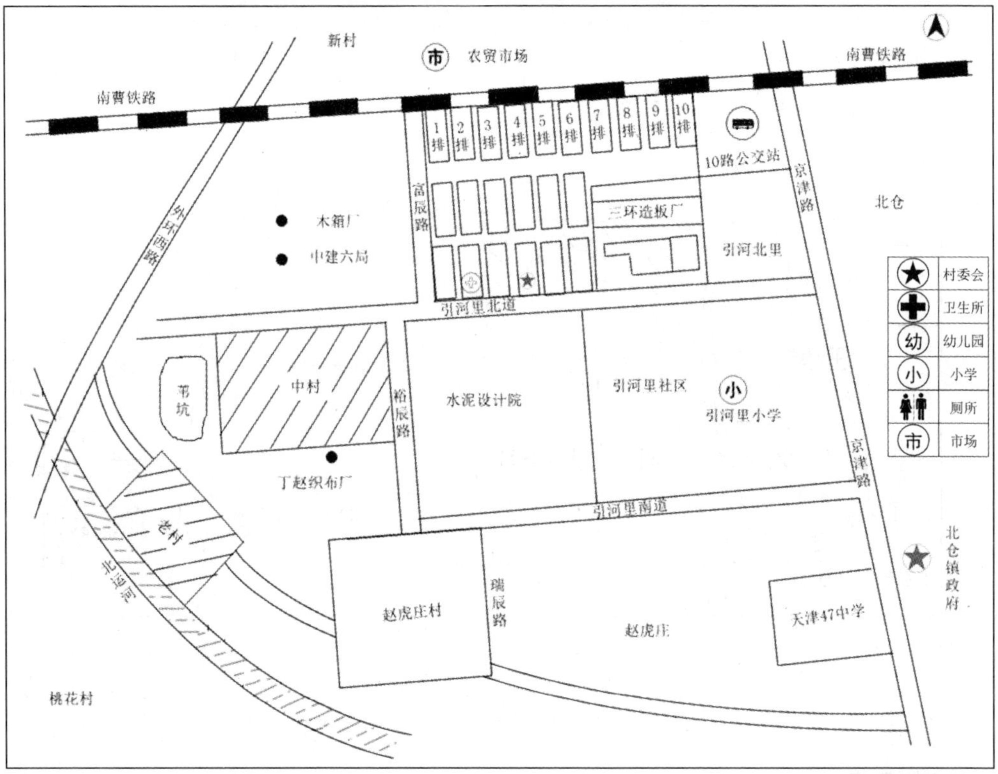

（2016年绘制）

七　旧村改造

2001年，北运河实施改造工程，丁赵庄村内20多户住宅被拆（含寺庙）。2010年8月，启动丁赵庄村城中村改造，2011年拆迁335户，拆迁面积5.2万平方米。是年8月，还迁房建设项目开工，建筑面积3.8万平方米，除公用设施外，住宅面积2.5万平方米，有9栋、30个楼门。2013年10月，大部分村民还迁入住鸿泰园小区。另外，位于引河里北道北侧的4栋27层的还迁房住宅楼于2015年建成。

八　经济概况

种小茄子出口到日本　1977年，丁赵庄村试种小茄子成功，腌制后出口到日本。为支援外贸出口，连续3年种植出口日本的小茄子，腌制后交给外贸部门。丁赵庄大队1977年和1978年共种植小茄子9亩，平均亩产2000千克，共收入1万多元。大队总结经验，种植面积扩大到47亩。后来推广到周围10余个村。

引河桥蔬菜批发市场　1980年，在京津路与外环线交口处西侧自发形成小规模的蔬菜批发市场，多为小商小贩到这里贩菜。1984年，承包户蔬菜产量大幅度提高，由于流通不畅，出现农民交菜难的问题。当时东北地区大货车到此收购西红柿、黄瓜、豆角、茄子和大白菜，市场初具规模。1994年，区农林局、北仓镇、丁赵庄村联合投资80多万元，在村北引河桥旁西侧兴建蔬菜批发市场，占地近4万平方米。后陆续投资扩建，完善各种设施。至2000年，共投资600万元，设门脸房135间，面积3036平方米，建遮阳大棚2个，面积31平方米；修建水泥路面2.4万平方米，服务人员50多人。该市场以批发南北蔬菜、果品为主，门脸房以批发鱼虾、杂货、百货居多，日客流量1万余人，进各种大型车辆400多辆，年成交额1995年1200万元，2000年达到4300万元，为区境内最大的蔬菜批发市场。后拆除。

引河桥蔬菜批发市场　　（1999年摄）

村办企业　1972年建生产棉布的小织布厂。至80年代中期，建防锈材料厂、生产漆包线的电缆厂和弹棉花的作坊。80年代，村投资办起运输装卸业，1987年，营业收入24.7万元。1991年，建生产木箱的津北引河桥木制品厂，该厂90年代后期销售收入450万元，后改制为私营企业。1992年，有村办企业5家，除了生产棉布、包皮布、漆包线外，还生产润滑油、塑料制品。1995年，建生产油漆的振乾化工厂。1997年，建制作木箱的津北康兴福利厂。随着经济不断发展，至2015年，村集体经济总收入483万元。

九　民间文化

原丁家庄东南北运河旁有一座菩萨庙，该庙为三进院，正殿北房3间，正位为观音菩萨，全身塑像，左为托塔天王李靖站像，右为二郎神杨戬站像。菩萨庙初建于清朝，后经多次维修，其中1964年重修后曾改为小学校。2001年，北运河治理改造时此庙被拆除，时为境内最晚拆除的寺庙。

民国14年（1925年）重修前的观音寺

十　历任党政负责人

1961年5月，该村独立建党支部，之前与阎庄联合建立党支部。至2016年，共有11人次任村党支部书记。中华人民共和国成立后，丁赵庄村在不同时期先后成立村公所、生产大队和村民委员会。至2016年，先后有11人次当选为村政负责人。

1961—2016年丁赵庄村党组织负责人任职情况表

表3

党组织名称	姓名	性别	职务	任职时间
党支部	孙连荣	男	书记	1961—1965
	胡世杰	男	书记	1965—1978
	孙连荣	男	书记	1979—1982
	郭海明	男	书记	1982—1993
	朱 旺	男	书记	1993—1997
	付宝树	男	书记	1997—1999
	朱振和	男	书记	1999—2002
	付贵友	男	书记	2002—2006
	杨少岗	男	书记	2006—2011
	王永涛	男	书记	2011—2015
	郑子荣	女	书记	2015—

1949—2016年丁赵庄村村政机构负责人任职情况表

表4

村政机构名称	姓名	性别	职务	任职时间
村公所	梁文和	男	村长	1949—1957
生产大队	梁文和	男	大队长	1957—1980
	胡世杰	男	大队长	1980—1983
村民委员会	胡世杰	男	主任	1983—1985
	朱 旺	男	主任	1985—1993
	朱振和	男	主任	1993—1997
	付宝树	男	主任	1997—1999
	朱振和	男	主任	1999—2002
	胡世禄	男	主任	2002—2004
	杨少岗	男	主任	2004—2006
	王永涛	男	主任	2006—

十一 荣誉

1950—2016年，丁赵庄村共获市局级及以上荣誉2次。

1950—2016年丁赵庄村获市局级及以上先进个人荣誉表

表5

授予时间	姓名	性别	荣誉名称	授予部门
1984	王桂敏	女	市五好家庭	天津市妇联
1993	赵庆余	男	全国优秀乡村医生	卫生部

赵虎庄村

赵虎庄村位于北辰区中部，北运河左岸（东北岸）。西隔北运河与桃花寺村相望，东近京津路，西北与丁赵庄接壤，东南与北仓村为邻。该村呈长方形，占地面积10.24万平方米。村居主要是砖木结构平房，1997年，人均住房面积29平方米。2015年，该村户籍人口1003人，长期固定资产903万元，农村经济总收入524万元。

赵虎庄村村碑　　（1990年摄）

一　村庄沿革

传明永乐年间（1403—1424年），有名赵虎者建村，遂逐渐称之为赵虎庄。清雍正二年（1724年），北仓建仓廒，在此烧砖，又因官家误卸漕粮村民被诬，为避祸改名窑窝，亦称窑洼、腰窝。1984年，恢复原村名赵虎庄。据清道光二十六年（1846年）《津门保甲图说》所载："赵虎庄原称窑窝或窑洼，村南有一大砖窑，村东建有土地庙，村西北邻丁家庄菩萨庙。"

光绪三十一年(1905年)，天津县北乡十九区辖赵虎庄。1949年3月，隶属天津县八区。1953年7月，赵虎庄归属周庄子乡。1958年10月起，隶属红桥区幸福人民公社。1962年2月，隶属北郊区北仓公社。1983年3月，隶属北仓乡。1986年12月后，隶属北仓镇。

二　道路河流

道路　至2016年，该村周边有8条公路，其中国道1条，为京津（公）路快速路；省道1条，为外环线；区道6条，分别为引河里南道、引河里北道、延吉西道、祥辰路、瑞辰路、裕辰路。

河流　至2016年，流经村域或村边界的主要河流有2条，分别为北运河、外环河。

三　人口方言

人口　据《典籍中的北辰》载，民国23年（1934年），赵虎庄村有292户773人。据统计资料载，1962年，该村有110户486人；1980年，有195户776人；2000年，有224户611人；2015年，总人口364户981人，从业人员401人。2016年，有345户978人。

民族　据《天津市北辰区地名志》记载，1995年，该村村民均为汉族。至2016年，该村村民亦为汉族。

姓氏　2016年，全村共有42个姓氏，主要姓氏有赵、张、王、黄、杨、任、陈、于、柴、宋等。

辈分　部分家族辈分排序如下：

杨姓：兆、以、学、寿、新、信、旭。

任姓：复、文、树、学、宏、振、兴、建、德、成。

方言　该村基本属于津北（北辰、武清）方言片，是天津方言中的一部分。它与天津方言大致相同，但发音不同于天津话阴平音的低平声调，也没有过重的齿音字。随着人们文化程度的提高和普通话的普及，近年来境内一些方言及语言已被标准话代替。

四　耕地状况

据赵虎庄村上报村情调查资料表明：1978年，耕地面积为593亩。中华人民共和国成立后，耕地最多年份为1970年，面积879亩。1979年，建天津水泥设计院，占用耕地78.56亩。北运河工程、建污水处理厂、城中村改造及建公用设施，都占用部分耕地。其耕地整体四至为，北到永定新河，南至北运河，村西北接丁赵庄，村东京津路两侧为主要耕地区域。2015年，该村有耕地416亩。

赵虎庄村卫生服务站　（2010年摄）

五　街道胡同及公共设施

20世纪70年代前，除过境的公路外，村内的街道胡同路面多为土路和炉灰路，一到雨季则泥泞不堪。进入80年代后，随着村经济的发展，实施了村庄道路改造，1999年，该村填沟修建环村公路，将村所有道路铺设沥青、水泥路面，并安装了路灯。2003年，该村投资建三和供热站，位于引河里北道、北仓派出所旁。始由北仓镇管理，2005年后由村经营管理。由于推进集中供热，供热范围、面积不断扩大。至2015年，供热范围，南起北辰大厦，北至引河桥，京津路以西，北运河以东的大片区域，含御龙湾、金凤里、泽天下、引河南里、引河北里、天阳公寓等社区和华辰学校、水泥设计院等企事业单位；供热面积150万平方米。原为燃煤锅炉，2015年均改为燃气锅炉，有65吨／时锅炉1台，40吨／时锅炉2台。2016年，该村有卫生所、综合商店、粮店等公共设施。

2000年赵虎庄村主要街道胡同情况表

表1

修筑年份	街道名称	走向	长度（米）
1999	引河南道	东西	700
199	赵虎庄北道	东西	500
1999	大堤路	东西	800
1999	新村路（6条）	南北	1850

六　旧村改造

2005年1月，启动赵虎庄拆迁改造工作，涉及315户、4万平方米拆迁，于2006年拆迁完，该地块用于开发建设泽天下住宅小区。2009年12月一期10万平方米还迁房建成。村民于2010年还迁到仁和园小区。该小区于2005年始建，2007年建成，占地面积10余亩，建筑面积 4.1万平方米，共5栋楼510户。

仁和园小区　　（2016年摄）

泽天下小区　　（2014年摄）

七　经济概况

1951年3月，该村赵金榜组织“农业合作组”，为境内第一个具有初级农业生产合作社性质的互助组。其领导合作组耕种200多亩旱田，实行精耕细作，选用优良品种，推广农业新技术，在遭受严重涝灾情况下，粮食平均亩产超过200千克，比个体农民每亩多收140.5千克。1952年11月20日，赵金榜出席天津市第一届农业生产模范代表大会，并介绍旱田丰产经验。

90年代后期，市、区推进“退路进厅”，赵虎庄村投资200万元，在化工设计院南侧建小商品批发市场，建筑面积5000平方米。2000年3月，北仓道小食品批发市场迁至于此，称为双赢小商品批发市场。是年，实现营业额2000多万元。2015年，村经济总收入524万元。

1992年，注册成立鑫发房地产建设开发公司，注册资金3000万元。先后开发天阳公寓、鑫发花园、泽天下（含顺泽园、心泽园）小区住宅楼等工程项目。2009年12月，开发的泽天下一期10万余平方米商品房项目全面竣工。

八　历任党政负责人

1950年6月，该村建立村党支部。至2016年，共有7人次任村党支部书记。中华人民共和国成立后，赵虎庄村在不同时期先后成立村公所、生产大队和村民委员会。至2016年，先后有11人次当选为村政负责人。

1950—2016年赵虎庄村党组织负责人任职情况表

表2

党组织名称	姓名	性别	职务	任职时间
党支部	赵金榜	男	书记	1950—1954
	张连玉	男	书记	1954—1959
	王淑英	女	书记	1959—1960
	张连玉	男	书记	1960—1970
	赵文友	男	书记	1970—1984
	赵士强	男	书记	1985—1996
	赵文杰	男	书记	1996—

1949—2016年赵虎庄村村政机构负责人任职情况表

表3

村政机构名称	姓名	性别	职务	任职时间
村公所	赵士焕	男	村长	1949—1950
	任树恩	男	村长	1951—1953
	赵金榜	男	村长	1954—1956
	赵文和	男	村长	1956—1957
生产大队	赵文和	男	大队长	1957—1964
	任树恩	男	大队长	1964—1980
	黄文友	男	大队长	1980—1983
村民委员会	张连玉	男	主任	1983—1988
	黄文友	男	主任	1988—1996
	赵士强	男	主任	1997—2000
	赵文杰	男	主任	2000—

九 荣誉

1950—2016年，赵虎庄村共获市局级及以上集体荣誉2次。1950—2016年，赵虎庄村共获市局级及以上个人荣誉7人次。

1950—2016年赵虎庄村获市局级及以上集体荣誉表

表4

授予时间	获奖单位	荣誉称号	授予部门
2001	赵虎庄村	市民主政治建设示范村	市委组织部、市委农工委、市民政局
2008	赵虎庄村调解委员会	创“四无”社区优秀人民调解委员会	市人民政府

1950—2016年赵虎庄村获市局级及以上先进个人荣誉表

表5

授予时间	姓名	荣誉称号	授予部门
1950	赵金榜	天津县劳动模范	天津县政府
1952		天津市劳动模范	市人民政府
1954		河北省劳动模范	河北省政府
1964	任树恩	河北省劳动模范	河北省政府
1996	赵文杰	天津市劳动模范	市人民政府
2002		农村青年创业带头人	团中央
2006		优秀共产党员	市委组织部

屈店村

屈店村位于北辰区中部，北运河西岸，南邻桃口村，东北靠永定河(中泓故道)，村东有著名的屈家店水利枢纽，村西是屈店工业功能园区。该村呈南北向长方形。20世纪80年代起在村北津永公路旁建新村，住宅为砖木结构平房，人均住房面积为11.8平方米。90年代，村占地面积为19.26万平方米。2015年，该村户籍人口1740人，长期固定资产2839万元，村集体经济总收入 594万元。

屈店村村委会　　　　（2016年摄）

一　村庄沿革

清顺治年间（1644—1661年），有屈、孙二姓始居于此，因屈家开店而得名屈家店，后简称屈店。1958年，有马厂和李家楼2个居民点并入，村庄连成一村。马厂建于清乾隆元年前，位于屈店西北部、津永公路南。相传最初该地为皇丁送皇粮至屈店时拴马之处，后逐渐成村称马厂。《天津新县志》载，乾隆元年（1736年）天津县拨归西沽巡检97个村庄中有马厂。时住有张、李二姓，四五户人家。李楼建于清宣统元年（1909年）前，位于屈店东北部、津永公路南。相传清末有王、陈、刘姓迁入屈店，王家在村北建楼称王楼。后李姓兴旺，李汉臣改王楼为李家楼。

据清道光二十六年（1846年）《津门保甲图说》所载：村名原屈家店，北界连马厂。“马厂在大道侧，其对河曰赵家庄，曰沙家庄，曰常家庄，三村相去不远”。村西有一真武庙，建于道光年间（1821—1850年），有正殿三间，当家主持人孔宪林。

清乾隆元年（1736年），西沽巡检辖屈店。光绪三十一年（1905年），天津县北乡十八区辖屈店村。1949年3月，隶属天津县八区。1953年7月，划归常庄子乡。1958年10月起，隶属红桥区幸福人民公社。1963年3月，隶属李嘴公社。1974年10月，划归北仓公社。1983年3月，隶属北仓乡。1986年12月后，隶属北仓镇。

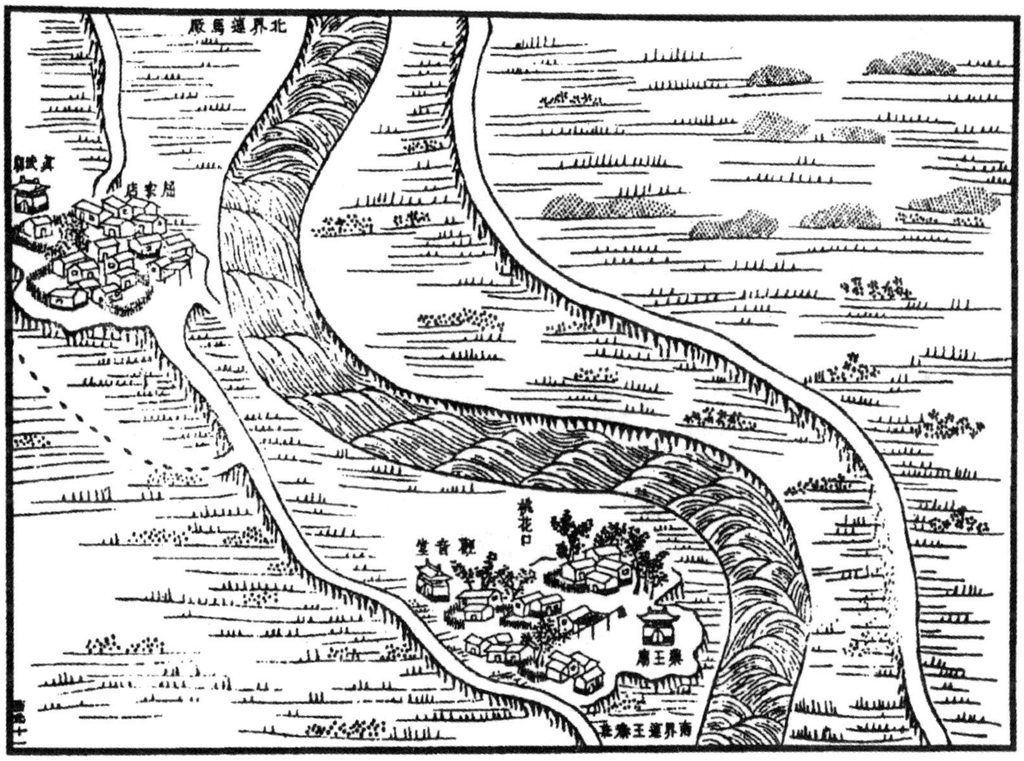

清道光二十六年（1846年）《津门保甲图说》中的屈家店（屈店）村

二　道路河流

道路　至2016年，村周边有2条公路，其中省道1条为津永公路，区道1条为津永支线。

河流　至2016年，流经村域或村边界的主要河流有5条，分别为永定河、北运河、新引河、永定新河、永青渠。

三　人口方言

人口　据《典籍中的北辰》载，民国23年(1934年)，屈店村有123户650人。据统计资料载，1962年，该村有191户937人；1980年，有326户1324人；2000年，有476户1515人；2015年，全村乡村总人口582户1637人，从业人员1172人。2016年，有651户1640人。

民族 据《天津市北辰区地名志》记载，1995年，该村村民有回族6人，汉族1514人。至2016年，该村村民均为汉族。

姓氏 2016年，全村共有34个姓氏。主要姓氏为孙、李、张、郝四大姓氏。

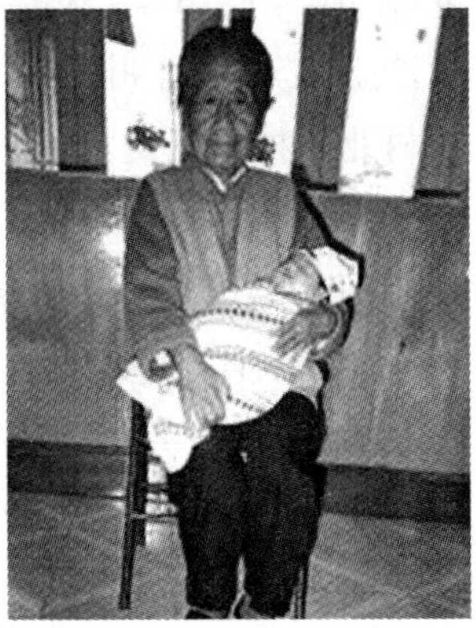
郭瑞珍老人与重孙女合影　（1996年摄）

辈分 孙姓是村中大姓，家族辈分按：单字、文、兆、庆（或士）、曾、祥或单字等排序。

方言 该村基本属于津北（北辰、武清）方言片，是天津方言中的一部分。

百岁老人郭瑞珍 女，生于清宣统三年（1910年），武清区人，后嫁到屈店孙家。生育3女、1男。她不吸烟、不饮酒，喜吃素食，很少吃肉，平素爱运动、爱劳动。中华人民共和国成立后的初级社、高级社时期，她是带领妇女生产劳动的妇女队长。老人年过九旬，生活起居仍能自理，98岁时还能看纸牌。2010年2月7日谢世，无疾而终，享年虚岁100岁。

四　耕地状况

中华人民共和国成立后，村耕地最多年份为1969年，面积1843亩。据屈店村上报村情调查资料表明：1978年，该村耕地面积约为1550亩。耕地四至为：村东北运河、河对岸李嘴村，村西至双口村。

1978年屈店村所属耕地地块示意图

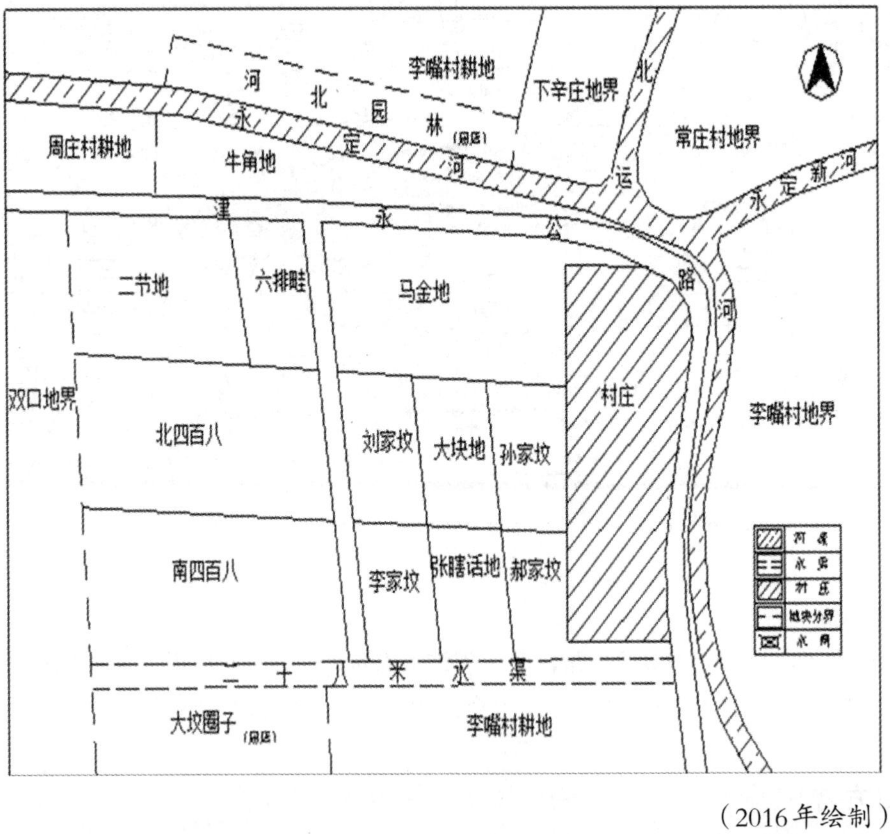

（2016年绘制）

村南与李嘴村耕地接壤，村北永定河对岸有村耕地200多亩，与双街镇下辛庄村地块相接。永定河北岸有约200亩耕地，称“河北园林”。2015年，该村有耕地1340亩。

1978年屈店村耕地地块情况表

表1　　　　单位：亩

地块名称	位置	面积	地块名称	位置	面积
河北园林	永定河北岸	200	二节地	近双口	160
牛角地	津永公路北	100	六排畦	津永公路南	40
北四百八	村西	250	四家坟地	村西	100
南四百八	村西	300	大块地	村西	25
大坟圈子	村西	50	张瞎话地	村西	25
马金地	津永公路南	300	合计		1550

五　街道胡同

20世纪70年代前，村内除过境的公路外，街道胡同路面多为土路和炉灰路，一到雨季则泥泞不堪。进入80年代后，随着村经济的发展，实施了村庄道路改造。至1997年，该村全部铺设了沥青或楼板的路面，并安装了路灯。

2000年屈店村主要街道胡同情况表

表2

修筑年份	街道胡同名称	走向	起止	长度（米）
1997	西大街路	南北	津永公路至南台	500
1997	屈店大街	东西	津永公路至板厂	300
1966	（北）津永公路	东西	村北面自东向西	1000
1968	沿河津永公路	南北	沿北运河自北向南	800
1997	小西街	南北	屈店大店至南台	300
1997	后道	东西	津永公路至板厂	300
1997	王家胡同	东西	小西街至津永公路	250
1997	庞家胡同	东西	小西街至津永公路	250
1997	邢家胡同	东西	小西街至津永公路	250
1997	宋家胡同	东西	小西街至津永公路	250
1997	南大街	东西	小西街至津永公路	250

六　公共设施

中华人民共和国成立前，村内公共设施甚少。20世纪80年代，随着经济的发展，村内公共设施逐渐增多。至2000年，村内主要公共设施有村委会、小学校、卫生所等。村东北侧有屈家店闸口。

七　旧村改造

2014年10月，启动示范镇建设屈店村拆迁改造工作。至2015年年底，剩余25户未拆。2016年，还迁房在统一规划建设中。

2000年屈店村街道胡同及公共设施示意图

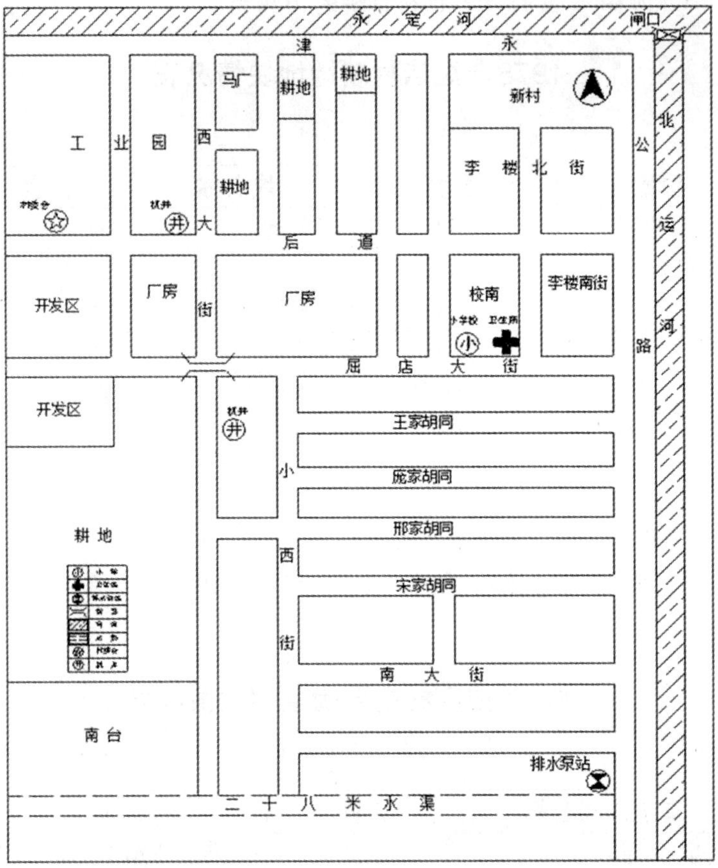

（2016年绘制）

八　经济概况

农业　20世纪60年代起，该村建立集体养猪场。养殖业多年以生猪为主，也饲养大牲畜，有的年份也搞水产养殖。1964年，屈店大队经济总收入111363元，户均收入265.52元，人均收入50.87元。1986—2000年，该村曾种植水稻。1997年10月，改造低产田400亩种植水稻，亩产超500千克。1998年，发展到700亩，亩产528千克。2013年，该村成立盛世绿辰蔬菜种植专业合作社，为区级合作社。

工业　1979年，有队办企业农机厂。是年，该村经济纯收入6120元。80—90年代，3家村办企业主要生产法兰、包装箱、吸油泵等。1998年，该村成立昆腾合金属有限公司，生产铜丝，2000年销售收入445万元。是年，全村固定资产原值1980万元。2003年，创建屈店工业功能园，占地面积60万平方米。

服务业　80年代，屈店村个体运输户快速发展。1987年，增加到15户。是年，营业收入26.4万元。2004年，开辟屈店苗圃，位于永定河北岸，占地面积200亩。

至2015年，共引进内资、外资工业、三产服务业企业110家，村集体经济总收入594万元。

九　民间文化

屈店吹歌会　民国初年，由孙文化、邢方仓、郝庆、宋清安等人出资兴办屈店吹歌会，最初取名“博善会”。吹奏乐器有管、笙、笛，打击乐器有锣、鼓、铙、钹等。传统合奏曲牌有琵琶令、供美酒、金链锁、小鹅子、小抬杠、翠竹莲、四景南楼、宫北九、四槽倒提金灯等；对口曲有三炷香、玉清宫、莲子等。1992年5月，加入天津市花会协会，并参加了在古文化街举办的吹歌表演会。

屈店剧团 1953年成立。该团曾排演《渔夫恨》《纺棉花》《打败美国佬》等现代剧目，还演出了评剧《秦香莲》《夺印》《三月三》《袁天成闹革命》《小姑贤》等剧目。1966年“文化大革命”后停止活动。

屈店向阳秧歌队 1995年组建，有20多名队员，多次参加区、市演出活动。1997年5月，该村秧歌队参加市里比赛，获天津市“金狮奖”。

1997年，屈店村秧歌队获天津市花会调演“金狮奖”并合影留念

十　大事纪略

屈家店水利枢纽位于屈店村东北侧，1930年建，是天津市北部海河水系重要水利枢纽，包括北运河船闸、北运河节制闸、新津河进洪闸和永定新河进洪闸。其主要功能是防汛，泄洪排涝，泄北运河、永定河洪水经永定新河入海，同时缓冲上游河流的防涝泄洪压力，还具有挡海潮、调蓄水、节制、灌溉供水等项功能。

1987年7月14日、1991年7月28日、1993年6月18日、2000年7月15日，党和国家领导人李鹏、江泽民、朱镕基、温家宝，分别到屈家店水利枢纽考察。

20世纪30年代，北运河船闸开始运行

屈家店水利枢纽　（2008年摄）

十一　历任党政负责人

1959年，该村建立党支部。至2016年，共有15人次任村党支部书记。中华人民共和国成立后，屈店村在不同时期先后成立村公所、生产大队和村民委员会。至2016年，先后有13人次当选为村政负责人。

1959—2016年屈店村党组织负责人任职情况表

表3

党组织名称	姓名	性别	职务	任职时间
党支部	郝志忠	男	书记	1959—1966
	李树本	男	书记	1966—1973
	孙兆禄	男	书记	1974—1974

续表

党组织名称	姓名	性别	职务	任职时间
党支部	刘　桐	男	书记	1974—1974
	王德平	男	书记	1975—1976
	孙庆贵	男	书记	1976—1978
	刘友山	男	书记	1978—1979
	孙庆贵	男	书记	1979—1980
	刘友山	男	书记	1980—1981
	赵华祥	男	书记	1981—1984
	孙士海	男	书记	1984—1985
	李春儒	男	书记	1985—1991
	赵华祥	男	书记	1992—2006
	石　豹	男	书记	2006—2009
	孙　涛	男	书记	2009—

1950—2016年屈店村村政机构负责人任职情况表

表4

村政机构名称	姓名	性别	职务	任职时间
村公所	李　长	男	村长	1950—1952
	刘　桐	男	村长	1952—1957
生产大队	刘　桐	男	大队长	1957—1966
	李树本	男	大队长	1966—1974
	孙兆禄	男	大队长	1974—1975
	王德平	男	大队长	1975—1980
	刘友山	男	大队长	1980—1983
村民委员会	孙士海	男	主任	1983—1985
	张　胜	男	主任	1985—1992
	金玉新	男	主任	1992—2006
	孙庆洪	男	主任	2006—2008
	孙增林	男	主任	2008—2012
	张洪起	男	主任	2012—

十二　荣誉

2009年，屈店村被评为“市级卫生村”。

1984年，屈店村安立荣家庭被评为“天津市五好家庭”。

董新房村

董新房村位于北辰区中部，北运河右岸、外环线西侧。东隔外环线与桃花寺村为邻，西与王秦庄村接壤，北至北运河，南临近津保高速公路立交桥。该村呈南北长方形，占地面积6.34万平方米。1994年在外环线内侧建新村，盖250间民宅，面积扩展到8.97万平方米，人均住房面积增至21平方米。2015年，该村户籍人口522人，长期固定资产63万元，村集体经济总收入275万元。

董新房村村碑　　（2016年摄）

一　村庄沿革

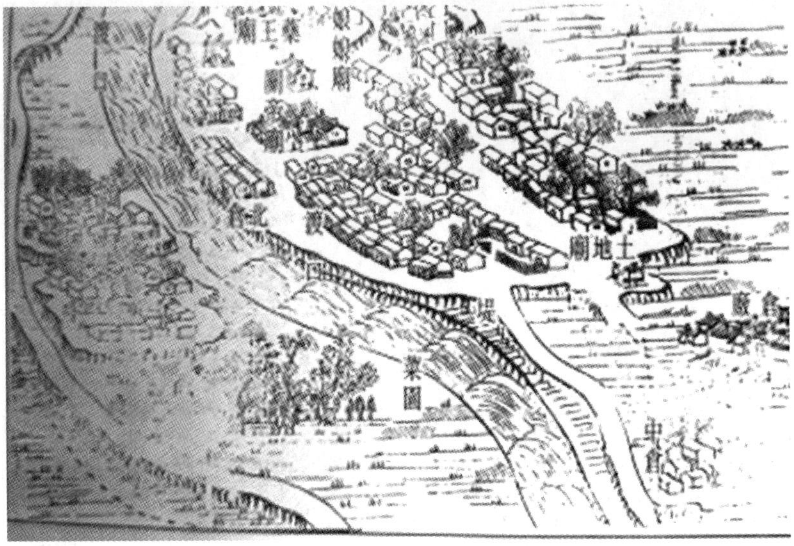

清道光二十六年（1846年）《津门保甲图说》中的董新房村

始建清康熙年间（1662—1722年）。据传康熙帝微服私访经过此地，脚夫董槌子供其食宿，因护驾有功，帝悦为其建房，始称董家新房，后有人聚居，村名遂称董新房。据清道光二十六年（1846年）《津门保甲图说》所载：村名原董家新房，村西有娘娘庙，两层大殿，前殿为老爷庙，关羽居中坐像，关平、周仓左右站立；后殿有三霄娘娘、泰山娘娘、东顶娘娘、送子娘娘、眼光娘娘。

清乾隆元年（1736年），西沽巡检辖董新房。光绪三十一年（1905年），天津县北乡十九区辖董新房。民国38年（1949年），隶属天津县八区。1953年7月，王秦庄乡辖董新房。1958年10月起，隶属红桥区幸福人民公社。1963年3月，归北郊区李嘴公社管辖。1974年12月，划归北仓公社。1983年3月，隶属北仓乡。1986年10月后，隶属北仓镇。

二　道路河流

道路　至2016年，村周边有3条公路，其中高速公路1条，为津保高速公路；省道2条，分别为外环线、津永公路。

河流　至2016年，流经村域或村边界的主要河流有2条，分别为北运河、外环河。

三　人口方言

人口　据《典籍中的北辰》载，民国23年(1934年)，董新房村有98户512人。据统计资料载，1962年，该村有83户342人；1980年，有116户462人；2000年，有171户531人；2015年，全村乡村总人口190户615人，从业人员282人。2016年，有178户616人。

民族　据《天津市北辰区地名志》记载，至1995年，该村村民均为汉族。至2016年，该村村民亦为汉族。

姓氏　2016年，全村共有25个姓氏，主要姓氏为李、杨、宋、张四大姓氏。其中张姓家族按汉、玉、书、西或锡、起等字排序。

方言　该村基本属于津北（北辰、武清）方言片，是天津方言中的一部分。它与天津方言大致相同，但发音不同于天津话阴平音的低平声调，也没有过重的齿音字。随着人们文化程度的提高和普通话的普及，近年来境内一些方言及语言已被普通话代替。

四　耕地状况

据董新房村上报村情调查资料表明：中华人民共和国成立后，村耕地最多年份为1967年，面积829亩。其耕地整体四至为，村北近北运河，村东邻桃花寺村，村西连接王秦庄村，村南耕地与韩家墅村、北仓村耕地接壤。1978年，耕地面积约为780亩。80年代中期修建外环线，1988年，建南曹铁路联络线；2003年，修建地铁1号线征地；2007年，外环线绿化带建设；2011年，辟建“双青新家园”，均占用了该村部分土地。2015年，该村有耕地650亩。

1978年董新房村所属耕地地块情况表

表1　　　　　　　　　　　　　　　　　　　　　　　　单位：亩

地块名称	位置	面积	地块名称	位置	面积
一耕区	村南	210	后地	村东	10
二耕区	村西南	150	姑女坟	村西	10
三耕区	村西南	200	上埂地	村北	10
六十亩	村南	150	大机房	村北	10
十三亩	村南	20	合计		780
仙家楼	村东	10			

1978年董新房村所属耕地地块示意图

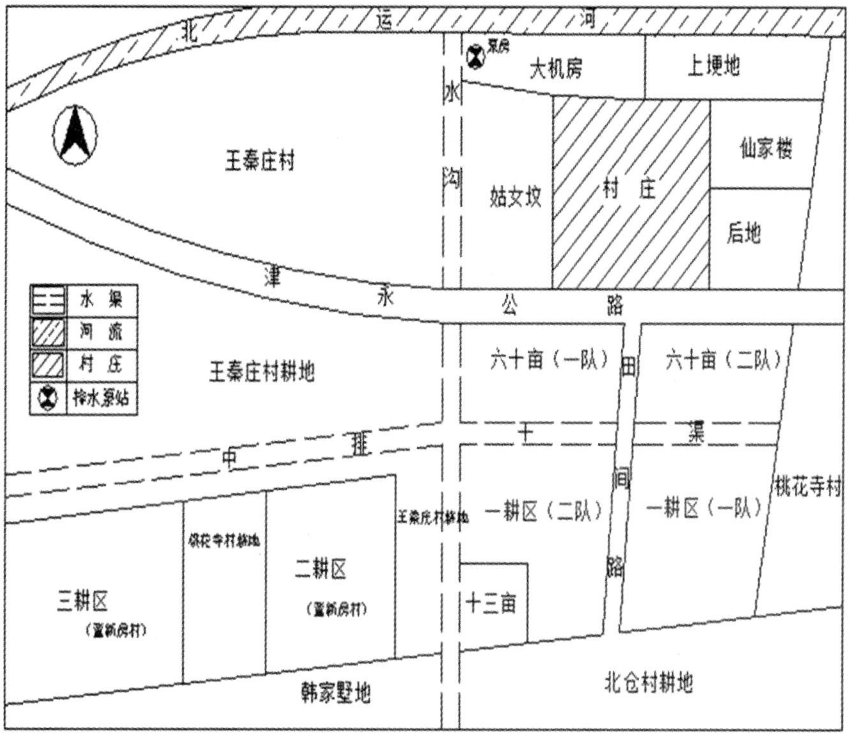

（2016年绘制）

五　街道胡同

中华人民共和国成立前，董新房村内街道胡同不整，均为土路。20世纪70年代前，村内除过境的津永公路（1966年铺设，沥青路面）外，街道胡同路面多为土路和炉灰路，一到雨季则泥泞不堪。进入80年代后，随着村经济的发展，实施了村庄道路改造。至2000年，该村街道胡同全部铺设了水泥路面，并安装了路灯。

董新房村西大街
（2016年摄）

2000年董新房村街道胡同情况表

表2

修筑年份	街道胡同名称	走向	起止	长度(米)
1966	津永公路	东西	村东至村西(村中路段)	250
1988	东大街路	南北	南起津永公路至河堤	300
1988	西大街路	南北	南起津永公路至河堤	300
1999	大堤路	东西	沿北运河右侧	200
1997	5条胡同	东西	东大街至西大街	400

六　旧村改造

董新房村为示范镇建设村。2003年，为修建地铁1号线，征地拆迁43户，拆迁面积3万平方米。2007年，实施外环线绿化带建设工程，大部分民宅拆迁。还迁房一部分安置在外环线内侧鑫发花园小区，还有一部分待解决。

七　公共设施

2000年，该村主要公共设施有村委会、卫生所、小学校、副食日用品店、水泵房等。

2000年董新房村街道胡同及公共设施示意图

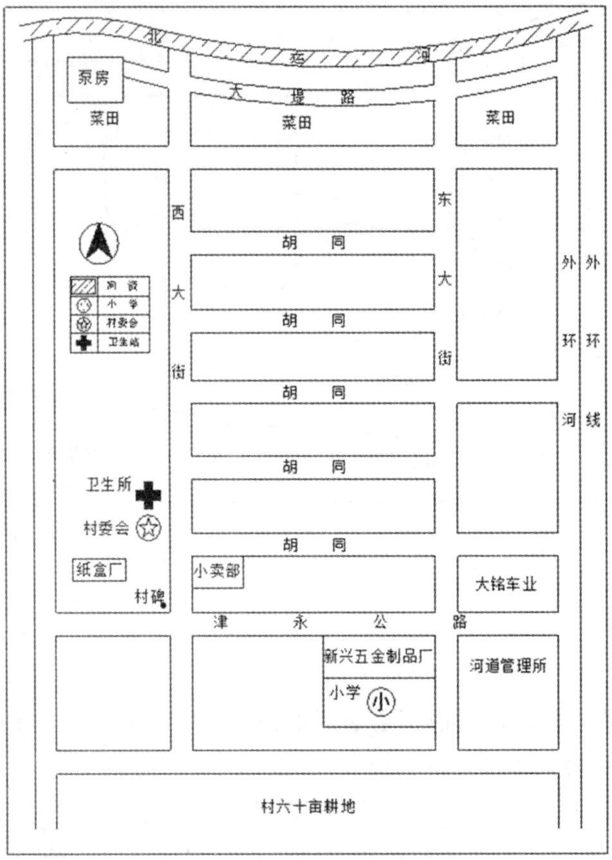

(2016年绘制)

八　经济概况

1979年，该村农副业种养水葫芦，面积3亩，年产量25吨。1990年，该村粮食播种面积250亩，年产量85吨；蔬菜播种面积79亩，年产量250吨。有大牲畜24头(匹)，生猪年末存栏35头，当年出栏32头，农业产值36.7万元。

90年代初期，村民赵辅林开始培育灵芝，逐渐发展成为专业户，被大家誉为“灵芝大王”。90年代中期，每年都培育出四五千株灵芝，年收入6万余元。天津区县联盟广播电台曾予以报道。2011年，引种南方名贵中药材铁皮石斛在北方人工繁育获得成功。

董新房村村民赵辅林人工培育成功的铁皮石斛（2016年摄）

1995年，粮食播种面积270亩，年产量103吨；蔬菜播种面积56亩，年产量290吨。有大牲畜27头（匹），生猪年末存栏160头，当年出栏增加到509头，农业产值159万元。

2000年，粮食播种面积120亩，年产量5吨；蔬菜播种面积46亩，年产量150吨；油料播种面积10亩。有大牲畜18头（匹），生猪年末存栏260头，当年出栏400头。2015年，粮食播种面积28亩，年产量14吨。有大牲畜20头（匹）。

该村最早的队办企业是五金厂，1979年，实现净产值5.99万元。1980年，开办生产纸盒的津北新红纸制品厂。80年代中期建手表元件厂。1989年，成立新兴五金制品厂，属福利企业，生产电缆轴；2000年，销售收入近500万元。1998年，建百盛精密电器配件厂，产品为电线卡。2000年，销售收入563万元。1999年，建大铭车业有限公司，生产自行车及零件；2000年，销售收入1623万元。

1985年，该村工业产值32.5万元。1991年，村工业产值333万元。1995年，村工业产值809万元。2000年，有工业企业5家，年产值1740万元，工业固定资产原值233万元。2015年，村集体经济总收入275万元。

董新房村村民赵辅林培育的灵芝（2016年摄）

九　历任党政负责人

1958年，该村建独立党支部。至2016年，共有8任村党支部书记。中华人民共和国成立后，董新房村在不同时期先后成立村公所、生产大队和村民委员会。至2016年，先后有8人次当选为村政负责人。

1958—2016年董新房村党组织负责人任职情况表

表3

党组织名称	姓名	性别	职务	任职时间
党支部	刘绍良	男	书记	1958—1958
	毛玉茹	男	书记	1958—1968
	王玉敬	男	书记	1968—1972
	杨树奇	男	书记	1972—1984
	侯树林	男	书记	1984—2000

续表

党组织名称	姓名	性别	职务	任职时间
党支部	李宝文	男	书记	2000—2008
	杨辰猛	男	书记	2008—2015
	徐立国	男	书记	2015—

1953—2016年董新房村村政机构负责人任职情况表

表4

村政机构名称	姓名	性别	职务	任职时间
村公所	侯永才	男	村长	1953—1957
生产大队	李宝贵	男	大队长	1957—1967
	侯树林	男	大队长	1967—1980
	李宝文	男	大队长	1980—1983
	周立生	男	大队长	1983—1984
村民委员会	周立生	男	主任	1984—1993
	李宝文	男	主任	1994—2012
	李立洁	男	主任	2012—

刘园村

刘园村位于北辰区中部，北仓镇西南部，北运河右岸。东面隔北运河与北仓村相望，西与韩家墅村土地接壤，南与天穆镇王庄村和瑞景街道社区为邻，北面是桃花寺村。津永公路两侧为刘园新村。该村呈T字形，占地面积9.88万平方米。20世纪90年代，人均住房面积20平方米。2015年，该村户籍人口1497人，长期固定资产1.93元，村集体经济总收入1056万元。该村拥有国家级非物质文化遗产——刘园祥音法鼓。

刘园新苑　　（2014年摄）

一　村庄沿革

清雍正年间（1723—1735年）成村。时刘姓为北仓赵姓种菜，始称刘家菜园，亦称刘家园。清末称刘园。据道清光二十六年（1846年）《津门保甲图说》所示：村名原为刘家园，村东南有一菜园，与北运河对岸的北仓村有两处渡口。据光绪二十五年（1899年）《重修天津府志》载：境内北运河渡口有刘园渡（俗称小摆口）、北仓渡（俗称大摆口）、桃花寺渡、王秦庄渡、李嘴渡5处。

清乾隆元年（1736年），西沽巡检辖刘园。光绪三十一年（1905年），天津县北乡十九区辖刘园。1949年3月，隶属天津县八区。1953年7月，为王庄乡辖属村。1958年10月起，隶属红桥区幸福人民公社。1962年2月，隶属北郊区北仓公社。1983年3月，隶属北仓乡。1986年12月后，隶属北仓镇。

二　道路河流

道路　至2016年，该村周边有5条公路，其中高速公路1条，为津保高速公路；省道2条，分别为外环线、津永公路；区道2条，分别为北韩公路、北辰道。

河流　至2016年，流经村域或村边界的主要河流有2条，分别为北运河、外环河。

三　人口方言

人口　据《典籍中的北辰》载，民国23年（1934年），刘园村有144户903人。中华人民共和国成立后，据统计资料载，1962年，该村有187户860人；1980年，有278户1153人；2000年，有467户1453人；2015年，有乡村总人口486户1510人，从业人员608人。2016年有438户1520人。

民族　据《天津市北辰区地名志》记载，至1995年该村村民均为汉族。至2016年，该村村民亦为汉族。

姓氏　2016年，全村共有40个姓氏，主要姓氏有刘、王、沈、张、李、赵、杨、田等。

辈分　沈姓家族按：树（或玉）、致、洪、建、春（或旭）等字排序。

王姓家族按：凤、单字，廷、继、单字、哲等字排辈。

方言　该村基本属于津北（北辰、武清）方言片，是天津方言中的一部分。它与天津方言大致相同，但发音不同于天津话阴平音的低平声调，也没有过重的齿音字。

四　耕地状况

中华人民共和国成立后，该村耕地最多年份为1964年，面积1223亩。据刘园村上报村情调查资料表明：1978年，耕地面积约为1080亩。其耕地四至为，村东为北运河对岸是北仓村，村西耕地接韩家墅地，村西北刘园苗圃连接桃花寺村，村南接王庄村。2001年，实施北运河治理改造，村南的南菜园被占用；2003年，建地铁一号线，村西的六十亩、二十五亩等地块被占用；2007年，城中村改造，刘园村东南的耕地均被占用。

1978年刘园村耕地地块情况表

表1　　　　单位：亩

地块名称	位置	面积	地块名称	位置	面积
北菜园	村北	100	五十亩	村西	50
南菜园	村南	100	自留地	村西	30
十七亩	村西	100	骆家坟蔡家坟地	村东南	150
六十亩	村西	300	许二爷地	村东南	100
二十五亩	村西	150	合计		1080

1978年刘园村所属耕地地块示意图

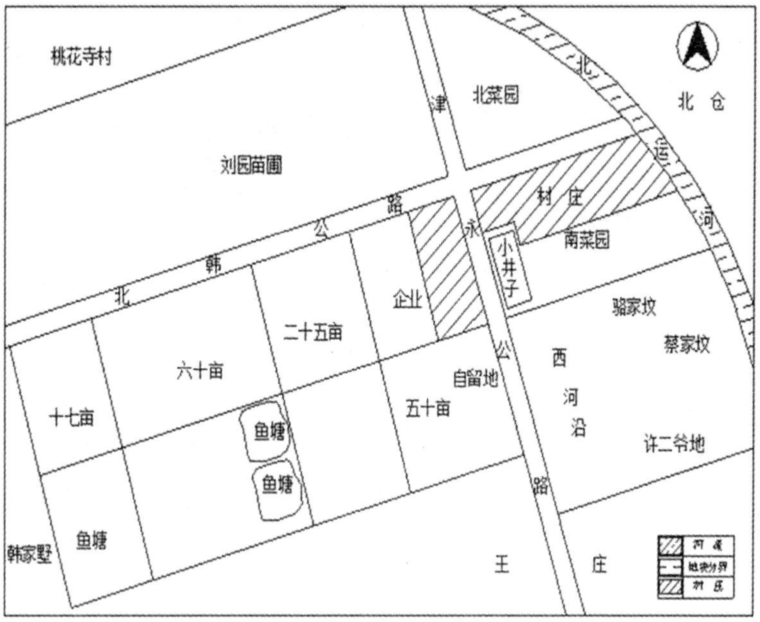

（2016年绘制）

五　街道胡同

20世纪70年代前，村内除过境的津永公路（1966年铺设，沥青路面）外，街道胡同路面多为土路和炉灰路，一到雨季则泥泞不堪。1977年，该村对北韩公路、跃进大街、幸福大街等主要街道铺设了沥青路面。1989年，实施了村庄道路的整体改造，村内全部铺设了沥青或水泥的路面，并安装了路灯。

2000年刘园村主要街道胡同情况表

表2

修筑年份	街道胡同名称	走向	位置	长度（米）
1966	津永公路	南北	村南至村北（经村路段）	1000
1977	北韩公路	东西	津永路至外环线	2000
1977	跃进大街	东西	北运河至友谊胡同	350
1977	幸福大街	东西	北运河至津永路	500
1989	北中街	东西	东起津永路 西至外环线	100
1989	南中街	东西	东起津永路 西至外环线	100
1989	光明大街	南北	村北至南中街	500
1989	中街	南北	村北至跃进大街	50
1989	育红胡同	南北	幸福大街北侧	50
1989	水厂胡同	南北	幸福大街北侧	50
1989	团结胡同	南北	幸福大街北侧	50
1989	立新胡同	南北	幸福大街至跃进大街	50
1989	友谊胡同	南北	幸福大街至跃进大街	50
1989	向阳胡同	南北	幸福大街至跃进大街	50

2000年刘园村新村街道胡同示意图

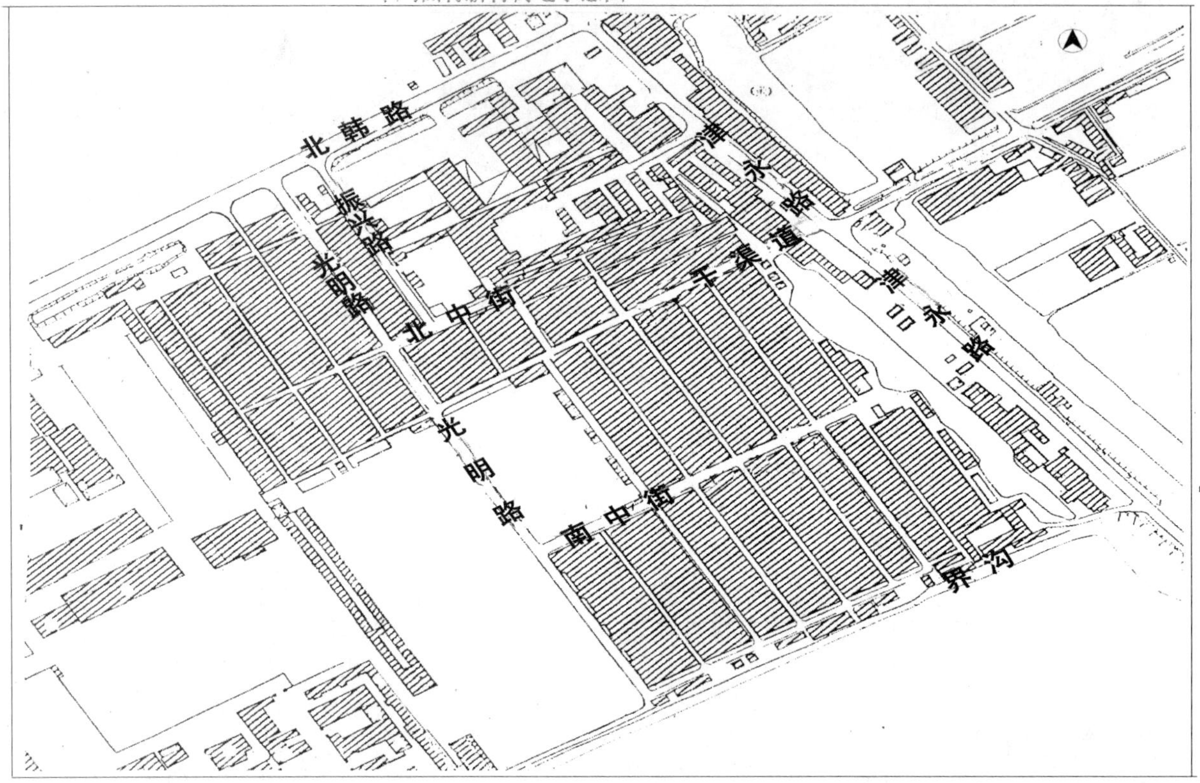

（2016年绘制）

2000年刘园村老村部分街道胡同及公共设施示意图

（2016年绘制）

六　公共设施

2000年，该村有村委会、卫生所、小学校、副食店、祥音法鼓会所等公用设施场所。2007年12月，地铁1号线正式运营，刘园村设终点站。

七　旧村改造

2007年，启动环内城中村拆迁改造，共拆迁620户、面积8.4万平方米的平房。是年，在北辰道与辰兴路，辰昌路旁建还迁房；2009年，建成10万平方米还迁房。2010年12月，村民全部入住新小区——刘园新苑。该小区占地200亩，建设楼宇23幢楼，设计房型有56平方米的独单、90平方米偏单及130平方米的大户型，建筑面积10.41万平方米。

八　经济概况

20世纪60—70年代，该村种植的小架西红柿、大叶菠菜较有名气，成为境内的当家品种蔬菜，远销到北京及东北。

1981年，该村建养鸭场，饲养鸭1000只；1985年，发展到2900只，并建立鸭蛋腌制作坊。1990年，生猪存栏400头，当年出栏604头，位居镇内第二位。

70年代，有队办五金厂、鞋底厂。至80年代中期，该村又办起皮鞋厂、轮胎厂、水暖器材厂、机械加工厂、运河机械厂、津联木箱厂、津联纸制品、北大工具等小型工厂。1995年，该村建立一家生产矿泉水的珀普乐公司，有固定资产300万元；2000年，该公司销售收入488万元。

城中村改造后，村经济收益有了一定的提高。从2012年起，每年收益都在1000万元以上，其中大酒店一栋面积11000平方米，现租赁给福建星程酒店管理，每年租金280万元；商务大厦一栋，面积9000平方米，招商入驻各类企业26家，每年租赁收入160万元；经营性商业公建3000平方米，综合办公楼一栋，面积2600平方米，每年租赁收入70万元；在武清区曹子里工业区，购置国有工业用地200亩，注册成立昊宇工贸和博誉建筑两个公司，建设钢结构标准厂房8万平方米。村里以招商的形式对外租赁，入驻生产型企业15家，每年产生租金收益600万元。村集体每年总收入1100万元，主要用于老年人养老补贴、村民年节福利、大病统筹补贴、物业管理等方面的支出。

“农业学大寨”典型　60年代初期，刘园村科技队“昆虫预测”成果受到区农林局重视和推广。刘园大队曾是“农业学大寨”先进典型。1975年9月，在该大队召开现场会，刘园大队介绍经验。1977年，出席全国农业生产大会。

村民福利　从2004年起，该村村委会为所有符合社保条件的村民都上了社会统筹养老保险，一部分退休村民已经享受到养老金待遇。为获校级、区级、市级三好学生分别奖励300元、400元、500元。为考上大学本科的学生，一次性奖励6000元。为男60岁、女55岁的退休村民每人每月发放1000元的退休补贴。参加大病统筹的村民住院费实行100%报销。

九　民间文化

刘园祥音法鼓会　该法鼓会享誉津门，是天津市最早被选入国家非物质文化遗产的单位。中国民间文艺家协会主席冯骥才曾多次带领国内外专家到会里进行考察，并捐款5万元支持法鼓会的保护、传承和发展。刘园祥音法鼓会始建于清道光八年（1828年），是由晚清将领曹克忠资助及刘园村民集资兴建的公益性花会。刘园与北仓村关系密切，法鼓会又象征着娘娘的乐队，所以必然参加北仓皇会的演出。它也是观众喜闻乐见的一道花会。

刘园祥音法鼓老会的表演角色主要有8种，包括引锣、二锣、鼓、铙、钹、铛铛、镲铬的敲击者与茶炊子的表演者。设摆器具20多种：有门旗、高照、软对、硬对、灯牌、圆笼、八方盒子、茶箐、样箐、衣箱、茶炊子、九莲灯、手挑灯、气死风灯、大纛旗、引锣、木凳、鼓箱子等。

刘园祥音法鼓会至今有近200年的历史，已传承了5代。第一代传承人王有林（1829—1924）；第

刘园祥音法鼓大会　　　（2012年摄）

二代传承人丰奎（1874－1970）、赵晓峰（1875－1961）；第三代传承人丰振贵（1924－2010）、魏祥云、丰振富（1930－1993）；第四代传承人王桂秋、田文起、王子才；第五代传承人刘玉新、王旭。2006年，北仓镇刘园村委会出资举办祥音法鼓培训班，吸纳20多名"90后（1990年以后出生）"会员。此后每年出资复制新会具，更新会服。

2007年6月8日，刘园祥音法鼓被天津市人民政府列为第一批市级非物质文化遗产项目。2008年6月7日，该法鼓被文化部批准列为第二批国家级非物质文化遗产项目。2010年，该村又出资30多万元兴建面积160余平方米的新会所，并购置设备。是年，被天津市文广局评为非物质文化遗产保护示范基地。

书画家王超　民国28年（1939年）出生于刘园村，1963年毕业于中央美术学院中国画系，任中国人民大学培训学院教授、高级研修班导师，中国美术家协会会员，中国作家协会会员，中国国学研究会副会长，天津王超书画院院长。王超多次回家乡参与法鼓会活动，还为法鼓会捐赠书法匾额和书法作品。

十　英烈先贤

曹克忠（1826—1896），字荩臣，刘园村人。原姓赵，因家境贫穷，年幼时过继其舅王秦庄人曹清顺。咸丰五年（1855年）投湖北按察使李孟群部为伍，由兵勇升迁至甘肃、兰州、广东水师提督。曹克忠为人骁勇，是清廷镇压太平军、捻军的干将。在王秦庄修过河堤、关帝庙，办过花会。光绪二十年（1894年），清廷与日本交恶，复受命办天津团练，统津胜营15000人分驻各海口。史馆立传，原籍及"立功"省份建祠。子铁林袭荫。

张振富

张振富（1940—2000）　刘园村人，著名歌唱家，国家一级演员。是广大百姓和部队官兵喜爱的一位歌唱艺术家。1972年，他调至战友歌舞团。至80年代，与耿莲凤合作表演的二重唱歌曲，被港澳同胞誉为"中国的一对绝唱"。他参加演出数千场，演唱歌曲500余首，且多次出国演出。曾获全军调演示范奖、演员一等奖，立二等功1次、三等功2次，受嘉奖多次。1997年年初，他身患肺癌，仍坚持演出，并在吉林省四平地区开办"响铃艺术学校"，任校长。

十一　历任党政领导人

1954年，刘园村建立党支部。至2016年，共历10任村党支部书记。中华人民共和国成立后，该村在不同时期先后成立村公所、生产大队和村民委员会。至2016年，先后有12人次当选为村政负责人。

1954—2016年刘园村党组织负责人任职情况表

表3

党组织名称	姓名	性别	职务	任职时间
党支部	王振江	男	书记	1954—1955
	张庆平	男	书记	1955—1958
	王立德	男	书记	1959—1963
	曹仲卿	男	书记	1964—1965

续表

党组织名称	姓名	性别	职务	任职时间
党支部	王文录	男	书记	1966—1977
	张振贵	男	书记	1977—1978
	张士俊	男	书记	1979—1984
	王树新	男	书记	1984—2000
	刘士才	男	书记	2001—2012
	沈建新	男	书记	2012—

1949—2016年刘园村村政机构负责人任职情况表

表4

村政机构名称	姓名	性别	职务	任职时间
村公所	王振江	男	村长	1949—1953
村公社	李汉相	男	村长	1953—1956
	李致金	男	村长	1956—1957
生产大队	曹仲卿	男	大队长	1957—1964
	沈致泉	男	大队长	1964—1965
	王振东	男	大队长	1965—1977
	曹仲卿	男	大队长	1977—1983
村民委员会	闻兆慈	男	主任	1983—1992
	杨志忠	男	主任	1992—2000
	刘士才	男	主任	2000—2006
	王　军	男	主任	2006—2012
	王宝富	男	主任	2012—

十二　荣誉

1950—2016年，刘园村共获市局级及以上集体荣誉2次。

2015年，村民沈建新被天津市政府评为“天津市劳动模范”。

1950—2016年刘园村获市局级及以上先进集体荣誉表

表5

授予时间	获奖单位	荣誉名称	授予部门
1977	刘园大队	天津市农业学大寨先进单位	天津市革命委员会
2009	刘园村	首批天津市民间文化特色村	天津市文化局

三义村

三义村位于北辰区中部，北仓镇东北部。京山铁路北仓火车站东侧，村东耕地与北仓村耕地相接，北至新引河，南近北辰道。该村呈长方形。90年代，村占地面积12.54万平方米。住宅均为砖木结构平房。1997年，三义村建二层住宅楼12幢，建筑面积2316平方米，人均住房面积23.22平方米。2015年，该村户籍人口1020人，长期固定资产1160万元，农村经济总收入2519万元。

三义村村委会办公楼　　（2016年摄）

一　村庄沿革

民国23年（1934年）建村，因铁路职工李、阎、张姓居此，习惯称北仓火车站。1950年因工务段、车站职工和当地农民和睦相处，遂依“桃园三结义”之意，称之为三义村。为回汉两族共居村落。

1953年7月，三义村为北仓乡下属村，并成立青春农业生产合作社。1958年10月起，隶属红桥区幸福人民公社。1962年2月，隶属北郊区北仓公社。1983年3月，隶属北仓乡。1986年12月后，隶属北仓镇。

二　道路河流

道路　至2016年，三义村周边有4条公路，其中省道1条，为外环线；国道为津榆公路；区道2条，分别为北辰道、铁东路。

河流　至2016年，流经村域或村边界的主要河流有3条，分别为新引河、永定新河、外环河。

三义村附近的铁东路路段
（2010年摄）

三　人口方言

人口　据统计资料载，1962年，该村有91户348人。1980年，有161户584人；2000年，有273户650人；2015年，乡村总人口282户人口762人，从业人员450人。2016年，有272户764人。

民族　据《天津市北辰区地名志》记载，1995年，该村有回族152人、汉族623人。据村情调查，至2016年，村民多为汉族，回族人口占40%。

姓氏　2016年，全村共有33个姓氏，主要姓氏有张、王、李、刘、杨等。其中王姓按德、凤、晓字排辈分。

方言　该村方言属于晋冀鲁混音片。

四　耕地状况

中华人民共和国成立后，耕地最多年份为1972年，面积521亩。其耕地四至为：北面至永定新河，村东与村南耕地与北仓村耕地接壤，西面至京山铁路。1978年，耕地面积约为400亩。 80年代中期至90年代修建外环线、外环河时，村北北河堤地被占用；修外环线辅道征地20多亩；建外环线辅道绿化带占地80亩。2015年，该村有耕地110亩。

1978年三义村耕地地块情况表

表1　　单位：亩

地块名称	位置	面积	地块名称	位置	面积
北河堤	村北	170	老园田	村东	140
水田	村北	40	菜田	村南	10
水田	村南	40	合计		400

1978年三义村所属耕地地块示意图

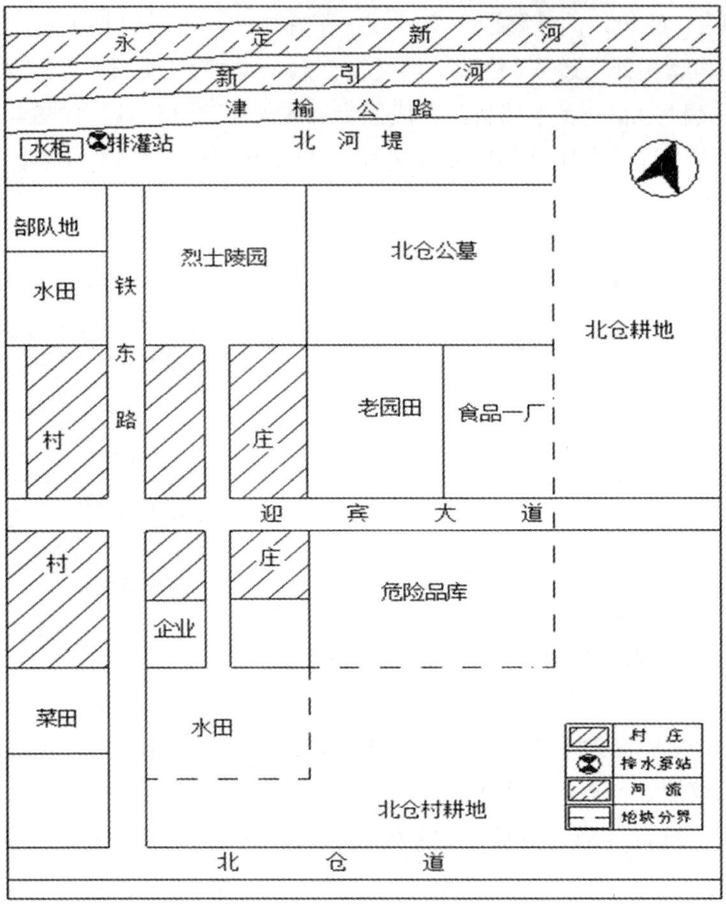

（2016年绘制）

五　街道胡同

20世纪70年代前，村内除过境的公路外，街道胡同路面多为土路和炉灰路，一到雨季则泥泞不堪。进入80年代后，随着村经济的发展，实施了村庄道路改造。至2000年，村内全部铺设了沥青、水泥、楼板或彩砖的路面，并安装了路灯。

2000年三义村主要街道胡同情况表

表2

修筑年份	街道胡同名称	走向	位置	长度（米）	结构
1993	铁东路	南北	穿村而过	1000	沥青
1995	迎宾道	东西	穿村而过	4000	水泥
1995	长寿大街	南北	北起花园北道南至迎宾大道	500	水泥
1995	花园北道	东西	西起铁东路东至长寿大街	50	水泥
1995	花园中道	东西	西起铁东路东至长寿大街	50	水泥
1995	花园南道	东西	西起铁东路东至长寿大街	50	水泥

六　公共设施

该村主要公共设施有小学校、托儿所、粮店、综合商店、清真寺、餐厅等。

村内建有清真寺，称三义村清真寺，始建于1985年，殿堂3间，建筑面积110平方米；1997年9月重建，占地面积900平方米，建筑面积306平方米。

2000年三义村街道胡同及主要公共设施示意图

（2016年绘制）

七　旧村改造

2003年，建京津城际高铁及铁东路拓宽，铁东路以西至铁路，铁东路以东100米之内村舍全部拆迁。此为该村第一次拆迁，涉及313户民房，拆迁面积2.6万平方米，以每平方米1800元标准进行补偿。2010年，因规划建设堆山公园重点工程，进行第二次拆迁，该次拆迁涉及321户民房，于2011年年底拆完，2013年多数村民还迁至蓝岸森林小区。

三义村清真寺

（2016年摄）

八　经济概况

因靠近火车站，1954—1955年，三义村青春农业合作社成立装卸队。1961—1976年，大队组建马车运输队。90年代中期，该村拥有农用汽车24辆，拖拉机1台。

1962年，该大队人均收入460元，为全公社最高。1979年，该村人均分配水平为333.3元，是全公社人均分配最高的大队。1993年，成为境内第一个市级明星小康村。1999年，三义村成为亿元村，人均纯收入8376元，为镇内人均收入最高村。2010年，农民人均所得1.48万元。

三义村大队党支部发动群众狠批资本主义倾向

夺得粮食丰收　为革命多作贡献

坚持“农业学大寨”，三义村夺得亩产千斤好收成（文载1970年12月30日《天津日报》）

1976年，建天津津北制桶厂，位于京山铁路北仓站东，建筑面积2635平方米。产品适用于各种固体化工原料、矿产品、农药等包装用。年生产能力50万只，1989年获市优产品，1990年获部优产品称号。2000年，该厂有职工126人，产值600多万元。“三义牌”缩口钢桶获部优和出口免验商品称号。

小尾寒羊良种基地（1995年摄）

1984年7月，建三义村仓库，投资40.7万元，占地面积3.07万平方米，库房面积4140平方米，主要储存化工原料，年收入24万元。1987年，营业收入6.36万元。

1995年，在该村建辰义良种羊繁育场，也称小尾寒羊良种基地，进行肉羊品种改良和良种羊繁育，种羊存栏2000只，占地4.53公顷，被列为天津市现代化农业示范项目，是北辰区畜牧业龙头企业之一。21世纪初，因公建占地而关闭。

2015年，村集体经济总收入2519万元。

九　历任党政负责人

1954年，该村设立村党支部。1998年6月，经镇党委研究批准，建村党总支。至2016年，共有4人次任村党支部（党总支）书记。中华人民共和国成立后，三义村在不同时期先后成立村公所、生产大队和村民委员会。至2016年，先后有8人次当选为村政负责人。

1954—2016年三义村党组织负责人任职情况表

表3

党组织名称	姓名	性别	职务	任职时间
党支部	王德荣	男	书记	1954—1966
	常全福	男	书记	1966—1984
	王德文	男	书记	1984—1998
党总支	杨建国	男	书记	1999—

1954—2016年三义村村政机构负责人任职情况表

表4

村政机构名称	姓名	性别	职务	任职时间
村公所	张金良	男	村长	1954—1957
生产大队	张金良	男	大队长	1957—1969
	李恩成	男	大队长	1969—1975
	刘俊财	男	大队长	1975—1978
	王德文	男	大队长	1978—1983
村民委员会	张凤全	男	主任	1983—1991
	杨建国	男	主任	1991—

十　荣誉

1954—2016年，三义村共获市局级及以上集体荣誉5次。1954—2016年，三义村共获市局级及以上个人荣誉7人次。

1954年—2016年三义村获市局级及以上集体荣誉表

表5

授予时间	获奖单位	荣誉称号	授予部门
1989	三义村党支部	天津市红旗党支部	市委农工委
1994	三义村党支部	天津市红旗党支部	市委农工委
2000	三义村	民主政治建设示范村	市民政局
2002	三义村	第二次农业普查先进集体	市统计局
2007	三义村制桶厂	重合同守信誉单位	市人民政府

1954—2016年三义村获市局级及以上先进个人荣誉表

表6

授予时间	姓名	性别	荣誉称号	授予部门
1982	王秀英	女	全国三八红旗手	全国妇联
1989	王凤全	男	全国新长征突击手	团中央
1992	杨建国	男	天津市劳动模范	市人民政府
2001			优秀共产党员	天津市委
2002			优秀村级党组织书记	市委组织部、市委农工委
2006			民族团结进步模范个人	市人民政府
2009			民族团结进步模范个人	市人民政府

双街镇

双街镇位于北辰区永定新河北、京津公路两侧，东与大张庄镇相连，西与双口镇毗邻，南接北仓镇，北与武清区接壤，总面积40.69平方千米，2016年，辖小街、庞嘴、汉沟、胡园、郎园、张湾、上蒲口、杨堤、柴楼、沙庄、双街、下蒲口、下辛庄、常庄、西赵庄15个村；辖双街新家园、万源星城、柴楼新庄园、小街新苑、上河花园5个社区居委会。全镇人口86542人，其中户籍人口12677户34205人，其中乡村人口28277人。生产总值完成101.5亿元，固定资产投资完成106.6亿元，农村居民人均可支配收入2.47万元。

明代，域内属武清县。清雍正九年（1731年）隶属天津县。民国7年（1918年），域内属天津县北乡；民国26年（1937年），抗日战争爆发后，属伪天津县。民国35年（1946年）9月，域内改属津武县六区；民国38年（1949年）3月，属天津县八区。1950年，域内改属天津县第四区。1953年7月，域内设汉沟、张湾、双街、常庄四个乡隶属天津市津北郊区；1955年6月，隶属北郊区；1958年4月，4个乡裁并为张湾乡；8月，归属幸福公社；10月，域内隶属红桥区；是年年末，幸福公社划为10个大队，其中张湾大队辖汉沟、上蒲口、下蒲口、小街、庞嘴、胡园、郎园、张湾、杨堤、双街、柴楼、沙庄12个生产队（常庄、西赵庄、下辛庄划分在李嘴大队）。1959年3月2日，幸福公社改称北仓公社，并实行管理区辖生产队制，张湾大队改为张湾管理区。1960年6月27日，张湾管理区称津北畜牧场双街分场。1961年5月，双街分场改建为双街公社。1962年2月，双街公社复隶北郊区。1963年3月，常庄、西赵庄、下辛庄3个生产大队划归李嘴公社。1977年11月，常庄、西赵庄、下辛庄划归为双街公社。1983年7月，双街公社改为乡，生产大队改为村和农工商公司。1992年3月6日，北郊区更名北辰区，域内隶属北辰区。1995年9月后，双街乡改镇建制。

中华人民共和国成立初期，境内交通尚欠发达。改革开放后，道路建设日新月异，纵横交错。至2016年，境内有滨保高速公路，国道京津公路，省道九园公路。滨保高速公路，该路起于郎园，止于宝坻区霍各庄镇九王庄村，境内段长3.7千米。京津公路，北起北京，东南至天津北辰区内引河桥北端，纵贯双街镇，境内道路线长7.2千米。九园公路，起于郎园，止于宝坻区霍各庄镇九王庄村，境内段长3.7千米。

境内有一级河道1条为北运河，二级河道1条为郎园引河。北运河，由小街村进入镇域，域内段长9.15千米。郎园引河，位于双街镇北部，流经郎园、北孙庄、大兴庄、辛侯庄，至北京机排污河右岸韩盛庄泵站，境内段长6.67千米。

附：

某某村示范小城镇建设房屋拆迁安置补偿方案

为了搞好示范小城镇建设，提高村民生活水平，改善居住环境，实现全镇总体规划目标。按照市、区委政府关于加快示范小城镇建设的部署要求和相关政策办法，结合 ×× 实际，制定《某某村示范小城镇建设房屋拆迁安置补偿方案》(以下简称《安置补偿方案》)。现发布如下：

一、拆迁人：北辰区双街镇 ×× 村民委员会

二、拆迁范围：纳入 ×× 村示范小城镇建设规划区域内的建筑物和构筑物。

三、被拆迁人(户)(下同)："宅基地使用证"的合法登记人；现有宅基地的合法实际使用权人及地上物的所有权人；村委会统一发放的宅基地，虽没有办理"宅基地使用证"，但经村委会确认的宅基地使用权人。

四、拆迁安置补偿方式：采取房屋实物还迁结合货币补偿的方式。

五、还迁房的位置：×× 还迁项目区内(最终以规划部门批准的规划区域为准)。

六、还迁办法

1.还迁依据：以"天津市北郊区居民社员建房用地使用证"(以下简称"宅基地使用证")上核载的土地使用面积和房屋建筑面积为依据。

经批准发放的宅基地，但没有办理"宅基地使用证"的，以村委会统一发放时确定的标准面积为依据。除此以外，被拆迁人不享受还迁面积。

2.还迁比例：有"宅基地使用证"的本村经济组织成员，按"宅基地使用证"证载面积1：1比例还迁；经历届村委会统一发放，并经现任村委会确认，但未办理"宅基地使用证"的，按村委会发放时确定的标准面积1：1比例还迁。

3.还迁期限：自拆迁验收合格之日起，30个月内还迁。

4.选房顺序：被拆迁人按照拆迁验收合格当天顺序确定当天抽签顺序，按抽签结果确定选房顺序，凡在12月8日之前拆迁的户，可先向村委会申请验收，并领取验收合格证，待拆迁启动日抽签选定选房顺序号。在确定还迁安置房区域内选房。

5.选房原则及差额计算：被拆迁人(户)选择还迁房的总面积必须接近应还迁的总面积。选择还迁房总面积超过应还迁面积10平方米以内的，按照优惠价(建设成本)每平方米4000元交纳超出面积款；超出10平方米以外的，按照市场销售价交纳超出面积款。例如：×× 被拆迁户应还迁总面积为160平方米。选择2套还迁房，建筑面积共计175平方米，超出应还迁面积15平方米。其中10平方米按照每平方米4000元，5平方米按照市场销售价，交付超出面积款。

6.货币补偿标准：被拆迁人(户)不愿意选择还迁房的，可以选择货币补偿。选择还迁房总面积少于应还迁总面积的，也以货币补偿面积差额。补偿标准为每平方米4000元人民币。补偿款在村民办理入住手续时一次性支付。

7.非本村集体经济组织成员购买本村房屋的，需提供具有法律效力的房屋转让(买卖)证明文件，按"宅基地使用证"证载房屋建筑面积1：1的比例还迁，院落面积不计算还迁面积。翻建、扩建的，新增建筑面积不计算还迁面积。选择还迁房面积超过应还迁面积的，超出面积按市场销售价付款。还迁时在拆迁人指定的区域内选择自己相应还迁房。

七、特殊情况处理办法：

1.×× 村集体经济组织成员之间转让(买卖)本村房屋，"宅基地使用证"变更为买受人的，以变更后的"宅基地使用证"使用人为还迁人(户)。未变更"宅基地使用证"使用人的，由现宅基地使用人提供具有法律效力的房屋转让(买卖)证明文件后，可以作为还迁人，有买卖合同纠纷的，本着先拆迁后

解决纠纷的原则处理。

2. 宅基地证载面积小于实际使用面积的，证外房屋高2.4米（含2.4米）以上的用于本户长期居住的房屋，按每平方米 2000元标准给予补偿，房屋高不足2.4米的非简易且用于本户长期居住的房屋，按每平方米1000元标准给予补偿。证外院落按每平方米500元标准给予补偿。

3. 未经批准在农用地、街道、胡同上建设的，用于本户长期居住的房屋、院落不计算还迁面积，房屋高2.4米（含2.4米），按房屋建筑面积每平方米1500元标准给予补偿，房屋高不足2.4米的，按房屋建筑面积每平方米500元标准给予补偿。院落不予补偿。

4. 在农用地上建设用于出租、养殖等经营性房屋，不计算还迁面积，按非住宅补偿办法进行补偿。

5. 本村集体经济组织成员老少三代或三个自然户以上（含三个自然户）在本村只有一处宅院实际共同居住，按照本方案确认的还迁面积小于150平方米，三代无法选择最小的一偏一独两套房屋的，可以选择面积最小的一偏一独房屋。每个自然户无法选择一个独单的，可以选择一个面积最小的独单。超出应还迁面积的部分，按每平方米2000元付款。以上被拆迁人也可将所选择的面积累加后，按照自己的意愿重新选择所需的还迁房，但家庭成员或自然户成员须向村委会提交达成协议的法律文书。

八、拆迁办法：

1. 被拆迁人与村委会签订《拆迁安置补偿协议书》。被拆迁人无法亲自与村委会签订的，出具《授权委托书》，可由委托人代为签订。

2. 签订《拆迁安置补偿协议书》时，村委会收回“宅基地使用证”、《土地流转协议》。“宅基地使用证”、《土地流转协议》丢失的，被拆迁人向村委会提交书面遗失声明。

3. 被拆迁人将房屋、院落内的全部物品腾空，由村委会验收，验收合格后发给《拆迁合格证》。

4. 被拆迁人自行拆除建筑物的，在拆迁期限内，拆除门、窗、檩、柁并由被拆迁户自行清运，出现安全事故自行负责，与村委会无关。砖、土等其他拆除物不得自行处理。

5. 房屋院落腾空后，被拆迁人不愿自行拆除建筑物的，被拆迁人可向村委会提交放弃申请，由村委会拆除，拆除物品归村委会所有。

6.2013年12月8日作为正式拆迁启动日。自村委会通知拆迁之日起，20日（含20日）内腾空房屋、院落，经村委会验收合格的，给予被拆迁人一万元（10000元）奖励。

7. 已经拆迁完毕，证载面积、村委会发放宅基地的标准面积与实际使用面积相一致，并且无证外建筑物的，给予被拆迁人五千元(5000元）奖励。被拆迁人（户）认为自宅证载面积小实际面积大的，可向村委会提出复尺丈量申请。凡是申请复尺丈量的被拆迁人（户），不管丈量结果如何，均不在享受五千元（5000元）奖励金。

九、临时安置办法：

1. 被拆迁人自行解决拆迁后的临时住房。自拆迁验收合格之日起，至接到办理还迁房入住通知次月止，每月发给被拆迁人（户）每宅租房补助费1500元。该租房补助费首付一年，以后按半年发放。

2. 因拆迁人的原因使被拆迁人在30个月内未能办理还迁入住手续的，自第31个月开始，拆迁人每月发给被拆迁人（户）租房补助费3000元，直至被拆迁人办理还迁入住手续之日止。

十、纠纷处理办法：

1. 因宅基地、房屋权属产生纠纷的，按照先拆迁，后解决纠纷的原则处理。经有关部门证据保全后先搬迁，不得以存在纠纷为由拒绝或阻止搬迁。

2. 在本《拆迁安置补偿方案》公布之日起5日内，纠纷的任何一方均有义务向村委会书面提出纠纷备案，超过5日不备案的视为无纠纷。

3. 纠纷当事人应当自行协商解决纠纷，协商不成的，可依法解决。村委会依据调解书、判决书等生效的法律文书进行安置补偿。

4.被拆迁房屋出租的，被拆迁人应当解除租赁关系。因房屋租赁出现的纠纷，由被拆迁人自行解决，不得影响房屋拆迁。

十一、影响全村整体拆迁处理办法：

1.在搬迁期限内拆迁人与被拆迁人未达成拆迁协议的，可由村委会申请依法拆迁。

2.对违法建筑，房屋所有人必须在公布的搬迁期限内自行拆除，超过搬迁期限的由有关部门依法拆除。

3.本村被拆迁人超过70%以上拆迁完毕，村委会不再负责村内水、电、路等基础设施的维护。未拆迁户可以自行维护，所产生的费用自行承担。

十二、其他事项：

1.本次拆迁每户必须将地上物一并拆除，不得选择性拆迁。

2.本方案中的还迁房面积，为房管部门最终测量核准的房屋建筑面积。

3.本方案经全村村民户代表大会表决通过，并报镇政府审查批准后生效实施。

4.本方案未尽事宜，经村两委班子研究，并报镇政府审查同意后以书面形式补充。

5.本方案自公布之日起实施，由村委会负责解释。

双街镇××村党支部

双街镇××村村民委员会

2013年11月26日

下辛庄村

下辛庄村位于北辰区中北部双街镇西南部，北运河西岸。村庄东距西赵庄村0.13千米隔北运河相望，南距永定新河1.2千米与北仓镇屈店村隔河相望，西与杨村部队农场相距1.5千米，北与下蒲口村相距1千米，与沙庄村龙顺庄园相邻0.1千米。该村占地面积2.7平方千米。2014年，该村集体经济总收入147.6万元，农民人均所得1.35万元。2015年，该村户籍人口1087人，长期固定资产124万元。

下辛庄村健身广场 （2007年摄）

一　村庄沿革

下辛庄村建于元代。北运河通航后，有蒙古族八旗后人衡氏在北运河边定居，后有蒙古族人在此落户，始称鞑靼辛庄。清代雍正至光绪年间先后称达子新庄、辛庄、上辛庄，民国年间称达子辛庄。1949年后，称达子辛庄（一说称南辛庄）。1962年定现名。

该村清雍正八年（1730年），划归天津县。乾隆元年（1736年），实行巡检辖村制，属时西沽巡检管辖称达子辛庄。光绪三十一年（1905年），天津县设4乡34区，属北乡第十八区管辖。中华民国时期，域内划为天津县北乡，设双街乡和汉沟乡，属双街乡管辖。民国38年（1949年）3月，天津县实行区辖村制，直属天津县第八区。1950年7月，并归属天津县四区。1953年5月，隶属常庄村小乡管辖。1958年4月，4个小乡裁并为张湾乡，属张湾乡管辖。1958年，归李嘴乡管辖。1960年6月27日，隶属津北畜牧场双街分场。1963年3月4日，隶属北郊区李嘴公社。1977年11月4日，并入北郊区双街公社，隶属北郊区双街公社。1987年，隶属北郊区双街乡。1992年3月6日，北郊区改称北辰区。1995年9月后，双街乡改制为镇，该村隶属北辰区双街镇。

下辛庄大桥　（2016年摄）

二　道路河流

中华人民共和国成立前，下辛庄村地处北运河西，交通十分不便，1949年后设渡口，村民乘摆渡后乘车到市中心，交通有所改进。1979年，建下辛庄大桥，交通得到改善。80年代后，村口常有小公共汽车来往，交通较为方便。

桥梁　1979年，下辛庄建一座跨北运河的钢筋混凝土结构大桥，在下辛庄与西赵庄村之间。因近下辛庄村故名。钢筋混凝土结构，由市政工程局设计，天津道桥公司施工。桥面宽6.5米，长56米，有护栏。桥有7孔，最大负荷量10吨。2002年进行整体加固。

河流　一级河道北运河，流经村域内。1981年以前，村民均饮用北运河水，是年年底，村里打了第一口深水井，建水塔一处。1982年春，村民告别饮用北运河水。

2001年，在离原水井200米处又打一口新井，深度为312米。

下辛庄村水塔　（2016年摄）

三　人口方言

人口　据《典籍中的北辰》载，民国23年（1934年），该村有134户690人；据统计资料载，1980年，有203户955人；2000年，有283户912人；2009年，包括外来人口有493户1267人；2016年，该村乡村总户数有392户1082人。

姓氏　该村共有姓氏28个，其中最大姓氏为王氏家族130户。其次为黄氏家族53户，自中华人民共和国成立初期至今排有8辈。第三为衡氏家族，起源于元代从蒙古族到村，有53户，衡氏家族是八旗子弟门户满族，后改为汉族。排行家族第四位为李氏家族为22户。第五为刘氏家族为21户。其他姓氏有田、路、果、寇、许、庞、贾、曹、熊、梁、陈、张、白、于、管、安等。

2016年下辛庄村部分姓氏谱牒字辈排序情况表

表1

姓氏	谱牒字辈排序
王	广、文、恩、立、建、德
黄	金、文、永、起、恩、凤、庆、子
衡	政、庭、昌、维、化、世、敬、庆、洪、仁、文、运、开、啟、甲、家、声、裕、已、辛

民族 自元代建村以来，村内居住的人口中，以汉族为主。元代建村时，衡氏家族是八旗子弟门户满族，后改为汉族。据《天津市北辰区地名志》载，1995年，该村全为汉族，957人。据村情调查，2016年，该村人口中有满族3户5人，其他为汉族。

方言 该村为北辰区武清方言片，该地方言与武清区杨村话相似，在全国方言片区上属北京官话区怀（来）承（德）片。

四 耕地状况

据下辛庄村上报村情调查资料表明：20世纪80年代，村有大块耕地8块，面积2117.59亩。2015年耕地面积1587亩。耕地四至：南与北仓镇屈家店村土地以道相隔，村西南角与该镇西赵庄村地以道相隔，村西侧下辛庄排干顶头与村部队农场以道相隔，村北大块地与沙庄村以渠为界，大河沟地块与双街镇下蒲口、双街以公路中间为界，村北的黄钱地（小豆地）与双街村以公路中间为界，村土地在1号渠至2号渠中间有西赵庄村插花地300多亩相连。

20世纪80年代下辛庄村所属耕地地块示意图

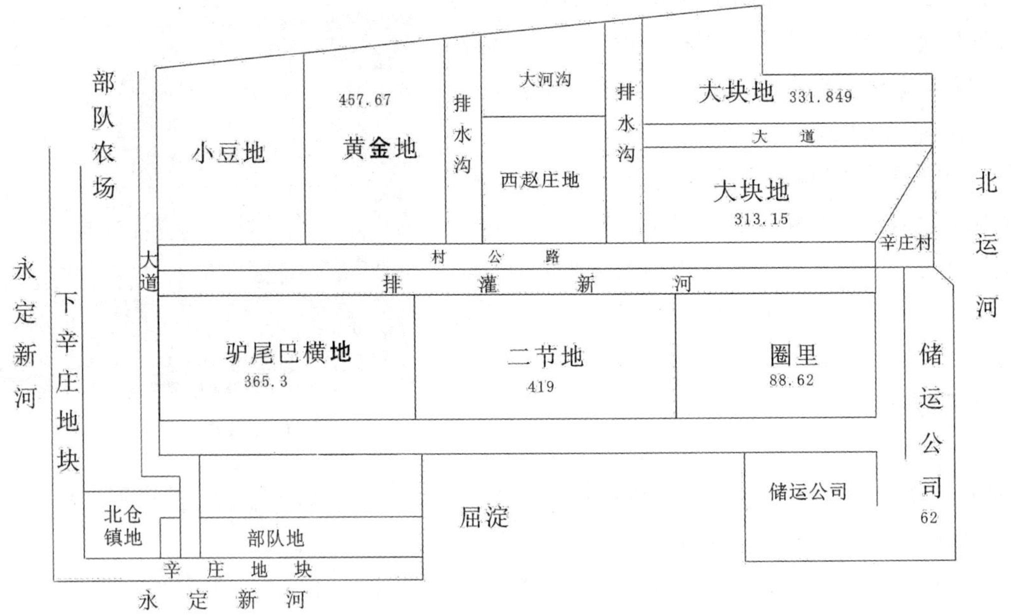

（2016年绘制）

涵闸 泵站 1976年前，有14英寸、12英寸两个大泵站，园田3处4～6英寸泵站，临时泵站2处。1978年挖1号渠，1979年挖2号渠，在村南建排灌站，建涵闸2处。1982年，打深水井2口，用于耕地灌溉。

20世纪80年代下辛庄村所属耕地地块情况表

表2 单位：亩

地块名称	耕地位置	面积	地块名称	耕地位置	面积
黄金地	村西	457.67	驴尾巴横地	村西	365.30
村北大块地	村北	331.85	二节地	村西	419
村西大块地	村西	313.15	圈里园田地	村南	88.62
储运公司	运河西	62	永定新河闲散地	村西	80
合计					2117.59

五　街道胡同

中华人民共和国成立前，村道路都是土路，地势低洼，无排水设施，十年九涝，道路泥泞不堪。

中华人民共和国成立后，政府帮助修路、建桥，村内环境有所改变。

20世纪80年代后，村内道路垫些炉灰渣、白灰渣等。

1985年，铺设连接下辛庄大桥的沥青路面。1986年，修建下辛庄至西赵庄的硬化路面，胡同逐步铺上红砖路面。

90年代后期，村内道路按规划实施改造，街道胡同拓宽调直，主要街道实现了全面硬化。该村有主要街道5条，胡同20条。

2002年下辛庄村街道情况表

表3

街道名称	位置	走向	长度（米）
新蒲路	通下蒲口	南北	300
北大街	村北主街	南北	300
南大街	村南主街	南北	300
西大街	村　西	南北	200
河堤路	运 河 边	南北	500

2002年下辛庄村主要胡同情况表

表4

胡同名称	位置	走向	长度（米）
东西大胡同	南大街西	东西	150
南台	南大街西	南北	50
顺利路西	村委会南	东西	100
顺意胡同	南大街西	东西	50
胜利路道	南大街西	东西	100
许家胡同	西大道东	南北	50
如意胡同	南大街西	东西	100
南大街西	南大街西	南北	100
南大街东	南大街东	南北	100
泰来胡同	南大街东	东西	120
顺利路东	南大街东	东西	150

续表

胡同名称	位置	走向	长度（米）
吉祥胡同	河堤西	东西	100
顺达胡同	北大街西	东西	100
辛蒲路东	辛薄路东	南北	100
新村一排	辛庄大桥南	南北	80
新村二排	辛庄大桥南	南北	80
新村三排	辛庄大桥南	南北	80
新村四排	辛庄大桥南	南北	80
新村五排	辛庄大桥南	南北	80
新村六排	辛庄大桥南	南北	80

2013年下辛庄村主要街道胡同及公共设施情况示意图

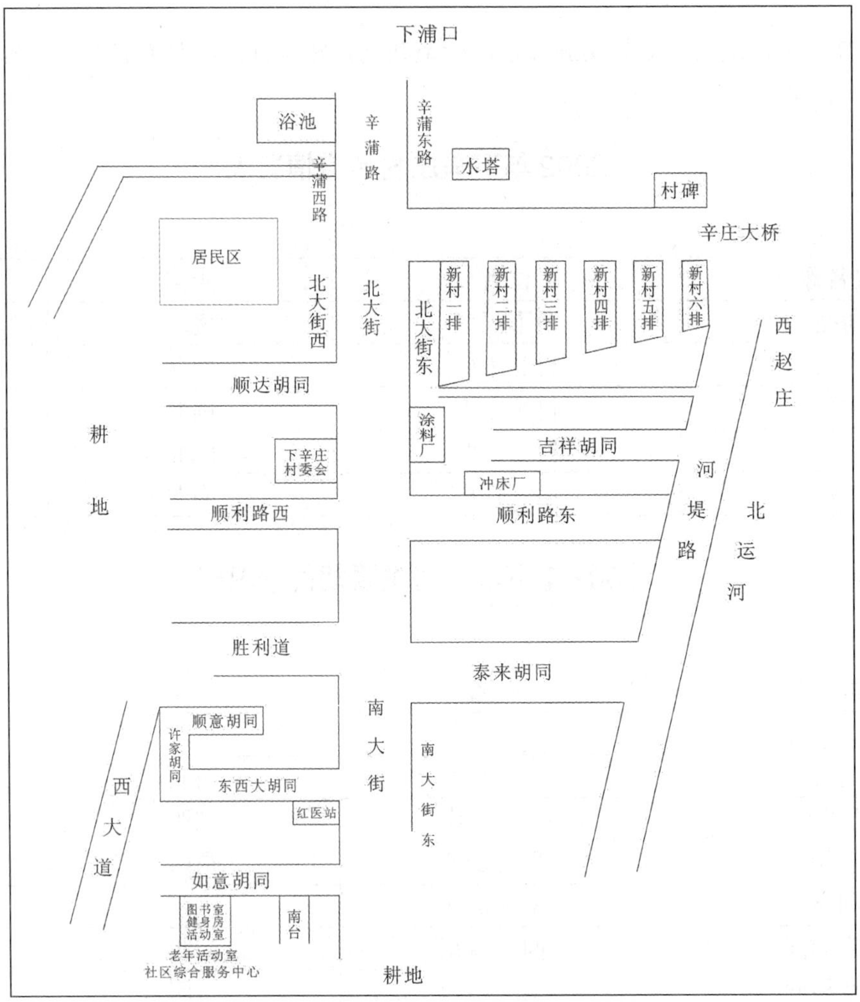

（2016年绘制）

下辛庄村民房　（2016年摄）

下辛庄村边小路　（2016年摄）

六　旧村改造

中华人民共和国成立前，村民住房多为土坯房和茅草房。自20世纪70年代中期始，村民逐步盖上砖木结构的平房。

20世纪80年代后期，村民盖房讲究家家独门独院，大门修建门楼，三四间北房带拐弯一两间。盖房子讲究贴瓷砖，打圈梁和地梁，使房子更加牢固。2013年12月8日，按照市、区委、区政府关于加快示范镇建设的步伐，全村民房相继拆迁，2015年，村民分散居住在双街村、北仓镇及武清区境内。

七　公共设施

中华人民共和国成立前，由于村子较小村内公共设施甚少，只有私塾、私人磨坊。20世纪60年代初，村内建起小学校、红医站、幼儿园、电磨坊、饲养处等。

70年代，建有小卖部、理发店、小饭店、早点部等便民设施，90年代，村里建立了村民健身公园、村民学校、幼儿园、卫生所、健身广场和社区综合服务中心等公共设施。

下辛庄村综合服务中心　（2016年摄）

八　经济概况

中华人民共和国成立前，村内无工业，村民生活主要靠农业种植、打零工或捕鱼、做小买卖为生。

中华人民共和国成立初期，村农业以种小麦为主，20世纪50年代，基本是一水一麦。一般的年景是刚收完麦子，大水就来了，水退下后，只能种一些大白菜和白萝卜。因自然灾害严重，经济基础薄弱。通过组织成立互助组、初级社，过渡到高级社，逐步建立集体经济。在计划经济体制下，村始终处于经济效益低，多年没有明显发展。

60年代，村内以种植粮食作物为主，农作物是小麦、玉米黄豆、山芋、谷子等。村集体以大队为中心辖4个生产小队。几个生产小队，都能收获几十万千克粮食，每年向国家交售几万千克粮食。生产的粮食除去上交公粮，剩下部分能够保证自给自足。另外，每个小队还有几十亩菜田，收获的蔬菜供应到天津市区。1966年，村里办起了第一个村办企业玻璃厂，产值达近百万元。

1978年，村里通过申请改为园田队，开辟园田340亩，种植的蔬菜多为计划种植，品种多样。主要供应市区。

1981年，村里实行家庭联产承包责任制。耕地分到了各家各户，调动了村民的种田积极性，粮食产量逐年增长。

90年代，村内逐步建立的村办企业有永昌五金冲压件厂、光明冲压件厂、广大新兴涂料厂、宏达化工厂、中达针织厂。到1995年，工业产值1000万元。

1995年，村里粮食播种面积1174.95亩，年产量325吨；蔬菜播种面积22.7公顷，年总产量1700吨；生猪出栏295头；农业产值230万元。

2000年，粮食播种面积1247亩，亩产千斤，蔬菜播种面积22.7公顷，年总产量4900吨。2007年，村里成立北辰区运河畜禽养殖专业合作社，该合作社位于下辛庄村内，占地面积1.78公顷，注册资本数百万元，系联合畜禽养殖户组建的民间合作组织。主要业务是组织采购、供应社员所需的农业生产资料；组织收购、销售社员及同类生产经营者的产品；开展成员所需的农产品加工、贮藏服务；引进新品种、新技术；开展技术培训、技术交流和信息咨询服务。近年已形成较为完善的产、供、销一条龙产业化体系。2013年年末，因推进小城镇建设，需拆迁而停业。

2008年前后，该村投资260万元建设特种（朗德鹅）养殖基地。

2010年，村里存在的企业有化工厂、冲床厂、铸造厂、安瓶厂、涂料厂，2家私人织布厂。村玻璃厂生产的产品为药用玻璃瓶，销往天津力生制药厂，东北燎原制药厂，北京、河北及内蒙古等地，产品畅销全国。2010-2011年，该村在黄金地建蔬菜大棚142个，投资几百万元。建成一年后，转给双街村种植。

九　民间文化

腰鼓队　高级社时，村里成立腰鼓队，有人员26名，腰鼓队由王恩兰负责，村里出资购买腰鼓和服装，逢年过节村里有当兵入伍的，腰鼓队集中列队表演以示欢送。

计划生育秧歌队　1994年，村成立秧歌队，邀请沙庄村殷家安做技艺指导，人员达到50多人，逢年过节进行表演，尤其春节大年初一，在全村进行流动表演。每年正月十五，连续多年参加区、镇组织花会表演。秧歌队负责人田福芹和张丽华，至2014年，村秧歌队不断完善编排花样、创新曲目，使表演具有娱乐性、观赏性。

十　英烈先贤

王国清（？－1947）　下辛庄村人，烈士。民国34年（1945年）参加革命，生前任天津县大队排长。1947年在安次县五道口景尔头村牺牲。

黄金祥（1866－1942）　字玉堂，下辛庄村人，后迁王秦庄。自幼家贫，但聪颖伶俐，年少即为该村护青以资家用。17岁被诬“监守自盗”，诉于天津县衙。同村李三先生愤而代拟辩状，金祥上堂据理直陈，遂判无罪。自此立志发奋。清光绪九年（1883年），逢晚清名将曹克忠募兵，遂攀为乡党，投军并被收为侍卫，先后驻防小站、沧州、山海关，累任把总、千总，10余年未离曹左右。甲午战争时期，海疆营地常受骚扰，金祥只身入“匪穴”招抚，因功晋蓝翎守备加都司衔，受慈禧“天语褒奖”匾。光绪二十二年（1896年）还乡，开祥德厚米面铺，又与曹克忠之子合营漕运，获利颇丰。光绪二十六年（1900年），八国联军据津北犯，金祥向退防北仓之清将马玉昆献“引白河汛水东灌，遍布水雷”“请以北仓漕粮万石赈修工事”之计，被采纳。金祥仗义疏财。离职时官兵曾赠万民旗伞多柄。光绪二十六年，水、旱、战祸频仍，黄金祥从南方运粮数万斤贩济难民，得众人“乐善好施”匾。民国元年（1912年），北京“正月十二骚乱”波及津郊，黄金祥亲赴韩家墅兵营游说慰抚，使沽北免遭变兵劫难，小街至桃花寺沿河21村赠“德必有邻”匾。民国6年（1917年）天津洪灾，又领衔奔走，呈天津县和直隶省民政厅，准在桃花口至凤河东堤修一小捻以挡洪水，得百姓“急公好义”匾。金祥深感学浅之苦，先后捐资兴办王秦庄小学堂、私立第五十小学，直隶省教育厅授“甄陶后进”匾。金祥一生共得匾13块。民国14年（1925年）12月，冯玉祥将军驻防韩家墅，曾偕夫人李德全赴黄宅拜访。“七七”事变后，金祥以年老为托词，拒受日伪大乡长职，令子少堂亦勿受该职。民国29年（1940年），驻双口伪县警备队以“私通八路”罪将其逮捕，后经津北乡绅联名具保获释。民国31年（1942年）春病逝，享年76岁。

衡耀庭（1884—1971） 字世恭，满族，下辛庄村人。其自幼接受家教，聪颖勤奋，吃苦耐劳。清光绪二十九年（1903年），衡耀庭筹措8块银圆，在天津城内河北大街开设白铁铺。初加工烟囱、炉子，后加工煤油灯，仿制桅灯，小店铺扩为作坊。民国2年（1913年），创办“三合成桅灯厂”，提出“请国人用国油、点国灯、扬国光”口号。民国12年（1923年），扩大企业规模，在三条石大街一带分别建厂房、公务房、财务房和库房。民国15年（1926年），从日本引进一台重约3吨的大型电动机床（冲床），时为华北地区同类厂家第一台先进设备。民国19年（1930年），该厂“蝴蝶牌”“宝珠牌”桅灯和“中字牌”灯头成为名牌产品，以质优、价廉独占中国市场。民国22年（1933年），在济南、郑州、武汉设立经销机构，在上海招代理商，上门订货者应接不暇。一些外商也去订货，30%的产品出口印度尼西亚、新加坡、马来西亚、菲律宾等国家。民国30年（1941年），受太平洋战争影响，煤油货源短缺，该厂停产。衡耀庭组织研制用植物油作燃料的桅灯，获得成功；投产后，产品畅销，企业规模迅速扩大。但日本侵略军将桅灯列为军用品进行控制，遂停止桅灯生产。他一面组织工人缝麻袋片，一面寻求其他出路。衡耀庭发现日本人使用的铝饭盒轻便、耐用，受到启发，遂决定批量生产铝饭盒。“三合成”再度兴旺发达，成为华北地区第一家生产铝制品企业。其产品注册为“新生”牌。衡耀庭注重企业管理，任人唯贤，视员工为亲人，不断提高其工资待遇。他出资为家乡建小学、修路，为下蒲口村渡口买船。乡人为其送匾“轻财重义”。1952年12月1日，三合成桅灯厂实行公私合营，更名为天津市公私合营铝品厂。1971年12月衡耀庭逝世，享年87岁。

十一　历任党政负责人

据下辛庄村上报村情调查资料表明：村党支部有记载是从1949年始，党支部经历11任党支部书记。村政机构先后经历村公所、生产大队、革命委员会、生产大队后过渡到村民委员会。

1949—2016年下辛庄村党组织负责人任职情况表

表5

党组织名称	姓名	性别	职务	任职时间
党支部	寇玉田	男	书记	1949—1958
	衡庆善	男	书记	1958—1961
	毛永平	男	书记	1961—1961
	衡庆善	男	书记	1962—1965
	黄敢余	男	书记	1966—1976
	李树和	男	书记	1976—1980
	贾树林	男	书记	1980—1983
	衡庆善	男	书记	1983—1985
	王立达	男	书记	1985—1986
	李树和	男	书记	1986—1993
	王立达	男	书记	1993—

1951—2016年下辛庄村村政机构负责人任职情况表

表6

村政机构名称	姓名	性别	职务	任职时间
村公所	黄志成	男	村长	1951—1953
	王国栋	男	村长	1954—1956
	黄恩甲	男	村长	1957—1958
生产大队	衡庆善	男	大队长	1958—1961
	王宝森	男	大队长	1961—1962
	衡庆善	男	大队长	1962—1965
革命委员会	曹德全	男	主任	1965—1967
生产大队	衡庆善	男	大队长	1967—1974
	王洪早	男	大队长	1975—1975
	李树和	男	大队长	1975—1976
	贾树林	男	大队长	1976—1980
	衡庆善	男	大队长	1980—1982
	贾树发	男	大队长	1982—1985
村民委员会	衡庆贺	男	主任	1985—1985
	王立达	男	主任	1986—1993
	贾树林	男	主任	1993—2006
	李树金	男	主任	2006—2009
	黄双来	男	主任	2009—2012
	田福金	男	主任	2015—

十二　荣誉

该村1951—2016年，获市局级及以上先进集体荣誉1项（次）；1951—2016年，获市局级及以上先进个人荣誉7项（次）。

2009年，下辛庄村获得天津市卫生局授予的“市卫生村”称号。

1951—2016年下辛庄村获市局级及以上先进个人情况表

表7

授予时间	姓名	荣誉名称	授予部门
1985	田福芹	农业系统劳动模范	天津市总工会
1993		1992年度市级基层计划生育先进工作者	天津市计生委
1994	田福金	三等功	51048部队
1999	黄双来	文明市民	市精神文明委
2012	衡庆安	天津市文明家庭	天津市妇联
2013		天津好人	天津市文明办
2014	王立达	五一劳动奖章	天津市总工会

常庄村

常庄村位于北辰区中北部双街镇西南部，在北运河东岸，京津公路西侧，南与屈家店闸相连，北与西赵庄村距0.5千米。该村呈南北长方形，占地面积2.5平方千米。2014年，该村集体经济总收入223.6万元，农民人均所得9000元。2015年，该村户籍人口576人，长期固定资产99万元。

常庄村航拍图 （2017年摄）

一　村庄沿革

常庄村建于元代，村名始称蔡氏口，元末改称邢家湾。明洪武元年（1368年）七月，明将常玉春率军征元，路过此地，将家属迁此，改村名为常家庄。1949年后称常庄子，后称常庄。

该村清代，雍正八年（1730年）划归天津县。乾隆元年（1736年），实行巡检辖村制，属时西沽巡检管辖称常家庄。光绪三十一年（1905年），天津县设4乡34区，属北乡第十八区管辖。中华民国时期，天津县北乡，设双街乡和汉沟乡，属双街乡管辖。民国38年（1949年）3月，天津县实行区辖村制，直属天津县第八区。1950年7月，并归属天津县四区。1953年5月，常庄村设小乡。1958年4月，4个小乡裁并为张湾乡，属张湾乡管辖。1958年，隶属李嘴乡管辖。1960年6月27日，隶属津北畜牧场双街分场。1963年3月4日，隶属北郊区李嘴公社。1977年11月4日，并入北郊区双街公社，隶属北郊区双街公社。1987年，隶属北郊区双街乡。1992年3月6日，北郊区改称北辰区。1995年9月后，双街乡改制为镇，该村隶属北辰区双街镇。

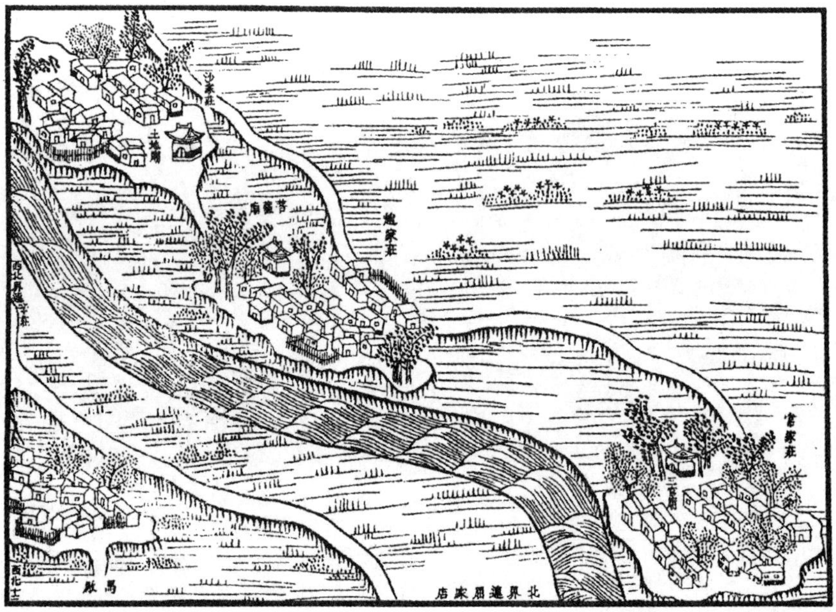

清道光二十六年（1846年）《津门保甲图说》中的常家庄（常庄）村

二　道路河流

中华人民共和国成立前，常庄村紧临北运河，村庄距京津公路稍远，有1000米距离，由于村内都是土路，村民出行较为不便。

进入21世纪，公交车725路、611路、607路等在村附近设站，规划地铁4号线设站，及私家车的拥有，道路的硬化，交通较为方便。

常庄村水塔　　（2016年摄）

镇级公路　20世纪90年代初，双街镇政府在北运河大堤东边南起屈店闸，北至小街村修建道路，长10.8千米，宽5米～6米，水泥路面，贯穿全村，1992年竣工。

北运河　一级河道，北运河流经村域内。中华人民共和国成立前，北运河上桥梁甚少，渡口就成了两岸间往来不可缺少的交通设施。早年的渡口分私渡、官渡、义渡3种。元代，常庄子设一渡口，当时称蔡氏口，相传一蔡姓人家在此经营渡口，旧时渡口一般子承父业，世袭经营。

1972年以前，村民均饮用北运河水，1972年，村内打饮水井一眼并建水塔一处，村民告别饮用北运河水。

永定新河 一级河道永定新河，流经村域内。村南路口与北辰区屈家店闸相连。

常庄村南的屈家店闸 （2016年摄）

三 人口方言

人口 据《津门保甲图说》载，清道光二十六年（1846年）境内村庄辖属，西北一带村庄图说，马厂在大道侧。其对河曰赵家庄，曰沙家庄，曰常家庄。三村相去不远，大堤外护，民舍颇繁。图内庙三、村四，西北界双街子。绅衿六户、铺户一十七户、烟户一百六十四户、佣作五十五户、负贩一十一户、船只六户、僧道二户，共二百六十一户（大口一千三十九口；小口四百一十四口）。据《典籍中的北辰》载民国23年（1934年），常庄村有100户610人；据统计资料载，1980年，有108户488人；2000年，有172户538人；2009年，有186户575人；2014年，有221户576人；2016年，237户576人。

姓氏 常庄村有姓氏20余个：大姓有常、刘、张3个姓氏。其他姓氏为王、孙、杨、黄、袁、殷、夏、时、陈、曹、郑、柴、郭、宋等姓。村里的常姓为3-4支，刘姓分南刘姓和北刘姓同性不同家。

常姓辈分排序：景、炳、宝。

民族 据《天津市北辰区地名志》载，1995年，该村全为汉族，543人。据村情调查，2016年，该村人口中有回族1户2人，其他为汉族。

方言 该村为北辰区武清方言片，该地方言与武清县杨村话相似，在全国方言片区上属北京官话区怀（来）承（德）片。

四 耕地状况

据常庄村上报村请调查资料表明：20世纪80年代，该村有耕地7块，总面积990.49亩。2015年耕地面积383亩。大部分地块分布在村子周围。耕地四至：东界为原红卫砖厂，南临村南大道，西临北运河，北与西赵庄村耕地接壤。

涵闸泵站 村内有泵站1处。

20世纪80年代常庄村所属耕地地块情况表

表1 单位：亩

地块名称	耕地位置	面积	地块名称	耕地位置	面积
机井菜地	村西	18.3	老河套地	村西	99.01
村北果园地	村北	70	家东地	村东	300
家东台上地	村北	117.88	河滩地	村南	288.3
新河套地	村西	97	合计		990.49

20世纪80年代常庄村所属耕地地块示意图

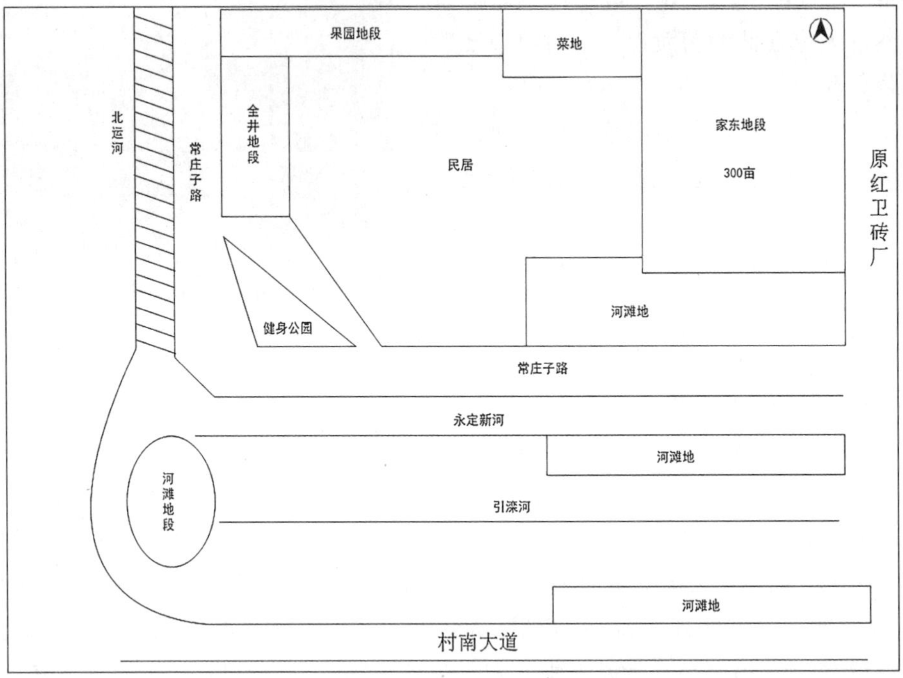

（2016年绘制）

五　街道胡同

常庄村街道　　（2016年摄）

中华人民共和国成立前，村民住房多为土坯房和茅草房。20世纪50年代后，村民住房有所改进，有的家庭逐步盖上了“穿鞋戴帽”的新房，即从房子的地基砌上几层砖，房顶卧上瓦。

1970年，清挖北运河淤泥结束后，旧村四面环水，一遇下雨，雨水无法排出，给村民带来不便，村集体提出搬迁，经过9年的时间，村民建砖窑烧砖。

1978年，全村完成当时的旧村改造。改造后的村庄井然有序，分为东，中，西三个区域，民房全部为砖瓦结构的平房。

70年代，该村道路，基本都是土路。1985年，村铺设通接京津公路的沥青路面。90年代后期，村里的道路按规划实施村庄改造，街道胡同拓宽调直，主要街道实现了全面硬化。村主要街道南北称富裕路，东西称跃进路。均沥青路面，有路灯。南北向胡同6条，东西向胡同6条。2016年有主要街道十米大街、中心大街、东大街、常庄子路等。

六　公共设施

中华人民共和国成立前，由于村子较小，公建设施较少。中华人民共和国成立后，村里先后建有常庄供销合作社、常庄粮店等公共设施。20世纪60年代，村里建立了卫生站、小学校、幼儿园、电磨坊、饲养处等。90年代后，村里先后建立村民学校、老年人活动中心。

2009年，该村投资10万元，重建建筑面积为260平方米的村级卫生所，建有设施齐备的健身公园。

常庄村村民健身公园　　（2016年摄）

常庄村儿童活动中心　　（2016年摄）

2016年常庄村主要街道及公共设施情况示意图

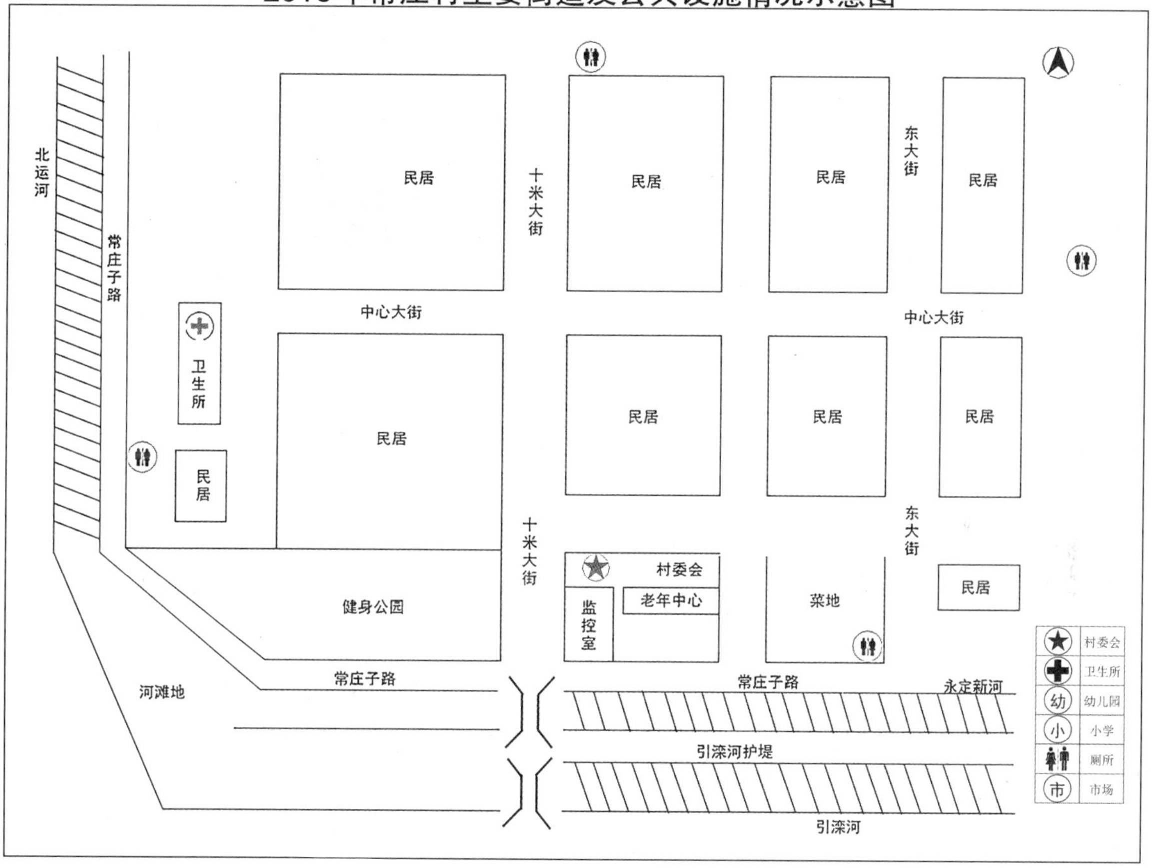

（2016年绘制）

七　经济概况

中华人民共和国成立前，村内无工业，村民生活主要靠农业种植、打零工为生，生活极为困苦。

中华人民共和国成立后，公社及生产队重视兴修水利。通过组织成立互助组、初级社，过渡到高级社，逐步建立集体经济，村民生活较为好转，1957年，在留足口粮、籽种之后，卖给国家小麦5000多千克，后发展家庭副业，另外生产队组织一些劳务出工。

20世纪80年代，先后建立常庄染整厂、华达助剂厂等村办企业，到1995年工业产值达到1932万元。

2009年，该村投资422万元，买回59.55亩原部队用地；投资230万元，从李嘴村购买139.95亩土地的所有权；收回部分村民300亩土地，实行土地流转集体统一经营，每年按每亩1000元价格补贴村民。将京津公路以西、北运河以东的地块连成片，为旧村改造奠定基础。

2010年后，村投资220万元，建成仔猪繁育和生猪育肥养殖基地，种猪存栏达170余头，年出栏肥猪1000头；兴办飞龙勤和混凝土制品有限公司（含搅拌站），占地49.5亩。

2007年9月，建成天津市泰天农副产品产销专业合作社，合作社位于常庄村北，法定代表人常宝成。时有社员51人，注册资金77万元。合作社占地面积19.95亩，水、电、路等基础设施齐全。猪场总投资400万元，建筑面积7000平方米，具有先进养猪设施和设备。该合作社系联合生猪养殖户组建起来的民间合作组织，通过信息传播、技术示范、销售合作，提高合作社社员及该地区种植、养殖专业户技术水平及把握市场能力，以利共同脱贫致富、共同抵御风险。2014年合作社已形成较为完善的产、供、销一条龙体系。社员人均收入4万元以上。

八　民间文化

民间收藏　王书玉为常庄村党支部原书记，其酷爱收藏"京剧人偶"，包括京剧中生旦净末丑五个行当，大小按舞台人物5∶1的比例制作而成，并且集泥塑、彩绘、刺绣、服饰、造型等多种工艺于一体。至2001年，他收集的京剧艺术立体人物达188件，获上海大世界吉尼斯收藏之最证书。王书玉专注收藏孟庆慧的戏剧人偶，共有168件，一直在天津戏剧博物馆展示；同时收藏梁崎书画作品，共有130余幅，于2014年建成梁崎书画馆，陈列展示。王书玉近年收藏300余件石雕作品，涵盖汉、唐到明、清各个朝代，于2014年建成石雕艺术博物馆陈列，该馆被天津美院定为教学实践基地。该馆免费对外开放。

石雕艺术博物馆部分藏品　（2015年摄）

常庄村秧歌队　成立于2009年初，每周利用4个晚上在村委会院内训练，队员积极参与。2014年有队员20余人。

古迹　1971年，开挖永定新河，在村南挖出1条隋唐时期的运粮船，发现1口古井。

九　历任党政负责人

据常庄村上报村请调查资料表明：村党支部有记载的是从1953年始，党支部经历9任党支部书记。村政机构先后经历村公所、生产大队、革命委员会、生产大队后过渡到村民委员会。

1953—2016年常庄村党组织负责人任职情况表

表2

党组织名称	姓名	性别	职务	任职时间
党支部	刘玉齐	男	书记	1953—1964
	杨文贵	男	书记	1964—1970
	郭来明	男	书记	1970—1983
	王书祥	男	书记	1983—1984
	张荣庆	男	书记	1984—1989
	祁宝利	男	书记	1989—1999
	曹春旺	男	书记	1999—2003
	王书玉	男	书记	2003—2014
	王书利	男	书记	2014—

1953—2016年常庄村村政机构负责人任职情况表

表3

<table>
<tr><th>村政机构名称</th><th>姓名</th><th>性别</th><th>职务</th><th>任职时间</th></tr>
<tr><td>村公所、生产大队</td><td>刘玉齐</td><td>男</td><td>大队长</td><td>1953—1964</td></tr>
<tr><td>生产大队</td><td>张文铎</td><td>男</td><td>大队长</td><td>1964—1970</td></tr>
<tr><td>革命委员会</td><td>孔庆余</td><td>男</td><td>主任</td><td>1970—1978</td></tr>
<tr><td>生产大队</td><td>张荣庆</td><td>男</td><td>大队长</td><td>1978—1984</td></tr>
<tr><td rowspan="5">村民委员会</td><td>祁宝利</td><td>男</td><td>主任</td><td>1984—1989</td></tr>
<tr><td>曹春旺</td><td>男</td><td>主任</td><td>1989—2003</td></tr>
<tr><td>王书玉</td><td>男</td><td>主任</td><td>2003—2011</td></tr>
<tr><td>常宝成</td><td>男</td><td>主任</td><td>2011—2014</td></tr>
<tr><td>王书利</td><td>男</td><td>主任</td><td>2014—</td></tr>
</table>

十　荣誉

1953—2016年，常庄村有3人获市局级及以上先进个人荣誉4项（次）。

1953—2016年常庄村获市局级及以上先进个人情况表

表4

<table>
<tr><th>授予时间</th><th>姓名</th><th>荣誉名称</th><th>授予部门</th></tr>
<tr><td>1991</td><td>祁宝利</td><td>文明家庭标兵户</td><td>天津市精神文明委</td></tr>
<tr><td>1992</td><td rowspan="2">常俊茹</td><td>“双学双比”女能手</td><td>天津市妇女“双学双比”活动领导小组</td></tr>
<tr><td>1995</td><td>优秀乡镇女企业家</td><td>天津市乡镇企业局</td></tr>
<tr><td>2013</td><td>王书玉</td><td>2012年度天津市“五一”劳动奖章</td><td>天津市总工会</td></tr>
</table>

小街村

小街村位于北辰区中北部，双街镇最北端，北运河北岸、京山铁路和京津公路西侧，依北运河大堤而建村。东南邻汉沟村1千米，西邻武清区下朱庄镇太平庄村1.4千米，北与武清区下朱庄镇南北辛庄相隔1.5千米，原老村呈矩形，占地面积2.8平方千米。2015年，小街村户籍人口1205人，长期固定资产1.19亿元。

小街村民委员会外景　　　　（2017年摄）

一　村庄沿革

小街村建于明永乐年间(1403—1424年)。传说燕王扫北时，随龙过来的刘氏家族，是村里的大户，老人们传说“先有刘家首户，后有闫周二家”，早年刘三太爷执龙票跑马占圈，有了当今的小街一片热土。原名北小街，与南大街（今汉沟村）、王家楼为一村。后北运河决口冲成两村，沟北称小街。除道光年间(1821—1850年)称小街子外，孙家台(后改称小街西台)隶属武清县管辖，是太平庄的一部分；孙家台与小街仅有一坑之隔，民国37年(1948年)与小街合并为一村。

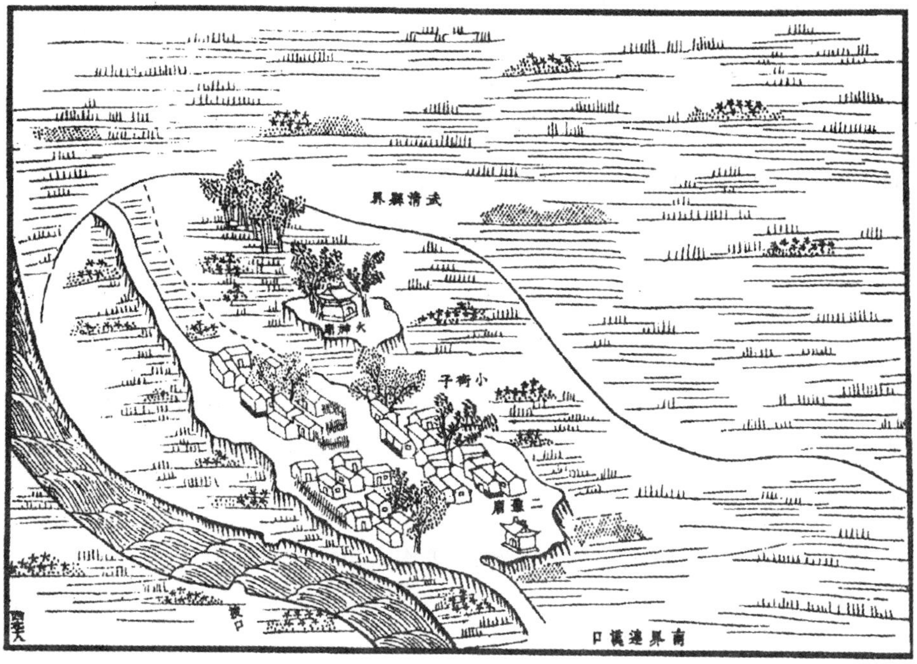

清道光二十六年(1846年)《津门保甲图说》中的小街村

中华人民共和国成立前，村内的土地因盐碱，俗称兔子不拉屎，水旱两灾时常发生，每逢灾年地里的野菜都给吃光。当时流传着一个顺口溜：“村南船公号声喧，家北一望似雪原，农家土屋篱笆院，遇灾年月少炊烟。”

清光绪三十一年(1905年)，天津县设4乡34区，小街村属北乡第十八区管辖。中华民国时期，域内划为天津县北乡，设双街乡和汉沟乡。小街村隶属汉沟乡。民国38年(1949年)3月，天津县实行区辖村制，村直属天津县第八区。1950年7月，并归天津县四区管辖。1953年5月，小街村归属汉沟小乡管辖。1958年4月，4个小乡裁并为张湾乡，属张湾乡管辖。1958年8月，并入幸福人民公社，张湾大队辖小街村。1959年3月2日，幸福公社改称北仓公社，并实行管理区辖生产队制，张湾大队改为张湾管理区，隶属张湾管理区。1960年6月27日，隶属津北畜牧场双街分场。1961年5月，隶属北郊区双街公社。1983年7月，隶属北郊区双街乡。1992年3月6日，北郊区改称北辰区。1995年9月后，双街乡改制为镇，该村隶属北辰区双街镇。

20世纪90年代小街村碑

二　道路河流

该村旧村改造前，村内大多住户都是沿着北运河堤而建，使村子自然形成狭长的布局，通往京都驿道，后改建成的京津公路贯穿小街村。中华人民共和国成立后，村东京山铁路经多次改建、扩建，全线以建成复线铁路。20世纪60—90年代，域内先后有铁路津蓟线、京九铁路津霸联络线建成通车。至2016年，域内有一级河道1条，国道1条，铁路3条。

60年代前，村里只有一条道通往京津公路，公交车离小街最近的车站是汉沟，离村较远大约有2000米。2012年，小街新苑建成后，村口设725路公交车终点站，611路、607路等公交车在小街设站，规划地铁4号线在村内设终点站。村民出行非常便利。

河流　一级河道北运河，流经村域内。北运河经河北香河县、武清区，入北辰区流经小街村。1972年以前，村民均饮用北运河水，1972年，村内打饮水井一眼，建水塔一座。村民告别饮用北运河水。

三　人口方言

人口　据清道光二十六年（1846年）《津门保甲图说》载，汉口之北曰小街子，村外渡口一处。再北则武清县界。图内庙二、村一、西北之一带形势备矣。铺户七户、烟户八十三户、应役二户、负贩三户、僧人二户，共九十七户（大口三百九口；小口一百七十五口）。据《典籍中的北辰》载，民国23年（1934年），有156户865人。据统计资料载，1980年有262户1195人；2000年有328户1191人；2009年，有399户1188人；2014年，有402户1199人；2016年，有461户1335人。

姓氏　村域内有姓氏20多个，据2016年村民登记簿统计，该村按户数计算，在20户以上的大姓有6个，分别为刘姓85户 、张姓62户、王姓49户、马姓32户、商姓25户、闫姓20户，其他姓氏有苏、赵、朱、周、付、高、杨、孙、薛等。

2016年小街村部分姓氏谱牒字辈排序情况表

表1

姓氏	谱牒字辈排序	姓氏	谱牒字辈排序
刘	广、岭、燕、（单字）	闫	永、广、瑞、光
张	单字、文、国	杨	大、东、坤（红）、爱（长）
马	王、广、文、绍、学、单字、起、长	高	树、玉、文
商	秉、宗、（单字）		

民族　据《天津市北辰区地名志》载，1995年，该村全为汉族，1185人。据2016年村情调查，该村人口中有蒙古族3户3人、满族1户1人，其他为汉族。

方言　小街村属北辰区武清方言片，该地方言与武清区杨村话相似，在全国方言片区上属北京官话区怀（来）承（德）片。

四　耕地状况

据小街村上报村情调查资料表明：20世纪80年代，村有大块耕地17块，面积2109.1亩。2015年耕地面积2109亩。大部分地块分布在京津公路以东和京山铁路以东，少部分地块分布在村子周围。其耕地整体四至为东界与武清农场相连接，西邻武清区太平庄，南与汉沟村土地以道相隔，北于武清区南北辛庄接壤。

涵闸泵站　1974年，在该村旁建泵站1座。2008年，维修小街村泵站，装机2台，设计流量 1.1立方米／秒。2014年，建小街铁路里过道涵1座。

20世纪80年代小街村所属耕地地块情况表

表2　　　　　　　　　　　　　　　　　　　　　　　　　　　　　　单位：亩

地块名称	耕地位置	面积	地块名称	耕地位置	面积
新坟	村北	60	李窑	京山铁路东	689
小茄子地	村北	30	圈外	京山铁路东	100
猪场	村北	30	家西	村西	150
老坟	村北	30	孟家坟	村北	60
家北	村北	60	大车店	村北	40
榆塔	村西北	20	台田	村东	90
部队地	公路东	340	东大堤外园田	村南	111.84
王庄	村北	30	西上湾园田	村西南	134.91
穷八块	京山铁路东	36	其他		97.35
合计					2109.1

20世纪80年代小街村所属部分耕地地块示意图

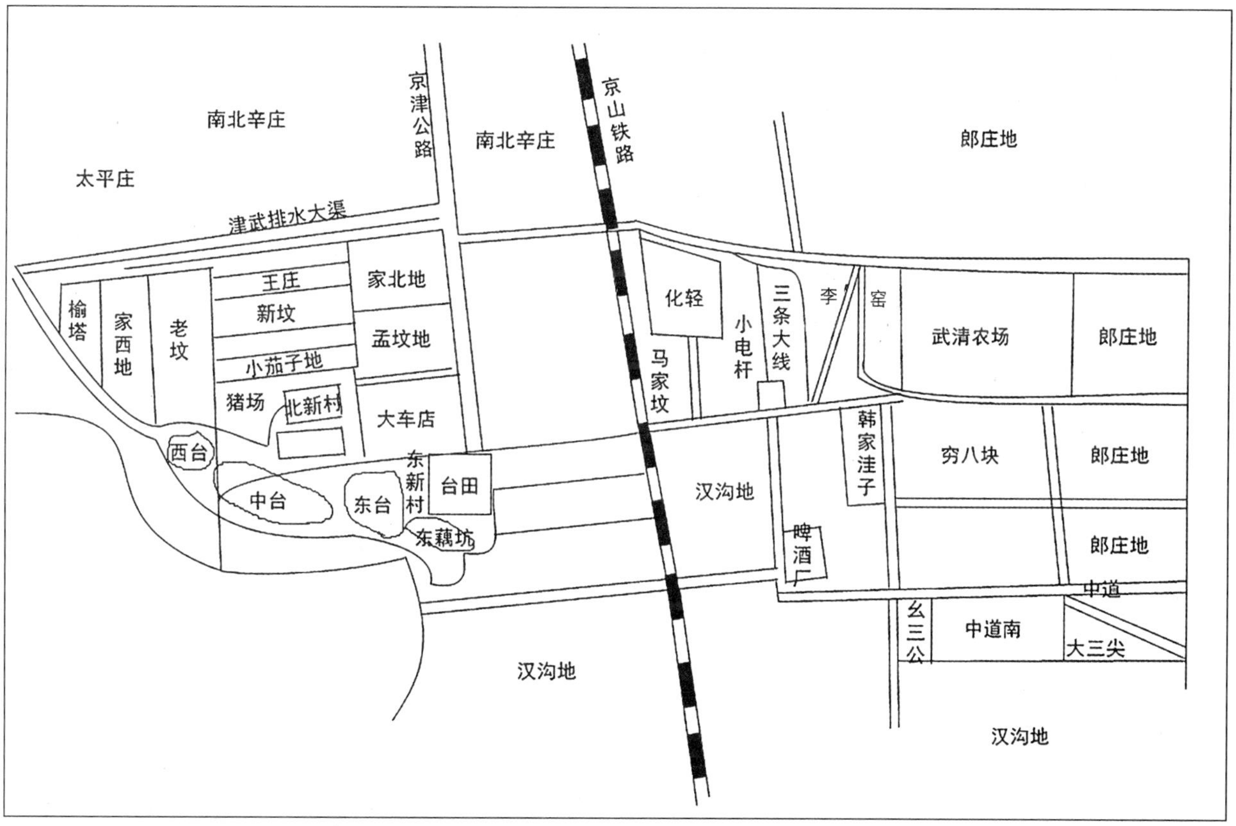

（2016年绘制）

2016年小街村部分耕地地块及村落位置示意图

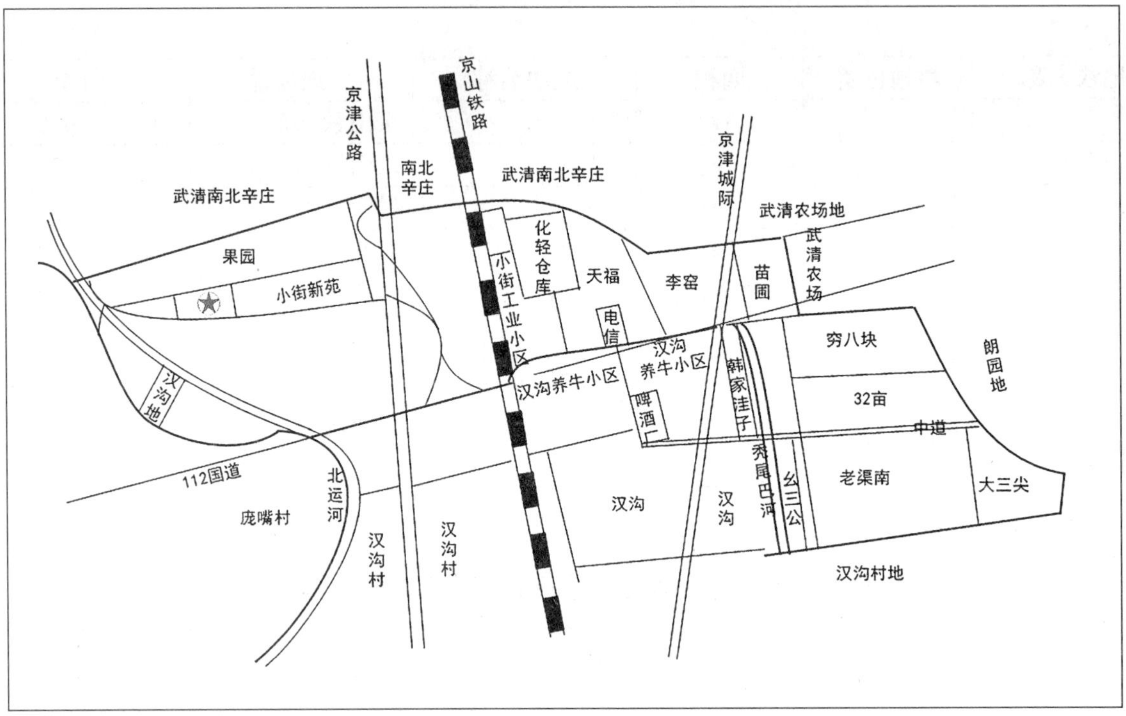

（2016年绘制）

五　街道胡同

中华人民共和国成立前，小街村旧宅大多依北运河堤而建，道路高低不平，村内街道、胡同错乱无章。一到雨季，从河堤上冲刷下很多泥土，街道泥泞不堪。中华人民共和国成立后，村集体经常组织人力修整道路，因全村道路全为土路，出行仍然不便。

20世纪50—70年代，村集体对全村的道路进行不定期的平整，把主要路段铺上炉灰渣，村内道路有所改进。1985年，村铺设通接京津公路的沥青路面，街道、胡同逐步铺设沥青或红砖。90年代后期，村里的道路按规划实施改造，街道胡同拓宽调直，街道胡同实现了全面硬化。村有街道9条，胡同39条。均沥青路面，有路灯。

2009年11月24日，启动并实施旧村改造，2012年年初，村民住进还迁房。2013年，村域内形成小街新苑社区。该村道路得到彻底改善。

小街村民依河堤而建的老房　（2008年摄）

小街村民新住宅区宽敞的道路（2016年摄）

20世纪80年代小街村街道胡同及公共设施示意图(一)

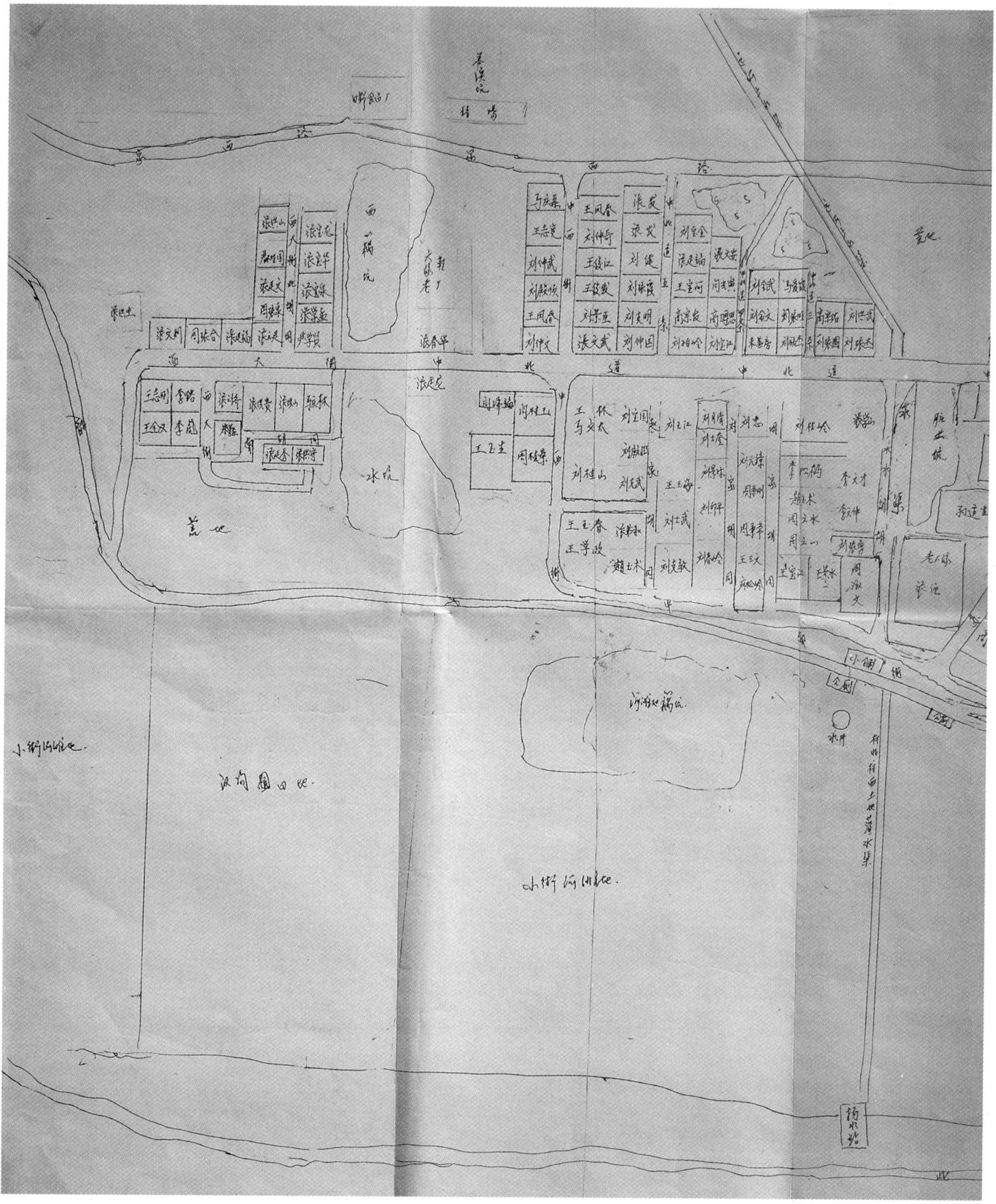

(20世纪80年代绘制)

20世纪80年代小街村街道胡同及公共设施示意图（二）

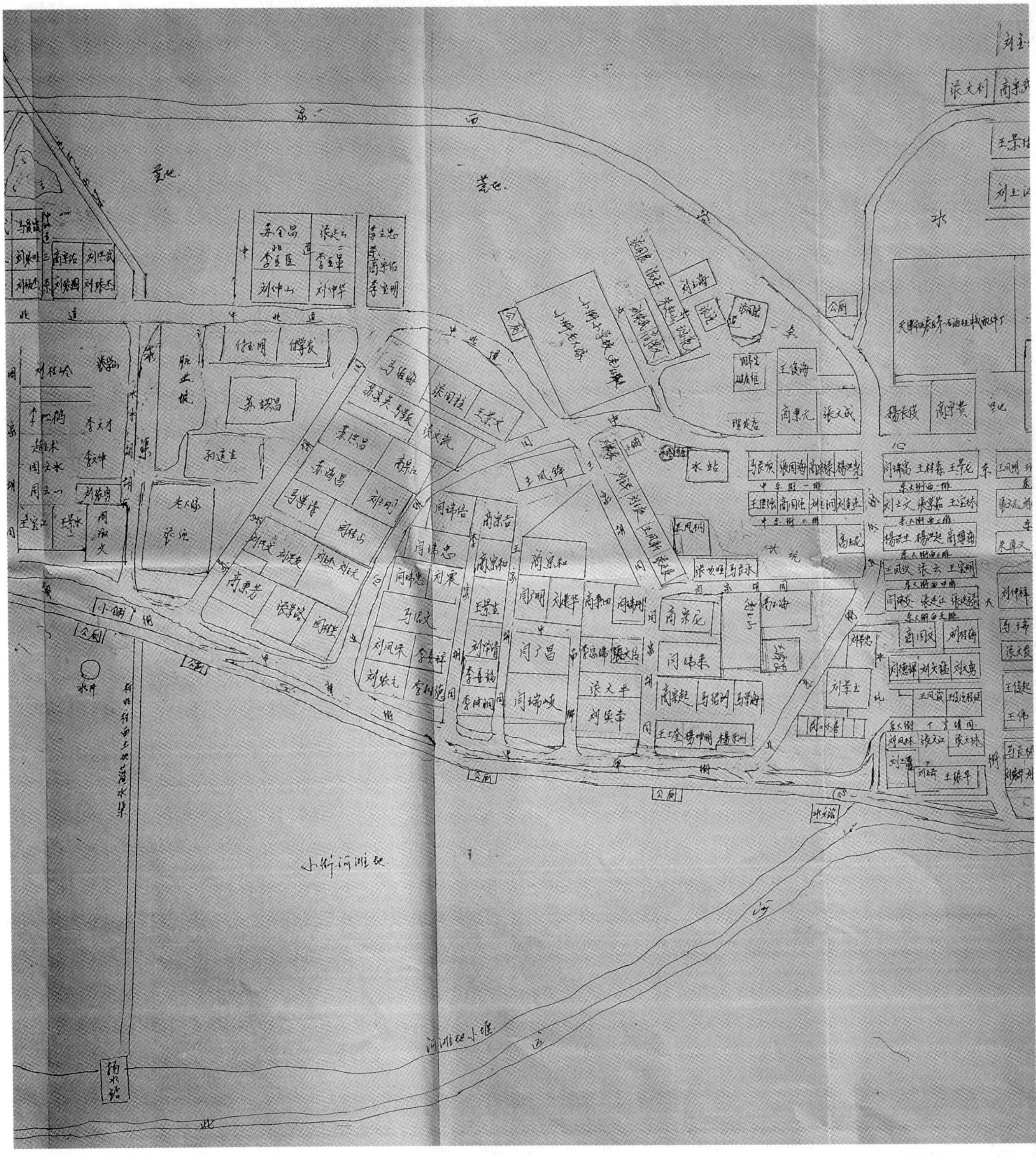

（20世纪80年代绘制）

20世纪80年代小街村街道胡同及公共设施示意图（三）

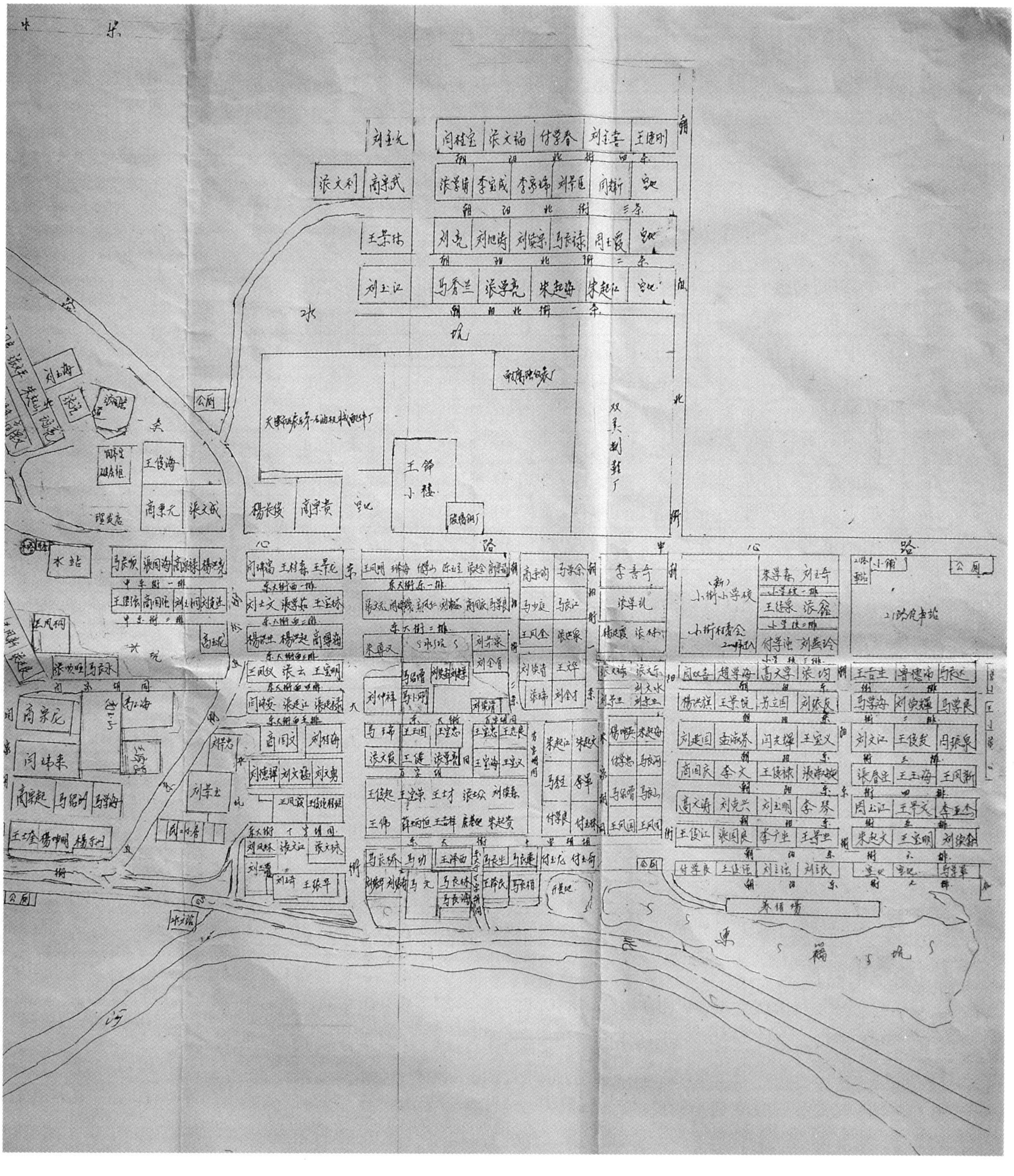

（20世纪80年代绘制）

2009年小街村街道情况表

表3　　单位：米

序号	街道名称	位置	走向	长度	序号	街道名称	位置	走向	长度
1	东大街	东台	东西	350	6	中东街	村中	南北	500
2	西大街中心路	村西台	东西	500	7	中南街道	大堤北	东西	700
3	家西路	村北	东西	800	8	中心路	老学校东	南北	700
4	中北道	村中	东西	800	9	小学路	小学校旁	南北	50
5	朝阳东街	东台	南北	280					

2009年小街村胡同情况表

表4　　单位：米

序号	胡同名称	位置	走向	长度	序号	胡同名称	位置	走向	长度
1	中东街一排	村东台	东西	70	21	王家胡同	大堤北	东西	75
2	中东街二排	村东台	东西	70	22	李家胡同	大堤北	南北	90
3	朝阳东大街一排	学校南	东西	150	23	闫家胡同	大堤北	南北	90
4	朝阳东大街二排	学校南	东西	150	24	苏家胡同	大堤北	南北	120
5	朝阳东大街三排	学校南	东西	150	25	泉水胡同	大堤北	南北	90
6	朝阳东大街四排	学校南	东西	150	26	周家胡同	大堤北	南北	90
7	朝阳东大街五排	学校南	东西	150	27	刘家胡同	大堤北	南北	90
8	朝阳东大街六排	学校南	东西	150	28	赵家胡同	大堤北	南北	90
9	朝阳东大街七排	学校南	东西	150	29	中北道一条	村西	南北	50
10	东大街十字胡同	村东台	东西	140	30	中北道二条	村西	南北	50
11	东大街万字胡同	村东台	南北	80	31	中北道三条	村西	南北	50
12	东大街西一排	大堤北	东西	40	32	中北道四条	村西	南北	70
13	东大街西二排	大堤北	东西	40	33	中北道五条	村西	南北	90
14	东大街西三排	大堤北	东西	40	34	西大街南胡同	西台	东西	100
15	东大街西四排	大堤北	东西	40	35	西大街北胡同	西台	南北	80
16	东大街西五排	大堤北	东西	40	36	朝阳北街一条	村北	东西	90
17	东大街西十字胡同	大堤北	东西	60	37	朝阳北街二条	村北	东西	90
18	小学路一排	学校旁	东西	40	38	朝阳北街三条	村北	东西	90
19	小学路二排	学校旁	东西	40	39	朝阳北街四条	村北	东西	90
20	小学路三排	学校旁	东西	40					

六　旧村改造

中华人民共和国成立前，小街村民住房极其简陋，多数人家住茅草房或土坯房。土坯做墙，木檩起脊，苇把铺顶，草泥糊顶。土坯是用土和麦秸和泥，中间夹高粱秆，放在木框模子中成型，晾干而成。墙面用麦花鱼儿、麦秸和泥抹墙、铺房顶。村内无大富户，砖瓦房很少。

中华人民共和国成立后，村民的经济状况有所好转，逐步盖起新房，多为土坯房，院落多为临街开院门，房屋座向以坐北朝南较为普遍。房屋布局为“一明一暗”或“一明两暗”。也有盖4间或盖5间正房，加东捎间和西套间。有的人家只盖有东侧或西侧厢房。

20世纪六七十年代，多数村民扩院建新房，墙体为“穿鞋戴帽”（下半截用砖做基础，中间夹土坯，顶部用砖封檐）或“外砖内坯”的“里生外熟”型混合结构房屋。

1976年后，多数村民的住房受地震影响，房屋晃动开裂、个别倒塌，只得翻盖房屋，由于经济不富裕，多数村民在生产队的麦场上建砖窑、烧砖盖房。为提高抗震能力，有的家庭还在墙内加钢筋，使房屋更加坚固。1979年，新砖房占全村住房的50%。到1995年，村民住房多数达到砖木结构。村东有几家盖起二层楼房。

小街新苑街景　　（2017年摄）

2009年11月24日，该村启动并实施旧村改造，拆迁402户，拆除旧房建筑面积3.84万平方米。2012年年初，村民住进还迁房。2013年，村域内形成小街新苑社区。

七　公共设施

中华人民共和国成立前，由于小街村子较小，村内公共设施甚少，有私人办的私塾、小杂货铺、私人磨坊等设施。中华人民共和国成立后，在村里老庙西屋办起一、二年级的小学校。20世纪60年代初，该村内建起红医站、幼儿园、小学校、电磨坊、饲养处等。1980年，该村第三小队领取营业执照，在京津公路旁办起车马店。1988年6月，北郊区教育局决定合并小学校，小街村小学合并到汉沟小学，对村里一、二年级的孩子来说，年龄小，路途较为遥远。为便于孩子们就近上学，解决家长的后顾之忧，村党支部、村委会决定募捐建小学校（原校房已定为危房），通过募捐，乡领导及村干部带头解囊，共集资23万元，其中小街村民集资3万元。在村东盖起一所有幼儿班、一、二年级的小学校。到90年代，村里建立了村民学校、卫生所，幼儿园、老年人活动中心、村民健身活动场所、代销店等公共设施。

小街村民休闲广场　　（2017年摄）

2013年，新住宅区建有儿童游乐园、篮球场、乒乓球台以及30多种体育器械。还建幼儿园、棋牌室、书画室、村卫生室和老年活动中心。村里于2013年9月30日，成立小街新苑社区居委会。其辖区范围，南至小街新苑路，北至车场南路，东至京津公路，西至车场东路；有18幢楼、74个楼门，入住1020户1680人。居委会办公用房面积1100平方米，活动用房面积620平方米。

小街村儿童活动场所　　（2017年摄）

八　经济概况

中华人民共和国成立前，该村村民生活主要靠农业种植、打短工、做小买卖为生，生活十分困苦。

中华人民共和国成立后，由于村里土地比较贫瘠，主要种植玉米、高粱、谷子、黄豆等农作物，产量很低，村民的生活普遍都不富裕。村里通过成立互助组、初级社，过渡到高级社，逐步建立集体经济，对农田进行改造，人民生活有所改变。在计划经济体制下，该村始终处于经济效益低，多年没有明显发展。

1957年，村集体以大队为核算单位下设6个生产小队。1958年，村集体将村民集中，实行集体集中劳动。各家各户的铁锅、铁铲等铜、铁物件都拿去大炼钢铁，村集体集中砌炉灶，办大食堂，全村村民集体在一起吃饭。1959年年末，由于集体食堂管理不善，又遇上三年自然灾害，全村进入"低指标，瓜菜代"时期，集体食堂解散。

20世纪60年代初，村民为生产自救，开展家庭副业。主要从事割草、编筐、割苇、纺石棉、搓麻绳等，均为家庭手工操作。另外组织一些劳务出工，到区内的炭黑厂、染化七厂搞建筑以便增加集体收入。60年代中期，村大队建立了第一个村办企业磨光厂后改为螺丝厂、五金加工厂、石油配件厂，还成立了云母片小加工厂。另外组织妇女缝制出口拖鞋，从十几户开始，后来发展到多半个村子的100多个家庭都在农闲缝拖鞋。1969年，村里引进优质水稻，试种成功。连续几年稻谷产量逐年递增，1973年，由于气候干旱导致北运河水断流，水源严重缺乏，村里停止种植水稻。

80年代，村里实行家庭联产承包责任制，土地分到各户，调动了农民的积极性，粮食产量和蔬菜产量得到提高。村集体先后又成立了拖鞋厂，仪表厂，石油配件厂在原有基础上也有所发展。几个村办企业当时成为村集体的主要经济支柱，村民的生活得到提高。

90年代末至21世纪初，该村作为园田队，是天津市蔬菜研究所名、优、新、特蔬菜新品种研发基地，试种成功的春绿白菜、早冠苤蓝等新品种得到推广，蔬菜种植面积最多时达500公顷。

2004年，该村列入天津市百个特色村第43名；牛奶产量1265吨，列入第77名。该村采取"租壳卖瓤"形式，对4家濒临倒闭的集体企业进行改制；吸引北方实业有限公司、宏达伟业制造科技有限公司、奥雅德租赁公司等多家企业在该村落户，为村经济发展注入活力。2011年4月，小街村从天津市农果树研究所引进富士芽变果树种植。新引进品种种植后比原果园每亩增加70株，且树冠矮小，便于修剪、防治病虫害和采收。2012年，村里成立小街安健农业种植合作社，合作社投资500多万元，时有社员50余人。该合作社负责优质果树的引进、产品销售以及管理工作。2013年，从北京引进新品种樱桃和西梅，种植面积79.95亩17000株。取得收效，富裕了农民。2014年，该合作社被评为区级合作社。是年，村集体经济总收入665万元，农民人均所得2.28万元。

九　民间文化

戏剧团　民国初年冬闲时，村里从山东请来师傅，村民自发组织村里的孩子们每晚排演地秧歌，使用的是昆曲调排练，内容是《渔樵耕读》，正月里自带干粮到各村演出，受到各村的欢迎。

中华人民共和国成立后，小街村又曾经排了两部大戏，第一部是由解放军的忼輓、马三团，于1951年，帮助排练的《白毛女》。1952年，自排一部《九尾狐》，《九尾狐》的内容是反应土改时期的事情，在当时受到政府极大的好评和群众的喜爱。20世纪50—60年代，小街村组建了话剧团，演出的代表曲目为《白毛女》。曾在周边十几个村进行演出。

小街秧歌队　组建于80年代初，队员有老年人，也有年轻人。每年春节期间应邀出村演出，曾到双街、下蒲口、王秦庄、武清区的马家口、南北辛庄演出，先后参加庞嘴大桥建成剪彩、小街公交站通车等庆典活动。2010—2012年，参加区组织的文艺会演活动，该秧歌队分别获表演三等奖和优秀奖。2014年有队员40余人。

寺庙　据《津门保甲图说》记载，清道光二十六年（1846年），小街子有"二僧庙""火神庙"分别在村东部和西北部，于中华人民共和国成立前拆除。

小街村娘娘庙　在火神庙旧址建立座娘娘庙，娘娘庙距今有二百余年，庙院落面积2000余平方米，庙门外是片开阔广场。庙的正大殿东西12米，三间大殿，五位娘娘，两边配有东青龙，西白虎，豆歌、花姐等，大殿东西耳房各2间，殿前出厦有1米高4米宽阳台，台上有四棵瞩目明柱，大殿前东西各有3间厢房，厢房南侧正中是火神殿，火神殿前往南约三十多米，是庙的三道出入大门，院内东西衬托2棵古槐。小街娘娘庙在日本没进中国前，香火非常盛行，有着"津北第一庙"称号。香火遍布津武周围几十里村镇，每年农历四月十八日，是娘娘圣诞，小街村往村中北望去，那真是人山人海，听老人们讲述，最多花会有三十道拜庙。除四月十八开庙，过几天就是庙会，有各村前来烧香还愿《跳墙》的，还要唱几天影戏，家家接亲戚赶庙会、看戏，庙门外，有耍戏法的，有说唱的，有耍傀儡的，有耍中幡的，有卖野药的，还有许许多多做小买卖的，如卖馅饼的，卖炸糕的、卖卷圈的、卖糕点的、卖鲜货的、卖糖果的，庙里庙外很是热闹。20世纪50年代，该庙被拆除。

十　英烈先贤

林宽（1925－1943）　革命烈士。民国32年（1943年）参加革命。是年在河北省衡水县彭杜村战斗中牺牲，时为新四军5师134团2营5连2排4班战士。

刘凤鸣（？－1947）　革命烈士，小街村村长。

李文发（？－1947）　革命烈士，小街村村干部。

1947年10月25日，孙志珍率区干部和十余名村干部、群众在小街村开会，因地主张某某告密，被国民党杨村车站一班和杨村还乡团徐宝琤中队包围。孙志珍等人钻入地道。敌人抓住村长刘凤鸣、村干部李文发逼问；又抓来群众挖地道，并放水灌毒。为保护群众，孙志珍抱着地雷冲出洞外，不幸洞口塌方被砸。敌人将孙志珍、刘凤鸣、李文发押到杨村东南窑地杀害。

马骏（1923—2013）　北京内燃机总厂工程师。中华人民共和国成立前，给许世友部队兵工厂主持枪械模具制造的工作。中华人民共和国成立后，从山东兵工厂调到北京内燃机总厂，主持内燃机模具制造的工作，1958年获全国劳动模范称号。于2013年在北京病逝，终年90岁。

十一　历任党政负责人

据小街村上报村情调查资料表明：村党支部有记载是从1952年始，党支部经历5任党支部书记。村政机构先后经历村公所、生产大队、革命委员会、生产大队后过渡到村民委员会。

1952—2016年小街村党组织负责人任职情况表

表5

党组织名称	姓名	性别	职务	任职时间
党支部	刘广玉	男	书记	1952—1956
	周桂荣	男	书记	1956—1985
	李善奇	男	书记	1985—1999
	商宗贵	男	书记	1999—2003
	马长禄	男	书记	2004—

1949—2016年小街村村政机构负责人任职情况表

表6

村政机构名称	姓名	性别	职务	任职时间
村公所	刘广玉	男	村长	1949—1952
	周桂荣	男	村长	1952—1956
生产大队	王泽西	男	大队长	1956—1971
革命委员会	付玉林	男	主任	1972—1978

续表

村政机构名称	姓名	性别	职务	任职时间
生产大队	杨坤明	男	大队长	1979—1985
村民委员会	刘松岭	男	主任	1983—1985
	王凤仪	男	主任	1985—1996
	刘月清	男	主任	1996—1997
	马少增	男	主任	2000—2003
	马长禄	男	主任	2004—

十三　荣誉

1952—2016年，小街村获国家级个人荣誉4项(次)。1952—2016年，该村获市局级个人荣誉6项(次)。

1952—2016年小街村获全国先进个人情况表

表7

授予时间	姓名	荣誉名称	授予部门
1958	马　骏	劳动模范	全国总工会
1991	商宗吉	全国农村优秀体育教师	教育部
1992	商宗吉	全国优秀体育教师	教育部
1993	李凤香	全国五好家庭	全国妇联

1952—2016年小街村获市局级先进个人情况表

表8

授予时间	姓名	荣誉名称	授予部门
1984	李云英	模范母亲	天津市妇联
1989	商宗吉	先进教师	天津市教委
2000	张云水	“九五”乡镇企业人才教育工作先进个人	天津市乡镇企业局
2000		2000年度改革与管理先进个人	天津市乡镇企业局
2001	荣　玲	文明家庭	天津市文明委
2008	马长禄	天津市五一劳动奖章先进个人	天津市总工会

小街村歌手赵天刃参加声乐比赛获全国及天津市先进个人奖情况表

表9

获奖时间	赛事名称	唱法类别（组别）	演唱曲目	获奖等级
2006	天津市“北仓杯”新北辰新歌手大赛	美声组	–	一等奖
2007	天津市“塘沽城建杯”第三届青年新歌手电视大赛	民族组	–	三等奖
2007	第六届中国音乐金钟奖天津赛区比赛	民族组	–	银奖
2008	全国高等艺术院校歌剧展演比赛	独唱组	德国歌剧咏叹调《你是我心中的一切》	三等奖
2009	全国高等艺术院校声乐（孔雀奖）比赛	民族组	中国歌剧咏叹调《不能尽孝愧对娘》	金奖

续表

获奖时间	赛事名称	唱法类别（组别）	演唱曲目	获奖等级
2009	全国高等艺术院校声乐（孔雀奖）比赛	美声组	意大利歌剧咏叹调《冰凉的小手》	银奖
2009	天津“塘沽城建杯”第四届青年新歌手电视大赛	民族组	《格桑梅朵》	二等奖
2009	第二届全国高等艺术院校民族声乐大赛	民族唱法	《喀什噶尔女郎》 《草原牧歌》选段	优秀奖
2009	第七届中国音乐金钟奖天津赛区比赛	民族唱法	–	金奖
2009	首届“北仓杯”环渤海地区青年歌手电视大赛	民族唱法	《鹰翔》	金奖
2010	全国第十五届群星奖大赛音乐类	民族唱法	《北运河，我心中的歌》	金奖
2010	“珠峰杯”首届全国声乐比赛	教师组 民族唱法	《清明上河图》	金奖
2011	天津市滨海杯第五届青年新歌手电视大奖赛	民族唱法	–	金奖
2013	全国第十六届群星奖大赛音乐类	民族唱法	《运河颂》	金奖
2014	第四届全国高等院校民族声乐大赛	研究生组	《你在哪里啊，红莲》	银奖
2014	首届中国民族声乐艺术歌曲大赛	民族唱法	《采桑子》	金奖

附一：传说故事

小街的古塔

在小街村西曾经有一座砖塔，人们叫“于塔”，应该叫做“淤塔”，那个地方地势较高，应当是闹大水冲积形成的。塔南是北运河，北运河的西边有一条龙凤河，水大的时候汇入北运河，这个村人称它叫“上湾”，直到现在运河堤的北面地势还是很洼，想必当年开过口子。勤泥懒沙，于是，闹大水，把曾经的古塔冲毁了。又经过多少年，在清朝末年塔基露出地面，露出来许多青砖，邻村太平庄陈家，将淤在地下的砖拉走，不久陈家拉砖的人病了。当年由于科学不发达，又是古老农村，人们多是相信神啦、仙啦的迷信，就想到拆塔基的事，于是烧香许愿，求神仙保佑。许愿后陈家病好了，决定重新修塔，求太平庄的村长吴廷锁帮着募捐，并到各村布施，得到大力支持，当年就把一座宏伟砖塔修起来了。

塔建成了，请人写了《扁》挂塔前，上面是“有求必应”四个大字，下面有捐款人的名字。为了祝贺新塔建成，汉沟村的陈先生从天津卫请来戏班，唱了几天大戏（京剧），由于当时是秋后，农活不太忙了，家家请亲友来，热闹许多天。

大家议论建围塔的砖墙，当时村长不同意，他的意见很正确，因为古塔处距小街一里，距离太平庄二里，在开洼野地中间，恐窝贼（藏贼）聚赌。

砖塔很高，塔尖常居各种鸟。塔旁边几米的地方自己长出一种树，树的枝条当中是空的，长大了后也结果实，果实的形状像三角粽子。

解放初期，破除迷信，古塔年久失修倒掉了，现在只剩下残砖碎瓦，合欢树只剩下几个树杈子，夕阳塔影早已成了过去。

（李松鹤　张鸿舒提供）

小街村东运河决口

清朝末年，汉沟小街之间运河决口，水势很大，把运河堤冲垮，大水直奔东村勤泥懒沙，把沙带到东面二里开外，现在公路东汉沟小学所在。原决口处深有丈余，口门两边是村庄，南边是汉沟，北边是小街，合龙无土可使，运河堤很长时间没有打，工程属于运河管理河道的部门，决定从河西庞嘴村地里挖土。挖土刚挖了一两天，庞嘴村找来了一位状元，不让再继续用土，最后找到曹大帅(曹克忠)出面插上曹大帅的黑虎旗，仍然从庞嘴村的土地内用土，继续打堤，经过数月施工把运河堤修复。

（张鸿舒提供）

刘三太爷

燕王扫北时，随龙过来的刘氏家族，是村里的大户，老人们传说“先有刘家首户，后有闫周二家”，早年刘三太爷执龙票跑马占圈，有了当今的小街一片热土。在朝廷很得皇上的宠信。在小街村老坟有座馒头坟地，坟茔过百，坟内葬人因战而无头，金头佩尸而葬，因无碑志，无从佐证，传说是刘家战将得以皇上的厚封，并赐予刘三太爷的龙票。旧时村里水旱两灾时常发生，每逢灾年村民把地里的野菜都给吃光。有一年实在无法度日，村民把停泊在运河边的运粮船的粮食给抢光了，不知是皇粮，这下可惹了大祸了，此乃全村人掉头之罪。刘三太爷为救全体村民，日夜兼程往京城赶，待到城门已是半夜时分，城门已关，刘三太爷手举龙票，大叫“有龙票在此，我要急见皇上”，守城人哪敢怠慢，开了城门，见了皇上，说明来意，并禀明树叶树皮已吃完，已有人饿死，故此斗胆讨扰皇上。皇上听了龙颜大悦，“有你一片为民不怕死之心，为朕禀报时情，朕江山无忧矣，此粮权当朕民间之用”。皇上没降罪全村百姓，还褒奖了刘三太爷。刘三太爷忠诚为民，后人世代相传至今，成为佳话。

（采集撰写　李松鹤）

兵祸惨案

1925年，西北军打李景林，小街村正是双方交战的前线。西北军在老米店一带，李景林在东边小街一带，北运河两岸村庄的门板全被抢走搭战壕了，战壕就在小街村后，全村的树都被砍光，军队用树帽做遮蔽。

在小街西台路南一间土房里躲着几个老人，当时一发炮弹落在屋内，有个名叫“包牙大爷”上半身被炸飞，有个叫“大姑爷”的老人左眼被弹片击瞎，幸而未死，后人给他起个绰号叫“炮王(盲)”。小街中台苏坤的母亲被弹片击中从眼中穿过，当场死亡。

在兵荒马乱的年月，村中许多房屋被炸毁，村民财产被抢走；有的男人被抓去当兵，有的女人被奸污。小街西台有一个10岁的小姑娘在一间屋内避难时闯进一个逃兵，拉走小女孩欲施暴，孩子婶娘出来跪下央求无效，小姑娘被强奸。那逃兵施暴后，刚走至街中，一炮打来，便带着罪恶见了阎王。小姑娘因受惊吓，不久含恨死去。

血洒小街村

叶落了，地净了，风冷了，寒冬季节即将来临。1947年深秋的一天，在津北的小街村，津武县六区农会主任孙志珍，区干部宋兆武、刘善桥，区小队员刘泽民等区村干部十余人正在开会，研究对敌斗争的下一步工作。

就在这时，村中反动地主分子偷偷溜出村，把这一情况报告给了下朱庄大乡长王云涛。王云涛顿时喜形于色，认为升官发财的机会到了，立即与杨村国民党军和还乡团徐宝琤通了电话。接着由还乡团大队长阎振臣率领“清剿队”直奔小街而来。村子被包围了，开会的干部立即下地道隐蔽。团丁们挨家挨户地搜查，没有得到任何结果。还乡团队长大发雷霆。反动透顶的地主分子又献计：“何不找来村长问个明白？”于是村长刘凤鸣、村干部李文发被带了上来。尽管百般逼问，他们二人都说不知道，不清楚。气急败坏的阎振臣下令把他们绑了起来，吼叫着挖地三尺也要找到共产党。团丁们到处乱挖，还用枪逼着乡亲们搜寻地道口。地道终于被挖开了，穷凶极恶的敌人又灌水又放烟。就在紧要关头，孙志珍抱起地雷向洞口外冲去，为了换取同志们的安全，他要同敌人同归于尽。但刚冲到洞口，忽然洞顶塌方，把他半个身子压在了下面，当场昏了过去。等他醒过来的时候，已被关押在杨村监狱中，和他在一起的还有刘凤鸣、李文发同志。严酷的刑讯逼供，并没有使孙志珍等屈服。当年10月25日，三人被枪杀于杨村东南窑地。

全国解放后，参与告密、杀害孙志珍等烈士的凶手自然逃不出人民的法网。

（赵树檩整理）

附二：媒体选录

新农民　新楼房　新生活

本市实施三区联动建设，去年全市共有23万农民迁入新居。昨天，记者来到北辰区双街镇小街村，这里402户农民在春节前刚搬进新的居住社区，1300名村民喜气洋洋地在新楼房里过了一个与往年不一样的春节。

住进楼房洗衣做饭都方便

上午9时，记者来到小街村的新居住社区：小街新苑小区，一座座崭新的楼房里，家家户户都在门前、窗户上贴着春联、剪纸、吊钱儿，楼前停放着一辆辆崭新的轿车，村民们热情地互相打招呼，小区里洋溢着浓浓的节日气氛。村民赵学谦邀请记者到他家去做客。走进四楼的赵学谦家，门口贴着一副春联："贺佳节五福临门，迎新春万事胜意"。老赵说，他们家真是喜事不断：全家三代人喜迁新居、儿子夺得环渤海青歌赛冠军、母亲病愈、爱人顺利到工厂上班……"过去做饭都是烧玉米秸秆，做一顿饭身上都是灰。现在做饭用的都是天然气灶、电饭煲，一天到晚都有热水，要多方便就有多方便。"正在厨房里洗菜的赵学谦爱人说，房子是精装修的，领完钥匙就来住，地面整洁漂亮、墙壁粉刷一新、窗户干净透亮，屋内统一使用地采暖。"过去三间半平房总共还不到70平方米，三代人住了几十年。做梦也没想到，我72岁了还能住上这样宽敞明亮的大房子！"赵学谦的母亲告诉记者，以前平房里寒冷潮湿，她一到冬季就犯关节炎。如今，刚搬到楼房住了20多天，她的关节炎已经好多了。

60岁老人都能领"工资"

随后，记者来到了住在二楼的朱学森家，客厅里除了崭新的家具外，还摆放了很多的盆景。"家里的液晶电视、电脑、冰箱、立式空调等家电全部是新买的。房子大，多摆些绿色植物，老人住着舒心。"朱学森说，他们家今年1月15日刚搬进新房，仅家具和家用电器就花了10万元，此外，他还花了10多万元买了一辆轿车。"比平房舒服了，屋里高了，高了就亮堂。最大的好处是暖和。"说话间，正在阳台上浇花的朱学森的母亲走了进来，她说："我今年83岁了，辛苦一辈子没想到还能住上这楼房。"大娘指着窗外远处一个破旧的水塔告诉记者，他们家原来的老房子就在水塔下面，一共有三间旧平房。老人说，20世纪60年代花了200元建了一个土坯房，家具就是两条长凳和一张方桌。1981年花了3200元在原来宅基地建起了三间平房，居住条件有所改善。去年村里实施的宅基地换房，他们家三间平房连同庭院一共换得了四套楼房。如今，三个老人住在136平方米的大房子里，孙子一家三口住在140平方米的楼房，剩下的两套房还能出租。"村里还给60岁以上的老人发放生活补助金，我每月都能领到600元的'工资'！"

村民享受到更多福利

11：30，记者在小区里遇到了村支书马长禄，他带领记者参观了村在建的公共服务设施。"村口建有一幢三层楼的大型超市，村民不出村就能买日常用品，年后这里还将建银行、饭店等配套设施。村里的健身游乐园已经建成，篮球场、乒乓球台及30多种体育器械已经安装完毕。"马长禄说，村里还建有面积达3000平方米的幼儿园，节后将加紧装修，预计"六一"儿童节前投入使用。此外，村卫生室、老年活动中心正在加紧修建，预计三个月后就能投入使用。全村1300多人全部上了养老保险，村里还为60岁以上老人发放每月600元的生活补助金。搬进新社区后，这里的农民70%人家都买了小轿车。

（刊登于2012年1月30日《今晚报》，记者：黄建高）

汉沟村

汉沟村位于北辰区中北部双街镇北部，北运河东岸，津京公路穿村而过，汉沟老街地形像条鱼，街北似鱼头、街南似鱼尾，西北高东南低，高差2米左右。村北距小街村1千米，南与胡园(老胡家园子)隔道相连，西临北运河，与庞嘴村隔河相望，相距0.2千米，东毗邻京山铁路，设有汉沟车站。村呈三角形，占地面积3.4平方千米。村内有18世纪初建成的清真寺，1985年重建，1990年扩建大殿，现大殿总建筑面积136.5平方米。1942年，村内建立“英武少林会”，涌现出一批武术英才。2014年，村集体经济总收入264.4万元。农民人均所得16000元。2015年，汉沟村户籍人口2455人，长期固定资产1788万元。

汉沟村航拍图　（2017年拍摄）

一　村庄沿革

建于明永乐年间（1403—1424年）。明初征元时，有山东郎姓两名部将在太平庄作战，其部属王姓在此定居，后有山东等地难民迁入，建成3个居民点：南大街（称菜庄）、王家楼，北小街。明万历年间（1573—1620年），北运河决口，将王家楼冲毁成沟，分成两村，沟南叫旱口。雍正九年（1731年）称汉口；沟北为小街。汉口村一度为水陆码头。清末年间称汉沟（镇），后改为汉沟。该村明清时期为津北重镇，交通便利，集市贸易繁荣。同时也是双街镇唯一有集市的村庄，至2016年，仍是农历逢一、四、七为集日。

清代，雍正八年（1730年），旱口（汉沟）划归天津县。乾隆元年（1736年），实行巡检辖村制，时西沽巡检辖汉口（汉沟）村。光绪三十一年（1905年），天津县设4乡34区，汉沟村属北乡第十八区。中华民国时期，划为天津县北乡，设双街乡和汉沟乡，汉沟村为乡所在地。民国38年（1949年）3月，天津县实行区辖村制，汉沟村直属天津县第八区。1950年7月，归属天津县四区。1953年5月，设汉沟为小乡所在地。1958年4月，小乡裁并为张湾乡，隶属张湾乡。1958年8月，并入幸福人民公社；是年年末，幸福公社划为10个大队，汉沟村隶属张湾大队管辖。1959年3月2日，幸福公社改称北仓公社，并实行管理区辖生产队制，汉沟村隶属张湾管理区。1960年6月27日，张湾管理区改称津北畜牧场双街分场，辖汉沟村。1961年5月，为双街公社管辖，1983年7月，隶属北郊区双街乡。1992年3月6日，北郊区改称北辰区。1995年9月后，该村隶属北辰区双街镇。

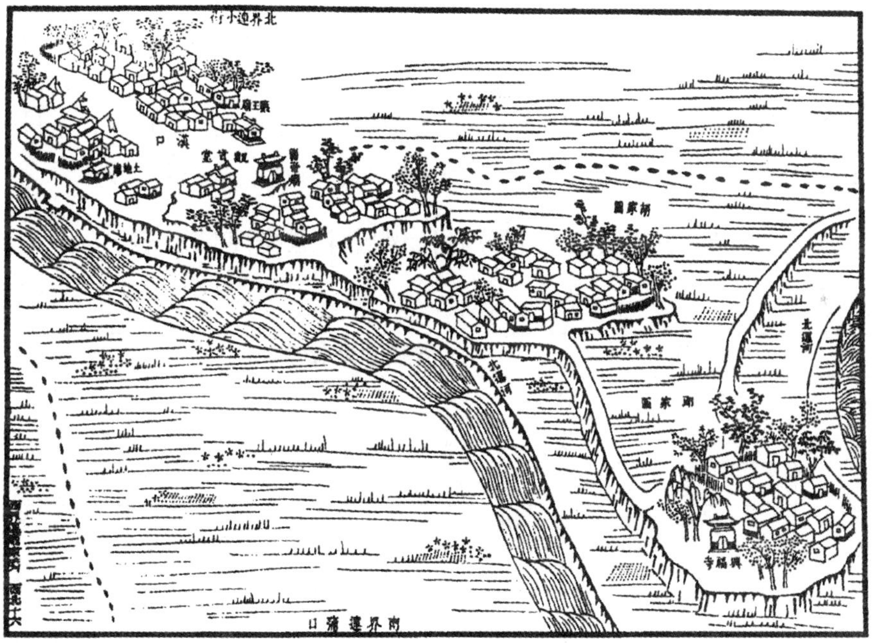

清道光二十六年（1846年）《津门保甲图说》中的汉口（汉沟）村

二　道路河流

汉沟村西临北运河，明清时期，北运河漕运南来北往、帆樯如林，汉沟一度为水旱码头，其市井曾与古镇杨柳青齐名。通往京都驿道，后改建成的京津公路穿村而过。中华人民共和国成立后，村东京山铁路经多次改建、扩建，全线以建成复线铁路。20世纪60—90年代，域内先后有铁路津蓟线、京九铁路津霸联络线建成通车。至2016年，域内有一级河道1条，国道1条，铁路3条。村口设725路公交车站，611路、607路等公交车在汉沟设站，规划地铁4号线在村内设站。村民出行便利。

汉沟镇火车站　京山、津蓟铁路贯穿村域，并设有汉沟火车站。 位于汉沟村东部，1963年建站，初为线路所，1989年扩为三等中间站。为津霸联络线起点站。办理客货列车到发通过和专用线到发、段管线联运及摘挂列车、小列车运转业务。中心位于京山线118.1千米处，站坪长1250米，宽50米。有候车室楼和客运楼，运转车间及仓库等，建筑面积4500平方米。有正线3条、到发线6条和支线1条、专用线10条。有站台2座、道岔41组，铁路过道涵3处。

汉沟村公交车站牌　（2017年摄）

北运河　系一级河道，流经村域内。1970年以前，村民均饮用北运河水。

渡口　据清同治九年(1870年)《续天津县志》卷三载，时北运河渡口中有汉口（汉沟）渡。20世纪50年代仍设有汉沟渡口。1960年庞嘴木桥建成后，汉沟摆渡口撤销。

三　人口方言

人口　据《津门保甲图说》载，道光二十六年（1846年），河至汉口流势稍平，村落亦巨。其连村为胡家园。图内庙五，村三，西界庞家嘴。铺户二十九户、烟户一百七十二户、应役二户、佣作七户、负贩一十八户、船户一十户、僧道四户，共二百四十二户（大口八百八十九口；小口一百四十口）。据《典籍中的北辰》载，民国23年(1934年)，有314户1583人；据统计资料载，1980年，有670户2335人；2000年，有651户2600人；2009年，有840户2580人；2014年，有900户2775人；2016年，有1075户3223人。

姓氏　汉沟建村时，最早有王姓在此定居，后其他姓氏陆续迁入。2016年，全村约有姓氏117个，其中汉族大姓有刘、李、张、王、郎、于、周7个；回族大姓有穆、张、李3个。

2016年汉沟村部分姓氏谱牒字辈排序情况表

表1

民族	姓氏	谱牒字辈排序	说明
汉族	李	林、广、建	
	王	文、树、丙、玉、振	
	刘	孟、光、自、孝	村北头刘姓
	刘	章、洪、春	村南头刘姓
	刘	恩、士	菜庄刘姓
	李	林、学、景、建	
	张	景、玉	
	郎	维、作、家、荣、克、淑、念	
	于	永、有	
	周	恩、月	
回族	穆	祥、瑞、怀	
	张	玉、增、德、洪	
	李	松、俊、(单字)	

谱牒　据传说明永乐年间，汉沟村有水陆码头，也是做买卖之地。郎家祖辈便从郎庄村到汉沟码头做些小本生意，后将家搬到汉沟定居至今。该村郎氏现存家谱一部。

附：

《郎氏家谱》序　魯懿公之孫費伯城郎邑以居之遂以為姓此我氏之所由起秦漢以來人丁日盛其支派所分　遷處于四方者歷代皆有而功名事業無文可考而遺漏者多矣家乘所載原籍山東陽信縣城東鄉距城二十里郎各莊人馬遠近皆知郎姓為大族也日久年延所遷靡定有遷于順天永平者有遷于河南安徽者有遷于山西平陽者有遷于關外潘陽者皆系山東一綫各之所之獨我始祖號子義公者大明洪武時（公元一三六八——一三九九）隨燕王北遷順天永樂二年（公元一四O四）贈賞帶刀指揮職我祖性樂閒居面陳致仕卜居東安抱本守拙自食其力春耕夏耘埋名壠畝傳五世有寶祖貴祖惠祖者因洪河水患遷武清寶祖貴祖居楊村河西黄莊其後嗣譜中不載獨我惠祖居于楊河東十五里在武清縣城東南鄉距城七十五里之鄉以居焉此我氏一支由是日繁日盛也清白傳家耕讀為業自明以來從無犯法為非者又傳三有號維綱祖者和睦思鄉勤耕裕國遠近聽其束約老幼承其指示又自名其里曰郎家莊傳至今遠近鄰邑莫不尊而敬之曰武清郎氏巨族也人望焉其功名富貴百千億祀正未有艾也因著譜牒詳為次序俾夫後世子孫謹守先德勿替家聲也自今以後凡遇高曠隱逸義士節烈各立傳記務使名稱其實以獎有功而蔚人心又以正本清源而序昭穆别异同俾良善之士無隱沒不彰矣他如古昔王之槐竇之桂皆以勤儉正直立其本種德續學培其根故能保世以滋大吾願吾族遠近相與仿而師之勤而勉之勿持勢力以虐鄉黨勿寵奴僕以欺孤窮勿刻薄以傷和氣勿習驕侈以鑠天真勿貪宴佚以墮家聲則傳世愈久介福愈繁而吾族譜之光輝寧有機哉其有遷他鄉外郡者不能定其名字次序姑闕以俟高賢之再敘云明居東安後徙武清當清兵入關定鼎徽及畎畝正值我八世祖號維綱者命子拱辰率鄉勇以從王事興義兵以平草寇完納國課以助軍餉委婉書策以保黎元四方鄉鄰賴以得安

清朝定鼎獎勵有功欽賞我祖拱辰公鑲黄旗漢軍七品頂戴以榮之在順治二年（公元一六四六年）也此後傳及十二世祖有國棟公者于道光年（公元一八二一——一八五一）遷于京北大屯村為農經商其子宗成公武職巨商又遷東四北門樓胡同居之以大屯為别墅因安外石道崎嶇難行遂自出資修改平坦以利行人致招嫉妒焉及咸豐年（公元一八五一——一八六二年）英法聯軍入京車駕北狩熱河京中一時無人主持人情惶惶是時宗成公在安定門外經理隆盛糧棧見此危機遂與義憤内撫諸黎外與洋人接洽暫保一時苟安俟後有人負責和約告成大局平靜而洋人感其猶贈以佩刀等以酬其勞耳

民国三十三年（公元一九四四年）次甲申年嘉平月重增補錄原序

一九九四年十月重增補錄原序

民族　据《天津市北辰区地名志》载，1995年，该村有汉族2203人，回族124人，满族2人。据村情调查，2016年，该村人口有回族40户118人，其他为汉族。

方言　该村为北辰区武清方言片，该地方言与武清区杨村话相似，在全国方言片区上属北京官话区怀（来）承（德）片。

四　耕地状况

据汉沟村上报村情调查资料表明：20世纪80年代，该村有大块耕地7块，主要分布在村东的京津公路以东和京山铁路以东，耕地面积4908亩。分别以耕地示意图一至五说明耕地四至如下：

图一中，耕地有北河滩、南河滩和于地。北河滩四至为：南邻北运河，东、西、北三面为小街；南河滩四至为：西邻北运河，南北为胡元；于地四至为：西邻北运河大堤，东、南、北三面为胡元地。

图二中，中排干以东汉沟耕地四至为：东邻大张庄地界，南与大张庄镇刘马庄和张献庄，郎园引河相连，西临京山铁路，北为五支渠。

图三中，耕地四至为东临京山铁路，南与郎园耕地接壤，西靠京津公路，北与小街地接壤。

图四中，耕地四至为东与刘马庄耕地接壤，南邻胡园地，西靠京山铁路，北毗连小街地。

图五中，耕地四至为东郎庄子大渠，南邻郎园村耕地，西靠京山铁路，北与小街村耕地接壤。

20世纪80年代汉沟村所属主要耕地地块情况表

表2　　　　单位：亩

地块名称	耕地位置	面积	地块名称	耕地位置	面积
于地	村南	40	棘针坟（啤酒厂北、）	啤酒厂北	500
南河滩	村南	80	团淀（刘马庄地西）	刘马庄地面	1100
北河滩	村南	40	四、五、六支渠地	京山铁路东	2948
周园（啤酒厂南）	啤酒厂南	200	合计		4908

20世纪80年代汉沟村所属耕地地块示意图（一）

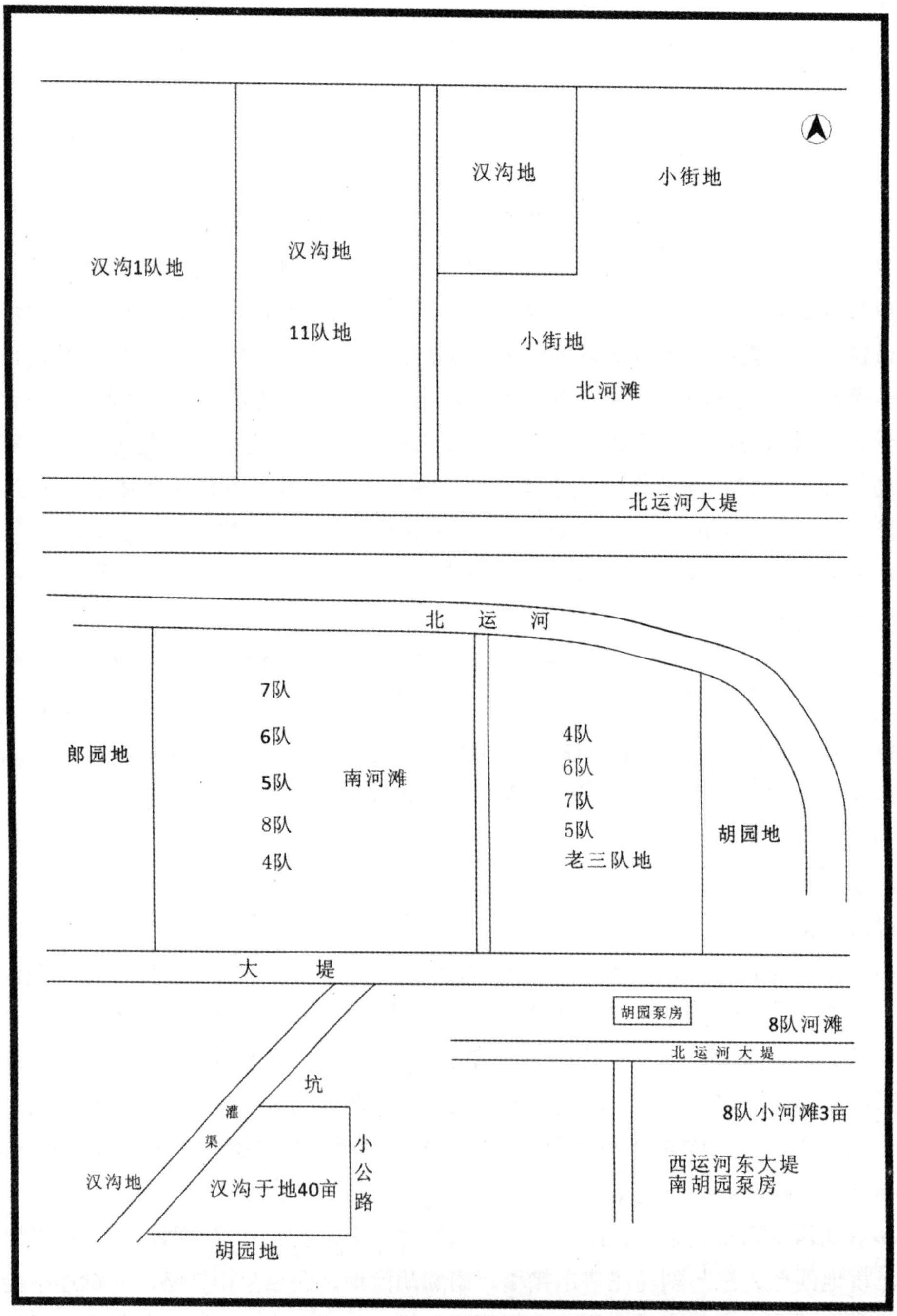

20世纪80年代汉沟村所属耕地地块示意图(二)

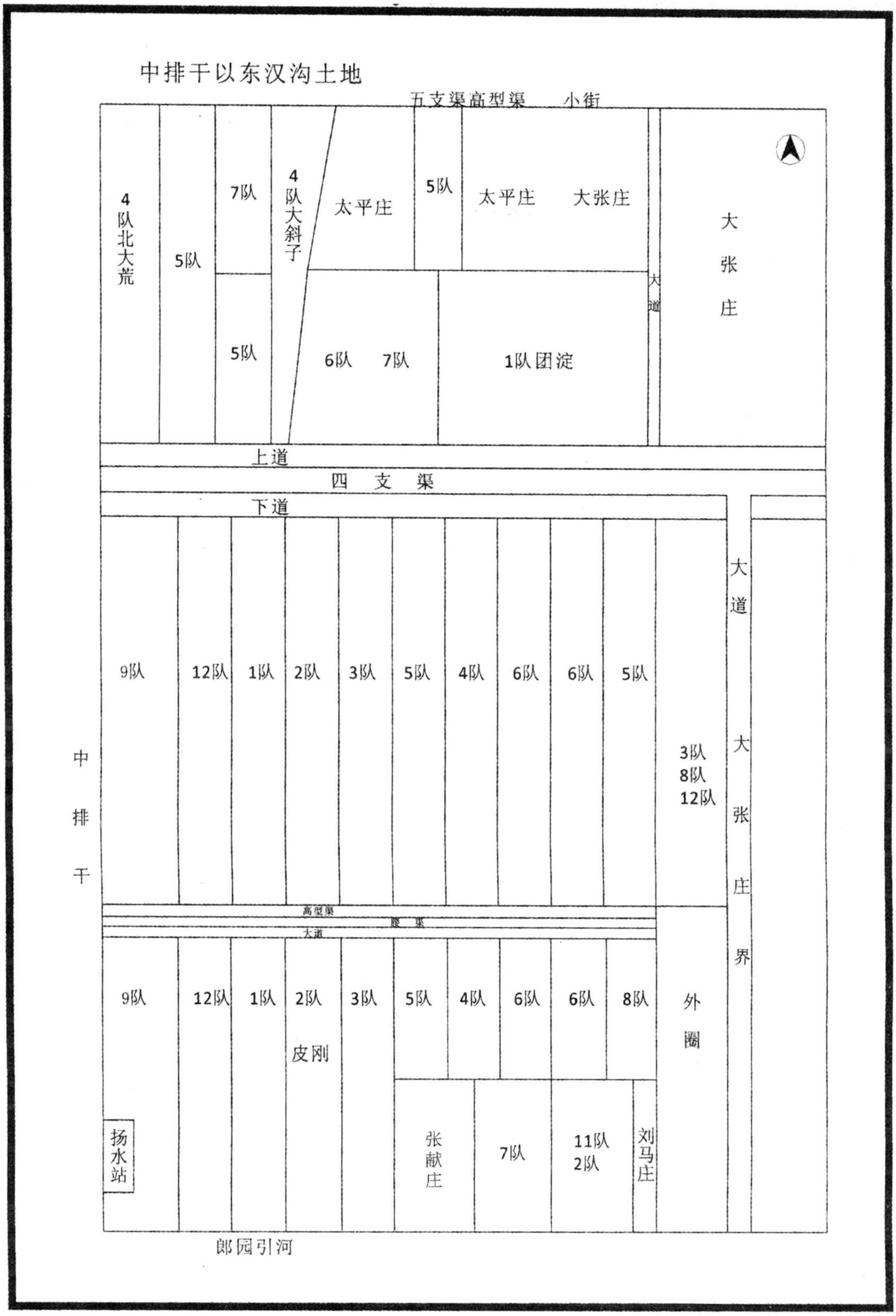

20世纪80年代汉沟村所属耕地地块示意图（三）

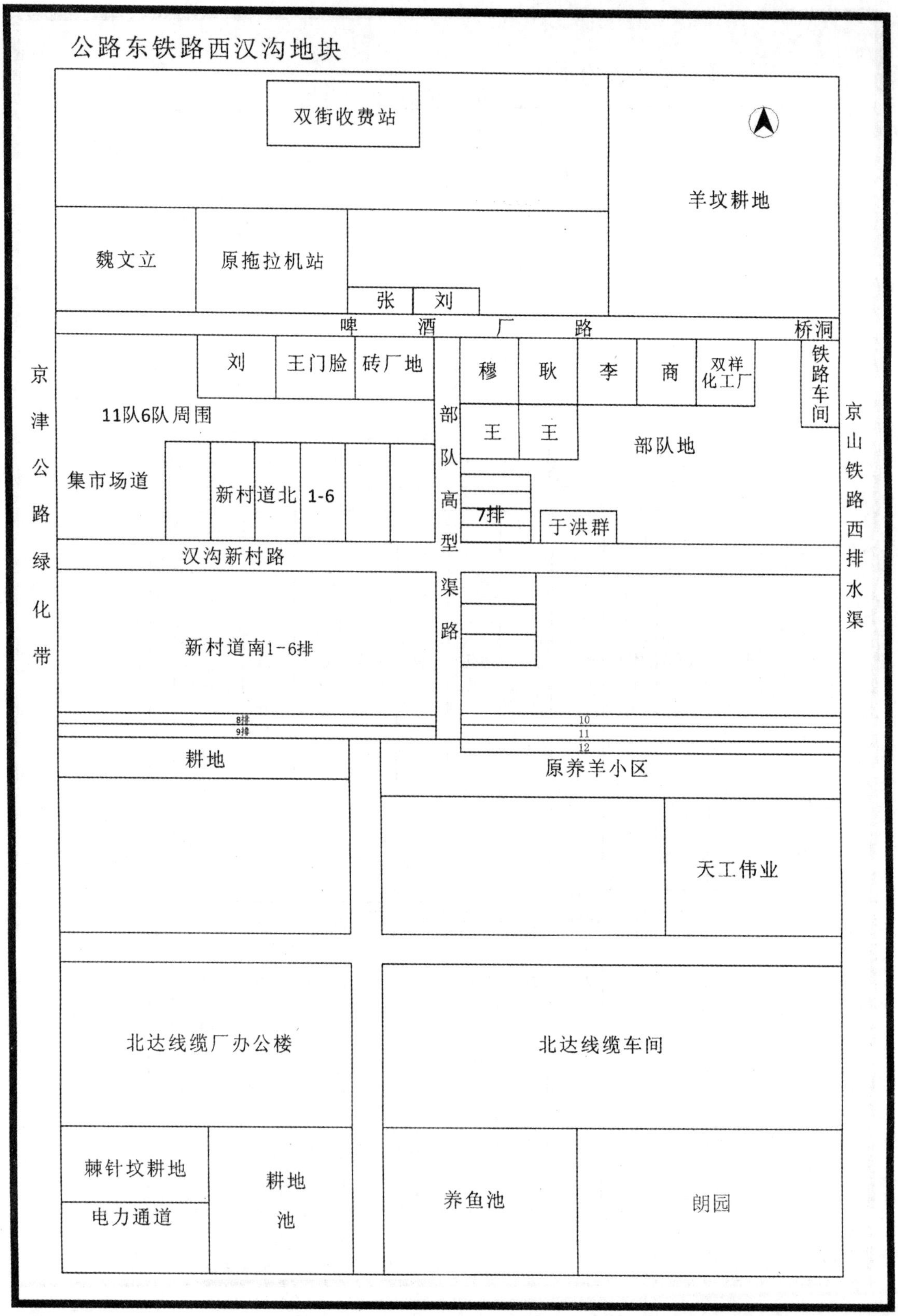

20世纪80年代汉沟村所属耕地地块示意图(四)

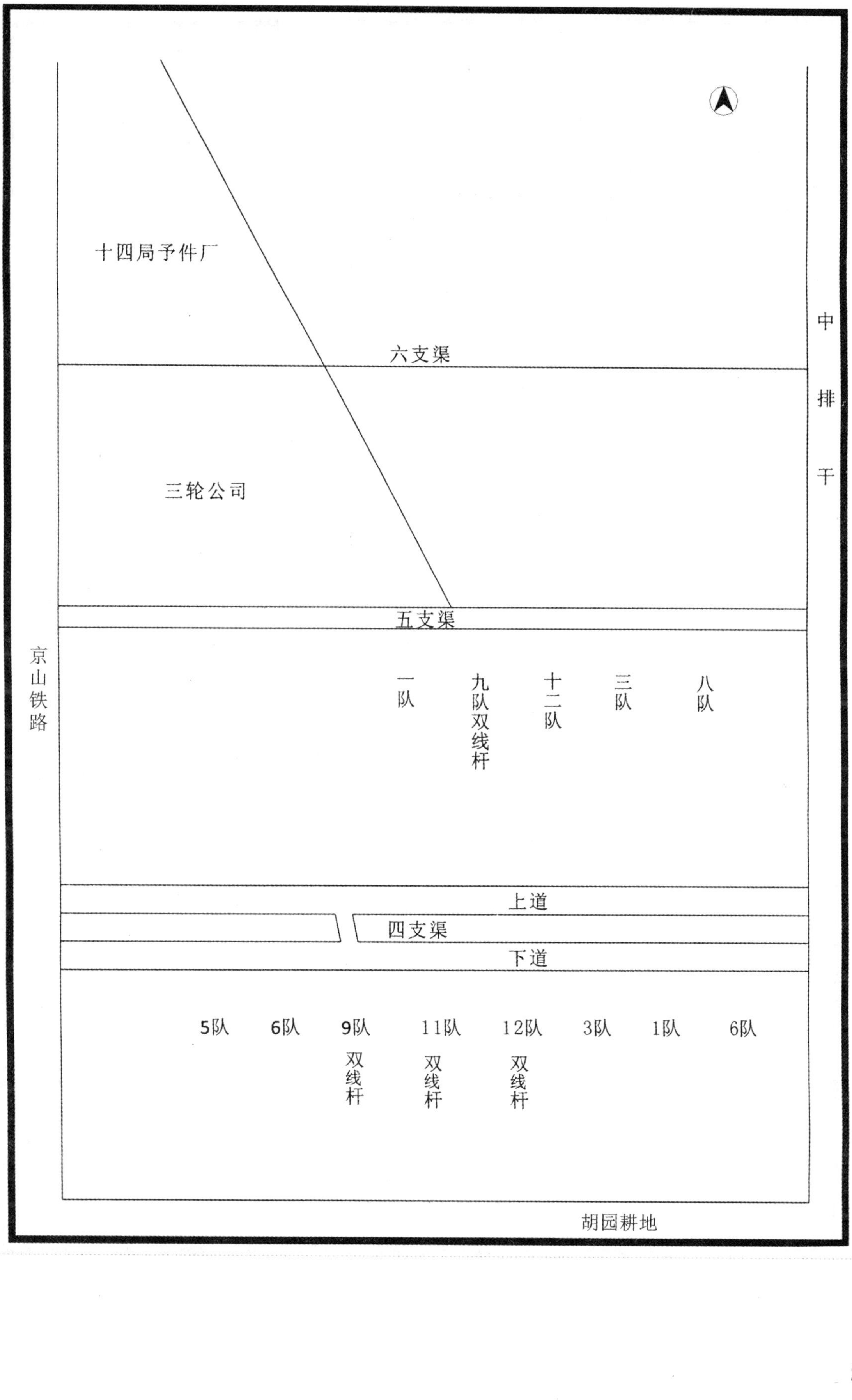

20世纪80年代汉沟村所属耕地地块示意图（五）

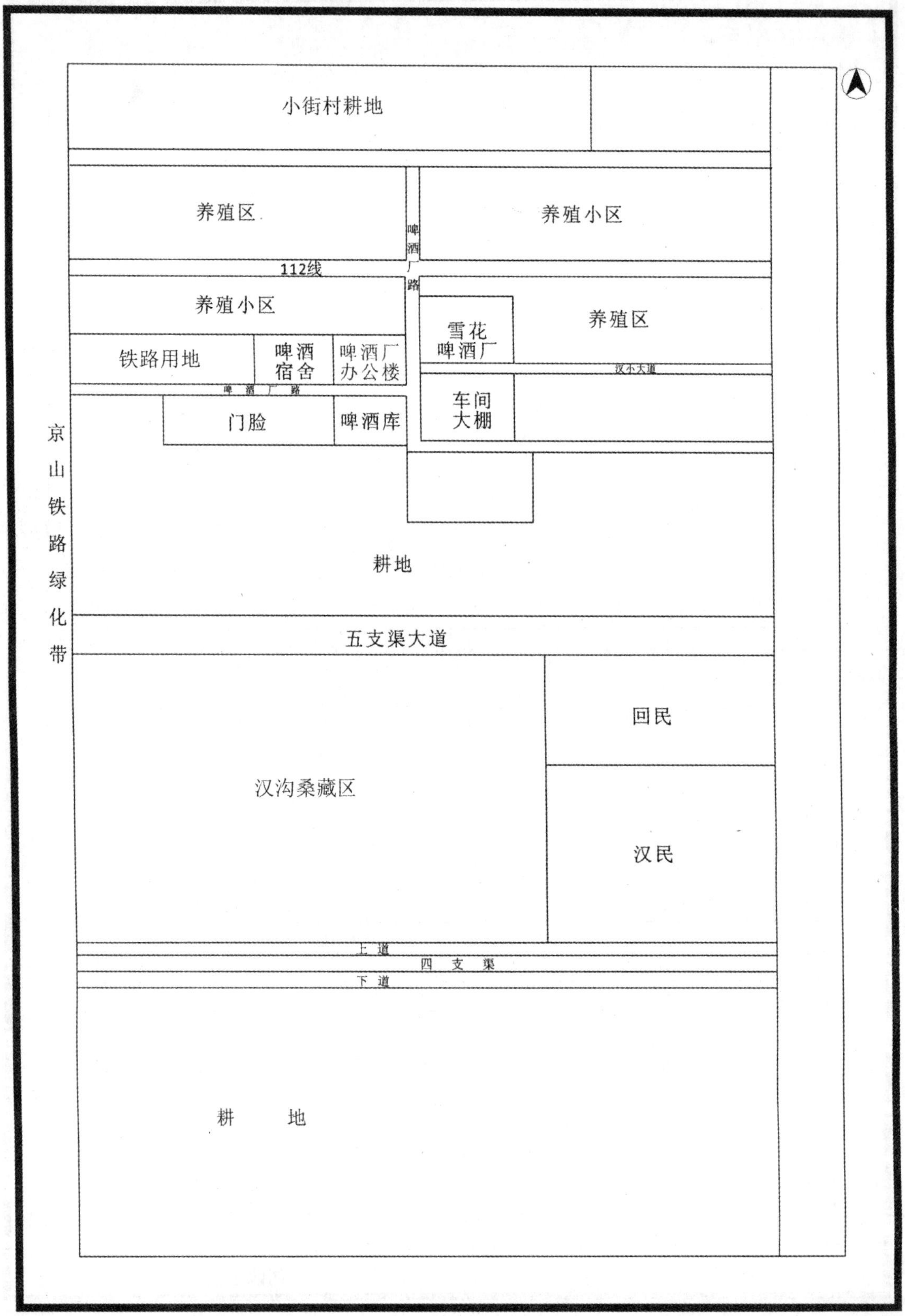

（2016年绘制）

涵闸沟渠泵站 1958年，开始挖水渠建泵站，1976年，挖东排干渠，深3米，宽16米。和(南、北、大渠)，四支渠、五支渠。1978年8月，建汉沟村泵站；1986年改造，流量为2.4立方米／秒。

五 街道胡同

中华人民共和国成立前，村民住房多为土坯房和茅草房。20世纪70年代中期，村民逐步盖上砖木结构的平房。80年代前，村内道路基本都是土路，或垫些炉灰渣、白灰渣等。1984年，村铺设与京津公路的沥青路面，街道、胡同逐步铺设沥青或红砖。到90年代后期，村里的道路按规划实施改造，主要街道实现了全面硬化。2016年，汉沟村有街道9条，有名称的胡同18条。

汉沟村街道 （2016年摄）

汉沟村焕山胡同 （2016年摄）

2016年汉沟村街道情况表

表3 单位：米

序号	街道名称	位置	走向	长度	序号	街道名称	位置	走向	长度
1	南大街	十字街南	南北	400	6	新村道北	新村道	东西	500
2	北大街	十字街北	南北	500	7	汉新道南	村南	东西	400
3	东大街	十字街东	东西	500	8	市场道	村中	东西	200
4	西大街	十字街西	东西	350	9	煤厂西道	村南	南北	150
5	公路街	公路西	南北	400					

2016年汉沟村胡同情况表

表4 单位：米

序号	胡同名称	位置	走向	长度	序号	胡同名称	位置	走向	长度
1	水塔胡同	清真寺旁	南北	300	10	丁字胡同	村南	东西	150
2	焕山胡同	村西	南北	150	11	泰山胡同	村中	南北	70
3	庙山胡同	村中	东西	150	12	东大胡同	村北	东西	250
4	南大胡同	村西	东西	150	13	东小胡同	村北	南北	90
5	菜庄胡同	村西	南北	120	14	拐子胡同	村北	南北	90
6	韩家胡同	村西	南北	150	15	玉堂胡同	村北	东西	200

续表

序号	胡同名称	位置	走向	长度	序号	胡同名称	位置	走向	长度
7	志忠胡同	村西	南北	150	16	碾子胡同	村北	南北	50
8	夏记胡同	村西	南北	300	17	万子胡同	村北	南北	50
9	汉胡路胡同	村南	南北	260	18	清真胡同	清真寺旁	南北	200

2016年汉沟村主要街道胡同及公共设施示意图

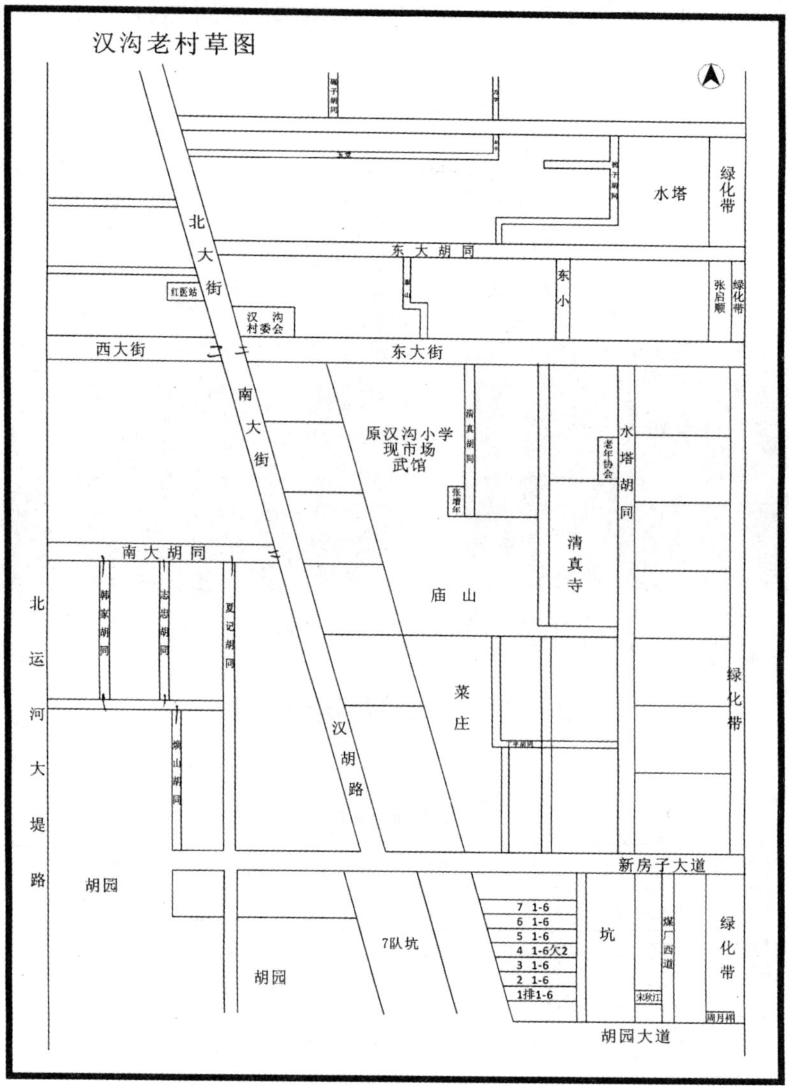

（2016年绘制）

六　公共设施

明清时期，汉沟（旱口、汉口）已为漕运码头、沽北集贸重镇，店铺作坊、五行八作商业设施鳞次栉比，官盐店也在其中。据传清嘉庆末年，该村始建清真寺。据道光二十六年（1846年）《津门保甲图说》载，时该村已建有观音堂、关帝庙、药王庙、土地庙等庙宇。清末至民国初，设有警察所、邮政代办处。民国6年（1917年），始建“汉沟镇私立国民学校”后改称天津县公立第六十四小学。中华人民共和国成立后，1949年至50年代初，先后建立汉沟小学校、供销合作社、中西医联合诊所、大车客店等。1958年至60年代末，先后成立幼儿园、红医站。70—80年代，先后建立国营供销社、商店、粮店、饭店、煤场、生产资料部；打饮水井，建液化气供应站，成立老年协会，改建村卫生所，完善路灯照明等公共设施建设。1984年和1994年，相继重建和扩建清真寺。至2016年，该村公共设施主要有村委会、老年协会、幼儿园、清真寺、集市农贸市场、卫生所、机井水塔、武馆及村民健身场所等。

汉沟小学 1949年，域内有一所“汉沟中心小学”，各邻村设分校。1952年后改为“汉沟联合小学”。1958年更名为“双街联合小学”，并将总校设在双街村。1962年“双街联合小学”分为双街小学和汉沟小学。1978年5月，更名为“双街中心校”。1979年5月“双街中心校”解散，分别设立汉沟小学、张湾小学、双街小学和引河桥小学。1981年9月上述4所小学合并为两所小学，即汉沟小学（辖张湾分校）和引河桥小学(辖双街分校）。1985年9月，双街乡在原有两所小学基础上，增设张湾小学。2006年7月，张湾、汉沟、双街3所小学合并建立北辰区模范小学。

七 经济概况

中华人民共和国成立前，村内无工业，村民生活主要靠农业种植和做买卖为生。中华人民共和国成立后，村仍为农业区域，因自然灾害严重，经济基础薄弱。通过组织成立互助组、初级社，过渡到高级社，逐步建立集体经济。在计划经济体制下，该村始终处于经济效益低，多年没有明显发展。家庭个人有纺石棉的、有缝球的。

20世纪60年代，村里成立了磨光厂。1984年，建起双祥化工厂主要生产工业用黏合剂，年产值达253万元。

中华人民共和国成立初期汉沟村个体店铺分布图

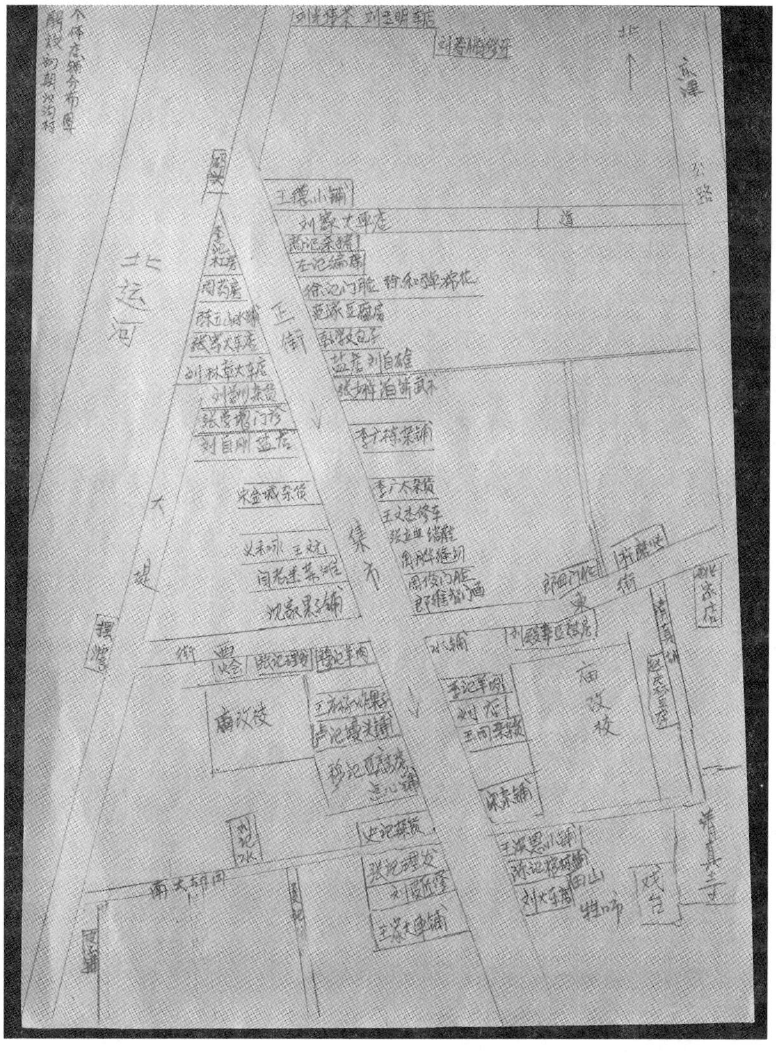

（2016年绘制）

汉沟集市　　（2016年摄）

21世纪初，村建起占地33.3公顷的汉沟奶牛生产基地，奶牛存栏达1900头。2004年，牛出栏数量达到593头，列天津市百个特色村第89名；牛奶产量1.48万吨，列第三名。村东洼种植的333.3公顷的玉米，为养牛户提供青贮饲料。

2009年，开始创建汉沟工业（科技）园，该园区位于双街镇中北部，西至京津公路，东至京山铁路，南至京九铁路津霸联络线，北至规划路，工业规划用地面积65.29公顷。园区是以科研、商务办公、培训孵化、接待展示、园区配套等功能为主，科技生产功能为辅的复合型科技产业园区。分为东部优势产业制造区和西部综合发展区。东部优势产业制造区是指冶金行业、汽车配套行业、机电行业等产业制造区；西部综合发展区是指科技研发、服务配套等综合发展区，其主要内容包括园区服务中心、科技研发区、接待展示区、培训孵化区。2011年，达到水、电、路、气、供热、通信等“九通一平”标准，并招商引资，动工兴建东鹏智谷产业园，占地11.33公顷，建筑面积16万平方米。

2011年4月，成立喜康奶牛养殖专业合作社，该合作社位于汉沟村东，注册资金389万元。业务经营范围：养殖奶牛；采购、供应社员所需的农业生产资料；收购、销售社员生产的产品；引进新技术、新品种；开展有关的技术培训、技术交流和咨询服务。2014年，被评为市级农民专业合作社。

汉沟农贸市场一条街，东起京津公路，西至北运河，商业网点、摊点主要有粮食类、棉布服装类、肉禽类、水产品、蔬菜类、干鲜果品、日用杂品、土产、废旧品等。服务业有饮食店、早点铺、理发美发，修鞋、修拉锁、修自行车、配钥匙等应有尽有。20世纪八九十年代还有耕畜类交易。每逢年节，到这里赶集人更是摩肩接踵，最多时可达六七千人。该农贸市场一直延续至今。

八　民间文化

汉沟英武少林会　1942年，组建汉沟英武少林会，创始人为张少祥老拳师。继而人才辈出，屡创佳绩。起初，有外地武术艺人流落到汉沟村（原称汉沟镇）水旱码头献艺表演。因该地区人流较大，又有集市，遂江湖艺人、武林高手多驻于此。张少祥等拳师的精彩表演在村中极具影响，不少年轻人拜其为师，白天劳动，晚上习武。其传授的拳术有黑虎拳、醉八仙拳、劈挂拳、通臂拳等；器械有六合枪、地躺双刀、六合刀、九节鞭等。

1949年后，在刘德明为首的新一代武师带领下，武术得以发扬光大，70年代后达到顶峰，培养出了郎家银、刘宝玉、郎荣标等优秀武术人才。其中郎家银任天津市武术协会裁判委员会委员；刘宝玉任天津市武术队总教练（武术八段国家级教练）；郎荣标18岁获武英级运动健将称号，多次在国内国际武术赛事中摘金夺银；在第八届全国运动会获武术冠军；1994年，在亚运会获武术比赛银牌；在澳门国际武术邀请赛中获个人全能冠军；1995年，在美国举行的第三届世界武术比赛中，一举夺得棍术冠军，被评为全国武林百杰之一；1999年始，任霍元甲文武学校校长。郎家银、白春瑞、刘志新、商子凤、李邦勇、史志忠等人在天津市业余武术比赛中多次获奖。在天津市首届散打比赛中，李邦勇夺得70公

英武少林武术教练在辅导学生　（2011年摄）

斤级冠军，并代表天津市参加在山西太原举行的全国比赛，获较好名次。

商子凤在指导小学生练习武术（2000年摄）

1983年，汉沟英武少林会应约到天津市燕园春节花会进行表演，获广泛好评。2008年，该会应邀参加中国天津霍元甲文武学校与日本土田教室第八回日中友好访问团组织的武术交流会，为“太祖门”武术提供了展示平台，深受武术爱好者好评。

2010年，在村委会的组织推动下，兴建了汉沟武馆，免费教学。该馆招收以少年组（7～16岁）为主的学员，由第五代传人李邦勇、商子凤担任武术教师，每周按时进行训练。2012年后，汉沟武馆广招弟子，受益学生逐渐增多。

汉沟清真寺　建于清雍正年间（18世纪初），伊斯兰教随穆家庄及武清杨村等地一些回民移居汉沟村而传入境内。清嘉庆末年，汉沟村始建清真寺，穆斯林逐渐增多。中华人民共和国成立前，回族的信仰得不到应有的尊重。中华人民共和国成立后，境内地方政府执行国家宗教政策和少数民族政策，尊重少数民族的风俗习惯，使回族的伊斯兰教活动有序开展。1966年“文化大革命”中，汉沟清真寺被拆除，宗教活动受到冲击。中共十一届三中全会以后，恢复了民族宗教政策。1984年重新建起清真寺。1994年又进行扩建，扩建后的清真寺造型美观，能容纳百余名穆斯林礼拜，清真寺内有阿訇1人，海里凡2人。2003年，双街镇政府投资1.2万元建汉沟清真寺附房。2006年，镇政府为清真寺更换锅炉，保证穆斯林群众能进行正常的宗教活动。每年开斋节期间，由镇领导带队，对清真寺民族宗教界人士进行慰问，并送去慰问金和慰问品，确保广大穆斯林过一个祥和的开斋节。

汉沟清真寺　（2007年摄）

附：

重建清真古寺记

沽北名村汉沟古镇北邻武清南接津门西靠运河京山穿境镇上清真古寺远近知名 。相传于一八一八年乡贤穆氏盛魁筹建不幸十年浩劫文物被毁寺院夷平一经拨乱反正经济复苏民族团结物阜民丰一九八四年春教民动议重建古寺民委通过此举上和国策下顺民情乡亲无不庆幸上级资助群众响应上下齐心经年建成重现古寺风貌风格伊斯兰传统坐西建成礼拜大殿殿顶望月高耸北面五间大厅气势恢弘一派肃穆庄严清真圣境老者观之胜昔之感后人瞻仰倍增爱国爱教之情此善举利国利民建业立功

生逢盛世敬意盈怀因以撰文纪之

公元一九九九年三月

穆瑞堂

民管会暨　张增甫　敬立

穆怀生

沽北邨人　张鸿纾　书丹

附：

汉沟出土明墓志

一九八三年秋，王学海说他家乡—北郊双街乡汉沟村于十年前，出土明墓志一块，现存本村。遂于八月二十一日，偕王翁儒、濮文起等，相伴前往，毡拓以归。《墓志》立于万历三十九年(1611)。其叙云：公讳梦龙，字见田，别号禹门。其先太原人也，……繄我皇明，有讳二共者，以异材应召，拜县令，迁二千石，子崇玉遂徙家平谷。再传，有讳斌者，以平谷地迫虏，甚(其?)俗不事诗书，乃相里于雍阳汉口村，家焉。

太原乃王氏郡望。其家至明代迁平谷，再徙武清汉口村。《墓志》所叙世系有云：

斌传雄，燃藜奋读，业登口荐，见子铠，优游黉(音红，hóng)序，而孙荣，克岐克嶷，遂日："吾有子及孙，若两人以诗书贻燕足矣，奚事五斗长安为哉！"后菜果擢嘉靖己酉(二十八年，1549)乡试，乃讲学潞河之阳，隐居不仕，孝悌力田，不妄干谒。当时邑令称曰"雍阳高士"。故哲逝之日，门人共私谥以端肃云。端肃公娶孙太史族女，生公。

按所叙：斌子雄，雄子铠，铠子菜，菜子梦龙，共历五世。若两世间以二十年计算，由斌至梦龙约有百年，则斌"相里于雍阳汉口村"时，距今当近五百年。

古树 汉沟小学院内，有一棵古槐树，相传有400余年的历史。树干直径120厘米，中间已朽、出现空洞，但枝叶繁茂。2005年死亡。

汉沟小学校院内古槐　　（1995年摄）

庙宇 东屋关帝庙，北屋释迦牟尼（佛祖）如来佛中间观音堂供观世音，西边药王庙，门前有一假山石约一人高供孙思邈，庙宇属公地，拆庙改为小学校。河边，土地庙（北大堤还有一庙）在小河滩北头，有一年干旱祭雨庙宇属公地拆庙改为小学校。

王梦龙墓碑 1968年出土于汉沟村东。青石质料，阳文；盖小篆体，文魏体。立于明万历三十九年(1611年)。共2通，各长50厘米、宽48厘米、厚18厘米。为"明故从仕郎王公墓志铭"，朱之蕃撰文，王文迈书，王好善篆盖。碑载："公讳梦龙，字见田，别号禹门。其先太原人也，……我皇明有讳二共者，以异才应召，拜县令，累迁二千石。子崇玉徙家平谷。再传有讳斌者，以平谷地迫虏甚，俗不事诗书，乃相里于雍阳汉口村家焉。""斌传雄，燃藜奋读，业登口荐，见子铠，优游当序，而孙棐，克歧克嶷，遂曰：'吾有子及孙，若两人以诗书贻燕足矣，奚事五斗长安为哉！'后棐果擢嘉靖己酉乡试，乃讲学潞河之阳，稳居不仕，孝悌力田，不妄干渴。当时邑令称曰'雍阳高士'。门人共私谥以端肃云。端肃公娶孙太史族女，生公。"志石存北辰区地名办公室。

杂技 民国28年(1939年)村民张千臣随父母到天津市区。其在公大六厂做学徒期间，被介绍到张森大院练皮条、爬杆。后到南市一饭店当学徒，爬杆等训练中止。两年后，他继续练习皮条、爬杆，技艺猛进。1951年，被战友文工团杂技队选中，当上文艺兵，技艺渐至鼎盛时期。1952年12月31日夜，张千臣被接入中南海，在怀仁堂为毛泽东等中央领导演出。翌年6月，他演出的节目被选为第四次世界青年联欢会表演项目。随后，到捷克斯洛伐克等东欧国家访问演出。1956年调至长春杂技团，后任副团长。1974年调至天津杂技团任学员队队长兼教练。他教授的“皮条”小组获“全国第二届杂技比赛银狮奖”；1989年获“第十三届蒙特卡洛国际马戏节银小丑奖”和“发展马戏艺术协会奖”。

九　大事纪略

汉沟车站攻坚战　民国35年（1946年）5月中旬，民主政权天津县支队攻打汉沟火车站。当时，国民党武清县杨村一个保安中队占驻平津铁路汉沟火车站，修筑碉堡，企图阻断冀中和冀东以至晋察冀与冀热辽解放区的联系。一天傍晚，根据刘马庄村群众的报告，天津支队决定拔掉这个据点。县支队从朱唐庄出发，一个连警戒天津及杨村之敌，两个连借火车的轰鸣声向车站发起攻击，经过多次冲锋，占据车站一角。敌军借暗堡顽强抵抗，县支队改用火攻，放火烧了几座房子，战斗持续一夜。因敌军从南北两路增援，县支队拂晓前撤出战斗。此次战斗歼敌70余人，俘敌70余人。

十　英烈先贤

杨祖贵（？—1947）　烈士，解放战争时期为八路军办事。民国36年（1947年）秋，双街壮丁队勾结杨村护路队兰相章将其抓捕，把他和刘桂荣（双街人）分别装入麻袋在庞嘴扔进北运河里。杨祖贵遇难，刘桂荣脱险。

史德功（？—1947）　烈士，解放战争时期参加革命，为八路军服务。民国36年（1947年）秋，在汉沟村被双街壮丁队杀害。

十一　历任党政负责人

据汉沟村上报村情调查资料表明：村党支部有记载是从1949年始，党支部经历12任党支部书记。村政机构先后经历村公所、生产大队、革命委员会、生产大队后过渡到村民委员会。

1949—2016年汉沟村党组织负责人任职情况表

表5

党组织名称	姓名	性别	职务	任职时间	说明
党支部	祁树春	男	书记	1949—1950	
	刘士河	男	书记	1950—1952	
	郎维智	男	书记	1953—1956	
	祁树春	男	书记	1956—1964	
	李广春	男	书记	1964—1977	
	祁树春	男	书记	1978—1983	
	刘玉堂	男	书记	1983—1988	
	祁凤山	男	书记	1989—1997	
	周志刚	男	书记	1997—1998	镇派驻村干部
	刘庆云	男	书记	1998—2001	
	苏洪洲	男	书记	2001—2002	
	李俊杰	男	书记	2002—2012	
	王继生	男	书记	2012—2015	
	卢春强	男	书记	2016—	

1950—2016年汉沟村村政机构负责人任职情况表

表6

村政机构名称	姓名	性别	职务	任职时间	说明
村公所	王德明	男	村长	1950—1956	
	李广春	男	村长	1956—1958	
生产大队	李广春	男	大队长	1958—1964	
革命委员会	张德华	男	主任	1964—1974	
生产大队	李广春	男	大队长	1975—1977	兼职
	刘庆云	男	大队长	1978—1983	
村民委员会	王俊龙	男	主任	1983—1988	
	刘志新	男	主任	1989—1997	
	衡庆贺	男	主任	1997—1998	镇派驻村干部
	孙守智	男	主任	1998—2000	
	王瑞强	男	主任	2001—2005	
	穆怀波	男	主任	2006—2008	
	王瑞强	男	主任	2009—2012	
	张起顺	男	主任	2012—2015	
	王学山	男	主任	2016—	

十二　荣誉

1950—2016年，汉沟村获国家级个人荣誉1次。1950—2016年，汉沟村获市局级及以上先进个人荣誉4次。1993年，汉沟村调解委员会获得天津市政府授予的“优秀人民调解委员会”称号。

1950—2016年汉沟村获全国先进个人和体育赛事获奖情况表

表7

授予时间	姓名	荣誉名称	授予部门
1985	郎荣标	武术比赛中获银牌	第十二届亚运会
1989		“武英级健将”	中国武协
1993		武术比赛中获全能第二名	第七届全运会
1994		武术比赛中获银牌	第十二届亚运会
1994		个人全能冠军	澳门国际武术邀请赛
1995		棍术冠军	美国举行的第三届世界武术比赛
1995		金牌4枚、银牌2枚及全能第一名	全国武术精英赛
1995		全国武林“百杰”之一	中国武协、中国武术院及中华武术杂志社
2014	李淑静	五好文明家庭标兵户	全国敬老爱老助老主题教育活动组委会

1950—2016年汉沟村获市局级先进个人情况表

表8

授予时间	姓名	荣誉名称	授予部门
1990	刘振刚	优秀德育工作者	天津市教委
2000	刘士林	2000年度消防安全先进个人	市人民政府

续表

授予时间	姓名	荣誉名称	授予部门
2003	陈洪波	市农村青年创业致富带头人	共青团天津市委、市农委、市科委
2014	李淑静	最美家庭	天津市妇联

附一：

四清运动结硕果

落后面貌大改观——汉沟大队一年丰收等于七年的总收成，1965年12月汉沟大队，今年粮食收了107万斤，亩产320斤，棉花6万斤，也出现亩产皮棉170多斤的样板。这与先进单位比较起来，总产和单产都还是落后的，但对汉沟来说，却是一件轰动全村的大事。因为，仅这一年的产量，就几乎等于公社化的七年来粮食产量的总和，超过了历史上最高年产（1957年）的两倍多，比去年增长了177%，相当于包干任务的三倍以上。

（摘录《档案中的北辰》第82页）

附二：

汉沟镇之信用合作社

天津县公立第六十四小学郎作仁　我国目下之情况正当国弱民贫农村破产之际一切事业非合作不足以打破此难关是以政府有农业合作事业委员会之组织以领导民众合作之事业。汉沟镇之信用合作社在民国23年6月间于华北农业合作事业委员会指导下于是成立时至今自己有数年之历史然考其成绩毫无究其原因不外以下三点

1. 全体会员对于合作事业未有深刻之认识
2. 会内服务人员未能负起责任
3. 多数会员私心多盛又只能享受权利而不尽义务。我国人民知识之缺乏于此可见一斑矣。

（摘录《天津县乡土志辑略》）

附三：

沽北小镇——汉沟

明清时期，自北运河开凿以来，漕运兴盛，哺育着两岸的百姓，沟通了南北交通。由于航运的兴盛，促进了两岸的繁荣，于是出现了许多城镇、乡村。小镇汉沟就是这样形成的。

汉沟是上京、下卫的必经之路，水路有运河，陆路有一条通过街中心的上京、下卫的大道 。元代北京建都，当时叫大都，汉沟的漕运就繁忙了。从天津到汉沟应该是初程小驻，常有粮船停泊。此地百姓间曾流传一段传奇故事。传说粮船停泊在汉沟，常有石龟上船偷米吃。后来石龟再来偷米，船上人追至胡园村南，用枪将石龟眼睛扎瞎，从此石龟不敢再来。此传说虽说荒诞，但也从另一方面反映出当时漕运的兴盛。

当年，小镇华灯初上，岸上炊烟，河上渔火，一片繁华景象，铺店、作坊也很兴旺。待旭日东升，镇上更是熙熙攘攘，赶集的小贩，驻店的商客，南来北往的旅客，川流不息。河面上帆樯林立，船工号子铿锵；古道上大车小辆，有上京的，有下卫的，有买的，也有卖的。由于交通和地理的优势，自然形成集的模样。至今汉沟镇的界碑还标在汉沟火车站上。

由于小镇成为水陆码头，进而声誉百里，当时曾与杨柳青齐名。

说是集镇，就有集镇的特点。镇上有官盐店，属津京盐务第七口岸；有邮政代办处；有警察所；有公立学校，有庙宇多处，关帝庙、药王庙、观音堂、清真寺，年年都有庙会。在丰收年里，大庙会唱皮影戏，庙会上有高跷会、小车会、少林会等。

镇上的集市贸易，在节日里最兴旺，大车进不去，小车出不来，人来人往挤挤擦擦。有粮食市场、

骡马市场、年货市场。叫斗的管量粮食的；说牙的管牲畜买卖；掌秤的管棉、麻交易；税务员管征收交易税。

镇上的商店、作坊也够齐全，当属旅店最多。有太和店、顺兴店、四合店、张记车马店，在小店房都给旅客起火作饭。有句俗话形容当时旅店和兴旺：“大车进了店，给个知县都不换。”再有就是杂货店，有泰山势、双义成、义合永、德聚号、福庆成、德义成、德春号。药店就四家，泰安堂、天合堂、保生堂、体仁堂。其他行业作坊有汽灯房、首饰铺、皮子铺、棚铺、清酒缸、切面铺、棺材铺、大车铺、嫁妆铺、铁锅铺，香油坊两处，猪肉铺、羊肉铺各两家，点心铺两家，红白喜事用的杠房两家，豆腐房、果子铺、炸糕铺等，可以说样样俱全。另外还有许多小摊贩。

后来公路修成了，铁路通车了，漕运也逐渐减少。自抗日战争开始，小镇萧条了。

解放初期，因区划变动，汉沟已不再称镇，但还残留部分旧貌，经过“一化三改”彻底改造后，过去的集市也由计划经济取代了。党的十一届三中全会以后，小镇景象又见复苏。集市又建立起来了，摊贩布满各街道，一、四、七为集市贸易日，呈现一片繁荣景象。

（撰稿人张鸿舒）

庞嘴村

庞嘴村位于北辰区中北部，双街镇西北部，北运河西岸，在北运河及永定河之间，北面、东面、南面由北运河环抱，西邻永定河，东临北运河与汉沟村一河之隔，西北与武清区马家口村距1千米。南与上蒲口相距1.2千米，北与小街村0.8千米隔北运河相望。村自然形成呈镐头状独特的“岛屿”，占地面积3.5平方千米。2015年，庞嘴村户籍人口2050人，以土地及厂房租赁为主，村集体年收入302万元，长期固定资产511万元。农民人均所得17000元。

庞嘴村航拍图 （2016年摄）

一　村庄沿革

该村建于明永乐年间（1403—1424年）。时有一陕西庞姓人士持龙票圈地建村，因北运河在此处有湾，形状似嘴，故名庞家嘴。明弘治十五年（1502年），该村称鱼市里庄，又有王、张等姓迁入。后称庞嘴。

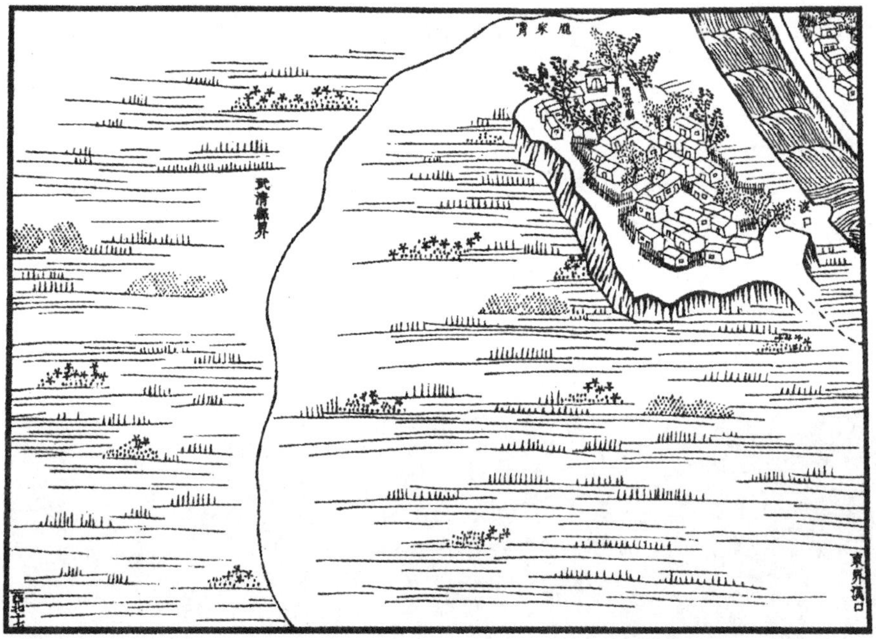

清道光二十六年（1846年）《津门保甲图说》中的庞家嘴（庞嘴）村

该村明初，武清县实行里社辖村制；弘治十五年（1502年），武清县将30个里社归并为15个，其中在鱼市庄里的17个辖村中含庞家嘴村。清光绪三十一年（1905年），天津县设4乡34区，庞家嘴属北乡第十八区管辖。中华民国时期，天津县北乡，设双街乡和汉沟乡。庞家嘴隶属汉沟乡。1949年3月，天津县实行区辖村制，村直属天津县第八区。1950年7月，并归天津县四区管辖。1953年5月，庞嘴归属汉沟小乡管辖。1958年4月，4个小乡裁并为张湾乡，属张湾乡管辖。1958年8月，并入幸福人民公社，张湾大队辖庞嘴村。1959年3月2日，幸福公社改称北仓公社，并实行管理区辖生产队制，张湾大队改为张湾管理区，隶属张湾管理区。1960年6月27日，隶属津北畜牧场双街分场。1961年5月，隶属北郊区双街公社。1983年7月，隶属北郊区双街乡。1992年3月6日，北郊区改称北辰区。1995年9月，后该村隶属北辰区双街镇。

二　道路河流

道路　中华人民共和国成立前，庞嘴村地处北运河西，三面环水，交通十分不便。20世纪40年代末，设渡口，村民乘摆渡后乘车到市中心，交通有所改进。到60年代，北运河上架设桥梁，交通得到彻底改善，1999年，村又开辟一条新路建一架新桥，村里的交通更为便利，新桥紧临京津公路。60年代，京山铁路通车，近年来，京九铁路联络线，京蓟铁路、津保高速铁路先后建成。725路、611路、607路等公交车

庞嘴村环村路　　（2017年摄）

和划地铁4号线在村周边设站，交通较为方便。

庞嘴新桥　　　　　　　　　　　　（2017年摄）

庞嘴大桥　跨北运河位于庞嘴与汉沟村之间。1960年建。由庞嘴村人王奎芳设计并指挥施工。原为木质结构桥，后年久失修，1980年在原址重建。桥身和桥面均为钢筋混凝土结构，桥长50米，宽6米，最大负荷量10吨。

庞嘴新桥　1999年9月9日在原庞嘴大桥的北侧新建庞嘴新桥建成通车。新桥长60米、宽8米，载重量20吨；另外新修直通京津公路的引路一条，长160米、宽14米，面积2200平方米，安装灯27盏。

大桥工期131天（3月12日至7月20日），总投资130万元。

庞嘴村水塔　　　（2016年摄）

渡口　20世纪50年代，村内的北运河渡口有庞嘴渡。60年代后，北运河上架设桥梁，渡口撤销。

河流　一级河道北运河，流经村域内。北运河古称潞河、白河、沽河，属京杭大运河的一部分，海河支流之一。上游源于北京，北运河由武清区马家口村进入村内，流经段长2.8千米。河宽80米，平均水深2米。永定河由武清区马家口村进入村西部，流经段长1.2千米。河宽50米，平均水深2.5米。北运河自古以来系居民饮水源，永定河用于农田灌溉。1970年，村开凿生活用水深井，达320米，建水塔一处，村民告别饮用北运河水。2007年又打一眼600米深水井，用于居民生活用水，2013年庞咀村建设纯净水站供该村村民饮用。

三　人口方言

人口　据《津门保甲图说》载，清道光二十六年（1846年），庞家嘴与汉口为对河，村舍不多。其外即武清界。村旁设渡口一处。图内庙一、村一、渡口一，东界汉口。铺户六户、烟户一百九十九户、应役三户、负贩四户、船户七户、道人一户，共二百二十户（大口四百六十四口；小口二百五十六口）。；据《典籍中的北辰》载，民国23年（1934年），载有321户1150人；据统计资料载，1980年，有422户1711人；2000年，有630户1890人；2009年，有611户1879人；2015年，有586户2050人；2016年，有606户1951人。

姓氏　庞嘴村有37个姓氏，主要姓氏有12个，庞姓87户、张姓86户、王姓78户、李姓69户、刘姓37户、周姓25户、商姓22户、吕姓21户、曹姓16户、陈姓15户、常姓11户、石姓11户，全部为汉族。庞、张、王、李家族人口居多。大部分家庭为两代人一起生活，人口3～6人不等。

李氏家族字辈排序：育、云、金（国）、（单字）。

民族　据《天津市北辰区地名志》载，1995年，该村汉族有1887人，回族3人。据村情调查，2016年，该村民族人口均无变化。

方言　该村为北辰区武清方言片，该地方言与武清区杨村话相似，在全国方言片区上属北京官话区怀（来）承（德）片。

四　耕地状况

据庞嘴村上报村情调查资料表明：20世纪80年代，村有大块耕地17块，面积2595亩 。2015年耕地面积1974亩。耕地四至：东靠村住宅、南与上蒲口耕地相连，西、北与武清区马家口村耕地接壤。

涵闸泵站 1974年，在该村旁建泵站1座。2007年，该村挖1座水柜，蓄水能力达60万立方米。

20世纪80年代庞嘴村所属耕地地块情况表

表1　　　　单位：亩

地块名称	耕地位置	面积	地块名称	耕地位置	面积
其头地	村西	357.50	甄坟	村西	275.60
中长白	村西	90	水柜西	村西	130.40
小洼	村西	94.75	老公园子	村西	181
西长白	村西	426.90	大三尖	村西	107.90
南长白	村西	155.90	南河滩	村西	167.70
南小洼	村西	89.87	口门外滩	村西	64.16
北圈	村西	145	大沟边	村西	44.16
胡园地	胡园村	153	沟西外滩	村西	45.32
北河滩	运河边	65.93	合计		2595

20世纪80年代庞嘴村所属耕地地块示意图

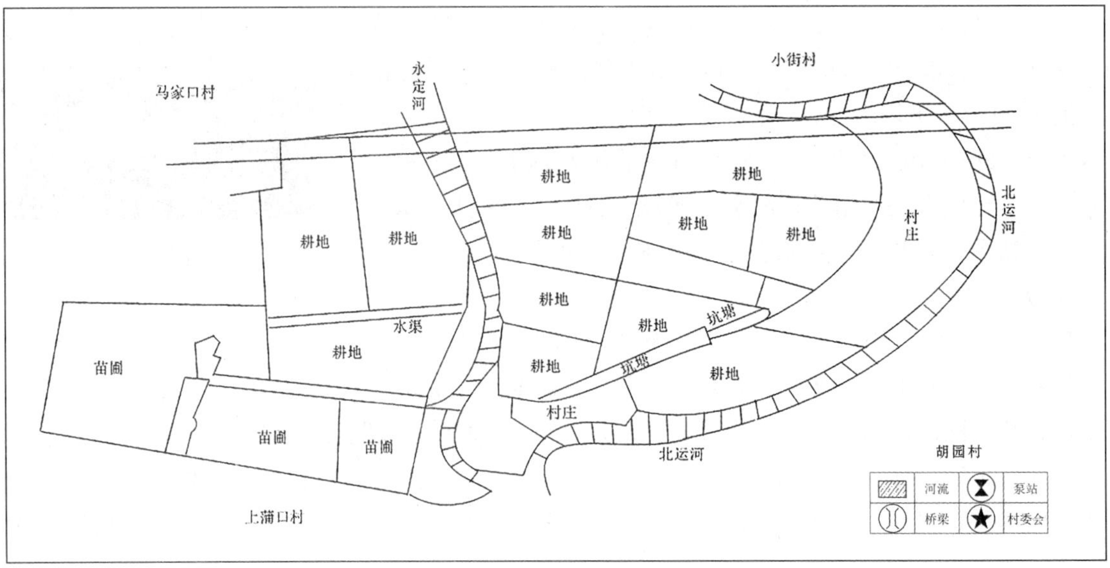

（2016年绘制）

五　街道胡同

中华人民共和国成立前，村子是沿着北运河大堤南北展开的。村北不远，左面是老爷（关帝）庙，右面从大堤到河边是一片大森林，外缘是高耸八方的大叶杨，里面是排列有序的松柏树，各色各样的飞鸟聚居在这里。人走进林子，抬头不见太阳，脚下是没鞋的腐殖质。村南有十几户人家，就是人们称谓的“小庞嘴”，再往南，有一座不大的土地庙。村东是大片菜园，村民住房多为土坯房和茅草房，道路都是土路。解放初期，村内街道错综复杂，凌乱无序。从20世纪70年代中期，村民逐步盖上砖木结构的平房，村集体对道路多次进行平整。1985年，村铺设村内街道的沥青路面，胡同逐渐铺设红砖路。到90年代，村委会建起二层办公楼房。村西有坑塘三处，主要用于排水防涝。2016年，有环村公路一条，村主干道3条，运河道，北道、南道。次干道3条，运河中道、大桥道、运河南道。胡同42条，村内无拆迁。

2016年庞嘴村街道情况表

表2　　　　　　　　　　　　　　　　　　　　　　　　　　单位：米

序号	街道名称	位置	走向	长度	序号	街道名称	走向	位置	长度
1	环村公路	环村	环村	2300	5	新大桥道	东西	村北	300
2	北新村路	村北	南北	400	6	南新村路	南北	村南	300
3	运河北道	村北	东西	200	7	老桥道	东西	村中心	200
4	运河南道	村南	东西	180					

六　公共设施

中华人民共和国成立前，村内公共设施较少，有私塾、小杂货铺、豆腐坊、关帝庙等。60年代初，村内建起卫生所、小学校、幼儿园、电磨坊、饲养处等。70年代，建有代销店、小饭店等便民设施，到90年代，村里建村民健身公园、村民学校等。至2016年，村建有幼儿园、卫生所、村民学校、社区综合服务中心、村民活动中心、小卖部（三处）等公共设施。

2016年庞嘴村部分街道及公建设施示情况示意图

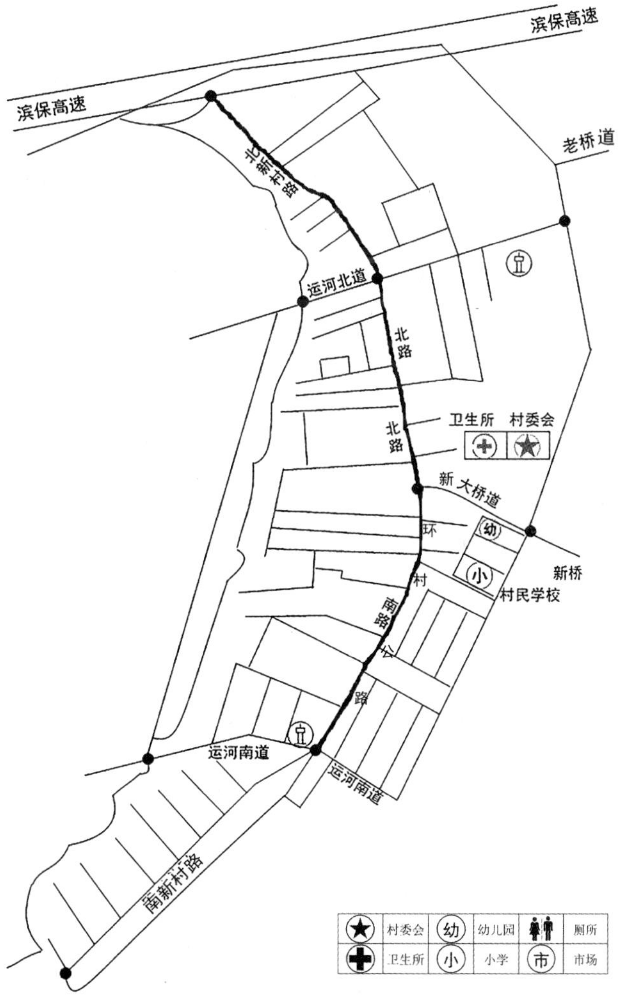

（2016年绘制）

庞嘴村社区综合服务中心　　　　（2016年摄）

庞嘴村民健身活动中心　　　　（2016年摄）

七　经济概况

中华人民共和国成立前，该村因紧临北运河，河上有往来不断的帆船，还有川流不息撒网的打鱼船、架鱼鹰的逮鱼船。村西是一片淤泥地，村南、北是河滩地。村民主要靠种地、打鱼、做小买卖为生，不赶上水灾的年景收成还可以。但是，由于村子地势低洼，十年九涝。村民的生活较为困苦。

中华人民共和国成立后，村仍为农业区域，以种植粮食和蔬菜为主，因自然灾害严重，经济基础薄弱。通过组织成立互助组、初级社，过渡到高级社，逐步建立集体经济。在计划经济体制下，村始终处于经济效益低，多年没有明显发展。生产小队组织一些劳务出工增加集体收入。

1978年，成立村办企业振华机电设备厂，生产的产品为变压器，有从业人员72人。1980年，成立先锋制衣厂，生产的产品为运动衣，有职工145人，1980年成立的运河木材厂专营木材加工，有职工53人。

80年代，村里实行家庭联产承包责任制，土地分到各户，调动了农民的积极性，粮食产量和蔬菜产量得到提高。

90年代中期，村内的能工巧匠异军突起，先后成立建筑装修队10余个，年收入近100万元。

1996年，村蔬菜种植面积140.67公顷，产量1.19万吨。2004年，列天津市百个特色村第27名，设施农业大棚面积25.6公顷，列第37名。该村依托国宗梦得农副产品配送中心，建成占地13.33公顷的无公害蔬菜基地，促进全村蔬菜种植业的发展。

2007年，村建立庞嘴精品苗木基地 ，该项目投资1500万元，规划占地面积66.67公顷；引进、栽植高档精品种苗30余种、16万株，其中主要有国槐、海棠、杨树、垂柳、碧桃等。是年，出土苗木10万株以上。2014年，苗木基地实际占地面积40公顷，出土各种苗木2万余株。

2013年，该村蔬菜播种面积121.07公顷，总产量达5743吨，为全镇各村之首。是年年初，成立"天津市庞嘴水稻种植专业合作社"，利用无污染的有利条件开展纯天然农业生产。

2015年，村以土地及厂房租赁为主，其中土地租赁面积1256亩，有天津市兴辰木业有限公司、天津市北辰区运河木材加工厂、天津市先锋祥和制衣有限公司、天津金马腾达汽车箱体制造有限公司等企业。

八　民间文化

庞嘴村与民同乐健身团　组建于2008年12月，由村中文艺爱好者自发组成，以中老年为主。演出形式有舞蹈、秧歌、小车会、合唱等，节目由队员们自编自演。队员们每天安排早、中、晚进行排练。该团创作了《美丽的北辰我的家》《唱唱咱这新农村》《美的歌》等歌曲，并在村中广泛传唱。经常参加区、镇、村组织的各项文艺活动。逢节日，应邀去周边村庄演出，在镇域内有一定影响。2014年，有队员30余人。

九 英烈先贤

庞鹤年（1886—1964） 别名庞永丰，庞家嘴村人，天津老美华鞋店创始人。清光绪二十八年（1902年），庞鹤年到估衣街联兴斋靴鞋庄学徒。宣统三年（1911年），在其父亲资助下，于南市牌楼口开设“老美华”鞋店，专营坤鞋，填补了当时鞋业空白。1964年庞鹤年逝世，享年78岁。

十 历任党政负责人

据庞嘴村上报村情调查资料表明：1945年，庞嘴村建立党小组，时有党员4人，为域内最早的中国共产党基层组织。1946年4月，该村建立域内第一个党支部，书记李云彩，有党员11人。党支部经历11任党支部书记。村政机构先后经历村公所、生产大队、革命委员会、生产大队后过渡到村民委员会。

1946—2016年庞嘴村党组织负责人任职情况表

表3

党组织名称	姓名	性别	职务	任职时间
党支部	李云彩	男	书记	1946—
	王奎英	男	书记	1957—1964
	闫继信	男	书记	1964—1969
	李云龙	男	书记	1969—1976
	张文锦	男	书记	1976—1981
	李云龙	男	书记	1981—1985
	郭振海	男	书记	1985—1988
	刘玉明	男	书记	1988—1997
	庞志文	男	书记	1997—2006
	张建芝	男	书记	2006—2012
	郭维生	男	书记	2013—2014
	石建军	男	书记	2015—

1953—2016年庞嘴村村政机构负责人任职情况表

表4

村政机构名称	姓名	性别	职务	任职时间
村公所	曹向福	男	村长	1953—1956
	李玉书	男	村长	1956—1958
生产大队	商永德	男	大队长	1958—1962
	曹庆生	男	大队长	1963—1968
革命委员会	张瑞文	男	主任	1969—1981
生产大队	郭振海	男	大队长	1981—1984
村民委员会	刘玉明	男	主任	1985—1989
	庞素林	男	主任	1989—1996
	王学茂	男	主任	1997—2005
	张建芝	男	主任	2006—2011
	张立江	男	主任	2012—2015
	庞志强	男	主任	2015—

十一　荣誉

1953—2016年，该村获天津市市局级及以上先进集体荣誉3项(次)；获全国先进个人荣誉3项(次)；获市局级及以上先进个人荣誉11项（次）。

1953—2016年庞嘴村获市局级及以上先进集体情况表

表5

授予时间	荣誉名称	授予部门
2008	市创“四无”社区优秀人民调解委员会	天津市社会治安综合治理委员会
2008	2007—2008年度天津市平安示范村	天津市社会治安综合治理委员会
2009	市级卫生村	天津市卫生局

1953—2016年庞嘴村获全国先进个人情况表

表6

授予时间	姓名	荣誉名称	授予部门
1991	张鸿鹏	全国农口安全生产先进个人	农业部
1994		全国优秀企业思想政治工作者	中共中央组织部、宣传部、
1994		全国乡镇企业优秀安全管理工作者	农业部

1953—2016年庞嘴村获市局级先进个人情况表

表7

授予时间	姓名	荣誉名称	授予部门
1979	张兴丽	市级三八红旗手	天津市妇联
1989	张鸿鹏	“七五”立功奖章	天津市总工会
1991		乡镇企业家	市人民政府
1992		天津市劳动模范	市人民政府
1992		社会治安综合治理先进个人	天津市委、市人民政府
1994		乡镇企业家	市人民政府
1994		“八五”立功奖章	天津市总工会
1995		百名优秀思想政治工作者	天津市委
2007	张建芝	天津市五一劳动奖章先进个人	天津市总工会
2009	张冬朋	天津市慈善之星	天津市慈善协会
2009	翟庆兰	天津市优秀教师	天津市教委

附：

战斗的庞嘴村党支部

庞嘴村是北辰区北部的一个村庄，位于京津公路西侧。在解放战争中，这个村党支部坚持战斗在敌人心脏，打击敌人，支援前线，为人民的解放事业做出贡献。

培养积极分子，建立党的组织

抗日战争后期，中共冀中区委加强对津郊的开辟工作。1944年秋，地下工作者吕彩玉、庞泽林、芦珍、王青山等通过洋车夫李德才（庞嘴村人）及其弟外号“二侉子”的关系，潜入庞嘴村，以商汉民家为落脚点，宣传抗战形势，启发农民觉悟，物色培养商永德、李云彩、周茂林等一批抗日积极分子，成立庞嘴村农民协会，李德才任农会主任。日本投降后，庞嘴村属冀中天津县四区辖。1946年3月7日，国民党九十四军占领柴楼、双街；25日占领青光、安光；28日占领双口。至此，天津县四区大部分村庄被蚕食，庞嘴村四面受敌。4月，天津县四区区长安振英、组织委员宋毅、秘书黎辉、农会主任孙志珍等进驻庞嘴村。他们带领积极分子骚扰敌军，破坏交通，惩治恶霸。在斗争中先后发展李德才、商永德、王桂林、宋兆文、李玉民、李云彩、宋兆武、吴文涛等人为中共党员，并分批在王永平家举行入党宣誓，成立庞嘴村党支部和村民主政权。李云彩为支部书记，商永德为副书记、村长，虞春林为民兵队长。在村党支部、民主政权建立的同时，国民党天津县在庞嘴村恢复保甲制。保长张恩富经常勾结双街壮丁队、国民党杨村护路队到庞嘴村为自己撑腰壮胆。庞嘴村党支部不畏强暴，根据区委的指示通知党员走家串户，宣传前方胜利消息，先后动员王奎英、刘增祥、陈洪昌、刘凤祥、阎继和、李景深、曹云浦、李文科等青年参加八路军，动员郭宝安、王玉才、郭宝坤、张维平、沈仲英、宋兆武、张瑞祥、宋广玉参加县大队、区小队。还组织起一支70多人的民兵队伍，配合县大队多次攻打双街壮丁队、汉沟敌车站。1946年6月为配合胜芳保卫战，他们多次炸毁平津铁路铁轨，砍断敌人电线杆，一夜割断从六合庄到双口村五六公里长的电话线。

截敌军用物资，惩治叛徒

庞嘴村的革命活动，引起国民党军和双街壮丁队的仇视。敌人曾多次突袭围剿，搜捕该村地下党员，还将军属刘子芬、刘增合父子等人抓入炮楼毒打，抄了张瑞琪（其兄是八路军）等人的家。1947年春，敌人两辆满载军粮的双套马车途经六合庄，庞嘴村民兵突然袭击，押车敌军束手被擒，缴长短枪各3支、粮食50石。当时，因上年遭灾，庞嘴村穷人揭不开锅，有人主张用这些粮食救急，但大部分人认为前方将士更需要，终于一粒未动地将两车粮食全部上交区政府。同时，支部书记李云彩也将村民难处向区委反映。根据区委决定，庞嘴村农民在党支部动员下，一夜割了马家口大地主“杨大鸡子”的100多亩小麦。1947年夏，党支部书记李云彩带领民兵在北辛庄茶摊伪装喝茶，将杨村大地主的8辆满载粮食的大车截获，全部押送解放区喜逢台。此后，又两次成功地在洋灰桥（今引河桥）和郎园附近缴获敌人两辆汽车和大批军用物资。1947年冬，津武县六区青会主任许新桐叛变，又溜进庞嘴村向副保长顾春如、会计鲍士友等诈钱。经区委批准，庞嘴村党支部派民兵于1948年正月初七将叛徒抓获，许挣脱绳索企图逃跑，被商永德打死在南菜园。

不怕牺牲，革命到底

党员商永祥、顾四环长期在汉沟村以炸果子为掩护，搜集敌人情报。1947年秋，双街壮丁队长李宝琨探知2人身份，即派壮丁抓捕，绑赴南仓杀害。1948年9月，李宝琨迫令各村成立自卫队。庞嘴村保长张恩富积极筹办，张罗买枪。村支部派商永德向张晓以大义，劝他不要与人民为敌。张竟将此事密告李宝琨。李派人将商永德抓进岗楼，说他是八路，亲自用顶门杠毒打，致商永德胳膊折断。战友的牺牲、村长的被打，激起庞嘴村共产党员和群众的义愤。1948年12月20日，当东北大军攻击汉沟和双街之敌时，庞嘴村民兵主动配合。商永德骑马到六合庄找到津武县六区区委书记宋毅，告之双街已克复。随后，根据区委布置，庞嘴村党支部立即成立天津战役支前委员会，商永德任主任，动员全村200多名青壮年组成3个支前工作队，为解放军站岗放哨，排忧解难。天津攻城战斗打响后，商永德带数十人在忠孝门奉命看管集中在那里的国民党天津县乡保长，其他两队担负运送支前物资的任务。他们忍受饥饿，夜以继日地工作，受到军管会表扬。

（摘自《津辰史迹》）

胡园村

胡园村位于北辰区中北部，双街镇北部，在镇驻地北3千米处。北运河东岸，京津公路西侧。北与汉沟村隔道相连，南与郎园村相距1千米。有京九铁路（联络线）从村南穿过。村呈长方形，占地面积0.32平方千米。2014年，胡园村集体经济总收入132万元。农民人均所得1.86万元。2015年，该村户籍人口905人，长期固定资产41万元。

胡园村航拍图　　（2016年摄）

一 村庄沿革

建村于明永乐年间（1403—1424年）。始称虎园。至清朝中叶，朝中有姓胡的官僚（任湖广汀漳道台之职，绰号胡扒皮）看中此地，在村南建立坟茔，占地约100.05亩，盖房屋、召佃户为其看守坟茔，遂将虎园改为胡家园，后称胡园至今。

清代，雍正八年（1730年）胡家园，划归天津县管辖。乾隆元年（1736年），实行巡检辖村制，胡园村属时西沽巡检管辖。光绪三十一年（1905年），天津县设4乡34区，胡园村属北乡第十八区管辖。中华民国时期，天津县北乡，设双街乡和汉沟乡，胡园村隶属汉沟乡。民国38年（1949年）3月，天津县实行区辖村制，村直属天津县第八区。1950年7月，并归天津县四区管辖。 1953年5月，胡园归属汉沟小乡管辖。1958年4月，4个小乡裁并为张湾乡，属张湾乡管辖。1958年8月，并入幸福人民公社，张湾大队辖胡园村。1959年3月2日，幸福公社改称北仓公社，并实行管理区辖生产队制，张湾大队改为张湾管理区，隶属张湾管理区。1960年6月27日，隶属津北畜牧场双街分场。1961年5月，隶属北郊区双街公社。1983年7月，隶属北郊区双街乡。1992年3月6日，北郊区改称北辰区。1995年9月后，该村隶属北辰区双街镇。

二 道路河流

道路 通往京都驿道，后改建成的京津公路穿村而过。中华人民共和国成立后，村东京山铁路经多次改建、扩建，全线以建成复线铁路。20世纪60—90年代，域内先后有铁路津蓟线、京九铁路津霸联络线建成通车。至2016年，国道1条，铁路3条。村口设725路、611路、607路等公交车站，规划地铁4号线在村口设站。村民出行非常便利。

河流 一级河道北运河，流经村域内。1970年前，村民均饮用北运河水，是年，村内打饮水井一眼，建水塔一座，村民告别饮用北运河水。

胡园村东京津公路　　（2016年摄）

北运河胡园段　　（2016年摄）

胡园村水塔　　（2016年摄）

三 人口方言

人口 据《典籍中的北辰》载，民国23年（1934年），胡园村有105户404人；据统计资料载，1980年，有99户417人；2000年，有160户465人；2014年，有308户905人；2016年，有乡村户数262户681人。

姓氏 村域内有姓氏15个，其中大姓有4个，大姓分别是师、岳、王、陈。中华人民共和国成立前，师家村南有地，四面都是路，俗称“轿杆地”，经商做买卖居多，生活无忧。岳家有十几户，种植园田蔬菜、水果，远近闻名。王姓家族多为经商，购房买地、人丁兴旺、救济百姓、分发面粉，传为佳话。陈家老哥儿四个，家中有地有马，生活富足。

2016年胡园村部分姓氏谱牒字辈排序情况表

表1

姓氏	谱牒字辈排序	姓氏	谱牒字辈排序
师	克、俊、洪	王	荫、学、(单字)
岳	庆、礼、(单字)	柴	宝、守、竹、忠、德、永

民族 据《天津市北辰区地名志》载，1995年，该村均为汉族，468人。据村情调查，2016年，该村人口均为汉族。

方言 该村为北辰区武清方言片，该地方言与武清区杨村话相似，在全国方言片区上属北京官话区怀(来)承(德)片。

四 耕地状况

据胡园村上报村请调查资料表明：20世纪80年代，该村有耕地24块，总面积673亩。大部分地块分布在京津公路东侧、京山铁路东侧以及村子周围。名为郭街的地块约360亩。地界为，东临为中排干水渠，南临郎园引河，西临京山铁路，北与汉沟村耕地接壤。村子周围所有地块约313亩，东临京津公路，南临郎园村耕地，西临北运河，北与汉沟村接壤。

涵闸泵站 村里耕地排灌设施，20世纪60年代前均为明渠，80年代初，为提高灌溉效率，改造为水泥管道。80—90年代，打3眼机井，用于村民饮用和灌溉，并设有泵站2处。

20世纪80年代胡园村所属耕地地块示意图

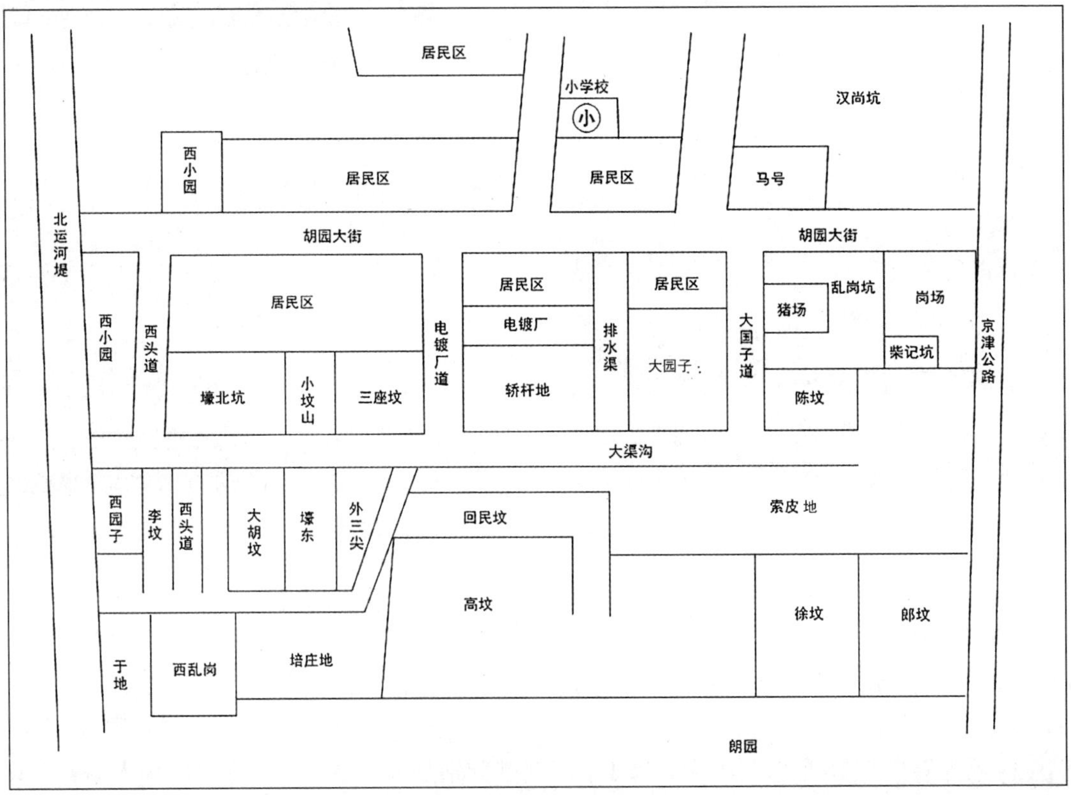

(2016年绘制)

20世纪80年代胡园村所属耕地地块情况表

表2 单位：亩

地块名称	耕地位置	面积	地块名称	耕地位置	面积
后园子	村西	18	道　岔	村南	6
岗　场	公路西	16	于　地	郎园北	25
东岳坟	村南	15	李　坟	村南	5
陈　坟	公路西	15	西园子	村西	9
索皮地	公路西	19	外八分	村南	3
郎　坟	公路西	18	大园子	村南	15
徐　坟	公路西	9	轿杆地	村南	21
高　坟	公路西	23	三座坟	村南	18
培庄地	郎园北	9	小坟山	村南	6
外三尖	村南	5	柴记坑	公路西	4
壕　东	村南	12	壕北坑	村南	30
大胡坟	村南	12	郭　街	京山铁路东	360
合　计					673

胡园村干渠 （2016年摄）

胡园村机井 （2016年摄）

五　街道胡同

中华人民共和国成立前，该村村民住房多为土坯房和茅草房。从20世纪70年代中期，村民逐步盖上砖木结构的平房，到90年代，村委会建起二层办公楼房。

80年代前，村内道路基本都是土路，或垫些炉灰渣、白灰渣等。1985年，胡园村铺设通接京津公路的沥青路面，街道、胡同逐步铺设沥青或红砖，到90年代后期，村里的道路按规划实施改造，街道胡同拓宽调直，主要街道实现了全面硬化。村有街道6条，名称为：胡园大街、汉胡路、大园子道、后园道、南园道、电镀厂道。南北向胡同6条，东西向胡同1条。胡同有名称的2条，柴记胡同、师记胡同。

六　公共设施

中华人民共和国成立前，由于胡园村较小，村内公共设施甚少。20世纪60年代，村内建起卫生所、幼儿园、电磨坊、饲养处。80年代后，逐步建有代销店、小饭店等便民设施。到90年代，村里建立健身公园、村民学校、老年人活动中心等公共设施。至2016年，村内未拆迁，村内公共设施基本无变化。

胡园村街道　　（2016年摄）

胡园村胡同　　（2016年摄）

2015年胡园村街道及公共设施情况示意图

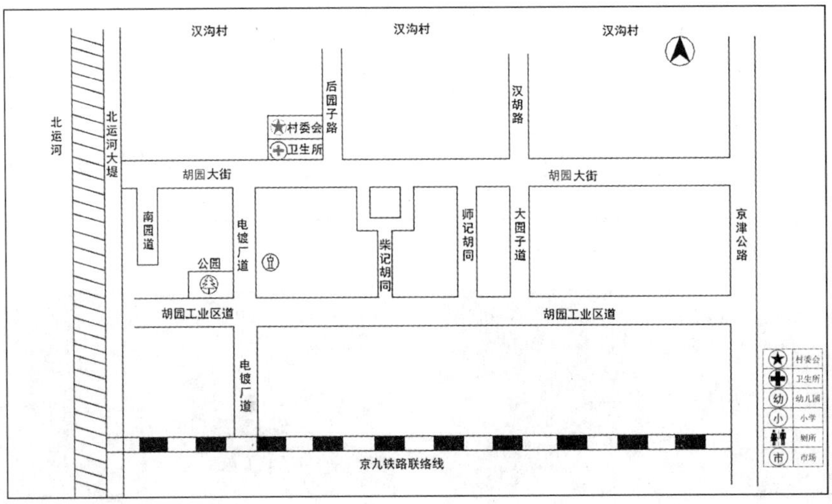

（2016年绘制）

七　经济概况

中华人民共和国成立前，村内无工业，村民生活主要靠农业种植、打零工、做小买卖为生。

中华人民共和国成立后，因自然灾害严重，经济基础薄弱。通过组织成立互助组、初级社，过渡到高级社，逐步建立集体经济。在计划经济体制下，村始终处于经济效益低，多年没有明显发展。

20世纪70年代后，胡园村农业种植主要以玉米、大豆为主。后来经过改良土壤整治土地，村子周围约300亩土地种植蔬菜，约百亩坑塘进行水产养殖。1976年，建立第一个村办企业胡园电镀厂，年产值达到170万元。1979—1984年，村里引进农业新品种，种植小茄子（形状和现在的茄子无异，只是个头小，有如小一点的柴鸡蛋）。生产队组织有经验的技术人员进行筛选、腌制，然后统一送外贸出口（主要出口日本，是饭桌上的一种小咸菜）。90年代末，村里开始发展养殖业，发展起来的辰园生猪养殖小区，有5个养殖大户，以养殖杜乐克、约克夏等新品种为主，2013年，出栏生猪1700头。2015年，出栏生猪2000头。

进入21世纪后，村里的工业小区已形成规模， 到2015年，工业小区有中外企业40余家，年产值8000余万元。在小区落户的华利兴五金制品有限公司、思迪包装容器有限公司，年销售收入均达到1000万元以上，天津市新森焊材有限公司生产的焊丝，远销美、英、意、俄、德、韩、日等国家；天津市华利兴精密机械有限公司生产的数控设备远销澳大利亚等20多个国家和地区，该公司90年代生产的脚手架更是享誉美国、加拿大、西班牙等欧美市场。

辰园养殖场 （2016年摄）

华利兴精密机械有限公司（2016年摄）

八 民间文化

秧歌队 1953年，该村成立了腰鼓队、话剧团，60年代解体。1999年，成立秧歌队，每年节假日出演，参加北辰区新春庙会演出。

胡园村墓碑 村内有两块墓碑，立于石龟上，碑高250厘米、宽150厘米、厚30厘米。碑文主要记载胡姓家族世系，墓主身世。掩埋地下。

胡家坟 胡姓墓地位于胡园村南，是占地近百亩的墓群。据传是清代中叶，湖广汀漳道台胡姓的墓地，“文化大革命”期间被铲平。

胡园村秧歌队 （2016年摄）

九 历任党政负责人

据胡园村上报村请调查资料，村党支部有记载是从1949年始，党支部经历7人任党支部书记。村政机构先后经历村公所、生产大队、革命委员会、生产大队后过渡到村民委员会。

1949—2016年胡园村党组织负责人任职情况表

表3

党组织名称	姓名	性别	职务	任职时间
党支部	刘文章	男	书记	1949—1958
	许俊明	男	书记	1958—1960
	王广成	男	书记	1960—1962
	师俊华	男	书记	1962—1983
	刘庆生	男	书记	1983—1987
	岳礼成	男	书记	1987—2012
	刘 宇	男	书记	2012—

1955—2016年胡园村村政机构负责人任职情况表

表4

村政机构名称	姓名	性别	职务	任职时间
村公所	陈自贵	男	村长	1955—1956
	陈玉珍	男	村长	1956—1957
	岳庆和	男	村长	1957—1958
生产大队	岳庆和	男	大队长	1958—1962
生产大队、革命委员会	柴族甫	男	大队长、主任	1962—1984
村民委员会	岳礼成	男	主任	1984—1990
	师俊华	男	主任	1990—2003
	张　军	男	主任	2003—

十　荣誉

1955—2016年，该村获天津市市局级及以上先进集体荣誉1项（次）；获全国（含部级）先进个人荣誉5项（次）；获市局级及以上先进个人荣誉10项（次）。

2009年，胡园村获得天津市卫生局授予的“卫生村”称号。

1955—2016年胡园村获全国（含部级）先进个人情况表

表5

授予时间	姓名	荣誉名称	授予部门
1997	马学凤	全国三八红旗手	全国妇联
1997、1999		全国“双学双比”先进女能手	全国农村妇女“双学双比”活动领导小组
2000		世界农村妇女生活创造奖	世界妇女高峰基金会
2007	师俊发	全国计生协会先进个人	全国计生委

1955—2016年胡园村获市局级及以上先进个人情况表

表6

授予时间	姓名	荣誉名称	授予部门
1997	马学凤	文明市民	天津市文明委
1998		“津门女将”	天津市妇联
1998		市三八红旗手	天津市妇联
1982	师俊发	市级三八红旗手	天津市妇联
2005		计划生育先进工作者	天津市计生委
2007		2005—2006年度人口和计划生育先进工作者	市人民政府
2006	张　军	市级治安先进个人	天津市公安局
2009	刘　宇	天津市第二次经济普查先进个人	天津市经济普查办公室
2011	柴忠玲	2007—2010年度先进个人	天津市妇联
2012		妇联系统市级先进个人	天津市妇联

郎园村

郎园村位于北辰区中北部双街镇北。北运河东岸，京津公路西侧。村东邻津京公路，村西与北运河隔堤相连，南距张湾村1.5千米，北与胡园村相距1千米。村呈长方形，占地面积3平方千米。2014年，郎园村集体经济总收入741万元，农民人均所得1.75万元。2015年，该村户籍人口1022人，长期固定资产117万元。

郎园村村委会外景　　（2017年摄）

一 村庄沿革

建村于明永乐年间（1403—1424年）。初为今武清区郎庄子（郎子义建村于永乐二年）郎姓菜园，始有郎姓佃户经营。后有张、王、李等姓迁入逐渐形成村落，初名郎家园，也称郎庄子，清道光年间（1821—1850年）改称郎园至今。

清光绪三十一年（1905年），天津县设4乡34区，郎园村属北乡第十八区管辖。中华民国时期，天津县北乡，设双街乡和汉沟乡。郎园，隶属汉沟乡。1949年3月，天津县实行区辖村制，村直属天津县第八区。1950年7月，并归天津县四区管辖。1953年5月，郎园村归属张湾小乡管辖。1958年4月，4个小乡裁并为张湾乡；属张湾乡管辖。1958年8月，并入幸福人民公社，张湾大队辖郎园村。1959年3月2日，幸福公社改称北仓公社，并实行管理区辖生产队制，张湾大队改为张湾管理区，隶属张湾管理区。1960年6月27日，隶属津北畜牧场双街分场。1961年5月，隶属北郊区双街公社。1983年7月，隶属北郊区双街乡。1992年3月6日，北郊区改称北辰区。1995年9月后，该村隶属北辰区双街镇。

二 道路河流

道路 郎园村有京津公路穿村而过。中华人民共和国成立后，村东京山铁路经多次改建、扩建，全线以建成复线铁路。60—90年代，域内先后有铁路津蓟线、京九铁路津霸联络线建成通车。至2016年，国道1条，省（市）道1条，镇级公路1条，铁路3条。公交车725路、611路、607路等车在郎园设站，规划地铁4号线在村口设站，交通较为方便。

省（市）道　九园公路 该路北辰区内段几乎与郎园引河平行。起于郎园，止于宝坻区霍各庄镇九王庄村。1999年全线通车，达国家二级公路标准。其前身为1986年修筑郎辛公路(起于郎园止于辛侯庄)。

镇级公路　北运河堤路 20世纪90年代初，双街镇政府在北运河大堤东边南起屈店闸，北至小街村修建道路贯穿全村。水泥路面，1992年竣工。

桥梁　郎园引河大桥 1974年郎园引河桥建成，跨郎园引河，桥长30.5米，宽9米，两侧人行道各宽0.75米，水泥方柱护栏，水泥桥面。下部为单排双柱灌注桩，最大负荷量单车20吨，挂车100吨。

跨公路天桥 2009年后，村东位于郎园村的郎园公交车站旁，建跨京津公路天桥1座。

九园公路地道涵洞 位于郎园引河南与京山铁路交汇处。1996年动工，1997年完工。工程总投资约1500万元，涵洞为三孔，两侧为非机动车道，中间为机动车道。机动车道洞口高4.5米，宽9米，非机动车道洞口高3.65米，宽6米，涵洞两侧引道西侧约120米，东侧约100米。

河流　北运河 流经村域内。1972年前，村民均饮用北运河水，1972年，村内打饮水井一眼，建水塔一座。村民告别饮用北运河水。

郎园引河 70年代开挖的二级河道郎园引河，流经郎园村。

郎园引河　（2016年摄）

三 人口方言

人口 据《典籍中的北辰》载，民国23年（1934年），该村有205户1058人；据统计资料载，1980年，有245户1015人；2000年，有342户1044人；2009年，有360户1083人；2014年，有362户1052人；2016年，有300户1026人。

姓氏 村有姓氏20个，其中张姓是第一大姓，共有77户，王姓为第二大姓，共有51户，第三大姓为宋姓，共有45户，刘姓有18户，李姓17户，孙姓16户，陈姓13户，杜姓9户，尤姓7户，黄姓6户，周姓、郑姓、丁姓5户，于姓、郭姓2户，韩姓、沈姓、赵姓、郎姓、吴姓各1户。

2016年郎园村部分姓氏谱牒字辈排序情况表

表1

姓氏	谱牒字辈排序
张	广、玉、永、林、祥、立、德、魁、山、孟
王	庭、成、两字、学、(单字)
宋	(单字)、其、光、可、纪、世、仁、和、宝、平、安

郎园村家谱选介　郎园村为武清区郎庄子村郎姓大户的菜园，始有郎姓佃户经营。村内郎氏家族为大姓有族谱。

2015年《郎氏家谱》世系图

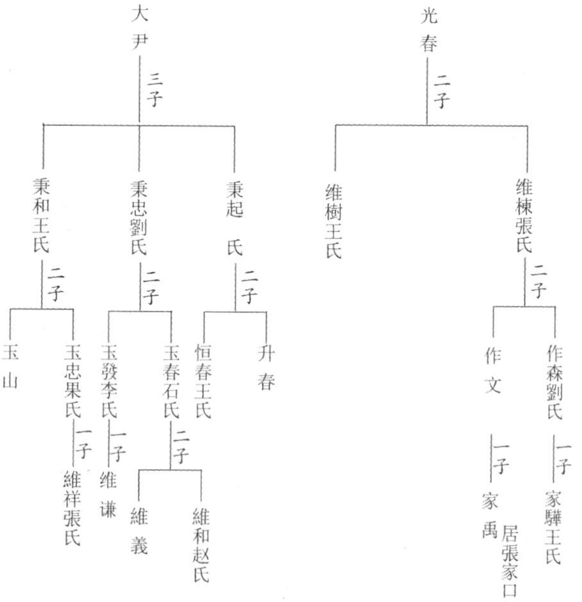

2015年《郎氏家谱》字辈排序情况表

表2

始祖	二世	三世	四世	五世	六世	七世	八世	九世	十世
子義	得食	甫	進	同輩 貴寶惠	同輩 豹元	伯	承	同輩 朝列懋	嗣
十一世	**十二世**	**十三世**	**十四世**	**十五世**	**十六世**	**十七世**	**十八世**	**十九世**	**廿世**
同輩 世廷	同輩 文國汝	同輩 書宗	大	同輩 廣風秉	之同輩 洲雲春 長聊兆 堂年氷	同輩 雲希 鐘寶維 洪	同輩 志德 青耀作	同輩 建學家	榮
廿一世	**廿二世**	**廿三世**	**廿四世**	**廿五世**	**廿六世**	**廿七世**	**廿八世**	**廿九世**	**卅世**
克	樹	念	繼	慶	紹	振	興	夢	景
卅一世	**卅二世**	**卅三世**	**卅四世**	**卅五世**	**卅六世**				
乃	昭	思	–	–	–				

民族　据《天津市北辰区地名志》载：1995年，该村全为汉族，1050人。据2016年村情调查，该村人口依然全为汉族。

方言　该村为北辰区武清方言片，该地方言与武清区杨村话相似，在全国方言片区上属北京官话区怀（来）承（德）片。

四　耕地状况

据郎园村上报村情调查资料表明，20世纪80年代，村有大块耕地5块，面积2450亩。2015年耕地面积2426亩。耕地四至：东南与北辰区大张庄镇相连、南与张湾村耕地接壤，西临北运河，北临汉沟村。

涵闸泵站　1971年，建成郎园引河首闸。1974年，在铁东路东郎园引河建泵站、扬水站2座。1980年，建成郎园引河中排干口泵站、中排干首闸、东排干首闸、夺丰渠首闸，总投资5万余元。至1995年，郎园引河两侧有排涝点8处，机井23眼，安装动力861千瓦，排涝833.33公顷，灌溉520公顷。

20世纪80年代郎园村所属耕地地块情况表

表3　　　　　　　　　　　　　　　　　　　　　　　　　　单位：亩

地块名称	耕地位置	面积	地块名称	耕地位置	面积
河南地	京山铁路东	800	石家洼	京山铁路东	400
北河滩	村西	120	南河滩	村西南	130
中排干	公路东	1000	合计		2450

20世纪80年代郎园村所属主要耕地地块示意图

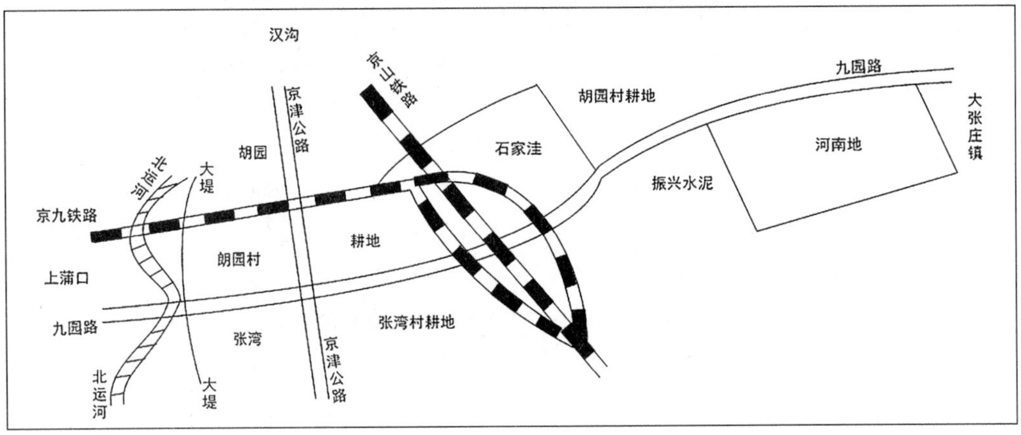

（2016年绘制）

五　街道胡同

中华人民共和国成立前，郎园村内道路基本都是土路。20世纪50年代后，村里把主要干道垫些炉灰渣、白灰渣等。1985年，郎园村铺设连接京津公路的沥青路面。1989年，用京津公路改造换下的渣土，铺设街道和胡同。老村内有一条通往京津公路的主路，东西街3条，分别为前街、中街、后街，南北向胡同10条，东西向胡同5条。90年代，该村街道胡同，全部实现道路硬化。

六　旧村改造

中华人民共和国成立前，该村村民住房多为土坯房和茅草房。从20世纪70年代中期，村民逐步盖上砖木结构的平房，80年代后期，村民住房家家独门独院，三四间北房带拐弯一两间。盖房子讲究贴瓷砖，打圈梁和地梁，使房子更加牢固。

2009年9月，村内实施旧村改造工程，拆迁361户，拆迁面积7.76万平方米。自2012年，村加入双街镇示范小城镇项目，应还迁村民住房面积8万平方米，公建面积2万平方米。

2009年郎园村原始村貌布局图

七　公共设施

中华人民共和国成立前，村内公共设施较少。20世纪60年代初，村内建起红医站、小学校、幼儿园、电磨坊、饲养处等公共设施。80年代初，村里有家庭开办代销店，到90年代，村里建立了村民活动场所、卫生所、幼儿园、村民学校、老年人活动室、标准水冲式厕所等公共设施。

2009年郎园村公共设施示意图

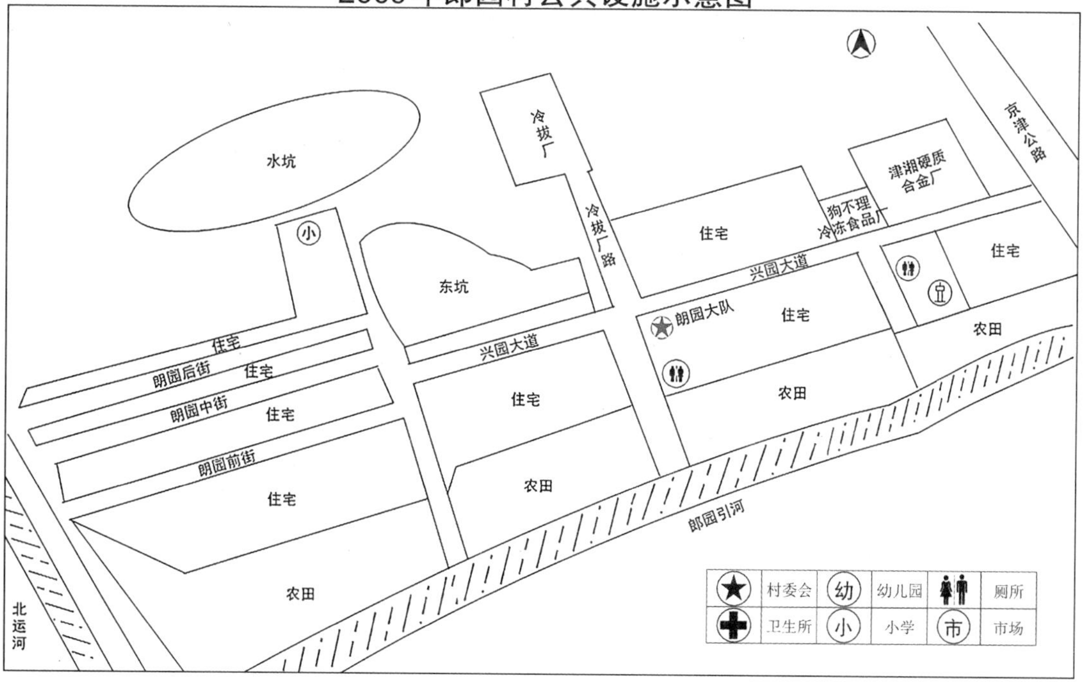

（2016年绘制）

八　经济概况

中华人民共和国成立前，村内无工业，村民生活主要靠农业种植、打零工做小买卖为生。

1950年，开始土地改革，实现“耕者有其田”，村农民建立互助组，发展生产。

1968年，村建立郎园冷拔厂，有职工110人。增加了村里的集体收入。

1979年始，农业实行家庭联产承包责任制。1983年，口粮田分到户，园田承包到个人，发展多种经营生产。

1993年，狗不理冻食品加工基地在该村建成，产品销往多个国家和地区。

90年代后期，郎园村曾建家禽家畜交易综合市场，兼营花鸟鱼虫。

2001年，该村发展畜牧业经济，兴建养牛小区，占地面积21.13公顷，奶牛存栏近800头，年产鲜奶4000吨。2004年，该村在天津市百个特色村中排位第100名。2010年年末，奶牛、肉牛存栏1296头。

2002年，村里引进、试种千亩美国紫花苜蓿，平均亩产1吨。此后，区投资60万元，购置精量播种机、收割机、翻晒机、打捆机、青储机等一整套苜蓿作业机械。2004年，村停止苜蓿种植。

21世纪初，村建成占地面积为66.67公顷的绿色农业生态园，集畜牧养殖、树苗培育、花木观赏为一体，所产优质君子兰远近闻名。建占地面积26.67公顷的工业园，数十家企业入驻。该村发展商贸业，投资2000万元，建成建筑面积1.5万平方米的汽车展销中心。

郎园村工业园区管理区 （2017年摄）

郎园农业生态园 （2005年摄）

附：

郎园与狗不理

著名的“天津三绝”食品之首——狗不理包子，不仅在国内久负盛名，而且近年来在国外也闻名遐迩，堪称蜚声海内外。

狗不理包子铺始建于清咸丰八年(1858年)，距今已有一百五十余年历史。

直到1924年，一直在同义成耍手艺、技艺超群的郎园人。王成海师傅逐一将股权买断，变成独家经营的企业，才使同义成起死回生，渐渐发展起来。

其经营的独到之处，就是选料考究，投料执行店规标准，杜绝随意性，严把质量关。其经营的包子广料纯香别具一格，经营的野味酱熏制品风味独特。其酱熏制品用的老汤与该店同龄，熬制老汤所用香料和作料多达二十余种。王成海视陈年老汤为命根子，无论是师傅还是徒弟，在锅里捞块酱货吃，他看见了也不管，从不心痛；若是从酱汤锅里舀一勺汤烩菜吃，他会大发雷霆，甚至叫你卷铺盖走人。王成海的五个儿子及王伦均从其学艺，后由其长子王钰传承父业。

自1956年以来，郎园籍的大师们，在全面继承狗不理包子技艺的基础上，集津门多家老字号包子技艺之所长，不断创新改良，形成传统的猪肉包、三鲜包、肉皮包和创新品种海鲜包、野菜包、全蟹包等六大系列一百多个品种，百包百味，特色超群。尤其是自20世纪80年代以来，在掌门人何东有的直接领导下，用狗不理健康、诚信的企业形象和出色的经营业绩赢得了世人的广泛认可和赞誉，先后获得了“中华美食金鼎奖”“中华餐饮名店”“国际餐饮名店”等数十个国家级荣誉称号和奖项，并获法国旅游协会颁发的“金筷子奖”等国际大奖。从而，使“津门老字号，中华第一包”的狗不理包子迈出国门，走向世界，誉满全球。

郎园村的“同义成”食品

郎园村的“同义成”食品(包子、饺子、酱熏货等)是区内第一家“津门老字号”，选料考究，调料独特，别具风味。2010年4月，“同义成”商标被市工商部门认定为天津市著名商标。

九　民间文化

秧歌队　成立于2009年1月，坚持在村活动中心健身娱乐。村委会拨专款为秧歌队购置了服装、锣鼓等道具，并将村委会院内作为训练场地，年节有演出。2014年，秧歌队有队员50余人。

庙宇　据清道光二十六年（1846年）《津门保甲图说》记载，郎家园“兴福寺”建在村西南，中华人民共和国成立前拆除。

十　英烈先贤

王魁（1923—1946）　郎园村人，烈士，生前系天津县四区小队战士。

尤宝亮（1929—1953）　郎园村人，烈士，中国人民志愿军46军133师399团侦察连某班班长。

十一　历任党政负责人

据郎园村上报村情调查资料，村党支部有记载是从1949年始，党支部经历9任党支部书记。村政机构先后经历村公所、生产大队、革命委员会、生产大队后过渡到村民委员会。

1949—2016年郎园村党组织负责人任职情况表

表4

党组织名称	姓名	性别	职务	任职时间	说明
党支部	张永安	男	书记	1949—1957	
	尤宝明	男	书记	1957—1978	
	黄成坤	男	书记	1978—1980	
	陈锡林	男	书记	1980—1988	
	周立光	男	书记	1988—1991	
	张如林	男	书记	1991—1997	
	王瑞发	男	书记	1997—2011	
	周晓军	男	书记	2011—2014	镇派驻村干部
	张树斌	男	书记	2015—	

1955—2016年郎园村村政机构负责人任职情况表

表5

村政机构名称	姓名	性别	职务	任职时间
村公所	宋焕文	男	村长	1955—1958
生产大队、革命委员会	宋焕文	男	大队长、主任	1958—1978
生产大队	宋云、宋学阳	男	大队长	1978—1983
村民委员会	宋云、宋学阳	男	主任	1983—1988
	王瑞发	男	主任	1988—2011
	宋其军	男	主任	2011—

十二　荣誉

1955—2016年，该村获天津市市局级及以上先进集体荣誉1项(次)；获全国先进个人荣誉1项(次)；获市局级及以上先进个人荣誉3项（次）。

1994年，郎园村王熙森获得农业部授予的“全国乡镇企业家”荣誉称号；2009年，郎园村获得天津市卫生局授予的“卫生村”荣誉称号。

1955—2016年郎园村获市局级及以上先进个人情况表

表6

授予时间	姓名	荣誉名称	授予部门
1982	王希芬	市级三八红旗手	天津市妇联
1982	高佩珍	模范母亲	天津市妇联
2001	王向俊	文明市民	天津市文明委

上蒲口村

上蒲口村位于北辰区中北部双街镇中部偏西，北运河西岸。北与庞嘴村1.2千米相连接，东与张湾村0.8千米隔北运河相望，南与下蒲口村0.5千米接壤，西临2千米为永定新河。南小北大，尾部南菩萨庙，头部为真武庙，西爪为西场，东爪为北庄户四部分组成，村形状为蝎形，占地面积3.91平方千米。2014年，上蒲口村集体经济总收入421万元。2015年，该村户籍人口2958人，长期固定资产29万元。该村的同乐高跷会远近闻名，被列入天津市非物质文化遗产项目名录。

上蒲口村同乐高跷会表演　　（2013年摄）

一　村庄沿革

辽时曾为辽军养马之地，因地势低洼，常年生长蒲草，东有北运河，故名为“蒲沟”。明永乐年间(1403—1424年)始建村，称蒲口，初为周、宁、丁三户，有“丁八百，宁一千，赶不上周家一篱笆沟”之说。因该村与村南之蒲口村重名，遂改称上蒲口(古代以北为上)。上蒲口村南有两棵杨树，树龄有100余年，被称为“夫妻树”。树干直径均在130厘米以上，枝叶茂盛。

清代，雍正八年(1730年)上蒲口村划归天津县管辖，乾隆元年(1736年)，实行巡检辖村制，上蒲口村属时西沽巡检管辖。光绪三十一年(1905年)，天津县设4乡34区，上蒲口村属北乡第十八区管辖。据《典籍中的北辰》记载，宣统元年(1909年)四月二十五日，境内代办邮政商铺，上蒲口邮政代办铺商代办局名称，蒲口代办邮政铺商。所属地区，天津。代办人，周炘。

民国时期，天津县北乡，设双街乡和汉沟乡，上蒲口隶属双街乡。民国38年(1949年)3月，天津县实行区辖村制，村直属天津县第八区。1950年7月，并归天津县四区管辖。1953年5月，上蒲口村归属双街小乡管辖。1958年4月，4个小乡裁并为张湾乡，属张湾乡管辖。1958年8月，并入幸福人民公社，张湾大队辖上蒲口。1959年3月2日，幸福公社改称北仓公社，并实行管理区辖生产队制，张湾大队改为张湾管理区，隶属张湾管理区。1960年6月27日，隶属津北畜牧场双街分场。1961年5月，隶属双街公社。1983年7月，隶属双街乡。1992年3月6日，北郊区改称北辰区。1995年9月后，该村隶属北辰区双街镇。

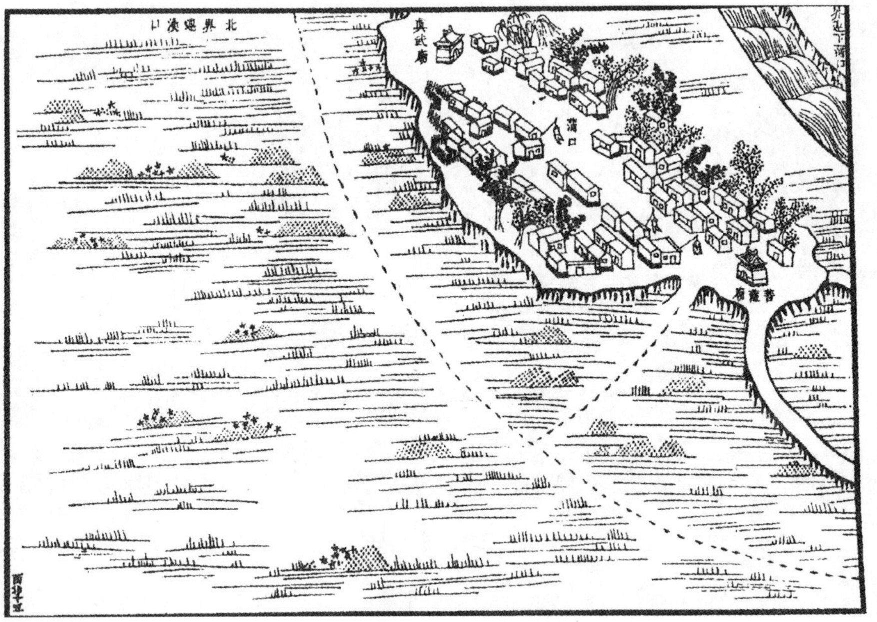

清道光二十六年(1846年)《津门保甲图说》中的蒲口(上蒲口)村

二　道路河流

道路　中华人民共和国成立前，上蒲口村地处北运河西，交通十分不便，1949年后设渡口，村民乘摆渡后乘车到市中心，交通有所改进。1974年，建上蒲口大桥，交通得到改善。近年来，村口常有小公共汽车来往，交通较为方便。

上蒲口大桥　1974年8月建成，横跨北运河，因近上蒲口村故名。钢筋混凝土结构，桥长50米，宽6米，“T”型梁，水泥平板桥面，水泥方柱护栏。最大负荷量10吨。2002年进行整体加固。

高架桥　2016年始在上蒲口老桥北侧修高架桥一座。

河流 北运河流经村域内，清代，村北运河岸边设渡口一直延续到1974年，建桥后渡口撤销。1972年前，村民均饮用北运河水，1972年，村内打330米饮水井一眼，设水塔集中供水，村民告别饮用北运河水。2015年，北运河清淤，修石坡、修河堤、垒防洪墙。

上蒲口大桥 （2017年摄）

建设中的上蒲口高架桥 （2017年摄）

三 人口方言

人口 据《津门保甲图说》载，道光二十六年（1846年），蒲口为道侧巨镇；前之岐者入村复合，民廛聚焉。由京至天津，此为入境门户。图内庙二，村一，北界汉口。绅衿三户、铺户六十五户、烟户八十三户、应役二户、当兵九户、佣作五十八户、负贩一十六户、僧道二户，共二百三十八户（大口一千二百口；小口七百三十七口）。据《典籍中的北辰》载，民国23年（1934年），有456户1720人；据统计资料载，1980年，有547户2475人；2000年，有826户2608人；2009年，有859户2650人；2014年，有987户2779人；2016年，有930户2808人。

姓氏 至2016年，上蒲口村有45个姓氏，其中大姓8个，李(125户)、孙(101户)、刘(98户)、周(70户)、杨(54户)、朱(48户)、马(45户)、张(40户)。其他姓氏有37个，朱、刘、李、孙、马、周、杨、张、闫、宁、丁、代、白、庞、王、陈、解、庄、赵、蔡、郭、贾、罗、边、邢、程、付、崔、董、费、高、韩、祁、邱、任、师、徐。

2016年上蒲口村部分姓氏谱牒字辈排序情况表

表1

姓氏	谱牒字辈排序
周	士、尔、纬、文、之、作、树、成、洪、峙、筱、庭、炫、煜、宴、思、祖、宣、晋、民
李	德、增、士、尚、进、家、运、继、宏、昌、宗、传、声、名、振、祖、阴、绪、延、长
王	九、建、效、鸿、应、昌、修、治、梦、河、锡、起、殿、继、先、德、福、如、广、永、传、有、庆、芳、聚、思、报、忠、怀、玉、唤、世、新、成
朱	天、庭、成、士、永、德、厚、继、家、臣

附：

上蒲口村部分姓氏家谱简介

周氏宗谱序 家之有宗谱，犹国之有察禄也，可以观门庭之兴衰，可以知子孙之多寡，有贵德则族而表之。如硕儒也，孝子也，节妇也，真女也，使族人之有所励；有邪行则驱而出之，使族人之有所惩。要以耕读为本，忠孝传家，我族人繁衍分居各地，旧谱散失已久，苟系修而辑之，甚非所以，敦睦宗族也，恐世代湮远辈行错置，贻笑于人，故识本为序，民则九年岁，次庚申三月，周氏后嗣之禛识。

夫世界之人，莫不乐有子孙也，人之所以乐，有子孙者正欲其不忘我也，亦即我之不能忘祖宗也，若失本有本之，有源人之有身，其莪一也，感物理之，生勿寡念，人死之，名不朽，揆厥由来，祖宗之所远，传有焉，可不知焉，虽然人类之生，由简单而至，繁衍积人，成家、合家、成族，繁支盛，别户分门，抑有境过，不同遭逢，或异散局，四方各谋业生计者有之代远，年深势必，由亲而疏，由近而远，尊卑颠倒，疏亲错乱，而觌面不识，难免有非，考我周氏祖籍，南京人氏，始祖随明，燕王扫北，以功圈地，故定居直隶上蒲口村宗谱散失难修而辑之，如有宗谱可稽，从百进后，虽派演纷歧一览，可知，且籍悉同出一源，互相亲爱之情，油然而生矣，此次修谱恐我族之人，世代深远，辈行错置矣，於人故续十代字辈谱，尚望我周氏贤达考证之谨为序。

王氏宗谱序　族众多则议立谱，谱立而后系统成尊卑定支派分团结固敬祖睦族之意，历久而弗忘也吾陶：始祖失讳公自明乐年间奉令由晋洪洞迁陶已数百年，於兹矣嗣，以捻匪之乱奔波逃避宗谱遗失遂告中断，为孙者又与列祖名讳无从追询，从致延搁至今，漫无记载，伏思祖若宗登诸谱者即无考察而谱失后自九字起至继字止，复历十四世，迄未排编，续修代远年湮不更涣散而所措手乎，故屡经会商重行议，续谨将吾族歿存尊卑依次祥列俾 昭统绪而垂永久，庶稍尽职责孝思於万一闲尝间尊长传述，吾族自晋迁陶者共三支，吾庄西南坟茔，立祖者系长门缘中年出外日旧膝下无人，二门侄来即入承为嗣，迨长门旋里膝下添丁，复以财产之半与侄着其仍归本门继续香烟至三门讳守仁，字伯安号，阳明公生性纯孝，直有节明成化十七年进士，累官至南京吏部尚书，当其任疆事，提弱卒从诸书生扫积年，週寇平定孽藩政声武功，为朝廷依重嗣，以谗邪构谪屡遭遣谪致，，不克尽展所长，虽歿后溢文成立崇祀亦已晚矣，尚幸忠诚家人田某当日将子嗣救出，潜藏长门抚养，成立绵延世泽，现散处於本县城南郭庄等庄者尚存有伯安公影在即其后裔也，总之吾族自晋迁陶晋之宗谱已断者不可复续，迁陶后历八九世之族谱，谱又遗失，以致再接再厉，莫可如何，而三门伯安公有明一代名臣为忠泰桂莪等，倾陷毁家，潜避始名臣传中籍隶浙江余姚居陶子孙仅以身免可慨也，夫孙时虑族，从散处续谱有志，奈缘事重身微每以不敢负担自画，兹承众族敦促勉，为其难，谨因族中有志者将辈次祥编成轶并清已，酉科拔贡倩何者荣之代，撰谱序名曰王氏新续族谱俾三支名庄存一部以资嗣阅均知水源木本九族克亲，因气连枝有自来矣。

十九世孙起超闯关东，讨生计，后辗转天津小街村，后又来上蒲口打短工，解放后在上蒲口落户生根。

十五世孙　焕章　薰沐敬书

中华民国三十九年岁次庚寅桃月谷旦

李氏宗谱序　且世界生人莫不樂有子孫夫人之希望有子孫者正欲其不忘我也而我豈可忘祖先乎蓋木必有本人之有祖先卽木之本也水必有源人之有祖先卽水之源也倘無祖先则我身和自来哉木本水源所以不可忘也惟然為子孫者溯本探源必须敬祖然敬祖要宜收宗也何则人纇支生皆由简单以至繁衍積人而成家合家而成族族繁支多分門别户势必致由親而久疏由近而久遠况境遇不能齊等各谋生理散處四方则代遠年煙靚面而不相識族人如同路人不免有非我族纇之虞若是者要宜有譜也已聯络之用志遺

《李氏宗谱》封面　　（2016年摄）

忘縱百世以后子孫若蠡斯之綫幸至八世祖世後公同胞有弟友愛克篤言詎意命短不永雁行折翼我八世祖为之寢食不安者数日經親友多方勸解其痛始釋好在承歡者不孤長男九世祖鳳石公秉承祖訓立者志讀書文章名噪一時然屢試不第致使懷才莫展没世無名次男九世祖鳳鸣公棄讀就贾握算持籌颇獲厚利從此家業興起僉茱稱完美無如村小勢孤時被盗贼搶劫居之不安遂還移於上蒲口村自移此村九世祖雨公膝下均生三嗣悉令讀書斯时也入鄉學者有之食稟俸者有之務農就商者亦有之各有職業財豊人旺縱無顯宦名楊而済済多士已極一时之盛然天下事勢盛極必衰合久必分此自然之理也自我關系我族支派千古一綫又不可致宗绪湮没故不揣浅陋敷衍提笔草創一序深望我族后起者谅壽序難不文而承先啓后籍兹保存宗派而流傳弗墜而是以為序

中華民國九年十月上浣
民國二十九年冬月重訂
十三世裔名增壽 撰録
十三世裔名增才 考察
十三世裔名增益 考察
十四世裔名士文 重訂
十五世裔名尚友 抄寫

民族 据《天津市北辰区地名志》载，1995年，该村全为汉族。据2016年村情调查，该村人口中有满族5户8人，回族1户1人，蒙古族1户2人，其他为汉族。

方言 上蒲口村为北辰区武清方言片，该村方言与武清区杨村话相似，在全国方言片区上属北京官话区怀（来）承（德）片。

四 耕地状况

据上蒲口村上报村情调查资料表明：20世纪80年代，村有耕地18块，面积5953亩。耕地四至：东临北运河，南与下蒲口、柴楼耕地毗邻，西与双口镇丁、平庄地界接壤，北与庞嘴村、武清区马家口村相连接。

涵闸泵站 1973年，挖上蒲口排干西渠，也称“蒲口洼一号渠”，北起郎园引河，向南连通北运河，排灌两用。

1974年，建上蒲口泵站1座。2006年，在北运河上建1座排灌泵站。2009年，村泵站维修改造，装机2台。2015年，村有泵站5座。

20世纪80年代上蒲口村所属耕地地块情况表

表2　　单位：亩

地块名称	耕地位置	面积	地块名称	耕地面积	面积
样板田	村西	690	金园地	村西	80
银行地	村北	525	苗圃	村西	250
北河滩	运河西	60	小树林	村西南	400
大窑地	村西	800	南堤沟	村南	300
上马槽	村西	1070	南河滩	村南	70
斜排地	村南	150	河东园田	运河东	141
乱葬岗子	村西	300	八十亩地	村南	80
下沟坟	村南	450	铁道苗圃	村北	50

续表

地块名称	耕地位置	面积	地块名称	耕地面积	面积
墓地	村北	25	上蒲口地	村周围	512
合计					5953

20世纪80年代上蒲口村农业基本建设示意图

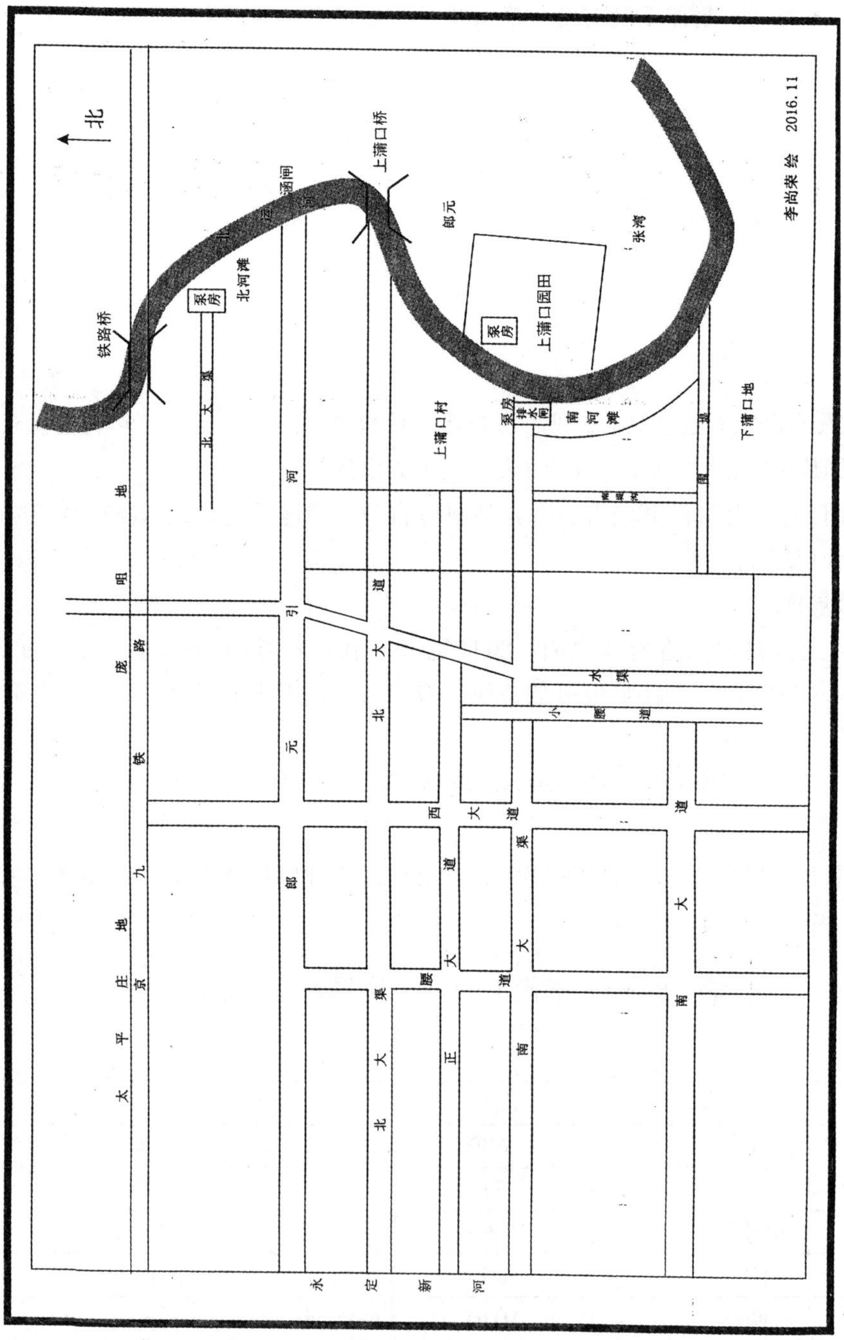

（2016年绘制）

20世纪80年代上蒲口村耕地地块示意图

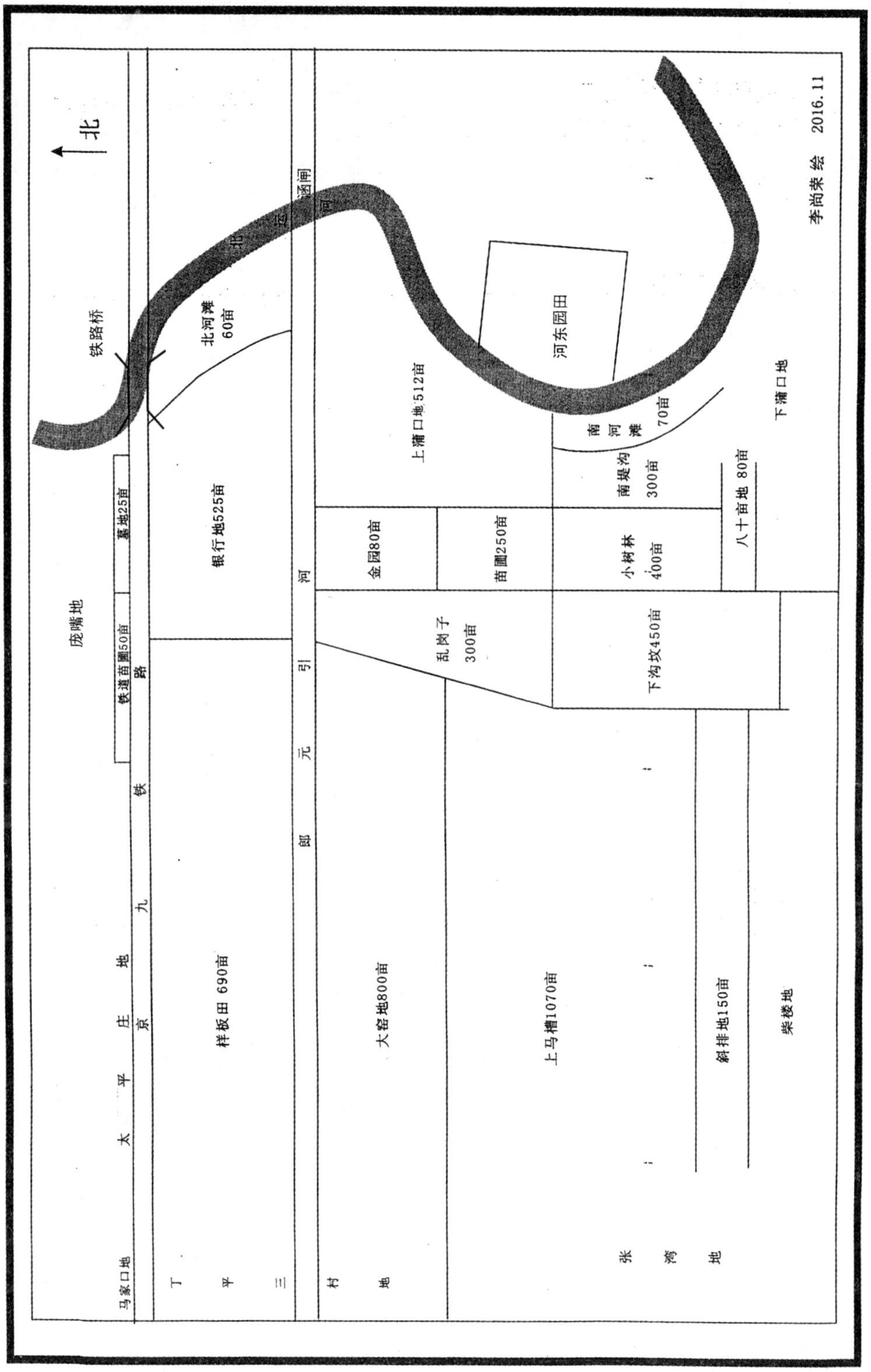

（2016年绘制）

五　街道胡同

上蒲口老村街道和村民住宅（2008年摄）

中华人民共和国成立前，上蒲口村道路均是土路，地势低洼，无排水设施，十年九涝，夏、秋季道路泥泞不堪。

中华人民共和国成立后，政府帮助修路、建桥，夏、秋季防涝排水，村内环境有所改变。

20世纪80年代后，村内道路垫些炉灰渣、白灰渣等。

1985年，村里将连接通至上蒲口大桥的主路铺设沥青。90年代后期，村里的道路按规划实施村庄改造，主要街道实现了全面硬化。村规划街道10条，胡同48条。

2012年上蒲口村街道情况表

表3　　单位：米

序号	街道名称	位置	走向	长度	序号	街道名称	位置	走向	长度
1	北大道	村中心	东西	2000	6	新村二街	村西	南北	700
2	上蒲口主街	村中心	南北	800	7	新村三街	村西	南北	700
3	庆丰大街	村北	南北	900	8	新村四街	村西	南北	900
4	南北大道	村南	南北	500	9	新村五街	村西	南北	900
5	新村一街	村西	南北	700	10	南大街	村南	南北	900

2012年上蒲口村胡同情况表

表4　　单位：米

序号	胡同名称	位置	走向	长度	序号	胡同名称	位置	走向	长度
1	庆丰大街一排	村北	南北	200	25	兴华大街十排	村中	东西	70
2	庆丰大街二排	村北	南北	200	26	董家胡同	村东	东西	80
3	庆丰大街三排	村北	南北	200	27	赵家胡同	村东	东西	80
4	庆丰大街四排	村北	南北	200	28	前一胡同	村东	东西	80
5	庆丰大街五排	村北	南北	200	29	前二胡同	村东	东西	80
6	庆丰大街六排	村北	南北	200	30	朱家胡同	村东	东西	80
7	庆丰大街七排	村北	南北	200	31	朱家第二胡同	村东	东西	80
8	庆丰大街八排	村北	南北	200	32	陈家胡同	村东	东西	80
9	庆丰大街九排	村北	南北	200	33	郭家胡同	村东	东西	80
10	庆丰大街十排	村北	南北	200	34	后胡同	村东	东西	80
11	庆丰大街十一排	村北	南北	200	35	罗家胡同	村南	东西	60
12	庆丰大街十二排	村北	南北	200	36	丁家胡同	村南	东西	60
13	庆丰大街十三排	村北	南北	200	37	马家胡同	村南	东西	70
14	庆丰大街十四排	村北	南北	200	38	边家胡同	村南	东西	90
15	庆丰大街十五排	村北	南北	200	39	高家胡同	村南	东西	100
16	兴华大街一排	村中	东西	70	40	向阳胡同	村南	东西	100

续表

序号	胡同名称	位置	走向	长度	序号	胡同名称	位置	走向	长度
17	兴华大街二排	村中	东西	70	41	大胡同	村南	东西	100
18	兴华大街三排	村中	东西	70	42	祁家胡同	村南	东西	80
19	兴华大街四排	村中	东西	70	43	贾家胡同	村南	东西	70
20	兴华大街五排	村中	东西	70	44	李家胡同	村南	东西	50
21	兴华大街六排	村中	东西	70	45	坑南一胡同	村南	东西	70
22	兴华大街七排	村中	东西	70	46	坑南二胡同	村南	东西	70
23	兴华大街八排	村中	东西	70	47	坑南三胡同	村南	东西	70
24	兴华大街九排	村中	东西	70	48	坑南四胡同	村南	东西	70

2012年上蒲口村街道胡同及公共设施情况示意图

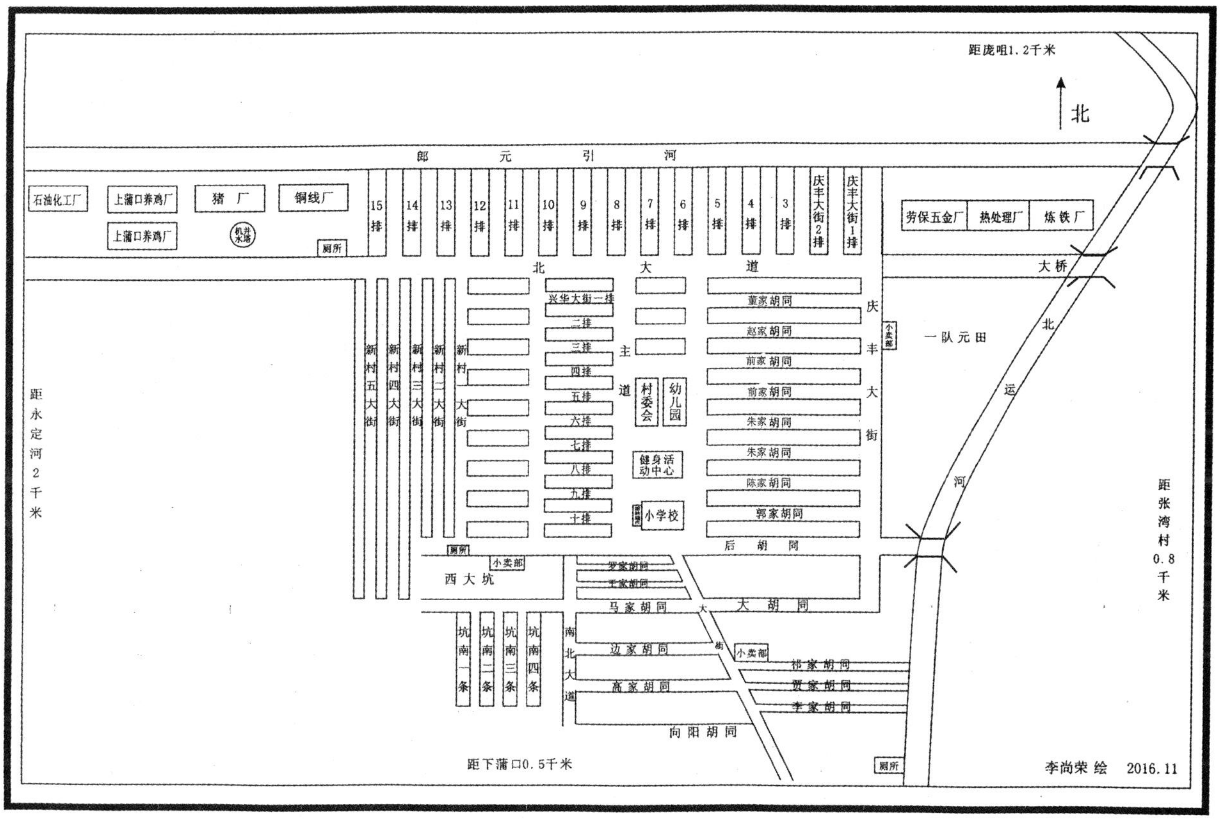

（2016年绘制）

六 旧村改造

中华人民共和国成立前，上蒲口村民住房多为土坯房和茅草房。从20世纪70年代中期，村民逐步盖上砖木结构的平房。1996年年末，居民实有住房2303间，面积5.5万平方米。

2013年，村内实行城镇化建设以宅基地换房，是年7—10月，实施拆迁，拆迁面积4.5万平方米。

七 公共设施

中华人民共和国成立前，该村公共设施很少，只有私人办的私塾，小杂货铺、诊所、红白事扛轿组织和村民自发组织的白抬会、天一会等。

中华人民共和国成立后，村里先后办起托儿所、幼儿园、电磨坊、饲养处、供销合作社、理发店等。1962年，建立村卫生站。1979年，村建立敬老院，村里的五保户孤寡老人全部入住敬老院。1990年10月，社员集资兴建上蒲口小学校。1995年，在街中心老村委会院内，重建幼儿园老园、建籽种站。2006年9月，开始实施老“五个一”工程建设，建成一所村民学校、一个文化活动室、一个村民服务中心、一条文明示范街、一座村街花园。把原有的旧学校改造为村民服务中心，村里为小学生配备了上下学班车。2007年，在村里实施新五个一工程，“一支环境保洁队、一个垃圾转运点、一个集贸市场、一支特色文化活动队、一个广播室”工程。是年，建立农家书屋，书屋内有各种书籍五千余种，村民业余文化生活更加丰富多彩。2009年，幼儿园搬至原小学校院内。

上蒲口村幼儿园　（2016年摄）

上蒲口村水塔　（2013年摄）

八　经济概况

明清时期至民国37年（1948年），村里地主、富农占有大量土地。村内有丁家、宁家、周家3大户，据说丁家有地799.95亩，宁家有地999.9亩，但两家地亩合起来不如周家一条沟的土地面积大。村里有一段时期，大部分土地被双口赵记成兴号主家剥夺。老百姓种地只能到该村二地主孙起太，人送外号“孙罗锅”手里租种，还有一些百姓只能靠打短工、打鱼、卖柴、讨饭为生，生活贫困。

1949年，村里建立了政权组织。1950年，村里实行土地改革，将地主5000余亩土地没收，加上其他土地5959.38亩分给农民，翻身的农民有了自己的土地，土改时还建了30个插伙组，最早的农民互助组，基本解决了当时农户劳动力短缺问题，每年除上缴公粮支援国家建设外，剩下的余粮能够自给自足。

1957年，村集体以大队为核算单位下设6个生产小队。1958年，村集体把村民集中，实行集体劳动，办大食堂全村集体在一起吃饭。1959年，遇上三年自然灾害，全村进入“低指标，瓜菜代”时期。1960年，中央发布60条，30年不变核算单位，三级所有队为基础，将原来的6个小队改为12个小队，后改为13个小队。

20世纪60—70年代，由于地理位置的限制，村里的地虽然好，也挡不住每年水灾的发生，农作物只能种青麻和小麦，有的年景小麦还没收获大水就来了，有十年九涝一水一麦之说。其间，村集体大搞农田基本建设，抗旱排涝，粮食和蔬菜的产量有所上升。全村种植的1000亩大白菜，产量高，口感好，专供天津市区和北京，当时远近闻名。

1981年，村里实行家庭联产承包责任制。耕地分到了各家各户，调动了村民的种田积极性，粮食产量逐年增长。该村粮食作物以玉米为主，蔬菜中的小核桃纹白菜、豆角闻名遐迩。村里先后办起电器厂、劳保五金厂、铆造厂、热处理厂等村办企业。

1987年，上蒲口村建成万只养鸡场。1990年，双街乡发展多种经营，实行家庭承包，村养鸡专业户迅速增多，主要品种有伊沙褐、京白等。并发展生猪、肉羊等养殖业；该村列天津市百个特色村第67名。

1995年，村里蔬菜播种面积3649.95亩，总产量16340吨，为全镇蔬菜种植面积、产量最高。

2004年，村内开发建设无公害蔬菜基地，发展设施农业，大棚面积建至241.95亩。

2012年4月，上蒲口村西成立德太农机服务专业合作社，注册资金150万元。业务经营范围：开展农业机械播种、施肥、收割服务；采购、供应社员所需的农业生产资料；引进新技术、新农机具；开展有关的技术培训、技术交流和咨询服务；开展社员所需的包装服务。

21世纪初，村民自发的在上蒲口村主街道，建成商业一条街市场。商品小店有日用百货，有供销社、家乐福超市、小商店、肉铺、馒头铺、果子铺等。

2013年，该村为镇内粮食作物种植大村，播种面积2050.05亩，年产量700吨。

九　民间文化

上蒲口同乐高跷会　起源于清嘉庆二十一年（1816年），经海下（现津南区咸水沽镇）海乐高跷传授上蒲口村，创始人刘庆云和李序午。同乐高跷兼文跷、武跷之精华，文跷腿长1.8米，以唱曲及简单动作为主；武跷表演“扑蝴蝶”“大劈叉”“登天梯”“拉骆驼”等高难度动作。

清道光十四年（1843年），道光皇帝乘船到南方私访，路过上蒲口，听到岸上阵阵锣鼓声，下船上岸，见高跷会在表演，便驻足观看演出。会员们见皇帝看表演，十分卖力。皇帝看后高兴，当场传下御言“与民同乐”，故名“同乐”高跷会。

同乐高跷会在演出　（2008年摄）

同乐高跷会动作极具观赏性，词曲上口，故表演时吸引了周边的村民前去观看。主要器具有：门旗、手旗、香袋、引锣、两锣、两鼓、腿子、头彩等。同乐高跷原有曲谱20余套，现保留词谱16套，唱曲录音6套，其中有《一进宝宅亮堂堂》《出水蛤蚌晒沙滩》《八仙曲》《十针扎》《渔樵问答》。

2014年，上蒲口同乐高跷会传承六代：第一代传人刘俊之父（约1798—1878），名字无从考证；第二代传人刘俊（1816—1891）；第三代传人刘庆云（1850—1925）；第四代传人闫树泉（1910—1991）、朱士茹（1912—1984）；第五代传人闫树荣（1927年生人）、高清海（1928年生人）；第六代传人朱永福（1935年生人）、王会仁（1942年生人）。

在历代传承人的努力下，该会建立了完整的管理体系和保护措施。举办培训班，培养新会员，挖掘整理传统套路演技。1994年，上蒲口村同乐高跷队代表天津市参加在北京举行的“龙潭杯”全国民间传统花会大赛，获三等奖。2009年6月14日，被列入北辰区非物质文化遗产名录。是年10月被列入第一批市级非物质文化遗产名录扩展名录。在全市非物质文化遗产日活动中，上蒲口村村民朱永福入选为“天津市级非物质文化遗产优秀传承人”。

曙光歌剧团　1954年，村里成立曙光歌剧团，编演的《结婚》《二嫂结婚》等曲目。1963年，村自编的《箭杆河边》，参加天津市群众艺术馆汇报演出。

毛泽东思想宣传队　1970年，村组织毛泽东思想宣传队，演出形式灵活多样。

秧歌队　21世纪初，村里成立秧歌队，演出队伍有40余人。平时在村内演出，年节期间到镇政府和邻村演出。

上蒲口村秧歌队成员合影　（2008年摄）

旧体诗词采撷

蒲口题壁

汪　舟

西风飒飒暮云生，驴背长驱古北平。

渡口桃花三十里，半林黄叶作秋声。

汪舟，字揖之，号木堂，天津人。清代乾隆十五年（1750年）举人，著有《桐阴山房稿》，诗选《晚清簃诗江》。

蒲口早发

张克家

去矣桃花口，归程半月仙。

渐闻人语熟，只觉客心悬。

马踏鸡声月，枭翀卵色天。

启明来极曙，睒睒天河前。

张克家，字仲佳，清末民初天津人，诗选《如法受持馆诗》。

杨村阻风

李东阳

春风东来河水浑，惊沙走石天地昏。

舟人喧呼怒涛涌，海若战斗群龙奔。

前船咫尺不得上，去路仓皇安可论？

床欹几侧坐未稳，乘月夜过蒲沟村①。

（注①：蒲沟村，指位于双街镇境内的蒲口村）

李东阳，茶陵人，明代进士，大学士，官居户部尚书。选自1991年版《武清县志》。

古迹　黄铜盆　1976年，在上蒲口村出土一个黄铜盆。其口径46厘米，盆深20厘米，内有莲花、双鱼等纹饰，盆底铸有"至元二十七年中月吉日彭丘置"字样，据鉴定为元代制作，由天津历史博物馆存藏。

黄铜盆

石碾　1949年前，村内有石碾3台，摆渡口左侧1台，北庄户1台，罗家胡同西1台，1949年后拆除。

真武庙　位于上蒲口村西北部，有正殿三间，建筑面积约120平方米，两侧各有1间禅房，另有东西厢房。多次暴雨洪涝灾害及1976年唐山大地震使厢房、耳房等受损，但正殿（也称大殿）地基坚固，基本完好。

上蒲口村真武庙　(2010年摄)

十　英烈先贤

马俊杰（1933－？）　上蒲口村人，烈士。1949年1月参加革命。后在朝鲜战争中失踪，失踪前为中国人民志愿军2野第4兵团2团通讯员。

十一　历任党政负责人

据上蒲口村上报村情调查资料表明：村党支部有记载是从1949年始，党支部经历12任党支部书记。村政机构先后经历村公所、生产大队、革命委员会、生产大队后过渡到村民委员会。

1949—2016年上蒲口村党组织负责人任职情况表

表5

党组织名称	姓名	性别	职务	任职时间
党支部	夏奇友	男	书记	1949—1951
	刘宝珍	男	书记	1951—1954
	李士起	男	书记	1954—1958
	李士海	男	书记	1958—1960
	李士起	男	书记	1960—1983
	郭茂林	男	书记	1983—1985
	李永年	男	书记	1985—1987
	朱永泰	男	书记	1987—1988
	李永年	男	书记	1988—1989
	丁克明	男	书记	1989—1995
	丁克星	男	书记	1995—1999
	赵书祥	男	书记	1999—2003
	王殿昌	男	书记	2003—2006
	朱德春	男	书记	2006—

1949—2016年上蒲口村村政机构负责人任职情况表

表6

村政机构名称	姓名	性别	职务	任职时间
村公所	刘春生	男	村长	1949—1951
	刘宝珍	男	村长	1951—1954
	李士海	男	村长	1954—1958
	闫树荣	男	村长	1956—1958
生产大队	边凤元	男	大队长	1958—1960
生产大队、革命委员会	郭茂林	男	大队长、主任	1960—1980
生产大队	闫树荣	男	大队长	1980—1982
	周立庭	男	大队长	1982—1984
村民委员会	丁克明	男	主任	1984—1987
	李永年	男	主任	1987—1988
	丁克明	男	主任	1988—1989
	高仁岩	男	主任	1989—1992
	郭永强	男	主任	1992—1995
	王殿昌	男	主任	1995—1999
	周洪刚	男	主任	1999—2006
	朱德春	男	主任	2006—2009
	郭永杰	男	主任	2009—2012
	刘学洪	男	主任	2012—

十二　荣誉

1950—2016年，该村获天津市市局及级及以上先进集体荣誉1项（次）；获全国先进个人荣誉2项

（次）；获市局及级及以上先进个人荣誉2项（次）。

2011年，上蒲口村获得天津市妇联授予的市级“优秀半边天家园”荣誉称号。

1950—2016年上蒲口村获全国先进个人情况表

表7

授予时间	姓名	荣誉名称	授予部门
2000	周福林	全国乡镇企业家	农业部
2010	岳维莲	全国敬老模范	全国敬老爱老助老主题教育活动组委会

1950—2016年上蒲口村获市局级及以上先进个人情况表

表8

授予时间	姓名	荣誉名称	授予部门
1999	周福林	乡镇企业家	市人民政府
2014	刘学洪	市级五一劳动奖章先进个人	天津市总工会

附一：

津邑巨镇——上蒲口

在辽代，北运河右岸曾有一片辽军养马地，原名蒲沟，又名蒲口。这里水草丰厚，地势开阔，明代仍有官家将马寄养在村中。当时养马地规定，“五丁养马一匹，免其粮草之半。种马需三年生两驹，孳生不如额，出资补偿”。后由官宦直接监管，养马地成为私人属地。明永乐年间，有韩、周、宁、丁等姓在这里建村，称蒲口村，后分为上、下蒲口两村。1976年，该村出土了一个口径46厘米的铜盆，内有莲花、双鱼等纹饰，盆底铸有“至元二十七年中月吉日彭丘署”的字样，现存天津历史博物馆。

上蒲口依河而兴，清人谈迁在《北游路·纪程》中记有：“十里桃花口，十里蒲沟，十里泊老米店。”其后，顾祖禹编著《读史方舆纪要·川渎六》中记有：“北运河里程，自天津向西北十里丁字沽，又十里伊儿湾，又十里桃花口，又十里蒲沟儿，又二十里杨村驿。”而成书于同治九年（1870）的《续天津县志》中还载有：“北运河渡口：曰下蒲口渡、曰上蒲口渡、曰汉口渡。”甚至从乾隆时天津举人、永丰屯“三小才”之一的汪舟和清末至民国初的天津诗人张克家所写的《蒲口题壁》和《蒲口早发》诗中，也可感见蒲口昔日的辉煌。

明弘治九年（1496年）《漕河图志》中记有蒲沟儿浅，隶属于直隶天津右卫，有小甲1名、夫9名，主要负责修堤、扒浅及招呼往来漕船避浅。清初，设蒲口汛，驻兵防查，属通协之务官路营。雍正十一年（1733年）改归河标左营，有左司把总1员驻此，岁奉银36两；马兵11名、守兵50名，每名岁支饷银分别为24两和12两，米折银3．6两。同治十一年（1872年），天津机械局（东局子）在上蒲口购买民地59亩，建新式火药库3座，并建驻守弁兵房屋10间。每座火药库长35．5米、宽8米、檐高4．3米，整个结构没有寸铁，很是科学。火药库周围环以深壕，中设吊桥。

上蒲口曾是天津县八镇之一。清道光二十六年（1846）《津门保甲图说》载：“蒲口为道侧巨镇，前之岐者入村复合，民廛聚焉，由京至津，此为入境门户。”并记有：绅衿3户、铺户65户、烟户83户、应役2户、当兵9户、庸作58户、负贩16户、僧道2户，共238户，大口1200口、小口730口。从村落图上可以看到上蒲口村房舍井然，酒旗招展，俨然巨镇模样。村东和村西分别有菩萨庙和真武庙。《续天津县志》和《重修天津府志》中分别记有：“兴福寺，在蒲口村东”，“元帝庙，在蒲口北头。”光绪二十四年（1898）《重修天津府志》和《清史稿·地理志》载：“天津县北乡内七镇：西沽镇（有把总、巡检）、丁字沽镇、北仓镇（有大使）、蒲口镇（有把总）、汉口镇（有千总）、三河头镇（有把总）、桃花口镇。”“天津府领有天津（县）：大沽、三河头、汉沟、蒲沟、咸水沽、双港、北马头、赵家场八镇。”说明清时上蒲口不仅是天津县八镇、北乡内七镇之一，且与汉沟、三河头等古镇齐名。

悠悠岁月，荣枯几度。上蒲口如今已经不是繁华集镇，但是改革开放后，又重新发挥自己的优势。创办于清道光十四年（1834年）的同乐高跷会相传至今，集文跷、武跷之精华，传古代、今世之绝技，跷腿长1．8米，能表演20多种高难动作。1994年，同乐高跷童子队代表天津市参加在北京举行的全国民间花会“龙潭杯”比赛，获三等奖，2009年6月14日上蒲口村的同乐高跷，被正式列入北辰区非物质文化遗产名录。1996年，上蒲口被评为天津市级小康村。2008年有村民842户2630人，耕地2721亩，农民人均纯收入11453.85元。

（《北辰文史资料》第九辑123～124页）

附二：

蒲口火药库

清同治十一年（1872年）购民地59亩，建仿洋式库房3座，每座长35.5米，宽8米，高4.3米。库房不见寸铁，檐下为7格木窗气孔，各安铜网以避虫鸟；外包铜雨板，以避雨雪；每库有房9间，每间地板上下各设气孔，由墙内通至前后檐下，以泄潮湿；每库左右立木杆，各安避雷针。中隔墙92.8米，外围墙249.3米。环以深壕，中设吊桥。另筑屋10间，驻守弁兵。到清末时已无存。

1872年清廷在蒲口建药库。1870年，清政府责成直隶总督北洋大臣李鸿章负责筹划天津机器局的扩建。在李鸿章的主持下，天津机器局进行了五次大规模的扩建：一八七三年第一次扩充。这年四月，新购的四架西洋药碾到齐，又添购各式机器十余台，建成第二座碾药厂和新建的机器房，又动工修建第三、第四座碾药厂。原设在海光寺西局的铸铁厂也移并东局本厂。另外，还在蒲口地方购地59亩，建成洋式药库三座。这一期间共修建厂库二百余间，增筑护堤一千余丈。到清同治十三年（1874年），第三、第四碾药厂先后开碾，淋硝、磨磺、烧炭等部门，也各就原厂房增添器具，提高产量，以供应四个碾药厂的需要（李鸿章光绪二年八月二十一日《机器局动用经费折》，见《李文忠全集》奏稿，卷28页1）。

（徐景星：天津近代工业的早期概况
《天津文史资料选辑》第一辑，127页）

附三：

蒲口清军药库

在北城一十六里蒲沟，俗名蒲口。同治十一年购买民地五十九亩有奇，建库三座，环以墙濠，又建驻守弁兵房屋十间。《火药库图说》：药库共三座，每座长十丈六尺四寸，宽二丈四尺，台高五尺，檐高一丈三尺；中间围墙长二十七丈八尺四寸，外围墙长七十四丈八尺，环以深壕，中设吊桥。凡药库造法悉仿洋式：库屋内外不见分寸之铁，桄梁包铁则以木冒之，地板用钉则以木陷之铁与木摩戛则能生火，不见铁所以避火；库之前檐下为小方窗七，中为木棂，内安铜网，所以避虫鸟也；木棂外为雨板，包以铜片，可穿可闭，所以避雨雪也，库每座约屋九间，每间为气洞二处，一在地板上，一在地板下，左右相间，气洞俱在墙内，以达于前后檐下，如北方之坑（炕）墙，内为烟通（囱）者然，所以泄潮湿也；檐下气洞口亦安铜网，所以避鸟之为巢其中，防窒塞也；每库左右竖电杆二，高出于脊，凡火药积聚之处，电火下射与药性相感则能自热，西人之为电学者知铜尖以能收电，故于杆之顶安铜尖，形如鹿角，承以铜条，下贯铜丝，至入地见水而止，所以避雷电也；铜丝之扶于木杆者，以磁管隔之，防电火之不直走入地，慎之又慎者也，今仿之。

（《天津通志旧志点校卷（上）
重修天津府志》卷二十四，992页）

张湾村

张湾村位于北辰区中北部双街镇中北部，地处京津走廊，北运河东岸。老村位于北运河河湾处，径曲回环，形若马蹄，故称马蹄湾子。1976年，老村迁址，选址在京津公路西侧，新建村呈南北长方形，占地面积2.6平方千米。南距杨堤村0.5千米，西隔北运河距上蒲口0.8千米，北隔郎园引河距郎园村1千米，东紧靠京津公路。距首都北京110千米，距天津新港50千米，距天津机场16千米。2014年，张湾村集体经济总收入577万元，农民人均所得1.6万元。2015年，该村户籍人口1199人，长期固定资产200万元。

张湾村村民委员会　　（2009年摄）

一 村庄沿革

明永乐年间（1403—1424年），始有人定居。明洪武元年（1368年），有明将骑白马沿运河堤游玩，人称该地为白马湾。明嘉靖年间（1522—1566年），该地河湾堤岸被冲刷变形成“U”形，遂称村名为马蹄湾。清朝时，村中张姓人家兴旺，又改村名为张家湾、张家湾子，后称张湾。

清代，雍正八年（1730年）张家湾子划归天津县管辖。乾隆元年（1736年），实行巡检辖村制，张家湾村属时西沽巡检管辖。光绪三十一年（1905年），天津县设4乡34区，张家湾村属北乡第十八区管辖。民国时期，天津县北乡，设双街乡和汉沟乡，张家湾隶属汉沟乡。民国38年（1949年）3月，天津县实行区辖村制，村直属天津县第八区。1950年7月，并归天津县四区管辖。1953年5月，张湾村归属张湾小乡管辖。1958年4月，4个小乡裁并为张湾乡，属张湾乡管辖。1958年8月，并入幸福人民公社辖张湾村。1959年3月2日，幸福公社改称北仓公社，并实行管理区辖生产队制，张湾大队改为张湾管理区，隶属张湾管理区。1960年6月27日，隶属津北畜牧场双街分场。1961年5月，隶属北郊区双街公社。1983年7月，隶属北郊区双街乡。1992年3月6日，北郊区改称北辰区。1995年9月后，该村隶属北辰区双街镇。

二 道路河流

道路 张湾老村，建在北运河的河套里，防洪大堤内，地理位置较其他京津公路沿线村相对闭塞，离京津公路大约1.2千米。1976年后，村子从防洪大堤内迁至防洪大堤外，紧邻京津公路，交通条件彻底得到改善。通往京都驿道，后改建成的京津公路穿村而过。中华人民共和国成立后，村东京山铁路经多次改建、扩建，全线以建成复线铁路。20世纪60—90年代，域内先后有铁路津蓟线、京九铁路津霸联络线建成通车。至2016年，国道1条，铁路3条。

规划地铁4号线在周边设站。公交车有611路、607路、725路等多条线路在张湾设站，通达市中心。

21世纪初，京津公路张湾村段

北运河大堤路 1985年，双街镇政府在北运河大堤东边南起屈店闸，北至小街村修建路面，经张湾村全境。全长10.8千米，宽5～6米，水泥路面，1992年竣工。

河流 北运河古称潞河、白河、沽河，属京杭大运河的一部分，海河支流之一。上游源于北京，该河由上蒲口村进入村内，流经段长1.5千米。河宽80米，平均水深2米。自古以来系居民饮水源及用于农田灌溉。20世纪70年代上游节流蓄水，河水逐渐减少。村里在村北开凿第一眼生活用深水井，修建水塔，村民告别了几百年饮用河水、土井水历史。

三 人口方言

人口 据《典籍中的北辰》载，民国23年（1934年），该村有84户492人；据统计资料载，1980年，有234户1028人；2000年，有305户915人；2009年，有392户1267人；2014年，有384户1197人；2016年，有375户1204人。

姓氏 该村最早有张姓在村内定居，后陆续迁入其他姓氏。村内有姓氏20个，大姓有王姓两大家（东头王、西头王），东头王有88户占全村总户数的22%，西头王有47户占全村总户数的12%。张氏大

张湾村水井 （2009年摄）

家族有四族，第一族有户数42户，占全村总数的11%；第二族有户数40户，占全村总户的10%；第三族有户数35户，占全村总数的9%；第四族有19户，占全村总户数的5%。其他姓氏有王、张、郎、孙、柴、徐、房、赵、唐、宁、边、刘、武、杨、魏、李、沙、庞、郭、师，有户数126户，占全村总户的31%。

张湾西头王氏家谱封面

2016年张湾村部分姓氏谱牒字辈排序情况表

表1

姓氏	谱牒字辈排序	说明
王	振、林、学、凤(云、士、希)仲、德	东头王
王	福、文、树、秉、玉、振	西头王
张	振、福、山、志	张姓第一族
张	单字名、洪、士(铁、向、春)月	张姓第二族
张	永、士、玉、凤(金)、海	张姓第三族
张	广、单字名、永、林	张姓第四族

张湾村西头王氏家谱世系图

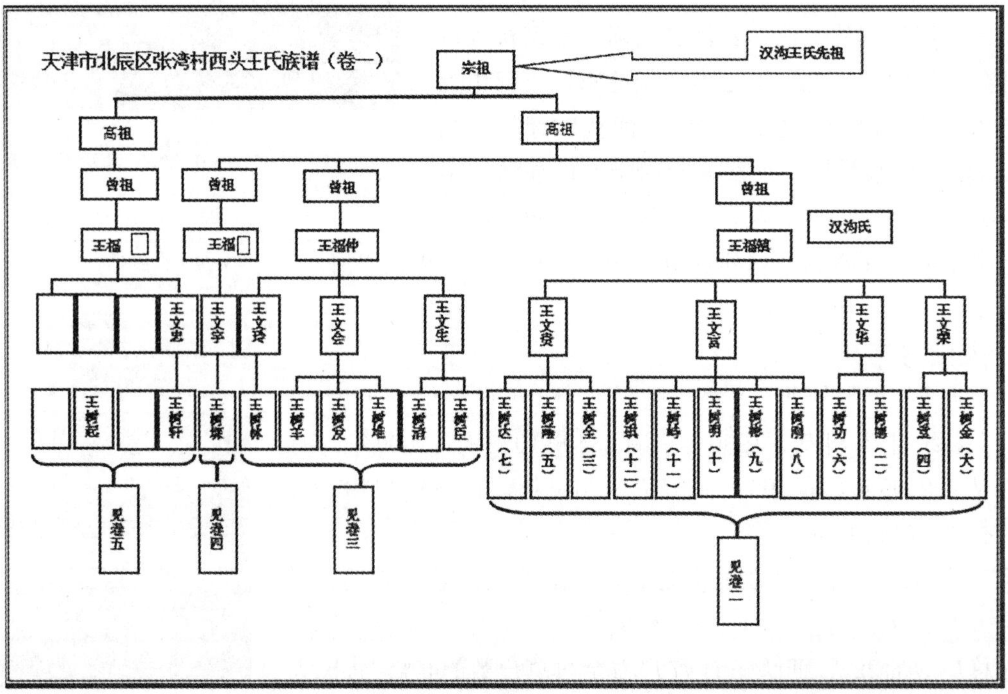

民族 据《天津市北辰区地名志》载，1995年，该村全为汉族，1043人。据村情调查，2016年，该村人口中有满族1户2人、回族1户2人，其他为汉族。

方言 张湾村为北辰区武清方言片，该村方言与武清区杨村话相似，在全国方言片区上属北京官话区怀（来）承（德）片。

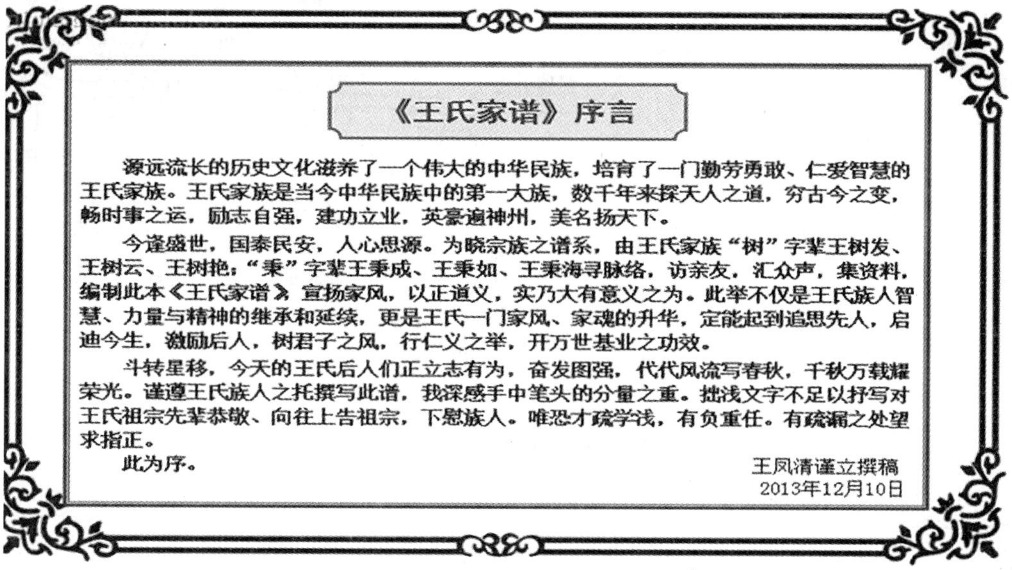

《王氏家谱》序言

源远流长的历史文化滋养了一个伟大的中华民族，培育了一门勤劳勇敢、仁爱智慧的王氏家族。王氏家族是当今中华民族中的第一大族，数千年来探天人之道，穷古今之变，畅时事之运，励志自强，建功立业，英豪遍神州，美名扬天下。

今逢盛世，国泰民安，人心思源。为晓宗族之谱系，由王氏家族“树”字辈王树发、王树云、王树艳；“秉”字辈王秉成、王秉如、王秉海寻脉络，访亲友，汇众声，集资料，编制此本《王氏家谱》宣扬家风，以正道义，实乃大有意义之为。此举不仅是王氏族人智慧、力量与精神的继承和延续，更是王氏一门家风、家魂的升华，定能起到追思先人，启迪今生，激励后人，树君子之风，行仁义之举，开万世基业之功效。

斗转星移，今天的王氏后人们正立志有为，奋发图强，代代风流写春秋，千秋万载耀荣光。谨遵王氏族人之托撰写此谱，我深感手中笔头的分量之重。拙浅文字不足以抒写对王氏祖宗先辈恭敬、向往上告祖宗，下慰族人。唯恐才疏学浅，有负重任。有疏漏之处望求指正。

此为序。

王凤清谨立撰稿
2013年12月10日

张湾村《王氏家谱》序影印件

四 耕地情况

据张湾村上报村情调查资料表明：20世纪80年代村有大块耕地4块，面积1115亩。2016年耕地面积1139亩。耕地四至：北绍地块，北邻汉沟村耕地，南临郎园引河，西至京九铁路，东胡园村耕地。褡裢地北邻郎园村耕地，南与杨堤村耕地接壤，西至振兴水泥厂，东为胡园村耕地。公路东地块，北邻九园公路，南为天铁轧钢二厂，西至京津公路，东与北辰经济开发区接壤。河西地，西至永清渠，南至柴楼村耕地。河滩地在村西，被双街小城镇建设占用。

涵闸泵站 1975年开挖的双街中排干渠（北起郎园引河，南至永定新河北岸）流经该村位于京津公路东的耕地。村建有耕地、园田泵站各2处。

20世纪80年代张湾村村所属耕地地块情况表

表2　　　　　　　　　　　　　　　　　　　　　　　　　单位：亩

地块名称	耕地位置	面积	地块名称	耕地位置	面积
褡裢地	京山铁路东	500	河西地	运河西	80
北绍地	京山铁路东	140	张湾村用地	京津公路东	395
合计					1115

20世纪80年代张湾村所属耕地地块示意图

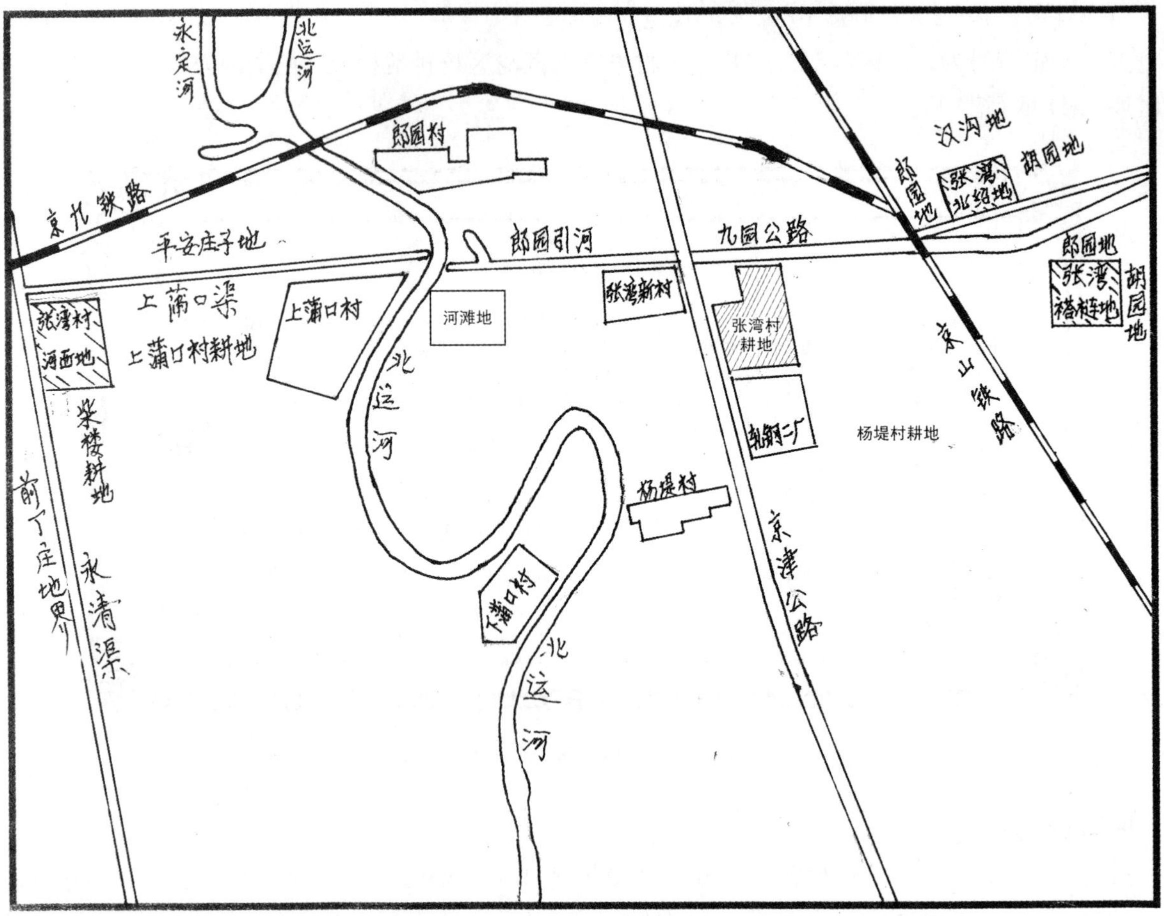

（2016年绘制）

五 街道胡同

中华人民共和国成立前，村内环境凌乱无序，村北紧挨着民宅有坑塘，主要用于排水防涝，一到夏季，臭味难闻、蚊蝇滋生。

中华人民共和国成立初期，上蒲口渡口道路穿村而过，两个村人口往来流量使村内更加拥挤杂乱。

张湾村主街道　　（2009年摄）

1976年后，村第一次迁村，村庄设计较为规范，有南北向街道4条，十字中街1条宽10米，前街为东西向街道1条直通京津公路，宽12米，柏油沥青路。南北向胡同7条，东西向胡同4条。纵向胡同宽6米，横向胡同宽4米，由灰渣土垫底红砖铺路，道路及胡同两侧全部有排水沟。街道宽阔平直，两侧树木成行。村内街道、院舍整齐划一，每户宅基地面积全部统一规划为170平方米。大街及各胡同交叉点安装了路灯，给村民出行带来便利。1984年，村每条胡同铺设灰渣土、红砖路面，修建排水沟。铺设张湾前街、中街、和十米大街通往京津公路的沥青水泥路面，彻底改变村街村貌。

六　旧村改造

中华人民共和国成立前，村民住房多为土坯房和茅草房。20世纪50—60年代，老村民房大部分为土坯房，部分为“穿鞋戴帽”结构（房台，房檐砖砌，墙体为土坯）。

1976年后，村第一次迁村，从北运河畔、防洪大堤内的古村落迁至防洪大堤外，津京公路西侧，民房均为砖瓦结构平房，20世纪80年代，村委会建二层楼作为村民学校、党员活动室和村内办公场所。

2011年，位于张湾村的双街示范小城镇集中还迁区项目开工建设。该项目占地面积83公顷，规划总建筑面积160万平方米，其中还迁房面积85万平方米，配套公建面积13万平方米，保障农民长远生

张湾村红砖硬化的胡同　　（2009年摄）

张湾村村民住宅　　（2009年摄）

1975年前张湾老村落情况示意图

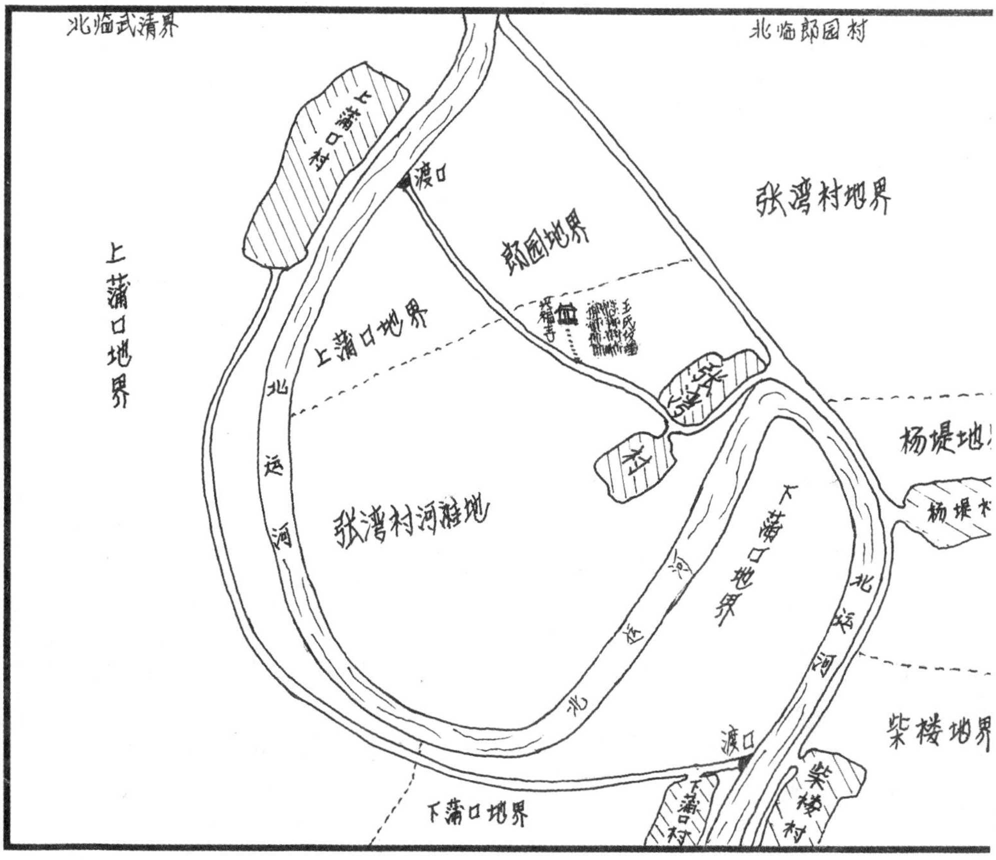

（2016年绘制）

计用房面积36万平方米，地下室面积25万平方米。是年11月，张湾村经市政府批准的天津市第二批示范小城镇建设项目，进行第二次拆迁，共拆迁390户，其中宅基地面积6.63万平方米，拆除建筑面积共71.4万平方米。2016年，17座高层楼房村民住宅主体建筑基本完工。

七　公共设施

中华人民共和国成立前，村内公共设施甚少，有私塾、私人磨坊等。民国18年（1929年），村内由僧人本立捐赠全部庙产成立“天津县公立第六十七小学校”。抗战胜利后改为“天津县双街乡张家湾保国民学校”。中华人民共和国成立后，老村建有学校、幼儿园、卫生站、供销合作社、电磨坊等。

20世纪70年代后期，迁入新村，村建有张湾小学一所、幼儿园两所、卫生站一所、理发店、电磨

2010年张湾村街道及公共设施示意图

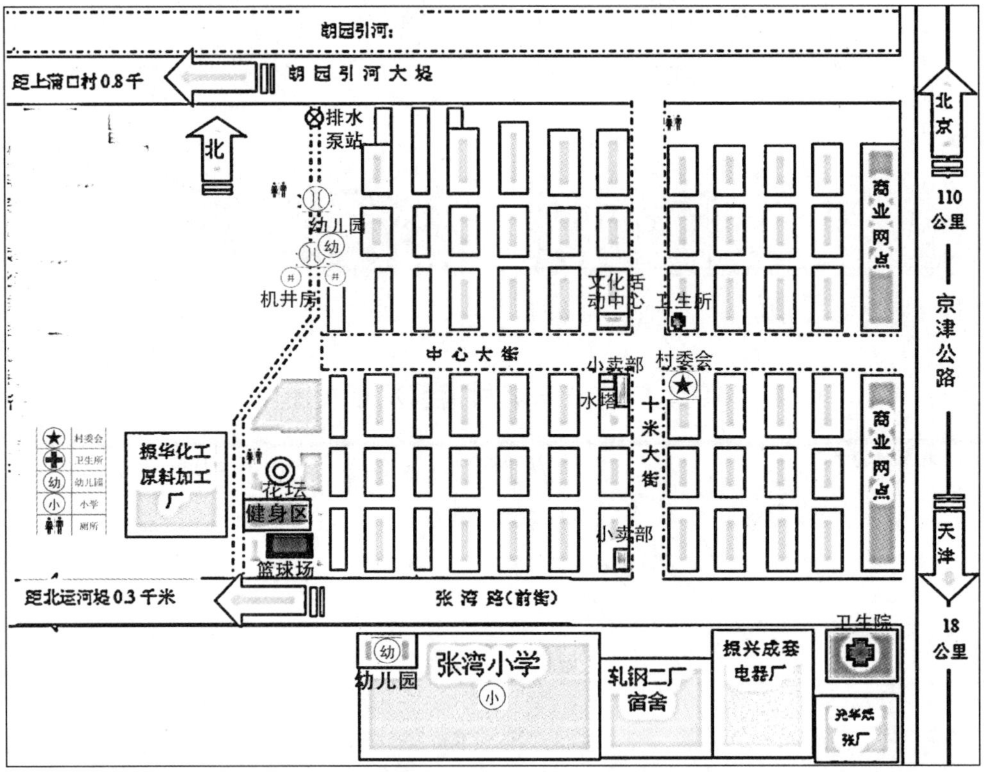

（2016年绘制）

建设中的张湾村村民住宅楼（2015年摄）

张湾还迁区完成的部分还迁房（2016年摄）

坊，后建有老年活动中心、图书阅览室、篮球场、乒乓球台、健身广场、儿童游乐场等公共设施。2009年，建立了农贸市场。

张湾村健身广场　（2010年摄）

八　经济概况

中华人民共和国成立前，村内无工业，村民生活主要靠农业种植、打零工或捕鱼为生。

中华人民共和国成立后，村仍为农业区域，因自然灾害严重，经济基础薄弱。通过组织成立互助组、初级社，过渡到高级社，逐步建立集体经济。在计划经济体制下，村始终处于经济效益低，多年没有明显发展，便组织一些劳务出工增加集体收入。

张湾村农贸市场　（2009年摄）

1974年后，村里先后建立了缝纫机附件厂、振兴成套电器厂、振华化工原料加工厂、光华纸张改造厂。到1980年，村企业总产值45万元；1985年，总产值117.90万元；1990年，总产值613.7万元；1995年，总产值1392万元；2000年，总产值2013万元。因小城镇改造项目用地，于2011年全部拆除。

1979年，中共十一届三中全会后，实行家庭联产承包责任制，城郊型经济发展步伐加快。开展多种经营，村民生活逐步提高。

1981年，村第五生产队养殖场养蛋鸡1200多只，日产蛋53千克。5个月产蛋7875千克。

1988年9月，张湾村组建双钢基建服务队，有从业人员150人。

2012年，在京津公路东，开辟建设张湾村工业园区，占地6.67公顷，有重点企业7家。2014年，村经济总收入实现577万元。

2015年，播种粮食作物面积775.05亩，总产量58.13吨。蔬菜播种面积175.05亩，总产量350吨。总收入945.5万元。进入21世纪，村内土地流转，成为青水源有机蔬菜基地的重要组成部分。

九　民间文化

戏剧团　20世纪40年代，张湾村成立民众剧团。1953年，张湾村由村民徐景波组建评剧团，先后排演了《小二黑结婚》《小女婿》《三世仇》《夺印》《苦菜花》等现代剧目。

1994年，张湾村成立张湾小乐团，其前身为民众剧团，剧团主要演唱歌剧、评剧，排演各类大型剧目。针砭时弊，弘扬时代精神。

村委会投资近万元购置演出服装、乐器、道具，将老年协会活动室改为文化活动室。乐团继承老剧团的优秀剧目，引进黄梅戏、豫剧、京剧等剧种和歌舞。排演了除评剧《杨三姐告状》为全剧外，其他剧种皆以折子戏为主，黄梅戏《路遇》、豫剧《亲家母你坐下》、评剧《刘巧儿小桥送线》《秦香莲杀庙》、歌剧《白毛女》等折子戏。自编自导各类小节目，弘扬时代精神。

张湾村小乐队参加建国60周年戏曲节目展演　（2009年摄）

秧歌队 张湾村秧歌队，成立于1998年，至2009年队员发展到40余人，表演形式不断更新。每逢节假日组织活动演出，经常参加区、镇组织的活动并到邻村演出。

张湾秧歌队在村内街道演出（2009年摄）

兴福寺 民国年间扩建，有前、中、后三层大殿，东西厢房各5间，四周有围墙，建筑面积750平方米，有寺地3.33公顷。前殿为土地庙，供奉土地爷，是亡人家属报庙处。中、后殿供奉其他神灵，香火旺盛。寺院曾有一棵数百年的古树，有三人合抱之粗，兴福寺于20世纪50年代拆除。

附：

清道光年间在张湾村北修建“兴福寺”咸丰年间，天津道人米斋（华长卿）曾有张家湾题壁诗一首：

（古诗词）兴福寺

木落西风起，行人发浩歌。河从蒲口浅，树到蔡村多。

寺古留残碣，池荒剩败荷。张湾城北路，雨后未曾过。

（华长卿（1805—1881），天津人，清道光十一年（1831年）举人，选自《晚清簃诗江》）

十 历任党政负责人

据张湾村上报村情调查资料表明：村党支部有记载是从1949年始，党支部经历12任党支部书记。村政机构先后经历村公所、生产大队、革命委员会、生产大队后过渡到村民委员会。

1949—2016年张湾村党组织负责人任职情况表

表3

党组织名称	姓名	性别	职务	任职时间
党支部	张贵	男	书记	1949—1954
	王文会	男	书记	1954—1955
	王凤楼	男	书记	1955—1956
	孙亚明	男	书记	1956—1959
	王凤楼	男	书记	1959—1964
	张秀山	男	书记	1964—1966
	王秉成	男	书记	1966—1971
	王凤楼	男	书记	1971—1973
	王仲仁	男	书记	1973—1976
	张玉山	男	书记	1976—1980
	房 林	男	书记	1980—1983
	张洪瑞	男	书记	1983—1994
	王凤春	男	书记	1994—2006
	张留成	男	书记	2006—2009
	张志江	男	书记	2009—

1949—2016年张湾村村政机构负责人任职情况表

表4

村政机构名称	姓名	性别	职务	任职时间
村公所	张　贵	男	村长	1949—1953
	王文会	男	村长	1954—1955
村公所	孙亚明	男	村长	1955—1956
	房震	男	村长	1956—1958
生产大队	房震	男	大队长	1958—1959
	孙亚明	男	大队长	1959—1964
	张秀山	男	大队长	1964—1966
革命委员会	张福刚	男	主任	1966—1971
生产大队	孙亚明	男	大队长	1971—1976
	张福刚	男	大队长	1976—1977
	张凤祥	男	大队长	1977—1980
	张洪瑞	男	大队长	1980—1983
村民委员会	张福刚	男	主任	1983—1994
	张志忠	男	主任	1994—2006
	张志江	男	主任	2006—2009
	张留成	男	主任	2009—

十一　荣誉

1950—2016年，该村获天津市市局级及以上先进集体荣誉10项(次)；获全国先进个人荣誉1项(次)；获市局级及以上先进个人荣誉8项(次。)

1988年，张湾村张洪瑞获得国家体育总局授予的“全国体育工作积极分子”荣誉称号。

1950—2016年张湾村获市局级及以上先进集体情况表

表5

授予时间	获奖单位	荣誉名称	授予部门
1986	张湾村	市级治安最佳单位	天津市综治委
1989	张湾村	1988年度市级文明单位	天津市精神文明委
1989	张湾村妇代会	五好妇代会	天津市妇联
1990	张湾村治保会	1989年度治安先进集体	市人民政府
1992	张湾村	农村体育先进集体	天津市体委
1991		社会治安综合治理先进集体	天津市委、市人民政府
1995	张湾村	市级文明村	天津市精神文明委
1997	张湾村	市级文明村	天津市精神文明委
1998	张湾村	市级文明村	天津市精神文明委
1999		市级文明村	天津市精神文明委

1950—2016年张湾村获市局级及以上先进个人情况表

表6

授予时间	姓名	荣誉名称	授予部门
1984	薛炳芹	市级三八红旗手	天津市妇联
1989	张洪瑞	计划生育先进工作者	市人民政府
1993	王凤楼	农村文明户标兵	天津市精神文明委
1993	鲍秀芬	计划生育协会积极分子	天津市计划生育协会
1997	孙桐来	普教系统“八五”教科研先进个人	天津市教委
2000	王丽颖	2000年度乡镇企业人才教育工作先进个人	天津市乡镇企业局
2001	王秉玉	市级优秀教师	天津市教委
2012	张志江	五一劳动奖章	天津市总工会

附：

明代沉船 2012年4月，在北运河张湾村段清淤中，发现三艘沉船遗址。经天津市文化遗产保护中心认定为明代沉船遗址，并进行了抢救性考古挖掘。根据沉船所在层位出土器物推断沉船年代为明代，它们就趴在北运河河道转弯处。出土了元、明、时代的铜、铁、瓷、陶、骨、木、竹等不同质地的文物及标本600余件。沉船埋藏于距离地表约5.5米的河道沙土层上。为明代内河漕运中浅船——驳船。这次考古的发现对北运河的开凿、航运历史提供了佐证，给天津市运河申遗提供了有力证据。现船体存放于天妃宫博物馆内。

北口石碾 在张湾村老村西头有一石碾，据传这石碾是为辟邪所建。居住在老村西头王家小胡同内的西头王氏家族，有一年先后死去多名树字辈青壮年，死因不明。王氏族人请风水先生看宅，风水先生经村里村外仔细查看，发现东头王氏家族的大坟地坟茔牌楼正对着西头王氏集中居住的王家小胡同北口，认为东头王氏坟地就像老虎大开口，吞噬着胡同内的西头王氏族人，因此造成多人早亡。破解办法就是在王家小胡同北口建石碾一座，作为辟邪之用，因此西头王氏族人修建了这座石碾。后来，石碾便作为农户碾米、碾面之用。

柴楼村

柴楼村位于北辰区中北部，双街镇中部，北运河东岸，京津公路西侧。东临京津公路，南与双街村一道之隔，西距北运河0.15千米。北与杨堤村相距0.2千米。村形状为南大北小近正方形，占地面积2.9平方千米。2014年，村集体经济总收入1273万元，农民人均所得2.2万元。2015年，该村户籍人口1109人，长期固定资产8109万元。

柴楼村民委员会办公楼　（2016年摄）

一　村庄沿革

相传明永乐年初，有柴、吴两姓先民持龙票圈地，柴姓在村北运河堤旁建楼名柴家楼；吴姓在村南建村为吴家沟。清雍正年间（1723—1735年）并称柴家楼，嘉庆年间（1796—1820年）北运河决口在柴家楼和吴家沟之间冲出一条大沟，村庄分为南北两片，南北来往，西走北运河堤，东走庙南土路。民国时期由村中开出一条街定名柴楼。村东北建有关帝庙。自柴楼建村后先后有赵、李、候、孙、张等姓氏迁入形成多姓聚居村庄。

清代，雍正八年（1730年）划归天津县，称柴家楼。乾隆元年（1736年），实行巡检辖村制，柴家楼属时西沽巡检管辖。光绪三十一年（1905年），天津县设4乡34区，柴家楼属北乡第十八区管辖。民国时期，天津县北乡，设双街乡和汉沟乡，柴楼村属双街乡管辖。民国38年（1949年）3月，天津县实行区辖村制，村直属天津县第八区。1950年7月，并归天津县四区管辖。1953年5月，归属双街小乡管辖。1958年4月，归属张湾乡管辖。1958年8月，并入幸福人民公社，张湾大队辖柴楼村。1959年3月2日，幸福公社改称北仓公社，并实行管理区辖生产队制，张湾大队改为张湾管理区，隶属张湾管理区。1960年6月27日，隶属津北畜牧场双街分场。1961年5月，隶属北郊区双街公社。1983年7月，隶属北郊区双街乡。1992年3月6日，北郊区改称北辰区。1995年9月后，隶属北辰区双街镇。

二　道路河流

道路　柴楼村地处京津间要道，交通四通八达。村东原有通往京津两地驿道，后改建成的京津公路傍村东而过。中华人民共和国成立后，村东京山铁路经多次改建、扩建，全线已建成复线铁路。20世纪60—90年代，域内先后有铁路津蓟线、京九铁路津霸联络线建成通车。至2016年，国道1条，铁路3条。

610路、810路公交车在柴楼村设总站，611路、961路、725路等公交车在村口设站，规划地铁四、五号线在周边设站。交通十分便利。

河流　北运河流经村域内，1953年，国家修建北运河西柴楼河段护坡，长2千余米。1954年，国家又投资修建柴楼河段护坡。1972年以前，村民均饮用北运河水，1972年，村内打饮水井一眼，建水塔一处集中供水。村民告别饮用北运河水。1979年4月，机井水通到全村各家各户。村民足不出户就能用上干净的自来水。

三　人口方言

人口　据《典籍中的北辰》载，民国23年（1934年），有132户833人；据统计资料载，1980年，有219户928人；2000年，有340户1026人；2009年，有391户1053人；2015年，有326户1109人；2016年，有326户1105人。

姓氏　柴楼村最早有柴、吴两姓氏，后陆续迁入赵、李、候、孙、张等姓氏。现村域内约有姓氏25个，柴姓、赵姓、李姓、王姓、张姓、侯姓、吴姓、孙姓、刘姓9个大姓，其他姓氏有：曹姓、任姓、师姓、顾姓、田姓、丁姓、兰姓、庞姓、杨姓、管姓、云姓、解姓、梁姓、郑姓。

民族　据《天津市北辰区地名志》载，1995年，该村全为汉族989人。 据村情调查，2016年，该村人口有苗族2人、回族2人、蒙古族2人，其他为汉族。

2016年柴楼村部分姓氏谱牒字辈排序情况表

表1

姓氏	谱牒字辈排序
柴	宝、守、竹、忠、德、永、世、万、代、传
赵	玉、长、春、广

方言 柴楼村属武清方言片，该地方言与武清区杨村话相似，在全国方言片区上属北京官话区怀（来）承（德）片。

四 耕地状况

据柴楼村上报村情调查资料表明：1980年，该村有耕地12块，面积1042.56亩。2015年，该村耕地面积259亩。耕地四至为京山铁路东耕地，东界双街村耕地，南临永定新河北堤，西临京山铁路，北界为房管局白灰厂。村东园田耕地四至为：东临京津公路，南与双街村接壤，西临北运河，北与杨堤村毗连。

涵闸 泵站 中华人民共和国成立初期，在北运河畔修建抽水泵站引北运河水浇灌。1974年，在中排干打机井2眼。

1995年，在河西浦口洼建蓄水池并修建泵站一座，埋设1000延米水泥管干渠用来浇灌400亩耕地。修建了过路涵管路口。2014年，柴楼村运河西道修涵闸2座。

20世纪80年代柴楼村所属耕地地块情况表

表2 单位：亩

地块名称	耕地位置	面积	地块名称	耕地位置	面积
桥口北1—18段	铁东路东	229.95	跨耳子地	铁东路东	30.45
桥口南	铁东路东	300	南堤西扯脖地	铁东路东	14.55
红房子北片（洋姜地）	铁东路东	31.56	南堤杨洼子地	铁东路东	9.30
红房子地南片	铁东路东	37.95	南堤东扯脖地	铁东路东	7.05
王德喜地	铁东路东	15	枣洼南二、三、四段	铁东路东	198.75
盒子枪地	铁东路东	45	柳队房西（棉花地）	铁东路东	123
合计					1042.56

五 街道胡同

中华人民共和国成立前，柴楼老村沿河堤而建，道路崎岖不平，经常是刮风一身土，下雨两脚泥。

中华人民共和国成立后，村集体在部分路段，铺上炉灰渣或白灰渣。

1979年10月，柴楼村自筹资金铺设一条由村内和平路至京津公路的水泥主街道，为双街镇域内第一条乡村公路。其他街道均为沥青路面。

1989年，修建了东环路吉祥道至京津公路的水泥路面。

1999年，村委会为落实北辰区“五个一”创建工程，将全村街道、胡同铺成红砖路面，实现道路全部硬化。

2005年，全村有街道5条，胡同21条。

2005年柴楼村街道情况表

表3

序号	街道名称	位置	走向	长度
1	村北道	村北	东西	800
2	村和平路	村中	南北	500
3	村河沿路	运河东	南北	500
4	村和平路跃进道	村中心	东西	300
5	村东环路	村东	南北	500

1988年柴楼村所属耕地地块示意图(一)

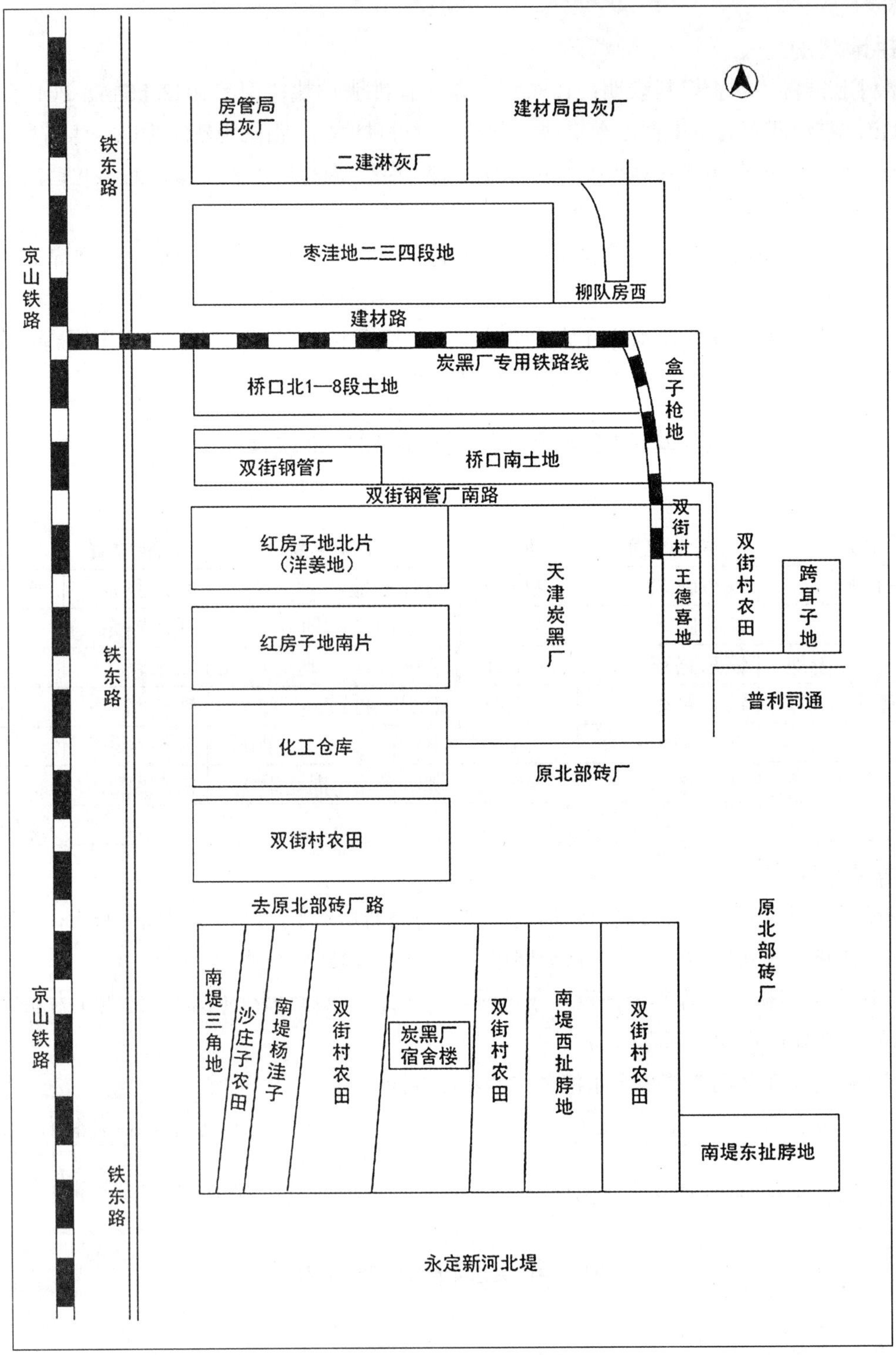

（2016年绘制）

1988年柴楼村所属耕地地块示意图（二）

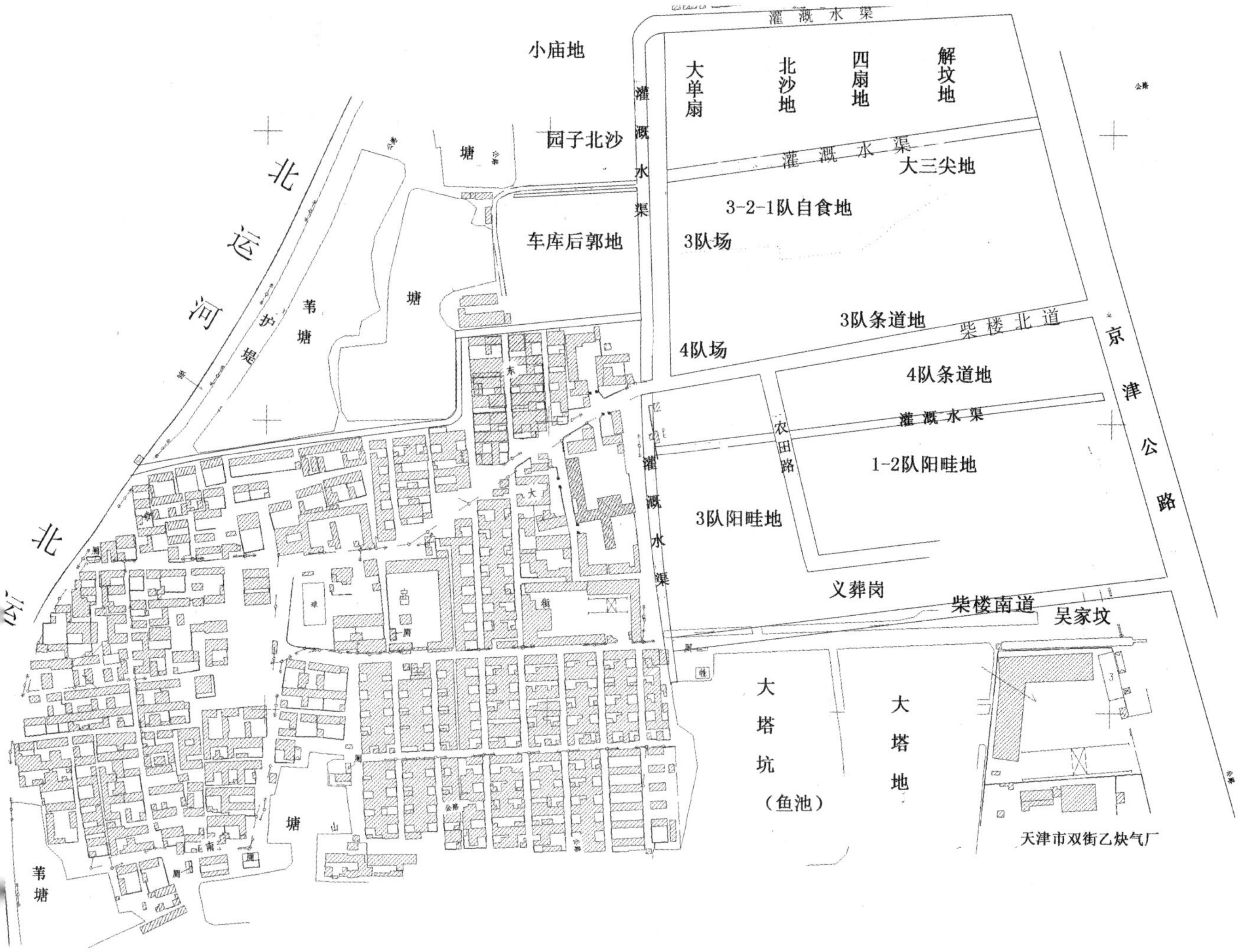

（2016年绘制）

2005年柴楼村胡同情况表

表4

序号	街道名称	位置	走向	长度
1	北道石碾子胡同	村西	南北	150
2	北道任家胡同	村西	南北	150
3	北道高岗一条胡同	村北	南北	130
4	北道高岗二条胡同	村北	南北	120
5	北道高岗三条胡同	村北	南北	75
6	北道高岗四条胡同	村北	南北	130
7	北道高岗五条胡同	村北	南北	130
8	和平路吴家胡同	村中	南北	210

续表

序号	街道名称	位置	走向	长度
9	跃进道田家胡同	村中	南北	110
10	跃进道赵家胡同	村中	南北	100
11	跃进道庞家胡同	村中	南北	150
12	吉祥道北一条胡同	村东	南北	200
13	吉祥道北二条胡同	村东	南北	200
14	吉祥道南一条胡同	村东	南北	200
15	吉祥道南二条胡同	村东	南北	200
16	吉祥道南三条胡同	村东	南北	190
17	吉祥道南四条胡同	村东	南北	360
18	吉祥道南五条胡同	村东	南北	360
19	吉祥道南六条胡同	村东	南北	360
20	吉祥道南七条胡同	村东	南北	360
21	吉祥道南八条胡同	村东	南北	360

六　旧村改造

中华人民共和国成立前，村里的住房多数是土坯房，只有一户是砖瓦房，还是里面土坯外面砖。为防止房屋漏雨，每年的春天，家家都要拉土泥房。

1980年后，村民逐渐盖起砖瓦房，住宅以砖木结构平房为主。

2007年4月，柴楼村开始实施旧村改造，建成柴楼庄园。小区紧邻京津公路，位于原村东北生产队晒粮场。全村拆迁384户，拆除旧房建筑面积4.23万平方米，宅基地面积6.04万平方米。2009年8月2日，建成天津市第一个旧村改造全高层、精装修、节能住宅小区柴楼庄园，庄园建筑面积6.98万平方米、801套单元房，全体村民迁入新居。柴楼(新)庄园，是在柴楼村原址开发建设，是天津市“十一五”规划中“新家园”建设所在地及天津市小城镇建设示范项目之一。柴楼新庄园总占地面积24.71万平方米，总建筑面积69.21万平方米。该项投资分成两部分：其一为经济适用房，占地2.88万平方米，建筑面积8.07万平方米，称柴楼庄园。(即还迁房部分)，由双发公司投资开发建设，2009年8月全部入住；其二为商品房，称柴楼新庄园，分别由竹园、金园、隆园、兴园四个小区组成，占地面积21.83万平方米，建筑面积61.14万平方米，分3期开发，由双乐德公司开发经营。第一期开发建筑面积为14.28万平方米，第二、三、四期工程至2014年年底完成。

2009—2014年，柴楼村在建设柴楼庄园和柴楼新庄园住宅楼时，天然气供给配套工程设施与楼房

柴楼庄园和谐家园广场　　（2016年摄）

柴楼村老房　　（2005年摄）

柴楼庄园喷泉景观　　　　（2016年摄）

建设同步进行。

柴楼村委会与双发房产建设开发有限公司合资设立的“天津双乐德房地产开发有限公司”已于2006年11月10日被北辰区规划和国土资源局确认为柴楼村小城镇建设土地挂牌的竞买人，承揽了柴楼村小城镇项目的建设开发任务。

七　公共设施

中华人民共和国成立前，村里的公建设施很少，有私塾、私人的磨坊、小杂货铺等。

2006年柴楼村街道胡同及公共设施情况示意图

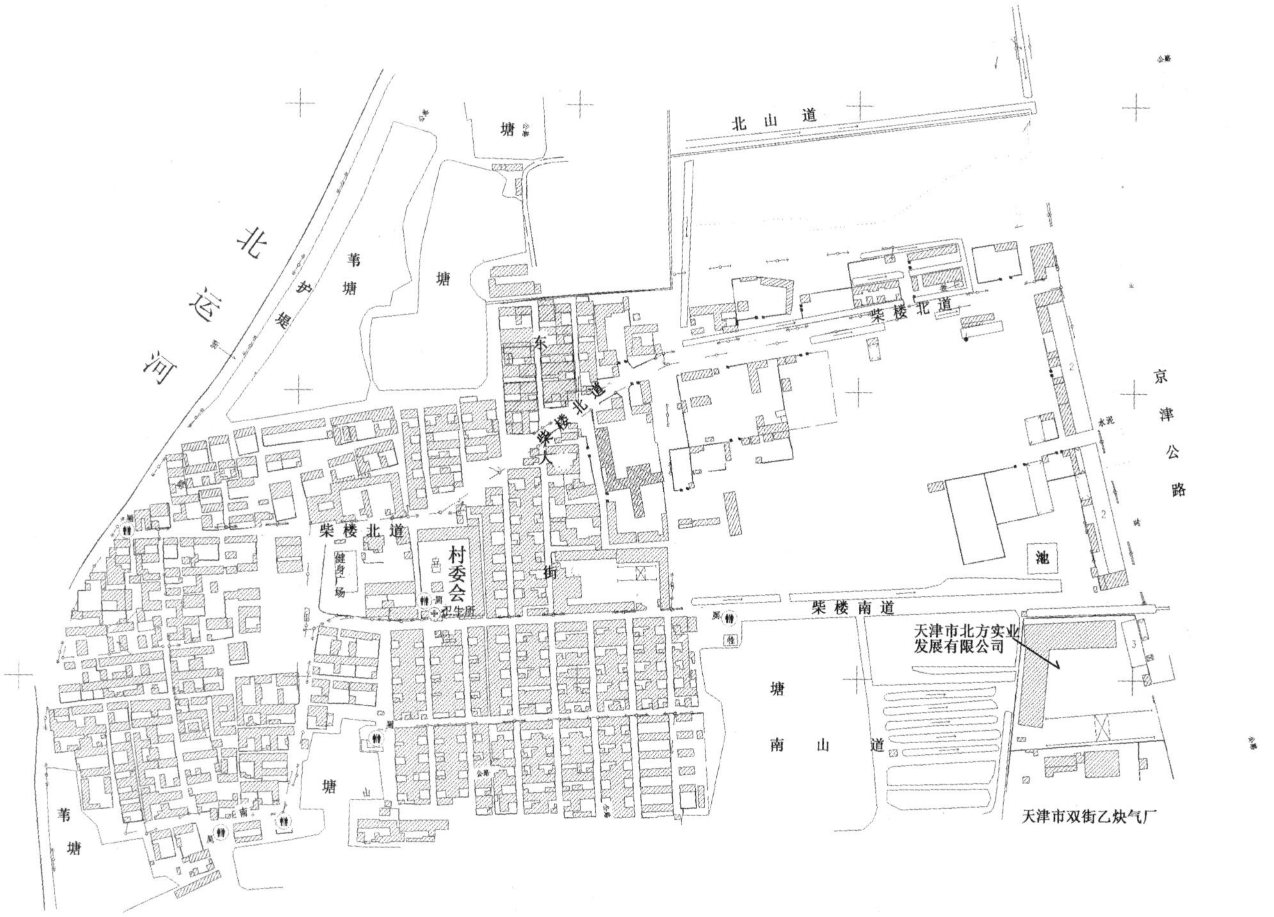

（2016年绘制）

20世纪70—80年代，村建有卫生所、幼儿园、电磨坊、饲养处等。90年代，建有老年人活动中心，村民学校。

2009年，建成的村民还迁房——柴楼庄园由七栋高层建筑组成合围式单独的小区。配有物业管理、社区医疗服务中心、建有农家书屋、老年人日间照料中心、健身中心、残疾人康复中心、小剧场等村民活动场所。小区院内活动广场、休闲长廊、户外健身设施、儿童娱乐场、村记文化墙、喷泉水池，地下车库。在建设柴楼新庄园时先后开通了公交车站、延顺境路建有银行、超市、饭店等生活配套设施。2014年柴楼新庄园社区被评为天津市美丽社区。

柴楼村健身广场　（2016年摄）

柴楼社区医疗中心　（2016年摄）

群众文化活动长廊　（2016年摄）

八　经济概况

中华人民共和国成立前，村内无工业，村民生活主要靠农业种植、打零工或做小生意为生。

中华人民共和国成立后，因自然灾害严重，经济基础薄弱。通过组织成立互助组、初级社，过渡到高级社，逐步建立集体经济。在计划经济体制下，村始终处于经济效益低，多年没有明显发展。 组织一些劳务出工增加集体收入。1979年，村里陆续建起集体企业，有减速机配件厂、锻件厂、纸桶厂、塑料厂、模具厂等。1994年，柴楼村组建基建施工服务队，有员工50人。1995年，工业产值1842万元，农业产值158万元，固定资产原值407万元。2000年，村固定资产原值增加到2476万元。

2005年5月，天津双乐德房地产开发有限公司成立，注册资金1亿元，注册地址为北辰区引河桥北。主营业务为房地产开发、经营，房地产项目技术咨询服务。该公司股东由天津双发房产建设开发有限公司和双街镇柴楼村民委员会共同组建。建设后的柴楼庄园部分临街底商归柴楼村集体所有，由村委会对外出租，年收入达300万元。

2011年，村里引进友鹏海鲜大酒店柴楼店，位于京津公路西、柴楼新庄园友鹏海鲜大酒店是“五钻级”国家特级酒家，被评为天津市餐饮业优秀企业和服务标兵企业。2011年10月开业。酒店分3层楼，建筑面积4000平方米，总投资3000万元，可同时容纳近1000人用餐。为友鹏海鲜大酒店在北辰区的第二家店。2013年，该村收购了原鹏业铜材厂厂房，经过翻修整理对外出租，年收入可达400万元。2014年12月末，柴楼新庄园楼盘销售出6000余套住宅，交房5800余套，售房率90%以上。2015年，村固定资产原值增加到近6亿元。

九　民间文化

柴楼秧歌队　成立于1999年3月，平日活动人数多时达100余人。村委会请来专业老师对队员进行辅导，先后排练了秧歌舞、扇子舞、腰鼓舞及两套健身操。该队常参与区、镇组织的节庆活动。2005年，还参加天津宁园民间艺术联谊会演出活动，受到观众好评。2014年，有队员40余人。

柴楼老年艺术团京剧队　评剧队　民乐歌舞队　成立于2013—2014年，各文艺团队合理安排活动时间，每周活动1—2次，成员都是该社区和附近社区的老年人。大家在一起自娱自乐并编演群众喜闻乐见的节目。几个文艺团队，经常参加区、镇组织的演出活动。

寺庙　据清道光二十六年(1846年)《津门保甲图说》记载，村内建有柴家楼“关帝庙”，位于村东部。

十　英烈先贤

柴守宽(1926－1950)　又名柴镜，柴楼村人，烈士，民国37年(1948年)参加革命。1950年在朝鲜战场牺牲，生前为中国人民志愿军某部战士。

孙振邦(1898—1951)　柴楼村人。7～14岁在村内私塾读书，后入中学。民国7年(1918年)考入直隶法政讲习所。民国8年(1919年)以后任直隶省枣强、南宫等县警察所所长，南宫、清河县知事，东北军总执法处津浦线稽查处帮办等职。民国18年(1929年)1月在北平参加河北省县长考试，旋入河北省训政学院受训半年，历任河北省南宫、邯郸、磁县及甘肃省陇西、平凉县长，第八区专员。民国34年(1945年)春在重庆国民党中央训练团受训，后任河北省民政厅长。民国37年(1948年)8月，任北平市政府参事。民国38年(1949年)1月，北平和平解放随同起义。1951年3月，在北京由天津县公安局抓捕，解回原籍。是年4月9日，以“反革命杀人罪”被天津县人民法院判处死刑并没收财产。1985年1月2日，天津市中级人民法院做出终审判决：“撤销原天津县人民法院刑法字第509号判决，孙振邦属北平和平解放的起义人员，其历史问题既往不咎。”

十一　历任党政负责人

据柴楼村上报村情调查资料表明，村党支部有记载是从1949年始，党支部由五位成员组成。1998年，党支部换届，改为三位成员组成。2016年，柴楼村党支部升格为柴楼村总支委员会，下设四个党支部分别为：柴楼村第一党支部、柴楼村第二党支部、柴楼村第三党支部；柴楼新庄园社区党支部。村政机构先后经历村农会、村公所、生产大队、革命委员会、生产大队后过渡到村民委员会。

1949—2016年柴楼村党组织负责人任职情况表

表5

党组织名称	姓名	性别	职务	任职时间	说明
联合党支部	丁凤祥	男	书记	1949—1953	与双街、下浦口、沙庄联合党支部
党支部	丁玉树	男	书记	1953—1955	
	李庭光	男	书记	1955—1956	柴楼分支部
	丁玉树	男	书记	1956—1964	柴楼村党支部
	赵忠兴	男	书记	1964—1968	
	云贺明	男	书记	1968—1975	
	柴竹金	男	书记	1975—1981	
	柴守亮	男	书记	1981—1981	
	李庭亮	男	书记	1982—1983	
	云贺明	男	书记	1983—1985	

续表

党组织名称	姓名	性别	职务	任职时间	说明
党支部	杨英义	男	书记	1985—1994	
	丁占荣	男	书记	1994—1998	
	王桂华	男	书记	1998—2003	镇派驻村干部
	李俊琪	男	书记	2003—2006	
	柴忠友	男	书记	2006—	

1949—2016年柴楼村村政机构负责人任职情况表

表6

村政机构名称	姓名	性别	职务	任职时间	说明
村农会	王永贵	男	主席	1949—1952	
村公所	丁玉树	男	村长	1949—1952	
	吴春福	男	村长	1952—1953	
	曹士俊	男	村长	1953—1956	
生产大队	李庭亮	男	大队长	1956—1964	
生产大队	云贺明	男	大队长	1964—1968	
革命委员会	柴守亮	男	主任	1968—1975	
生产大队	赵金启	男	大队长	1975—1983	
村民委员会	王子合	男	主任	1983—1985	
	柴守斌	男	主任	1985—1994	
	李俊文	男	主任	1994—1998	
	衡庆贺	男	主任	1998—2000	镇派驻村干部
	李俊琪	男	主任	2000—2003	
	柴忠友	男	主任	2003—2006	
	李俊琪	男	主任	2006—	

十二　荣誉

1950—2016年，该村获天津市市局级先进集体荣誉称号3项（次）；获全国先进个人荣誉称号9项（次）；获市局级先进个人荣誉称号20项（次）。

1950—2016年柴楼村获天津市（局）先进集体情况表

表7

授予时间	荣誉名称	授予部门
2009	社区红十字服务优秀村	天津市红十字会
2011	市级卫生村	天津市爱国卫生运动委员会
2011	市级“优秀半边天家园”	天津市妇联

1950—2016年柴楼村全国先进个人荣誉表

表8

授予时间	姓名	荣誉名称	授予单位
1987	柴竹金	全国优秀农民企业家	农业部
1989		全国劳动模范	国务院
1991		全国乡镇企业家	农业部
1992		优秀经营管理者	全国总工会
1992		全国五一劳动奖章获得者	中华全国总工会
2007		全国乡镇企业家终身成就奖	农业部、中国乡镇企业家协会
2008		全国劳动模范终身荣誉奖	中华全国总工会
2009		全国壮大县域经济突出贡献人物	中国乡镇企业家协会
1990	张文成	全国优秀体育教师	教育部

1950—2016年柴楼村获天津市(局)先进个人荣誉情况表

表9

授予时间	姓名	荣誉名称	授予部门
1951	李俊英	“六一”模范母亲	天津县政府
1953		烈军属模范个人	天津市人武部
1986	柴竹金	先进厂长	天津市乡镇企业局
1988		天津市劳动模范	市人民政府
1988		天津市优秀农民企业家	天津市乡镇企业局
1989		市级优秀党员	天津市委
1990		天津市特等劳动模范	市人民政府
1991		优秀乡镇企业家	市人民政府
1992		天津市特等劳动模范	市人民政府
1994		天津市特等劳动模范	市人民政府
1994		优秀乡镇企业家	市人民政府
1996		天津市劳动模范	市人民政府
1996		优秀共产党员	天津市委
1998	柴竹金	优秀企业家	市人民政府
1999		优秀乡镇企业家	市人民政府
1999		“九五”立功先进个人	天津市总工会
2001		优秀共产党员	天津市委
1997	柴竹轩	精神文明建设活动优秀组织者	市精神文明委
2002	赵宝兰	文明家庭标兵户	天津市文明委
2014	李俊琪	天津市最美人民调解员	市司法局、市文明办、今晚报社

附：媒体选录

柴楼村志愿军赵宝珍与他妻子李俊英的通信

亲爱的俊英同志！

你的信和枕套我全收到了。马连生同志说，你现在已是军属代表了。他说你思想很进步，在劳动中能起带头作用。你的进步对我是很大的鼓舞。有这样的一个妻子，我感到非常的愉快。希望你不要满足现状，要加强政治、文化学习，在今年的生产上创造更大的成绩。去年十二月，我已经在胸前挂上了朝鲜民主主义人民共和国颁发的军功章，立功喜报在今年三月份以后大概就可以到家，我想你听了这个消息一定是很高兴的。我也绝不满足现有的成绩，在今年我要继续努力争取立更大的功，为祖国争光，你听着我的胜利消息吧！我在前方也听你的胜利消息。你对孩子要好好爱护和抚养。祝你进步。宝珍寄。

亲爱的宝珍同志：

天津縣四區柴樓村志願軍趙寶珍與他妻子李俊英的通信

對本報讀者批評建議的答覆

你的信我收到了，知道你给中朝人民立了功，获得了军功章，我高兴极了，这不仅是你的光荣，也同样给我带来了光荣。年前马连生同志到咱家时对我说，你在前方冒着敌人飞机的轰炸还跑到前线向战士们进行鼓动，这种精神是值得我学习的。你来信说你有这样一个爱人而感到愉快；我也同样由于有你这样一个丈夫而感到光荣。马连生同志在这里的时候，有一次开玩笑似地对我说："嫂子，明天跟我一块上朝鲜找宝珍去吧！"我当时说："现在不能去，等你们抗美援朝胜利时，我才去看你们啦。"他笑着问为什么？我告诉他："如果我去朝鲜，不只浪费了车钱，而且还会影响他的工作，同样也耽误了我的工作。"他听了挑着大拇指说，真是个模范军属。其实这不是实理吗！本来部队内同志们有上级和同志的照顾，就跟在家里一样，我还有嘛不放心的呢！我把咱家的事简单地告诉你吧。首先告诉你一个好消息，我在去年秋季被选为全县的军属生产模范，翟县长还亲自把"光荣之家生产模范"的奖章挂在我的胸前。咱爹在去年夏季征收农业税时，被选为征收模范，还发了奖状。大哥在大窑厂被选为一等劳动模范，三哥在村政府被选为工作模范。所以村上老乡们常说咱家是个模范家庭。咱爹经常提醒大家说："咱们一家除了英雄就是模范，千万不能骄傲，必须努力争取更大的光荣。"我们都听了爹的话，没有骄傲，现在已订出了今年的生产计划，地里的活我都能作了。我一定按照毛主席的继续加强抗美援朝的指示，多打粮食来支持你们，打垮美国侵略者，使世界人民都能过和平幸福的生活。家里的事你就不用惦着了。孩子我一定好好抚养教育。你在前方给我带来了光荣，我也同样用光荣还给你。我相信今后一定会争取到更大的光荣。祝你功上加功。

妻俊英 二月二十八日 秦廷珠代笔。

（摘自1953年3月22日《天津日报》第二版）

双街村

双街村位于北辰区中北部，双街镇中部偏南，地处北运河东岸，京津公路西侧，北与柴楼村一道之隔，南与沙庄村紧邻接壤。双街村距天津外环线2千米，距中环线9千米，距天津站在10千米以内，距天津机场15千米，距天津港60千米，距首都北京100千米。村呈近正方形，占地面积3.6平方千米。21世纪来，村内大力推广观光休闲为一体的外向型综合性花卉果蔬生产中心。实行“科技引领、示范推广、龙头带动”的发展模式，通过现代装备技术、生物技术与农业高新技术的技术集成实现农业的现代化、市场化和集约化打造高科技循环生物农业产业链条，取得显著成效。2015年，被农业部评为中国最美休闲乡村。2015年，双街村户籍人口1680人，长期固定资产564万元。2016年，全村经济实现收入1.24亿元，村民人均纯收入5.5万元。

双街新邨村口外景　　　　（2015年摄）

一　村庄沿革

明永乐年间（1403—1424年），朝廷大批徙民，充实畿辅，始有吴、刘二姓（又说管、鲍二姓），持龙票圈地，在此搭铺捕鱼，始称双家铺。建村于明永乐年间（1403—1424年），因成两条街式居住得名，曾称双街子，康熙十四年（1675年）《武清县志》记为“蒲口（双街）”。

清代，雍正八年（1730年）双街村划归天津县管辖。乾隆元年（1736年），实行巡检辖村制，双街村属时西沽巡检管辖。光绪三十一年（1905年），天津县设4乡34区，双街村属北乡第十八区管辖。中华民国时期，天津县北乡，设双街乡和汉沟乡，双街村隶属双街乡。民国38年（1949年）3月，天津县实行区辖村制，村直属天津县第八区。1950年7月，并归天津县四区管辖。1953年5月，双街村归属北郊区双街小乡管辖。1958年4月，4个小乡裁并为张湾乡，属张湾乡管辖。1958年8月，并入幸福人民公社，张湾大队辖双街村。1959年3月2日，幸福公社改称北仓公社，并实行管理区辖生产队制，张湾大队改为张湾管理区，隶属张湾管理区。1960年6月，隶属津北畜牧场双街分场。1961年5月，隶属北郊区双街公社。1983年7月，隶属北郊区双街乡。1992年3月6日，北郊区改称北辰区。1995年9月后，隶属北辰区双街镇。

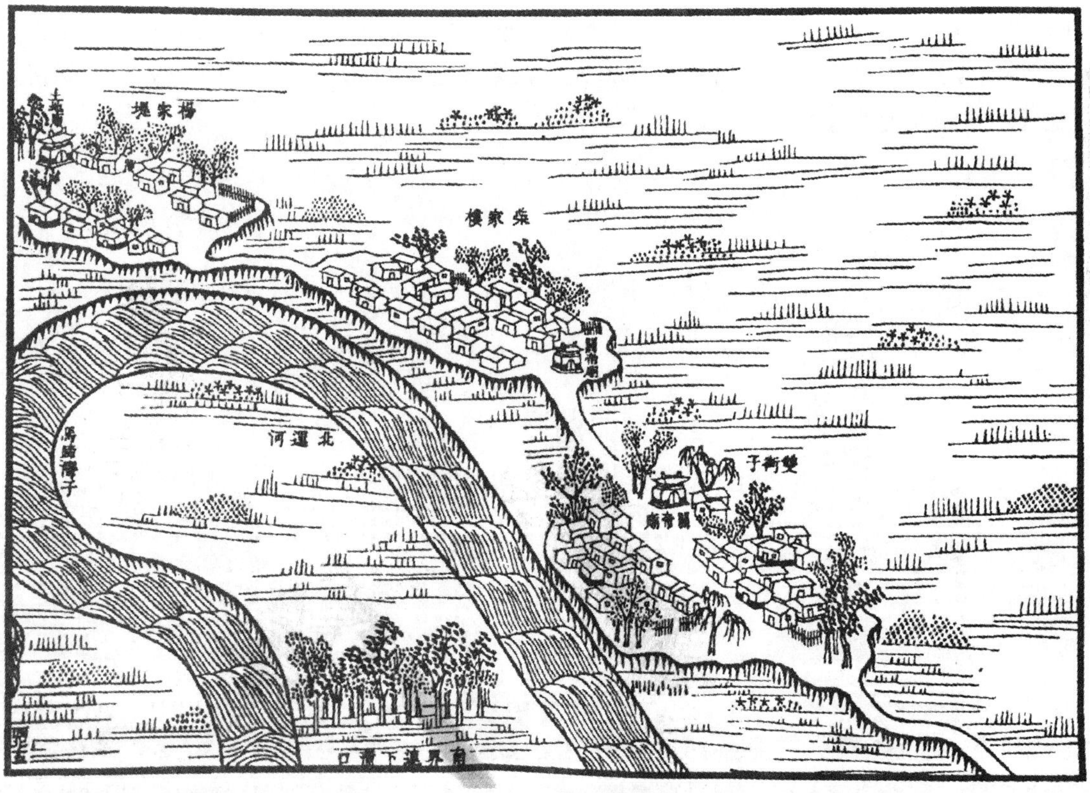

清道光二十六年（1846年）《津门保甲图说》中的双街子（双街）、柴家楼（柴楼）、杨家堤（杨堤）村

二　道路河流

道路　双街村地处京津间咽喉要道，交通四通八达。清光绪二十三年（1897年）修通京津间铁路过境；民国6年（1917年），在双街村东修建京津大道，中华人民共和国成立后逐步拓宽，修成京津公路。2016年京津、京福、津榆、津围等12条国家级干道形成网络，联通各地。公交运输有610路、611路、607路、961路、810路、725路等多条线路在双街设站，通达市中心。至2016年，域内有一级河道1条，国道1条，铁路3条。规划地铁4号线在村内设站。村民出行非常便利。

镇级公路 20世纪90年代初，双街镇政府在北运河大堤东边南起屈店闸，北至小街村修建河堤路，贯穿全村为水泥路面，1992年竣工。

双新大桥 跨北运河，2009年9月完工。因近双新大道而得名。系钢筋混凝土桥，长96米，宽18米。最大负荷量55吨，是双街和下蒲口之间交通桥。

双新大桥 （2010年摄）

河流 **北运河** 流经村域内，1971年以前，村民均饮用北运河水。1971年10月，由双街公社打井队在双街村南头打井1眼，井深147米，水泥管结构，装有50千伏安变压器，有井房16平方米，设水塔集中供水。村民告别饮用北运河水。

流经双街村的北运河 （2013年摄）

三　人口方言

人口 据《典籍中的北辰》载，民国23年（1934年），有142户746人。据统计资料载，1962年，有244户1070人；1970年，有281户1454人；1980年，有307户1398人；2000年，有550户1620人；2016年，有3429户9662人。

姓氏 据2009年4月村内调查：全村总人口1660人，有94个姓氏，百人以上姓氏有鲍、刘、王、管4个；单一姓氏的32个。按姓氏拥有人数多少排序：鲍姓225人，刘姓199人，王姓122人，管姓111人，李姓97人，项姓96 人，朱姓89人，张姓74 人，吴姓62人，韩姓60人，郑姓47 人，徐姓40人，杨姓39人，周姓25人，赵姓24人，陈姓22人，柴姓20人，马姓18人，孙姓18人，董姓16人，庞姓14人，丁姓13人，殷姓12人，于姓8人，高、闫、曹姓各10人，沈、金、解姓各9人；冯、霍姓各7人，贾、郭、祁姓各6人；黄、边、石姓各5人，秦、武、崔、魏、白、苏、郎、宋姓各4人，吕、胡、付、师姓各3人，杜、耿、谭、兰、肖、史、岳、唐、任、毕、何、虞、田、安、薛、姜、毛姓各2人，邱、宁、蔡、褚、房、庄、康、芦、樊、尤、梁、侯、袁、戴、路、闵、葛、程、乔、方、綦、邓、窦、苗、尚、严、臧姓各1人。

2016年双街村部分姓氏谱牒字辈排序情况表

表1

姓氏	谱牒字辈排序	姓氏	谱牒字辈排序
鲍	子、广、景、长、顺、春、（单字）	李	广、凤、（单字）
刘	（单字）、天、树、春、家、（单字）	王	维、凤、（单字）
管	（单字）、士、树、玉、振	吴	金、庆、德、俊、恩、宝、学、继
项	宝、子、立、志	郑	（单字）、文、子、贵
朱	文、克、振、（单字）、金	徐	恩、士、全

民族 自明初建村以来，村内居住的人口中，以汉族为主，后因婚嫁关系，入住少数的少数民族。据《天津市北辰区地名志》载，1995年，该村全为汉族，1479人。据村情调查2016年，全村1651人中，有回族2户5人，满族1户2人，其他为汉族。

方言 双街村属武清方言片，该地方言与武清区杨村话相似，在全国方言片区上属北京官话区怀(来)承(德)片。

四 耕地状况

据双街村上报村情调查资料表明：1980年，该村有耕地面积3000亩。2015年耕地面积463亩。

耕地四至 为东与海豚炭黑厂连接，南与沙庄村耕地接壤，西临北运河、北与柴楼村耕地交界。

涵闸泵站 1964年，在永定新河北岸建成双街扬水站(国营)。1972年，打浅井20眼，其中园田7眼、旱田13眼。1973年，打深井2眼，浅井8眼，总投资3.48万元。在中排干打机井3眼，安装设备84千瓦动力，变压器100千伏安。1977年，村建成双街中排干12寸水泵站1座。1980年，固定排灌点2个，排灌800亩；农用机电井配套3眼，150米以上2眼；150米以下1眼，井灌面积412.95亩。2009年，投资1.17万元，重建双街泵站，设计流量10立方米／秒，除保留原配电室、变压器室，其他建筑均拆除重建，并新建变电站1座。是年6月30日，该工程告竣。2015年，建铁路内过道涵洞3座。

20世纪80年代双街村所属耕地地块情况表

表2 单位：亩

地块名称	耕地位置	面积	地块名称	耕地位置	面积
黄坟耕地	村东	800	村南耕地	村南	500
公路外部队地	公路东	1200	大田地	京山铁路东	500
合计		3000			

20世纪80年代双街村耕地地块示意图

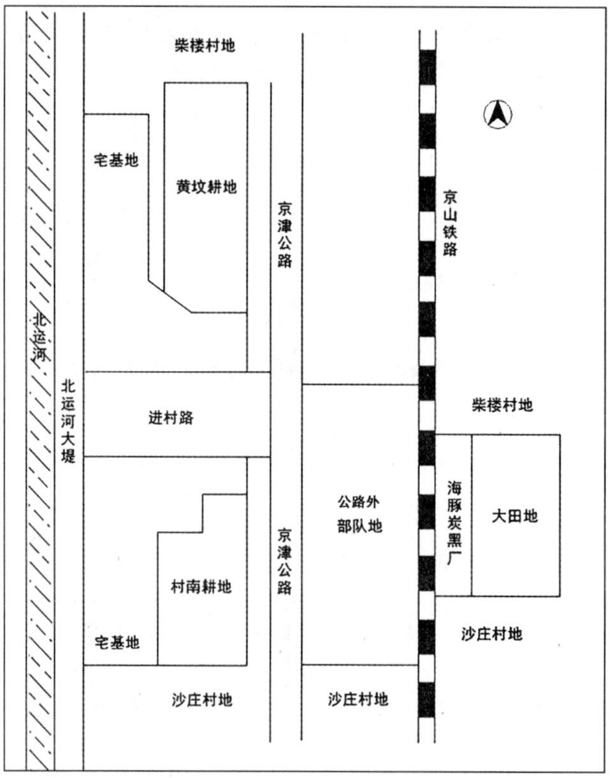

（2016年绘制）

五 街道胡同

双街旧村因有东西向和南北向两条大街而得名双街。老村有东西向大街2条，南北向大街1条，有路灯。东西向胡同6条，南北向胡同20条。80年代前，村里基本都是土路。1984年投资12万元，将京津公路至双街村的公路修建为柏油路面，长700米。1985年扩建成宽4米、长1300米的柏油马路。1990年，重新铺设入村公路，并实现道路两侧绿化，并将村内道路铺设成水泥路面5000平方米。1991年春，铺设村中柏油路面。2000年后，双街村规划建设，先后建顺境路、龙顺道、顺畅路、双新大道、庄园南道等多条道路。2009年，村域内道路建设全部完成。

宽阔整洁的双新大道 （2015年摄）

2008年双街村街道情况表

表3

修建年份	街道名称	长、宽度	走向	修建年份	街道名称	长、宽度	走向
2003	顺境路	长1170米、宽30米	南北	2006	双新大道	长850米、宽30米	东西
2005	龙顺道	长1000米、宽20米	东西	2008	庄园南道	长660米、宽30米	东西
2005	顺畅路	长850米、宽30米	南北				

六 旧村改造

中华人民共和国成立成立前，村民住房极其简陋，多数人家住土草房或土坯房。土坯做墙，木檩起脊，苇把铺顶，草泥糊顶。土坯是用土和麦秸和泥，中间夹高粱秆，放在木框模子中成型，晾干而成。墙面用三合土或用麦秸和泥抹墙、铺房顶。村内无大富户，砖瓦房很少。院落多是三合院，临街开院门，房屋座向以坐北朝南较为普遍。房屋布局为“一明一暗”或“一明两暗”前院式。也有盖5间正房者，加东捎间和西套间，忌开5个门。有的人家只盖有东侧或西侧厢房。20世纪70年代，多数村民扩院基建新房，墙体为“穿靴戴帽”（下半截用砖做基础，中间夹土坯，顶部用砖封檐）或“外砖内坯”的“里生外熟”型混合结构房屋。1978年，村民的生活水平逐渐提高，有条件的开始翻盖砖瓦房。为提高抗震能力，有的家庭还在墙内加钢筋，使房屋更加坚固。1979年，新砖房占全村住房的50%。到1995年，村民住房多数达到砖木结构。

双街村从2000年5月，开发建设第一期双街新家园住宅小区后，2007年，双街村配合示范镇建设对全村实施旧村改造，拆迁533户，宅基地面积9.72万平方米，2009年全部还迁。至2016年年底，先后开发了双街新城、城际美景、双街新邨、上河花园等新型居民住宅小区。

双街新型居住区

双街新家园 该项目东至京津公路，南至龙顺道，西至顺境路，北至双新大道；总占地面积17万平方米，总建筑面积24万平方米，其中住宅面积20万平方米，公建面积4万平方米；2000年5月开始动工，2007年竣工。社区内各种配套设施齐全，配有三水（自来水、温泉水、纯净水）、暖气、天然气，引入宽带网，供热为地板辐射式。并建成5000平方米的中心花园广场和7000多平方米的健身广场，其间设置喷泉、假山、花廊、园艺小品、标志性建筑及生活休闲、文化娱乐、体育健身等配套设施。

双街新城　该项目东至顺境路，南至龙顺道，西至顺畅路，北至双新大道；占地面积10万平方米，总建筑面积13.6万平方米，其中住宅面积12万平方米，公建面积1.6万平方米，容积率1.36。2004年开始动工，2007年竣工。

城际美景　该项目东至双辰中路，南至双川道，西至天铁轧二制钢有限公司，北至中捷彩钢制品有限公司；总占地面积12万平方米，总建筑面积20.34万平方米，其中住宅面积18.92万平方米，公建面积1.42万平方米；容积率1.7，绿地率35%，建筑密度26%；2006年开始动工，2009年全部竣工。

双街新邨　该项目东至京津公路，南至双新大道，西至顺境路，北至规划路；占地面积9.3万平方米，总建筑面积20.88万平方米，其中住宅面积17.8万平方米，公建面积3.08万平方米；容积率2.75，绿地率42%，建筑密度28%；2008年初动工，2009年8月竣工。

上河城花园　该项目南起双新大道，北至庄园北道，东起顺境路，西至北运河畔。2010年9月动工兴建，2013年一、二期全部竣工，有21幢楼房，建筑面积31.78万平方米。

七　公共设施

中华人民共和国成立前，村里公共设施很少，有私塾、理发店、私人磨坊、私人诊所。

中华人民共和国成立后，建有卫生站、小学校、托儿所、幼儿园、煤场、粮店、供销社、电磨坊、饲养处、理发店等。1987年，成立老年协会，1998年投资40万元，新建1000余平方米的老年人活动中心。增设文化娱乐、图书预览室等活动场所，室外有700平方米绿地，安装健身器材供老人娱乐健身。2001年，建立村农贸市场，2002年，改为封闭市场。2002年，村改建三座水冲式公厕。2003年，村建设并投付使用建筑面积5000平方米的幼儿园。新建的村域内建有市级示范幼儿园和市级模范小学。2009年，新建成的村民还迁房双街新邨，配有社区卫生服务中心、农家书屋、老年人活动中心中心，村民活动场所、户外健身设施、儿童活动场所。2014年9月，建双街村文化历史展览馆，该馆位于双街古街，面积200平方米。建筑以农村一宅一院风格建成，分为庭院春秋、昔日双街、今日双街和印象双街四个功能区，通过投影、电子触摸屏、文字、图片、实物等形式展示双街村自明朝建村以来600年的

20世纪80年代的双街村民宅（1989年摄）

双街新家园（2016年摄）

城际美景（2009年摄）

双街新邨（2009年摄）

历史变迁。

20世纪80年代双街村街道胡同及公共设施情况示意图

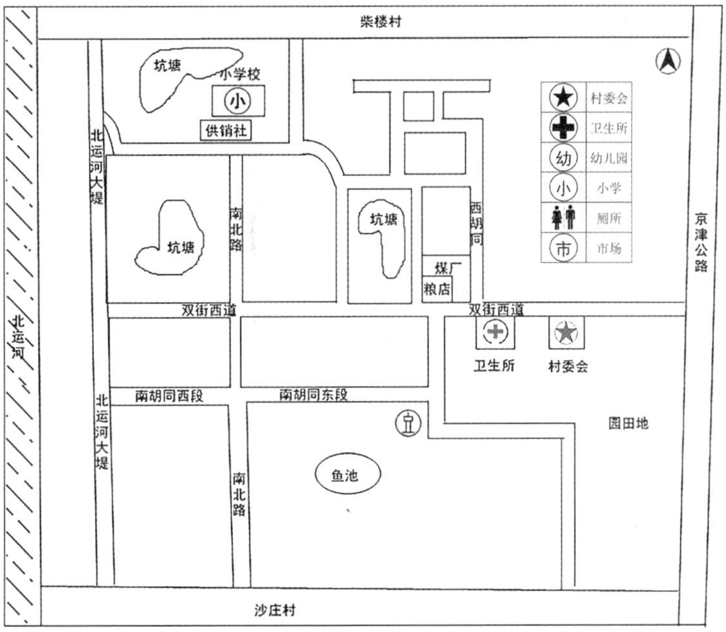

（2016年绘制）

模范小学300米环形塑胶跑道（2007年摄）

双街村幼儿园外景（2009年摄）

八　经济概况

中华人民共和国成立前，村内无工业，村民生活主要靠农业种植、打零工、做小买卖或捕鱼为生。中华人民共和国成立后，因自然灾害严重，经济基础薄弱。通过组织成立互助组、初级社，1954年成立双街村的“建国社”，过渡到高级社，逐步建立集体经济。在计划经济体制下，村始终处于经济效益低，多年没有明显发展。村民为生产自救，开展家庭副业。主要从事割草、编筐、割苇、纺石棉等。另外组织一些劳务出工，以及从事运

双街工业园区（2014年摄）

输等增加收入。

1969年，双街大队成立综合加工厂，承揽喷漆、电气焊、农机维修、车床、刨床加工活，村开始有正式工业。

中共十一届三中全会后，推行家庭联产承包责任制，城郊型经济发展步伐加快。开展多种经营，推广农业科学技术，以发展鲜、活、快农产品为主体，建成副食品生产基地。先后兴建了机械化养猪场、养鸡场，饲养生猪1200头，养鸡4万只，年交售鲜蛋25吨。

1988年，全村已发展到6个村级企业，工业总产值638.8万元。全村经济总收入720.4万元，农民人均所得1002元。

1998—2005年，双街村先后建立三个工业园区，1998年成立双盈工业园区第一工业园区，园区占地8公顷，建筑面积3.6万平方米，实现水、电、路、气、供气、通讯等基础设施工程的高标准配套。先后引进法国、意大利、韩国等8家中外企业，引进外资1000多万美元，内资1500多万元，年销售收入突破4亿元。仅年租金收入就达580万元。2003年，村成立天津双街置业集团有限公司，下设10余个子公司。2004年始建，2008年建成第二工业园区。占地面积41.33公顷，兴建标准厂房16栋，建筑面积20万平方米。年租金2200多万元。使村集体每年增加收入3000余万元。2005年4月建成第三工业园区。占地面积约17公顷，共16栋厂房，建筑面积2万平方米，为民营中小企业创业园。

2000年5月始开发房地产建设，至2016年，先后建成双街新家园、双街新城、城际美景、双街新郙、国耀•上河城花园、半湾半岛等住宅小区。

2012年，双街村注重楼宇经济的开发，由双盈公司投资1亿元，建成集商务、办公、起居、经济酒店为一体的现代建筑——中汇大厦，年租金达1000多万元。投资9亿元，占地面积16.7万平方米，总建筑面积20万平方米，建成中关村（天津）可信产业园。

2014年，建设金融创新大厦、智慧北辰指挥中心、双街综合性卫生院项目，2016年10月竣工，总建筑面积共23773平方米。

进入21世纪，村集体坚持“强村富民”的发展理念，农业产业化、城镇现代化的奋斗目标，发展规模经济。通过开辟工业园区和农业科技示范园，房地产开发，带动了商饮服务业的迅猛发展。随着双街新家园、双街新城、城际美景小区的相继建成，先后建成1000米的商业步行街和天柱海鲜饭店、怡景湾海鲜酒楼等大型酒店以及永辉超市等商业设施，使双街村的商饮服务业形成规模。

创新大厦外景（2016年摄）

2011年4月，双街种养殖业农业合作社成立，合作社坐落于双街

电子商务中心外景（2016年摄）

合作社服务中心外景（2016年摄）

村都市型现代农业示范园区内，隶属天津双街置业集团。

双街种养殖业农业合作社，是国家级农业综合开发项目单位，是天津市农业科技的龙头企业，并通过国家有机认证和无公害认证。合作社先后与双街模范小学、天津外国语大学等单位签订共同建立农业科技示范基地的协议，并获得了国家级“蔬菜标准园”、天津市“放心菜基地”等称号，同时也是国家四星级旅游景点。合作社有国内先进专业设备进行菌种生产，日产量达20吨；优质品种草莓生产，各种名贵花卉种植；新型产业模式的葡萄观光园，是集引种试验、秧苗培植、种植示范、产教结合、技术培训、产业研发、旅游采摘、养殖垂钓、综合配送为一体的应用型示范园区。

双街种养殖农业合作社，实行股份制管理。每位股民一次性交入股费1万元，并享有每人0.05公顷的葡萄大棚承包权，占有一拱地的葡萄。除收购葡萄外，在合作社成立后的3年内，村委会每年以补贴形式为股民发放1万元红利。

双街种养殖农业合作社社员在采摘葡萄、小西红柿　（2010年摄）

2012年，双街村投资建成连栋温室葡萄大棚，规定全村年满18周岁的村民作为股民加入合作社，每个股民只需交纳股金1万元就可享有0.7亩，合作社实行保姆式管理，最大限度服务村民，在头三年每年为每个社员发放1万元现金，并对承包种植葡萄大棚的村民给予补贴。

2013年，开始为股民分红，每位股民半年获红利5000元。由于股份制的实行，使全村农民重新回归田园，剩余劳动力就业率100%。农民用闲余时间从事农业生产，开展正当活动，既促进增收，又提高了村民的福利待遇。

至2016年，双街村各业经济协调发展，周边金融网点、大型超市、服务网点、商业店铺林立，使村民们的日常生活方便快捷。

九　民间文化

（一）运河文化　紫御园　该园位于双街村，西邻北运河，东与双街古街相邻，是运河文化景观带的一部分，占地面积3.33万平方米，投资3000万元。始建于2010年3月，是年11月竣工，12月27日向游客免费开放。园内建有亲水平台，水边泊有一个巨大的石舫。石舫长24米，高16米，宽8米，分上下两层。船头虎头形状，船尾有舵，船身与皆为吉祥云纹。从岸上到石舫有1块长约1.5米、宽约1米的石头台阶相连。登上石舫，凭栏远眺，古老的大运河像一条玉带蜿蜒远去，运河两岸郁郁葱葱，周边美景尽收眼底。园内还建有仿古凉亭，顶铺黄色琉璃瓦，梁上彩绘描金，柱雕红漆。由亭子往北折东，形成一个直角长廊，廊柱中间的木板可供游人小憩。建有3面仿明清院墙，每面墙中央开有形式各异的门洞，院子中央与4个角落，都有形态各异、大小不一的安徽灵璧石和各种花草装点，共同构成了紫御园的“园中之院”，使得园中之院既能从外面看到里面，又能从里面看到外面，院墙隔而不界，平添了园中景致层次。2011年，双街村又投资45万元，为该园入口的人口文化园铺设了地胶，选取接近自然的绿色和蓝色，倡导人与自然和谐相处，以保障游园者的安全。漫步园中，还能领略到这里人口文化和孝道文化的氛围。

古戏台 该村在紫御园内建成清代雍正年间的古戏台，为园内的风景更增添了传统文化的厚重感。戏台不仅是一种建筑形式，更是一方文化展台。该古戏台出自安徽江西交界处的江西乐平，典型徽派建筑，是清代雍正年间所建，已有三百余年历史，在当地保护不当濒临倒塌而拆除，聘请专业古建筑专家将其移建到双街紫御园。戏台占地140平方米，为歇山式屋顶，飞檐翘角，庄重中透着秀逸。梁柱之间的雀替均为精致的木雕，艺术价值极高。古戏台的建成，既为天津人民旅游休闲提供了新的景观，又展示了中华文明的博大恢弘，为子孙后代留下了一份宝贵的文化遗产。

石雕艺术博物馆内古戏楼 该戏楼和紫御园内戏台面积制式大体相同，内部构造更为精细，戏楼舞台深10米，宽11米，顶部是用细木构件榫接而成的螺旋是藻井，雕花工艺精美，在同类建筑中较为罕见。外方内圆，斗拱接榫，螺旋向上，由于其纹路酷似菠萝外形，因此，俗称“菠萝藻井”。它能够把舞台内演员演唱的声音充分吸收至穹形顶内，经异型斗拱的折射，削弱噪音，再将声音清晰地传送到戏楼的每个角落。

戏楼木雕是最为精华的部分，前台横眉以透雕技法刻成狮子滚绣球图案，两角雕成荷花含苞欲放状的垂花柱，舞台正面镶嵌着巨幅《天官赐福》木雕，天官、童子、猿猴、松柏、云气和4角的蝙蝠，构成活泼、协调的画面。戏楼的门窗也雕有狮、凤、牡丹等传统纹饰。

仿明清古建筑一条街古街 2012年，双街村委会投资兴建建筑风格古朴典雅的商业街，传承运河民俗文化，亦称古街。街西侧紧接北运河，河堤上的树木与建筑群落交相辉映。青砖黛瓦，枝丫婆娑，更增添了古色古香的韵味。古街分为一条主街，一条内街，2013年11月建成，总投资5000万元，占地面积1万平方米，建筑面积7000平方米。主街南北各有1个主路口，为步行街，东侧有25个门店，西侧有21个中式二层楼商铺。内街由7套中式二层楼商铺与7套中式四合院落构成。古街南口矗立着满彩、壮观的牌楼。街两侧的建筑雕梁画栋、古色古香。街行通道上间隔布列着数尊承载民俗文化的铜质雕塑。古街两侧经营的商铺、店堂含特色餐饮、茶叶、养生、陶瓷、家具、玉石、工艺礼品、画馆以及粮店、供销社等门类，其中特色餐饮引来京、湘、晋、冀等地的中华老字号慕名入驻。古街西侧月亮门处为双街村文化历史展览馆，此为北辰区首家也是唯一一家村级文化历史展览馆。

天津石雕艺术博物馆 天津石雕艺术博物馆位于双街村北运河西、葡萄主题公园内。由常庄村人、天津古代石刻艺术北辰研究会会长、民间收藏家王书玉创建，免费对外开放。该馆分为一馆、二馆两个展馆。一馆建成于2014年9月，占地面积3500平方米，其中展厅面积近2000平方米，库房及办公面

双街村文化历史展览馆　（2015年摄）

双街村古街一角　（2014年摄）

积约600平方米，收藏了从汉代到明清两千多年间400余件大型石雕文物，填补了天津市在该项文化产业的一项空白。博物馆建筑为钢架结构，既简约又大气。馆内的防火、调温度、湿度等均由电脑控制，全立体玻璃幕墙和顶部光线的调节也由电脑操作控制，整体设计，彰显环境保护及节能的绿色理念，具有现代气息。博物馆（一馆）的门口迎面为清代徽派木质凉亭。展厅分为多个部分，有几个朝代的石狮、石虎、石羊，清代的龟背石碑；有武将、文臣和武士；有“上善若水”的石牌坊；有60余尊几个朝代的各形各色、不同材质组成的“狮子林”，还有从海外抢拍回来的圆明园散落的石雕残件，等等。博物馆二馆总占地面积近2000平方米，2015年对外免费开放。中国文联原副主席、国务院参事、中国民间文艺家协会主席冯骥才题写馆名“天津石雕艺术博物馆”。该馆陈列着盛唐的汉白玉佛身，北魏的双面佛造像碑，北齐的神王供养佛座，辽国的青石塔段一套、青白石的龟驮碑、汉白玉武将造像等数十件石雕文物。馆所藏石雕种类十分丰富，有园林石雕、建筑石雕、宗教石雕、陵墓石雕等。雕刻作品包括人物、动物、神像、栏板、浮雕、龙亭龙柱、琼楼玉阁、飞禽走兽等。雕刻风格或雄浑，或古朴，或淡泊，或飘逸，手法圆润细腻，纹饰洒脱流畅，展现了独特的东方艺术魅力，体现中华民族的灿烂文化和古老文明。

（二）文化团体　**鲍式（氏）八极拳**　双街鲍式八极拳起源于河南省嵩山少林寺，是少林寺的看家拳，因该拳是将剪、爪、太(极)、八(卦)、形(意)、劈、罗(汉)、花拳八种拳中的精华提炼组合而成，故名为八极拳。但近代称八极者居多，且早已为世人所接受。八极拳以其刚劲有力、朴实无华、动作凶猛、伏击性强的独特风格而享誉武坛，名扬海外。古有“文有太极安天下，武有八极定乾坤”的说法。一代宗师鲍有声作为八极拳的第七代传人，将双街村鲍式八极拳传承发扬光大。2009年6月14日，鲍式八极拳被列入北辰区级非物质文化遗产名录。2010年，被列入天津市级非物质文化遗产名录。

鲍式八极拳传承人鲍雅齐在模范小学辅导学生　（2009年摄）

评剧团　1950年，该村成立评剧团，演出剧目有《白素贞》《小女婿》《茶瓶计》《会计姑娘》《夺印》等。

双街村靓丽文艺团　2002年3月，双街村组建靓丽健身团。2005年8月改称双街靓丽文艺团。分戏曲组、晨练组和舞蹈组，以曲艺、文艺、健身为主，有队员50人，其中民乐队8人。该团自编自演不同类型的节目，曾多次参加北辰区举行的大型活动。1997年获北辰区迎香港回归秧歌比赛第一名。2003年，在北辰区第一届社区文化艺术节中，表演的广场舞蹈获“大海杯”广场舞一等奖。2004年，在北辰区第二届社区文化艺术节中获优秀奖。

双街靓丽文艺团的部分骨干还组建了紫御文艺演出队，其中民乐队的管弦乐器有京胡、二胡、架子鼓、电子琴、扬琴、手风琴、小提琴、笛子、笙等。其演出形式灵活多样，有独唱、合唱、对唱，快板、舞蹈、秧歌等。该文艺团曾自编自演的6人快板《喜看双街新面貌》、30多人的合唱《赞双街》节目被区电视台录制、播放。

2016年，双街村舞蹈队参加天津电视台公共频道的“耀武扬威”节目，经海选、复赛后10月13日现场直播。至是年双街靓丽文艺团文体活动骨干有100余人，涉及秧歌、(广场)舞蹈、小品、音乐等多个门类。

双街靓丽文艺团成员在2015年春年货大集上表演节目　（2015年摄）

农民书画社 2014年10月29日，双街村成立农民书画社，有骨干和爱好者25人。社址双街古街，活动室面积50平方米，为书友、画友、笔友们沟通交流提供了相对固定的场所。该书画社社员还在春节期间，向村民免费赠送"福"字及对联作品。

十 大事纪略

双街人参军抗日 1937年7月7日，"七七"事变后，日军不断向天津、北京大举进攻。7月30日，天津沦陷后，中共西北乡农民支部书记孙振武在津北组建华北人民抗日联军第二十七支队，双街等村大批青年参军，走上抗日战场。

与双街壮丁队作斗争 1945年12月，国民党天津县保安团进占双街等村。12月21日夜，因冀中三十八团和九分区回民支队协同，攻打河头、双口，全歼保安中队、警察所、自卫团，双街国民党守军撤回天津市内。1946年4月，双街进驻保警中队。在国民党天津县扶植下，李宝琨成立双街壮丁队。中共四区区委书记王志新、区长安振英、组织委员宋毅、区农会主任孙志珍率领群众活动，打击双街等地的还乡团、壮丁队。6月，双街壮丁队破坏了双街地区20多个村的革命政权，杀害革命志士68人，迫害群众200人。入秋，双街壮丁队给李宝琨护秋，津武六区小队与其交火，多名战士牺牲。1948年12月20日晨，东北野战军八纵二十二师进入津北地域，先后拿下双街等据点，毙俘敌320多人。双街壮丁队溃散，队长李宝琨、李敬忠逃跑。

开展40天农村运动 1949年3月15日，根据中共天津县委《关于四十天农村工作的决定》，在津北双街等村开展"40天农村运动"，清查地富黑地及解决其他可能解决的土地问题，对地主富农土地实行部分废租，解决无地少地农民的生产资料，为有准备、彻底地消灭封建半封建土地制度作准备。4月20日，在天津县委统一领导下基本结束。贫苦农民人均土地由0.09公顷增加到0.23公顷，并填发土地证，确定使用权，只征农业税，不再收租。

双街村收入3060万元占地补偿费 1992年7月4日，北辰区在京津公路东建"北辰经济开发区"，占用双街村土地 113.3公顷。占地补偿费按当时1亩地2万元计算，应为3400万元，减去缴政府10%的管理费340万元，开发区应给双街村占地补偿费3060万元，逐年付清。从1992年开始，每年付给100万元～150万元不等。1998年，北辰经济技术开发区将剩余的2400万元占地补偿费拨给双街村。

德国奥林匹克旅行参观团与双街村民共度除夕 1995年1月30日，德国奥林匹克旅行参观团一行33人到北辰区参观访问，同双街村民共度除夕。德国客人与双街村民座谈，放鞭炮，学包饺子。北辰区区长宋联洪，双街乡党委书记温国祯、乡长郭连生等陪同。

双街村（居）民用上天然气 2001年4月28日，北辰区召开天然气引入北辰会议。该项目总投资5000万元，其中北辰区投资1500万元。2002年2月6日，该项目完工举行庆典，管道全长20.22千米。双街等村（居）民用上天然气，首先受益。

双街村建成天津市首批模范小学 2006年9月，作为天津市首批8所模范小学之一的北辰区模范小学在双街村建成并投入使用。该小学总投资4000余万元，占地面积2.8公顷，总建筑面积15000平方米。可容纳39个教学班、1500余名学生在校就读。其整合了双街区域的教育资源，原双街等3所小学的学生至该校就读。

双街村党总支书记成为奥运火炬手 2008年8月1日，北京奥运圣火在天津滨海新区传递。双街村党总支书记刘春海作为第63号火炬手参加火炬接力。是月，由天津市总工会组织的40多位天津市劳动模范火炬手

刘春海在传递奥运火炬 （2008年摄）

代表欢聚在双街村。劳动模范奥运火炬手孔祥瑞、刘春海、王宝泉等向全市368万名职工发出“传承奥运精神，做好本职工作”的倡议。

双街村成为天津市最美乡村 2011年6月9日，由天津市农村工作委员会、天津市旅游局、今晚传媒集团渤海早报联合主办的“寻找津沽最美乡村（镇）”评选系列活动启动，历时70天，经全市6000余名市民推荐、区县选送、评选组委会筛选，双街村以绝对优势从全市参赛的132个乡村（镇）中脱颖而出，成为天津市20个最美乡村（镇）之首。

画册《津沽最美乡村——双街村》出版 2011年11月，《渤海早报》开展了“镜头中的美丽双街”有奖摄影大赛，引导市民走进双街，了解双街，从不同视角观察双街村的迷人魅力，用影像记录双街村的精彩生活，用镜头定格双街村的美妙瞬间。经专家评选组委会的认真甄选，从参加大赛的千余幅作品中产生一、二、三等奖及部分入围作品，集结成画册《津沽最美乡村——双街村》，反映了双街村宽敞的街道，繁忙的工地，示范工业园区、现代农业、服务业等方面取得的突破性进展；记录双街人埋头苦干、奋发向上的精神面貌；真实反映农民安居乐业，生活富足的美丽画面。

地铁5号线在双街设起（终）点站 2012年3月16日，天津市副市长熊建平带队到北辰区调研，察看地铁5号线建设前期工作、燃煤供热锅炉房并网改燃工程、旧楼区居住功能综合提升改造、城中村改造、清水工程等城建重点工作，并现场协调解决工程建设中遇到的问题。该线地铁由双街至李七庄，全长33.8千米，共设站30座。北辰区内有双街、迎宾道、丹河南道、沁河南道、淮河道、辽河北道、新宜白大道7站，其中双街设起（终）点站。

刘春东受邀参加抗日战争胜利70周年阅兵观礼 2015年9月3日，双街镇双街村党委书记刘春东作为全市农村先进基层党组织书记唯一代表，受邀参加纪念中国人民抗日战争暨世界反法西斯战争胜利70周年纪念大会观礼。

双街村入选全国“现代新村” 2015年10月，农业部开展了2015年中国最美休闲乡村推介活动，进一步推进生态文明和美丽中国建设，保护中国传统村落和特色民居。经过地方推荐、专家评审和网上公示等程序，全国有120个村被推介为2015年中国最美休闲乡村，天津市北辰区双街村入选“现代新村”。

十一　英烈先贤

鲍有声（1913—1995） 双街村人，是八极拳开山掌门吴钟拳师的第七代弟子，是鲍式八极拳创始人。在国术馆［民国17年（1928年）建于河北省］专攻习八极拳，后被聘为国术馆教习，任国术馆教务主任，兼任二十九军武术教官。民国20年（1931年），鲍有声参加南京运动会，获武术比赛中量级第二名；民国21年（1932年）10月参加国术国考，民国22年（1933年）参加全国国考获枪术第二名，是年在上海运动会上夺取枪术第一名、中量级第二名；民国23年（1934年）参加第十八届华北运动会，获大劈挂掌第一名，得金牌。民国25年（1936年）6月，鲍有声到青岛，在101集团军司令部武术团任武术教官。20世纪30年代末，在双街村建立双街八极拳馆。1966年9月，其回到天津老家，1968年在家乡双街村教授八极拳武术，开创双街鲍式八极拳。1995年，因病逝世。

十二　历任党政负责人

据双街村上报村情调查资料表明：1949年12月，双街建立村党支部。2000年，升格为双街村党总支部，下设4个党支部。2011年4月1日，升格为双街村党委，有党员185人，下设3个党总支部，15个党支部。村政机构先后经历生产大队、革命委员会、生产大队后过渡到村民委员会。

1949—2016年双街村党组织负责人任职情况表

表4

党组织名称	姓名	性别	职务	任职时间
双街柴楼联合党支部	丁凤祥	男	书记	1949—1953
双街村党支部	张树仁	男	书记	1953—1954
	祝天振	男	书记	1954—1955
	鲍广俊	男	书记	1955—1964
	王维仁	男	书记	1964—1967
	鲍广俊	男	书记	1967—1981
	鲍恩基	男	书记	1981—1984
	郭庆平	男	书记	1985—1994
	刘春璞	男	书记	1995—1996
	刘春海	男	书记	1997—2000
双街村党总支	刘春海	男	书记	2000—2011
双街村党委	刘春海	男	书记	2011—2014
	刘春东	男	书记	2015—

1962—2016年双街村村政机构负责人任职情况表

表5

村政机构名称	姓名	性别	职务	任职时间
生产大队、革命委员会	李广庆	男	大队长、主任	1962—1977
生产大队	刘天亮	男	大队长	1977—1978
	刘树平	男	大队长	1978—1985
村民委员会	庞吉明	男	主任	1985—1998
	管士岐	男	主任	1998—2006
	解家良	男	主任	2006—2012
	刘春海	男	主任	2012—2014
	项东季	男	主任	2015—

十三　荣誉

1950—2016年，该村获全国先进集体荣誉称号23项（次）；获全国先进个人荣誉称号8项（次）；获市局级先进集体（单位）荣誉称号80项（次）；获市局级先进个人荣誉称号33项（次）。

1950—2016年双街村获全国先进集体情况表

表6

授予时间	获奖单位	荣誉名称	授予部门
2005	双街村	全国民主法治示范村	司法部、民政部
2005		全国创建文明村镇工作先进村镇	中央文明委
2006		全国敬老模范村居社区	全国老龄委
2007		全国美德在农家活动示范点	文化部、全国妇联
2007		全国计生协会工作先进单位	中国计划生育协会

续表

授予时间	获奖单位	荣誉名称	授予部门
2009	双街村	全国创建文明村镇工作先进镇村	中央文明办
2009	双新大道商业带	国家级社区商业示范中心	商务部
2009	双街置业集团	全国壮大县域经济突出贡献企业	中国乡镇企业协会、农业部农村社会事业发展中心
2010	双街新家园	全国创建学习型家庭示范社区	全国妇联、民政局、文化部
2010	双新社区商业中心	国家级社区商业示范中心	商务部
2010	双街村	全国计划生育协会先进单位	中国计划生育协会
2010		全国妇联基层组织建设示范村	全国妇联
2011		全国先进基层党组织	中共中央组织部
2011		家庭教育工作示范村	全国妇联
2011		人口和计划生育基层群众自治示范村居	国家计生委、中国计生协
2012		全国家庭教育工作示范社区	全国妇联、教育部、中央文明办
2012	双街村种养殖农业合作社	全国休闲农业及乡村旅游四星级明星企业	农业部
2012	双街村	2012年计划生育基层群众自治示范村居	国家人口和计划生育委员会、中国计划生育协会
2013		中国最有魅力休闲乡村	农业部、农产品加工局
2013		2013年全国示范农家书屋	新闻出版总署
2015		全国文明村镇	中央文明委
2015		中国最美休闲乡村	农业部
2016	双街村团总支	2014—2015年度全国“青少年维权岗”	共青团中央

1950—2016年双街村全国（含部级）先进个人情况表

表7

授予时间	姓名	荣誉名称	授予部门
2000	刘春海	第五届全国十大杰出青年农民	共青团中央
2002		农村学习实践“三个代表”重要思想基层标兵	中共中央组织部
2005		2003—2004年全国劳动模范	国务院
2006		全国优秀党务工作者	中共中央组织部
2006		兴村富民百佳领军人物	国务院
2008		全国五一劳动奖章获得者	中华全国总工会
2008	张玉霞	全国三八红旗手	全国妇联
2015	刘春东	第九届“全国农村青年致富带头人”	共青团中央、农业部

1950—2016年双街村获天津市（局）级先进单位（集体）情况表

表8

授予时间	获奖单位	荣誉名称	授予部门
1993	双街村	九三年度市级治安先进集体	天津市公安局
1998		人民调解工作优秀集体	市人民政府
1998		市级文明村	天津市精神文明委
2000	双街村党总支	村级红旗党组织	天津市委组织部、市农委
2001	双街村	1999—2000年度文明村	天津市精神文明委
2001		2001年度市级治安先进单位	天津市公安局
2001		敬老文明先进村	天津市老龄委
2002	双街村党总支	红旗党总支	天津市委组织部、市委农工委
2002	双街村	市级文明村标兵	天津市精神文明委
2003		农村经济双勉强现代化村庄建设“十佳”	市人民政府
2003		2001—2002年度计划生育优质服务先进村	市人民政府
2003		天津市农口系统思想政治工作优秀单位	市农委
2004		民主法制达标村	天津市委、市人民政府
2004		民主法制示范村	天津市依法治市领导小组
2004		红旗党组织	天津市委组织部、市农委
2004		红旗党组织标兵	天津市委组织部、市农委
2004		市级卫生村	天津市爱委会
2004		文明标兵村	天津市精神文明委
2004		天津市老龄工作先进单位	天津市老龄委
2005		2003—2004年度文明单位	天津市精神文明委
2005		2003—2004年度文明村标兵	天津市精神文明委
2006		农村党的建设“三级联创”活动“五个好”村党组织标兵	天津市委组织部、市农委
2007		精神文明建设十大系列创建活动2005—2006年度天津市文明村标兵	天津市精神文明委
2007		天津市创建全国残疾人工作示范城市先进集体	市人民政府
2007	双街新家园	市级文明小区	天津市精神文明委
2008	双街村	天津市农村党的建设“三级联创”活动“五个好”红旗党组织标兵	天津市委组织部
2008		天津市第二次农业普查先进单位	天津市农普办
2008		市创“四无”社区优秀人民调解委员会	天津市社会治安综合治理委员会
2008	双街钢管集团有限公司	市级文明企业	天津市精神文明委
2008	双街新家园	市级文明社区	天津市精神文明委

续表

授予时间	获奖单位	荣誉名称	授予部门
2008	双街置业集团	天津市五一劳动奖状先进单位	天津市总工会
2008	双街村	市创“四无”社区优秀人民调解委员会	天津市社会治安综合治理委员会
2009	双街村	天津市文明村镇标兵	天津市精神文明委
2009	双街新家园	2007—2008年度文明社区	天津市精神文明委
2009	双街新家园	市级安全社区单位	天津市安监局
2009	双街村	社区红十字服务优秀社区（村）	天津市红十字会
2009	双街村	首批民间文化特色村	天津市文化局
2009	双街村	天津市廉政文化建设示范单位	天津市纪检委、监察局
2009	双街村	村务公开民主管理示范村	天津市村务公开协调小组
2009	双街新家园	优秀青年志愿服务集体	共青团天津市委
2009	双街置业集团	工会工作先进集体	天津市总工会
2010	双街村	天津市2007—2009年度安置帮教工作先进集体	天津市综治委刑释解教人员安置帮教工作领导小组
2010	双街村	红十字服务优秀社区	天津市红十字会
2010	双街村	示范半边天家园	天津市妇联
2010	双街村	天津市“巾帼示范村”	天津市妇联
2010	双街村	市级绿色社区	天津市环保局等5部门联合
2010	双街村	“博爱奖杯”	天津市红十字会
2010	双街村	农村党的建设“三级联创”活动“五个好”村党组织标兵	天津市委组织部、市农委、市民政局
2010	双街村	天津市农村固定观察点系统先进村	天津市农村工作委员会
2011	双街村	民兵预备役参加社会主义新农村建设示范单位	市人民政府、天津警备区
2011	双街村	2006—2011年度天津市红十字会系统先进集体	天津市红十字会、市人力资源和社会保障局
2011	双街村	天津市新农村建设档案管理村级示范档案室	天津市档案局
2011	双街村党委、村委会	2010年度“廉洁发展、勤政为民”优秀组织	天津市纪检委、市委农工委
2011	双街村	天津市2010年度创建无传销社区、村、校园先进单位	天津市打击传销工作联席会议办公室
2011	双街村	天津市先进基层党组织	天津市委
2011	双街村	2006—2010年天津市普法依法治理工作先进单位	天津市委宣传部、市依法治市领导小组办公室、市司法局
2012	双街村	2009—2011年人口和计划生育工作先进集体	市人民政府
2012	双街村团总支	天津市“五四”红旗团总支	共青团天津市委
2012	双街村	天津市关心下一代基层活动阵地	天津市文明办、市关工委
2012	双街村	2012天津美丽乡村	天津市委宣传部、市文明办、市委农工委、市农委、天津电视台

续表

授予时间	获奖单位	荣誉名称	授予部门
2012	双街村慈善协会	慈心奉献、善举助人奖牌	天津市慈善协会
2013	双街村	天津市创建“五好”关工委工作先进集体	天津市关工委
2013		天津市社会管理综合治理工作先进单位	天津市综治委
2013	双街村	农村党的建设“三级联创”活动“五个好”村党组织标兵	天津市委组织部、市农工委
2014	双街新郡社区	天津市“四有两无”零犯罪社区	共青团天津市委
2014	城际美景健身站点	2014年天津市“绿色健身站”	天津市文明办、市体育局
2014	鲍式八级拳健身站点	2014年天津市“绿色健身站”	天津市文明办、市体育局
2014	双街村	2011—2012年天津市社会管理综合治理先进集体	天津市社会管理综合治理委员会
2014	双街村治保会	2013年度一级治保会	天津市公安局
2014	双街村	农村妇女岗位建功先进集体	天津市妇联
2014		2014年天津市“千村妇女争创美丽庭院”优秀巾帼志愿服务队	天津市妇联
2014	双街村农家书屋	示范农家书屋	天津市新闻出版局
2014	双街村	2012—2014年度天津市文明村镇	天津市文明办
2015		天津市农村专业合作社青年示范社	共青团天津市委员会、市农委
2013	双街种养殖专业合作社	天津市农村妇女岗位建功先进集体	天津市妇联
2015		天津市青年农民专业示范社	共青团天津市委员会
2015		天津市巾帼现代农业科技示范基地	天津市妇联
2016	双街村	2011—2015年天津市档案工作先进单位	天津市档案局、市人力和社会保障局
2016		天津市农村固定观察点优秀观察点村	天津市农村工作委员会

1950—2016年双街村市（局）级先进个人情况表

表9

授予时间	姓名	荣誉名称	授予部门
1951	丁凤祥	治安模范	天津县政府
1984	任玉芹	模范母亲	天津市妇联
1995	刘春海	1994—1995青年星火带头人	共青团天津市委
1998		天津市“十大杰出青年农民”	共青团天津市委
1999		1996—1999年市科技兴农先进工作者	天津市科委

续表

授予时间	姓名	荣誉名称	授予部门
2000	刘春海	天津市青年“五四”奖章获得者	共青团天津市委
2000		天津市“十大杰出青年”	共青团天津市委
2006		优秀共产党员	天津市委
2007		市最具有影响力劳动模范	市人民政府
2009		天津市首届海河骄子	天津市委宣传部、滨海新区工委
2013		天津市第三届“敬业奉献”道德模范	天津市精神文明委
1999	鲍景忠	文明工商户	天津市文明委
2001		文明工商户	天津市文明委
2003	刘春东	市农村青年创业致富带头人	团市委、市农委、市科委
2003		乡村文明好青年	团市委等机关
2005	张玉霞	天津市“十五”立功先进个人	天津市总工会
2007		市“三八”红旗手	天津市妇联
2010		2009—2010年度“三八”红旗手标兵	天津市妇联
2011		2010年度天津市劳动模范	市人民政府
2006	闫立庭	市级健身家庭	天津市体育局
2007	李文淑	天津市第二次农业普查先进个人	天津市农普办
2008		2008年度市防止民间纠纷激化优秀人民调解员	天津市司法局
2007	刘秀玲	天津市第二次农业普查先进个人	天津市农普办
2008	解家良	天津市五一劳动奖章先进个人	天津市总工会
2008	鲍广华	天津市五一劳动奖章先进个人	天津市总工会
2010	张　静	农村固定观察点工作市级先进个人	天津市农委
2012		天津市优秀共青团干部	共青团天津市委
2010	鲍雅齐	天津市十佳社会体育指导员	天津市体育局
2010		天津市百名健身之星	天津市体育局
2012		2011年度天津市百名“优秀社会体育指导员”	天津市体育局
2012	项东季	天津市优秀人民调解能手	天津市司法局
2013		2012年度天津市五一劳动奖章先进个人	天津市总工会
2013	管树东	天津市科学文明家庭	天津市科协

中国共产党全国代表大会代表情况表

表10

届次	当选年份	代表姓名	性别	民族	单位及职务
第十八次	2012	刘春海	男	汉	双街村党委书记

中国共产党天津市代表大会代表情况表

表11

届次	当选年份	代表姓名	性别	民族	籍贯
第十次	2012	刘春海	男	汉	双街村

天津市人民代表大会代表情况表

表12

届次	当选年份	代表姓名	性别	民族	籍贯
第十六届	2012	刘春海	男	汉	双街村

附一：媒体选录

天津北辰区双街村全国最有魅力休闲乡村

在天津北辰区京津公路旁有一个村庄叫双街，如今走过这里已是高楼林立，商铺云集。走进双街村，宽阔大道的中央矗立着一座盛世宝鼎，气势磅礴。沿河走去会看到一个高大的牌坊——紫御园，再往里走，看到一排排整齐的大棚，才让人好似捕捉到一点农业的气息。在农业部2013年“中国最有魅力休闲乡村”评比中，北辰区双街村荣获“中国最有魅力休闲乡村”称号，这也是这次评比中本市唯一一个获此殊荣的村庄。这就是双街村，一个最有魅力休闲富裕的乡村。

今年国庆黄金周期间，记者随着家人和几位来自山东的朋友到双街村游玩，感受这个率先富裕起来的新农村，了解这里的现代农业。刘春海是双街村的党委书记，几年前他作为带领农民致富的先进典型，荣获第三届中国十大杰出青年农民称号时，记者曾经采访过他。十年过去了，这里发生了巨大的变化，刘春海依然坚守在这里。双街村是远近闻名的富裕村，今年，村民人均纯收入达到4万元，劳动力就业率达到了100%，初步建成了经济繁荣、环境优美、文明和谐、社会进步的现代化新双街。这次，在国家农业部2013年“中国最有魅力休闲乡村”评比中，双街村成为本市唯一一个获此殊荣的村庄，这让生在双街、长在双街的村民更是幸福无比。村民刘春森说：“这次我们双街被评为全国最具魅力的乡村，我感到特别自豪。”

近年来，双街村依托城市近郊及交通便利的优势，在加快小城镇建设的同时，积极发展休闲农业及旅游观光农业。依托北辰区都市型现代农业示范区，建设了现代农业科技园、都市农业观光园、农业休闲采摘园等特色园区，集旅游观光、休闲采摘、科普教育等于一体，在全市乃至全国具有很强的示范辐射和带动作用。对于获得“全国最有魅力休闲乡村”称号，双街村党委书记刘春海表示：“获得这个称号，实际上是给我们的发展指明了方向，今后我们会沿着这个方向越做越好，把我们双街村变得越来越美丽，把我们的产业做得越来越好。”谈到这里的农业，刘春海说，“作为农民对农业有着特别的感情，这几年我们始终没有放松，始终坚持把农业作为‘安天下、稳民心’的基础性工程。2008年启动了2万亩都市现代农业示范区建设，如今这里的现代农业示范区精品项目包括：设施农业占地2000亩，是现代农业示范区的龙头；现代农业科技园占地500亩；花卉基地项目占地500亩；精品苗木基地占地1300亩。”

在植物种苗中心大楼的旁边是一座座大棚。走进草莓大棚，一个个硕大新鲜的草莓，尽入眼底，摘下一颗放入口中，较市场销售的草莓显得更加甘甜可口。工作人员告诉记者这里的草莓绝对环保，没有农药，尽可放心地食用。刘春海介绍：“像这样的大棚，更确切地叫做新型日光温室，在这里不下百座。2009年始建，卷帘机、遮阳网、保姆被等关键部件由以色列进口，可以说是目前国内最高水平。”

目前双街现代农业示范区建设已初步从数量型向质量型、从粗放型向集约型、从原料型向成品型发展，一个“种苗繁育＋产业基地＋物流配送”整体联动的沿海都市型现代农业发展模式正在形成，极大地促进了周边地区的农副业整体发展。

（刊登于2014年10月27日《每日新报》）

附二：典籍选录

天津县北乡双街村通讯

天津县之第十二短期小学校　王凤书　村民生活：谁都知道城市里的多优裕的，讲究的在衣食住上可说较比乡下的农民要强百倍；有时还不止如此，如若有穿着西服革履或丝绸大衫，乡下人见了不免要说是官人，他们会恶意的猜疑会躲的远远的，不然即包围了争看稀罕。乡下没有楼房，没有电灯，都是一间茅房或是灰砖房，又狭窄，又肮脏，窗子小得可怜，室里得光线黑暗，屋顶是没有顶棚的，夜晚不过有一盏煤油灯，在乡下都是几个月不曾洗过一次澡，也没有澡堂设备，他们差不多都在河里洗，他们每天吃的棒子饽饽、高粱米，咸芥菜头、大葱韭菜、小白菜这些冬夏常青不断有贩卖的，要是营养不足，想吃点滋养品，那是不成的，真会叫你有钱无处花哩！

水陆交通：有由天津到北平的北宁路和汽车路，西近北运河，小船往来通行，他们平常运输是用脚踏车载货，有的居然能载三四百斤重的分量一样骑着往来，小贩也有用脚踏车的，脚踏车可算他们村里主要的交通工具了！

农产出品：本地除种日用杂粮外，以产棉为最多，棉田约有231.3公顷（3470亩），他们植棉很有丰富经验，只是为了土质碱性的关系，不知设法改良，往往育的棉苗，不能自然生长，近来有了河北省棉产改进会来员指导：信用借款以及改良灌溉耕种的方法，帮助推销农产，可见政府救济农村，促进农村经济复兴更大的努力了！

乡公所和救火会：本地人口九百余口，都是种田为业，他们不懂什么叫自治，叫建设。只有一个乡公所，地方上有了事情办什么事情，遇到火灾，救火会伍善齐来救火，伍善是村人临时自告奋勇的，没有费用开销，每年有一次吃会，这天把他们邀来，无论男女小孩随便参加大吃，意思是将来一旦发生不幸的水火灾或盗匪，可以一致努力防御，看起来，乡公所好像没有多大关系一样，其宴对于村人的生活占了相当的地位！

宗教信仰：他们都崇拜佛像，有座关帝庙，废历初一、十五，村人虔诚焚香默祷，谓的免灾去病求财问福。每届三月二十一二日举办皇会，那天闺女住娘家接亲戚朋友和各村小贩都来赶会，街市上顿形繁荣了！有钱人家把平时所余的都在这时消耗，经济不充裕的也得典当借贷拆夺出钱来过会，否则，人家会笑话的。所以过皇会较比年节还重要、还热闹了！

义务教育：有几处私塾在点缀着。清早起来，赵钱孙李先生偷米，周吴郑王先生尿床……弦诵的声音，达于户外，儿童们整日价伏着书案嚼木梨，先生不知道指示儿童与社会国家的关系，更不知道复兴民族、爱护国家的思想与信念。整个的儿童活泼的心，会熏陶渐染成为呆板、敷衍、偷懒的习惯，太不幸了。短期小学在去年设立的，招收9岁至12岁儿童入学，除已就学儿童外，尚有许多失学儿童因为家境贫苦，父母无心顾到子女读书，他们认为上学与贫苦是无关的，以致距教育普及时期尚远。义务教育既系民族复兴，又关地方福利，势非官民合作，群策群力不能成功。使得培养良好的儿童将来为社会健全份子，替国家服务，加强国家的力量！要图存，要救亡，必须从义务教育上下一番真实的功夫！

（选自《天津县乡土志辑略》）

附三：

机播玉米化学除草、请专家防治葡萄白粉病

1986年11月，双街村委会贯彻中央关于“鼓励耕地向种田能手集中”的指示精神，与原村农机队为主体的17人签订运河以西600亩粮田承包合同，组成集体农场。1987年，农场全部实施机耕和化学除草作业，粮食单产比上年增长174%，农场职工人均分配比上年增长37%。

下蒲口村

下蒲口村位于北辰区中北部北运河西岸，东跨北运河至京津公路，北距上蒲口村1.5千米，南距下辛庄村1千米，东与双街村隔北运河相望，村西1.5千米处为永定新河。村为南北长方形，占地面积1.6平方千米。2014年，下蒲口村集体经济总收入141.4万元，农民人均所得11140元。2015年，该村户籍人口1380人，长期固定资产35万元。

下蒲口村村委会　（2017年摄）

一　村庄沿革

该村建于明永乐年间（1403—1424年）。在辽代，曾为辽军养马地。明永乐年间有韩、柴两姓从南方到此地落户，当时北运河常闹大水，这里冲成若干沟口，洼里长满蒲草，故该村始称蒲沟，后称蒲口。因该村与村北之蒲口村重名，遂改称下蒲口（古代以南为下）。

清代，雍正八年（1730年）下蒲口村划归天津县管辖。乾隆元年（1736年），实行巡检辖村制，下蒲口村属时西沽巡检管辖。光绪三十一年（1905年），天津县设4乡34区，下蒲口村属北乡第十八区管辖。中华民国时期，天津县北乡，设双街乡和汉沟乡。下蒲口村隶属双街乡。1949年3月，天津县实行区辖村制，村直属天津县第八区。1950年7月，并归天津县四区管辖。1953年5月，下蒲口村归属双街小乡管辖。1958年4月，4个小乡裁并为张湾乡，属张湾乡管辖。1958年8月，并入幸福人民公社，张湾大队辖下蒲口村。1959年3月2日，幸福公社改称北仓公社，并实行管理区辖生产队制，张湾大队改为张湾管理区，该村隶属张湾管理区。1960年6月27日，隶属津北畜牧场双街分场。1961年5月，隶属北郊区双街公社。1983年7月，隶属北郊区双街乡。1992年3月6日，北郊区改称北辰区。1995年9月后，隶属北辰区双街镇。

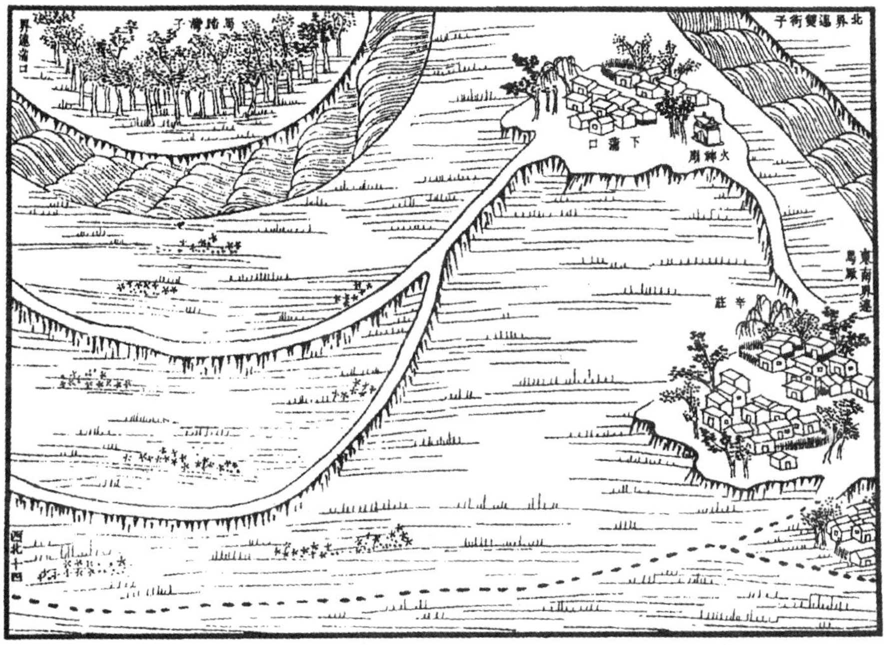

清道光二十六年（1846年）《津门保甲图说》中下蒲口村

二　道路河流

道路　中华人民共和国成立前，下蒲口村地处北运河西，交通十分不便。中华人民共和国成立后设渡口，村民乘摆渡后乘车到市中心，交通有所改进。1960年，建下蒲口桥，交通得到改善；后村口常有小公共汽车来往，交通较为方便。

桥梁　下蒲口桥，位于下蒲口村东部，跨北运河，在与柴楼村之间。1960年建，因近下蒲口村故名。由庞嘴村人王奎芳设计并指挥施工。为木结构，长45米，宽5米，有护栏，最大负荷量8吨，因年久失修只能通

下蒲口大桥　（2017年摄）

行畜力车，1984年在原址重建新桥。桥面和桥身均为混凝土结构，长50米，宽6米，最大负荷量10吨。

河流 一级河道北运河，流经村域内。清代，域内有北运河下蒲口渡。

1955年，北运河发生特大洪水，村全部上水，村边民房倒塌。1957年，再次发生洪水，村集体带领村民修建一堵防洪堤，动土15000立方米，长3千米、高2米、顶宽2米。

60年代后，北运河上架设桥梁，下蒲口渡口撤销。

三 人口方言

人口 据道光二十六年（1846年）《津门保甲图说》载，该村绅衿二户、铺户五户、烟户一百一十八户、僧人一户，共一百二十六户（大口四百九十一口；小口二百四十七口）。有126户738人。据《典籍中的北辰》载，民国23年（1934年），有142户730人；据统计资料载，1980年，有216户1075人；2000年，有367户1177人；2009年，有466户1432人；2014年，有541户1408人。

民族 据《天津市北辰区地名志》载，1995年，该村全为汉族。据村情调查，2016年，该村人口依然全为汉族。

方言 下蒲口村为武清方言片，该地方言与武清杨村话相似，在全国方言片区属北京官话区怀（来）承（德）片。

姓氏 村约有姓氏20余个，以韩、祁、郑三姓为主要大姓，占全村总户的80%，余、张、庞、刘等其他姓氏占20%。

家族谱选介

韩氏族谱 明永乐元年（1403年），韩氏始祖韩景龙一人由山西洪洞县韩靖村迁至下蒲口落户，后育有四子，即韩宗杰、韩宗印、韩宗显、韩宗本，后因生计，有一人外迁。为延续有致，排序28个字，至今已见第十二代人。

郑氏族谱 永乐年间，郑氏始祖郑祥生（祖籍河南省）迁至下蒲口落户，并育有二子，即郑元逵、郑元达，排序24个字。

2016年下蒲口村部分姓氏谱牒字辈排序情况表

表1

姓氏	谱牒字辈排序
韩	昌、宗、一、字、文、广、德、山、玉、师、思、民、智、哲、祖、荫、光、传、世、家、远、向、阳、大、树、誉、声、和
郑	祥、元、明、廷、玉、佩、永、建、福、禄、祯、吉、世、代、兴、昌、诚、信、仁、义、基、业、久、长

四 耕地状况

据下蒲口村上报村情调查资料表明：20世纪80年代，村有大块耕地17块，面积1840.75亩。2015年耕地面积1216亩。主要耕地四至：东临北运河，南与沙庄村耕地相连，西临永定新河，北与上蒲口村耕地接壤。

涵闸泵站 1958年，村修建1.5千米长的粮田大干渠和2千米长的园田干渠。在北运河岸边和园田各修建一处泵站，安装150的水泵3台。

1974年，在村内建泵站1座。排灌设施相继配套，抵御自然灾害能力明显提高。由于北方严重干旱，水源不足，村里挖水柜能保水能养鱼，雨季把水柜蓄足，旱季可以浇地。

80年代，有一条长1500米粮田明渠和一号明渠、二号明渠，连接地下管道400米，由泵站和明渠连接，有涵闸4座，泵站3座，北运河一座0.25流量、一号渠一座250泵、二号渠一座150泵，东西明渠上有涵桥5座，是村内修建一号渠南头二号渠各有一座。有一条长3千米挡水堤，东西地下明渠原是地下浇水干渠，后为适应排涝保水改挖成明渠。

2016年，园田有泵站4座，有东机械房，西机械房，郑家坟泵站，老堤头泵站，有一条干渠800米长，园田有机井3眼。

20世纪80年代下蒲口村所属耕地地块情况表

表2　　　　单位：亩

地块名称	耕地位置	面积	地块名称	耕地位置	面积
陈家地	村西	98.60	三高地	村西	7.65
王元地	村西	172.40	北堤沟	村西	73.10
二节地	村西	58	二里地	村西	66.70
北南阳地	村西	60	南阳地	村南	75
田菜地	村西	325.40	大麒麟地	村南	216
郑家坟地	村西	71	金钟地	村南	164.30
韩家坟地	村西	29	双街交叉地	村南	78.10
东河滩地	村西	161.20	西河滩地	村西	117.90
条道耕地	村西	66.40	合计		1840.75

20世纪80年代下蒲口村所属耕地部分地块示意图（一）

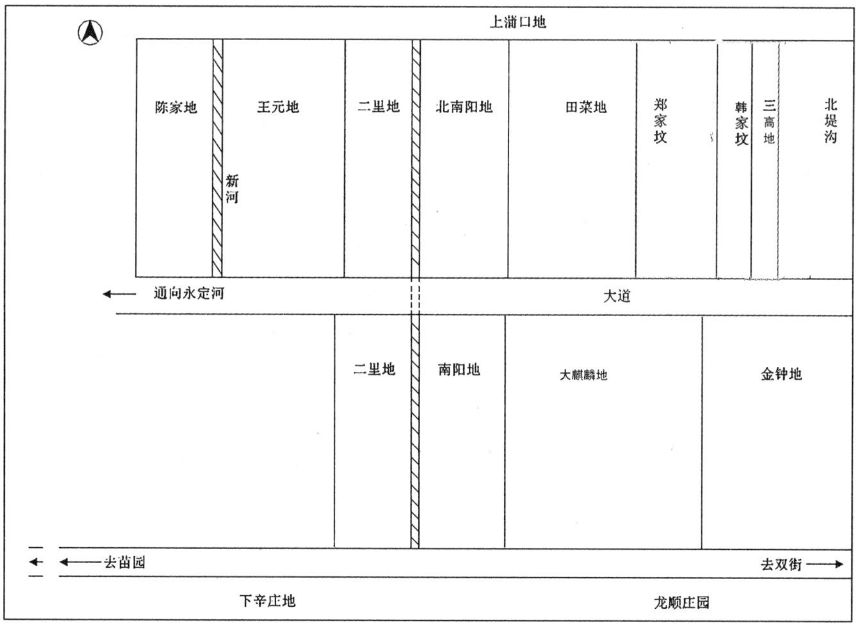

（2016年绘制）

20世纪80年代下蒲口村所属耕地地块示意图（二）

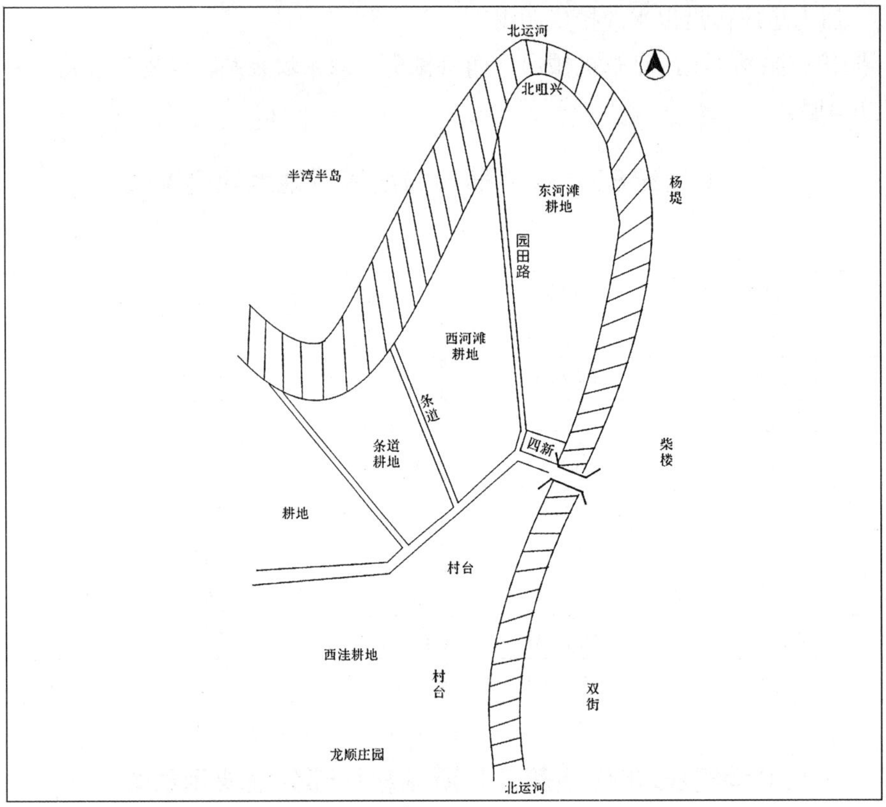

（2016年绘制）

五　街道胡同

中华人民共和国成立前，村里道路都是土路，地势低洼，无排水设施，十年九涝，道路泥泞不堪。1962年以前，下蒲口村有一路，三胡同，即河沿路、北胡同、南胡同、瓦房胡同。1963年，增加老村新村路、西胡同，新村中心路和新村西胡同和村北路。村内道路基本都是土路。1985年，铺设通接下浦口大桥的沥青路面。1988年，修建村主要干道，路面实施硬化。2002年，修建从村中心路至下蒲口大桥道路面，重新浇注水泥。2014年前，村有主要街道6条，胡同5条。

2002年下蒲口村街道情况表

表3　　　　单位：米

街道名称	位置	走向	长度	街道名称	位置	走向	长度
北堤路	村北	南北	400	老村中心路	村中	南北	400
河沿路	运河西	南北	350	新村中路	村西	南北	270
园田路	村北	南北	300	河沿南路	村南	南北	200

2002年下蒲口村胡同情况表

表4　　　　单位：米

胡同名称	位置	走向	长度	胡同名称	位置	走向	长度
北胡同	村北	东西	50	老村西胡同1	村西	南北	150
南胡同	村南	东西	50	老村西胡同2	村西	南北	150
瓦房胡同	村南	东西	40				

六　旧村改造

中华人民共和国成立前，村民住房多为土坯房和茅草房。20世纪70年代中期，村民逐步盖上砖木结构平房。

1996年，下蒲口村有住房1211间，2.18万平方米。2014年4月，为推进示范小城镇建设，该村实施旧村改造拆迁。

七　公共设施

中华人民共和国成立前，该村由于村子较小，村内公共设施甚少，有私塾、私人磨坊等。

20世纪60年代初，村内建起小学校、卫生所、幼儿园、电磨坊、老饲养室3处。70年代，建水塔2座并有代销店等便民设施。90年代，村建立村民学校、老年人活动中心、篮球场、健身广场、农机站等公共设施。

2009年，重建村委会、村民健身广场。

2014年下蒲口村街道胡同及公共设施示意图

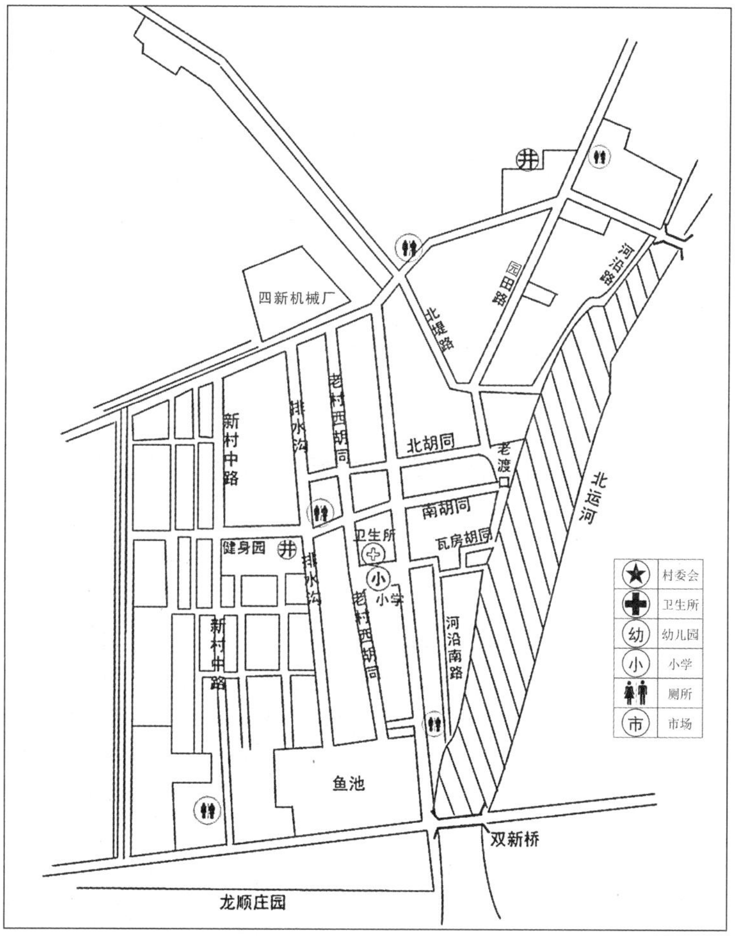

（2016年绘制）

八　经济概况

中华人民共和国成立前，该村因地势低洼，连年河水泛滥，十年九涝。麦秋雨季时节，经常是麦子都收到麦场上了，没来得及打轧，整个麦垛被河水冲走。雨季过后，再种晚秋作物，收成就太低了。只能是“一水一麦”。由于村子紧邻北运河，水源充足，村里有20多户人家置办小渔船，在农闲时打鱼贴补家用。

中华人民共和国成立后，村仍为农业区域，没有工业，因自然灾害严重，经济基础薄弱。

1953年后，进入农业合作化时期。先后成立初级社、高级社，成立了"五星社"互助组，后过渡到人民公社，村集体兴修水利工程，大搞农田基本建设，农作物产量有所提高。1961年，下蒲口村土地粮田和园田的收成，在全镇都是比较靠前的，粮田种小麦、玉米、黄豆、绿豆，还种一些经济作物，每年除保质保量的交完公粮以外，剩余的粮食能够自给自足。1970年，通过实验，村里又改成一季小麦，一季水稻，获得成功，一年两季都高产，留够了全村村民全年"三需粮"外，每年向国家交5万千克小麦的光荣粮。

1980年，村里开始发展运输业，先后购进黄河牌货车两辆、江淮一辆、辽宁三号四辆、55型拖拉机两辆、20型拖拉机四辆机动车拉运输。先后建起，立新铁厂、四新机械厂、立新电器厂、北方水轮、雨刷器厂、缝纫厂和小五金厂。

90年代，在河滩废耕地建立养鸡场，连续几年，每年上市一万只鸡。1995年，粮食播种面积48.67公顷，年产量360吨；蔬菜播种面积52.33公顷，年产量3920吨，农业总产值226万元。工业总产值1658万元。

2014年，该村集体经济总收入141.4万元，农民人均所得11140元。

九　民间文化

下蒲口村秧歌队　于2009年11月成立。全村中老年文娱爱好者踊跃参与，有队员40余人。每逢节假日组织演出活动，丰富了该村村民的业余文化生活。

寺庙　据《津门保甲图说》记载，清道光二十六年（1846年），该村在村东部建庙宇"火神庙"，于中华人民共和国成立前拆除。

十　历任党政负责人

据下蒲口村上报村情调查资料表明：村党支部有记载是从1949年始，党支部经历9任党支部书记。村政机构先后经历村公所、生产大队、革命委员会、生产大队后过渡到村民委员会。

1949—2016年下蒲口村党组织负责人任职情况表

表5

党组织名称	姓名	性别	职务	任职时间	说明
党支部	祁继凯	男	书记	1949—1958	
	韩师友	男	书记	1958—1966	
	高柏华	男	书记	1966—1982	
	韩师友	男	书记	1982—1984	
	韩玉申	男	书记	1984—1986	
	祁云强	男	书记	1986—1997	
	庞华祥	男	书记	1998—2006	
	韩思建	男	书记	2006—2007	
	庞华祥	男	书记	2007—2009	
	王虎俊	男	书记	2009—2012	镇派驻村干部
	庞华祥	男	书记	2012—	

1949—2016年下蒲口村村政机构负责人任职情况表

表6

村政机构名称	姓名	性别	职务	任职时间
村公所	郑佩平	男	村长	1949—1956
	韩师友	男	村长	1956—1958
生产大队	韩师禹	男	大队长	1958—1964
	高柏华	男	大队长	1964—1966
生产大队、革命委员会	张乃亮	男	大队长、主任	1966—1980
生产大队	韩师友	男	大队长	1980—1982
	刘桂芳	男	大队长	1982—1984
村民委员会	韩玉申	男	主任	1984—1986
	张树清	男	主任	1986—1989
	韩师华	男	主任	1989—1992
	祁云和	男	主任	1992—1997
村民委员会	庞华祥	男	主任	1998—2015
	郑永喜	男	主任	2015—

十一　荣誉

1950—2016年，该村马新兰获全国先进个人荣誉称号2项（次）；韩淑芬、刘秀芳获市局级先进个人荣誉称号各1项（次）。

1950—2016年下蒲口村获全国先进个人情况表

表7

授予年份	姓名	荣誉名称	授予部门
1989	马新兰	全国计划生育先进工作者	国家计生委
1990		全国计划生育优秀工作者	国家计生委、人事部

1950—2016年下蒲口村获市局级先进个人情况表

表8

授予时间	姓名	荣誉名称	授予部门
1979	韩淑芬	三八红旗手	天津市妇联
1990	刘秀芳	“双学双比”女能手	天津市妇女“双学双比”活动领导小组

西赵庄村

西赵庄村位于北辰区中北部，双街镇西南部，北运河东岸，东距京津公路近0.9千米，北与沙庄村距离近0.7千米，南距常庄村近0.5千米，西与下辛庄距0.13千米，隔北运河相望。村为长方形，占地面积2.9平方千米。2014年，西赵庄村集体经济总收入159万元，农民人均所得1万元。2015年，该村户籍人口1008人，长期固定资产422万元。

西赵庄村村委会　　（2017年摄）

一　村庄沿革

相传明永乐二年（1404年）建村。余、刘、赵三姓从湖广郡赵家楼迁此定居，村名始称余刘赵庄。后因余、刘两家衰落，改称赵家庄。1962年称赵庄。为与区内霍庄子乡赵庄和小淀乡赵庄相区分，1984年改称西赵庄。

清代，雍正八年（1730年）该村划归天津县。乾隆元年（1736年），实行巡检辖村制，属时西沽巡检管辖称赵家庄。光绪三十一年（1905年），天津县设4乡34区，属北乡第十八区管辖。民国时期，域内划为天津县北乡，设双街乡和汉沟乡，属双街乡管辖。1949年3月，天津县实行区辖村制，直属天津县第八区。1950年7月，并归属天津县四区。1953年5月，常庄村设小乡，隶属常庄村。1958年4月，4个小乡裁并为张湾乡，属张湾乡管辖。1958年隶属李嘴乡管辖。1960年6月27日，隶属津北畜牧场双街分场。1963年3月4日，隶属北郊区李嘴公社。1977年11月4日，并入北郊区双街公社，隶属北郊区双街公社。1987年，隶属北郊区双街乡。1992年3月6日，北郊区改称北辰区。1995年后，隶属北辰区双街镇。

二　道路河流

道路　中华人民共和国成立前，通往京都驿道，后改建成的京津公路穿村而过。中华人民共和国成立后，村东京山铁路经多次改建、扩建，全线以建成复线铁路。20世纪60—90年代，域内先后有铁路津蓟线、京九铁路津霸联络线建成通车。至2016年，国道1条，铁路3条。

725路、610路、810路、812路、611路、607路等公交车在村口设站，规划地铁4号线在村内设站。村民出行非常便利。

镇级公路　20世纪90年代初，镇政府在北运河大堤东边南起屈店闸，北至小街村修建道路，经西赵庄村全境。宽5米～6米，水泥路面，1992年竣工。

河流　一级河道北运河，流经村域内。1972年以前，村民均饮用北运河水。

西赵庄村水塔　（2015年摄）

三　人口方言

人口　据《典籍中的北辰》载，民国23年（1934年），该村有136户651人。据统计资料载，1980年，该村有172户822人；2000年，有269户894人；2009年，有392户956人；2016年，有392户1011人。

姓氏　村内约有姓氏24个，分别为赵、钱、孙、李、吴、王、陈、衡、魏、刘、贾、史、张、杨、朱、葛、闫、祁、韩、兰、曹、田、姜、晏。其中大姓有赵、李、贾、张、刘。

2016年西赵庄村部分姓氏谱牒字辈排序情况表

表1

姓氏	谱牒字辈排序	说明
赵	长门：继、玉、(柱、宝)洪，二门：继、玉、学、洪	
李	长、永、玉、德	长门
贾	德、(长、昆)(树、洪、凤)(春、冬)	二门
张	军、振、自、桂、美	
刘	桂、永、德	

西赵庄村部分家谱选介

《赵氏家譜》序 祖籍湖广信阳郡人自前明永乐三年。始祖铉、锜、镇三人。赵锜之子赵文道。赵文道三子赵光耀。赵光耀之子赵维功迁居到赵庄村，赵维功之子赵爋生四子。赵庄村赵姓四大门，长门伯逊，二门仲英，三门叔遴，四门季春。四子之下是：清、龄、曾、元、继、王。

赵姓始祖为铉镇锜、原配郝氏继配韩氏秦氏生一子。二世祖文道锜子，配秦继王氏，王氏张世生四子。三世祖光弼，文道长子，原配王氏。光明，文道次子，配候氏。光耀，文道三子，配王氏又王氏又刘氏又王氏。光顯，文道四子，配王氏。四世祖维功光耀子，配赵氏生一子卒年58寿，葬村东新茔首穴。王世祖赵爋维功子字连城原配杨氏生四子一女。勅贈文林郎年51寿左照穴。以上四门始祖至五世祖次序。

村东茔坟图午山子向：祖维功赵氏、祖赵爋杨氏、长门祖伯逊吴氏、二门祖仲英赵氏、三门祖叔遴郎氏、四门祖季春李氏、此一空穴、三门祖清列王氏郭氏、三门祖清修刘氏节出外、二门祖清瑞诸葛氏。

《王氏家譜》序 王氏祖諱爋为四门始祖分枝长门谱：长门六世祖伯逊、七世祖清诏。八世祖芳龄、昌龄、裕龄。九世祖曾翼、曾隂、曾寿、曾俊。十世祖起元、允元、凌元、起元、梦元、一元、愷元、鼎元、和元。十一世祖继先、继志、继成、继长、继哲、继世、继谟、继往、继贤、继庭、继来。十二世祖玉辉、玉林、玉田、玉琤、玉堂、玉生、玉山、玉峯、玉鎖、学善、宝善、增善。长门十二枝：十一世祖继哲，十二世祖玉田（继哲子）、十三世祖宝柱（玉田长子）、海柱（玉田次子）、宝起（玉田三子），十四世祖京生（宝柱长子）、津革（宝柱次子）、洪旺（海柱长子）、洪庆（海柱次子），十五世祖赵欣（京生长子）、大鹏（洪旺长子）、大磊（洪庆长子）。十一世祖继谟，十二世祖玉山（继谟三子）、玉和（继谟四子），十三世群柱（玉山长子）、峃柱（玉山次子）、宝忠（玉和长子），十四世大勇（群柱长子）、赵铭(亮亮),(宝忠长子)。五世祖諱爋为四门始祖二门次序，二门六世祖仲英，七世祖清望、清翰、清柱、清瑞。八世祖得龄、彭仁龄、兴龄、东茂龄。九世祖曾守、益，曾谦、曾復、省，曾鲁，曾習、端，曾谨、学、志。十世祖福元、擢蛮元、捷、生、彦元、士蓉、长元、廣、勋、铺元、兴、掌、秉、立、凤、贡元、珍、珠元、琦、琇、元、瑜元。十一世继、勳、業、功、康、平、直、正、生、斌、普、崋、香、如、伦、澤、修、仁、中、和、信、良、義。十二世玉、达、署、珀、昆、珠、刚、璋、光、岚、文。十三世学、成、军、强、民、山、良、柱、群、忠、宝、全、亮、彪、智、勇。十四世洪、栓、来、起、健、江、磊、阳、悦、星、宇。二门十世祖长元：十一世继香长元子，继如长元次子。十二世玉昆继香子，玉珠继香次子，玉刚继香三子，玉璋继如子，玉光继如次子，玉岚继如三子，玉文继如四子。十三世学成王刚长子，学军王刚次子，学强王刚三子，学民王刚四子。十三世学山玉璋长子，学良玉璋次子，学柱玉光长子，学群玉光次子，学忠玉光三子，学宝玉岚长子，学全玉岚次子，学亮玉文长子，学彪玉文次子，学智玉文三子，学勇玉文四子。十四世洪栓学成长子，洪来学成次子，洪超学强长子，洪晨学民长子，洪起学山长子，洪健学山次子，洪江学良长子，洪磊学群长子，洪阳学亮长子，洪悦学彪长子，洪星学智长子，洪宇学勇长子。

民族 据《天津市北辰区地名志》载，1995年，该村全为汉族。据村情调查，2016年，该村人口中有满族1人、回族1人，其他为汉族。

方言 西赵庄村为武清方言片，该地方言与武清杨村话相似，在全国方言片区上属北京官话区怀（来）承（德）片。

四　耕地状况

据西赵庄村村情调查资料表明：20世纪80年代村有大块耕地5块，面积1060亩。2015年耕地面积622亩。耕地四至：河西地四至：东邻北运河，南西北与下辛庄村耕地接壤；河东地四至：东与北仓镇丁赵庄村耕地相连接，南临永定河堤，西临北运河大堤，北与沙庄村耕地接壤。

村内有泵站1处。

20世纪80年代西赵庄村所属耕地地块名称表

表2 单位：亩

地块名称	耕地位置	面积	地块名称	耕地位置	面积
小沟、笵家坟	公路东	200	三节地	运河西	100
李田地、河滩	村　南	140	黄全地	运河西	330
毛洼子、四清地、大田地	村东南	290	合计		1060

20世纪80年代西赵庄村所属耕地地块示意图

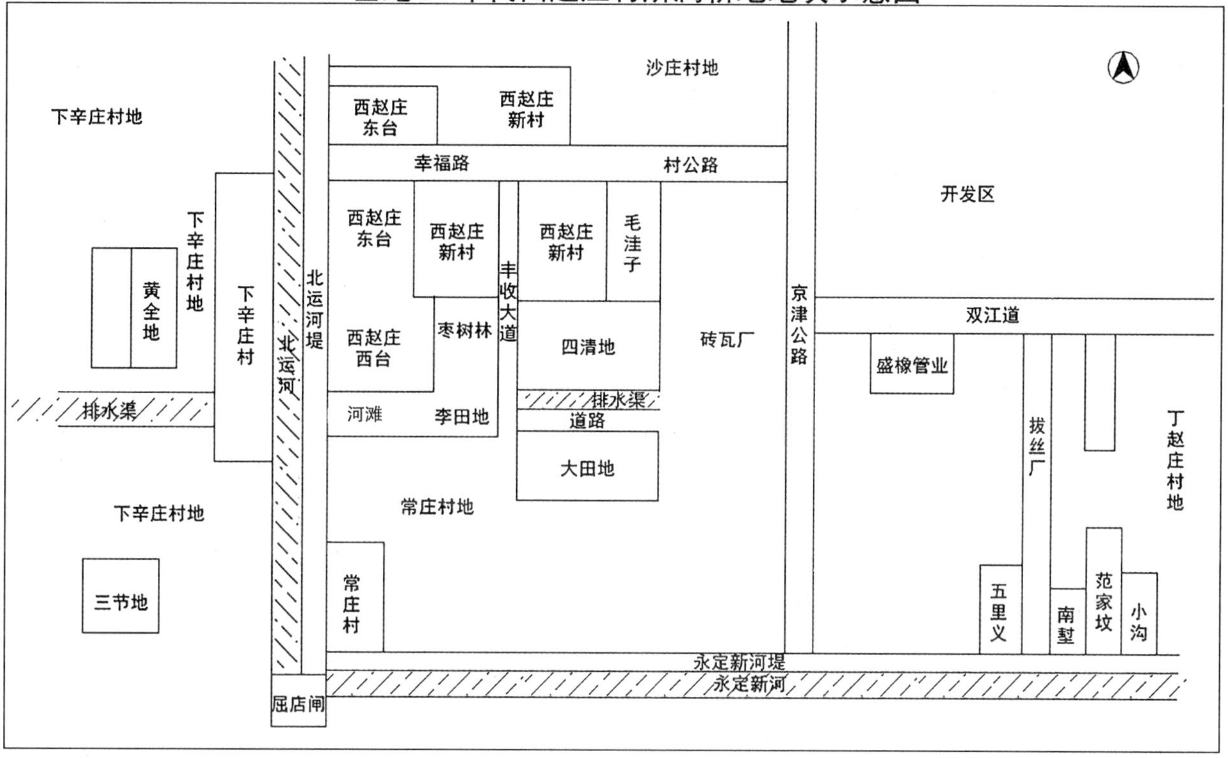

（2016年绘制）

五　街道胡同

中华人民共和国成立前，村民住宅沿河堤自然形成，村内街道、胡同杂乱无章，大街小巷都是土路，村民出门冬春季一身土，夏秋季两脚泥，道路泥泞不堪。中华人民共和国成立初期，西赵庄村分为东、西两台（处）居住，胡同没有名称。

1963年，村里整体规划在村东建新村，重新调直道路、胡同，街道较之前有所改进。村里的街道、胡同都有了名称。

80年代前，村里基本都是土路，或垫些炉灰渣、白灰渣等。1985年，村铺设村至京津公路的沥青路面。

90年代后期，村里按规划，实施“五个一”建设工程，主要街道铺设了沥青路面，胡同小路铺设红砖，村里道路实现了全面硬化。2004年，主要街道6条，胡同有17条。

西赵庄村街道　（2016年摄）

2004年西赵庄村街道情况表

表3　　单位：米

街道名称	位置	走向	长度	街道名称	位置	走向	长度
丰收大道	村南	南北	200	宏伟大街东	村南	东西	200
幸福大街	村中心	东西	1600	康乐大街	村西	南北	150
吉祥大街	村委会西	南北	300	宏伟大街西	村西	东西	200

2004年西赵庄村胡同情况表

表4　　单位：米

胡同名称	位置	走向	长度	胡同名称	位置	走向	长度
常顺	村东南	南北	200	吉庆	村西	东西	100
常喜	村东南	南北	200	丁字	村南	东西	80
常青	村东南	南北	200	赵家	村西	东西	100
胜利	村南	南北	300	工字	村西	南北	100
昌盛	村南	南北	300	常宝胡同	村南	南北	200
富裕	村北	南北	150	新丰胡同	村南	南北	200
富强	村北	南北	150	小康胡同	村南	南北	120
光荣	村北	南北	150	通达胡同	村西	南北	100
东升	村北	南北	150				

六　旧村改造

中华人民共和国成立前，西赵庄村内无富裕的大户，村民住房多为土坯房和茅草房。

中华人民共和国成立初期，村民建房多为从房基地起砌上几层砖，墙体的上部全部为土坯。自20世纪70年代中期，村民逐步盖上砖木结构平房。

2005—2009年，村里实施旧村改造拆迁，截至2009年，全村共拆迁207户；2016年，还有50余户没有拆迁，部分村民还迁新居。

七　公共设施

中华人民共和国成立前，由于该村较小，村内公共设施甚少，有私塾、有小杂货部、私人磨坊等。20世纪60年代初，村内建起卫生所、幼儿园、电磨坊、饲养处等。70年代，建有代销店、小饭店等便民设施。

90年代后，村里建立村民健身公园、卫生所、代销店、老年活动中心、篮球场、农机站等公共设施。

西赵庄村健身广场　（2009年摄）

2004年西赵庄村主要街道胡同及公共设施示情况示意图

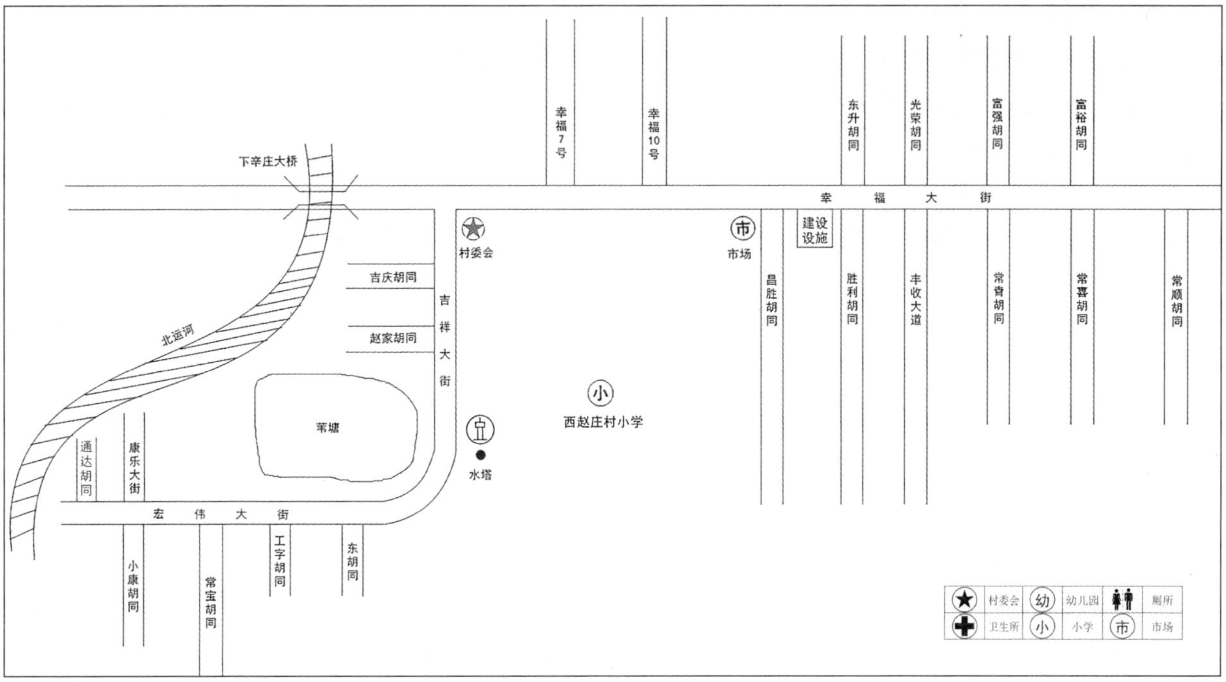

（2016年绘制）

八　经济概况

中华人民共和国成立前，村民生活主要靠农业种植、做小买卖、捕鱼为生。多数村民生活困苦。

中华人民共和国成立初期，通过组织成立互助组、初级社，过渡到高级社，逐步建立集体经济。在计划经济体制下，村始终处于经济效益低，多年没有明显发展。

20世纪60年代，村集体改造村东600多亩沙碱地，兴修水利设施，村里粮食、蔬菜生产得到发展。村民开展家庭副业，主要从事割草、纺石棉、搓麻绳等家庭手工业赚些零花钱。另外组织一些劳务出工增加集体收入。

1968年，村“过渡”到大队建制，实行一元化领导。总产量下降8万千克、减产33%，社员吃粮水平下降40.5千克、人均分配下降35元。1970年改划为2个生产队，生产仍搞不上去。

1979年，区召开的四级干部会议上，区委坚决纠正“穷过渡”不留尾巴，批准该大队恢复4个生产队建制，农业生产见到成效。80年代，村实行家庭联产承包责任制，调动了村民的种粮、种菜的积极性，彻底解决了村里长期缺粮问题，村民生活有所提高。

90年代后，村建有绒毛厂、绞条厂等企业。1995年，村工业产值2012万元。村发展第三产业，其中餐饮业有双环餐厅，物流业引进彤彤汽车物流等。1995年，村粮食播种面积562.05亩，总产量161吨；蔬菜播种面积423亩，总产量1920吨；生猪出栏235头；农业产值126万元。

该村种植枣树有200多年的历史，枣树最多时达3000余棵，在中华人民共和国成立前，由赵姓管理。枣树的品种优良，个大、皮薄、口甜。70年代后，因国家提倡耕地去林种粮，减少2000多棵，到2015年，存活枣树不足1000棵。

西赵庄村枣树林　　（2015年摄）

2014年，村集体经济总收入159万元，农民人均所得1万元。

九　民间文化

西赵庄引河腰鼓队　建于1983年，有队员35人，以青少年为主。

西赵庄秧歌队　成立于2008年秋，自成立后，队员常在村委会门前演练，不断更新表演形式。每逢重大节日庆典，参加区、镇组织的演出活动。2012年后，有队员30余人。

赵怡斋配刘氏合葬墓碑　1964年出土于西赵庄村东，王熙撰，郭芬书，张氏甄篆盖。青石质料，阳文；盖小篆体，文魏体。立于清康熙二十五年（1686年）。碑载："其子卜于康熙二十五年十月辛未葬于北仓之北原"。志石存于西赵庄村。

孙敬仪墓碑　1964年出土于西赵庄村东。全开第撰，甄大城书并篆盖。青石质料，阳文；盖小篆体，文魏体。立于清道光二十六年（1846年）。碑载："公子嘉股、嘉桂将奉二亲合葬天津赵庄新阡。"志石存西赵庄村。

寺庙　据《津门保甲图说》记载，清道光二十六年(1846年)，该村建有庙宇1座:"菩萨庙"，在村西部，于中华人民共和国成立前拆除。

十　历任党政负责人

据西赵庄村上报村情调查资料表明：村党支部有记载是从1958年始，党支部经历11任党支部书记。村政机构先后经历村公所、生产大队、革命委员会、生产大队后过渡到村民委员会。

1958—2016年西赵庄村党组织负责人任职情况表

表5

党组织名称	姓名	性别	职务	任职时间
党支部	牛青兰	女	书记	1958—1961
	张明远	男	书记	1961—1972
	李永清	男	书记	1972—1982
	赵玉文	男	书记	1982—1985
	赵春林	男	书记	1985—1988
	李学瑞	男	书记	1988—1990
	曹振江	男	书记	1990—1991
	刘金祥	男	书记	1991—2003
	赵宝权	男	书记	2003—2006
	赵学成	男	书记	2006—2009
	张志国	男	书记	2010—

1949—2016年西赵庄村村政机构负责人任职情况表

表6

村政机构名称	姓名	性别	职务	任职时间
村公所	王洪玉	女	村长	1949—1953
	李秀峰	男	村长	1949—1953
	田金荣	男	村长	1954—1955
	赵玉珍	男	村长	1955—1956
	赵金堂	男	村长	1956—1957
	祁相贵	男	村长	1956—1957

续表

村政机构名称	姓名	性别	职务	任职时间
生产大队	陈志文	男	大队长	1957—1958
生产大队、革命委员会	李永清	男	大队长、主任	1959—1977
生产大队	李学瑞	男	大队长	1977—1986
村民委员会	曹振江	男	主任	1987—1989
	刘金祥	男	主任	1990—1991
	曹振江	男	主任	1991—2003
	赵学成	男	主任	2004—2007
	李伯成	男	主任	2008—2009
	张志国	男	主任	2009—2010
	李德刚	男	主任	2014—

说明：因故2011—2013年空

十一　荣誉

1950—2016年，该村获市局级先进集体荣誉称号1项（次）即1994年被天津市爱卫会评为爱国卫生先进单位；获市局级及以上先进个人荣誉称号3项（次）。

1950—2016年西赵庄村获市局级及以上先进个人情况表

表7

姓名	荣誉名称	授予部门	授予年份
闫树旺	优秀青年水利工作者	国家水利部	1994
	优秀青年教师	国家教育部	1994
陈洪芹	文明家庭标兵户	天津市精神文明委	1997

沙庄村

沙庄村位于北辰区中北部，双街镇中南部，北运河东岸，京津公路西侧，北紧邻双街村，南与西赵庄距0.7千米。村呈长方形，占地面积2.5平方千米。2014年，村集体经济总收入1248万元，农民人均所得 20703元。2015年，该村户籍人口1257人，长期固定资产736万元。

沙庄村万源星城小区　　（2010年摄）

一　村庄沿革

沙庄老村建于清初（一说南方沙姓建于明永乐年间），为武清敖嘴沙姓佃户村，始称沙家楼。雍正八年(1730年)称沙家庄、沙庄子，后卖杨庄子杨姓，同(治)光(绪)年间为王秦庄人曹克忠(人称曹大帅)的佃户村，一度改称得胜村。民国初年，成为吴嘴村裴氏佃户村，复称沙家庄。1979年至90年代初，在京津公路西侧发放农民宅基地，村民盖起砖瓦结构的平房，逐渐形成沙庄“新村”。1985年，区政府实施村名普查和规范化时，经村民同意，正式定村名为沙庄。

清雍正八年（1730年）沙家庄划归天津县管辖。乾隆元年（1736年），实行巡检辖村制，沙庄村属西沽巡检管辖。光绪三十一年（1905年），天津县设4乡34区，沙家庄属北乡第十八区管辖。中华民国时期，天津县北乡设双街乡和汉沟乡，沙家庄隶属双街乡。民国38年（1949年）3月，天津县实行区辖村制，村直属天津县第八区。1950年7月，并归天津县四区管辖。1953年5月，沙庄村归属双街小乡管辖。1958年4月，4个小乡裁并为张湾乡，属张湾乡管辖。1958年8月，并入幸福人民公社，张湾大队辖沙庄村。1959年3月2日，幸福公社改称北仓公社，并实行管理区辖生产队制，张湾大队改为张湾管理区，该村隶属张湾管理区。1960年6月27日，隶属津北畜牧场双街分场。1961年5月，隶属北郊区双街公社。1983年7月，隶属北郊区双街乡。1992年3月6日，北郊区改称北辰区。1995年9月后，隶属北辰区双街镇。

二　道路河流

道路　沙庄村地处京津间要道，交通四通八达。通往京都驿道，后改建成的京津公路穿村而过。中华人民共和国成立后，村东京山铁路经多次改建、扩建，全线以建成复线铁路。20世纪60—90年代，域内先后有铁路津蓟线、京九铁路津霸联络线建成通车。至2016年，域内有一级河道1条，国道1条，铁路3条。810路公交车在沙庄村设总站，610路、611路、961路、725路等公交车在村口设站，规划地铁四、五号线在周边设站。交通便利。

桥梁

跨公路天桥　2009年后，建跨京津公路桥1座，位于沙庄村东，九十二中学，公交车站旁。

龙顺桥　跨北运河，2005年7月建。系钢筋混凝土桥，长90米，宽10.8米。最大负荷量55吨。桥两侧护栏材质为汉白玉，石柱上相间雕刻有龙凤百条（只），桥栏东端雕有龙头，西端雕着龙尾。

龙顺桥　　（2010年摄）

河流　一级河道北运河流经域内。60年代前，该村村民一直饮用北运河水。之后，由于北运河水流量逐年减少，水质污染，开始出现压把井等土水井，1972年，村里挖掘饮水机井，设水塔集中供水，村民告别饮用北运河水。

三　人口方言

人口　据《典籍中的北辰》载，民国23年(1934年)，该村有104户530人。据统计资料载，1980年，有247户1062人；2000年，有358户1162人；2009年，有4295户12173人；2014年，有4300户12215人。

姓氏　沙庄村最早有殷、王等姓氏，后陆续迁入其他姓氏。至2016年，村域内有殷、王、张、赵刘、陈等大姓。

村内15户以上的大姓有6个，户数最多的为殷、王两个姓，分别为54户和46户；其次为张姓，34户；再次为赵姓(21户)、刘姓(17户)、陈姓(15户）。2户～6户的姓氏有6个，依次为高、李、杨、孙、严、田。只有1户人家的姓氏有9个，分别为吕、宋、郎、尚、项、贾、康、鲍、薛。

2016年沙庄村部分姓氏谱牒字辈排序情况表

表1

姓氏	谱牒字辈排序	姓氏	谱牒字辈排序
殷	井、广、洪、家、国	王	庆、士、玉
赵	家、国、志、单字名	张	井、振、旺

民族 自清初建村，村内居民以汉族为主。据1982年第三次全国人口普查，该村1179人均为汉族。1990年第四次全国人口普查时，该村1210人，有汉族1209人，回族1人。至2016年，民族均无变化。

方言 该村属武清方言片，该地方言与武清杨村话相似，在全国方言片区上属北京官话区怀（来）承（德）片。

四 耕地状况

据沙庄村上报村情调查资料表明：20世纪80年代，该村有大块耕地8块，总面积1115亩。2015年，耕地面积422亩，河东地四至：东北与双街村耕地接壤，南临西赵庄村，西接北运河；河西地四至为东邻北运河，南邻下辛庄耕地，西临永定新河，北与下蒲口地接壤。

20世纪80年代沙庄村所属耕地地块示意图

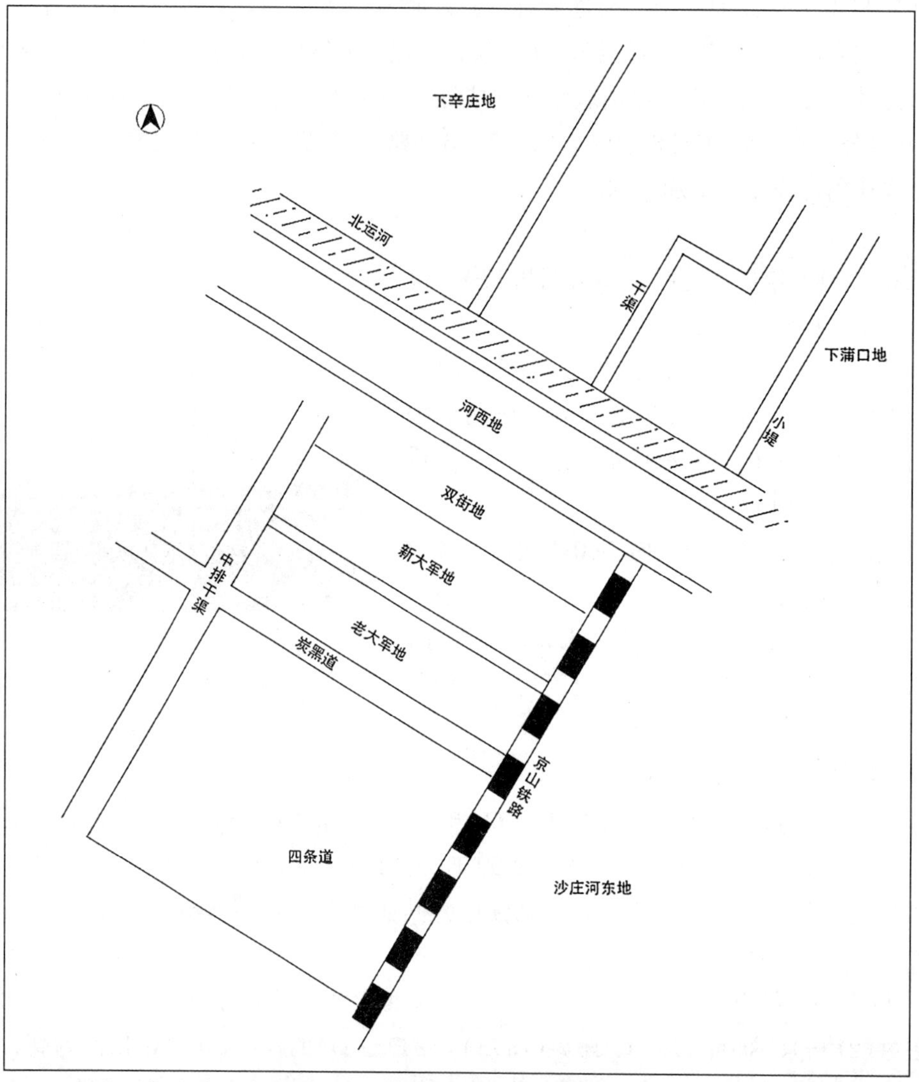

说明：南坑地、河滩地、下蒲口插花地不在图内　　　　（2016年绘制）

涵闸泵站 1958年，沙庄村新修干渠2条计长500米、支渠5条共长850米；累计有干渠8条1800米，支渠14条2600米。有沟洫畦田67.12亩。1964年，沙庄村有水泵4台。1969年，有50千伏变压器1台，扬水水泵12英寸1台、8英寸1台、6英寸4台。1975年，沙庄村共有水泵14台，其中4英寸和6英寸各6台，8英寸和10英寸各1台；有配电机井5眼，其中深井（150米以上）2眼、中井（50米以上）3眼。

1980年，在四条道、北运河处共有机房4间，内装水泵10英寸、12英寸各1台；灌水效益园田214亩，排水效益园田214亩、旱田200亩。

1991年，有排灌机械3台（动力49.5千瓦）。1996年投资2万元，在北运河西建排灌水泵站1座 。

2014年，沙庄村建铁路内过道涵2座。

20世纪80年代沙庄村所属耕地地块情况表

表2　　单位：亩

地块名称	耕地位置	面积	地块名称	耕地位置	面积
四条道	公路东	500	小堤地	运河西	80
老大军地	公路东	140	下蒲口插花地	运河西	60
新大军地	公路东	75	南坑	村　南	140
干渠	运河西	80	河滩	村　西	40
合计					1115

五　街道胡同

20世纪80年代前，村中街道、胡同及村庄至京津公路道路均为泥土道，“刮风一身土，下雨两脚泥”。沙庄老村分为3部分，称前街、中街、后街，后在后街之北建部分住宅，称为“后园”。

1985年，沙庄村修建从村内至京津公路1.1千米柏油路。1986年，续建0.25千米。1989年，又由老村至新村兴建长2千米柏油路。

90年代中期，村有南北向街道1条、东西向街道2条、南北向胡同7条、东西向胡同4条，主要道路有南道、中道、北道、光明道和小康路。

1996年，修整沙庄新村十米道。是年，修建东西方向的九十二中道、南北方向的十米道（路）。村按街道排序有7条街道，分别为，沙庄老村大道、新村十米大街、东一条街、东二条街、西一条街、西二条街、十字街。

2003年，由于平房拆迁，重新规划村庄建设，村中道路发生很大变化，村域有龙顺道、龙顺南道、顺风路、顺境路、顺帆路、顺畅路等多条道路。

龙顺庄园道路 庄园内横贯东西之“道”有龙顺大道和龙顺南道2条主道，在明清复古建筑西侧有龙顺北道之间有新园道和金河道。内纵贯南北之“路”主路为顺源路，2个钓鱼池西，有双池路，其余“路”由东向西依次为金龙路、景观东路、景观中路、顺天路和景观西路。

2004年沙庄村街道情况表

表3　　单位：米

街道名称	位置	走向	长度	街道名称	位置	走向	长度
沙庄老村大道	村中心道	东西	1800	东二条街	新村东	南北	500
新村十米街	新村中心	南北	800	西一条街	新村西	南北	500
九十二中道	九十二中东	东西	800	西二条街	新村西	南北	600
东一条街	新村东	南北	500				

2004年沙庄村街道胡同情况示意图

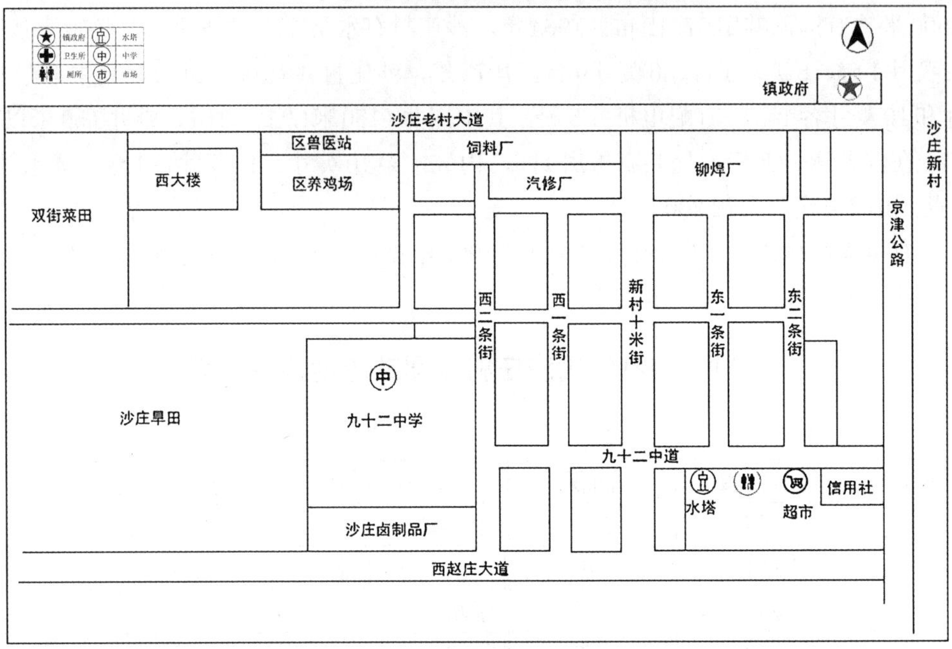

（2016年绘制）

六　旧村改造

1980年，沙庄村集体公有房屋共119间、2531平方米，其中大队公有房屋73间、1605平方米；4个生产小队公有房屋46间、926平方米。集体房屋中有9间土坯房。

2003年2月，为加快新农村建设进程，彻底改善村民居住环境，提高村民生活质量，沙庄村党总支、村委会决定实施旧村改造，全村拆迁342户、宅基地面积5.47万平方米、建筑面积3.65万平方米。

2004年6月1日，沙庄村一次性乔迁功能全、安全智能化的住宅楼，人均居住面积38平方米。

附：媒体选录

沙庄人的幸福生活

坐落在京津公路边上的北辰区沙庄子村，发生了一件令人瞩目的新鲜事：在震耳欲聋的鞭炮声和村民们的欢呼声中，十几台铲车、推土机一齐上阵，将本村最后一片旧平房推倒、铲平，至此，沙庄子村老村里的360多套民宅全部被拆除，迁出的村民集体搬人附近花园式的住宅小区。这种彻底拆掉全部旧村平房，整体迁住新村楼房的做法在北辰区尚属首例。

过去，沙庄子村经济基础比较薄弱，农民对于住楼房连想都不敢想。自2000年8月新的两委班子上任以来，在千方百计增加农民收入的同时，抓住本市加快农村小城镇建设的机遇，于2002年迅速成立了顺潮房地产开发有限公司，总规划达100万平方米的“万源星城”也随之启动。

转年正月十四，在村民群众的期盼和支持下，村里只用了一天的时间，便完成110户平房的拆迁，农民的楼房梦想已经不再是梦，其中4万平方米的村民住宅楼已在2004年7月交付使用，按照拆1平方米还1平方米的优厚政策，绝大多数村民在分到楼房的同时，还返还了不少退款。该村年逾七旬的赵国本老汉不仅兑换了一套楼层为三楼的90多平方米大偏单，而且还返回现金28万元。记者在新落成的沙庄子花园小区看到：这里设有国内先进的安防系统，即：可视防盗对讲系统、闭路监控系统、电子巡更系统、周界报警系统、LED伪彩显示屏和室外背景音乐广播等6大系统，这些系统覆盖全区，没有死角，达到国内领先水平。小区整体环境优美，区内绿化面积达40%以上，由大连园艺设计师设计的小区中心广场面积近7000平方米，设有汉白玉龙柱、喷泉、雕塑，其造型多样、美观，三季有花，四季常绿，体育健身设施齐全，成为广大群众文体活动的良好场所。

国庆节期间，为了增加节日的喜庆气氛，由村两委班子组织全村近400户1500多口人进行集体温居，并赠送给每户村民饮水机、煤气灶、热水器等器具。村民刘宝亮感慨地说："我们沙庄子村农民祖祖辈辈是土里刨食的，今天也住上了楼房，这就是小康社会呀！"的确，沙庄子村民不单单是住进了楼房那么简单，他们在农业上实现了庄园化，工业上实现了园区集中化。农民在生活上更是有了保障，他们不仅上了养老保险，而且有了集体"股金"，每逢年节还能分到米、面、油、鱼等食品，没有人会因为生活和工作发愁，村民们已经享受到小康社会的幸福生活。

沙庄子村在改善群众生活水平上迈出了划时代的一步，成为天津农村城市化改造的典范。

（通讯员陈立兴　记者何会文，原载2004年11月10日《天津日报》）

双迎里住宅小区　位于龙顺南道北侧。建于1997年，占地面积1.67万平方米，总建筑面积3.18万平方米。

万源星城水郡　该项目总建筑面积18.5万平方米，其中住宅面积16万平方米，公建面积2.5万平方米；2003年4月动工，2004年6月竣工。二期工程"万源星城龙郡"于2007年10月竣工。

聚龙园　该项目总建筑面积14.7万平方米，其中住宅面积12.1万平方米、公建面2.6万平方米。2005年5月动工，2006年年底竣工。

碧龙园　该项目总建筑面积7.8万平方米，其中住宅面积7.6万平方米、公建面积2000平方米，2005年9月初动工，2007年冬竣工。

御龙园　该项目为别墅型住宅小区。总建筑面积4.39万平方米，全部为住宅，共193个单元。2005年9月动工，2007年年底竣工。

龙德园　该项目规划总建筑面积8.8万平方米。一期工程中的3幢于2005年3月动工，共建7栋楼，建筑面积3.3万平方米，其中住宅3.2万平方米、公建面积1000平方米。二期工程建筑面积5.5万平方米，2010年年底竣工。

聚龙园　（2014年摄）

碧龙园　（2014年摄）

御龙园　（2014年摄）

七　公共设施

中华人民共和国成立前，村里公共设施很少，有私塾、磨坊等。中华人民共和国成立后，由于村子距双街村较近，小学校、供销社、粮店、煤场等公共设施与双街村共用。20世纪60年代初，村内建红医站、幼儿园等。80年代后，逐步建有代销店、理发店、小饭店等便民设施。90年代，建文化活动中心，面积50平方米。1997年，村里实施改水除氟工程，购置、安装集中式除氟设备，净化饮用水。2001年，沙庄村开始改造村内排水渠和管道。

2004年年初，实现自来水全部入户；建图书阅览室（面积30平方米），村民学校（面积60平方米）、棋牌室（面积30平方米）、文艺活动室等。

2000年沙庄村公共设施示意图

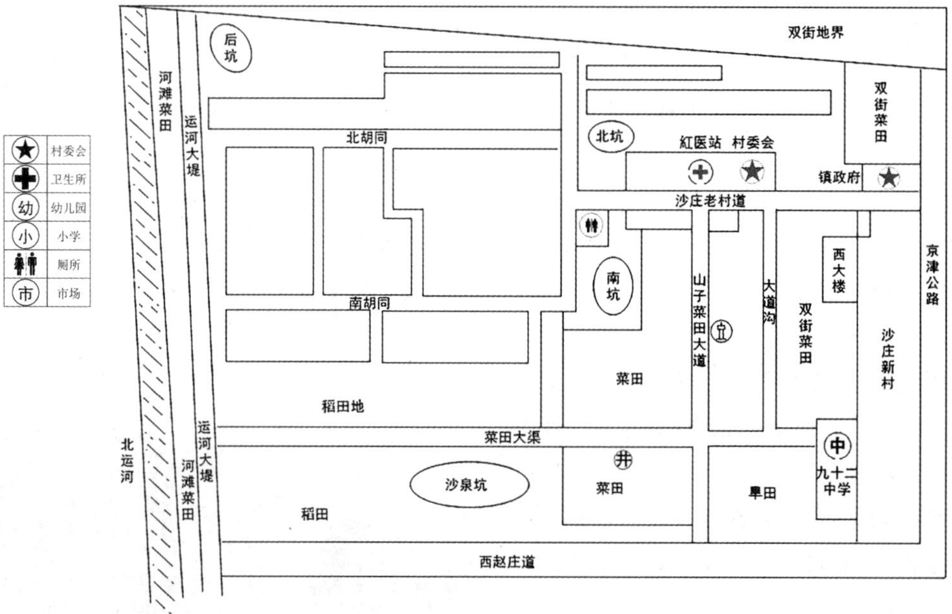

（2016年摄制）

八　经济概况

中华人民共和国成立前，村内无工业，村民生活主要靠农业种植、做小买卖或捕鱼为生。中华人民共和国成立后，村因自然灾害严重，经济基础薄弱。后通过组织成立互助组、初级社、高级社，逐步建立集体经济，粮食及蔬菜产量有所提高。

20世纪60—70年代，村民开始从事家庭副业，主要从事割草、纺石棉、搓麻绳等，均为家庭手工操作，收入自得。另外村组织部分劳动力到附近国有企业出工，增加集体收入。

1984年，沙庄村集体成立长虹基建队，员工多时100人左右（固定职工7人），承揽基建维修、道路维修、水暖安装、油漆粉刷等业务。后该村又组建建新修建安装队，有员工29人，自有资金3000元。

1986年，沙庄村建筑队全年建筑安装工程收入12万余元，其中兴建房屋收入11.3万元。

2000年后，该村向经营集团化、农村城镇化、农业产业化、工业园区化和旅游长远化方向发展；组建龙顺投资集团，下辖顺潮房地产开发有限公司、双源科技园开发有限公司等11家子公司；开辟双源科技园，引进韩国等外资及内资企业26家，每年为村集体增收1300余万元；开发集旅游住宿、特色餐饮、商务会议、康体娱乐、温泉洗浴、垂钓采摘、观光农业为一体的国家AAA级旅游景区——万源龙顺度假庄园。

2002年始，沙庄村成立顺潮房地产开发有限公司，开发建设了聚龙园、碧龙园、龙德园、御龙园等高标准住宅楼，总计建筑面积60万平方米。2011年，投资2.2亿元建成农业博览馆。

龙顺生态观光园　坐落于沙庄村、北运河西岸。2007年被命名为国家级AAA旅游景区。该观光园建有无土栽培工厂化车间、无公害蔬菜大棚、温室花卉区、园林果木区。蔬菜瓜果可供游人采摘。2008年后，改造原无土栽培工厂化车间，扩建成为占地面积1.2公顷的生态观光园，拥有遍布大江南北的多个珍贵品种，体现了农业科学技术发展的成果集成创新。

2014年，该观光园阳光温室、蔬菜大棚占地面积达3.2公顷。是年5月29日至6月1日，在龙顺生态园举办海洋生物科普展，展出上百种海洋生物，有五彩斑斓的热带鱼，20千克重的大海龟，古老的海洋生物——鲎(人称“海霸王”)等，让游人大饱眼福。

现代智能温室 2007年，龙顺投资集团投资880万元建成6000多平方米二代日光温室和5000平方米的现代智能温室。阳光温室采用现代化设施保持恒温、恒湿，主要培育、嫁接稀有的花卉品种及各类精品蔬菜，试验无土生态栽培，使不同品种的蔬菜、花卉在全年的各个季节中均能循环生产。蔬菜大棚种植各色稀有的瓜果蔬菜，游客哪个季节都可品尝到纯天然、无公害、绿色的四季鲜果。

温室大棚内种植香芹（从荷兰引进）、花叶苦苣（引自北京）、彩球番茄、红蓓蕾番茄、太空番茄、番杏、蒲公英、矮红西红柿等花卉、瓜果蔬菜等近百种，可供游客采摘和观赏。

太空蔬菜育种示范基地（龙顺太空园） 2009年4月13日，在天津市技术市场协会和区科委的推动和指导帮助下，中国航天科技集团东方红航天生物技术公司天津分公司提供了54袋太空种子，在龙顺庄园试种。是年6月底，该示范基地在全市率先引进的太空种子种植项目初见成果，1米多长的太空豆角诞生。9月23日，龙顺庄园与东方红航天生物技术有限公司签订合作协议，兴建天津市首家中国航天生物龙顺太空园，项目包括太空蔬菜花卉育种示范基地、航天生物技术成果民用推广基地和航天特色科普教育基地等。

2009年9月，太空黄瓜在生态园试种成功。结出的黄瓜个大、果肉厚、口感好，亩产比相同品种的黄瓜增产20%～30%。至2012年，陆续试种成功的还有太空紫茄、太空花皮葫芦、太空巨型南瓜、太空豆角、太空辣椒、太空番茄等10余种。

天津龙鸣农副产品专业合作社 该合作社位于沙庄村龙顺南道，2008年9月注册，注册资金100万元，有社员120人。该合作社隶属龙顺投资集团，主要经营

万源龙顺度假庄园仿清古建筑 (2015年摄)

龙顺庄园观光农业园 （2009年摄）

龙顺生态观光园景区 （2014年摄）

太空巨型南瓜 （2008年摄）

百香果、人参果、草莓、樱桃、穿心莲等种苗的种植、销售业务。

双源科技园 该科技园2002年5月辟建。其范围南邻永定新河，北靠双江道（原炭黑路），东接京山铁路，西至龙润路，占地106.17万平方米(原为养鱼种藕的池塘)，其中厂房总建筑面积20万平方米，绿化面积6万平方米，单体房面积1500～3000平方米。2004年初具规模，并建有方便职工饮食、购物、娱乐的商业服务区。至2009年，先后有26家企业入驻，其中外商独资企业有大韩金属工业（天津）有限公司，台资企业有信宏车业有限公司，合资企业有中日合资的椿本输运机械有限公司。私营企业有银龙预应力钢丝有限公司、中节能龙腾机械、振兴家具、亨茂塑胶、震亚金属、嘉海木业、欣欣电子、斯密特仪表、伯昊科技发展、中川高科技、兴东辉仪表、华夏机械、佳通塑染、利帮工程机械、津魁带钢有限公司等。至2014年，入驻该园企业20余家。

万源星城楼盘销售 2003年11月，沙庄村在武清区等地举行报告会，宣传北辰“环境立区”战略和旧村改造、推进城市化建设的做法，仅当月武清区就有400户预订购买兴建中的万源星城农民住宅楼。

2005年8月，万源星城被天津《每日新报》誉为天津市第三届十大明星楼盘；2006年，被天津《城市快报》誉为“畅销楼盘”。是年，万源星城售楼处获天津房地产区域住宅销售冠军称号。2007年4月，万源星城售楼处被天津市房地产业协会、天津日报报业集团、首届（中国）环渤海房地产博览会组委会授予“2006年度房地产区域住宅（天津西北版块）销售冠军”称号。

世纪万源星城市场 2007年11月，动工兴建世纪万源星城市场，其位于龙顺南道北侧，东邻供热公司，占地面积7000多平方米，经营摊位252个，房间72间；主营副食、鱼、肉、蛋、蔬菜等，成为与新农村配套的商业设施。区供销社与沙庄村协商，于2008年夏接管，抽出得力人员管理该市场。至2014年，该菜市场仍红火营业。

万源星城社区商业中心 该中心位于万源星城社区的中心地带，是该住宅区配套商业服务设施，2004年开始建设，至2008年6月正式形成，社区商业中心全长2200米，建有商业网点216家，总建筑面积3.5万平方米。主要业态有：便利店8家，早点快餐店6家，生鲜食品店2家，美容美发店4家，洗染店2家，照相馆、物资回收、家政服务、邮政所、银行储蓄、便民药店、音像制品商店各1家，另外还有饭店、专卖店等网点187家。万源星城社区商业中心各类便民商业服务业态门类齐全，硬件设施标准较高，整体布局与社区协调合理，各类配套功能完善，为居民提供便捷的生活服务。2008年被商务部评为第二批全国社区商业示范社区。

万源龙顺度假庄园 万源龙顺度假庄园（简称龙顺庄园）总占地面积20余万平方米，总投资3.6亿元，坐落双街镇沙庄村外环线以北，京津公路以西、北运河西岸，于2005年7月落成开业。该庄园是沙庄村开发建设的集旅游、住宿、特色餐饮、商务会议、康体娱乐、温泉洗浴、采摘、垂钓、生态观光、动物养殖和科普教育为一体的大型综合性旅游景区。2007 年被命名为国家级AAA旅游景区，龙顺大酒店被国家商务部评为国家级“五钻酒店”。2008年龙顺庄园获“天津美丽乡村”称号。为全国科普教育基地、市烹饪协会常务理事单位、市旅游协会理事单位、美中科技文化合作交流基金会活动基地和世界旅游大使冠军总决赛赛事活动指定单位。庄园作为“天津市大型影视拍摄基地”，《阳光的快乐生活》《对峙》等影视剧组先后到庄园拍摄。2011年，在庄园内建成了天津龙顺农业博览馆；至2014年，成功举办两届天津农业博览会。

雪山飞湖度假景区 雪山飞湖旅游项目由天津龙顺投资集团投资开发，分两期建设，总投资15亿元。该景区位于吉林省延边朝鲜族自治州安图县两江镇境内，占地面积656公顷，湖泊面积13平方千米，蓄水量2.4亿立方米，是集休闲度假、餐饮住宿、商务会议、垂钓采摘、冰雪娱乐的综合性旅游度假景区，也是国家AAAA级旅游景区、国家休闲农业与乡村旅游五星级企业。景区内修建了独具北欧风情、国家四星级度假酒店——龙顺雪山飞湖度假酒店，总面积12000平方米，被“联合国大图们江区域项目会议”设立为永久会址。

九　民间文化

沙庄村京剧戏迷演唱队　中华人民共和国成立后，沙庄村京剧戏迷演唱活动主要是自娱自乐形式。20世纪80年代后，有张文会、殷广桥等爱好者，常与临近的北仓村、下蒲口村的京剧爱好者聚在一起演唱。以前在爱好者居住的平房院中活动，1990年以后，在村老年活动中心演唱。1996年，村委会支出1000元，购买京剧演唱活动用的乐器。部分戏剧爱好者戏迷票友到此参加活动，除了演唱京剧、评剧折子戏唱段外，还根据形势自编自演节目，并参加镇里一些演出活动。21世纪，活动地点迁至柴楼村。

沙庄村秧歌队　于1994年组建，后来活动间断。2001年9月重建，有队员30多人，负责人兼教练殷家安。多在春节期间演出。

土地庙　据《津门保甲图说》记载，清道光二十六年（1846年），沙家庄建有“土地庙”。于中华人民共和国成立前拆除。

古树　沙庄村内有一棵圆柏，树龄317年（市政编号A0059，区编号08），一年四季常青；2015年，古树自然死亡。

清代嵌根铁锚　2005年5月，北运河清淤工程在沙庄子村段，小淀镇刘安庄村民董元喜于河底4米深处意外地发现了一支嵌进大树根里的铁锚。锚柄斜穿过树干，四个爪的倒钩，有一个嵌进树干，一个嵌进树根，一个扎进泥土。铁锚与树桩浑然一体，为稀有文物。这支铁锚被认定为为漕运时期船只停泊所用器具。2001年兴建以漕运历史为主题的御河园时，将这个嵌进树根的铁锚置放园中供人们欣赏。观者无不称奇。

清代嵌根铁锚　（2005年摄）

曹克忠之墓　位于沙庄村西、北运河河滩上。曹克忠为清朝将领，其墓地有牌坊，上书“镇威将军”4个字。墓地周围用蓝砖砌成高墙，占地40.05亩。

十　大事纪略

宋平考察沙庄村　1993年10月18日，中国计划生育协会会长宋平到沙庄村，考察计划生育协会工作，并召开座谈会。宋平讲话并题词：“协会的生命力在于活动，凝聚力在于服务”。

天津彩车　2009年10月“新中国甲子国庆大典”天津彩车“滨海新貌”被双街置业集团收购，于11月22日，被龙顺庄园收购，置于龙顺庄园。

2009年10月，“新中国甲子国庆大典”天津彩车“滨海新貌”

中国计划生育协会会长宋平为双街计生工作题字　（1993年摄）

十一　英烈先贤

殷广华（1915－1940）　革命烈士，沙庄村人，民国27年（1938年）3月28日在霸县信安镇参加革命，民国29年（1940年）在山西省静乐县米玉镇与日军作战时牺牲。其生前为八路军20师3584团11连1排战士。

赵家泰（1900－1995）　沙庄村人。初小文化，汉族，1957年参加工作。1956年1月任幸福高级社二社（沙庄）农业社主任（大队长），后任沙庄农业社副队长、小队长。1956年8月、1958年5月、1963年5月和1965年11月，先后当选张湾乡第二届和双街乡第三、第五、第六届人民代表。1963年4月、1965年9月先后当选为北郊区第五、六届人大代表。1963年5月，当选双街乡人民委员会委员。1965年任沙庄村科技组组长，带领组员开展科技实验，组织技术宣讲班、讲座班、文化班等，在盐碱地试验密植天津一号大麦，亩产409千克，被群众称为“万能组”。1966年7月，该科技组被评为“北郊区学习毛主席著作先进集体”。其1995年逝世，享年95岁。

十二　历任党政负责人

沙庄村党支部有记载是从1949年始，党支部经历12任党支部书记。村政机构先后经历村公所、生产大队、革命委员会、生产大队后过渡到村民委员会。

1949—2016年沙庄村党组织负责人任职情况表

表4

党组织名称	姓名	性别	职务	任职时间
党支部	刘春清	男	书记	1949—1961
	鲍恩禄	男	书记	1961—1963
	郎士才	男	书记	1964—1975
	赵国金	男	书记	1975—1976
	张建海	男	书记	1976—1983
	殷洪有	男	书记	1983—1987
	张建生	男	书记	1987—1989
	王来禄	男	书记	1989—1990
	张国义	男	书记	1990—1995
	张家兰	女	书记	1996—2000
党总支	陈　彧	男	书记	2000—2005
	赵志厚	男	书记	2005—2016

1949—2016年沙庄村村政机构负责人任职情况表

表5

村政机构名称	姓名	性别	职务	任职时间
村公所	刘春清	男	村长	1949—1958
生产大队	刘春清	男	大队长	1958—1959
	王文义	男	大队长	1960—1962
	赵家太	男	大队长	1963—1965
革命委员会	赵国金	男	主任	1966—1975
生产大队	殷洪有	男	大队长	1976—1983

续表

村政机构名称	姓名	性别	职务	任职时间
村民委员会	杨金海	男	主任	1983—1988
	陈绍堂	男	主任	1988—1991
	殷洪江	男	主任	1991—1993
	张希有	男	主任	1994—2000
	赵志厚	男	主任	2000—2016

十三　荣誉

1950—2016年，该村获全国先进集体荣誉3项(次)，获市局级先进集体荣誉16项(次)；获市局级及以上先进个人荣誉16项(次)。

1950—2016年沙庄村获全国先进集体情况表

表6

授予时间	获奖单位	荣誉名称	授予单位
2008	万源星城社区	国家级社区商业示范中心	中国商务部
2010	万源龙顺度假庄园	全国科普教育基地	中国科学技术协会
2010	天津龙顺投资集团有限公司	“三农科技服务金桥奖”先进集体	中国科技市场协会

1950—2016年沙庄村获市局级先进集体情况表

表7

授予时间	获奖单位	荣誉名称	授予部门
1993	沙庄村	计划生育先进协会	天津市计生协会
2002	沙庄村	民主政治建设示范村	天津市委组织部、市委农委、
2002	沙庄村人民调委会	优秀人民调解委员会	市人民政府
2002	沙庄村	市级文明村	天津市精神文明委
2004	沙庄村	市级卫生村	天津市爱委会
2004	沙庄村	文明标兵村	天津市精神文明委
2005	沙庄村	刑满释放解除劳教人员安置帮教工作先进集体	天津市社会治安综合治理委员会
2007	万源星城	市级文明小区	天津市精神文明委
2008	沙庄村	市创“四无”社区优秀人民调解委员会	天津市社会治安综合治理委员会
2008	龙顺庄园	天津美丽乡村	天津市农工委、市旅游局
2008	沙庄村	2007—2008年度天津市平安示范村	天津市社会治安综合治理委员会
2008	沙庄村	天津市精神文明“五个一”创建活动先进村镇	天津市精神文明委
2008	龙顺投资集团有限公司生态农业部	天津市五一劳动奖章先进集体	天津市总工会
2009	沙庄村	天津市文明村镇标兵	天津市精神文明委
2009	龙顺投资集团龙顺生态农业部	天津市模范职工小家	天津市总工会

续表

授予时间	获奖单位	荣誉名称	授予部门
2014	天津龙顺投资集团有限公司	天津市科普惠农兴村计划先进单位	天津市科协、天津市财政局

1950—2016年沙庄村获市局级及以上先进个人情况表

表8

授予时间	姓名	荣誉名称	授予部门
1995	张家兰	全国计划生育协会先进个人	中国计生协
2003	张文会	全国计划生育协会先进志愿者	中国计生协
2010	殷国琴	三农科技服务金桥奖先进个人	中国科技市场协会
1985	殷家驹	市人民政府	
1994	陈　彧	优秀青年企业家	天津市企业局
2003		第四届市十大杰出青年农民	共青团天津市委、市青联等7部
2004		天津市劳动模范	天津市总工会
2003	赵志厚	天津市“十五”立功先进个人	天津市总工会
2005		天津市劳动模范	市人民政府
2007		天津市劳动模范	市人民政府
2009		天津市慈善之星	天津市慈善协会
2008	殷国明	天津市劳动模范	市人民政府
2008	杨立平	天津市五一劳动奖章先进个人	天津市总工会
2012	赵　蕊	天津市非公有制企业和社会组织团建工作先进个人	共青团天津市委
2013	赵志发	2012年度天津市五一劳动奖章先进个人	天津市总工会
2013	徐　磊	天津市种植养殖能手	天津市科协、市农村工作委员会

附：典籍选录

沙庄子曹大帅之坟茔　天津北乡沙庄子村迤西北运河之东岸有一风景幽胜之坟茔即清代伟人曹大帅之墓焉。

全茔地积约有十余亩周围筑以花墙内多栽种松杨等树且有一部栽种花草每当夏令天气炎热之时村人多住树下乘凉以其碧叶参天功能却暑故也。

曹大帅名克忠天津北乡王秦庄人幼年家境贫寒曾作鱼贩之生涯因所入不足糊口遂弃家徒戎后值西域回族侵扰中原曾屡建奇功竟一跃而升为征西大元帅待乱平回朝因西太后见喜而认作义子官封陕甘总督之职其功岂不伟哉。

我国之今日被异族之侵凌日甚一日土地之损失日益增多复有曹大帅第二起而讨平者乎吾其拭目以待之声香以祝之。

赵家坟墓　位于沙庄村东。清朝时，北仓赵家曾有几人在朝廷为官，势力较大，有“赵半朝”之称。赵家墓地坟高过丈，似小山，大小坟头百余个，占地几十亩。赵之符（“同胞四科甲”之父）之墓位于西赵庄村东。

两家墓地种植的树木遮天蔽日，有的树木有3人合抱之粗，鸟儿栖息林间。“文化大革命”期间，大树被砍伐光，坟头被铲为平地，仅残存一棵松树作为赵家墓地的标记。

（选自《天津县乡土志辑略》）

杨堤村

杨堤村位于北辰区中北部，双街镇中部，京津公路西侧，北运河东岸。南距柴楼村0.2千米，北邻张湾村0.5千米。老村呈北宽南窄三角形，占地面积1.6平方千米。2014年，杨堤村集体经济总收入302万元，农民人均所得1万元。2015年，该村户籍人口726人，长期固定资产8万元，村内经济收入150万元。

杨堤村党支部、村民委员会大门口　（2014年摄）

一　村庄沿革

一说该村建于清雍正末年，另一说明永乐年间（1403—1424年）建村。清雍正末年，杨姓最早来此定居，建房于堤旁，名杨家庄。又一说有一杨氏将军跟随燕王扫北，因作战有功，燕王对其格外重用，后来杨氏在此依河傍堤建宅落户，故得名杨家堤，后称杨堤。

光绪三十一年（1905年），天津县设4乡34区，杨家堤村属北乡第十八区管辖。中华民国时期，天津县北乡，设双街乡和汉沟乡。杨堤村隶属双街乡。1949年3月，天津县实行区辖村制，村直属天津县第八区。1950年7月，并归天津县四区管辖。1953年5月，杨堤村归属张湾小乡管辖。1958年4月，4个小乡裁并为张湾乡；属张湾乡管辖。1958年8月，并入幸福人民公社，张湾大队辖杨堤村。1959年3月2日，幸福公社改称北仓公社，并实行管理区辖生产队制，张湾大队改为张湾管理区，隶属张湾管理区。1960年6月27日，隶属津北畜牧场双街分场。1961年5月后，隶属北郊区双街公社。1983年7月，隶属北辰区双街乡。1992年3月6日，北郊区改称北辰区。1995年9月，隶属北辰区双街镇。

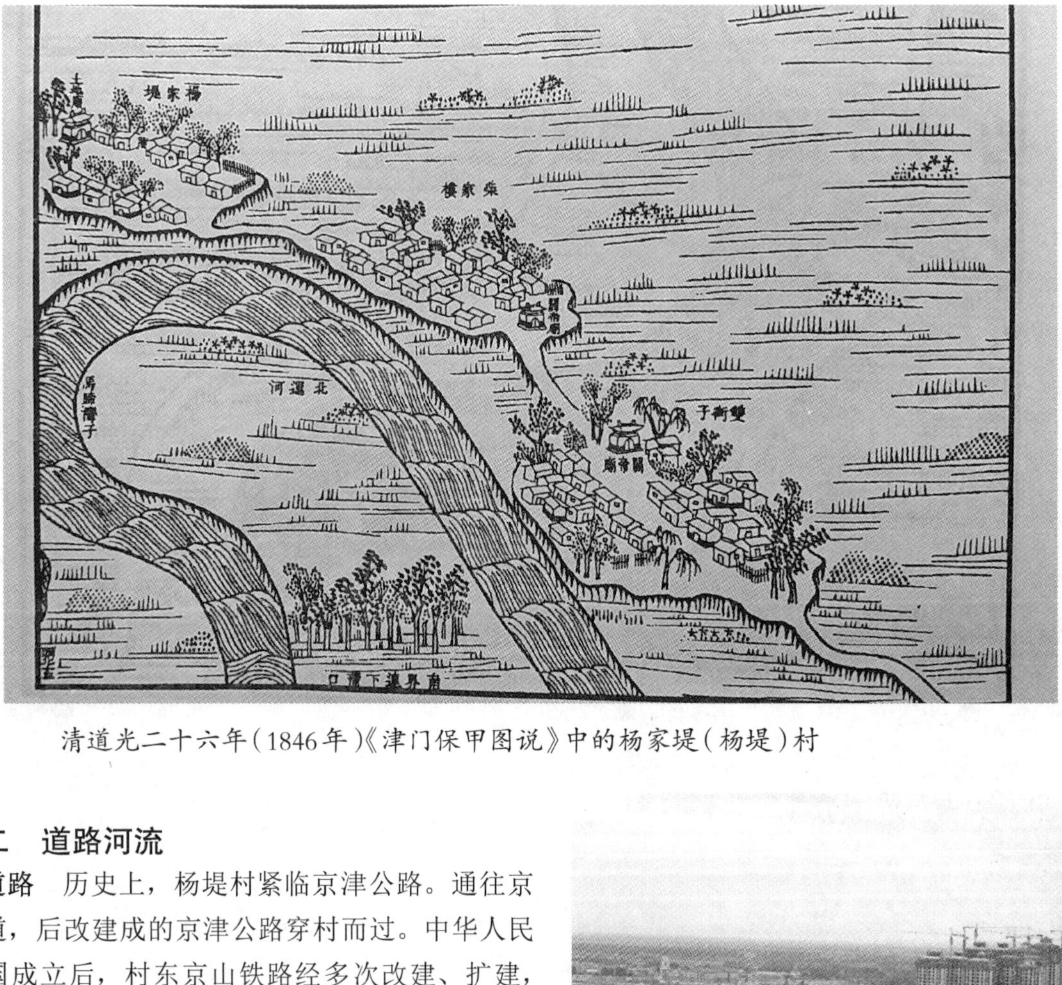

清道光二十六年（1846年）《津门保甲图说》中的杨家堤（杨堤）村

二　道路河流

道路　历史上，杨堤村紧临京津公路。通往京都驿道，后改建成的京津公路穿村而过。中华人民共和国成立后，村东京山铁路经多次改建、扩建，全线以建成复线铁路。20世纪60—90年代，域内先后有铁路津蓟线、京九铁路津霸联络线建成通车。至2016年，域内有一级河道1条，国道1条，铁路3条。公交车725路、611路、607路等公交车在杨堤设站，规划地铁4号线在村口设站，交通较为方便。

河流　一级河道北运河，流经村域内。1972年

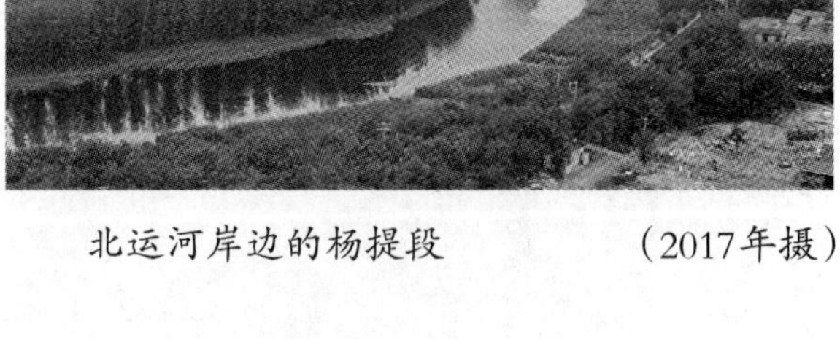

北运河岸边的杨提段　（2017年摄）

以前，村民均饮用北运河水，1972年，村内打饮水井一眼，建水塔一处，后又打一处饮水井并建水塔。

杨堤村水塔　（2015年摄）

三　人口方言

人口　据《津门保甲图说》载，清道光二十六年（1846年），双街子之连村曰柴家楼，曰杨家堤。河流村下，径曲回环，形若马蹄，故称马蹄湾子。图内庙三，村三，南界下蒲口。绅衿二户、铺户七户、烟户一百七十户、负贩七户、船只四户、僧道二户，共一百九十二户（大口七百六十五口；小口一百二十一口）。据《典籍中的北辰》载，民国23年（1934年），有82户453人。据统计资料载，1980年，有148户724人；2000年，有178户458人；2009年，有214户720人；2014年，有214户730人；2016年，有214户743人。

姓氏　村内最早有杨姓建村，全村有姓氏15个，大户姓氏有杨、房、王、郭4大姓，其次有刘、曹、薛、谢、鲍、贾、张等姓氏。

2016年杨堤村部分姓氏谱牒字辈排序情况表

表1

姓氏	谱牒字辈排序	姓氏	谱牒字辈排序
杨	林、恩、洪、学	郭	玉、洪、学
房	德、春、克、永	王	文、凤、继、书、元

民族　据《天津市北辰区地名志》载，1995年，该村有汉族581人，回族4人。据村情调查，2016年，该村民族无变化。

方言　该村属武清方言片，该地方言与武清区杨村话相似，在全国方言片区上属北京官话区怀（来）承（德）片。

四　耕地状况

据杨堤村上报村情调查资料表明：1984年，村有耕地6块，面积1120亩。2015年，有耕地面积202亩。耕地四至：东邻郎园、张湾村耕地，南界柴楼村耕地，西与京津公路相连，北为九园公路。

涵闸泵站　村原有蓄水灌溉的小型水库三座（南大坑、东坑、后园大坑），在北运河上有两座用于调水的泵站。原村东耕地管辖内有中排干渠、军用渠、三渠沟等排水灌溉渠。

20世纪80年代杨堤村所属耕地地块情况表

表2　　单位：亩

地块名称	耕地位置	面积	地块名称	耕地位置	面积
秋麦地	公路东	380	大块地	京山铁路东	100
张湾村南地	公路东	180	岔口地	公路东	140
鱼池北地	公路东	160	草站地	京山铁路东	160
合计					1120

20世纪80年代杨堤村所属耕地地块示意图

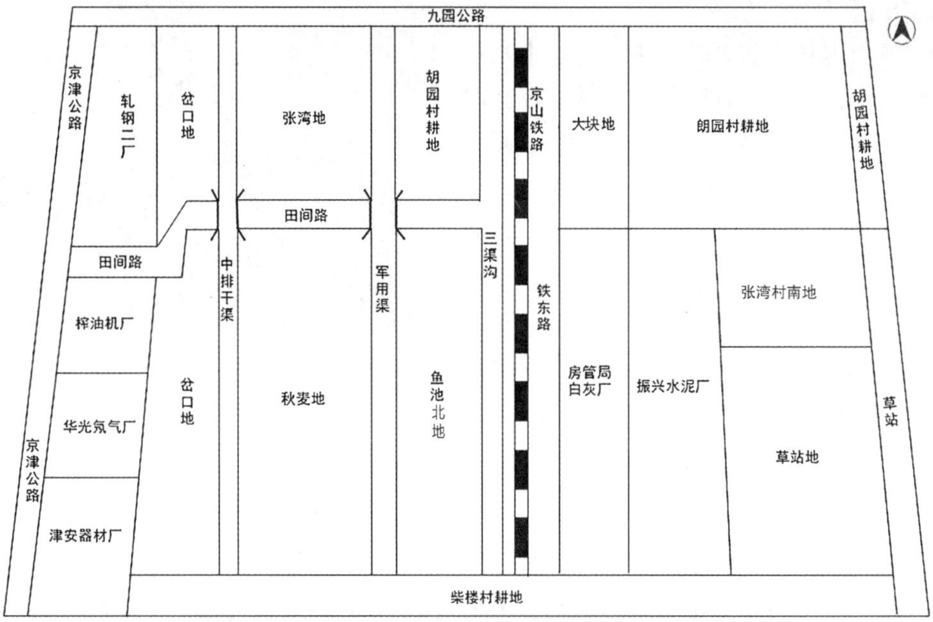

（2016年绘制）

五　街道胡同

中华人民共和国成立前，村里道路多为土路，出行极为不便。中华人民共和国成立后，村集体对村内道路先后进行平整拓宽，但仍为土路，雨季还是泥泞不堪。

20世纪80年代前，村内主要道路垫上了炉灰渣、白灰渣土。

1989年，村里铺设了村通往京津公路的主路，总长1.2千米。到90年代后期，村里的道路按规划实施村庄改造，街道胡同拓宽调直，主要街道实现了全面硬化。全村有街道5条，均沥青路面，有路灯。胡同14条，南北向胡同8条，东西向胡同6条。街道名称为后园大道、后道、北台大道、北台中路、南大道。

六　旧村改造

中华人民共和国成立前、后，村民住房多为土坯房和茅草房。20世纪70年代中期，村民逐步盖上砖木结构平房。80年代后期，村民住房逐步讲究起来，家家独门独院，三四间北房带拐弯一两间。盖房子实行贴瓷砖，打圈梁和地梁，使房子更加牢固。

2014年6月30日，该村实施示范镇建设，全村实施拆迁，2015年，拆迁完毕。

杨堤村街道　（2014年摄）

杨堤村民住宅　（2014年摄）

拆迁中的杨堤村　　　　（2015年摄）

七　公共设施

中华人民共和国成立前，由于该村较小，村内公共设施很少，只有私人磨坊、私塾等。20世纪60年代初，村内建有卫生所、幼儿园、电磨坊。70年代，建有代销店等便民设施，到90年代，村里建立了村民健身广场、村民学校、老年人活动中心、综合商店等公共设施。

杨堤村卫生所　　　　（2014年摄）

杨堤村休闲场所　　　　（2014年摄）

2015年杨堤村街道及公共设施情况示意图

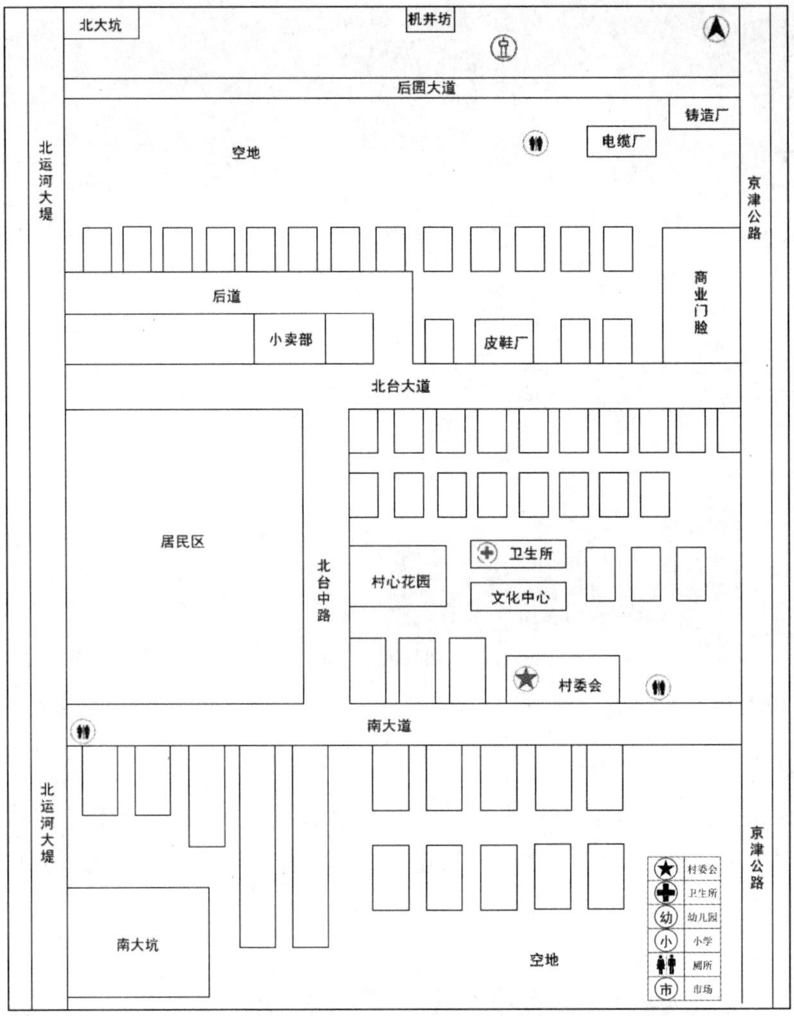

（2016年绘制）

八　经济概况

中华人民共和国成立前，村内没有工业，村民生活主要靠农业种植为生。1949年后，村仍为农业区域，因自然灾害严重，经济基础薄弱。通过组织成立互助组、初级社，过渡到高级社，逐步建立集体经济。在计划经济体制下，村始终处于经济效益低，多年没有明显发展。

1969年村内建锻造厂，1971年建华兴皮鞋加工厂，1988年建福祥电缆厂。1995年，村工业产值达655万元。20世纪70—80年代初，村民逐渐开展运输业。80年代中期，村内发展水产养殖，开发鱼池10个，展水产养殖和种植业新品种开发，种植的红富士苹果，收益颇丰。

进入21世纪，引进入驻企业有天津市润德精密钢管厂、北辰区仁义化工综合福利厂、北辰区玉兔压型板厂；村域内建有佳亿奶牛养殖小区，占地150亩，奶牛存栏1000余头。

九　民间文化

杨堤村夕阳红秧歌队　成立于1997年，至2012年队员发展到30余人，表演形式不断更新。每逢节假日组织活动演出，也经常参加区、镇组织的演出活动。

寺庙 据《津门保甲图说》记载，清道光二十六年（1846年），杨家堤“土地庙”，在村西部，该庙于中华人民共和国成立前拆除。

功德碑 2017年4月26日，在杨堤村旧村改造中，挖出一块民国31年（1942年）功德碑。

十 历任党政负责人

据杨堤村上报村情调查资料表明：村党支部有记载是从1949年始，党支部经历13任党支部书记。村政机构先后经历革命委员会、生产大队后过渡到村民委员会。

功德碑 （2017年4月26日摄）

1949—2016年杨堤村党组织负责人任职情况表

表3

党组织名称	姓名	性别	职务	任职时间	说明
党支部	谢益民	男	书记	1949—1955	
	郎会敏	男	书记	1955—1957	
	房　晋	男	书记	1957—1964	
	杨洪泉	男	书记	1964—1966	
	杨恩秀	女	书记	1966—1968	
	杨恩成	男	书记	1968—1979	
	杨洪文	男	书记	1979—1981	
	杨恩成	男	书记	1981—1988	
	芦志芹	女	书记	1988—1989	
	王凤岐	男	书记	1989—1992	
	王仲仁	男	书记	1992—1994	镇派驻村干部
	陈洪涛	男	书记	1994—1995	镇派驻村干部
	房克俊	男	书记	1996—1999	
	杨洪秋	男	书记	1999—	

1965—2016年杨堤村村政机构负责人任职情况表

表4

村政机构名称	姓名	性别	职务	任职时间
革命委员会	贾洪亮	男	主任	1965—1970
生产大队	王希斌	男	大队长	1971—1972
	贾洪亮	男	大队长	1973—1975
	杨恩成	男	大队长	1975—1980
	杨恩智	男	大队长	1981—1982
	房克俊	男	大队长	1982—1983
村民委员会	郭洪祥	男	主任	1984—1988
	房克定	男	主任	1989—1994
	杨洪秋	男	主任	1995—

十一　荣誉

1950—2016年，该村获天津市市局级及以上先进集体荣誉称号2项（次）；获市局级先进个人荣誉称号2项（次）。

1950—2016年杨堤村获市局级及以上先进集体情况表

表5

授予时间	获奖单位	荣誉名称	授予部门
1984	杨堤民兵连	市级先进集体	市人民政府、市警备区
2009	杨堤村	民主法治村	天津市社会治安综合治理委员会

1950—2016年杨堤村获市局级先进个人情况表

表6

授予时间	姓名	荣誉名称	授予部门
2001	杨洪秋	文明市民	天津市文明委
2014	杨洪秋	五一劳动者奖章	天津市总工会

双口镇

双口镇位于北辰区西部，东与双街镇相邻，西北与武清区接壤，南与西青区为邻。2016年，镇域面积72. 40平方千米，耕地面积3896公顷，辖双口一村、双口二村、双口三村、安光、后常家堡、前丁庄、后丁庄、平安庄、上河头、中河头、下河头、东堤、杨家河、岔房子、线河一村、线河二村、双河、徐家堡、郝家堡、前常家堡、赵家圈21个村。实现生产总值36.58亿元，镇级财政收入8160万元，农民人均可支配收入1.76万元，

明永乐元年（1403年），域内属顺天府通州；清顺治元年（1644年），属顺天府武清县；乾隆元年（1736年），属天津府天津县。光绪二十六年（1900年）七月五日至二十八年（1902年）七月四日，曾隶八国联军所建天津都统衙门北区。光绪三十一年（1905年），分属天津县西区第十六、十七区。民国时期，属直隶（河北）省天津县。民国29年（1940年），建双口、河头大乡。民国35-37年（1946—1948年），属国民党天津县三区。民国38年（1949年）3月，属冀中天津县七区。中华人民共和国成立后，1950年8月，属河北省天津县四区。1953年7月，双口镇域内设双口、安光、丁庄、河头、岔房子5乡。其中双口乡辖双口村；安光乡辖安光、后常家堡、前常家堡、郝家堡、徐家堡、赵家圈6村；丁庄乡辖平安庄、前丁庄、后丁庄3村；河头乡辖上河头、中河头、下河头、杨家河4村；岔房子乡辖东堤、岔房子、线河3村。1956年9月，岔房子乡更名为线河乡。1958年4月，双口、丁庄2乡合并为双口乡；安光乡所辖6村、线河乡所辖3村并入河头乡。是年8月，双口乡、河头乡归属幸福公社（后改称北仓公社）；10月北郊区建制撤销，双口乡改为双口大队；河头乡改为河头大队，均隶红桥区。1959年3月，双口大队改为北仓公社直属队，河头大队改为管理区。是年9月，双口直属队4村划归天津市副食品局。1960年3月，安光、前常家堡、后常家堡、徐家堡、郝家堡、赵家圈划归市药材培植场，线河村划归南开区杨柳青林场。是年6月，市副食品局双口、前丁庄、后丁庄、平安庄等55个村与国营农场管理局津北畜牧场合并，全新组建津北畜牧场，下设6个分场。其中双口、丁庄（包括前丁庄、后丁庄、平安庄）2个生产队（4村）属双口分场。双河、河头（包括上河头、中河头、下河头）、东堤（包括杨家河、岔房子）3个生产大队（6村）属青光分场。1961年1月1日，市药材培植场安光村划归双口分场，前常家堡、后常家堡、徐家堡、郝家堡、赵家圈5村划归青光分场。是年2月，双口等分场从津北畜牧场划出，称农场。是年5月，原津北畜牧场分场和双口等农场改为双口（及青光、北仓、双街、天穆）等5个公社。1962年2月，双口公社复归北郊区，时辖双口、安光、前丁庄、后丁庄、平安庄5个生产大队。线

河生产大队由南开区杨柳青林场划归北郊区青光公社。1963年2月，析青光公社置岔房子公社，辖上河头、中河头、下河头、东堤、杨家河、岔房子、线河7个生产大队；前常家堡、后常家堡、徐家堡、郝家堡、赵家圈5个生产大队划归双口公社。1977年11月，将双口公社的前常家堡、郝家堡、徐家堡、赵家圈和青光公社的沟尾巴（双河）并入岔房子公社。1983年4月，双口公社改为双口乡，岔房子公社改为岔房子乡。其所辖各生产大队改为村；1985年1月，岔房子乡改称上河头乡。1995年11月，双口乡撤乡建镇。1999年3月，上河头乡撤乡建镇。2001年10月，上河头镇（辖13村）与双口镇（辖8村）合并，称双口镇。

至2016年，境内有国家级公路2条，即京福公路与津同公路；省级公路3条，即津霸公路、津永公路、津永线；高速公路2条，即津保高速和滨保高速；铁路2条，京九铁路津霸联络线和京沪高架铁路；区级公路枣强路，横贯域内。京福公路境内段称天津西环线，途经双口、前丁庄、后丁庄、平安庄，过境段长8千米；津同公路，境内过线河一村、线河二村，过境长1.5千米；津霸公路，过境下河头、中河头、东堤、岔房子、线河村，过境长15千米；津永线，途经境内双口工业区、双口村、河北工业大学，过境长11千米；津永公路，自津保高速公路桃口处延至老津永线，过境7.51千米；津保高速，途经双口、上河头、中河头、下河头、东堤、岔房子、赵家圈、郝家堡、前常家堡、线河一、线河二村，境内段长13.6千米；滨保高速，途经前丁庄、后丁庄，境内段长1680米；枣强路，自北辰区医药器械工业园至徐家堡村，全长4.5千米。

至2016年，流经境内主要河道共5条。其中永定河与子牙河为一级河道；中泓故道、卫河、永青渠为二级河道。永定河流经境内平安庄、前丁庄、后丁庄等村，过境长3600米。子牙河流经双河村，境内段长1.4千米。中泓故道境内西起渔坝口大桥，经平安庄村西过境长5.7千米；永青渠境内北起中泓闸南到安光引河泵站，过境长2.6千米；卫河境内由双口北大堤南面至杨家河村地滩，过境长24.75千米。

平安庄村

平安庄村位于北辰区西北部，坐落于双口镇政府北5千米处。东距永定河2千米，西距京福公路(104国道)1.8千米。东邻双街镇域，西邻武清区渔坝口村，南邻双口村，北邻前丁庄村。村呈东西长方形，占地面积202701平方米。2015年，该村有户籍人口975人，长期固定资产351.98万元。

平安庄村航拍图　　(2017年摄)

一 村庄沿革

清康熙年间（1662—1722年），先有陈姓定居，初名平家庄。据《典籍中的北辰》（54页）载，雍正八年（1730年）武清县拨归天津州村庄中，可见平家庄村名。后京东李姓、桃花寺谢姓（后改姓赵），和佃户王、祁、朱、张等姓迁入改称平安庄；此在《典籍中的北辰》（54页）乾隆元年（1736年）天津县属村庄中，得到佐证。道光二十六年（1846年），《津门保甲图说》中称平家庄。光绪二十一年（1895年），天津县属村庄中称平庄。民国7年（1918年），天津县辖属村庄中复称平安庄。直至2016年，平安庄村名未易。

一说，元末已有村，街长数里，由次庄户（烧锅）和小庄户（当铺）为主组成。明征元时平安庄被毁。

隶属 清雍正九年（1731年），属天津府天津县。光绪二十六年（1900年）七月五日至二十八年（1902年）七月四日，曾属八国联军天津都统衙门北区。光绪三十一年（1905年），属天津县西乡第十七区。民国2年（1913年），属直隶省天津县。民国17年（1928年），属河北省天津县。民国29—34年（1940—1945年），属日伪天津县第三区。民国34年（1945年）9月，属冀中天津工委五市分区；10月，属冀中九专区天津县。民国35年（1946年）9月，属冀中八专区津武县。民国35—37年（1946—1948年），由于民主政权和国民党政权拉锯治理，该村域亦属国民党天津县第三区管辖。

村牌　　（2015年摄）

民国38年（1949年）3月，属冀中天津县七区。1950年8月，属河北省天津县四区。1953年7月，属津北郊区丁庄乡。1958年4月，属北郊区双口乡；8月，属北郊区幸福公社；10月，北郊区建制撤销，归红桥区幸福公社。1959年3月，幸福公社改称北仓公社。是年9月，属天津市副食品局。1960年6月，属津北畜牧场双口分场。1962年2月，属北郊区双口公社。1983年4月，属北郊区双口乡。1992年3月，北郊区改称北辰区，属北辰区双口乡。1995年12月，乡改镇，属北辰区双口镇。2001年10月，上河头镇与双口镇合并，称双口镇；该村属北辰区双口镇。至2016年，隶属不变。

二 道路河流

道路 村西邻京福公路（104国道），京沪高铁从村西通过。

河流 村东有永定河通过，永定河为一级河道。村西有中泓故道，此河道为二级河道。

平安庄桥 位于平安庄村西，跨中泓故道。1972年建，钢筋混凝土灌注桩板梁。桥长39.6米、宽4.7米，两侧护栏为混凝土方柱，最大负荷5.4吨。2008年5月，投资20万元改造该桥，加宽至6米，钢筋混凝土结构，水泥桥面，两侧设铁管护栏，最大负荷量15吨。2013年重修该桥。

三 人口方言

人口 据《典籍中的北辰》记载，民国23年（1934年），平安庄村有100户517人。据统计资料载，1980年，该村有217户945人。2000年，有273户904人。2016年，有366户965人。从业人员356人，其中男性195人，女性161人。

民族 据《天津市北辰区地名志》载：1995年该村有2个民族，其中回族2人，余为汉族。据村情调查，2016年，该村有4个民族，其中回族2人、满族1人、朝鲜族1人，余为汉族。

姓氏 平安庄村有15个姓氏，主要大姓有陈、张、王、李、赵、祁、朱等姓。

方言 见双口村。

四　耕地状况

1980年，全村有耕地16块，总面积2063.3亩。2015年，耕地面积1792亩。耕地四至：村东河东地块与双街镇上蒲口村地块相邻，村南桥西、桥东地块与双口村地块相接，村西河西耕地与武清区渔坝口村地块相界，村北西北地块与前丁庄村地块相连。排水渠两条，分别为南排水渠、北排水渠。机井4眼，分别在4号渠、5号渠、河西、西北地块。涵闸一处，在增产堤与南排水渠交口。涵洞4个，分别在1号渠（2个）、6号渠（1个）和1号渠与桥西交口（1个）。

1980年平安庄村所属耕地地块情况表

表1　　单位：亩

地块名称	面积	地块名称	面积
一渠	79.5	二渠沟北	27
二渠	186	桥西	180
三渠	175.5	桥东	150
四渠	169.5	河西耕地	249
五渠	165	大堤顶	4.5
六渠	156	西北	334.8
七渠	10.5	河东	80
北埑	6	铁路北	90
合计	2063.3		

1980年平安庄村所属耕地主要地块示意图

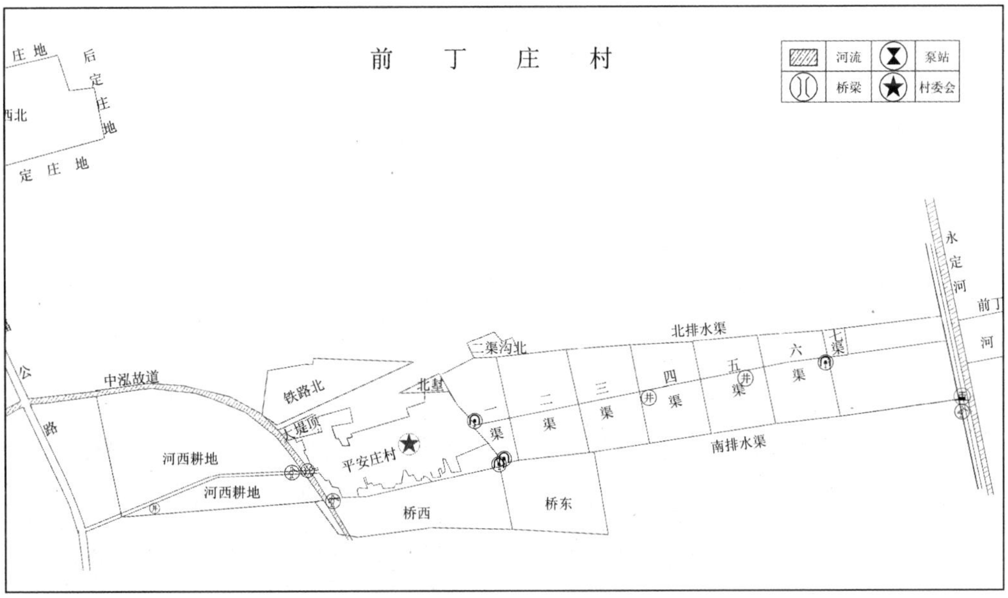

（2016年绘制）

五　街道胡同

中华人民共和国成立前，平安庄村内街道胡同均为土路，晴天一身土，雨天两脚泥。20世纪50—70年代，村容街貌虽有所改善，但变化不大。到1984年，中心大街修为柏油路。2004年，19条胡同铺设机砖、硬化路面，全部是南北走向，胡同总长3480米。2005年，北大街、南大街、公路南大道修为砖道，街道总长1837米。

1984—2005年平安庄村街道情况表

表2

街道名称	走向	长度（米）	街道名称	走向	长度（米）
公路南大道	南北	280	北大街	东西	564
中心大街	东西	700	南大街	东西	293

2004年平安庄村胡同情况表

表3

胡同名称	走向	长度（米）	胡同名称	走向	长度（米）
庞家胡同	南北	140	富民四胡同	南北	260
赵家胡同	南北	160	富民五胡同	南北	260
学校西胡同	南北	115	富安胡同	南北	260
学校东胡同	南北	120	团结胡同	南北	260
富民一胡同	南北	260	祁家胡同	南北	150
富民二胡同	南北	260	陈家胡同	南北	155
富民三胡同	南北	260	老大堤胡同	南北	287
大沟东西胡同	南北	150	学校前胡同	南北	70
救生台西胡同	南北	100	公路北胡同	南北	77
富强胡同	南北	136			

六　公共设施

中华人民共和国成立前，平安庄村公共设施甚少。中华人民共和国成立后，公共设施逐渐增多。1964年，建平安庄小学。1980年，始建公共厕所。2000年，建成饮用水机井房。2003年，新建村委会办公用房（社区综合服务中心）和健身园。2007年，建村卫生所。2016年，建移动式公共厕所。

平安庄村村委会大院　（2016年摄）

平安庄村文体公园　（2016年摄）

2015年平安庄村街道胡同及主要公共设施示意图

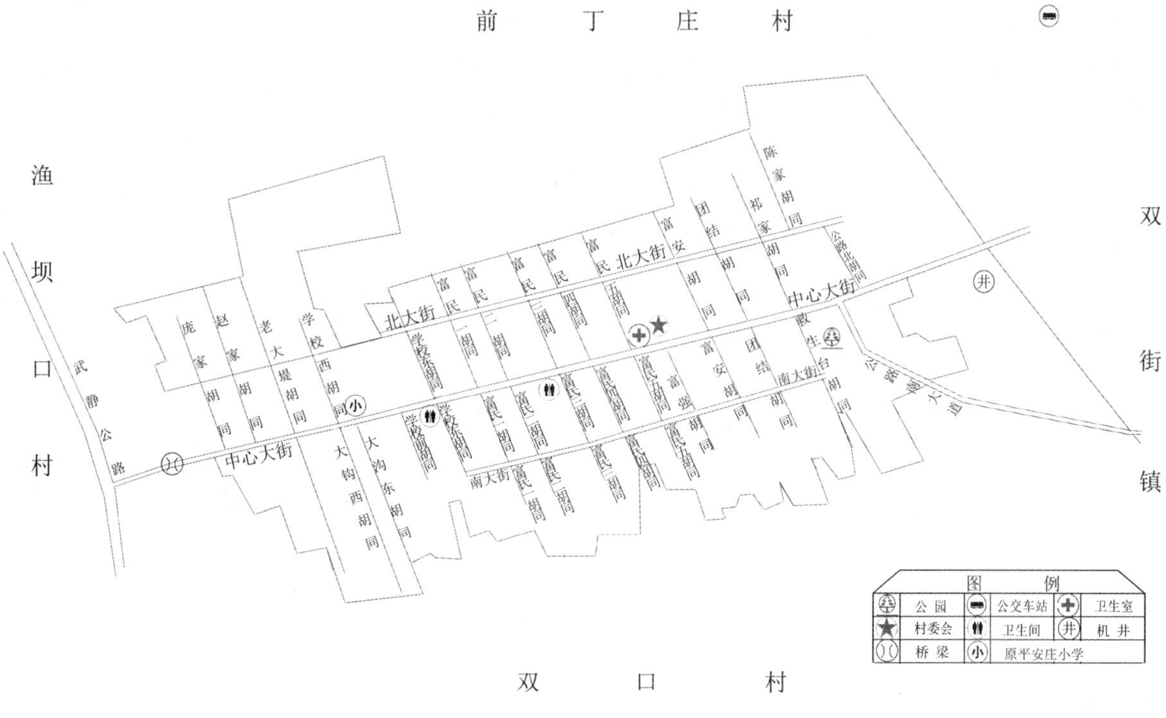

（2016年绘制）

七　经济概况

历史上，该村主要以种植业为主。20世纪50年代，曾种植旱稻。至70年代初，农作物有玉米、高粱、豆类、红薯等。进入70年代中期，农作物种植从原来的玉米、高粱改为小麦、玉米、向日葵、花生、蔬菜等。

80年代初，大力发展乡镇企业。村办企业有建新服装加工厂、长城服装加工厂、铸铜厂和福利润滑材料厂；私营企业有木箱厂2家，小卖铺3家。全村年产值365万元，人均收入5148元。

2000年后，种植两茬地膜覆盖水果玉米、糯玉米，面积达90公顷，效益翻番。2005年，村建立起蔬菜籽种繁育基地，有4个育种温室和6栋育种大棚。

平安庄把大部分超产粮分给社员

人均吃粮五百五十斤，比去年提高一百六十斤

本报讯　北郊区平安庄大队党支部，在超额完成国家征购任务和留足储备的前提下，将百分之七十二的超产粮分配给社员，使社员的吃粮水平提高了百分之四十。

平安庄大队是个紧靠城郊的穷队。一九七八年，通过一冬春的农田基本建设，全年粮食总产量比一九七七年增长百分之九十二。在完成国家征购、留足"三留"用粮以后，还有余粮二十七万二千斤。党支部征求干部、社员的意见后，决定拿出百分之八的超产粮交售给国家，百分之二十作为储备粮、机动粮，其余百分之七十二全部分给社员。这样，全大队社员人均吃粮水平达到五百五十斤，比去年提高了一百六十斤。全大队有百分之三十的农户人均吃粮水平可达六百八十斤以上。社员王福来，九口人有五个整半劳力，除分得基本口粮三千六百多斤外，还分得超产粮二千五百多斤，人均吃粮达六百八十二斤。实行新的分配方案，不仅劳力多的社员提高了吃粮水平，人多劳力少的困难户吃粮水平也有较大提高。现在，干部、社员家里有余粮，心里喜洋洋，大家决心认真落实党的十一届三中全会公报精神，为加速实现四个现代化而奋斗。

（刘万友）

平安庄村把超产粮分给社员，人均吃粮550斤，比上年增加160斤。刘万友报道。载1979年1月7日《天津日报》

平安庄村种植的水果玉米和糯玉米
（2016年摄）

平安庄村蔬菜籽种繁育基地
（2006年摄）

2009年6月，投资500万元，新建存栏500头生猪养殖小区。

2015年，种植水果玉米、糯玉米300亩，蔬菜籽种繁育大棚100多个，占地面积700亩。2016年，油料播种面积19.95亩，总产量3吨。蔬菜及食用菌播种面积661.95亩，总产量1804吨。瓜果类播种面积255亩，总产量523吨。养羊专业户2个，养鸡专业户1个，养猪专业户1个，养鱼专业户1个。私营企业5家。

八 民间文化

吹歌会 平安庄村“义众音乐会”创建于民国28年（1939年）。该会有成套乐本，师傅口传心授，乐队足迹遍布上下蒲口、南仓、吴嘴、六合庄、韩家墅和条河一带，享誉四方。该会会头张丙信，著名艺人王景良、李树清，后者86岁，尚持管吹奏，出会乡间。

评剧团 1950年，建平安庄村评剧团，演出评戏《刘巧儿》《罗汉钱》《巧玲和发祥》。曾应邀到郎园、庞庄子、肖庄子等村演出。

秧歌队 村秧歌队成立于1994年，由40名队员组成。

平安庄村秧歌队合影

（2009年摄）

九 英烈先贤

祁振海（1903—1947） 平安庄人，中共党员。民国29年（1940年）参加革命。民国36年（1947年）7月21日，被国民党保安中队长庞恩武抓捕，杀害于该村街头。

张春贵（1914—1947） 平安庄人，中共党员。民国34年（1945年）参加革命，民国36年（1947年）10月于双街战斗中牺牲，生前为津武县六区战士。

张宝金（1923—1948） 平安庄人。民国34年（1945年）冬参加革命，民国37年（1948年）3月在河北省安次县葛渔城战斗中牺牲，生前为津武县六区小队战士。

十 历任党政负责人

1960—2016年，平安庄村党政组织比较健全，班子成员相对稳定。其间，共有10人次担任党组织书记，14人次担任村政组织负责人。

1960—2016年平安庄村党组织负责人任职情况表

表4

党组织名称	姓名	性别	职务	任职时间
村党支部	姚瑞婷	男	书记	1960—1967
	祁万盈	男	书记	1968—1985
	朱作良	男	书记	1985—1987
	王海生	男	书记	1987—1991
	张书芳	男	书记	1991—1995
	王洪发	男	书记	1995—1996
	陈桂林	男	书记	1996—2003
	姚新立	男	书记	2003—2005
	赵德双	男	书记	2005—2008
	庞留群	男	书记	2009—

1960—2016年平安庄村村政机构负责人任职情况表

表5

村政机构名称	姓名	性别	职务	任职时间
生产大队	祁万盈	男	大队长	1960—1967
革命委员会	林志祥	男	主任	1968—1979
生产大队	陈桂林	男	大队长	1980—1983
村民委员会	陈桂林	男	主任	1983—1985
	祁振奎	男	主任	1985—1987
	张书芳	男	主任	1987—1991
	王洪发	男	主任	1991—1995
	朱作福	男	主任	1995—1996
	王洪发	男	主任	1996—2000
	祁万春	男	主任	2000—2001
	赵德双	男	主任	2001—2003
	王瑞明	男	主任	2003—2005
	张志勇	男	主任	2005—2011
	陈少军	男	主任	2012—

十一　荣誉

1977年和1978年，平安庄村先后两次获天津市农业学大寨先进集体称号；2015年，获“天津市青年绿色示范村”称号。1979年，村民陈绍珍被市妇联评为“三八”红旗手。

1960—2016年平安庄村获市局级及以上先进集体荣誉表

表6

授予时间	荣誉名称	授予部门
1977	天津市农业学大寨先进单位	市革委会
1978	天津市农业学大寨先进大队	市革委会
2015	天津市青年绿色示范村	团市委、市农委

双口村

双口村位于北辰区西部，地处京福公路（104国道）东侧、津永公路南侧，为双口镇政府驻地。东与北仓镇屈店村为邻，西与武清区渔坝口村相望，南与青光村接壤，北与平安庄村搭界。中泓故道、卫河、永青渠流经村域。该村呈正方形，占地面积249万平方米，系北辰区较大的自然村。1971年，析为双口一村、双口二村、双口三村3个行政村。该村1945年秋至1946年春，曾为天津县委驻地；并且是电影表演艺术家郭振清的故乡。

双口村航拍图（2017年摄）

一　村庄沿革

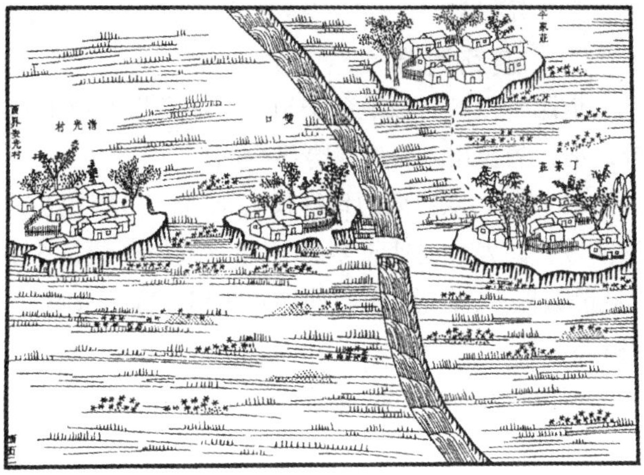

清道光二十六年(1846年)《津门保甲图说》中的双口村

该村建于明永乐年间（1403—1424年），地处三角淀东南，始有吴、刘两姓在此搭铺居住，以捕鱼为生，称双家铺。因北有卢沟河（永定河）、凤河，往来船只多泊于此，又称双沟港。凤河西称大吴庄，有吴、刘、赵姓，河东称小潘庄。清光绪三年（1877年），凤河淤垫两庄相连，后称双口村。中华人民共和国成立后，因双口村规模扩大，户数、人口较多，遂于1971年析为双口一村、双口二村、双口三村3个行政村。

另据《典籍中的北辰》一书载文，一说“双口者，故朱家淀(即刘家淀)与叶淀相通之口也”。

明永乐三年（1405年），属顺天府通州武清县。清顺治元年（1644年），属顺天府武清县。雍正九年（1731年），属天津府天津县。光绪二十六年（1900年）七月五日至二十八年（1902年）七月四日，曾属八国联军所建天津都统衙门北区。光绪三十一年(1905年)，属天津县西乡第十七区。民国2年(1913年)北洋政府时期，属直隶省津海道天津县。民国17年（1928年）南京国民政府执政，属河北省天津县。民国29年（1940年）至民国34年（1945年），属日伪天津县第三区。民国34年（1945年）9月，属冀中天津工委五市分区；10月，属冀中九专区天津县。民国35年（1946年）9月，属冀中八专区津武县。民国35年（1946年）至民国37年（1948年），由于民主政权和国民党政权拉锯治理，村域又属国民党天津县第三区管辖。

民国38年（1949年）3月，属冀中天津县七区。1950年8月，属河北省天津县四区。1953年7月，属津北郊区双口乡。1958年8月，属北郊区幸福公社；10月，属红桥区幸福公社（1959年3月，改称北仓公社）。1959年9月，属天津市副食品局。1960年6月，属天津市津北畜牧场。1961年2月，属双口农场；5月，属红桥区双口公社。1962年2月，属北郊区双口公社。1983年4月，属北郊区双口乡。1992年3月，北郊区更名北辰区；1995年12月，乡改镇，属北辰区双口镇。2001年10月，上河头镇与双口镇合并，称双口镇，该村属北辰区双口镇。至2016年，隶属不变。

附：

双口的由来　北辰区有个村叫双口。关于“双口”的得名，有一段动人的传说。

燕王扫北时，凤河泛滥，淹了大片土地。水退后，又连年干旱，土地龟裂，人们都背井离乡去逃荒。有一天，来了两个身披红绫的童男童女。他们舞动红绫，对天呼唤，一会儿天空中细雨纷纷而落。荒芜的土地泛青了。他们定居下来，每日辛勤耕作，秋后获得了丰收。几十年后，他们三世同堂了，日子过得很红火。

凤河中有一个恶魔，妒恨人间美好的生活，就兴风作浪，要淹没庄田。这双老夫妻便身披红绫，率领儿孙筑堤打埝，阻挡河水泛滥。凤河恶魔跃出水面，指挥鱼、鳖、虾、蟹向老夫妇袭来。夫妇俩抖动红绫，飒飒作响，那红绫化作万把利剑，金光闪烁，把鱼、鳖、虾、蟹打得落花流水，抱头鼠窜。恶魔不肯善罢甘休，也抖动一幅白绫与老夫妇大战起来。这场恶战直打了三天三夜，才诛杀了恶魔，战退了洪水，保住了庄田。这双老夫妻却因气力用尽，累死了。那红绫也飞上天去，化作一道彩虹。为了纪念这两位开村立户、保乡卫土的老人，人们就把这个村庄叫做“双口”。于是，一代一代地传下来，至今还叫双口。

二　道路河流

道路　双口村域地势平坦，平均高程（黄海水准）5.46米，历史上道路甚少，交通不便。20世纪初叶之前，村民出入村庄，全靠乘船。

50年代，双口周边地区仅有土道。70年代初，始有2条沥青路面。自80年代开始，随着经济发展，该区域公路发展迅速。至2016年，该村周边筑有4条公路，其中国道1条，即104国道，亦称京福公路（武静公路）；省道2条，即津永公路、津永支线；高速公路1条，即津保高速公路。村东有京沪高速铁路1条。

河流　至2016年，流经村域或村边界的河流有：一级河道永定河，二级河道中泓故道、卫河、永青渠。

桥梁　至2016年，双口村有双口凤河桥、北小洼桥、京福公路桥、双曲拱桥等4座桥梁。

三　人口方言

人口　据道光二十六年（1846年）《津门保甲图说》载，时双口、丁家庄、平家庄、清（青）光村4村共852户，大口2688口、小口1910口。据《典籍中的北辰》记载，民国23年（1934年），双口村有771户4270人。据统计资料载，1962年，有1790户8002人。1970年，有2513户11512人。1971年，原双口村（自然村）析为三个行政村。2016年，双口一村、双口二村、双口三村人口分别为3866人、3920人、4107人。

附：

道光二十六年境内村庄辖属西北一带村庄图说

王家荒之上有村曰双口，以河流中分处名也。其对河曰丁家庄，曰平家庄，连村曰清（青）光村。田庐略相等。图内无庙，桥一，南界韩家墅。绅衿四户、铺户一十四户、烟户四百四十七户、应役四户、佣作三百六十一户、负贩五户、船户二十六户、道人一户，共八百五十二户（大口二千六百八十八口；小口一千九百一十口）。（编者注：本图中平家庄、丁家庄位置应互换）

民族　据《天津市北辰区地名志》载：1995年该村有3个民族，其中回族30人，满族2人，余为汉族。

辈分　双口赵氏辈分有：永、文、汉（山、栋、江）、世、进、国、自、元、成、应、鹏、有、怡、福、廷、恩、大、用、树、尔、广、师、培。

方言　属于武清区方言片，与武清区东肖庄相邻，方言与武清区杨村话相似，说话后音轻，较平稳。

双口村方言情况表

表1

举例	普通话读音	双口村读音
"熬鱼"的"熬"字	āo	náo
"按住他"的"按"字	àn	nèn
"安装"的"安"字	ān	nān
"案件"的"案"字	àn	nàn
"饿了"的"饿"字	è	wò
"干净"的"干"字	gān	gán
"上学"的"学"字	xúe	xiáo

普通话——方言

自己——自个儿	头——脑瓜儿、脑袋瓜儿
乳房——个个儿	脚——脚丫儿、脚丫子
猫头鹰——夜猫子	蝉——知了、吉了儿
牛虻——瞎虻	蝗虫——蚂蚱
蛇——长虫	玉米——棒子
昨天——夜个儿	太阳——老爷儿、日头
我们——俺们	今天——今个儿

方言释义

白眼——外孙子、外孙女	红眼——孙子、孙女
二等——自行车驮人	楞了呱唧——行动冒失，办事不讲究方式
针渣儿——细小之处	闲白儿——闲话
说三七——说懈怠的话	砸锅——事情办糟了
骑驴——中间渔利	腻歪——不受欢迎或无事可做
啫咧——秉性厉害，不好办事	楞哏楞——不干正经事
二五眼——做事不细	葳粘子——遇上麻烦了
寒碜——不体面	刺挠——痒
好么眼的——突然，无缘由的	海了——太多了
嘬一顿——聚群饮酒	找魔洋运——找倒霉

家（族）谱选介

双口赵氏　赵氏远祖出嬴姓。伯益十三世孙造父，为西周御车大夫，因送穆王驰返镐京平叛徐偃王而封于赵城（今洪洞县北），遂有赵氏，其望族出自天水、南阳、金城（兰州西、青海湖东地区）等地。明初，迁大姓以实畿辅，有名“云”者从山西洪洞县徙居双口，经永、文、汉（山、栋、江）、世、进、国、自、元、成、应、鹏、有、怡、福、廷、恩、大、用、树、尔，已历21代。民国7年(1918年)所立谱序尚存广、师、培3字。1995年，双口一、二、三村赵氏人丁2003人。

双口《赵氏族谱》简介　德崇修于清嘉庆二十四年(1819年)，德隆续修于道光二十五年(1845年)，作铎再修于民国7年(1918年)。谱记赵氏始祖云于明初自山西迁居双口村至十七世繁衍生息情况。谱藏天津社会科学院，1993年冬区志办和双口赵氏有复印件。4开2册，毛笔竖写，除序文3篇、正文132页，另附“赵氏宗祠之建设与祭扫会之成立始末说”及祠屋祭田明细。

附：

双口赵氏族谱序　尝闻：删书断自唐虞，彼疏仡循蜚之无可考者，皆不载；修谱肇于始祖，彼年湮代远之莫能追者，举弗录。非略吾远祖，贵征诸实际，凡得之传闻，不能以世相系者，盖举无当焉。载于谱中，要亦后嗣之妄也。书曰：有干有年于兹，土从而迁。我始祖讳云公，当明初迁大姓以实畿辅之时，即迁于双口村，兴家立业，千秋弗坠箕裘，非有干而何？育子生孙，百代相延以续，非有年而何？以始迁之祖为始祖，谁曰不宜？由是言之，始祖从何处迁来，且不必问，又何必追未迁以前之祖宗乎？虽然以前之祖德宗功亦云大矣，不然则在天之灵，何以能佑我始迁之祖生齿日繁、家声丕振于是乡哉！如木之有本，本固则枝荣也；如水之有源，源远则流长也。深恐支分派别，户大丁多，浑相忘于一本之亲，觌面而不相识。故编是谱，显分为两大支，俾族人知有亲疏之别、远近之分。然自吾祖视之，皆子孙也。设后人能体此意，不但无同室操戈萧墙起衅之端，且可有收族睦宗之厚望焉。是为序。

嘉庆二十四年（1819）三月清明日

十一世孙德崇谨志

四 街道胡同

中华人民共和国成立前，双口村内街道胡同不规整，均为土路。20世纪50—70年代，村容街貌虽有所改善，但发展变化不大。仅有东西街5条，南北街2条，系沥青路面。1999年，整修双口中心街路面800平方米，主要街道8条。

1999年双口村街道情况表

表2

街道名称	走向	长度（米）	街道名称	走向	长度（米）
北大道	东西	1000	红光道	东西	442
南大道	东西	745	大胡同	南北	893
中心北路	东西	464	交界路	南北	1200
中心街	东西	1500	双中道	南北	615

2015年双口村街道胡同及公共设施示意图

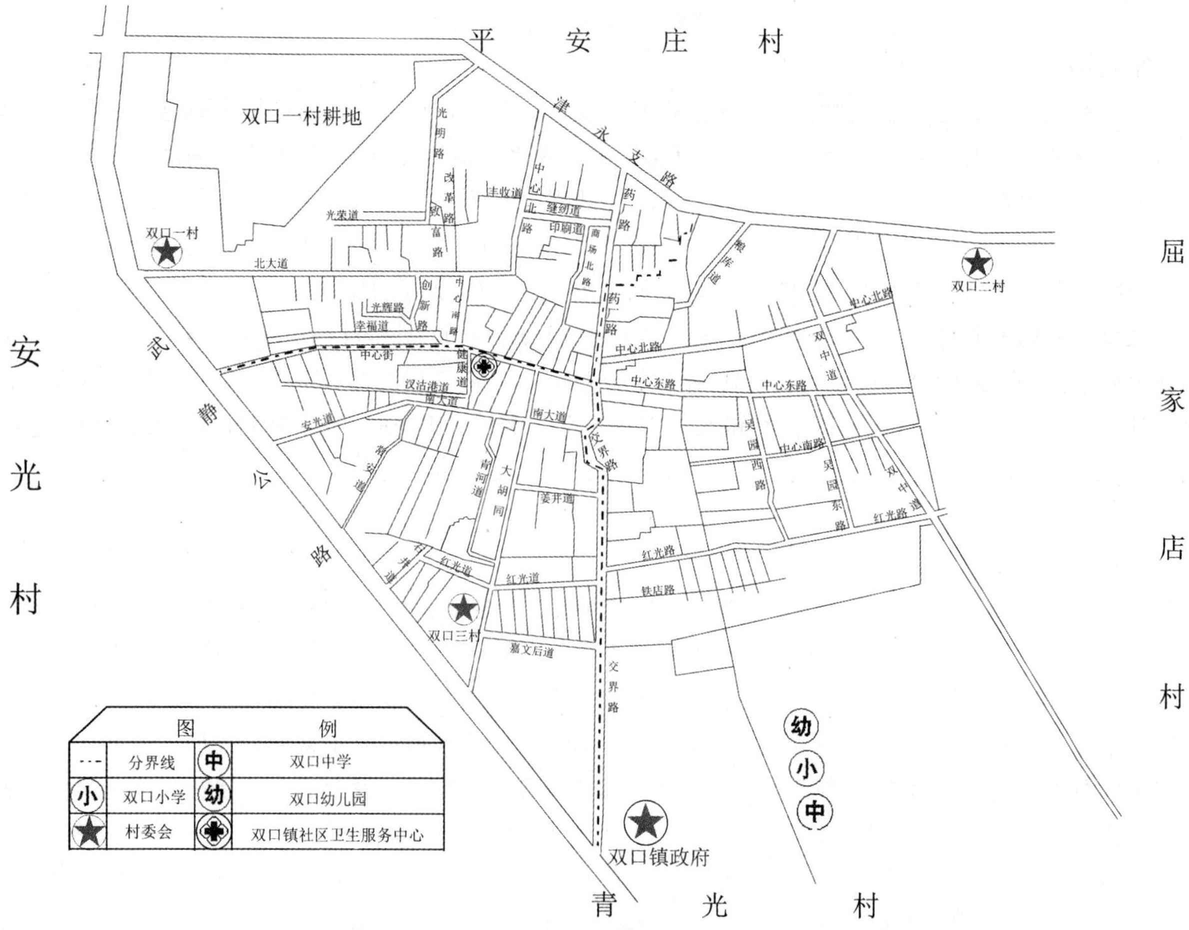

（2016年绘制）

五　公共设施

清光绪八年（1882年）设双口村私塾。宣统元年（1909年）建双口村学堂，民国元年（1912年）改称双口民立第七两等小学堂，民国16年（1927年）更名为天津第四公立小学堂。1950年冬，建双口村供销社。1954年，成立中新联合诊所双口分所。1957年，在双口村东北角建双口中学，占地面积2.83万平方米，建筑面积7284平方米。是年，双口村联合诊所扩建为建国医院（双口卫生所）。1965年，建红医站；1969年，建双口公社卫生院。1970年，建双口幼儿园。1986年5月，双口乡卫生院改建（1995年改称双口镇卫生院）。1987年，双口小学校在原址扩建，区、镇、村共同投资104万元，建成2724平方米的教学楼，翌年秋投入使用。1991年5月，双口液化气站建成投入运营。1994年，双口中学校舍改建，建成教学楼、电化楼、办公楼，计4354平方米。1999年，双口中心街疏通排水系统，新建水冲式公厕2个、旱厕4个。2010年，迁建双口中学、小学、幼儿园。2016年，双口中小学、幼儿园改称为河北工业大学附属天津中学、河北工业大学附属天津小学、河北工业大学附属天津幼儿园。

六　经济概况

农业畜牧业　1958年，双口村发展苹果树600亩、葡萄300亩，又从水上公园引进成龄苹果树10株、梨树4株，定植于葡萄园西侧。是年，发展养猪业，在村东建起万头猪场，品种有巴克夏、约克夏；双口大队建成集体养羊场。

1965年，双口大队有生产队55个，全村耕地面积21454.95亩，其中粮田面积16963.05亩，总产量3833吨。果园面积127.95亩，果品总产40.20吨。大牲畜339头，猪存栏3217头。

河北省党政军负责人在天津市红桥区北仓公社双口生产队和社员一起抢收小麦。（毕东摄。载1959年6月16日《天津日报》）

双口大队六队社员雨后春播玉米（孙成摄。载1964年4月24日《天津日报》）

双口大队十五队利用堤头沟边扩大种植面积（孙成摄。载1964年4月28日《天津日报》）

1970年，全村耕地面积25678.05亩，其中粮田面积22624.05亩，总产量2949.35吨；油料播种面积667.95亩，总产量33.4吨。果园面积199.95亩，水果总产53.66吨。大牲畜358头。

企业 1970年建成双口水泥构件厂，时有职工133人，产品有预应力五孔、七孔楼板。

双口集市 民国时期，双口集市是津北地区有名的大集，上市粮食多为小麦、玉米，亦有少量大米、面粉及杂粮和花生。市场设有“斗局”。中华人民共和国成立后，双口市场三起三落。1978年后，市场得以恢复和发展。早市日渐繁荣，农副产品和小杂粮面市。1983年，形成粮食特别是小杂粮批发市场。

1986年，双口正式恢复集市，农历二、六、九为大集。每逢集日，摊位二三百个，上市商品门类繁多，蔬菜、肉类、蛋类、家禽、水产、农副产品、小杂粮，服装、百货、鞋帽、音像制品、美容饰品、生活日用杂品，应时小农具、五金电料、建筑材料，餐饮、风味小吃。还设有牲口交易市场。2000年，集市东西长1000米，南北宽20米，摊位460个，市场商品成交额3000万元。双口百货商场、华联五金商店、信用社、邮电所、照相馆等与集贸市场互为补充，相辅相成。

七 商界老字号

成兴号 清光绪年间（1875—1908年），双口村赵庆南的父亲开磨面作坊，全家人操劳，每天将磨成的面粉挑到大街出售。稍有积蓄便放高利贷；增添石磨、牲口，购置房屋作门脸，悬挂“成兴号杂货铺”字号，趸来日用杂货大量赊销。店主因沾同族友于堂之光，得朝珠一挂，变卖得钱增大成兴号资本。民国9年（1920年），成兴号拥有土地号称“双千顷”，成为双口首富。

民国19年（1930年）后，成兴号将资本转向天津市内工商业。创办庆记煤店、庆丰斋糕点店、庆丰呢绒庄、胜记百货店、庆丰源粮站、庆顺兴粮站、成记粮行等，均著名一时。

起顺号 清光绪年间（1875—1908年），双口村刘书田的父亲以卖柴为生，稍有积蓄便与家人摆小货摊，日积月累，发展成杂货铺，开门脸立名为起顺号。起顺号杂货米面铺有4个作坊，磨面粉，榨制果油、香油，制作京八件、小八件、小茶食等糕点。门脸零售面粉、糕点、烟酒及生活日用品，柜台向四邻八村批发面粉和杂货。

起顺号雇工30余人。刘氏4兄弟依特长分担业务：老大刘书田在天津市内经营针织、棉纺业，配合乡间起顺号生意；老二刘书文主管老店和几个分店的营业；老三刘书云分管业务往来、采购与推销；老四刘书林主管作坊生产，兼理刘氏农田。

后，起顺号更名为文华号杂货店，1956年公私合营。

桂行居 民国时期，双口村赵桂廷开办桂行居饭庄，承办喜庆筵席兼营酱货。其包席分为“二八席”和“三八席”两个规格。“二八席”为八碟八碗；“三八席”为八碟八碗八味海鲜。饭庄为红白喜事、宴请宾朋、商务往来、官府应酬订做酒席。寻常有店徒或肩挑食笼或手提食盒将顾客预订的菜肴送其家中，名曰食主叫菜。顾客图便利，店徒获小费。

八 民间文化

双口村音乐会 清光绪年间(1875—1908年)，刘友藻、赵志创建济善音乐会。1962—1985年间停会。1986年，赵守廷牵头恢复音乐会，并请名师指点。1990年7月，聘请天津佛教音乐挖掘人、天津佛教音乐团副团长张生禄和天津佛教音乐团艺术指导、管师、锦文面授技艺，并建立长期联系。该会连续4年应邀赴市内天后宫演出。1994年5月，天津民俗博物馆授锦旗一面，上书“民俗精华 演技精湛”。

双口村少练会 始建于清光绪年间（1875—1908年），吴广起武艺高强，别号“黄天霸”。民国24年（1935年），焦德胜重建少练会。师从王秦庄的邵文、潘庄的边兆恩、霸县葛渔城的赵福。其基本功有：活腰腿、猴拳、正侧空翻、鲤鱼打挺、旋子等。习练兵器有：刀（单、双刀）、棍（单、三节棍）、鞭（七节鞭）、枪、剑、戟、钩、叉、槊、棒、偃月刀等。

双口少练会　　（赵师泉绘）

双口村剧团　民国34年（1945年）抗日战争胜利后，该村刘冠廷、赵毓千、赵学萍等人筹建“醒民剧团”，演出话剧《庸人自扰》《王二发参军》等。翌年剧团解散。民国37年（1948年）年底，该村成立民主剧团，演出《农民泪》《九件衣》《擦镜子》等，多次赴部队驻地、医院慰问演出。

体育名人赵学鸿　民国18年（1929年）生，双口村人。民国25年（1936年）入村内第四公立小学，民国31年（1942年）入北京明德中学。民国37年（1948年）高中毕业于北京五十三中学，曾代表北平市参加在上海举行的民国第七届全国运动会400米和4×400米接力项目。1951年提前毕业于北京师范大学体育系，加入北京公安总队，随解放军篮球队赴捷克斯洛伐克、苏联、波兰、匈牙利等国参加友谊比赛并访问。1953年调北京医学院（后更名北京医科大学）任教体育，后晋升北京医大副教授、教授，并通过在美国的专业考试，获国内唯一“马拉松国际丈量员”资格。后任国际田联马拉松技术委员会委员、中国田径国家级裁判、北京市竞走委员会主席、中国残疾人体育协会技术委员会副主任、中国弱智人体育协会副秘书长。1996年出访朝鲜、英国、法国，并访问中国台湾地区。在全国运动会和国内重大比赛中多次担任裁判。著有《马拉松》一书。

文化名人杜哲森　民国32年（1943年）生，双口村人。1953年入双口小学，1959年入双口中学，1965—1970年就读于北京师范大学中文系。1978年入中央美术学院美术史系研究生班，1980年获硕士学位，留校任教。为中央美院教授，校刊《美术研究》副主编、编审，中国美术家协会会员，国家艺术学科重点研究项目《中国美术史》编委、元代卷主编。他致力于美术史论研究和中国画创作，主要论著有《道家思想与中国传统绘画》等多部，《中国大百科全书》美术词条撰写人之一。出版有《孩提梦》画集，其国画创作以“笔墨简约、格调雅致和富有人道情思”为特色，作品为美国、德国、日本、新加坡、瑞士等国画廊和私人收藏。其成就与传略被英国剑桥收入《世界名人录》。

九　历史文化遗产

古遗址

双口战国及汉代遗址　1958年，在双口村东北1.5千米处发现战国及汉代遗址。该址位于一片高地上，面积1万平方米。在长达500米的中泓故道内发现大量陶片，河床两岸暴露有筒瓦、红陶土、陶井圈等，而且采集到陶豆、板瓦、明刀币和印有“泉州”戳记的陶罐。1962年，天津市文化局考古队在距双口村西北11千米处发现汉代泉州故城遗址。

西汉时期陶罐

1978年，在双口村东北中泓故道上发现战国及汉代遗址，面积1万平方米，暴露遗物较多，有夹砂红陶釜，灰陶豆、盘、绳纹筒瓦、板瓦等残片。

凤河石桥碑
（2003年摄）

碑碣

凤河石桥碑 凤河石桥碑在双口村发现，清同治五年（1866年）凤河建桥时立。全碑两通，为龙凤碑，汉白玉石质。因长期置于该村供销社屋檐下，碑面已被雨水打了很多坑洞，多处字迹无法辨认。2003年3月，双口镇政府协助区政协将两通碑运至区政府院内设罩棚保护。

其一为正碑，主要记载建桥的经过和意义。通高186.5厘米、宽67.5厘米、厚17厘米。碑首高51厘米，边框花纹宽6.5厘米，上镌祥云和二龙戏珠图案。碑额题字为方形隶书空心字“万古流芳”，每字6.5厘米×6.5厘米。

碑身高135.5厘米，边框花纹宽5厘米。正文共485字，每字2厘米×2厘米，落款每字3厘米×4厘米。榫卯26厘米×9厘米×13厘米。

附：

凤河石桥碑正碑碑文

双口村地隶天津，逼近凤河。村之东南隅旧有草桥，七空，形势虽小，可利往来，亦可通车马，固关津之要道也。道光二十四年春季，讷制宪查工至此，恐其有碍河流，固札饬毛邑尊改建木桥。邑尊相其地势，倍极经营，易七空为九空，即有便于河流，亦无虞于路阻。以故村中父老及往来行人咸啧啧称道之，曰：“此贤父母之利济吾民也”。

无如数十年来，风雨摧残，波涛冲激，至咸丰七年而桥势渐以不支。又兼来春冻解，层冰拥下，噌宏砰湃，全桥动摇，瞬息倾颓，尽行飘去，亦可见木桥之未可久恃也。虽然拘墟者何以言变通，畏缩者难以任艰巨，今木桥既废而不思斫嶙峋、召匠石为一劳永逸之□□，以垂久远利行人哉。然凤河一带村庄时被水患，拟托沿门之钵以成双凤之功。正值不易□□□村公议□于是岁□秋□募诸各店铁商，幸重商好善乐施、慷慨不吝而修建石桥之议，遂□□□定□□□财□易材□年始备因禀明邑尊仍遵照九空旧址修建□□□□基未□无□□□□来树□辄倾有限，青□虚掷□事之艰底于成如此迁延，至同治元年三月□□河□□□复抢工惟防□溜之□□为□□之筑。督公者不惮勤劬，将事者敢辞劳瘁，自春仲抵夏初，几经三月始邀□之□而告□焉。□□□功程浩衍，款项繁多，总费缗钱已臻盈数。夫□吾乡力哉？实钱商之□居多也。□成述其颖秀并勒善士芳名碑。

过此桥者，咸称羡之，曰：“某也，功德素隆，某也，阴骘莫量；某也，远居铳邻省；某也，近属同乡。而人与桥遂永垂不朽矣。是为记。”

丁未科进士张国士撰、国史馆议叙郝奇龄书

司事：庞作宏、吴广德、赵德隆、边永庆、赵德禄、赵立维、赵如柱、赵有显

董事：宁尉所衔赵□甲、从九品衔赵文成

大清同治五年六月穀旦勒碑

其二为附碑，记载为立碑捐助银两的店铺等单位字号。碑面较为完好，字迹清晰，字体清秀遒劲。通高186厘米、宽68厘米、厚21厘米，榫卯26厘米×9厘米×13厘米。碑首高51厘米，边框花纹宽6.5厘米，上镌龙凤图案。碑额题字为楷书“福缘善庆”，每字6.5厘米×6厘米。碑身高135厘米，边框花纹宽5厘米。正文每字2厘米×2厘米，落款每字3厘米×4厘米，上镌为立碑捐助银两的铁商及各局店字号106个。

凤河木桥碑 凤河木桥碑立于清光绪八年（1882年），汉白玉石质，碑面细腻光滑，字迹清晰可辨，是北辰区迄今保留比较完好的碑碣之一。原由双口村李桐柱家收存，1994年后存双口镇农经委院。

2003年3月，双口镇政府协助区政协将此碑运至区政府院内设罩棚保护。

此碑通高150厘米、宽53厘米、厚24厘米，其中碑首高43厘米。碑额为楷体题字“万古流芳”，每个字7.5厘米×7厘米，两侧有八仙中的吕洞宾等四位仙人和日、月、龙、虎、雀等图案为饰。碑身高102厘米，与碑首为同一块石料。碑阳镌刻碑文共471字，正文每字2厘米×2厘米，落款每字3厘米×4厘米，楷书字体。碑文内容主要记述天津知府万年丰、甘肃提督曹克忠及双口村民开河、修桥、筑路的事迹，黎民百姓感恩戴德立碑为记。碑身下部有榫卯，碑座无存。

附：

凤河木桥碑碑文：重建双口村新凤河木桥记

天津之地，水陆交会。西北去郡城三十五里，双口村地方，为赴省孔道，四方往来之所必经。而逼近凤河，每遇水潦，则道路梗阻。旧时村民尝架木覆草以通行旅。道光甲辰春，制府讷公节钺经临，顾谓形势□狭，制檄下邑侯毛公修建木桥九空。久之，木质糟朽，改建石桥，行者便之。嗣于同治辛未秋，永定河异涨泛滥，凤河淤废。历蒙督相李公派员疏浚，无如浊流靡定，旋挖旋塞。自是水益散漫，民多病涉。今年春复议开浚，而前郡伯万公、前甘肃提军曹公，实总斯役，相与同历河滨，相度形势，爰于村东里许，就旧河堤根另开新河以顺水性。二公于督公之际，见负乘者相属于道。因其计曰：凤河故有建桥之案，若河成桥废，如行旅何？又见村东地势低洼，若建桥而不筑道，桥亦罔济。于是集村父老谋之，咸踊跃愿助工费。二公乃请之督相，发帑千缗，阖村绅民亦捐集白金二百以襄事。于是，庀材鸠工，大兴畚□局，时不逾月，桥道俱成。工既毕，二公进村。众而谓之曰：祛患利行，酌前规以垂茂绩，为民上者之事也。助修防，勤剔治，乐事劝劝，无烦鼓咎鼓，亦食毛践土之义也。继自今兹桥兹道尔，村民其善宁之。已而，河道宪游公巡阅至斯所，以慰勖勉。村父老者，亦如二公指□，维近畿河务废弛已久，民之病水所□皆是，仰赖我督相经画于上，群工百司赞成于下，近年巨患渐弥，而二公于凤河一役，既已掘注兼宜，复不惜勤身苦口，营成此桥，以为百世荡平之利。自昔堤以苏名，墩因谢著，盖惠泽及人愈久而不忘也。然则吾民他日肩摩毂击前喁后□于斯涂者，溯厥所由其亦有睹茇舍之棠，而不忍翦伐者乎？是用详其废兴始末，勒石道周，俾二公之泽与斯桥永垂不朽云。

凤河木桥碑

双口西汉伉俪墓

1972年5月，在疏浚永定河故道时，发现一座西汉墓。该墓位于双口村东北1.5千米处。墓北已被河道打破，墓南压于河堤之下，保存尚好。

该墓为竖穴坑，呈长方形。墓口距地面深4.9米～4.95米，长约2.7米。墓壁由一层筒瓦砌成。筒瓦口朝上，层层竖立，四壁相连，上部用筒瓦和半瓦覆盖。南壁中部有错缝，系两次筑造的连接痕迹。墓内填黏土和沙土，并夹有碎陶片。墓内木棺两具并列，棺木已朽，人骨架两具，头向北。

随葬品均出自西部人架之旁，有铜带钩1件、罐1件、壶2件、碗1件。

汉墓位于双口村东北1.5千米永定河故道旁

考古鉴定该墓随葬陶器，为京津地区汉墓葬所常见。高颈统纹罐和长颈圈足彩绘壶，与北京昌平县和河北易县燕下都等地西汉早期墓内同类陶器较为接近。因此，这座墓葬年代应属西汉。

西部人架为男性成年，东部人架为女性成年，因此该墓为伉俪合葬。

从南壁中部的连接痕迹和东西两壁筒瓦的不同特点测知，此墓为两次建造。墓主人系先后葬入，男性先葬。女性后葬时，在原有墓室的基础上扩建加宽。

西汉墓葬，在天津为首次发现。1958年7月，双口村附近出土的带有"泉州"戳记的陶罐，与此墓内陶罐做工近似，同属西汉之器。双口西汉墓葬在西汉泉州城址即现在武清城上村东南，相距11千米。这座墓葬与西汉设置的泉州县似乎有关系，为研究天津历史提供了实物资料。

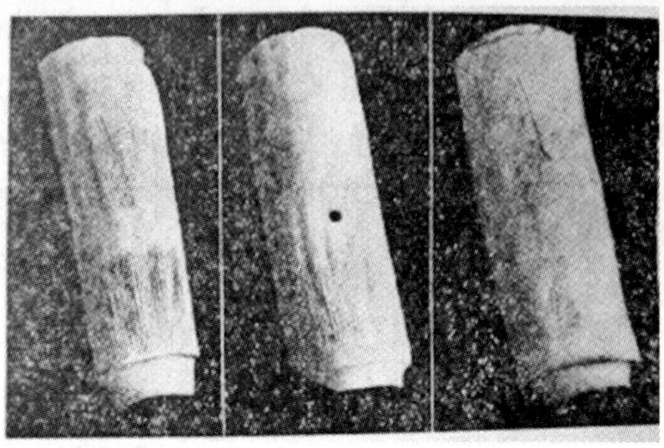

汉墓中出土的筒瓦，均为泥质。筒瓦长45.71厘米，径15.5厘米，厚1.2厘米。灰陶占绝大部分，正面多饰绳纹，纹路较粗，里面多布纹

十 大事纪略

史上数次遭遇自然灾害 清光绪十三年（1887年），大雨连绵，双口等21个村成灾六分。光绪十五年（1889年），阴雨连绵，双口等3个村成灾七分。民国22年（1933年），该村田禾被淹没殆尽。民国23年（1934年），永定河下游水涨，迭告溃漫，该村庄禾九成淹没，被浸庐舍多相继倒塌。

冯玉祥与李景林之战 民国14年(1925年)12月，国民军冯玉祥部与奉军李景林部交战于双口村东。战斗激烈，横尸遍野。李军迫于冯军强大攻势而败退。

击溃双口保卫团之战 民国27年（1938年）4月，人民自卫军北上先锋队游击第一路总指挥闫力宣带数十人到双口争取亲日保卫团，被围在团部院内，正驻汉沽港村的二十七支队100余人在司令员魏大光率领下增援。闫、魏部里应外合，击溃双口保卫团，闫部脱险。

双安保卫战 民国35年（1946年）3月24日，国民党天津县保安队在3个正规连的配合下，以千人之众侵犯双口、安光、青光。天津支队在安光东大窑与保安队展开激战，抗击顽敌。至晚给予入侵者重大杀伤，使其主动撤离安光，迂回葛渔城。午夜，天津支队赶至双口村，袭击守敌，收复双口。次日晨，生俘企图在双口设点的双街警察10余人，并缴获枪支马匹若干。

打击双口还乡团之战 1946年5月6日晨，冀中三十八团在王政委和天津县五区书记庞志民指挥下，于安光村西北伏击双口还乡团。毙伤敌8人，缴获长短枪14支。

建立新园林场（双口劳教所）占双口村土地 1970年，建立新园林场，其前身为1959年建的国营建新砖瓦厂，时占地面积5205亩，后来占地面积有所减少。至2009年，立新园林场共占地 4518亩。

十一 英烈先贤

英烈

赵学孔（1930—1945） 双口村人。民国34年（1945年）10月参加革命，任天津县四区通讯员。是年12月8日，在武清县陈嘴乡与董光、杨玲、于宝玺等县、区干部被国民党武清县自卫总队张汉臣部包围，突围时牺牲，年仅15岁。

杨大马（生卒年不详） 双口村人。民国34年（1945年）年底参加天津县四区小队，后牺牲，年仅19岁。

林润志（1931—1950） 双口村人。民国37年（1948年）参加革命，1950年南下失踪，失踪前为中国人民解放军第二野战军某部二团战士，经天津市民政局批准为烈士。

先贤

赵治平（清中叶） 双口村人。清乾隆五十三年（1788年）举人，官居抚宁县教谕。晚辈有名立经

者诰授昭武都尉、候选都司，赏戴蓝翎；有名作铭者任御所千总；有名作钟者诰授奉政大夫，赏戴花翎、候选同知；有名傧者任芦台镇把总、记名千总、赏戴花翎。

殷学谦（1928—1997） 双口村人。民国25年（1936年）就读于双口小学，民国31年（1942年）考入天津一中，民国34年（1945年）入天津工商大学男附中（今新华中学）读高中。民国37年（1948年）考入南开大学物理系。1952年到河北大学物理系任教，1979年任物理系主任、副教授，1983年任副校长，1990年晋升教授。1994年退休。曾任中国物理学会理事、河北省物理学会理事长、《物理通报》主编等。著有《物理学手册·热学分册》一书。1997年去世，享年69岁。

十二 历任党政负责人

中华人民共和国成立之后的1950年至双口分村前的1970年，双口村党组织为总支建制，其间经历5任书记。村政机构经历了村公所、村人民政府、村生产大队等不同设置，共历5任负责人。

1950—1970年双口村党组织负责人任职情况表

表3

党组织名称	姓名	性别	职务	任职时间
村党总支	李恩弟	男	书记	1950—1952
	杨鹏举	男	书记	1953—1957
	魏玉春	男	书记	1958—1959
	蔡树林	男	书记	1959—1962
	杨鹏举	男	书记	1962—1970

1950—1970年双口村村政机构负责人任职情况表

表4

村政机构名称	姓名	性别	职务	任职时间
村公所	崔凤同	男	村长	1950—1951
村人民政府	张开信	男	村长	1952—1955
村生产大队	杨鹏举	男	大队长	1955—1957
				1958—1959
双口分场	蔡树林	男	场长	1959—1961
村生产大队	杨鹏举	男	大队长	1961—1966
革命委员会			主任	1967—1970

十三 荣誉

1950—1970年，双口村共获市局级及以上先进个人荣誉4项。

1950—1970年双口村获市局级及以上先进个人荣誉表

表5

授予时间	姓名	荣誉名称	授予部门
1951	刘云祥	天津县劳动模范	天津县政府
1952		天津县爱国丰产竞赛运动先进个人	天津县政府
1963	刘佳砚	天津市“五好”职工代表	市人民政府
1964	杨鹏军	河北省先进工作者	河北省政府

附：典籍选录

天津县双口村为筑堤压占民地恳乞丈量发款事呈华北水利委员会文

1936年6月24日

呈为筑堤压占民地恳乞丈量发款以释群疑事。窃自5月初闻海河工由屈家店往西平地起筑新堤，双口等村各地户因见突然兴工侵及土地，毁损青苗麦田并无任何补偿办法卧地阻止。嗣经天津县政府派员当众晓以补偿。堤占每亩30元，用土坑每亩8元（内青苗费4元），坟墓每座12元，系援照韩柳墅成案办理由县政府转请发给。等因。是以民众始允兴工。兹因该项工程行将告竣，尚未丈量发款以致各地户疑惑多端，不曰为官府所给即曰乡长等不理村众之事。群相纷议，乡长等实无应付之术。为此，恳请鉴核俯赐丈量发款以恤民艰，并请指令以释群疑，实为至便。

谨呈华北水利委员会

具呈人：天津县双口村乡长赵作云　乡副吴慎修　边士元

郭广金

铺保地址：北门外

执事人：殷辅仁

华北水利委员会为筑堤压占民地恳乞

丈量发款事训令永定河三角淀中泓浚河筑堤工程事务所

1936年6月30日

令永定河三角淀中泓浚河筑堤工程事务所：

案据天津县双口村乡长赵作云等1936年6月24日呈为筑堤掘压民地，恳请丈量发款，以恤民艰。又据该乡长赵作云联同丁庄乡长程永誉等同日呈为旧河裁弯取直，损害民地，恳乞照章补偿损失，拯救民生。各等情。据此，合亟抄发原呈各一件，令仰该所分别核议具复以资核办。

此令

附发抄呈原件（无）

（选自《档案中的北辰》）

双口一村

双口一村位于北辰区西部，1971年由双口村析出。东与双口二村相连，西与武清区渔坝口村相望，南与双口三村相接，北与平安庄村相界。2015年，该村户籍人口3866人，长期固定资产1223.46万元。

双口一村村碑　　（2015年摄）

一　村庄沿革

隶属　见双口村

二　道路河流

道路　村西邻京福公路（104国道），北邻津永支路。

河流　有二级河道中泓故道。

三　人口方言

人口　1971年，始析为行政村，时有806户3667人。1980年，有870户3497人。2000年，有1114户3415人。2016年，有1172户3866人。从业人员1633人，其中男性1233人，女性400人。

赵氏族谱　　（2016年摄）

民族　据村情调查，2016年，该村有8个民族，其中回族13人、满族7人、蒙古族4人、苗族2人、布依族2人、藏族1人、朝鲜族1人，余为汉族。

姓氏　双口一村有126个姓氏，其中吴、刘、赵姓人口居多。100口人以上的姓氏还有：王、李、张。

赵氏辈分排序如下：福、廷、恩、大、用、树、尔、广、师、培。

吴氏辈分有：蕴、永、万、树、作、宝、体、学、乃、丛、师。

方言　见双口村。

四　耕地状况

1980年，全村共有27块耕地，总面积6516.15亩。2015年，耕地面积4984亩。耕地四至：村东砖厂、长条子地块与立新园林场相邻，村北北燕井、大庄禾等地块与平安庄地块相邻，村西二果园、三果园等地块与安光村和武清区渔坝口村地块相连，村南东稻田、西稻田等地块与双口三村地块相连。有涵闸5处，分别位于一号路北、一号路、砖厂东、扬水场、北小洼南。泵站2个，分别在扬水场、菜园子北边。涵洞7个，分别位于扬水场旁、六亩半南、一号路、北小洼、一号路北、三号路南、三果园东。机井5眼，分别在一号路、二号路（2眼）、三号路、六亩半。

1980年双口一村所属耕地地块情况表

表1 单位：亩

地块名称	面积	地块名称	面积
一号路	548.25	小红窑	482.55
二号路	544.95	北小洼	412.05
三号路	525.75	陈家坟	305.4
六亩半	195	南小洼	215.1
北燕井	223.5	长条子	225.45
后庆子	15.45	东稻田	452.55
西稻田	426.75	二队包庄	22.5
西土坑、西五十	258.3	三厂	51.9
西槽子	19.35	零件厂	38.1
西汪汪、董家坟	159.6	酒壶嘴	27.15
大庄禾	174.3	一、二、三果园	229.95
砖厂	514.95	菜园子	30
郎地	47.4	西包庄	297
殿后	72.9	合计	6516.15

1980年双口一村所属耕地地块示意图

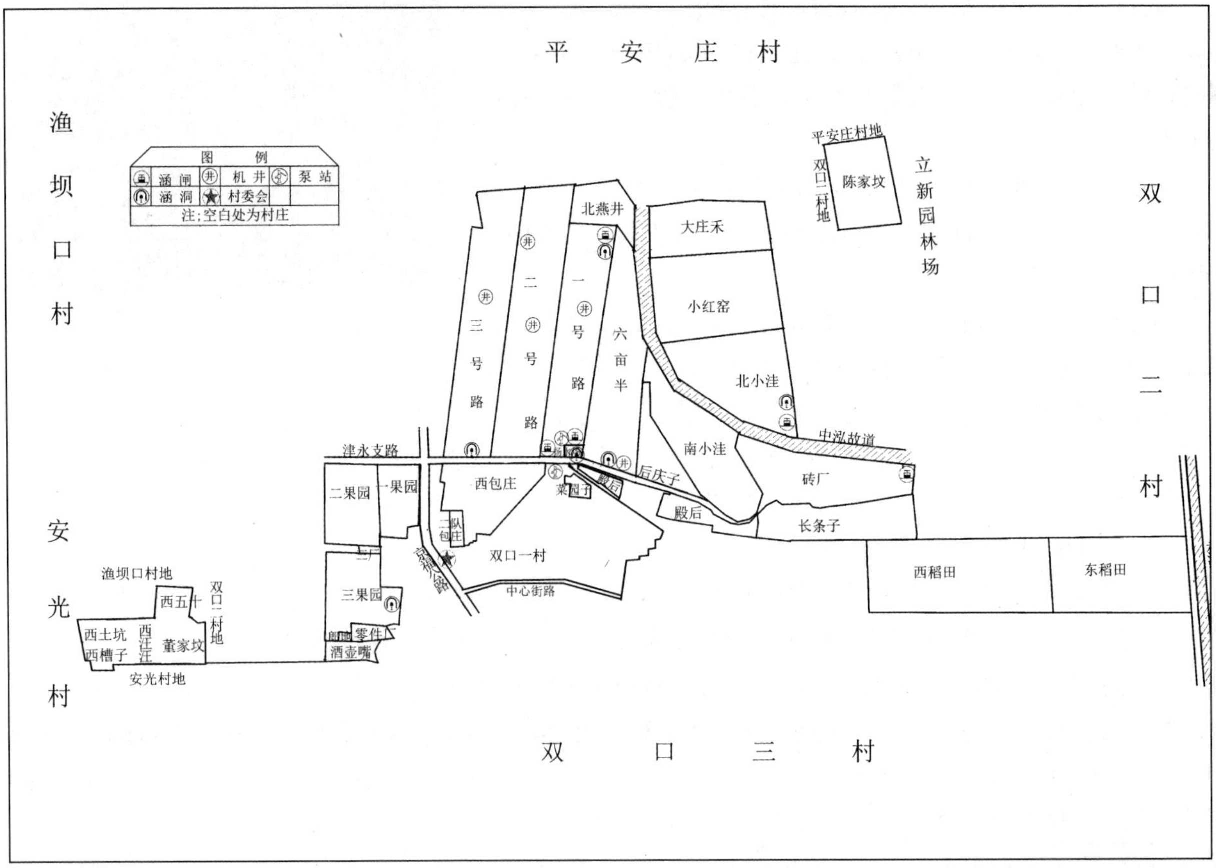

（2016年绘制）

五　街道胡同

1971年析村后，全村仍延续使用历史原状土路。20世纪70年代至80年代初，村内道路建设迟缓。到1986年，开始铺设机砖、硬化胡同共51条，其中东西走向10条，西北走向2条，南北走向39条，共5936米。2012年，北大道、中心北路、中心南路、药厂路、商场北路、光明路、印刷道、缝纫道、致富路共9条道路修为水泥路，光荣道、幸福道修为红砖道，其中东西走向5条，南北走向6条，共4363米。

双口一村中心北路　（2015年摄）

双口一村北大道　（2013年摄）

2012年双口一村街道情况表

表2

街道名称	走向	长度（米）	街道名称	走向	长度（米）
北大道	东西	988	缝纫道	东西	202
中心南路	南北	203	致富路	南北	171
中心北路	南北	454	光荣道	东西	323
药厂路	南北	585	幸福道	东西	472
印刷道	东西	201	光明路	南北	471
商场北路	南北	293			

1986年双口一村胡同情况表

表3

胡同名称	走向	长度（米）	胡同名称	走向	长度（米）
和平胡同	东西	140	改革路	南北	305
富强一胡同	南北	67	更新胡同	南北	166
富强二胡同	南北	67	迎新胡同	南北	100
富强胡同	南北	152	双兴胡同	南北	231
富强三胡同	南北	67	健康道	东西	229
幸福胡同	南北	116	幸福东胡同	南北	93
杜家胡同	南北	86	朝阳胡同	东西	120
光辉路	南北	176	创新路	南北	129
勤俭胡同	南北	156	三角坑胡同	西北	92
集贤道	东西	104	英华胡同	南北	106

续表

胡同名称	走向	长度（米）	胡同名称	走向	长度（米）
邮局西胡同	南北	203	邮局胡同	南北	200
信用胡同	南北	196	商场西胡同	南北	172
商场胡同	南北	140	建新零胡同	南北	80
建新一胡同	南北	80	建新二胡同	南北	80
建新三胡同	南北	80	劳动胡同	西北	113
致富胡同	南北	116	朝阳胡同	南北	120
小学胡同	南北	137	小学东胡同	南北	137
庙后胡同	南北	122	钓鱼台胡同	东西	90
陈家胡同	东西	78	刘家胡同	东西	58
缝纫道零胡同	南北	50	缝纫道一胡同	南北	50
缝纫道二胡同	南北	50	缝纫道三胡同	南北	50
丰收道	东西	148	发达胡同	南北	73
兴旺胡同	南北	155	幸福一胡同	南北	62
幸福二胡同	南北	62	幸福三胡同	南北	62
幸福东胡同	南北	62	集贤胡同	东西	95
振兴巷	东西	113			

六　公共设施

1971年，始建村委会办公房。1972年，建饮用水塔。1980年，建敬老院。2000年，建民办春晓幼儿园。2002年，在京福公路东侧新建两层村委会办公楼。2003年，建健身园。2007年，建村卫生所。是年，敬老院改建成文化活动中心。2008年，建农家书屋。2014年，在村委会院中建立消防队。2016年，建纯净水站。

双口一村卫生室　　（2017年摄）

双口一村村委会　　（2013年摄）

2015年双口一村街道胡同及主要公共设施示意图

（2016年绘制）

七　经济概况

改革开放以前，村以农业为主，主要农作物有小麦、玉米、大豆、高粱、山芋、花生等。实行联产承包责任制后，走农林牧副渔共同发展的路子，发展果园1999.95亩，品种有苹果、梨、枣、桃、葡萄等。还有的村民建起了蔬菜大棚，反季节蔬菜大量上市。大力发展养殖业，涌现出养鸡、养羊专业户。创建了中药加工厂、印刷厂、白铁厂、铸造厂等，集体经济逐步壮大，村民收入不断提高。

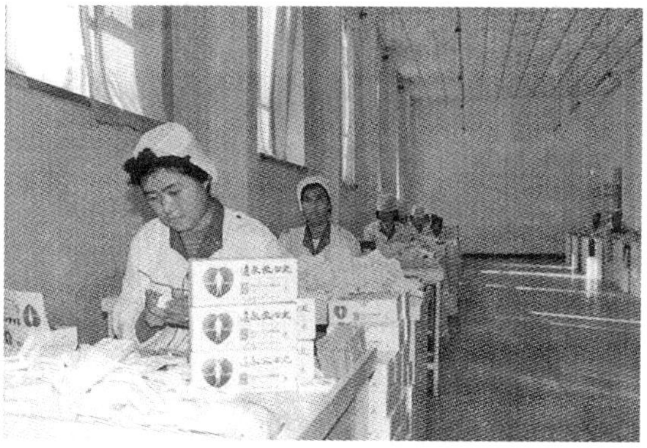

双口一村中药加工厂创建于1982年，为天津中药六厂包装“速效救心丸”等产品。1991年被评为北辰区先进企业，1994年产值1768万元，固定资产原值159万元，利润184万元。

【载1992年《天津北辰》(画册)】

2000年，有耕地5356.05亩，主要农作物有小麦、玉米、大豆等，年产粮食764吨。园田616.05亩，年产蔬菜2422吨。养猪1387头，年出栏1243头。养羊1169只，出栏517只。果园1240.95亩，年果品产量1000吨。有村办企业8家，年产值5052万元，其中中药加工厂有职工120人，年产值460万元，利润230万元。人均纯收入5104元。村内有个体商业网点11个，销售额33万元。到2015年，农业以种植玉米、大豆，果品为主，农业收入200万元。蔬菜温室大棚350个、349.95亩，主要种植芹菜、西红柿、黄瓜等，收入350万元。养殖业有奶牛养殖专业户3家，共400头。肉牛养殖3户、200头。养羊3户、150只。鱼池5户。养殖业总收入285万元。工业引进个体私营企业120家。主要企业有管件、家具 、化肥、自行车电动车生产、镁粉生产、中药材加工等。餐饮服务业有洗浴4家，餐馆20余家，超市20家，旅店1家，美容、美发5家。村厂房出租年收入80余万元。2016年，油料播种面积16.95亩，总产量2吨。蔬菜及食用菌播种面积556.95亩，总产量1971吨。

八　民间文化

同乐高跷会　双口同乐高跷会始建于民国23年（1934年），是双口村组建的第二道公益性花会。该会属于津跷中的文跷，是最有特色的一道花会。该会于20世纪50年代末停止活动。1985年，村党支部书记张兆和提议，村党支部宣传委员赵全廷负责组织落实，双口一村同乐高跷会重组。会头：赵全廷，教练：晏长海、赵清杨、张玉顺、柴守富、李庆吉、郭景才；锣鼓音乐：赵喜明、刘勇、黄喜发、张俞、柴家奇、刘万良、边梦发、张宝山、张国啟、林景国、赵恩桥、刘利云等人。1986年，同乐高跷会代表北郊区参加天津市第二人民文化宫会演获得比赛二等奖。1987年，国家副主席王震考察天津市外环线全线贯通通车，同乐高跷会在外环线北郊区地段汇报演出。1988年3月再次停止活动。

小车会　双口小车会始建于1949年，会名“同乐小车会”，由晏长海、王品发组建，属仿古小车会。

秧歌队　双口一村秧歌队成立于2002年，由40名成员组成，团队名称夕阳笑艺术团。文艺形式秧歌、花会、腰鼓、小品、快板。2008年获得“区级精品花会”称号，获奖节目《小车会》。

九　英烈先贤

张永楠（1967—2012）　烈士。双口一村人，第三届天津市道德模范提名奖获得者。2012年2月9日，冰窟救人，献出了年仅45岁的生命。是年2月28日，中共天津市委追授其为中共党员；29日，经市政府批准，授予张永楠烈士称号。

十　历任党政负责人

双口一村党组织比较健全，班子成员相对稳定。1971—2016年，共经历7任书记；村政机构负责人共历9位。

1971—2016年双口一村党组织负责人任职情况表

表4

党组织名称	姓名	性别	职务	任职时间
党支部	赵福山	男	书记	1971—1982
	杨柏林	男	书记	1982—1983
	张兆和	男	书记	1984—1987
	赵伟廷	男	书记	1988—1994
	赵然廷	男	书记	1994—1998
党总支	赵然廷	男	书记	1998—2002
	刘　勇	男	书记	2003—2015
	林景义	男	书记	2015—2016
党委	林景义	男	书记	2016—

1971—2016年双口一村村政机构负责人任职情况表

表5

村政机构名称	姓名	性别	职务	任职时间
革命委员会	赵福山	男	主任	1971—1979
生产大队	赵福山	男	大队长	1980—1982
村民委员会	吴树芬	男	主任	1982—1983
	丁秋敏	女	主任	1984—1987
	赵理廷	男	主任	1988—1994
	赵全廷	男	主任	1994—2006
	赵锡友	男	主任	2006—2011
	刘彩庆	男	主任	2011—2012
	林景义	男	主任	2012—2015
	刘彩庆	男	主任	2015—

十一　荣誉

1977—2014年，双口一村共获得市局级及以上先进集体奖7项，先进个人奖6项。2010年，张井波获全国妇联、文明办授予的“全国孝亲敬老之星”称号。

1971—2016年双口一村获市局级及以上先进集体荣誉表

表6

授予时间	获奖单位	荣誉名称	授予部门
1977	双口一大队妇代会	市级妇女工作先进集体	市妇联
1978	双口一大队	农业学大寨先进大队	市革委会
1990	双口一村治保会	1989年度治安先进集体	市委、市人民政府
1994	双口一村	市级小康村	市委农工委、市农委
1998	双口一村	1997年度市级明星小康村	市委农工委、市农委
1999	双口一村中药加工厂	1997—1998年度市级文明单位	市文明委
2013	双口一村	天津市治保工作先进集体	市公安局

1971—2016年双口一村获市局级及以上先进个人荣誉表

表7

授予时间	姓名	荣誉名称	授予部门
1983	丁秋敏	市农业系统劳动模范	市委、市人民政府
1999	安维芝	1997—1998年度市级文明市民	市文明委
2000	李建起	市级文明市民	市文明委
2004	晏书琴	2003年度“十五”立功先进个人	市总工会
2010	张井波	全国孝亲敬老之星	全国妇联、文明办
2014		天津市“乡村好青年”	团市委

双口二村

双口二村村碑　　　　（2015年6月摄）

双口二村位于北辰区西部，1971年由双口村划分而来。东与北仓镇王秦庄村为邻，西与双口一、三村相接，南与青光村相望，北与平安庄村相界。2015年，该村户籍人口4233人，长期固定资产4289.99万元。

一　村庄沿革

隶属　见双口村

二　道路河流

道路　村南侧有津永公路新线，村北邻津永支路。

河流　有二级河道永青渠、中泓故道，村南有安光引河。

三　人口方言

人口　1971年，始析为行政村，时有846户3938人。1980年，有895户3757人。2000年，有1245户3850人。2016年，有1500户3920人；从业人员有1500人，其中男性1020人，女性480人。

民族　据村情调查，2016年，该村有5个民族，其中满族9人、回族2人、朝鲜族2人、蒙古族1人，余为汉族。

姓氏　双口二村有143个姓氏，主要姓氏有赵、李、张、王姓，100口人以上姓氏还有吴、刘、杨姓。

双口二村姓氏序表

表1

赵	李	张	王	崔	程	邹	郭	窦	董
焦	井	边	高	韩	刘	孙	柴	武	曹
腾	肖	马	杨	朱	吴	冯	陈	魏	杜
吕	周	胡	宋	何	林	罗	谢	唐	邓
袁	许	沈	彭	苏	卢	蔡	薛	叶	闫
潘	戴	汪	任	姜	范	方	姚	孔	白
邱	秦	史	顾	候	邵	孟	贺	龚	庞
兰	陶	翟	安	颜	严	牛	季	尤	聂
邢	岳	梅	庄	谷	牟	靳	裴	席	丛
屈	司	宁	车	房	苑	沙	衡	付	徐
郝	黄	路	贾	田	师	毛	乔	甄	樊
耿	项	祁	晏	种	梁	南	穆	门	邴
丰	荣	曾	纪	凌	戚	申	石	丁	金
郎	钟	解	郁	于	常	骆	欧阳	葛	陆
郑	关	蒋	—	—	—	—	—	—	—

赵氏辈分有福、廷、恩、大、用、树、尔、广、师、培。

方言 见双口村

四 耕地状况

1980年，全村共有23块耕地，总面积7100.25亩。2015年，全村耕地面积6300亩。耕地四至为：村东东四百八、三十里地地块邻屈店村和王秦庄村地块，村南东二百四、南三百二等地块邻青光村地块，村西加西地块邻安光村和武清区渔坝口村地块，村北北芦河地块邻平安庄村地块。有河渠8条：分别为永青渠、中泓故道、安光引河、新颜渠、防渗渠、王窑大渠、新颜路干渠、二百八上水渠。机井1眼，坐落于西二百四。泵站6个：坐落于李坟、东二百四、南三百二、北三百二、王窑(2个)。涵闸1处：坐落于李坟。涵洞2个：坐落于李坟、王窑。桥梁4座：分别为新颜桥、工业园桥、红光桥、芦河桥。

1980年双口二村所属耕地地块情况表

表2 单位：亩

地块名称	面积	地块名称	面积
加西	621.45	北芦河	548.55
王窑	679.05	三十里地	186.75
摆渡口	228.6	小窑地	207.45
东四百八	592.2	北三百二、二百八	1375.05
南四百八、西二百四、北石地、李坟	799.2	东二百四、南石地、胡场、南三百二	1732.05
东四百八、二百八、三百二	129.9	合计	7100.25

1980年双口二村所属耕地主要地块示意图

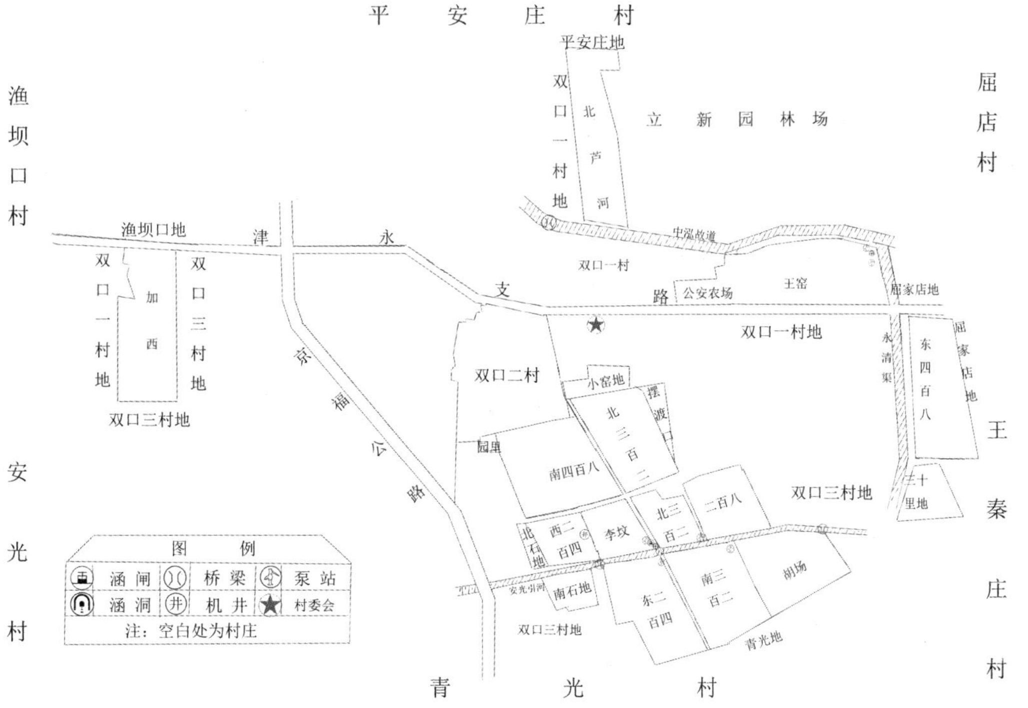

（2016年绘制）

五　街道胡同

双口二村中心南路　（2015年6月摄）

1971年建村，全村仍延续使用历史原状土路。80年代，村容街貌虽有所改善，但变化不大。1998年，红光路修为水泥路。2003年，中心东路、中心南路、中心北路修为砖道。2005年，铺设机砖、硬化胡同46条，其中东西走向18条，南北走向28条，共9900米。2015年，中心北路、中心南路、中心东路和红光路，翻修为水泥路，共2706米，均为东西走向。

1998—2015年双口二村街道情况表

表3

街道名称	走向	长度（米）	街道名称	走向	长度（米）
中心北路	东西	690	中心南路	东西	530
中心东路	东西	716	红光路	东西	770

2005年双口二村胡同情况表

表4

胡同名称	走向	长度（米）	胡同名称	走向	长度（米）
三角坑胡同	南北	400	球厂东胡同	东西	149
松栢胡同	东西	161	二十三队场道	南北	174
有余堂胡同	南北	117	刘坟胡同	东西	191
粮库南胡同	东西	100	双东一巷	南北	130
孔家西胡同	南北	95	水塔胡同	东西	263
孔家台胡同	南北	95	建新胡同	南北	179
双东二巷	南北	135	东大场胡同	东西	160
郭家店胡同	南北	137	吴园东路	东西	412
吴园西路	南北	439	桥东胡同	东西	160
三佛会胡同	东西	210	敬老院后胡同	东西	177
桥西胡同	东西	154	桥南胡同	东西	167
水塔东胡同	东西	168	红光一巷	南北	118
桥南胡同	南北	97	红光二巷	南北	118
酱坊胡同	东西	182	红光三巷	南北	118
铁店后胡同	东西	247	红光四巷	南北	118
铁店路	东西	373	双中道	南北	865
三十三队场胡同	南北	95	十字街路	南北	1450
老铁店胡同	南北	85	红光五巷	南北	132
腊八会	南北	122	红光六巷	南北	99
中心东路一排	南北	160	中心东路二排	南北	160
中心南一巷	南北	99	中心南二巷	南北	99

续表

胡同名称	走向	长度(米)	胡同名称	走向	长度(米)
中心南三巷	南北	99	粮库道	南北	442
煤场东胡同	东西	161	前街路	东西	88

2015年双口二村街道胡同及主要公共设施示意图

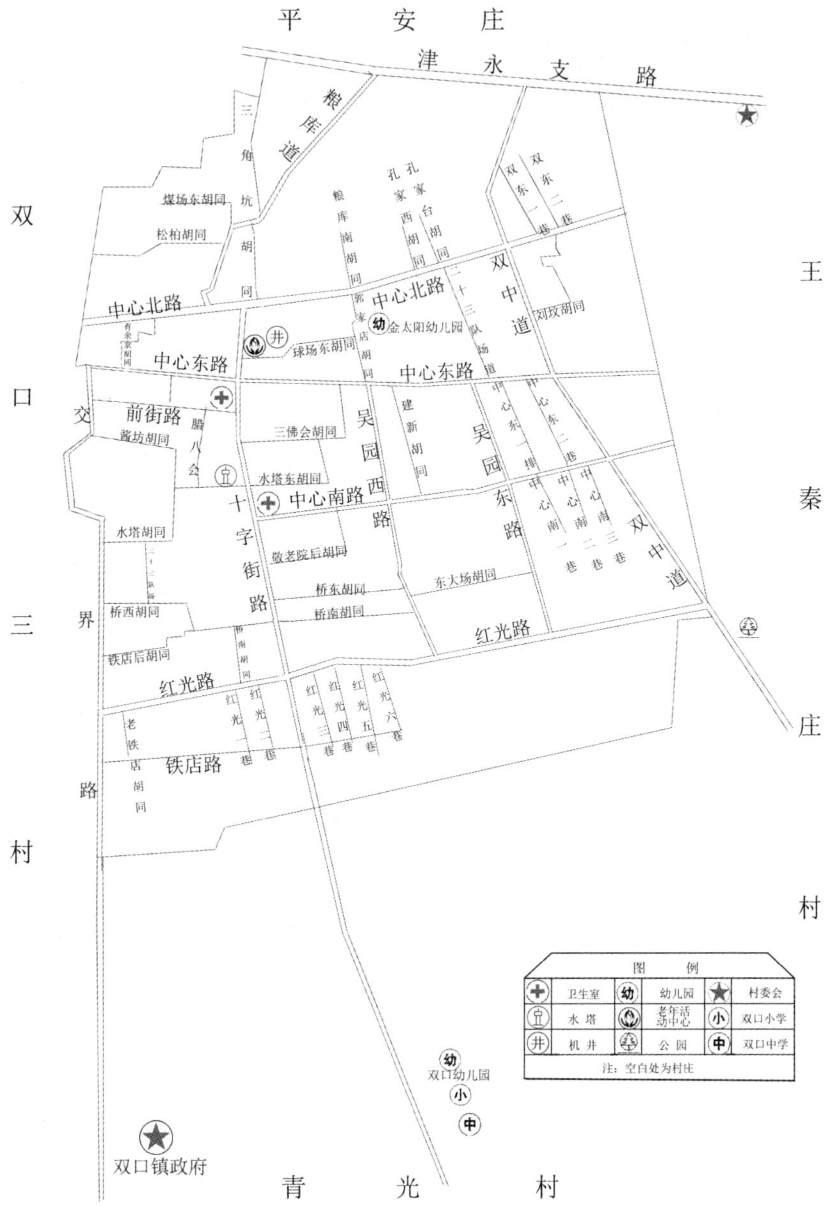

（2016年绘制）

六　公共设施

1971年析村时公共设施甚少，仅有一所红医站。随着村经济发展，公共设施逐渐增多。1979年，建饮用水水塔。1980年，建村卫生所和村委会办公房。1998年，老村委会办公用房改建为老年协会。2005年，在津永支路南侧新建村委会办公楼（社区综合服务中心）。2006年，老年协会内设书画室、棋牌室、排练室、图书室、培训室。2008年，建农家书屋。2010年，建民办金太阳幼儿园。2013年，在新颜路西侧建公园。2015年，建移动式公共厕所。

双口二村公园　　（2016年摄）

双口二村村委会　　（2017年摄）

七　经济概况

1971—1984年，全村经济以农为主，农业又以种植业为主。1985—2000年，实施农业结构调整，新建果园1999.95亩。种植芦笋900亩，产品分别由友谊罐头厂、长城罐头厂、津华冷冻厂收购。随着果树生长时期的延长，更新60亩巨峰葡萄，年产100吨左右。2000年年底，村有耕地6732亩，粮食作物以小麦、玉米、大豆为主，年产粮食997吨；果园970.05亩，年产果品1715吨；养猪1465头、出栏1267头，养羊2246只、出栏1447只。村办企业5家，年产值5906万元。人均纯收入5096元。

苹果挂枝头　　（2014年摄）

村内建有商业街，有商用房、商业网点44个，销售额达67.7万元。2002年，始建村工业园招商引资，引进4个企业，有轮登风机有限公司、工大电镀设备有限公司、真爱电动车、名人电动车等企业。2015年，粮田面积2986.05亩，总产量1277吨。蔬菜播种面积1093.95亩，总产量1801.1吨。果树栽种面积60亩，总产量100吨。生猪存栏650头，出栏1910头。2016年，油料播种面积106.05亩，总产量15吨。蔬菜及食用菌播种面积502.05亩，总产量1913吨。餐饮服务业有洗浴4家，餐馆3家，超市5家，美容、美发4家。

八　民间文化

枫叶正红表演队　1994年10月成立，队员30余人，均为老年人，最大年龄78岁。训练场所在镇文化站和邻里空房院。排演节目有传统秧歌（基本四步）、创作秧歌（自编舞蹈）、孔雀开屏（双扇秧歌）、传统花棍（霸王鞭）、敬老小车会（改编小车会）、仿高跷（翁婆平地高跷）、老年腰鼓队、老年迪斯科、歌舞、小品等。该队小品《扭秧歌去》获北辰区第二届“国策杯”计划生育文艺会演演出、创作奖。2003年获得“区级优秀表演奖”，获奖节目“秧歌”；2009年获得“区级二等奖”，

双口二村孔雀开屏双扇舞　　（2007年9月摄）

获奖节目“歌曲”；是年获得“区级表演奖”，获奖节目《健身秧歌》。

农民画画家丰爱东 双口二村村民，为中国美术家协会天津分会会员、中国民间文艺家协会天津分会会员、农民书画研究会理事，北辰区民间绘画艺术家，北辰区政协委员。2008年被聘为双口镇双口小学农民画课外教师，2016年被聘为集贤里小学美术学科特色课程校外辅导专家。80年代，农民画刚刚在北辰兴起时，丰爱东在文化馆老师的辅导下，加入了农民画创作行列，并迅速成长为骨干作者。丰爱东成为镇域唯一专职在家绘画的农民画家。每逢全国及各地区举办画展，他都会受邀带着作品到各大城市外国人聚居地展示、订画。他的作品远销海外，成为外国人馈赠亲友的佳品。在北京、广州、青岛、大连等地的使馆区设置他的作品专卖店。30余年，他的作品销售600余幅。

2003年，为适应群众直观的赏阅农民画，集中精品40余幅，编辑出版《丰爱东画集1》和《丰爱东画集2》。2008年1月19日，在北辰现代民间绘画作品展中，丰爱东获农民画家称号。2000—2013年，在天津市奥林匹克公寓举办个人画展4次，展出作品300余幅，受到中国台湾、日本、欧美人的欣赏和青睐；2008年以来，接收在华日本友人学习农民画。2013年后，由农民画画面模拟式向体现个性化方面发展，贴近百姓个人需求，将个体真实照片融汇于农民画中。

2014年10月，由北辰区人民政府、北辰区文广局主办，北辰区文化馆承办“春华秋实30年——丰爱东个人农民画作品展”，集中展现了农民画家丰爱东的艺术成果。

九　英烈先贤

吴恒林（1926—1948） 双口二村人。民国37年（1948年）参加革命，是年6月6日在静海县杨芬港村牺牲，时为中国人民解放军冀中区七十五团一营二连副排长。

杨文元（1928—1952） 双口二村人。民国38年（1949年）参加革命，为中国人民解放军某部战士。1952年3月随部队加入中国人民志愿军，参加抗美援朝战争，在战斗中失踪，经天津市民政局批准为革命烈士。

张瑞峰（1931—1948） 双口二村人。民国35年（1946年）参加革命，民国37年（1948年）在静海县义和庄战斗中牺牲，生前为静海县大队战士。

郭振清

郭振清（1927—2005） 原籍双口二村，生于天津城内。民国26年（1937年）卢沟桥事变后，随全家从天津城里返回原籍。在故里曾念私塾、入学堂、种地、打短工。民国33年（1944年）返津，在电车公司当售票员。民国38年（1949年）1月天津解放，他带头参加文艺宣传活动。是年3月，当选电车公司工会委员；5月，被保送到全总华北职工干部学校学习；11月，加入新民主主义青年团。后考入天津市总工会文工团，不久调入天津人民艺术剧院从事话剧表演。1950年，他主演的话剧《不是蝉》在天津耀华中学礼堂上演，一炮打响，受到欧阳予倩、张庚等文艺界著名人士赞评。

1952年，郭振清饰演故事片《六号门》中搬运工胡二，并演唱片中主题歌，颇受好评。1953年，被调到北京电影制片厂演员剧团。1955年调入长春电影制片厂，参加影片《平原游击队》拍摄。他成功塑造了抗日战争时期声东击西、足智多谋、神出鬼没、沉着冷静、手使双枪、勇敢善战的游击队长——李向阳的英雄形象，一举成名，家喻户晓。1957年，获得“全国最受观众欢迎的演员”称号。1981年回津。初在天津广播电视艺术团任团长，后在天津电视台电视剧部任导演。1988年离休后，仍参加影视界和社会活动，在天津电影制片厂拍摄的第一部故事片《荒娃》中扮演黑脸县长，并亲自执导影片《大虎》，又在电视剧《龙嘴大铜壶》和《天津卫有个高跷狂》中扮演主要角色。

郭振清历任吉林省、长春市和天津市政协委员，中国电影表演学会理事，中国电影家协会名誉主席，天津电视艺术家协会顾问，天津戏剧家协会会员。他一生中演出话剧、电影、电视剧上百部，曾主演《英雄司机》《暴风雨中的雄鹰》《英雄儿女》《羌笛颂》《花好月圆》《独立大队》等影片；在《钢铁巨人》《严峻的历程》《老马识途》《小字辈》《排球之花》《济南战役》《我们这一代》《艳阳天》等影片中扮演主要角色，并为朝鲜、波兰等国多部译制影片配音。

1998年，郭振清与张良、刘世龙、祝希娟及刘江、葛存壮等著名老电影演员在中央电视台春节联欢晚会上演出小品《正方与反方》。2005年8月26日病逝于天津，享年78岁。

十 历任党政负责人

自1971—2016年，双口二村党政组织比较健全，班子成员相对稳定。共经历10任党组织书记，9任村政组织负责人。

1971—2016年双口二村党组织负责人任职情况表

表5

党组织名称	姓名	性别	职务	任职时间
党支部	杨鹏举	男	书记	1971—1973
	苏致善	男	书记	1973—1985
	赵恩东	男	书记	1985—1986
	王继山	男	书记	1986—1989
党总支	何玉明	男	书记	1989—1998
	赵乃吉	男	书记	1998—2000
	王继山	男	书记	2000—2003
	杨井耀	男	书记	2003—2006
	王建生	男	书记	2006—2009
党委	李恩强	男	书记	2009—

1971—2016年双口二村村政机构负责人任职情况表

表6

村政机构名称	姓名	性别	职务	任职时间
革命委员会	杨鹏举	男	主任	1971—1972
	赵恩东	男	主任	1973—1979
生产大队			队长	1980—1982
村民委员会			主任	1982—1985
	王继山	男	主任	1985—1986
	张士祥	男	主任	1986—1995
	赵乃吉	男	主任	1995—2000
	王继山	男	主任	2000—2003
	李恩强	男	主任	2003—2009
	王建生	男	主任	2009—2015
	赵大忠	男	主任	2015—

十一　荣誉

1971—2016年，双口二村共获市局级及以上先进集体奖8项；1971—2016年，双口二村共获市局级及以上先进个人奖6项。村民朱兆武于1998年获国家老龄委“敬老好儿女金榜奖”。

1971—2016年双口二村获市局级及以上先进集体荣誉表

表7

授予时间	获奖单位	荣誉名称	授予部门
1987	双口二村团支部	青年绿化突击队	团市委
1989	双口二村	1988年度市级文明单位	市文明委
1989	双口二村团总支林果协会	先进青年科技协会	团市委
1993	双口二村团总支	学雷锋先进集体	市文明委
1995	双口二村	精神文明建设活动先进集体	市文明委
2000	双口二村	1999年度市级文明小康村	市文明委
2000	双口二村	1999年度第七批市级明星小康村	市委农工委、市农委
2009	双口二村	第二次经济普查市级先进集体	市农普办

1971—2016年双口二村获市局级及以上先进个人荣誉表

表8

授予时间	姓名	荣誉称号	授予部门
1979	段凤英	市级“三八”红旗手	市妇联
1983	赵恩东	市农业系统劳动模范	市委、市人民政府
1986	徐秀敏	照顾孤寡老人青年标兵	团市委
1998	朱兆武	敬老好儿女金榜奖	国家老龄委
1999	高福田	1997—1998年度市级文明市民	市文明委
2000		市级文明市民	市文明委
1999	赵玉洪	市级文明工商户	市文明委

双口三村

双口三村位于北辰区西部，1971年由双口村划分出的行政村之一。东与双口二村相连，南与青光村相邻，西与安光村相望，北与双口一村相接。2015年，该村有户籍人口4769人，长期固定资产3654.17万元。

双口三村村碑　　（2015年摄）

一　村庄沿革

隶属　见双口村

二　道路河流

道路　村南有津永公路新线，村西有京福公路（104国道）。

河流 有二级河道永青渠。

三 人口方言

人口 1971年，该村有873户3860人；1980年，有885户3563人；2000年，有1280户3750人；2016年，有1363户4107人，从业人员2508人，其中男性1479人，女性1029人。

民族 据村情调查，2016年，该村有6个民族，其中蒙古族11人、回族5人、满族5人、朝鲜族1人、苗族1人，余为汉族。

姓氏 双口三村有姓氏144个，主要大姓有赵、王、刘、李、张姓。

2016年双口三村姓氏序表

表1

姓氏	赵	王	刘	李	安	白	班	边	张	蔡
人数	738	326	320	286	1	13	1	13	258	5
姓氏	曹	柴	常	陈	成	程	储	楚	褚	崔
人数	47	22	3	74	1	15	1	2	1	36
姓氏	代	单	党	邓	狄	刁	丁	董	都	窦
人数	5	1	1	3	1	1	1	87	1	2
姓氏	杜	殷	范	方	丰	冯	付	高	宫	龚
人数	15	1	6	2	10	20	18	16	1	3
姓氏	顾	关	郭	韩	杭	郝	何	衡	侯	胡
人数	13	3	66	24	1	5	22	4	45	6
姓氏	黄	吉	纪	贾	江	姜	蒋	焦	缴	解
人数	27	1	2	13	1	7	1	2	1	9
姓氏	金	井	孔	兰	郎	梁	林	蔺	凌	卢
人数	6	4	9	1	1	2	65	12	4	2
姓氏	鲁	路	罗	吕	孟	马	倪	宁	牛	潘
人数	2	12	76	12	8	17	2	3	5	11
姓氏	庞	庞	裴	彭	齐	祁	钱	乔	秦	邱
人数	17	12	2	1	2	12	1	17	1	15
姓氏	屈	任	芮	沙	尚	邵	申	沈	石	时
人数	1	3	1	8	7	9	1	1	9	10
姓氏	史	司	宋	苏	隋	孙	唐	陶	腾	田
人数	6	5	26	7	1	36	16	1	2	4
姓氏	万	汪	魏	温	武	席	项	肖	谢	邢
人数	2	1	3	1	7	2	2	45	3	11
姓氏	吴	徐	许	薛	闫	严	晏	杨	姚	尹
人数	27	18	10	5	6	2	3	87	9	20
姓氏	于	袁	苑	悍	翟	布	仉	甄	郑	钟
人数	16	11	12	1	6	1	1	3	18	2
姓氏	周	朱	左	种	—	—	—	—	—	—
人数	43	22	6	2	—	—	—	—	—	—

方言 见双口村

四　耕地状况

1980年，该村共有25块耕地，总面积6505.95亩。2015年，耕地面积5649亩。耕地四至：村东二百四地块邻双口二村地块；村南南石地地块邻青光村地块；村西格子林、董家坟、西槽子等地块邻安光村地块；村北北堰井、赵场等地块邻双口一村地块。有涵闸3处，分别在记田地、司家洼、格子林。泵站4个，分别在司家洼、北堰井、三顷八(两个)。机井4眼，分别在司家洼、格子林、三顷八(两眼)。涵洞16个，分别在格子林东侧6个，司家洼东侧3个，三顷八5个，记田地1个，武静公路南1个。

1980年双口三村所属耕地地块示意图

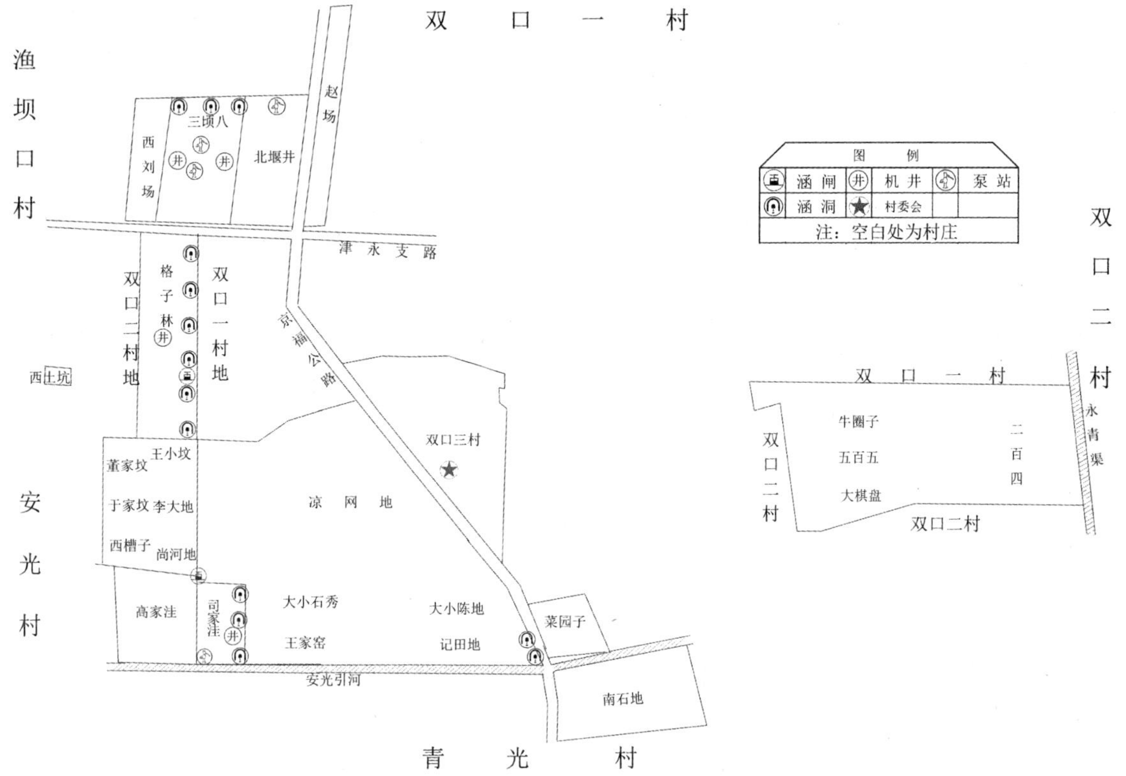

（2016年绘制）

1980年双口三村所属耕地地块情况表

表2　　　　单位：亩

地块名称	面积	地块名称	面积
三顷八	534	董家坟	90
北堰井	450	王小坟	75
西刘场	300	格子林	75
赵场	150	西槽子	90
李大地	66	于家坟	60
尚河地	75	大小石秀	511.5
高家洼	300	大小陈地	450
王家窑	300	南石地	300

续表

地块名称	面积	地块名称	面积
菜园子	159	凉网地	300
大棋盘	382.5	记田地	375
五百五	300	司家洼	375
牛圈子	375	二百四	375
西土坑	37.95	合计	6505.95

五　街道胡同

从1971年析村到1984年，全村仍延续使用历史原状土路。1985—1986年，先后修建中心街、南大道、大胡同等几条主干道路，改善交通条件。到1995年，投资290万元，将全村大小街道、胡同全部硬化，修为水泥路。硬化胡同45条，其中东西走向8条，南北走向37条，共7498米。2016年，村又投资260万元，翻修青河道，汉沽港道，新村一、三、四条和大胡同，总面积2600平方米。

1995—2015年双口三村街道情况表

表3

街道名称	走向	长度（米）	街道名称	走向	长度（米）
大胡同	南北	912	红光道	东西	434
南大道	东西	404	石井道	南北	153
安光道	东西	331	青河道	南北	452
常安道	南北	386	汉沽港道	东西	424
姜井道	东西	212	健康道	南北	180
中心街	东西	–			

1995年双口三村胡同情况表

表4

胡同名称	走向	长度（米）	胡同名称	走向	长度（米）
赵记胡同	东西	100	两道弯胡同	东西	131
新村二条	南北	153	新村三条	南北	149
新村五条	南北	159	新村六条	南北	133
新村八条	南北	124	嘉文后道	东西	275
健康胡同	东西	144	兴北胡同	南北	238
红星胡同	东西	241	友谊胡同	南北	83
永红胡同	东西	111	商店南胡同	南北	166
四眼井胡同	南北	168	公所胡同	南北	168
福来胡同	南北	147	福旺胡同	南北	146
何村西胡同	南北	375	何村中胡同	南北	520
邱记胡同	南北	120	自由胡同	南北	122
王记胡同	南北	90	柴家胡同	南北	151
民主胡同	南北	163	兴南胡同	南北	273
油漆胡同	南北	140	冯记胡同	南北	148

续表

胡同名称	走向	长度（米）	胡同名称	走向	长度（米）
郭园子	东西	315	唐记胡同	南北	96
福忠胡同	南北	127	何村东胡同	南北	384
安全胡同	南北	108	于记胡同	南北	208
生产胡同	南北	256	团结胡同	南北	102
新村四条	南北	142	新村七条	南北	128
新村一条	南北	158	汉沽港道一条	南北	49
汉沽港道二条	南北	62	汉沽港道三条	南北	68
汉沽港道四条	南北	94	康乐胡同	南北	121
何村中道	东西	142			

双口三村大胡同道（2015年摄）

双口三村汉沽港道（2016年摄）

六　公共设施

1971年析村后，公共设施逐渐增多。1973年，新建村委会办公用房。1980年，建村委会办公楼。1981年，建影剧院，占地1443平方米，建筑面积468平方米。1985年，村内建水塔，改善饮用水设施。1993年，为改善村中环境，建排水站一处。1998年，投资19万元，修建二厅三斗仿古式牌楼一处（即村碑）。2000年，该村新建、改建公厕12座。2004年，投资300万元，修建仿古式二层楼房两

双口老年日照服务中心（2013年摄）

双口三村水站（2017年摄）

栋，占地2000平方米，建筑面积980平方米，含老年活动中心、会议室、图书室、村民学校等。是年，投资19万元，建饮水站并配备除氟设备。2001年，建民办喜洋洋幼儿园。2005年，村自筹资金500万元，在村老年活动中心南侧修建村中心公园，总占地面积2.96万平方米。2011年，建双三卫生院。

双口三村村委会（2016年摄）

双口三村文化活动中心（2017年摄）

2015年双口三村街道胡同及主要公共设施示意图

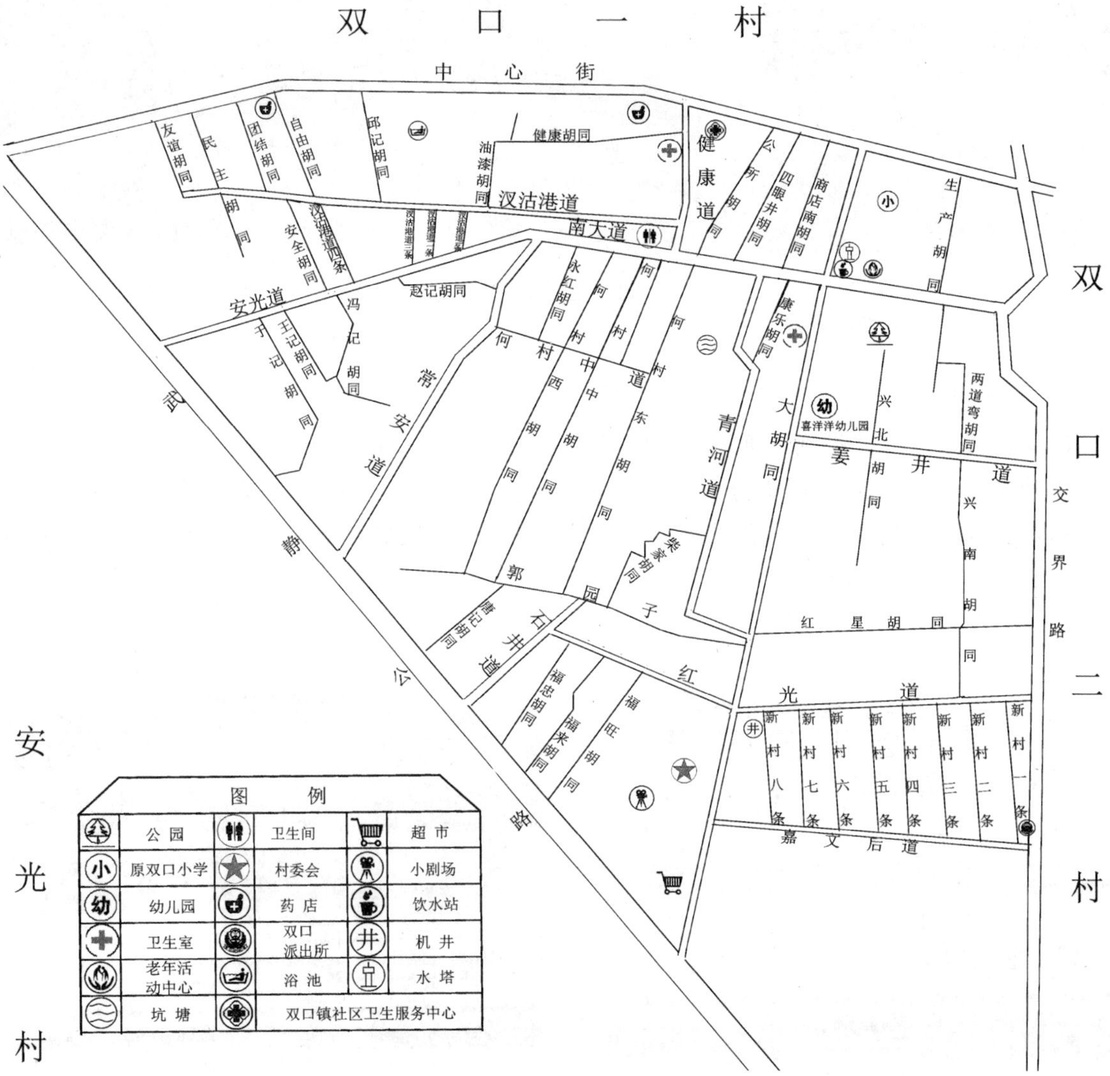

（2016年绘制）

七　经济概况

农业　历史上，双口三村以农业为主，主要农作物有小麦、玉米、大豆、高粱、山芋、花生等。1984年，发展果园1000.05亩，果农收入大幅度增加。种植芦笋799.95亩，村与长城罐头厂取得联系，签订收购协议，全村芦笋收入一年达100万元。1996年，大力扶持养殖专业户，在村西单独规划出养殖小区。2000年，村内有粮田5755.05亩，年产粮食975吨。果园1179亩，年产果品1725吨。园田349.95亩，产菜1476吨。油料作物409.95亩，总产294吨。养猪1391头，养羊2342只，养鸡6400只，年产蛋48吨。2002年，全村有耕地5650.95亩，农业产值1166万元。是年，建成双口三村肉羊养殖小区。2004年，建成双口三村生猪养殖小区。至2015年，全村畜禽养殖大户发展到22户，其中生猪养殖大户2户，全年出栏305头，年末存栏130头。家禽饲养大户4户，全年家禽出栏5万只，年末存栏3万只，其中蛋鸡3万只，鸡蛋产量115吨。奶牛养殖大户1户，奶牛存栏80头，牛奶产量115吨。全村组织销售农产品总额30万元。2016年，油料播种面积523.05亩，总产量78吨。蔬菜及食用菌播种面积727.05亩，总产量2621吨。

双口三村桃园　　（2014年摄）

双口三村肉羊养殖小区　　（2002年摄）

工商业　1971年，双口三村只有一个副业队。1993年，用招商引资的办法发展企业。1994—1997年，该村从银行贷款2000万元，兴建厂房2万平方米，引进台商明春公司、嘉文公司、华丽木业有限公司、华林木业有限公司等多家台资企业入驻，村集体经济收入不断增加。1994年始，嘉文木业有限公司每年向村交付租金120万元，明春公司交付租金68万元，泰阳金属有限公司交付租金28万元，村集体全年租金总收入216万元。是年，企业销售收入近4亿元，出口交货值近亿元，实现利润5141万元。2002年，有村办及私营企业50家，工业销售收入6亿多元，农民人均纯收入5939元。

2015年年底，全村出租厂房总面积为4.87万平方米（包括办公楼），其中雅迪电动车厂租用厂房17000平方米，年租金200万元；泰阳沙发厂租用老礼堂，年租金10万元。村集体年租金总收入478万元。村内餐饮服务业有洗浴3家，餐馆24家，超市8家，旅店1家，美容、美发6家。

附：

双口三村“台资城”工业区

双口三村村办企业，是以加工生产型和劳动密集型为主的企业。1989年以后，由于市场形势的变化，村办加工型企业相继面临停工待料、无加工来源的严峻形势。各厂亏损严重，工人工资无着落，上缴利润不能兑现。

1992年，在村党支部书记刘安廷的带领下，加大了改革力度，把村办企业的发展重点转移到招商引资，“腾笼换鸟”“筑巢引凤”上来。吸引客商到双口三村投资办厂，先后办起了“华申”“华林”“华源”等内外资企业。

1994年7月，经区、乡领导的牵线搭桥，村内积极争取，中国台湾“明春实业有限公司”负责人黄启明终于下了决心在双口三村投资建厂，当即签订“意向书”。在村干部和企业职工的努力下，仅用7天时间，安排就绪4家老企业的搬迁，以及新企业的改造、增修供电、修路等项工作。黄经理赞赏说：“看来，你们是干事的”，并表示回去要介绍伙伴到这里来投资。果然，经黄经理引荐，是年10月7日，与中国台湾“嘉文实业有限公司”黄炯明签订投资办厂合同。仅用60天，就高标准完成9000余平方米的厂房建设，台商惊讶地称为“比深圳还深圳的速度”。1995年5月，中国台湾“福兴洁具有限公司”12000平方米的厂房破土动工，当年10月运行投产。

2000年年底，工业区的投资企业有5家，从业人员534人，年产值39729万元，其中出口交货值近亿元，年利润5141万元。

上述投资企业，都集中在双口三村南，紧靠京福公路的一片土地上。因台商居多，群众称之为“台资城”。

八　民间文化

双口三村秧歌队成立于2004年，由40名队员组成，团体名称为“晚霞舞蹈队”。2009年，获得“市级一等奖”，获奖节目《集体健身舞》；是年获“区级表演奖”，获奖节目《健身秧歌》。

双口三村演出小车会　　(2017年摄)

九　英烈先贤

姚宝平(1923—1952)　双口三村人。民国37年(1948年)参加革命，为中国人民解放军某部班长。1952年在朝鲜战争中失踪。

史如仟(1930—1946)　双口三村人。民国34年(1945年)参加革命，民国35年(1946年)11月在河北省固安县战斗中牺牲，生前为冀东六十五团通信员。

十　历任党政负责人

双口三村自独立建制以来，党政组织比较健全，领导成员相对稳定。其中经历党支部书记和村政组织负责人均为7任。

1971—2016年双口三村党组织负责人任职情况表

表5

党组织名称	姓名	性别	职务	任职时间
党支部	董学彬	男	书记	1971—1975
	杨德春	男	书记	1975—1977
	李福坤	男	书记	1977—1982
	林雨廷	男	书记	1982—1986
	郭兆利	男	书记	1986—1991
党总支	刘安廷	男	书记	1991—2007
党委	赵廷利	男	书记	2007—

1971—2016年双口三村村政机构负责人任职情况表

表6

村政机构名称	姓名	性别	职务	任职时间
革命委员会	李富贵	男	主任	1971—1977
	林雨廷	男	主任	1977—1979
管理委员会			主任	1980—1982
村民委员会	郭兆利	男	主任	1983—1986
	赵玉友	男	主任	1986—2000
	赵廷利	男	主任	2000—2003
	郭兆利	男	主任	2003—2009
	林旭昇	男	主任	2009—

十一　荣誉

1971—2016年共获市局级及以上先进集体荣誉15项，先进个人荣誉13项。其中仅村党支部即6次获得农村红旗党支部、红旗党组织、“五个好”村党组织荣誉称号。

1971—2016年双口三村获市局级及以上先进集体荣誉表

表7

授予时间	获奖单位	荣誉名称	授予部门
1994	双口三村	市级小康村	市委农工委、市农委
1996		“八五”台阶工程立功单位	市人民政府
1996	双口三村党支部	农村红旗党支部	市委农工委
1997	双口三村	1996年度市级明星小康村	市委农工委、市农委
		市级文明村	市文明委
1998	双口三村党支部	红旗党组织	市委农工委
1999		红旗党支部	市委农工委
2002	双口三村	2001—2002年度红旗党组织	市委组织部、市委农工委
2003		市级文明村	市文明委
2004	双口三村老年活动中心	星光老龄之家	市老龄委
2004	双口三村党支部	红旗党支部	市委组织部、市委农工委
2005	双口三村	2005年度创建文明村“五个一”活动先进村	市文明委
		民主法治示范村	市依法治市领导小组
2006	双口三村党总支	2004—2005年度市级“五个好”村党组织	市委组织部、市委农工委
2006	双口三村	2004—2005年度文明村	市文明委

1971—2016年双口三村获市局级及以上先进个人荣誉表

表8

授予时间	姓名	荣誉名称	授予部门
1995	杨德水	优秀人民调解员	市司法局
1996	李元林	见义勇为优秀团员	团市委
1997		市级文明市民标兵	市委、市人民政府
1998	刘安廷	优秀党支部书记	市委农工委、市委组织部
1999		第三届乡镇企业家	市人民政府
2005		天津市劳动模范	市人民政府
2006		优秀共产党员	市委组织部
2008		天津市劳动模范	市人民政府
1999	王玉海	市级文明工商户	市文明委
2000		市级文明商户	市文明委
2000	徐祝红	市级文明市民	市文明委
2000	王玉发	优秀团干部	团市委
2009	贾长兰	2007—2008年度人口和计划生育先进工作者	市人民政府

安光村

安光村位于北辰区西部，东距双口镇政府4千米。东与双口村为邻，西与后常家堡村为邻，南与上河头村、东堤村为邻，北与武清区渔坝口村为邻。村呈南北长方形，占地面积698283平方米。2015年，该村有户籍人口3884人，长期固定资产589.29万元。

安光村村航拍图 （2017年摄）

一 村庄沿革

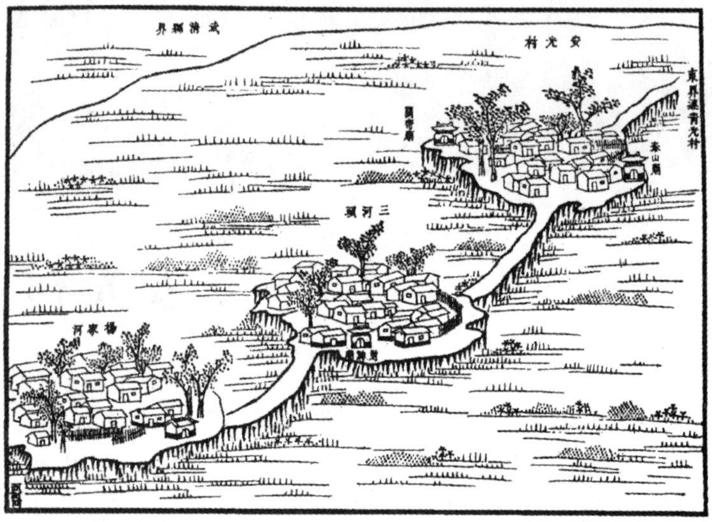

清道光二十六年（1846年）《津门保甲图说》中的安光村

该村建于明永乐年间（1403—1424年），时村西南即为方圆200里的三角淀。民谣“先有张家滩，后有晒网地”“张家在西边，李家在中间，燕家占半边”“张半边，李一角，燕家也不少”等说明了成村过程。明万历年间（1573—1620年），这里成了渔船停靠的避风港，人称“安沽港”，即水旁安全的港湾。清顺治年间（1644—1661年）三角淀淤，人们便改沽港为“光”，康熙十四年版的《武清县志》上已是安光村名。直至2016年，安光村名未易。

明永乐元年（1403年），该村属顺天府武清县。清顺治元年（1644年），属顺天府武清县。雍正九年（1731年），属天津府天津县。光绪二十六年（1900年）七月五日至二十八年（1902年）七月四日，曾属八国联军天津都统衙门北区。光绪三十一年（1905年），属天津县西乡第十七区。民国2年（1913年），属直隶省津海道天津县。民国17年（1928年），属河北省天津县。民国29年（1940年）7月，属日伪天津县第三区。民国34年（1945年）9月，属冀中天津工委五市分区；10月，属冀中九专区天津县。民国35年（1946年）9月，属冀中八专区津武县。由于民主政权和国民党政权拉锯治理，民国35—37年（1946—1948年），又属国民党天津县第三区。

民国38年（1949年）3月，属冀中天津县七区。中华人民共和国成立后，1950年8月，属河北省天津县四区。1953年7月，属津北郊区安光乡。1958年4月，属北郊区河头乡；8月，属北郊区幸福公社；10月，属红桥区幸福公社。1960年3月，属天津市药材培植场。1961年1月，属津北畜牧场双口农场；5月，双口农场改称双口公社。1962年2月，属北郊区双口公社。1983年4月，属北郊区双口乡。1992年3月，北郊区改称北辰区，属北辰区双口乡。1995年，双口乡改称双口镇；至2016年，属北辰区双口镇。

安光村村碑（村北）（2015年摄）

安光村村碑（村东）　（2015年摄）

二　道路河流

枣强路　　　　（2015年8月摄）

道路　中华人民共和国成立前，安光村交通不便，村民出行依靠坑洼不平的土路和通往各地的舟船等。60—70年代，道路不断增加，交通有所好转。至2016年，该村周边相继筑有高速公路1条，区级公路1条，即枣强路；乡村公路1条，即津保高速公路横穿村北；

枣强路　2014年，北辰区投资3000多万元，修筑自医药医疗器械工业园至徐家堡村枣强路，全长4.6千米，路面宽3米，沥青混凝土路面。

乡村公路　1983年，京福公路—安光村—后常家堡村公路建成，全长5.8千米，路面宽3米，由区政府拨款修建。

卫河　　　　（2015年摄）

河流　有二级河道卫河和安光引河。

卫河　市管二级河道，系天津市北水南调工程，由市水利局管理。1999年12月10日开工，2000年8月竣工。区内段流经双口、青光2镇，长24.75千米，占地面积65万平方米，流量30立方米/秒。

桥梁　新卫河桥　位于安光村东，跨卫河（安光引河），2000年7月建成。钢筋混凝土灌桩板梁桥。桥长48米，宽8.9米，两侧护栏为铁管。最大负荷量20吨。

三　人口方言

人口　据清道光二十六年（1846年）《津门保甲图说》载，时安光、三河头、杨家河村3村共589户，大口1701口；小口1062口。据《典籍中的北辰》记载，民国23年（1934年），安光村有267户1250人。据统计资料载，1980年，有828户3450人；2000年，有1204户3544人；2016年，有1320户3730人，从业人员1850人，其中男性1080人，女性770人。

据有关史料记载，明永乐年间（1403—1424年），安光村发定居证。

民族　据《天津市北辰区地名志》载：1995年，该村有3个民族，其中回族2人，壮族2人，余为汉族。据村情调查，2016年，该村有5个民族，其中满族10人、壮族5人、蒙古族4人、回族1人，余为汉族。

姓氏　安光村有71个姓氏，其中李、刘、孟姓人口最多。100口人以上的姓氏还有张、杨、王、陈姓。

孟氏现存有家谱，辈分次第为：尚、衍、兴、毓、传、继、广、昭、宪、庆、繁、祥，已传至七十五代（在安光繁衍12代）。

李氏辈分次第为：仲、江（河）、万、福（亮、明等）、天（自）、德、化、仁、有、成（守）、珍、存（连）、云、辅（良）、树、纪、炳，已历十七代。

方言　该村方言属于津冀鲁官话片，年长的一般为原籍口音，年轻人多数说津北方言，不少人在家里说原籍话，在社交场合说天津话或普通话。

家谱选介

安光《李氏族谱》　修于民国初年，后有续写。谱记李氏始祖“铎”于明初迁居安光至十六世繁衍生息情况，所记婚圈、婚龄等情况尤为珍贵。谱存安光李氏。

附：谱牒序

安光《孟氏族谱》 传麟续修于清咸丰四年（1854年），明铎再修于民国11年(1922年)，后有续。谱记亚圣孟子五十四代孙思朗于明永乐二年（1404年）自山东迁安次、六十三代孙贞礼于清康熙二年（1663年）再迁安光村至七十五代繁衍生息情况。（谱存安光孟氏，8开1册61页，毛笔竖写）

孟氏家谱　（2017年摄）

安光《孟氏宗谱》序 木本水源之初，乃大周朝东鲁周公苗裔孟孙氏之后。亚圣，孟氏之始祖也。自公世代相传历千百岁尚荷。先泽绵远，故得枝繁叶盛，源源至今七十余代，自当立户分门，各尽敬先追远之道，追法古人能行继志述事之孝，则庶近道矣。历传至六十八代，先君呈祥公于咸丰甲寅续修老谱，及今五十余载，手泽犹存。幸蒙祖宗庇佑，子孙繁盛，门户众多，余时充任教领族属之责，理宜承先人永言孝思之志，启后人常怀追远之诚，使世世相传，永垂久远于万世，实余厚望之志也，六十九代继炘命孙昭铎续修于克已草舍。时民国十有一年岁次壬戌贰月贰日，穀旦。

附：姓氏渊源选介

李氏渊源 李氏远祖一出嬴姓，皋陶之后，世为大理（掌刑之官），以官命族为理氏，商末理征获罪被纣王杀，其妻儿避难伊侯之墟，以李子果充饥，遂改“李”氏；二出“国姓”，唐开国勋臣16姓，均赐姓李；三由北魏北鲜卑族复姓叱李氏所改，郡望出陇西（今甘肃东乡以东及陇西一带）、赵（今河北赵县、邯郸一带）。明永乐年间有名“铎”者徙居安光，经仲、江（河）、万、福（亮、明等）、天（自）、德、化、仁、有、成（守）、珍、存（连）、云、辅（良）、树、纪、炳已历17代（以下未严格谱序）。1995年，安光村有李氏人丁927人。

孟氏渊源 孟氏远祖为鲁庄公次子庆父之后，本为仲孙氏，因庆父避罪莒国改称孟孙氏，子孙遂以“孟”为氏，平陵（今山东历城县东）为孟氏郡望。后出孟子（轲），成亚圣，传至五十四代，有名思朗者于明永乐二年(1404)宦游北直隶，宅于安次县淘河村；再至六十三代孙贞礼，于清康熙二年(1663)娶安光村李氏女，遂迁安光。经尚、衍、兴、毓、传、继、广、昭、宪、庆、繁、祥，已传至七十五代（在安光繁衍12代）。

（录自《北辰区志》第六编第二节 部分姓氏渊源）

四　耕地状况

1980年，该村共有耕地19块，总面积5987.1亩。2015年，耕地面积5749.05亩。耕地四至：村东十四亩等地块邻双口村地块，村南南果园地块邻东堤村、上河头村地块，村西黄坟西、后堡道北等地块邻后常家堡村地块，村北北大堤、北横道等地块邻武清区渔坝口村地块。沟渠有朝阳渠；有涵闸3处，坐落于后堡道北、三刀把地块。涵洞5个，坐落于后堡道北、西良地（2个）、东良地。扬水站2个，坐落于黄坟西、后堡道北。泵站2个，坐落于黄坟西、引河北。

1980年安光村所属耕地地块情况表

表1 　　　　　　　　　　　　　　　　　　　　　　　　　　　　　单位：亩

地块名称	面积	地块名称	面积
东良地	495	三刀把	250.05
西良地	499.95	杜记地	219.3
经纬地	238.05	刘家坟	199.95
黄坟西	495	南果园	385.05
北横道	240	后堡道北	579.75
北大河	240	引河北	300
北大堤	255	十四亩	195
北果园	150	北十亩	247.5
果园东	150	南十亩	247.5
黄坟东、回字刀	600	合计	5987.1

1980年安光村所属耕地地块示意图

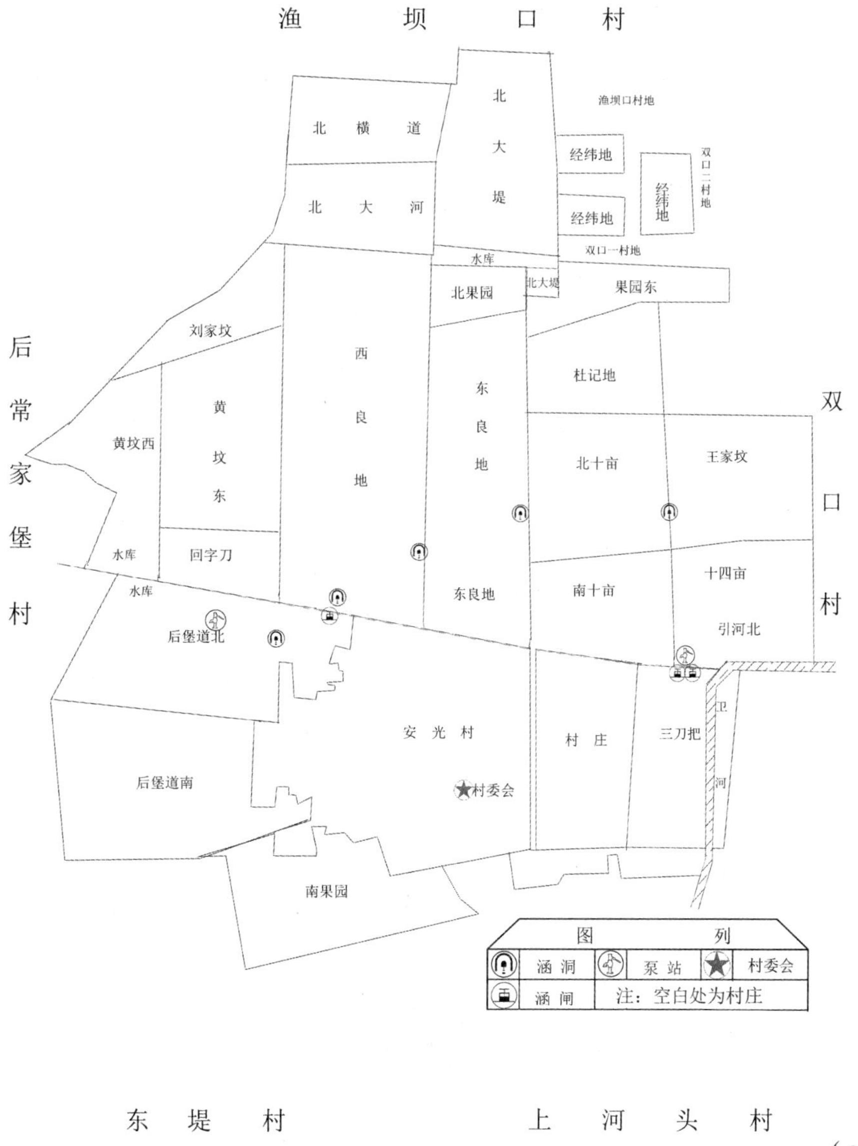

（2016年绘制）

五　街道胡同

中华人民共和国成立前，安光村内街道胡同均为土路。20世纪50—70年代，村容街貌虽有所改善，但发展变化不大。80年代初期，开始修村中道路，由土道修为柏油路。1999年，为实现乡村公路村村通，翻修道路，将柏油路修为水泥路，有中心街、工业路、安光道，总长度2.9千米，东西走向2条，南北走向1条。是年，铺设机砖、硬化胡同44条，其中东西走向5条，西北走向2条，南北走向37条，共1.01千米。2015年，安光村主要街道3条，胡同44条。

南新村4段胡同　　（2015年摄）

2015年安光村街道情况表

表2

街道名称	长度（米）	走向	街道名称	长度（米）	走向
中心街	923	东西	工业路	890	南北
安光道	1090	东西			

2015年安光村胡同情况表

表3

胡同名称	长度（米）	走向	胡同名称	长度（米）	走向
北环西路	620	南北	涣安道	206	西北
西环北路	260	南北	涣安东道	260	南北
北环路	453	东西	西环西路	460	西北
西环南路	480	南北	向阳南路	489	南北
中学西道	406	南北	中学道	364	东西
津新西道	333	东西	纸厂胡同	303	南北
双安道胡同	320	南北	双安道	410	东西
副食后道	220	南北	粮店后道	211	东西
场西胡同	100	南北	西二条胡同	86	南北
西三条胡同	71	南北	西四条胡同	107	南北
西五条胡同	122	南北	果园一胡同	145	南北
果园二胡同	253	南北	果园三胡同	140	南北
电磨胡同	136	南北	宋家胡同	258	南北
刘家胡同	120	南北	东井胡同	125	南北
南新村五段	116	南北	南新村四段	116	南北
南新村七段	116	南北	南新村六段	116	南北
新村二段	206	南北	南新村八段	116	南北
津新二西道	87	南北	津新一西道	87	南北
津新四西道	87	南北	津新三西道	87	南北
津新六西道	87	南北	津新五西道	87	南北
向阳北路	600	南北	津新七西道	87	南北
东环路	—	南北	西南东胡同	140	南北

六　公共设施

中华人民共和国成立前，安光村公共设施甚少，仅有民立第十八初等学堂；1949年秋，更名为天津县七区安光小学，占地面积1.83万平方米，建筑面积2644平方米。1956年，建起全区第一个村级幸福院。1965年，建红医站。1972年，始建水塔。1975年秋，建安光中学。1983年，建村委会办公用房。1985年，建老年协会。1989年，建村卫生室。是年，筹资10余万元新建凯达老年公寓。1998年，镇、村投资290万元，在安光小学原校址建起3层教学楼，占地面积2.78万平方米，建筑面积2739平方米。1999年，建农贸市场、公共厕所。2000年，投资6万元建成安光村体育活动中心。2002年，建图书室。2011年，投资120万元，建安光小学附属幼儿园，建筑面积1100平方米。2013年，建饮水站。

安光村凯达老年公寓　　（2017年摄）

安光小学　　（2015年摄）

2015年安光村街道胡同及公共设施示意图

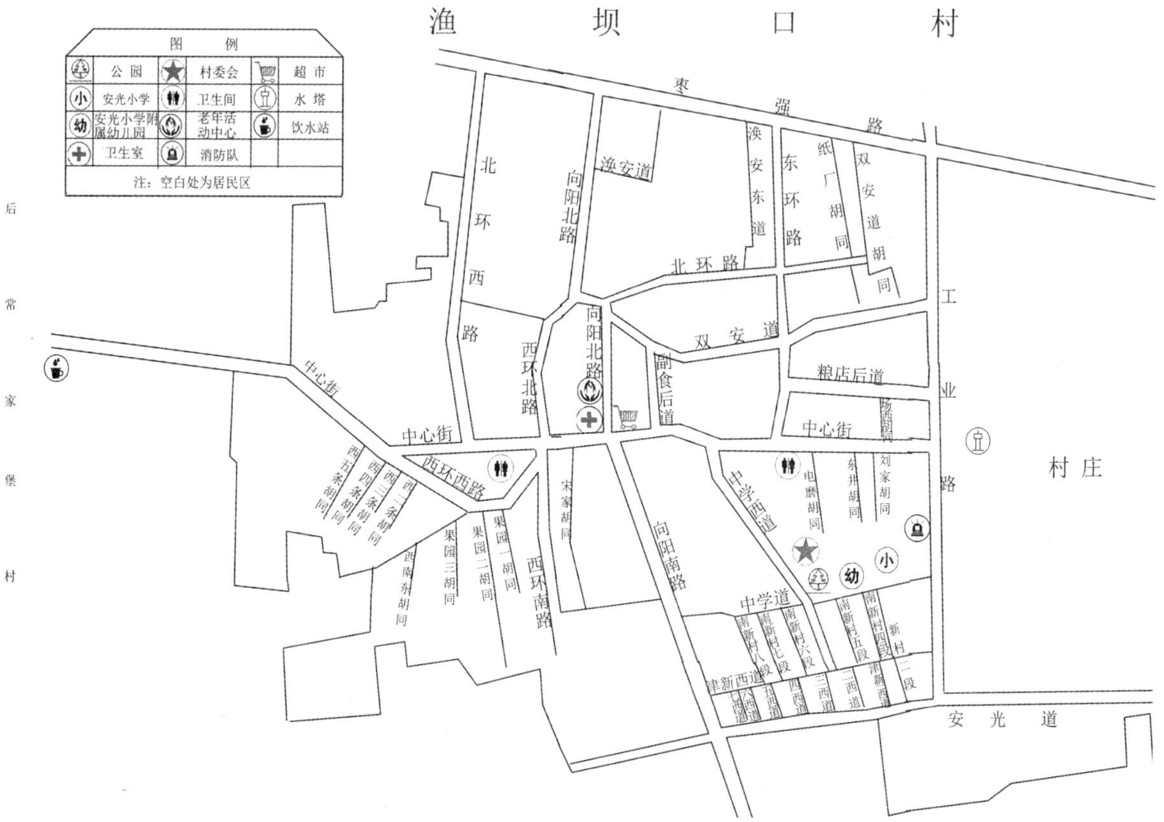

（2016年绘制）

七　经济概况

农业　20世纪60年代初，粮食总产量332吨。油料播种面积142.05亩，总产量2.25吨。蔬菜总产量342.65吨。果园面积147亩，果品总产量1817.5吨。大牲畜77头。猪存栏170头。70年代，全村耕地面积7048.95亩。粮田面积6748.95亩，总产量1122吨。油料播种面积3公顷，总产量4.75吨。果园面积97.05亩，果品总产量95.3吨。大牲畜141头。80年代，全村耕地面积7270.95亩。粮田面积4768.95亩，总产量1167.65吨。油料播种面积1960.95亩，总产量225.1吨。园田面积19.95亩，总产量13027.5亩。果园面积754.05亩，果品总产量200吨。大牲畜125头。猪存栏1599头。

社内社外农民一致受到鼓舞

农民掀起入社高潮　　（载1955年10月28日、10月30日《天津日报》）

安光村梨园　（2015年摄）

绵河养鸡场　（2015年摄）

进入90年代后，养殖业兴起，涌现出奶牛、生猪和养鸡专业户，经济快速发展，农民收入不断增加。2000年，村有耕地5989.05亩，年产粮食625吨；果园574.05亩，年产果品1060吨；养鸡7000只，年产鲜蛋1005.8吨；奶牛178头，年产鲜奶650吨；养猪2219头，年出栏1548头。2000年后，创建肉牛养殖场，规模在300头以上的养殖户有4个。2005年，开发种植1000亩芦笋，并与天津市长城食品厂签订供销合同。是年，新建安光绵河蛋鸡养殖场。

2008年，全村种植芦笋1500亩。津霸公路两侧耕地种植茄子等蔬菜和食用菌3495亩，比2007年增加795亩。2009年，投资150万元，建安光奶牛养殖小区。2015年，粮食播种面积3363亩，总产量1082吨。蔬菜播种面积1258.95亩，总产量2384.2吨。果树种植面积762亩，总产量808吨。生猪年末存栏2600头，出栏5750头。绵河蛋鸡养殖场饲养量10万只，年产鲜蛋720吨，为双口镇规模最大的蛋鸡养殖场。蔬菜大棚3户。2016年，全村油料播种面积241.95亩，总产量31吨。棉花播种面积10.05亩，总产量1吨。蔬菜及食用菌播种面积589.05亩，总产量2142吨。瓜果类播种面积148.95亩，总产量305吨。

工业服务业 1984年，安光村创建天津市油墨厂（公司）安光油墨分厂。1994年，村办企业有油墨厂、铝品厂、永光自行车零件厂，年产值8308万元，销售收入3148万元。1995年，建安光村集市，集市长105米，宽65米，摊位50个，每年市场商品成交额120万元。1999年，投资40万元，建安光市场商用房20间。2000年，有村办企业8家，年产值1.09亿元。村内建有个体商业网点47个，销售额137.8万元。2016年，引进个体私营工业企业65家，主要有家具厂、自行车加工厂、喷漆厂。餐饮服务业有洗浴2家，餐馆10家，超市11家，美容、美发4家。

1990年，“津亚牌”誊写油墨获天津市优质产品称号（图载1992年《北辰》画册）

八 民间文化

老音乐会 始建于清同治九年（1870年），主办人高氏财东。高兴发靠种稗子发家，其孙高玉生劝学获功名，高家欲大庆。适逢陈氏家族筹建三佛会放花炮，欲寻乐队助兴。高、陈两家合办，高氏腾出后院土房，请一和尚教宋开清等人吹曲子击打锣鼓，为高家福禄功名庆贺，为花炮燃放奏乐。平时，村上有婚丧嫁娶之事，亦应邀前去吹奏。光绪二十三年（1897年）夏，高玉生过世，高家大办丧事，老音乐会在其家扶植下再度兴起。与刘玉忠组织的和尚诵经会合并，老音乐会兴盛。民国27年（1938年）停办。

民国34年（1945年）抗战胜利，老音乐会三度兴起。民国38年（1949年）1月庆祝天津解放，是年欢庆中华人民共和国成立，老音乐会均大显身手。“文化大革命”初停办。1982年冬，安玉和牵头组织老音乐会第四次兴起至今。

红星剧团 1951年，李瑞祥牵头组建红星剧团，演出京剧《逼上梁山》《五家坡》《群英会》，评剧《刘巧儿》《小二黑结婚》《李二嫂改嫁》。1953年，演出京剧《空城计》《将相和》《法门寺》等剧目。1965年，剧团停止活动。1968年，李兆川牵头组建安光大队剧团，演出《沙家浜》。1975年演出《二分工》，获天津市文化局“阶级教育文艺调演”奖。1984年，剧团再度兴起，演出《秦香莲》《女起解》等。

高跷会、小车会 始建于光绪十一年（1885年）。民国27年（1938年），土匪横行，社会混乱，双会停办。民国38年（1949年）初重整旗鼓，庆祝天津解放。“文化大革命”初，停止活动。1982年，双会第三次兴起，复会演出。

安光高跷会

安光小车会

东邻感德 清光绪二十八年(1902年)八国联军入侵天津卫，灾民到处流浪，马庄村民王贯甲、王恩有等灾民20余户逃到安光村，村上百姓纷纷让房献物，用来周济难民使他们度过难关，一时成为佳话。马庄难民为了致谢安光村父老乡亲，王贯甲、王恩有等20余户敲锣打鼓送匾以真情感谢。

匾词为“东邻感德”，存放在安光村老年协会。

东邻感德匾 (2015年摄)

九 大事纪略

双安保卫战 民国35年(1946年)3月24日，国民党天津县保安队在3个正规连的配合下，以千人之众侵犯双口、安光、青光。天津支队在安光东大窑与保安队展开激战，抗击顽敌。至晚给予入侵者重大杀伤，使其主动撤离安光，迂回葛渔城。午夜，天津支队赶至双口村，袭击守敌，收复双口。次日晨，生俘前来企图在双口设点的双街警察10余人，并缴获枪支马匹若干。

打击安光自卫团之战 民国35年(1946年)9月7日，民主政权武清县支队伏击安光自卫团。民国36年(1947年)秋，冀中军区独立营在津武县六区民政助理员于宝玺指引下，两次袭击安光自卫团，毙伤敌若干。

抗日根据地村 早在抗战初期，安光村人民就积极组织起来，反抗日伪统治。民国27年(1938年)春，该村青年李兆英、赵顺德、赵洪恩、张朝政、刘恩义等参加了华北人民抗日军第二十七支队，李兆英牺牲在湖南长寿，刘恩义牺牲在甘肃兰州。在民国31年(1942年)抗战最艰苦的岁月里，冀中区敌工高、邵、梁等工作人员陆续到安光村活动，得到长工周润起的帮助，先后6次护送地下工作者安全通过安光自卫团卡口。民国34年(1945年)春，地下工作者于书年到安光村以给地主李维光、李维奇扛活卖短为掩护，联系贫雇农民，宣传抗日救国，播下革命火种。是年8月下旬，进攻天津西站受挫的冀中三十八团撤至安光村休整，得到群众热情接待。该团参加攻克王庆坨战斗时，群众积极支前；当三十八团扩军时，又有刘存章、赵庭祥、孟庆功、孙福民等青年报名参军。1987年，市民政局批准安光村为抗日根据地村。

安光曾是天津县政府驻地 该村于民国34年（1945年）和民国38年（1949年）先后为民主政权天津县政府、东北野战军二纵（三十九军）机关驻地。

十 英烈先贤

刘林贵（？—1945） 烈士。安光村人。民国34年（1945年）9月加入中国共产党，在与国民党军队作战时牺牲，生前为冀中军区三十八团战士。

刘桂清（1916—1948） 烈士。安光村人。民国34年（1945年）9月20日参加革命，任冀中三十八团司号员；民国37年（1948年）7月14日攻打徐水县城，刘桂清在城楼上吹冲锋号时中弹牺牲。

高顺德（1918—1992） 安光村人。民国27年（1938年），跟随华北人民抗日联军二十七支队参加革命。中华人民共和国成立后，为兰州市军管干部，后任陕西省卫生厅厅长。1992年病故。

李兆英（1919—1947） 烈士。安光村人。民国32年（1943年）3月参加革命，民国36年（1947年）在湖南省长寿街战斗中牺牲。生前为中国人民解放军第四野战军四十军五营八连班长。

陈德忠（1925—1949） 烈士。安光村人。民国38年（1949年）1月参加革命，是年8月25日在甘肃皋兰马家山战斗中牺牲。生前为中国人民解放军六十五军一九三师五七七团一营一连战士。

李光荣（1927—1946） 烈士。安光村人。民国34年（1945年）9月加入中国共产党，后参军任冀中三十八军团侦察班长，民国35年（1946年）3月30日在大龙山车站作战时牺牲。

十一 历任党政负责人

自民国37年（1948年）域内解放以来，安光村党组织负责人相对稳定。只是2011年由镇派干部组成工作组下村指导工作。

1944—2016年安光村党组织负责人任职情况表

表4

<table>
<tr><th>党组织名称</th><th>姓名</th><th>性别</th><th>职务</th><th>任职时间</th></tr>
<tr><td rowspan="5">党支部</td><td>李永恩</td><td>男</td><td>书记</td><td>1944—1957</td></tr>
<tr><td>李瑞祥</td><td>男</td><td>书记</td><td>1958—1968</td></tr>
<tr><td>张朝录</td><td>男</td><td>书记</td><td>1969—1972</td></tr>
<tr><td>李瑞祥</td><td>男</td><td>书记</td><td>1973—1979</td></tr>
<tr><td>刘兴汉</td><td>男</td><td>书记</td><td>1979—2002</td></tr>
<tr><td rowspan="3">党总支</td><td>李作文</td><td>男</td><td>书记</td><td>2002—2010</td></tr>
<tr><td colspan="4">2011年，镇派王世泰、贾德森组成工作组到村指导工作</td></tr>
<tr><td>李作文</td><td>男</td><td>书记</td><td>2012—2015</td></tr>
<tr><td>党委</td><td>李兴云</td><td>女</td><td>书记</td><td>2015—</td></tr>
</table>

1944—2016年安光村村政机构负责人任职情况表

表5

村政机构名称	姓名	性别	职务	任职时间
村公所	于宝玺	男	村长	1944—1948
	顾福忠	男	村长	1948—1949
村人民政府	贾金荣	男	村长	1949—1955
生产大队			大队长	1955—1957
生产大队	宋瑞章	男	大队长	1958—1964
革命委员会	张朝录	男	主任	1964—1968
	蒋继承	男	主任	1969—1972
	张鹏起	男	主任	1973—1978
	刘兴汉	男	主任	1979—1979
生产大队	李书田	男	大队长	1979—1983
村民委员会	刘书田	男	主任	1983—1986
	杨学文	男	主任	1986—1987
	王长洪	男	主任	1988—1999
	孟庆柏	男	主任	1999—2002
	李作文	男	主任	2002—2010
	李宝国	男	主任	2010—2012
	李兴云	女	主任	2012—2015
	李振新	男	主任	2015—

1944年以前安光村村务负责人任职情况表

表6

年代	姓名	职务
清同治六年（1867年）	王德仁	地保
清光绪二十四年（1898年）	宋石亭	村长
清宣统元年（1909年）	时忠义	巡查
民国6年（1917年）	宋石亭	村公所所长
民国12年（1923年）	张朝然	村长
民国19年（1930年）	张朝然	村公所所长
民国26年（1937年）	李维新	村长
民国27年（1938年）	宋郁洲	村长
	孟照会	村右
	高瑞生、王玉树	村左
民国33年（1944年）3月	于宝玺	村长
	郭士杰	副村长
	李永恩	扶职主任（支部书记）
	史永贵	副主任

十二　荣誉

1950—2016年，安光村共获市局级及以上先进集体荣誉11项，其中村级获奖8项，调委会等获奖2项；村党支部分别于1996年和1998年两次获农村红旗党支部称号。1950—2016年，有8人次获得市局级及以上先进个人荣誉称号，其中李庆新受到司法部的表彰。

1950—2016年安光村获市局级及以上先进集体荣誉表

表7

授予时间	获奖单位	荣誉名称	授予部门
1987	安光村	社会治安综合治理先进集体	市委、市人民政府
1992	安光村敬老院	市级文明敬老院	市人民政府
1993	安光村调解委员会	优秀人民调解委员会	市司法局
1994	安光村	市级小康村	市委农工委、市农委
1995		1994年度军民共建先进集体	天津警备区
1996	安光村党支部	农村红旗党支部	市委农工委
1998	安光村	1997年度市级明星小康村	市委农工委、市农委
1998	安光村调解委员会	调解工作先进集体	市司法局
1998	安光村党支部	红旗党组织	市委农工委
1999	安光村	1997—1998年度市级文明村	市文明委
2015	安光村	青年绿色示范村	团市委、市农委

1950—2016年安光村获市局级及以上先进个人荣誉表

表7

授予时间	姓名	荣誉名称	授予部门
1990	张庆瑞	市级扫盲工作先进个人	市人民政府
1993	李庆新	市级优秀人民调解员	市人民政府
1993		全国司法战线模范	国家司法部
1999	于世荣	“九五”立功活动市级先进个人	市总工会
2000	陈国栋	优秀团干部	团市委
2004	于振鹏	2003年度“十五”立功先进个人	市总工会
2008	陈　强	优秀平安志愿者	市综治委
2015	牛园园	2014年天津市“乡村好青年”	团市委

前丁庄村

前丁庄村位于北辰区西北部，西距京福公路1.2千米，南距镇政府5.5千米，东距区政府10千米，东南距天津市中心19千米。东与双街镇上蒲口村相望，南与平安庄村为邻，西与武清区渔坝口村接壤，北与后丁庄村相连，呈东西长方形，占地面积249992平方米。2015年，该村有户籍人口2180人，长期固定资产267.03万元。

前丁庄村和后丁庄村航拍图 （2017年摄）

一　村庄沿革

前丁庄村口　　　　　　　　（2015年摄）

相传明万历年间（1573—1620年），村域为洼淀，名朱家淀，后淀淤平。明末清初，浙江丁家，武清蔡村程家、杨村周家到此落户，以庄头住户姓氏取名周庄子。清康熙年间（1662—1722年）丁姓兴旺，改称丁家庄。后以村中东西向土坑为界，形成南北两村，乾隆元年（1736年）分称大丁家庄和小丁家庄。道光二十六年（1846年），《津门保甲图说》中又合称丁家庄，后亦称丁庄。民国23年（1934年）析称南为前丁庄、北为后丁庄。至2016年，前丁庄村名未易。

古时候，天津周围都是“退海地”，时周庄子地势低洼，河道纵横。东有浑河，西靠龙凤河，常闹大水，十年九涝。

又传明建文二年（1400年），燕王扫北的时候，就有丁庄村，因这个村周、张、程姓最多，所以村名叫“周庄子”。为什么“周庄子”改名为“丁庄子”，据名人点拨，村南有双口，东有马家口，北有庞嘴，西有陈嘴、渔坝口，这些口呀嘴呀都来咱周（粥）庄子喝粥（周），就把咱喝穷了……这村名应该改了。另根据当时的村庄形状，从南到北横贯龙凤河堤，形成一个长条，在长条的中间自西向东构成街道，一横一竖形成“丁”字，因此改称“丁庄子”。

明末清初，隶通州武清县。清顺治元年（1644年），隶顺天府武清县。雍正九年（1731年），隶天津府天津县。光绪二十六年（1900年）七月五日至光绪二十八年（1902年）七月四日，曾隶八国联军所建天津都统衙门北区。光绪三十一年（1905年），隶属天津县西乡第十七区。北洋政府时期，隶直隶省津海道天津县。民国时期，隶河北省天津县。民国29—34年（1940—1945年），隶日伪天津县第三区。民国34年（1945年）9月，隶冀中天津工委五市分区；10月，隶冀中九专区天津县。民国35年（1946年）9月，隶冀中八专区津武县六区。同时，此时段境地又属中华民国南京政府天津县三区管辖。民国38年（1949年）3月，隶冀中天津县七区。中华人民共和国成立后，1950年8月，属河北省天津县四区。1952年4月，属天津专区天津县四区。1953年7月，属天津市津北郊区丁庄乡。1955年6月，属北郊区丁庄乡。1958年4月，丁庄乡并入双口乡，该村由双口乡管辖；8月，属北郊区幸福公社；10月，北郊区建制撤销，该村属红桥区幸福公社。1959年9月，属天津市副食品局。1960年6月，属天津市津北畜牧场双口分场。1961年5月，属红桥区双口公社。1962年2月，属北郊区双口公社。1983年4月，属北郊区双口乡。1992年3月，属北辰区双口乡。1995年12月后，属北辰区双口镇。

二　道路河流

滨保高速公路前丁庄村段　（2015年摄）

道路　历史上，前丁庄处于龙凤河岸边，境域地势低洼，海拔仅5.46米，道路甚少，交通不便；尤其在20世纪30年代初，域内被辟为放淤区后，每当分洪放淤，更是无路可走，村民出入村庄，十分困难。1972年以前，该村周边地区仅有土质公路。1973年，村民出入通过后丁庄村的沥青路面公路。80年代后，随着经济发展，公路建设提速。至2016年，该村周边相继筑有公路4条，其中高速公路1条，国道1条，乡村公路2条。另有过境铁路2条。东西南北，四方道路，纵横交错。

滨保高速公路 2013年，修筑滨（海）保（定）高速公路天津段，横贯天津北部东西，东起汉沽大神堂镇附近与滨海高速相连，西于武清汉沽港镇与京沪高速公路相接，全线总长约93千米。途经前丁庄村域。

津霸联络线双口站　（2015年摄）

京福公路 104国道（2015年改称武静公路）。（详见双口村）

京九铁路津霸联络线 由北仓站至河北省霸州，是京九铁路与京山铁路的联络线，设双口站。全长77.6千米，1993年动工，1995年竣工。

京沪高速铁路 自北京至上海，途经双口镇前丁庄等村，路段长7.51千米。2009年3月开工建设，2012年通车。

河流 历史记载，清乾隆二十年（1755年），凤河东入通县界，南经武清，由后丁庄穿村而过。据《畿辅通志》谓其既无大源，多涸竭，居民往往占耕为业，水利几废，故附存之。（《天津通志旧志点校卷（中）·天津县志》卷十一，105页）

至2016年，村域有两条河流，其中一级河道永定河位于村东，二级河道中泓故道位于村南。

龙凤河 源出北京市南苑黄村东海子泉，南经大兴县和河北省地，分新旧两道。旧道于清初入武清县沙家淀，分汉沽港河和二沽港河两岔汇入三角淀；又东出安沽港（安光村）河、青沽港（青光村）河，汇大清河入北运河。新道于乾隆二十年（1755年）东入通县界，南经武清，由后丁庄村西入境内，穿丁庄村（村中凤河路旧址），过平安庄村西和双口村东入叶淀、曹家淀，又出韩家墅村西南汇大清河入北运河。该水道经王庆坨闸（古之中泓故道闸）过双口、青光镇界，至李家房子村汇入子牙河。

据《天津县志》载：凤河，雍正四年（1726年），怡贤亲王引高各庄凉水河入凤河故道，挑挖过双口抵青沽港入淀河，仍建二闸，分流之处，随时启闭，以济运河、塌河淀及七里海则即北运河筐儿港、青龙湾两处藉以蓄泄者。穿村而过的龙凤河，因多年泥土堵淤，于50年代末基本消失，龙凤河东岸变成为该村的凤河路，西岸逐渐成为村民宅基地。

三　人口方言

人口 据清道光二十六年（1846年）《津门保甲图说》载，时双口、丁家庄、平家庄、清（青）光4村、共852户，其中绅衿4户、铺户14户、烟户447户、应役4户、佣作361户、富贩5户、船户26户、道人1户。大口2688口，小口1910口。据《典籍中的北辰》载，民国23年（1934年）前丁庄村有127户706人。据统计资料载，1980年，该村有409户1829人；2000年，有560户1939人；2016年，有832户2347人；从业人员845人，其中男性456人，女性389人。

民族 据《天津市北辰区地名志》载：1995年该村人口全部为汉族。据村情调查，2016年，该村有6个民族，其中满族4人、达斡尔族2人、回族1人、蒙古族1人，土家族1人，余为汉族。

方言 属于武清区方言片，与武清区东肖庄相邻，方言与武清区杨村话相似，说话后音轻，较平稳。

姓氏 前丁庄是一个中型村，有姓氏19个，主要有5大姓氏，即程、周、王、赵、罗，其次为张姓。

2016年前丁庄村大姓谱牒字辈排序情况表

表1

姓氏	字 辈	说明
丁	龙、凤、呈、祥、勤、俭、书、香、玉、希、家	清顺治元年（1644年）从浙江迁徙至该村
程	天、广、忠、国、绍、庆、兆、鸿、福、迪、树、景、连、祥、静	清乾隆年间从武清蔡村砖厂迁徙至该村
周	华、友、国、文、德、广、绍、述、永、其	嘉庆年间从武清艾蒲庄迁徙至该村
王	灿、文、福、万、庆、广、洪、星、振、家、祥	嘉庆年间从双街下辛庄迁徙至该村
陈	善、友、邦、永、景、庆、术、静、云、玉、会	道光年间从静海县城迁徙至该村
孟	熙、邦、功、彦、成、洪、夫、高、博、升、兴、毓、传、继、广、昭、宪、庆、繁、祥、令、德、维、垂、佑	1956年从河北安次入赘至该村

四 耕地状况

1980年，该村共有耕地22块，总面积3357.15亩，主要分布在村东和村西。耕地四至为：北朱叫、西冲子、南祁地、桥北、四百八等地块与后丁庄村地块相连，南姚套、上坟地、西黍地、东黍地与平安庄村地块相连，西西乱店地块与武清区陈嘴镇渔坝口村地块相界，东河东地块与双街镇上蒲口村地块相接。有机井3眼，坐落于白高粱地、西果园、桥南地块。一、二道沟渠两条，涵洞7个，涵闸3个，泵站4处。2015年年末，共有耕地 3046.05亩。

1980年前丁庄村所属耕地地块情况表

表2　　单位：亩

地块名称	面积	地块名称	面积
苏桶	235.05	东黍地	259.95
西黍地	259.95	桥南	157.95
丁坟	150	姚套	150
河东	229.95	李发	210
邢地	250.05	四百八	248.7
桥北	157.95	南祁地	154.95
西冲子	94.5	五家地	25.05
白高粱地	160.05	西果园	120
东果园	48	朱叫	121.05
西乱店	244.95	上坟地	15
大场	40.05	东埑子	24
合计	3357.15		

1980年前丁庄村所属耕地地块示意图

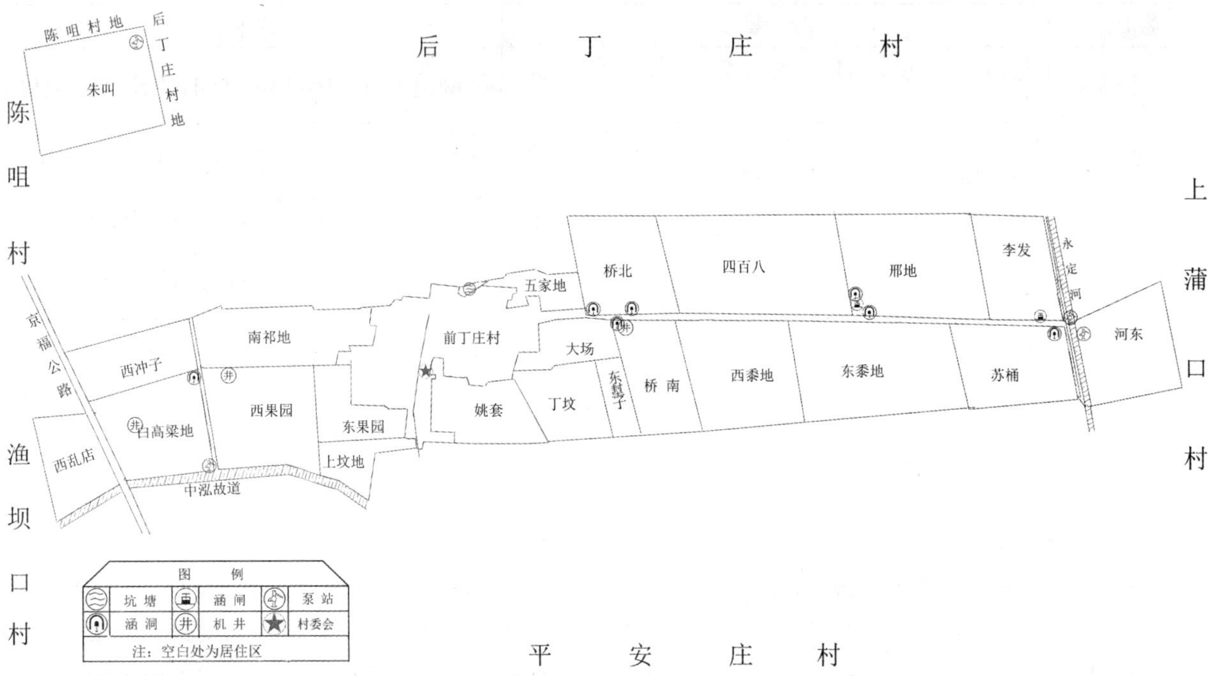

（2016年绘制）

五　街道胡同

中华人民共和国成立前，前丁庄村内街道胡同均为土路。20世纪50—70年代，村容村貌有所改变，但发展变化较慢。自进入80年代以来，随着经济的发展，注重按规划实施村庄改造。2004年始，硬化街道6条，长度共3150米，有后街道、前街道、南街道、中街道、水塔街道、粮店街道，均为东西走向。2005年5月至2008年4月，硬化村内胡同54条，铺砌机砖地面，长度共2550米，全部为南北走向。

前丁庄村丁家胡同　　（2016年摄）

2004年前丁庄村街道情况表

表3

街道名称	起　止	长度（米）	硬化时间
后街道	郭宗良宅—刘学刚宅	1000	2014年（翻修）
前街道	石会发宅—赵庆军宅	500	2004年
水库北街道	程永江宅—程春利宅	600	2004年
中街道	李俊来宅—程国定宅	200	2004年
水塔街道	周广利宅—村委会院	350	2004年
粮店街道	张金庭宅—王福芝宅	500	2004年

2005—2008年前丁庄村胡同情况表

表4

胡同名称	长度（米）	硬化时间	胡同名称	长度（米）	硬化时间
后街三队胡同	40	2008.5	东胡同	55	2008.4
后街靳家胡同	45	2008.4	东南角胡同	55	2008.4
后街石家胡同	30	2008.4	西菜园胡同	55	2005.6
后街吕家胡同	35	2008.4	孟家胡同	55	2005.5
后街东胡同	65	2008.5	郭家胡同	60	2008.4
后街西程胡同	50	2005.5	西胡同	60	2008.4
藕坑西胡同	40	2008.5	山峰胡同	60	2005.5
藕坑胡同	40	2008.4	供销社胡同	60	2008.4
后街东程胡同	40	2008.4	水塔街一胡同	45	2005.6
后街张记胡同	50	2005.5	水塔街二胡同	45	2005.6
后街三家胡同	40	2008.5	水塔街三胡同	45	2005.6
后街兰家胡同	35	2008.4	水塔街四胡同	40	2005.6
孙家胡同	40	2005.5	浴池胡同	45	2005.6
后街四家胡同	50	2008.5	水塔街五胡同	45	2005.6
后街五家胡同	50	2008.5	水塔街六胡同	45	2005.6
后街江山胡同	40	2008.4	水塔街七胡同	45	2005.6
前街1号胡同	30	2005.5	水塔街八胡同	45	2005.6
凤林胡同	55	2008.4	水塔街九胡同	40	2005.6
周家胡同	45	2005.6	水塔街十胡同	55	2005.5
罗家胡同	55	2005.5	水塔胡同	50	2008.4
金发胡同	40	2008.4	粮店街一胡同	60	2005.6
东胡同	45	2008.4	粮店街二胡同	60	2005.6
丁家胡同	45	2008.4	粮店街三胡同	60	2005.6
福新胡同	45	2008.4	粮店街四胡同	55	2008.4
凤林胡同	40	2005.5	粮店街五胡同	45	2005.6
周家胡同	55	2005.5	粮店街六胡同	40	2005.6
罗家胡同	30	2005.5	粮店街七胡同	50	2005.5

六　公共设施

中华人民共和国成立前，该村公共设施甚少。民国29年（1940年），始有1眼人工开凿的水井。1949年，将村中庙宇辟建为小学校舍。1967年拆迁，于村南新建校舍。1992年，迁址村西，重建校舍。1994年，3校合并，扩建前丁庄小学。

前丁庄村净化水站
（2005年摄）

20世纪50年代，成立联合诊所。1960年，建设村政办公设施。1962年，建排水设施扬水站。1965年，村成立红医站。60年代后，该村始建公共厕所4座，为泥土机砖结构。1970年，村内打机井、建水塔，完善饮水入户设施。2005年，建村中心公园。2008年，改建村委会办公设施(社区综合服务中心)。是年，建社区卫生服务中心。2009年，建2座水冲式厕所。2010年，建立农

前丁庄村卫生室　　　　　　（2013年摄）

前丁庄小学　　　　（2015年摄）

2015年前丁庄村街道胡同及主要公共设施示意图

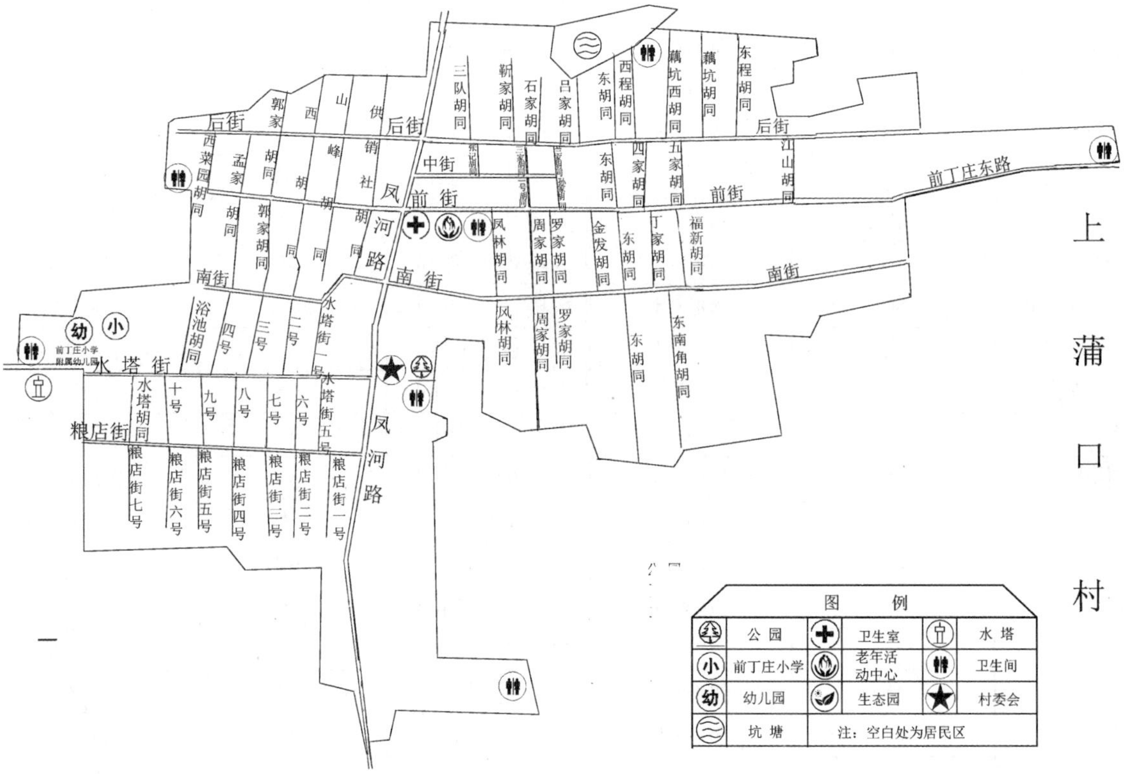

（2016年绘制）

贸市场。2014年，建村幼儿园。2015年，新建移动式多功能厕所4座。

七　经济概况

中华人民共和国成立前，前丁庄村以旱田作物为主，主要种植小麦、玉米、大豆及各种小杂粮。中华人民共和国成立后，各级政府重视兴修水利及农田基本建设。20世纪60年代初，开始集体种植果树45亩。70年代初，始种植水稻。由于水源缺乏，后又大面积改种小麦，粮食产量增加，集体收入提高，村民生活逐步得到改善。1980年后，实行农业联产承包责任制，走农林牧副渔齐发展的路子，因地制宜，调整种植结构，扩大果树种植面积，发展养殖业及工副业。

北郊区前丁庄大队认真管好春播作物

查苗补苗　追施肥料

本报讯　北郊区双口公社前丁庄大队干部社员，在加强麦田管理的同时，认真做好春播作物的管理工作。

前丁庄大队今春播种了玉米一千亩。玉米苗出土后，整齐苗壮。这时，有的人产生了松口气的思想。党支部发现这种情况后，组织干部群众学习毛主席的光辉著作《论十大关系》，克服松劲情绪，做到小苗出土，管字上马。党支部成员深入实际，逐块检查苗情。检查中，他们发现有的地方仍有缺苗现象，便召开生产队长会议，号召各队查苗补苗。结果全村男女老少齐上阵，挑水点种，大干了三天，完成查苗补苗任务。他们还进行深耪，既消灭杂草，又起到松土保墒作用。为了增加土地肥力，最近这个大队还开沟撒了一次老炕灰，收到良好效果。由于抓紧了田间管理，这个大队大田苗势好于往年。

（北郊区广播站）

双口公社前丁庄大队千亩玉米出苗后，大干3天查苗补苗，又深耪、开沟撒放老炕灰，苗势好于往年（北郊区广播站报道）

前丁庄村林下养殖的柴鸡 （2009年摄）

2000年，结合市场需求，增加各种蔬菜种植面积，高架西红柿及冬瓜成为主打产品。2008年后，打造"一村一品"，种植水果玉米、糯玉米，面积1500亩。蔬菜以设施大棚种植为主，园田面积达1400亩。2014年，创建集蔬菜、瓜果种植、采摘、饮食娱乐，林下家禽家畜养殖为一体的休闲旅游生态园，成为农村经济新的增长点。2016年，蔬菜播种面积1130亩，产量4502吨。瓜果类播种面积496亩，产量1017吨。生猪养殖小区两个，生猪存栏150头，出栏355头。

70—80年代，村办企业甚少，改革开放后有所发展。

1983年起，个体私营企业得以发展。1990年，完成产值16.3万元；1991年，完成产值10.8万元；1992年，完成产值172万元。1994年，村办企业有木箱厂、不锈钢制品厂，从业人员105人，产值1021万元，销售收入231万元，利润22万元；流动资金163万元，固定资产49万元。2003年，村办企业改制。至2016年，村内有民营企业19家，运输业5家。

30年代前，村民购物靠串村货郎。40年代，出现个体小商铺，有华生号油坊、杂货铺和豆腐坊、馃子铺、面铺、水铺等。中华人民共和国成立后，1953年村成立联社供销社，1958年建立粮店。1980年后，个体商业不断涌现，替代了供销社。至2016年，全村商饮业有大型超市3家，小型商铺15家，农贸市场1个。从事蔬菜交易30余户，有饭店两家。

前丁庄村商铺、集市 （2016年摄）

前丁庄村生态园内景 （2015年摄）

八 民间文化

聚乐歌剧团 1950年成立。1951年年底，编演歌剧《刘胡兰》，随后又演出歌剧《王贵与李香香》和《兄妹开荒》《翻天覆地》等，受到老百姓的好评。

聚乐高跷会 民国26年（1937年）秋天，村民刘子禄开踩高跷先例，后王友牵头组织起聚乐高跷会。1962年，产生第二代高跷传人；1996年，产生第三代高跷传人；2008年，产生第四代高跷传人。至2015年，共有五代高跷传人。演技从简单发展到多样化，踩着腿子再练劈叉，练背剑，练单腿跳，练弯腰，从高台往下跳，在松软的地里跑步，经常到邻村演出。1985年，

前丁庄村地跷拉骆驼 （2015年2月摄）

参加北辰区首届艺术节演出获表演一等奖。1993年，参加北辰区第一次文化节演出。1994年，参加在北京玉潭公园的会演。连续两年参加天津娘娘宫会演，多次获上级领导表扬，并获锦旗一面。2010年，由高跷转为地跷。

妇女舞蹈队和街舞队 2013年，李运平组织妇女街舞队，王如平组织秧歌队，村委会为她们购置乐器和服装，每逢年节为村民表演，还经常参加镇政府组织的秧歌比赛。

文物古迹 1967年于前丁庄小学东南100米处，发现战国时期墓群。墓地坐落在一片高地上，农民在1.5米～2.3米处发现6座墓葬。木棺已朽，随葬品有陶豆、釜、罐和明刀币等。地表暴露较多遗物，采集到蓝纹筒瓦、板瓦和陶甑、盆残片及明刀币数十千克。

九　大事纪略

战事 民国36年（1947年）7月，民主政权津武县县长安志英带领30余名战士在前丁庄与庞恩武保警队遭遇，战士张瑞祥牺牲，当晚告密引敌的伪保长郑某某被区小队处决。

十　英烈先贤

王玉怀（1919—1946） 前丁庄人，共产党员。民国24年（1935年）参加由安振英、王志新、宋毅领导的津北小队，他的主要任务是为八路军、区小队筹集军粮、物资、弹药。曾经有一次为从天津向八路军驻地汉沽港运送枪支，把枪藏在芦苇驼子里，巧妙地蒙混了哨卡的敌人，顺利地把枪支交给了区小队。民国35年（1946年）3月，壮丁队队长庞恩武逼问王玉环母亲，让她说出王玉怀的去向，任凭敌人怎样威逼利诱，她母亲就是不说出儿子的下落，壮丁队队长庞恩武从士兵手里夺过冲锋枪将其杀害。是年4月18日清晨，由于驻村敌方内线的告密，敌人突然包围前后丁庄，把两个村青壮年都集中到后丁庄的大庙内，这时的敌人挨个检查搜身，王玉怀被发现，庞恩武命令身边的壮丁把王玉怀捆上。到双口壮丁队后，敌人又用钢丝穿过王玉怀两面的锁骨，吊在房梁上，逼他说出从哪筹集的粮食及弹药，又交给了谁，同伙是谁？敌人用烧红的钢板架着他走，用烧红的烙铁烙在他的身上，还用灌辣椒水等多种酷刑让他开口，王玉怀始终未说出一个字。是年4月21日，其被国民党杀害。是年9月，冀中八专区追认王玉怀为优秀共产党员。1982年5月15日，国家民政部追认其为革命烈士。

程广财（1924—1946） 前丁庄人。民国34年（1945年）参加革命，天津县区小队战士。民国35年（1946年）9月23日，在宝坻区大保庄被敌人包围，为了不做俘虏把最后1颗子弹留给了自己。

张守年（1925—1951） 前丁庄人。民国38年（1949年）1月25日参加中国人民解放军，后任6068部队炮兵连班长。1951年11月26日，在朝鲜江源道安国郡牺牲。

程国礼（1925—1952） 前丁庄人。民国37年（1948年）2月参加中国人民解放军，为哈尔滨军区教导团2营5连炊事员。1952年抗美援朝战争中，在朝鲜战场牺牲。

周绍勋（1934—1998） 前丁庄人。1950年入伍，在北海舰队服役，历任电台台长，基地司令员，刘华清秘书，政治部副主任。1983年，调任南海舰队任副政委。中共十三大当选为中央候补委员。恢复军衔制度后，被授予少将军衔。1992年调到南京，任中国人民解放军海军指挥学院政委，1995年10月因病退休；1998年病故，葬于北京八宝山革命公墓。

周述起（1934—2011） 前丁庄人。1950年天津二中毕业。1951年1月入中国人民解放军防化兵学校。1954年1月毕业赴朝参战，是年加入中国共产党。1956年，授少尉军衔。1957年5月归国。1965年任武汉军区某部团政委。1978年夏，转业天津市河北制药厂任厂长、书记。1999年退休，2011年病逝。

十一　历任党政负责人

1959年以前，前丁庄村、后丁庄村、平安庄村三村为一个党支部。1959年后，前丁庄村建立党支部。2016年4月14日，建立党总支，共有15人次担任党组织书记。自1950—2016年，前丁庄村担任村政组织负责人共17人次。

1959—2016年前丁庄村党组织负责人任职情况表

表5

党组织名称	姓名	性别	职务	任职时间
党支部	孔德泉	男	书记	1959—1977
	张文德	男	书记	1977—1979
	罗会生	男	书记	1979—1982
	程国亮	男	书记	1982.—1985
	石会发	男	书记	1985—1988
	程庆潮	男	书记	1988—1990
	周绍金	男	书记	1990—1995
	王术友	男	书记	1995—1997
	张学运	男	书记	1996—1998
	程永波	男	书记	1998—2005
	张学茹	男	书记	2005—2006
	肖庆松	男	书记	2006—2007
	程绍锋	男	书记	2007—2015
	周永亮	男	书记	2015—2016
党总支	周永亮	男	书记	2016—

1950—2016年前丁庄村村政机构负责人任职情况表

表6

村政机构名称	姓名	性别	职务	任职时间
村公所	曹玉龙	男	村长	1950—1952
村人民政府	吕永高	男	村长	1953—1954
生产大队	程永忠	男	大队长	1954—1958
	王怀信	男	大队长	1959—1966
革命委员会	王春发	男	革委会主任	1966—1968
	王怀信	男	革委会主任	1969—1977
	程国亮	男	革委会主任	1978—1979
生产大队	程永和	男	生产大队长	1980—1982
村民委员会	王福荣	男	村委会主任	1983—1985
	程庆潮	男	村委会主任	1986—1987
	李俊来	男	村委会主任	1987—1990
	王述友	男	村委会主任	1990—1997
	孙纪贵	男	村委会主任	1997—2003
	程永波	男	村委会主任	2003—2006
	边立建	男	镇派干部	2006—2007
	王万新	男	村委会主任	2007—2012
	周永亮	男	村委会主任	2012—

十二　荣誉

1950—2016年，前丁庄村共获市局级及以上（含天津县）奖项5项，其中先进集体3项，先进个人2项。

1950—2016年前丁庄村获市局级及以上先进集体荣誉表

表7

授予时间	荣誉名称	授予部门
1994	市级小康村	市委农工委
2008	“五个一”创建活动先进村镇	市文明委
2015	天津市青年绿色示范村	团市委、市农委

1950—2016年前丁庄村获市局级及以上先进个人荣誉表

表8

姓名	性别	授予时间	荣誉名称	授予部门
程永忠	男	1951	天津县劳动模范	天津县政府
		1952	爱国丰产竞赛运动先进个人	天津县政府

附：典籍选录

天津县双口村丁庄为恳乞补偿民地损失事呈华北水利委员会文
1936年6月24日

为旧河裁弯取直损害民地祈转请照章补偿损失救济民生事。窃海河工为防海河淤淀起见，裁直双口村北前丁庄西南之旧河，又在旧河以南重为挖河建筑新堤，而两堤之间至武清县界所有津县人民之田地一经山洪暴发尽成河漕，永无耕种希望。坟墓青苗皆被冲刷，此种惨状为人力所造成者竟无任何表示补偿意思。尝闻农村偶遇天灾，官府且须筹设相当救护办法，何况民地一变而成水库，关系人民生命财产至重。素仰钧会恫瘝在抱，以助长民生为急务，度此多数灾黎定予为之设法拯救。伏恳鉴核俯赐救济照章补偿损失，并请指令，实为至便。

谨呈华北水利委员会

具呈人：天津县双口村乡长赵作云　乡副吴慎修　边士元

郭广金

丁庄乡长程永誉　乡副周广祺　王华廷　张维焕

铺保地址：北门外

执事人：殷辅仁

（选自《档案中的北辰》）

后丁庄村

后丁庄村位于北辰区西北部边缘，东与双街镇毗邻，南与前丁庄村相接，西与武清区渔坝口村相望，北与武清区东肖庄村接壤。村呈东西长方形，占地面积237052平方米。东距区政府12千米，南距镇政府4.5千米。2015年，该村有户籍人口1760人，长期固定资产536.41万元。

后丁庄拱形村碑 （2015年摄）

一　村庄沿革

相传明万历年间(1573—1620年)，村域为洼淀，名朱家淀，后淀淤平。明末清初，浙江丁家，武清蔡村程家、杨村周家到此落户，以庄头住户姓氏取名周庄子。清康熙年间(1662—1722年)丁姓兴旺，改称丁家庄。后以村中东西向土坑为界，形成南北两村，乾隆元年(1736年)分称大丁家庄和小丁家庄。道光二十六年(1846年)，《津门保甲图说》中又合称丁家庄，后亦称丁庄。民国23年(1934年)析称南为前丁庄、北为后丁庄(中华人民共和国成立前夕称张丁庄)。中华人民共和国成立后，后丁庄村名延续至今。

附：传说故事

丁庄子村名的传说

天津北郊区的西北角，有两个古老的村庄，一个叫前丁庄，一个叫后丁庄，统称丁庄子。据说燕王扫北的时候就有丁庄子，不过那时候，因这个村周、张、程姓最多，所以村名叫“周庄子”。为什么把“周庄子”改名为“丁庄子”呢？这里有一段动人的传说。

古时候，天津周围都是“退海地”，很多地名、村名都和水有关。时周庄子地势低洼，河道纵横。东有浑河，西靠龙凤河，常闹大水，十年九涝。每到夏末秋初，雨水连天，眼看快到手的庄稼总被大水淹没，再加上苛捐杂税，兵荒马乱，弄得民不聊生，百姓叫苦连天。

这一年秋天，又闹了大水，人们都在桥头、河滩上搭棚安家。一天晚上，一群老少爷们正在月下聊天，忽然从南来了一位白胡子老头:“请问诸位，这是什么村？”“周庄子！”大家不约而同地回答。“不妙，不妙，这个名字真不妙……”，老人连连摇头。“从燕王扫北的时候就有周庄子，我们子子孙孙好几百年都在这儿扎根，有什么不好？”一位私塾先生一边摇着蒲扇一边慢条斯理地反驳。“一锅粥(周)，粥(周)一锅，七嘴八口都来喝，你们受得了吗？”这句话可把大家都说楞了。一抬头，那位老人不见了。这么一来，人们才恍然大悟。“可不是吗，咱村南有双口，东有马家口，北有庞嘴，西有陈嘴、渔坝口，这些口呀嘴呀都来咱周(粥)庄子喝粥(周)，就把咱喝穷了……”“咱这是犯了地名了，今天仙人点化，咱干脆把村名改了吧！”

清代，凤河流经后丁庄村，村妇洗衣多用捶衣石。该石约为咸丰同治年间，由张永龄捐赠。现存北辰史馆

于是，大家就商量起改村名的事来了。一位老者捋着胡子说:“咱村从南到北横贯龙凤河堤，形成一个长条，在长条的中间自西向东构成街道，这一横一竖不正是个‘丁’字吗？咱就叫丁庄子吧！”“好，这个名字起得好！以后谁再来向咱张口伸嘴抢粥喝，让他尝尝枣核钉的厉害。”老人的话赢得了大家一致的赞同。“还不光是怕别人来抢粥喝，”一位老农打断了人们的议论，“ 丁字一横一竖像个顶天立地的汉子。咱们都得当个硬汉子，要甩开膀子干。不怕没饭，就怕不干！”“说得对，干！”大家异口同声。这声音好像龙凤河滚滚的涛声，抒发着丁庄儿女的壮志。月亮突破云层，照亮了桥头，照亮了每一张笑脸。

从此，村名改了，人们的精神面貌也变了。大水来了，家家织网打鱼；大水退了，户户播种耕田。一年两次水来水退，一年两次麦种麦收，小小丁庄子很快变成了鱼米之乡。丁庄子的规模越来越大，由一个村发展为两个村。一个叫前丁庄，一个叫后丁庄。

隶属　明末至清初，隶通州武清县。清顺治元年(1644年)，隶顺天府武清县。雍正九年(1731年)，隶天津府天津县。光绪二十六年(1900年)七月五日至光绪二十八年(1902年)七月四日，曾隶八国联军所建天津都统衙门北区。光绪三十一年（1905年），隶属天津县西乡第十七区。北洋政府时期，隶直隶省津海道天津县。民国时期，隶河北省天津县。民国29年（1940年）至民国34年（1945年），隶日伪天津县第三区。民国34年（1945年）9月，隶冀中天津工委五市分区；10月，隶冀中九专区天津县。民国35年（1946年）9月，隶冀中八专区津武县六区。同时，此时段境地又属中华民国南京政府天津县三区管辖。

民国38年（1949年）3月，隶冀中天津县七区。中华人民共和国成立后，1950年8月，属河北省天津县四区。1952年4月，属天津专区天津县四区。1953年7月，属津北郊区丁庄乡。1955年6月，属北郊区丁庄乡。1958年4月，丁庄乡并入双口乡，该村由双口乡管辖；8月，属北郊区幸福公社；10月，北郊区建制撤销，该村属红桥区幸福公社。1959年9月，属天津市副食品局。1960年6月，属天津市津北畜牧场双口分场。1961年5月，属红桥区双口公社。1962年2月，属北郊区双口公社。1983年4月，属北郊区双口乡。1992年3月，属北辰区双口乡。1995年12月后，属北辰区双口镇。

二　道路河流

道路　历史上，后丁庄境域为洼淀，后淀淤平，平均高程（黄海水准）5.46米。交通不便，村民出行、运输依靠坑洼不平的土路和通往各地的舟船等。后域内被辟为放淤区，设置撤退道路。

60年代前，后丁庄村边有国防路。该路于1967年勘测，1968年分段施工，1969年竣工，始称(北)京济（南)公路。70年代初称京宁公路，通往南京，境内段称天津西环线。1974年改建成沥青混凝土薄层路面，1987年延至福州，称京福公路。2015年更名为武静公路（S245）。村西有京沪高铁，村北有滨保高速公路。

后丁庄村西京沪高铁　　（2015年摄）

河流　村东有一级河道1条，即永定河。

三　人口方言

人口　据清道光二十六年（1846年）《津门保甲图说》载，双口、丁家庄、平家庄、清（青）光村4村、共852户，大口2688口；小口1910口。据《典籍中的北辰》载，后丁庄村1934年有160户761人。据统计资料载，1980年，379户1752人，劳动力748人；2000年，有513户1751人，乡村从业人员528人。2016年，有525户1710人。乡村从业人员499人，其中男性252人，女性247人。

民族　据《天津市北辰区地名志》载：1995年该村人口全部为汉族。据村情调查，2016年，该村有5个民族，其中回族5人、满族3人、蒙古族2人、壮族1人，余为汉族。

姓氏　2015年，全村共有姓氏40个，其中大姓有程、周、张、陈、姜。

程姓辈分次第为：宝、广、永、国、绍、庆、兆、鸿。

周姓辈分次第为：文、德、广、绍、述、永、其、培、振。

张姓辈分次第为：英、宝、士、维、福、文、恩、

姜氏家谱　　（2015年摄）

继、昶、国、发、富、永、立、家、廷。

陈姓辈分次第为：立、兆、树、瑞、德、政。

姜姓辈分次第为：有麟、魁、德、恩、润、学、智、希。

方言 见双口村。

家（族）谱选介 后丁庄姜氏一族原籍山东省盐山县（后划归河北省）吉来乡姜家屯。清中晚期，灾荒所迫，姜氏三兄弟背井离乡，姜明文落户于河北省大枣树村，姜虎文逃荒到东北失去联系，姜彪文落户于后丁庄村，娶妻生子繁衍后代。据姜氏家族追溯，姜氏是中华民族最古老的姓氏之一。据说远古人是以地名为氏，根据汉代《说文解字》记载，神农氏（炎帝）生于姜水，故以姜为姓。姜太公（姜尚）封于齐国，后被田和所灭，其子孙分散遂为姜姓。

四 耕地状况

1980年，该村共有耕地10块，总面积3587.85亩。耕地四至为：村东一号路地、二号路南片地块与武清区六合庄村地块相接，村南五祁地（西）、五祁地（东）地块与前丁庄村地块相界，村西西冲子地块与武清区渔坝口村地块相邻，村北朱店地地块与武清区东肖庄村地块相接。有泵站2个，坐落于朱店地和永定河西；机井2眼，坐落于朱店地和一号路地；另有涵闸8处，涵洞6个。2015年年底，后丁庄村耕地面积3388亩。

1980年后丁庄村所属耕地地块情况表

表1 单位：亩

地块名称	面积	地块名称	面积
朱店地	499.95	二号路北片	600
北祁地	538.05	二号路南片	600
西冲子	240	一号路地	600
大架子	199.95	五祁地（西）	60
田园地	199.95	五祁地（东）	49.95
合计	3587.85		

1980年后丁庄村所属耕地地块示意图

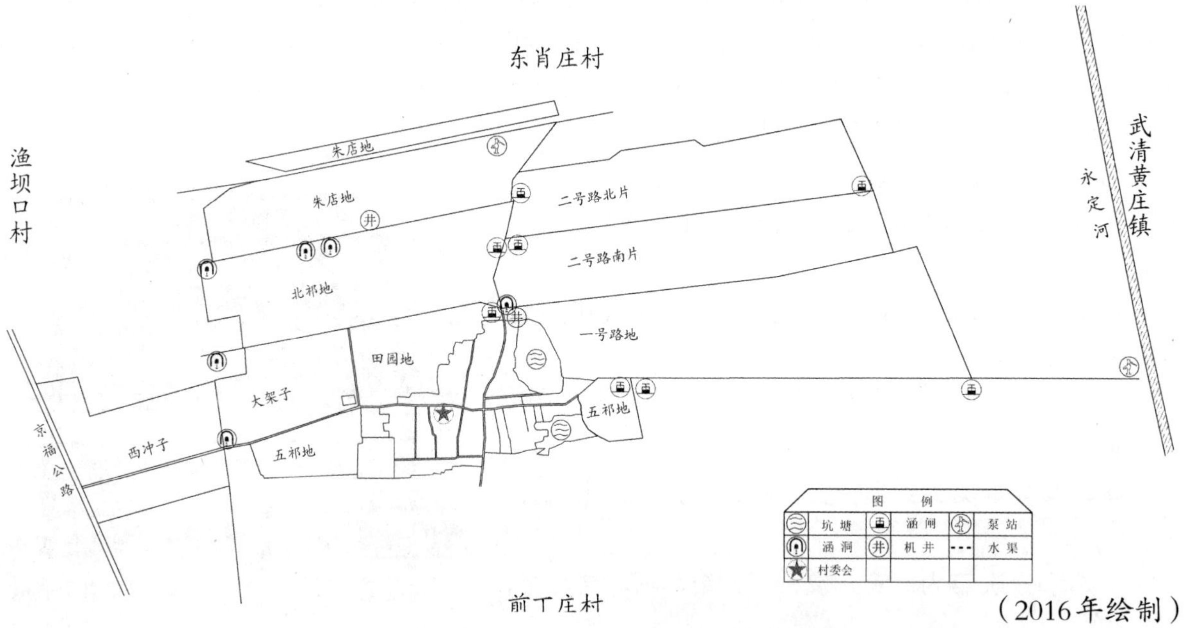

（2016年绘制）

五　街道胡同

1972年以前村内路面为土路，村民进出村庄都绕道平安庄走柏油路面。1973年，村和邮局共同出资将进村道路硬化为沥青路面。2005年，胡同硬化为砖道。2013年，村主干道路硬化为柏油路面，由京福公路至村内道路（乡村公路）硬化为水泥路面。

后丁庄村乡村公路（进村道路）（2015年摄）

主要街道有井北街、副业街、前街、后街、大堤街、新村大街、新村道、煤厂道共8条2752米，其中东西走向4条，南北走向4条。胡同5条，共784米，均为南北走向。

2013年后丁庄村街道情况表

表2

街道名称	走　向	长度（米）	街道名称	走　向	长度（米）
井北街	南北	302	大堤街	南北	608
副业街	东西	425	新村大街	东西	321
前街	东西	437	新村道	南北	236
后街	东西	206	煤厂道	南北	217

2005年后丁庄村胡同情况表

表3

胡同名称	走　向	长度（米）	胡同名称	走　向	长度（米）
西胡同	南北	194	东张一条	南北	74
东胡同	南北	200	东张二条	南北	74
花园道	南北	242			

六　公共设施

民国28年（1939年）始建后丁庄小学，1969年迁至村西新校址。1980年，建村委会办公房（社区综合服务中心）和公共厕所。2002年，根据市容委要求和创建卫生村标准，规划建设标准化公共厕所。2005年，建社区卫生服务中心和公园。2010年，建幼儿园。2012年，在主要街道埋设水泥管，形成三横一纵“斗”字形排水系统。2013年，斥资90万元，更新改造街道胡同老旧路灯，安装新型环保节能路灯200多盏，并向村外延伸东到永定河堤，西至京福公路，长达4千米。2014年，在区水务局帮助下在村西修建了一座1800平方米污水处理池，安装纳米气泡处理设施，村里排放的污水经过处理用于灌溉农田。2015年，建成移动式公共厕所。

后丁庄村移动式公共厕所　（2015年摄）

2015年后丁庄村街道胡同及主要公共设施示意图

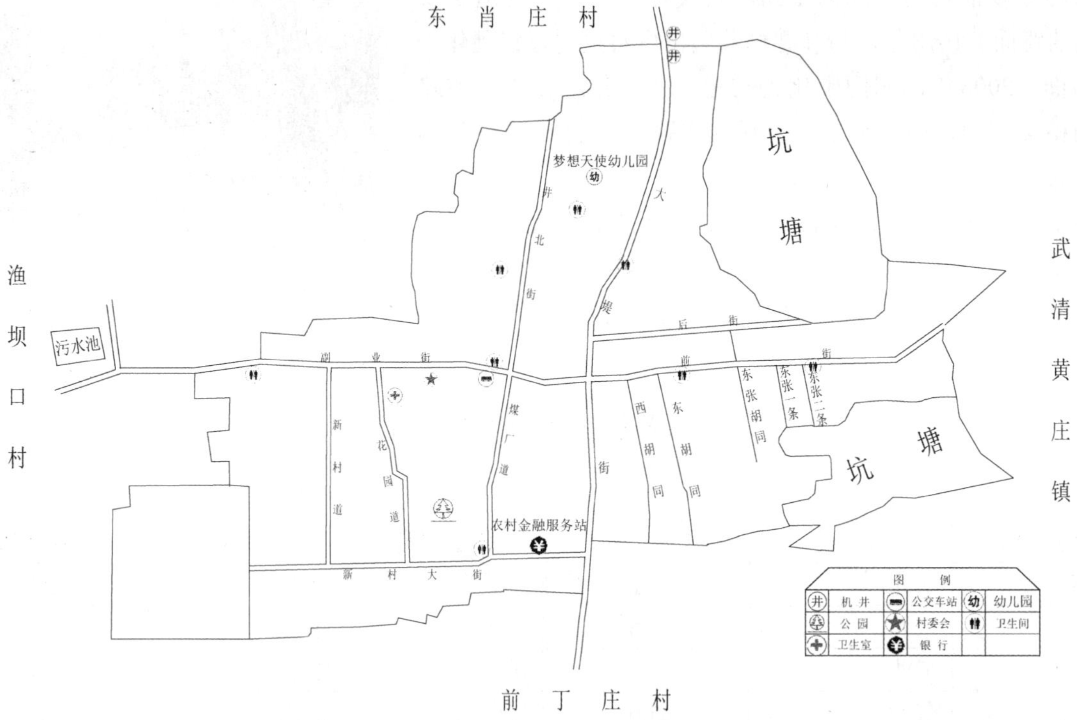

（2016年绘制）

后丁庄村改造后的路灯 （2015年摄）

排水管道施工现场 （2012年摄）

七　经济概况

20世纪70年代以前，该村主要以种植业为主，农作物有玉米、大豆、红薯等，兼种一些杂粮。蔬菜种植有西红柿、冬瓜、大白菜等。经济作物有花生、芝麻、向日葵、棉花等。1978年改革开放后，调整农业种植结构，增加果树种植，大力发展养殖业，涌现出饲养家禽、家畜专业户。2007年，种植地膜覆盖水果玉米、糯玉米1050亩，增加了村民经济收入。

天津众鑫江森饮品有限公司（2015年摄）

发展乡村企业。1993年，建昌昇美术用品厂。1994年，村办企业产值1951万元，销售收入1074万元，利润40万元；民营企业，实现产值113.8万元。2000年，兴建联成液压密封有限公司。2002年，建百诺木器厂。

2013年，在村北建42栋温室大棚和3个大型冷棚，占地面积100亩，栽种2.8万株无花果和数十种蔬菜，年销售收入达360万元。2015年，播种粮食作物1510亩、总产量448吨，蔬菜3486亩、产量4994吨，水果142亩、产量34吨。2016年，又扩建大棚100亩。

2016年，后丁庄村油料播种面积25亩、产量4.5吨。棉花播种面积45亩、产量3吨。蔬菜及食用菌播种面积1153亩、产量4338吨。瓜果类播种面积385.95亩、产量791吨。建众鑫江淼饮品有限公司，其生产的饮品销往京津等地商业网点3家。全村有个体私营企业30余家，年产值2000余万元。美术用品厂生产的油画棒、蜡笔、数字画远销英国、德国等欧洲市场，联成公司生产的胶垫享誉华北汽车制造业。

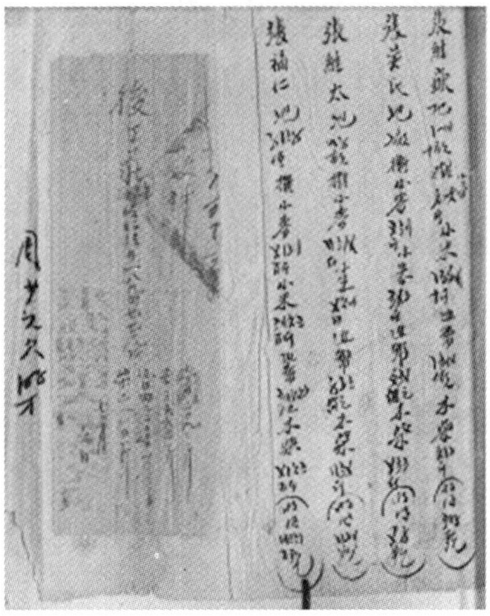

民国36年（1947年），后丁庄村民缴纳公粮账簿，左侧为区财政助理开具的收据。津武县第六区区公所

后丁庄农产品种植大棚（2013年摄）

八　民间文化

民国25年（1936年），后丁庄村成立益善会。办会宗旨是为送别村中故去老人尽义务帮忙。1961年，程绍祥组建后丁庄吹歌会。以民间老艺人为师，整理流传于民间的乐曲《翠竹帘》《小琵琶令》《扯不断》等。农闲时会员集中训练演奏乐曲。该会获1984—1985年度吹歌赛优胜奖。著名电影导演谢添为音乐会题词“争艳”。1986年，获天津市民间音乐赛三等奖。1994年5月，获北辰区民间吹歌赛二等奖。

后丁庄益善会成员合影【民国25年摄（1936年）摄】

后丁庄益善音乐会成员合影（1986年摄）

后丁庄吹歌会成员合影（2016年摄）

九　大事纪略

民国21年（1932年），成立合村老人工会。立定章程，各户入会资1元，用于婚丧喜事周转资金。

民国28年(1939年)，后丁庄村张广孝、周连芳组织操办，用拆村西龙凤河大桥木料和募集的基金，在村东北角老庙址扩建十几间校舍，建立天津县第三区第九十四完全小学。天津县政府为表彰募捐人的善举，送发一块匾，匾上写有捐款人的姓名，师生排队举行了接匾仪式(无存)。至1969年，学校迁至村西新校舍。

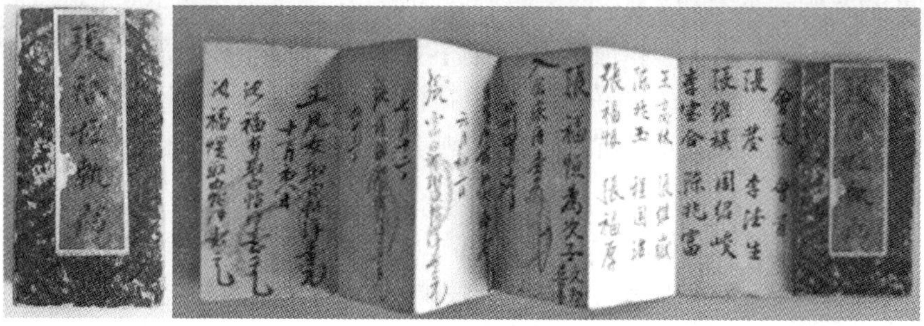

合村老人工会册子　　（2015年摄）

十　英烈先贤

周绍俊(1901—1976)　后丁庄人。民国38年(1949年)加入中国共产党。1952年，他率先组织互助组、初级社，建立高级社。先后当选为北郊区一至六届、天津市二至五届人大代表，北郊区第一届区委委员、天津市第二届党代会代表，1951年当选为天津县劳动模范，1952年当选为天津专区劳动模范。1976年病逝。

张玉珂(1931—2004)　后丁庄人。1949年5月参军，1950年5月赴朝参战。1977年，在北郊区知识青年上山下乡办公室工作。1979—1981年，任北郊区劳动局副局长。1982—1991年，任北郊区文化局书记、局长。1991年离休，2004年病逝。

十一　历任党政负责人

1953年，后丁庄村建党支部，2016年4月改建党总支。1953—2016年，后丁庄村党组织负责人比较稳定。自1953—2016年，后丁庄村共有14人次任村政负责人。

1953—2016年后丁庄村党组织负责人任职情况表

表4

党组织名称	姓名	性别	职务	任职时间
村党支部	肖玉刚	男	书记	1953—1957
	周绍俊	男	书记	1958—1962
	姜恩起	男	书记	1963—1978
	周述旺	男	书记	1978—1982
	姜恩起	男	书记	1982—1984
	宋克全	男	书记	1984—1985
	周述旺	男	书记	1985—1994
	丁庆友	男	书记	1994—1995
	张恩德	男	书记	1995—2000
	田绍旺	男	书记	2000—2004
	刘仲武	男	书记	2004—2005
	程绍喜	男	书记	2005—2012
村党总支	张立江	男	书记	2012—

1953—2016年后丁庄村村政机构负责人情况表

表5

村政机构名称	姓名	性别	职务	任职时间
村人民政府	张福桐	男	村长	1953—1955
生产大队	张福桐	男	大队长	1956—1961
	周绍俊	男	大队长	1962—1962
	姜恩起	男	大队长	1963—1967
革命委员会	张文彬	男	主任	1968—1973
	张福宗	男	主任	1973—1980
生产大队	张福宗	男	大队长	1980—1985
村民委员会	丁庆友	男	主任	1985—1993
	周永利	男	主任	1993—1995
	丁庆友	男	主任	1995—2003
	张立江	男	主任	2003—2005
	张文济	男	主任	2005—2009
	周其波	男	主任	2009—2012
	张文武	男	主任	2012—

十二　荣誉

1951—2016年，后丁庄村共获市局级及以上奖项11项，其中市级先进集体3项；国家级先进个人1项，市级（含河北省及天津县）先进个人7项。

1951—2016年后丁庄村获市局级及以上先进集体荣誉表

表6

授予时间	荣誉名称	授予部门
1951	救灾模范村	天津县政府
1952	“爱国丰产竞赛运动”丰产村	天津专区政府
2009	2009年市级卫生村	市卫生局

1951—2016年后丁庄村获市局级及以上先进个人荣誉表

表7

授予时间	姓名	荣誉名称	授予部门
1951	周绍俊	天津县劳动模范	天津县政府
1952		天津专区劳动模范	天津专区政府
1964		河北省劳动模范	河北省政府
2008	张文生	优秀平安志愿者	天津市综治委
2015	张立江	第九届全国农村青年致富带头人	团中央、农业部
		天津市劳动模范	市人民政府
		市级农村青年致富带头人	团市委
		市级农村青年致富领头雁	团市委

附：典籍选录

1945年后丁庄村公立初级小学校董会呈报事项表

表8

<table>
<tr><td>名称</td><td colspan="8">公立初级小学校董会</td></tr>
<tr><td>目的</td><td colspan="8">筹办学校基金为求学校根基稳固以期及学年龄儿童得受普通教育</td></tr>
<tr><td>事务所所在地</td><td colspan="8">后丁庄村学校内</td></tr>
<tr><td>资产资金或其他收入详细项目</td><td colspan="8">学田1.67公顷，每年收租75元，每年助款360元，学费162元</td></tr>
<tr><td rowspan="10">校董</td><td>姓名</td><td>性别</td><td>年龄</td><td>籍贯</td><td>职业</td><td>经历</td><td>担任职务</td><td>住址</td></tr>
<tr><td>张广孝</td><td>男</td><td>43岁</td><td>天津县</td><td>乡长</td><td>曾充教读</td><td>董事长</td><td>后丁庄村</td></tr>
<tr><td>周连舫</td><td>男</td><td>36岁</td><td>天津县</td><td>乡副</td><td>农</td><td>董事长</td><td>后丁庄村</td></tr>
<tr><td>张维佑</td><td>男</td><td>55岁</td><td>天津县</td><td>乡董</td><td>曾充校董</td><td>董事</td><td>后丁庄村</td></tr>
<tr><td>张维祺</td><td>男</td><td>58岁</td><td>天津县</td><td>务农</td><td>务农</td><td>董事</td><td>后丁庄村</td></tr>
<tr><td>杜寿田</td><td>男</td><td>30岁</td><td>天津县</td><td>农</td><td>曾任中华书局职员</td><td>董事</td><td>后丁庄村</td></tr>
<tr><td>鄞玉树</td><td>男</td><td>55岁</td><td>天津县</td><td>农</td><td>农</td><td>董事</td><td>后丁庄村</td></tr>
<tr><td>安子珍</td><td>男</td><td>30岁</td><td>天津县</td><td>商</td><td>商</td><td>董事</td><td>后丁庄村</td></tr>
<tr><td>周逑明</td><td>男</td><td>28岁</td><td>天津县</td><td>商</td><td>商</td><td>董事</td><td>后丁庄村</td></tr>
<tr><td>陈兆贵</td><td>男</td><td>40岁</td><td>天津县</td><td>农</td><td>农</td><td>董事</td><td>后丁庄村</td></tr>
<tr><td>备考</td><td>—</td><td>—</td><td>—</td><td>—</td><td>—</td><td>—</td><td>—</td><td>—</td></tr>
</table>

（摘自《档案中的北辰》第612页）

杨家河村

杨家河村位于北辰区西部，距双口镇政府6千米，距区政府15千米。东为东堤渠，西为杨家河排干渠，南为林溪地，北面与东堤村、上河头村、岔房子村为邻。该村南北呈长方形，占地面积143782平方米。2015年，该村有户籍人口1406人，长期固定资产409.48万元。

杨家河村航拍图　　（2017年摄）

一　村庄沿革

相传建村于清顺治年间（1644—1661年），最早在此定居的是李、安两姓，始称里淀或李家淀；雍正年间（1723—1735年），称杨家河。据《典籍中的北辰》（79-80页）载，直至民国时期，仍称杨家河。中华人民共和国成立后，1953年该村改称杨河。后复称杨家河村。

清顺治元年（1644年），隶属顺天府武清县。康熙二十七年（1688年），隶属东路厅武清县。雍正三年（1725年），隶属天津州武清县。雍正五年（1727年），隶属顺天府武清县。雍正九年（1731年），隶属天津府天津县。光绪二十六年（1900年）七月五日至二十八年（1902年）七月四日，曾隶属八国联军所建天津都统衙门北区。光绪三十一年（1905年），隶属天津县西乡第十六区。民国2年（1913年），隶属直隶省津海道天津县。民国17年(1928年)，隶属河北省天津县。民国29年(1940年)至民国34年(1945年)，隶属日伪天津县三区。民国34年（1945年）8月，日本投降后，境地由民主政权和国民党政权拉锯治理。民国34年（1945年）10月，隶属冀中九专区天津县五区。民国35年（1946年）9月，隶属津武县三区。民国35年（1946年）至民国37年（1948年），又属国民党天津县三区管辖。

民国38年（1949年）3月，隶属天津县七区。1950年8月，隶属河北省天津县四区。1953年5月，隶属津北郊区。1958年4月，隶属北郊区河头乡；8月，隶属北郊区幸福公社；10月，北郊区建制撤销，隶属红桥区幸福公社。1960年6月，隶属津北畜牧场青光分场。1961年5月，隶属红桥区青光公社。1963年2月，隶属北郊区岔房子公社。1983年4月，隶属北郊区岔房子乡。1985年1月，隶属北郊区上河头乡。1992年3月，隶属北辰区上河头乡。1999年3月，隶属北辰区上河头镇。2001年10月，隶属北辰区双口镇。

二　道路河流

道路　历史上，杨家河村道路甚少，交通不便。中华人民共和国成立以前，仅有土质公路，外出只能取道村北津霸公路。

河流　清道光年间（1821—1850年），大清河正支曲折东流经八里河至杨家河（又名杨家庄），有线河、颠儿河由西北而至，在青光村东汇入凤河。光绪末年（1908年），大清河域内段断流干涸。该河道遗迹无痕。

1970年，开挖杨家河排干渠，南起子牙河，长5.1千米。

2000年8月，开挖的二级河道卫河途经村域。

三　人口方言

人口　据《典籍中的北辰》，中华民国23年（1934年）杨家河村有172户534人。1980年，有231户1080人，从业人员390人。2000年，有330户1206人，从业人员483人。2016年，有400户1420人。从业人员500人，其中男性277人，女性223人。

民族　据《天津市北辰区地名志》载：1995年该村人口全部为汉族。据村情调查，2016年，该村有5个民族，其中蒙古族4人、满族4人、锡伯族3人、穿青族1人，余为汉族。

李氏家谱　　（2016年摄）

姓氏　全村有姓氏20个，其中安、李两姓氏人口最多。

安姓辈分次第为：成、大、汝、维、玉、钟、同、志、建、允、祥。

李姓辈分次第为：学、知、识、昌、源、继、承、征、宇、志、祥、繁、庆、广、传。

方言 村域方言属于静海方言片，该方言片与杨柳青方言近似。

四 耕地状况

1980年，全村有耕地12块，总面积2582.85亩。主要分布在村西、村南，村西占40%，村南占40%，其它分布在村东。耕地四至为：村东地、村东南地地块与东堤村地块相接；村西高洼子地、一奋二奋三奋地块与岔房子村地块相接；村西南地摊子、花梨马地地块与线河村地块相接；村南中套地、北套地地块与杨柳青高尔夫俱乐部相接。村西有机井1眼；河流、沟渠共3条，分布在村南、村东、村西；村西南有泵站1座、桥涵2座。2015年，耕地面积1601亩。

1980年杨家河村耕地地块情况表

表1　　　　单位：亩

地块名称	面积	地块名称	面积
花梨马地	51	地摊子	130.5
北套地	470.85	中套地	685.5
王房子地	66	拾长子地	46.5
高洼子地	249	一奋二奋三奋地	225
村东地	220.5	村东南地	129
牛场	217.5	杨家堡地	91.5
合计	2582.85		

1980年杨家河村所属耕地地块示意图

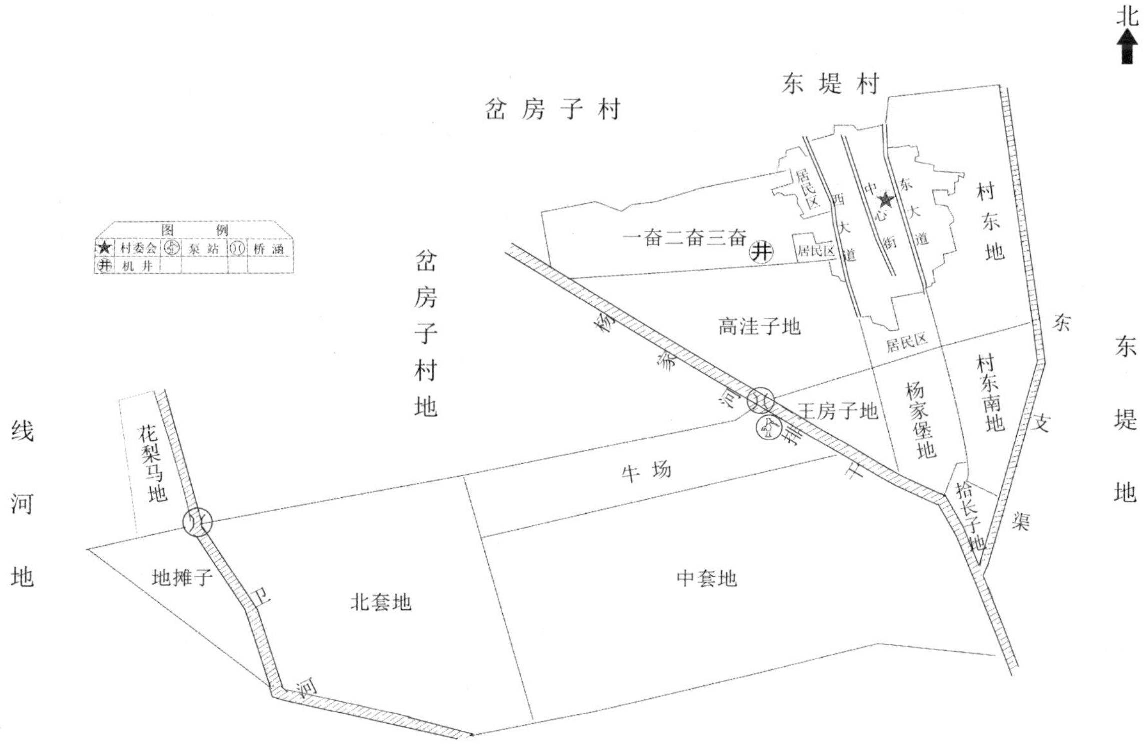

（2016年绘制）

五　街道胡同

杨家河村西大道
（2015年摄）

杨家河村东大道
（2015年摄）

杨家河村中心街
（2015年摄）

中华人民共和国成立以前，村内街道胡同均为土路。20世纪50—70年代，村容村貌有所改变，但发展变化不大。自进入80年代以来，随着经济的发展，对街道、胡同进行拓宽改造，有南北向东、西大道和中心街贯穿全村。东、西大道分别于2003年和2010年硬化为水泥路面。2006年，中心街硬化为柏油路面。村内有胡同33条，总长度3409米，其中南北走向4条，东西走向29条。至2005年，均硬化为机砖路面。

2006年杨家河村街道情况表

表2

名称	走向	长度（米）	名称	走向	长度（米）
中心街	南北	586	西大道	南北	610
东大道	南北	630			

2005年杨家河村胡同情况表

表3

名称	走向	长度（米）	名称	走向	长度（米）
东大道胡同1	东西	112	东大道胡同2	东西	160
东大道胡同3	东西	85	东大道胡同4	东西	175
东大道胡同5	东西	84	东大道胡同6	东西	83
东大道胡同7	东西	83	东大道胡同8	东西	82
东大道胡同9	东西	86	东大道胡同10	南北	154
西大道胡同1	东西	117	西大道胡同2	东西	100
西大道胡同3	东西	98	西大道胡同4	东西	97
西大道胡同5	东西	98	西大道胡同6	东西	101
西大道胡同7	东西	47	西大道胡同8	东西	46
西大道胡同9	东西	139	西大道胡同10	南北	318
中心街胡同1	东西	112	中心街胡同2	东西	105
中心街胡同3	东西	104	中心街胡同4	东西	103
中心街胡同5	东西	90	中心街胡同6	南北	85
中心街胡同7	东西	76	中心街胡同8	东西	70
无名胡同1	东西	74	无名胡同2	东西	72
无名胡同3	东西	77	无名胡同4	东西	79
无名胡同5	南北	97			

六　公共设施

中华人民共和国成立前，村内公共设施甚少。50年代，尚无公厕，如厕在私宅茅房。1963年，建大队部办公用房。1968年，在村南打一眼饮水机井。1970年，建第一座水塔。70年代中期，始建公厕(用人工砖砌成)。1994年，建村委会办公用房。1999年，建村民学校，建成社区综合文化服务中心（包括图书室、棋牌室、培训室）。2006年，翻新村委会办公房，建社区卫生服务中心。2010年，图书室改称农家书屋。2015年，建饮用水站。至2016年，有移动式公厕2座，旱厕1座。

2015年杨家河村街道胡同及主要公共设施示意图

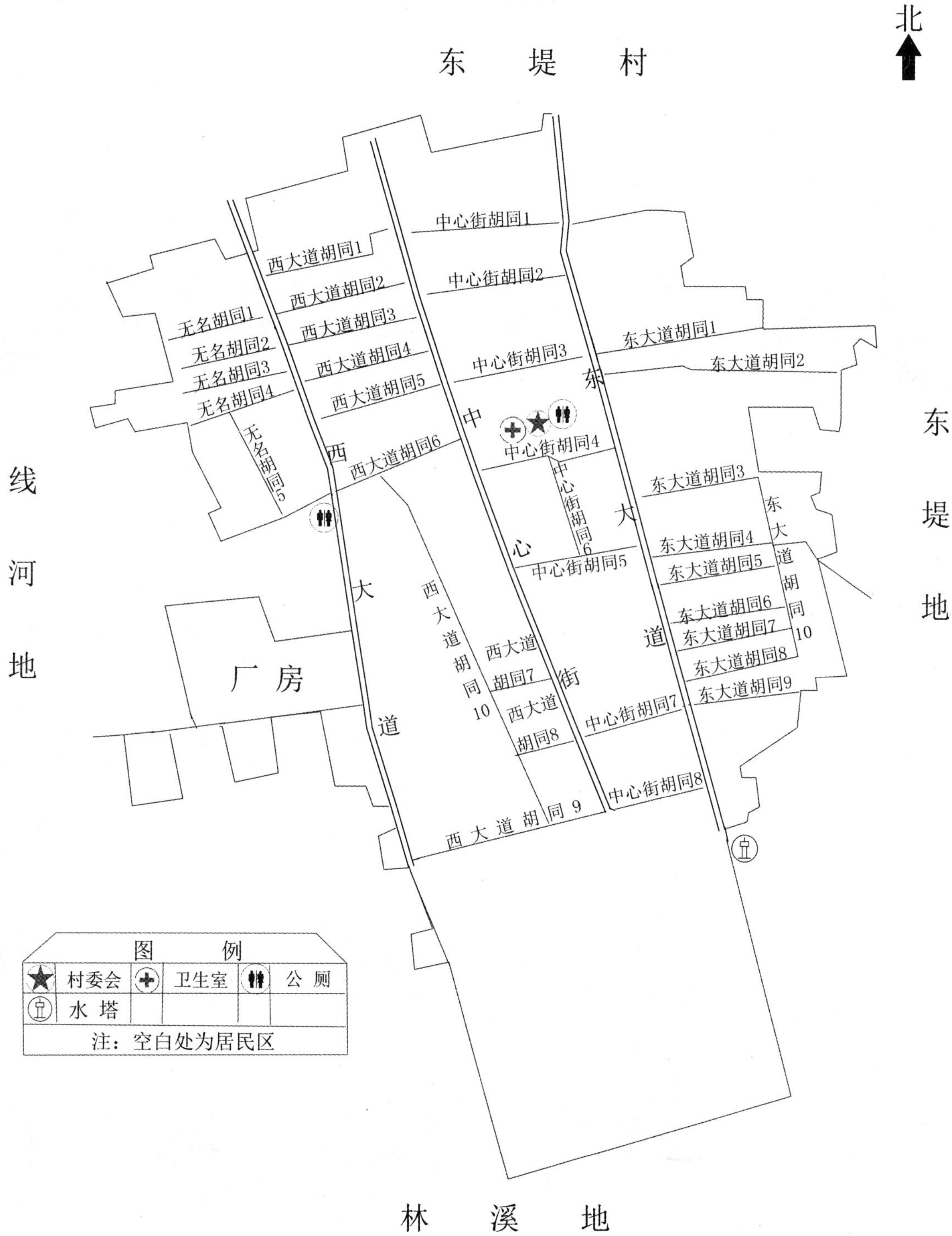

（2016年绘制）

杨家河村社区综合服务中心 （2016年摄）

杨家河村健身园 （2015年摄）

杨家河村卫生室 （2016年摄）

杨家河村村委会 （2016年摄）

七　经济概况

中华人民共和国成立前，该村以种植业为主，粮食品种有玉米、大豆及各种杂粮。中华人民共和国成立后，农业生产条件逐步改善，增加了小麦和水稻种植，使集体收入增加，村民生活有所提高。80年代后，实行农业联产承包责任制，农林牧副渔齐发展。在注重粮食生产的同时，大力发展养殖业。1983年，李文升和李绍堂率先发展奶牛养殖。1997年，李文升养殖奶牛270头，成为全市最大的奶牛养殖专业户。至2007年，他饲养的奶牛存栏达300头，村民纷纷效仿，奶牛养殖成为村民经济收入的主要来源。2009年，全村养殖奶牛5000头，成为奶牛养殖专业村。

岔房子公社杨河大队干部社员加强小麦管理，精心锄麦(载1977年4月2日《天津日报》)

2009年，投资216万元，建成杨家河村双孢菇种植基地，占地27亩；建造了10个蘑菇大棚，近2500平方米。张庆云等4户村民率先试种，年产量达15万公斤，纯收入80

杨家河奶牛养殖小区 （2009年摄）

杨家河村民采摘双孢菇（2009年摄）

万元。2015年，生猪出栏480头，年末存栏220头；有大牲畜683头。也有村民种植蔬菜，2016年蔬菜播种面积为151.05亩，产量585吨。

1978年，建杨河顺义木材厂，主要产品有家具、木构件。1993年，建创业熔炼厂和金城机械配件厂，经营范围分别为炼铁、密封环。2000年以前，有村办企业3家。至2016年，有个体私营企业70家，主要经营家具制作，电动车、自行车配件，机床加工等。

杨家河村秧歌队　　　（2015年摄）

八　民间文化

1963—1965年，村组织小车会和评剧团，逢年过节为村民演出，80年代后解散。2009年，村委会重新把秧歌队、评剧团、舞蹈队组织起来。1993年，新建图书室和文化活动室，活跃了村民的文化生活。

九　大事纪略

1998年1月26日，杨家河村奶牛养殖户刘立国家的奶牛突然死亡21头，损失10万余元，确定为中毒致死，将死牛焚烧深埋处理。

十　英烈先贤

昝德蕴（1920—1940）　杨家河村人。生前任某部班长，民国29年（1940年）牺牲于河北南皮县。

李文升（1939—2008）　杨家河村人。1983年，他自筹资金13万元，养殖奶牛14头。是年下半年又贷款7万元，从天津市工农联盟农场购进奶牛20头，成为华北地区第一个饲养奶牛专业户。多年来，他精心管理、科学喂养，奶牛饲养量不断增加，到1997年发展到300头，为北辰区养殖奶牛最多的专业户。1985年，为尽快推进奶牛养殖业规模发展，他建议村委会筹建奶牛养殖场，解决村民庭院养殖奶牛地方小、影响村内卫生的问题，规划奶牛养殖场每户5亩场地。他致富不忘乡亲，出资扶持村民金继泉、李荣合等人购买奶牛、建牛舍，并为安玉恒、安中贺、刘崇强、王学义等8户经济较困难户购奶牛贷款做担保，使奶牛养殖户很快发展到21家，养奶牛630头。1990年，他协助村里建奶牛养殖基地，使全村养殖户发展到60户，养奶牛达2000头。他热心公益事业，为修建通往奶牛养殖小区道路、改善中小学办学条件和救助生活困难户等捐款5万元。

李文升成为华北最大奶牛专业户

五年投资10万元，建成年产奶30万公斤的奶牛场

李文升成为华北最大奶牛专业户【载1988年2月19日《天津日报》、2月28日《天津日报》(农村版)】

1984年，他被评为区级模范专业户、天津市模范养殖专业户。1984—2000年，任天津市奶牛协会理事。1985—1993年，被聘为北辰区政协委员、天津市政协委员。2008年12月因病逝世。

十一　历任党政负责人

杨家河村自1950—2016年，村党组织机构比较健全，班子成员相对稳定，共经历12任党组织书记；11任村政组织负责人。

1950—2016年杨家河村党组织负责人任职情况表

表4

党组织名称	姓名	性别	职务	任职时间
村党支部	郝向荣	男	书记	1950—1959
	刘振武	男	书记	1960—1964
	陈忠孝	男	书记	1965—1984
	安维发	男	书记	1985—1986
	李文才	男	书记	1987—1995
	陈忠孝	男	书记	1996—1998
	安维发	男	书记	1999—2001
	侯宝友	男	书记	2002—2005
	李文发	男	书记	2006—2008
	金明友	男	书记	2009—2011
	金振财	男	书记	2012—2014
	李绍堂	男	书记	2015—

1950—2016年杨家河村村政机构负责人任职情况表

表5

村政机构名称	姓名	性别	职务	任职时间
村公所	安玉廷	男	村长	1950—1952
村人民政府	侯洪海	男	村长	1953—1955
生产大队			大队长	1956—1958
	侯田森	男	大队长	1958—1966
革命委员会			主任	1967—1979
生产大队			大队长	1980—1984
村民委员会	安玉同	男	主任	1985—1995
	李文才	男	主任	1996—1998
	侯宝友	男	主任	1999—2005
	李绍堂	男	主任	2006—2014
	安玉庆	男	主任	2015—

十二　荣誉

1950—2016年，杨家河村共获集体荣誉2项。2000年，村民李文发被市文明委评为市级文明市民。

1950—2016年杨家河村获市局级及以上先进集体荣誉表

表6

授予时间	获奖单位	荣誉名称	授予部门
1996	杨家河村	天津市第三批（1995年）小康村	市委农工委、市农委
2009	杨家河村	2009年市级卫生村	市卫生局

线河村

线河村位于北辰区西部边缘。距镇政府11千米，区政府20千米。东邻杨家河村，西邻武清区小三河曾村，南邻天津农学院分校，北邻武清区小王堡村。村呈东西长锥形，占地面积507358平方米。

线河村航拍图　　（2017年摄）

一　村庄沿革

线河村由沈、周、兰、曹等姓建村于清顺治年间（1644—1661年）。时村北为永定河南堤，傍堤有4个居民点，始分称沈家疙瘩、周家村、兰家店、曹家堡；后永定河堤决口，遂分上、下堡，两堡之间叫口子门。因大清河经该地成线状，道光年间（1821—1850年）称线河子，光绪年间（1875—1908年）称线儿河，民国时期复称线河。1981年，经市、区政府批准，分为线河一村、线河二村。

线河村村碑　　　　（2015年摄）

清顺治年间（1644—1661年），隶属顺天府武清县。康熙二十七年(1688年)，隶属东路厅武清县；雍正三年(1725年)，隶属天津州武清县；雍正五年（1727年），隶属顺天府武清县；雍正九年（1731年），隶属天津府天津县；光绪二十六年（1900年）七月五日至二十八年（1902年）七月四日，曾隶属八国联军所建天津都统衙门北区；光绪三十一年（1905年），隶属天津县西乡十六区。民国2年（1913年），隶属国民政府直隶省天津县三区；民国17年(1928年)，隶属河北省天津县；民国29年(1940年)至民国34年(1945年)，隶属日伪天津县三区。民国34年（1945年）9月，隶属冀中天津工委五市分区。10月，隶属民主政府冀中九专区天津县五区。民国35年（1946年）9月，隶属津武县三区。由于民主政权和国民党政权拉锯治理，民国35年（1946年）至民国37年（1948年），该村域亦属国民党天津县三区管辖。

民国38年（1949年）3月，隶属天津县七区。1950年8月，隶属河北省天津县四区。1953年7月，隶属津北郊区岔房子乡（1955年6月，津北郊区改称北郊区；1956年9月，岔房子乡改称线河乡）。1958年4月，隶属北郊区河头乡。8月，隶属北郊区幸福公社。10月，隶属红桥区幸福公社。1960年3月，隶属南开区杨柳青林场。1962年2月，隶属北郊区青光公社。1963年2月，隶属北郊区岔房子公社。1983年4月，隶属北郊区岔房子乡（1985年1月，改称上河头乡）。1992年3月，北郊区更名北辰区。1999年3月，隶属北辰区上河头镇。2001年10月，隶属北辰区双口镇。

二　道路河流

道路　历史上，线河村周边道路甚少，交通不便。1964年以前，村域周边地区仅有土质公路。2016年途经村域的道路有3条，分别是津霸公路、津同公路和津保高速公路（津保高速公路详情见双口村）。

津同公路　　　　（2015年摄）

津同公路　1963年7月修筑，自西青区途径北辰区至武清区，全长7千米，宽12米，沥青混凝土路面。线河村段长1.5千米。

津霸公路　　　　（2015年摄）

津霸公路　天津至河北霸州，原为永定河南泓故道右堤，1942年辟为4米宽土路称（天）津（大）同公路。1958年津同公路改线，始称津霸公路。2002年，新装津霸公路线河村段4.7千米路灯95盏。

河流　线河村东侧有卫河流经村域。

三　人口方言

人口　据《典籍中的北辰》载，民国23年（1934年）线河村有202户834人。据统计资料载，1980年有731户3318人，从业人员1407人。

民族 据《天津市北辰区地名志》载：1995年该村有2个民族，其中回族3人，余为汉族。

方言 村域方言属静海方言片。该片方言与相邻的杨柳青话近似，有4个声调，阴平调43、阳平调55、上声调13、去声调31，齿音字较多。在全国方言分区上属冀鲁官话区保（定）唐（山）片定（州）霸（州）小片的静海方言范围。

线河村部分方言词语表

表1

词语	释义	例句
摇晃（读轻声）	摇摆、晃动	孩子哭了，你摇晃一下他
半拉（读lǎ）	半个	你把那半拉苹果给我
帕子牌	扑克牌	把那重（读chòng）帕子牌拿来
零嘴儿	零食	别哭了，给你买零嘴儿吃
胰子	香皂	把胰子递给我
上哪	去哪	你今天上哪了
垫巴（补）	正式吃饭前少吃点	你先垫巴垫巴，饭一会就熟
猫（读māo）	摸	你别猫我，怪痒的
固秋（读轻声）	无规则的乱动	你别固秋了，还让不让睡觉
自个儿	自己	今天我自个儿做的饭
脑瓜儿、脑袋瓜儿	头	小家伙的脑瓜儿特别灵
个个儿	乳房	孩子饿了要吃个个儿
脚丫儿、脚丫子	脚	你轧我脚丫儿了
夜猫子	猫头鹰	大半夜的，外面夜猫子又叫了
知了（liǎo）、吉了（liǎo）儿	蝉	吉了儿叫的真烦人
瞎虻	牛虻	刚飞过一只瞎虻，吓死我了
蚂蚱	蝗虫	炸蚂蚱真好吃
刀螂	螳螂	你瘦的跟个刀螂似得
燕布虎	蝙蝠	我们家飞进了一只燕布虎
蝎了虎子	壁虎	惊蛰后，蝎了虎子陆续爬出地面
蛐蛐	蟋蟀	我看见两个人再斗蛐蛐
长虫	蛇	草丛中盘着一条长虫
棒子	玉米	棒子丰收了
夜个儿	昨天	我夜个儿干了一天活
老爷儿、日头	太阳	中午日头非常炎热
白眼儿	外孙子、外孙女	我们家有个小白眼儿
红眼儿、黑眼儿	孙子、孙女	我们家黑眼儿上幼儿园了
二等	自行车驮人	天天坐着二等上班
针渣儿	细小之处	针渣儿点的事你都计较
闲白儿	无关紧要的事或话	天天聊闲白儿
说三七	闲话	他又开始说三七了
砸锅	事情办糟了	这项任务太重要了，无论如何不能砸锅

续表

词语	释义	例句
骑驴	中间渔利	托人买的东西被骑驴了
吃二模	两利渔利	为人办事吃二模
炸锅	人声沸扬	占地拆迁这事在村里要炸锅了
刺挠	痒	我后背特别刺挠
好么眼儿的	突然，无缘由的	好么眼的被人诬陷了
海了	太多了	他一天的烟啊，是抽海了
嘬一顿	聚群饮酒	朋友都聚在一起嘬一顿
上亮子	门上方的玻璃窗	今天打扫卫生，连上亮子都擦了
横(读héng)是	可能	他怎么还不来呢？横是家里有事
嘣了蜜	棒棒糖之类甜食	小孩子可爱吃嘣了蜜了
馃子	油条	早晨他买了两根馃子
恁(读něn)么	那么	给恁么多
油葫芦(读lǔ)	属蟋蟀科	墙砖缝里有个油葫芦在叫
迂	悠闲	抽着香烟，喝着茶水，还看着球赛，你挺迂啊
熬(读nāo)鱼	熬鱼、炖鱼	贴饽饽熬鱼
来(读lǎi)	拽、拉	他快站不住了，快来他一下
拾不起个儿	形容筋疲力尽	累得他都拾不起个儿来了
拢子	梳子	他去买了一把拢子
堆故(读轻声)	身体摊成一团	他怎么堆故那儿了
糖堆儿	糖葫芦	老少都爱吃糖堆儿
扢(读kuǎi)	挠或搔	我这后背痒痒，帮我扢扢
鞋趿(读tā)拉	拖鞋	我去超市买了一双鞋趿拉
色(读shǎi)	颜色	这块花布色挺好看
一边儿大	指年龄相仿	他跟小李一边儿大
介	这	介是怎么回事
大尾(读yǐ)巴鹰	不懂装懂，装模作样，指手画脚	其实他什么都不懂，愣充大尾巴鹰
大了(读liǎo)	帮助操办红白喜事的人	他家喜事多亏了大了帮忙了
折饼儿	来回翻身	快睡觉，别折饼儿了
自卫(读轻声)	弱势一方向强势一方的无谓反抗，不服从	别自卫了，快认输吧
鼻等	鼻涕	你看他冻的，直流鼻等
脖梗儿	脖子的后部	他落枕了，脖梗儿有点疼
糟改	调侃，找乐	他挺不易的，别拿人糟改了
崴泥了	比喻陷入困境，事情难办不好处理	这回可崴泥了
隔色	特殊	他这人有点隔色，不好沟通
罗罗纲	纠缠不清	这回可罗罗纲了
倍儿哏儿	滑稽有趣	他讲的笑话倍儿哏儿

续表

词语	释义	例句
打镲（读chǎ）	开玩笑	别打镲了，说正经事
不识闲儿	闲不住	他手脚勤快，是个不识闲儿的人
不落（读lào）忍	过意不去	让他干那么多活，真有点不落忍的
识举	知足	现在生活条件那么好，他特识举
为嘛许的	没必要	给你操那么多心，为嘛许的
吃挂落（读lào）儿	受连累	你也跟着吃挂落儿了
当不（读mú）间（读jiàn）儿（当间儿）	中间	他上有姐姐，下有弟弟，他是当不间儿的
翻呲	翻脸	这回他可真翻呲了
祸祸	糟蹋	这孩子特能祸祸，东西扔得哪儿都是
嘛玩意儿	什么东西	你买的这是嘛玩意儿
小眼子巴擦	眼睛很小	他长得小眼子巴擦的
眼力见儿	见机行事的能力	他特有眼力见儿
大仁果	花生	他出去买了一斤大仁果
齐活	成功	还有最后一个就齐活了
兑（读dǔi）鼓（读轻声）	做事敷衍、应付、将就	这点活好歹兑鼓兑鼓得了
鼓捣（读轻声）	反复摆弄，修理	你会修收音机吗？别鼓捣坏了
腻歪	讨厌	他这人嘴特碎，让人腻歪
得楞（读轻声）	修理	他手特巧，一会儿就把车得楞好了
病秧子	身体不好	他从小就是个病秧子
擦黑儿	傍晚	他出去玩了一天，擦黑儿才回来
编笆造模	捏造瞎话	别听他的，他净编笆造模
不得烟儿	不得志	他在单位不得烟儿
不含糊	不服气或尽全力	他干什么都不含糊
大拿	掌大权的或某方面有权威的人	他在村里是个大拿，都得听他的
吃饱了撑的	无事生非	你吃饱了撑的呀，多管闲事
掰开揉碎	仔细分析	他掰开揉碎给她讲道理，她总算是明白过来了
白话蛋	不切实际，能说的人	他是白话蛋，别信他
白吃饱儿	什么事不干的人	他什么事都不做，就是个白吃饱儿
半拉个叽	某方面知识一知半解，或做事没全部完成	他什么都学，却什么都是半拉个叽的
逗闷（读mèn）子	开玩笑	你别逗闷子了，有事快说
不顺南不顺北	不顺从	他不顺南不顺北
暴腾	尘土飞扬	他扫完地，整个屋子都特别暴腾
拔创	替别人出气	他特仗义，总是为兄弟拔创
般配	条件一样、合适，结亲的双方相称	他俩挺般配的
大概其	大致内容或情况；不太精确或不太详尽；表示可能	这事他只知道大概其

续表

词语	释义	例句
搭咯（读轻声）	找，联系	给你搭咯对象
倒插门儿	入赘	他虽是个倒插门儿，却特受人尊重
坏菜	糟糕	坏菜啦，我把这事忘得一干二净
画道儿	出主意	给姐画道儿，这事咋办呀
哈喇（读lá）子	口水	他做的饭特别香，闻着味就流哈喇子了
鬼魔神道	神神经经	他这人成天鬼魔神道的
见天见	每天	你见天见把自己圈在家里
护食	霸占，不许别人吃	这孩子护食，谁要也不给
护犊子	袒护自己的孩子	这人护犊子，早晚把孩子宠坏了
闹（读nāo）心	恶心	看他溜须拍马的样子，怪闹心的
撒丫子	跑	一听说有免费抽奖，他撒丫子就去了
铆劲儿	使足劲儿	他一铆劲儿，一气儿爬了10层楼
老令儿、老例儿	约定俗成的老规矩、老做法	按照老令儿，立冬应该吃饺子
狼虎（读轻声）	狼吞虎咽，不讲究卫生	他吃东西太狼虎
乌涂水	没烧开的或不凉也不热的饮用水	这壶是乌涂水，不能沏茶
稀（读xī）罕	喜欢	这孩子特招人稀罕
故故懂（纽）	诡计	看你能有什么故故懂（纽）
五脊六兽	忘乎所以，瞎折腾	他中了大奖，美得五脊六兽
容	因为	他们俩容嘛打起来了
焐被	睡前把被褥铺好	快上炕焐被吧，我困了
邪性	奇怪	这事真邪性，怎么躲都躲不掉
震了	惊人，出名	他在比赛中拿了第一，在村里震了
狗眨眼	贬义褒用，喻极短时间	他睡一“狗眨眼”就醒了
捯饬（读chī）	装饰，打扮	她今天要参加婚礼，一大早就捯饬起来了
半颤子	半截，没完	这活干了半颤子，没完啊
眼不前儿	眼下，现在	别说那没用的，咱就说点眼不前儿的
粘屁股鬼儿	久坐不走	这人粘屁股鬼儿，坐了半天还不走
腰歇	中间短暂休息	大家腰歇一下，喝口水
老眉（读mò）咔擦眼	指人老不漂亮，多用于自嘲	还是年轻人漂亮，我都老眉咔擦眼（老巴咔）了

四　耕地状况

1980年，全村共有耕地29块，总面积7304.12亩，主要分布在村北。耕地四至为：村东闫家泊地块与岔房子村地块相接，东泊地块与杨家河村地块相接；村北四顷地地块与武清小王堡村地块相接；村南东窑地地块与部队营房相连；村西南二段地块与武清复兴庄地块相接；村西北五浪泊地块与武清小三河曾村地块相接。共有机井17眼，其中村北11眼，村南6眼；涵洞13个，村北7个，村南6个；沟渠5条，村北1条，村南3条，村西1条；村东有扬水站1座，含泵站1处。

1980年线河村所属耕地地块情况表

表2 单位：亩

地块名称	面积	地块名称	面积
北二段	399	南二段	624.3
土台子	189.45	头 段	413.25
堼 南	381.6	北五浪泊	210
南五浪泊	240.15	跨 台	9.9
杈子柳	109.05	四顷地	40.05
五顷地	9.33	陈家地	532.95
上闫家泊	13.49	张场子	410.85
东泊	139.95	马申套	240
闫家泊	729.9	河 坡	12
次小七份	210	小七份	181.95
东窑地	60	腊杆地	98.55
羊场子	273	猪场子	90
大马场子	140.4	东场子	649.95
王场子	320.1	于场子	120
伙 堼	454.95	合计	7304.12

1980年线河村耕地地块示意图

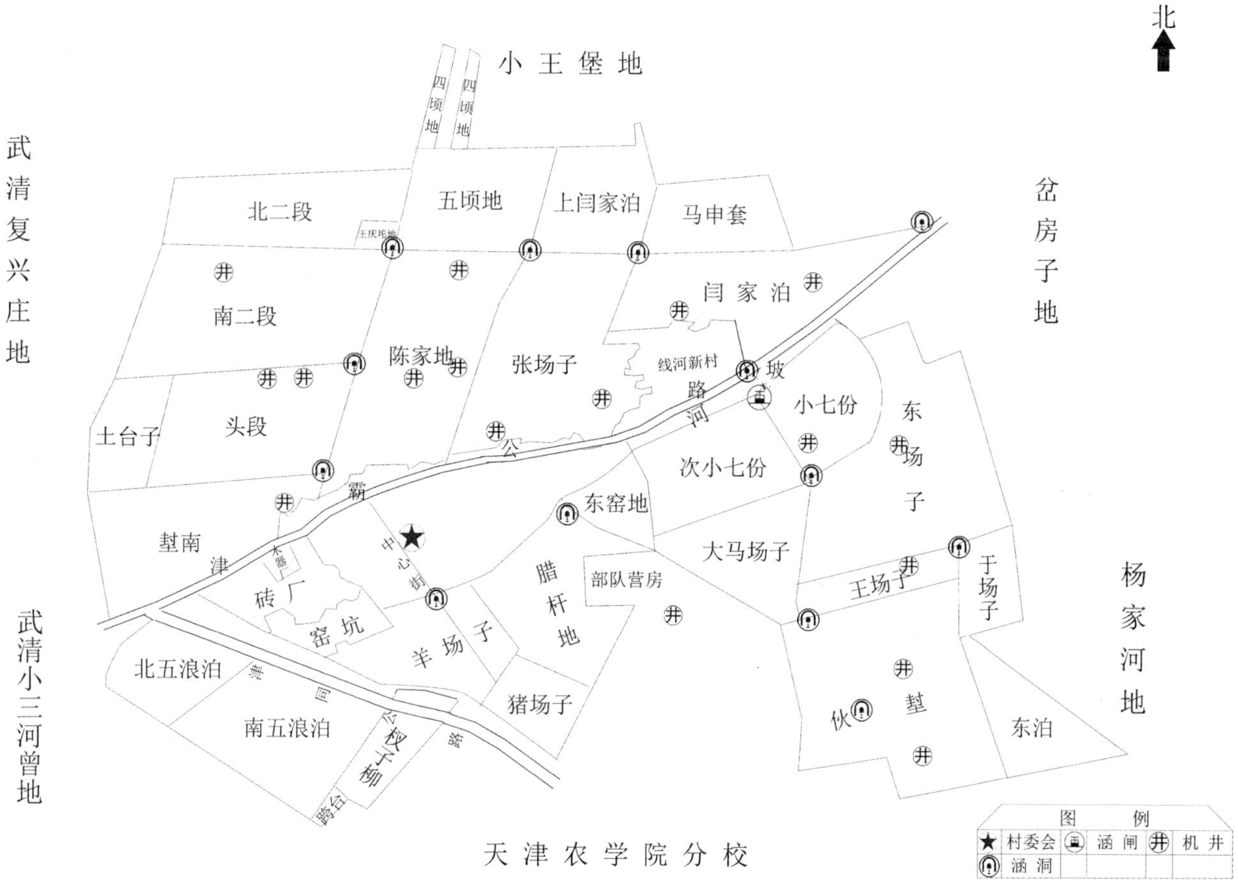

（2016年绘制）

五 公共设施

清朝末年，建线河小学；1970年，改建线河小学；2004年，新建线河小学教学楼。30—40年代，始修第一眼人工开凿砖井（饮水）。60年代初期，建大队部办公用房；60年代中期，始建公共厕所，多为土坯、机砖结构。1966年，上海打井队在村域开凿第一眼饮水、浇地两用井。1976年，在老村建砖结构公厕。1980年，建线河新村机井房和砖结构公厕。

六 经济概况

历史上，线河村以农业为主。农作物品种有玉米、小麦、水稻、黄豆、红薯等；油料作物有芝麻、向日葵、花生等。60年代，提出学大寨人，建大寨田，大搞农田基本建设，推广优良品种，并珍惜劳动成果，实现颗粒归仓。60年代末期，养猪业迅速发展。1969年，村集体养猪2000余头，增加了农民现金收入，促进了农业生产。

綫河大队高粱試驗田亩产七百多斤

【本报讯】北郊区岔房公社线河大队，今年种的一亩三分高粱试验田，平均亩产七百九十六斤多。这一事实证明，高粱并不是低产作物，只要认真管理，同样可以高产。

今年春天，线河大队听说有一种名叫"熊岳253"的高粱优良品种，种得好，一亩能收一千来斤。这个大队试验小组的人们决定引进试验。但是，当时有的人不相信能收这么多，他们说："咱线河从老辈就种高粱，最多还不是只收百十斤吗！"为了从实践中取得正确的认识，他们通过区农业局从外地引进了十斤种子，种了这一亩三分试验田。

大队党支部对这块试验田非常重视。支部书记从耕地，播种，管理到收发都亲自参加。他和试验小组的人们一起，研究制定了各项措施，并且严格按照各项技术措施进行操作：土地深耕了五寸，又耙了两遍，铺上了三千斤底肥，然后才趁墒撒种。出苗以后，由于天旱，和地下虫害，苗儿死了一些，他们又及时挑水补苗，保证了全苗。在管理期间，试验小组的人们勤锄、细管，并及时采取措施，防治了钻心虫。经过这样辛勤管理，这块土地收获了一千零三十六斤高粱，一亩合七百九十六斤多。大伙亲眼看到这个事实，解放了思想，都相信高粱能够高产了。

党支部又专门组织了干部、老农和青年技术人员进行了座谈，总结了这块试验田的增产经验，对比寻找了往年高粱低产的原因。干部、社员经过讨论，决定明年使用这一优良品种，种植一百亩，并且把今年试验田的增产经验，用于一般田，争取大面积高产。

（秦廷珠）

1965年7月，线河大队在1.3亩土地上试种"熊岳253"高粱良种，亩产796斤（秦廷珠报道，载1965年12月14日《天津日报》）

学大寨人，建大寨田，誓做大自然的主人，图为岔房子公社线河大队十七队社员正在挖坑田。（孙成摄，载1965年12月22日《天津日报》）

线河大队遵照伟大领袖毛主席教导

狠抓两条路线斗争 养猪事业迅速发展

本报讯 北郊区岔房子公社线河大队，在毛主席关于发展养猪事业的指示指引下，大力发展养猪事业。一九六二年全大队养猪只有一百余头，到今年已发展到两千余头。

线河大队是一个历年低产的旱田队。为了改变低产的面貌，这个大队的贫下中农和革命干部遵照毛主席的教导，积极发展养猪事业，以解决肥料的主要来源。可是叛徒、内奸、工贼刘少奇及万张反革命修正主义集团为了复辟资本主义，竭力破坏养猪事业。因此，猪只一度下降很厉害。在一九六八年社会上无政府主义思潮泛滥时，阶级敌人又跳出来破坏发展养猪事业，煽动一些人大杀生产队的母猪，妄图搞垮集体猪场。大队革委会针对这种情况，及时进行了分析研究，认识到这不是一般的问题，而是两个阶级、两条道路、两条路线的斗争，是阶级敌人企图破坏养猪事业的问题。于是，他们遵照毛主席"千万不要忘记阶级斗争"的教导，开展革命大批判，狠批叛徒、内奸、工贼刘少奇及其代理人所贩卖的"物质刺激"等反革命修正主义黑货，揭穿了阶级敌人妄图通过破坏养猪事业来搞垮集体经济，复辟资本主义的阴谋，勇敢地捍卫了毛主席的无产阶级革命路线。大队还开了两次群众大会和两次革委会全体委员会议，以伟大领袖毛主席的伟大战略思想来教育群众，使广大群众认识到，发展养猪事业是"备战、备荒、为人民"的需要，是增产粮食的重要措施。

另外，大队革委会还用历年来养猪和粮食产量的对比来教育群众。这个大队在一九六二年只有一百余头猪，粮食产量很低。随着大队养猪的发展，今年大队粮食总产量比一九六二年增加了两倍半，由过去缺粮队一跃上升为余粮队。通过对比，广大社员群众认识到发展养猪事业对农业生产的促进作用。

毛主席教导我们："政治路线确定之后，干部就是决定的因素。"大队革委会按照毛主席的教导，加强对养猪事业的领导。大队革委会确定一名革委会委员负责，组成了一个五人领导小组，从上到下建立起一支领导养猪的队伍，这支队伍负责全村猪的防疫、治疗、饲料、生长等工作。由于线河大队革委会采取了一系列支持社员养猪的措施，正确执行养猪政策，使全大队养猪事业得到了迅速发展，有力地促进了农业生产的发展。

（市粮食政策调查组）

1969年，线河大队养猪2000余头，是1962年的10倍，不仅增加了现金收入，促使粮食总产也比1962年增长2.5倍。（天津市粮食政策调查组报道，载1969年10月28日《天津日报》）

把丰收的粮食全部拿到手

线河大队广大社员在秋收中做到快收、快打、快入库

本报讯 北郊区岔房子公社线河大队经过一年的艰苦奋斗，夺得了秋季丰收，预计今年粮食产量将超过历史上的最高水平。广大贫下中农正在紧张收秋，决心做到精收细打，颗粒归仓，把丰收的粮食全部拿到手。

党的九届二中全会提出的战斗号召，极大地鼓舞了线河大队广大贫下中农的积极性，掀起了活学活用毛泽东思想的新高潮。大队党支部和革委会建立了学习毛主席哲学著作的中心组，贫下中农的学哲学小组也陆续建立起来。「三秋」大忙，学习不停，越学大家为革命夺粮的自觉性越高。他们遵照毛主席关于「每年一定要把收割、保管、吃用三件事（收、管、吃）抓得很紧很紧」的教导，批判了「家大业大，丢点没啥」的错误思想，力争做到地里不丢穗，场里不丢粒，把住收割、运输、清地、打场四个关口。做到收得净，运得快，扬得净，晒得干，收一块清一块。各小队在收割玉米、豆子、谷子、花生和山芋中，都增加了复收，并发动社员搞「小秋收」，小学校的革命师生也下地拾秋。收一遍，捡一遍，捆玉米秸时再检查一遍。

收秋紧张，劳力不足，在这个大队建立了学农基地的本市八十九中的革命师生也开到第一线，帮助收秋。许多社员群众在场上剥玉米一直干到深夜。领导干部全部开赴第一线和广大社员共同战斗。在秋收中，大队还进行了革命大批判，打击了阶级敌人的破坏活动，开展了群众性的护秋活动。现在，整个秋收工作，一片热气腾腾，做到了快收，快打，快入库。

线河大队在秋收中做到快收快打快入库，把丰收的粮食全部拿到手。（载1970年7月16日、10月9日《天津日报》）

七 民间文化

同乐会 何时发起不详。这是一支民乐队，乐器有笙、管、笛、云锣，打击乐有钹、小钹、镲、锣、小锣、鼓、法鼓等。中华人民共和国成立后，国家挖掘民间文艺，提出“百花齐放、百家争鸣”的口号，线河“同乐会”通过层层选拔，作为天津市的代表队到北京去参加文艺会演，一曲《豆叶黄》获得了优秀奖，参演人员受到周总理的接见，并每人获得了一支金星笔和一个笔记本。

业余戏剧团 成立于60年代，请来评剧艺人吴西名夫妇，在村里又选拔了喜爱文艺的合格之人排出了《刘巧儿》《小女婿》《杏林记》《罗汉钱》《铡美案》等戏，每年都是秋后排练，春节演出，轰动了十里八村，线河的评戏小有名气。后又排演《夺印》《向阳商店》等现代评戏；1968年，又改唱河北梆子《红灯记》《大登殿》《六月雪》《蝴蝶杯》等传统古装剧目，曾经参加过区办的文艺会演。

篮球队 1963年，由几名回乡知青和爱好者组成了篮球队，在大队的支持下，开辟了场地，每天晚上认真练习上篮、定点投篮、传球、带球、配合上篮等基本动作，并分组练习攻守比赛。那个年代周围村多有球队，有河头中学及上河头、东堤、岔房子、北柳子、郝家堡、复兴庄、王庆坨、三河曾、道沟子、张家地和杨柳青的多个球队，只要有机会就在一起进行友谊比赛，整体技能提高得很快，成为周边村篮球比赛有名的常胜将军。

电影 1958年后，区放映队来村放映电影，社员们早早吃完了晚饭，拿着小板凳、扛着大板凳到放映点观看。到1982年，村出资购买了放映机，每天都能放映电影。

八 英烈先贤

崔金柱（1924—1949） 烈士，线河村人。生前是晋察冀四十三团三连战士，1949年牺牲于河北省易县。

翟双和（1925—1951） 烈士，线河村人。生前为某团8连战士，1951年牺牲于朝鲜江源。

李广顺（1925—1952） 烈士，线河村人。生前在志愿军五九二团一营服役，1952年牺牲于朝鲜战场。

周克彬（1932—1951） 烈士，线河村人。生前为某部战士，1951年牺牲于朝鲜战场。

刘树泉（1970—1994） 烈士，线河村人。生前为北京卫戍区警卫十二团三连排长，中共党员，1994年牺牲于北京。

九 历任党政负责人

自1949—1980年，线河村党组织和村政机构比较健全，但在“文化大革命”期间党支部成员不够稳定，1968—1971年空缺。1981年始析为线河一村、线河二村，党政班子独立设置。

1949—1980年线河村党组织负责人任职情况表

表3

党组织名称	姓名	性别	职务	任职时间
党支部	张洪春	男	书记	1949—1951
	房中禄	男	书记	1952—1955
	李国良	男	书记	1956—1967
	马新河	男	书记	1972—1980

1949—1980年线河村村政机构负责人任职情况表

表4

村政机构名称	姓名	性别	职务	任职时间
村公所	王崇喜	男	村长	1949—1951
村人民政府	苗国廷	男	村长	1952—1955
生产大队	马新河	男	大队长	1956—1958
				1958—1966
革命委员会	马新河	男	主任	1967—1971
	崔长河	男	主任	1972—1979
生产大队	崔长河	男	大队长	1980—1980

线河一村

线河一村位于北辰区西部边缘，村东与线河二村相连，村西与武清区小三河曾村为邻，村南与西青区白滩寺村相界，村北与武清区小王堡村为邻。距双口镇政府11千米，距区政府20千米。1981年春由线河村析出独立建制。2015年，该村有户籍人口2233人，长期固定资产715.24万元。

一　村庄沿革

见线河村

二　道路河流

道路　该村周边有省道2条，高速公路1条。西南方向有津同公路途经村域，村北有津霸公路横贯东西（介绍见线河村），津保高速公路筑于村域北部。

河流　村东有二级河道卫河。

三　人口方言

人口　1981年分村时线河一村有375户1774人。2000年年末，有567户1866人，乡村从业人员849人。2016年，有756户2156人。

民族　据村情调查，2016年，该村有5个民族，其中回族4人、蒙古族4人、满族2人、土家族1人，余为汉族。

姓氏　2015年全村有110个姓氏，100口人以上的姓氏有周、刘、杨。

方言　见线河村。

家（族）谱选介　周氏族谱辈分有：春、玉、宝、克、建、德、正、振、家、邦。

刘氏族谱辈分有：献、曰、含、绍、庆、瑞、连、贵、思、祥。

张氏族谱辈分有：景、新、吉、祥、兆、庆、远、传、家、兴、福、运、承、善、泽、志、培、显、良、明。

杨氏族谱辈分有：国、宝、万、兰、凤。

计氏族谱辈分有：明、成、顺、殿、文、春、晓。

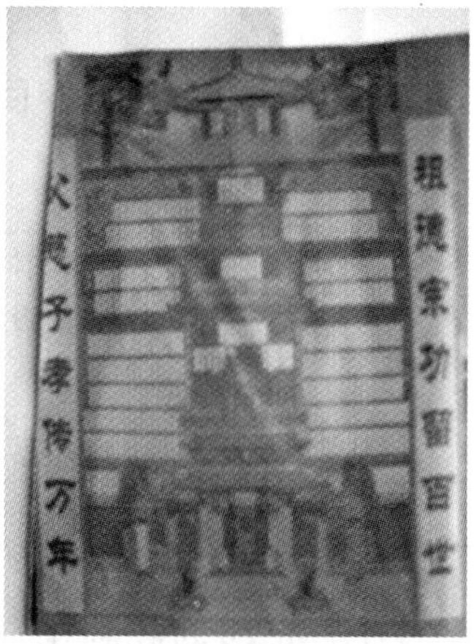

刘氏族谱　（2015年摄）

计氏族谱　（2015年摄）

张氏族谱　　（2015年摄）

周氏族谱　　（2015年摄）

四 街道胡同

建村时，线河新村归属线河一村，其主要街道有西一街道、中心街道、东一街道、东二街道共4条1441米。

线河一村主要街道有西一街道、西二街道、西三街道、中心街道、东二街道、分水道、后街、前街共8条3465米。胡同共7条824米。

90年代之前，线河一村内街道胡同均为土路。1996年，除后街由土路硬化为砖道外，其余村内主要街道均由土路硬化为水泥路面。2004年，胡同均由土路硬化为砖路。

线河一村西一街道　（2015年摄）

1996年线河一村街道情况表

表1

街道名称	走向	长度（米）	街道名称	走向	长度（米）
西一街道	南北	476	东二街道	南北	475
西二街道	南北	431	分水道	南北	502
西三街道	南北	194	后街	东西	355
中心街道	南北	677	前街	东西	373

2004年线河一村胡同情况表

表2

胡同名称	走向	长度（米）	胡同名称	走向	长度（米）
吴家胡同	南北	22	西南街	南北	32
杨家胡同	南北	22	南一街	东西	359
翟家胡同	南北	22	南二街	东西	339
周家胡同	南北	28			

2015年线河新村街道情况表

表3

街道名称	走向	长度（米）	街道名称	走向	长度（米）
西一街道	南北	406	东一街道	南北	339
中心街道	南北	380	东二街道	南北	316

五　公共设施

分村前，公共设施与线河二村统一配置。1980年，建新村机井房和砖结构公厕。1981年，建老村村北水塔。1982年，建新村水塔。1992年，村委会办公用房搬迁到村西（津霸公路南侧）。1998年，建立卫生所、老年活动室。2000年，新建村委会办公用房、村民学校。2004年，新建农贸市场。2005年，建健身广场（公园）和村碑。2015年，建水冲式移动公厕1座。

线河一村村委会　（2013年摄）

线河一村健身广场　（2005年摄）

线河一村公园　（2005年摄）

2015年线河一村主要街道胡同及公共设施示意图

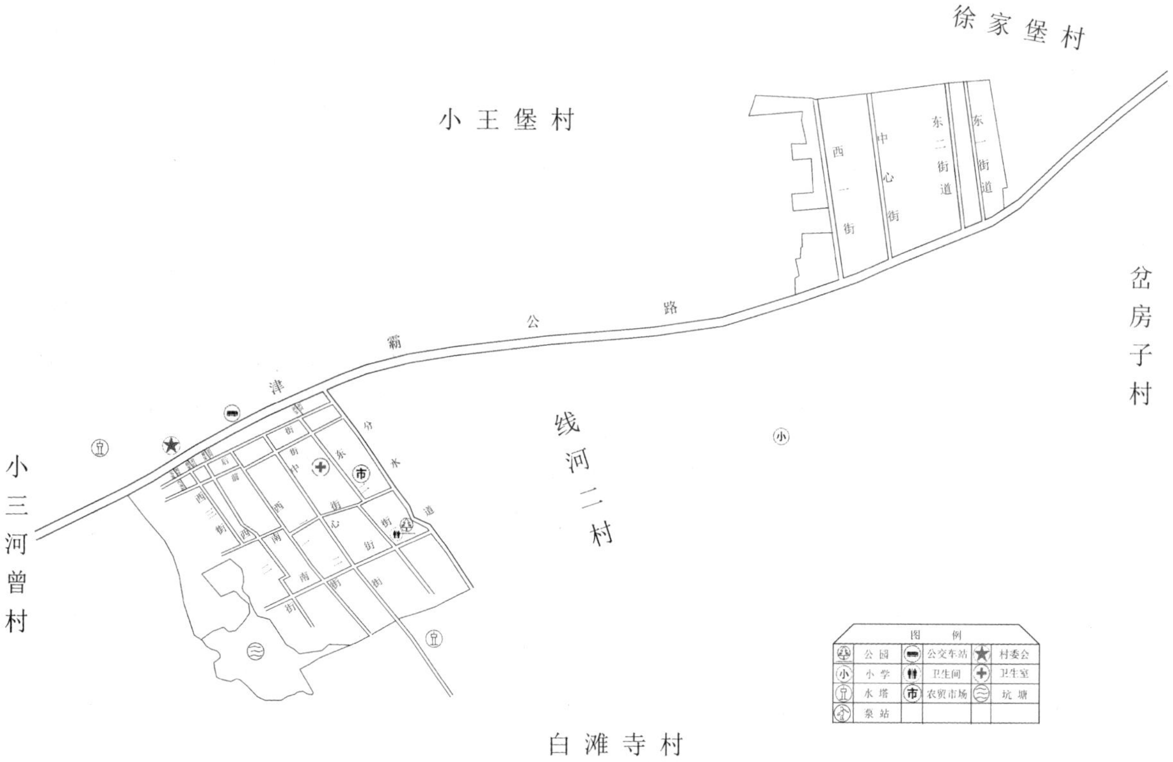

（2016年绘制）

六 经济概况

分村时，正值改革开放初期，该村着力调整农业结构，大力发展果树种植，品种有苹果、桃等。进入90年代后，养殖业兴起，涌现出奶牛、生猪和养鸡专业户。1995年建立大市场，经济快速发展，农民收入增加，1996年进入市级小康村。2000年，投资700万元，占地109.5亩，创建金鸿顺生猪养殖基地，实行规模化养殖。2014年6月，金鸿顺养殖有限公司升级为天津市现代生猪精细养殖园区，实现标准化管理，年出栏生猪1.5万头。

线河一村葡萄园 （2010年摄）

金鸿顺生猪养殖园区 （2016年摄）

养殖园区猪舍 （2016年摄）

2015年，粮食总产量413吨，蔬菜2587.8吨，水果462吨。生猪存栏3150头，出栏6900头。引进个体私营企业142家，主要有橡胶厂、叉架厂、木器厂、自行车组装厂、烤漆厂、轮椅厂等。

2016年，油料播种面积70.95亩、产量10吨，蔬菜及食用菌播种面积1177.95亩、产量5456吨。瓜果类播种面积295.05亩、产量605吨。

七 民间文化

业余戏剧团 1990—1992年，线河一村业余戏剧团排练的河北梆子《陈三两爬堂》《蝴蝶杯》和反映计划生育工作的现代梆子剧《合家欢》，连续3年在正月初十参加区文艺调演，获优秀剧目奖。同时还多次对当地驻军进行慰问演出。

秧歌队 成立于2009年，时有队员15人，随后队员不断增加，村民自主参加，活动时间每天晚饭后，时间约1～2小时，以扭秧歌为主，多是歌曲伴舞，不断变换队形，既锻炼了身体，又丰富了村民业余文化生活。

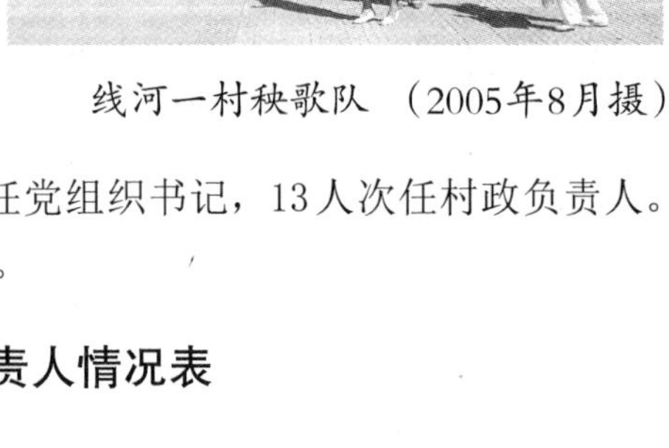

线河一村秧歌队 （2005年8月摄）

八 历任党政负责人

线河一村自1981年独立建制以来至2016年，共经历9人次任党组织书记，13人次任村政负责人。党政班子相对健全，但也有镇派干部担任村党组织负责人的情况。

1981—2016年线河一村党组织负责人情况表

表4

党组织名称	姓名	性别	职务	任职时间
村党支部	周克忠	男	书记	1981—1982

续表

党组织名称	姓名	性别	职务	任职时间
村党支部	李国良	男	书记	1983—1985
	刘月星	男	书记	1986—1991
	杨凤贵	男	书记	1992—2003
	刘树林	男	书记	2003—2006
	魏占海	男	书记	2006—2009
	李冬云	男	代理书记	2010—2012
	李玉耕	男	书记	2012—2016
村党总支部	杨玉耕	男	书记	2016

1981—2016年线河一村村政机构负责人任职情况表

表5

村政机构名称	姓名	性别	职务	任职时间
生产大队	崔长和	男	大队长	1981—1981
	黄一澄	男	大队长	1982—1982
村民委员会	黄一澄	男	主　任	1983—1983
	赵方起	男	主　任	1984—1991
	翟庆江	男	主　任	1992—1992
	李广河	男	主　任	1993—1997
	史立平	男	主　任	1998—1998
	赵俊祥	男	主　任	1998—2000
	杨凤贵	男	主　任	2001—2003
	杜少海	男	主　任	2003—2006
	安玉臣	男	主　任	2006—2009
	王庆忠	男	主　任	2009—2015
	周建顺	男	主　任	2015—

九　荣誉

线河一村自独立建制以来，1996年获天津市第三批小康村称号；奶牛养殖有限公司王庆强分别于2003年和2005年获市局级农村青年创业致富带头人和天津市劳动模范称号。2015年，线河一村生猪养殖专业合作社赵敬忠获市局级农村青年致富带头人和领头雁称号。

1981—2016年线河一村获市局级及以上先进个人荣誉表

表6

授予时间	姓名	性别	单位	荣誉名称	授予部门
2003	王庆强	男	线河一村奶牛养殖有限公司	2002年度农村青年创业致富带头人	团市委、市农委、市科委
2005				天津市劳动模范	市人民政府
2015	赵敬忠	男	线河一村生猪养殖专业合作社	市级农村青年致富带头人	团市委
				市级农村青年致富领头雁	团市委

线河二村

线河二村位于北辰区西部边缘，距双口镇政府11千米，距区政府20千米。东侧与岔房子村接壤，西距武清区王庆坨镇5千米，南距西青区杨柳青镇6千米，北邻武清区苑家堡村。1981年由线河村析分而来。2015年，该村有户籍人口2318人，长期固定资产483.2万元。

线河二村村碑　（2015年摄）

一　村庄沿革

见线河村

二　道路河流

见线河村

三　人口方言

人口　该村1981年年末，有372户1662人，劳动力720人。2000年有501户1827人，乡村从业人员906人。2016年，有647户2282人。从业人员922人，其中男性508人，女性414人。

民族　据村情调查，2016年，该村有4个民族，其中满族4人、回族3人、土家族1人，余为汉族。

姓氏　全村有姓氏116个，人口较多的姓氏有王姓231人，李姓206人，刘姓180人，周姓136人。

王姓辈分：传、立、德、俊、汝、佳。

周姓辈分：永、玉、宝、克、建、德。

刘姓辈分：宝、长、树、永、家、喜。

方言　方言属于静海方言片。

线河二村中二街　（2015年摄）

四　街道胡同

历史上，线河二村道路甚少，交通不便。村内街道胡同均为土路。80年代析村以来，随着经济的发展，逐步改善出行条件。90年代，村内主要街道有25条，共4919米，其中南北走向5条，东西走向20条。胡同6条，共745米，其中东西走向1条，南北走向5条。1996年7月，路南街、中二街硬化为水泥路；1999年6月，除路南街、中二街，均硬化为砖道。2014年6月，街道、胡同全部硬化为水泥路。

线河二村文明一条街　（2015年摄）

1996—2014年线河二村街道情况表

表1

街道名称	长度（米）	走向
分水道	400	南北
文明一条街	228	南北
东医道	126	南北
沿河一街	358	东西
增新里	50	东西
新开一街	141	东西
新开二街	145	东西
顺义道	166	东西
朝阳道	203	东西
落云路	94	东西
建设路	52	东西
市场街	115	东西
路南街	551	东西
中二街	525	东西
运河古道	333	南北
永安道	234	南北
小学西街	60	东西
新开三街	47	东西
团结里	142	东西
柳坡道	159	东西
吉祥道	185	东西
益民道	165	东西
利民道	97	东西
为山道	209	东西
市场前街	134	东西

1999—2014年线河二村胡同情况表

表2

胡同名称	长度（米）	走向
安家胡同	81	南北
光明胡同	316	南北
袁家胡同	69	南北
杨家胡同	129	南北
小学后胡同	59	东西
耿家胡同	91	南北

五　公共设施

1982年，建原村委会办公用房；2014年，新建村委会办公用房（社区综合服务中心）。2005年，建利民公园、社区卫生服务中心、村民学校、老年活动中心。2013年，建除氟水站。2014年，新建双口镇第二消防队办公用房、建成社区综合文化服务中心（包括棋牌室、健身室、书画室、农家书屋等）；2015年，新建4个移动式公厕和村净水站。

线河二村村委会办公楼　（2015年摄）

线河小学　（2015年摄）

2015年线河二村街道胡同及公共设施示意图

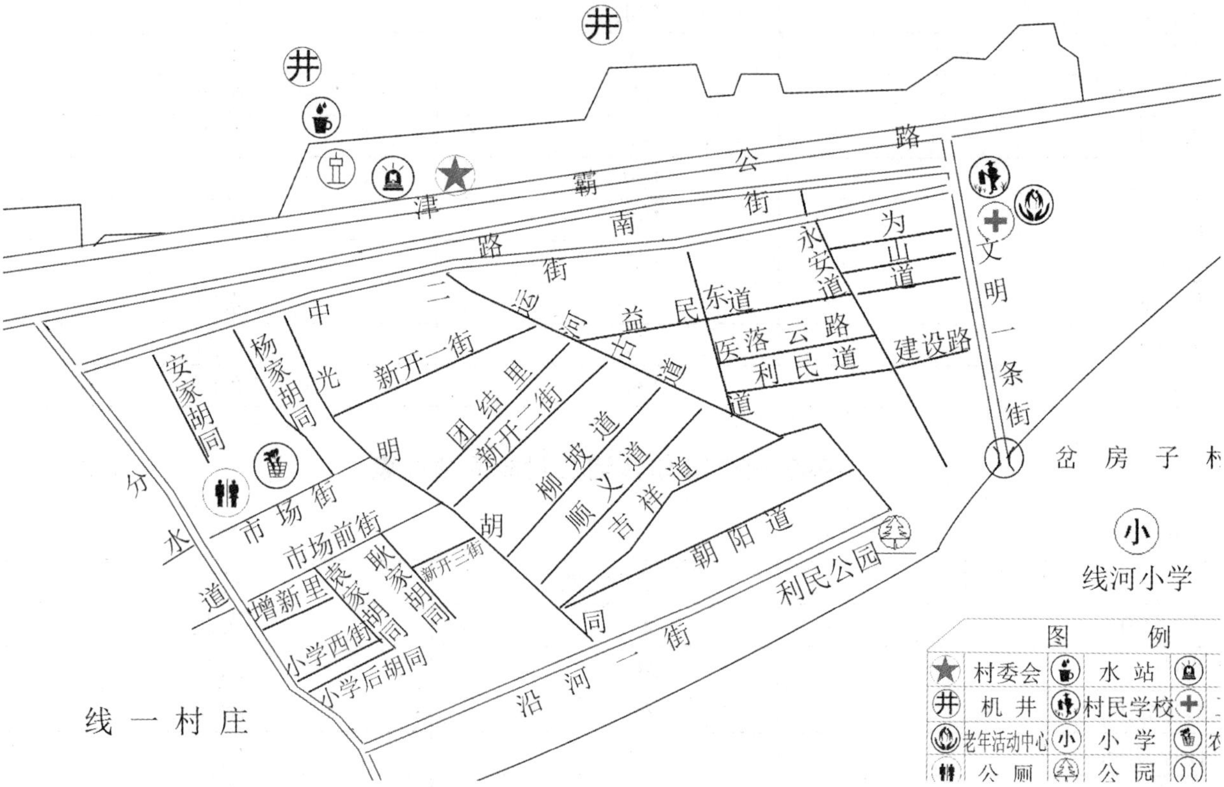

（2016年绘制）

线河二村移动式公共洗手间 （2015年摄）

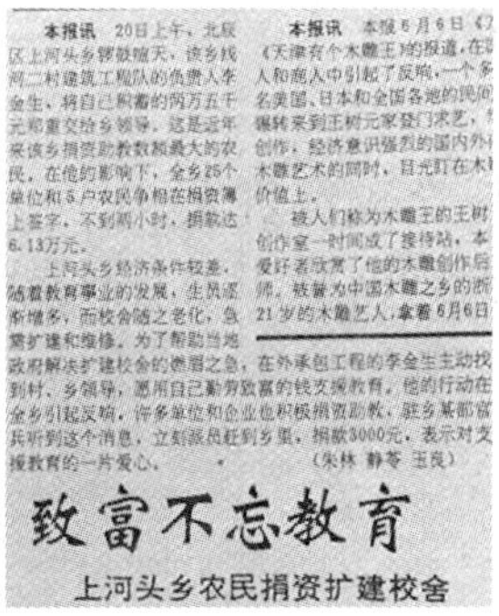

致富不忘教育

上河头乡农民捐资扩建校舍

本报讯 20日上午，北辰区上河头乡锣鼓喧天，该乡线河二村建筑工程队的负责人李金生，将自己积蓄的两万五千元郑重交给乡领导。这是近年来该乡捐资助教数额最大的农民。在他的影响下，全乡25个单位和5户农民争相在捐资簿上签字，不到两小时，捐款达6.13万元。

上河头乡经济条件较差，随着教育事业的发展，生员逐渐增多，而校舍随之老化，急需扩建和维修。为了帮助当地政府解决扩建校舍的燃眉之急，在外承包工程的李金生主动找到村、乡领导，愿用自己勤劳致富的钱支援教育。他的行动在全乡引起反响，许多单位和企业也积极捐资助教，驻乡某部官兵听到这个消息，立刻派员赶到乡里，捐款3000元，表示对支援教育的一片爱心。 （朱林 静等 玉良）

1992年7月20日，线河二村建筑工程队负责人李金生捐资25000元，25个单位和5户农民捐资6.13万元，驻军官兵也捐出3000元，一并用于上河头乡校舍的维修和扩建(载1992年7月21日、22日《天津日报》)

六 经济概况

改革开放后，线河二村调整种植结构，大面积种植果树，主要种植葡萄，品种为“巨峰”；因地制宜，引导村民大力发展蔬菜生产，主要以茄子为主，从永清育苗基地引进新品种“圆丰”“宝来”。2016年，蔬菜种植面积为832.95亩，总产量4146吨，利润在1000万元以上。瓜果播种面积67.95亩，总产量139吨。适当发展养殖业。2015年，生猪存栏1000头，出栏2910头。

线河二村葡萄喜获丰收 （2013年摄）

2010年，村民周克青投资140万元，创建砖混钢骨架智能温控花卉种植大棚15个，占地18.6亩，建筑面积8100平方米，种植各种木本和草本鲜花十几种，主要有进口利可海棠、茉莉、一品红、蔷薇、千头菊、牵牛花等，为双口镇首家规模化花卉种植户。

在抓好农业生产的同时，把发展二、三产业放在重要位置。1996年，有个体私营企业7家；2000年，有集体企业13家，主要以三力异型胶带厂为主，生产各种成品球、球胆等产品，销往全国各地13个省市，年产值在亿元以上。2016年，有个体私营企业68家，主要有木器加工，自行车零部件加工。另有餐饮业、服务业，商业网点共70户。

线河二村花农进行花卉管理 （2010年摄）

三力异型胶带厂 （2009年摄）

七　民间文化

村有秧歌队、舞蹈队，丰富了村民的文化生活。

八　历任党政负责人

自独立建制以来，线河二村党政组织比较健全，班子成员相对稳定。其间，先后有7人担任党组织书记；有6人担任村政组织负责人。

线河二村秧歌队　　　　（2015年摄）

1981—2016年线河二村党组织负责人任职情况表

表3

党组织名称	姓名	性别	职务	任职时间
村党支部	胡立友	男	书记	1981—1989
	耿盛春	男	书记	1989—1995
	徐建华	男	书记	1995—1999
	姚连春	男	书记	1999—2006
	栗春明	男	书记	2006—2009
	周克青	男	书记	2009—2012
	刘　印	男	书记	2012—2016
村党总支部	刘　印	男	书记	2016—

1981—2016年线河二村村政机构负责人任职情况表

表4

村政机构名称	姓名	性别	职务	任职时间
生产大队	耿盛春	男	大队长	1981—1983
村民委员会			主任	1983—1989
	王德生	男	主任	1989—1995
	翟庆洪	男	主任	1995—1999
	栗春明	男	主任	1999—2006
	李金树	男	主任	2006—2009
	刘　印	男	主任	2009—2016

九　荣誉

1981—2016年，线河二村先后获国家级先进集体2项，获市局级先进集体3项；7人8次获是市局级及以上先进个人荣誉称号。

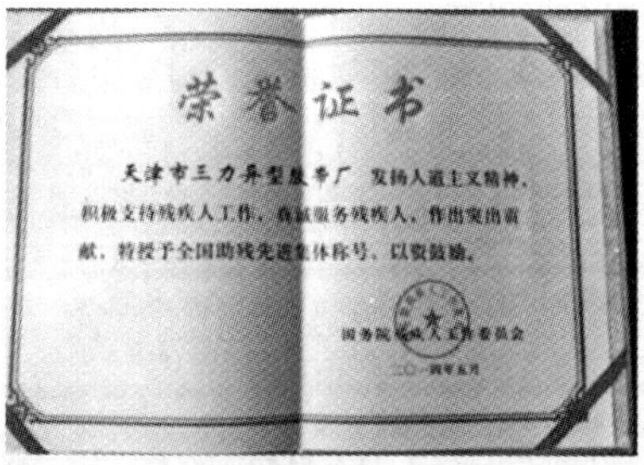

全国助残先进集体荣誉证书　　（2015年摄）

1981—2016年线河二村获市局级及以上先进集体荣誉表

表5

授予时间	获奖单位	荣誉名称	授予部门
1994	线河二村	市级小康村	市委农工委、市农委
2001	线河二村	2000年度第八批宽裕型小康村	市委农工委、市农委
2008	线河二村	2007—2008年度天津市平安示范村	市综治委
2013	天津市三力异型胶带厂	全国福利企业示范单位	中国社会福利企业协会
2014	天津市三力异型胶带厂	全国助残先进集体	国务院残疾人工作委员会

1981—2016年线河二村获市局级及以上先进个人荣誉表

表6

授予时间	姓名	性别	单位	荣誉名称	授予部门
1983	杨希明	男	线河二村	天津市农业系统劳动模范	市委、市人民政府
1985				天津市劳动模范	市人民政府
1997	王德生	男	线河二村	第一次全国农业普查市级先进工作者	市农业普查办
1999	栗春明	男	线河二村	1997—1998年度市级文明市民	市文明委
2006	周克勋	男	三力异型胶带厂	2005年度“十五”立功先进个人	市总工会
2007	韩顺喜	男	线河二村	天津市治安先进个人	市公安局
2011	梁国强	男	三力异型胶带厂	2010年度天津市劳动模范	市人民政府
2014	梁晓军	男	三力异型胶带厂	“五一”劳动奖章先进个人	市总工会

上河头村

上河头村位于北辰区西部，东与中河头村相连，西隔东支渠与东堤村相望，南与双河村接壤，北隔津霸公路与安光村为邻。该村呈南北长方形，占地面积229223平方米。距区政府14.5千米，距双口镇政府7.9千米。2015年，该村有户籍人口2291人，长期固定资产618.64万元。

上河头村和中河头村航拍图 （2017年摄）

一　村庄沿革

上河头村始建于清顺治十一年（1654年），原处永定河三角淀东南部，后淀淤废。顺治年间（1644—1661年），有曹、孟、安等姓氏族人迁此，顺河址建上、中、下三小村。雍正年间（1723—1735年）称“河头三庄”。因昔年永定河、子牙河、大清河至此汇流入海，乾隆元年（1736年）合称“三河头”。据《天津府志》载，光绪年间（1875—1908年），三河头已析为上河头、中河头、下河头3个村。因该村居上名上河头。据《典籍中的北辰》（84页）载，日伪统治时期（1940—1945年），上河头村一度曾称河头村。中华人民共和国成立后复名上河头。1985年1月至2001年9月，上河头村曾先后为上河头乡政府、上河头镇政府所在地。

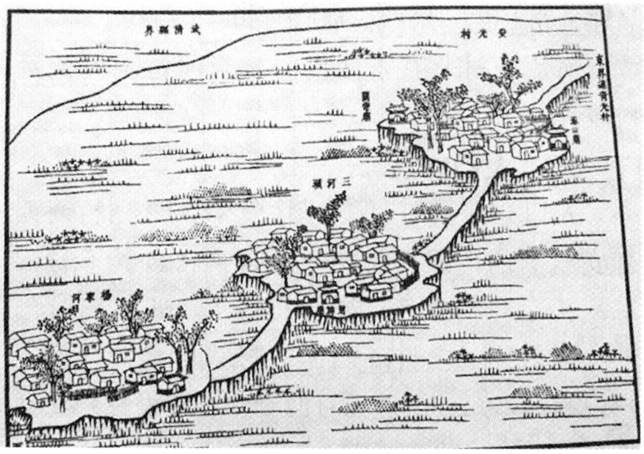

清道光二十六年（1846年）《津门保甲图说》中的三河头村　（2016年摄）

上河头村村碑　（2015年摄）

传说上河头村建于明初，村中孟姓居多，孟姓自山东邹县随燕王扫北时北迁。据《孟氏族谱》载，孟氏在该村已繁衍十三四代，在此定居已有230多年。但是，在乾隆《武清县志》及《北辰区志》关于明清建置中，未见该村村名的记载。

清康熙二十七年（1688年），由东路厅武清县管辖。雍正九年（1731年），由天津府天津县管辖。光绪二十六年（1900年）七月五日至光绪二十八年（1902年）七月四日，曾隶八国联军所建天津都统衙门北区。光绪三十一年（1905年），由天津县西乡十六区管辖。民国2年（1913年），由直隶省津海道天津县管辖。民国17年（1928年），由河北省天津县管辖。民国29—34年（1940—1945年），由日伪天津县第三区管辖。民国34年（1945年）9月，由冀中天津工委五市分区管辖。10月，由冀中九专区天津县管辖。民国35年（1946年）9月，由津武县管辖。1945年日本投降后，因村域由民主政权和国民党政权拉锯治理，故民国35—37年（1946—1948年），亦属国民党天津县三区管辖。

民国38年（1949年）3月，由冀中天津县七区管辖。1950年8月，由河北省天津县四区管辖。1953年7月，由津北郊区河头乡管辖。1958年8月，由北郊区幸福公社管辖。10月，由红桥区幸福公社管辖。1960年6月，由天津市津北畜牧场青光分场管辖。1961年5月，由红桥区青光公社管辖。1962年2月，由北郊区青光公社管辖。1963年2月，由北郊区岔房子公社管辖。1983年4月，由北郊区岔房子乡管辖。1985年1月，由北郊区上河头乡管辖。1992年3月，由北辰区上河头乡管辖。1999年3月，由北辰区上河头镇管辖。2001年10月后，由北辰区双口镇管辖。

上河头村上青路　（2017年摄）

二　道路河流

道路　上河头村域有省道1条，即津霸公路；

高速公路1条，即津保高速公路。

河流 村北有东西向的二级河道卫河流经村域。

三 人口方言

上河头排水渠首闸 （2017年摄）

人口 据《津门保甲图说》载，青光村而西有安光村者，就堤为村，庐舍稠密。其下村曰三河头，曰杨家河，亦皆在堤上，四周田野闲旷。图内庙二，村三西面之形势备矣。绅衿三户、铺户六户、烟户三百四十户、应役三户、佣作二百一户、船户二十九户、乞丐四户、僧道三户，共五百八十九户（大口一千七百一口；小口一千六十二口）。据《典籍中的北辰》载，上河头村1934年有110户468人。据统计资料载，1980年，有386户1608人，其中劳动力575人。2000年，有559户1832人，从业人员835人。2016年，有740户2700人，从业人员934人，其中男性499人，女性435人。

民族 据《天津市北辰区地名志》载：1995年，该村有2个民族，其中回族3人，余为汉族。据村情调查，2016年，该村有2个民族，其中回族1人，余为汉族。

姓氏 全村有姓氏30个。其中，100口人以上姓氏有孟姓、曹姓。

孟姓辈分排序为：吉、广、昭、宪、庆、凡、祥、令、德、维、垂、佑。

曹姓辈分排序为：兆、恩、家、学、升、慧、友、永、世、保、平、安。

方言 见线河村，在全国方言分区上属冀鲁官话区保（定）唐（山）片定（州）霸（州）小片的静海方言范围。

四 耕地状况

1980年，全村共有耕地16块，总面积2746.5亩，主要分布在村南和村北。耕地四至为：北安家坟、陈家地地块与安光村和天津警备区农场地块相连，南梁嘴巴子、三十八亩地地块与西青区和双河村地块相接，西孙家坟、邵家河、羊肠子、石场子、红砖地等地块与东堤村和杨河村地块相连，（东）垮台、青光滩子、板凳地、头段等地块与青光村和红光农场地块相连，有机井6眼。2015年年底，上河头村耕地面积为2815亩。

1980年上河头村所属耕地地块情况表

表1 单位：亩

地块名称	面积	地块名称	面积
安家坟	162	邵家河	57.6
小镰地	177.45	羊肠子	177.6
孙家坟	340.05	石场子	102
工业区	424.95	红砖地	174
陈家地	139.8	梁嘴巴子	127.5
垮台	19.5	板凳地	234
王庄户	30	头段	223.5
青光滩子	175.05	三十八亩地	181.5
合计	2746.5		

1980年上河头村所属耕地示意图

（2016年绘制）

五 街道胡同

2015年，该村有11条街道，总长3455米，其中南北走向4条，东西走向7条。1986年，东大道、西大道、中学道、小学道、兴华路等主要街道硬化为水泥路面。有胡同里巷25条，总长3708米，全部为南北走向。2001年4月，胡同里巷全部硬化为机砖路面。

上河头村西大道 （2015年摄）

2015年上河头村街道情况表

表2

街道名称	长度（米）	走向	街道名称	长度（米）	走向
东大道	273	南北	丛林路	305	东西
西大道	941	南北	学奎路	168	东西
中学道	255	南北	华芳路	304	东西
小学道	116	南北	南韩路	215	东西
兴华路	260	东西	荣福路	293	东西
小学路	325	东西			

2015年上河头村胡同里巷情况表

表3

胡同名称	长度（米）	走向	胡同名称	长度（米）	走向
会祥胡同	127	南北	中启胡同	83	南北
顺来里1	83	南北	东北巷	89	南北
顺来里2	82	南北	学武胡同	124	南北
志合胡同	85	南北	曹家胡同	125	南北
庆海胡同	88	南北	学猛胡同	129	南北
孟家胡同	87	南北	中心里	73	南北
西南巷	105	南北	宋家胡同	84	南北
西南里	233	南北	光明胡同	88	南北
西南一里	205	南北	家友胡同	275	南北
西南二里	116	南北	国华胡同	283	南北
西南三里	71	南北	金城胡同	300	南北
庆祥胡同	249	南北	东南里	293	南北
宪祥胡同	231	南北			

六　公共设施

该村1972年建水塔；1980年始建公共厕所，2002年根据市容委要求建标准化公共厕所。2004年，该村建村委会办公房；2005年，建卫生所、健身园；2007年，修饮水井；2008年，建农家书屋；2009年，建成综合文化服务中心；2012年，建幼儿园。

上河头村村委会　　（2015年摄）

上河头村1972年修建的水塔
（2015年摄）

2015年上河头村街道胡同及公共设施示意图

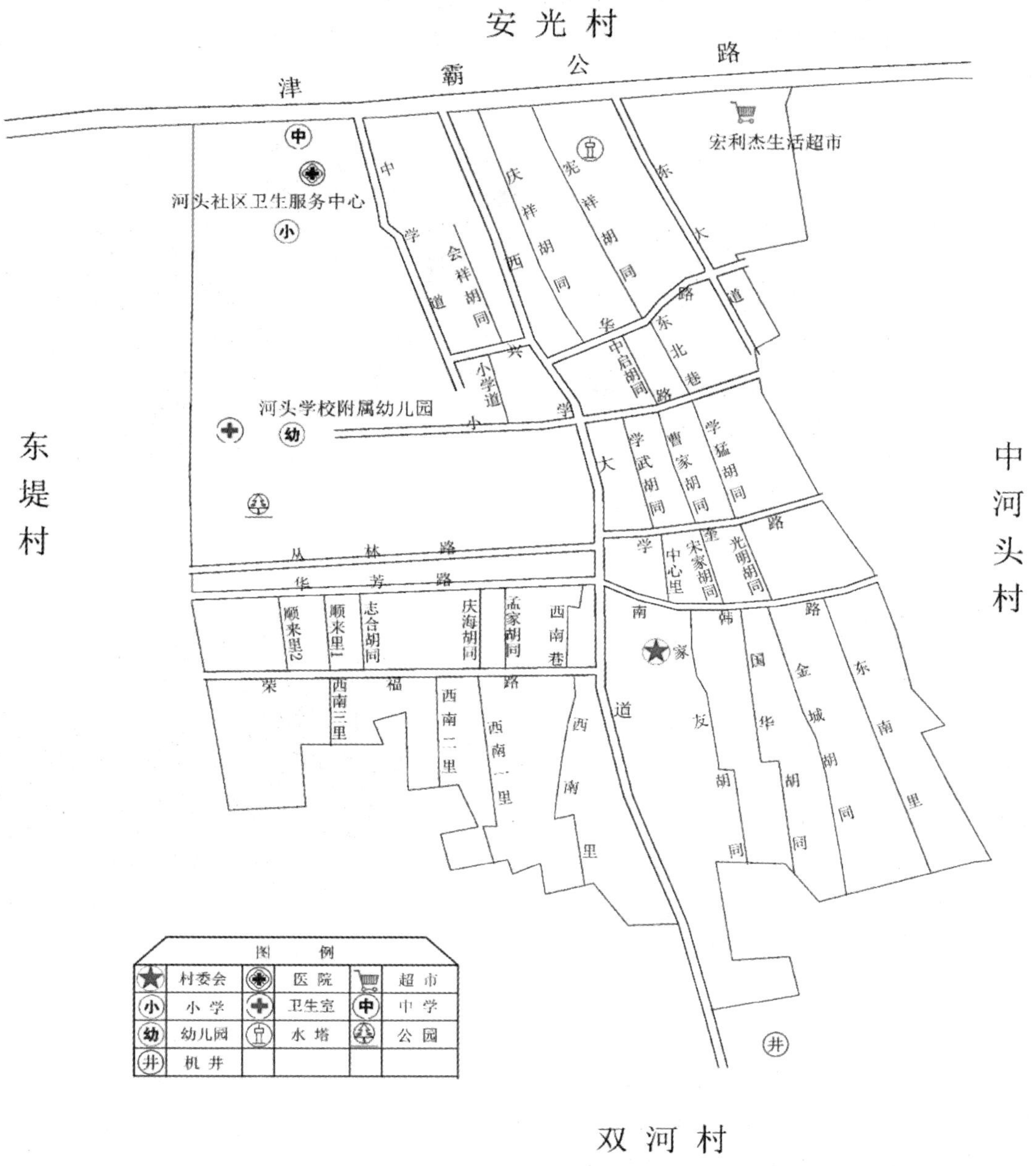

（2016年绘制）

七　经济概况

20世纪70年代以前，该村以种植粮食和果树为主，粮食有玉米、小麦、大豆，兼种一些小杂粮；果品有葡萄、桃、苹果。80年代后，发展多种经营，走农林牧副齐发展的路子，扩大果树种植。1984年果树种植面积166.05亩，2000年发展到1954.8亩。养殖业兴起，涌现出养鸡、养猪、养羊专业户。企业得到发展，有村办企业5个，部分农户办起沙发加工厂，村民收入不断增加。1994年进入市级小康村。

岔房子公社上河头大队培植的150亩苹果树在园林队精心管理下，挂果多，成果率高，长势好于往年（张力摄。载1980年11月4日《天津日报》）

2015年，粮食播种面积997.05亩，产量258吨。

蔬菜播种面积334.05亩，产量757.2吨。果树种植面积1747.05亩，产量700吨。村有2960平方米厂房对外出租，年租金20万元；村有大型超市对外出租，营业面积1300平方米，年租金20万元。

2016年，上河头村油料播种面积66亩，产量9吨。蔬菜及食用菌播种面积355.95亩，产量1321吨。瓜果类播种面积91.05亩，产量187吨。

冬春季节，北郊区各乡社掀起农田水利建设热潮，河头乡已打砖井7眼。这是爱国高级社第三农业社（上河头村）社员正在提水浇地，辟建园田

上河头村葡萄长势喜人　（2016年摄）

八　民间文化

秧歌队　1995年成立，参加过区级以上的演出活动。亦曾参加北京乐坛庙会。

靓点艺术团　2005年成立，曾参加双口镇第一届胡同文化节演出活动。

上河头村秧歌队队员合影

九　大事纪略

灭卡夺枪　民国27年（1938年），自卫团在伪政权的支持下，重新统治上河头，在津霸公路设哨卡，专门卡住从市区运往解放区的物资，并对过往行人盘查勒索，村民恨之入骨。

夏日的一天，天气炎热，站岗的团丁2人躲到小棚子乘凉，只有一个团丁站在外面。这时从西边走来3个中年人（武工队员），每人手里拿着一顶草帽。到了近前，团丁喝问："干什么的？"3个中年人同时从草帽底下拿出乌黑的手枪对准站岗的团丁，团丁见机不妙想逃跑，被3个中年人击伤，却有意不要他的性命。团丁负伤而遁，也顾不得手中的武器。3个中年人缴获3支新枪，不慌不忙地走进路北的庄稼地。等敌人集合人马赶来，武工队员早已无影无踪。从此，自卫团的哨卡也就撤销了。

攻击河头据点　民国34年（1945年）12月，国民党九十四军三六二团西犯王庆坨。域内地主重组自卫团一个小队约30人，在天津县保安团三大队第八中队的庇护下，又统治了三河头，向村民反攻倒算，迫害抗日干部。同时，伪警察所也重新建立起来。是年12月21日，冀中三十八团和回民支队在事先侦察之后，午夜向上河头伪据点发起攻击。整个战斗仅用15分钟就全部俘获歼灭了敌人，俘获伪大乡长安玉珩，缴获大批枪支，其中重机枪1挺，沉重打击了反动势力。

建立中共西北乡农民支部　民国21年（1932年）4月，客籍地下党员孙振武吸收丁春发加入共产党，建立中共西北乡农民支部，时为天津市8个基层支部中唯一的农民支部。民国26年（1937年）秋，中共西北乡农民支部组织"津郊抗日锄奸团"，丁春发任副团长，打击土匪汉奸。

建立常年互助组　1950年3月，上河头村田中林、徐邦荣各组织五户农民成立常年互助组，为周边村庄成立最早的常年互助组。

获批抗日根据地 1986年11月，天津市政府批准上河头、中河头、下河头三个村为抗日根据地村。

十　英烈先贤

孙振武（1905—1989）　河北省阜城县人。民国20年（1931年），受中共河北省委指派，到境内三河头小学任教并负责农运工作，随后发展进步青年安毓树、丁春发加入共产党，于民国21年（1932年）4月组建中共西北乡农民支部，任书记，领导境内及附近地区的农民运动。民国23年（1934年）7月末，永定河泛滥，南泓“22号”堤决口，洪水冲入子牙河，致海河淤塞，船行受阻，国民政府华北水利委员会在治理问题上不顾人民生死。西北乡农民支部发动南泓48村数百名农民代表到河北省政府请愿，使当局妥协，将滚水坝降低1米。其后，又经多次请愿，取得了“堤内取土不得连续”“补偿青苗费”“补发培修南堤工料款”等胜利。民国24年（1935年）秋，西北乡农民支部培养了一批骨干，组建“三河头农民协会”。秋后，西北乡农民支部以“农民协会”的名义带领贫苦农民开展争取“永佃权”的斗争，直到“七七事变”爆发。在此期间，孙振武还把这场斗争扩展到宜兴埠和小淀等村镇。民国26年（1937年）7月30日，天津沦陷。国民党驻韩家墅董升堂旅南撤丢下大批军械物资。为了不让这些军械物资落入日军手里，孙振武派丁春发给正在津西小桑园车站与日军作战的国民党军队联系，并组织群众协助该部队用3只小船将这批军用物资运走。是年秋，孙振武以“华北人民抗日自救委员会”特派员身份，说服一位国民党军队连长，组织40余名散兵成立“抗日除奸团”。这支游击武装活跃于津西北，打击日伪军。此后，孙振武又在津郊、武清和安次一带组织了两支抗日队伍并逐步整编为“华北人民抗日联军”第26、27支队。民国27年（1938年）5月，孙振武奉命回阜城工作。全国解放后，曾任商业部某司司长。1989年在北京病故。

田中林（1911—1981）　上河头村人。1950年加入共产党。村首任农会主任，党支部书记。1950年3月，联络五户贫农办起全乡第一个常年互助组，得到天津县委的重视、支持和指导。1952年，转成第一个农业合作社，时称“北社”。市委书记黄火青亲临视察，田中林当选市政协委员。“北社”到1954年已发展到40户、79公顷耕地，并配备各类较先进的农具。是年5月，田中林任乡农业合作指导站副站长，组织各农业社主任到山西平顺县川底村郭玉恩社学习“包工制”经验，并率先将学来的经验付诸实践，提高了工效。1955年12月，北郊区委决定在上河头村试办高级农业合作社，田中林带头响应，被誉为50年代合作化道路的带头人。

曹家杰（1945—1969）1969年5月20日晨，上河头大队园林二队栽种山芋，18岁的社员刘广民因下井捞水桶中毒晕倒，三队民兵排长曹家杰闻讯下井救人亦因沼气中毒而牺牲，时年24岁。

郑宝清（1965—1984）上河头村人，生前任五一三二一部队副班长，共青团员，1984年牺牲于山西。

为有牺牲多壮志——曹家杰下井救人牺牲（宣传画）北郊区革委会宣传组供稿（张为民作）

为有牺牲多壮志

大公才能大勇

1969年7月14日《天津日报》以《为有牺牲多壮志》为题报道曹家杰的事迹，并配发齐向阳的评论《大公才能大勇》

十一　历任党政负责人

1949—2016年，共有9人先后出任上河头村党支部书记；从1952年始，有7人先后担任村政机构负责人。

1949—2016年上河头村党组织负责人任职情况表

表4

<table>
<tr><th>党组织名称</th><th>姓名</th><th>性别</th><th>职务</th><th>任职年限</th></tr>
<tr><td rowspan="7">党支部</td><td>杨春富</td><td>男</td><td>书记</td><td>1949—1952</td></tr>
<tr><td>田中林</td><td>男</td><td>书记</td><td>1952—1960</td></tr>
<tr><td>曹家福</td><td>男</td><td>书记</td><td>1960—1976</td></tr>
<tr><td>边文柱</td><td>男</td><td>书记</td><td>1976—1979</td></tr>
<tr><td>曹家福</td><td>男</td><td>书记</td><td>1979—1991</td></tr>
<tr><td>刘振义</td><td>男</td><td>书记</td><td>1991—1993</td></tr>
<tr><td>王学发</td><td>男</td><td>书记</td><td>1993—1996</td></tr>
<tr><td rowspan="3">党总支</td><td>孔凡贵</td><td>男</td><td>书记</td><td>1996—2012</td></tr>
<tr><td>孔祥发</td><td>男</td><td>书记</td><td>2012—2015</td></tr>
<tr><td>朱立新</td><td>男</td><td>书记</td><td>2015—</td></tr>
</table>

1952—2016年上河头村村政机构负责人任职情况表

表5

<table>
<tr><th>村政机构名称</th><th>姓名</th><th>性别</th><th>职务</th><th>任职时间</th></tr>
<tr><td>村人民政府</td><td rowspan="2">李荣祯</td><td rowspan="2">男</td><td>村长</td><td>1952—1955</td></tr>
<tr><td>村公所</td><td>村长</td><td>1956—1958</td></tr>
<tr><td>生产大队</td><td>李荣祯</td><td>男</td><td>大队长</td><td>1958—1966</td></tr>
<tr><td rowspan="3">革命委员会</td><td rowspan="2">朱玉田</td><td rowspan="2">男</td><td>主任</td><td>1967—1971</td></tr>
<tr><td>主任</td><td>1971—1979</td></tr>
<tr><td>徐乐福</td><td>男</td><td>主任</td><td>1979—1980</td></tr>
<tr><td>生产大队</td><td>徐乐福</td><td>男</td><td>大队长</td><td>1980—1983</td></tr>
<tr><td rowspan="5">村民委员会</td><td>徐乐福</td><td>男</td><td>主任</td><td>1983—1995</td></tr>
<tr><td>孟庆云</td><td>男</td><td>主任</td><td>1995—2000</td></tr>
<tr><td>宣克利</td><td>男</td><td>主任</td><td>2000—2003</td></tr>
<tr><td>孔祥发</td><td>男</td><td>主任</td><td>2003—2006</td></tr>
<tr><td>宋国兴</td><td>男</td><td>主任</td><td>2006—</td></tr>
</table>

十二　荣誉

1951—2016年，该村4人5次获市局级及以上及以上（含天津县）先进个人，分别受到市政府及相关市级部门的表彰与奖励。

1951—2016年上河头村获市局级及以上先进个人荣誉表

表6

授予时间	姓名	性别	单位	荣誉名称	授予部门
1951	刘景新	男	上河头村	县劳动模范	天津县政府
1952	孟宪章	男	上河头村	天津专区劳动模范	天津专区政府
1960				天津市教育系统先进工作者	市人民政府
1998	曹家豹	男	上河头村	调解工作先进个人	市司法局
2000	柴守明	男	上河头村	市级文明市民	市文明委

中河头村

中河头村位于北辰区西部，东接下河头村，西邻上河头村，南界市属红光农场，村北与安光村接壤。该村呈南北长方形，占地面积275058平方米。距区政府13.2千米，距镇政府6.5千米。2015年，该村有户籍人口1605人，长期固定资产344.38万元。

安幸生故居　（2009年摄）

一　村庄沿革

中河头村始建于清顺治十一年（1654年），原处永定河三角淀东南部，后淀淤废。顺治年间(1644—1661年)，有曹、孟、安等姓氏族人迁此，顺河址建上、中、下三小村。雍正年间(1723—1735年)称“河头三庄”。因昔年永定河、子牙河、大清河至此汇流入海，乾隆元年（1736年）合称“三河头”。据《天津府志》载，光绪年间（1875—1908年），三河头已析为上河头、中河头、下河头3个村。因该村居中名中河头。

清康熙二十七年（1688年），由东路厅武清县管辖。雍正九年（1731年），由天津府天津县管辖。光绪二十六年（1900年）七月至光绪二十八年（1902年）七月，曾隶八国联军所建天津都统衙门北区。光绪三十一年（1905年），由天津县西乡十六区管辖。民国2年（1913年），由直隶省津海道天津县管辖。民国17年(1928年)，由河北省天津县管辖。民国29—34年(1940—1945年)，由日伪天津县第三区管辖。民国34年（1945年）9月，由冀中天津工委五市分区管辖；10月，由冀中九专区天津县五区管辖。民国35年（1946年）9月，由津武县三区管辖。1945年日本投降后，因村域由民主政权和国民党政权拉锯治理，故民国35—37年（1946—1948年），亦属国民党天津县三区管辖。

民国38年（1949年）3月，由冀中天津县七区管辖。1950年8月，由河北省天津县四区管辖。1953年7月，由津北郊区河头乡管辖。1958年8月，由北郊区幸福公社管辖；10月，由红桥区幸福公社管辖。1960年6月，由天津市津北畜牧场青光分场管辖。1961年5月，由红桥区青光公社管辖。1962年2月，由北郊区青光公社管辖。1963年2月，由北郊区岔房子公社管辖。1983年4月，由北郊区岔房子乡管辖。1985年1月，由北郊区上河头乡管辖。1992年3月，由北辰区上河头乡管辖。1999年3月，由北辰区上河头镇管辖。2001年10月后，由北辰区双口镇管辖。

卫河泵站　　（2017年摄）

二　道路河流

道路　中河头村域有省道1条，即津霸公路；有高速公路1条，即津保高速公路。

河流　村北有东西向的二级河道卫河流经村域。

三　人口方言

人口　据《典籍中的北辰》记载，中河头村民国23年(1934年)，有154户534人。据统计资料载，1980年，有304户1256人，劳动力460人。2000年，有425户1358人，从业人员432人。2016年，有620户1627人，从业人员554人，其中男性301人，女性253人。

民族　据《天津市北辰区地名志》载：1995年，该村有2个民族，其中回族8人，余为汉族。据村情调查，2016年，该村有4个民族，其中回族3人、蒙古族2人、土家族2人，余为汉族。

姓氏　全村共有姓氏40个：安、刘、李、张、王、胡、赵、于、梁、朱、左、谢、解、杨、孙、聂、魏、吴、马、史、邢、田、刁、曹、宋、崔、孟、常、杜、付、宫、万、董、郭、皮、贾、卢、邵、程、徐。

100口人以上姓氏有安姓、刘姓、李姓。

方言　村域方言属静海方言片。该片方言与相邻的杨柳青话近似，有4个声调，阴平调43、阳平调55、上声调13、去声调31，齿音字较多。在全国方言分区上属冀鲁官话区保（定）唐（山）片定（州）霸（州）小片的静海方言范围。

家（族）谱选介　据《新唐书·宰相世袭表》记载：皇帝之子昌意，昌意次子安居西戎自称安息园，其后以安为姓。中河头村以安姓为大户之首，祖居时间最长，约360年之久。安姓辈分排序为廷、朝、延、文、天、重、承、大、汝、维、毓、钟、同、志、建、允、祥、益、之、庶、其、昌。2016年，该村征集到《安氏族谱》一部，兹简介如下。

附：

中河头村《安氏族谱》 中河头村安氏家族于明代永乐年间，始祖安士贤由祖居安徽淮安始迁居通州、武清县、杨柳青东街安居乐业。在顺治十一年，九世祖延钢、延纯移居三河头。安氏族谱几经失传，乾隆四十八年春二月，十三世祖天良抄录一纸以示安姓，由始祖至曾祖绵延有了记载。后由十四世祖照行、照明至修安氏族谱留存后代。

十五世祖际品、际清、际隆、际春、际泰、际雲、际休弟兄七人组成安公馆（即清明会），每逢清明节为先人扫墓，聚会族人。

于一九二零年十九世子孙安玉贵续后十世，即：同、志、建、允、祥、益、之、庶、其、昌。

并又为之作序。

一九二零年春十九世子孙

安玉贵撰

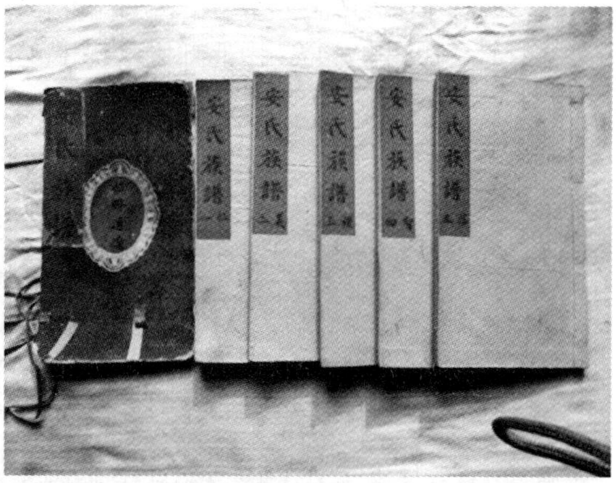

安氏族谱影印件（一） （2017年摄）

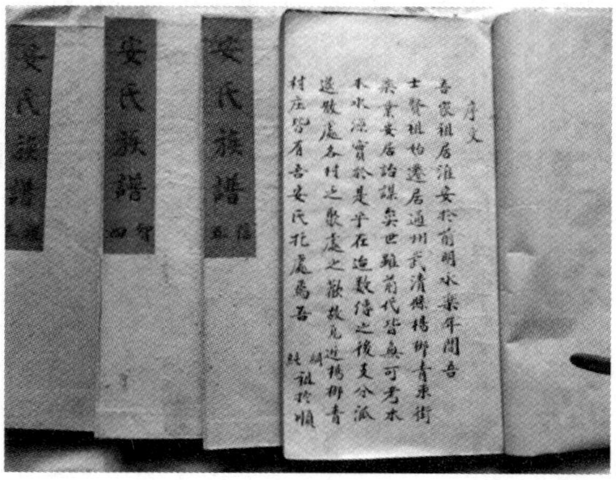

安氏族谱影印件（二） （2017年摄）

四　耕地状况

1980年，中河头村共有耕地17块，总面积2541.45亩。村属土地比较分散，东邻下河头村，南邻红光农场和上河头村，西邻上河头村、杨家河村林溪地，北邻安光村和警备区农场。有排水站1座，其中泵站1个，机井8眼。2015年，耕地面积2284亩。

1980年中河头村所属耕地地块情况表

表1　　单位：亩

地块名称	面　积	地块名称	面　积
杨岗子	110.85	麦窝	236.1
高洼子	170.7	东梨园	233.1
朱窝	128.4	西梨园	88.82
下安坟	132.2	扣洼子	204.9

续表

地块名称	面　积	地块名称	面　积
大楼西	72	石场子	69.7
大楼前	285	北套	125
皮八地	284.5	华尖子	134.3
王庄户	208.65	五十亩	133.8
二十六	156.11	合　计	2541.45

1980年中河头村所属耕地地块示意图

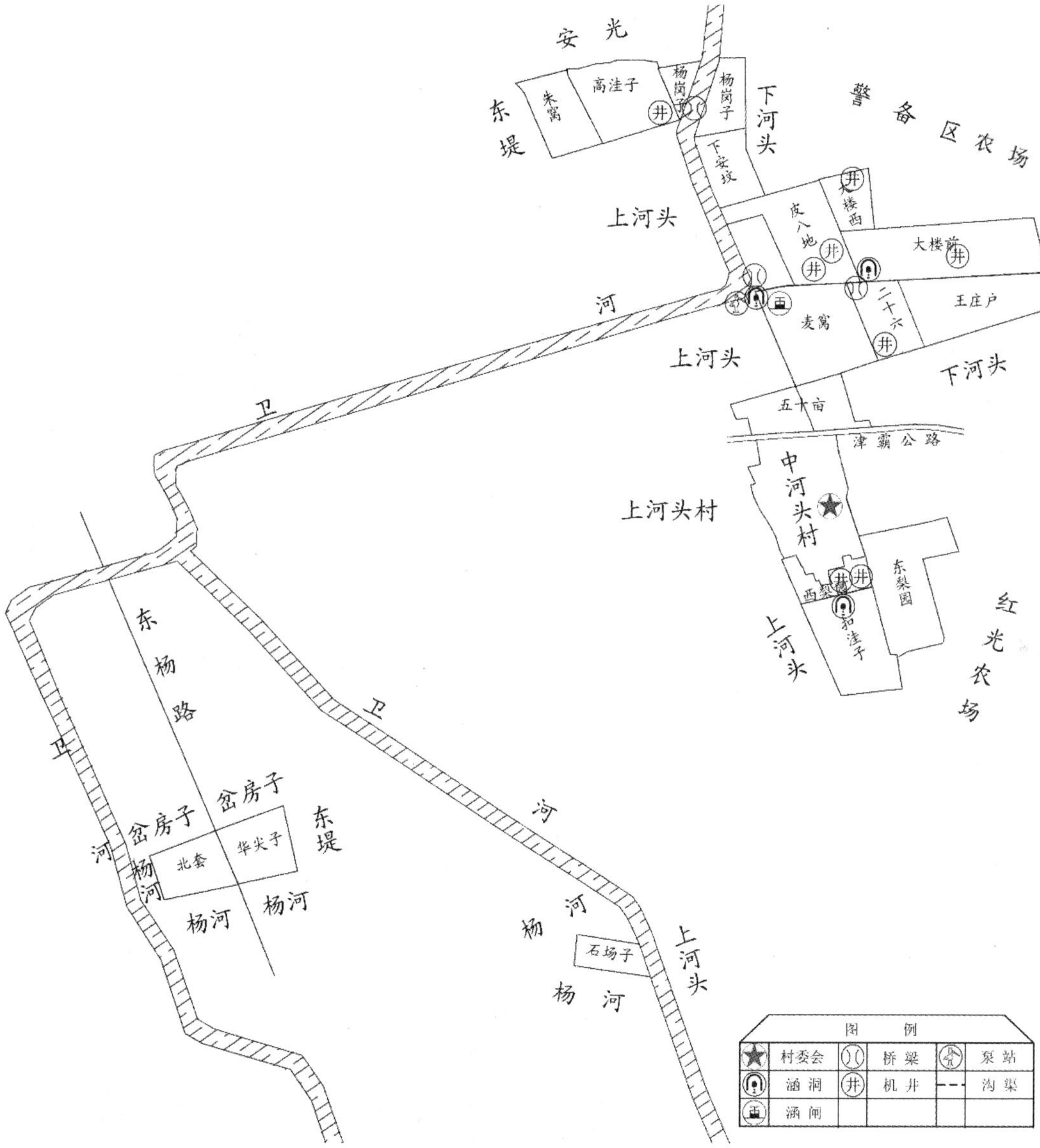

（2016年绘制）

五　街道胡同

该村有主干街道13条，总长5005米，其中东西走向9条，南北走向4条。有胡同28条，总长3370米，其中东西走向5条，南北走向23条。90年代以前，村内街道胡同均为土路。

1996年，建国路硬化为水泥路；2015年11月翻修为柏油路。2000年，繁荣大街、富强大街硬化为水泥路。2006年，果园路、兴华道硬化为柏油路，果园路2015年8月翻修为水泥路；胡同均硬化为砖道。建华路1996年修水泥路，2016年10月重新翻修。

2015年中河头村街道情况表

表2

名称	走向	长度（米）	名称	走向	长度（米）
泰安里	东西	314	万海里	东西	141
吉祥里	东西	314	建国路	南北	631
康乐里	东西	269	富强大街	东西	360
洪林里	东西	118	建华路	南北	890
振华道	东西	413	果园路	南北	683
建安道	南北	208	兴华道	东西	287
繁荣大街	东西	377			

2015年中河头村胡同情况表

表3

名称	走向	长度（米）	名称	走向	长度（米）
玉林巷	东西	98	华江里	东西	121
中义巷	南北	107	华义里	东西	213
中福巷	南北	143	中涵巷	南北	177
幸福巷	南北	145	荣章巷	南北	313
中元里	东西	54	金魁巷	南北	57
中子巷	南北	57	中环巷	南北	93
中海巷	南北	135	育红里	东西	49
中良巷	南北	130	中秋巷	南北	186
同德巷	南北	126	志勇巷	南北	126
海福巷	南北	74	同义巷	南北	74
永富巷	南北	71	中文巷	南北	81
民安巷	南北	70	金廷巷	南北	167
中庆巷	南北	68	金良巷	南北	172
中强巷	南北	89			

六　公共设施

20世纪70年代，中河头村打饮水井。1996年，建村幼儿园。1997年，建广播塔。2006年，建旱厕和村委会办公用房。2007年，建花园和卫生所。2009年，建成综合文化服务中心。2010年，建农家书屋。2012年，村南建水塔。2016年，建水站。

中河头卫生室　（2013年摄）

2015年中河头村主要街道胡同及公共设施示意图

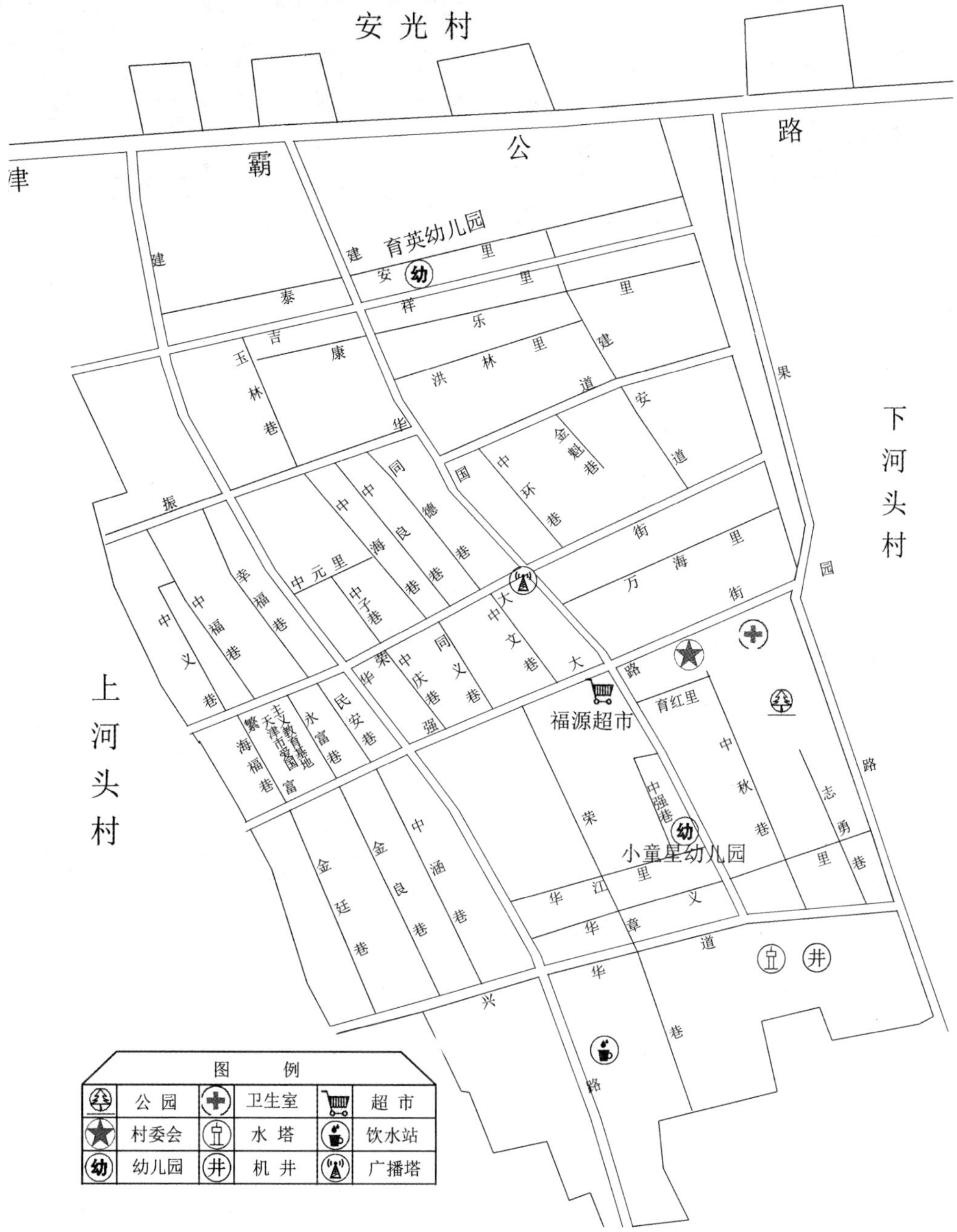

（2016年绘制）

七　经济概况

历史上，该村以农为主，农业以粮食种植为主。改革开放后，增加蔬菜和果品生产。

2015年，粮食播种面积为906亩，产量210吨；蔬菜主要以大棚蘑菇为主，种植面积为463.95亩，产量1092.8吨；水果主要以葡萄、苹果、梨、桃为主，种植面积为835.95亩，总产量352吨。

2016年，中河头村油料播种面积88.05亩，产量13吨。蔬菜及食用菌播种面积534亩，产量1947吨。瓜果类播种面积183亩，产量375吨。

20世纪80年代，村办企业有大桶厂、铆造厂、镀锌厂、果脯厂；90年代后，企业全部实行改制。2000年后，个体企业兴起；至2016年，个体企业12家，主要有电动车、自行车组装厂，木器厂、烤漆厂、叉架厂、卫生纸厂。个体超市6家，洗浴1家，美发1家。

1984年春，在区农技中心指导下，中河头村宫华庭引种“徐芋18”获得成功

中河头村杏鲍菇设施大棚
（2015年摄）

中河头村桃园　　（2004年摄）

中河头村秧歌队演出　　（2013年摄）

八　民间文化

文化团体　中华人民共和国成立后，村相继成立秧歌队、小车会和腰鼓队，每逢春节期间演出。后又成立评剧团，排演现代评剧《白毛女》、评剧《刘巧儿》《李二嫂改嫁》等剧目。

九　英烈先贤

安幸生　（1902—1927）　原名毓文，号仁岗，中河头人。父维礼以使船积蓄兴办“三河头小学”。幸生幼时即就读于该校，并于民国7年（1918年）以优异成绩考入天津直隶省立第一中学（天津三中）。聪颖、雄辩、擅写作、有大志。民国8年（1919年）与学友于方舟等组织“新生社”，任《新生》杂志主编，宣传革命。民国11年(1922年)经罗章龙介绍加入中国共产党。民国13年（1924年）12月与邓颖超等人当选“天津国民会议促进会”起草委员。民国16年（1927年）四五月间作为天津代表出席中共“五大”；8月出任中共顺直省委组织部长兼北京市委组织部长，其间在北京大学选听一些课程，以学生身份为掩护从事党的工作；9月由蔡和森撮合并证婚，与董季皋（张作霖贴身秘书、共产党员）之女董恂如结婚。幸生是天津早期农民运动、学生运动、工人运动的组织者和领导者。民国10年(1921年)冬，地方当局向农民无理收缴“烧炭税”(每窑大洋1元8角）和“割头税”(杀猪户无论自食或出售均要交税），

安幸生

他领导乡亲据理力争，并代写诉状到天津县政府打官司，终于取得斗争胜利。民国14年（1925年）上海“五卅惨案”后，组织“天津总工会”并任负责人，领导长达3个月的天津海员大罢工，致6艘英轮无法开动、港口陷于瘫痪。他还参与发动宝成、裕大、裕元、北洋纱厂2万余工人大罢工。当裕大纱厂数千工人欲往集会地时，军警堵门打人，愤怒的工人捣毁工事房和机器，遂酿成天津“砸裕大”事件。民国16年（1927年）10月17日，幸生找北京市委委员联系时不幸被东北军政权逮捕。面对叛徒李渤海（时任北京市委书记）的出卖和严刑，凛然宣称：“我信仰共产主义，是在中山先生联共政策下加入了中国共产党，别的无可奉告”。遂于11月11日夜在安定门外箭楼西侧被秘密杀害。中华人民共和国开国大典后，在北京八宝山革命公墓隆重举行安幸生等18烈士遗骨安葬仪式，周恩来亲自与董恂如抬着幸生骨殖坛步入墓地，并说：“我们俩人好好抬着我们的战友、同志、亲人吧！”1986年9月14日，邓颖超亲笔题写“安幸生烈士纪念碑”碑文。1997年，安幸生烈士故居被辟为天津市青少年爱国主义教育基地。

于照明（1914—1950） 中河头村人，生前任四十三军三七三团五连副连长，牺牲于朝鲜战场。

十 爱国主义教育基地——安幸生故居

在中河头村内。占地500平方米，建筑面积188平方米。为三合院建筑，共15间，正房及东西厢房各5间，均为青砖灰顶片瓦平房。1938年被日本侵略军烧毁。1947年在原址重建。1995年，北辰区对安幸生故居进行修建。1997年5月，被命名为天津市爱国主义教育基地。

2007年4月2日，北辰区委举行安幸生牺牲80周年纪念活动暨烈士故居重修启用仪式。

十一 历任党政负责人

1949—2016年，村党组织负责人先后历17任。其中1999—2000年，为镇派干部担任党组织负责人。村政机构负责人自1949—2016年共有14任，但在1966—1968年和1979—1983年两次出现空缺，原因无考。

1949—2016年中河头村党组织负责人任职情况表

表4

党组织名称	姓名	性别	职务	任职时间
河头村党支部	董祥善	男	书记	1949—1951
	董占魁	男	书记	1952—1960
中河头村党支部	董占魁	男	书记	1960—1966
	安玉秋	男	书记	1967—1968
	于治安	男	书记	1968—1974
	董占魁	男	书记	1975—1976
	安同聚	男	书记	1976—1979
	董占魁	男	书记	1979—1984
	杨宝林	男	书记	1984—1989
	魏秀华	男	书记	1989—1994
	安中友	男	书记	1994—1999
	张振水	男	书记	1999—1999
	安同树	男	书记	1999—2000
	杨宝林	男	书记	2000—2003
	李权友	男	书记	2003—2005
	安海洋	男	书记	2006—2009
中河头村党总支	梁兆发	男	书记	2009—

说明：1960年以前，与下河头村为一个党支部

1949—2016年中河头村政机构负责人任职情况表

表5

<table>
<tr><th>村政机构名称</th><th>姓名</th><th>性别</th><th>职务</th><th>任职时间</th></tr>
<tr><td>村公所</td><td rowspan="2">朱国梁</td><td rowspan="2">男</td><td>村长</td><td>1949—1951</td></tr>
<tr><td>村人民政府</td><td>村长</td><td>1952—1955</td></tr>
<tr><td rowspan="2">生产大队</td><td>杨春才</td><td>男</td><td>大队长</td><td>1956—1960</td></tr>
<tr><td>杨玉春</td><td>男</td><td>大队长</td><td>1960—1966</td></tr>
<tr><td rowspan="2">革命委员会</td><td>于治安</td><td>男</td><td>主任</td><td>1968—1974</td></tr>
<tr><td>董占魁</td><td>男</td><td>主任</td><td>1975—1976</td></tr>
<tr><td>生产大队</td><td>安同巨</td><td>男</td><td>大队长</td><td>1976—1979</td></tr>
<tr><td rowspan="7">村民委员会</td><td>杨宝林</td><td>男</td><td>主任</td><td>1983—1989</td></tr>
<tr><td>安同义</td><td>男</td><td>主任</td><td>1989—1993</td></tr>
<tr><td>孟庆友</td><td>男</td><td>主任</td><td>1994—1999</td></tr>
<tr><td>王作田</td><td>男</td><td>镇派干部</td><td>1999—2000</td></tr>
<tr><td>魏秀生</td><td>男</td><td>主任</td><td>2001—2003</td></tr>
<tr><td>刘凤九</td><td>男</td><td>主任</td><td>2003—2009</td></tr>
<tr><td>安同吉</td><td>男</td><td>主任</td><td>2009—</td></tr>
</table>

十二　荣誉

1949—2016年，中河头村分别获天津市农业学大赛先进单位和市级卫生村称号。2010年，安氏蜂业有限公司负责人安同友被评为天津市科技传播之星。

1949—2016年中河头村获市局级及以上先进集体荣誉表

表6

授予时间	获奖单位	荣誉名称	授予部门
1977	中河头大队	天津市农业学大赛先进单位	市革委会
2009	中河头村	市级卫生村	市卫生局

下河头村

下河头村位于北辰区西部，东与青光村为邻，西与中河头村相连，南与红光农场接壤，北与安光村相望。村庄呈东西长方形，占地面积93906平方米。距区政府12千米，距镇政府5.4千米。2015年，该村有户籍人口844人，长期固定资产574.7万元。

下河头村航拍图　　（2017年摄）

一　村庄沿革

下河头村始建于清顺治十一年（1654年），原处永定河三角淀东南部，后淀淤废。顺治年间(1644—1661年)，有曹、孟、安等姓氏族人迁此，顺河址建上、中、下三小村。雍正年间(1723—1735年)称“河头三庄”。因昔年永定河、子牙河、大清河三河至此汇流入海，乾隆元年（1736年）合称“三河头”。据《天津府志》载，光绪年间（1875—1908年），三河头已分称为上河头、中河头、下河头3个村。因该村居下名下河头。

清康熙二十七年（1688年），由东路厅武清县管辖。雍正九年（1731年），由天津府天津县管辖。光绪二十六年（1900年）七月至光绪二十八年（1902年）七月，曾隶八国联军所建天津都统衙门北区。光绪三十一年（1905年），由天津县西乡十六区管辖。民国2年（1913年），由直隶省津海道天津县管辖。民国17年(1928年)，由河北省天津县管辖。民国29—34年(1940—1945年)，由日伪天津县第三区管辖。民国34年（1945年）9月，由冀中天津工委五市分区管辖；10月，由冀中九专区天津县五区管辖。民国35年（1946年）9月，由津武县三区管辖。1945年日本投降后，因村域由民主政权和国民党政权拉锯治理，故民国35—37年（1946—1948年），亦属国民党天津县三区管辖。

民国38年（1949年）3月，由冀中天津县七区管辖。1950年8月，由河北省天津县四区管辖。1953年7月，由津北郊区河头乡管辖。1958年8月，由北郊区幸福公社管辖；10月，由红桥区幸福公社管辖。1960年6月，由天津市津北畜牧场青光分场管辖。1961年5月，由红桥区青光公社管辖。1962年2月，由北郊区青光公社管辖。1963年2月，由北郊区岔房子公社管辖。1983年4月，由北郊区岔房子乡管辖。1985年1月，由北郊区上河头乡管辖。1992年3月，由北辰区上河头乡管辖。1999年3月，由北辰区上河头镇管辖。2001年10月后，由北辰区双口镇管辖。

二　道路

道路　下河头村域有省道1条，即村北的津霸公路，东西走向，沿村旁而过。

津霸公路下河头村段　（2015年摄）

三　人口方言

人口　民国23年(1934年)，下河头村有35户183口人。1980年，有115户538人，劳动力251人。2000年，有200户602人，从业人员264人。2016年，有290户715人，从业人员406人，其中男性213人、女性193人。

民族　据《天津市北辰区地名志》载：1995年该村人口全部为汉族。据村情调查，2016年，该村有3个民族，其中回族1人、满族1人，余为汉族。

姓氏　全村有22个姓氏。其中100口人以上的姓氏有安、郝、万姓。

安姓辈分：大、汝、维、玉、中、同、志、建、允、详、武、事、顺、其、昌。

郝姓辈分：国、宝、海、庆、佳。

万姓辈分：士、国、明、春。

方言　村域方言属静海方言片。该片方言与相邻的杨柳青话近似，有4个声调，阴平调43、阳平调55、上声调13、去声调31，齿音字较多。在全国方言分区上属冀鲁官话区保（定）唐（山）片定（州）霸（州）小片的静海方言范围。

四　耕地状况

1980年，全村有耕地7块，总面积700.05亩，主要分布在村北、村东。村东东大段地块与上河头村地块相连；村北北扇地、大段地块与中河头村地块相接；村北小棋盘地块与警备区农场地块相邻。

有农用机井3眼。2015年年底，下河头村耕地面积816亩。

1980年下河头村所属耕地地块情况表

表1　　单位：亩

地块名称	面积	地块名称	面积
与中河头换地	10.05	小葡萄地	60
小棋盘	99.9	大段	250.2
东大段	99.9	北扇地	80.1
东二段	99.9	合计	700.05

1980年下河头村所属耕地地块示意图

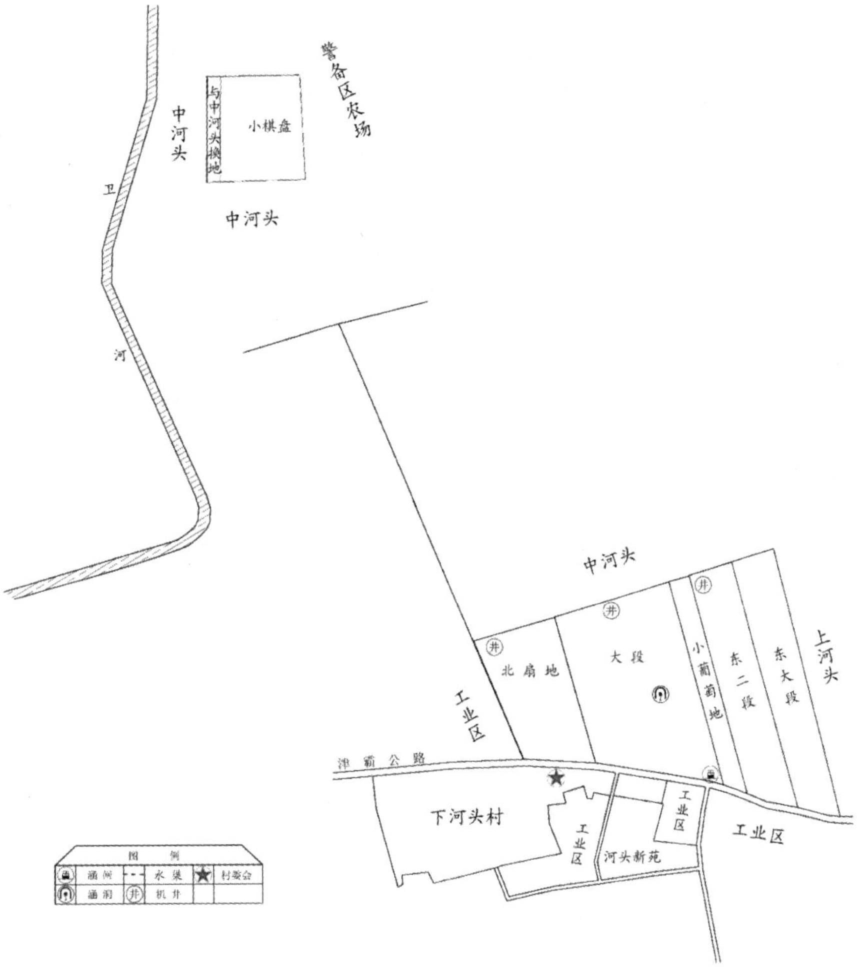

（2016年绘制）

五　街道胡同

下河头村有街道7条，总长2761米，其中东西走向4条，南北走向3条；有胡同13条，总长1284米，均为南北走向。2014年7月，主干道和胡同均硬化为水泥路面。

2014年下河头村街道情况表

表2

名称	走向	长度（米）	名称	走向	长度（米）
工业园路	东西	458	南宁道	东西	289
致富路	南北	413	河头新苑道	南北	329
中心前街	东西	649	酒厂道	南北	521
中心后街	东西	102			

2014年下河头村胡同情况表

表3

名称	走向	长度（米）	名称	走向	长度（米）
西安巷	南北	75	东康里	南北	75
安家胡同	南北	74	东光里	南北	170
西南里	南北	85	长春东路	南北	119
张家巷	南北	69	长春西路	南北	134
西宁里	南北	86	正南巷	南北	82
南兴胡同	南北	83	胜利胡同	南北	143
东宁里	南北	89			

六　公共设施

1980年，下河头村始建公共厕所。1995年，建村委会办公楼，后称社区综合服务中心。2002年，根据市容委要求建标准化厕所。2006年，建公园、饮用水站、老年活动中心、卫生室。2008年，建农家书屋。2015年，建新式公共厕所、新建卫生室。

2015年下河头村街道胡同及公共设施示意图

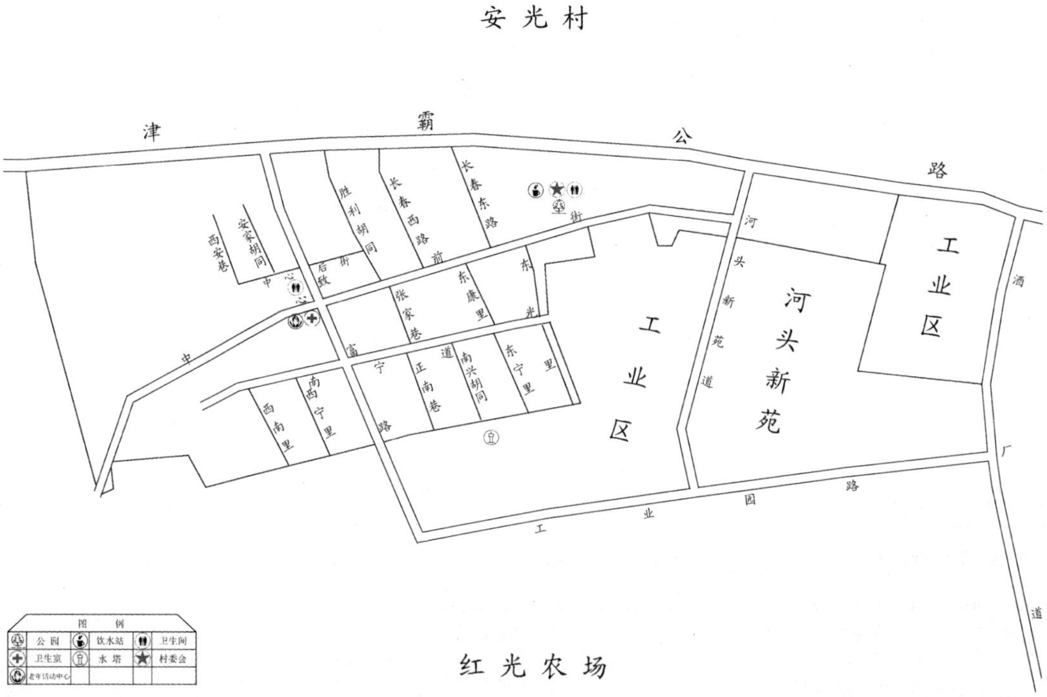

（2016年绘制）

下河头村村委会办公楼外景（2013年摄）

下河头村卫生室　（2015年摄）

七　经济概况

20世纪80年代前，该村以农业为主，多为种植玉米、大豆。改革开放后，调整农业种植结构，扩大果树种植面积，水果以苹果、桃、葡萄为主。1984年，果树种植面积为19.95亩；至2000年，增加到298.8亩。

90年代初，有个体私营企业4家，主要以纸箱、饮料、钢窗加工为主。

90年代中后期，大力发展养殖业。1996年12月，村民孙同文从华农公司引进1000只樱桃谷鸭，试养成功。采取养殖场＋农户的模式，带动13户村民以家庭为单位养殖肉鸭，年出栏肉鸭15万只，开辟了农民致富新途径。

2010年8月，该村被列入市级科技项目发展计划，投资370万元，兴建二代节能实验室和工厂化菌类种植车间113座，面积8.16万平方米。2013年8月，投资50万元，扩大生产规模，新增茶树菇生产，面积1700平方米。2014年9月，食用菌种植专业合作社优质农产品被天津市农村工作委员会授予“金农奖”。

2015年，粮食播种面积348.9亩，总产量427吨。蔬菜播种面积121.05亩，总产量378吨。果园面积315亩，总产量103吨。食用菌种植专业合作社被确定为中国现代农业科技示范基地，被中华全国妇女联合会评为全国巾帼建功先进集体。全村有个体私营企业42家，养牛、养猪、养羊户共4家。商业网点10个，洗浴、美发3家。

2016年，下河头村油料播种面积43.05亩，产量6吨。蔬菜及食用菌播种面积49.95亩，产量203吨。瓜果类播种面积42亩，产量86吨。

20世纪70年代，岔房子公社下河头大队贫下中农学大寨革命精神，夺得小麦好收成

下河头村樱桃谷鸭　（2002年摄）

下河头村葡萄园　（2009年摄）

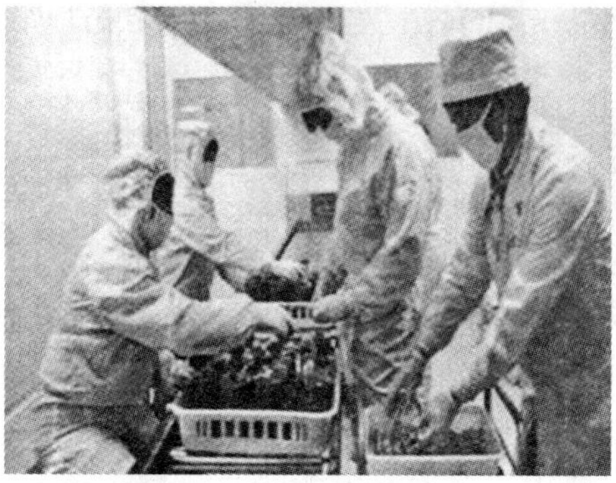

下河头村民在食用菌生产车间工作
（2011年摄）

八　民间文化

文化团体　2005年4月，村成立秧歌队，队员20余人。2012年，该秧歌队因故解散。后自行组织演出。

音乐会　中华人民共和国成立前，该村有“音乐会”，主要乐器有笙、笛、管、云锣、鼓、钹等，主要活动是替人作佛事拜忏、丧事祭奠。中华人民共和国成立后，乐器、僧袍均被没收，音乐会解散。80年代，重建音乐会，改称吹歌会。

下河头村秧歌队在世界人口日表演节目
（2014年7月摄）

九　历任党政负责人

下河头村自1960年独立建立党支部以来，至2016年，共有7任党支部书记。1949—2016年，该村村政机构共历19任负责人。

1960—2016年下河头村党组织负责人任职情况表

表4

党组织名称	姓名	性别	职务	任职时间	说明
村党支部	田国荣	男	书记	1960—1979	
	万士举	男	书记	1980—1990	
	刘义传	男	书记	1990—2000	
	安同义	男	书记	2001—2003	
	安中亮	男	书记	2003—2007	
	安同芳	女	组织委员	2007—2009	主持工作
	万国富	男	书记	2009—	

1949—2016年下河头村村政机构负责人任职情况表

表5

村政机构名称	姓名	性别	职务	任职时间
村公所	万士贤	男	村正	1949—1950
村人民政府	王洪早	男	村长	1951—1954
生产大队	张印忠	男	大队长	1954—1959
	李殿如	男	大队长	1960—1962
	万国洪	男	大队长	1962—1964

续表

村政机构名称	姓名	性别	职务	任职时间
生产大队	安玉信	男	大队长	1964—1966
革命委员会	田国荣	男	主任	1967—1968
	安维凤	男	主任	1968—1970
	安玉信	男	主任	1970—1975
	安中申	男	主任	1975—1979
生产大队	万明来	男	大队长	1980—1982
村民委员会	万明来	男	主任	1983—1986
	安同轩	男	主任	1986—1990
	安同义	男	主任	1990—2000
	安同亮	男	主任	2001—2003
	安同亮	男	主任	2003—2007
	郝海青	男	村委员主持工作	2007—2009
	万国富	男		
	颜士荣	女	主任	2009—

十一　荣誉

1960—2016年，下河头村共获全国先进集体奖项2项，先进个人奖1项。获天津市局级及以上先进集体奖3项，先进个人奖6项。

1960—2016年下河头村获市局级及以上先进集体荣誉表

表6

授予时间	获奖部门	荣誉名称	授予部门
2009	下河头村	2009年市级卫生村	市卫生局
2014	下河头村	天津市“四有两无”零犯罪社区	市综治委
2014	食用菌种植专业合作社优质农产品	金农奖	市农委
2015	下河头村食用菌种植专业合作社	中国现代农业科技示范基地	国家农业部
2015.3	下河头村食用菌种植专业合作社	全国巾帼建功先进集体	全国妇联

1960—2016年下河头村获市局级及以上先进个人荣誉表

表7

授予时间	姓名	性别	荣誉名称	授予部门
1990	安同轩	男	治安积极分子	市人民政府
2000	孙同文	女	津门女将	市妇联
			市“三八”红旗手	市妇联
2001			2001年度市农村经济结构调整科技致富百强户	市人民政府
2001			1999—2000年全国“双学双比”女能手	国家农村妇女“双学双比”协调领导小组
2013	颜士荣	女	科普惠农兴村带头人	市科协、市财政局
2014			天津市2013年度“三八”红旗手	市妇联

郝家堡村

郝家堡村位于北辰区西部边缘，距双口镇政府6千米，距区政府15千米。东与赵家圈村为邻，西与徐家堡村接壤，南与岔房子村相望，北与前常家堡村相连。村呈长方形，占地面积85914平方米。2015年，该村有户籍人口475人，长期固定资产445.13万元。

郝家堡村航拍图　　（2017年摄）

一　村庄沿革

清光绪二十一年（1895年）天津县属村庄中，初见郝家堡村名。

郝氏祖居霸县，在今郝家堡村周围拥有大量土地。因兄弟分家，其中一支到此定居。郝家曾招高姓亲戚到这里定居，并给其土地。高氏聚居地曾起名为高家场，位于赵家圈村西、郝家堡村南。据《武清县志》载，清雍正八年（1730年）划归天津县142村时称高家庄。道光二十六年（1846年）的《津门保甲图说》中改称高家场。中华人民共和国成立初期，并入郝家堡村。

清康熙二十七年（1688年），隶属东路厅武清县。雍正三年（1725年），隶属天津州武清县。雍正五年（1727年），隶属顺天府武清县。雍正九年（1731年），隶属天津府天津县。光绪二十六年（1900年）七月五日至光绪二十八年（1902年）七月四日，曾隶属八国联军所建天津都统衙门北区。光绪三十一年（1905年），隶属天津县西乡第十七区。民国2年(1913年)，隶属直隶省津海道天津县。民国17年(1928年)，隶属河北省天津县。民国29—34年（1940—1945年），隶属日伪天津县三区。民国34年（1945年）10月，隶属民主政府冀中九专区天津县。民国35年（1946年）9月，隶属冀中八专区津武县。民国35—37年(1946—1948年)，由于民主政权和国民党政权拉锯治理，该村域亦属国民党天津县三区管辖。

民国38年（1949年）3月，隶属天津县七区。1950年8月，隶属河北省天津县四区。1953年7月，隶属津北郊区安光乡。1958年4月，隶属北郊区河头乡；8月，隶属北郊区幸福公社；10月，隶属红桥区幸福公社。1960年3月，隶属天津市药材培植场。1961年1月，隶属津北畜牧场青光分场；5月，隶属红桥区青光公社。1962年2月，隶属北郊区青光公社。1963年2月，隶属北郊区双口公社。1977年11月，隶属北郊区岔房子公社。1983年4月，隶属北郊区岔房子乡。1985年1月，隶属北郊区上河头乡。1992年3月，隶属北辰区上河头乡。1999年3月，隶属北辰区上河头镇。2001年10月，隶属北辰区双口镇。

二　道路河流

历史上，村域周边道路甚少，交通不便。1999年修筑的津保高速公路从东到西途经村域。

2014年修筑的枣强路从东到西途经村域。

三　人口方言

人口　据《典籍中的北辰》载，郝家堡村民国23年(1934年)有41户201人。据统计资料载，1980年，有118户443人，从业人员235人。2000年，有142户450人，从业人员142人。2016年，有157户，常住人口475人。从业人员190人，其中男性112人，女性78人。

民族　据《天津市北辰区地名志》载：1995年该村有2个民族，其中回族4人，余为汉族人口。据村情调查，2016年，该村有4个民族，其中回族6人、壮族3人、满族2人，余为汉族。

姓氏　全村有13个姓氏，其中郝、高、尤、李为大姓。

郝姓辈分次第为：榆、庭、燕、增、希、洺。

方言　方言属于静海方言片。

四　耕地状况

1980年，全村共有14块耕地，总面积679.2亩，主要分布在村东，占耕地总面积的80%。耕地四至为：村东大斜子地、陆家地地块与赵家圈村地块相接；村西菜园子地地块与徐家堡村地块相接；村南西街地地块与岔房子村地块相接；村北大梨树地地块与前常家堡村地块相接。共有机井5眼，其中村北1眼，村东、村南各2眼；沟渠5条，村东2条，村西、村南、村北各1条；涵洞2个，村东、村南各1个。2015年，耕地面积为717亩。

1980年郝家堡村所属耕地地块情况表

表1　　　　单位：亩

地块名称	面积	地块名称	面积
贾家地	5.55	村北地	11.7
大梨树地	150	王家坟地	31.5
倭瓜地	7.95	高头地	3.15
村东地	52.5	东大地	90
大斜子地	54.9	庙东地	3.45
菜园子地	97.5	小棋盘地	25.5
陆家地	114	西街地	31.5
合计	679.2		

1980年郝家堡村所属耕地地块示意图

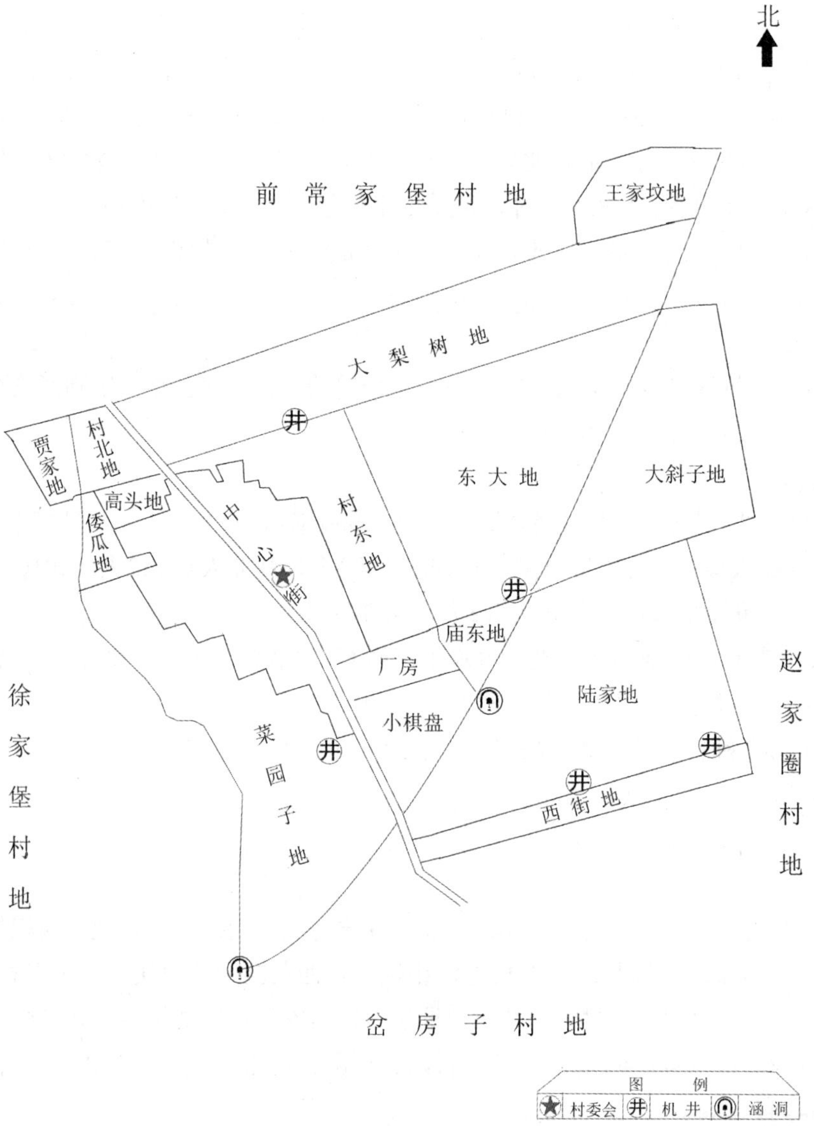

（2016年绘制）

五　街道胡同

中华人民共和国成立以前，村内街道胡同均为土路，村民生产生活多有不便。50—70年代，村容村貌虽有所改变，但发展变化不大。自进入80年代以来，随着经济的发展，按规划实施村庄改造，街道胡同相继硬化。90年代以后，村庄有街道5条，长度共1625米，其中南北走向3条、东西走向2条；2010年，硬化为柏油路面。村内有胡同6条，长度共578米，其中东西走向5条，南北走向1条；2000年，硬化为水泥路面。

2010年郝家堡村主要街道情况表

表2

名称	走向	长度（米）	名称	走向	长度（米）
村东路	南北	286	学校路	南北	280
东西街	东西	167	村南路	东西	162
中心街	南北	730	东北路	东西	—

2000年郝家堡村胡同情况表

表3

名称	走向	长度（米）	名称	走向	长度（米）
西一胡同	东西	94	曹家胡同	东西	50
西二胡同	东西	90	李家胡同	东西	105
西三胡同	东西	72	郝家胡同	南北	167
张家胡同	南北	—			

六　公共设施

中华人民共和国成立前，村内公共设施甚少。20世纪50年代，尚无公厕，如厕在私宅茅房。60年代，建大队部办公用房。70年代中期，逐渐采用人工砖始建公厕；80年代，打机井、建水塔。1993年，新建村委会办公用房（社区综合服务中心）。1995年，建老年活动中心。2000年，建郝家堡小学；2005年，建成社区综合文化服务中心(包括图书室、村民学校、排练室)。2006年，郝家堡小学并入安光小学。2008年，建郝堡公园、社区卫生服务中心。2014年，图书室改称农家书屋。2015年，建移动式公厕一座。

郝家堡村公园入口　　（2015年摄）

郝家堡村卫生室　　（2015年摄）

2015年郝家堡村街道胡同及公共设施示意图

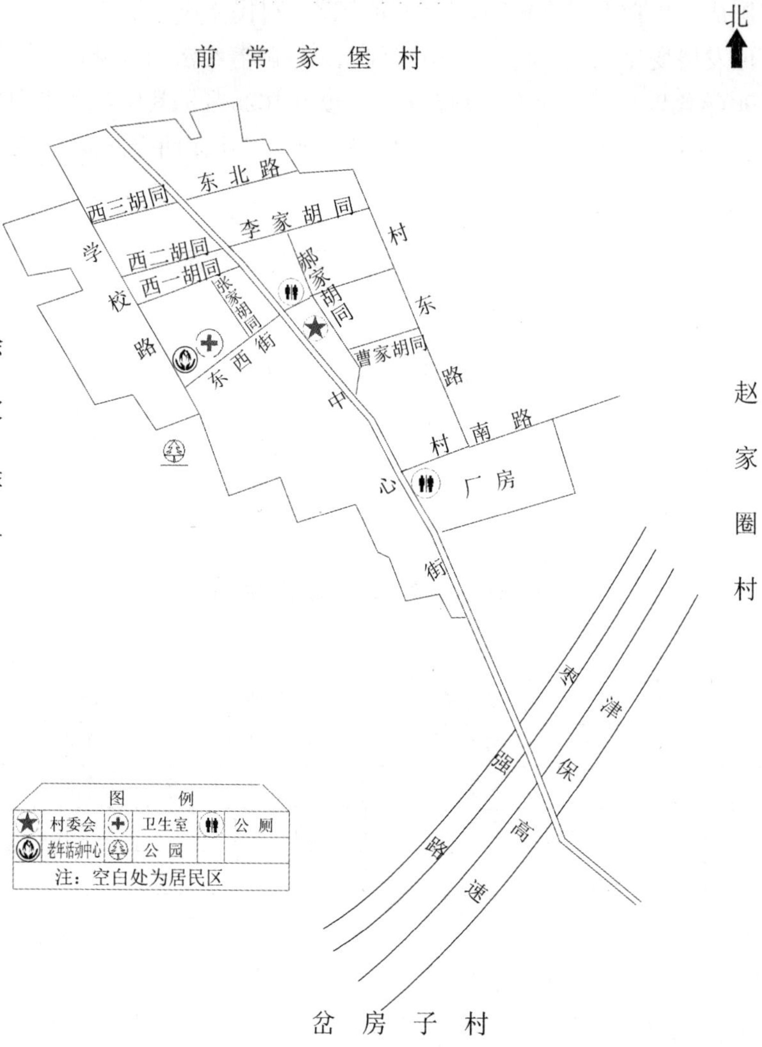

（2016年绘制）

七　经济概况

中华人民共和国成立前，该村以种植业为主，粮食品种有玉米、大豆及各种杂粮。中华人民共和国成立后，农业生产条件逐步改善，增加了小麦和水稻种植，使集体收入增加，村民生活水平有所提高。1978年，扩大果树、蔬菜种植面积，主要果品为雪花梨。1984年，果树面积70.05亩，至2000年增加到262.2亩。2009年，开发郝家堡村设施农业示范园区，建高标准钢骨架二代节能温室蔬菜大棚2座，占地22.05亩，种植黄瓜和芹菜。2016年，蔬菜播种面积51亩，总产量180吨。2015年，生猪出栏455头，年末存栏200头。

郝家堡村雪花梨　（2015年摄）

1977年，有村办水泥制品厂，兼营电镀腿沙发，产品销往市内百货大楼等商场。1978年，村民王树青、高润明、高素华等人首先搞起沙发制作，一套沙发可获利40余元，后带动全村100多户制作沙发。1993年，建村办企业通达水泥构件厂，主要产品有水泥构件、楼板。2015年，村内有个体私营企业1家，主要以生产玻璃丝为主。村里有小型商铺两家，主要经营副食品、蔬菜等。

郝家堡村民在摘苹果（2007年摄）

郝家堡村民在大棚里摘黄瓜（2009年摄）

八　民间文化

1997年曾成立秧歌会、女子舞龙会，常到各村演出。2015年，组建郝家堡村舞蹈队，每逢节日为村民演出。

九　英烈先贤

郝仲青（1879—1955）　原名濯，字仲清，晚年改为仲青。原籍河北省霸县，后迁居郝家堡村。清光绪三十三年（1907年）秋，毕业于保定高等师范学堂。后受聘在该校任教，并加入陈幼云组织的河北同盟会，曾任保定育德中学监督两年，并被推举为河北同盟分会主盟人。民国元年（1912年），同盟会本部移设北京，郝仲青被委任为燕京支部组织员，后任总务干事，同时被选为顺直临时省议会议员。民国2年（1913年）春，国会成立，当选参议院议员。民国6年（1917年）段琪瑞撕毁约法，孙中山在广东举起护法旗帜，召开非常国会会议，郝仲青赴广州参加护法。民国10年（1921年）返回保定，任育德中学校长。他从教50年，培养大批人才，其革命思想和认真负责、廉洁朴素的作风，对学生和教育界影响至深。1955年9月20日病逝。

十　历任党政负责人

中华人民共和国成立以来，郝家堡村党组织比较稳定，共历5任书记。1950—2016年，共有16人次任村政负责人，其中1967—1979年为革命委员会主任，1980年改为生产大队长，1983年后为村民委员会主任。

1949—2016年郝家堡村党组织负责人任职情况表

表4

党组织名称	姓名	性别	职务	任职时间
村党支部	张开文	男	书记	1949—1977
	尤玉生	男	书记	1978—1991
	郝燕平	男	书记	1992—2006
	曹士检	男	书记	2006—2009
	李士岩	男	书记	2009—

1950—2016年郝家堡村村政机构负责人任职情况表

表5

村政机构名称	姓名	性别	职务	任职时间
村公所	刘恩祥	男	村长	1950—1951
村人民政府	刘恩祥	男	村长	1952—1957
生产大队	刘恩祥	男	大队长	1958—1966
革命委员会	刘恩祥	男	主任	1967—1977
	高恩普	男	主任	1978—1979
生产大队	郝会增	男	大队长	1980—1983
村民委员会	郝会增	男	主任	1983—1988
	郝俊嶺	男	主任	1989—1991
	郝燕平	男	主任	1992—1995
	李怀敏	男	主任	1996—2000
	高祝洪	男	主任	2000—2003
	尤胜明	男	主任	2003—2006
	李士岩	男	主任	2006—2009
	高祝山	男	主任	2009—2013
	孙文江	男	主任	2013—2015
	高祝山	男	主任	2015—

十一　荣誉

1999年前，郝家堡村未曾获得市级以上奖项。1999年后，主要在创建小康村、精神文明和加强民主法治建设方面取得成绩，至2009年，共获市局级及以上以上奖5项。

1950—2016年郝家堡村获市局级及以上先进集体荣誉表

表6

授予时间	荣誉名称	授予部门
1999	1998年度市级明星小康村	市委农工委、市农委
	1997—1998年度市级文明村	市文明委
	1998年天津市宽裕型（明星）小康村	市委农工委、市农委
2005	2005年度创建文明村“五个一”活动先进村	市文明委
2009	2009年市级民主法治村	市综治委

东堤村

东堤村位于北辰区西部，东与上河头村相连，南与杨家河村相接，西与岔房子村相邻，北隔卫河与安光村相望。该村呈东西长方形，占地面积385480平方米。距双口镇政府7.2千米，距区政府13.8千米。2015年，该村有户籍人口3185人，长期固定资产472万元。

东堤村航拍图　（2017年摄）

一 村庄沿革

东堤村村牌　　　　（2015年摄）

清康熙四年(1665年)，始由杨柳青李、刘、安姓分别迁浑河即今永定河南堤定居形成3个居民点，分称李家庄(一说李家场)、刘家庄、安家庄。光绪年间(1875—1908年)，浑河泛滥堤决，因3村均在决口堤东而称东堤。

据《典籍中的北辰》(75页)载，光绪二十一年(1895年)，天津县属村庄中始见东堤、李家场、安家庄3村名，未见刘家庄村名。据《北辰区志》(89页)载，光绪三十一年(1905年)，天津县西乡第十六区辖有东堤村，无李家场、安家庄、刘家庄村名。

据《天津市北辰区地名志》(114页)载："……一说李家场、刘家庄于清末民初并入东堤，安家庄于建国初划归东堤。"

清末至2016年，东堤村名未易。

清雍正九年(1731年)，由天津府天津县管辖。光绪二十六年(1900年)七月至光绪二十八年(1902年)七月，曾隶属八国联军所建天津都统衙门北区管辖。光绪三十一年(1905年)，由天津县西乡十六区管辖。民国2年(1913年)，由直隶省津海道天津县管辖。民国17年(1928年)，由河北省天津县管辖。民国29—34年(1940—1945年)，由日伪天津县三区管辖。民国34年(1945年)10月，由冀中九专区天津县管辖。民国35年(1946年)9月，由津武县三区管辖。民国35—37年(1946—1948年)，村域又属中华民国南京政府天津县三区管辖。

民国38年(1949年)3月，由冀中天津县七区管辖。1950年8月，由河北省天津县四区管辖。1953年7月，由津北郊区岔房子乡管辖。1958年4月，由北郊区河头乡管辖。8月，由北郊区幸福公社管辖。10月，由红桥区幸福公社管辖。1960年6月，由津北畜牧场青光分场管辖。1961年5月，由红桥区青光公社管辖。1962年2月，由北郊区青光公社管辖。1963年2月，由北郊区岔房子公社管辖。1983年4月，由北郊区岔房子乡管辖。1985年1月，由北郊区上河头乡管辖。1999年3月，由北辰区上河头镇管辖。2001年10月后，由北辰区双口镇管辖。

二 道路河流

道路 村北有省(市)道津霸公路。

河流 村北有二级河道卫河。

三 人口方言

人口 据《典籍中的北辰》载，东堤村1934年有178户714人。据统计资料载，1980年有462户2088人，劳动力803人。2000年有698户2441人，从业人员850人。2016年有850户3400人。从业1110人，其中男性622人、女性488人。

民族 据《天津市北辰区地名志》载：1995年该村有2个民族，其中回族1人，余为汉族。据村情调查，2016年该村有4个民族，其中蒙古族5人、满族3人、回族1人，余为汉族。

姓氏 东堤村有姓氏38个，分别为：安、陈、崔、邓、丁、董、窦、高、顾、韩、侯、胡、贾、姜、金、李、梁、林、刘、孟、庞、宋、孙、田、王、魏、邢、徐、闫、杨、姚、于、袁、岳、张、赵、朱、诸葛等。

其中超过100口人的姓氏为：安、刘、李、孙、张。

方言 村域方言属静海方言片。该片方言与相邻的杨柳青话近似，有4个声调，阴平调43、阳平调55、上声调13、去声调31，齿音字较多。在全国方言分区上属冀鲁官话区保(定)唐(山)片定(州)

霸（州）小片的静海方言范围。

四　耕地状况

1980年，全村有耕地14块，总面积为4047.6亩。主要分布在村南、村北，耕地四至为：村南大小果园、菜地等地块与杨家河村耕地相邻，村南南堤壕、头段地地块与上河头村地块相界；村北四节地地块与安光村地块相接。村北二节地有泵站1座；村南有机井1眼。村北有桥梁3座，分别在二、三、四节地块，另有蓄水池2个。2015年年底，东堤村耕地面积为3337.95亩。

1980年东堤村所属耕地地块示意图

（2016年绘制）

1980年东堤村所属耕地地块情况表

表1　　单位：亩

地块名称	面积	地块名称	面积
豆嘴地	540	园林地	204

续表

地块名称	面积	地块名称	面积
大小果园	310.05	菜地	78
官地	145.5	板凳地	129
北堤豪	502.5	头段地	265.05
南堤豪	279	一节地	199.5
二节地	463.95	三节地	464.1
四节地	312	小厂子	154.95
合计	4047.6		

五　街道胡同

村内有南北走向主干道2条、辅道3条，东西走向主干道2条、辅道5条，因村落以前为沿堤而建，故无名道路胡同错综复杂。

街道共10条，其中南北走向7条，东西走向3条，总长3230米。2012年，硬化商业街、小学校大街、五村南大道、南段大街为水泥路。2013年，硬化东支路为柏油路。2015年年底，安庄新街、中心街、西大街、袁场大街硬化为水泥路并铺设了下水管道。

东堤村东支路　　（2015年摄）

2015年东堤村街道情况表

表2

名称	走向	长度（米）	名称	走向	长度（米）
商业街	南北	362	五村南大道	东西	537
东支路	南北	482	西大街	东西	211
安庄新街	南北	225	袁场大街	南北	426
中心街	南北	167	北大街	东西	384
小学校大街	南北	200	南段大街	南北	236

六　公共设施

60年代，东堤村成立东堤卫生室；经几次搬迁，历几代乡村医生不懈的努力，已初具规模。1980年建公共厕所两处。1985年建农贸市场。1993年建村委会办公房（社区综合服务中心）、超市。1995年

东堤村村委会　　（2013年摄）

东堤村文体公园　　（2005年摄）

建立老年活动中心。2000年，东堤村投资20多万元建商业街，建筑面积440平方米，设门脸房22间。

2001年，修建东堤村委会办公用房。2002年，根据市容委要求和创建卫生村标准，改建公共厕所。2004年，在东堤小学原址改建东堤村文体公园。2007年，建成综合文化服务中心。2012年，打饮用水机井。

2015年年底，为方便群众生活、出行，拓宽调直安庄新街、中心街、西大街、北大街、袁场大街，铺装水泥路面，并铺设下水管道。

东堤村卫生室　（2017年摄）

2015年东堤村街道及主要公共设施示意图

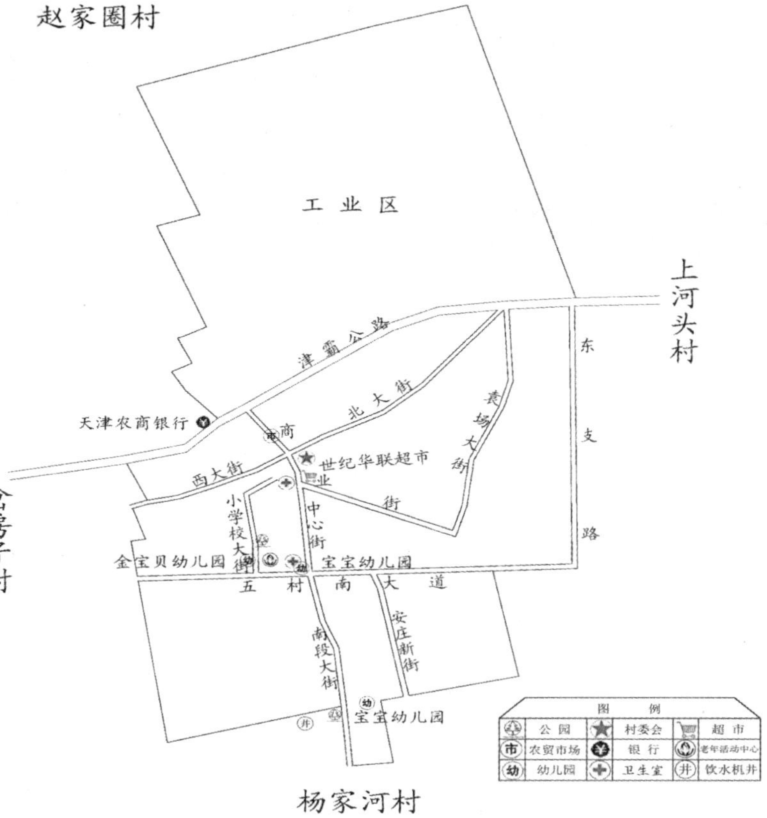

（2016年绘制）

七　经济概况

20世纪70年代前，该村以种植业为主，粮食品种多为玉米、大豆。小面积种植果树。也有一些为生产生活服务的集体副业。改革开放后，调整农业种植结构，扩大果树、蔬菜种植面积，水果以葡萄、桃为主。1984年，果树种植面积达118.5亩，至2000年增加到1001.25亩。1985年，顾玉林从区外贸局引进芦笋种子，育苗栽植，种植面积为400亩，品种有白、绿芦笋，是主要出口品种。1987年，村购进2台孵化器，负责全乡

东堤村村口门脸房　（2013年摄）

的鸡雏供应，村内涌现出以家庭为单位的蛋鸡养殖专业户，后达百余户。

1983年，掀起制作沙发的高潮，80%～90%的农户制作沙发零件及成品。2000年后，个体私营企业有电动自行车零配件制造及整车组装、钢木家具，纸箱厂、蜂蜜厂。个体经营加工业主要有门窗、护栏制作安装，封阳台、封小院、封露台、制作遮阳罩等。

2015年，有个体企业46家，行业主要有塑钢建材、钢管制造、家具生产、自行车、电动车零件及组装。有餐饮、住宿业24家，商业网点35家，美容美发、摄影等9家。

2016年，东堤村油料播种面积268亩，产量41吨。蔬菜及食用菌播种面积322亩，产量980吨。瓜果类播种面积82亩，产量168吨。

东堤村早熟葡萄　　　　　（2015年摄）

1963年11月，东堤村开展副业生产。图为社员编成的筐　　（章崇昭摄）

八　民间文化

朝霞舞蹈队　2007年，东堤村成立朝霞舞蹈队，队员达40余人，曾多次参加市、区“三八健康杯”“和谐文化大舞台”等大型演出和比赛，获得市级二等奖、区级一等奖、优秀组织奖等。朝霞舞蹈队还经常为敬老院义演送温暖。2010年3月27日，朝霞舞蹈队参加天津市“天狮杯”第二十九届妇女健康舞比赛，获得健身舞表演二等奖和优秀组织奖。2011年4月16日，《天津日报》以《舞在希望的田野上》为题，对朝霞舞蹈队进行了报道。

东堤开心评剧团　有20余名演员，其中有新派演员、攸派演员、魏派演员、白派演员等，方圆几十里小有名气，曾在天津电视台《四季风》栏目中演出三次，在《四季风》评剧比赛中获得天津市第九名，在北辰区文艺会演中获金奖，在2001—2003年春节演出全本戏《包公赔情》《柜中缘》，深受群众好评。曾多次被刘家房子评剧院、天穆文化站、杨柳青文化站、王庄坨二街、五街、西江街、武清豆张庄月秀园、北辰引河北里等处邀请演出。至2016年共演出百余场。

东堤村舞蹈队表演印度肚皮舞　（2009年摄）

东堤开心评剧团　　　　　（2015年摄）

九　历任党政负责人

自1950—2016年，东堤村党组织比较健全，共经历9任书记；村政机构自1951—2016年共经历12任负责人。

1950—2016年东堤村党组织负责人任职情况表

表3

党组织名称	姓名	性别	职务	任职时间
村党支部	刘万顺	男	书记	1950—1953
	李万有	男	书记	1954—1961
	梁万发	男	书记	1962—1992
	安中轩	男	代书记	1993—1995
	庞松立	男	书记	1996—1999
村党总支	梁世明	男	书记	2000—2005
	徐海河	男	书记	2006—2008
	王树文	男	书记	2009—2011
	张久兴	男	书记	2012—

1951—2016年东堤村村政机构负责人任职情况表

表4

村政机构名称	姓名	性别	职务	任职时间
村公所	姜世明	男	村正	1951—1952
村人民政府	刘万顺	男	村长	1953—1955
生产大队	安玉谦	男	大队长	1956—1966
革命委员会	李庆玉	男	主任	1967—1969
	王作生	男	主任	1970—1972
	安玉才	男	主任	1973—1982
村民委员会	梁世仁	男	主任	1983—1985
	安玉才	男	主任	1985—1988
	梁世仁	男	主任	1989—2002
	王树文	男	主任	2003—2011
	李克海	男	主任	2012—

十　荣誉

1950—2016年，东堤村（大队）共获市局级及以上先进集体荣誉5项，村调委会、妇代会分别获得市局级及以上先进集体荣誉1项。1950—2016年，王明芝等4人分别获得市局级及以上先进个人荣誉6项。

1950—2016年东堤村获市局级及以上先进集体荣誉表

表5

年份	获奖单位	荣誉名称	授予部门
1978	东堤大队	农业学大寨先进大队	市革委会
2000	东堤村	1999年度市级文明村	市文明委

续表

年份	获奖单位	荣誉名称	授予部门
2001	东堤村	2000年度第八批宽裕型小康村	市委农工委、市农委
2003	东堤村	市级文明村	市文明委
2004	东堤村调委会	2003—2004年度人民调解工作优秀集体	市司法局
2009	东堤村	市级先进调解委员会	市司法局
2011	东堤村妇代会	2007—2010年度妇联系统先进集体	市妇联

1950—2016年东堤村获市局级及以上先进个人荣誉表

表6

<table>
<tr><th>年份</th><th>姓名</th><th>性别</th><th>单位</th><th>荣誉名称</th><th>授予部门</th></tr>
<tr><td>1977</td><td>王明芝</td><td>女</td><td>东堤村</td><td>市级妇女工作先进个人</td><td>市妇联</td></tr>
<tr><td>1979</td><td>王文敏</td><td>女</td><td>东堤村</td><td>市级“三八”红旗手</td><td>市妇联</td></tr>
<tr><td>2008</td><td>刘顺连</td><td>男</td><td>东堤村</td><td>优秀平安志愿者</td><td>市综治委</td></tr>
<tr><td>2008</td><td rowspan="3">王树燕</td><td rowspan="3">女</td><td>东堤村宏利铁艺厂</td><td>天津市优秀青年企业家</td><td>市人民政府</td></tr>
<tr><td>2010</td><td>东堤村宝燕金属制品有限公司</td><td>市“三八红旗手”</td><td>市妇联</td></tr>
<tr><td>2011</td><td>东堤村</td><td>天津市刑释解教人员安置帮教工作先进个人</td><td>市司法局</td></tr>
</table>

赵家圈村

赵家圈村位于北辰区西部边缘、津霸公路北约800米处。东与天津警备区青光农场以卫河相界，西与郝家堡村相邻，南隔卫河与岔房子村相望，北与安光村相连。该村呈东西长方形，占地面积58341平方米。2015年，该村有户籍人口580人，长期固定资产144.02万元。

赵家圈村航拍图 （2017年摄）

一 村庄沿革

清雍正十三年（1735年），由赵姓等3户建村，名称赵家圈村。中华人民共和国成立后，1953年北郊区建制始，一度改称赵圈，后复称赵家圈。

相传清雍正年间（1723—1735年），双口村一赵姓地主跑马占圈占的一块地里，最早有王、李、刘、张、赵等佃户居住，故名赵家圈。村东有坟茔一座，名“赵家坟”，中华人民共和国成立前仍有赵家墓地，每年赵氏后裔到此扫墓。据王氏后裔介绍，祖居沧州的王氏到此定居已有9代，该村史在270年以上。

清雍正九年（1731年），隶属天津府天津县。光绪二十六年（1900年）七月五至光绪二十八年（1902年）七月，曾隶属八国联军所建天津都统衙门北区。光绪三十一年(1905年)，隶属天津县西乡第十七区。民国2年（1913年），隶属直隶省津海道天津县。民国17年（1928年），隶属河北省天津县。民国29—34年（1940—1945年），隶属日伪天津县三区。民国34年（1945年）9月，隶属冀中天津工委五市分区；10月，隶属冀中九专区天津县。民国35年(1946年)9月，隶属冀中八专区津武县。民国35—37年(1946—1948年)，由于民主政权和国民党政权拉锯治理，该村域亦隶属国民党天津县三区管辖。

民国38年（1949年）3月，隶属天津县七区。1950年8月，隶属河北省天津县四区。1953年7月，隶属津北郊区安光乡。1958年4月，隶属北郊区河头乡；8月，隶属北郊区幸福公社；10月，隶属红桥区幸福公社。1960年3月，隶属天津市药材培植场。1961年1月，隶属津北畜牧场青光分场；5月，隶属红桥区青光公社。1962年2月，隶属北郊区青光公社。1963年2月，隶属北郊区双口公社。1977年11月，隶属北郊区岔房子公社。1983年4月，隶属北郊区岔房子乡。1985年1月，隶属北郊区上河头乡。1992年3月，隶属北辰区上河头乡。1999年3月，隶属北辰区上河头镇。2001年10月，隶属北辰区双口镇。

二 道路河流

道路 历史上，村域周边道路甚少，交通不便。1999年修筑的津保高速公路位于村北500米。

河流 村南有二级河道天津卫河。

三 人口方言

人口 清光绪二十六年（1900年），赵家圈村有20余户人家。民国23年（1934年）有33户115人。据统计资料载，1980年有80户342人，从业人员207人。2000年有126户392人，从业人员162人。2016年有150户480人；从业人员220人，其中男性120人，女性100人。

民族 据《天津市北辰区地名志》载：1995年该村人口全部为汉族。据村情调查，2016年，该村有4个民族，其中回族3人、达斡尔族2人、满族1人，余为汉族。

姓氏 该村共有8个姓氏。刘、王、张三大姓氏人口最多。

刘姓字辈有国、恩、家、庆、世、光。

方言 村域属静海方言片。其方言俚语与线河村相同。

赵家圈村南排水渠　　（2015年摄）

四 耕地状况

1980年，全村共有耕地6大块，总面积738亩，主要分布村东占30%，村北占65%。耕地四至为：村东北八十地块与东堤村安光村地块相接，村北大南北、王围场地块与郝家堡村地块相接；村南当洼子地块与岔房子村地块衔接。耕地内有机井5眼，分布在当洼子、东街地、刘家大地、王围场、北八十；沟渠2条，村东、村南各1条；涵洞6个，东街地3个，大南北2个，王围场1个。2015年，共有耕地738亩。

1980年赵家圈村所属耕地地块情况表

表1　　　　单位：亩

地块名称	面积	地块名称	面积
北八十	120	刘家大地	105
王围场	165	东街地	210
大南北	90	当洼子	48
合　计			738

1980年赵家圈村所属耕地地块示意图

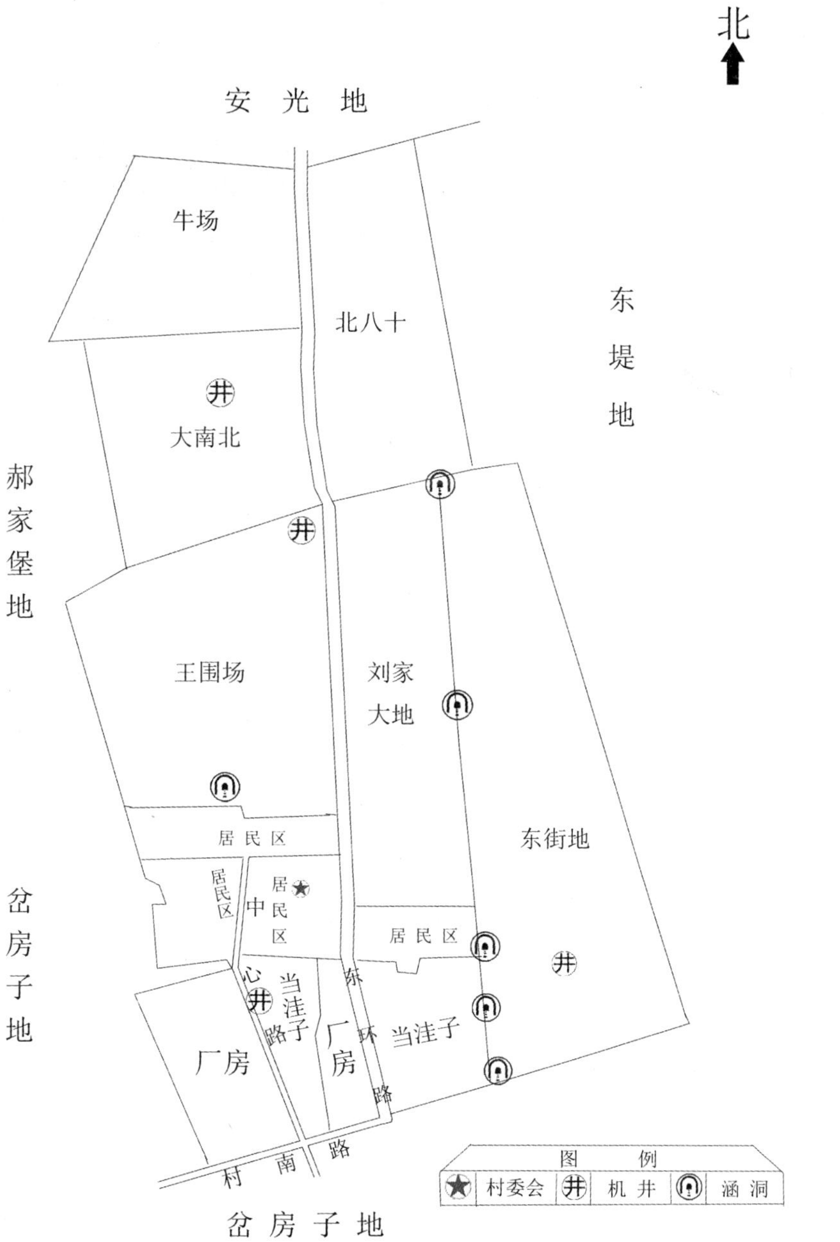

（2016年绘制）

五　街道胡同

中华人民共和国成立以前，村内街道胡同不整，均为土路，如遇雨雪天气，出行十分困难。50—70年代，村容街貌有所改变，但发展变化不大。自进入80年代以后，随着经济的发展，对街道、胡同相继进行拓宽改造。至1999年，全村有街道10条，其中南北走向4条，东西走向6条，总长2450米；胡同均为南北走向，总长414米。除中心路、村南路硬化为柏油路面，东环路和赵家圈一街为水泥路面，其他均硬化为机砖路面。

赵家圈二街　(2015年摄)

赵家圈村东环路　(2015年摄)

赵家圈村中心路　(2015年摄)

1999年赵家圈村街道情况表

表2

名称	走向	长度（米）	名称	走向	长度（米）
中心西路	南北	253	中心东路	南北	161
赵家圈一街	东西	155	赵家圈二街	东西	175
赵家圈三街	东西	190	赵家圈四街	东西	197
赵家圈五街	东西	249	东环路	南北	490
村南路	东西	130	中心路	南北	450

1999年赵家圈村胡同情况表

表3

名称	走向	长度（米）	名称	走向	长度（米）
张家胡同	南北	95	杭家胡同	南北	54
家刚胡同	南北	25	刘家胡同	南北	33
王家胡同	南北	64	曹家胡同	南北	63
李家胡同	南北	80			

六 公共设施

中华人民共和国成立前，村内公共设施甚少。1951年，设立村公所。1952年，建立村小学校。1958年，人工开挖砖井2眼，供村民饮用及浇灌农田。1960年，建成大队部。60年代中期，始建公共厕所，多为土坯、机砖结构。1967年，成立耕读小学。1969年，始凿第一眼机井，建水柜和配套入户设施。1999年，由水柜改建水塔。2005年，新建村委会办公设施、综合文化服务中心（包括书画室、图书室、村民学校）及健身公园。2008年，建村社区卫生服务中心。2014年，图书室改称农家书屋。2015年，新建移动式公共厕所2座。

2015年赵家圈村主要街道胡同及公共设施示意图

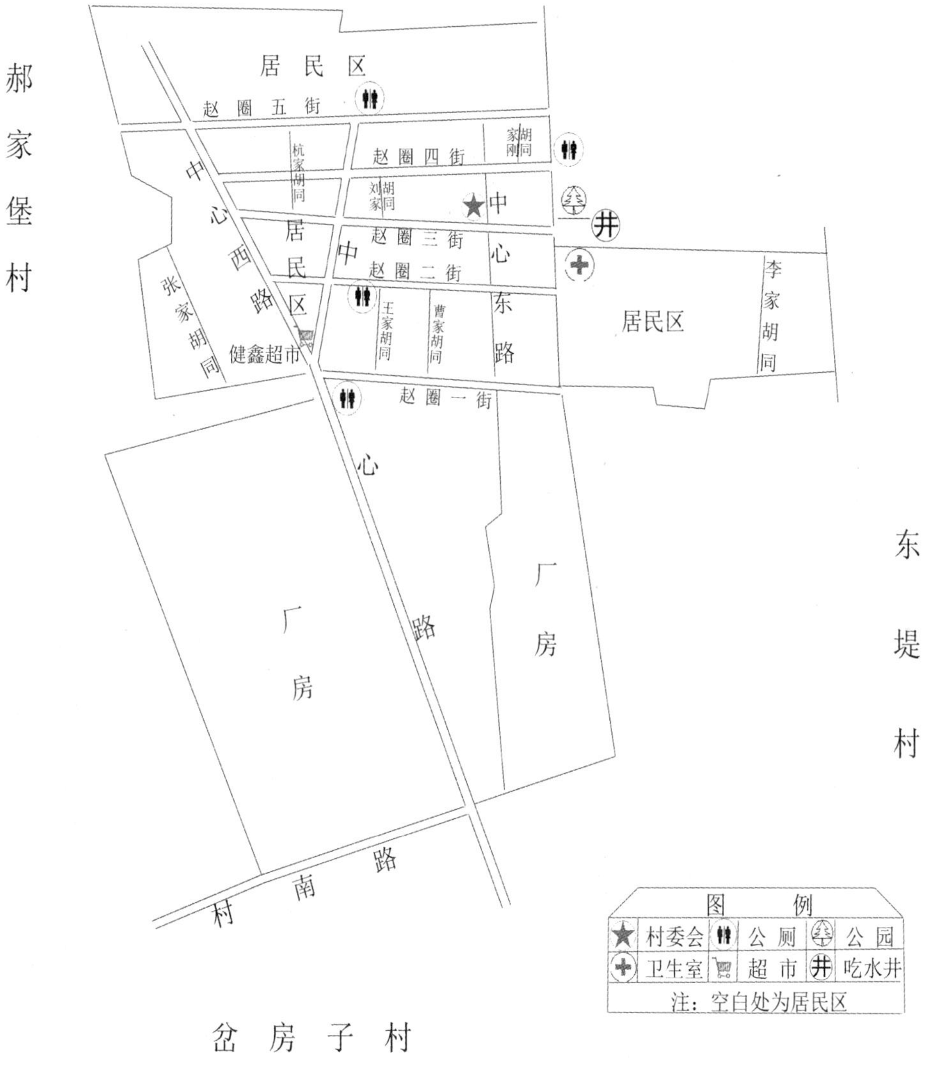

（2016年绘制）

赵家圈村健身公园 （2015年摄）

赵家圈村移动式公厕 （2015年摄）

七　经济概况

中华人民共和国成立前，该村以种植业为主，粮食品种有玉米、大豆及各种杂粮。中华人民共和国成立后，党和政府重视兴修水利和农田基本建设，农业生产条件逐步改善，增加了小麦和水稻种植，使集体经济增收，村民生活有所提高。80年代后，实行农业联产承包责任制，提高粮食作物总产量；大力发展果树种植和林业生产。果树主要种植桃树，品种为“久保”“油桃”。1980年，果树种植面积为139.95亩；至1994年，增加到265.35亩，村民经济收入逐步提高；2015年，果品年收入达105万元。1993年，由刘凤来、王树银创建苗圃，占地19.95亩，经营常绿苗木、花卉及林业用苗。有的农户发展养殖业，当年奶牛头数为320头；生猪出栏435头，年末存栏200头。2016年，蔬菜种植面积为61亩，产量160吨。

赵家圈村民焊鸡笼（1988年摄）

1983年，该村村民孟祥芹引进焊鸡笼技术，带动了全村从事这一加工业。当时全国养鸡业迅猛发展，鸡笼的需求量大增，使焊鸡笼业在全村盛极一时。1988年，开始有几户购置高频点焊机，旺季时全村最高营业额达5万元。该村焊制的鸡笼遍销全国，故称赵家圈村为鸡笼村。

2000年以前，有村办集体企业2家。1983年，建津晶五金电器厂，主要为制作护栏、维修设备、焊鸡笼、制作点焊机等。1994年，建华成电子器件厂，主要经营汽车配件。2015年，有个体私营企业8家，主要以五金、家具为主。村里有小型商铺两家，主要经营副食品、蔬菜等。

八　民间文化

高跷会　1949年，该村成立高跷会，排练和演出《打渔杀家》《钓金龟》等剧。基本功有翻筋斗、弯腰叼花、劈叉等。逢节日或村民家中有喜寿事，到现场演出。后高跷会的会员相继故去，未能传承至今。

美之源舞蹈队　1990年后，组建“美之源舞蹈队”，每天定时训练，每逢节日为村民演出。

赵家圈村舞蹈队 （2015年摄）

九 英烈先贤

刘恩义（1907—1939） 烈士。赵家圈村人，生前为八路军120师358旅班长。民国28年（1939年），在河北河间县牺牲。

十 历任党政负责人

自1949年以来，赵家圈村党组织比较健全，有14人次任党组织负责人；村政机构不够完善，1949—1963年没有村政负责人。自1964—2016年，有16人次任村政机构负责人。

1949—2016年赵家圈村党组织负责人任职情况表

表4

党组织名称	姓名	性别	职务	任职时间
党支部	邱祥云	男	书记	1949—1957
	邱长忠	男	书记	1957—1967
	王世荣	男	书记	1967—1969
	刘家新	男	书记	1969—1970
	王洪兰	女	书记	1970—1976
	邱祥会	男	书记	1976—1982
	李宝立	男	书记	1982—1983
	邱祥会	男	书记	1983—1986
	李培红	男	书记	1986—1987
	刘家平	男	书记	1987—1993
	张德中	男	书记	1993—2003
	张福泉	男	书记	2003—2006
	王希会	男	书记	2006—2009
	刘家玉	男	书记	2009—

1964—2016年赵家圈村村政机构负责人任职情况表

表5

嘻嘻嘻

村政机构名称	姓名	性别	职务	任职时间
生产大队	刘恩来	男	大队长	1964—1967
革命委员会	张福城	男	主任	1967—1970
	张德文	男	主任	1970—1977
	刘杰山	男	主任	1977—1981
	刘恩全	男	主任	1981—1982
村民委员会	刘恩全	男	主任	1983—1984
	刘杰山	男	主任	1984—1986
	张德文	男	主任	1986—1989
	刘恩全	男	主任	1989—1992
	刘杰山	男	主任	1992—1995
	张福泉	男	主任	1995—2000

续表

村政机构名称	姓名	性别	职务	任职时间
村民委员会	刘庆城	男	主任	2000—2001
	李培洪	男	主任	2001—2003
	刘家玉	男	主任	2003—2006
	张润田	男	主任	2006—2009
	王锡明	男	主任	2009—2014
	邵锡顺	男	主任	2014—

十一　荣誉

自1951—2010年，赵家圈村共获市局级及以上奖项4项，其中先进集体3项。2010年，赵家圈村民李秋芳被市妇联授予天津市“低碳时尚家庭”称号。

1951—2016年赵家圈村获市局级及以上先进集体荣誉表

表6

授予时间	获奖单位	荣誉名称	授予部门
1951	赵家圈村	捐献模范村	天津县政府
1998	赵家圈村委会	1997—1998年度绿化工作先进集体	市人民政府
2001	赵家圈村	2000年度第八批宽裕型小康村	市委农工委、市农委

岔房子村

岔房子村位于北辰区西部，东与东堤村相连，西与线河二村隔卫河相望，南与杨家河村相邻，北与赵家圈村隔卫河相望，村呈南北长方形，占地面积417915平方米。津霸公路从村中经过，东北距区政府15千米，距镇政府6千米。2015年，该村有户籍人口2200人，长期固定资产388.52万元。

岔房子村航拍图（2017年摄）

一　村庄沿革

相传清康熙年间（1662—1722年），有王姓迁此（浑河南堤）定居，成村后称西堤村，系由西堤、岔房子、菜园子3个移民聚居点组成。一说乾隆元年（1736年），在该地设衩夫疏浚子牙河道，乾隆帝赐该地名为“衩裤房子”（一说“衩夫房”）。

岔房子村委会　　（2015年摄）

清光绪二十一年（1895年），在天津县属村庄中，始见西堤村名。据《北辰区志》载，光绪三十一年（1905年），在天津县西乡第十六区辖村中有西堤及岔房子村。另据《上河头镇志》载，1949年西堤并入岔房子村。至2016年，岔房子村名未易。

清雍正九年（1731年），由天津府天津县管辖。光绪二十六年（1900年）七月五日至二十八年（1902年）七月四日，曾隶属八国联军所建天津都统衙门北区。光绪三十一年（1905年），由天津县西乡十六区管辖。民国2年（1913年），由直隶省津海道天津县管辖。民国17年（1928年），由河北省天津县管辖。民国29—34年（1940—1945年），由日伪天津县第三区管辖。民国34年（1945年）9月，由冀中天津工委五市分区管辖。10月，由冀中九专区天津县五区管辖。民国35年（1946年）9月，由津武县三区管辖。民国34年（1945年）日本投降后，因村域由民主政权和国民党政权拉锯治理，故民国35—37年（1946—1948年），亦属国民党天津县三区管辖。

民国38年（1949年）3月，由冀中天津县七区管辖。1950年8月，由河北省天津县四区管辖。1953年7月，由津北郊区岔房子乡管辖。1958年4月，由北郊区河头乡管辖；8月，由北郊区幸福公社管辖；10月，由红桥区幸福公社管辖。1960年6月，由国营津北畜牧场青光分场管辖。1961年5月，由红桥区青光公社管辖。1962年2月，由北郊区青光公社管辖。1963年2月，由北郊区岔房子公社管辖。1983年4月，由北郊区岔房子乡管辖。1985年1月，由北郊区上河头乡管辖。1992年3月，由北辰区上河头乡管辖。1999年3月，由北辰区上河头镇管辖。2001年10月后，由北辰区双口镇管辖。

附：传说故事

岔房子传闻

乾隆下江南有大臣刘罗锅陪同。君臣众人乘快船，自京城经运河，渐渐驶入永定河向南进发。一路上君臣饱览河山锦绣，对弈、谈天说地，乐趣无穷。这日，乾隆在船内和刘罗锅下棋正杀得难解难分，忽听外面人声喧哗。君臣二人便出舱观看，只见几个渔民正在捕鱼，一个老渔翁身穿皮衩裤，手托一尾金色大鲤鱼踏着水面行走如飞。

乾隆一见，龙颜大悦：“快停船，朕要看看。”乾隆在皇宫内院何时见过这般奇巧事，见渔民穿着那玩意儿在水中行动自如不受水侵之苦，不住地喝彩，心里也越发发痒，连连叫道：“咳，快叫渔人脱下那玩意儿，朕要穿它下河捕鱼。”

“万岁，使不得。”刘罗锅阻拦道。

“休得啰唆，快拿来，朕有赏。”

刘罗锅让侍从要来皮衩裤，帮乾隆穿上，嘱咐加强护卫。乾隆在河中来回奔跑，满头是汗，手舞足蹈，戏水为乐，众人见状也哈哈大笑。

乾隆边拍打着水边问刘罗锅子：“刘爱卿，此物何名？”刘罗锅答道：“皮衩裤。”

乾隆一心扑在戏水上误听为“岔户”，拊掌大笑道：“好岔户，好岔户！”他又问渔民：“你等做何生意，此处何名？”

一个老渔翁答道:“客官，我等以打鱼为生。”又手指长堤下村庄说:“东边叫东堤，西边叫西堤，此处距天津卫三十里。”

乾隆听罢皱皱眉头说:“此庄名不副实，不好!”

刘罗锅忙说:“请圣上御赐庄名。”

乾隆一时想不起好庄名，他拍打着皮衩裤忽地有了主意:“有了，朕封此庄叫岔户房子吧！这‘岔户'朕还要带回京去，闲时和嫔妃捕鱼为乐。”

由此，岔户房子的村名便沿袭下来，后简称为岔房子。

二　道路河流

道路　村北有津霸公路贯穿村域东西，交通便利。

河流　至2016年，村北有卫河流经村域。

三　人口方言

人口　据《典籍中的北辰》载，民国23年(1934年)岔房子村有158户607人。1980年，有416户1795人，劳动力563人。2000年，有660户2054人，从业人员1013人。2016年，有775户1944人；从业人员1237人，其中男性743人，女性494人。

民族　据《天津市北辰区地名志》载：1995年该村有2个民族，其中回族2人，余为汉族。据村情调查，2016年，该村有3个民族，其中回族3人、满族2人，余为汉族。

姓氏　全村有30个姓氏，分别是曹、乔、李、朱、王、孙、刘、孟、田、轩、何、赵、周、徐、许、裴、黄、郭、张、孔、庞、付、石、顾、安、东、井、吴、蔡、杨。其中100口人以上姓氏为王姓和曹姓。大都是本地人，其他姓氏来自四面八方。

方言　村域方言属于静海方言片，与西青区杨柳青口音相近，说话后音较重。有4个声调，阴平调、阳平调、上升调、去声调。

普通话—方言

自己—自个儿	头—脑瓜儿、脑袋瓜儿
乳房—个个儿	脚—脚丫儿、脚丫子
猫头鹰—夜猫子	蝉—知子、吉了儿
牛虻— 瞎虻	蝗虫—蚂蚱
蛇—长虫	玉米—棒子
昨天—夜个儿	太阳—老爷儿、日头

方言释义

白眼—外孙子、外孙女	红眼—孙子、孙女
二等—自行车驮人	针渣儿—细小之处
闲白儿—闲话	说三七—说懈怠的话
砸锅—事情办糟了	骑驴—中间渔利
吃二模—两利渔利	腻歪—不受欢迎或无事可做
炸锅—事情失败，人声沸扬	楞了瓜唧—行动冒失，办事不讲究方式
啫咧—秉性厉害，不好办事	楞哏楞—不干正经事
二五眼—做事不细	崴粘子—遇上麻烦了
寒碜—不体面	刺挠—痒
好么眼的—突然，无缘由的	海了—太多了
嘬一顿—聚群饮酒	找魔洋运—找倒霉

方音

境内语音基本与西青区杨柳青相似。特点是四声分明，儿化、轻声较多，略近于普通话。开口呼 an ang ao ai e en ou 等音节，在方音中都在前边加 n，如：

普通话读音		方音
案件	àn jiàn	nàn jiàn
肮脏	āng zāng	nāng zāng
熬粥	áo zhōu	náo zhōu
爱人	ài rén	nài rén
天鹅	tiān é	tiān né
恩情	ēn qíng	nēn qíng
欧洲	ōu zhōu	nōu zhōu
安	ān	nān
棉袄	mián ǎo	mián nǎo

开口呼 ch 方音中变为 c, sh 变为 s，如生产（sheng chan），方音为（seng can），茶叶（cha ye）方音为（ca ye）。其他一些字音的差异，如：

普通话—读音		**方言读音**
波浪	bō làng	pō làng
上学	shàng xúe	sàng xiáo
暖壶	nuǎn hú	nǎn hú
俊美	jùn měi	zùn měi
棉花	mián huā	miáo huā
软弱	ruǎn ruò	yuǎn rào
耕地	gēng dì	jīng dì
披衣	pī yī	péi yī
桌子	zhuō zǐ	zuō zǐ
干啥去	gàn shá qù	gàn há qì
就	jìu	zòu
勇敢	yǒng gǎn	rǒng gǎn
女	nǚ	nuǐ
是	shì	sì

家（族）谱

该村李姓家谱中辈分次第为：龄、水、桂、荣、厚、锡、洪、树、炳、增。

朱姓始高祖至十五世祖次第名讳为：

始高祖：朱立基；二世祖：朱继昌；三世祖：朱平时；四世祖：朱印刚；五世祖：朱守富；六世祖：朱承业；七世祖：朱璋；八世祖：朱士元；九世祖：朱文明；十世祖：朱善泰；十一世祖：朱朝相；十二世祖：朱克麒；十三世祖：朱恩俤；十四世祖：朱金树；十五世祖：朱学彬。

四　耕地状况

1980年，全村有耕地19块，总面积3649.95亩，主要分布在津霸公路南北两侧。耕地四至为：村北北四段地块与赵家圈村地块相接；村南二支渠地块与杨家河村地块相邻；村西小堤子西地块与线河二村地块相界。有泵站3个，即村西2个，村北1个。机井13眼，涵闸1处，涵洞1个。2015年年底，岔房子村耕地面积为3810亩。

1980年岔房子村所属耕地地块情况表

表1　　　　　　　　　　　　　　　　　　　　　　　　　　　　单位：亩

地块名称	面积	地块名称	面积
大头段	220.5	园林1	219
二段地	292.5	园林2	285
刘家坟	109.5	东方田	432.45
东分收	147	西方田	247.5
北四段	202.5	王家坟	99
老公坟	330	二支渠	139.5
大官地1	147	小七份	99
大官地2	112.5	南岳柳	203.1
北岳柳	112.5	老河	15.9
小堤子西	235.5	合计	3649.95

1980年岔房子村所属耕地地块示意图

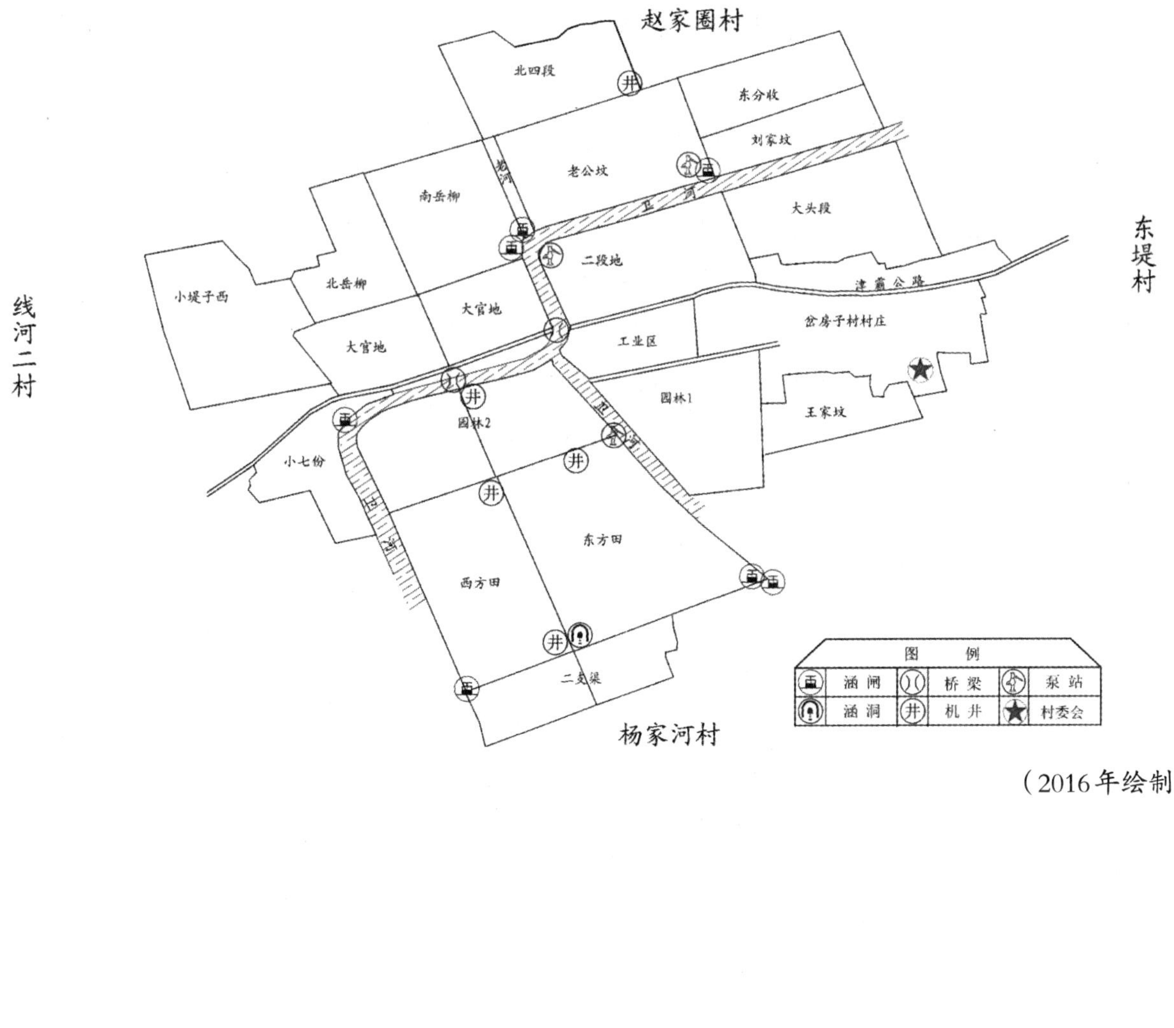

（2016年绘制）

五　街道胡同

至2000年，村域有街道10条，总长4077米，其中南北走向6条，东西走向4条。胡同8条，总长1329米，其中东西走向3条，南北走向5条。

岔房子村乔家胡同　（2015年摄）

街道胡同硬化时间为2000年，其中硬化水泥路面的道路为新村路、市场街、东南街、光华新村路、王家胡同、乔家胡同、村委会路，共计长度2347米。硬化砖道路面的有西后街、徐家胡同、闫家胡同、曹家胡同，共计长度1184米。

2000年岔房子村街道情况表

表2

名称	走向	长度（米）	名称	走向	长度（米）
新村路	东西	363	市场街	东西	368
光华新村路	南北	250	村委会路	南北	441
西后街	东西	749	赵圈路	南北	890
村北街	南北	122	原村委会街	南北	345
东南街	东西	354	去杨柳青路	南北	195

2000年岔房子村胡同情况表

表3

名称	走向	长度（米）	名称	走向	长度（米）
徐家胡同	南北	198	闫家胡同	南北	70
曹家胡同	南北	167	乔家胡同	南北	226
王家胡同	南北	345	东南街1	东西	113
东南街2	东西	110	东南街3	东西	100

2015年岔房子村街道胡同及公共设施示意图

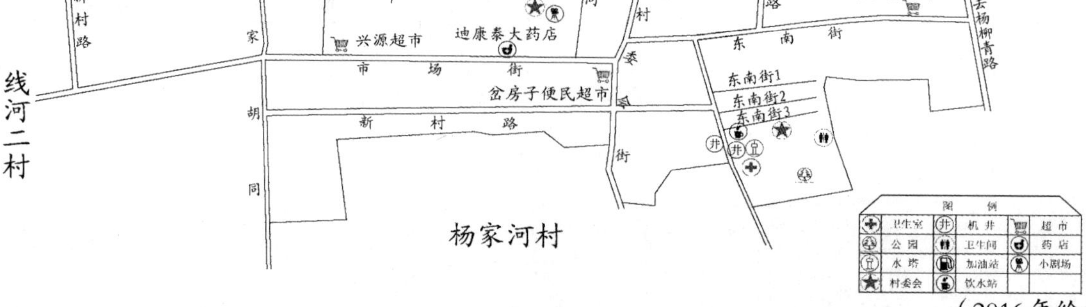

（2016年绘制）

六　公共设施

20世纪80年代，该村在老村委会建立了小剧场，并始建公共厕所。1993年，村北建水塔。2000年，建集贸市场。2002年，再建公共厕所。2005年，村南建水塔、建村委会新办公房(社区综合服务中心)。2006年，建小剧场。2008年，建成综合文化服务中心。2009年，岔房子村有旱厕3座、水冲式公共厕所2座。2015年，打深水井(饮水用)。2016年，建健身广场。

岔房子村小剧场　　(2008年摄)

七　经济概况

70年代前，该村以种植业为主，品种有玉米、大豆、山芋和小杂粮。改革开放后，调整农业种植结构，发展果品生产，水果以葡萄、桃、枣为主。1984年，果树种植面积达715.05亩，至2000年增加到1496.85亩。在栽种果树的同时，大力发展养殖业。1985年，农户利用贷款开始养殖奶牛，养殖户达10余户，存栏450头。1990年，投资5万元，在村北建果品批发市场，占地面积1500平方米。1994年，进入市级小康村行列。2007年，建50座保鲜冷库，发展果蔬等农产品保鲜业，推广反季节销售。2008年，又建40座保鲜冷库，储藏能力达到1250吨，销售收入610万元，利润

岔房子村苹果　　(2017年摄)

岔房子村山药种植基地　　(2010年摄)

岔房子村枣　　(2015年摄)

岔房子村村民喜收“九金黄”　　(2015年摄)

岔房子村农贸市场　　(2017年摄)

70万元。村民人均收入比2007年增长25%。是年，因地制宜，从山东、河南引进了山药新品种“九金黄”，辟19.95亩试验田进行试种，平均亩产量达5000多千克，产值4万多元。

80年代，村办工业企业蓬勃发展，村西津霸公路两侧建有工业经济区，占地600多亩。村办工业企业12家，有津北铆造厂、建新机械配件厂、橡胶切丝厂等，从业人员达700多人。至2015年，村个体私营企业达70家，行业主要有家具生产、烤漆喷涂、自行车组装、钢窗制造等。是年，全村有商业网点15家，美容、美发、摄影等5家，餐饮、住宿业8家。

2010年，建山药种植基地，规模化发展山药种植，面积达499.95亩；种植的九金黄、麻山药、日本白、山药4个品种通过中国绿色发展中心审核，取得“岔房子”绿色食品标志商标使用权。2011年，岔房子村山药种植达到全市先进水平。是年11月，岔房子农产品保鲜专业合作社被市农委授予“金农奖”称号。2012年，岔房子村被评为全国“一村一品”示范村。

2012年，成立宝硕生猪养殖专业合作社。2013年始，投资300万元，建设丹参繁育基地，种植丹参799.95亩，品种有紫丹参、红根、大红袍等，通过对丹参及其附属产品——丹参茶的深加工，年产值达500万元。2015年，生猪出栏2000余头，存栏930头。

2016年，油料播种面积25.05亩、总产量5吨；蔬菜及食用菌播种面积685.95亩，总产量2334吨；瓜果类播种面积52.95亩、总产量109吨。

附：媒体报道

500亩连片种植“大个子”比人高
北辰有个“巨型山药”种植基地

您在市场上见过比人还高的山药吗？昨天，记者走访了位于北辰区双口镇岔房子村的本市首个“巨型山药”种植基地，在现场看到，耕种作业正在紧锣密鼓地进行，一台台轰鸣的打沟机将松软的沙土翻出一条条深1.75米的沟垄，技术工人将一截截山药种薯放到沟里。

岔房子村沙质土壤资源丰富，十分适宜山药生长。去年该村因地制宜从山东、河南引进了九金黄等新品种山药，开辟了20多亩试验田进行试种。小半年下来，山药“不负众望”长成了每根平均长度近1.7米、净重近10斤的“大个子”，亩产量1万多斤，产值4万元。这种山药不仅个大，表皮光滑，十分有“卖相”，而且口感甜脆，具有较高的食用价值。

看到高产高效的山药试种成功，村民们纷纷要求加入种植队伍。村民袁克成说：“原来种玉米，五亩地除去成本才赚一千多块钱。看村里山药种得挺好的，我惦着也种山药，一亩地能净落两万来块钱。”于是村委会和合作社因势利导，在区、镇的支持下以流转土地经营权的方式整合了土地500亩，淘汰果树、玉米等低收益农作物，“腾鸟换凤”规模化种植新品种山药，促进农民增收。

（记者雷风雨　通讯员李悦　朱翠峰　载于2016年6月4日《今晚报》）

八　民间文化

80年代，岔房子村组织成立了民间花会、腰鼓队、秧歌队等，多次参加区里组织的活动。2006年10月，建成能容纳500多人的小剧场。逢年过节，邀请外单位剧团演出评剧、梆子、二人转等。

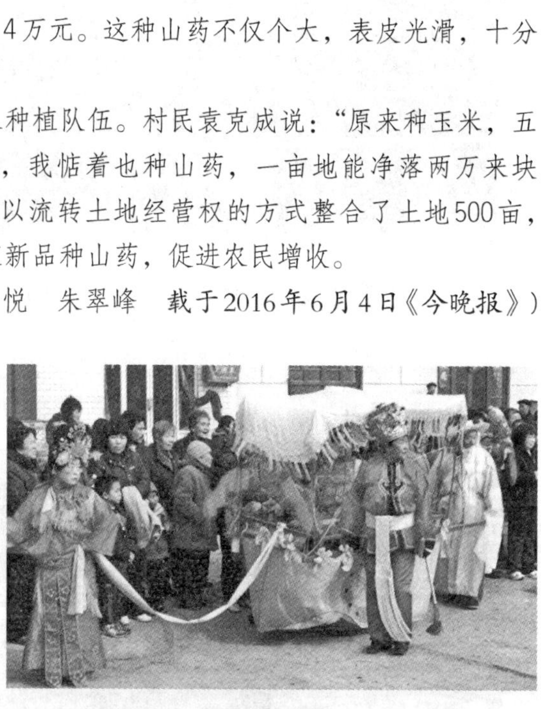

岔房子村小车会整装待发　（2015年摄）

九　大事纪略

1990年4月16日，岔房子村王德安个体鞋厂因挥发性制鞋原料保管不当，遇明火发生爆燃事件，当场有7名安徽籍打工者死亡，4人受伤。

十　英烈先贤

刘凤才（1936—1992）　1949年，刘凤才随父母逃荒由河北省沧县到岔房子村。1970年，任岔房子村第三生产队队长，其后连续三次被区、公社评为优秀生产队长。中共十一届三中全会以后，率先投入改革之中，相继办个体饭馆、小化工厂，并承包一个花场。先后为36位军人家庭和退伍军人安置工作，救济15户困难家庭，为部队和优抚对象办实事120多件，为乡敬老院捐款一万多元，并经常为中小学捐款。1985年，获北郊区人民政府两个文明建设先进工作者称号。1986年，获天津市个体劳动者协会先进个体劳动者称号。1988年，被评为市级劳动模范。1989年7月，被选为岔房子村委会主任。1990年1月5日加入中国共产党；是年8月，被评为市级拥军优属、拥政爱民先进个人，并出任第三届青光工商所个体劳动者协会副会长，第三届区劳动者协会副会长和常务理事。1992年1月因病逝世，享年56岁。

农民刘凤才致富不忘戍边亲人

慷慨解囊慰问将士家属

中秋节前夕，北郊区上河头乡岔房子村农民刘凤才，把自己积蓄的2400元，捐献给该区12户老山前线参战将士的家属，以表示他对前方浴血奋战、保家卫国的感激之情。

刘凤才今年52岁。1985年，他承包了村里濒临倒闭的养花厂。由于他管理有方，经营有道，成为远近闻名的富裕户。今年1—8月份就获纯收入7万多元。刘凤才致富后不忘残疾人和烈军属。几年来，他先后招收15名残疾人到花厂工作，每月工资都在百元以上。最近，当他听说该区有的前线作战军人家属生活仍有困难时，心里很不踏实。为了让战斗在前线的将士们一心固守边陲，他拿出自己积蓄，交到区民政局，请民政局代他把钱转交给前方将士的家属。

（张玉琦　刘吉林）

调解千家事　温暖万人

大良乡司法部门认真

大良乡司法部门把做好民事调解工作当作创建文明乡的一项重要内容抓紧抓好，最近被天津市司法局命名为调解战线先进单位、并

农民刘凤才致富不忘戍边亲人【载1988年9月22日、10月13日《天津日报》（农村版）】

十一　历任党政负责人

岔房子村党组织自1950—2016年共经历17任书记，2000年以前人员更迭比较频繁，1965—1970年5年空缺，1998—1999年还出现了由镇派干部代理的情况。村政组织自1950—2016年共经历24任负责人。

1950—2016年岔房子村党组织负责人任职情况表

表4

党组织名称	姓名	性别	职务	任职时间	说明
党支部	王玉成	男	书记	1950—1953	
	马　忠	男	书记	1954—1955	
	李顺澄	男	书记	1956—1957	
	武德森	男	书记	1958—1962	
	王作华	男	书记	1963—1965	
	孙如谦	男	书记	1970—1972	
	王作华	男	书记	1973—1975	
	王德福	男	书记	1976—1977	
	张宝凯	男	书记	1978—1979	
	王德福	男	书记	1980—1982	
	刘金利	男	书记	1983—1985	
	王树枝	男	书记	1986—1988	
	张宝凯	男	书记	1989—1991	
	朱学澜	男	书记	1992—1995	
	王树枝	男	书记	1996—1997	
	康世龙	男	书记	1998—1999	镇派干部
党总支	朱学澜	男	书记	2000—	

1950—2016年岔房子村村政机构负责人任职情况表

表5

<table>
<tr><th>村政机构名称</th><th>姓名</th><th>性别</th><th>职务</th><th>任职时间</th><th>说明</th></tr>
<tr><td>村公所</td><td>王作民</td><td>男</td><td>村长</td><td>1950—1953</td><td></td></tr>
<tr><td>村人民政府</td><td rowspan="3">李顺澄</td><td rowspan="3">男</td><td>村长</td><td>1953—1955</td><td></td></tr>
<tr><td rowspan="3">生产大队</td><td>大队长</td><td>1956—1957</td><td></td></tr>
<tr><td>大队长</td><td>1958—1964</td><td></td></tr>
<tr><td>孙如谦</td><td>男</td><td>大队长</td><td>1965—1966</td><td></td></tr>
<tr><td rowspan="2">革命委员会</td><td>王作华</td><td>男</td><td>主任</td><td>1970—1972</td><td></td></tr>
<tr><td>王树平</td><td>男</td><td>主任</td><td>1973—1975</td><td></td></tr>
<tr><td rowspan="3">生产大队</td><td>王作华</td><td>男</td><td>大队长</td><td>1976—1977</td><td></td></tr>
<tr><td>朱学澜</td><td>男</td><td>大队长</td><td>1978—1979</td><td></td></tr>
<tr><td>王树平</td><td>男</td><td>大队长</td><td>1980—1982</td><td></td></tr>
<tr><td rowspan="14">村民委员会</td><td>张宝凯</td><td>男</td><td>主任</td><td>1983—1985</td><td></td></tr>
<tr><td>王树华</td><td>男</td><td>主任</td><td>1986—1988</td><td></td></tr>
<tr><td>刘凤才</td><td>男</td><td>主任</td><td>1989—1991</td><td></td></tr>
<tr><td>刘顺友</td><td>男</td><td>主任</td><td>1992—1992</td><td></td></tr>
<tr><td>刘万朋</td><td>男</td><td>主任</td><td>1993—1995</td><td></td></tr>
<tr><td>王德成</td><td>男</td><td>主任</td><td>1996—1997</td><td></td></tr>
<tr><td>康世龙</td><td>男</td><td>主任</td><td>1998—1999</td><td>镇派干部</td></tr>
<tr><td>朱学澜</td><td>男</td><td>主任</td><td>2000—2002</td><td></td></tr>
<tr><td>刘顺友</td><td>男</td><td>主任</td><td>2003—2004</td><td></td></tr>
<tr><td>朱学澜</td><td>男</td><td>主任</td><td>2005—2008</td><td></td></tr>
<tr><td>乔志成</td><td>男</td><td>主任</td><td>2009—2009</td><td></td></tr>
<tr><td>朱学澜</td><td>男</td><td>主任</td><td>2010—2011</td><td></td></tr>
<tr><td>李玉江</td><td>男</td><td>主任</td><td>2012—2014</td><td></td></tr>
<tr><td>王树刚</td><td>男</td><td>主任</td><td>2015—</td><td></td></tr>
</table>

说明：1967—1969年“文化大革命”时期岔房子村无村政机构负责人

十二　荣誉

岔房子村自1951—2016年，共获市局级及以上先进集体荣誉7项；先进个人荣誉9项，受表彰3人。特别是在2012年，获国家农业部授予的“一村一品”示范村称号。

1951—2016年岔房子村获市局级及以上先进集体荣誉表

表6

授予时间	获奖单位	荣誉名称	授予部门
1974	岔房子村	天津市农业学大寨先进单位	市革委会
1994	岔房子村	市级小康村	市委农工委、市农委
2002	岔房子村	2001年度第九批宽裕型小康村	市委农工委、市农委
2008	岔房子村	2008年市级民主法治村	市司法局
2012	岔房子村农产品保鲜专业合作社	全国“一村一品”示范村称号	国家农业部

续表

授予时间	获奖单位	荣誉名称	授予部门
2012	岔房子村农产品保鲜专业合作社	2010年度市级示范农民专业合作社	市农委
2012		2011年度优质农产品金农奖	市农村工作委员会

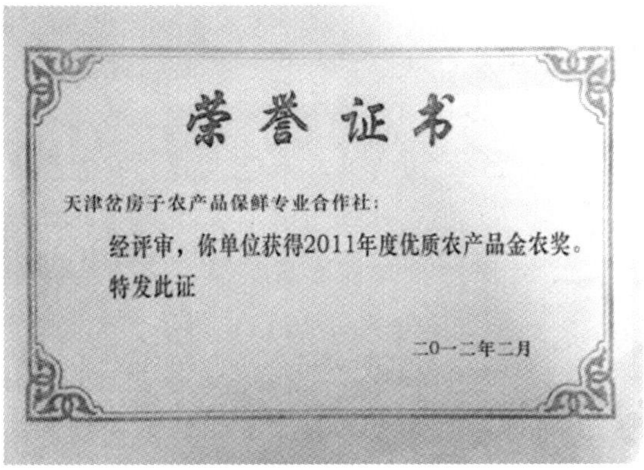

优质农产品金农奖证书　　（2015年摄）

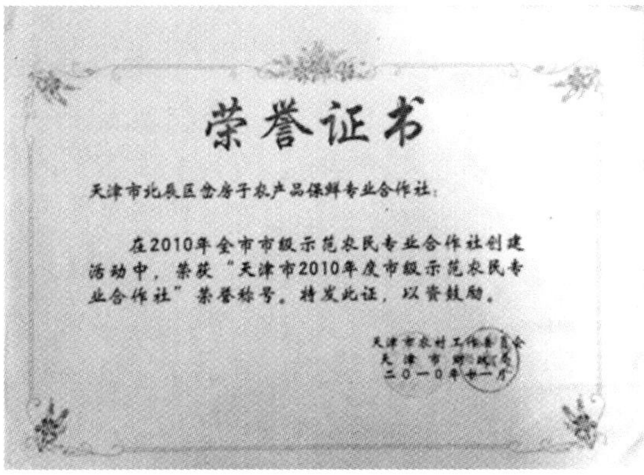

市级示范农民专业合作社　（2015年摄）

优质农产品金农奖奖杯
（2015年摄）

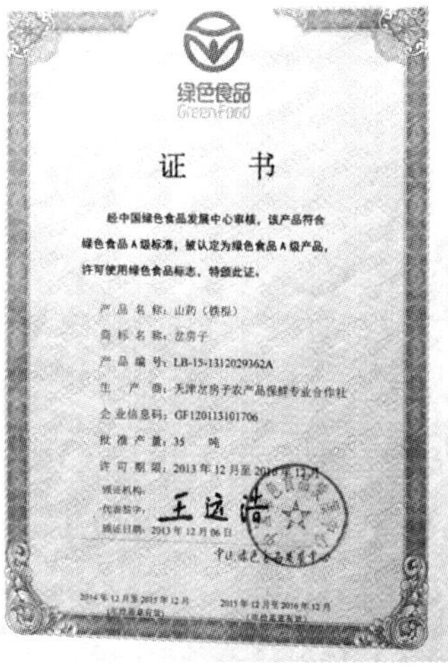

优质农产品绿色食品证书　　（2015年摄）

1951—2016年岔房子村获市局级及以上先进个人荣誉表

表6

授予时间	姓名	荣誉名称	授予部门
1951	梁景鸣	天津县模范医生	天津县政府
1988	刘凤才	天津市劳动模范	市人民政府
1990		拥军优属拥政爱民先进个人	天津警备区
2000	朱学澜	市级文明市民	市文明委
2006		2005年度"十五"立功先进个人	市总工会
2008		天津市劳动模范	市人民政府

续表

授予时间	姓名	荣誉名称	授予部门
2011	朱学澜	天津市种植状元	市科协
2011		天津市优秀共产党员	市委
2012		天津市科普带头人	市科协

附：媒体报道

走进基层党建一盘棋
农村党建——因地制宜求发展

岔房子村既不在交通要道，也没有丰富的自然资源，更无独特历史文化底蕴支撑，在村党总支的带领下，通过利用农民家庭闲散住房，发展果蔬农产品保鲜业，推广反季节销售，取得了明显的经济效益。2007年该村完成了一期50座保鲜库的建设，2008年岔房子村又建成冷库40座，90座冷库的储藏能力达到250万公斤，销售收入610万元，利润70多万元，社员人均收入比2007年增长25%。村党总支还定期举办各类培训班，提高社员对设备的调试和管理技能。2010年，入社成员已达300多人。村党总支还根据土壤条件，引导村民发展休闲高效农业，推广种植新品种山药和土豆，经保鲜库冷藏错峰上市，大大增加了农民收入。

（载于2011年7月7日《天津日报》第10版，记者马永欣，通讯员李悦）

前常家堡村

前常家堡村位于北辰区西部边缘，距津霸公路3.5千米。东邻安光村，西与武清区苑家堡村接壤，南与郝家堡村相接，北与后常家堡村为邻。村呈东西长方形，占地面积47818平方米。2015年，该村有户籍人口280人，长期固定资产118.39万元。

前常家堡村航拍图　（2017年摄）

一　村庄沿革

相传由常利增建村于清嘉庆年间(1796—1820年)，始有七八户人家，名常家堡。光绪年间(1875—1908年)，为与后常家堡相别而冠“前”字，称“前常家堡”。据《典籍中的北辰》(87页)载，至中华人民共和国成立后，1950年天津县第四区所辖的五十八个自然村中有“前常家堡”，村名依旧；1953年改称“前堡”。后复称“前常家堡”至今未易。

一说民国时期，曾称“前常堡”，未见史料记载。但民间长期以来先后俗称该村为“前常堡”“前堡”延续至今。

清光绪二十六年(1900年)七月五日至二十八年(1902年)七月四日，曾隶属八国联军所建天津都统衙门北区。光绪三十一年(1905年)，隶属天津县西乡第十七区。民国2年(1913年)，隶属直隶省津海道天津县。民国17年(1928年)，隶属河北省天津县。民国29年(1940年)至民国34年(1945年)，隶属日伪天津县三区。民国34年(1945年)9月，隶属冀中天津工委五市分区；10月，隶属冀中九专区天津县五区。民国35年(1946年)9月，隶属津武县三区。民国35年(1946年)至民国37年(1948年)，由于民主政权和国民党政权拉锯治理，该村域亦隶属国民党天津县三区管辖。

民国38年(1949年)3月，隶属天津县七区。1950年8月，隶属河北省天津县四区。1953年7月，隶属津北郊区安光乡。1958年4月，隶属北郊区河头乡；8月，隶属北郊区幸福公社；10月，隶属红桥区幸福公社。1960年3月，隶属天津市药材培植场。1961年1月，隶属津北畜牧场青光分场；5月，隶属红桥区青光公社。1962年2月，隶属北郊区青光公社。1963年2月，隶属北郊区双口公社。1977年11月，隶属北郊区岔房子公社。1983年4月，隶属北郊区岔房子乡。1985年1月，隶属北郊区上河头乡。1992年3月，隶属北辰区上河头乡。1999年3月，隶属北辰区上河头镇。2001年10月，隶属北辰区双口镇。

二　道路河流

历史上，村域周边道路甚少，交通不便。1999年修筑的津保高速公路，位于前常家堡村庄东侧。2014年修筑的枣强路，位于前常家堡村域东侧。

三　人口方言

人口　据典籍史料记载，前常家堡村1934年有22户106人。1980年，有65户，常住人口250人，从业人员116人。2000年有80户，常住人口237人，从业人员107人。2016年，有96户276人；从业人员为149人，其中男性78人、女性71人。

民族　据《天津市北辰区地名志》载：1995年该村人口全部为汉族。据村情调查，2016年，该村有2个民族，其中朝鲜族1人，余为汉族。

姓氏　全村有姓氏8个，安姓逐渐成为前常家堡第一大姓，王姓、张姓位居其后。

安姓字辈为：大、汝、为、玉、忠、同、志、建、允、祥。

方言　该村方言属于津冀鲁官话片，年长的一般为原籍口音，年轻人多数说津北方言，不少人在家里说原籍话，在社交场合说天津话或普通话。

四　耕地状况

1980年，全村共有耕地4块，总面积423亩。主要分布在村北，占耕地总面积的65%。耕地四至为：村东北大地地块与安光村地块相接；村西大棚地块与苑家堡村地块相接；村南宣家坟地块与郝家堡村地块相接；村北贾家地地块与后常家堡村地块相接。村东北有机井1眼。 2015年，耕地面积为399亩。

1980年前常家堡村所属耕地地块情况表

表1　　　　　　　　　　　　　　　　　　　　　　　　　　　　　　　　　单位：亩

地块名称	位置	面积	地块名称	位置	面积
北大地	村北	184.95	贾家地	村北	90
宣家坟	村东	105	大　棚	村西	43.05
合　计					423

1980年前常家堡村所属耕地地块示意图

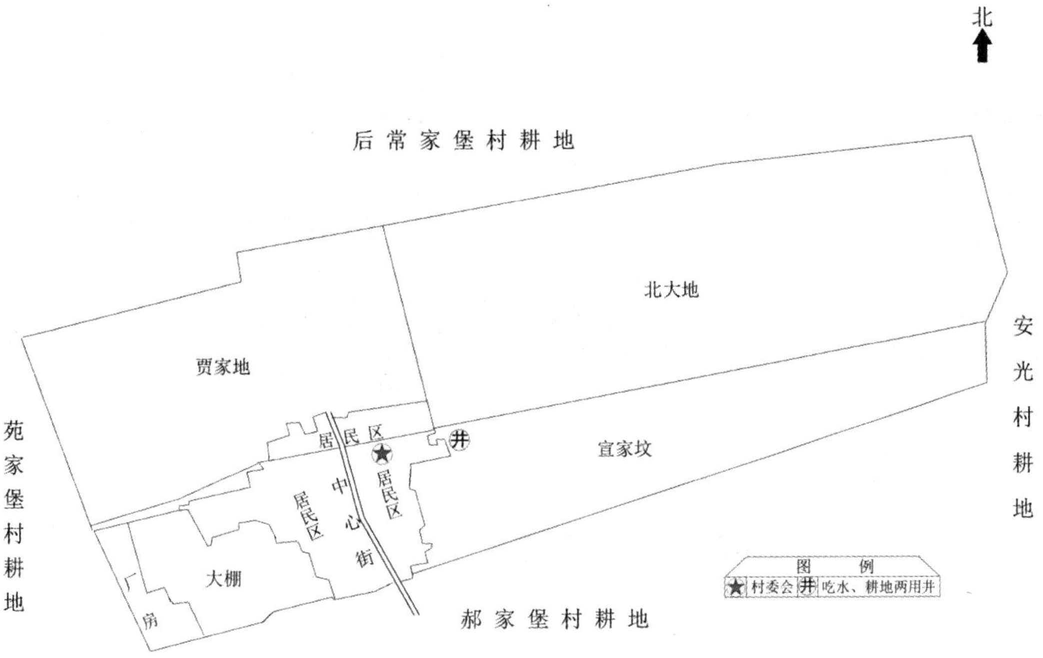

（2016年绘制）

五　街道胡同

1949年以前，村内街道胡同不整，均为土路。50—70年代，村容村貌虽有所改变，但发展变化不大。自进入80年代以来，随着村经济的发展，按规划实施村庄改造。90年代以后，有南北向中心街贯穿全村，全长200米；2011年，硬化为柏油路。村内有胡同9条，总长共674米，除北通胡同外，均为东西走向；2011年，硬化为机砖面。

2003年前常家堡村街道胡同情况表

表2

街道胡同名称	走向	长度（米）	胡同名称	走向	长度（米）
中心街	南北	200	同和胡同	东西	77
北通胡同	南北	50	刘家胡同	东西	73
新村胡同	东西	90	共建胡同	东西	50
北环胡同	东西	105	五姓胡同	东西	67
南环胡同	东西	100	王家胡同	东西	62

六 公共设施

1949年以前，村内公共设施甚少。50年代，尚无公厕，如厕主要以私宅厕所为主，多采用秸秆、土坯建成。60年代，建生产大队部办公用房。70年代中期，逐渐采用人工砖建公厕。2003年，建村委会办公用房及健身公园。2005年，建社区卫生服务中心、打机井。2006年，建除氟饮用水站一座，建成社区综合文化服务中心（包括活动室、图书室、村民学校）。

前常家堡村移动式公厕　（2015年摄）

前常家堡村社区综合服务中心（2015年摄）

前常家堡村卫生服务中心　（2015年摄）

2015年前常家堡村街道胡同及公共设施示意图

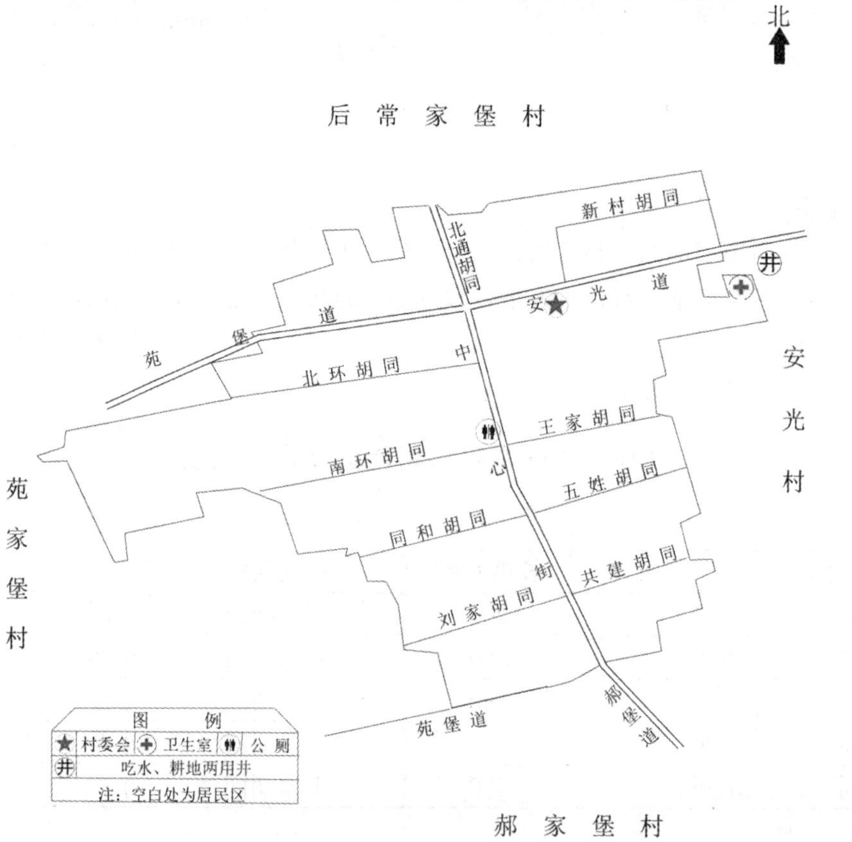

（2016年绘制）

七 经济概况

前常家堡村伏茄梨获得丰收（刘万友、杨安摄，图载1979年7月31日《天津日报》）

1949年以前，村域以种植业为主，粮食品种有玉米、大豆及各种杂粮。是年后，党和政府重视兴修水利和农田基本建设，农业生产条件逐步改善，增加了小麦、水稻和果树种植，使集体经济增收，村民生活有所提高。80年代，大力发展果品生产，主要以葡萄、雪花梨为主。1984年，果品种植面积为40.05亩，至2000年增加到243.75亩。2008年7月，天津市园艺工程研究所投资450万元，在前常家堡村建1座现代智能温室和2座内保温日光温室大棚，进行脱毒马铃薯原种薯培育，繁育二、三代马铃薯种薯1万粒。

1980年，集体副业有五金加工厂、塑料焊接厂、玻璃钢厂；实行农业联产承包责任制后，3个加工厂全部倒闭。

2008年8月8日，前常家堡特色农业旅游村项目正式启动，周期3～5年，投资1亿元，为全市100个旅游特色村之一。结合自身优势以及该地农业特色产业，打造以“吃农家饭、住乡村屋、游田园景、享休闲乐”为特点的农家乐旅游区。

2015年3月，村民安建才投资400万元，建太阳能温室大棚12个，占地面积60亩，建筑面积1万平方米。从浙江金华引进火龙果种苗4800棵，试种4个棚成功后，自繁种苗扩大种植，实行远程技术管理，年纯收入120万元。同时成立天津市建才果木专业合作社，并对外开放采摘，打造了特色旅游村一大亮点。

外国游客在前常家堡脱毒马铃薯温室大棚 （2009年摄）

前常家堡果园 （2012年摄）

前常家堡旅游特色村匾 （2012年摄）

前常家堡村口 （2009年摄）

附：媒体链接

曲径通幽前堡记
_前常家堡村发展旅游产业侧记（摘录）

目前，前堡村已同南开大学的研究所展开合作，专家们利用掌握的科学技术，通过改良土壤，温室设备等技术手段将从前看来不可能的事儿变为可能。前堡村所在的双口镇原本就是津西北果品基地，盛产苹果、葡萄、雪花梨、徐堡大枣等，在全市乃至全国都具有较高知名度。今后，随着旅游业的发展，蔬菜、水果采摘园，名贵树种观光园将成为设施农业的代表。

双口镇前堡村周边没有污染源，空气清新，民风淳朴，适宜居住。全村只有90多户，200多人。在苹果、桃、梨、杏等各种果树环绕簇拥下，小而精致的前堡在记者眼里俨然陶渊明笔中的桃花源。前堡村结合自身优势以及本地农业特色产业，打造以“吃农家饭、住乡村屋、游田园景、享休闲乐”为特点的农家乐旅游区。在这里游客可以体验农家生活，欣赏乡村文化、感受自然风情。走进前堡村，宽阔的道路两侧是一座座各具特色的农家院，有典型的北方民宅四合院，有乡村野趣的竹篱院，还有用当地农民画装饰的宅子。院内亦有乾坤，有的种了冬枣供客人品尝，有的挂满了各种葫芦供游人欣赏，有的农家院还搭起了舞台，一方还未唱罢，另一方早已登场。只要有兴趣你也可上台一展才艺。

游客观看前常家堡村农家乐演出（2009年摄）

前堡村党支部书记安志刚向记者介绍道：“前堡农家乐为了让广大游客真正乐在农家，将开辟农耕生活体验区。这样游客就能深度体验农家生活，而非仅仅作为一个参观者走马观花。”在农耕生活体验区内，游客只需交纳一定的管理费用即可在划定的土地范围内亲手种植作物，在专人的指导下进行定期管理，收获后就能将自己的劳动成果带回家品尝了。游客也可在此养殖家禽类动物，收获物同样归游客所有。除了农耕生活体验区，还有垂钓区。在垂钓区里，你除了可以钓到传统的鱼类，还可以钓到难见的红眼鳟。此外，泥鳅、螃蟹等也可以在垂钓园见到。

前常家堡村民采摘火龙果（2015年摄）

前堡农家乐不止将“农业游”作为特色，而且依托北辰农民画、泥塑等民间艺术在传统文化上大做文章，推出“文化游”。1983年全国首届农民画展上，双口农民画家创作的《房前屋后》获二等奖，《贴饽饽熬小鱼》《秋韵》等作品也多次参加全国大型美展。届时，游客可以现场观看民间艺人制作农民画的过程。除了农民画、泥塑制作、滚土圈、弹球、扇方包等一些早已消失的传统童年游戏也将会在前堡得到挖掘和复原。

（原载于2008年12月25日《天津日报·北辰之声》，记者林金福　通讯员朱翠峰　实习生李赞）

前常家堡村接待外国游客（2009年摄）

八　民间文化

20世纪80—90年代，前常家堡村成立秧歌队、少年高跷会，到各村演出受到观众好评，后因故解散。

前常家堡村少年高跷会合影（1985年摄）

前常家堡村秧歌队合影　（1998年摄）

九　历任党政负责人

1949—2016年，前常家堡村党组织健全，先后6人担任党支部书记。村政机构领导班子不够稳定，其中1952—1973年，暂无村政负责人资料；1974—1984年和2003—2006年前后两个时期没有村政负责人。

1949—2016年前常家堡村党组织负责人任职情况表

表3

党组织名称	姓名	性别	职务	任职时间
村党支部	安鼎昆	男	书记	1949—1973
	安忠河	男	书记	1974—1977
	安同源	男	书记	1978—1984
	安忠河	男	书记	1984—1987
	安志忠	男	书记	1987—1991
	安同禄	男	书记	1991—1994
	安志刚	男	书记	1994—2014
	安志福	男	书记	2014—

1949—2016年前常家堡村村政机构负责人任职情况表

表4

村政机构名称	姓名	性别	职务	任职时间
村公所	王志明	男	村长	1949—1951
村民委员会	安志忠	男	主任	1984—1987
	张增海	男	主任	1987—1994
	王振全	男	主任	1994—2000
	安志鹏	男	主任	2000—2003
	王振全	男	主任	2006—2013
	安志国	男	主任	2013—

十　荣誉

1949—2016年，前常家堡村共获得市局级及以上先进集体荣誉7项。

1949—2016年前常家堡村获市局级及以上先进集体荣誉表

表5

授予时间	获奖单位	荣誉名称	授予部门
1974	前堡大队	市级红旗单位	市委农工委
1978		农业学大寨先进大队	市革委会
1996	前常家堡村	天津市第三批（1995年）小康村	市委农工委、市农委
2005		2005年度创建文明村“五个一”活动先进村	市文明委
2008		2007—2008年度天津市平安示范村	市综治委
2008		天津市创“四无”社区优秀人民调解委员会	市司法局
2015		天津市青年绿色示范村	团市委、市农委

后常家堡村

后常家堡村位于北辰区西部。东与安光村相接，西与武清区五间房村相邻，南界前常家堡村，北与武清区汉沽港村相望。村呈正方形，占地面积156412平方米。2015年，该村有户籍人口912人，固定资产497.82万元。

后常家堡村村碑　（2015年摄）

一　村庄沿革

该村最早由冯自成、刘常富及郭家建村于清道光年间（1821—1850年），随后又有武、张、吕家陆续迁入定居。初为王庆坨佃户村，称北房子口，同治年间(1862—1874年)称大直庄。光绪年间(1875—1908年）改称后常家堡村。据《典籍中的北辰》（75-87页）载，自光绪末年（1908年）直至中华人民共和国成立后的1950年，该村仍称后常家堡。1953年，改称后堡。1962年，复称后常家堡。“文化大革命”期间一度改称东方红村，后又复称后常家堡村，至2016年未易。

一说，民国时期称“后常堡”，未见史料记载。但民间俗称该村为“后常堡”及“后堡”。

清光绪二十六年（1900年）七月至光绪二十八年（1902年）七月，曾隶属八国联军所建天津都统衙门北区。光绪三十一年（1905年），属天津县西乡第十七区。民国2年（1913年），属国民政府直隶省天津县。民国17年（1928年），属河北省天津县。民国29—34年（1940—1945年），属日伪天津县第三区。民国34年(1945年)9月，属冀中天津工委五市分区；10月，属冀中九专区天津县五区。民国35年(1946年）9月，属冀中八专区津武县三区。民国35—37年（1946—1948年），由于民主政权和国民党政权拉锯治理，村域又属国民党天津县第三区。

民国38年（1949年）3月，属冀中八专区天津县七区。1950年8月，属河北省天津县四区。1953年7月，属津北郊区安光乡。1958年4月，属北郊区河头乡；8月，属北郊区幸福公社；10月，属红桥区幸福公社（1959年3月，改称北仓公社）。1960年3月，属天津市药材培植场。1961年1月，属津北畜牧场青光分场；5月，属红桥区青光公社。1962年2月，属北郊区青光公社。1963年2月，属北郊区双口公社。1983年4月，公社改乡，属北郊区双口乡。1992年3月，北郊区改称北辰区，属北辰区双口乡。1995年12月，乡改镇，属北辰区双口镇；至2016年，隶属未变。

二　道路河流

道路　后常家堡村域地势平坦，道路甚少。20世纪50年代，域内道路均为坑洼不平的土路。60—70年代，乡村道路不断增加，交通有所好转。自80年代，随着经济发展，村域周边公路发展迅速。至2016年，该村周边相继筑有5条公路，有区级公路枣强路和4条乡村公路。

河流　有风河北支，1976年修，西至常渔路，东至安光边界，深3.5米，宽6米。

三　人口方言

人口　据《典籍中的北辰》记载，民国23年（1934年），后常家堡村有64户298人。据统计资料载，1980年，有193户867人。2000年，有257户915人。2016年，有乡村户数508户、乡村人口1688人；乡村从业人员763人，其中男性451人、女性312人；户籍261户843人。

民族　据《天津市北辰区地名志》载：1995年该村有3个民族，其中满族2人，回族1人，余为汉族。据村情调查，2016年该村有6个民族，其中满族5人、回族2人、布依族2人、壮族2人、蒙古族1人，余为汉族。

姓氏　全村有68个姓氏，主要姓氏有四大家，分别是张、吕、武、杨姓。

后常家堡村姓氏表

表1

序号	姓氏	序号	姓氏	序号	姓氏	序号	姓氏	序号	姓氏	序号	姓氏	序号	姓氏
1	王	11	冯	21	武	31	李	41	杨	51	胡	60	魏
2	齐	12	苑	22	刘	32	韩	42	高	52	沙	61	梅
3	何	13	霍	23	郭	33	沈	43	付	53	周	62	金
4	倪	14	勒	24	房	34	闫	44	赵	54	林	63	希

续表

5	娄	15	骆	25	庞	35	朱	45	宋	55	崔	64	邵
6	方	16	安	26	苗	36	夏	46	邢	56	班	65	郝
7	袁	17	石	27	殷	37	吴	47	唐	57	廖	66	牛
8	张	18	徐	28	吕	38	程	48	曹	58	黄	67	施
9	苏	19	孙	29	马	39	孔	49	钟	59	史	68	时
10	尚	20	陈	30	姜	40	彭	50	顾				

张氏族谱 张氏族谱有60字辈，即自、大、梅、云、忠、锡、振、庆、广、宏、怀、焕、立、伯、采、勤、培、书、香、松、百、寿、尚、英、侠、世、卉、竹、羽、丰、孝、晋、居、君、邦、克、守、仁、少、炳、昕、旭、皓、炎、光、友、和、长、佩、容、远、方、存、信、义、志、承、万、代、明。

吕氏族谱 吕氏族谱有8字辈，即长、颜、宝、玉、可、思、桐、焕。

杨氏族谱 杨氏族谱有16字辈，即炳、乃、先、德、克、绪、忠、良、兆、文、耀、武、为、家、之、光。

张氏族谱（2015年摄）

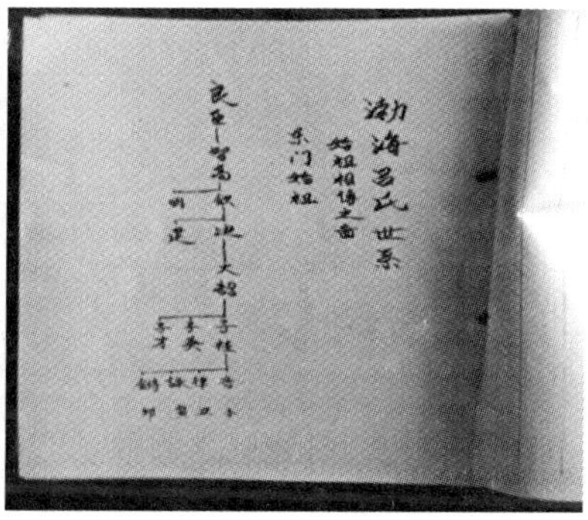
吕氏族谱（2015年摄）

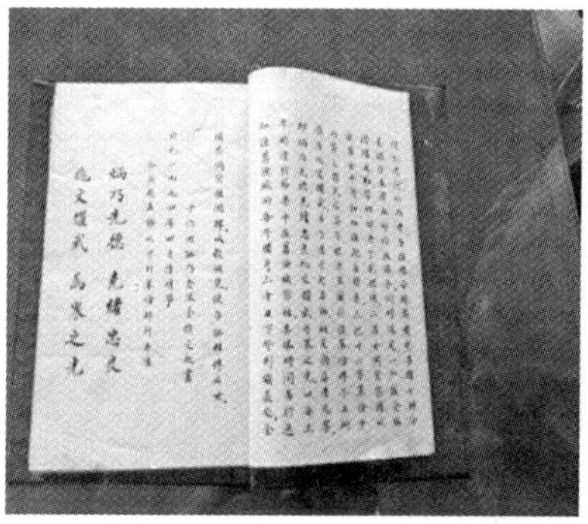
杨氏族谱（2015年摄）

方言 该村方言属于津冀鲁官话片，年长的一般为原籍口音，年轻人多数说津北方言，不少人在家里说原籍话，在社交场合说天津话或普通话。

方言——普通话

洋火——火柴

洋蜡——蜡烛

自来火儿——打火机

糖堆儿——糖葫芦

月亮牌儿——日历

洋车子——自行车

电棒儿——手电筒

礓 cā（石＋察）儿——石台阶

茅房——厕所

电驴子——摩托车

今儿个——今天

夜儿个——昨天

一边儿——一般

转儿莲——向日葵

棒子——玉米

芫荽——香菜

过节儿——嫌隙

大大——伯父

伯伯——叔叔

上亮子——门上方的玻璃窗

啫咧——找茬儿

拾不起个儿——身体太累

拢子——梳子

香胰子——香皂

尼了——您了

齁——太咸、太甜

跛了盖儿——膝盖	垫巴——吃饭前先少吃一点
大了——主持喜事丧事的人	白眼——外孙子、外孙女
黑眼、红眼——孙子、孙女	吃戗药——火气异常大

四　耕地状况

1980年，全村有耕地18块，总面积1756.05亩。2015年，耕地面积1480亩。耕地四至为：村东李家地、房东地等地块与安光村地块相连，村南王家大地、异地地块与前常家堡村地块相接，村西大窑地、五十地、腊杆地地块与武清区五间房村地块相界，村北红花坟地、北七十、张家坟地地块与武清区汉沽港村地块相邻。有农用机井1眼，坐落于长条子地块。涵洞1个，坐落于凤河北支西。

1980年后常家堡村所属耕地地块情况表

表2　　　　单位：亩

地块名称	面积	地块名称	面积
王家大地	90	安尔喜大坑	40.05
南三十	60	南果园	105
腊杆地	195	五十地	49.95
李家地	120	高洼子	120
陈家坟	229.95	周家坟	49.95
大窑地	30	六十地	120
红花坟地	155.1	北七十	70.05
张家坟地	60	长条子	165
房东地	51	异地	45
合计	1756.05		

1980年后常家堡村所属耕地地块示意图

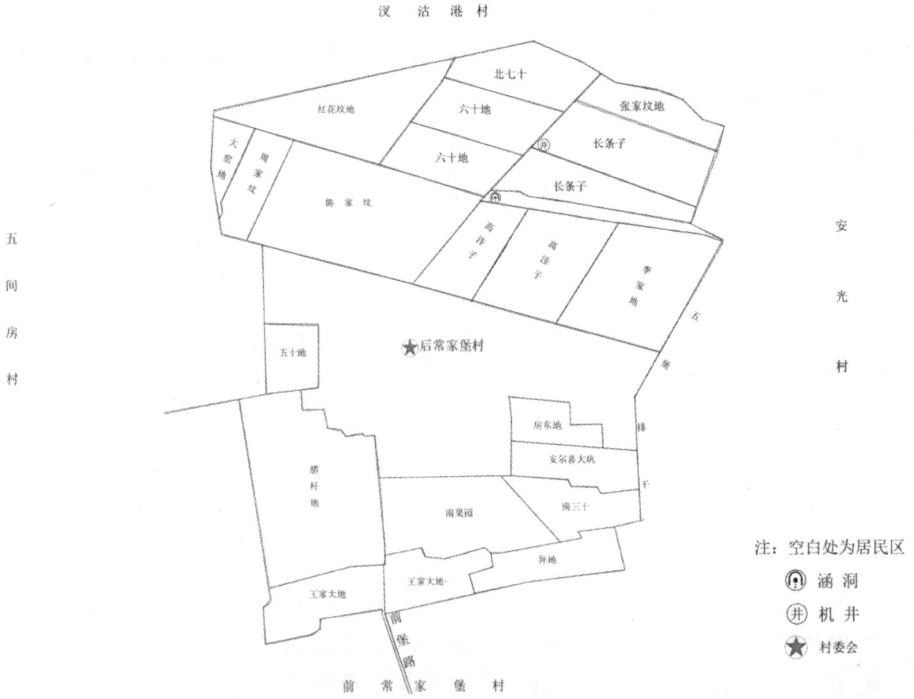

（2016年绘制）

五 街道胡同

中华人民共和国成立前，村内街道胡同均为土路。20世纪50—70年代，村容村貌变化不大。80年代初期，开始修村中道路，中心街道和前堡路由土道修为柏油路。到2002年，全村剩余道路由土路硬化为砖道。至2004年，全村有胡同21条，总长度5865米；其中东西向胡同8条，南北向胡同13条。2005年，随着旧村拆迁改造，历史上形成的后常家堡村的原始村落及其街道胡同已不复存在。自2006年始，随着住宅楼的建成同时翻修街道胡同，修为水泥路。到2016年，村主要街道有中心街道、东外环路、中心路北街、别墅路、北外环路、前堡路共6条，总长度3291米，其中东西走向2条，南北走向4条。

1982—2015年后常家堡村街道情况表

表2

街道名称	走向	长度（米）	硬化	翻修
中心街道	东西	850	1982年柏油路	2009年水泥路
东外环路	南北	240	2011年水泥路	–
中心路北街	南北	266	2009年水泥路	–
别墅路	南北	325	2015年水泥路	–
北外环路	东西	910	2009年水泥路	–
前堡路	南北	700	1984年柏油路	2009年翻修

1982—2011年后常家堡村胡同情况表

表3

胡同名称	长度（米）	走向	硬化时间	胡同名称	长度（米）	走向	硬化时间
中心路西街	340	南北	2002	中心路东街	310	南北	2011
文明胡同	120	南北	2002	拐弯胡同	445	南北	2002
付业胡同	370	东西	2002	光荣胡同	295	东西	2002
中心路北街	310	东西	2009	长青胡同	50	东西	2002
张家胡同	260	东西	2002	苇坑道	260	东西	2002
中心大街	560	东西	1982	四户里	35	南北	2002
东街	220	南北	2002	通南胡同	275	南北	2002
中心路南街	230	南北	2002	武家胡同	280	南北	2002
小学校胡同	210	南北	2002	幸福胡同	260	南北	2002
红旗胡同	200	南北	2002	前堡道	750	南北	1984
五户里	85	东西	2002				

六 旧村改造

2005年前，全村共有235户村民平房住宅。2005年始，进行旧村平房改造。至2007年，拆除120户村民平房住宅；2009年，拆除115户村民平房住宅。腾出土地面积4万平方米。

2006年，建成田源别墅小区小二楼149栋，建筑面积3.2万平方米；建成村民别墅小区小二楼61栋，建筑面积8500平方米。2013年，建成快乐老家A区六层

快乐老家A区　（2015年摄）

住宅楼23栋，建筑面积10.25万平方米；建成快乐老家B区五层住宅楼11栋，建筑面积3.86万平方米。

2005年，61户村民入住田源别墅小区；2014年12月，157户村民入住快乐老家B区；另有6户村民与开发商置换住宅。16户村民房屋归开发商由开发商拆迁。至此，村民全部住上新楼房，还迁率达100%。快乐老家A区和B区还迁房剩余部分作为商品房对外出售，共有994户居民入住。

七　公共设施

中华人民共和国成立前，后常家堡村公共设施甚少。20世纪20年代初，仅有天津县第十八小学校。中华人民共和国成立后，公共设施逐渐增多。1960年，新建小学校。1968年，在村中心打了一眼饮水机井，专供村民生活用水，还修建了9米高的水塔、机井房等。1978年，建大队部办公用房，内设会议室、各部门办公室等。1980年，始建公共厕所。2004年，建金摇篮幼儿园。2005年，建村卫生所、村委会办公楼，内设会议室、村民学校、图书室、文化活动室、广播室等。2014年，建供热站。2015年，建移动式公共厕所。2016年，建好多福超市。

2015年后常家堡村街道及公共设施示意图

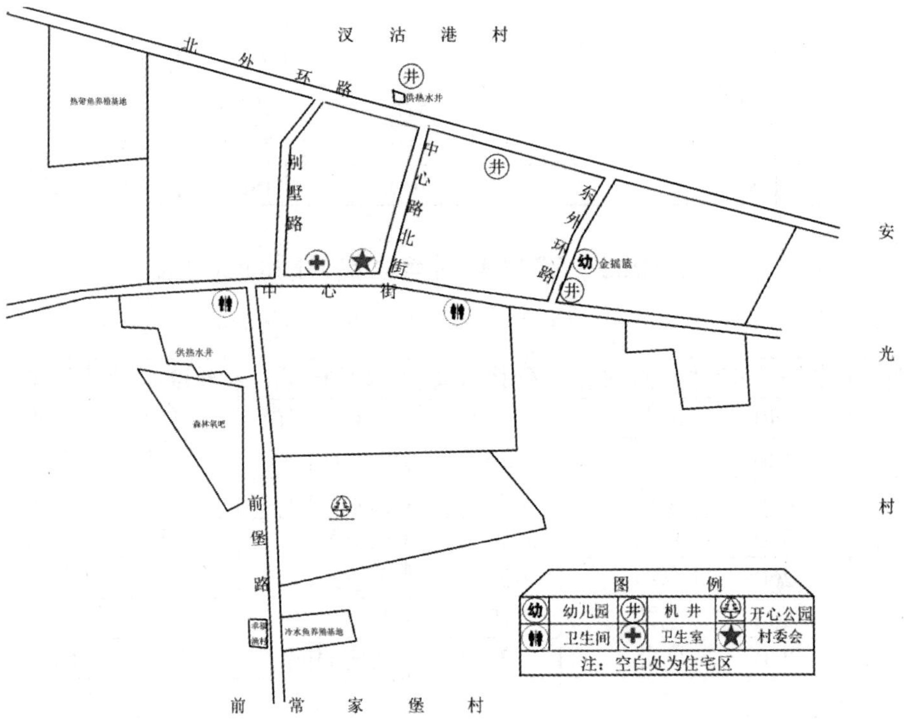

（2016年绘制）

八　经济概况

农业　20世纪50年代前，以粮食种植为主；兼种经济作物，有花生、芝麻、甘蔗、瓜菜等。60年代初，粮食总产量77.5吨；油料播种面积15亩，总产量0.5吨；蔬菜总产量67.5吨；果园面积15亩，果品总产3.07吨。大牲畜19头，猪存栏51头。

80年代后，实行联产承包责任制，引导村民多种经营，种植果树、瓜菜等。另种植有腊杆苗木150亩。养殖业得到发展，主要饲养猪、羊、鸡等，同时利用坑塘发展水产养殖。时该村有养鸡专业户。2000年，村有耕地1480亩，年产粮食189吨；养猪157头，生猪出栏94头；养羊818只，出栏491只。

2014年，建成冷水养殖虹鳟鱼基地，共21个温室大棚，其中养鱼大棚2个，占地面积40.05亩。2015年，粮食种植面积972亩，总产量220吨；蔬菜种植264.3亩，其中设施大棚6个，面积6亩，总产量330.9吨；果树种植30亩，总产量20吨。是年生猪存栏40头，出栏215头；养羊、养鸡专业户共10户。发展热水养殖观赏鱼，占地30亩，大棚32个。2016年，全村油料播种面积136.05亩，总产量20.1吨；蔬菜及食用菌播种面积19.95亩，总产量50吨；瓜果类播种面积24亩，总产量49吨。

工商业 1966年，大队办起了柳编业，编农药筐和笆片。1972年，建五金综合厂；1975年，该厂开始发展扩大，工人增加到几十名，扩建车间2排，年终创利润达4万元。1980—1988年，该厂进入兴盛时期，厂名改为照相机零件二厂；又扩建了3排车间，购置各种大型车床，固定资产达100多万元，全年利润达几十万元。1994年，村办企业利润18万元，固定资产206万元。2000年，村办企业2家，工业产值970万元；社会总收入5361万元，人均纯收入5062元。2015年，村集体有1000平方米厂房出租；有商业网点6家，餐饮住宿服务业7家。

九 休闲旅游度假村

2009年，始筹建村开心公园，园内设置有大象雕塑，有孔雀、鸽子、火鸡等观赏鸟类；开始兴建一批属于徽派风格的小二楼农家院，风格独特，引人注目。该村投资500万元，先后建成了“快乐农家院”“支前模范井”、公园水系河道等多处景点，同时还建有休闲自助体验式烧烤餐饮长廊，林间铺设休闲漫步观光路，设置座椅及健身器材，建两座互通式小桥，新型公厕，于2015年5月1日对外开放。该村旅游景点形成特色，遂定名为后堡休闲旅游度假村。是年11月13日，天津市委副书记王东峰莅临考察，给予充分肯定。

后常家堡村支前模范井　（2015年摄）

后常家堡村森林氧吧游廊　（2015年摄）

十 民间文化

老音乐会 组建于中华人民共和国成立初期，有20多名演员，还有文武场。每到冬季组织演员利用晚上时间排练剧目，有时到深夜，没有任何报酬，演出的剧目主要是宣传新婚姻法和当代农村搞生产的故事，如《小二黑结婚》《刘巧儿》《小女婿》《兄妹开荒》《小放牛》，还有自编自演的《卖毛驴》等。每年正月在村内演完，还应邀出村演出，深受观众欢迎。

吹歌会 吹歌会又称音乐会、“义善圣会”，创建于民国19年(1930年)，有会员15人。主要乐器笙、管、笛、音锣、鼓、大小钹铙等。吹曲与敲打交替表演，时而加花点、花活一展舞姿。尤其是孙玉清吹管子，张锡川吹笙，功底深厚，技艺高超，受到观众高度赞赏。逢年过节义务演出，演奏乐曲《玉芙蓉》《词曹》《翠竹帘》《大琵琶》《小琵琶令》《三呲牙》《三点茶》等。1952年“义善圣会”解散。

攀龙会 始建于1953年，亦称杠子会（单杠），成员30余人。由从汉沽港村迁入该村定居的倪廷彤师傅授艺，传授徒弟们各种单杠技艺，如：金龙攀玉柱、双臂大回环、长手拉、立大顶、大顶砸脖子等惊险高难动作，还有吃功夫的仰鸭、背鸭。该会有锦缎龙旗1面，彩旗10面和牛皮大鼓，大小钹铙等打击乐器。春节期间，演员身着彩色扎口灯笼裤演出服，演出时精神抖擞，动作敏捷，博得观众阵阵掌声。既在乡间巡回演出，又曾应邀参加北郊区会演，赴南开体育馆表演，荣获锦旗1面。该会为专业杂技团输送3名演员：赵永义为天津杂技团演员、武耀强为河南开封杂技团演员、武耀合为天津杂技团票友。沈阳杂技团负责人曾专程到津商洽招收攀龙会全体成员事宜，待遇从优，因会员热恋故土，未能成行。“文化大革命”初期因后继无人自行解散。

后常家堡村书画协会创作现场（2015年摄）

秧歌队 1998年，成立秧歌队，由35名成员组成。

其他 2014年，成立广场舞队、书画协会、象棋队。

十一 大事纪略

民国34年（1945年）秋，人民武装九分区回民支队、胜芳支队进驻后常家堡村。

民国35年（1946年），津武县六区民政助理员于宝玺带领区小队进驻后常家堡村，建立堡垒户，组建民兵队。

民国37年（1948年）12月，第四野战军汽车队于后常家堡村驻防。

十二 历任党政负责人

1961—2016年的55年间，后常家堡村共有12人次担任党组织书记，有15人次担任村政负责人，但在1966—1971年和2007—2009年出现空缺。

1961—2016年后常家堡村党组织负责人任职情况表

表4

党组织名称	姓名	性别	职务	任职时间
村党支部	王福祥	男	书记	1961—1964
	石涧生	男	书记	1964—1964
	王福祥	男	书记	1965—1966
	李树森	男	书记	1966—1970
	杨克勤	男	书记	1971—1986
	杨洪芬	男	书记	1987—1997
	王作章	男	书记	1998—2000
	武玉才	男	书记	2000—2006
	杨洪顺	男	书记	2006—2007
	冯玉起	男	书记	2007—2013
	石岩华	男	书记	2013—2014
	林子福	男	书记	2015—

1961—2016年后常家堡村村政机构负责人任职情况表

表5

村政机构名称	姓名	性别	职务	任职时间
生产大队	冯玉珍	男	大队长	1961—1961
	闫永海	男	大队长	1962—1962
	王福祥	男	大队长	1963—1963
	刘恩弟	男	大队长	1964—1966
革命委员会	郭玉民	男	主任	1971—1973
	杨洪芬	男	主任	1973—1983
村民委员会	杨洪芬	男	主任	1983—1987
	冯玉起	男	主任	1987—1992
	武玉才	男	主任	1992—1996
	王作章	男	主任	1997—1997
	林敬森	男	主任	1998—2000
	冯庆臣	男	主任	2000—2006
	吕玉强	男	主任	2006—2007
	赵景波	男	主任	2009—2013
	冯庆臣	男	主任	2014—

十三　荣誉

1961—2016年，后常家堡村共获市局级及以上先进集体荣誉称号3次。2014—2015年，有2人3次获市局级以上先进个人荣誉。

1961—2016年后常家堡村获市局级及以上先进集体荣誉表

表6

授予时间	获奖单位	荣誉名称	授予部门
1981	后堡大队党支部	市级先进党支部	市委
1994	后常家堡村	市级小康村	市委农工委、市农委
2015	后常家堡村	青年绿色示范村	团市委、市农委

2014—2015年后常家堡村获市局级及以上先进个人荣誉表

表7

授予时间	姓名	荣誉名称	授予部门
2014	倪照珏	2013年天津市“乡村好青年”	团市委
2015		2014年天津市“乡村好青年”	
2015	冯庆臣	天津市“五一”劳动奖章	市总工会

徐家堡村

徐家堡村位于北辰区西部边缘，距双口镇政府6千米，距区政府18千米。东邻郝家堡村，西邻武清区小王堡村，南与岔房子村相连，北与武清区苑家堡村接壤。村呈南北长方形，占地面积186000平方米。2015年，该村有户籍人口582人，长期固定资产219.22万元。

徐家堡村航拍图　　（2017年摄）

一　村庄沿革

徐家堡村村碑　　（2015年12月摄）

清光绪年间（1875—1908年），徐家堡村由徐志兴所建。因当时水患连年，徐志兴在该地搭铺治鱼，成村后称徐家堡村。据《典籍中的北辰》载，自光绪末年（1908年）直至中华人民共和国成立后的1950年，该村一直称徐家堡。1953年改称徐堡。后复称徐家堡，至2016年未易。

传说清乾隆元年（1736年），徐大胜迁此定居，成村后名曰徐家庄。自乾隆元年（1736年）至同治年间（1862—1874年），该村名未见史料记载，故此传说待考。民间俗称该村为"徐堡"。

清光绪二十六年（1900年）七月至光绪二十八年（1902年）七月，曾隶属八国联军所建天津都统衙门北区。光绪三十一年（1905年），隶属天津县西乡第十七区。民国2年（1913年），隶属直隶省津海道天津县。民国17年（1928年），隶属河北省天津县。民国29—34年（1940—1945年），隶属日伪天津县三区。民国34年（1945年）9月，隶属冀中天津工委五市分区；10月，隶属冀中九专区天津县。民国35年（1946年）9月，隶属冀中八专区津武县。民国35—37年（1946—1948年），由于民主政权和国民党政权拉锯治理，该村域亦隶属国民党天津县三区管辖。

民国38年（1949年）3月，隶属天津县七区。1950年8月，隶属河北省天津县四区。1953年7月，隶属津北郊区安光乡。1958年4月，隶属北郊区河头乡；8月，隶属北郊区幸福公社；10月，隶属红桥区幸福公社。1960年3月，隶属天津市药材培植场。1961年1月，隶属津北畜牧场青光分场；5月，隶属红桥区青光公社。1962年2月，隶属北郊区青光公社。1963年2月，隶属北郊区双口公社。1977年11月，隶属北郊区岔房子公社。1983年4月，隶属北郊区岔房子乡。1985年1月，隶属北郊区上河头乡。1992年3月，隶属北辰区上河头乡。1999年3月，隶属北辰区上河头镇。2001年10月后，隶属北辰区双口镇。

二　道路河流

历史上，村域周边道路甚少，交通不便。1999年6月修筑的津保高速公路，从东到西途经村域，位于村北60米。2014年修筑的枣强路，从东到西途经村域。

三　人口方言

人口　据《典籍中的北辰》载，徐家堡村1934年有38户165人；据统计资料载，1980年，有109户507人，从业人员169人；2000年，有151户515人，从业人员178人。2016年，有170户598人；从业人员180人，其中男性80人，女性100人。

民族　据《天津市北辰区地名志》载：1995年，该村人口全部为汉族。据村情调查，2016年，该村全部为汉族。

姓氏　全村有姓氏24个，主要姓氏有徐、郭、李姓。郭姓逐渐成为徐堡第一大姓，据传郭姓源于山东文成县郭家楼。

郭姓辈分次第为：文、士、云、锡、瑞、鸿（红）。

方言　方言与线河村相同，属于静海方言片。

四　耕地状况

1980年，全村共有耕地16块，总面积1804.5亩。耕地四至为：村东机井北、五房道地地块与郝家堡村地块相接；村西安家坟、郭家坟地块等与小王堡村地块相接；村南南贾地、老魏坟地地块与岔房子村地块相接；村北北县公地地块与苑家堡村地块相接。耕地配套机井4眼，村北1眼，高速南1眼，村西1眼，村西南1眼；村南有沟渠1条。2015年，耕地面积为662亩。

1980年徐家堡村所属耕地地块情况表

表1　　单位：亩

地块名称	面积	地块名称	面积
北县公地	63	西三角	54
学校后	60	五房道地	184.5
八十亩地	127.5	四十亩地	58.5
村西地	49.5	庙底子	217.5
机井北	175.5	安家坟	88.5
新菜园子	58.5	老魏坟地	157.5
郭家坟	123	房子道	112.5
老菜园子	79.5	南贾地	195
合计			1804.5

1980年徐家堡村所属耕地地块示意图

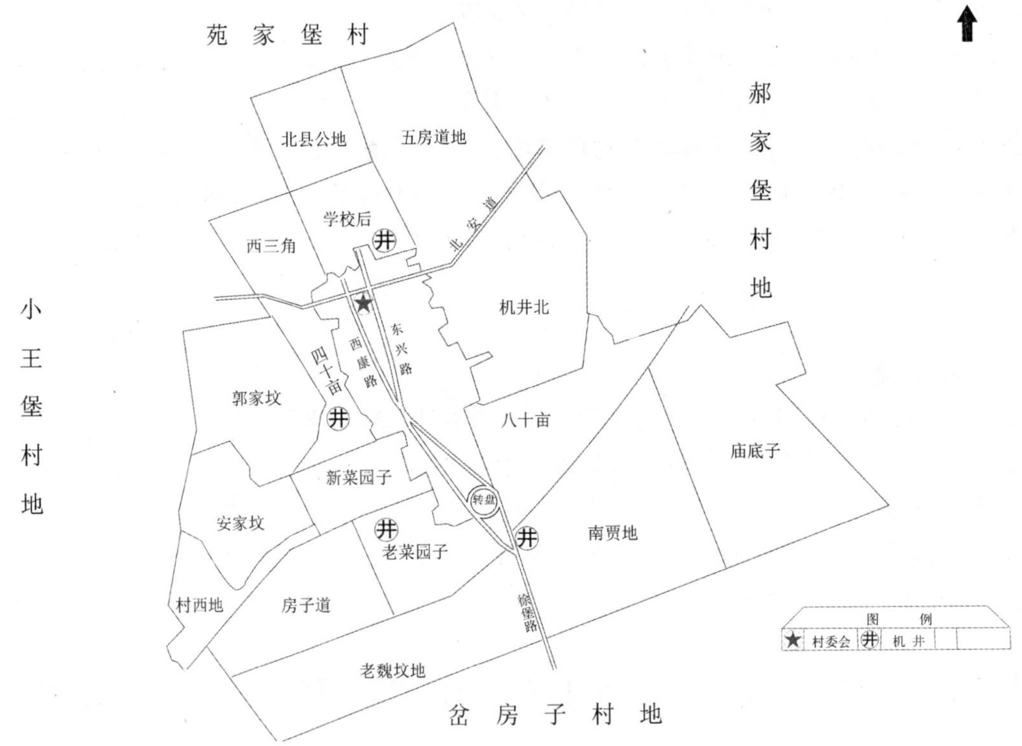

（2016年绘制）

五　街道胡同

1949年以前，村内街道胡同均为土路。20世纪50—70年代，村容村貌有所改变，但发展变化不大。自进入80年代以来，随着村经济的发展，按规划实施村庄改造。2000年，将3条街道全部硬化为柏油路面，均为南北走向，长度共771米。全村有胡同16条，长度1288米，其中南北走向2条，东西走向14条，1999年均硬化为机砖面。

2000年徐家堡村街道情况表

表2

名称	走向	长度(米)
北安道	南北	243
东兴路	南北	258
西康路	南北	270

1999年徐家堡村胡同情况表

表3

名称	走向	长度(米)	名称	走向	长度(米)
北安胡同1号	南北	88	北安胡同2号	南北	43
西康胡同1号	东西	65	西康胡同2号	东西	65
西康胡同3号	东西	62	西康胡同4号	东西	69
西康胡同5号	东西	74	康兴胡同1号	东西	59
康兴胡同2号	东西	49	康兴胡同3号	东西	40
东兴胡同1号	东西	124	东兴胡同2号	东西	108
东兴胡同3号	东西	90	东兴胡同4号	东西	82
东兴胡同5号	东西	136	东兴胡同6号	东西	134

徐家堡村内道路，其左为西康路，右为东兴路　　　（2015年摄）

六　公共设施

1949年以前，村内公共设施甚少。20世纪50年代，主要以家庭式厕所为主，多采用秸秆、土坯建成。1965年，建大队部办公用房。70年代中期，逐渐采用人工砖建公厕。1996年，建水塔。1997年，建村委会办公用房。2003年，建成社区综合文化服务中心（包括培训室、排练室、图书室）。2008年，建社区卫生服务中心。2009年，新修村委会办公房(社区综合服务中心)；是年，在村内建公园。2012年，新建移动式公厕5座。2014年，图书室改称农家书屋。

徐家堡村村委会办公楼　　（2015年摄）

徐家堡村卫生服务中心　　（2015年摄）

徐家堡村公园　　（2015年摄）

徐家堡村移动式公厕　　（2015年摄）

2015年徐家堡村街道胡同和公共设施示意图

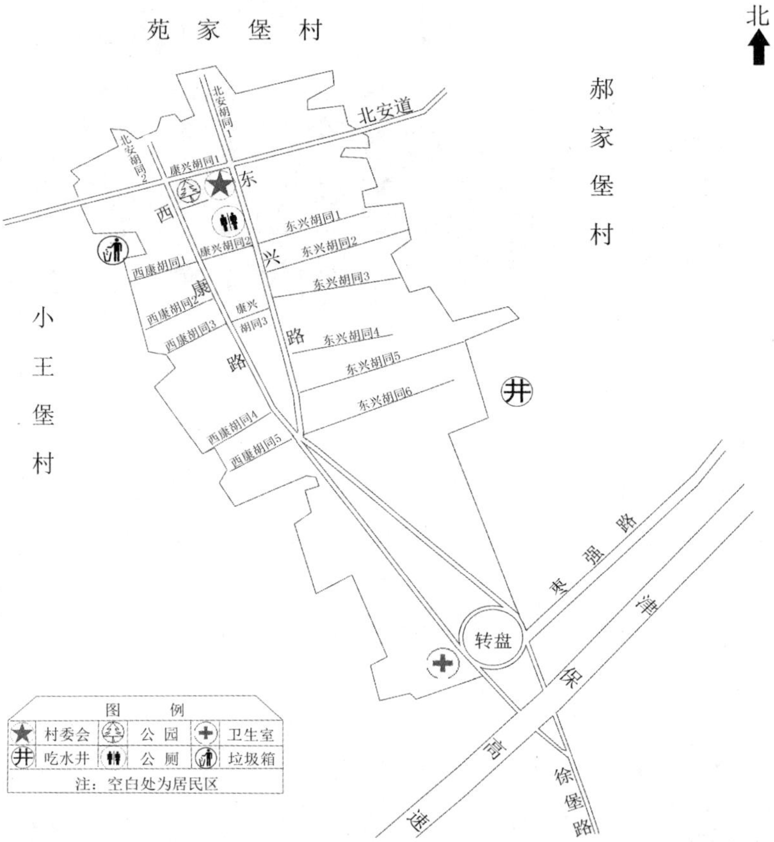

（2016年绘制）

七　经济概况

1949年以前，村域以种植业为主，粮食品种有玉米、大豆及各种杂粮。1949年以后，农业生产条件逐步改善，增加了小麦和水稻种植，使集体收入增加，村民生活水平有所提高。80年代后，实行农业联产承包责任制，走农林牧副渔齐发展的路子，在注重粮食作物种植的同时，发展枣树种植，使之成为主导产业。枣树种植总面积990亩，主要有“马牙”“圆玲”两个品种，其种植面积分别占总面积的70%和30%。

徐家堡村大枣连栋大棚　（2015年摄）

徐家堡村采摘观光园　（2013年摄）

2004年，成立“天津市徐堡枣种植专业合作社”，注册“徐堡”牌商标。2006年，徐堡枣获得地理标志产品保护命名及无公害产品产地认定。2011年，徐家堡村被农业部认定为全国首批“一村一品”示范村。2012年，徐堡大枣荣获天津市优质农产品“金农奖”荣誉称号。2013年，获“中华人民共和国农业部地理标志保护产品”称号。2014年，全村种植枣树1500亩，以大枣为主的果品产业成为全村第一大主导产业，为农民收入的主要来源。2015年，村里建起总占地面积近19.95亩的5座连栋温室。枣树进入大棚种植后，早熟20天。2016年，举办为期1个月的大枣采摘节，接待游客5000人次，共采摘13吨，获得收入39万元。合作社依托资源优势和生态优势，以徐堡枣为农业龙头品种，以发展设施农业和观光农业为导向，规划建设徐堡枣农业科技示范园和徐堡采摘观光园，引入经济作物新品种，开发农事体验、农业采摘等观光休闲娱乐项目，增加农产品经济附加值，提高农民收入。

徐堡大枣商标　（2015年摄）

徐堡大枣农产品地理标志证书　（2015年摄）

附：媒体链接

做强农业品牌枣树变成“摇钱树”（节选）
——北辰区徐堡村123户和一枚商标的故事

2003年年底，徐堡村泰华枣业合作社正式成立。可是如何将养在深闺人未识的徐堡大枣推向市场呢？徐堡村干部群众研究后，一致认为要给徐堡大枣一个被人认可的名分。用他们的话说：“现在是品牌经济时代，品牌代表的是质量是信誉，没有品牌，再好的东西也跟土货一样，卖不上价。”为提高徐堡大枣的竞争力，徐堡村以泰华枣业合作社名义向国家工商总局申请注册了天津市第一个农产品集体商标——“徐堡”牌大枣。该商标于2004年3月23日被国家工商总局批准进入公示期。2007年正式获准使用，成为天津市第一枚农产品集体商标。

徐堡村泰华枣业合作社成立后，全村123户农民全部加入合作社，并按规定共同拥有徐堡牌大枣的使用权。在市、区技术人员的指导下，在合作社统一指挥下，村民们对枣树的树型进行了整形改造，统一施肥、浇水、防治病虫害，使合作社的大枣达到了无公害标准，获得了天津市果品无公害基地认证。

自打有了金字招牌，“徐堡”牌大枣市场价格一路攀升。2004年8月下枣时，徐堡大枣就由之前的每斤2.5元，卖到每斤4元。所有大枣几乎都被商贩卖到北京的各大饭店和超市去了。2005年，徐堡大枣每斤涨到5元，仍然很抢手。2006年，商贩们担心货源不足，在枣青时节就提前与农户订货，徐堡大枣又涨到每斤6.5元，村里出现了“小贩树下等枣熟，鲜枣上市就卖空”的热销场景。到了2007年，商贩们更是将商战打响在春节前，他们纷纷买上螃蟹、鲜鱼或大虾，前来徐堡村给种枣大户拜年，为的是多订下一批货，待到卖枣时好赚大钱。2008年，徐堡大枣最高卖到每斤15元。尽产尽销的徐堡大枣除天津、北京外，甚至远销到杭州、东北等地。

（摘自2009年1月15日《天津日报》）

八　民间文化

1965年，徐家堡村成立评剧团。1996年，成立秧歌队。2012年，成立乡恋舞蹈队。

九　历任党政负责人

自1953年区独立建制以来，徐家堡村经历了8任党组织负责人和13任村政负责人。其间，为了加强基层党政组织建设，1987—1992年，村党政组织机构负责人均由区派干部担任。

1953—2016年徐家堡村党组织负责人任职情况表

表4

党组织名称	姓名	性别	职务	任职时间	说明
党支部	李培福	男	书记	1953—1963	
	韩子元	男	书记	1964—1986	
	郭西林	男	书记	1986—1987	
	沈守健	男	书记	1987—1992	区派干部
	李春普	男	书记	1992—2006	
	韩纪明	男	书记	2006—2009	
	郭西申	男	书记	2009—2015	
	李培军	男	书记	2015—	

1953—2016年徐家堡村村政机构负责人任职情况表

表5

村政机构名称	姓名	性别	职务	任职时间	说明
村人民政府	王光斗	男	村长	1953—1955	
生产大队	王光斗	男	大队长	1956—1957	
	王光斗	男	大队长	1958—1963	
	郭云珍	男	大队长	1964—1966	
革命委员会	郭云珍	男	主任	1967—1982	
村民委员会	郭云珍	男	主任	1983—1986	
	史俊江	男	主任	1986—1987	
	沈守健	男	主任	1987—1992	（区派干部）
	郭西贵	男	主任	1992—2003	
	郭西申	男	主任	2003—2006	
	郭瑞明	男	主任	2006—2009	
	郭西泽	男	主任	2009—2015	
	韩纪福	男	主任	2015—	

十　荣誉

徐家堡村分别于1996年和2001年进入天津市“小康村”和宽裕型“小康村”行列。2011年，该村获全国“一村一品”示范村称号。

1953—2016年徐家堡村获市局级及以上先进集体荣誉表

表6

授予时间	获奖单位	荣誉称号	授予部门
1996	徐家堡村	天津市第三批（1995年）小康村	市委农工委、市农委
2001	徐家堡村	2000年度第八批宽裕型小康村	市委农工委、市农委
2011	徐家堡村	全国“一村一品”示范村	国家农业部
2012	徐堡枣业专业合作社	天津市科普技术协会基地	市科协

双河村

双河村位于北辰区西南部，子牙河北岸。距双口镇政府12千米，距北辰区政府20千米。东与铁锅店村接壤、西与西青区白滩寺村相连、南隔子牙河与杨柳青镇相望、北与市属红光农场相接。村呈沿河带状分布，占地面积188611平方米。2015年，该村有户籍人口1315人，长期固定资产1393.61万元。

双河村航拍图（2017年摄）

一　村庄沿革

该村原为杨柳青戴家苇场，有孟、郑、安三姓先后到此看守场地。清光绪年间(1875—1908年)，由于战乱与天灾，无家可归的灾民流落到此，逐渐形成了村落。村后有大清河支流转南而去，河水冲刷成沟，居民以苇坨子筑成苇堤，以防河水冲刷，故称沟苇坝，俗称沟尾巴。民国23年(1934年)，一度称“沟尾堡”(参见《典籍中的北辰》)。1984年，以村居大清河、子牙河之间改称双河。

双河村村碑　（2015年摄）

民国2年(1913年)，属直隶省天津县。民国17年(1928年)，隶属河北省天津县。民国29—34年(1940—1945年)，隶属日伪天津县第三区杨柳青乡。

1953年7月，隶属津北郊区铁锅店乡。1958年4月，隶属北郊区青光乡；是年10月，隶属红桥区幸福公社。1959年12月，隶属天津市津北畜牧场。1960年6月，隶属国营津北畜牧场青光分场。1961年3月，隶属天津市农垦局青光林牧场。1962年2月，隶属北郊区青光公社。1977年11月，隶属北郊区岔房子公社。1983年4月，隶属北郊区岔房子乡。1985年1月，隶属北郊区上河头乡。1999年3月，隶属北辰区上河头镇。2001年10月，隶属北辰区双口镇。

子牙河畔的双河村　（2015年摄）

二　道路河流

道路　1963年7月修筑的津同公路从南到北途径村域。

河流　村南有一级河道子牙河，另近大清河。

子牙河　自双河村向东经青光、天穆镇域由刘房子村南西横堤出。镇域双河村段长1.4千米。

渡口　据《北辰文史资料记载》，双河渡口：建于民国19年(1930年)，时双河村人郝宗林备木船一只，往来于子牙河北岸与杨柳青之间。1956年，归双河村管理，为低缆索车辆渡口。1958年，天津市第二造纸厂在原址建木桥一座，渡口废。1960年，桥毁复设渡口，为低缆索行人渡口。河面宽80米，过河每次约五分钟。

津同公路双河村段　（2015年摄）

三　人口方言

人口　据《典籍中的北辰》载，民国23年(1934年)，双河村有62户240人。据统计资料载，1980年有214户986人，从业人员557人。2000年有373户1190人，从业人员564人。2016年，有407户，常住人口1331人；从业人员571人，其中男性306人、女性265人。

民族　据《天津市北辰区地名志》载：1995年，该村人口全部为汉族。据村情调查，2016年，该村有2个民族，其中满族4人，余为汉族。

姓氏　全村共27个姓氏，其中马、孟两大姓氏，人口最多。

孟姓辈分次第为：继、广、召、宪、庆、凡、祥、令、德、维。

方言　双河村属于津冀鲁官话片，年老的一般还说原籍方言，年轻人多数说津北方言，不少人在家里说原籍话，在社交场合说天津话或普通话。

四　耕地状况

1980年，全村有耕地13块，总面积1609.95亩，全部在村北。科技队地、五分堂地等地块与天津市农垦局红光农场相连。2015年，耕地面积为1517亩。

1980年双河村所属耕地地块情况表

表1　　　　　　　　　　　　　　　　　　　　　　　　　　　单位：亩

地块名称	面积	地块名称	面积
弯弯地	61.5	毛地	255
棋盘地	79.5	科技队地	189
西五分堂	94.5	赵房子地	196.5
东五分堂	100.5	朱家地	99
三管地	150	朋豪地	169.5
二管地	135	肖房子地	48
王八盖子	31.95	合计	1609.95

1980年双河村所属耕地地块示意图

（2016年绘制）

五　街道胡同

历史上，双河村周边道路甚少，交通不便。中华人民共和国成立以前，村内街道均为土路。20世纪50—70年代，村容村貌有所改变，但整体变化不大。自进入80年代以来，随着村经济的发展，按规划实施村庄改造。90年代以后，村内共有街道10条，长5458米，其中南北走向4条，东西走向6条；1995年，均硬化为水泥路面。胡同共33条，长3183米，其中南北走向22条，东西走向11条；2007年，

双河村西利民大街　　（2013年摄）

均硬化为机砖面。

1995年双河村街道情况表

表2

名称	走向	长度（米）	名称	走向	长度（米）
双河路	东西	1100	双河后环路	东西	1020
文明路	南北	292	灰场路	南北	166
育才路	南北	157	东升路	南北	131
西利民大街	东西	436	东利民大街	东西	857
西富民大街	东西	434	东富民大街	东西	865

2007年双河村胡同情况表

表3

名称	走向	长度（米）	名称	走向	长度（米）
东升路一条	南北	69	东升路二条	南北	67
东升路三条	南北	63	东升路四条	南北	60
东升路五条	南北	56	东富强一条	南北	56
东富强二条	南北	56	东富强三条	南北	56
东富强四条	南北	56	东富强五条	南北	59
西富强路	东西	141	西富强一条	南北	80
西富强二条	南北	81	西富强三条	南北	82
西富强四条	南北	80	跃进里	东西	85
跃进里一条	东西	86	跃进里二条	南北	57
跃进里三条	东西	56	东富强街	东西	190
友谊道	东西	191	幸福道	东西	194
增产道	东西	198	光荣路	南北	83
红星路	南北	80	水塔胡同	东西	62
集贤道	东西	185	后大道	东西	307
东环路	南北	91	东环路一条	南北	60
东环路二条	南北	62	东环路三条	南北	62
无名路	南北	72			

六　旧村改造

河畔人家连排别墅　2005年，村委会与开发商联合投资4000万元，建成198栋连排别墅，建筑面积4万平方米，居住率达50%以上。

河畔家园　2007年，村委会与开发商联合投资1亿元，建成11栋6层楼房，建筑面积5万多平方米，可居住548户，居住率达70%以上。

双河新村　2007年，村委会与开发商联合投资2560万元，建成4栋楼房，其中5层2栋，6层2栋，建筑面积1.6万平方米，可居住176户，居住率达90%以上。

七　公共设施

中华人民共和国成立前，村内公共设施甚少。20世纪50年代，村内无公共厕

2015年双河村街道胡同及公共设施示意图

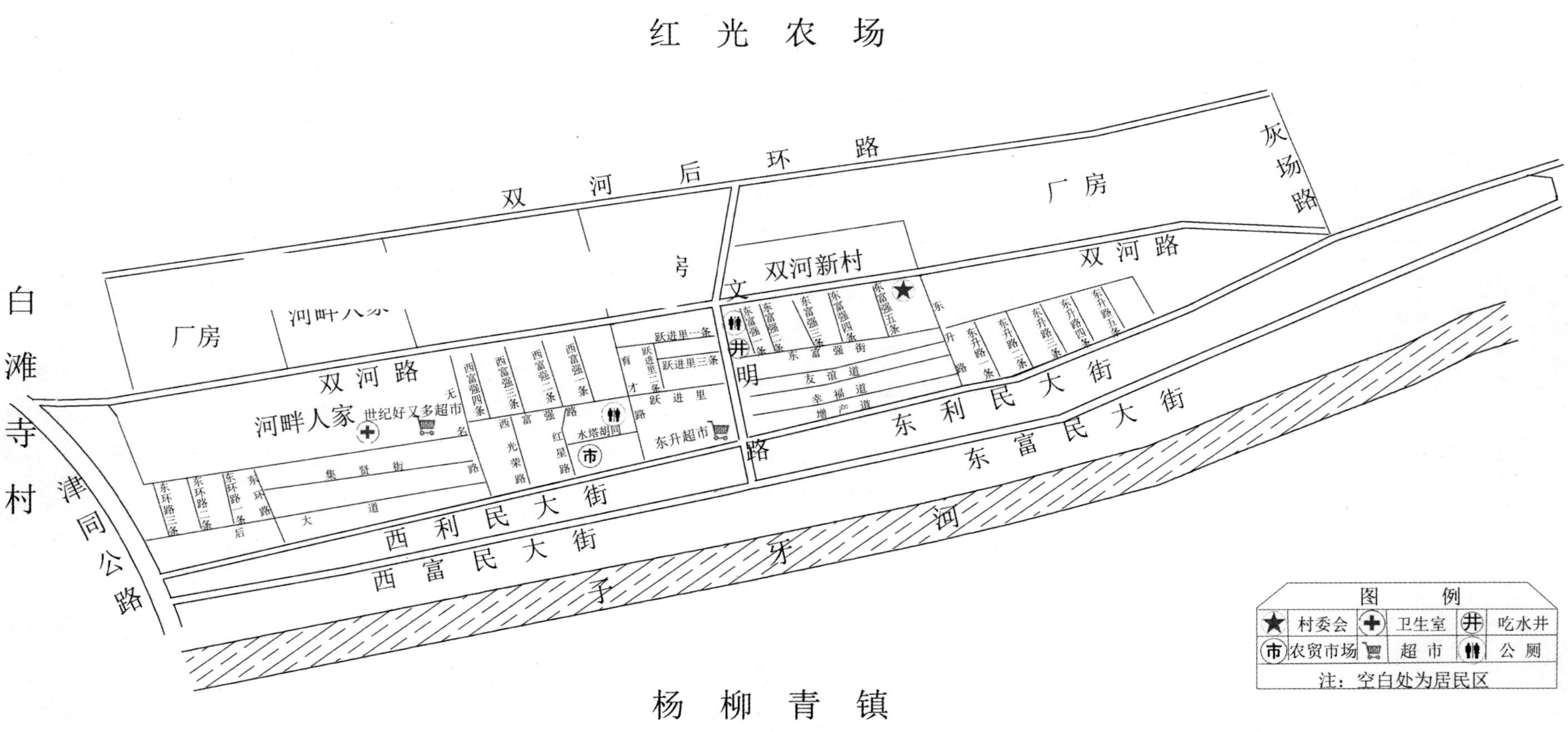

（2016年绘制）

河畔人家连排别墅　（2015年摄）

双河新村幸福家园小区　（2017年摄）

所；村民如厕多在自家宅院建简易茅房。1967年，建大队部办公用房。70年代中期，逐渐采用人工砖建公厕，至今还有2座旱厕。1989年，新打村民饮用水机井一眼。2004年，建村委会办公用房（社区综合服务中心）、社区卫生服务中心。2008年，建成社区综合文化服务中心（包括农家书屋、棋盘室）。2015年，建移动式公厕3座。

双河村村委会办公楼　（2017年摄）

八　经济概况

中华人民共和国成立前，村域以种植业为主，粮食品种有玉米、大豆及各种杂粮。中华人民共和国成立后，党和政府重视兴修水利和农田基本建设，农业生产条件逐步改善，增加了小麦和水稻种植，使集体收入增加，村民生活提高。1978年改革开放以后，在种植优质杂交水稻的同时，大力发展果树种植，主要品种有蜜桃和巨峰葡萄。

20世纪90年代后，因水源缺乏水稻停播。始鼓励和支持发展养殖业，涌现出养鸡、养猪、养羊专业户。养殖大户胡庆凤，创办庆凤家禽养殖场，占地4.05亩，鸡舍面积2500平方米，饲养蛋鸡4万只，年产蛋量550吨，带动了其他村民养鸡。2015年，果树面积868.05亩，果品总产量838吨；生猪存栏240头，出栏515头；有生猪、肉羊、肉牛养殖3户。2016年，蔬菜种植面积196.05亩，总产量675吨。

1993年肖贵明创办天津佳酿酒厂，主要从事白酒酿造。企业占地面积1.4万平方米，建筑面积

双河村桃园　（2009年摄）

双河村葡萄园　（2009年摄）

双河村庆凤家禽养殖场　（2015年摄）

天津佳酿酒厂生产的“杨柳青酒”（2015年摄）

4000平方米，固定资产500万元人民币，员工近百人，年产量可达900余吨，规模为中型白酒生产、销售企业。主要白酒品牌“杨柳青”酒，打造“杨柳青　真原浆”的古镇特色品牌。

2000年，有村办集体企业8家，主要生产橡胶制品、白酒、铁丝、塑料制品等。2015年，全村有个体私营企业5家，主要从事白酒灌装、化工生产、家具制造、锻件等；另有餐饮业3家，商业网点8家，服务业3家。

旅游业　2013年5月，创办天津市柳青度假庄园。庄园坐落在村北，依附于子牙河和杨柳青森林公园，整个庄园占地300亩，集餐饮、娱乐、住宿、旅游、会议于一体，绿化率达90%以上。庄园具有独特的林中烧烤就餐环境，游客还能到村民地里采摘蔬菜、果品，成为村民收入新的增长点。

柳青度假庄园　（2015年摄）

双河村秧歌队　（2014年摄）

八　民间文化

1996年，双河村成立秧歌队、广场舞队、小车会，并多次代表镇、村参加区、镇的比赛和文艺表演活动。

九　大事纪略

随着村经济的不断发展，人口数量的增多，生活污水直接排放到子牙河，对河道的生态环境造成严重破坏。2014年，在村北水池边安装污水净化设备，经处理后的水用于浇灌农田。

双河村污水处理池　（2015年摄）

十　历任党政负责人

1949—2016年，双河村党政组织比较健全，班子成员比较稳定，先后5人任党组织负责人，5人任村政负责人。

1949—2016年双河村党组织负责人任职情况表

表4

党组织名称	姓名	性别	职务	任职时间
党支部	王立新	男	书记	1949—1979
	刘忠和	男	书记	1979—1990
	霍俊友	男	书记	1990—1994
	刘知路	男	书记	1994—2000
党总支	肖贵明	男	书记	2000—

1949—2016年双河村村政机构负责人任职情况表

表5

村政机构名称	姓名	性别	职务	任职时间
村公所	王立新	男	村长	1949—1951
村人民政府	王立新	男	村长	1952—1955
生产大队	王立新	男	大队长	1956—1966
革命委员会	王立新	男	主任	1967—1979
生产大队	张世发	男	大队长	1979—1982
村民委员会	张世发	男	主任	1983—1990
	刘知路	男	主任	1990—2000
	肖贵明	男	主任	2000—2014
	田广军	男	主任	2014—

十一　荣誉

中华人民共和国成立以来，双河村获2项市局级及以上（含天津县）荣誉。改革开放后，两人4次获市局级及以上先进个人。

1949—2016年双河村获市局级及以上集体荣誉表

表6

授予时间	获奖单位	荣誉名称	授予部门
1952	双河村	防汛模范村	天津县
2002	双河村	2001年度第九批宽裕型小康村	市委农工委、市农委

1949—2016年双河村获市局级及以上先进个人荣誉表

表7

授予时间	姓名	性别	单位	荣誉名称	授予部门
1984	刘玉珍	女	双河村创业花盆厂	“三八”红旗手	市妇联
1985				天津市农业系统劳动模范	市人民政府
1986				先进工作者	农业部
1999	肖贵明	男	双河村桂明酒厂	1998年度“九五”立功先进个人	市总工会

青光镇

青光镇位于北辰区西南部，东邻天穆镇、佳荣里街道、瑞景街道，西与双口镇接壤，南隔子牙河与西青区相望，北与北仓镇、双口镇、青源街道、广源街道相连。镇域面积41.61千米。镇政府驻地青光村。2016年，辖青光、韩家墅、铁锅店、刘家码头、李家房子、杨家嘴6村。是年，全镇实现生产总值39.8亿元，镇级财政收入1.2亿元，农村居民人均纯收入23674元。

明洪武元年(1368年)，属北平府漷州。永乐元年(1403年)，属顺天府通州。弘治十五年(1502年)，属武清县鱼市庄里。清顺治元年(1644年)，属顺天府武清县。康熙二十七年(1688年)，属东路厅武清县。雍正三年(1725年)，属天津州武清县；五年(1727年)，属顺天府武清县；九年(1731年)，属天津府天津县西路，境内有青光、韩家墅2村。乾隆元年(1736年)，属天津县杨柳青巡检。光绪三十年(1904年)，境内5村属天津县四乡第十六区。民国2年(1913年)，属北洋政府直隶省天津县，是年杨家嘴建村。民国17年(1928年)，属河北省天津县。民国18年，天津县成立村政处，境内始有乡建置。民国23年(1934年)，境内给设6个编乡，其中青光为第四十七乡、韩家墅为第四十八乡、刘家码头为第四十九乡、李家房子为第五十一乡、铁锅店为第五十二乡、杨家嘴为第五十五乡，均属天津县第三区。民国29年，日伪天津县在境内设韩家墅大(编)乡。民国35年(1946年)9月至民国38年(1949年)3月，同时属民主政府冀中津武县三区。民国38年(1949年)3月，属民主政府冀中天津县七区。是年8月，属河北省天津县人民政府七区。1950年7月，属河北省天津县四区。1952年4月，属天津市天津县四区。1953年5月，属天津市津北郊区。是年7月，境内设韩家墅、青光、杨家嘴、铁锅店4乡，其中韩家墅乡辖韩家墅村，青光乡辖青光村，杨家嘴乡辖杨家嘴、刘家码头等3村，铁锅店乡辖铁锅店、李家房子等4村。1955年，属北郊区。1958年4月，铁锅店乡并入青光乡，杨家嘴乡并入韩家墅乡。是年10月，青光、韩家墅2乡归属红桥区幸福人民公社，为其2个生产大队。1959年，韩家墅和青光生产大队改为管理区，辖村为生产大队。是年9月，韩家墅、刘家码头、杨家嘴等4村划归天津市副食品局。12月，青光、铁锅店、李家房子等5村划归天津市畜牧局津北畜牧场。1961年3月，刘家码头、杨家嘴、李家房子等5村划归市农林局杨柳青林场。青光、铁锅店等3村划归天津市农垦局青光林牧场。是年5月，津北畜牧场青光、韩家墅等3分场及5个农场改组为人民公社，韩家墅村属天穆人民公社，青光、铁锅店等3村属青光公社。1962年2月，属天津市北郊区。1964年12月，刘家码头、李家房子、杨家嘴等4村划归青光农场；1965年3月，复划归青光人民公社。1977年4月，韩家墅村划归青光人民公社。是年，青光人民公社辖青光、韩家墅、刘家码头、杨家嘴、李家房子6村。1983年，青光人民公社改为乡建制。1992年3月，属天津市北辰区。1995年11月后，青光乡改为镇建制。

境内交通发达。国道京福公路由青光村北入境，至铁锅店南出境，贯穿境内西部，境内段长10千米。省道津霸公路由杨家嘴村入境，经韩家墅至青光村，过京福公路，东西贯穿境内中部，境内段长6千米；外环线由韩家墅北新果园入境，过北辰西路、京霸公路、跨子牙河，南北穿越境内东部，境内段长3千米。区道北韩公路过外环线、凤河桥，穿韩家墅接津霸公路，境内段长2.9千米；北辰西路东起外环西路韩家墅海吉星农产品批发市场，西至京福公路青光村路段，东西沟通境内北部。更有117公路、青光中学东路多条乡村公路，京沪高速铁路、南曹铁路联络线构成了镇内的道路交通网，创造了良好的投资环境。

2016年，境内有河道和界河2条，其中一级河道子牙河为镇与西青区的界河，二级河道南北贯穿镇内，给镇内农业提供了良好的排灌环境。

青光村

青光村位于北辰区西部京福公路（104国道）与津霸公路交会处，东隔永青渠与韩家墅村比邻，相距4千米；西隔京福公路与双口镇下河头村相邻，相距2千米；南与天津市农工商红光总公司（以下简称红光总公司）毗连，相距1千米；北与双口镇双口村为邻，相距4千米。东距青光镇人民政府驻地2千米。该村村庄占地面积120.8万平方米，近似正方形。2015年，该村户籍人口有7820人，长期固定资产6591.14万元；农村经济总收入5386万元。

青光村航拍图 （2016年拍摄）

一　村庄沿革

相传于明永乐年间（1403—1424年），由朱、刘、史三姓建村，因居大清河支流旁，始称清沽港。据清康熙十四年（1675年）《天津卫志》（卷一）载："清沽港，西接安沽港，东合丁字沽，由直沽入于海。"由此观之，该典籍已载清沽港村名（参见《青光镇志》728页）。后该村名由清沽港改称青光。据乾隆七年（1742年）《武清县志》载，至迟在雍正八年（1730年），武清县拨给天津州的村庄中，已有青光村名（参见《青光镇志》52页）。另据《天津通志旧志点校卷（中）•天津县志》卷四（52～53页）载，乾隆元年（1736年）奉文批归杨柳青驿兼御巡检分辖村庄中，亦有青光村名（参见《典籍中的北辰》）。

该村，明弘治十五年（1502年）隶属武清县鱼市庄里。清顺治元年（1644年）隶属顺天府武清县；康熙二十七年（1688年），属东路厅武清县。雍正三年（1725年），属天津州武清县；雍正五年（1727年），属顺天府武清县；雍正九年（1731年），属天津府天津县西路。乾隆元年（1736年）属天津县杨柳青巡检；光绪三十年（1904年）属天津县西乡第十六区。

民国2年（1913年），青光村隶属北洋政府直隶省天津县；民国17—27年（1928—1938年），属南京国民政府河北省天津县；日伪政权时期（1938—1945年），隶日伪天津县韩家墅大编乡；民国37年（1948年），隶韩家墅乡。

1953年7月至1958年4月，青光村隶青光乡；1958年10月，隶红桥区幸福人民公社；1959年3月，隶红桥区北仓人民公社；1961年5月，隶红桥区青光人民公社；1962年2月至1983年3月，隶北郊区青光人民公社；1983年4月，隶北郊区青光乡；1992年3月6日，隶北辰区青光乡；1995年11月后，隶北辰区青光镇。

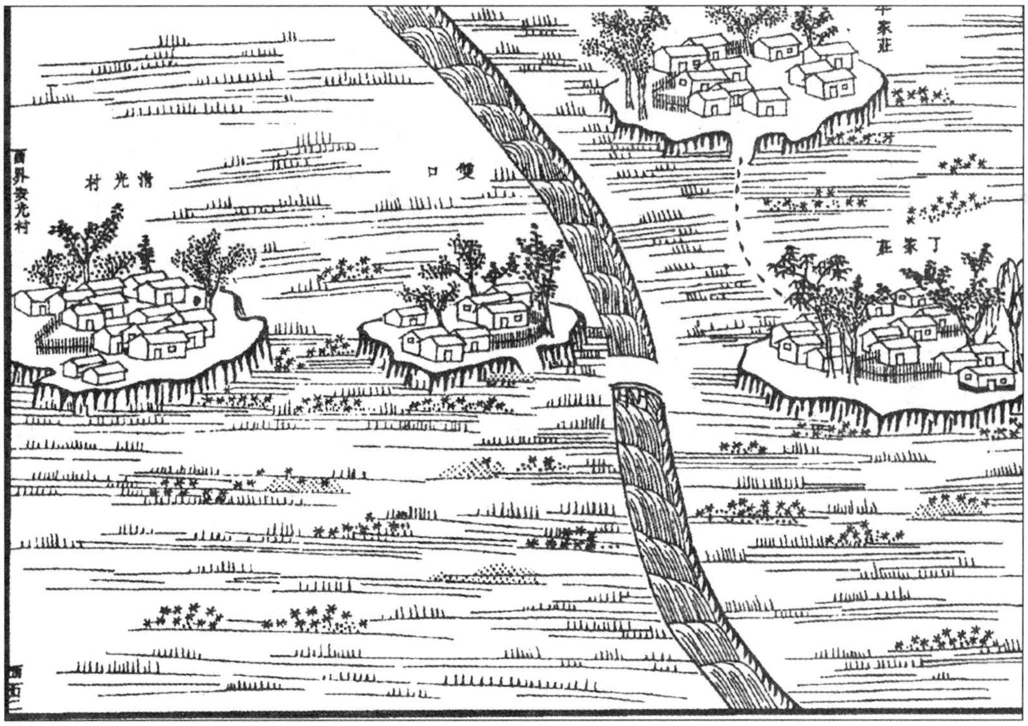

清道光二十六年（1846年）《津门保甲图说》中的清光（青光）村　　　　（2016年摄）

二　道路河流

道路　20世纪40年代前，青光村域内无正式通衢大道，仅有几条通往周边村落的乡间小道。1942年，津同公路（土质路面）筑成通车，自村东向西通过。1958年改称津霸公路，1963年铺筑沥青路面。

1969年，村西104国道（初称京济公路，后称京福公路）筑成通车。2008年，津霸公路自青光村东至村西穿村而过路段实施改线。改线后路段自青光村东沿青光村南水渠向西过京福公路，至下河头村东与津霸公路相接。2013年，村北北辰西道竣工通车。至2016年，该村境域及周边共筑有3条公路。其中省道1条（津霸公路），国道1条（京福公路），区道1条（北辰西道）。

北辰西道青光村域内路段　　（2016年摄）

津霸公路青光村域内路段　　（2016年摄）

河流　自古以来，浑河（永定河）、大清河、凤河易改道多分流，均从青光域内流过。据《畿辅通志》（参见《典籍中的北辰》104页）载："永定河又南流至青光，故清沽港、安沽港之下流也，遂成水国。青光西南为三河头村，有大清河自西来会之故渎焉……，而今则南徙矣。其东又有凤河之故渎焉。凤河故渎，所谓老凤河也。元时为桑干河决改行水道，明初还为凤河。本朝雍正四年改浚凤河，此渎遂废。今案其迹，乃自大兴县……，顺沙家淀分流而南，一径叉光，一径二光，转而东流，同归于三角淀，达于清沽港（即青光），会大清河故渎，即今凤河尾矣。"

永青渠青光村段　　（2016年摄）

清光绪末年，青光村境内永定河（南泓）、大清河、凤河，因改道断流相继淤涸，故道遗迹无存。

至2016年，青光村周边有1条河流，即村东的永青渠，系二级河道，距该村2千米，1974年人工开凿。

三　人口方言

人口　据清道光二十六年（1846年）《津门保甲图说》载，时青光、双口、丁家庄、平家村4村共852户4598人，其中成年人2688人，未成年人1910人。《典籍中的北辰》记载，民国23年（1934年）时青光村有247户1215人。据统计资料载，1980年，该村有1614户6574人；2000年，有2508户7380人；2016年，乡村总人口有3496户11006人。

民族　据《天津市北辰区地名志》载，1995年青光村居民有汉族、回族、朝鲜族、满族4个民族，其中汉族人口占该村居民人口总数的99.73%。2016年，该村有汉族、回族、朝鲜族、满族、锡伯族5个民族。

姓氏　截至2016年年底，据青光村村委会统计，该村共有202个姓氏，其族门大户有朱、刘、史、田、张、杜等姓，其中朱、刘、史3姓始建村。兹择朱、刘两姓家族字辈排序如下：

朱姓家族字辈排序：应、守、一、九、文、啟、士、长、久、克、广、恩、乃、维、善、金、家、自、我、铭。

刘姓家族字辈排序：景、凯、树、年、光、金、联、克、立、昌、家、生、传、旭、久、文、学、庆、恒、滨。

方言 青光村方言处于北京官话区与冀鲁官话区相连地带，属津北方言片。该片方言是天津方言向武清方言过度和结合的方言区，其语调像天津话，齿音字较多，常把 zh、ch、sh 读成 z、c、s。另外，青光村方言突出的特点是，常把某些字音调的阳平读成去声，如：把没事的没（méi）读成 mèi；把某些字音调的去声读成上声，如：把大堤的大（dà）读成 dǎ。20世纪60年代，青光村一位长者曾炫耀自己家乡的口音："我们青光人说话，有点西于庄子味儿。"

谱牒选介

青光村《张氏族谱》 初修于清康熙十九年（1680年），重修于光绪六年（1880年）。民国37年（1948年）再度重修，1950年完竣。

1963年复又重修，1996年继修。谱记张氏始祖至十九世繁衍生息情况。《张氏族谱》16开竖文排版，铅字印刷，保存完好。谱存青光村张氏家中。

《张氏族谱》十六世至三十五世20字辈排序：兴、家、富、贵、本、光、荣、宝、国、恩、功、成、耀、宗、祥、祖、盛、龙、更、强。

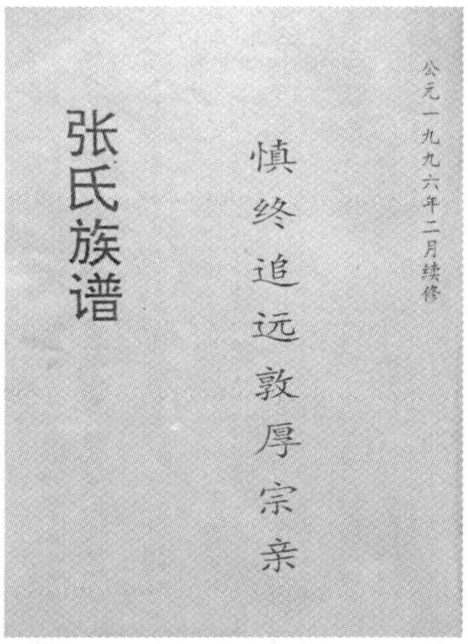

附：

《张氏族谱》初修、重修、继修之谱序及部分世系图影印件

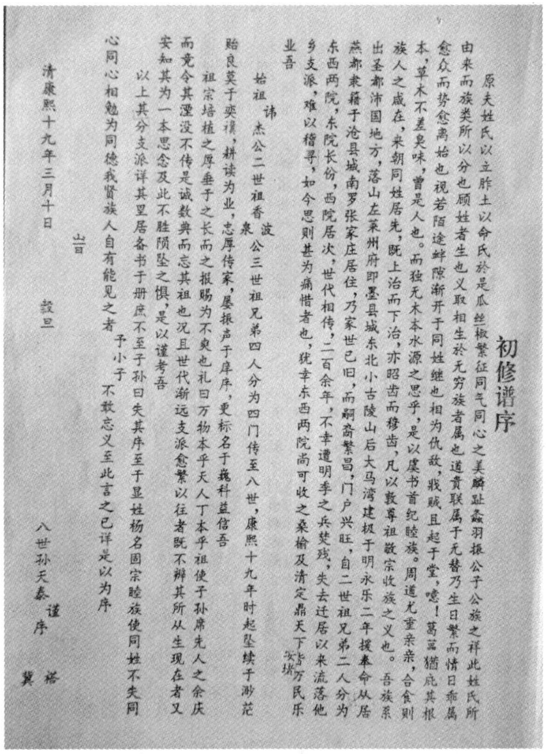

初修谱序

原夫姓氏以主胙土以命氏於是瓜丝椒繁征同气同心之美麟趾螽羽振公子公族之祥此姓氏所由来而族类所以分也顾姓者生也义取相生於无穷族者属也道贵联属于无替乃生日繁而情日乖属愈众而势愈离始也视若陌途衅隙渐开于同姓继也相为仇敌，戕贼且起于堂，噫！葛藟犹庇其根本，草木不差臭味，曾是人也。而独无木本水源之思乎，是以虞书首纪睦族。周道尤重亲亲，合食则族人之咸在，来朝同姓居先，既上治而下治，亦昭齿而穆齿，凡以敦尊祖敬宗收族之义也。吾族系出圣都沛国地方，落山左莱州府即墨县城东北小古陵山后大马湾建极于明永乐二年援奉命从居燕都隶籍于沧县城南罗张家庄居住，乃家世已旧，而嗣裔繁昌，门户兴旺，自二世祖兄弟二人分为东西两院，东院长份，西院居次，世代相传，二百余年，不幸遭明季之兵焚残，失去迁居以来流落他乡支派，难以稽寻，如今思则甚为痛惜者也，犹幸东西两院尚可收之桑榆及清定鼎天下万民乐业吾

始祖 讳 杰公二世祖香泉 波 公三世祖兄弟四人分为四门传至八世，康熙十九年时起坠续于渺茫贻良莫于奕禩，耕读为业，志厚传家，屡振声于庠序，更标名于巍科益信吾

祖宗培植之厚垂于之长而之报赐为不爽也礼曰万物本乎天人丁本乎祖使子孙席先人之余庆而竟令其湮没不传是诚数典而忘其祖也况且世代渐远支派愈繁以往者既不辨其所从生现在者又安知其为一本思念及此不胜陨坠之惧，是以谨考吾

以上其分支派详其里居备书于册庶不至于孙曰失其序至于显姓杨名固宗睦族使同姓不失同心同心相勉为同德我贤族人自有能见之者 予小子 不敢忘义至此言之已详是以为序

清康熙十九年三月十日 吉旦 八世孙天泰 谨序 冀 裕

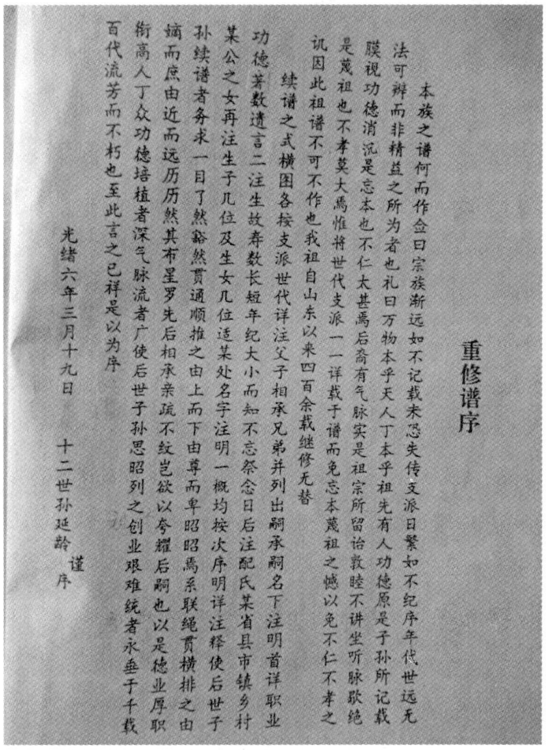

重修谱序

本族之谱何而作佥曰宗族渐远如不记载末恐失传支派日繁如不纪序年代世远无法可辩而非精益之所为者也礼曰万物本乎天人丁本乎祖先有人功德原是子孙所记载膜视功德消沉是忘本也不仁太甚焉后裔有气脉实是祖宗所留诒教睦不讲坐听脉欲绝是蔑祖也不孝莫大焉惟将世代支派一一详载于谱而免忘本蔑祖之憾以免不仁不孝之讥因此祖谱不可不作也我祖自山东以来四百余载继修无替

续谱之式横图各按支派世代详注父子相承兄弟并列出嗣承嗣名下注明首详职业功德著数遗言二注生故寿数长短年纪大小而知不忘祭念日后注配氏某省县市镇乡村某公之女再注生子几位及生女几位适某处名字注明一概均按次序明详注释使后世子孙续谱者务求一目了然豁然贯通顺推之由上而下由尊而卑昭昭焉系联绳贯横排之由嫡而庶由近而远历历然其布星罗先后相承亲疏不纹岂欲以夸耀后嗣也以是德业厚职衔高人丁众功德培植者深气脉流者广使后世子孙思昭列之创业艰难统者永垂于千载百代流芳而不朽也至此言之已祥是以为序

光绪六年三月十九日 十二世孙延龄 谨序

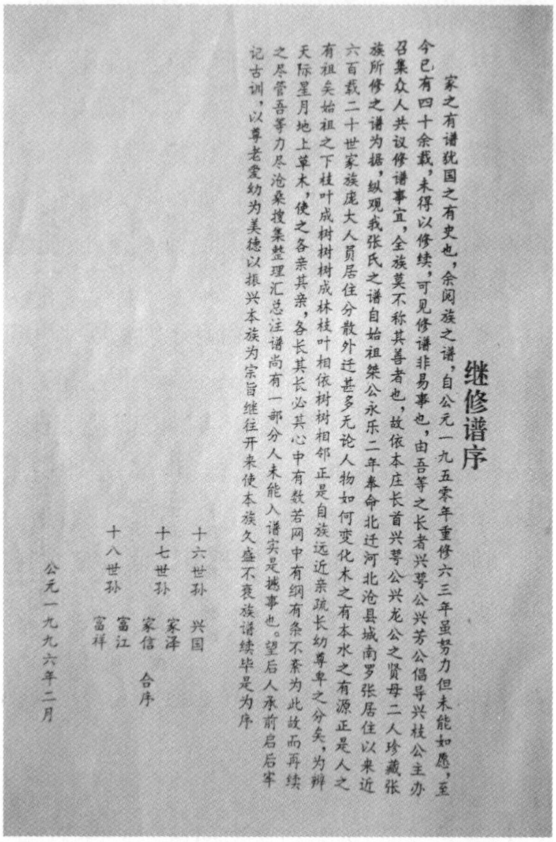

继修谱序

家之有谱犹国之有史也，余阅族之谱，自公元一九五零年重修六三年虽努力但未能如愿，至今已有四十余载，未得以修续，可见修谱非易事也，由吾等之长者兴萼公兴芳公倡导兴枝公主办召集众人共议修谱事宜，全族莫不称其善者也，故依本庄长首兴萼公兴龙公之贤母二人珍藏张族所修之谱为据，纵观我张氏之谱自始祖桀公永乐二年奉命北迁河北沧县城南罗张居住以来近六百载二十世家族庞大人员居住分散外迁甚多无论人物如何变化木之有本水之有源正是人之有祖矣始祖之下枝叶成树树树成林枝叶相依树树相邻正是自族远近亲疏长幼尊卑之分矣，为辨天际星月地上草木，使之各亲其亲，各长其长必其心中有数若网中有纲有条不紊为此故而再续之尽管吾等力尽沧桑搜集整理汇总注谱尚有一部分人未能入谱实是撼事也。望后人承前启后牢记古训，以尊老爱幼为美德以振兴本族为宗旨继往开来使本族久盛不衰族谱续毕是为序

十六世孙　兴国
十七世孙　家泽　家信　合序
十八世孙　富江　富祥

公元一九九六年二月

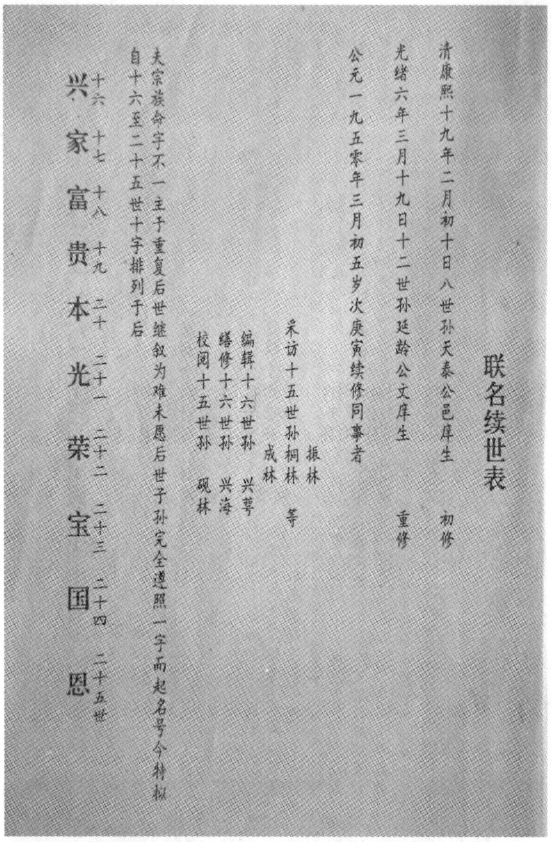

联名续世表

清康熙十九年二月初十日八世孙天泰公邑庠生　初修
光绪六年三月十九日十二世孙延龄公文庠生　重修
公元一九五零年三月初五岁次庚寅续修同事者

采访十五世孙　振林　桐林　成林　等
编辑十六世孙　兴萼
缮修十六世孙　兴海
校阅十五世孙　砚林

夫宗族命字不一主于重复后世继叙为难未愿后世子孙完全遵照一字而起名号今特拟自十六至二十五世十字排列于后

十六 兴　十七 家　十八 富　十九 贵　二十 本　二十一 光　二十二 荣　二十三 宝　二十四 国　二十五世 恩

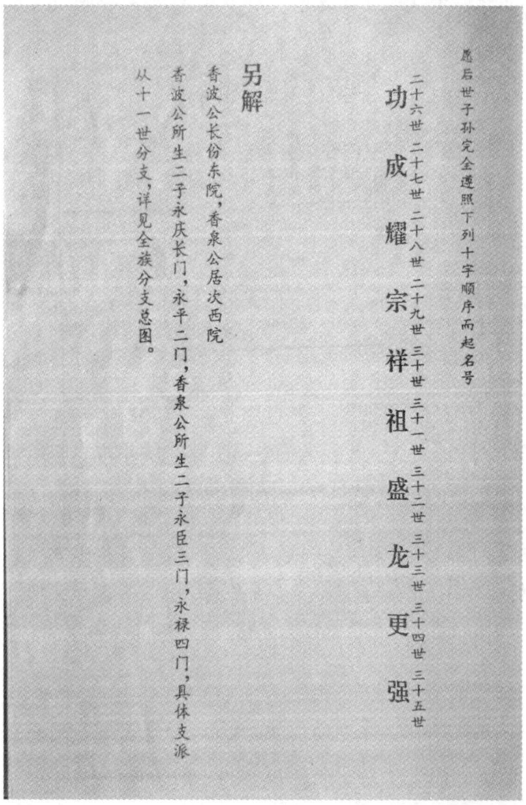

愿后世子孙完全遵照下列十字顺序而起名号

二十六世 功　二十七世 成　二十八世 耀　二十九世 宗　三十世 祥　三十一世 祖　三十二世 盛　三十三世 龙　三十四世 更　三十五世 强

另解

香波公长份东院，香泉公居次西院
香波公所生二子永庆长门，永平二门，香泉公所生二子永臣三门，永禄四门，具体支派从十一世分支，详见全族分支总图。

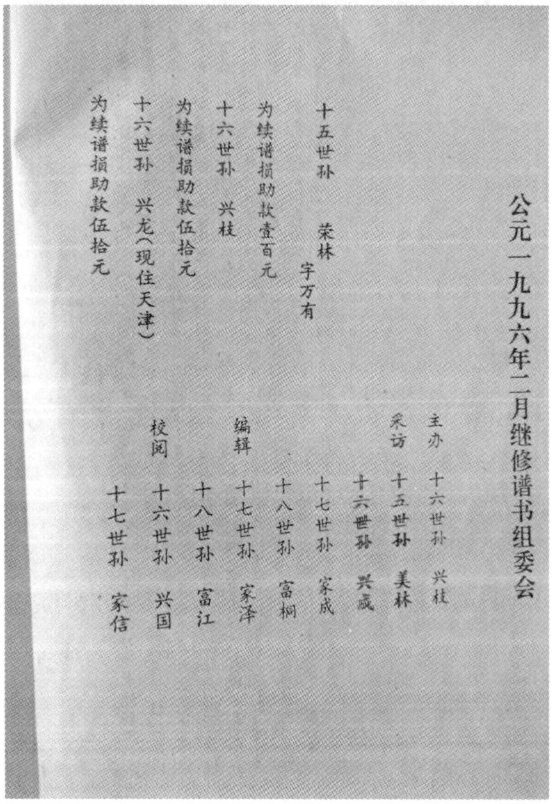

公元一九九六年二月继修谱书组委会

主办　十六世孙　兴枝
采访　十五世孙　美林
十六世孙　兴盛
十七世孙　家成
十八世孙　富桐
编辑　十七世孙　家泽
十八世孙　富江
校阅　十六世孙　兴国
十七世孙　家信

十五世孙　荣林　字万有
为续谱损助款壹百元
十六世孙　兴枝
为续谱损助款伍拾元
十六世孙　兴龙（现住天津）
为续谱损助款伍拾元

四　耕地状况

耕地四至　青光村耕地四至整体范围：东界永青渠，东南界李家房子村农田；西界下河头村农田；

南界红光总公司；北界双口村农田。

1978年，该村共有21块耕地，总面积7020亩。其中村东分布耕地10块，分别为：七顷二、李滩、下套子、小牛点、东洼子、二百四、大块地、大酒缸、三十顷、秦岗子。村西分布耕地3块，分别为清河滩子、大管子、毛家洼。村南分布耕地2块，分别为南大斜子、老鼠窝。村北分布耕地6块，分别为石家地、疙瘩嘴、三丈梁、小洼、小镐子、东西大河。

1978年青光村耕地地块分布情况表

表1　　　　　　　　　　　　　　　　　　　　　　　　　　　　单位：亩

序号	地块名称	耕地位置	耕地面积	序号	地块名称	耕地位置	耕地面积
1	七顷二（南段、北段）	村东	700	12	大管子	村西	100
2	李滩	村东	700	13	毛家洼	村西	200
3	下套子	村东	100	14	南大斜子	村南	1000
4	小牛点	村东	60	15	老鼠窝	村南	100
5	东洼子	村东	100	16	石家地	村北	1000
6	大块地	村东	100	17	疙瘩嘴	村北	500
7	二百四	村东	300	18	三丈梁	村北	100
8	大酒缸	村东	260	19	小洼	村北	200
9	三十顷	村东	100	20	小镐子	村北	100
10	秦岗子	村东	400	21	东西大河	村北	300
11	清河滩子	村西	600	合计			7020

1978年青光村所属耕地地块分布图

（2016年绘制）

沟渠 1958年至60年代，青光村在村东、东南、南、北等农田地块大兴农田水利，开挖低型沟渠及水柜达10条。水渠上口最宽达15米，最深4米，最长达1000米，为发展粮食、果品、蔬菜等农业生产提供了可靠保障。直至90年代，这些沟渠都起到了旱能浇、涝能排的排灌作用。2008年，青光村为发展设施农业，又开挖了一条设施农业干渠，全长1500米。至2016年，青光村主要大型沟渠有村南大沟、设施农业南北干渠、设施农业蓄水池等。

青光村南大沟 （2016年摄）

青光村南北干渠 （2016年摄）

青光村蓄水池 （2016年摄）

青光村农用机井水塔 （2016年摄）

青光村秦岗子排灌站 （2016年摄）

泵站涵闸 至2000年，青光村自建泵站5座，涵闸4座。2008年，该村更新改造2座泵站。至2016年，该村有泵站3座，涵闸3座。

北辰西道永青渠涵闸 （2016年摄）

五 街道胡同

历史上，青光村街道里巷多，但均为土道且不规整。20世纪70年代前，村中仅有一条柏油路——津霸公路穿村而过，成为该村唯一主干街道。自80年代开始，该村街道里巷路面建设速度加快，铺设水泥、沥青混凝土路面，逐步实现路面硬化。据《天津市北辰区地名志》载，至1992年该村已建成南北向主要街道(胡同)21条，东西向主要街道(胡同)10条。据《青光镇志》载，1982—2000年该村修筑街道胡同总长度达20732米，路面宽2.3米～4.5米不等，均硬化。

至2016年，该村共有街道里巷胡同85条，其中主干道路28条，里巷2条，胡同55条。

2016年青光村街道胡同情况表

表2

类别	名称	位置	走向	长度（米）
公路	津霸公路（一说津霸公路支线）	村中部、穿村而过	东西	1500
	京福公路	村西、穿村而过	南北	1650
	津霸公路	村南	东西	1100
村路	青光北路	村北	东西	820
	果园路	村北部	南北	470
	光荣路	村北部	南北	410
	锦昌路	村北部	南北	420
	外环路	村东部	南北	550
	园田路	村北部	东西	900
	向阳路	村南部	南北	650
	红领巾路	村南部	东西	320
	文明路	村南部	南北	820
	永康路	村南部	南北	560
街道	长青道	村北部	东西	195
	致富道1	村北部	东西	90
	致富道2	村北部	东西	75
	新村道	村南部	东西	136
	东围堤道	村北部	东西	310
	爱国道	村北部	东西	230
	围堤道	村北部	南北	100
	前进道	村北部	东西	170
	平安道	村北部	南北	290
	新开道	村北部	东西	180
	健康道	村南部	东西	640
	富康道	村南部	东西	680
	丰收道	村南部	东西	170
	长胜道	村南部	东西	175
	楼北道	村南部	东西	135
里巷	杜家巷	村西部	东西	82
	九家巷	村西部	南北	68
胡同	万象胡同	村北部	东西	108
	春阳胡同	村北部	东西	114
	春光胡同	村北部	东西	100
	春祥胡同	村北部	南北	99
	春照胡同	村北部	东西	133
	永新胡同	村北部	南北	60
	永青胡同	村北部	南北	60
	双增胡同	村北部	东西	58
	光华胡同	村北部	南北	410

续表

类别	名称	位置	走向	长度（米）
胡同	建华胡同	村北部	东西	190
	大华胡同	村北部	东西	205
	光明胡同	村北部	南北	280
	荣华胡同	村北部	南北	130
	振华胡同	村北部	东西	90
	福寿胡同	村北部	南北	266
	福安胡同	村北部	南北	240
	开发胡同	村北部	南北	160
	小康胡同	村北部	南北	275
	五爱胡同	村北部	南北	325
	宏伟胡同	村北部	南北	175
	密云胡同	村北部	南北	200
	丰满胡同	村北部	南北	100
	辰光胡同	村南部	南北	63
	北红星胡同	村南部	南北	180
	红星胡同	村南部	南北	190
	红医胡同	村南部	南北	87
	利民胡同	村南部	南北	296
	卫生胡同	村南部	南北	120
	繁荣胡同	村南部	南北	113
	昌盛胡同	村南部	南北	150
	如意胡同	村南部	东西	144
	永明胡同	村南部	南北	265
	永洁胡同	村南部	南北	286
	永盛胡同	村南部	南北	290
	新工胡同	村南部	南北	220
	新乐胡同	村南部	南北	205
	新生胡同	村南部	南北	240
	新立胡同	村南部	南北	252
	东顺胡同	村南部	南北	210
	益民胡同	村南部	南北	306
	朝阳胡同	村南部	南北	288
	万祥胡同	村南部	南北	60
	五和胡同	村南部	南北	52
	金星胡同	村南部	东西	50
	南红星胡同	村南部	东西	136
	向荣胡同	村南部	南北	216
	群乐胡同	村南部	南北	118
	增产胡同	村南部	东西	92
	先锋胡同	村南部	东西	40
	万福胡同	村南部	南北	125

续表

类别	名称	位置	走向	长度（米）
胡同	霞光胡同	村南部	南北	52
	东升胡同	村南部	南北	58
	永康胡同	村南部	南北	286
	曙光胡同	村南部	南北	95
	和平胡同	村西部	南北	100

青光村文明路 （2016年摄）

青光村富康道 （2016年摄）

永青渠西路 （2016年摄）

青光村外环路 （2016年摄）

青光村向阳胡同 （2016年摄）

青光村农业设施公路 （2016年摄）

六 旧村改造

20世纪70年代，青光村农民建房热持续升温，但随意取土，毁坏耕地现象严重。1979年，该村为保护耕地、节约用地，有效管控任意取土、耕地被毁现象，采取三项措施：在该村四周修筑庄界道路，限制房基地向外扩大，控制村庄占地面积；严格执行新宅基地发放标准，确定每户宅基地不超过0.25亩；鼓励有经济实力的农民建楼房。

20世纪80年代青光村居民兴建的平房住宅（2016年摄）

1984年，该村领导班子为科学有序地实施旧村改造，在上级有关部门帮助下，按照“有利生产、方便生活、节约用地、缩小规模、整洁美观、合乎卫生”的原则，制订出《青光集镇规划》。是年，该规划在全国村镇规划评议竞赛中获优秀奖。遂按此规划由天津大学和区建委设计，在该村南统一兴建别墅式行列连体小二楼住宅区，一幢两户、一户一院，建筑面积百余平方米。每套楼房内设计有客厅、阳台、卧室、储藏室、厨房、卫生间、火炉和柴灶；院内可种花草、植树，饲养家禽。时每套楼房仅以1.7万元成本价售给该村村民。自1985年开始，该村每年从村办企业上缴利润中提出50万元用于村镇建设，街道拓宽、裁弯调直、安装路灯、修建上下水道、饮水除氟、自来水入户，村庄绿化、美化村容、保护环境卫生，不断完善旧村改造。1990，该村被天津市建委确定为市村镇建设样板村，并被评为全国村镇建设先进单位。

1997年青光村统建别墅式行列连体小二楼住宅区（2016年摄）

2006年青光村开发建设的青旺园小区住宅楼（2016年摄）

至1997年，该村统建别墅式行列连体小二楼住宅区，建筑面积19.8万平方米，占全区农民住宅楼总面积的27.97%。至2000年，按规划已统建3个连体小二楼住宅区，未占用1亩耕地，共入住该村75户农民。

2006年，该村建设青旺园小区，建高层住宅楼7栋，建筑面积21400平方米；2007年完工，同期入住村民240户。至2016年，青光村历经长期改造、规划建设，已成为环境优美，繁华兴旺的新兴集镇。

七 公共设施

历史上，该村公共设施唯有水井。清光绪末年至宣统年间（1909—1911年），设青光民立第六十六初等小学堂。20世纪50年代，该村已有完全小学、供销合作社（村民集资入股）、医疗卫生联合诊所及青光邮电所。60年代，青光村打机井、建水塔，为该村饮用机井水而建的公共设施，同期建“红医站”。

青光村村委会办公楼（前身系20世纪60年代末至70年代初为插队落户知识青年建筑的知青大楼）（2016年摄）

自60年代后，青光村一直是青光镇（公社、乡）政府机关驻地，是全镇政治、经济、文化中心。1978年改革开放后，青光村经济和社会事业建设突飞猛进。特别是80年代以后，随着旧村改造和村镇规划建设的快速发展，该村公共设施建设与时俱进，不断完善。

至2016年，青光村已建有村委会办公楼（前身系知青大楼）、文明路集贸市场、饮水除氟站、供气站（燃气）、骨灰堂、甲级卫生所、北辰中医医院分院（西院）、北辰医院分院、社区卫生服务中心、敬老院、老年活动中心（老年日照中心）、人民剧场、青光小学教学楼、青光小学附属幼儿园、青光文体休闲广场（村东）、青光休闲体育广场（村北）及花园等公共设施。

设在青光村的北辰中医医院分院（西院）（2016年摄）

青光村卫生室（原甲级卫生所）（2016年摄）

青光小学教学楼门厅　（2016年摄）

青光村文明路集贸市场　（2016年摄）

青光中学　（2016年摄）

青光文体休闲广场　（2016年摄）

青光文体休闲广场内的足球场地（2016年摄）

青光村老年日照中心（原老年活动中心）（2016年摄）

附：

青光东大井的由来

相传很久以前，有一个姓常的外地人叫常林振，在青光村生活多年。此人无儿无女，鳏夫一人，但有点产业。

他在临死前立下遗嘱：“我死以后，丧事从简，剩下的钱给青光村打一眼井”。他死后，其亲戚遵嘱把他安葬，用剩下的钱给青光村打了一眼大井，这口井水源源不竭，供村民饮用。

八　经济概况

明、清两代直至民国时期，青光村沿袭传统的农业生产。中华人民共和国成立后，50—70年代，该村在农林牧副渔经济结构中，随形势仍以农业为主，“以粮为纲”，主要从事粮食生产，其他各业经济所占比例甚微，村队集体工业发展速度更为迟缓。虽然在50年代末该村曾兴办6家集体企业，但是在1962年区政府对全区社队企业进行整顿时，大多数企业被消减下马。时该村（生产队）利用当地盛产墩子柳、紫穗槐灌木优势，发展柳编手工业及筑窑烧砖，组建基建队外出盖房等副业，以增加集体收入，一度成为该村经济特色。

1978年中共十一届三中全会后，农村实行改革开放政策，落实联产承包责任制，支持个体户、专业户，发展集体、个体、联合体等多元化经济。80年代初，青光村适时调整经济结构，落实“无农不稳、无工不富、无商不活”方针。农业：扩大蔬菜、林果种植面积，发展设施农业和保护地生产，大上林果业；全面发展养殖业，大上养鸡业。工业：以机电、轻纺业为重点，发展村办集体企业。商业、饮食、服务业：为繁荣村集贸市场，鼓励发展个体私营经济；大上集体、个体运输服务业。

1980年，中共青光村总支书记黄振芳率先成为养鸡专业户，并带动全村养鸡致富，使该村发展成为养鸡专业村。翌年该村建万只养鸡场，后规模不断扩大。1996年，该村养鸡场有蛋鸡94.2万只，饲养量为历史最高纪录；年产蛋突破万吨，达11640吨。时该村被誉为华北养鸡第一村，其水产养殖、特种养殖及其他养殖也有长足发展，鲜蛋是该村的特产，养殖业是该村的经济特色。

青光村工业园区（2016年摄）

80—90年代，青光村蔬菜、林果种植业和以养鸡为龙头的养殖业持续发展，不仅是天津市重要的副食品基地，也是津西北果品基地，为天津市“菜篮子工程”作出贡献。2000年该村村办企业已发展到19家，占全镇65家企业的29.23%，其中机电类企业

8家，是青光村乃至青光镇的支柱产业。该村文明路、富康道商业街及津霸公路村内路段，商贾云集，店铺门面鳞次栉比，商贸餐饮服务业兴旺发达。青光村早市和集市两大市场规模不断扩大，其营业面积分别为6000平方米和15000平方米。此外，该村汽车运输业在全村经济发展中占有较大分额，是运输个体户致富的重要平台，也是该村经济的又一特色。

21世纪初，该村经济下滑，2002年青光村养鸡场因故关停，养殖业坠入低谷。2009年，因医药产业园区及北辰西道的开发建设征地，果园面积锐减。村办企业改制后，规模小、效益低的“小微亏”企业“关停并转”。

医药产业园区“九合”项目　（2016年摄）

该村在二次创业中，采取“腾笼换鸟”“筑巢引凤”及出租厂房等措施，瞄准高投入、高科技、高效益项目招商引资，发展工业经济。2001年，青光在村南辟建工业小区，占地面积66公顷，建筑面积20万平方米，进驻企业80余家，多为自行车、电动自行车及家具制造企业，每年收益1600万元。2010年，该村成立青发置业投资有限公司，后在医药产业园区开发“九合”项目，占地面积6.4公顷，规划建筑面积9万平方米，总投资3亿元。

青光村农业大棚基地　（2016年摄）

其农业经济持续发展“一优两高”（优质、高产、高效益）农业，着力扩大农业设施化建设。2008—2010年，该村建设二代节能温室、阳光温室及塑料大棚等设施，设施农业占地面积达166.67公顷，主要种植蔬菜、花卉等作物。

九　民间文化

自清光绪十五年（1889年）至民国时期，青光村先后组建3道民间花会。中华人民共和国成立后，1950年建立评剧团。20世纪50年代末及60年代中期，剧团及民间花会相继停止演出。1986年后，3道民间花会相继复会，时常出会演出。此外，该村民间艺术名人辈出。

青光同乐高跷会　该会始建于清光绪十五年（1889年），系由村民集资、乡绅助资组建的一道公益性花会。该会曾邀请杨柳青镇绰号叫“白小辫儿”的师傅教授高跷技艺，属武跷，一般情况只演不唱，以渔樵耕读形式出演，演出内容大部分是《水浒传》《西游记》中的片段。该会只有一段演唱，歌曲名称《三月三》。

同乐高跷会于1957年停会，1993年复会演出。

青光同乐小车会　该会始建于民国5年（1916年），是村民自己筹建的一道公益性花会。会员农闲时节演练，逢年过节时在本村及邻村演出，曾参加过北仓皇会巡演。该会表演技艺质朴，乡土气息浓厚，不乏幽默、诙谐，演出气氛活跃，深受观众欢迎。20世纪60—70年代，该会停办，1986年恢复演出，并多次参加北辰区万民同乐大联欢花会表演。

青光同乐地秧歌会　该花会始建于民国17年（1928年），晚于同乐小车会。因该村同乐小车会演员众多，队伍庞大，有些演员上场机会少。为满足全体花会演员渴望出场演出的意愿，遂成立同乐地秧歌会。该会也是一道公益性花会，会员农闲时练习技艺，逢年过节时给该村或邻村乡亲们表演。

同乐地秧歌在以渔樵耕读艺术形式演出的基础上，也增加一些具有特色的节目。花会演员滑稽、幽默的表演，时常博得在场观众的阵阵掌声和欢呼声。该会1966年停会，1986年复会，1994年参加北辰区万民同乐迎春花会表演活动。

青光村评剧团 1950年青光村建立业余评剧团，团长刘志刚，演出剧目有《血泪仇》《刘巧儿》《二嫂婚姻》《中秋之夜》《小女婿》《赵连壁借粮》《刘云打母》等。该团于1958年解散。

文化名人

邢广域 民国30年（1941年）生，青光村人。1966年毕业于中国人民大学语言文学理论专业本科。1968年在文化部工作。1970年入伍，先后在济南部队、前卫文工团、空政文工团、空军政治部创作室任创作员、副组长、组长等职。1982年转业到天津市文联，任秘书科科长。1985年调天津社会科学院文学研究所。迄今在各级报刊发表文艺作品百余件数百万字，发表论文80余篇40多万字。代表作有诗歌《戏霸》、散文《耕堂拾穗》、剧本《快乐作家》、论文《袁静论》等。2000年，他撰写的《袁静的童心情结》一书由百花文艺出版社出版。

邢广域退休前为市文学研究所副研究员，现为作协天津分会会员、音协天津分会会员、中华喜剧美学研究会会员、当代文学研究会会员。

贾云凤 女，青光村人，生于清光绪二十四年（1898年）。她自幼喜欢剪纸，花样随心所欲，顺手而出，一蹴而就，其作品富有浓厚的农村生活气息。20世纪80年代，区文化馆曾为她举办剪纸作品展；市群众艺术馆曾邀请她去讲座，她当场剪出的《苍龙腾跃》《牡丹盛开》《金鱼戏水》等作品，令在场人赞叹不已。其作品曾在日本展出并获奖。2000年，已102岁高龄的贾云凤老人，仍能操剪创作剪纸作品，被天津美术界称为“民间剪纸艺人”。

朱广兴 民国30年（1941年）生，青光村人，天津美协会员，中国泼彩油画创始人。他业余时间研究油画、水彩画及中国山水画。1967年，开始探索油画泼彩艺术，终于积10年之功，首创融中西画为一体的画种——泼彩油画。1987年开始，在区文化馆、市群众艺术馆和中国美术馆举办“朱广兴泼彩油画展”，作品引起美术界、新闻界及社会各界人士关注，被专家誉为“天人合一，中西合璧”。国内外报刊发表其作品及评价文章，中央电视台及北京、天津电视台多次报道，中央新闻纪录电影制片厂拍摄《朱广兴与泼彩油画》纪录片。其作品流传到英国、荷兰、德国、丹麦及东南亚等国家和地区，并被收藏。

孙玉殿、任振秀 自20世纪80年代以来，青光村孙玉殿、任振秀先后在区文化馆、市群众艺术馆展出作品数十件，部分作品还参加1987年和1991年在北京中国美术馆举办的天津北郊现代民间画展，其中孙玉殿创作的《金凤》《榴开百子》等作品被中国民间美术博物馆收藏。

孙玉殿现为天津美协会员，其作品借鉴并融汇多种民间艺术，用工笔表现写意形式，悟创母体重彩画。近年来，其作品多次参加全国及省市级展览并获奖，多幅作品在报刊上发表，并被多家美术馆和电视台收藏。著名美术评论家王仲先生观其作品给予很高评价。

2004年，孙玉殿的作品《舞狮》入选天津美术作品展，获铜奖。是年，在第七届中国艺术节《中国现代民间绘画优秀画家提名展》中，他被评为“中国现代民间绘画优秀画家”，其作品《舞狮》被浙江美术馆收藏，作品《魔术》被中国农民艺术中心收藏。2005年，孙玉殿随天津市政府代表团赴意大利进行文化交流，并对欧洲七国进行考察。2007年，其作品《嬉鱼图》入选描绘新农村全国美术作品巡展，获优秀奖并由中央电视台收藏。2009年，其作品《春集》入选第十一届天津市美术作品入编画集。2010年，孙玉殿的作品《春集》在上海世博会展出；是年，其作品《杂技》入选《农民画时代》，被浙江美术馆收藏并编入大型画集。

十 大事纪略

青光村养鸡业兴衰始末

1978年中共十一届三中全会后，农村实行改革开放政策，落实联产承包责任制，号召共产党员带头勤劳致富，并带领村民共同致富。1980年中共青光村总支书记黄振芳率先养鸡致富，他认为这是一条集体、家庭个体稳妥的致富门路，遂带动全村发展养鸡业。1981年，始建村集体养鸡场，饲养量10000只，家庭养鸡专业户逐渐增多。1985年，组建养鸡研究会，该村康立文任会长，会员15人，后发展到120人。至1986年，青光村建养鸡总场1个，分厂4个；年末存栏成鸡22万只，日产蛋5吨。1995年，集体养鸡场发展到10个，产蛋鸡21万只；饲养千只以上的专业户有30户，共养鸡53万只，年产蛋3390吨；年末全村蛋鸡存栏68万只，总产蛋量7496吨。1996年，该村养鸡场有蛋鸡94.2万只，年产量11640吨，为历史最高纪录。1997年，全村鸡只存栏73.23万只，其中蛋鸡68.3万只，年产蛋10829吨。2000年，年末蛋鸡存栏62万只，年产蛋9704吨。多年来该村养鸡业能持续健康发展，主要是形成了以集体养鸡场为龙头，以村畜禽服务站为纽带的一条龙服务体系，在鸡笼、种蛋、孵化育雏、防疫、饲料、销售、加工、科普等方面都给养鸡专业户提供了优质服务。

80—90年代，青光村被誉为华北养鸡第一村，是天津市重要的副食品基地。1992年5月，天津市副市长陆焕生率农口12个区县及华津公司领导在青光养鸡总场召开现场会。2000年后，该村养鸡业因故下滑。遂于2002年，青光村养鸡场关停。就此，享誉津门的青光养鸡专业村从兴盛转向衰落。但是青光村养鸡业为天津“菜篮子工程”所做出的贡献在历史上留下了辉煌的一页。

1989—1997年青光村养鸡研究会科技成果获奖情况表

表3

获奖时间	科研成果	科研人员	授奖部门	获奖等级
1989	鸡葡萄球菌油乳剂灭活菌苗的研究与应用	康立文、黄振芳、黄秀齐、孙德昌、张俊兰	区政府	一等奖
1990			市人民政府	二等奖
1990（1989）	微机辅助生产管理系统	朱广明、董其昌	市人民政府	二等奖
1990（1992）	商品蛋鸡生产规范研究	康立文、朱广明	区政府	二等奖
1993	蛋鸡全植物性蛋白氨基酸平衡全价日粮开发与应用研究	康立文、黄秀齐、朱广明、穆淑琴、赵金生	市人民政府	三等奖
1996	鸡肾脏型传染性支气管炎预防研究	康立文、黄秀齐、甘梦侯、朱广明、刘兴龙	市人民政府	二等奖
1997			区政府	一等奖

十一 英烈先贤

刘旭初（1919—1941） 革命烈士。青光村人，中共党员。抗日战争时期曾任中共大城县委组织部部长。民国30年（1941年），在大城县小刘庄牺牲。

杨宝春（1922—1950） 革命烈士。青光村人，民国37年（1948年）参加革命。1950年3月2日在河北省霸县胜芳牺牲，生前为六十六军一九七师政治部战士。

高润泽（1932—1951） 革命烈士。青光村人，1950年参加中国人民志愿军，为三十八军政治部某班班长，中共党员。1951年，牺牲在朝鲜战场。

张云祥（1921—1951） 革命烈士。青光村人，民国37年（1948年）4月参加革命。1951年在朝鲜战场失踪。生前为三十八军政治部战士。

杜玉明（1927—1951） 革命烈士。青光村人。民国35年（1946年）5月参加革命，冀东军区三师教导队战士。1951年8月牺牲在抗美援朝战场。

马连山（1926—1951） 革命烈士。青光村人。民国30年（1941年）参加革命，曾参加过抗日战争、解放战争和抗美援朝。1951年牺牲在朝鲜战场，生前为某部战士。

尹焕章（1918—1964） 青光村人，中共党员。民国24年（1935年）10月参加革命。1945年10月在山海关战役中负伤致残，定为特等残废军人。民国34年（1945年）转入河北省荣誉军人教养院休养，后回青光村。1964年8月29日因原伤口复发，在天津某医院医治无效逝世，后被追认为革命烈士。

李永安（1942—2003） 山东省茌平县李家楼村人。1954年迁居青光村。1959—1961年就读于中国民用高级航校。1962—1975年，任青光村会计、党总支副书记、书记、革委会主任，青光公社党委副书记、书记、革委会主任。1975—1987年任北郊区委副书记、革委会副主任、副区长。1987—1993年任津南区委副书记、区长。1994—2000年，任天津市政府经济协作办公室党组副书记，常务副主任。2002—2003年，任天津市第十一届政协常委。2003年逝世。

十二 历任党政负责人

民国38年（1949年）1月，青光村建立党支部，首任党支部书记张国良。1953年7月改建党总支。2000年12月改建党委。1949—2016年，该村党组织负责人共20任，其中党支部书记2任，党总支书记14任，党委书记4任。

1949—2016年青光村党组织负责人任职情况表

表4

党组织名称	姓名	性别	职务	任职时间	说明
党支部	张国良	男	书记	1949—1950	
	刘玉龙	男		1950—1953	
党总支	刘玉龙	男	书记	1953—1959	
	曹振海	男	书记	1960—1960	
	刘玉龙	男	书记	1961—1966	
	张寿增	男	书记	1966—1969	1969年上半年
	李永安	男	书记	1969—1974	1969年下半年
	杜宝江	男	书记	1975—1975	
	黄振芳	男	书记	1976—1978	
	刘立明	男	书记	1979—1979	
	刘玉龙	男	书记	1980—1981	
	孙宝连	男	书记	1982—1982	
	黄振芳	男	书记	1983—1983	
	王树林	男	书记	1984—1988	
	孙宝连	男	书记	1988—1995	
	王树林	男	书记	1995—2000	
党委	王树林	男	书记	2000—2006	
	马连义	男	书记	2006—2009	
	李永胜	男	书记	2009—2012	
	王晓东	男	书记	2012—	

民国38年（1949年）1月15日天津解放。是年3月，青光村建立村公所。1952年，民主选举产生新政权，成立青光村人民政府。1956年，成立高级社，村为生产大队。1958年，建立人民公社，实行“政社合一”，村为生产大队。1983年，实行村民自治，青光生产大队改建为村民委员会。1949—2016年，青光村村政机构负责人共17任。

1949—2016年青光村村政机构负责人任职情况表

表5

村政机构名称	姓名	性别	职务	任职时间	说明
村公所	王福瑞	男	村长	1949—1949	
	张鸿彬	男	村长	1950—1950	
	王少明	男	村长	1950—1950	
村人民政府	孙宝珍	男	村长	1951—1953	
	候玉金	男	村长	1954—1955	
生产大队	李青	男	大队长	1956—1958	高级社
	李青	男	大队长	1958—1960	人民公社
	刘立明	男	大队长	1960—1966	
	王庆丰	男	大队长	1966—1972	
	黄振芳	男	大队长	1973—1976	
	王桐林	男	大队长	1976—1978	
	杜宝亮	男	大队长	1979—1982	
村民委员会	王树林	男	主任	1983—1984	
	李凤鸣	男	主任	1984—1988	
	张文博	男	主任	1988—1995	
	马连义	男	主任	1995—2006	
	王晓东	男	主任	2006—	

十三　荣誉

（一）先进集体

1994—2016年，青光村党组织（党总支、党委）、村委会获得天津市市局级以上先进集体荣誉称号共16次，其中党组织获4次，村委会获12次。

1994—2016年青光村获市局级及以上集体荣誉表

表6

授予时间	单位名称	荣誉名称	授予部门
1994.3	青光村党总支	红旗党总支	中共天津市委农村工作委员会
1995.3	青光村村委会	明星小康村	市委农工委、市农委、市精神文明建设委员会
1996	青光村村委会	生态村	市环保局、市农林局
1998	青光村村委会	全国造林绿化千佳村	全国绿化委员会
2000.3	青光村党总支	村级红旗党组织	中共天津市委农村工作委员会
2001.2	青光村村委会	文明村	天津市精神文明建设委员会
2004.10	青光村村委会	老龄工作先进单位	天津市老龄工作委员会

续表

授予时间	单位名称	荣誉名称	授予部门
2005.12	青光村村委会	民主法治示范村	天津市依法治市领导小组
2006.5	青光村村委会	五个好村民委员会	市委组织部、市委农村工作委员会、市民政局
2006	青光村村委会	市级卫生村	市爱国卫生运动委员会
2007.4	青光村村委会	人口和计划生育工作先进集体	天津市人民政府
2008.5	青光村党委	五个好红旗村党组织	市委组织部、市委农村工作委员会
2010.10	青光村村委会	五个好村民委员会	市委组织部、市委农村工作委员会、市民政局
2013.6	青光村村委会	五个好村民委员会	市委组织部、市农委、市民政局
2014.9	青光村村委会	民主法治村	天津市法治建设领导小组
2016.6	青光村党委	先进基层党组织	中共天津市委

（二）先进个人

1983—2016年，青光村获得天津市市局级以上先进个人荣誉称号共27人次，其中康立文1人获得12次先进个人荣誉称号。

1983—2016年青光村获市局级及以上先进个人荣誉表

表7

授予时间	姓名	性别	工作单位及职务	荣誉名称	授予部门
1983	黄振芳	男	青光村党总支书记	市农业系统劳动模范	市委市人民政府
1985			青光村畜禽饲养办公室负责人	市农业系统劳动模范	市委市人民政府
1989	张文博	男	青光村党总支副书记	全国普法先进个人	中宣部 司法部
1992	黄秀齐	男	青光村养鸡总场场长	市科技兴农先进个人	市人民政府
1994				市特等劳动模范	市人民政府
1995				全国劳动模范	国务院
1989	康立文	男	青光村养鸡总场（化验室）主任	市星火技术带头人	市科委
1990				市十大杰出青年农民	团市委
1991				市“七五”星火之星	市科委
1991				市新长征突击手标兵	团市委
1992				市科技兴农成绩突出工作者	市人民政府
1991.5				全国青年“星火带头人”标兵	团中央、国家科技部
1994.5				全国百名星火标兵	团中央、国家科技部
1995.5				全国“星火带头人”标兵	团中央、国家科技部
1995				市青年“星火带头人”标兵	团市委
1996				市“十佳杰出青年”	团市委
1996				市劳动模范	市人民政府
2001.4				九五立功奖章	市总工会

续表

授予时间	姓名	性别	工作单位及职务	荣誉名称	授予部门
2000	闻宝琪	男	青光村治保会	市治安积极先进分子	市公安局
2003.5	王树林	男	青光村党总支书记	市劳动模范	市人民政府
2001.6 2006.6		男	青光村党委书记	市优秀共产党员	市委
2003.7		男	青光村党委书记	非典突出贡献先进个人	市委市人民政府
2003	马连义	男	青光村党委书记	市级双拥模范	市委市人民政府 天津警备区
2013	王晓东	男	青光村党委书记	市劳动模范	市人民政府
2014				市廉政勤政优秀党员	市委
2014	张建景	男	青光村党委委员	市“五一劳动奖章”	市人民政府
2014	于斌如	男	青光村村民	市见义勇为先进个人	市人民政府

（三）立功军人

张金伯 民国21年(1932年)生，青光村人。民国37年(1948年)入伍，后任海军某部司令部司号员，立大功1次、小功2次。

张立群 民国23年(1934年)生，青光村人。1950年参加中国人民志愿军，在朝鲜战场荣立三等功。

附：典籍选录

康熙帝巡视永定河 康熙三十九年(1700年)三月二十五日，康熙帝乘船巡视永定河，泊青光。

【摘录于《青光镇志》19页(大事记)】

凤河南埝至青光村 (凤河)南埝，旧名坦坡埝，……(乾隆)八年(1743年)，与东西老堤工尾接筑横堰，并由龙尾接坦坡埝至天津县青光村止。……坦坡埝接横堰起，至青光村，长六十一里十四丈。

【摘录于《典籍中的北辰》255页(大清河治理)】

天津县七区在青光村召开村干部会 1949年6月6日，天津县七区在青光村召开村干部会，贯彻麦收时雇工自由和工价自由议定的政策，要求向群众宣传，并对二流子、赌棍加强教育，使其参加生产劳动；要号召群众多打树叶，多采野菜，多备糠，过日子要有计划，节省用粮；要管理好菜田。多收多储菜；要养鸡、养猪、盖厕所积肥，造成谁干谁光荣，谁不干谁耻辱的社会风尚。还要开展治安宣传周活动，有条件的村要把户口建立起来。

【摘录于《典籍中的北辰》24页(大事记)】

青光村被定为基点村 1950年1月23日，青光村被定为河北省基点村，并派1名国家干部翼峰驻村，负责向省反映情况。

【摘录于《青光镇志》24页(大事记)】

青光村3村民当选县(区)劳模 1951年6月3日，青光村村民孙宝俊(女)当选为天津县劳动模范。杜宝珍(托幼互助)、李兴花(娃娃组)当选为天津县四区劳动模范。

【摘录于《青光镇志》25页(大事记)】

侯广仁农业合作社 1954年2月19日，《天津日报》载文介绍青光村侯广仁农业合作社，该社由侯广仁互助组和孙宝珍互助组合并而成。

【摘录于《青光镇志》26页(大事记)】

港胞刘克文捐资助学 1984年初，香港冀鲁豫同乡会永远名誉会长刘克文(青光人)，捐资10万元人民币建青光中学图书馆，以助桑梓的教育事业。

【摘录于《青光镇志》210页(美德良风)】

韩家墅村

韩家墅村位于北辰区西南，地处青光镇中部，距镇政府驻地2千米。该村东邻杨家嘴村，相距1千米；西邻青光村，相距4千米；南邻刘家码头村，相距0.5千米；北邻刘园村，相距5千米。津霸公路北侧系韩家墅老村，南侧为20世纪70年代末至80年代初辟建的新村，其新村、老村村形均似正方形，村庄总面积为59.9万平方米。2015年，该村户籍人口7110人，长期固定资产23394.99万元，年农村经济总收入1.8亿元，年人均纯收入25316元。

韩家墅村航拍图　（2016年摄）

一　村庄沿革

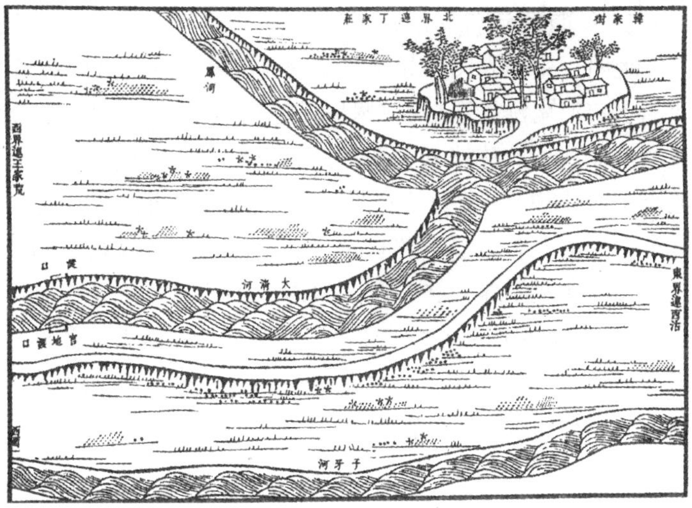

清道光二十六年（1846年）《津门保甲图说》中的韩家墅村

清康熙年间（1662—1722年），有韩姓者在大清河与凤河交汇处高岗搭建窝铺栖居，以捕鱼猎野鸭（鸦）为生，始称韩鸭铺，亦称寒鸦铺。后相继有马、王、田、杨、周、朱、苗等姓迁入，落户成村。因高岗垂柳繁茂，雍正八年（1730年）称韩家树；乾隆七年（1742年）《武清县志》已有该村名记载。据光绪十年（1884年）《畿辅通志》（卷七十八）载："雍正十一年，筑凤河东堤起此，下至寒鸦树（一作韩家树）长十二里，是为下段。"故此得知，雍正年间（1723—1735年）该村村名亦称寒鸦树。但外乡人迄今又常称韩柳树。光绪二十年（1894年），村绅马立山觉得村名中的"树"字不雅，遂改"树"为"墅"，自此改称韩家墅。1966—1976年"文化大革命"期间，一度曾改为"革命村"，但非实质性变更。后仍称韩家墅未再更易。

康熙二十七年（1688年），韩鸭铺隶东路厅武清县；雍正三年（1725年），隶天津州武清县；雍正五年（1727年）隶顺天府武清县。雍正九年（1731年），韩家树隶天津府天津县；乾隆元年（1736年），隶天津县杨柳青驿兼巡检。光绪三十年（1904年），韩家墅隶天津县西乡第十六区。民国18年（1929年），境内有编乡建置。民国23年（1934年），韩家墅系第四十八乡，隶天津县。民国29年（1940年）初至民国34年（1945年）8月，韩家墅村隶日伪天津县当局韩家墅大（编）乡。抗日战争胜利后，民国35年（1946年）3月至民国37年（1948年）12月，韩家墅村隶中华民国南京政府河北省天津县韩家墅乡。民国38年（1949年）8月1日，韩家墅村改属河北省天津县人民政府管辖。中华人民共和国成立后，1950年7月至1953年初，直属天津县第四区人民政府；1953年7月，隶天津市津北郊区韩家墅乡；1955年6月至1958年7月，隶天津市北郊区韩家墅乡。1958年8月，韩家墅村隶北郊区幸福人民公社；是年10月10日，因北郊区建制撤销而改隶红桥区幸福人民公社；1959年9月，隶天津市副食品局；1960年6月，隶国营津北畜牧场韩家墅分场；1961年5月，隶红桥区天穆人民公社。1962年2月1日，恢复北郊区建制，韩家墅生产大队隶北郊区天穆人民公社；1977年11月4日，改隶青光人民公社。1983年，韩家墅村隶北郊区青光乡人民政府；1992年3月6日，隶北辰区青光乡人民政府；1995年11月，隶北辰区青光镇人民政府，至2016年，隶属未变。

韩家墅村村委会办公楼　（2011年摄）

俯瞰韩家墅村全貌　（2017年摄）

二　道路河流

道路　中华人民共和国成立以前，韩家墅村域周边道路均为土路。民国31年（1942年），将该村南边的永定河南泓故道右堤（村民俗称南大堤）筑为津同公路，时为土质路面。1958年，天津至大同公路改线，原线始改称津霸公路，系省道。余为通往邻村的乡间土道，村北主要有双口道、北仓道、王庄道、王秦庄道（曾称黄庄道），村南有杨柳青道。自20世纪70年代末至90年代初，上述乡间土道相继废弃。1963年，津霸公路自千里堤至韩家墅滑翔机场路段，始实施沥青处置路面，为韩家墅村域内通过的第一条柏油路。1977年，区道北韩公路竣工通车，由该村北向南穿村而过。1988年，省道外环线（域内段称外环西路）竣工通车；是年，铁路南曹联络线筑成通车；均从该村北向南通过。2011年，区道北辰西道竣工通车，在村北由东向西通过。至2016年，已有4条公路和一条铁路在韩家墅村域内通过，其中公路有省道2条、区道2条。

自80年代末北韩公路（西段）已是韩家墅村中一条繁华的商业街　（2016年摄）

位于韩家墅村北的北辰西道（2016年摄）

河流　清代初年，流经该村域的河流有永定河（南泓）、大清河、凤河及村南的子牙河。据清光绪十年（1884年）《畿辅通志》卷七十九载："大清河又东北流八里，穿篙浪泊，入天津县西北境，是名淀河。经八里河口，亦名八里河。又分支东出，沿隔淀大堤东北流三十里，经韩家树，仍入本河。而正支则曲折东流二十一里，至杨家庄，又名杨家河。有线河、颠儿河自西北来入之。大清河又东流三里，径青光（即清沽），又东五里，有凤河和永定河自西北来会，又东南五里径韩家树。"至光绪末年，该村域内永定河（南泓故道）、大清河、凤河先后断流。1974年，在该村西开凿一条人工河——永青渠，是韩家墅村与青光村的界河。1986年，在该村东开挖一条外环河。该河为修筑外环线垫路基时，同步开挖。至2016年，流经域内的河流有3条，一条为子牙河，系一级河道；余为永青渠、外环河，均系二级河道。前文所述村域内断流的河道，其中大清河故道痕迹尚存，人称清河沟；凤河故道犹存，是韩家墅村主要排灌河道；唯永定河南泓故道遗迹无痕。

流经韩家墅村南的子牙河　（2016年摄）

韩家墅村南的大沟南河（李滩河）（2016年摄）

韩家墅村凤河(故道)　(2016年摄)

流经韩家墅村的外环河　(2016年摄)

三　人口方言

人口　清道光二十六年(1846年)《津门保甲图说》中记载，时韩家树村有居民62户318人，其中大口183人，小口135人，户均5.13口人。中华民国时期，据“河北省各县村镇调查表”记载(参见《典籍中的北辰》80～82页)，民国23年(1934年)，该村有居民469户2070人，户均4.41人。据统计资料载，中华人民共和国成立后，该村1980年有1318户5942人；2000年，有2286户6930人；2016年，有2606户9285人。

民族　据《天津市北辰区地名志》载，1995年该村有汉族、回族、满族、壮族4个民族。据村情调查，2016年该村有汉族、回族、壮族、满族4个民族。

姓氏　2016年，据韩家墅村收集村志资料人员对该村2015年常住人口户籍调查的资料显示，该村共有187个姓氏，总人口8225人，其中男性3912人，女性4313人；其中100人以上大姓14个，10～96人姓氏72个，2～9人姓氏65个，1人姓氏36个。14个大姓按人口由多至少依次为：王(1004人)、马(739人)、刘(675人)、张(627人)、李(539人)、杨(527人)、田(360人)、赵(298人)、曹(193人)、孙(142人)、周(122人)、徐(116人)、苗(113人)、陈(109人)。

方言　韩家墅村方言在全国方言分区属冀鲁官话区保(定)唐(山)片天津小片，即津北方言片。该片方言是向武清方言过渡和结合的方言区，其方言像天津话，语调似普通话，但齿音字较多，常把zh、ch、sh读成z、c、s。如：把“站住”(zhàn zhù)读成zàn zù，把“穿插”(chuān chā)读成cuān cā，把“山水”(shān shǔi)读成sān sǔi。韩家墅人还常把某些字音调的上声读成阴平，如把“脚”(jiǎo)读成jiāo，把“血”(xiě)读成xiē。

韩家墅村典型方言部分词语表

表1

方言	注释	方言	注释
太爷儿	太阳光	譋(读chóu)衣服	洗衣服
贼星	流星	瞎虻	牛虻
饭布了	小雪(颗粒状)	嘚(读dēi)	投掷、扔
九地	地面	蜇嘭	马蜂
介晚儿	这时候	地了迫(读pǎi)子	鼹鼠

谱牒选介　大凡有谱牒者多为大户望族，或关注家族血统及国学传统文化的家族。自20世纪40年代末以来，韩家墅村2个大户相继续修家族谱牒。

2015年，该村已经征集到列于该村大户之首的王氏、马氏两大家族宗(族)谱。

附一：

韩家墅《王氏宗谱》

《王氏宗谱》简介　王门世祖王公信于清道光年间（1821—1850年）由达子辛庄迁居韩家墅村，至民国37年（1948年）已五代。是年，经族长集议汇成王氏宗谱，排定“永、体、文、连、希、守、怀、宝、庆、延、长、德、裕、清、焕、吉、瑞、继、世、久、兴、昌”22字辈让后代有所遵循。该宗谱含谱序与字辈排序两部分，楷体文字，竖排铅印。谱存韩家墅王氏。

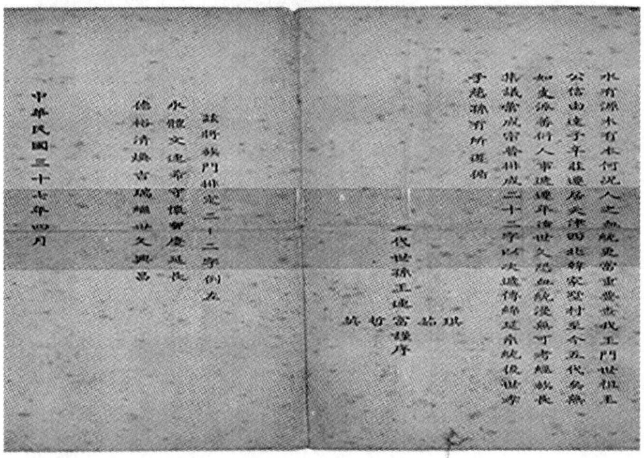
水有源木有本何況人之血統更當重要查我王門世祖王公信由達子辛莊遷居天津西北韓家墅村至今五代矣無如支派蕃衍人事遞遷年遠世久恐血統漫無可考經族長集議彙成宗譜排成二十二字以次遞傳綿延系統後世孝子慈孫有所遵循

琪 菇 五代世孫王連富謹序 哲 英

茲將族門排定二十二字列左

永體文連希守懷寶慶延長

德裕清煥吉瑞繼世久興昌

中華民國三十七年四月

《王氏家谱》影印件　　（2016年摄）

《王氏宗谱》序　水有源，木有本，何况人之血统更当重要。查我王门世祖王公信，由达子辛庄迁居天津西北韩家墅村，至今五代矣。无如支派蕃衍、人事递迁、年远世久，恐血统漫无可考。经族长集议汇成宗谱排成二十二字，以次递传，绵延系统，后世孝子慈孙有所遵循。

琪

菇

五代世孙王连富谨序

哲

英

中华民国三十七年四月

附二：

韩家墅《马氏族谱》

《马氏族谱》简介　马门世祖马雄、马彪兄弟二人，由山东马家寨迁居韩家墅，至1995年已八代。是年，经马氏家族长者集议，排定“增、金、传、学、广、德、源、庆、国、祥、兴、宗、文、宪、永、继、世、振、明、昌”20字辈，供后世子孙有所遵循。该族谱含谱序、字辈排序及所列第六代世孙暨第七代世孙三部分，马增祥撰文作序，毛笔竖写。谱存韩家墅马氏。

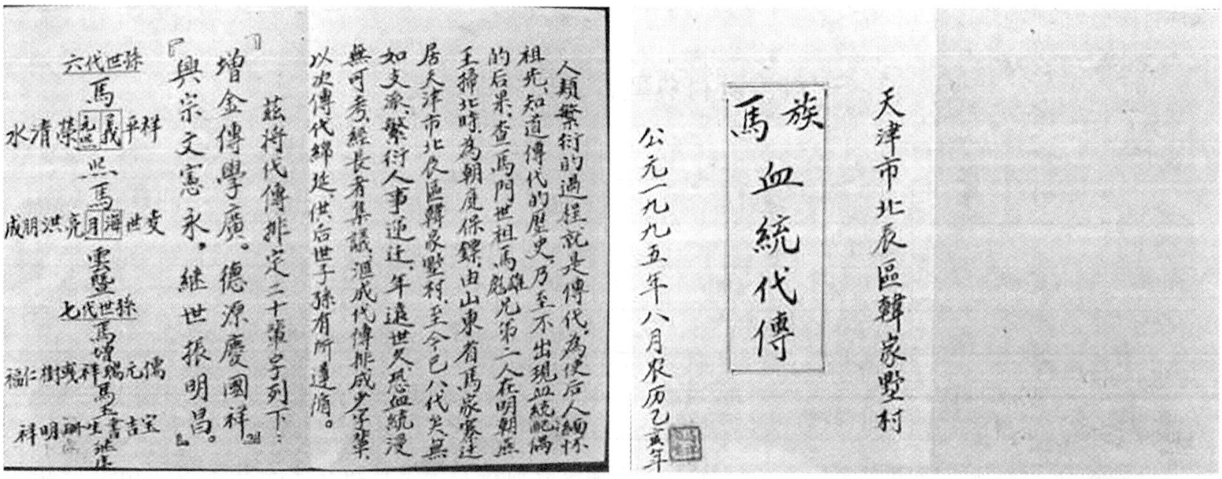
天津市北辰區韓家墅村

馬族血統代傳

公元一九九五年八月农历乙亥年

人類繁衍的過程就是傳代，為使后人緬怀祖先，知道傳代的歷史，乃至不出現血統紊亂的后果。查馬門世祖馬雄、馬彪兄弟二人在明朝燕王掃北時，為朝庭保鏢，由山東省馬家寨遷居天津市北辰區韓家墅村，至今已八代矣。無如支派繁衍、人事遞迁，年遠世久，恐血統漫無可考，經長者集議，滙成代傳排成廿字輩，以次傳代綿延，供后世子孫有所遵循。

茲將代傳排定二十輩字列下：

『增金傳學廣。德源慶國祥』

『興宗文憲永。継世振明昌。』

六代世孫

七代世孫

《马氏家谱》影印件　　（2016年摄）

《马氏族谱》序 人类繁衍的过程就是传代。为使后人缅怀祖先，知道传代的历史，乃至不出现血统配偶的后果。查马门世祖马雄、马彪兄弟二人在明朝燕王扫北时，为朝廷保镖。由山东省马家寨迁居天津市北辰区韩家墅村，至今已八代矣。无如支派繁衍、人事递迁、年远世久，恐血统漫无可考。经长者集议，汇成代传，排成少字辈，以次传代绵延，供后世子孙有所遵循。

公元一九九五年八月农历乙亥年

四　耕地状况

历史上，韩家墅村耕地主要分为两部分。即村庄以北耕地统称北洼，村庄以南耕地统称南洼。20世纪70年代，该村耕地共有32块，其中津霸公路以北（北洼）分布26块耕地，津霸公路以南（南洼）分布6块耕地。时该村耕地总面积为14492.1亩。韩家墅村耕地地块整体区域范围：东界，与杨家嘴、王庄、刘园、北仓4村耕地相邻；西界，隔永青渠与青光村耕地相邻，西南隔永青渠与李家房子村耕地相邻；南界，与刘家码头村耕地相邻，东南与子牙河北岸相接；北界，与王秦庄村耕地接壤。

韩家墅村农田引水河渠和泵站（房）、涵闸，主要开凿和兴建于20世纪50—70年代。至70年代末，该村有引水河6条，泵站（房）4座，涵闸4座。

引水河（沟渠）：有凤河（故道）、果园引河、北洼引河，位于北洼；南洼引河和大沟南河，位于南洼；另有新河向北接凤河，向南过大沟南河与永青渠相接。

泵站（房）：有永青渠大斜子泵房、水桥泵房，设于北洼；子牙河泵站、李滩泵站，设于南洼。

涵闸：有张家坟涵闸、鸡号地涵闸、北园子涵闸，均设在北洼凤河岸旁；张王地涵闸设于南洼新河南端。

20世纪70年代韩家墅村耕地地块面积情况表

表2　　　　单位：亩

序号	地块名称	面积	位置	序号	地块名称	面积	位置
1	大斜子地	291.9	津霸公路以北	18	马家坟	2000	津霸公路以北
2	靶档地	268.3	津霸公路以北	19	小圈地	449	津霸公路以北
3	魏宝房子	100.8	津霸公路以北	20	小树林	15	津霸公路以北
4	园林队	50	津霸公路以北	21	上八十	40.3	津霸公路以北
5	张家坟	740.8	津霸公路以北	22	营盘后	80	津霸公路以北
6	鸡号地	670.4	津霸公路以北	23	郭店地	500	津霸公路以北
7	范家坟地	1070	津霸公路以北	24	五小洼	70.5	津霸公路以北
8	一空	400	津霸公路以北	25	营盘西	400	津霸公路以北
9	二空	400	津霸公路以北	26	李滩北地	700	津霸公路以南
10	三空	400	津霸公路以北	27	李滩南地	349	津霸公路以南
11	四空	400	津霸公路以北	28	七顷五	434	津霸公路以南
12	五空	400	津霸公路以北	29	张王地	817	津霸公路以南
13	六空	400	津霸公路以北	30	稻田地	273	津霸公路以南
14	七空	480	津霸公路以北	31	边家地	306	津霸公路以南
15	八空	400	津霸公路以北	32	北园子	46.1	津霸公路以北
16	空外地	200	津霸公路以北	合计		14492.1	
17	红门后	1340	津霸公路以北				

20世纪70年代韩家墅村耕地地块示意图

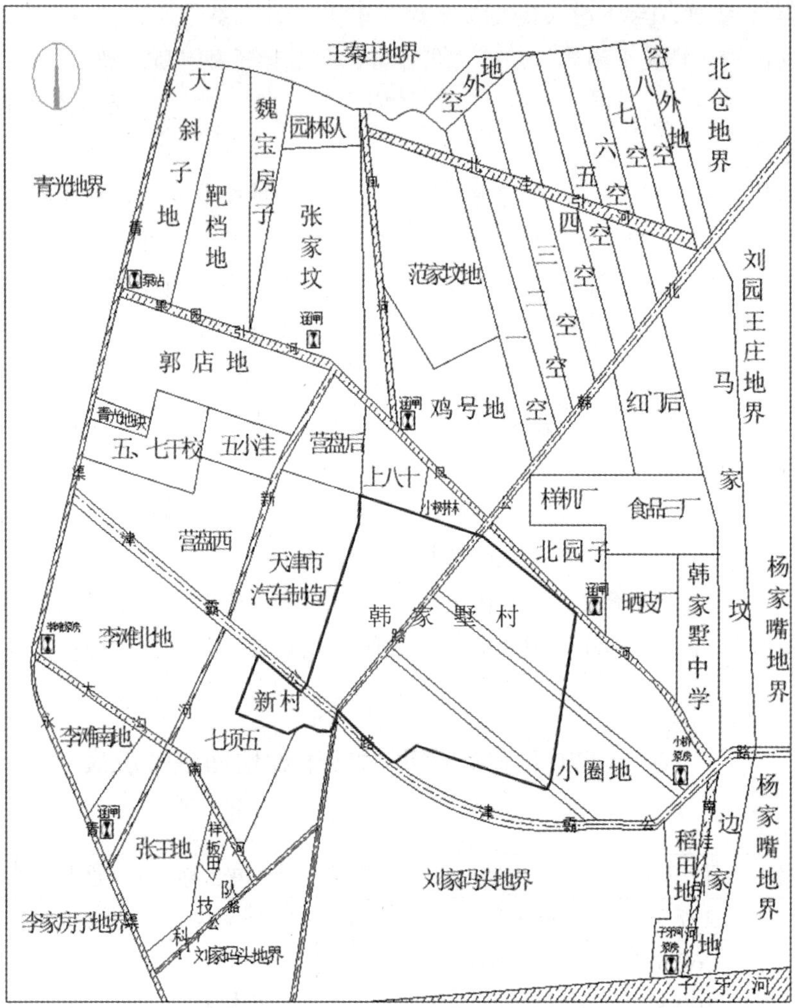

（2016年绘制）

五　街道胡同

自20世纪初以来，韩家墅村是沽北大村。尤其是自光绪三十二年（1906年），袁世凯在该村西建陆军讲武堂学兵营以来，更是遐迩闻名。时该村村东至村西有两条主街，两街相隔约70米；村北至村南有街道两条，相隔约80米；四条街道相交恰似一个“井”字，条条胡同与街道或平行，或相交。其中唯有一条东西向的主街（北侧）有名称，时称“西关街”。70年代以前，该村街道不平，胡同狭窄，均为土道；雨季泥泞，冬春扬尘，村容不整。

1977年，区修筑北韩公路（北仓至韩家墅），该路西段自村北凤河桥穿村而过，南接津霸公路，路宽9米，长约600米，为村内第一条沥青混凝土路面。70年代末至80年代初，该村辟建晓墅新村时，在新村设东西向10米宽中心大道（俗称十米大道），南北方向胡同（亦称“条”）宽4米～5米，直通中心大道，中心大道及胡同路面均硬化。自80年代初开始，该村主干街道及胡同里巷逐步实施调直拓宽及路面硬化。1985年，修筑沥青混凝土路面3千米。1990年，修筑水泥混凝土路面15千米。至2000年，该村主干道路、街道里巷及胡同全部实现硬化，修筑道路总长18千米，其中水泥混凝土路面占83%。

据该村上报村情调查资料表明，至2016年全村主干道路、主要街道里巷胡同共81条，其中公路2条，村路11条，街道11条，里巷6条，胡同（条）51条。

2016年韩家墅村街道胡同情况表

表3

类别	名称	位置	走向	长度（米）
公路	津霸公路	村南	东西	3480
	北韩公路	村中、穿村而过	南北	600
村路	小马路	村中、穿村而过	东西	1180
	北韩南路（北韩公路西段）	村中	南北	870
	西湖南路	村西南	南北	270
	利群路	村西南	南北	340
	西湖北路	村委会后	南北	210
	凤河路	村委会后	南北	200
	康平路	村委会后	南北	200
	金光路	村委会后	南北	201
	先锋路	村委会后	南北	80
	迎新路	村东北	南北	166
	怡和路	村东北	东西	110
街道	副食部大街	村西南	东西	220
	西大街	村西北	东西	150
	全顺道	村西南	东西	37
	利民道	村西北	东西	430
	幸福道	村东南	东西	660
	光明道	村东南	东西	810
	旭日道	村东北	东西	230
	向荣道	村东北	东西	163
	十米大道	村南晓墅新村	东西	400
	群英道	南北	东西	100
	村北后道	村北	东西	800
里巷	三合里	村西南	东西	40
	春浓里	村委会后	南北	90
	贤德里	村委会后	南北	100
	敬德里	村委会后	南北	110
	惠安里	村东北	东西	145
	长兴里	村南	南北	30
胡同	向阳胡同	村西南	东西	120
	创益胡同	村西北	东西	210
	朝阳一条	村西北	东西	150
	朝阳二条	村西北	东西	154
	朝阳三条	村西北	东西	161
	朝阳四条	村西北	东西	170
	健体胡同	村东南	东西	120
	群利胡同	村东北	东西	110
	惠东胡同	村东北	东西	145

续表

类别	名称	位置	走向	长度（米）
胡同	惠民胡同	村东北	东西	140
	美德胡同	村西南	南北	89
	松山胡同	村西南	南北	237
	友爱胡同	村西南	南北	65
	永丰胡同	村委会后	南北	134
	永明胡同	村委会后	南北	329
	仁义胡同	村委会后	南北	188
	仁德胡同	村委会后	南北	55
	仁合胡同	村委会后	南北	170
	佳邻胡同	村东南	南北	60
	益明胡同	村东南	南北	122
	虹峰胡同	村东北	南北	197
	育美胡同	村东北	南北	90
	育健胡同	村东北	南北	80
	东丰胡同	村东北	南北	70
	荣生胡同	村东北	南北	37
	耀华胡同	村东北	南北	107
	红星胡同	村东北	南北	130
	长安胡同	村东北	南北	163
	建新胡同	村东北	南北	120
	新墅里一条	村东北	南北	140
	新墅里二条	村东北	南北	160
	新墅里三条	村东北	南北	165
	新墅里四条	村东北	南北	167
	新墅里五条	村东北	南北	170
	晓墅一条	村南	南北	200
	晓墅二条	村南	南北	200
	晓墅三条	村南	南北	200
	晓墅四条	村南	南北	200
	晓墅五条	村南	南北	200
	晓墅六条	村南	南北	200
	晓墅七条	村南	南北	200
	晓墅八条	村南	南北	200
	晓墅九条	村南	南北	200
	晓墅十条	村南	南北	200
	晓墅十一条	村南	南北	100
	晓墅十二条	村南	南北	100
	晓墅十三条	村南	南北	100
	晓墅东一条	村南	东西	50
	晓墅东二条	村南	东西	50
	晓墅东三条	村南	东西	50
	晓墅东四条	村南	东西	50

六　旧村改造

60年代以前，韩家墅村民居多为土坯房和“穿鞋戴帽”房。70年代，该村翻建和新建民房中，砖房逐渐增多，时为旧村改造萌芽。1977年，该村以北郊区修筑北韩公路穿村而过，需拆迁部分民宅为契机，拟定村庄建设规划，开始着手建设新村，改造老村。70年代末至80年代，在该村南辟建晓墅新村，均为统建红砖民房，宅基地面积相同（正房3面），一户一院，两户相连，街道硬化，整齐划一。同期，对老村主干街道调直拓宽，路面硬化。90年代，在该村东辟建别墅式连体小二楼住宅区，遂被确定为区级村镇建设样板村。

2011年12月31日，青光示范小城镇集中还迁项目区开工奠基仪式在韩家墅还迁区举行

进入21世纪，随着天津市小城镇建设速度的加快，青光示范小城镇建设韩家墅农民安置用房建设项目被确定为天津市第四批示范小城镇建设项目之一。2011年12月31日，青光示范小城镇集中还迁项目区开工，奠基仪式在韩家墅还迁区举行。2012年12月31日至2013年1月7日，韩家墅还迁区一期工程3号地块（37.55万平方米）放线试桩。是年2月25日实施打桩。2014年10月，韩家墅还迁区3号地块12栋高层住宅楼（建筑面积共15万平方米）主体工程全部封顶。其中26层住宅楼1栋，24层住宅楼3栋，21层住宅楼6栋，18层住宅楼2栋。2015年，对上述12栋住宅楼实施二次结构及立面工程。

七　公共设施

中华人民共和国成立以前，该村主要公共设施系与黎民生活息息相关的水井。水井多在村内及村边开凿，该村数眼水井尤以南大堤（村南津霸公路南侧）的双眼（两个汲水井口）井大而深，且井水口感爽甜。村中部尚有一盘石碾，为村民碾（谷子、高粱）米所用。清末至民国初，村内先后建有天主教堂、南佛堂、东佛堂及民立第二十二初等小学堂。同期还建立民间消防组织，称水会（火会），具体名称不详。该组织消防设施有灭火水机一台及其他灭火工具，无存。

中华人民共和国成立后，20世纪50年代，该村建立供销合作社、信用社、卫生院、小学校、幼儿园。60年代，建立红十字会医疗站（俗称红医站）。70年代，在该村“下坡”（地名）打机井、建水塔，初步完善饮用机井水设施建设。

80—90年代，先后实施街道硬化、路灯照明、自来水入户、上下水道、引滦（河水）入村、铺设煤气管道至村中心控制站及教育、卫生等公共单位。至2000年，该村投入公用事业、公益事业等村庄公共设施建设资金逾1000万元。

北辰中医院韩家墅分院　（2008年摄）

进入21世纪，该村斥巨资选址重建现代高端韩家墅小学数学楼，优化医疗卫生设施，开办北辰中医医院韩家墅分院，兴建体育健身和休闲娱乐为一体的公园4个。至2016年，该村先后建有敬老院、老年活动中心、中心幼儿园、小学教学楼、骨灰堂、集贸市场、商业一条街、村委会办公大楼、大华福利浴池、甲级卫生所暨马大夫骨科医院——北辰中医医院韩家墅分院医疗大楼及休闲公园等公共设施。

2000年韩家墅村街道胡同及主要公共设施示意图

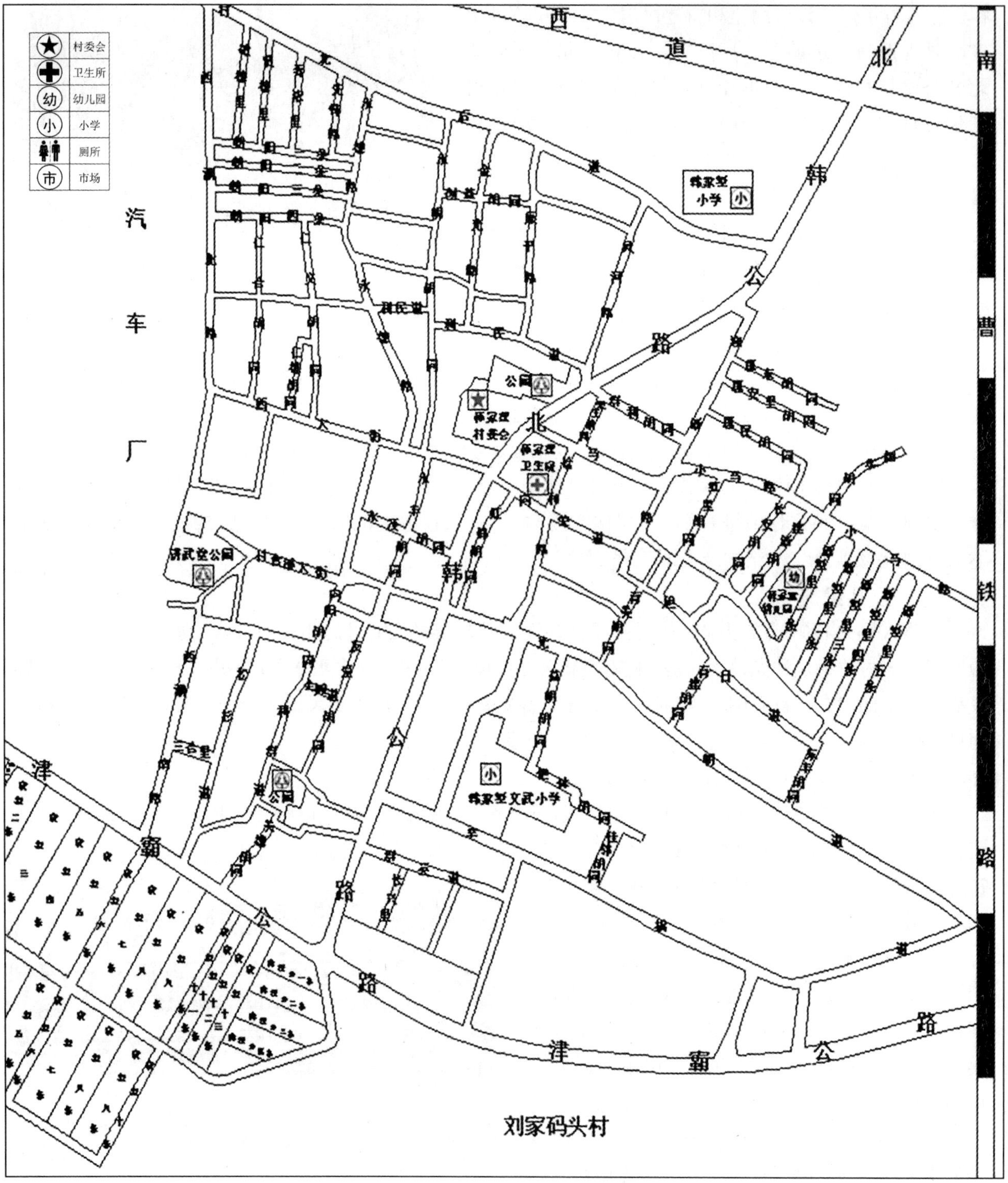

（2016年绘制）

韩家墅村的讲武堂花园 （2016年摄）

韩家墅村讲武堂花园内的基善亭（2016年摄）

韩家墅村民心公园（2016年摄）

韩家墅小学教学楼 （2008年摄）

万通文武学校 （2016年摄）

韩家墅村中心幼儿园 （2016年摄）

八　经济概况

自清康熙迄至民国，该村先民一直沿袭历史上传统的农耕劳作、自给自足的小农自然经济。土地私有，多为少数富人所占有；多数农民给富人扛活、卖短工，社会生产力低下，经济落后。若遇灾荒兵燹，黎民更是苦不堪言。诚如《津门保甲图说》中所载，道光二十六年（1846年）韩家树村共有62户，其中富绅1户，雇工51户，雇工占总户数的82.26%。中华人民共和国成立后，该村农民分得土地，实现“耕者有其田”，生产热情高涨。自20世纪50年代至70年代初，随着农业合作化、人民公社化的推进，土地已归公有，实行计划经济建设。虽贯彻“农、林、牧、副、渔”全面发展的方针，但农业经济一直占集体经济结构中的主导地位，而农业又以种植业为主，养殖业所占比重甚微。在种植结构中，“以粮为纲”（即以粮为主），蔬菜及经济作物为辅，经营粗放，效益不高。60年代至70年代初，韩家墅村各生产队年终决算分配时，大多数生产队工分值为0.1元上下（正式男劳力出工一天可获得10分，女劳力可获得7分），即男劳力年收入在300元左右；少数生产队工分值为0.15元上下，即男劳力年收入在500元左右；个别生产队工分值为0.06元，即男劳力年收入在200元左右。该村多数农民徘徊在温饱线（国家规定的标准是人均年占有粮食200千克，人均年纯收入200元〈新世纪现代汉语词典1252页〉）上，一些劳动力少，子女多的农户，在年终决算分红时为“赤字户”——入不抵出，超支倒挂。甚至该村一张姓贫困农民曾到天穆村乞讨。

80—90年代，该村先后落实联产承包责任制和以调整产业结构为主的农村改革。在“服务城市、富裕农民”方针指引下，该村适时调整农业种植结构，扩大蔬菜、林果种植面积，发展商品菜和果品生产，成为天津市较大的蔬菜基地和果品基地；实施保护地生产，发展“一优两高”农业，推动农业设施化、集约化进程，使农业由传统粗放型向现代集约型、低值农业向高效农业、计划农业向市场农业转变。该村在不放松农业生产的同时，发挥驻村国有汽车厂的优势，搞横向联合，创建与大工业有机结合的村办汽车配件和装具汽车行业体系。至80年代末，韩家墅村办工业企业发展到7家，企业规模不断扩大，经济效益迅速攀升。1991年，韩家墅村办工业年产值10150万元，为全区第一个亿元产值村；时列全国亿元村百强第四十六位。该村企业重视技术革新改造，不断加大固定资产投入。其中大华汽车装配件厂投资3000万元引进中国第一重型机器厂制造的大型冲压设备5台，时为华北地区最大的汽车配件冲压生产线。1993—1994年，该村大华汽车装配件厂、自强汽车装具厂，实现产值超亿元，率先跨入北辰区亿元厂行列；1997—1998年，先后成立自强集团有限公司、大华汽配集团有限公司，均为市级集团公司。

进入21世纪，由于汽车工业的低迷，韩家墅村办企业经济下滑。该村在企业改制过程中，采取果断措施，首先将村办诸厂产权和经营权收归村农工商公司所有，利用原有厂房设备招商引资；进而于2004年，斥资1.22亿元辟建工业区，搭建招商引资平台，引进内外资项目在该村工业区落户；适时调整产业结构，加大固定资产投入，发展第三产业。2007—2008年，共投资4.2738亿元，先后建成韩家墅农产品批发市场、钢材市场、集成板材市场、循环物资市场等规模较大的仓储物流企业。2010年，该村与全国农产品流通行业唯一上市公司——深圳市农产品股份有限公司，强强联手、挂牌成立“天津韩家墅海吉星农产品物流有限公司”，为北辰区规模最大的农业龙头企业。2014—2015年，该企业斥巨资2.5亿元，先后建成物流二期工程和冷冻商品交易区，总面积逾11万平方米，为物流业的发展注入活力。至2015年，有100余家企业入驻该村。

韩家墅海吉星农产品批发市场
（2016年摄）

2000年后，韩家墅村在发展第二产业和第三产业的同时，注重发展第一产业中“一村一品”的品牌农业和城郊型特色农业。2002年，该村被天津市政府认定为无公害蔬菜生产基地。该村生产的无公害蔬菜成为知名品牌，普遍得到市场消费者认可，并于2008年注册“韩家墅蔬菜”商标。为提升农业档次，拉长生产链条，韩家墅独辟蹊径，开发建设以种植林木带动农村经济发展的产业基地；既有利于城市生态环境，又能创造一定的经济效益，发展具有城郊特色的绿色生态农业。遂该村在不违背土地承包政策和农民意愿的前提下，实施农民个人承包的土地向村集体流转。自2013年，逐步将农民撂荒的承包田及其他闲置多年的土地统一规划整平，辟建成高标准现代苗木基地333公顷，主要有国槐、银杏、海棠等多种乔木。2015年9月，该村成立天津韩家墅苗木种植有限公司。是年，该村集体收入1.7亿元。

韩家墅钢材市场　　　　（2016年摄）

韩家墅集成板材集散中心　　　　（2016年摄）

韩家墅循环物资商城　　　　（2012年摄）

韩家墅工业园区管委会　　　　（2016年摄）

附：

集体收入逐年增加，农民福利步步提高

进入21世纪，韩家墅村发挥外环线、津霸公路交通优势和地处城郊结合部的地理优势，适时调整经济结构，实施一区（工业区）、四场（钢材市场、集成板材市场、农产品批发市场、循环物资市场）、一街（津霸公路商业街）、一基地（以林木种植带动农村经济发展的产业基地）、一家园（新市镇韩家墅新家园）的发展模式，集体收入逐年增加，农民福利步步提高。

该村集体收入：2003年，负增长1000万元；2004—2011年，从442万元递增到7100万元；2012—2015年，从1.02亿元递增到1.7亿元。福利支出：2003年，为该村农民发放福利金额108万元；2004—2015年，为该村农民发放福利金额从80万元逐步提高到7107万元。

韩家墅村两委（党委、村委会）领导班子，将集体大部分经济收入惠及该村农民。自2003年开始，该村60周岁以上男性、55周岁以上女性农民，每人按月享受养老金（男、女等同）。自2004年开始，该村农户幼儿（入幼儿园），每人按月享受助学金；小学生、初中生、高中生，每人按年享受助学金。自2006年开始，该村20周岁以上不在村集体企业单位工作、无生产资料的男性和女性农民，每人按月享受生活补贴金。自2008年开始，该村农户子女考入大学专科、本科的学生，享受一次性高额的助学金。

同时，该村定期发放独生子女费；村民亡殁，其家属可享受一次性丧葬补助；育龄妇女和老年人定期免费体检。该村对参加城乡医疗保险的农民，在第一次报销后实施第二次报销，总报销比例达90%，使农民摆脱了因病致穷、因病返贫的困扰。韩家墅村民得到了前所未有的实惠，已无后顾之忧。

（该文根据韩家墅村上报的相关资料整理）

2003—2016年韩家墅村集体收入及福利支出情况表

表4　　单位：万元

年　份	集体收入	福利支出	说明
2003	-1000	108	集体收入为负增长
2004	442	80	
2005	1360	262	
2006	2000	627	
2007	2866	770	
2008	4200	1234	
2009	5300	1739	
2010	6100	1946	
2011	7100	1951	
2012	10200	3345	
2013	12500	3368	
2014	15300	4440	
2015	17000	7107	
2016	18100	7572	

2003—2016年韩家墅村养老金及生活补贴金发放标准情况表

表5　　单位：元

年份	养老金 男（女）每人每月	生活补助金	
		男性每人每月	女性每人每月
2003	30	—	—
2004	30	—	—
2005	200	—	—
2006	260	100	80
2007	300	100	80
2008	400	150	120
2009	500	200	160
2010	550	240	200
2011	600	240	200
2012	850	400	360
2013	900	400	360
2014	1000	500	400
2015	1400	800	700
2016	1500	800	700

2004—2016年韩家墅村发放助学金情况表

表6　　　　单位：元

年份	入园幼儿每人每年	小学生每人每年	初中生每人每年	高中生每人每年	大专生每人每年	本科生每人每年
2004	600	200	300	400	—	—
2005	600	200	300	400	—	—
2006	600	200	300	400	—	—
2007	600	320	480	600	—	—
2008	600	400	600	800	—	—
2009	600	400	600	800	2000	4000
2010	600	400	600	800	2000	4000
2011	600	400	600	800	2000	4000
2012	600	600	800	1000	3000	5000
2013	600	600	800	1000	3000	5000
2014	600	600	800	1000	3000	5000
2015	1200	1200	1600	2000	4000	6000
2016	1200	1200	1600	2000	4000	6000

九　民间文化

韩家墅上善道乐艺术团　该艺术团前身为韩家墅上善会，该会成立于清同治年间（1862—1874年），其上善道乐系由静海区独流镇独流北会华主持传授。

韩家墅上善道乐已传承5代：第一代马瑞（1851—1919），号辑五；第二代丁宝贵（1884—1958）；第三代王清玉（1880—1964）；第四代丁文仲（1919—1993）；第五代杨桂林（1945年生人）。

上善道乐是“曲牌音乐”，按使用场合和用途划分，已不再是道观的课诵音乐、斋醮音乐，而是民间道曲。该道乐自静海传入韩家墅以后，虽淡化了宗教色彩，但保留了曲牌的原汁原味。

韩家墅上善道乐的发展分三个阶段。清同治年间（1862—1874年）至1949年为第一阶段，此阶段主要搞寺庙祭祀、白事、超度等活动，带有较重的迷信色彩。1950—1965年为第二阶段，这阶段剔除了

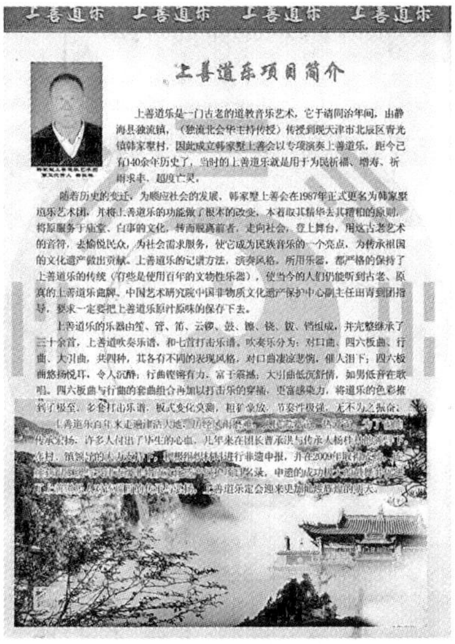

天津市非物质文化遗产——韩家墅上善道乐图典影印件　（2016年摄）

大部分迷信色彩，以演奏道教曲牌为主。1966—1976年“文化大革命”期间该会活动被迫停止，多种乐器及部分乐谱流失。1977—2016年为第三阶段。其中1987年由上善道乐第五代传人杨桂林，把断档20余年的上善道乐重新进行全面整理。韩家墅上善会更名为韩家墅上善道乐艺术团；按照取其精华，剔除糟粕的原则，将过去服务于庙堂、白事的音乐文化，转为面向社会登上舞台表演。2009年10月，韩家墅上善道乐被列入天津市第二批非物质文化遗产名录。

该道乐演奏乐队一般由12～16人组成，通常是1管、4笙、1笛、1云锣、1鼓、1钹、1铙、1镲、1铛，共12人，有时增加各组乐器，由20多人组成。在表演形式上，有独奏、合奏、伴奏等。在表演方式上，既可在舞台上展示，也可站立或行进演奏。

至2016年，韩家墅上善道乐保护、传承状况良好，但乐器、服装等需修理或更新；已建立起完整档案；开始招收新会员，组织文场、武场及演奏培训班，保证新会员能在短期内掌握乐器，并逐渐达到较高的演奏水平。

权(全)乐高跷会 清光绪二十四年（1898年），韩家墅村始成立权（全）乐高跷会，以表演高难动作而著称。春节期间在该村或到邻村及外地演出。因“七七事变”停止活动2年，后恢复。1966年“文化大革命”开始后高跷活动再次中断。1983年重新恢复。1992年，赴北京参加“龙潭杯”百档花会大赛获优胜奖。

权(全)乐高跷会在韩家墅村委会院内做“四人飞叉”表演

韩家墅权(全)乐高跷会远近闻名。每逢春节，从大年初一到十五，30余人的高跷队伍在众多围观者跟随下，便浩浩荡荡地在该村或邻村“走街”表演。

队员们踩着1米多高的高跷腿，翻腾跳跃如履平地。队员们饰演的“老渔翁”“媒婆”“傻儿子”等各种人物造型或生动活泼，或幽默诙谐，其中“傻儿子”等角色滑稽的造型和表演逗得观众捧腹大笑。“高空倒立”“拉骆驼”“跳八仙桌子”“四人飞叉”“抱月背剑”等高难动作为该村高跷队传统的特色表演。

韩家墅高跷有一百多年历史，曾经参加过“北仓皇会”“龙顺庙会”“双街庙会”等大型民间花会表演，获得多项荣誉。至2016年，韩家墅权(全)乐高跷会传至第十八代，他们表演的高跷不仅继承了传统技艺，还有所创新。韩家墅高跷被列入区级非物质文化遗产名录。

1992年，韩家墅村权(全)乐高跷会在北京第六届龙潭杯民间花会大赛中获优胜奖

1996年，韩家墅村权(全)乐高跷会在北京民间花会大赛中获金杯奖

韩家墅新青剧团 1952年，韩家墅成立新民主主义青年团剧团，简称新青剧团。团长凌青山、曹德才、张振起，导演高向同，主要演出《白毛女》《柳毅井》等歌剧。1954年为配合宣传婚姻法，聘宋德起为导演，改为评剧，主要演出《李二嫂改嫁》《小二黑结婚》《刘巧儿》《茶瓶记》等剧目。该剧团1956年解散。

绘画 该村杨适冬为中国藏书票研究会会员。其自幼受其祖父和父亲影响，喜欢绘画。1961年参军后，师从水彩画家高山学艺。1968年复员到天津新河船厂工作。1980年加入天津美术家协会。1986年成为中国美术家协会会员。他主攻版画，是“塘沽版画”创作队伍的中坚。其作品以水印木刻为主，兼攻拓印版画，风格清新明丽。《雾挂晨阳》《踏歌图》《艳阳秧趣》《山村晓炊》等作品分别参加全国第六届、第九届美展、全国版画展，以及南斯拉夫国际版画双年展。《盘山组图》《一夜秋风》等作品获全国职工美展二等奖、全国神剑美术作品展优秀奖。其多件作品被中国美术博物馆收藏。1993年7月1日，在上海“朵云轩”举办杨适冬个人画展。他退休后，致力于藏书票和中国山水画创作。其藏书票作品参加全国第一至第七届、国际第二十二届至第二十七届大展，多件作品被国际友人收藏。

该村马增福为北辰区知名的现代民间绘画家。他自幼酷爱绘画，先后拜天津美术家协会主席曹德兆、中国艺术研究院院长张为民为师。20世纪80年代，他创作的农民画日趋成熟。其作品先后在区文化馆、市群众艺术馆展出，部分作品参加1987年和1991年在北京中国美术馆举办的天津北郊现代民间画展。他创作的作品《回娘家》受到好评，后该画被加拿大语言研究中心收藏。2008年北京奥运会期间，他创作了80幅农民画作为国礼馈赠给世界友人。在他的作品中，不仅能嗅到乡土气息，还能看到社会主义新农村的变迁与繁荣。他的作品遍布20多个国家和地区，富含中国元素的运河风情、长城系列等作品受到国外友人的喜欢。1987—2016年，他的作品获得国家级和市级奖项达30余项。天津市群众艺术馆授予他“民间绘画艺术家”称号。

十　大事纪略

陆军第一讲武堂 清光绪三十二年（1906年）六月，袁世凯奏请光绪帝批准在韩家墅村西选址建陆军讲武堂、学兵营各一所，翌年建成。时亦称陆军第一讲武堂、陆军部队学兵营，其性质均为清末军事学校。在韩家墅建立的陆军讲武堂系全国之首，为带兵者研究武学之所。该工程占地400亩，耗银48万两，建大小房屋共610余间，可容纳3000人讲习武备。宣统元年（1909年）改为营盘，后驻兵不断。民国36年（1947年），国民党军队拆毁营盘修筑天津城堡。其遗址归属几经更易，2000年后归属天津汽车工业公司。自清末以来，韩家墅村即闻名遐迩，皆缘于此。

陆军第一讲武堂残石匾　　（2016年摄）

2015年，原陆军第一讲武堂、陆军部队学兵营旧迹全无，仅存阴文“项城袁世凯”石匾一块，墁于韩家墅村西大街冯氏民宅东房山墙角。

韩家墅战斗 民国37年（1948年）12月21日13时，东北野战军八纵直属警卫营一、二连及骑兵二连攻打退守在韩家墅的国民党保安团，经3小时激战，毙伤国民党保安团1388人。该战斗是天津战役歼敌最多的外围战斗。

天津农村第一个公开的党支部 民国37年（1948年）年底，韩家墅村解放。民国38年（1949年）4月7日，经中共天津县第七区区委书记郑汝田、组织部部长吴跃鹏介绍，该村王树发、张汉荣、李玉升、杨志忠、武振英（女）等5人第一批加入中国共产党。1949年冬，中共天津县委宣传部部长王政在该村开展整党试点工作（时称整党100天）。整党结束后，于1949年12月建立韩家墅村党支部。1950年1月1日，七区区委在韩家墅村召开村民大会，公开该村党支部，首任书记王树发、组织委员张汉荣、宣传委员武振英（女）。

该村党支部是津郊第一个公开的中共支部。是年5月，中共天津县委树立韩家墅村党支部为整党整干示范支部。

韩家墅村蘑菇中毒事件 1977年9月，一天韩家墅大队第十九队社员马某在北洼地里放水时，发现水沟旁的树行子里长有许多蘑菇，马遂采一背筐。收工回家途中，被生产队长张秀良、社员马金钟及大队护青民兵黄玉成发现，各自分拿一些。当晚，张秀良、马金钟、黄玉成三家皆食用，唯采摘人马某未吃。次日上午10时左右，三家食用者皆上吐下泻，该村红医站无法医治，遂立即转到天津市红十字会医院。院方初诊为肠道传染病，后确诊为蘑菇中毒。该院即刻通知北郊区防疫站、市防疫站及市卫生局。

市、区、村领导极为关注，这是一起严重的误食野生蘑菇中毒事件，立即调集市病毒学专家及各大医院有经验的主任医师组织抢救。自发病起紧急抢救7天，终无效。依年龄由小到大为序，先后死亡8人，其中马金钟全家4人、张秀良及其弟2人、黄玉成夫妻2人。年龄最小者仅7个月（因食母乳），年龄最大者37岁。

张秀良、黄玉成2家其他食用较少者，虽无中毒症状，亦到医院接受观察治疗，均安然无恙。后连续3年跟踪复查，方告治愈。经天津南开大学生物系化验，该蘑菇极毒。

天津桃花园 1987年4月19日，天津市市长李瑞环到北郊区考察绿化工作，见韩家墅村数千亩果园连接成片，桃树成林，花蕾满枝，含苞待放，欣然为该村果园正门牌楼（村西津霸公路北侧）题额“天津桃花园”，每逢春季，桃花似海，景色迷人。该园一度对外开放，曾是市民春季到郊外踏青赏花，沐浴春光的好去处。

韩家墅村桃花园牌楼 （1987年摄）

全区第一个亿元产值村 80—90年代，韩家墅村办汽车工业企业发展迅速。时该村大华汽车装配件厂和自强汽车装具厂，均为全区汽车工业的龙头企业。1991年，该村工业总产值达10150万元，为全区第一个亿元产值村，时名列全国亿元村百强第四十六位。

十一 英烈先贤

（一）英烈

马正岱（1925—1952） 韩家墅村人。民国36年（1947年）参加革命，系华北野战军第三兵团一纵三旅九团七连战士。1952年牺牲于朝鲜战场。

魏太元（1926—1953） 韩家墅村人。民国37年（1948年）参加革命，系四十六军一三三师三九九团战士。1953年于广东病故，后被人民政府追认为革命烈士。

张德顺（1930—1953） 韩家墅村人。民国38年（1949年）参加革命，系四十六军一三三师三九九团侦察连战士。1953年牺牲于朝鲜战场。

（二）先贤

马立山（生卒不详） 族名马援（单字名，音yuán，“援”字待考），字立山，以行，韩家墅村人，生于清咸丰年间(1851—1861年)。马氏乃名门望族。据清道光二十六年(1846年)《津门保甲图说》载，他家时为韩家树村唯一一户绅衿。光绪末年至民国年间，家有耕地十几顷，在村内开一个大杂货商行；在天津开办大信源银号，且在北京设有分号，堪称富户豪门。

马立山自幼饱读经史、儒家风范、慧眼识人、广交贤达、热心公益、善待乡里、口碑载道，是天津乃至周边颇有名望的开明富绅，颇得乡人敬慕。清光绪二十年(1894年)，在马立山的提议及主持下，将村名韩家树中的“树”字改为“墅”，一直沿用至今。他时常告诫家人：“不要饱汉子不知饿汉子饥，应体谅穷人，多做善事”。

清光绪二十八年(1902年)，袁世凯的武卫右军在韩家墅驻防。马立山耳闻军营里有个正兵冯玉祥，为因病受虐士兵煎汤熬药、端屎倒尿、竭尽袍泽情的美誉，遂诚邀冯玉祥晤面。二人相识不久，便结下忘年交不解之缘。光绪二十九年(1903年)，马立山与冯玉祥结为金兰之好。时马立山年逾四十，冯玉祥年方二十一。翌年，冯玉祥将其父从安徽接到韩家墅奉养，便下榻于盟兄马立山家。马立山全家侍奉其父如同自家老人。冯玉祥与马立山情感愈加亲近。

光绪末年(1905—1908年)，为启智儿童，普及新文化，马立山主持筹建民立第二十二初等小学堂，使韩家墅村在沽北较早地实行新式学堂教育。同期，马立山还筹资在学堂西侧建天主教堂一座，并主持教会活动，是一个接受西方思想虔诚的基督教徒。民国12年(1923年)，为方便村民出行，经马立山出面与韩家墅营盘驻军接洽，由直系军阀吴佩孚所部王长彬师出资，在村北凤河上修建一座石墩木桥。该桥建成后，恰逢山东原九门提督李长泰到访马立山，遂请李长泰给该桥题名为“泰平桥”。

民国13年(1924年)，冯玉祥驻军北京南苑时，主动邀请马立山到京晤面。马立山欣然莅临南苑，受到盛情款待。冯玉祥与马立山同寝一室，互诉衷肠。一日，冯玉祥邀请马立山到操场检阅自己统帅的军队。受阅部队，由学兵团副团长张自忠挥舞军刀亲自指挥。特别是大刀队出神入化的表演，令马立山赞叹不已。马立山在南苑与冯玉祥同住多日，极尽金兰之好。他回津后，竭力宣扬冯玉祥从严治军及身居高官不忘故交的品德。

民国14年(1925年)，冯玉祥携夫人李德全专程到韩家墅回访马立山。民国16年(1927年)，冯玉祥任国民革命军第二集团军总司令、河南省主席时，马立山曾专程赴河南探望。回津后他与乡亲们说：“冯玉祥因公务不在家，弟妹(李德全)热情接待。”20世纪30年代初，开明富绅马立山因病谢世，享年70多岁。

马灿(1877—1962)　字耀轩，韩家墅人，自幼聪颖好学。年少时，其父染沉疴，饱受巫医神汉巫术之苦。故马灿矢志学医，中医名著无所不猎，内、外、妇、儿等诸科皆精，优善正骨。其医术精湛，医德高尚，体恤患者，救死扶伤，口碑载道，名声远播。中华人民共和国成立初期，曾受聘唐山市某医院，后受聘天津市中医医院，任骨科顾问，并当选为天津市第二、三届人大代表。

苗会轩(1892—1939)　族名兴友，字会轩，号勃然，以字行，韩家墅人。张敬尧在湖南做督军兼省长时，苗会轩任督军署主任兼呈启处处长。民国8年(1919年)，因不满官场腐败弃官还乡。因其体恤民情，行善好施，被乡民推举为乡长。抗日战争爆发后，他协助中共地下工作者孙振武运军火。为保护抗日自卫武装人员和乡民免遭浩劫，他惨遭日本法西斯酷刑。苗会轩坚贞不屈，守口如瓶，他舍生忘死，以自己性命担保乡民和抗日自卫武装人员安危。民国28年(1939年)9月17日，苗会轩在侵华日军驻天津宪兵司令部被酷刑折磨致死，终年47岁。

赵万和(1897—1986)　字翕庭，河北东光县人。他13岁时从其祖父学医，尽得亲传；16岁始行医，多有疗效。民国初年，随其父举家迁居韩家墅行医，并开设“三和堂药铺”，自制中药。1958年，入韩家墅卫生院，在中医科应诊。其医术精湛，涉及多科，尤擅治疗痈疽、疔毒恶疮，医德高尚，深得患者赞誉。1966—1976年“文化大革命”期间，他受到冲击，但仍为群众解除疾病之苦，从不懈怠。“文化大革命”后期，他重返医疗岗位，发挥余热。

张玉田(1924—2001) 韩家墅人，中共党员。解放初期参加革命工作，曾任农会主任。50—80年代，他历任韩家墅管理区主任，生产大队长、革委会主任、党总支书记等领导职务。他带领村民大搞农田基本建设，调整农业生产结构，开拓出粮、菜、果共同发展的增收之路。1978年改革开放后，他带领村领导班子调整产业结构，创建以大华汽车配件厂为龙头的村办企业，为经济腾飞做出贡献。1983年，他当选为天津市劳动模范。1984年，他以职让贤退居二线，继续为壮大集体经济，开办与国有企业配套的汽车存车场发挥余热。

十二 能工巧匠

历史上，韩家墅村瓦匠、木匠不乏其人。被村民传诵为能工巧匠者，当属瓦匠刘万龙、木匠王潮江、解福财、曹承文、张明绪等人。其中刘万龙谦逊温和、技艺高超、乐于传授、门徒众多而闻名乡里，并被后人推崇为韩家墅村建筑业的奠基人。木匠王潮江不仅手艺超群，且房屋建筑施工经验丰富。20世纪中叶，起重吊装机械匮缺，他用传统的人工方法（搅掼）吊装房柁（梁），令业内人士折服。建筑业工匠曹承文，原系北京建筑公司工人，专司门窗制造，技艺精湛。20世纪50年代，曹承文曾在工程师李瑞环（80年代曾任天津市市长，后任全国政协主席）统领下，一同参加北京人民大会堂建设，时主要从事木门安装工作。解福财、张明绪，木工技术全面、手艺精湛，乡民广为传诵。

此外，该村白铁匠王振刚，白铁活制作、焊接技艺超群。尤以“油提”“酒提”等量具的制作，堪称一绝。不仅做工精细，且计量准确，为人称道。

至2016年，上述能工巧匠除张明绪健在，其他长者均已作古。

十三 历任党政负责人

1949年12月，韩家墅村党支部成立，首任支部书记王树发。1953年7月，韩家墅村党支部改建党总支。2012年11月改建韩家墅党委，党委书记李德明。1949—2016年，该村党组织负责人共22任。

1949—2016年韩家墅村党组织负责人任职情况表

表7

组织名称	姓名	性别	职务	任职时间	说明
韩家墅村党支部	王树发	男	书记	1949—1953	
	王树发	男	书记	1953—1956	1953.7改建党总支
	赵　忠	男	书记	1956—1957	
	何庆山	男	书记	1957—1958	
韩家墅生产大队党总支	张立秀	男	书记	1958—1958	
	陈振彪	男	书记	1959—	
	王登照	男	书记	1960—1961	
	孙宝齐	男	书记	1961—1962	
	杨文宏	男	书记	1962—1968	
韩家墅生产大队革命委员会	杨文宏	男	主任	1968—1971	
	刘恩桐	男	主任	1971—1973	
	张玉田	男	主任	1974—1979	
韩家墅生产大队党总支	靳文海	男	书记	1980	代理党总支书记
	张玉田	男	书记	1981—1983	

续表

组织名称	姓名	性别	职务	任职时间	说明
韩家墅村党总支	张玉田	男	书记	1983—1985	
	杨学发	男	书记	1985—1987	
	井志达	男	书记	1987—1994	
	王守强	男	书记	1994—1997	
	吴金明	男	书记	1997—1998	代理党总支书记
	杨云海	男	书记	1998—2004	
	李德明	男	书记	2004—2012	
韩家墅村党委	李德明	男	书记	2012—	

民国37年（1948年）年底，韩家墅村解放。民国38年（1949年）3月，韩家墅村在民主政权天津县领导下，开展“四十天农村运动”，成立农会组织，实行“一切权利归农会”，废除保甲组织，建立村公所。时相丙臣为该村首任村长。1952年，民主选举产生村政权，时称“村人民政府”，设村长。1956年1月，以乡为单位成立高级农业生产合作社，代行村政管理（时韩家墅乡为灯塔社）。1958年10月，人民公社化运动中实行“政社合一”体制，村为生产大队，设大队长。1983年，生产大队改建为村民委员会，系村民自治组织，设主任。1949—2016年，该村村政机构负责人共20任。

1949—2016年韩家墅村村政机构负责人任职情况表

表8

村政机构名称	姓名	性别	职务	任职时间
韩家墅村公所	相丙臣	男	村长	1949—1949
	马健德	男	村长	1949—1951
韩家墅村人民政府	李宝田	男	村长	1951—1953
	田德本	男	村长	1953—1954
	王希令	男	村长	1954—1956
	宋清河	男	村长	1956—1957
韩家墅生产大队	张玉田	男	大队长	1958—1958
韩家墅管理区	张玉田	男	管委会主任	1959—1960
韩家墅生产大队	张玉田	男	大队长	1960—1964
	苗子元	男	大队长	1965—1969
	张玉田	男	大队长	1970—1973
	靳文海	男	大队长	1974—1979
	马平熙	男	大队长	1980—1982
韩家墅村民委员会	杨学发	男	主任	1983—1984
	刘汉洲	男	主任	1984—1988
	张宝华	男	主任	1988—1988
	王守强	男	主任	1988—1994
	杨云海	男	主任	1994—1997
	李德明	男	主任	1997—2012
	田义勇	男	主任	2012—

十四　荣誉

（一）先进集体

1992—2016年，韩家墅村获得天津市市局级以上先进集体荣誉共18次，其中该村党总支获得5次，村委会获得13次。

1992—2016年韩家墅村获市局级及以上集体荣誉表

表9

授予时间	获奖单位	荣誉名称	授予部门
1992.6.26	韩家墅村党总支	红旗党总支	中共天津市委农村工作委员会
1994.3.15			
1995.3	韩家墅村	第一批明星小康村	中共天津市委农工委、天津市农工委
1995.12	韩家墅村村委会	模范村委会	天津市民政局
1996.2.14	韩家墅村党总支	红旗党总支	中共天津市委农村工作委员会
2006.5		五个好村党组织	中共天津市委组织部、市委农村工作委员会
2006.6	韩家墅村村委会	五个好村民委员会(2004—2005年度)	中共天津市委组织部、市委农村工作委员会、市民政局
2008.3		文明村镇(2007—2008年度)	天津市精神文明建设委员会
2008.3		五个一创建活动先进村镇	
2008.6		五个好村民委员会(2006—2007年度)	市委组织部、市委农村工作委员会、市民政局
2010.10	韩家墅村党总支	五个好村党组织	天津市委农工委、市农委
2011.12	韩家墅村村委会	文明村镇(2009—2010年度)	天津市精神文明建设委员会
2012		村务公开民主管理示范村	天津市村务公开协调小组
2013.3		平安天津志愿者工作先进集体(2012年度)	天津市社会管理综治委
2013.6		五好关工委工作先进集体	天津市关心下一代工作委员会
2014.5		千村美院创建村(2014年度)	天津市妇联、市农委、市文明办
2014.11		人口和计划生育基层群众自治示范村居	中国计划生育协会
2016		全国生态文化村	中国生态文化协会

（二）先进个人

1956—2014年，韩家墅村有10人共获得25次天津市市局级以上先进个人荣誉，最高荣誉为全国劳动模范，其次为天津市劳动模范，余为其他荣誉。其中李德明一人获得10次市局级以上先进个人荣誉。

1956—2016年韩家墅村获市局级及以上先进个人荣誉表

表10

授予时间	姓名	性别	工作单位及职务	荣誉名称	授予部门
1956.10	苗士奎	男	韩家墅乡扫盲教师	天津市扫除文盲优秀教师	天津市扫除文盲评奖委员会
1960	王金芝	女	韩家墅小学教师	天津市教育系统先进工作者	市人民政府
1983	张玉田	男	韩家墅村党总支书记	天津市农业系统劳动模范	中共天津市委、市人民政府
1989	井志达	男	韩家墅村党总支书记	天津市级绿化治理先进个人	中共天津市委、市人民政府
1989—1996	姚桂龙	男	韩家墅村村委会副主任	连续六年天津市治安联防工作先进个人	中共天津市委、市人民政府
1991	王守谦	男	韩家墅大华汽车装配件总厂厂长	天津市级乡镇企业家	天津市总工会
1995	王守谦	男	韩家墅大华汽车冲压件分厂厂长	天津市“八五”立功积极分子	天津市总工会
1995	王守谦	男	韩家墅大华汽车驾驶室分厂厂长	天津市级农民企业家	天津市总工会
1993	丁永和	男	韩家墅村调解委员会主任	天津市司法系统先进工作者	天津市司法局
1995	丁永和	男	韩家墅村调解委员会主任	天津市级先进调解员	天津市司法局
2001.10	李德明	男	韩家墅村党总支书记兼村委会主任	全国婚育新风进万家活动先进个人	国家宣传部、国家计划生育委员会
2006.4	李德明	男	韩家墅村党总支书记兼村委会主任	天津市五一劳动奖章	天津市总工会
2007.4	李德明	男	韩家墅村党总支书记兼村委会主任	天津市劳动模范	中共天津市委、市人民政府
2008.5	李德明	男	韩家墅村党总支书记兼村委会主任	抗震救灾特殊党费荣誉证书	中共天津市委组织部
2009.4	李德明	男	韩家墅村党总支书记兼村委会主任	天津市劳动模范	中共天津市委、市人民政府
2009.6	李德明	男	韩家墅村党总支书记兼村委会主任	廉政勤政优秀党员干部	天津市纪检委、市监察局
2010.4	李德明	男	韩家墅村党总支书记兼村委会主任	全国劳动模范	中华人民共和国国务院
2011.6	李德明	男	韩家墅村党总支书记兼村委会主任	优秀共产党员	中共天津市委
2013.6	李德明	男	韩家墅村党委书记	优秀村党组织书记	中共天津市委组织部、市农村工作委员会
2008.5	祝伟	男	韩家墅村委会	抗洪救灾特殊党费荣誉证书	中共天津市委组织部
2011.4	祝伟	男	韩家墅村委会	天津市新长征突击手	共青团天津市委
2013.3	祝伟	男	韩家墅村委会	优秀平安志愿者	天津市社会管理综合治理委员会
2014.2	祝伟	男	韩家墅村委会	优秀平安志愿者	天津市社会管理综合治理委员会
2007.3	田义勇	男	韩家墅村委会主任	天津市文明市民	天津市精神文明建设委员会
2012.4	田义勇	男	韩家墅村委会主任	天津市五一劳动奖章	天津市总工会

（三）立功军人

王振祥　民国19年(1930年)生，韩家墅村人。民国37年(1948年)入伍，四十军司令部电话连战士，荣立三等功。

苗光明　1969年生，韩家墅村人。1989年应征入伍。在海军潜艇学院学习一年，分配到北海舰队潜艇第一基地，为一名核潜艇艇员。1991年加入中国共产党。1992年考入军事院校。1994年军校毕业，分配到北海舰队旅顺基地。2007年，因工作需要调到南海舰队潜艇第二基地。

1989—2014年，他历任警勤排长、连长、业务处军事参谋、副分队长、政治教导员、宣保干事，海军潜艇第二基地政治部保卫处副处长、46艇员队副政委及联合部门党支部书记等职，为上校军衔正团级。

苗光明入伍25年来，3次荣立三等功；多次被评为尊干爱兵先进个人，管理教育先进个人，训练管理先进个人，优秀共产党员，优秀党务工作者；先后被表彰为优秀政治机关干部，后勤管理先进个人，优秀“四会”政治教员；多次获得嘉奖。

他在海军潜艇第二基地工作期间，多次顺利完成中央军委首长到基地视察和其他重大活动的安全警卫任务，得到基地首长和舰队机关的肯定。2009年，苗光明4次随艇出海执行任务，累计出海逾1000小时，胜利完成“0323”二代核潜艇首次远航等重大任务，受到中央军委主席胡锦涛的检阅和接见。

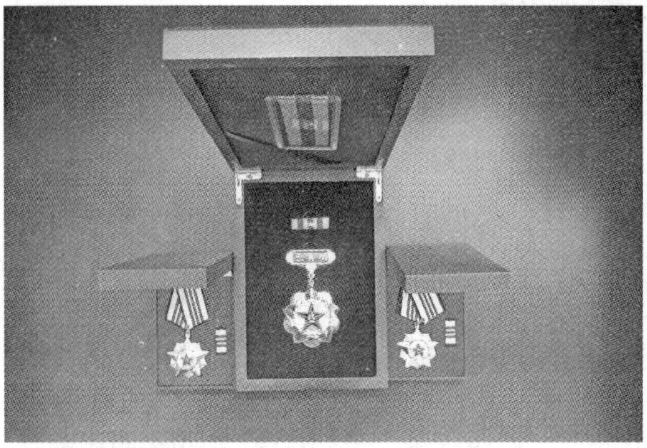

苗光明3次荣立三等功获得的军功章
（2016年摄）

苗光明3次荣立三等功受奖证书
（2016年摄）

附一：典籍选录

永定河下流，北路母猪泊不如南路郝（蒿）浪泊之宽，三河头而下，故道尚存，亦不似凤河之狭，其可久者二。察看情形，韩家树西大水洼积潦，一望无边，原系三河头之总口，凤河水面万万不及，则北狭南宽一语，尚属可信。

（《畿辅通志》第十册卷八十五）

大清河又东北流八里，穿蒿浪泊，入天津县西北境，是名淀河。经八里河口，亦名八里河。又分支东出，沿隔淀大堤东北流三十里，经韩家树，仍入于本河。而正支则曲折东流二十一里，至杨家庄，又名杨家河。有线河、颠儿河自西北来入之。大清河又东流三里，径青光（即清沽），又东五里，有凤河合永定河自西北来会，又东南五里径韩家树。

【清光绪十年（1884）《畿辅通志》第十册卷七十九】

（凤河）旧道东南流，由武清县二光村归三角淀，下达清沽港（即青光），今无形迹。凤河又南流至双口村东，又行十四里。双口者，故朱家淀（即刘家淀）与叶淀相通之口也。自此而下，河西为叶淀，河东入曹家淀，汇为大泽，凤河贯其中。雍正十一年，筑凤河东堤起此，下至寒鸦树(一作韩家树)长十二里，是为下段。乾隆十九年，恐大清河北溢，复接寒鸦树之东堤尾，加筑斜埝一道，至北运河西岸之桃花寺止，长七里有奇。至四十六年，因斜埝逼近清河，常被汕刷，复自双口迤下四十八号东堤，改筑斜埝一道，至北运河西岸之桃花口止(在桃花寺北)。其四十九号东堤及寒鸦树旧斜埝并废。南北数十里浺瀜沆漾，遂为永定河所据。

【清光绪十年(1884年)《畿辅通志》第十册卷七十八】

曹家淀，为浑水之所汇，原在凤河东堤之西，与叶淀本为一水。自凤河贯而中隔，遂成两淀。东南至寒鸦树，西北至双口，长十五、六里，宽二、三里不等。东堤废后，水面愈阔，夏秋汛发，直抵运河边岸，浩淼靡涯。

【清光绪十年(1884年)《畿辅通志》第十册卷七十八】

清沽港，西接安沽港，东合丁字沽，由直沽入于海。(出《一统志》)

【清康熙十四年(1675)《天津卫志》卷一】

于天津霍家嘴疏浚引河，以通下口；西沽韩家树上至东淀，则用西洋机器船节节挖浅，水路已通。

【清光绪十年(1884年)《畿辅通志》第十册卷八十四】

(永定河)遂入天津县双口南，其南堤外曰线儿河，线儿河东曰东南堤，皆在淀中，又东南经安光村，故安沽港也(原注：亦凤河故道、自汊沽、二沽合流注此，下归清沽达丁字沽，今淤)。南堤止此。又东南迳高家场北，其南曰老河头，是为上、中、下三河头村，乾隆十六年，永定河下口注此。又东南至常家堡北叶淀始尽，及由叶淀而东行与凤河之经流适遇，遂夺之而并为一渎，汹涌而南。其西岸与叶淀相连者，皆苇荡也，其东岸与曹家淀合又南流至青光，故清沽港、安沽港之下流也，遂成水国。青光西南为三河头村，有大清河自西来会之故渎焉，而今则已南徙矣，其东又有凤河之故渎焉。又东南流迳寒鸦树西，是为旧横埝首，又东南至大水洼口合大清河。【新通志《永定河篇》节录：案浑河约合二百三十水，其下游虽屡徙，今与此所说尚略同，盖等是泛滥耳。]

【清光绪二十四年(1898年)《重修天津府志》卷二十】

附二：文章选录

我的生活

冯玉祥

九月初，队伍又奉令开往韩家墅，离天津整整二十里。到韩家墅后，队伍暂时住在帐篷里，同时即动工盖造营房。十月尾上天气冷起来，河沟里已经结了薄冰。营房的盖造，须我们自己现脱坯，都是几个人合在一起并伙做。我因为没做过这工作，便自告奋勇，担任了在坑里取水的工作。在晌午阳光正暖的时候，这个工作还不怎样吃苦，可是早晚温度低冷，站在坑里，先要凿冰，而后才可到水里去取水，这实在不是容易的事，这样工作一个星期，我的下腿遂受了寒。到而今，每到初冬，两腿便隐隐作痛，就是这时种下病根的。

不久，保定府筹办二十营大规模的扩军。新军的官长，很多是由武卫右军挑选去担任。我之升为副目，也就是在这个时候。升任副目不是容易的。因为每连共计六棚，每棚十二人，合计要在七十二个正兵中挑选一个副目。至于正目就比较容易升，因为竞逐正目的只有六个副目。

我升为副目，头棚里的士兵都很不高兴。因为我是六棚入伍不久的新兵。他们认为我经历太浅，没有资格当头目。正目丁守富也和我处得不很好。这人一个大字不识，操法也不懂，但是却会千方百计地同我为难。那时棚子里有两个兵——一个姓刘，另一个姓陈——正生着伤寒病，浑身发烧，鼻孔流血。就在他们这样病重的时候，丁守富常常站在旁边，手里玩弄着皮带，嘴里唠唠叨叨对他们乱骂："贱骨头，好吃零嘴，不小心，自己作了自己受，活该！"如此这般，麻烦不已。他的面貌生的很丑，嘴唇特别厚，往上撅着，如同猪嘴一样。因此大家给他送了一个外号，叫作“老猪精”。老猪精骂人的时候嘴唇益发撅得厉害，脸子也更加显得难看。他常常对他们骂着，越骂越厉害，越骂越生气。我在旁边望着，实在有点看不过。有一次我就说：“他们生病，你应该侍候才对呀！你天天只会骂，难道他们的病骂得好不成？”丁守富听了火上加油，接过来就同我吵骂起来。我一时按不住心头火气，跳起来把他按倒，照他身上打了几十拳。丁守富就大声嚷起来。嚷得哨官李殿文知道了，把我们叫到跟前，问什么事。丁说:“副目冯某打我”。李哨官问我说:“你为什么打他?”我说:“你问他自己说”。丁守富说：“我只骂了兵两句，他就打我”。李哨官把两个生病的兵叫出来，两个兵就大哭，说正目如何虐待他们。李哨官知道了原委，鼻子里哼了一声，骂丁守富说：“打得好，该打!”同时也申斥了我几句。从此以后这两个兵的汤药、屎尿，一概由我照应料理，一直伺候了两个月，他们的病才好。这事不但两个兵感谢我，就是全棚子里的士兵，也受了很大的感动，对我的感情一天一天地好起来。不久，全哨的士兵知道了这事，不约而同对我生起敬爱之心。此外还有一件事，给我很好的教训，我也在这里顺便一述。

韩家墅有一个姓马的大财主(指韩家墅村开明富绅马立山)，拥有十几顷地，街上开有一座大杂货行。有一天那两个生病刚好的士兵上街买东西，在杂货行门首遇见马先生。马先生和他们原是熟识的，就问他们俩为什么好久不上街。两个兵说是病了，并且将经过的情形也告诉他。马先生听见我打抱不平，以及细心看护他们的事，心里十分高兴，说:“你们的副目是什么样的人，我倒没有见过”。

“我们副目个儿顶大，操法好，极用功，他不大上街。”

“你们想法子介绍我见见他不好吗?”

“好!”

两个士兵回来，就将上述的经过说给我听，并且坚持要我上街会见马先生。我当时笑了一笑，我说我不去。两个兵很失望，百般央告我，无论如何要我去一趟，缠得我实在没办法了，只好答应去。

马先生为人很诚恳，待人接物也都很好。我们相识不久，他就要和我拜把兄弟。那时他四十多岁，我却是个青年。我说我是个营混子，你同给我拜把兄弟，可要辱没了你。但是他坚持要拜，我也未拒绝，于是就结为异姓兄弟。后来我当了哨长，把父亲接了过来，一时没有找得适当的住处，就住在马先生家里。马先生全家对我父亲都很亲热，招待得如同他们自己的老人一样。一九二四—二五年，我在南苑驻兵，曾把马先生接了去同住好久，新近他才故去的。

【节选自黑龙江人民出版社1981年2月版《我的生活》(冯玉祥著)第七章】

(注：冯玉祥将军是一位很有影响的爱国进步将领。《我的生活》是他1930年以前的政治生活的记录。上文节选内容即是青年时期的冯玉祥1902—1905年，在韩家墅村的驻军生活和该村开明富绅马立山义结金兰的记录)

我在津北十春秋

孙振武

1937年上半年我们还联合宜兴埠、小淀一部分群众，开展了争取“永佃权”的斗争。1937年，“七七事变”爆发后，天津日军增兵，张自忠的部队在北站抵抗一天一夜，天津失陷。驻韩家墅的国民党部队南撤，营房中存的衣服、鞋袜和弹药未运走。沟尾巴村有个流氓给天津日本人送信，被我们得知，我和丁春发夜里用手榴弹将他炸死。为使这批物资和弹药不落入日军手里，我让丁春发给正在津西小桑园车站与日军作战的中国军队送信，中国军队用3只小船将弹药运走了。

(摘自《沽北风云》)

【注：孙振武，男，河北省人。民国14年(1925年)春加入中国共产党，民国14年(1925年)至抗日战争初期在天津及区境内秘密开展地下革命工作，生前曾任国家商业部处长】

附三:《〈益世报〉天津资料点校汇编》文摘

(一)军事活动

韩家墅成立讲武堂 李景林就职以来，竭力造成军事人才，先后成立军官团，军官教导团，均在陆军第一师委任职务。近又在韩家墅地方成立讲武堂，分军官团、军士团两班，军官团四队约四百余人，军士团五队约五百余人。并委朱某为总办。现已在积极筹备中，约于春节后，即可开学云。

（1461页，1925年2月10日）

训练学兵 直隶陆军军官团派员带同目兵，招募军士学兵八百多，于昨在沧州、盐山等处招募齐来津，转赴韩家墅，以便分别训练云。

（1467页，1925年10月26日）

张学良少年军之改编 李景林因马厂尚有张学良少年军数千人，均带全副武装大炮等，深恐有危险事件发生，特令十九师长李爽凯率领多数军队驰赴该处，将该少年军全副武装解除，并将此数千人调往韩家墅改编为直隶军，一俟该军改编妥协后，再行发给武装云。

（1474页，1925年12月6日）

直国两军北部之兵力 直、国两军在杨村、廊坊对峙 ，形势极为紧张。其两方兵力，闻杨村之直军为第一军所部，有两万人，计迫击炮、机关枪、骑炮各二团、步兵三团、辎重工程各二营、飞机四架。韩家墅尚有朱益清军队万余人。国军为一军张之江部，有三万余人，并有二军樊部两团，步、炮、马兵，机关枪、迫击炮。电信工程、辎重手枪各队均备，惟无飞机云。

（1475页，1925年12月10日）

各路激战之昨讯 杨村李、冯两军连日激战，冯军敢死队率领大队，于前夜袭击杨村，于十二日被李军夺回。李军自昨日起，改取攻势，并派飞机向冯军援军列车上抛掷炸弹，命中者颇多。冯军绕攻北仓之军队，在小马庄亦经李军击退。前晚，冯军绕攻杨柳青，经驻韩家墅朱铁钤师长督师在韩家墅激战一夜，天明冯军向王庆坨退却。

（1477页，1925年12月14日）

直军战况详细报告 参谋处通报云：兹将所得各种情报，依时间之前后，条例于后。十一日午后二点三十分，第七师之报告如左：一、本日午前十点五十分，铁锅店附近发现敌兵及便衣匪二十三名，滩寺沿河左岸亦发现匪兵五六十名。……十二月十二日午前七时四十五分，第五师之报告如左：一、韩家墅向系敌人敢死队，团长为大将。二、韩家墅前土窑有敌人疗伤所。午前八时第三师之报告如左：一、李旅俘虏军士一名，询系攻击汉沟镇之敌，系敌军第七混成旅，每营三连制，每连老兵六七十名，连同新兵共一百一十名。二、敌人炮兵确在辛庄，李旅已向其猛烈攻击。……

（1478页，1925年12月16日）

直军战况详细报告 午前十一时四十分，第三师报告：该师左翼（韩柳墅）有敌人系国民第三军之部队，向我猛烈攻击。我军极力抵抗，敌人死伤甚众。……

（1478页，1925年12月17日）

宪兵营开往前线 直隶宪兵营自静海开回天津时即在天津勤务，现因前方军事紧急，奉令开往前线，即抽调一、二、三、四四连共一百六十余人，分派赴北仓、韩家墅、双口、杨柳青四处，担任侦探及其他任务。第二连系骑兵，担任传达消息，约于今明日即可出发云。

（1480页，1925年12月19日）

直军飞机炸毁敌军 前日直军由静海发来援军两团，将国军击退。国军据守汉沟，于昨日亦增兵，分向梅厂镇、韩家墅猛攻，均经直军击退。昨日下午四点钟，国军之铁甲车一辆，被直军飞机炸毁云。

（1479页，1925年12月18日）

韩家墅昨日之激战 韩家墅地方昨日（十九）冯军部队增援后，即用猛烈攻击，直击夜深尚有炮声，其音似不甚远，胜负尚未分明云。

（1480页，1925年12月21日）

北路战况 冯玉祥令张之江、鹿钟麟、李鸣钟、郑金声、宋哲元等，各师旅军队曾合一处，于二十二日拂晓施行总攻击，非常激烈，已致本报。直军第三、四两师迎击，始将冯军攻退，因兵力单薄，又被冯军攻退，激战多时，直军第一道防线为冯军占领，梅厂之直军多退至汉沟等处。冯军又猛攻韩家墅、杨柳青，与直军第七师接战，该处之战异常剧激烈，一日之间冲锋七八次，骸骨遍地，双方伤亡不可胜计。闻卫队混合旅一部加入，稍得胜利。直军一部已退至宜兴埠等处，李督办已调军粮城之飞机前往助战。据外人所传，直军死者五百余人，但实际调查，冯军伤亡较直军不在少数。……

各路激战又一报告 国民军李鸣钟率军五万余人，自前日上午三点钟向直军总攻击。东路国军占赤盐滩，已抵范家口。北路双口，西路三河头等处，互相开炮轰击，国军将小贺庄击着，即向北冲进。李景林督办得报，即亲向前敌督战。督察处长李书凤带军向敌军迫击，至天明将国军击退。至马庄各方，仍互相攻击，至上午十点余钟，有国军红翅飞机一架，向北仓抛掷炸弹，落于该村南头小杂货铺内，该铺内有洋车夫四人避居，同被炸毙。北仓、杨村间之铁路被国民军拆毁。至下午三点钟北路形势紧急，曹家花园禁止行人，河北大红桥新浮桥已经拉开，断绝交通。各国联军大队亦皆向新车站一带开行，预备保护铁路。各桥梁路口亦皆有洋兵驻守，状况颇为紧张。由前线退下之伤兵陆续不绝，各医院大有应接不暇之势。西路国军距韩家墅北之干河，攻击韩家墅，炮声一夜未绝，并时闻炮声，至昨早军人向大小卞庄赵庄村征夫，挖掘战壕，而各路仍在激战之中，各村难民携老扶幼纷纷由西营门向津逃避云。

（1481页，1925年12月24日）

请架浮桥 国民军第一军第二路各部队伍现已开拔，分往韩家墅、杨柳青各处驻扎。查韩家墅与杨柳青之间，有两河横阻，交通不便。除经国民军第一军第二路总指挥部，函请警察厅转饬工程科，迅速搭架浮桥两座，以便交通云。

（1485页，1926年2月22日）

二十五师韩家墅军队移青镇候令调动 陆军第二十五师师长袁振青，现为补充军实起见，业经编制第一混成旅，并委第一团团长井寿山，将驻防韩家墅之军队，分驻杨柳青等处，以便候令调动云。

（1499页，1927年8月10日）

韩家墅干部学兵开拔 驻防城西韩家墅之直隶陆军干部学校时有学兵，业已毕业，前经褚督检阅时，因成绩甚佳，深蒙嘉奖，故特令该团将学兵调至前方，以备应用，该团奉令后，即行开拔，并闻该校又拟招募学兵，以资训练云。

（1505页，1928年2月11日）

韩家墅干部学校招新生 直隶督办褚玉璞，前因前方军事吃紧，特将韩家墅陆军干部学校学兵开往前方，藉以辅助军事。闻该校成绩颇佳，故褚氏令该校即招新学兵，补足空额，面资教练，以充军实云。

（1506页，1928年2月16日）

傅作义将检阅改编军队 关于韩家墅驻军改编情形，已迭志本报。据闻已编成六团，计每团步兵十二连，另外迫击炮一连。傅作义昨日本拟亲往检阅，俟以其他公务，致未成行，今日或可一往，同时钱主任亦拟同行云。

（1525页，1928年9月7日）

傅作义亲往韩家墅视察 韩家墅被改编之军队，于昨日（九日）午后，经傅司令带随员卫兵，押解现款，分乘汽车，亲往韩家墅，到时先将各改编军队集合训令，后每兵给洋二元，下级官五元，中级官十元，而便应用，以示体恤云。

（1525页，1928年9月10日）

韩家墅改编军队今日开赴马厂　韩家墅驻军经前者改编后，除死者逃者外，现仍有徒手兵士九千余名，经傅作义改编为八团，今日（十一）全部乘津浦车开赴马厂再行点检，裁汰老弱，留其精壮者，编为五团，从事训练，不难成为劲旅云。

（1525页，1928年9月11日）

第九师担任津埠防务　第三集团军第九师，现奉傅作义命令，以津埠防务关系綦要，刻十五师段树华部已陆续开拔津东驻防，所有地方戒备，统归第九师陈长捷部担任维持。昨经该师将驻韩家墅之四十五团霍仲壁部调津，警备河北一带。于昨日（二十二）上午八点钟，经该师参谋长解佩如前往驻津各部点验，嗣又对众士兵讲话，大致如下：我与官兵一举一动就特别保全名誉，恪守纪律，在电车马路及公共娱乐场所，万不可出以挟强无礼态度。各官长对士兵须切实训练，即官长外出参观时，亦宜轮流服务，在外要和平。服装要整齐。一言以蔽之，务必达到吾们口号才是云云。

（1526页，1928年9月23日）

青镇搭设浮桥　津浦线战事日益剧烈，来往军队异常之多，三四方面各队向津浦开进亦火，已在北仓、杨柳青搭建浮桥，仍不敷用，又在杨柳青前后河各搭浮桥一处，在六庄、韩家墅亦征船搭桥，杨柳青各商会替令后，已备工具夫役，于昨日建造，明日即令造成，以利军连云。

（1513页，1928年6月1日）

（二）警政事务

津北韩家墅之大抢案　津埠迤北韩家墅地方，本月二十一日夜内九时余，突有土匪十余名，各持枪械，闯进各铺住户大肆抢掠，并在途抢劫行人。一时各铺住户，喊嚷呼救。并有出门逃难者，极为嘈杂。一时枪声四起，街市因之大乱。各警察机关，闻信驰来捉捕，亦鸣枪示警。即将韩家墅地方，严密围住。该匪等见势不佳，鸣枪拘捕，官兵亦甚惊惧，乃在暗地跟踪。结果至夜内三时余，该匪等子弹缺乏，不能抵抗，始被官兵拿获。计为张宝山等六名，一并以手铐脚镣，五花大绑，带往警察厅讯办。自经杨厅长审讯，匪首张宝山供称，久在韩家墅及四座窑等处拦路抢劫行人财物伙分花用不讳，并供出有逸匪刘有一名。讯毕，该厅即备文将张宝山等六名，用敞车三辆，解送检察厅惩办。至逸犯刘有，除由该地机关严缉外，恐已逃京隐匿，亦于昨日函请京师警察厅协缉，务获解究，以寒匪胆云。

（557页，1925年4月26日）

赵亨宝率队巡缉土匪　酌留保安队一部在津埠轮流防范

［本埠特讯］保安队总教练赵亨宝，以北仓一带驻军，已开往韩家墅，该处土匪遂乘机四起，在此第四军接防部队未开到以前，拟于今日起，率领巡队前往柳滩、穆家庄、天齐庙、霍家嘴及南仓等处搜查，如发现土匪，即施行攻击，以巡查方式巡查上列各处，至天津附近地方，则拟酌留保安队若干，轮流巡查，加意防范，以期治安之益臻巩固云。

（579页，1925年8月18日）

（三）农林渔业

韩家墅筹备设立苗圃　津海道尹姒锡章，前因奉令筹办苗圃，当查有韩家墅火药库地亩尚堪应用，呈奉省署核准，随饬天津县齐耀成检送火药库地亩案卷租折，并绘具图说，到道即亲诣韩家墅将该火药地址计地二顷五十五亩八分接收，派人看管。嗣后，会同实业厅长严智怡随带科员偕往周历察看布置一切。现已拟定计划，简略说明书，绘图贴说，呈送省长备案，一俟春融即可著手开办云。

（640页，1920年1月23日）

津海道提倡放种棉业 津海道尹姒锡章，以北乡韩家墅前清旧存火药库地址约数十亩，终年旷废无用。拟在该处放垦种棉，以维农业而尽地利。当经派员前往查勘完毕，特昨绘列图标详具理说，呈请省公署鉴核。一俟批准后，即行开办种棉事宜云。

（640页，1920年4月19日）

韩家墅苗圃分发树苗 韩家墅苗圃管理员，以该圃九、十两年所养与十一年分栽培养槐、柏、桑、椿各树苗，今年可以发各县二万数千株。呈请津海道尹公署酌量分发数十县，下余各县明年再发。业经道尹公署拟照从所属各县，按地面大小，先行分领。已通令各县在清明节前，派员来署投到，发给证书护照，亲赴苗圃领取。余仍照上年手续办理。其分发各县树株如下：天津县、沧县、青县、静海、河间、献县、景县、吴桥县、盐山县，每县洋槐一千、侧柏五百、桑树一百、椿树一百。庆云县、南皮县、肃宁县、任邱县、阜城县、交河县、宁津县、故城县、东光县，每县洋槐六百、侧柏三百、桑树七十、椿树七十云。

（662页，1924年3月29日）

（四）其他

奉军之出关 ……又，日昨有自静海逃来之奉军败兵四十余人，并军官十余人，乘坐乡间小驴，情况极为狼狈。行经北洼韩家墅一带，奔至车站乘火车赴奉天，又南洼一带，亦有同样之败兵数十人，经过八里台，即步行至军粮城，乘车赴奉云。

（202页，1922年5月7日）

调查损失 四乡第三警察署，调查前战事各村支应奉军军队损失车辆牲畜数目价值情形，现调查杨柳青碾咀姹、李家楼、西北斜、中北斜、东北斜、前后常堡、青光村、大柳滩、线河村、安光村、双口村、后丁庄、韩家墅、铁锅店等村，共计村民七十三家，骡六十五匹，大车四十六辆，马二十六匹，驴十二头，牛三只，共合洋九千一百三十三元，昨经该署汇册呈报警察厅云。

（204页，1922年7月28日）

刘家码头村

刘家码头村位于北辰区西南部，地处津霸公路以南子牙河畔。该村南临子牙河，相距1千米，隔河与西青区相望；北隔津霸公路与韩家墅村相邻；东比邻杨家嘴村，相距2千米；西邻李家房子村，相距2千米，西北距青光镇人民政府2.5千米。村庄面积21.2万平方米，东西呈长方形。2015年，该村户籍人口1579人；长期固定资产1568.8万元，农村经济总收入407.6万元。

刘家码头村航拍图 （2016年摄）

一 村庄沿革

刘家码头村始建于清乾隆年间(1736—1795年)，据传时因刘氏在大清河旁经营摆渡，村名始称刘家渡口。据《天津通志旧志点校卷(上)•重修天津府志》卷二十三(967～968页)载，光绪二十一年(1895年)天津县属村庄中，称该村为刘家摆渡。光绪三十二年(1906年)六月，袁世凯在韩家墅村建陆军讲武堂、学兵营，从子牙河开挖一条水渠直通刘家摆渡，水运砖石木料等建材，以摆渡口为码头，遂村名改称刘家码头。

乾隆年间(1736—1795年)，该村隶天津县杨柳青巡检；光绪三十年(1904年)，隶天津县西乡第十六区。民国2年(1913年)，隶北洋政府直隶省天津县。民国17—27年(1928—1938年)，隶南京国民政府河北省天津县。民国27年(1938年)8月至民国34年(1945年)8月，属日伪河北省天津县。民国34年(1945年)9月至民国37年(1948年)11月，隶南京国民政府河北省天津县。民国37年(1948年)12月，隶民主政府冀中津武县三区；民国38年(1949年)3月，隶天津县七区。是年8月1日，隶河北省天津县人民政府七区。1950年7月，隶河北省天津县四区。1952年4月，隶天津市天津县四区。1953年5月14日，隶天津市津北郊区。1955年6月17日，隶天津市北郊区。1958年10月，隶天津市红桥区幸福人民公社。1959年3月2日，隶北仓人民公社。1961年3月，刘家码头村划归天津市农林局杨柳青林场；1964年12月24日，从杨柳青林场划归青光农场；1965年3月，从青光农场划归青光人民公社。1983年，该村隶北郊区青光乡人民政府；1992年3月，隶北辰区青光乡人民政府。1995年11月，该村隶北辰区青光镇人民政府，至2016年隶属未变。

二 道路河流

道路 1969年以前，刘家码头村周边仅有一条公路，即村北的津霸公路。1969年，117公路建成，穿村而过，村内段长约1.5千米；1975年，该路确定为乡村公路。80年代末，该村东有天津外环线通过。1988年，南曹铁路联络线经韩家墅村过津霸公路，越刘家码头村东南，跨子牙河入西青界。至2016年，经该村内及村周边通过的道路有3条，其中省道2条(津霸公路、外环线)、乡村道路1条(117公路)。有铁路1条沿村而过。

刘家码头村内段的117公路
(2016年摄)

河流 该村南临子牙河，为一级河道；村西有永青渠，系与李家房子村的界河，为二级河道。另村西还有一条西引河，开凿于50年代初，用于引子牙河水浇灌农田。

刘家码头村域内的子牙河
(2016年摄)

20世纪50年代刘家码头村在村西开凿的西引河
(2016年摄)

三 人口方言

人口 据《典籍中的北辰》(《河北月刊》第2卷〈上册〉)记载，民国23年(1934年)刘家码头村有97户397人。据统计资料载，1980年，该村有318户1338人；2000年，有471户1518人；2016年，全村共有744户2241人。

民族 据《天津市北辰区地名志》载，1995年该村居民均为汉族。据村情调查，2016年该村有汉族、朝鲜族2个民族。

姓氏 至2016年，据刘家码头村委会有关人员统计，该村共有114个姓氏，村民先祖大多数由山东、河北等地逃难迁徙而至。

主要姓氏有任、王、宋、杨、赵、刘、武、张、于、吴等姓，其中刘、赵、任3姓，建村时来得较早。兹择6户主要姓氏族谱字辈排序如下：

任氏：万、兆、连、德、贵、荣。

王氏：玉、文、清、居、有、克。

宋氏：永、少、克、金、玉、满、堂。

杨氏：景、秀、礼、义、道、德、忠、孝、心。

赵氏：贵、荣、德、万。

刘氏：锡、景、学。

方言 刘家码头村方言处于北京官话区与冀鲁官话区相连地带，属津冀鲁混合方言片。该方言片中老年人一般仍说原籍方言或带有原籍方言特点的天津话，年轻人常说津北方言或天津话，学生常说普通话。

在该村的方言中，比较典型的音调是把某些字的阴平读成阳平，如把“出去”一词的“出”（ chū）字读成 chú ；该村最具代表性的俚语是：“打他丫嘀”(粗话)。

谱牒选介

刘家码头《王氏家乘》 王氏家谱全谱共6卷，第一卷至第五卷在忠肃公翱先祖(1384—1467年)的原籍王帽架圈珍藏。《王氏家乘》为第六卷。该卷共3本，即甲乙合订本100页(其中甲本16页、乙本84页)、丙本74页、丁本78页，均为线装16开竖文铅字印刷。其甲本载有前言、凡例、总目录、序、修谱说明、附记等。乙本、丙本、丁本，依次相继记载始祖之简历、世系总图及各门分支世系图。谱记王氏二十二世繁衍生息情况，并续排字辈24字、从二十世开始启用。

王氏族谱始修于何年不详，曾于清光绪十三年(1887年)续修，1992年再度续修。2001年7月复修，该次修谱为第一次修正，因该次修谱系大南马村出资，故只补充上大南马村一处，其他各支系完全按原谱未动。《王氏家乘》(卷六)存刘家码头村王氏家中。

附:《王氏家乘》谱序，修谱说明、24字辈、部分世系图

立于中华人民共和国民族英雄之林以报效祖国荣耀前人激励后辈而前进是以为序

序

世事虽沧桑传代仍未变故国史地方志及家谱各有史事所载历代相继虽至万世而后裔仍能识前辈之史事者乃继修之故也而今已临我辈岂可中断乎溯之吾族谱曾于光绪十三年续修以来迄今已尽百余年矣因历史诸多原因中断失修老谱遗失今拟续修实感巨难经吾辈各方查寻索根求源幸有扎来诺尔同族长辈处珍藏族谱方使我王氏族谱得以补修如不急于修辑而后即有志继修者亦难于稽考倘谱系由此中断必将遗憾于后人而亦难免文野之诮也因而同族共议继修族谱有十六世麟维爷十七世玉清叔十八世居东等人为主办有各院长者为顾问同心协力进行董理更赖吾族各辈考核采集以襄于事历经二载而谱乃告粗成望后仁人之有志者庶可稽也万望不可致也谨志

十七世孙晶溪 节清 谨识

公元一九九二年岁次壬申仲春月上浣

王氏族谱序

斗转星移，日月变迁。王氏族谱多年未续，致使同宗共祖如同陌路。更有甚者，因区区小事，结为大怨。另有王氏先辈仁人志士，精忠报国者诸多，而后辈所知无几，实为遗憾。再加追远怀古之情，继往开来之意，故此十六世麟维爷十七世玉清叔十八世居东兄等诸位长者，揣度再三，不负众望，毅然挑起重担。虽觉如蚊负山，却仍不辞劳苦，劳心费神，竭尽全力为此操办。

十八世孙金生谨述

公元一九九二年岁次壬申仲春月上浣

今夫入庙何为思敬入墓何为思哀有所感也敬哀之心即有所感而发而木本水源之念亦必有所触而起所以感之触之者舍族谱何以哉是故族谱一书上治祖称下治子孙旁治兄弟一举而三善皆得者为此为最知祖避元季兵乱携老幼占籍盐山虽在流离实贵诗书用之甲科累累称名门焉人丁绵绵称大族焉而且代远年久生齿日繁东徙西迁举首益难使非有谱以纪世系将有同宗共族而漠不相识先人绩业泯然澌灭者言及此族人莫不痛心尊长辈会同共议总续一谱虽天南地北有聚首一堂之乐如此盛事使余小子董其成灼不敏材质即鲁闻见尤浅当此巨任如蚊负山但事属公义责不容辞遂乃不自揣毅然任之凡高曾之名讳兄之次序无不殚精竭力以考核而详定焉事竣后述其巅末笔之简端以俟后之仁孝者增修不已庶乎余子厚也乎为是序

光绪十三年岁次丁亥正月仲浣

序

谱为宗族祖先遗留之珍宝也明根源通世系立纲纪树有根枝水有源流历代相传经数百年世局变迁而之记之当朝实为王氏家族之荣也为遵先祖之遗志为传后世相连而不紊根枝相通开卷明目修续族谱为世之重责也我王氏本族自明初迁居以来随着年代之发展生齿日繁迁徙无定更需修续今有我村热情族者十六世族人麟维十七世玉清德符十八世居东金生金璞等人倡导主持各族人协助办理值此国泰民安荣昌盛之际我族人等竭力以赞助俭朴筹集资金各族人访源寻根以旧谱为本增续后辈成完整之记载复成册分支珍藏其盛事也木本水源之念为不使祖宗名讳失传使祖宗业绩传与后世我辈及后辈续修族谱义不容辞之重责也凡我族人俱应爱国爱民尊宗睦祖长幼有序和睦相处承先启后继往开来为使我王氏

王氏族谱 卷六 七页

堪称太平盛世思祖之念油然而生木本水源慎终追远人伦之大道乃为礼也祖宗虽远祭祀不可不诚况仅知父名不晓祖讳抑或虽知其祖不详高曾者多矣奈又稽考无证呜呼难矣哉

众难之际有十七世玉清十八世居东金生毅然发起修续族谱之举遂集各院长者共议陈明原委此乃众望已久之夙愿皆欣然而从之即邀十七世玉明德符等共理其事遂筹资差员各方寻访王氏旧谱幸然刘月庄珍藏手抄老谱且记翔实使修谱豁然贯通其助大矣诸君时而议之彻夜时而抄之达旦呕心历血废寝忘食可谓不负众托也藏老谱者当为首功诸君美德无量功莫大焉此谱修成上慰先祖九泉之灵下安后世子孙之心惕历前车之鉴足以戒之保此本者当爱之似珍宝惜之如生命相传与后世利于继续吾侪当奉以为本也絮絮尽此望勿哂之

十八世孙逸贤谨述

公元一九九二年岁次壬申仲春月上浣

然而由于历史等诸多原因，老谱遗失无处可寻，幸有刘月庄同族长辈处尚有保存，信然请来，才使此次修谱有本有源，有先辈可供。此位保存老谱者，可谓功德无量。再有一些知名人士，慷慨解囊鼎力相助，使得此次修谱届时两载，进展顺利。

当族谱即将修完之际，晚辈我提起拙笔，聊叙数语斗胆称之为（王氏族谱序）。

历史在变革，时代在更换。为适应当代之要求，经由诸位德高望重者共同商议，拟定本次修谱后的王氏家规，望后代子孙记而为之。

一 团结向上，积极进取，勇于开拓，为振兴中华之大业贡献王氏家族之薄力。

二 团结其系各姓氏，不可以强欺弱以大压小宁让人，勿使人让我。

三 一方有难，八方支援，互相帮助，共度难关。

四 教育本姓氏老幼，以仁义存心，以勤俭治家，以忍让接物，以恬淡养生。

此举为以后修谱奠定基础，希后世德才兼备者增修不已万古相传。

但愿：祖德宗功留百世
父慈子孝传万年

十八世孙金治谨述

公元一九九二年岁次壬申仲春月上浣

序

山有高低之比水有深浅之分人亦然之敝草此篇俱陈词俗语不堪称序余出于对修谱诸君抱以感慨激动之心情以颂其美德而已

物有本末事有终始国有史县有志家谱犹然也先祖由滦徙此近六百载人口繁盛迁徙无定乃曾数次修谱以供详查多年来风云变幻事各有异老谱俱失今思之惜哉吾辈等愧也近岁国家升平万民乐业仓生康足

修谱说明

一　本次修谱是第一次修正，因这次修谱是大南马村出资，所以这次修谱只补充上大南马村一处，其它各支系完全按原谱未动。（目录、页数谱序部分略有变动）

二　此次修谱的资金来源由大南马村王志松（十八世）一人承担，共投入人民币一万余元。并且在王芹地立始祖碑。

三　本次修谱的时间为二〇〇一年七月。

四　本次修谱只翻印甲乙合订本，其它本不动。老版的甲乙合订本同时作废，新版本按原来订谱数统一更换（以旧换新）。

五　大份五世沛绶的后代经反复考证确系大南马村支，盐山范庄所叙有误，有待考查。

六　本次修谱委员会成员：主办十七世玉清会计十七世德符保管十八世文清书录十八世金治十九世海朋

二〇〇一年七月

序

盐山城东大南马村王氏家族因族谱失传和王芹地老家始终没取得联系，所以续谱意愿未得实现。对此我们深感愧对列祖列宗。

山重水复疑无路，柳暗花明又一村，二〇〇〇年离家多年的十六世王德喜由吉林返回故乡大南马村，据他回忆童年时曾几次随父骑驴到芹地村东祭奠先祖。据此十七世世昌十八世凤岗于二〇〇一年四月初三赴芹地进行查访，经芹地父老们仔细考证大南马村王氏家族分两次迁往大南马村，先是六世一支迁入，再就是十四世投靠首户在大南马村落户，我们终于实现了多年的愿望。王芹地众人也感到十分高兴。

为表达我们对先祖的缅怀之情由十八世志松捐助人民币万余元并责承十七世玉清德符十八世文清金治十九世海朋担当此任重新再版王氏族谱甲乙合订本，并在芹地立始祖碑以表示对先人的怀念。

祝我王氏家族永远兴盛

大南马村十七世孙世昌谨述

二〇〇一年七月

东大门长分长门世系图

十五世　十六世　十七世　十八世　十九世　二十世　二十一世　二十二世

- 玉琢（葆庆长子）
  - 虎文
    - 清春
      - 金华
        - 冠兴
        - 冠芝
      - 金峰
        - 冠军
      - 金标
        - 四长
      - 金林
- 玉德（次子）
  - 焕文
    - 清友（承宗）
      - 居岭
        - 磊
        - 鑫
      - 居来
  - 凤文
    - 清余
      - 居方
        - 振
        - 涛
      - 居常
    - 清友（出嗣）
  - 成文
    - 清会
      - 居立
        - 友全
      - 居政
      - 居祥
  - 龙文（出嗣）

十五世　十六世　十七世　十八世　十九世　二十世　二十一世　二十二世

因我王氏家族庞大众昆兄弟又分居于四方因而名字较紊乱借重修族书之机选择二十四字作为排辈次之用从二十世开始启用（文）字

文忠武勇　君明臣清

国泰民安　祖志继承

世代长存　宗功永红

文忠勇明国泰安志继承世代长存功永红为上声武君臣清民祖宗为下声此字我族大部适用仅芹地后大门不大适用此支大约在二十一世应用二十四字大意是国正天心顺官清民自安的清平世界以了却我祖之遗愿

抄录于帽圈族谱三份卷一

一九九二年岁次壬申仲春月上浣

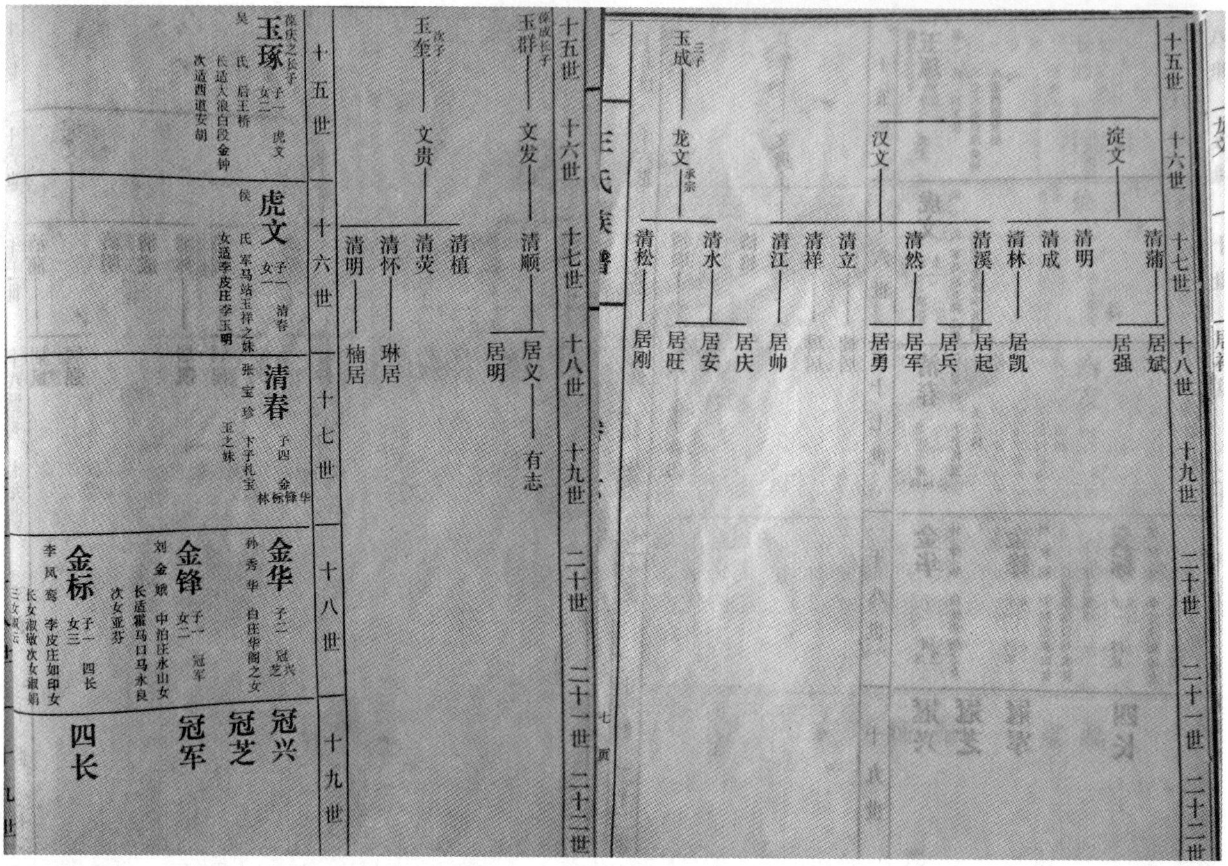

四　耕地状况

1975年，刘家码头村土地总面积3740亩；1976年，出让给天津农业科学院440亩。至2016年，土地总面积为3300亩，其中耕地面积为2300亩，余为村庄占地。

该村共有11块耕地。村东分布3块耕地，其中“牛犄角”（地名，下同）地块呈三角形，北界津霸公路，南界老千里堤，西界村东北道。“张台子”（在西）与“刘（留）长腿”（在东）两地块相连，其东界韩家墅村农田，西界村东南道，南界中沟排水沟，北界老千里堤。村西分布2块耕地，即“沙岗子”（在西）与“丁洼子”（在东）两地块相连，其东界西引河，西界永青渠，南界蓄水池，北界117公路。村南开发大道以北分布3块耕地，其中“西碱场”（在西）与“马蹄洼”（在东）两地块相邻，中隔村西南道，其东界村前大道，西界西引河，南界开发大道，北界卫大道。“东碱场”东界村东南道，西界村前大道，南界中沟排水沟，北界卫大道。村南开发大道以南分布2块耕地，其中“孟良地”东界村前大道，西界西引河，南界子牙河，北界开发大道。“五顷五”东界韩家墅农田、临外环线，西界村前大道，南界子牙河，北界开发大道。村北分布1块耕地“七倾五”，东界村东北道，西界韩家墅农田，南界与村(北)相连，北界117公路以西为韩家墅新村，117公路以东为津霸公路。

20世纪70年代刘家码头村所属耕地地块情况表

表1　　　　　　　　　　　　　　　　　　　　　　　　　　　　　单位：亩

序号	地块名称	位置	面积	序号	地块名称	位置	面积
1	牛犄角	村东	80	7	马蹄洼	村南开发大道以北	130
2	张台子		40	8	东碱场		120
3	刘（留）长腿		380	9	孟良地	村南开发大道以南	400
4	沙岗子	村西	150	10	五顷五		590

续表

序号	地块名称	位置	面积	序号	地块名称	位置	面积
5	丁洼子	村西	150	11	七倾五	村北	120
6	西碱场	村南开发大道以北	140	合计			2300

20世纪70年代刘家码头村所属耕地地块示意图

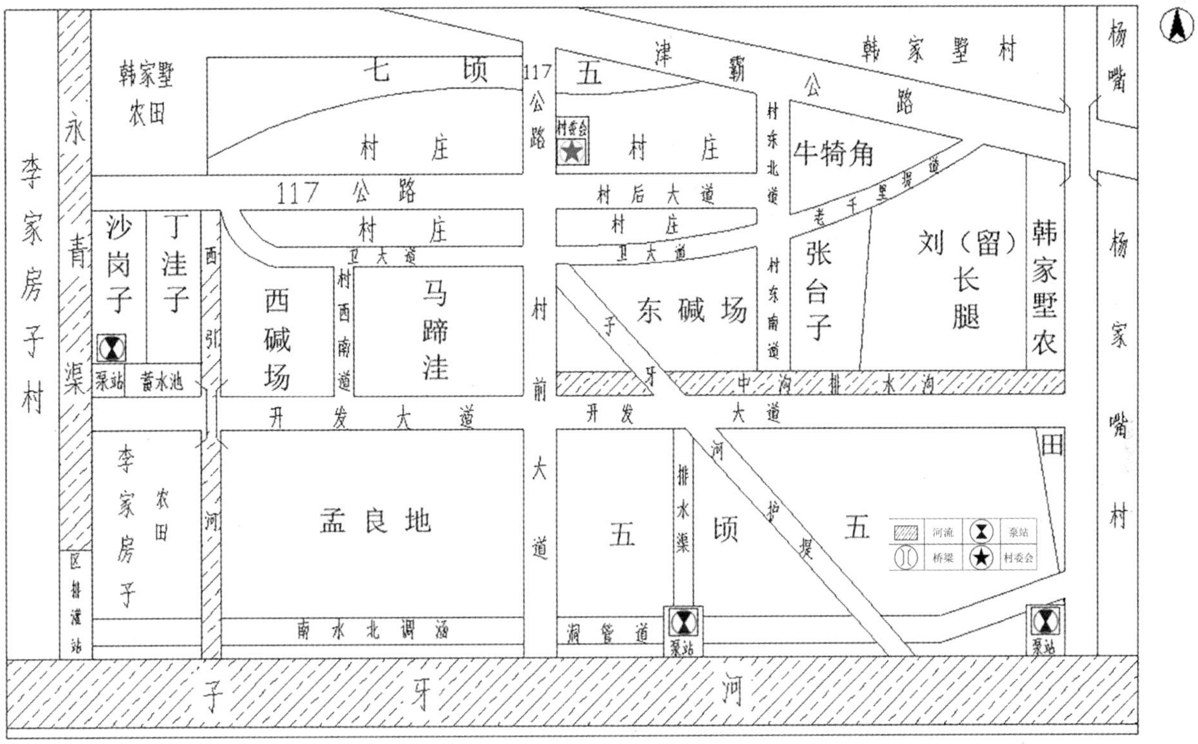

（2016年绘制）

五 街道胡同

清代，该村先民住房均依千里堤（大清河南堤）而建，时为“半阴半阳”的简陋棚户。直至20世纪60年代，居民住房仍为土坯房，有的甚至还是用泥草搬建的房屋，房舍依旧自东向西建在千里堤上。村中有东西向和南北向道路各一条。东西向道路即为千里堤上民宅前的唯一一条街道。南北向道路即自道口（原刘家摆渡口）向北通韩家墅，向南通子牙河的大道。1969年，117公路修成，穿村而过，结束了该村无沥青混凝土路面的历史。

自70年代后，该村宅基地逐步向千里堤以北扩展。80—90年代，按村庄建设整体规划，千里堤上的老民宅已翻建新砖房；千里堤以北，东西两侧辟建为新村，均建起砖木及砖混结构的砖瓦房，村庄街道胡同逐步形成。

2000年后，该村街道胡同路面硬化，村容规整。至2016年，村中1条公路、10条街道与31条胡同里巷纵横交错。

2016年刘家码头村街道胡同情况表

表2

类别	名称	走向	长度（米）	类别	名称	走向	长度（米）
公路	117公路	南北	1000	胡同	福顺里	南北	30
	117公路	东西	750		福兴胡同	南北	100
街道	学校道	东西	1200		合顺里	南北	30
	村后道	东西	800		后二排	东西	30
	卫大道	东西	2000		后六排	东西	30
	新村道	东西	50		后三排	东西	30
	通道	东西	500		后四排	东西	30
	村前大道	南北	1600		后五排	东西	30
	村东北道	南北	900		后一排	东西	30
	村东南道	南北	700		蒋家胡同	南北	50
	老千里堤	东西	750		焦家胡同	南北	100
	大堤后道	东西	1200		立成胡同	南北	80
胡同	德才里	南北	100		刘家胡同	南北	60
	丁家胡同	南北	60		四合里	南北	30
	杜家胡同	南北	60		王家胡同	南北	60
	新房台胡同	南北	60		王家宅	东西	40
	福庆里	东西	100		于家胡同	南北	50
	福全里	东西	80		张家胡同	南北	80
	福升胡同1	南北	100		赵家台	东西	80
	福升胡同2	南北	100		周家胡同	南北	50
	福升胡同3	南北	100		朱家胡同	南北	60
	机井胡同	南北	100				

刘家码头村卫大道　（2016年摄）

刘家码头村大堤后道　（2016年摄）

刘家码头村赵家台　（2016年摄）

刘家码头村朱家胡同　（2016年摄）

六　公共设施

1949年以前，该村公共设施唯有饮水用土井，供村民共同使用。50年代初，先后建立刘家码头小学校（初级小学）和群众集资入股的供销社综合副食店等公共设施。60年代，村设立红医站，打饮水用机井一眼。自80年代后，该村公共设施建设不断完善。至2016年，该村建有村委会办公楼、农贸市场、供水除氟站、卫生所、学校、公园、文化活动室、社区综合服务中心等公共设施。

2016年刘家码头村街道胡同及公共设施示意图

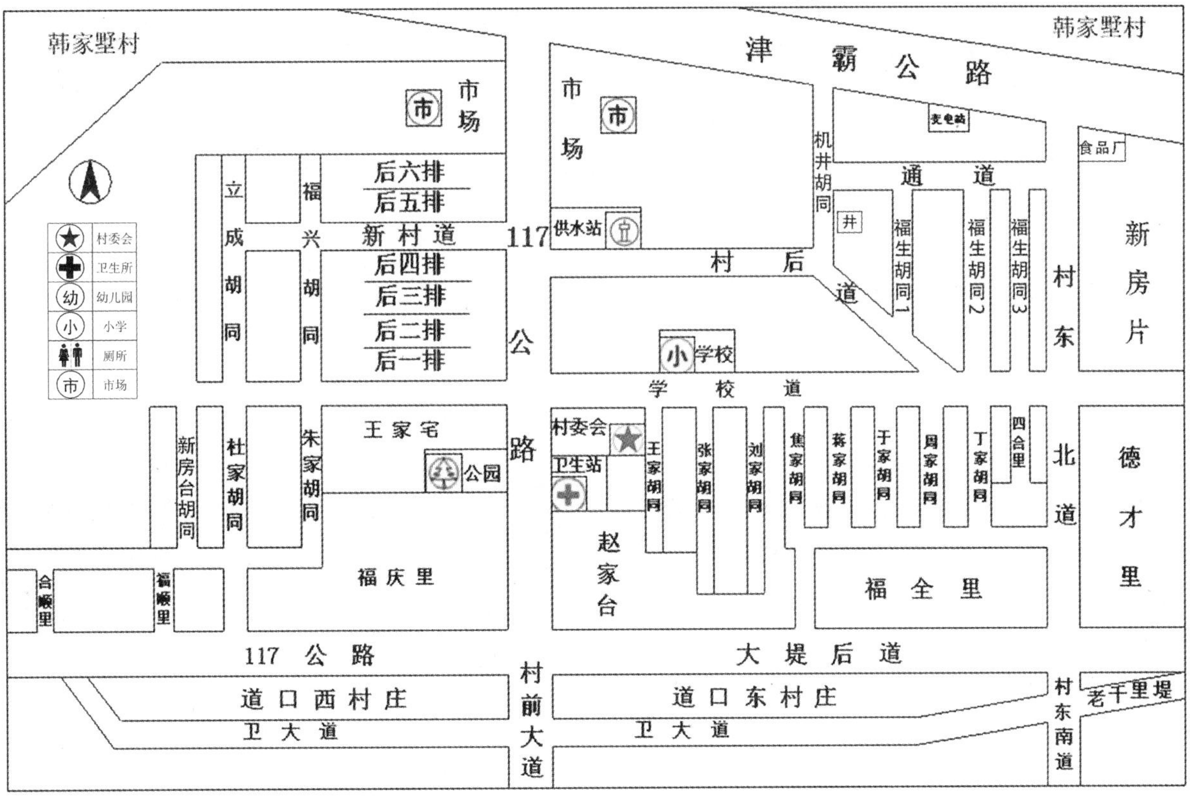

（2016年绘制）

刘家码头村卫生所　（2016年摄）

刘家码头村改水除氟站　（2016年摄）

刘家码头村智慧树幼儿园　（2016年摄）

刘家码头村公园　（2016年摄）

七　经济概况

历史上，该村农民从事传统农业生产。因地处子牙河、大清河畔，水源充沛，村民善种菜；少数村民操舟捕鱼。20世纪50—70年代，蔬菜种植面积达600亩，占耕地面积的1/3，其收入占农业收入的50%以上。该村曾为天津市蔬菜基地，村民享受菜农待遇。70年代后，水源短缺，水稻和蔬菜生产受影响。至2009年，该村农业种植结构调整为以种粮为主，少量种植蔬菜和果树。自2013年起，村委会逐步收回农民承包的耕地，用于农业生态园、植物园等开发建设。

刘家码头村农业生态园　（2016年摄）

50—70年代，该村副业、工业发展迟缓；至70年代末，仅有3个村办企业，规模小且效益低微。80年代后，虽加大招商引资力度，至2000年村办企业仅发展7家。2003年，该村辟建工业小区；至2016年，进驻各类企业达78家，其中“二手物资市场”等企业规模较大；村内商业、饮食、服务业也有长足发展，繁荣了市场，满足了群众生活需要。

刘家码头村二手物资市场　　（2016年摄）

刘家码头村市场　　（2016年摄）

八　民间文化

刘家码头村评剧团　1954年成立，团长张喜荣。主要演出剧目有《刘巧儿》《审椅子》《刘云打母》等。该剧团1958年解散。

刘家码头村道乐队　20世纪90年代成立，由韩家墅道乐艺术团传授。

刘家码头村秧歌队　1998年成立，每逢春节期间在该村表演，并参加区、镇组织的有关表演和比赛活动。

九　大事纪略

1945年9月21—28日，各市分委开展一周的政治攻势。五市分委武装在刘家码头毙日军2名（在穆庄子毙土匪2名，在韩家墅毙日军6名）。

十　英烈

武昌荣（1923—1951）汉族，刘家码头村人。生前为四十二军三七四团机枪连战士（一说四野某部战士）。1951年，牺牲在朝鲜战场。

十一　历任党政负责人

1953年，中共刘家码头村支部委员会成立，第一任党支部书记张岱荣。1998年5月，该村党支部改建为党总支。1953—2016年，刘家码头村党组织负责人共15任。

1953—2016年刘家码头村党组织负责人任职情况表

表3

组织名称	姓名	性别	职务	任职时间
党支部	张岱荣	男	书记	1953—1956
	宋克义	男	书记	1956—1958
	吴万德	男	书记	1959—1962
	张福顺	男	书记	1963—1964
	牛国才	男	书记	1964—1966
	武振萍	女	书记	1967—1967
	焦万禄	男	书记	1968—1969
	窦文生	男	书记	1970—1978
	宋克义	男	书记	1979—1982
	武昌明	男	书记	1983—1984
	刘景珍	男	书记	1985—1991
	牛　辉	男	书记	1991—1998

续表

组织名称	姓名	性别	职务	任职时间
党总支	牛　辉	男	书记	1998—2006
	杨礼发	男	书记	2006—2007
	任连义	男	书记	2007—

民国37年（1948年）年底，刘家码头村解放。民国38年（1949年）3月，在中共天津县委领导下，该村开展“四十天农村运动”，建立农会组织，实行“一切权力归农会”，废除保甲组织，建立村公所。1952年，民主选举产生村政权，时称“刘家码头村人民政府”，第一任村长张岱荣。1958年10月，在人民公社化运动中，实行“政社合一”体制，村改生产大队。1983年，生产大队改建为村民委员会，为村民自治组织。至2016年，刘家码头村村政机构负责人共16任。

1949—2016年刘家码头村村政机构负责人任职情况表

表4

村政机构名称	姓名	性别	职务	任职时间
村公所	张岱荣	男	村长	1949—1952
村人民政府	张岱荣	男	村长	1952—1953
	宋克义	男	村长	1953—1956
生产大队	刘子伦	男	大队长	1958—1964
	武振明	男	大队长	1965—1967
	刘金柱	男	大队长	1968—1975
	刘景珍	男	大队长	1976—1978
	赵起贵	男	大队长	1979—1981
	牛　辉	男	大队长	1982—1983
村民委员会	牛　辉	男	主任	1983—1984
	武昌明	男	主任	1985—1985
	牛　辉	男	主任	1986—1991
	杨礼发	男	主任	1991—2000
	朱清元	男	主任	2000—2003
	宋金贵	男	主任	2003—2009
	刘　勇	男	主任	2009—

附：

其大清河河淤地自北运河起至刘家码头静海县交界计淤地十九顷四十七亩二分九厘，即系大清河下游河身淤成平地。当招种认租时声明日后浚治河道仍当让出。所收租岁仅一千九百四十七千文有奇，几淤与河争地矣。

（摘录1983年版《天津县新志》卷6）

1949年9月26日……天津县七区刘家码头等6村干部为治鱼度荒，强“借”中农玉米73石，区农会主任张x不仅支持，还批评未借粮的铁锅店干部，致使该村也向中农“借粮”15石。县区领导发现这一问题，立即进行了纠正。河北省人民政府亦发文通报全省，要求各级干部加强政策学习，维护中农利益。

（摘自《沽北晨光》30～32页）

铁锅店村

铁锅店村位于北辰区西南部子牙河畔，东与李家房子村接壤，西隔京福公路（104国道）与双口镇双河村（沟尾巴村）相邻，南隔子牙河与西青区隐贤村相望，北邻天津市农工商红光总公司，北距青光镇人民政府4千米。该村沿隔淀堤（千里堤）东西呈长方形，村庄占地面积27.2万平方米。2015年，该村户籍人口2430人；长期固定资产874.81万元，农村经济总收入390.5万元。

铁锅店村航拍图　（2017年摄）

一　村庄沿革

清嘉庆元年（1796年），一说嘉庆六年（1801年），由贩卖铁锅者赵氏始建该村。时赵氏一家从双口村迁至大清河隔淀堤上定居。因其自河北省获鹿沿子牙河水道贩卖铁锅至此开设锅店，再由此发货销往京、津、东北地区，该处已然形成铁锅集散码头。时又有霸县台头村郝姓迁入，为锅店账房先生，来往商人称其房宅为交递货款的店房，故该村始称锅店，俗称店房。

同治十二年（1873年），河北霸县王家铺王立顺、王德顺、王有顺三兄弟在锅店（店房）村东建房落户成村，渔猎为生，村名人称王老房子，后改成王家房子。光绪二十一年（1895年），锅店已改称锅铁店。据《天津通志旧志点校卷（上）• 重修天津府志》卷二十三（967～968页）载，光绪二十一年（1895年）天津县属村庄，其中北乡（以子牙河分西与北）所属各村中有锅铁店村名（参见《典籍中的北辰》75页）。民国29年（1940年），锅铁店与王家房子两村为少交赋税，合并为一个村（联合办公），遂统称铁锅店村。据《典籍中的北辰》（84页）载："日伪统治时境地区划（1940—1945）……天津县三区……韩家墅乡……辖韩家墅、杨家嘴、铁锅店、刘家房子、青光、刘家码头、李家房子7村……"。此后，铁锅店村名未变。

光绪二十一年（1895年），锅铁店村隶天津县北乡，以子牙河分西与北；三十年（1904年），隶天津县西乡第十六区。民国23年（1934年），锅铁店（主村118户）为第五十二乡（王家房子46户为副村，属第五十二乡）隶天津县第三区（杨柳青镇为区公所驻地）；民国37年（1948年），铁锅店隶韩家墅乡。1953年7月，该村隶铁锅店乡；1958年4月隶青光乡；1958年10月至1959年1月，先后隶青光生产大队和青光管理区；1959年12月，划归天津市畜牧局津北畜牧场；1960年6月27日，隶津北畜牧场青光分场；1961年3月，划归天津市农垦局青光林牧场；1961年5月，隶青光公社；1983年4月，隶青光乡；1995年11月，隶青光镇，至2016年未变。

附：

铁锅店村名的传说

很久以前，子牙河畔有一个孤零零的小村，村民过着贫苦的生活。村子虽小，但地理位置优越，南通杨柳青、独流镇，北通杨村。村上有几户人家以开店为业，由于来往人甚多，生意也算兴隆。

一年，有一伙客商运来一百多口澡堂子用的大铁锅（过去没有锅炉，澡堂子都用大铁锅烧水）来到这个村。因天色已晚，客商便在此打尖住店。谁料，半夜时分，洪水骤至，顷刻间村里的一切都被洪水吞没。几天后，大水逐渐退去，死里逃生的村民都回来重新修建自己的家园，小店又恢复了以往的生意。而那些大铁锅，当时人们没来得及抢运，被埋在深深的淤泥中，再也没有动用过。日久天长，人们便把这个店称作"铁锅店"，这个村也随之被称为"铁锅店"村了。

（潘西安讲述，潘宗奇整理）

二　道路河流

道路　20世纪60年代以前，铁锅店村周边无公路。只是在大清河隔淀堤上的民宅前有一条土道，时称房前人行道；隔淀堤下坡有一条土道，时称堤下大道，可行驶马车。堤下大道向东至李家房子、刘家码头，向西可通沟尾巴村，经宗堂大堤，直至白洋淀。1963年，洪水危及津城。为保卫天津，市抗洪队伍在铁锅店隔淀堤沿线筑堤防洪，遂房前人行道得以加宽。

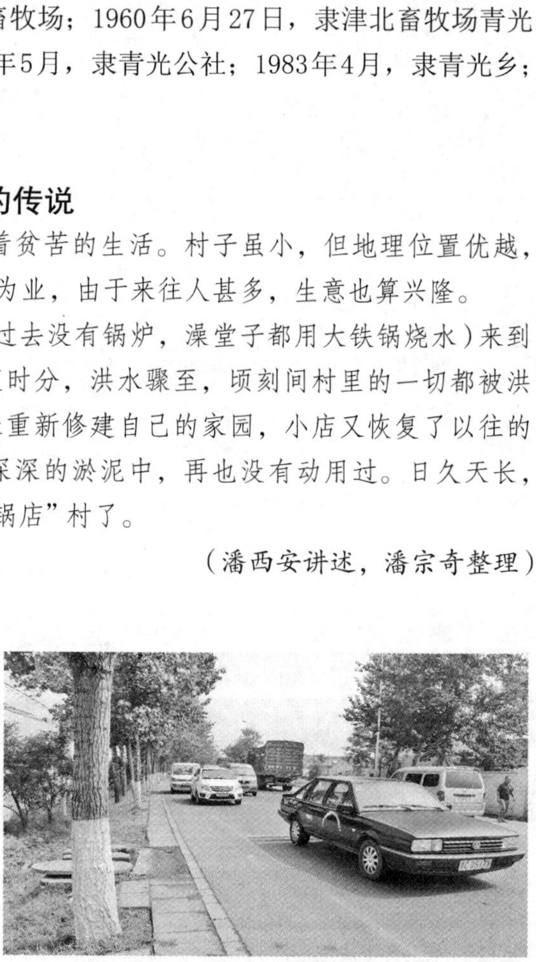

通过铁锅店村的京福公路
（2016年摄）

1969年，117公路建成，经该村通过，原堤下大道废弃；该路是铁锅店村第一条穿村而过的沥青混凝土路面。是年，该村西104国道建成通车，该道路亦称京福公路（北京至福州），与117公路西端垂直相交。2000年，该村东北部青光中学东路竣工通车，相距2千米。至2016年，该村周边有公路3条，其中有国道1条，乡村公路2条。

河流 自古以来，铁锅店村前（隔淀堤南）有子牙河，自西向东流过，河水充沛，客货船只水运繁忙。1958年前，该河有潮汐变化。1958年，海河建闸后，潮汐变化消失。60年代后，该河上游水源减少。该村后（隔淀堤北）有大清河，沿隔淀堤由西向东流。光绪末年（1908年），该河断流淤涸，故道遗迹无存。

铁锅店村域内的子牙河（2016年摄）

三 人口方言

人口 据《典籍中的北辰》记载，民国23年（1934年），锅铁店村有118户613口人（王家房子村有46户241人）。据统计资料载，该村1980年有421户1911人；2000年，有680户2400人；2016年，有1130户3380人。

民族 据《天津市北辰区地名志》载，1995年该村有汉族、回族2个民族，汉族人口2124人，回族人口8人。另据村情调查，2016年该村有汉族、回族2个民族。

方言 铁锅店村方言在全国方言分区属冀鲁官话区保（定）唐（山）片定（州）霸（州）小片的静海方言范围。该村东部在其所属的青光镇域方言片中，属津冀鲁混合方言片；该村西部属静海方言片，与毗邻的杨柳青镇口音近似，齿音字较多。

姓氏 铁锅店村建村后，最早落户的有赵、杜、崔、郝、张、李、宴等姓氏。至2016年年底，铁锅店村共有124个姓氏，排列前十位的主要姓氏为：李、王、张、刘、杨、白、于、史、赵、徐。

其白、史两姓氏字辈排序如下：白姓：万、凤、云、景、庆、自、宝、高、泽、申；史姓：万、金、庆、宝、玉、永、耀、吉、世、昌。

四 耕地状况

耕地四至 铁锅店村有耕地29块，其中104国道以西有7块，104国道以东有22块；虽地块多，但每块耕地面积不大。该村耕地整体四至为：东界李家房子村土地，西界双河村（原沟尾巴村）土地，南界子牙河北岸，北界天津市农工商红光总公司土地。

安家地：东界杨柳青地块，西界双河村，南界西四行子，北界红光总公司。西四行子：东界西青区地块，西界双河村，南界西青区地块，北界安家地。猪耳朵地：东界西青区地块，西界双河村，南界西青区地块，北界西四行子。三张皂：东界杨八顷，西界杨柳青地块，南界董家洼，北界第三发电厂渣厂。董家洼：东界杨八顷，西界杨柳青地块，南界油库地，北界三张皂。油库地：东界104国道，西界杨柳青地块，南界村庄，北界董家洼。杨八顷：该地名下系2块地，整体面积呈三角形，东界与南界均为104国道，西界系三张皂与董家洼，北界第三发电厂渣厂。天齐庙：东界五号路，西界临近104国道，南界村庄，北界天籁湾。果园：该地名下系3块地，其整体四至为东界红光总公司，西界红光总公司与舟桥部队，南界厂房及十大行，北界红光总公司。二土岗子：东界四号路，西界五号路，南界大场地、村庄及四顷四，北界青光地。四顷四：东界四号路，西界村庄，南界村庄，北界二土岗子。十大行：东界三号路，西界厂房，南界朱家地，北界果园。朱家地名下系2块地，其整体四至为东界三号路，西界四号路，南界魏家地，北界厂房及十大行。魏家地：东界三号路，西界四号路，南界村庄公园，北界朱家地。郑家地：东界二号路，西界养鱼池及二号路，南界河北大寺及小九行，北界红光总公司。小九行：东界二号路，西界河北大寺，南界河北大寺，北界郑家地。河北大寺：该地名下系3

块地，蓄水池北2块地，其南1块地；三块地整体四至为东界二号路，西界三号路，南界苇子（场）地及五十，北界郑家地及小九行。苇子（场）地：东界二号路及村庄，西界河北大寺，南界村庄，北界河北大寺。五十：该地块东界村庄，西界三号路，南界117公路，北界河北大寺。毛家地：东界侯台子，西界二号路，南界小八行及养鱼池，北界红光总公司。小八行：该地块东界养鱼池，西界二号路，南界木家地，北界毛家地。木家地：该地名下系4块地，一号路东、西各分布2块地；该4块地整体四至为：东界李家房子村，西界二号路及村庄，南界九十、韩家地及117公路，北界小八行、养鱼池。九十：该地块东界韩家地，西界村庄，南界117公路，北界木家地。韩家地：东界一号路，西界九十，南界117公路，北界木家地。侯台子：该地块东界李家房子村，西界毛家地，南界117电厂，北界红光总公司。下坡地：该地名下系2块地，整体东西呈长方形，其东界五顷五，西界老园田，南界老园田及下马园田，北界村庄。老园田：东界下马园田，西界104国道，南界子牙河，北界村庄及下坡地（西）。下马园田：东界五顷五，西界老园田，南界子牙河，北界下坡地（东）。五顷五：该地名下系2块地，（偏东以道路相隔），其整体似长方形，东界李家房子村，西界下马园田，南界子牙河，北界李家房子村。

20世纪50年代铁锅店村耕地地块情况表

表1　　单位：亩

序号	名称	位置	面积（亩）	说明
1	安家地	村西，西界双河村	67	
2	西四行子	村西，西界双河村	194	
3	猪耳朵地	村西，西界双河村	28	
4	三张皂	村西，104国道西侧，西界西青区地块	51	
5	董家洼	村西，104国道西侧，西界西青区地块	65	
6	油库地	村西，104国道西侧，西界西青区地块	45	
7	杨八顷	村西，104国道西侧，西界西青区地块	30	2块地
8	天齐庙	村北，104国道以东，四号路以西	25	
9	果园地	村北，104国道以东，四号路以西	500	3块地
10	二土岗子	村北，104国道以东，四号路以西	108	
11	四顷四	村北，104国道以东，四号路以西	54	
12	十大行	村北，四号路东侧，三号路西侧	82	
13	朱家地	村北，四号路东侧，三号路西侧	160	2块地
14	魏家地	村北，四号路东侧，三号路西侧	33	
15	郑家地	村北，三号路以东，二号路以西	66	
16	小九行	村北，三号路以东，二号路以西	33	
17	河北大寺	村北，三号路以东，二号路以西	102	3块地
18	苇场地	村北，三号路以东，二号路以西	10	
19	五十	村北，三号路以东，二号路以西	50	
20	毛家地	村东，二号路以东，东界李家房子村	115	
21	小八行	村东，二号路以东，东界李家房子村	113	
22	木家地	村东，二号路以东，东界李家房子村	300	4块地
23	九十	村东，二号路以东，东界李家房子村	23	
24	韩家地	村东，二号路以东，东界李家房子村	53	
25	侯台子	村东，二号路以东，东界李家房子村	48	
26	下坡地	村南，靠近子牙河	65	

续表

序号	名称	位置	面积（亩）	说明
27	老园田	村南，靠近子牙河	345	
28	下马园田	村南，靠近子牙河	240	
29	五顷五	村南，靠近子牙河	150	2块地
合　计			3155	

20世纪50年代铁锅店村耕地地块示意图

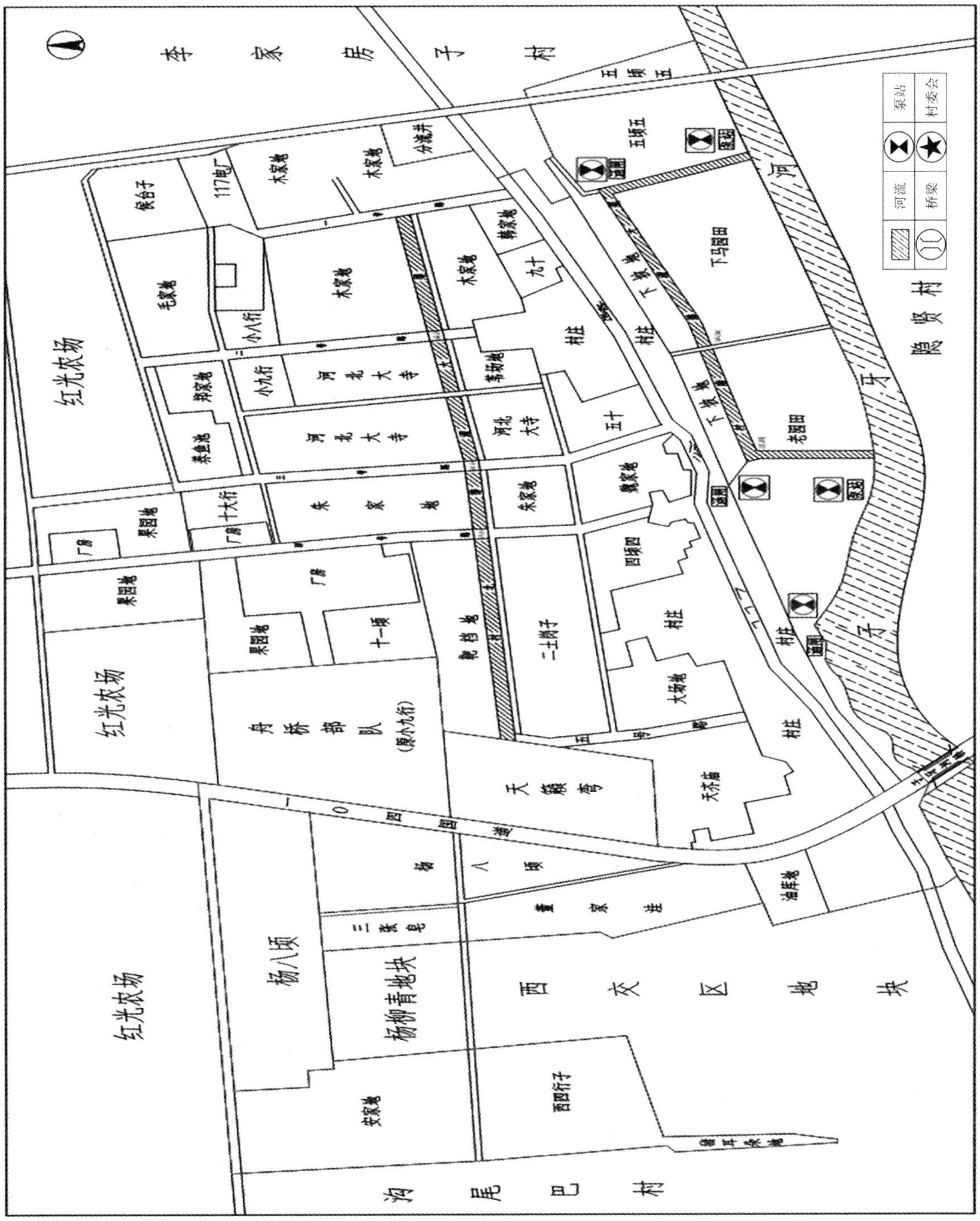

（2016年9月绘制）

排灌沟渠　20世纪50—70年代，该村先后共开挖4条排灌沟渠。70年代后，废弃2条沟渠。

铁锅店村的高型渠：开凿于1958年，是该村最早的农田水利工程。该渠南北走向，南起子牙河北岸，北至铁锅店村北，干渠总长约500米；村北分支渠，村北农田实现水浇地。后该渠废弃，已成平地。

村西泄水渠：南自子牙河桥头，北至红光总公司，1965年依104国道开挖，总长度2000米，上口12米，底宽3米，并建子牙河泄水闸。该水渠在村北排涝发挥作用，后废弃。

村北排灌大渠：西起104国道，东至村东折弯向南，终点为子牙河。1969—1970年开挖，总长度1800米，上口20米，底宽10米。建小桥一座，涵洞3处。该水渠在栽种水稻时期（60—70年代）作用明显。自80年代实行联产承包责任制后，村民发展果树，该渠常年为果农提供水源。

村南排灌大渠：位置在村南老园田，1975年开挖，上口15米，底宽8米，建涵洞2处。该渠为园田生产配套水利工程。

铁锅店村北排灌大渠
（2016年摄）

铁锅店村北排灌大渠小桥
（2016年摄）

铁锅店村北排灌大渠涵洞
（2016年摄）

泵站涵闸　20世纪50年代，铁锅店村无固定水利配套建筑设施。1957年靠锅驼机为动力抽水灌溉。1958年开始用电动机（俗称“电滚子”）带动离心泵扬水浇地。1966年，该村在子牙河北岸老园田始建第一座泵站——老园田泵站，流量0.5立方米／秒。1974年，该村在子牙河北岸村东五顷五地块建一座泵站——五顷五泵站，流量0.5立方米／秒。2006—2010年，该村在子牙河北岸建一座排灌泵站，流量6立方米／秒。至2016年，该村有泵站2座，涵闸3座。

铁锅店村南排灌大渠　　（2016年摄）

铁锅店村老园田泵站　　（2016年摄）

五　街道胡同

20世纪50年代以前，铁锅店村民宅均建在大清河隔淀堤（千里堤）上，村内无正式街道胡同。60年代后，发放村民宅基地向村北拓展，按村镇规划实施村庄建设，街道胡同逐渐形成。1969年，117公路竣工通车后，其西段已成为铁锅店村的中心大街；80年代后，自发形成繁华的农贸市场。至2016年，该村有117公路、长城东大街、长城西大街、村后辅道4条东西走向的干道；有南北（含东西）走向的街道、胡同、里巷36条，其中街道14条，胡同19条，里巷（排）3条。

通过铁锅店村内的117公路　（2016年摄）

铁锅店村长城西大街　（2016年摄）

铁锅店村长城东大街　（2016年摄）

2016年铁锅店村街道胡同情况表

表2　　单位：米

类别	名称	位置	走向	距离
路街干道	117公路	村中部	东西	2500
	村后辅道	村北	东西	2300
	长城东大街	村南	东西	1500
	长城西大街	村南	东西	1000
街道	平安道	117公路北	南北	120
	长乐道	117公路北	南北	150
	建全道	117公路北	南北	50

续表

类别	名称	位置	走向	距离
街道	致成道	117公路北	南北	280
	新村道	117公路北	南北	320
	顺利道	117公路北	南北	220
	乐园道	117公路北	南北	120
	柳林道	117公路北	南北	100
	新星道	117公路南	南北	90
	民和道	117公路南	南北	50
	振兴道	117公路南	南北	60
	春光道	117公路南	南北	60
	幸福道	117公路南	南北	60
	建昌道	117公路南	南北	55
胡同	福祥胡同	117公路北	南北	120
	吉利胡同	117公路北	南北	150
	良友胡同	117公路北	南北	60
	丰收胡同	117公路北	南北	150
	富民胡同	117公路北	南北	45
	利民胡同	117公路北	南北	130
	顺发胡同	117公路北	南北	140
	吉祥胡同	117公路北	南北	60
	华美胡同	117公路南	南北	110
	兴旺胡同	117公路南	南北	60
	卫国胡同	117公路南	南北	130
	家邻胡同	117公路南	南北	50
	玉华里	117公路南	南北	50
	同乐胡同	117公路南	南北	40
	邻和胡同	117公路南	南北	60
	史家胡同	117公路南	南北	50
	邻里胡同	117公路南	南北	60
	安乐胡同	117公路南	南北	50
	富民胡同	117公路南	南北	50
里巷（排）	顺利道一排	村中部	东西	150
	顺利道二排	村中部	东西	150
	顺利道三排	村中部	东西	50

六　旧村改造

2014年，国家重点工程京沪高铁西北联络线途经铁锅店村，占用该村耕地1.42公顷，涉及17户民宅拆迁。至是年8月30日之前，该村在100天之内完成拆迁工作，拆迁面积10255.2平方米。是年10月26日，该村9户居民喜迁新型居住区——碧水蓝湾社区。

七　公共设施

中华人民共和国成立前，铁锅店村公共设施甚少。民国12年（1923年），该村始建天主教堂（土房3间）；民国34年（1945年），翻建为砖房，系该村天主教徒宗教活动场所。50年代，该村先后设立初级小学校、供销社综合门市部、粮店等公共设施。60年代设红医站。70年代，建知青大楼，时为下乡插队落户知识青年居住，后改为村党支部（党总支）和村委会办公楼。1972年，该村打机井1眼，建水塔，实现自来水入户，并完善了饮水除氟等公用设施建设。90年代后，该村加强村民休闲健身设施建设。至2016年，该村主要有村办公楼、卫生所、幼儿园、天主教堂、机井水塔、农贸市场、健身公园等公共设施。

2016年铁锅店村街道胡同及公共设施示意图

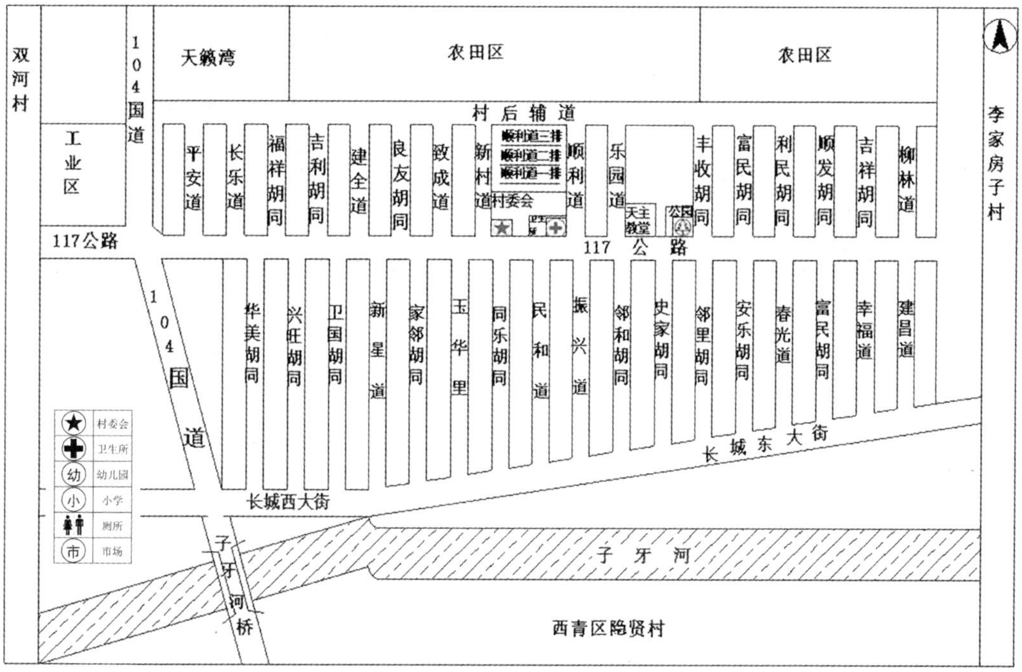

（2016年绘制）

铁锅店村原村委会办公楼（其前身系20世纪70年代为插队落户知青所建的宿舍大楼）
（2016年摄）

铁锅店村卫生室和农村金融服务站
（2016年摄）

铁锅店村金色阳光民办幼儿园　　（2016年摄）

铁锅店村健身公园　　（2016年摄）

铁锅店村农贸市场　　（2016年摄）

铁锅店村1988年重建的天主教堂　　（2016年摄）

铁锅店村1973年建成的水塔　　（2016年摄）

八　经济概况

清嘉庆元年（1796年）至20世纪50年代初，铁锅店村农民从事传统农业生产，其经济形式属自给自足的个体小农经济。50年代中后期，实行农业合作化后，该村步入集体经济轨道。

50—60年代，该村仍以农业生产为主，农田地处子牙河畔，种菜历史悠久。大规模种菜始于1958年，时种植面积585亩，主产西葫、水萝卜、大白菜及越冬菠菜等大路货。该村旱田普遍为沙质土壤，适宜种植山芋（甘薯）、花生。1958年，该村第八生产小队种植的山芋亩产超过5000千克，其中最大一块山芋重达6.85千克。又当地生产灌木柳（俗称柳子），该村因地制宜从事柳杆、柳条深加工副业生产。1958—1966年，先后建3个柳编厂及“杆子窑”，其土篮、菜筐、柳杆等土产品深受土产供销部门欢迎，市场畅销，供不应求。该村有民谣云：“铁锅店三宗宝，柳子、沙土、大茅草”，一语道出铁锅店村的物产和经济特色。

1970年春，该村始兴建集体工业企业——铁锅店铸锻件厂。1982年年底，铁锅店村落实联产承包责任制；此后，不断调整产业结构和农业种植结构。80—90年代，该村依靠科技进步，实施蔬菜保护地生产，增加新品种、发展细菜生产；扩大果树种植面积，在全区率先在果园埋设地下喷药管道，实施网络相接、实现统一兑药、统一喷洒、统一植保，开发优质、高产、高效的“一优两高”农业。该村生产的红星苹果在华北地区果品评比会上获二等奖；其国光苹果除畅销国内市场，还远销国际市场。

该村依靠横向联合，扩大招商引资，开发创建村集体工业企业。至90年代，该村有铸锻件厂、针织厂、铝合金厂、彩箔厂、地毯厂等主要村办企业，尤以铸锻件厂和针织厂规模较大。其中铸锻件厂，主要为国有企业加工铸造大型机床、电梯、研磨盘等部件；针织厂为国有企业加工生产的“梅花牌”绒衣曾出口美国。

进入21世纪，铁锅店村在104国道西侧辟建工业园，占地195亩。至2016年，进驻企业30余家，主要生产自行车、电动自行车、汽车配件及家具等。

附：铁锅店村特产——木炭

中华人民共和国成立前，铁锅店村以经营铁锅而闻名，同时也以烧制和经营木炭而著称。该村烧制的木炭分生火用的木炭、入中医中药的木炭及烧制火药用的木炭等3种。据该村村民传说，中国共产党领导的八路军和区小队曾在铁锅店村购买炮药木炭。

九　民间文化

铁锅店码头民谣　子牙河畔铁锅店码头形成后，该地居住的农民经常在该码头打工，劳动强度很大，店掌柜只顾赚钱不管装卸工疾苦，码头上流传这样的民谣：

一辈子不给铁锅店扛小活儿，
棒子面的饽饽大粗箩，
阴天下雨掌柜的不讲理，
叫你出去抬铁锅！

铁锅店和平评剧团　1955年，铁锅店村成立和平评剧团。林才、徐孝忠、王福、顾守信先后任团长，导演为武清区渔坝口人李宝祥，费用由团长筹资。演出剧目有《捉妖记》《打狗劝夫》《小放牛》《迎亲记》等。1964年10月，该评剧团解散。

铁锅店村秧歌队　1998年，成立铁锅店村秧歌队。平日，队员扭秧歌娱乐健身，春节期间在该村或应邀到邻村演出。2000年，该秧歌队在北辰区演出活动中获奖。

十　历任党政负责人

中华人民共和国成立后，铁锅店村于1957年建立党支部，首任党支部书记牟振西。1998年，改建党总支，首任党总支书记杜学祥。至2016年，该村党组织负责人共17任，其中党支部书记12任，党总支书记5任。

1957—2016年铁锅店村党组织负责人任职情况表

表3

党组织名称	姓名	性别	职务	任职时间
党支部	牟振西	男	书记	1957—1958
	徐孝英	男	书记	1958—1959
	车万明	男	书记	1959—1960
	徐孝英	男	书记	1961—1964
	庞继荣	男	书记	1965—1971
	徐孝英	男	书记	1972—1981
	张兆奎	男	书记	1981—1984
	杨广文	男	书记	1985—1987
	邴士祥	男	书记	1987—1988
	杜学祥	男	书记	1989—1992
	邴士祥	男	书记	1992—1994
	杜学祥	男	书记	1994—1998
党总支	杜学祥	男	书记	1998—2000
	史宝林	男	书记	2000—2003
	邴士祥	男	书记	2003—2005
	朱全明	男	书记	2006—2012
	程业林	男	书记	2012—

民国38年(1949年)1月15日天津解放，国民党政权被推翻。是年，铁锅店村建立村公所。1952年，民主选举产生村政权，时称村人民政府。1958年，人民公社化运动中，实行“政社合一”体制，村为生产大队。1983年，实行村民自治，生产大队改建为村民委员会。1949—2016年，铁锅店村村政机构负责人共21任。

1949—2016年铁锅店村村政机构负责人任职情况表

表4

村政机构名称	姓名	性别	职务	任职时间
村公所	牟振西	男	村长	1949—1951
	薛万同	男	村长	1951—1952
村人民政府	刘永志	男	村长	1952—1955
	田裕芝	男	村长	1955—1958
生产大队	高永昌	男	大队长	1958—1962
	史金朋	男	大队长	1962—1965
	徐庆友	男	大队长	1965—1972
	于海荣	男	大队长	1972—1975
	薛金收	男	大队长	1975—1977
	王长顺	男	大队长	1977—1981
	刘永瀛	男	大队长	1981—1982
村民委员会	刘永瀛	男	主任	1983—1984
	杜学祥	男	主任	1984—1989
	朱全明	男	主任	1989—1995
	张荣刚	男	主任	1995—1996
	董兰华	男	主任	1996—2000
	张荣刚	男	主任	2000—2003
	王金和	男	主任	2003—2005
	李培生	男	主任	2005—2007
	朱全明	男	主任	2007—2012
	王金和	男	主任	2012—

附：典籍选录

护稻斗争 1945年10月上旬，铁锅店等村稻农参加了民主政权天津县组织的护稻斗争，将原日伪侵占的稻田中成熟的水稻抢收回家。（《青光镇志》23页）

搭建临时过河桥 1949年1月，为解放天津，中国人民解放军在铁锅店村泵房东侧搭建临时过河桥(过子牙河)。该桥为木结构，天津解放后拆除。

（《青光镇志》385页）

水稻生产合作组 1950年3月，铁锅店村成立水稻生产合作组，时为天津县4个农业社性质的合作组之一。（《北辰区志》49)页

试办农业生产合作社 1952年8月10日，天津县四区铁锅店村试办2个农业生产合作社，入社22户，274亩土地。（摘录于《沽北晨光》91～93页）

李家房子村

李家房子村位于北辰区西南部子牙河畔，东隔永青渠与刘家码头村相邻，西与铁锅店村搭界，北与天津市农工商红光总公司（俗称红光农场）比邻，北距青光镇人民政府3千米，南与西青区杨柳青农场接壤。该村沿大清河隔淀堤（千里堤）东西呈长方形，村庄占地面积25.1万平方米。其村域面积大部分位于子牙河北岸，为主村；小部分位于子牙河南岸，俗称小李家房子。子牙河为北辰区和西青区的界河，李家房子村系地跨两区的自然村落。2015年，该村户籍人口2368人；长期固定资产1032.69万元，农村经济总收入626.9万元。

李家房子村航拍图　　（2017年摄）

一　村庄沿革

李家房子村始建于清同治元年（1862年）。时静海县贾口村（一说东贾口村、东贾村）李影顺一家沿子牙河顺水乘舟迁至天津县西北子牙河北岸定居，遂盖土房两间。杨柳青石家大院佃户常在此避雨歇脚。成村后，初称李家房，亦称李家房子渡口；民国1年（1912年）后，称李家房子村。据《典籍中的北辰》（79页）民国时期建置载，民国7年（1918年）天津县所辖西乡第十六区村庄中有李家房子村名。

光绪三十年(1904年)，该村隶天津县西乡第十六区。民国23年(1934年)，李家房子为第五十一乡(编乡)，隶天津县第三区；民国37年(1948年)，隶韩家墅乡。1953年7月，该村隶铁锅店乡；1958年4月，隶青光乡；1958年10月至1959年1月，先后隶青光生产大队和青光管理区；1959年12月，划归天津市畜牧局津北畜牧场；1960年6月27日，隶津北畜牧场分场；1961年3月，划归天津市农林局杨柳青林场；1964年12月24日，划归青光农场；1965年3月，划归青光公社；1983年4月，隶青光乡；1995年11月，隶青光镇，至2016年未变。

二　道路河流

道路　20世纪60年代以前，该村周边无公路，民宅均沿大清河隔淀堤（千里堤）而建，房前仅有村民日常出行的人行道和堤下通行的大车道。1963年，天津西部被洪水包围，为保卫天津，抗洪队伍在李家房子村把千里堤加高培厚、巩固堤防，时房前人行道加宽。1969年，由国家电力部门出资兴建的117公路竣工通车。该路是李家房子村第一条穿村而过的沥青混凝土路面。2000年，该村北青光中学东路竣工通车。该路北起青光中学东侧津霸公路，南与穿村而过的117公路相接，全长3千米，属二级路面。至2016年，该村周边有公路2条，均为乡村公路。

河流　自古以来，李家房子村南有一条子牙河，系一级河道。该村与子牙河北岸相距0.5千米。历史上该村北有一条大清河，光绪末年断流干涸；20世纪末，该河故道遗迹无痕。该村东有永青渠，系二级河道，1974年人工开凿。

李家房子村南的子牙河　　（2016年摄）

李家房子村东的永青渠　　（2016年摄）

三　人口方言

人口　据《典籍中的北辰》记载，民国23年（1934年）李家房子村有158户605口人。据统计资料载，1980年有412户1848人；2000年有615户2068人；2016年有942户2825人。

民族　据《天津市北辰区地名志》载，1995年李家房子村有汉族、回族2个民族。2016年有汉族、回族、朝鲜族、满族4个民族。

方言　李家房子村方言在全国方言分区属冀鲁官话区保（定）唐（山）片定（州）霸（州）小片的静海方言范围。该村东部在其所属的青光镇域方言片中，属津北方言片。该片方言是天津方言向武清方言过渡和结合的方言区，其语言像天津话，语调似普通话，但齿音字较多，常把zh、ch、sh读成z、c、s。该村西部属静海方言片，与毗邻的杨柳青口语近似，齿音字亦多。

姓氏 至2016年年底，据李家房子村委会有关人员调查统计，该村共有53个姓氏。其中族门大户有李氏、闫氏、张氏、刘氏等4个姓氏，各姓氏家族字辈排序如下表。

2016年李家房子村主要姓氏字辈情况表

表1

姓氏	家族字辈	姓氏	家族字辈
李	西、广、宗、耀、祖、承	张	相、振、家、浩、翔
闫	万、有、树、立、浩	刘	学、玉、明、道、庆

四　耕地状况

耕地四至 20世纪70年代，该村共有9块耕地，总面积2899亩，其中子牙河以北分布7块，子牙河以南分布2块。其9块耕地整体四至为：东界刘家码头村，西界铁锅店村，南界杨柳青及杨柳青农场，北界红光农场。各地块具体四至分述如下。八百亩：东至永青渠，南至李房子村，西至韩圈地，北至红光农场。韩圈地：东至八百亩，南至李房子村，西至铁锅店，北至红光农场。宋家门前：东至过水桶，南至子牙河，西至李家房子村，北至李家房子村。过水桶：东至侯家门前与中节地，南至子牙河，西至宋家门前，北至李家房子村。侯家门前：东至永青渠，南至中节地，西至过水桶，北至李家房子村。中节地：东至永青渠，南至子牙河，西至过水桶，北至侯家门前。大斜子：东至刘家码头，南至子牙河，西至永青渠，北至刘家码头。一至四沟：东至十八亩，南至杨柳青五街，西至杨柳青，北至小李家房子村。十八亩：东至杨柳青二街，南至杨柳青五街，西至一至四沟，北至小李家房子村。

20世纪70年代李家房子耕地地块示意图

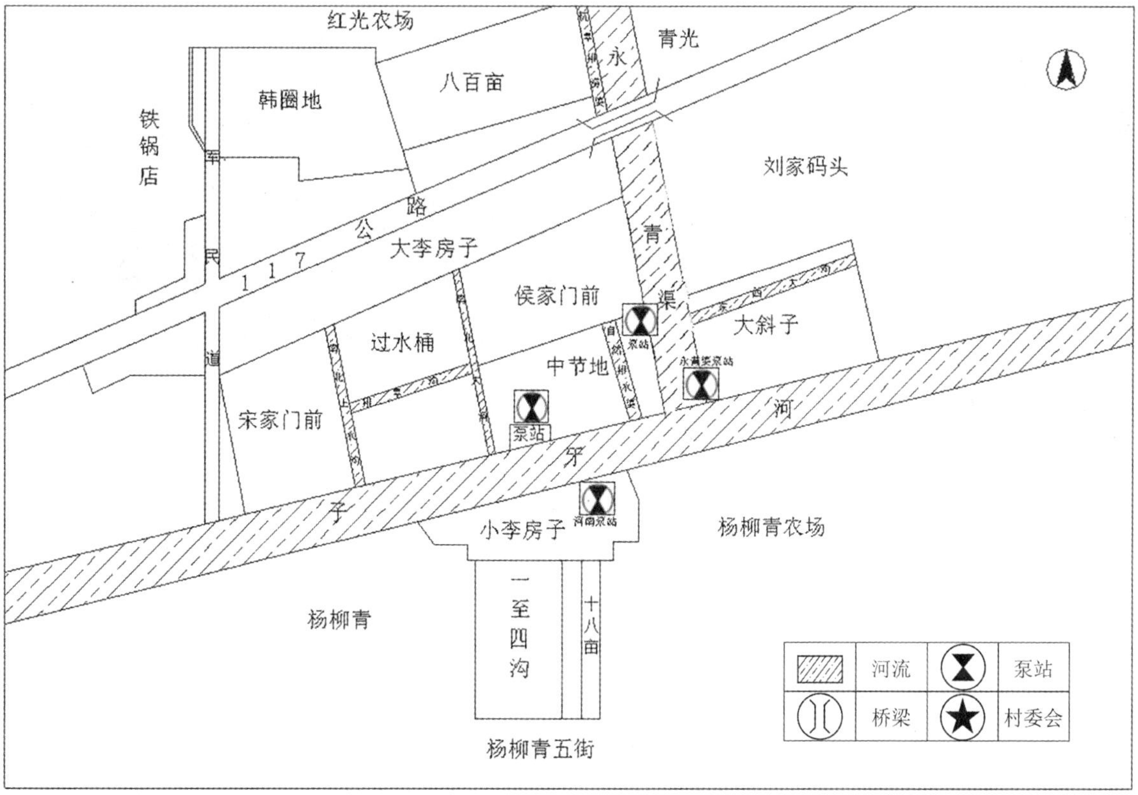

（2016年绘制）

20世纪70年代李家房子村耕地地块情况表

表2 单位：亩

序号	地块名称	位置	面积	序号	地块名称	位置	面积
1	韩圈地	村北	320	6	八百亩	村北	800
2	侯家门前	子牙河以北	196	7	大斜子	村东	490
3	中节地	子牙河以北	198	8	一至四沟	村南	502
4	过水桶	子牙河以北	195	9	十八亩	村南	18
5	宋家门前	村西	180	合计			2899

沟渠　1958年在过水桶与侯家门前之间挖一条南北大河，长500米，宽30米，用于抗旱排涝。该村中节地有自然排水渠一条，系1963年闹洪水冲刷而成，长300米，宽6米。1977年在八百亩地块开挖抗旱排涝渠一条，长700米，宽8米。1988年，在过水桶地块开挖抗旱渠一条，长约500米，宽约12米。1992年在宋家门前地块修南北上水沟一条，长500米，宽4米。1999年在大斜子地块开挖东西大沟一条长600米，宽9米。这些沟渠旱能浇、涝能排，是李家房子村农业丰收的保障。

李家房子村南北大河　（2016年摄）

泵站　1972年，建李家房子河南泵站一座，坐落子牙河南岸。1973年，建李家房子河北泵站一座，坐落子牙河北岸。1992年建（一、二队）泵站一座，坐落于永青渠。

涵闸　1988年，李家房子村在永青渠西侧修建永青渠涵闸一座。

李家房子村永青渠扬水泵站　（2016年摄）

五　街道胡同

20世纪50年代以前，李家房子村民宅沿大清河堤（千里堤、隔淀堤）而建，村中无正式街道胡同。60年代后，随着村民宅基地发放向村北扩展延伸，依村镇规划实施村庄建设，村中街道胡同逐渐形成。特别是自117公路和青光中学东路筑成通车，成为村中交通干道。至2015年，该村纵横交错的道路及街道胡同共32条，其中横向7条，纵向25条；乡村公路2条，街道(路)13条，里巷11条，胡同6条。

2015年李家房子村街道胡同情况表

表3 单位：米

类别	名称	位置	走向	长度
公路	中学东路	村中部	南北	2400
	117公路（西环路）	村南	东西	1998
	117公路（东环路）	村南	东西	1998
街道（路）	（117）一号路	西环路北	南北	95
	（117）二号路	西环路北	南北	95
	（117）三号路	西环路北	南北	95
	（117）后路	西环路北	东西	135
	渡口路	村中南	南北	115
	小学路	村北	东西	95
	前坡西大街	村南	东西	1880
	前坡东大街	村南	东西	1880
	北湾大街	村中部	东西	800
	北湾大街	村东	南北	130
	金属道	东环路北	南北	95
	中兴北道	北湾大街北	南北	105
	中兴道	北湾大街南	南北	75
里巷	四家巷	西环路北	南北	45
	吕家巷	西环路南	南北	45
	玉泉里	西环路南	南北	55
	育才里	小学路南	南北	90
	智慧里	小学路南	南北	75
	美园巷	小学路南	南北	93
	五福里	中兴北道东	南北	49
	妙园里	中兴北道东	南北	50
	榆树里	中兴北道东	南北	65
	和平里	东环路北	南北	75
	欢庆里	东环路北	南北	45
胡同	张家胡同	西环路南	南北	55
	综合胡同	西环路南	南北	79
	明来胡同	中兴北道东	南北	50
	张李胡同	中学东路东	南北	52
	东升胡同	北湾大街（南北）东	东西	75
	李家胡同	东环路北	南北	63

李家房子村北湾大街　（2016年摄）

李家房子村李家胡同　（2016年摄）

李家房子村综合胡同　（2016年摄）

李家房子村明来胡同　（2016年摄）

李家房子村张家胡同　（2016年摄）

李家房子村渡口路　（2016年摄）

六　旧村改造

2008年，国家筹备实施京沪高速铁路、南水北调重点工程建设，工程路线均经李家房子村域通过，占地33公顷，涉及86户民宅拆迁。该村以此为契机，在落实青光示范小城镇建设规划中，实施旧村改造。是年底，86户民宅拆迁完毕。2009年，李家房子还迁区一期工程全面启动。至2012年，该村一期工程还迁房及配套设施建设全部竣工，总建筑面积7万平方米。其中建居民高层还迁住宅楼房8栋（11层、19层各4栋），建筑面积5.2万平方米。2013年，该村86户拆迁居民，选还迁房164套，喜入新居——碧水蓝湾社区。

2014年，李家房子还迁区二期工程桩基施工完毕。2015年，二期工程13.8万平方米止水帷幕施工告竣。

七　公共设施

20世纪50年代，李家房子村先后设立初级小学校，子牙河渡口，供销社门市部等公共设施。60年代，增设红医站。70年代后，随着村庄建设的发展，公共设施不断完善，逐步趋于规范化。至2016年，该村建有村委会大院、沿河小学、村卫生所、农贸市场、健身公园、希望幼儿园、碧水蓝湾幼儿园、慈愿养老院、骨灰堂、村社区综合服务中心、碧水蓝湾社区卫生服务站等公共设施。

李家房子村碧水蓝湾社区正门
（2016年摄）

附：

李家房子渡口　设在北辰区青光乡李家房子村子牙河下游。始建于清同治九年（1870年），主要用木船摆渡过往行人，船长12米，宽1.2米。直至1955年均由私人经营。1956年成立高级社时，为李家房子村集体所有，2016年渡口废止。

李家房子村健身公园　（2016年摄）

90年代李家房子村渡口　（林逢水摄）

设立在李家房子村域内的沿河小学
（2016年摄）

李家房子村碧水蓝湾幼儿园
（2016年摄）

2015年李家房子村街道胡同及公共设施示意图

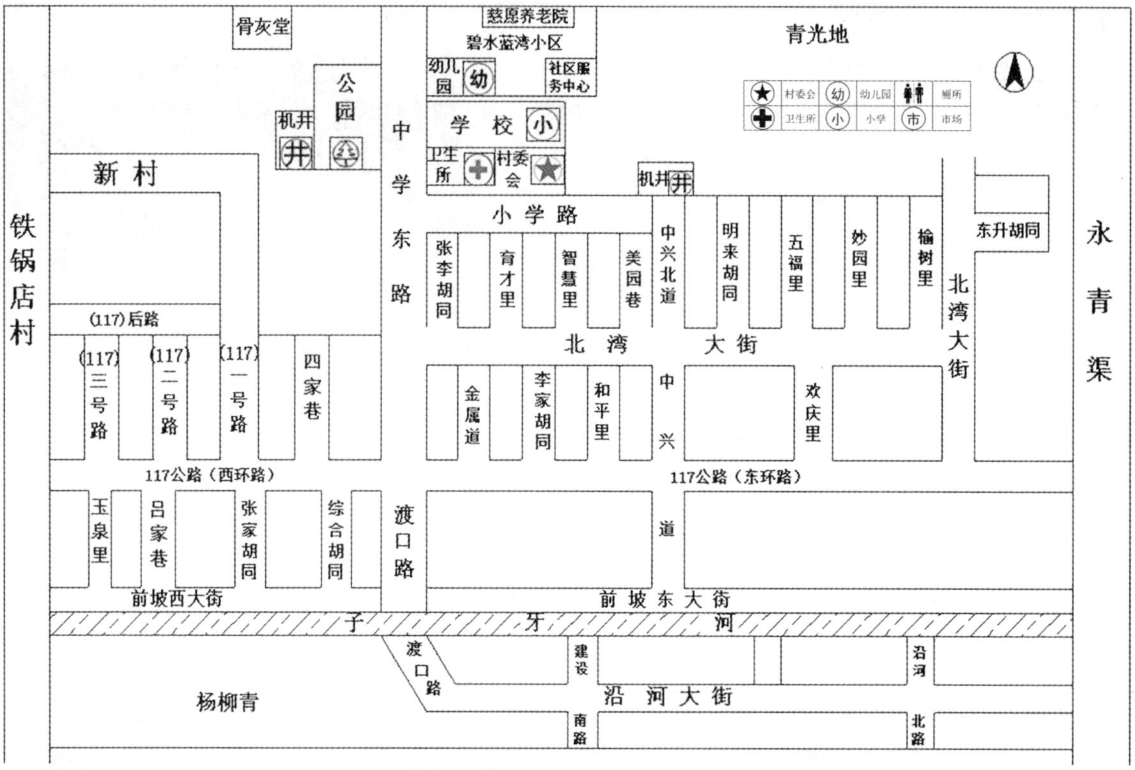

（2016年绘制）

李家房子村村委会（2016年摄）

李家房子村农贸市场（2016年摄）

李家房子村碧水蓝湾社区警务室（2016年摄）

李家房子村社区服务中心（2016年摄）

在李家房子村内的慈愿养老院　（2016年摄）

李家房子村骨灰堂　（2016年摄）

八　经济概况

历史上，李家房子村村民从事传统的农业生产，系小农经济。20世纪50—70年代，该村经济仍以农业为主。因该村地处子牙河畔，时水源充沛，农田多为沙质土壤，故种植蔬菜和油料（花生）作物为其地方经济特色。

60年代末，该村始兴办集体企业。70年代后，该村不断调整经济结构，发展“一优两高”农业，开发村集体企业，全面发展农村经济。至90年代初，有村办集体企业4个，生产砖瓦、鸡笼、针织品、手表零件。2000年后，该村加大招商引资力度。2004年，该村辟建工业小区，占地6.7公顷。该小区进驻企业30余家，主要为自行车、电动自行车、家具、机械加工、铸造等行业。

九　民间文化

李家房子村话剧团　1952年，李家房子村成立话剧团，初由村团支部书记刘占武任团长，吴恩波、李振铎任副团长，后李振铎任团长，演员近20余人。1954年，该村话剧团改为胜利评剧团，排练演出剧目有《血泪仇》《封建婆婆》《卖毛驴》《应征前夕》《祝福》《张二嫂改嫁》等，每逢节日在该村和邻村演出。后又改建李家房子京剧团，1968年解散。

李家房子业余剧团全体成员合影（1961年摄）

李家房子村秧歌队　2000年该村成立秧歌队，大约30余人。每到正月十五在该村和邻村表演，得到群众好评，曾获得过区镇两级政府的奖励。

进入21世纪，该村流行跳广场舞，参与者众多，其中不乏中老年人。

十　英烈先贤

张一波（1909—2008）　曾用名张静海，李家房子村人。民国26年（1937年）10月参加革命，同期加入中国共产党。抗日战争时期曾任察绥支队参谋，察绥第一支队二营营长、大队长，雁北大同桑干河武工队队长，雁北第十一区队参谋长，六团参谋长，山西应县支队长。解放战争时期，曾任山西雁北军分区第十二团团长，合编后仍任团长。民国37年（1948年）在应县作战时，左上肢负伤（伤级甲三）。1955年9月获授大校军衔。历任六十六军一九七师副师长、师长，六十六军一九六师师长，山西省军区参谋长、副司令员，河北省军区副司令员等职。1981年6月，中央军委批准其离休，在石家庄干休所休养，享受正军级待遇。1988年7月，中国人民解放军总政治部颁布命令，授予张一波“功勋荣誉奖章”。2008年10月去世，享年99岁。

胡吉庆（1925—1949） 原居天津（市区）。民国37年（1948年），胡吉庆为参加人民解放军，其母子移居李家房子村，托其在该村做媳妇的胞妹胡秀珍照料其母。是年，胡吉庆到东北参加第四野战军，曾参加解放天津战役。民国38年（1949年）4月，其随军南下，在一次战斗中失踪。1958年，人民政府给其母亲颁发了烈士证。胡吉庆失踪前系三十九军二五〇团一连某班班长。

周金发（1928—1951） 李家房子村人。1951年，他牺牲在朝鲜战场，生前为一二六师一〇四团一连战士，中共党员。

十一 历任党政负责人

中华人民共和国成立后，李家房子村于1954年（一说1955年）建立中共支部，首任党支部书记王玉成，1998年5月改建党总支。1954—2016年，该村党组织负责人共16任。

1954—2016年李家房子村党组织负责人任职情况表

表4

党组织名称	姓名	性别	职务	任职时间	说明
党支部	王玉成	男	书记	1954	一说1955—1958
	贾元祥	男	书记	1955—1959	一说1958—1959
	沈富春	男	书记	1960—1962	
	牛国才	男	书记	1963—1964	
	贾元祥	男	书记	1965	
	王功臣	男	书记	1966	
	刘文成	男	书记	1967	
	陈万祥	男	书记	1968	
	贾元祥	男	书记	1969	
	董尚红	女	书记	1970—1975	
	张振忠	男	书记	1976—1983	
	彭宝成	男	书记	1984—1985	
	张振忠	男	书记	1986—1993	
	宋玉宝	男	书记	1994—1997	
	张家生	男	书记	1997—1998	
党总支	张家生	男	书记	1998—	

中华人民共和国成立后，1950年李家房子村成立村公所，1953年建立村人民政府。1956年1月，以乡为单位成立高级农业生产合作社。1958年10月，农村成立人民公社，实行“政社合一”体制，村为生产大队。1983年，实行村民自治，生产大队改建为村民委员会。1950—2016年，该村村政机构负责人共16任。

1950—2016年李家房子村村政机构负责人任职情况表

表5

村政机构名称	姓名	性别	职务	任职时间	说明
村公所	张振山	男	村长	1950—1952	一说村长张振山任职时间为1950—1958年
村人民政府	贾元祥	男	村长	1952—1953	
	闫有生	男	村长	1954—1958	

续表

村政机构名称	姓名	性别	职务	任职时间	说明
生产大队	贾元祥	男	大队长	1959—1960	
	李殿柱	男	大队长	1960—1963	
	李福珍	男	大队长	1964—1965	
	贾元明	男	大队长	1966—1968	
	张振忠	男	大队长	1969—1970	
	贾元明	男	大队长	1971—1983	
村民委员会	吕宗海	男	主任	1983—1984	
	彭宝成	男	主任	1985—1985	
	吕宗海	男	主任	1986—1993	
	胡凤祥	男	主任	1994—1997	
	孙云才	男	主任	1997—2000	一说孙云才主持工作
	刘玉海	男	主任	2000—	

十二　荣誉

（一）先进个人

2015年4月15日，李家房子村村委会主任刘玉海被评为天津市劳动模范。

（二）立功军人

苏宝全　李家房子村人，1948年入伍，系中国人民解放军某部炊事员。部队南下解放海南岛，军情紧急，首长命令抛弃重物、轻装前进。苏宝全身背数十斤重大铁锅，没舍得扔，同轻装战士一样跑步前进，准时到达目的地，及时开饭。因后勤保障有力，荣立三等功。

高铁骊　李家房子村人，1987年入伍，系中国人民解放军北京军区二十八军守备一师政治部文书。他在服役期间，因装备达标，工作成绩显著，1991年立二等功。

附：典籍选录

《典籍中的北辰》348页（《天津大辞典》605页）

王大红为抗美援朝捐款　1951年，李家房子村妇女王大红积极响应抗美援朝号召，把自己在农场拔草赚得的3万元（旧币）捐献给国家。

（《青光镇志》209页）

试办农业生产合作社　1952年8月10日，天津县四区李家房子村试办4个农业生产合作社，入社22户，740亩土地；……。

（《沽北晨光》91–93页）

杨家嘴村

杨家嘴村位于北辰区西南部，地处外环线以东与光荣道（原津霸公路）交会处。该村东邻天穆镇刘家房子村，西隔外环线与韩家墅为邻，南临子牙河，北与佳荣里街道瑞秀园社区相连。原建成村（光荣道以南为老村，以北为新村）呈北宽南窄新月形（一说呈锥形），村庄占地面积18.56万平方米。该村地处外环线以内，系城中村。2012年5月，按北辰区城中村改造工程统一部署，杨家嘴村率先完成旧村拆迁，原村落已不复存在。自2015年起，该村村民分期入住还迁区高层住宅。2015年，该村有户籍人口2575人；长期固定资产4640.75万元，年农村经济总收入329.9万元。

杨家嘴村还迁楼——瑞鑫家园一隅　（2016年摄）

一　村庄沿革

民国2年（1913年）［一说6年（1917年）］，有杨氏在大清河及凤河的废河嘴处盖房3间，后有山东梁山地区逃荒农民侯、王等姓迁入，沿千里堤筑房而居渐成村落，以首户杨姓因居废河嘴而得名，称杨家嘴。据《典籍中的北辰》（79～82页）民国时期建置载："1934年境内天津县村庄辖属表"中可见杨家嘴村名。1949年中华人民共和国成立后，一度称杨嘴，后复称杨家嘴。

民国2年（1913年），该村隶北洋政府直隶天津县。民国17—27年（1928—1938年），隶南京国民政府河北省天津县。民国27年（1938年）8月至民国34年（1945年）8月，属日伪河北省天津县。民国34年（1945年）9月至民国37年（1948年）11月，隶南京国民政府河北省天津县。民国37年（1948年）12月，该村隶民主政府冀中津武县三区；民国38年（1949年）3月，隶天津县七区。是年8月1日，隶河北省天津县人民政府七区。1950年7月，隶河北省天津县四区。1952年4月，隶天津县四区。1953年5月14日，隶天津市津北郊区。1953年7月，隶津北郊区杨家嘴乡。1955年6月17日，隶天津市北郊区杨家嘴乡。1958年4月，隶韩家墅乡；是年10月，隶韩家墅管理区。1959年9月，划归天津市副食品局。1961年3月，杨家嘴从副食品局划归农林局杨柳青林场；1964年12月24日，划归青光农场；1965年3月，划归青光公社。1983年，该村隶北郊区青光乡人民政府；1992年3月，隶北辰区青光乡人民政府；1995年11月隶北辰区青光镇人民政府；至2016年，隶属未变。

津霸桥　　（2016年摄）

二　道路河流

道路　1986年以前，杨家嘴村周边仅有一条东西走向的公路，即村北的津霸公路。该路北辟建杨家嘴新村后，津霸公路便成了穿村而过的公路（进入21世纪后，外环线以东的津霸公路改称光荣道）。1987年10月1日，该村西外环线竣工通车。至此，该村已有两条省道通过。

河流　历史上，杨家嘴村西有大清河、凤河。清光绪末年，两河淤涸。原大清河、凤河之废河嘴遗迹现无痕。该村南临子牙河，系一级河道，距该村约1.5千米。

杨家嘴村域内穿村而过的津霸公路（光荣道）　　（2016年摄）

三　人口方言

人口　据《典籍中的北辰》记载，民国23年（1934年）杨家嘴村有90户、323人。中华人民共和国成立后，1980年有340户1637人，2000年有640户2202口人，2016年有1135户3411人。

民族　据《天津市北辰区地名志》载，1995年杨家嘴村有汉族、回族、满族3个民族。据村委会调查，2016年该村有汉族、回族、满族3个民族。

姓氏　截至2016年，据杨家嘴村委会有关人员统计，该村共有66个姓氏，无复姓，其中以张、王、李、郑、付（傅）、侯、刘等姓氏居多，村民先辈大多数是从山东梁山地区逃荒迁徙至津。

主要姓氏有王、刘、郑、李、张、付（傅）、陈等姓。其中王、郑、李姓氏家谱字辈排序如下：

王氏：洪、庆、传、广、泰、树、德、振、春、长。

郑氏：福、兆、百、世。

李氏：炳、存、建、仰、明。

方言 杨家嘴村方言处于北京官话区与冀鲁官话区相连地带，在全国方言分区上属冀鲁官话区保（定）唐（山）片天津小片，即属津冀鲁混合方言片。该村老年人一般仍说山东原籍方言，中年人常说津北方言或天津话，偶带原籍（山东）乡音，学生则说普通话。

在该村的方言中，把某些字声调的阴平读成上声。如把“回家”一词中的“家”（jiā）字读成 jiǎ，把“王芬”的“芬”（fēn）字读成 fěn，把“爹”（diē）字读成 diě。20世纪50—60年代，该村一些老年人在某些名词的称谓或叫法上，仍习惯用山东老家的方言。如称自家的女孩儿叫妮（nǐ）儿，称男孩儿叫小（xiào）儿；称粥为“糊嘟”；这些方言，60年代后已淡化。

谱牒选介

杨家嘴《东原王氏族谱》 2016年，经该村村委会人员走访获知，王姓村民家中珍藏《东原王氏族谱》3卷，竖文铅印，线装，保存完好。该谱曾于民国38年（1949年）续修，1987年再次续修。谱内主要记载谱序、世系图及谱字。谱存杨家嘴村王氏家中。

附一：《东原王氏族谱》序

我王氏家族自民国三十八年续谱以来近四十年之久虽相传时间短暂然而喜观我族子孙繁衍绵绵户口殷盛各支派散居各省为招穆后裔子孙念不失统更不乱宗以达敦宗睦族追远先辈之恩今族议再次续修在十六世兆谟兆苓兆实兆尧率领下辛十七世凤采带病操持凤棣考史究迹系缉谱牒十八世鸿春鸿瑞四处采访废寝忘食十九世庆寅千里迢迢来老家精神焕发高昂决心将此届续谱更上一层楼由於全体成员共同努力仅几天就顺利告竣此届续修重任余特此以表敬慕

十八世 鸿级沐手敬书

一九八七 丁卯年孟春上浣之吉续

附二：《东原王氏族谱》影印件

杨家嘴《东原王氏族谱》影印件之一 （2016年摄）

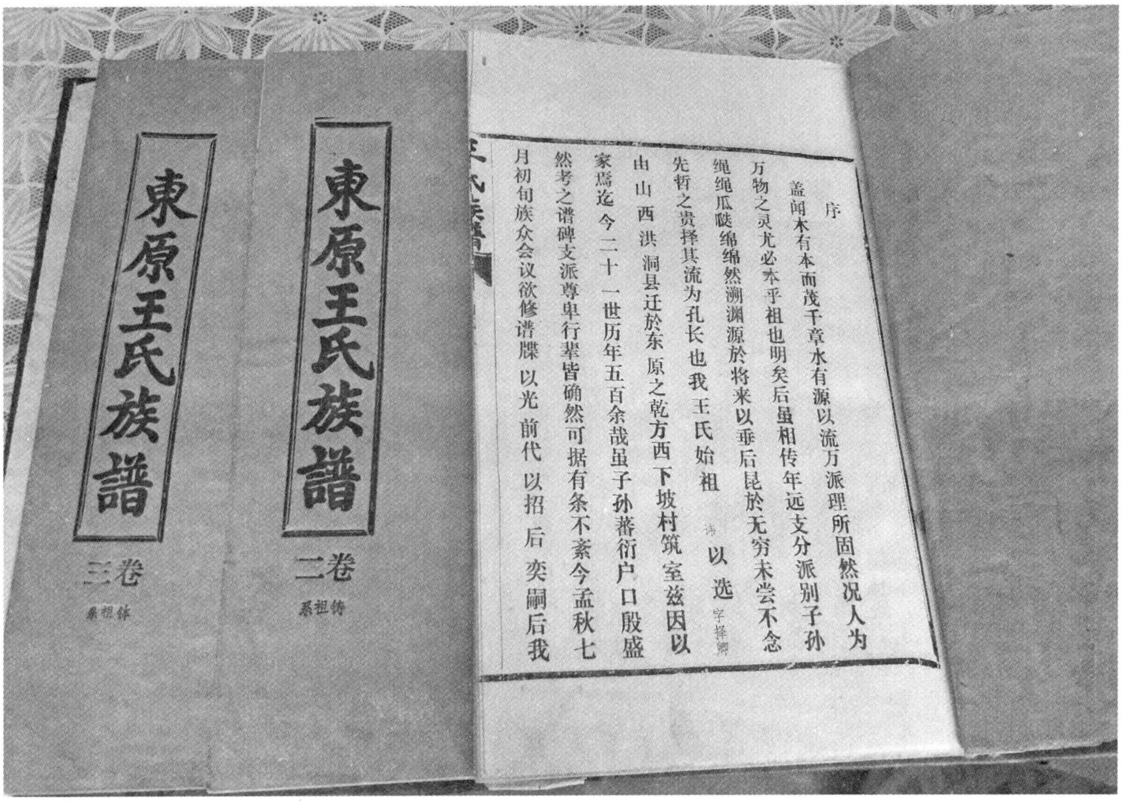

杨家嘴《东原王氏族谱》影印件之二　　（2016年摄）

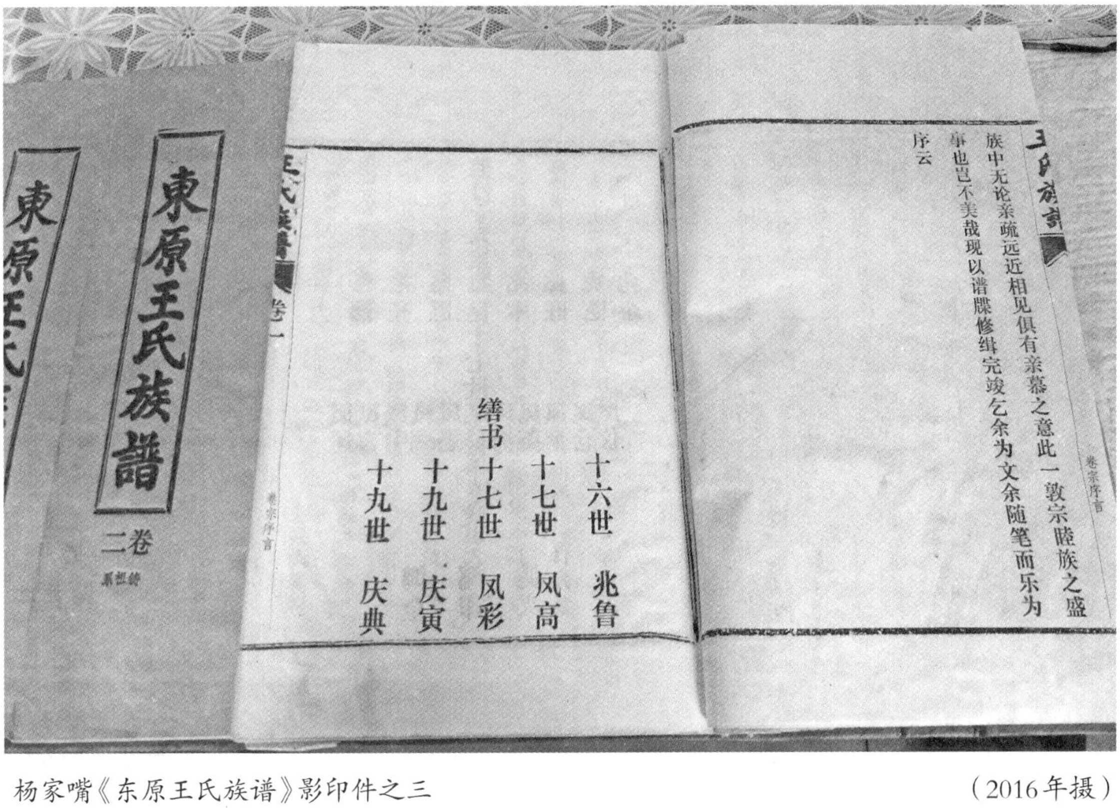

杨家嘴《东原王氏族谱》影印件之三　　（2016年摄）

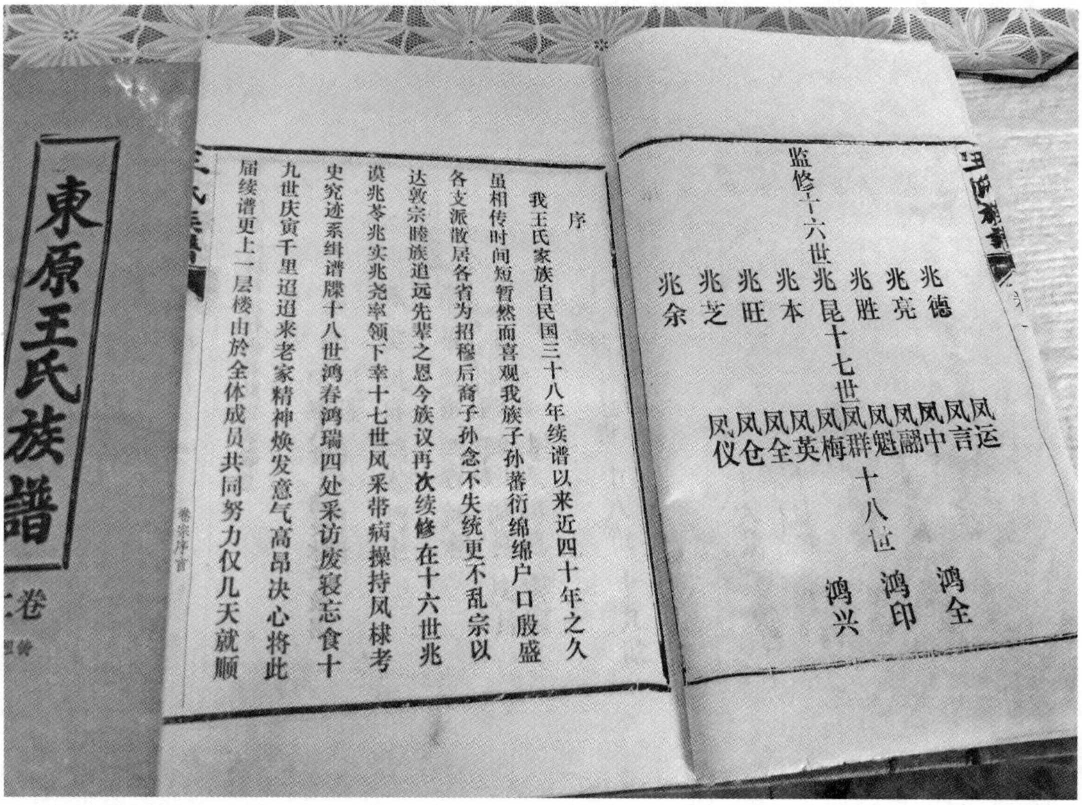

杨家嘴《东原王氏族谱》影印件之四 （2016年摄）

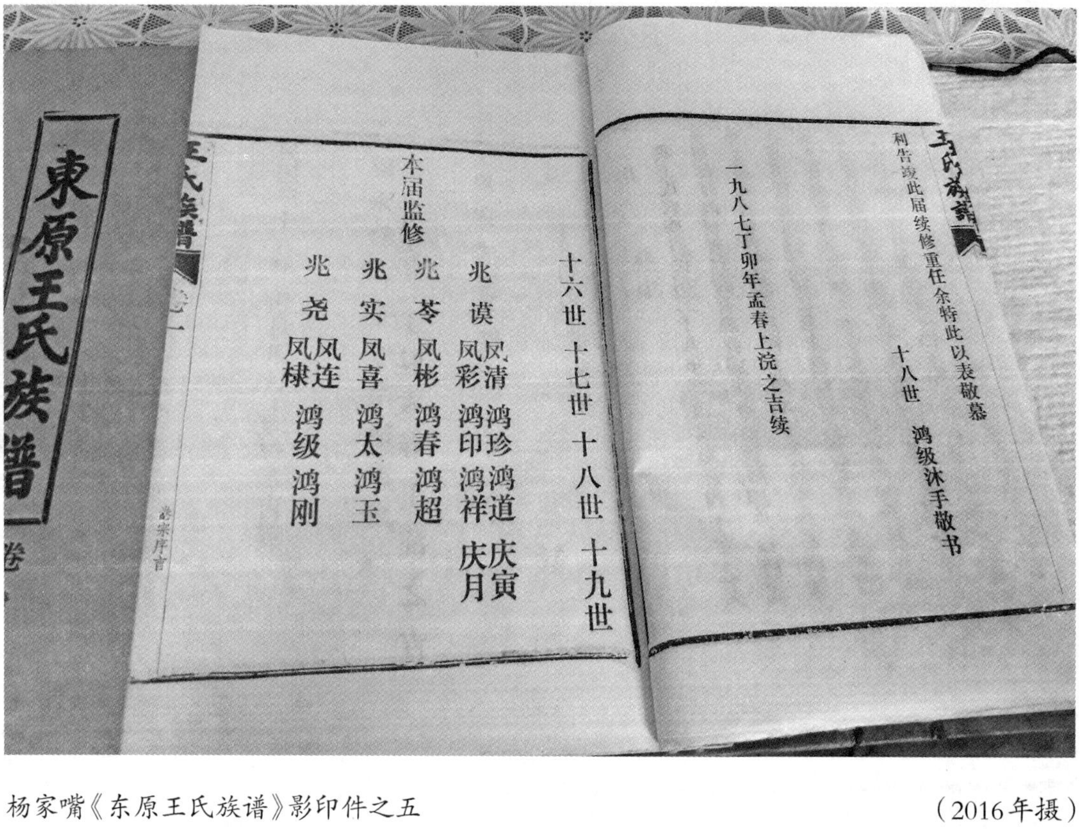

杨家嘴《东原王氏族谱》影印件之五 （2016年摄）

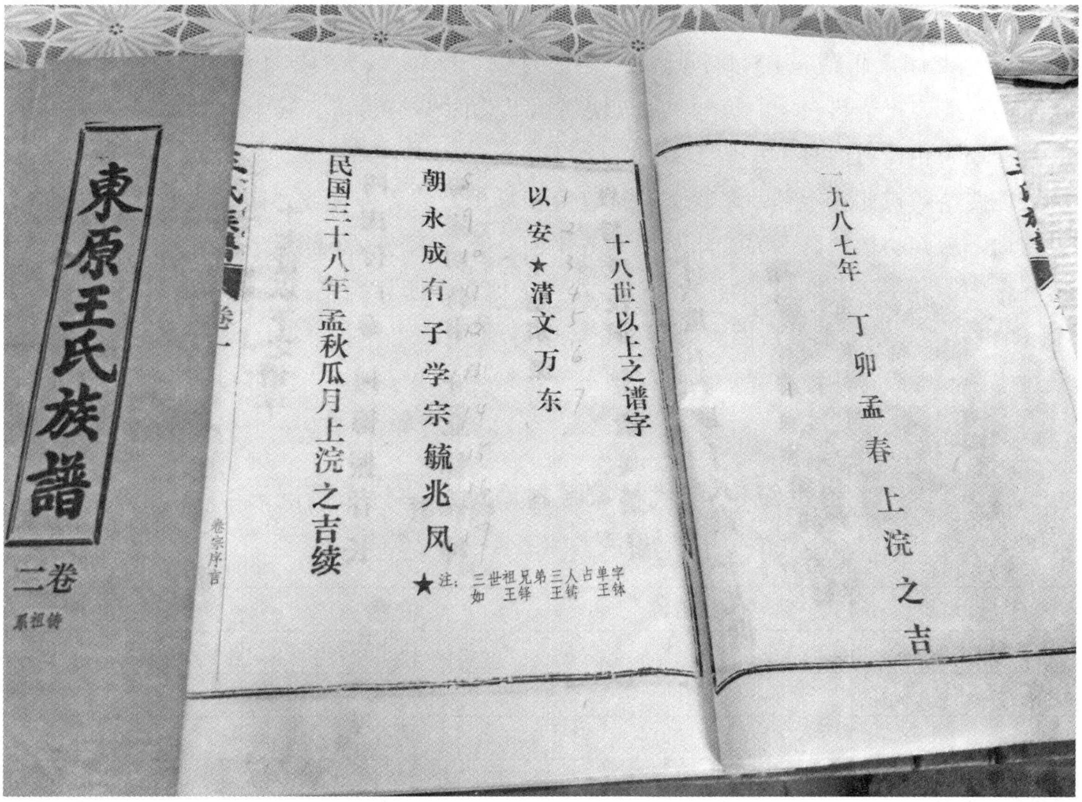

杨家嘴《东原王氏族谱》影印件之六　　（2016年摄）

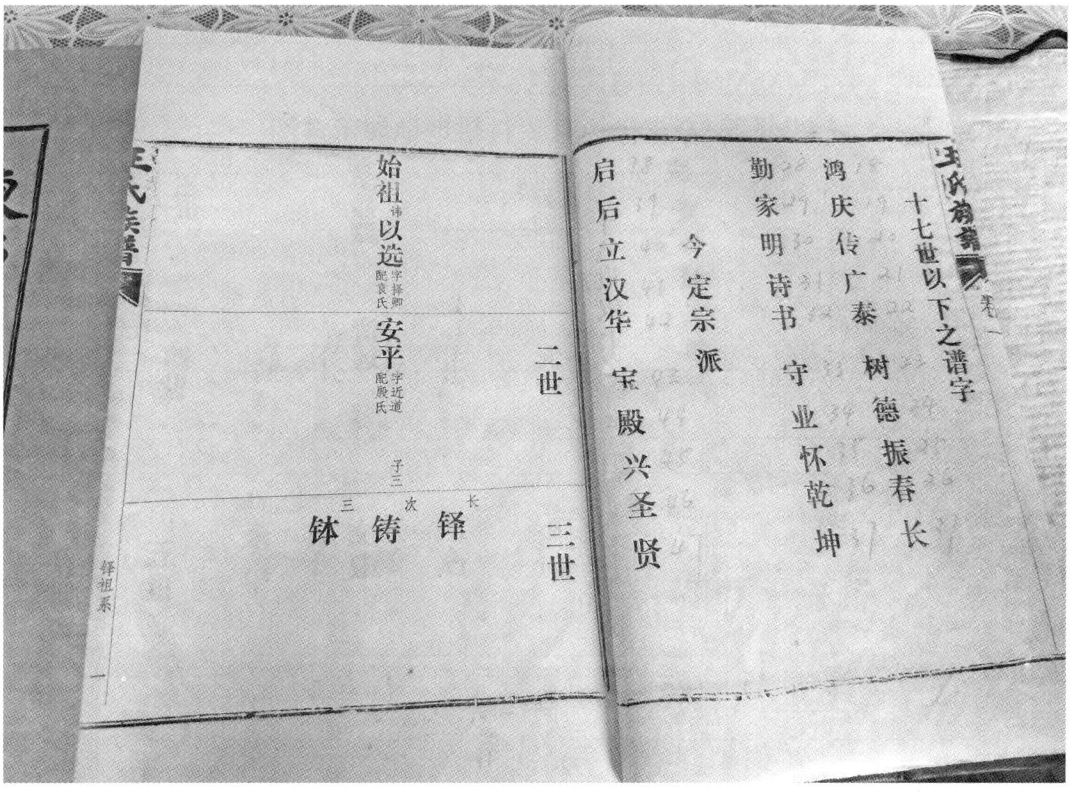

杨家嘴《东原王氏族谱》影印件之七　　（2016年摄）

四　耕地状况

耕地四至　历史上，杨家嘴村耕地整体范围，东界刘家房子耕地，西界韩家墅村耕地（堤南卞家地），南界子牙河北岸，北界王庄村耕地。

据杨家嘴村情调查资料表明，该村共有7块耕地，总面积2400亩。其中村北（津霸公路以北）有4块耕地，面积1200亩；村南有3块耕地，面积1200亩。

每块耕地四至：村北青年林，东界大盐地、麻酱场子，西界外环线，南界津霸公路，北界韩家墅地块；大盐地，东界小盐地，西界青年林，南界十河，北界王庄；小盐地，东界刘房子地块，西界大盐地，南界十河，北界王庄；麻酱场子，东界刘房子地块，西界青年林，南界津霸公路，北界十河。村南48亩（地名），东界排水渠，西界外环线，南界子牙河，北界前进渠；大田地，东界刘家房子地块，西界排水渠，南界中沟，北界前进渠；园田地，东界刘房子地块，西界排水渠，南界子牙河，北界中沟。

20世纪50年代杨家嘴村耕地地块分布情况表

表1　　　　单位：亩

序号	地块名称	位置	面积
1	青年林	村北	300
2	大盐地	村北	300
3	小盐地	村北	200
4	麻酱场子	津霸公路北	400
5	48亩	前进渠南（排水渠西）	200
6	大田地	前进渠南（中沟北）	600
7	园田地	子牙河北（中沟南）	400
合计			2400

20世纪50年代杨家嘴村耕地地块示意图

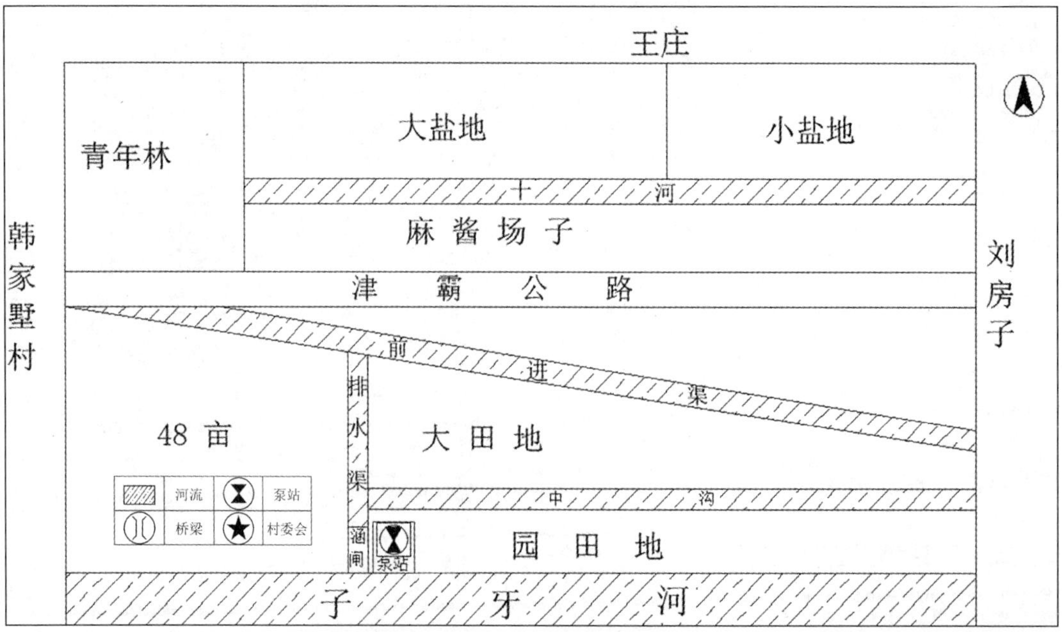

（2016年绘制）

沟渠 20世纪60—70年代，杨家嘴村兴修农田水利工程。时在村北开挖一条小河，东西向，称“十河”，长1000余米，用于村北农田灌溉。随着城市化建设推进，该河已被填平，另在村南开挖一条水渠，东西向，称“前进渠”，长1400米；2010年后在城中村改造中已填平。同期还开挖两条泄水沟，南北向为排水渠，东西向称中沟，用于村南农田排灌。

杨家嘴村子牙河泵站 （2016年摄）

杨家嘴村子牙河涵闸 （2016年摄）

泵站涵闸 70年代，杨家嘴村在村西南、子牙河北岸建泵站一座，有2台电机，提水能力0.9立方米/秒；同时建一座涵闸，村东南有灌溉机井一眼。

五 街道胡同

该村自民国初建村以来，直至50年代，均在东西走向的千里堤上建房而居。时多为土坯房或用泥草搬建的房屋，房舍前仅有一条东西向土道，无街道胡同。自60年代后，按规划逐步实施村庄建设，村居民宅向村北津霸公路南侧扩展，并在村东建南新村，村中大小街道、里巷胡同纵横交错。

90年代，村居范围向津霸公路以北扩大，辟建北新村。北新村楼后道以北均为平房，楼后道以南至津霸公路为楼房，街道胡同布局规整。

至90年代末，杨家嘴村（含老村、南新村、北新村）中主要有津霸公路（光荣道）穿村而过；有街道18条，胡同9条，路面均硬化。

2000年杨家嘴村街道胡同情况表

表2　　单位：米

类别	名称	位置	走向	长度
公路	津霸公路（穿村公路）	老村北（北新村南）	东西	2000
街道	后大街	村南	东西	3200
	前大街	村南	东西	3200
	西湾大街	老村委会东	南北	1050
	东湾大街	老村委会东	南北	1150
	勤劳道	老村委会东	东西	108
	学校路	老村委会东	南北	1300
	南新村道	南新村南	东西	110
	炮房里路	南新村东	南北	1500
	风华路	老村委会西	南北	800
	鲁源道	老村委会西	东西	600
	北胜路	师范学校西	南北	580
	村委路	师范学校东	南北	600
	建设路	新村中间	南北	600

续表

类别	名称	位置	走向	长度
街道	果园路	新村东部	南北	600
	楼南道	光荣道北侧	东西	600
	北新村前街	新村中间	东西	600
	北新村中街	新村中间	东西	600
	村北道	新村北部	东西	600
胡同	小胡同	村西津霸公路南	南北	200
	大胡同	村西津霸公路南	南北	500
	豆腐坊胡同	村东津霸公路南	南北	80
	南新村一条	南新村道北侧	南北	150
	南新村二条	南新村道北侧	南北	150
	南新村三条	南新村道北侧	南北	150
	南新村四条	南新村道北侧	南北	150
	南新村五条	南新村道北侧	南北	150
	南新村六条	南新村道北侧	南北	150

杨家嘴村北新村楼南道 （2010年摄）

杨家嘴村北新村前街 （2010年摄）

杨家嘴村学校路 （2010年摄）

杨家嘴村南新村一条 （2010年摄）

六　旧村改造

2010年，杨家嘴村实施平房改造，亦称城中村改造。是年，对该村宅基地及房屋进行测量统计和实物勘查，对1238处住宅27万平方米宅基地上的建筑物实施拆迁，对被拆迁居民进行就地安置。2012年5月30日，该村在全区城中村改造工程中，率先完成地上物拆迁任务，实现全部清零。是年，该村一期工程瑞鑫家园10栋高层住宅楼，6.7万平方米还迁房已封顶；二期瑞桐家园在施工中。至2016年，按照北辰区城中村改造工程指挥部统一部署，杨家嘴村一期780套6.28万平方米还迁房办理了还迁手续，二、三、四期24万平方米土建工程业已竣工。

七　公共设施

自民国初年，杨家嘴村建村后，最早的公共设施是提供村民生活用水的土井。民国36年（1947年）建杨家嘴小学（初级小学）。1949年至50年代初，先后建村公所、村人民政府和群众集资入股的供销合作社等公共设施。60年代，该村建立红医站。70年代，打机井1眼，建自来水设施。1986年，该村安装煤气管道设施。

80年代后，该村公共设施不断更新、扩建和完善。至2009年，该村有村委会办公楼、杨嘴小学、卫生服务站等公共设施。

2010年，该村城中村改造工程开始后，实施地上物拆迁且全部清零。至2016年，该村公共设施有村委会、学校、健身广场、篮球场等。

2000年杨家嘴村街道胡同及公共设施示意图

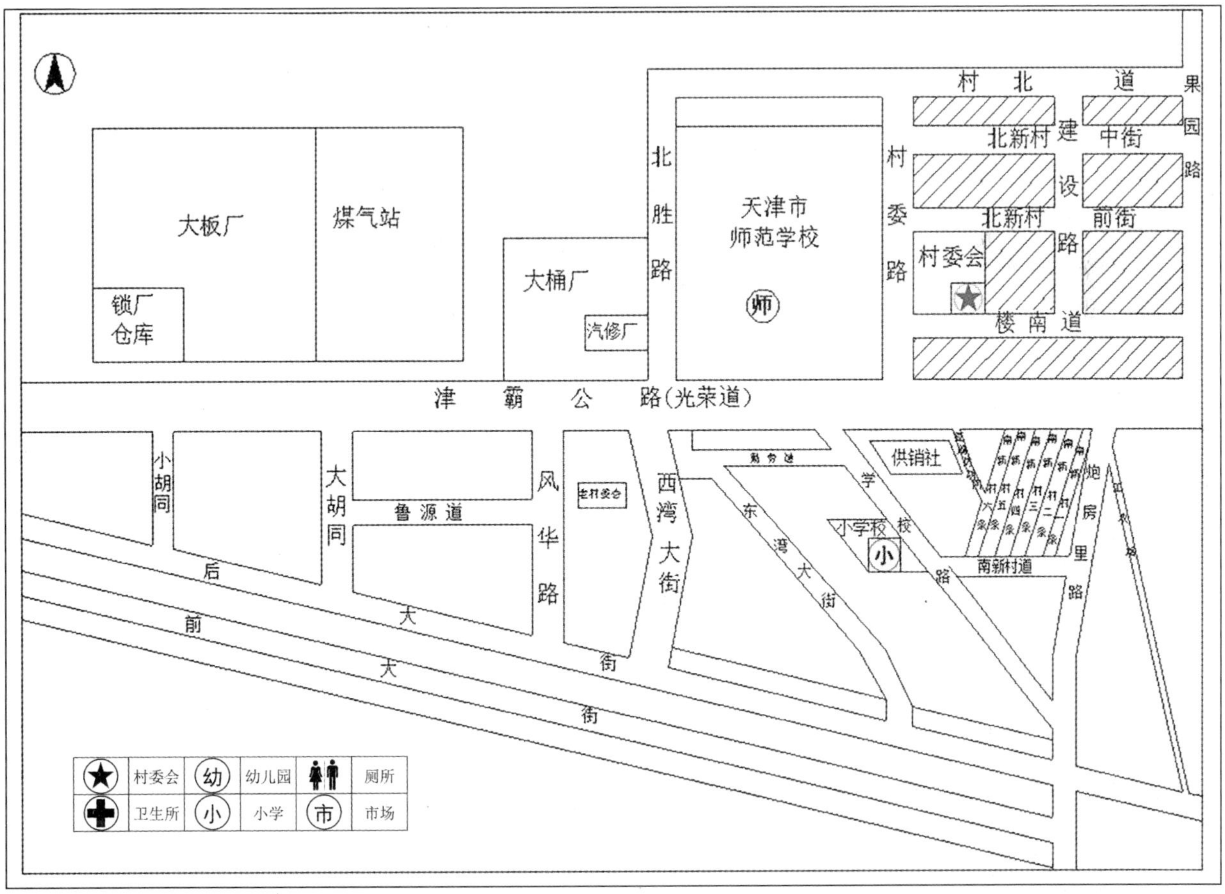

（2016年绘制）

杨嘴小学　　（2016年摄）

杨家嘴村村委会大院　　（2016年摄）

八　经济概况

民国时期，杨家嘴村系佃户村，农民靠租种土地为生。至20世纪50年代中期，该村农民一直从事传统农业生产。50年代末至80年代，该村以发展农业经济为主。种植业主要从事粮食、蔬菜、果品生产；养殖业以饲养生猪为主，多在垃圾堆放养，时一家养猪专业户最多饲养300头猪。至80年代末，主要有大桶厂、印刷厂2家集体企业，集体工业企业发展迟缓。

80年代以后，该村不断调整农业种植结构，扩大蔬菜保护地生产和果品生产。村集体工业企业发展加快，至1999年已有7家企业。改革开放后，随着外来务工人口的不断增加，杨家嘴村民以比邻市区的地利优势发展个体房屋出租及其他第三产业，经济收入大增。

2002年，该村投资2400万元开发房地产业，在双街镇开发区建2万平方米标准厂房和1500平方米配套办公用房对外出租，年可收益200万元。2016年，该村农村经济总收入720.1万元。

九　民间文化

红光评剧团　1956年，杨家嘴村（和刘房子村共同）组建红光评剧团，团长李方田（李家房子人）、魏贵发（杨家嘴人），演出剧目有《擦亮眼睛》《小姑贤》《妇女代表》等。1958年，该剧团解散。

秧歌队　1998年，杨家嘴村成立秧歌队，组织中老年人娱乐健身。后该队活动，因故终止。2008年，该村村民自发组建老年秧歌队。2009年，该队由村委会管理，参加活动人员最多达50人左右。

十　英烈

武凤水（1963—1989）　杨家嘴村人，基干民兵。他十几年如一日照顾孤寡老人；他曾下冰河救村民，涉深水救儿童；为扑灭儿童身上的火焰，为从车下救出老人，他两次受伤。1989年7月2日下午，在杨家嘴村他为紧急营救在酒糟池中因沼气中毒的两名群众而牺牲。国家民政部批准他为革命烈士，天津警备区为他追记一等功，中共北辰区委、区政府作出向武凤水学习的决定。武凤水牺牲时，年仅26岁。

十一　历任党政负责人

中华人民共和国成立后，杨家嘴村于1954年1月建立中共支部，1996年5月改建党总支。1954—2016年，该村党组织负责人共15任，首任党支部书记张善奎。

1954—2016年杨家嘴村党组织负责人任职情况表

表3

组织名称	姓名	性别	职　务	任职时间
党支部	张善奎	男	书记	1954—1957
	张立秀	男	书记	1957—1958

续表

组织名称	姓名	性别	职　务	任职时间
党支部	张庆山	男	书记	1958—1959
	高儒基	男	书记	1959—1963
	王洪林	男	书记	1964—1965
	傅兆兰	女	书记	1966—1968
	唐传生	男	书记	1969—1975
	郑兆荣	女	书记	1975—1976
	唐传生	男	书记	1976—1994
	李明水	男	书记	1994—1996
党总支	李明水	男	书记	1996—1997
	李明河	男	书记	1997—2000
	李明水	男	书记	2000—2000
	孙玉良	男	书记	2000.—2012
	武凤来	男	书记	2012—

民国38年（1949年）1月15日，天津解放。是年，杨家嘴村成立村公所。1953年建立村人民政府。1956年1月，以乡为单位成立高级农业生产合作社，村为生产大队。1958年10月，农村成立人民公社，实行“政社合一”体制，村为生产大队。1983年实行村民自治，生产大队改建为村民委员会。1949—2016年，该村村政机构负责人共20任。

1949—2016年杨家嘴村村政机构负责人任职情况表

表4

村政机构名称	姓名	性别	职务	任职时间
村公所	周树礼	男	村长	1949—1952
村人民政府	张顺起	男	村长	1953
	周树礼	男	村长	1954—1955
生产大队	王洪林	男	大队长	1956—1959
	孙庆河	男	大队长	1959—1961
	王洪林	男	大队长	1962—1964
	唐传生	男	大队长	1965—1969
	孙庆河	男	大队长	1969—1975
	王长义	男	大队长	1975—1982
村民委员会	王全义	男	主任	1983—1987
	李明河	男	主任	1987—1988
	孙秀彬	男	主任	1988—1994
	张德宝	男	主任	1994—1997
	侯召义	男	主任	1997—2000
	李建友	男	主任	2000—2003
	赵金才	男	主任	2003—2006
	李胜堂	男	主任	2006—2009
	武凤来	男	主任	2009—2012

续表

村政机构名称	姓名	性别	职务	任职时间
村民委员会	董长春	男	主任	2012—2015
	刘开枫	男	主任	2015—

十二　荣誉

（一）先进集体

1999年3月30日，杨家嘴村被中共天津市委农工委、市政府农业办公室授予“天津市第六批宽裕型、（明星）小康村”称号。

（二）立功军人

王传军　1979年生，杨家嘴村人。该人1995年入伍，系黑龙江省武警一支队战士，1996年荣立三等功。

附：典籍选录

子牙河漫溢被淹各村，杨柳青、韩家墅、刘家码头、杨家嘴、刘家房子、沟尾堡、李家房子等七村。

（摘自《益世报天津资料点校汇编》（二）1447页，1932年10月1日）

宜兴埠镇

宜兴埠镇坐落在北辰区东南部，南隔新开河与东丽区、河北区相望，西接北辰区天穆镇、普东街道，北毗小淀镇。镇辖10个街(村)。境内曾有宜兴埠、金鸡埠、赵家房子3个自然村，亦曾为自然镇。占地面积26.28平方千米，西北距区政府9.5千米。

2016年，该镇乡村总人口10229户22359人。

宜兴埠镇航拍图 (20世纪90年代摄)

宜兴埠镇航拍图 (2016年摄)

一　村庄沿革

相传元至元十九年(1282年)，朝廷命上海总管张煊、罗壁、朱清造船60艘，募水手同官军自海道运漕粮至直沽。张煊原籍江苏省宜兴县，其属下船工、舵手亦多为宜兴人，运粮至直沽交卸后，有船工便在境内搭棚聚居，遂成村。又传至元二十三年(1286年)，有韩、蒋二姓(另一说为韩、蒋、苏三姓，见《天津市北辰区地名志》)，驾船到境内打鱼，在高地落户聚落成村，始称渔家铺，后称余庆府，取吉庆有余之意。据乾隆《武清县志》载，清雍正八年(1730年)，武清县拨归天津府村庄中，该村已称为“余庆府”。据《天津通志旧志点校卷(中)•天津县志》载，清乾隆元年(1736年)，天津县奉文拨归西沽巡检应辖村庄，其中“余庆府”已更名为“宜兴府”。据《津门保甲图说》载，道光二十六年(1846年)，该村已更名为“宜兴埠”。

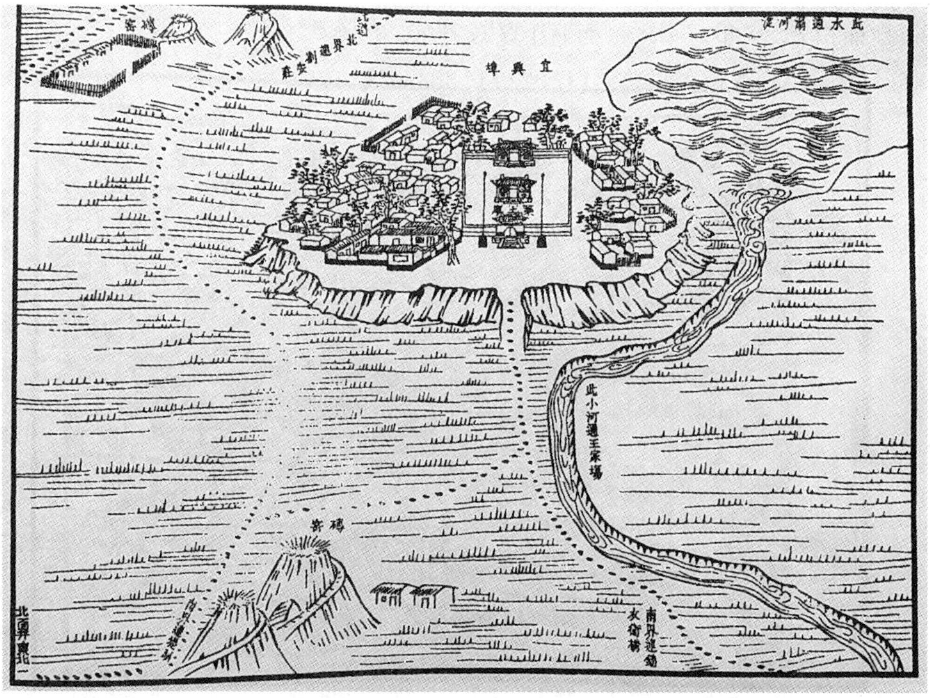

清道光二十六年(1846年)《津门保甲图说》中的宜兴埠　(2016年翻拍)

另有传，明英宗之女宜兴公主的封地在境内，故得名宜兴。

元至元二十一年(1284年)，属大都路总管府漷州武清县。明永乐元年(1403年)，属顺天府武清县。清雍正九年(1731年)，属天津府天津县。光绪二十六年(1900年)，曾属天津都统衙门北区。民国2年(1913年)，属直隶省天津县。民国17年(1928年)，属天津特别市五区。民国26年(1937年)，天津沦陷，属伪天津市第八区。民国27年(1938年)，属河北省天津县。民国32年(1943年)，属日伪河北省天津县。民国34年(1945年)9月，属民主政府天津县三区，后属津武县九区和武清县七区。民国35年(1946年)11月，属天津市三区。民国38年(1949年)8月1日，境地属河北省人民政府管辖，为天津市三区。

宜兴埠镇的以“根与希望”命名的汉白玉镇碑像
(1990年摄)

1952年，属天津市天津县三区。1953年5月14日，属天津市津北郊区。是年7月，宜兴埠建镇。1955年6月17日，津北郊区更名为北郊区。1958年10月10日，北郊区建制撤销，改隶天津市河北区，属兴淀人民公社，为其第一耕作站。1961年1月4日，兴淀人民公社改称宜兴埠人民公社。1962年2月1日，恢复北郊区建制，境地由河北区划归北郊区。1963年2月，宜兴埠人民公社改为一社一村，下设生产队。1966年1月，该公社(村)下设10个生产大队。1983年4月，公社改乡，其下属大队改为村。1985年1月，乡改镇，其下属村改为街。1992年3月6日，北郊区改称北辰区，宜兴埠镇属天津市北辰区。

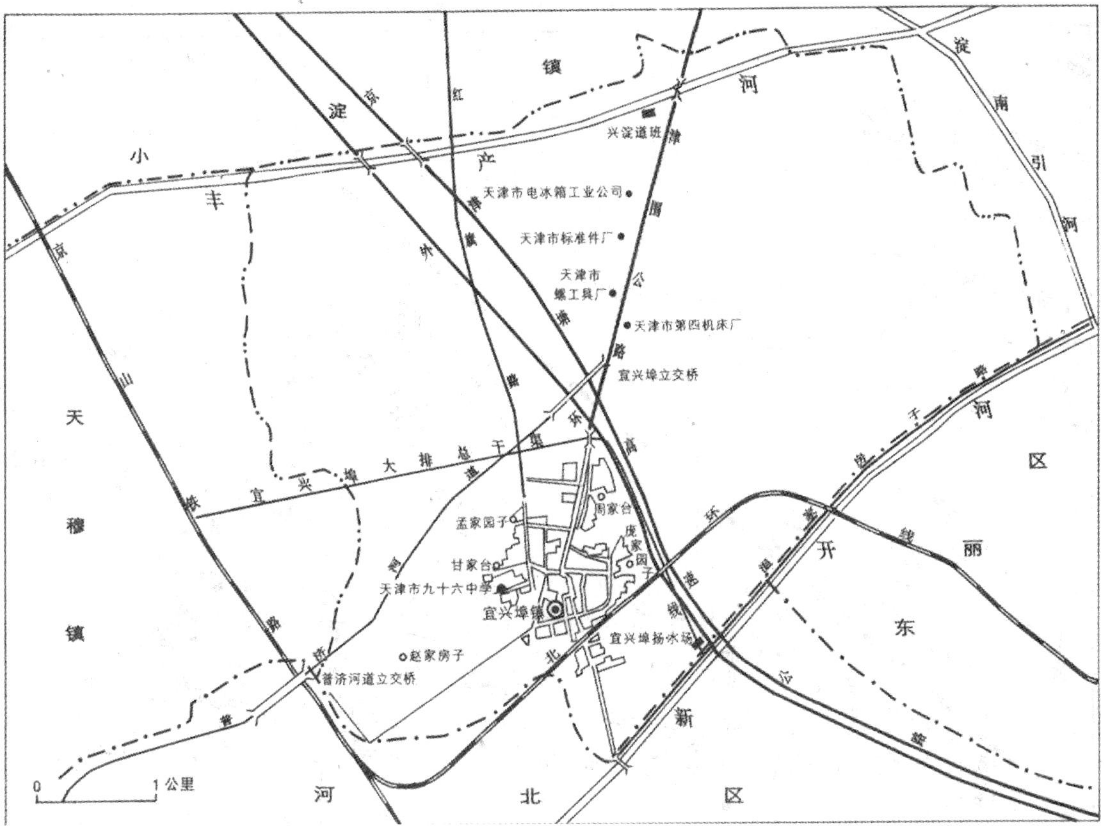

宜兴埠镇域图　　　　　　　　　　　　　　　　　　　　　　　　　　　　（1995年绘制）

二　道路河流

公路　宜兴埠镇是津北重镇，向来为通往冀东、宝坻的重要通道。1955年前，境内北大街（津围公路镇内北部段）、西大街、刘安庄大道（红旗路）、宫前街、宫后街及通往市区的下卫道等要道皆为土道，雨日泥泞不堪，晴日车辙土硬如石，难以行走。1955年，修筑志成道河堤（志成路）宜兴埠至法政桥路段，全长5000米。1956年，修复下卫道，长4000米。1959—1992年，相继建成津围公路、外环线、京津塘高速公路以及连接中环线与外环线的放射线——普济河东道，4条省、区级公路纵横交叉过境。至2016年，境内有高速公路1条、国道1条、省市道2条、区道3条，其分别为京津塘高速公路，国道津围公路，省市道外环线、志成路，区道普济河东道、宜白路、温家房子路。

2016年宜兴埠镇区级以上公路情况表

表1

道路名称	道路级别	起止点	始建时间
京津塘高速公路	高速公路	北京至天津	1987.07
津围公路	国道	红星桥至围场县	民国23年（1934年）
志成路	省市道	北营门桥至津宁高速公路	1955
外环线	省市道	天津市环城公路	1986.10
温家房子路	区道	红星桥至温家房子村	1984

续表

道路名称	道路级别	起止点	始建时间
宜白路	区道	白庙至宜兴埠	1985
普济河东道	区道	津围公路至外环线	1989.11

铁路 1973年，修建由北辰区南仓站至滨海新区北塘站铁路，系为减轻京山线与天津港货运压力而修建的短程货物调运专用线，因环天津北部而得名“北环铁路”。该铁路在域内设有宜兴埠站。

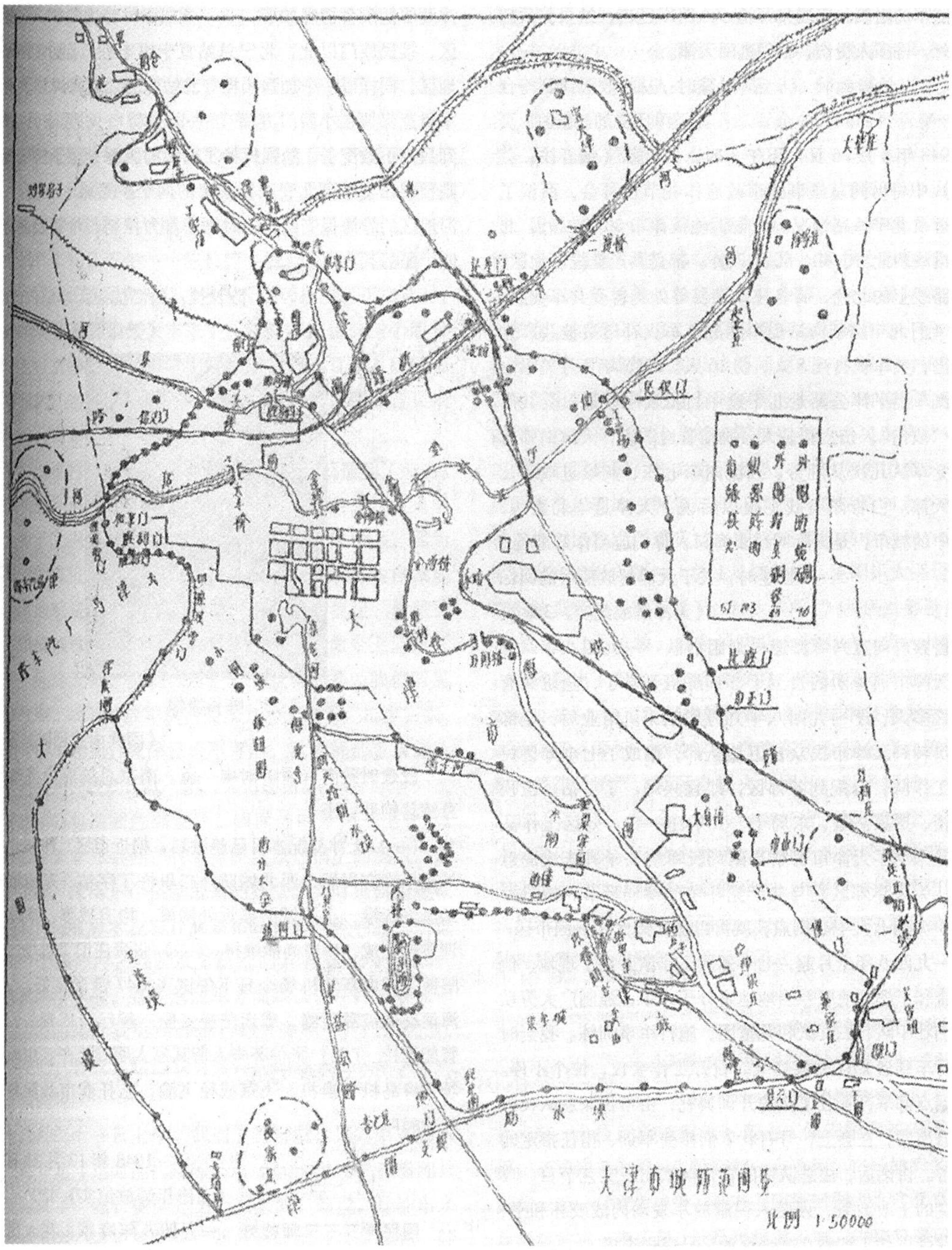

民国36年(1947年)2月，国民党保定绥署天津指挥所成立“天津市城防构筑委员会”，计划“环绕天津市区修建一个永久性的城防工事”。3月17日，始征调民工物力，在宜兴埠、穆庄子修筑碉堡276座，阻断与外埠的交通，仅留平津公路、张兴庄大道、丁字沽大道、西站外大道、西北营门闸桥、西营门等12个通道口

（选自《图照中的北辰》247页）

地铁 2007年，天津地铁3号线正式开工建设，2012年10月1日，全线开通试运营，正线全长34千米，是天津市快速轨道交通网中的南北骨干线；该地铁线在域内设张兴庄、宜兴埠、天士力和华北集团4站。2012年，天津地铁5号线开工建设，亦是天津市快速轨道交通网中的南北线；该地铁线在域内设宜兴埠北、张兴庄、志成路3站，其中张兴庄站为3号线与5号线换乘站。

桥梁 至2016年，镇内有公路立交桥3座、过河桥2座、铁路桥5座，分别为宜兴埠立交桥、外环东路立交桥、北环铁路立交桥，红星桥（跨宜兴埠镇与河北区界河新开河，俗称“二道桥”）、新开河桥、北环铁路跨志成路外环线、津围公路及外环线西300米处、津围公路西150米处桥梁各1座。其中宜兴埠立交桥位于境内津围公路、外环线与京津塘高速公路交会处，1989年建，1990年竣工，1991年通车，因坐落于宜兴埠而得名。

河流 据《海河志》载，清初宜兴埠北部有塌河淀，为实施滞洪放淤工程之地。以保持运道畅通，并保护天津防洪安全，陆续开挖引河及河道，分泄海河水系水量，有多条引河、河道过境。清乾隆十一年（1746年），就原有河形，开挖自北运河东岸贾家口经燕家口、宜兴府、高家嘴至塌河淀河道的贾家沟引河，全长7.3千米；乾隆二十九年（1754年）重浚。乾隆三十七年（1772年），开挖霍家嘴（普济）引河，西起北运河东岸，东经宜兴府围堤北至塌河淀，全长6400米；光绪十三年（1887年）重浚；宣统二年（1910年），修京山铁路，河废；1989年，在原废河道上修建普济河道。同治十三年（1874年）六月二十四日，北运河东岸陈家沟经宜兴埠至塌河淀减河（陈家沟引河）竣工，可分泄海河十之三四水量。光绪十九年（1893年），李鸿章派吴延斌开挖新开河，翌年竣工，该河境内长5千米，位于境南部，为宜兴埠与天津市河北区的界河；主要用于汛期为海河分洪和蓄水灌溉。

1971年后，淀南放淤区（塌河淀）不再行使放淤功能，渐废。1975年，开挖丰产河，西起北运河东岸阎街村南，东至东堤头村北永定新河南岸。该河位于境北部与小淀镇交界处。

1986年10月，开挖天津市外环线公路配套工程外环河，当年竣工。主要用于500米绿化带灌溉，部分水面用于养鱼，同时亦用于排沥水及田地排水。该河穿越境内。

至2016年，境内有河道及界河3条，分别为新开河（一级河道）、丰产河（区管二级河道）、外环河（北辰区代管二级河道）。

三　人口方言

人口 元至元年间（1264—1294年），境内即有人口居住。明永乐元年（1403年），朱棣由山西洪洞及南方各地迁徙大批移民戍边，境内亦有定居者。据清道光二十六年（1846年）《津门保甲图说》记载：“由王家场河外稍北曰宜兴埠。庐舍阛集，村树葱茏，有旧寺药王庙，村多砖窑，旁有小道北去。图中庙一村一，北界刘安庄。绅衿二户、盐商一户、铺户六十二户、烟户三百四十八户、佣作五十九户、负贩四十四户、船户一十二户、僧道三户，共五百三十一户（大口一千四百九十一口；小口三百一十九口）。”据《典籍中的北辰》载：民国23年（1934年），境内有2832户10149人。中华人民共和国成立后，1956年，有2700户13000人。1964年，第二次全国人口普查，宜兴埠有17059人。1982年，第三次人口普查，境内有24446人。2000年，据《天津市北辰区2000年人口普查资料》记载，宜兴埠镇有常住人口25031户79558人。2016年，全镇有乡村人口10229户22359人。

民族 境内民族以汉族为主。1982年，境内汉族24353人，占人口总数的99.62%；蒙古族5人，回族55人，壮族4人，朝鲜族1人，满族28人，占人口总数的0.38%。据《天津市北辰区地名志》载：1995年，境内户籍人口中，有汉族、回族、满族、壮族、蒙古族5个民族，其中汉族占人口总数的99.82%。据《天津市北辰区2000年人口普查资料》载：2000年，全镇常住人口中，有汉族、蒙古族、回族、藏族、维吾尔族、苗族、彝族、壮族、布依族、朝鲜族、满族、侗族、瑶族、白族、土家族、黎族、畲族、仫佬族、锡伯族、赫哲族20个民族，其中汉族占98.31%。据《天津市北辰区第六次人口普查资料》载：2010年，全镇常住人口中，有汉族、蒙古族、回族、藏族、维吾尔族、苗族、彝族、壮族、朝鲜族、满族、瑶族、土家族、黎族、怒族14个民族，其中汉族占99.41%。2016年，境内户籍人口中，有汉族、回族、满族、蒙古族、藏族、维吾尔族、苗族7个民族，其中汉族占99.15%。

姓氏 最早居住在境内的居民为韩氏、蒋氏、苏氏。后温氏、杨氏成为村中望族。1997年年底，对域内姓氏进行普查，共有246个姓氏，其中复姓1个；千人以上姓氏5个，王姓居首，张姓次之；百人以上不足千人姓氏49个，仅1人姓氏36个。

1997年宜兴埠镇姓氏表

表2

序号	姓氏	人数	序号	姓氏	人数	序号	姓氏	人数	序号	姓氏	人数
1	王	2097	63	董	81	125	诸葛	15	187	满	3
2	张	2041	64	孔	81	126	荣	14	188	翟	3
3	李	1488	65	常	77	127	管	13	189	谭	3
4	刘	1402	66	姜	76	128	房	13	190	来	2
5	杨	1225	67	边	76	129	佟	13	191	志	2
6	吴	886	68	邵	76	130	华	12	192	梅	2
7	马	783	69	武	76	131	艾	11	193	米	2
8	韩	759	70	齐	74	132	司	11	194	和	2
9	郭	737	71	秦	73	133	晏	11	195	麻	2
10	周	728	72	季	73	134	雷	11	196	豁	2
11	赵	714	73	沈	73	135	熊	11	197	仲	2
12	陈	683	74	尤	72	136	唐	11	198	桑	2
13	何	551	75	贾	71	137	包	11	199	信	2
14	孙	543	76	穆	67	138	尹	10	200	莫	2
15	苏	543	77	严	67	139	商	10	201	陶	2
16	宋	478	78	左	60	140	郎	9	202	聂	2
17	温	455	79	侯	60	141	东	9	203	宗	2
18	付	438	80	谢	59	142	师	9	204	明	2
19	白	388	81	毛	59	143	苗	8	205	国	2
20	胡	352	82	石	57	144	果	8	206	苑	2
21	郑	337	83	薛	55	145	仉	8	207	伍	2
22	霍	333	84	牛	55	146	井	8	208	汤	2
23	祁	319	85	谷	52	147	万	8	209	员	2
24	尚	314	86	纪	51	148	门	8	210	成	2
25	屈	310	87	叶	50	149	龚	7	211	奚	1
26	于	310	88	柴	49	150	蒿	7	212	索	1
27	徐	305	89	范	48	151	单	7	213	乜	1
28	高	291	90	岳	48	152	从	7	214	桓	1
29	黄	282	91	顾	47	153	宫	7	215	秘	1
30	闫	276	92	扈	46	154	褚	7	216	刘	1
31	邢	270	93	曾	46	155	鞠	6	217	訾	1

续表

序号	姓氏	人数	序号	姓氏	人数	序号	姓氏	人数	序号	姓氏	人数
32	薄	261	94	潘	46	156	时	6	218	园	1
33	柳	249	95	任	43	157	路	6	219	畸	1
34	崔	234	96	袁	43	158	久	6	220	刁	1
35	冯	230	97	曲	40	159	乔	6	221	瞧	1
36	林	225	98	夏	39	160	晁	6	222	微	1
37	安	207	99	蔺	37	161	柏	5	223	颜	1
38	郝	206	100	申	37	162	樊	5	224	穴	1
39	丁	177	101	蔡	33	163	班	5	225	仁	1
40	孟	168	102	储	33	164	钱	5	226	栗	1
41	庞	146	103	兰	33	165	辛	5	227	水	1
42	肖	143	104	焦	30	166	车	5	228	要	1
43	康	138	105	贺	29	167	臧	5	229	蒲	1
44	史	130	106	段	28	168	寇	5	230	邵	1
45	芦	129	107	邹	28	169	卞	5	231	福	1
46	古	128	108	隋	34	170	云	5	232	饶	1
47	杜	126	109	靳	25	171	邓	5	233	粟	1
48	阚	126	110	姚	25	172	彭	5	234	赛	1
49	田	125	111	邱	25	173	诗	4	235	牟	1
50	梁	120	112	方	24	174	代	4	236	乐	1
51	朱	119	113	凌	22	175	关	4	237	塔	1
52	魏	108	114	倪	22	176	元	4	238	燕	1
53	曹	107	115	丰	22	177	南	4	239	邸	1
54	翁	104	116	戴	21	178	汪	4	240	费	1
55	金	96	117	罗	21	179	童	4	241	诸	1
56	鲁	95	118	解	20	180	沙	4	242	狄	1
57	许	95	119	甘	20	181	轧	4	243	仇	1
58	鲍	95	120	耿	18	182	黎	3	244	慈	1
59	楚	90	121	程	18	183	寇	3	245	甄	1
60	吕	90	122	殷	16	184	闻	3	246	景	1
61	蒋	89	123	窦	15	185	宁	3			
62	陆	84	124	葛	15	186	裴	3			

方言 该镇方言属津北方言片，像天津话，又带有邻近武清方言、宁河话、静海方言的一些特点。该方言有4个声调，阴平调为降调，阳平调高升或中升，去声调高降，多有类似天津话齿音字多的特点。在全国方言分区上属冀鲁官话区保（定）唐（山）片天津小片。

宜兴埠镇方言词语对照表

表3

词语	注释	词语	注释
煤茧	烧剩下的煤核	红眼	对孙子、孙女的爱称

续表

词语	注释	词语	注释
没对儿	无可比拟	白眼	对外孙子、外孙女的爱称
满没听提	完全不予理睬	落草儿	婴儿出生
满嘴失火	说话没有根据	杂霸地	地痞流氓
发小儿	从小在一起长大	栽面儿	脸上不光彩，当众出丑
太匪了	太时髦了	吃挂落儿	受连累
打八岔	无正式职业赶零活作小买卖的人	吹大梨	吹牛说大话
大马趴	面朝前摔倒四肢着地	全合人	指父母健在儿女双全的人
调歪	正经的话不听	好么眼儿	忽然间
顶戗	管用，能解决问题	混混儿	无赖游民霸道的人
胎生	自在舒适	黄梨	冒充内行
念三音	说暗含刺激人的话	二把刀	似懂非懂
奏饭	做饭	闲白儿	不是正经事
䌷(读chóu)衣裳	洗衣服	拍呱呱	鼓掌
犯字儿	不走时运的人	大拇哥	大拇指
瞎掰	说谎	现世报	作了丑事被人知晓
逗闷子	说玩笑话	贼星	流星
黏糊	做事不干脆	一担一挑	连襟（姐妹的丈夫互称）
近乎	关系密切	裕贴	吃或喝得舒适，满意
那旮	那个地方	落道帮子	行为不端的人
小眼八叉	人长得眼小而丑的人	归其	到底
没戏	事情办不成	鼻等	鼻涕
老实巴交	老实人	拔创	替别人出气
爬桅	反悔，说了不算	死狗不钻门	与别人不联系
屁屁	说谎或吹牛	落忙	别人家有事给帮忙
屁泥	无足轻重的人或事	臭嚼	语无伦次的乱说
马儿密	诡秘的事	吃窝脖	被反驳
皮丫头	身体健壮的女孩	崴泥	不好办的事
老其根	原来	大得儿	绿蜻蜓
红果	红蜻蜓	刀螂	螳螂
老钱	花蜻蜓	老家贼	麻雀
黑老婆店	黑蜻蜓		

家族选介

温氏家族 温氏远族，一出姬姓，周代唐叔虞之后有晋叔者封于温邑（河南温县），遂有温氏；二出晋大夫郗至，至受封于温邑，遂有温氏；三出北魏鲜卑族复姓有叱温氏、温盆氏、温孤氏，随魏孝文帝迁都洛阳，均改温氏。郡望出自平原（山东平原县）。明永乐年间（1403—1424年），温氏先祖由山西洪洞县大槐树下移居宝坻县。清初，起龙、起明兄弟随母迁居宜兴埠，经吉（庆、祺等）、毓、长、尚（怀、葆、开、同、联等）、世（士、学、祖、曾、曰、绍等）、鸿、起、祖、宗、宝、仲、广、绍已历16代（以下未严格谱序）。

温氏族谱由温世霖撰文，温尚荣襄助，温世珍作序，民国31年（1942年）1月铅印。谱记温氏始祖元德于明初自山西徙居刘快庄，清初起龙、起明随母徙居宜兴埠繁衍生息的情况。谱存宜兴埠温氏，区档案馆有复印件。大16开1册30页，除祖德纪略和墓表，主要是世系图。

苏氏家族 居住于宜兴埠二街的苏宝义家族，其族谱排序为正、纯、元、宝、长、忠、厚、传、家、久。

王氏家族 居住于宜兴埠八街的王氏家族，其族谱排序为：永化瑞天一，德文章凤田，金玉元宝生，光宗万世兴，发家长利富，相国树正清，洪义会吉庆，学善福禄增。起名时，除“生”字用在末尾，其余都用在中间。

附：家谱选介

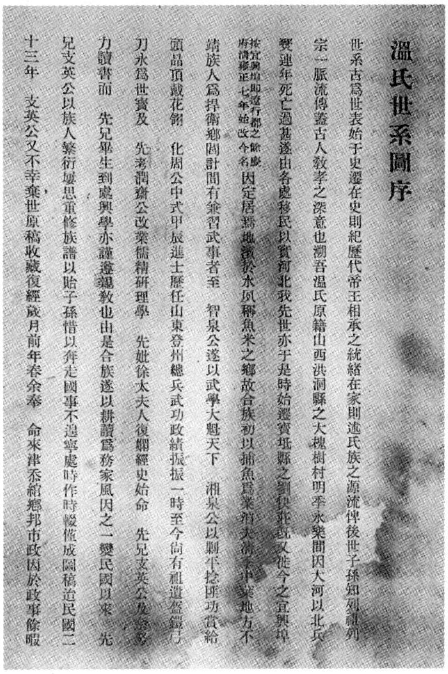
温氏世系圖序
世系古為世表始于史遷在史則紀歷代帝王相承之統緒在家則述氏族之源流俾後世子孫知列祖列
宗一脈流傳蓋古人敎孝之深意也溯吾溫氏原籍山西洪洞縣之大槐樹村明季永樂間因大河以北兵
燹連年死亡過甚遂由各處移民以實河北我先世亦于是時始遷寶坻縣之劉快莊既又徙今之宜興埠
按宜興埠即遼行都之餘慶府清雍正七年始改今名 因定居焉地濱於水夙稱魚米之鄉故合族初以捕魚爲業洎夫清季中葉地方不
靖族人爲捍衛鄉閭計間有兼習武事者至　智泉公遂以武學大魁天下　湘泉公以剿平捻匪功賞給
頭品頂戴花翎　化周公中式甲辰進士歷任山東登州總兵武功政績振振一時至今尙有祖遺盔鎧弓
刀永爲世寶及　先考潤齋公改業儒精研理學　先妣徐太夫人復嫻經史始命　先兄支英公及余努
力讀書而　先兄畢生到處興學亦謹遵親教也由是合族遂以耕讀爲務家風因之一變民國以來　先
兄支英公以族人蘩衍屢思重修族譜以貽子孫惜以奔走國事不遑寧處時作時輟僅成圖稿迨民國二
十三年　支英公又不幸棄世原稿收藏復經歲月前年春余奉　命來津忝綰鄉邦市政因於政事餘暇

温氏世系图序　　（2016年摄）

温氏世系图序 世系古为世表始于史迁在史则纪历代帝王相承之统绪在家则述氏族之源流俾后世子孙知列祖列宗一脉流传盖古人教孝之深意也溯吾温氏原籍山西洪洞县之大槐树村明季永乐间因大河以北兵燹连年死亡过甚遂由各处移民以实河北我先世亦于是时始迁宝坻县之刘快庄既又徙今之宜兴埠（按：宜兴埠即辽行都之余庆府清雍正七年始改今名）因定居焉地滨于水夙称鱼米之乡故合族初以捕鱼为业洎夫清季中叶地方不靖族人为捍卫乡闾计间有兼习武事者至智泉公遂以武学大魁天下湘泉公以剿平捻匪功赏给头品顶戴花翎化周公中式甲辰进士历任山东登州总兵武功政绩振振一时至今尚有祖遗盔铠弓刀永为世宝及先考润斋公改业儒精研理学先妣徐太夫人复娴经史始命先兄支英公及余努力读书而先兄毕生到处兴学亦谨遵亲教也由是合族遂以耕读为务家风因之一变民国以来先兄支英公以族人繁衍屡思重修族谱以贻子孙惜以奔走国事不遑宁处时作时辍仅成图稿迨民国二十三年支英公又不幸弃世原稿收藏复经岁月前年春余奉命来津忝绾乡邦市政因于政事余暇出先兄遗稿重加整理并蒙财源族叔奔走襄助按户查填复得相臣族弟担任刊印校对时经载余始克蒇事先代祖宗以年湮代远离乱叠遭谱牒散亡无从追考故世系图自元德公始开卷一览了然心目尊卑长幼昭穆分明惟族人中或有就食远方或有移居他埠访问难周疏漏不免所望族中尊长弟兄匡予不逮随时指示庶异日重修得成完帙则幸甚矣校印既成缘特略识颠末俾后世子孙知创始者之匪易继续修订源源弗替是则予之所深望于后世子孙者矣

中华民国三十年一月上浣世珍谨识于市长官舍

王氏世系族谱序（二街） 世系者，氏族传承之系统也。古称世表，源于《史记》。在史则纪帝王将相之统绪，在家则述氏族之源流，俾后世子孙知先祖，晓传承；尊先贤，明大义；彰孝道，续家风，以激励后昆，精进奋上，光宗耀祖，盖古人教孝立德之深意也。

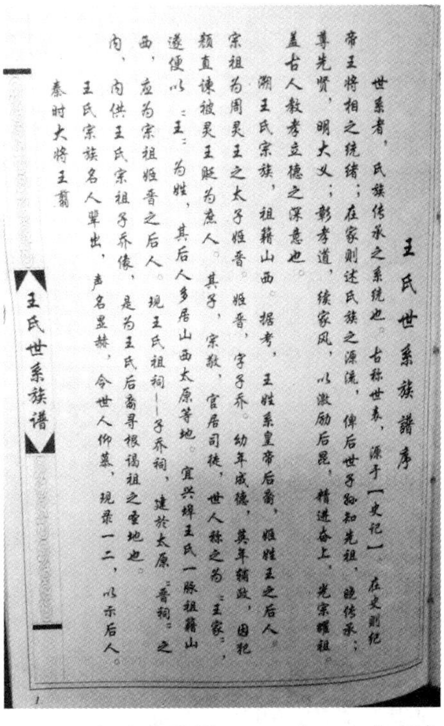
王氏世系族谱
王氏世系族谱序
世系者，氏族传承之系统也。古称世表，源于〔史记〕。在史则纪
帝王将相之统绪；在家则述氏族之源流，俾后世子孙知先祖，晓传承；
尊先贤，明大义；彰孝道，续家风，以激励后昆，精进奋上，光宗耀祖，
盖古人教孝立德之深意也。
溯王氏宗族，祖籍山西。据考，王姓系皇帝后裔，姬姓王之后人。
宗祖为周灵王之太子姬晋。姬晋，字子乔，幼年成德，英年辅政，因犯
颜直谏被灵王贬为庶人。其子，宗敬，官居司徒，世人称之为“王家”，
遂便以“王”为姓，其后人多居山西太原等地。宜兴埠王氏一脉祖籍山
西，应为宗祖姬晋之后人。现王氏祖祠——子乔祠，建於太原“晋祠”之
内，内供王氏宗祖子乔像，是为王氏后裔寻根谒祖之圣地也。
王氏宗族名人辈出，声名显赫，令世人仰慕，现录一二，以示后人。
秦时大将王翦

王氏世系族谱　　（2016年摄）

溯王氏宗族，祖籍山西。据考，王姓系皇［黄］帝后裔，姬姓王之后人。宗祖为周灵王之太子姬晋。姬晋，字子乔，幼年成德，英年辅政，因犯颜直谏被灵王贬为庶人。其子，宗敬，

官居司徒，世人称之为“王家”，遂以“王”为姓，其后人多居山西太原等地。宜兴埠王氏一脉祖籍山西，应为宗祖姬晋之后人。现王氏祖祠——子乔祠，建於[于]太原“晋祠”之内，内供王氏宗祖子乔像，是为王氏后裔寻根谒祖之圣地也。

王世家谱部分记载和传说（八街） 据先人传说：原籍系山东省惠民县小王家岭人，在清朝康熙年间(一七〇〇年)有一位先人当过静海县县长，因此全家来静海城南陈官屯安家落户，做县长的这位爷有的说叫化南，有的说叫南扬。

坟茔记载方面：最早祖茔在陈官屯村东火车站西南方约一里多远，葬坟三十三座，另一处在陈官屯东铁路车站东北方向约有二里多远葬坟十一座。

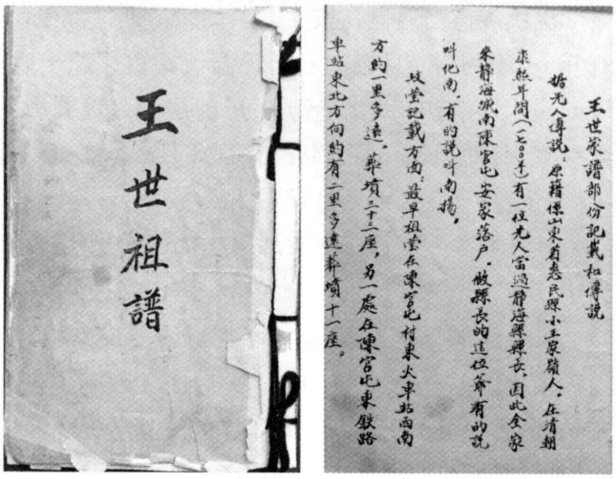

王世祖谱　　（2016年摄）

相传五世时约在一八〇〇年前后，一桂迁往杨官店村居住，一太迁往王官屯居住，还有迁往开外一部分，每年清明节及春节杨官店和王官屯的套上大车到陈官屯两处祖茔祭祖烧纸，至传两代人后，只有王官屯和高官屯到坟茔祭祖，当时坟茔周围有十二亩地作为祭祖时，买纸和炸炮。到一九七四年国家号召平坟，由当地政府的督促下，将坟下沉，有陈官屯广大村民平整种地，至此五世祖门，停止了二百八九十年的祭祖活动。

关于家谱记载，因先人们居住分散，后代人来往较差，到一九四九年中华人民共和国成立，反对宗祖观念，无人出头联系，又到一九六五年至一九七五年，国家搞了一次文化大革命，破四旧立四新，把一些旧的传说彻底砸乱烧毁，如旧书旧文契祖先碑和家谱等，由于家谱无有记载，只仅知道某某村有本族人，但究竟什么关系就不清楚。到一九八四年相传九世人往王官屯村村民扒老房子盖新房从旧房墙中幸得老先人记载下来的部分家谱，天赐真宝，在咱王家家族来说这真是万金难买的珍贵遗产，在此基础上，以龙田为首及杨官店子田、金明、高官屯杏田到处奔波搜集材料，又继续整理，在将近完成之际，不幸于一九九〇年八月间，龙田因车祸辞世以致未能完成，为不使前功尽弃，杨官店子田、金明，高官屯杏田出头和王官屯耕田、金田、顺田、维后等在前辈的大力支持下，由金明将全部材料集中在一起，由沛田缮清、复印成谱，传留后世愿发扬存放。

本族人在起名时，因居住分散，再互不联系，任意起名，各有选择，难免晚辈和长辈同名，为了今后比较有意义的起名，经过高官屯、王官屯、杨官店、宜兴埠几处协商，最后议定出四十个字作为四十代人的排辈起名。

四十个字分为八句话：永化瑞天一，德文章凤田，金玉元宝生，光宗万世兴，发家长利富，相国树正清，洪义会吉庆，学善福禄增，在起名时除“生”字用在末尾，其余都用在中间。

本谱建于公元一九九一年二月二十八日

四　耕地状况

中华人民共和国成立前，境内属放淤区，耕作条件差。1952年，境内不再放淤。1953年，始大搞农田治理工程，开渠245条，打机井5眼，兴建扬水站4座及排灌配套设施，旱能浇、涝能排，受益面积8500亩；扩大园田面积4373亩，开垦稻田7000亩，修台田、条田1560亩，并改变旧时不施肥习惯，农肥、化肥交错使用，同时耕地机械化，农业生产条件得到改善。1956年，开挖二五四干渠，引北运河水，通淀南引河，以灌溉农田。1957年，以兴淀公路为轴线，两侧开挖干渠，每侧1.6千米，宽5米，通过淀南引河排灌水。1959年，开始修中央排干渠，长4千米，宽34米，深3.5米，最大输水量每秒5.8立方米。至1961年，修涵闸8处。1963年，建二五四扬水站。1965年，建宜兴埠扬水站。1966年，全镇有耕地16345亩。1997年，全镇有耕地13757亩，其中旱地9383亩、菜地4374亩。后随经济发展，耕地逐渐减少。

五　街道胡同

自元至元二十三年(1286年)宜兴埠有人居住，至民国37年(1948年)660余年间，逐渐形成以宫后街、宫西街、鸡鸭房胡同、西局胡同、西佛堂胡同、老佛堂胡同、首局胡同、贩市胡同、盐巡胡同等为主的村街格局。境内房舍以坐北朝南为主，建筑高低不等，街道胡同宽窄不一，有的形如喇叭，有的曲如蛇行，没有整体规划。

至1997年，全镇有主要街道25条、主要胡同140余条。2003年后，镇实施旧村改造，老旧胡同逐渐被拆除，至2016年已所剩无几。

1995年宜兴埠镇街道情况表

表4　　　　单位：米

街道名称	位置	长度	宽度	说明
南菜园子西街	宜兴埠南部，东起宜兴路	450	8	1982年成街。1987年因其位于南菜园子西，曾名南菜园子西胡同。1989年更现名
南菜园子东街	宜兴埠南部。东起宜兴埠花圃，西至宜兴路	260	6	原为老北环铁路路基。1987年以其位于南菜园子东命名
花卉大街	宜兴埠南部。西起宜兴路东12米处，东至宜兴埠花卉管理处	250	8	1982年后成街道。1987年取其位于花圃附近定现名。1990年修水泥路面
下卫道	宜兴埠南部。北起宜白路，南至北环铁路	1060	4	原为宜兴埠通往市区土道，后两侧建房成街道，并改筑沥青路面。天津旧称天津卫，到市里称下卫，故名下卫道
宜白路	宜兴埠西南部。东起宜兴路，西至中环线，中与南十路相交	2000	7	1958年拓宽，1976年修沥青路面。1985年后成街道。因起自宜兴路至白庙止，取两地名首字命名
永吉路	宜兴埠南部。东起东马路，西至宜兴路	300	4.5	原为东马路的一部分，1989年定现名
南十路	宜兴埠西部。东南起下卫道，西北至普济河道，中与宜赵路相交	1340	6	原为宜兴埠西部边缘土路。1980年后两侧建房成街道，1989年定现名
宜赵路	宜兴埠西部。东起红旗路，西至赵家房子西端，中与南十路相交	1500	5	1980年后成街道。1989年以位于宜兴埠与赵家房子之间定现名
红旗路	宜兴埠西部。南起宜白路，北连刘安庄	1220	4.5	清光绪九年(1883年)建。原名刘安庄大道。1970年红旗农场为沟通与市区交通，改修沥青路面，并更现名
富安道	宜兴埠西北部。西起鱼池东路，东至红旗路	370	5	1982年形成。1987年定现名

续表

街道名称	位置	长度	宽度	说明
国安道	宜兴埠西北部。东起红旗路，西至鱼池东路	400	4.5	1962年形成。1987年定现名
民安道	宜兴埠西北部。东起红旗路，西至鱼池东路	350	5.5	1982年形成，1987年定名永安道。1989年更现名
丰安道	宜兴埠西部。东起红旗路，西至鱼池东路西100米处	330	5	1982年形成，1987年定名长安道，1989年更现名
致富路	宜兴埠西北部。南起丰安道，北至富安道，中与民安道相交	240	3.5	1982年形成，1987年定现名
鱼池东路	宜兴埠西部。北起国安道，南至丰安道	200	5.5	1982年形成，1989年以其位于养鱼池东定名
东马路	宜兴埠东部。南起永吉路，北至外环线	700	4.5	原为农田，1982年后成街道。1989年以其位于宜兴埠东部定现名
广场横街	宜兴埠西北部。东起西大街，西至红旗路东50米处	165	2.5	1982年形成。1987年取其东西横亘于广场大街附近定现名
宫后街	宜兴埠中部。东起东马路，西至红旗路，中与宜兴路相交	680	5	成于清乾隆四十七年(1782年)。因位于原碧霞宫后故名
宫前街	宜兴埠中部。北端向西接宜兴路，中穿宜兴路，南至宜白路	420	11	成于清乾隆四十七年(1782年)。因位于原药王庙前，曾名庙前街。后药王庙改为碧霞宫，更现名
宫西街	宜兴埠西部。东起宜兴路，西至红旗路，中与西大街相交	270	5	成于清乾隆年间(1936–1795年)。附近原有药王庙，始称庙前。民国27年(1938年)以其位于碧霞宫西更现名
西大街	宜兴埠西部。北起广场大街，南至赵家台北端，中与宫后街、宫西街相交	700	5	形成较早。因位于宜兴埠西南角，始名西南弯，民国27年(1938年)更现名
广场大街	宜兴埠西北部。东起宜兴路，西至红旗路，中与西大街、广场横街相通	800	6	因近冯家园子，原名冯家园子道，已有百年历史。后冯家园子改为公社广场，随更现名
围堤道	宜兴埠西北部。东北连机动车检测站，西南至恒昌胡同	1070	4	原为宜兴埠北围堤，1982年后成街道
北粮店西街	宜兴埠北部。东起宜兴路，西至红旗路，中与围堤道相交	500	4	1982年建，1989年取其位于宜兴埠北部粮店西定现名
宜兴路	宜兴埠中部。南起河北区志成路，北至外环线	2700	15	1958年由原北大街穿宫前街向南延伸而成，系兴淀公路一段。后又拓宽调直，改称津围公路宜兴埠段。1992年7月更现名

1995年宜兴埠镇胡同情况表

表5　　单位：米

胡同名称	位置	长度	宽度
盐巡胡同	宜兴埠东部，宫后街东段北侧。南起宫后街，北连东方红宿舍	120	4

续表

胡同名称	位置	长度	宽度
肖家胡同	宜兴埠北部。南起头条胡同，北至五条胡同，曲线形	110	4
头条胡同	宜兴埠北部，宜兴路东侧。东西向转南北向，曲线形。东起盐巡胡同，北至二条胡同	180	2.3
二条胡同	宜兴埠北部，宜兴路东侧。东起盐巡胡同，西至宜兴路	240	2
三条胡同	宜兴埠北部，宜兴路东侧。东起盐巡胡同，西至宜兴路	245	3
四条胡同	宜兴埠北部，宜兴路东侧。东起盐巡胡同，西至宜兴路	240	3
五条胡同	宜兴埠北部，宜兴路东侧。东起肖家胡同，西至宜兴路	170	3
六条胡同	宜兴埠北部，宜兴路东侧。由两条东西向、一条南北向胡同连接而成	380	4
首局东胡同	宜兴埠中部，宫后街北侧。南起宫后街，北至二条胡同	80	2
首局西胡同	宜兴埠中部，宫后街北侧。南起宫后街，北至二条胡同	20	2
魏家胡同	宜兴埠东部，宫后街南侧。东起西洋井，西至贩市胡同	400	2.5
新塘子胡同	宜兴埠东部，宫后街南侧。东起魏家胡同，西至贩市胡同	180	2
贩市胡同	宜兴埠中部，宫后街南侧。成T形。其南北向段，北起宫后街，南至吉贤胡同	220	6
	宜兴埠中部，宫后街南侧。成T形。其东西向段，东起魏家胡同，西至该胡同南北向段	70	6
阚家胡同	宜兴埠中部。为东西向并行两条与中间南北向一条连接，呈工字形。东西向北条：西起学堂胡同，东至贩市胡同；东西向南条：西起宫前街，东至贩市胡同；南北向条分别与东西向两条连接	180	3
学堂胡同	宜兴埠中部，宫后街南侧。北起宫后街，南至阚家胡同，曲线形	145	北段5 南段2
老佛堂胡同	宜兴埠中部，宜兴路中段北侧。北起梁家胡同，南至宜兴路	80	2
梁家胡同	宜兴埠中部，宜兴路中段东、西侧。南北向转东西向，曲线形。北起宫前街，西近赵家台，中与宜兴路相交	150	4
吉祥胡同	宜兴埠东南部，永吉路东段北侧。南起永吉路，西至吉贤胡同	100	3
吉贤胡同	宜兴埠东南部，永吉路中段北侧。南起永吉路，北邻魏家胡同	280	3
吉庆胡同	宜兴埠南部，宜兴路中段东侧。南北向转东西向。南起永吉路，西至宜兴路	200	5
和平胡同	宜兴埠东部，东马路南端东侧。西起东马路，东近北环铁路	355	3
永安胡同	宜兴埠东南部，永吉路东段南侧。北起永吉路，南端不通行	30	3
永乐胡同	宜兴埠东南部，永吉路东段南侧。北起永吉路，南端不通行	–	–
永和胡同	宜兴埠东南部，永吉路东段南侧。北起永吉路，南至北环铁路	65	5
永顺胡同	宜兴埠南部，永吉路中段南侧。东西向转南北向，弯形。西起宜兴路，北至永吉路	215	5
永福胡同	宜兴埠南部，永吉路中段南侧。北起永吉路，南端不通行	60	5
永丰胡同	宜兴埠南部，永吉路西段南侧。北起永吉路，南至永顺胡同	120	3.5
北环东胡同	宜兴埠南部，北环线南、宜兴路东。西起宜兴路东12米处，向东延伸170米	170	西段8 东段4
振东胡同	宜兴埠南部，北环线南、宜兴路东。西起宜兴路东12米处，向东延伸265米	265	西段8 东段4
华安胡同	宜兴埠南部，北环线南、宜兴路东。西起宜兴路东12米处，东临一染整厂宿舍	130	4

续表

胡同名称	位置	长度	宽度
兴华胡同	宜兴埠南部，北环线南、宜兴路东。北起华安胡同，南近花卉大街	60	4
北环西胡同	宜兴埠南部，宜兴路南段西侧。东起宜兴路，西至南菜园子西街	500	3
翠涛胡同	宜兴埠南部，宜兴路南段西侧。东起宜兴路，西至轧钢三厂宿舍东	40	4.5
兴旺胡同	宜兴埠南部，宜兴路南段西侧。东起宜兴路，西端不通行	45	4
宏园北胡同	宜兴埠东南部，宜兴路南段东侧。西起宜兴路，向东延伸260米	260	7
向荣胡同	宜兴埠南部，宜兴路南段西侧。东起宜兴路，西近南菜园子西街	230	7
宏园南胡同	宜兴埠南部，宜兴路南段东侧。西起宜兴路东12米处，向东延伸260米	260	6
君和胡同	宜兴埠南部，宜兴路南段东侧。西起宜兴路东12米处，东端不通行	140	5
宏园西胡同	宜兴埠南部，宜兴路南段西侧。东起宜兴路，向西延伸175米	175	2.5
君乐胡同	宜兴埠南部，宜兴路南段东侧。西起宜兴路东12米处，向东延伸250米	250	5
君安胡同	宜兴埠南部，宜兴路南段东侧。西起宜兴路东12米处，向东延伸70米	70	5
欣欣胡同	宜兴埠南部，宜兴路南段东侧。南北向转东西向，北起宏园西胡同，东至宜兴路	130	4
振奋胡同	宜兴埠南部，宜兴路南段西侧。东起宜兴路，西端不通行	80	5
南菜园一条胡同	宜兴埠南部，宜兴路南段东侧。西起宜兴路，东近温家房子路	110	西端6 东段4
南菜园二条胡同	宜兴埠南部，宜兴路南段东侧。西起宜兴路，东近温家房子路	350	5
南菜园三条胡同	宜兴埠南部，宜兴路南段东侧。西起宜兴路，东近温家房子路	330	5
北粮店西一条	宜兴埠北部，北粮店西街东段北侧。南起北粮店西街，北端不通行	140	5
北粮店西二条	宜兴埠北部，北粮店西街东段北侧。南起北粮店西街，北至围堤道	230	4
北粮店西三条	宜兴埠北部，北粮店西街东段北侧。南起北粮店西街，北至围堤道	240	4
北粮店西四条	宜兴埠北部，北粮店西街东段北侧。南起北粮店西街，北至围堤道	182	4
北粮店西五条	宜兴埠北部，北粮店西街东段北侧。南起北粮店西街，北端不通行	160	4
北粮店西六条	宜兴埠北部，北粮店西街东段北侧。南起北粮店西街，北端不通行	90	4
民意胡同	宜兴埠北部，宜兴路北段西侧。南起民安胡同，北端不通行	45	2
民盛胡同	宜兴埠北部，宜兴路北段西侧。南起民安胡同，北端不通行	100	3
民安胡同	宜兴埠北部，宜兴路北段西侧。东起宜兴路，西至民盛胡同	90	4
民众胡同	宜兴埠北部，宜兴路北段西侧。南连第三纺织机械厂，北端不通行	90	2
荣安胡同	宜兴埠北部，广场大街东段南侧。南起鸡鸭房胡同，北至广场大街	140	4
荣华胡同	宜兴埠北部，广场大街东段南侧。南起荣德胡同，北至广场大街	80	3
荣德胡同	宜兴埠北部，宜兴路北段西侧。东起宜兴路，西至广场大街南头条胡同	130	3
荣盛胡同	宜兴埠北部，宜兴路中段西侧。南起鸡鸭房胡同，北至荣德胡同	80	3
广场大街南头条胡同	宜兴埠北部，广场大街中段南侧。北起广场大街，南至荣德胡同	70	3
广场大街南二条胡同	宜兴埠北部，广场大街中段南侧。北起广场大街，南近丰安胡同	70	3.5

续表

胡同名称	位置	长度	宽度
横街南胡同	宜兴埠西北部，红旗路南段东侧。西起红旗路，东近西大街	130	4
丰安胡同	宜兴埠北部，西大街北段东侧。西起西大街，东端不通行	50	3
丰盛胡同	宜兴埠北部，西大街北段东侧。北起丰安胡同，南端不通行	40	2
鸡鸭房胡同	宜兴埠中部，宜兴路中段西侧。东起宜兴路，西至西大街	230	2
西局胡同	宜兴埠中部，西大街北段东侧。东起宜兴路，西至西大街	150	2
倪家胡同	宜兴埠中部偏西，宜兴路中段西侧。中段有支胡同向北延伸，成丁字形。东起宜兴路，西至温家胡同	155	3
温家胡同	宜兴埠中部偏西，宫后街西段北侧。南起宫后街，北至西局胡同	105	4
安定胡同	宜兴埠西北部，国安道东段北侧。南起国安道，北至围堤道	120	2
安顺胡同	宜兴埠西北部，国安道东段北侧。南起国安道，北至围堤道	100	2
安康胡同	宜兴埠西北部，国安道东段北侧。南起国安道，北至围堤道	95	2
广兴胡同	宜兴埠西北部，国安道东段南侧。北起国安道，向南延长30米	30	3.5
恒和巷	宜兴埠西北部，国安道中段北侧。南起国安道，北至围堤道	30	5
恒富胡同	宜兴埠西北部，国安道中段北侧。南起国安道，北至围堤道	62	3.5
恒裕胡同	宜兴埠西北部，国安道中段北侧。南起国安道，北至围堤道	50	4.5
恒昌胡同	宜兴埠西北部，国安道西段北侧。南起国安道，北至围堤道	4	3
安惠胡同	宜兴埠西北部，国安道东段南侧。北起国安道，南端不通行	50	2
安居胡同	宜兴埠西北部，国安道东段南侧。北起国安道，南端不通行	60	2
安业胡同	宜兴埠西北部，红旗路北段西侧。东起红旗路，西端不通行	70	2
安乐胡同	宜兴埠西北部，红旗路北段西侧。东起红旗路，西端不通行	85	2
安民胡同	宜兴埠西北部，国安道东段南侧。北起国安道，南端不通行	40	2
广善胡同	宜兴埠西北部，国安道中段南侧。北起国安道，南近富安道	40	3.5
广富胡同	宜兴埠西北部，国安道中段南侧。南起富安道，北至国安道	100	4
广裕胡同	宜兴埠西北部，国安道中段南侧。南起富安道，北至国安道	85	4
广生胡同	宜兴埠西北部，国安道中段南侧。南起富安道，北至国安道	83	5
广安胡同	宜兴埠西北部，国安道中段南侧。南起富安道，北至国安道	80	4
丰余胡同	宜兴埠西北部，国安道西段南侧。南起富安道，北至国安道	75	3
丰收胡同	宜兴埠西北部，国安道西段南侧。南起富安道，北至国安道	75	3
丰厚胡同	宜兴埠西北部，国安道西段南侧。南起富安道，北至国安道	70	3.5
广仁胡同	宜兴埠西北部，富安道东段南侧。南起民安道，北至富安道	90	2
兴安胡同	宜兴埠西北部，民安道西段北侧。南起民安道，北至富安道	100	3.5
兴德胡同	宜兴埠西北部，富安道西段南侧。南起民安道，北至富安道	100	3.5
兴富胡同	宜兴埠西北部，富安道西段南侧。南起民安道，北至富安道	100	4
同福胡同	宜兴埠西北部，致富路南段东侧。东西向主胡同1条，南北向支胡同2条。主胡同西起致富路，东至北西下坡；2条支胡同均北连主胡同，南至丰安道	120	2
庆德胡同	宜兴埠西北部，丰安道北侧。南起丰安道，向北延伸45米	45	3.5
庆丰胡同	宜兴埠西北部，丰安道北侧。北起庆余胡同，南至丰安道	50	4
庆余胡同	宜兴埠西北部，鱼池东路南段东侧。东起庆丰胡同，西至鱼池东路	120	4
庆安胡同	宜兴埠西北部，丰安道北侧。北起庆余胡同，南至丰安道	45	3

续表

胡同名称	位置	长度	宽度
庆福胡同	宜兴埠西北部，丰安道北侧。北起庆余胡同，南至丰安道	45	3.5
十字胡同	宜兴埠中部，宜兴路中段西侧。包括东西向和南北向两条，呈十字形。东西向条东起宜兴路，西至宋家胡同；南北向条南起老塘子胡同，北近宫西街	190	宽处4 窄处2
西佛堂胡同	宜兴埠中部，宫西街南侧。南北向转东西向，呈L形。北起宫西街，东至宋家胡同	120	均宽3 窄处1
宋家胡同	宜兴中部，西大街南段东侧。曲线形。东起十字街胡同，西至西大街	100	2
团结胡同	宜兴埠中部偏西，西大街南段西侧。东西向转南北向，东起西大街，南至赵家台北	160	2
老塘子胡同	宜兴埠中部，宜兴路中段西侧。东起宜兴路，西至西大街	150	3
玉翠胡同	宜兴埠中南部。南北向主胡同1条，东西向支胡同2条。主胡同南起北环线，北至宜白路；东侧支胡同，西起主胡同，东至宜兴路；西侧支胡同，东起主胡同，西至下卫道	600	4
盛荣胡同	宜兴埠西南部，下卫道南侧。北起下卫道，南至北环线	200	7
盛华胡同	宜兴埠西南部，下卫道南侧。北起下卫道，南端不通行	160	6
盛茂胡同	宜兴埠西南部，下卫道南侧。北起下卫道，南端不通行	180	3
盛兴胡同	宜兴埠西南部，下卫道南侧。北起下卫道，南端不通行	145	3
民旺胡同	宜兴埠西南部，宜白路东段北侧。西起民兴胡同，东近立新化工厂	80	3
民建胡同	宜兴埠西南部，宜白路东段北侧。北起民旺胡同，南端不通行	25	2
民乐胡同	宜兴埠西南部，宜白路东段北侧。北起民旺胡同，南至民康胡同	40	2
民兴胡同	宜兴埠西南部，宜白路东段北侧。北起民旺胡同，南至民康胡同	50	3
民康胡同	宜兴埠西南部，宜白路东段北侧。东近立新化工厂，西至民兴胡同	80	2
华富胡同	宜兴埠西南部，宜白路东段北侧。南起华吉胡同，北近民康胡同	80	3
华祥胡同	宜兴埠西南部，宜白路东段北侧。西起华吉胡同，向东折南转西回至华吉胡同，呈弯曲形	200	3
华吉胡同	宜兴埠西南部，宜白路东段北侧。南北向转东西向，弯曲形。北起天津市第九十六中学东，东至宜白路	300	8
谦益胡同	宜兴埠西南部，宜白路东段北侧。东起华吉胡同，西至谦祥胡同	80	4
谦祥胡同	宜兴埠西南部，南十路东侧。为两条相交，呈十字形。东西向条，东起华吉胡同，西至南十路；南北向条，南近榆安胡同，北近天津市第九十六中学	290	4
谦让胡同	宜兴埠西南部，南十路东侧。南起榆安胡同，北接天津市第九十六中学	145	3
谦兴胡同	宜兴埠西南部，南十路东侧。北起谦祥胡同，南近榆乐胡同	70	3
榆和胡同	宜兴埠西南部，宜白路东段北侧。南起宜白路，北至华吉胡同	40	2
榆平胡同	宜兴埠西南部，宜白路东段北侧。南起宜白路，北至华吉胡同	60	3
榆安胡同	宜兴埠西南部，宜白路东段北侧。南起宜白路，北至谦祥胡同	70	3
榆乐胡同	宜兴埠西南部，宜白路东段北侧。南起宜白路，北至谦让胡同	50	3
新庆胡同	宜兴埠西南部，宜白路东段南侧。北起宜白路，向南延伸50米	50	2
新善胡同	宜兴埠西南部，宜白路东段南侧。北起宜白路，向南延伸45米	45	2
新安胡同	宜兴埠西南部，宜白路东段南侧。南起下卫道，北至宜白路	280	5
新盛胡同	宜兴埠西南部，宜白路东段南侧。北起宜白路，南至南十路	85	3

续表

胡同名称	位置	长度	宽度
振兴胡同	宜兴埠西南部，宜白路东段北侧。南起宜白路，向北延伸270米	270	3
振华胡同	宜兴埠西南部，宜白路东段北侧。南起宜白路，向北延伸210米	210	3
振富胡同	宜兴埠西南部，宜白路东段北侧。南起宜白路，向北延伸70米	70	4
振荣胡同	宜兴埠西南部，宜白路东段北侧。南起宜白路，向北延伸70米	70	4
振康胡同	宜兴埠西南部，宜白路东段北侧。南起宜白路，向北延伸120米	120	4
振福胡同	宜兴埠西南部，宜白路东段北侧。南起宜白路，向北延伸120米	120	4
振惠胡同	宜兴埠西南部，宜白路东段北侧。南起宜白路，向北延伸100米	100	4
振智胡同	宜兴埠西南部，宜白路东段北侧。南起宜白路，向北延伸120米	120	4
振和胡同	宜兴埠西南部，宜白路东段北侧。南起宜白路，向北延伸120米	120	4
振睦胡同	宜兴埠西南部，宜白路东段北侧。南起宜白路，向北延伸120米	120	4
农机厂东一排	宜兴埠东北部。南北向主胡同1条，东西向支胡同3条。主胡同北邻兴北里，南至南支胡同西端。北、中支胡同均西起宜兴路，东至主胡同北端。南支胡同西起主胡同南端，东连周家台北一排	440	均宽6 最窄3
周家台北一排	宜兴埠东北部。由东西向和南北向各一条组成，呈T形。东西向条西连农机厂一排，东近光明里；南北向条北起该胡同东西向条，南接周家台	420	5
周家台北二排	宜兴埠东北部。北接周家台北一排，南端不通行	70	4
周家台北三排	宜兴埠东北部。南起周家台北四排50米处，北接周家台北一排	50	4
周家台北四排	宜兴埠东北部。西接周家台北一排，东邻光明里	200	4
周家台东一排	宜兴埠东北部。南起东方红宿舍北20米处，北连周家台北四排	200	3
周家台东二排	宜兴埠东北部。南起东方红宿舍北30米，北连周家台北四排	200	4

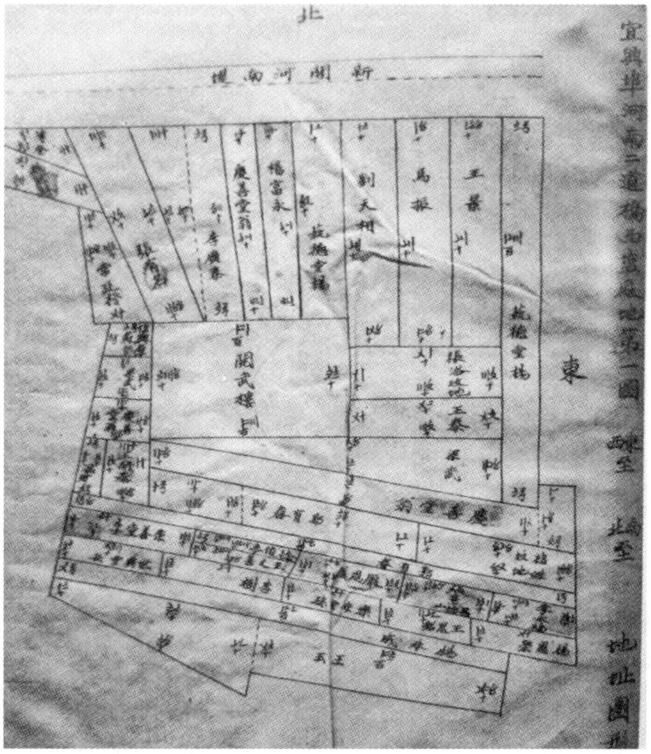

30年代，宜兴埠盐场第一图

（选自《图照中的北辰》110页）

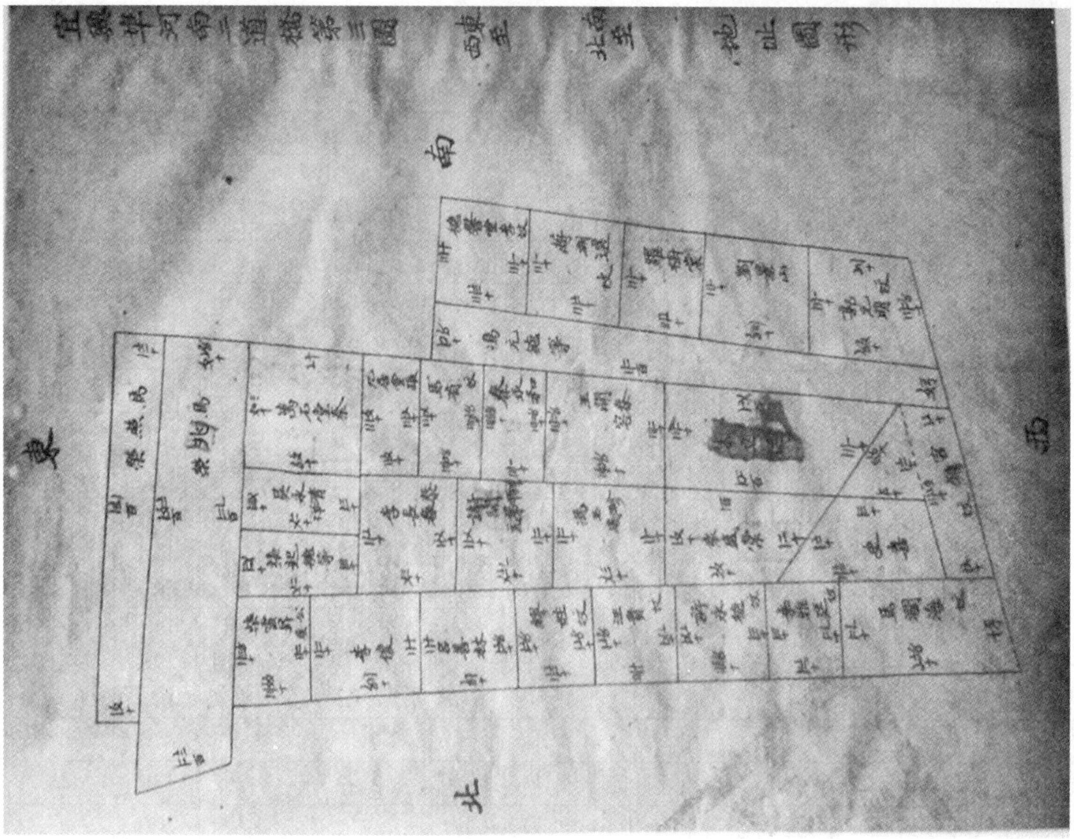

20世纪30年代，宜兴埠盐场第三图
（选自《图照中的北辰》111页）

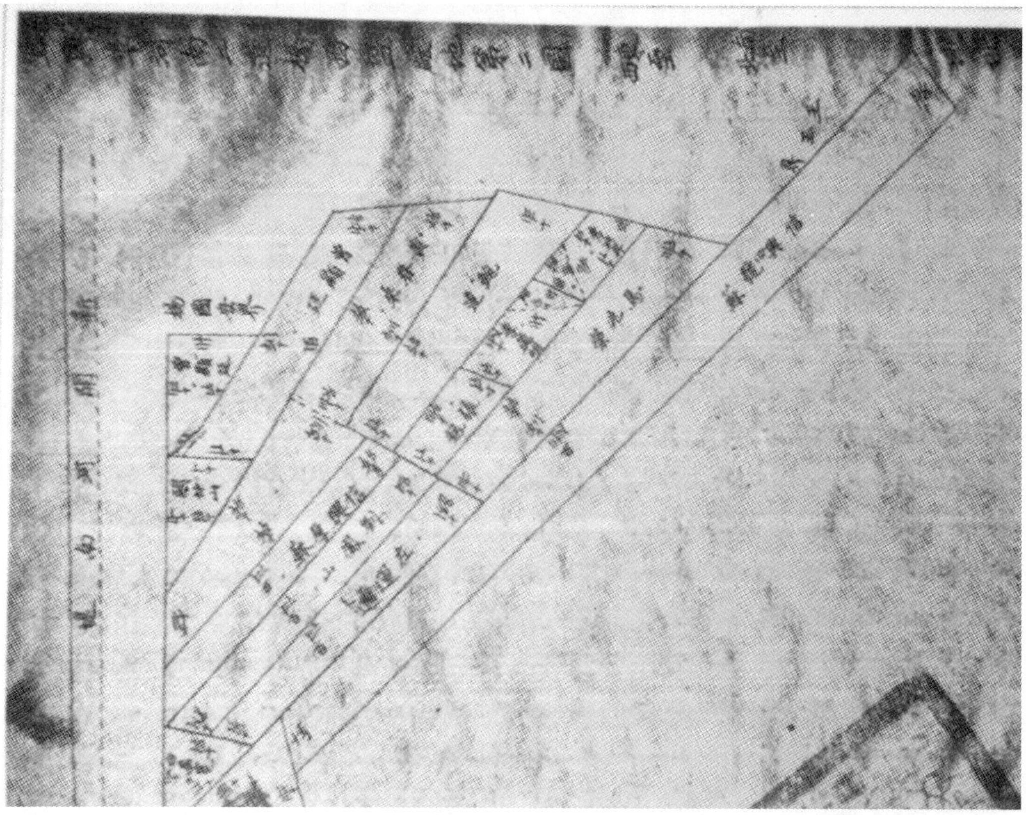

20世纪30年代，宜兴埠盐场第二图
（选自《图照中的北辰》110页）

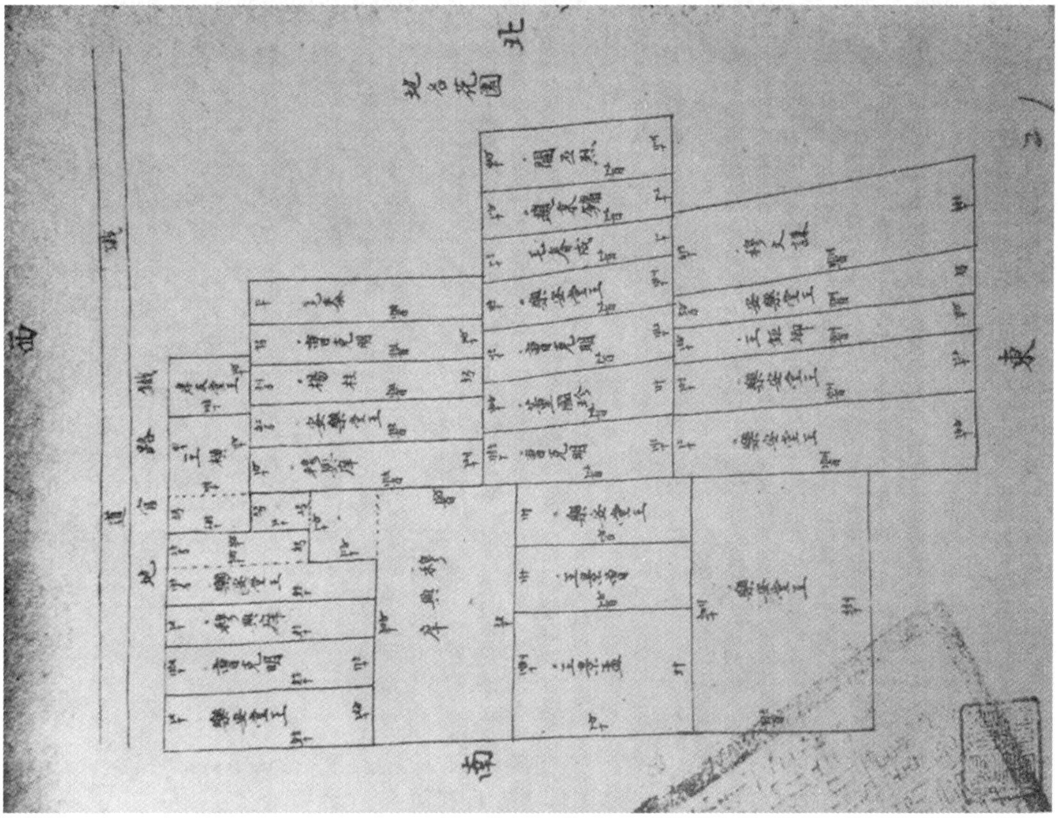

20世纪30年代，宜兴埠泄水河北洼地第二十四图
（选自《图照中的北辰》111页）

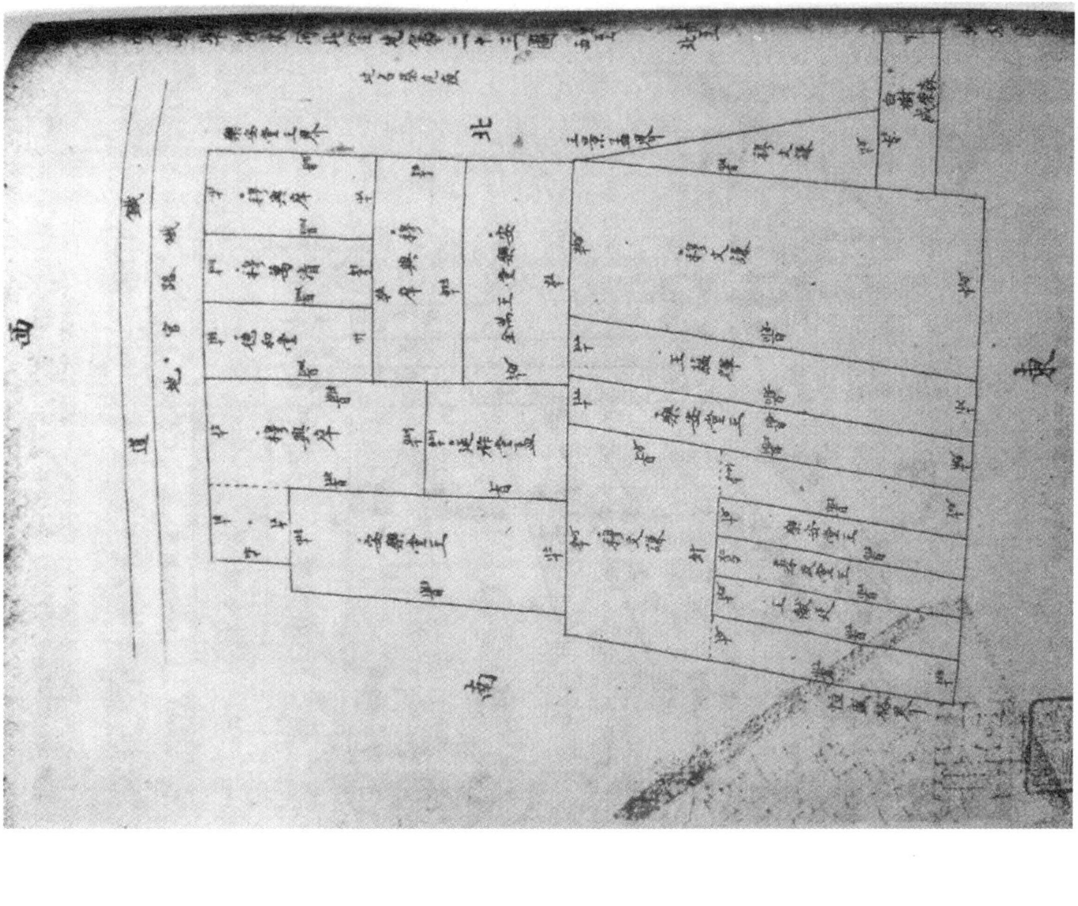

20世纪30年代，宜兴埠泄水河北洼地第二十三图
（选自《图照中的北辰》111页）

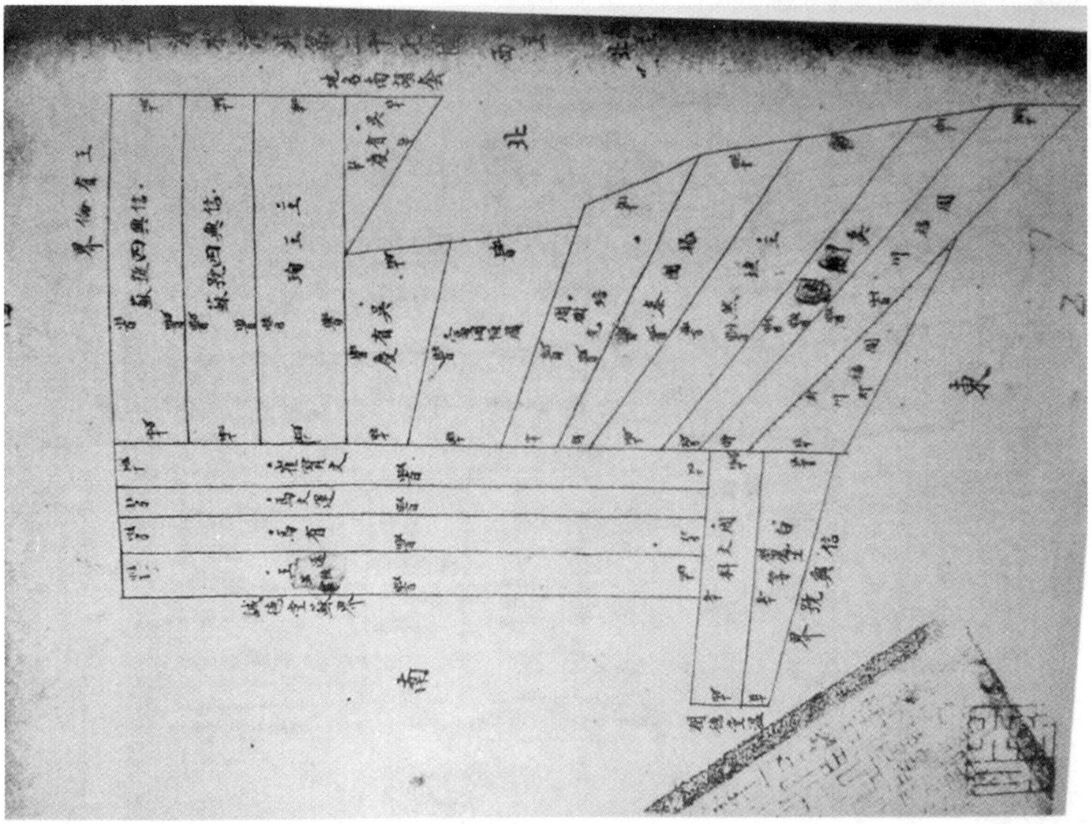

20世纪30年代，宜兴埠泄水河北洼地第二十七图
（选自《图照中的北辰》112页）

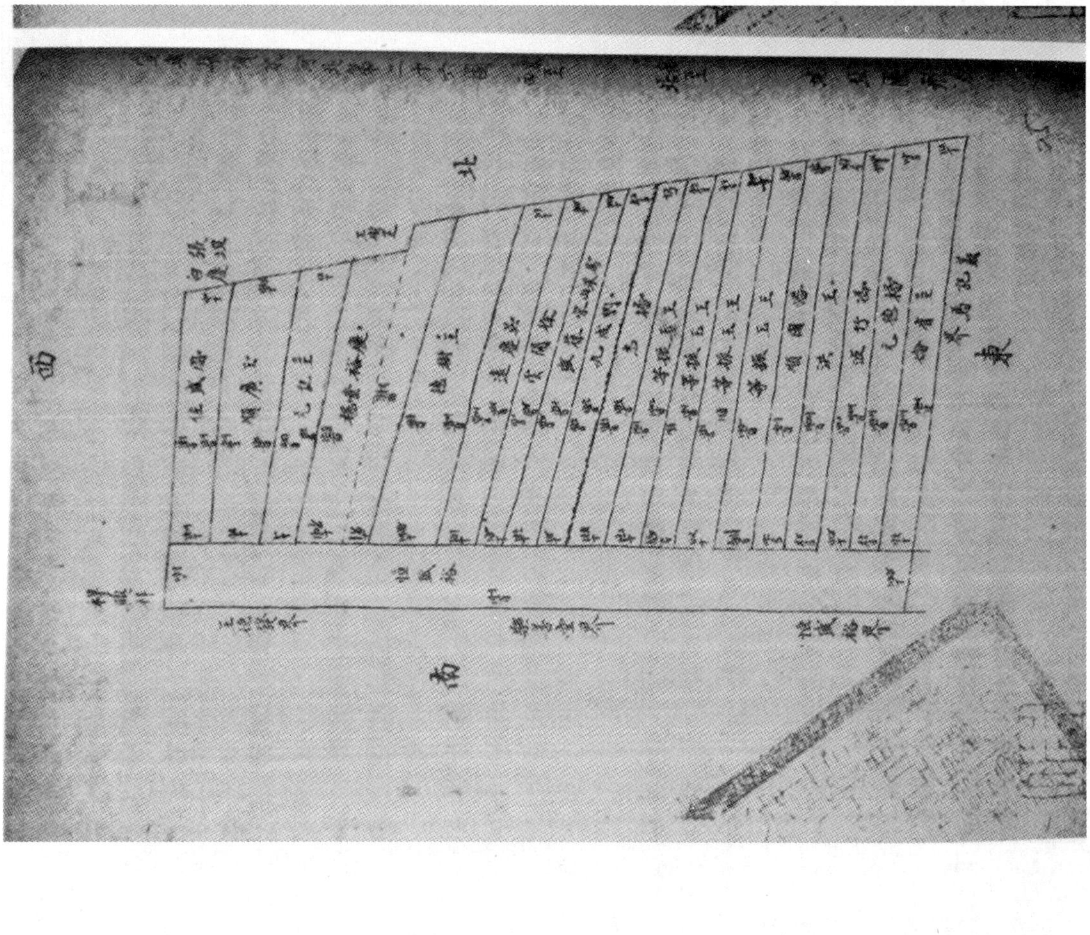

20世纪30年代，宜兴埠泄水河北洼地第二十六图
（选自《图照中的北辰》112页）

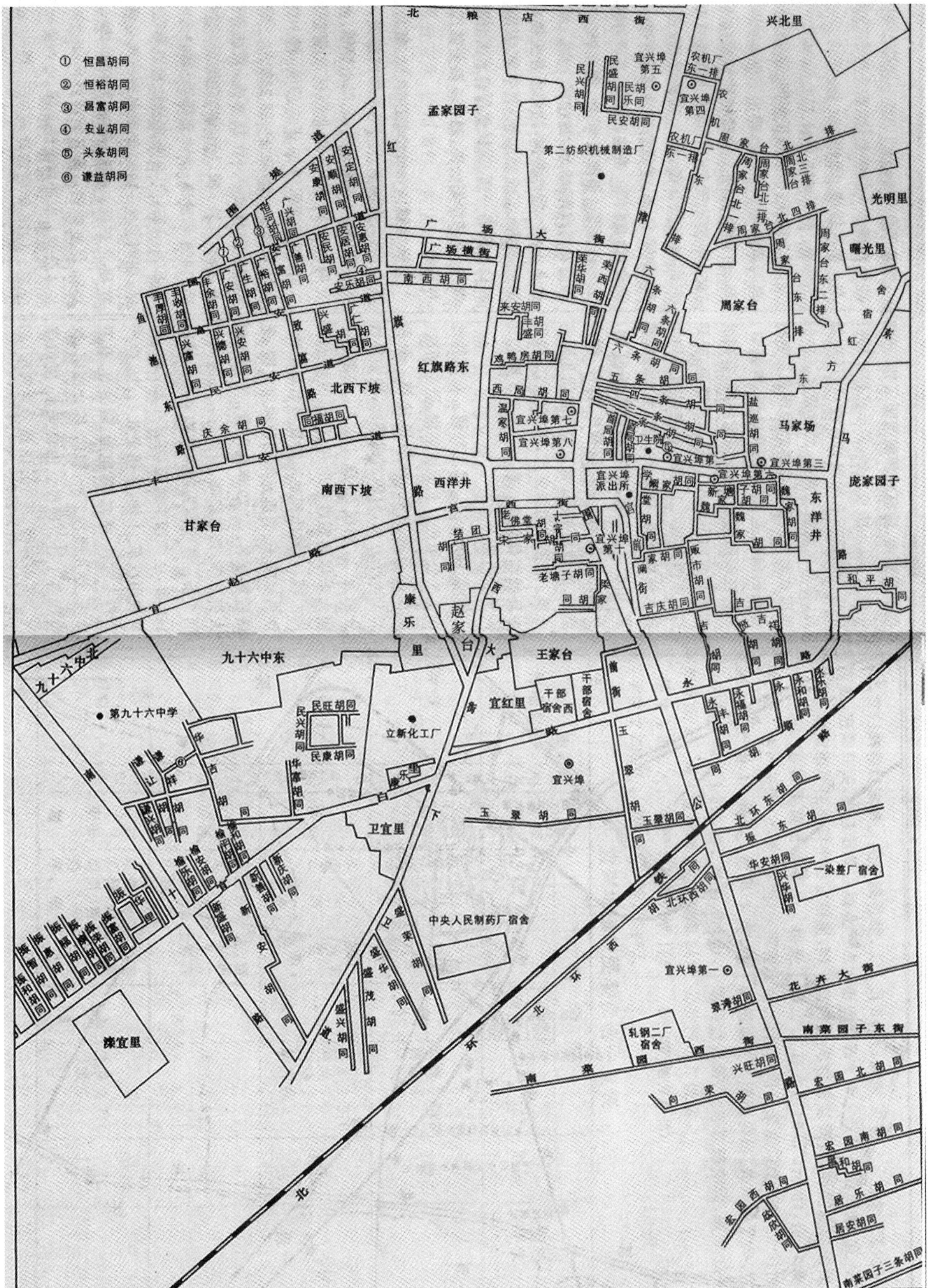

1995年宜兴埠街道胡同图　　（1995年绘制）

魏家胡同　　（2010年摄）

阚家胡同　　（2010年摄）

贩市胡同　　（2011年摄）

南菜园子西街　　（2010年摄）

宫后街仿古住宅　　（2007年摄）

六　公共设施

清朝末年，境内开始建设公共服务设施，兴办邮政店铺、开设学堂。光绪二十六年（1900年），徐肃静在宜兴埠创建佩贞女子学堂、女子职业学堂和幼稚园，开天津女学现代教育之先。光绪三十一年（1905年），私立中法学堂改组的天津如意庵中学堂，在宜兴埠改办为中等农业学堂，后于日本投降后停办。是年，温世霖在境内开办女子学堂，为天津县第二女子学堂；翌年，温世霖再创办宜兴埠最早的民立学校——天津县民立第五小学堂（原名蒙养学堂）。光绪三十四年（1908年）四月十七日，境内成立宜兴埠代办邮政铺商，代办人温桂芬。

民国期间，境内相继开办两所学堂。民国9年（1920年），宜兴埠天主教开办教会学堂，有学生40余人；民国37年（1948年）12月25日，国民党火烧宜兴埠，教堂部分被毁，教会学堂停办。民国17年（1928年），天津督学温瀛士在宜兴埠宫后街创建宜兴埠普育女学堂；民国25年（1936年），更名为宜兴埠士范小学；中华人民共和国成立后停办。

民国10年（1921年）前，境内居民饮用新开河水，初用车到新开河拉水，后在二道桥下设涵洞引新开河水入“吃水沟”到镇南，沟上设挑水板，供居民挑水饮用。民国11年（1922年），王伯辰联合“下场”杨姓、“成兴号”苏姓，在镇东部、北部、西部兴建3眼机井，用柴油机提取地下水，售牌卖水。镇南居民多到“吃水沟”挑水。民国24年（1935年），苏元瑞投资在镇南兴建1眼深水井，自此，宜兴埠居民告别饮用新开河水历史。民国30年（1941年），由孙连宝在宜兴埠经办建变电站，境内居民开始使用电灯照明，路灯由市电业局安装。路灯主要安装在北街头条胡同、北街二条胡同、碧霞宫后街。民国31年（1942年），温世珍于自家居室创办温家私人图书馆，有图书500余册，主要是《资治通鉴》等古籍书，设阅览室供村民学习用，图书一般不外借；日本投降时关闭。

中华人民共和国成立后，镇加大投入，改善居民生活条件，兴办学校和医疗机构及娱乐休闲设施，提高居民生活质量。1966年，由市引自来水到宜兴埠，最初管道只接到巷口、胡同口，分片安装水表，结束了镇内居民饮用井水的历史；1978年始，自来水管道陆续被引入居民户中。为解决居民垃圾乱扔及上厕所难问题，镇相继建立垃圾收集池和公共厕所，至1997年，全镇有砖混结构公共厕所45个、面积500平方米砖混结构垃圾站1座。

中华人民共和国成立前夕，宜兴埠有第十三小学、第十二小学和士范小学，中华人民共和国成立后，3所小学经多次更名、分解、合并，建为宜兴埠第一小学、第二小学、第三小学。中华人民共和国成立初期，镇内兴办红专学校等识字班，普及文化，提高居民识字率。1956年，镇建托儿所，有教师20余人，1960年停办。1958年，各生产队相继建托儿所，至1964年，5个生产队、4个镇办厂和小学有自办托儿所。1959年，境内开始动工兴建第八十八中学，时隶属兴淀公社及河北区教育局，1962年

1958年，兴淀公社社员在红专学校里学习文化

1958年，宜兴埠托儿所幼儿正在吃饭

划归北郊区管理；1970年停办，教师转入小淀中学和东堤头中学。1962年，建第九十六中学，时隶属河北区，后划归北郊区。1964年，区在宜兴埠建中等学校，翌年更名为宜兴埠半耕半读农业技术学校，“文化大革命”期间停办；1968年，迁至南王平，与南王平农业中学合并，更名为南王平中学。同时，镇和部分生产大队开办托儿所。1976年，恢复建镇托儿所。1987年，镇内首家个体“育苗”幼儿园成立，后陆续成立“苗苗”“朝阳”“德智”“育才”“乖宝宝”及一街幼儿园10余家。1988年，建第一一四中学，为镇管初中校。1990年，宜兴埠3所小学均开设学前教育班。1992年，兴建宜兴埠镇学前教育中心，建筑面积1080平方米。至1997年，镇内有镇办幼儿园1所、民办幼儿园8所、小学3所、中学2所、成人中专1所。2004年，原第一一四中学并入第九十六中学。2009年，历史名校普育学校投入使用，为国办义务教育九年一贯制学校。新建普育学校位于宜兴埠镇第二小学原址，总建筑面积3.71万平方米。中学部设24个班，小学部设36个班，可容纳2820名学生就读。

普育学校航拍图　（2017年摄）

普育学校正门　（2015年摄）

1956年，建立小淀乡中西医联合诊所宜兴埠分所；1957年，改建为宜兴埠镇医疗站；1958年，改建为河北区兴淀公社卫生院；1962年，改为宜兴埠公社卫生院；1985年6月，更名为宜兴埠卫生院；1997年，通过一级甲等医院评审，改称宜兴埠医院。1965年，全镇有5个生产大队组建红医站。至1970年，10个生产大队均建有红医站，有个体行医者10家。至1997年，域内有医院1所、医疗网点12个。

中华人民共和国成立初期，境内半数以上五保老人由敬老院集中供养。1984年，建宜兴埠敬老院。1993年，全镇实行五保统筹，统一五保供给标准。1995年，新建适合老人休养、生活、娱乐、医疗保健的金秋园，占地面积850平方米；同时装修原敬老院平房，占地面积600平方米。是年，宜兴埠敬老院被评为“全国模范敬老院”。

1981年，第

宜兴埠卫生院　（1985年摄）

1958年，敬老院的老人参加力所能及的劳动

七、第八生产大队在“上善西局”原址建立老年之家，至1989年，各街均建成老年之家；老年之家活动地点多在各街民间花会会所内，活动主要内容为下象棋、打扑克、玩麻将、读报等，同时三街、四街、九街老年之家经常开展文艺演出活动。1985年，各街相继成立老年协会，开展老年活动。实现老年人“老有所养、老有所医、老有所学、老有所为、老有所乐”。1982—1985年，各街先后建立青年之家。青年之家均设在各街村民委员会所在地，基本一室多用，由镇文化站、团委负责管理青年之家的各项活动。

1975年，宜兴埠公社率先在全区建立文化站。1979年，公社拨专款将原兴淀公社礼堂改建为电影院，设有座席1070个。1987年，十街投资近100万元，在镇中心建成两层楼的“麦迪尔文化娱乐沙龙”，是年12月28日开业。建筑面积500余平方米，设舞厅、音乐茶座、游艺、录像放映、儿童碰碰

2012年宜兴埠镇公共设施示意图

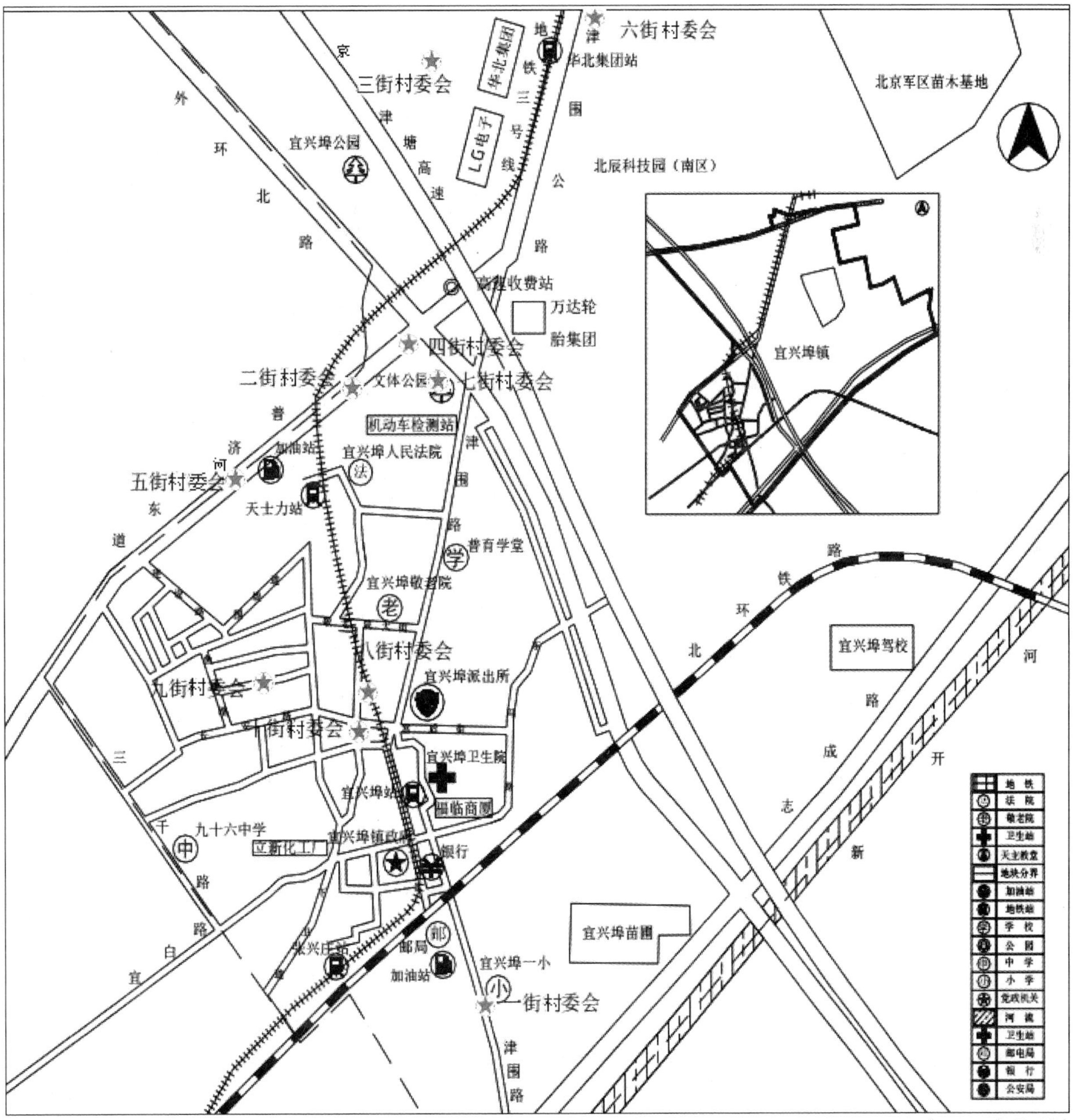

（2017年绘制）

车等，成为该镇综合性文化活动场所。该沙龙几次停业，后改专营餐饮业。1990年，镇将原卫生院划归文化站，成立镇文化娱乐中心。1992年，镇文化站(娱乐中心)迁至新址，开设录像放映、台球、电子游戏、图书租赁等有偿服务，并开放棋类活动室、文艺排练室，投资增添各种设施，为域内居民文化、体育活动提供便利。

至2016年，域内有小学2所、九年一贯制学校1所、中学1所，有镇卫生服务中心1所，各街均建有医疗诊所；有敬老院1所；有老年之家、青年之家各10个。

天津麦迪尔文化娱乐沙龙　（1988年摄）

七　经济概况

农业　中华人民共和国成立前，境内属放淤区，仅有一水一麦之利，农业不发达。中华人民共和国成立后至1958年，农民从事农业生产，基本是自主经营及互助合作经营。1958年，成立人民公社后，实行集体经营模式，以生产队或生产大队为基本核算单位，实行按劳分配、多劳多得的分配原则。从60年代开始，发展工副业，农业逐渐萎缩。80年代后，农业产值占全镇总产值的比例越来越小。

1959年，兴淀公社组织社员将蔬菜送往城市

工业　清代，境内砖瓦业兴旺，其产品在津门内外小有名气。道光年间(1821—1850年)，境内建有简易窑厂7家，为宜兴埠最早的工业作坊。清宣统元年(1909年)，王伯辰实施实业救国，开设修业织染工厂，是为境内最早的工业厂家，其产品“飞马牌”爱国棉布，获巴拿马赛会银奖。民国4年(1915年)，马阜投资创办爱司织布工厂。民国13年(1924年)，温耀山创办振德织物工厂。民国19年(1930年)，王伯辰的修业织染工厂停办，其再开办三义公司。民国30年(1941年)，宜兴埠通电，陆续有何、白、杨、周、史等家开办7家电磨作坊，从事粮食加工业。民国年间(1912—1949年)，境内有白铁、木工、烘炉、修表等手工业摊点30余个。

中华人民共和国成立后，域内企业起步于1956年，建有核桃加工厂、草片厂、焦炭厂、冶炼厂、羽毛厂、综合加工厂、汽车修配厂等。60年代，域内少数生产大队、生产队有“队办工厂”及电磨粮食加工企业。各生产队有部分手工加工业。1965—1988年，域内先后成立袜子厂、冷冲热压厂、云翔服装厂、华兴线材厂等企业，涉及金属、线材、服装、电器、建材、纺织等行业，有规模企业9家、优质产品25个。1980年后，街办企业由加工型转入制造型，有机械、金属、轮胎、铸造、印刷、电线电缆、制鞋、陶瓷、制药、化工、塑料制造等行业。1985年，宜兴埠镇发展镇街两级工业。1990年，街办企业产值突破1亿元。90年代，镇街加大引进外资，开发建设工业区。90年代末，全镇有市级以上企业集团5家、出口型企业19家，9家企业成为科技先导型企业。至21世纪，全镇工业形成橡胶制品、电线电缆、汽车配件、有色金属、轻工制品五大支柱产业。

商业　宜兴埠镇地处津郊，自古就是商埠之地。旧时商贾云集，负贩居多，野禽业享誉津门。早

华兴漆包线厂车间及其产品（1986年摄）

天津市万达摩托车胎厂办公楼　（1992年摄）

时，宜兴埠东、西、北三面是塌河淀，百里薮泽，舟楫往来，水运通达，百鸟汇集，鱼虾满塘。天然的地理条件使宜兴埠出了不少经商理财的能人，以经营野禽业而独尊津门。卖野鸭、荞麦皮者几乎遍及全市的各个角落。

中华人民共和国成立前，宜兴埠以商贩为生者多，时域内有2694户，贩户达50%以上。多数到市区卖秫秸、麻秆、荞麦皮、香草等。所经营的麻秆、荞麦皮和香菜被誉为宜兴埠三宝。除此之外，尚有卖野鸭、雁、铁雀、鱼虾、花生仁者。农历三月三，众多人到地里刨苣荬菜（多年生草本植物，花黄色，茎叶嫩时可以用糖、醋、麻酱调之入食，去火菜，京津北方一带人爱吃）到城里贩卖。域内所经营的行业有米面、杂货、酱园、猪、羊肉、食油、皮货、干鲜货、煤炭、棉布、百货、中西药和水铺，以及包子、馃子、馒头、煎饼铺和豆腐坊，并有翁、孟、苏、杨等姓经营的粮栈。柴草业有东下坡温稳三柴禾场（秫秸、麻秆、麦秸等）、北下坡张文学柴禾场、西下坡田家柴禾场，另有陆三、林四、薄五、何年、冯兆林等先后在二道桥至法政桥河滩地开设的柴禾场，阚家和黄三在小王庄河滩地开设的柴禾场。黄庆仁、张金生和常姓3家批发荞麦皮和香草。西下坡孟姓收购高粱帽（壳），将其销售给市内酒厂。马金元、郑彩亭等户则以收购、加工粽子叶和钱串（细麻绳）到市里应时批发销售为业。小商业店铺众多，主要分布于宫前街、宫后街、宫西街、十字街胡同、北街头条、北街二条、贩市胡同等地方。主要商号有永兴南酱园，海泉涌、景全和干鲜货铺，泉茂号糕点店等。域内自发形成的早晚市场有东贩市、西南湾、南、北下坡，售卖鱼、菜、草、柴、烤山芋、煎饼、刘记小豆腐、张记雁肉、粽子、藕、刘根自制酱肉。外地货郎有卖布、布头、针头线脑、

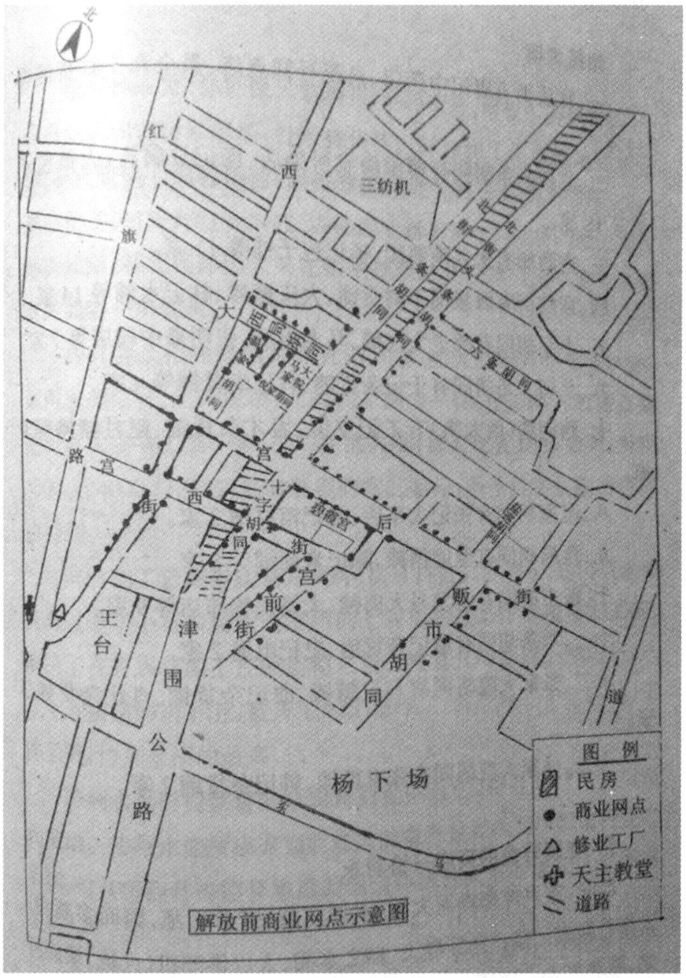

中华人民共和国成立前，宜兴埠商业网点示意图（1995年绘制）

铁锅、铁盆、咸菜、豆腐的，有收破烂、磨剪子、抢菜刀的，小炉匠焊铜器、焊锡器的，补锅锔缸的，一应俱全。

中华人民共和国成立后，相继建立供销社、副食品商店、粮油店多家，形成以国营和集体为主的经营单位。1949—1952年，个体店铺有所发展。1955年6月，开始对私营商业进行社会主义改造，以供销社为主体，实行公私合营。是年，确定蒋贵起副食和冯怀茂恒丰百货为代销店，刘长德为棉布代销员。1956年1月18日，实现私营商业全行业公私合营。宜兴埠镇富兴居、永顺成、宏兴成、财辰酒、福兴林、永顺、富兴和、德兴隆、永顺恒等副食杂货业，大昌兴、桐丰号、德泰兴、恒丰棉布百货业，荣泰和、双明号、明发号猪肉业，泉茂号糕点业及其他行业的私营店铺计81户100人均进入公私合营行列，合营资金1.24万元。通过合作店（组）、代购、代销店（员）、饮食合作总店等合营形式，私营商业职工直接过渡为国家职工。1958年8月，宜兴埠供销社将未合营的个体商贩31户32人再次合营，合营资金2963.96元。

1954年，宜兴埠供销社成立

1979年，村民在宫前街农贸市场购买粮食

80年代改革开放后，经过农村经济体制改革，促进个体私营商业快速发展，私营小店铺遍及全镇各个角落。宜兴埠镇党委及各街党支部在管好农业、办好工业的同时，狠抓第三产业发展，成立商贸总公司、农工商联合公司，集体经营商业、饮食、服务、运输、修理行业，其实体有镇办的富豪酒楼、宜盛香茶庄。90年代后，在发展传统批发零售、餐饮业的同时，镇里房地产业、现代物流配送、商贸流通、中介服务、社区服务等一系列新兴行业迅速兴起，培育了以茂顺一汽、四联汽贸、三千商贸区为龙头的汽车销售产业和建材家具装饰市场，以奥联物流、迅达物流为依托的物流配送业，以宜白路、津围公路为骨架的十字街商业街，逐步构建了21世纪初镇域内繁荣的商业格局。

宫前街服装市场（1989年摄）

附：宜兴埠老字号

专营野禽的商店——协利永 旧时，宜兴埠邻塌河大淀，水域广阔，野禽汇集，因而多雁户。《天

津县新志》记载："凫好群飞，栖之水间，人以佛郎机（火枪）聚而歼之，所获甚丰，近亦有网罗得者"。此时较知名的雁户有蒋、王、黄、庞、苏、马、孙等几家，猎获野鸭、大雁运至街头贩卖成为一种行业。

境内居民孙恩发、孙恩禄兄弟将收集到的野鸭、大雁肩挑运到官银号市场，打地摊出售。时结识裕顺德鸡鸭店经理，孙氏兄弟渐有积蓄。因裕顺德经理欠其300元钱难以偿还（时野禽行业兴旺、鸡鸭店生意不景气），故将门脸抵押给孙氏兄弟，孙氏兄弟在裕顺德原址开设津门第一家专营野禽的商店——协利永。民国30年（1941年），孙氏兄弟招独流镇刘姓兄弟入股，扩大门面开拓经营。孙、刘两家结合，天津方圆400里的野禽大多数汇集其家，一时生意兴隆，每天收雁1000余只、野鸭3000只～4000只。

先时，加工野禽得送至宜兴埠，次日再送回协利永，后协利永把其对过原华中石印局久闲不用的7间房买作货栈及加工部，解决在宜兴埠加工往返运输之苦。时宜兴埠形成一种习俗：八月十五接姑奶奶下卫，做拔毛加工整理工，到腊月三十才送回，记件工资，协利永招的最多。

协利永当时控制着全市野禽行业的行情，每日开行牌价均由此发出。协利永之所以有如此之大的业务量及执天津野禽行业之牛耳，与其善经营、讲信誉、地道的经营作风和灵活的成交方式不无关系。在收购货源上对枪头（打野鸭、大雁的指挥者）给予优厚的个人生活待遇，采取先贷后还的资金援助，使枪头安心狩猎，保证货源全部送交协利永。

中华人民共和国成立后，协利永仍继续经营。1956年1月16日，协利永公私合营，归北大关副食总店，受食品公司领导，协利永消失。

老字号永兴南酱园 境内居民杨颜儒开设于民国26年（1937年），经理先后为王尽臣、张炳钧。全柜9人，除张炳钧为宜兴埠人，余皆武清杨村人。主要从天津北门外隆昌海货店、宫北聚兴顺杂货店、宫南东盐店等处进货。自有腌制厂制做各种咸菜、面酱、酱油和醋，供宜兴埠60余家店铺及淀北诸村杂货铺货源，日营业额2000余元（伪联币）。民国37年（1948年）12月25日毁于国民党守军纵火。其旧址在宫前街与宫西街交口南侧拐角处。

老字号海泉涓 位于宫前街紧挨碧霞宫东侧，有门脸房两间，经理苏存海（绰号苏老海），经营干鲜货、文具、纸张等商品。另兼营钱庄业务。夏季自制酸梅汤、果酪出售，风味独特。

酸梅汤做法：取原料酸梅，熬汤（适量加水）。熬成后加入红糖，然后冰镇即成。

果酪做法：取酸杏干、柿饼子（无核）、藕片做原料，将酸杏干加水熬汤，柿饼子用开水泡后，用木棒捣碎待用，藕片用火煮熟（保持脆性捞出待用），然后兑在一起加糖和水（适量）冰镇即成。

老字号泉茂号 周志泉建于清光绪三十一年（1905年），位于碧霞宫后街北侧，始名泉茂号杂货庄，后称泉茂号。两间门脸房经营杂货，并自制吊炉糕点出售，以京八件著称，享誉全境及淀北诸村。该店后传其次子周联奎，再传周联奎次子周华经营，由店员郑和春负责业务，庞姓店员料理门市，冯师傅制作糕点，从业人员4人。民国37年（1948年）12月25日毁于国民党守军纵火。中华人民共和国成立后，周华斥资重建泉茂号，并转让长兄周泰经营。1953年，周泰病逝，子周文星继承父业。1956年1月18日，与供销社合营。

八　民间文化

碧霞宫 始建于明永乐二十年（1422年），占地面积1000余平方米，初名药王庙。改称碧霞宫时间不详，但至少在清乾隆年间已更改。碧霞宫匾额由清乾隆年间津门书画家乔耿甫所书。建筑面积600平方米。后经多次修缮。民国9年（1920年）、民国21年（1932年）增修。碧霞宫分前、中、后殿且各配跨殿，均前廊后厦三间式。前殿四大间，外跨东西角门，走道各一间。前正门有九狮元瓴，大门两扇，老檐头飞瓦，东西庙墙白灰勾缝，上顶瓦三舍金瓦脊，五脊六兽，中间是后羿神箭射日，面外而立。庙南4丈以外有旗杆两根，由村中大户姚景山、左小泉出资白银2000两，重立于清宣统三年（1911年），均为楠木。

碧霞宫位置示意图　（2003年摄）

碧霞宫旗杆根木槽（2003年摄）

碧霞宫旗杆根木　（2003年摄）

东边是铁杪木，高13丈2尺，座用青石所砌，座高6尺5寸，面积7尺5寸见方。西边是铜杪木，高12丈8尺，旗杆座大小与东座相同。二层殿殿座比头层殿高1尺5寸，外形锁头式，大脊中有万象回春字样，五脊六兽上顶。脊铺圆桶瓦，东西两头为盘龙大脊。后殿比中殿高2尺5寸（台座），殿高1丈8尺7寸，前出檐后出刹，正面锁头式。庙顶为大圆桶瓦，大脊正中有太子佛小庙1座，里面供小佛1尊。五脊六兽两边大脊呈盘龙剑定之态。七级台阶以上是后殿大门，红漆门12扇。碧霞宫供三皇五帝、孔子、关羽、药王、财神、娘娘、如来大佛等百余位神祇塑像，香火鼎盛一时。1952—1953年，碧霞宫中大殿、后大殿被拆除。之后公社利用所拆大殿材料，在后大殿原址建起一座小礼堂。前殿及一进院东西配殿被保留，1966年，宫前两根旗杆被伐。1973年，前大殿同前院东西配殿被拆除。

宜兴埠普荫堂　（1956年摄）

普荫堂　明万历二十二年（1594年），河北曲周人韩太湖创立红阳教，又称洪阳教，后得朝廷支持，得以推广。清初传入宜兴埠，并在境内建普荫堂。普荫堂为木结构砖坯混用四合院，始藏明代刊印宝卷200余

宜兴埠明代红阳教宝卷（一）（藏于天津图书馆）（1956年摄）

普荫堂道爷　（1956年摄）

册。至1957年尚有“道爷”10余位。逢月十六、七月三十、八月初八、九月初九、十一月十六做法事。1964年被取缔，其数十册明代珍贵宝卷等物初存公安北郊分局，后移藏天津图书馆。

宜兴埠境内的龙头古槐

（2016年摄）

古木 至2016年，宜兴埠宫前街1号有古木两株，分别为219年树龄国槐与114年树龄臭椿。梁家胡同15号有139年树龄国槐1株。北头条43号有155年树龄古槐1株。

民间花会 境内民间花会早在清初就开始流传。历史较早的有鹤翎会、高跷会、法鼓、地秧歌。清末至民国时期成立莲香、狮子会、少林会、小车会、中幡、花棍等，加上1953年组建的腰鼓队共有花会18道。60年代初，因三年自然灾害等原因全部停止活动。80年代后，部分花会陆续恢复活动，至2016年，境内有11道花会。镇内诚音法鼓、永长高跷、永兴少林会3道花会被列入天津市非物质文化遗产名录，永新二十四通背拳被列入北辰区非物质文化遗产名录。

鹤翎会 建于清乾隆年间（1736—1795年），由境内大户杨姓组建。4男4女扮童男童女，男童骑仙鹤，女童骑凤凰，均身穿彩衣，随乐声边扭边舞，似从天上飞来。有30余人的民间乐队，乐曲之一名《大家笑》，曲调动听。该会于乾隆末年被遣散。

法鼓 始建于清嘉庆年间（1796—1820年），初有“和音法鼓”，后建“诚音法鼓”。大鼓一面，鼓手立于鼓车之上，两旁站有耍铙、钹、铛者20余人。鼓声起，铙、钹同奏，表演各种飞铙动作，奏出各种打击乐曲，如《财神叫门》《狮子》《单桥》《双桥》《老河西》《鼓心》等，晚上演出配有灯牌。

永红秧歌队 始建于清乾隆三十二年（1767年），由魏顺义传入，拜唐明皇为祖师爷，初名庆乐地秧歌，后更名为永红秧歌队。一个云锣伞，执伞者手持一把折扇，为全队总指挥。有演员17人，扮演角色为伞头、俊婆、丑婆、樵夫、公子、青秆、白秆、丫鬟（2人）、小英哥（2人）、鼓手（4人）。表现古代练兵打仗、排兵布阵内容，戏名“绿牡丹”。主要阵形有“十面埋伏”“单摆尾”“双摆尾”“七星阵”“八卦阵”“迷魂阵”等10余种。早期会址在宜兴埠苏家大院，后迁至西大街与敬老院大街交会处（二十四间房）。

永全狮子会 始建于清宣统二年（1910年），为宜兴埠各会之首。该会有两头大狮子，每头由2人扮演；4头小狮子，每头由1人扮演。演出之前，所有狮子昂然立于场边。1名武士手执彩球，逗引狮

永全狮子会表演　　（2010年摄）

永全狮子会用鼓　　（2016年摄）

子出场。大、小狮子打逗、翻滚、跳高桌子、踩梅花桩等，轮番表演，争奇斗艳。1983年恢复活动，1993年再度停止活动，2000年后恢复活动。

永长高跷会 清雍正年间(1723—1735年)由津东赤碱滩传入。演员穿古装，脚绑2.5尺高的跷腿，分为棒槌、渔翁、英哥、公子、樵夫、老座子、青秆、白秆等成对戏耍。主要演员12人，锣鼓手4人。演出剧目“渔樵耕读”，并伴有唱腔。

永长高跷会演员演出后合影　　（1999年摄）

少林会 组建于清朝末年，后分出2支，至中华人民共和国成立初期，已有“永艺风云会”“永庆少林会”“永兴少林会”。表演时由数十名武术好手扮演武士，分拳术和器械两大类。以单练或对打各显绝技，动作或柔或刚，激烈而惊险，颇有观赏性。

小车会 建于民国初年。与其他地方小车会大同小异，均为表现一对老夫妇接女儿回娘家的故事。女儿独“坐”在彩车上，老汉推车、老妇帮车、儿子（丑角）拉车，一路上爬坡、过桥，即艰苦又幽默，令观者捧腹。

永鲜莲香会 始建于清朝末年。表演时有10名演员参加，2人打鞭、2人拉锁、2个大官姐，陪笙、笛伴奏。演员身穿彩衣，边舞边唱“茉莉花”“放风筝”等民歌。1983年恢复活动，旋即停止。

中幡 始建于清朝光绪年间(1875—1908年)，已失传。表演时，一大力士肩顶巨木制成的大幡，上下翻飞，表演各种动作，幡顶竖有会旗，迎风招展，甚为壮观。

花棍 始建于20世纪30年代。表演时，几十名表演者（均为男性）各执一根檀木棍（如擀面杖），站成4排，有节奏地互相击棍，队形不断变化，边扭边唱。

腰鼓 1952年，由驻军文艺工作者传授。表演时，男女各15人身穿民族服装，肩挎腰鼓，手执鼓槌，在2名耍钹的指挥下，表演各种动作。有“三刺枪”“虎跳”“片上马”“方对打”“圆对打”“冲锋式”等24种动作，表现军队军事训练的内容。

威风锣鼓 1997年，由市歌舞团孙大雨等编排导演，为新型花会。时由武警天津总队第六支队官兵、第一一四中学学生近200人组成。表演时，有大鼓5面、威风鼓30个、锣镲30对、腰鼓80个，演员服饰漂亮，演出场面宏大、壮观。

民间剧团

皮影剧团 清光绪三十二年（1906年）由村民鲍恩宽创建，系宜兴埠最早的民间剧团。演员10余人。鲍恩宽系科班出身，演员都用真嗓子演唱，称为京派。剧团不仅唱堂会，亦常为群众免费演出。中华人民共和国成立初停演，两箱戏衣献给了国家。

京剧团 建于民国28年(1939年)，活动地点在首局西胡同第一门，有演员20余人。是年，天津闹大水戏院停演，河北梆子演员银达子、金宝环、韩俊卿、柳香玉、王玉馨等多次到宜兴埠，落地摊演出聊以生计，后有京剧演员到此，宜兴埠京剧随即兴旺。民国30年(1941年)，马润芝在六条胡同南面高地，垫土台、搭席棚，建成境内最早的简易戏园，能容纳观众200余人。民国33年(1944年)戏园停演，京剧团活动到中华人民共和国成立前夕。之后曾恢复，未能坚持。1986年年底，部分京剧艺术爱好者自发组织活动，成立“宜兴埠业余京剧团”，在镇影剧院举行首演。有演员40余人。能演《四郎探母》《红鬃烈马》《文昭关》《武家坡》《打龙袍》《二进宫》《空城计》《坐宫》等折子戏，是宜兴埠镇群众文化的骨干。1993年后，霍型春、李金城在自己家中组织京剧活动。

永丰曲艺剧团 始建于1950年，初名永丰秧歌队，扭东北大秧歌及表演街头剧，有演员40余人，曾排演过“兄妹开荒”“宝山参军”等剧目。1953年，更名为“永丰曲艺剧团”。以排演曲艺剧为主，曾演出《夫妻识字》《母女俩》《早晨》《新事新办》《中秋之夜》《技术员来了》等。1965年，因改编、排练、演出袁静创作的《白菊花》受牵连而解散。

群众剧团 成立于1950年，初建时为50余人的青年秧歌队，1953年改为剧团。曾演出歌剧《自卫队捉胡子》、话剧《隐蔽战线》、评剧《小女婿》等。1956年解散。

业余评剧团 建于1951年，位于宜兴埠王家台。曾演出过《艺海深仇》《擦亮眼睛》《葛麻》《三不愿意》《茶瓶计》等。1955年停演。

西局曲艺剧团 成立于1952年，曾演出曲剧《柳树井》《梁山伯与祝英台》等，演出活动持续到1965年。1982—1984年曾恢复活动，后解散。

六一剧团 成立于1952年，由宜兴埠镇镇长杨恩林组建，演员多为市内工人，曾演歌剧《刘胡兰》《白毛女》。1955年解散。

北局评剧团 成立于1953年，演出评剧《刘巧儿》等现代剧目。1955年解散。

共和评剧团 成立于1954年，曾演出评剧《刘胡兰》，后与永丰曲艺剧团合并。

兴淀公社评剧团 成立于1958年，演员来自公社所属村队，宜兴埠管理区选派演员参加该团，有演员30余人，集体食宿，团址先后在小淀、大毕庄，曾演出京剧、评剧、曲艺剧。1960年解散。

弘扬曲艺团 成立于1989年，以四街老年协会为活动阵地，有演员15人，由中老年曲艺爱好者组成。该团坚持业余排练，多次为各街老年协会义演，参加镇消夏晚会演出和市内文化交流活动。1993年、1995年参加区“国策杯”会演，杨少玲获优秀演出奖和表演二等奖，薄良弼创作的单弦牌子曲《少生快富奔小康》获优秀创作奖。

民间组织

公善首局 清咸丰年间（1851—1861年），境内曾发生一场火灾，火势蔓延迅速，瞬间烧毁半个村庄，民众深受其害。光绪二十二年（1896年），时有周庚馀，人称周三老爷，出资组织“首善”救火组织，后改名“公善首局”。周联系当朝御史陈鸿跃题匾，

清光绪年间公善首局使用的消防水机（1994年摄）

民国期间公善首局使用的消防水机（1994年摄）

公善首局等民间水局救火图（1994年摄）

上书“公善首局”金字黑地，其字体亦书于各种防火器械上，如灯笼、手旗、号坎、压力机、袖章、大锣（共有5面大锣，音调大小不同，火势越大用锣越大，以示群众）等。其时，“首局”又分文善和武善，文善多为士绅、富户，负责出资、筹资备置防火用具；武善为青壮年负责救火。初有火情时，救火人员用白麻捆成的大刷子醮水扑火，用水桶浇水灭火，用铙钩拆险救火，救援人员佩带“公善”首局袖章，指挥人员白日打旗为号，夜晚打灯为号。为提高灭火效率，光绪二十五年（1899年）添置“压力救火机”（外壳木制），该机械在几次扑灭大火中发挥作用。1950年，由李汉有发起，在首局组织“义乐防险技巧队”，有队员20余人，平时训练项目有爬杆、杠子等。首局的压力救火机和其他灭火器具及一些旗帜等，于1955年被天津市历史博物馆作为历史文物征存，交由天津民俗博物馆展出。

上善西局 光绪年间（1875—1908年），天主教内少数恶徒，依仗帝国主义势力，以放火手段讹诈百姓，民众极其愤慨，相继建立助力北局、助力前局和上善西局等救火组织。前二局先后在日伪统治时期解散。上善西局组织严密。民国24年（1935年），在村人温雁鼎力支持下，筹集400余元购置压力救火机一台（外壳金属）。由于西局凝聚力强，青壮年救火队员劲头足，每日在门前练举重、扔沙袋、举石锁等，在救火防险中发挥很大作用。1955年解体。

民国期间上善西局使用的德国造消防水机 （1994年摄）

庙会 碧霞宫内供奉有娘娘、药王。每年农历四月十八日为娘娘庙会。是日，娘娘塑像被请到头道大殿，久婚不育者烧香磕头许愿，以求生下贵子。四月二十八日，将药王爷塑像请到头道大殿，久病不愈者多到此烧香叩头，许愿还愿。亦有如愿者多给庙内香钱。每逢庙会不但境内居民到此烧香祷告，市内人亦有至此烧香者。其间，人群络绎不绝，赶庙会的、做买卖的，门庭若市，热闹非凡。

求雨 境内居民旧时有塑龙求雨之俗。一两年内遇久旱不雨，又无水利设施，农民靠天吃饭，求龙王爷发慈悲降雨、救农苗生长以求百姓之生存，是时，村公所在民众恳求下主持操办塑龙求雨之事。在碧霞宫门前用一块长木板、竹、铁丝、铁钉等物，拢粗龙骨造型，而后用麻刀、棉花合成细泥精塑龙形，再涂绿色油漆于龙身、白色油漆于肚皮，张牙舞爪，活灵活现。选黄道吉日，由周姓绰号“老癞”者顶马烧香、叩头后即似龙王附体，由数人轮换搀扶貌似龙行之步，抬起泥塑龙王游转四方，设摆香案，人们要向顶马龙王恳求说：“龙王爷快下雨吧！救救老百姓吧！”顶马龙王即说（南方音调）：“小小蟒仙的，来到此地的，不过三天就下雨的”，随即将龙王送至境南新开河内，有时巧合就下了雨。中华人民共和国成立后，大兴水利建设，靠天吃饭的日子一去不复返，龙王求雨之俗就此中断。

抬埋会 民国27年（1938年）前，境内谁家有白事，全靠乡邻帮助操办，不取分文，事后主家请帮忙人吃饭作为酬谢，富户人家如遇白事雇人操办，事后给酬金，人均60个铜子。民国27年（1938年），村人苏元熙、温柏筹组抬埋会，参加者10余人，会址在西下坡“大过道”。备有6条扁担、4根大绳、5把铁锨、2扇床板、1副材凳。最初穷人办白事，只帮忙不收钱，富户人家和外乡人办丧事收取一定酬金。民国29年（1940年），境内霍乱大流行，病死人数骤增，抬埋会一时人手不够，临时增人，其中有不轨之徒，偷卖抬埋工具，几乎贻误丧家抬埋事，时有村民苏长维出面筹资添置用具，解决应急之需。中华人民共和国成立后，抬埋会依旧运行。1956年，公私合营时，抬埋会自行解散由个人经营。

文化名人

马 阜 生卒年不详，号啸山，自称觉非居士。家境宽裕，好学重教。任宜兴埠民五小学校长时，曾书“宜子宜孙、兴家兴国”对联贴在校门口，引起民众震动，对当地人民重视文化教育起到一定宣传作用。马阜系当时天津著名书法家，“一笔”虎字写得最为出色。20世纪20年代曾在上海从事书法活动。

苏承龙 1928年出生，宜兴埠人。天津市著名京剧老生，国家文艺级一级演员。

岳　政 1945年出生，岳飞第三十世传人，津门画家。

王正阳 1946年出生，津门篆刻家、书法家。

韩世炎 1946年出生，津门山水画家。

薄连琪 1947年出生，宜兴埠人。战友文工团国家文艺级一级演员。

杨凤杰 1949年出生，天津市刘派京韵大鼓传人，著名演员。

九　大事纪略

八国联军洗劫宜兴埠 清光绪二十六年（1900年）夏，八国联军侵华，沙俄大尉亚罗斯拉夫·戈尔基带兵侵占宜兴埠一周之久，奸淫妇女多人，杀死村民30余人。并扬言放火烧村，幸有宋通事（翻译）出面周旋，方从村中退走。是年冬，人们返村，已是断垣残瓦，一片废墟，惨不忍睹。

请愿团触石沉溺事件 民国8年（1919年）10月，北运河暴涨，北仓张力臣以暴力扒开东岸，致宜兴埠及淀北24村田禾被淹。宜兴埠村民组织请愿团，船行至村南触石柱翻沉，淹死妇孺74人。村长温长伦、杨十一爷等代表死难家属到警察厅请愿，周三姐怒打厅长杨以德耳光，均被扣押，经王伯辰周旋，7天后释放。

日寇骚扰 民国25年（1936年）10月，日寇在津郊进行以夺取平津“假想敌”式的大规模演习。六七千名日寇从宜兴埠村外西北到东南，形成半月状弧形包围圈，枪炮声大作，许多庄稼被毁，造成百姓生活困难，衣食无着。民国26年（1937年）4月22日，日寇天津驻屯军决定在宜兴埠东温家花园附近修建临时飞机场，时许多农田被毁，几百名农民被抓干活，终机场因故没建成。民国31年(1942年)秋，日寇清乡骚扰，一股日寇侵入宜兴埠，将全村老小哄集村西南空场，前后架起两挺机枪对着村民，威逼交出八路军。时有留日学生温士铮做翻译，三十二保副保长梁耀庭出面，以个人性命担保村内无八路军，方使村民免遭劫难。

国民党军火烧宜兴埠 民国37年（1948年）年底，国民党天津守军决定在距护城河2.5千米内“扫

2006年，韩世炎创作的《古镇劫难》——火烧宜兴埠

清射界”。12月25日晨，国民党六十二军800余人，手持燃火工具，拥进宜兴埠，分头放火，西下坡200余间民房燃起冲天大火，村民孟才之子被活活烧死。国民党兵趁火打劫，肆意抢掠百姓财物，全境2694户流离失所。26日，国民党兵重返宜兴埠欲行再烧幸存民房，村民王文光、鲁金亮与敌扭打，一个国民党兵欲狼狈逃窜，王文光只身追击，用梭镖将其扎死。

十　英烈先贤

英烈

张长海（1924—1950）　1949年参加革命。1950年11月，牺牲于朝鲜元山上草洞。生前为中国人民解放军39军26师36团3营8连战士。

张文治（1925—1952）　1949年参加革命。1952年7月12日，牺牲于朝鲜战场。生前为中国人民解放军38军24师炮团班长。

杨恩荣（1925—1947）　民国34年（1945年）3月参加革命。民国36年（1947年）8月，牺牲于河北省雄县开口村战斗中。生前为中国人民解放军西北军区某部排长，中共党员。

冯克俭（1926—1945）　民国34年(1945年)参加革命。是年5月，牺牲于东堤头地区与日寇作战中。生前为武宝宁联合县区小队战士。

王　荣（1931—1949）　民国38年（1949年）1月14日，解放天津时，为中国人民解放军当向导，牺牲于市内小树林一带国民党军冷枪。

先贤

白嘉谟　生卒年不详。明嘉靖三年（1524年）举人，曾任广东省新惠县知县，为宜兴埠第一位功名人。据传，村名“渔家铺”为该人所起。

温毓善（清中叶）　字惠长。继父业开垦淤田，经营粮行，又为盐商承办芦席麻绳。拥巨资，急公好义，乐善不倦。凡乡里贫困者求，无不应酬备至。每逢年关必遍访亲友邻里窘困者，至夜便亲怀钱票缚于竿顶，悄悄投入其院。因秉性刚直惨遭毒害，时年未满50岁。因子贵而被封为光禄大夫，元配许夫人一品封典。

温长清（1820—1872）　字香泉，温毓善长子。继父志，外而经商，内持家政。设弓箭房于家，亲友闻风多来受学。清咸丰三年（1853年），因组织宜兴埠千名雁户，用排枪打败河南捻军首领“小霸王”，功赏头品顶戴花翎。

温长溥（1824—1860）　温毓善之子。少时习武，14岁入天津县武学，15岁乡试中试，17岁考取进士。奉旨派为御前侍卫、乾清门行走，后任山东登州总兵。

温长湧（1830—1900）　字智泉。清咸丰三年(1853年)癸丑科武状元。头等侍卫，山东青州营参将。清廷拨款奉旨建“状元及第”，月受俸银，遂温家在宜兴埠发迹。后温家晚辈题赠“武魁”匾一块（1.3米×0.7米×0.1米，金地颜体黑字）悬于温宅正厅。解放天津时，该匾被摘，遂下落不明。

徐振肃（1841—1919）　女，字肃静，以字行。父茂才为武清梅厂望族，后嫁温长溥之子润斋为妻。清光绪十年（1884年），以中法之战和议既成“引为大辱”，遂命两子世霖、世珍弃举子业，入天津北洋水师学堂受新式教育。光绪二十年（1894年），中日甲午之战后，更是立志倡兴女学，先教两女和子媳读书。光绪二十六年（1900年），在宜兴埠创建“佩贞”女子学堂、女子职业学校和幼稚园，自任三校校长。光绪三十一年（1905年）迁居市内，协助其子世霖和北仓人孙洪伊在二道街荣家胡同创办私立普育女子学堂，并亲任校长，为天津近代教育史上第一位女校长。其倡导妇女放足，组织“妇女救国演说团”，到鼓楼大街西马路一带宣讲，被官府视为大逆，直隶总督袁世凯连下两道禁令，其不为所动。光绪三十二年（1906年）春，学堂迁址鼓楼东沈宅东院，旋迁南门西板桥胡同，改旧火神庙为天井式2层楼，扩大班次，添设蒙养园。又在达摩庵胡同开办分校和妇女补习班，设缝纫、织巾、花边3科。民国8年（1919年）谢世，孙中山亲题“民国贤母”匾额以资褒奖。

周庚馀　生卒年不祥。清末官吏，曾任边疆巡抚。任职期间为官清正，遇有灾年不仅免收赋税，并用自己的俸禄救济灾民。遂在该地流传一句歇后语：周三老爷巡边——赔了。

温世霖（1870—1934）　原名温昱，字支英，晚号铁仙。清末秀才。后就读北洋水师学堂，师从严复。曾任铁路大臣胡燏芬书记、东征军幕僚、《醒俗画报》总编等。创办《人镜画报》《公民白话报》，后参加同盟会。世霖重教兴学，是天津著名教育家。清光绪三十一年（1905年）创办宜兴埠第一所学校，后称民立第五小学堂。其后又在市内荣家胡同、板桥胡同、达摩庵胡同创办“普育女子中学堂”及分校、蒙养园。光绪三十四年（1908年），与孙洪伊等组建“天津自治研究会”，数次带领绅商学界赴京请愿“速开国会”，呼吁“立宪”。宣统二年（1910年），组织“全国学界同志会”，被推为会长。翌年1月因倡导全国总罢课，并率3000多名学生向当局请愿，被西太后以“扰乱地方罪”发往新疆“严加管束”。孙中山指示于右任、冯玉祥等送行，并安排沿途接应。因在新疆发表《民主社会之建设》等言论，又遣戍西藏。辛亥革命爆发后，世霖被孙中山等推举为新疆都督，率新军与清军激战。民国2年（1913年），组建“全民会”并任会长。任众议院议员、国会议员和孙中山广东军政府参事等。民国12年（1923年），误投曹锟选票，翌年退出政坛。世霖晚年常与齐白石、张大千、方药雨等以画会友。民国23年（1934年），在津病逝。

王伯辰（1873—1926）　又名庆昌。出身贫寒。早年任《竹园报》记者。主张君主立宪，为请愿“速开国会”之直隶绅商代表，后由黄兴介绍加入同盟会。倡导实业救国，宣统元年（1909年）创建修业织布厂，所产“飞马牌”爱国布于民国6年（1917年）获巴拿马国际赛会银奖。民国2年（1913年）在家乡出资兴建木质二道桥，方便群众过往新开河。民国5年（1916年）6月，与民众一道反对法国强占老西开，带头捐款支持法租界工人罢工，并以“维持国权国土”代表身份，与省长夏诒霆展开说理斗争。民国6年（1917年）天津水灾，时任天津警察厅厅长杨以德的秘书，因反对放淤被杨软禁两个月，淀北24村民众为其送“万民匾”。回乡后捐资5000大洋开办织席厂，安置百名灾民。民国11年（1922年）与人合资开凿机井3眼，解决宜兴埠乡亲吃水困难。又经常赈济揭不开锅的穷人，发放玉米面。过年时派人巡查，给年三十吃不上饺子的乡亲发白面和猪肉。

张伯苓（1876—1951）　名寿春，以字行。毕业于天津北洋水师学堂，任海军士官生。因亲睹甲午覆师、威海易帜之辱，愤然立教育救国之志。清光绪二十四年（1898年），应天津严修之聘，教其子弟。光绪二十七年（1901年），兼教盐商王奎章家馆。光绪二十九年（1903年），随严修赴日本考察教育。翌年并严、王二馆扩为敬业中学堂，光绪三十二年（1906年），迁址改称南开中学。光绪三十四年（1908年），代表直隶赴美国参观渔业博览会并考察教育。民国6年（1917年），再次赴美入哥伦比亚大学师范班研究大学教育，并往各州考察私立大学。翌年返国筹办南开大学，民国8年（1919年），正式开学；民国10年(1921年)，迁至八里台新址。民国12年(1923年)，创办南开女子中学。民国17年(1928年)，成立南开小学。3次考察日、欧、美教育。民国20年（1931年），成立南开经济研究所，次年成立应用化学研究所。民国25年（1936年），在重庆成立南渝中学。民国26年（1937年），“七七”事变后天津南开中学、南开大学校园遭日军轰炸，南开中学与南渝中学合并为重庆南开中学；南开大学迁昆明与北大、清华合组西南联大，伯苓任校务委员会常委。民国27年（1938年），任国民参政员并膺选副议长，后兼任国难会议委员、东北政务委员会委员、行政院驻北平政务整理委员会委员、华北战区救济会常委兼农赈主任、华北水利委员会委员、故宫博物馆理事、全国及华北运动会总裁判、体联常委、体协副主席、青年会总干事。民国34年（1945年），出席国民党第六次全国代表大会，当选中央监察委员。民国37年（1948年），任考试院院长。1950年，由重庆回津，翌年病故。

杨绍思（1882—1945）　号澄甫。清宣统二年（1910年）毕业于保定北洋师范学堂。擅绘画。历任北洋师范学堂、甲种商业学校、南开中学、直隶第一师范学校教员、训育主任。曾奉派赴日本、朝鲜及江苏、浙江、湖南、湖北考察教育。民国20年(1931年)后，任河北省第一师范学校校长。绍思热心教育，勤谨奉公。在师范学校经费困难时，自动降低薪金，带领教职员工共渡难关。学校由高中水平的师范教育扩增理化专修科、体育专修科等大专水平班级，并增办学制1年乡村简易师范速成班。"七七"事变后，发起并组织"天津教职员工抗日救国后援会""河北省教育促进会"，在齐璧亭指导下开展工作。日本侵略者占领天津后，日伪市教育局日本顾问村本对其恨之入骨，常使日本宪兵队对绍思骚扰和传讯，致其高血压症日益严重，于民国34年(1945年)病逝。侄辈学通、学涵、学俊、学淇等俱受其影响和帮助，后均为大学教授。

杨绍庭(1883—1954) 该人行十，人称杨十爷。担任村长多年，并兼任三十一保保长，为人忠厚老实，虽家境日渐衰落，但始终见义勇为毫不吝惜。沦陷时期，该村小学经费困难求他支援，他慨然应允，卖掉家中粮食将钱全数交与学校。他曾将自家的房基地让与朱平川、白起旺、阚云普、刘起发4户，为他们办好过户立契手续，并代为纳税，地价不索分文，村人传为佳话。

温瀛士(1895—1960) 字阆仙。11岁入宜兴埠民立第五两等小学堂，后入天津府中等农业学堂。18岁时，其父病故，遂回故里小学堂任教。他边教课，边参加城里师范单级教学班进修，结业考试拔得"头筹"，获教书资格。24岁任该小学校长。20世纪20年代末，他辞去小学校长职务，向省教育、财政两厅力争渔苇课学款，在宜兴埠建普育女学堂获准，于民国19年(1930年)9月开学，自任校长。民国25年(1936年)，改普育女学堂为士范小学，始招男生。温赢士在任士范小学校长期间，兼任天津县三区教育委员、督学，并代理天津市第九十三小学校长和老城里普育女子小学主任等职。民国37年(1948年)12月25日，国民党天津守军为扫除射界焚烧宜兴埠，士范小学校舍、教具、图书等均付之一炬。温瀛士找到一些董事筹集资金，继续办学。1950年9月，士范小学并入天津市三区第十八小学。温瀛士先后在天津市私立建华中学、私立慈泽中学分校、私立崇化中学(后改称天津市第三十一中)任教。

温朋久(1905—2004) 温瀛举，原字鹏九，后更字为朋久，以字行。民国2年(1913年)入宜兴埠民立第五两等小学堂。民国8年(1919年)入天津直隶省立师范学校，毕业后任小学教员。其间，参加"五四"运动、周恩来领导的"一·二九"运动和邓颖超、辛璞田等领导的天津"五卅"爱国运动。民国15年(1926年)，以第一名成绩考入北京朝阳大学主攻法律。民国18年(1929年)，被保送到日本留学，就读于明治大学及早稻田大学。民国20年(1931年)"九·一八"事变后，抗议日军侵华休学回国。翌年9月，公费留学德国。民国22年(1933年)，在洪堡大学(即柏林大学)和富莱堡大学加入中国抗日救国联合会和反帝大同盟，并与刘文华主办《中国出路》《抗日救国》刊物。西安事变后，与乔冠华同在巴黎、柏林迎迓杨虎城，支持其抗日主张。在"九国公约会议"期间，与乔冠华组织代表团前往声援，以"人民外交"形式，联合布鲁塞尔大学生共同声讨日本侵华行为。民国27年(1938年)2月回国，3月在河南省潢川第五战区抗敌青年团任政治教员，主讲国际形势；7月接受中共指示在西北军杨虎城部第三十八军赵寿山部任参议兼教官。民国30年(1941年)春，被赵寿山任命为38军军长办公室代理主任。民国33年(1944年)冬到重庆，后到孙蔚如第四集团军总部。日本投降后回津。民国36年(1947年)3月，到晋冀鲁豫边区冶陶北方局学习，5月加入中国共产党。是年6月至民国38年(1949年)6月，先后在山西省潞城北方大学财经学院、石家庄华北财经学院任教。民国38年(1949年)7—9月，参加中央外事组任研究员。

中华人民共和国成立后，历任外交部西欧非洲司副司长、驻瑞士公使馆政务参赞和日内瓦总领事馆总领事。1955年9月，到中央高级党校学习。1960年9月，任中央对外文化联络委员会五司司长。"文化大革命"期间受迫害，在秦城监狱被关押7年。1978年8月，重新分配到外交部工作，后转到中国人民对外友好协会，任常务理事，1981年改任顾问。1984年4月离休。2000年7月8日，将珍藏的郭沫若等6位名人画作捐给周邓纪念馆。2004年12月逝世，享年99岁。

马锡年（1908—1994） 保定军官学校毕业，历任国民党少将、一级专员，国民党山东省政府主席沈鸿烈秘书。抗日战争期间，任青岛爆破日军设施总指挥。与中共有联系，曾支援八路军军用物资。

杨学通（1909—1987） 少年时入宜兴埠民立第五两等小学堂，后考入南开中学、南开大学。毕业后留南开大学经济系任助教、讲师、副教授。民国28年（1939年）10月，与麦贤能教授创办达仁学院，后被查封。天津沦陷后远走重庆，拒受国民党政府高职，失业半年。后任兴业公司总会计师兼重庆大学教授，同时帮助一批爱国青年离开沦陷区。抗战胜利后回津，任南开大学副教授、教授、经济研究所副主任。1956年，调中国人民大学，先后任计划统计系、经济学院、人口理论研究所教授，系中国民主同盟会会员。1979年，参加第一个中国人口学代表团，赴美、英、法等国考察。1987年病逝。

韩绍泉（1909—1993） 河北省第一师范学校毕业。曾任河北省师范附小二部教员。民国25年（1936年）春，作为天津15名学员之一，参加在南京黄埔军校举办、由张治中任主任的中国童子军总会干部训练班。是年7月毕业，毕业考试总成绩名列第二，是唯一接受蒋介石颁奖的学员。奖品为登山斧、墨盒等。回津后继续从事教育。日本投降后，曾任天津市童子军总干事、市政参议员。中华人民共和国成立后回乡务农。1993年病逝。

杨学涵（1912—1999） 民国8年（1919年）入私塾，翌年入宜兴埠民立第五两等小学堂。民国15年（1926年）入直隶省立第一中学（天津市第三中学）。民国18年（1929年）考入北洋大学机械系，预科2年、本科4年。民国24年（1935年）至1951年任教于直隶省立第一中学，其间在天津工商学院、北洋大学兼课教授机械学。1951年调到河北工学院，1958年任副教授，1982年任教授。1951年获华北电管局科技一等奖，被评为“河北省劳动模范”。曾当选中国教育工会天津代表、两届河北省人大代表，历任天津教育工会常委、天津科协委员、中国民主促进会天津市委常委、宣传部部长和民进河北省委常委等职。

杨学浚（1914—2000） 民国10年（1921年）入宜兴埠民立第五小学，民国16年（1927年）入直隶省立第一中学，民国20年（1931年）就读于北洋大学机电工程系，民国26年（1937年）获工学学士学位。民国29年（1940年）任天津铁路学院讲师。1950年任天津大学自动化系副教授，1978年晋升教授。兼任中国自动化学会电气自动化委员会委员、中国电气自动化教材编审委员会顾问等。著作有《自动化元件及装置》等多部。1985年获市政府“天津市计算机应用开发优秀项目奖”。1986年退休。1993年享受国务院颁发的政府特殊津贴。

林松年（1914—2001） 宜兴埠民立第五两等小学堂毕业，后就读于天津市昆纬路高等工学院。民国24年（1935年），在山东戏剧专科学校毕业，曾任山东剧院艺术编导、省国立实验剧院、歌剧学校戏剧文学理论编剧导师、国立编译馆副编审。中华人民共和国成立后，历任上海女一中高中外语教师，上海师范学院中文系外国文学研究室教师、副教授，上海师范大学文学研究所副研究员。1987年退休，仍坚持写作及翻译。主要著作有长篇历史剧《文成公主》、文集《自然主义》和《亨利·詹姆斯论文学》。译作有短篇小说集《合作分子》。

吴　骥（1917—2000） 民国25年（1936年）12月，参加国民党西北军29军军训团，后入黄埔军校18期就读。历任国民党77军特务连长、少校参谋。民国38年（1949年）进中国革命大学培训班10个月，为首期学生。毕业后回乡务农，负责宜兴埠大车副业运输，后任生产队、大队会计多年。2000年病逝，享年83岁。

温士琨（1918—1999） 民国26年（1937年）毕业于天津师范学校。翌年秋到日本，初在华侨学校服务。民国30年（1941年）秋到东京，先后考入东亚高等学校理科系与日本京都大学土木科学系学习。民国35年（1946年），大学毕业后即工作于京都大学工学部大学院桥梁研究室，后到神户华侨学校、中华交通技术学院兼职任教。民国36年（1947年）担任神户华侨学校教务处主任。1953年6月回国，到天津市煤气设计院（现为市政工程设计研究院）工作。享受教授、研究员待遇及早期回国定居专家政府特殊津贴。1982年9月21日加入中国致公党，是天津致公党创建人之一，曾任致公开放大学校长职务。1988年4月始，任市政协第八届委员会委员，为天津与神户建立友好城市做出贡献。1990年，在市政协会议上与另3位政协委员联名提出“充分利用废钢渣代替石料，铺填低洼的软地基建设外环线”提案，被有关部门采纳，为国家节约700余万元资金。1999年，病逝于日本，享年81岁。

温广义（1927—1989） 又名公翊。民国26年（1937年）入宜兴埠士范小学，后入天津汇文中学、木斋中学和北京北方中学，民国35年（1946年）考入辅仁大学（1952年并入北京师范大学）中文系。1953年毕业后到北京一中任教。1956年调内蒙古师范大学中文系任教，曾任教授、系古典文学研究室主任、中国屈原学会理事、中国古典文学学会理事、内蒙古九三学社理事等。其著有《唐宋词常用语释例》等书多部。1989年谢世，享年62岁。

孙淑芬（1942—2006） 女，山东黄县人。曾任小学教师。60年代末投亲到宜兴埠。1994年，在宜兴埠十街担任义务人民调解员。1997年，担任十街计划生育协会“五老”副会长。2001年，任十街计划生育村民自治监督会会长。后任十街计生协“五老”会长，区、镇计划生育监督员。2005年，被中国计生协会授予“先进志愿者”称号。至2006年，成功调解家庭纠纷及社会纠纷上千件，且全街没有1件因调解不当而引发“民转刑”案件，原来的“告状专业村”成为全市首批“民主法治示范村”。2006年5月10日，因车祸身亡，享年64岁。是年，被司法部追认为“全国模范人民调解员”。

十一　能工巧匠

宋克勤（1935—2000） 宜兴埠人。蔬菜种植状元。1994年12月13日，受到国家主席江泽民接见。

附：

温世珍 (1877—1951) 字佩珊。天津北洋水师学堂毕业，后留英深造。光绪三十四年（1908年）任北洋大臣李鸿章幕僚兼翻译。民国5年（1916年）任江西督军府高级外交顾问。民国8年（1919年）随中国代表团赴巴黎参加和会。民国12年（1923年）任吴佩孚外事处长。民国20年（1931年）在日本特务支使下与白坚武等组织便衣队发动天津事变，败后亡命日本，后潜居大连。民国26年（1937年）日本侵占天津后任伪天津海关监督兼河北省银行监事。民国28年（1939年）3月24日，任日伪政权天津市长。民国28年（1939年）天津水灾，数十万灾民流离失所，温趁机以“到唐山安排职业”为名，强拉青壮难民到伪满和日本充当劳工。民国29年（1940年）为资助日军制造枪炮发起“圣战献金运动”，连自家铜床、铁栅栏和大门也悉数献出，以示提倡，竟致全市铜招牌、铜香炉、铁门窗等被洗劫一空。民国31年（1942年）强迫市民向日军献纳自行车，并将多年霉变的杂粮及军马不食的饲料数万吨制成“混合面”配售市民，食后中毒致死者时有所闻。民国32年（1943年）3月19日，温下台。日本投降后，国民党政府曾将温逮捕，仅没收财产。1951年，人民政府以汉奸罪判处温世珍极刑。

民国31年(1942年)，温曾将宜兴埠旧居改作私人图书馆，并向社会开放；又为《温氏世系图》作序，并撰《祖德纪略》。

温士源（1905—？） 民国35年（1946年）任国民党国大代表，天津三区区委书记。

隋祖垚 (1913—1974) 黄埔14期步兵科。

马伯义（1913—？） 台北艺术学院教授。

周学忠（1918—？） 国民党青岛海军舰长，中华人民共和国成立前夕随舰队到台湾，后下落不详。

十二　教育世家

温世霖教育世家　第一代：温联琇，字润斋。与夫人徐振肃设家馆，除夫妇授课外，特聘请张久庵为西席。徐振肃年近七旬仍任“普育女学堂”校长，被孙中山授予“民国贤母”称号。

第二代：温世霖，温联琇之子，清同治九年（1870年）生，清末秀才，津水师学堂肄业。光绪三十一年（1905年），创办宜兴埠“佩贞私立女学堂”。清光绪三十二年（1906年），建宜兴埠民立第五小学堂，任名誉校长。温世霖先故妻子安桐君和续妻阮天真均在“普育女学堂”任教。

第三代：温祖印、周佩文，温世霖长子、长子媳。民国13年（1924年），温祖印与妻子周佩文由美归国后，即同在普育女学堂从教多年。

高攀弟教育世家 第一代：高攀弟，晚清秀才，近40岁始教私塾，从教30余年。

第二代：高向明，民国19—26年（1930—1937年）在宜兴埠“公二”小学教珠算兼学校会计。

第三代：高世儒，中华人民共和国成立初在宜兴埠小学任教，教龄36年。

第四代：彭莉，高世儒之女，1977—1982年，先后在宜兴埠小学和天津市第九十六中学任教；彭敏，高世儒之女，1968年起在甘肃武威师范附小任教25年；彭达，高世儒之子，1979年始在宜兴埠第二小学任教。

林毓珍教育世家 第一代：林毓珍，光绪三十三年（1907年）至1958年，在天津高等工学院、石油学校等校从教51年。

第二代：林椿年，林毓珍之子，民国36年（1947年）至1982年，在宜兴埠第一小学从教35年；妻子白长福为宜兴埠第一小学教师。林松年，林毓珍之子，历任上海女一中高中外语教师，上海师范学院中文系外国文学研究室副教授、研究生导师，上海师范大学文学研究所副研究员；妻子孙金玉为上海闸北中学教师。林榕年，林毓珍之子，任中国人民大学教师，北京师范学院党委宣传部副部长，中国人民大学法律系法制史研究室主任、副教授、教授；妻子阙文兰为人大附小高级教师。

第三代：林培军，女，1974年参加工作，天津市第九十六中学任教。张叔芹，林榕年长子媳，天津涉县铁厂幼儿园教师。林培泉，林榕年次子，任教宜兴埠第一小学。武秋凤，林榕年五子媳，任教天津市第九十六中学。

温瀛士教育世家 第一代：温瀛士。18岁在民五小学当教师，24岁任该小学校长。民国19年（1930年），建宜兴埠普育女学堂，任校长，兼任天津县三区教育委员、督学，并代理天津市第九十三小学校长和老城里的普育女子小学主任等职务。又在天津市私立建华中学、私立慈铎中学分校、私立崇化中学（后称31中）任教；一生从教40多年，担任校长31年。温瀛举，温瀛士的弟弟，“九·一八”事变后，曾在宜兴埠私立普育女子小学任董事。抗战胜利后回津，任天津市普育女子中学董事；民国36年（1947年）3月入解放区，先后在山西省潞城北方大学财经学院、石家庄华北财经学院任教员。刘绛雯，温瀛举妻子，“九·一八事变”后，在宜兴埠私立普育女子小学任董事和教员。民国27年（1938年）后任南洋华侨中学教员、中国国立音乐学院教导主任。民国34年（1945年）日本投降后，任天津市普育女子中学校长。温瀛杰，温瀛士堂弟，民国22年（1933年）任教天津县公立第五十八小学，民国25年（1936年）任天津市立第九十三小学校长，民国34年（1945年）后在天津市四区（河东区）第十二小学和天津市三区宜兴埠小学任教，1959年9月至1970年5月在刘安庄小学任教，1970年6月到北郊区一〇四干校学习，1971年2月在小淀中学任职员。1981年7月退休。

第二代：温刚，温瀛士长子，天津市第九十六中学教师。杨秀安，温刚妻子，曾任教宜兴埠士范小学、宜兴埠小学。温强，温瀛士次子，曾先后被广西大学、广西民族大学聘为兼职教授；2001年，为广西民族大学档案学硕士生导师。温克勤，温瀛士长女，任教于宜兴埠士范小学，后到市河西区蒲口道小学任教。温克俭，温瀛士次女，任教于宜兴埠士范小学，后到沈阳市人民银行幼儿园任教。温克让，温瀛士三女，曾任教宜兴埠士范小学、天津市三区宜兴埠第十三小学和第十八小学、宜兴埠小学；1983年退休。温克良，温瀛士六女，曾在北京任教。重庆、成都铁路学校教员。温克庄，温瀛士八女，曾在北京任教。

第三代：程立萍，温克勤之女，天津市第九十五中学教师。

十三　历任党政负责人

1950—1966年，宜兴埠建立党组织及管理机构，共有9人任党支部（党总支）书记、6人任镇长（村长、社长）。

1950—1963年宜兴埠镇党组织负责人任职情况表

表6

党组织名称	姓名	性别	职务	任职时间
宜兴埠村党支部	张焕桐	男	书记	1950—1953
宜兴埠镇党支部	张连清	男	书记	1953—1954
	张焕桐	男	书记	1954—1956
	刘相奎	男	书记	1956—1958
宜兴埠镇党总支	刘向奎	男	书记	1958—1958
兴淀人民公社党委	张守信	男	第一书记	1959—1961
	杜墨庄	男	书记处书记	1959—1961
	刘文修	男	书记处书记	1959—1961
	巴英敏	男	书记处书记	1959—1961
宜兴埠人民公社党委	巴英敏	男	书记	1961—1963

1949—1965年宜兴埠镇镇政机构负责人任职情况表

表7

镇政机构名称	姓名	性别	职务	任职时间
宜兴埠村公所	王文玺	男	村长	1949—1953
宜兴埠镇人民政府	杨恩林	男	镇长	1953—1958
宜兴埠镇人民委员会	杨恩林	男	镇长	1958—1958
兴淀人民公社管理委员会	杜墨庄	男	社长	1959—1961
宜兴埠人民委员会	戴国强	男	乡长（主任）	1961—1961
宜兴埠人民公社管理委员会	张焕桐	男	社长	1962—1963
	刘纯鑫	男	社长	1963—1965

附一：

北辰区宜兴埠镇旧村改造房屋安置补偿方案

按照天津市北辰区宜兴埠镇关于加快旧村改造的部署要求，进一步规范各街房屋安置补偿工作，根据《北辰区宜兴埠镇旧村改造项目实施方案》和《关于天津市北辰区宜兴埠镇旧村改造项目相关拆迁事宜的补充协议》，制定本实施方案。

一、安置补偿基本情况

1.安置补偿人：天津市北辰区宜兴埠镇第一街委员会；
天津市北辰区宜兴埠镇第二街委员会；
天津市北辰区宜兴埠镇第三街委员会；
天津市北辰区宜兴埠镇第四街委员会；

天津市北辰区宜兴埠镇第五街委员会；
天津市北辰区宜兴埠镇第六街委员会；
天津市北辰区宜兴埠镇第七街委员会；
天津市北辰区宜兴埠镇第八街委员会；
天津市北辰区宜兴埠镇第九街委员会；
天津市北辰区宜兴埠镇第十街委员会。

2.安置补偿范围：旧村范围内所有地块。（东至外环线，南至北环铁道，西至三千路，北至普济河东道）

3.奖励期限：根据各地块房屋安置补偿方案规定的奖励期限执行。

二、安置补偿一般规定

1．被安置补偿建筑物的补偿费用均以有效证件载明的面积和使用性质为依据。

2．拆除违章建筑不予安置补偿，房屋所有人必须在公布的搬迁期限内自行拆除，超过搬迁期限的由有关部门依法拆除。

3．有产权、使用权纠纷的房屋，经证据保全后，应先搬离现场，后持生效的法律文书或纠纷双方达成的协议，再与安置补偿人办理安置补偿手续。

4.被拆除房屋及相应设施不得自行拆除，违者作价赔偿。

5.被安置补偿房屋有租赁关系的，由被安置补偿人与房屋承租人自行解除租赁关系。

6.在搬迁期限内安置补偿人与被安置补偿人未达成房屋安置补偿协议的，由行政主管部门依照现行法律法规申请区人民政府或法院依法拆除。

三、安置办法及途径

1.住宅：

（1）安置补偿方式：实物还房定向安置

安置补偿标准：以证载宅基地面积为依据，确定应安置补偿面积。按照应还迁面积与还房建筑面积1:1的比例安置补偿。

执行政府规定租金的公产、单位产住宅，以《房屋租赁合同》载明的计租面积为依据，结合所测量的宅基地面积确定应还迁面积。

被安置补偿人所选安置用房，按照最接近应选房面积的房型确定。安置用房面积大于应还房面积，即自然增加建筑面积在5平方米范围内（含5平方米）的，按照物价局最终核定价格的80%补齐差价；自然增加建筑面积在5平方米范围外的部分，按照物价局最终核定的价格补齐差价。安置用房面积小于应选房面积，即自然减少建筑面积，按照物价局最终核定的均价价格退还差价。

还房地点：宜兴埠镇旧村改造地块范围内。

（2）安置补偿方式二：货币安置补偿

安置补偿标准：依据《北辰区宜兴埠镇旧村改造货币安置补偿办法》进行货币安置补偿。

2．非住宅：

非住宅补偿标准按照评估价格执行。

3.奖励：

根据各地块房屋安置补偿方案规定的奖励期限及办法执行。

四、其他补助费用

1．搬迁补助费，以自然户为单位按每户300元给予补助。

2．对安装一户一表（磁卡表）的，每表补助300元；装有有线电视的，凭使用证每证补助200元；

装有住宅空调的，每台补助200元；装有住宅电话的，凭近期交费收据每部补助100元。被安置补偿人按有关规定自行办理手续。

3. 过渡期限与补助：

过渡期限：根据各地块房屋安置补偿方案规定的过渡期限执行。在过渡期限内，临时安置补助费按每户（自然户）1200元/月发放；每半年发放一次，超过规定过渡期限，按照增加一倍临时安置补助标准执行。

五、选房与结算

1．被安置补偿人以交房日期为序，在规定的选房区选择安置房。

2．所选安置房确定后，被安置补偿人在还迁入住前按照所选楼层及面积结算楼层差价及增减面积款。

六、付款时间

被安置补偿人将腾空房屋交付安置补偿人后，凭交房单与安置补偿人签订安置补偿协议并办理相关手续，于手续审核通过后持领款凭证领取搬迁补助、奖励等费用。

七、住房困难户的安置政策

1．小户型且他处无住房户的安置办法：

对经公示确认只有一处被安置补偿房屋的困难家庭，应还房面积小于最小一居室单元还迁房建筑面积的，可选最小一居室单元一套，但原房屋为二居室的，可选最小二居室单元一套。应还迁面积大于最小一居室单元，小于最小二居室单元还迁房建筑面积的，可选最小二居室单元一套。

2. 两代人同住、他处无住房，且独生子女年满16周岁或计划内生育多子女且大子女年满14周岁的，应还迁面积小于最小二居室单元，可选最小二居室单元一套；应还迁面积大于最小二居室单元，小于两套最小一居室单元，可选两套最小一居室单元安置房。

老少三代以上（含老少三代）同住且他处无住房，应还迁面积大于一套最小二居室单元，小于一套最小二居室单元与一套最小一居室单元组合安置房的，可选最小二居室单元一套和一居室单元安置房一套。

3. 对经公示并确认的“一证”内现居住一个以上自然户（指自然形成的、独立生活、独立居住的单个家庭）每户分得应还迁面积小于一套最小一居室的，每自然户可选最小一居室安置房一套。

超出应还房面积部分，按照市物价部门最终核定价格的50%计算。不能补交差价款的，对增加面积部分不享有产权。

八、本方案由天津市北辰区宜兴埠镇旧村改造指挥部负责解释

天津市北辰区宜兴埠镇人民政府

2016年7月29日

附二：典籍选录

普育女学

普育女学，天津私立普育女学堂的简称，是天津最早的民立女学之一。清光绪三十一年(1905)，由天津近代教育家温世霖创办，校址最初在城内二道街荣家胡同，开班时仅有学生五六人。温世霖之母徐肃静任校长，并亲自授课。她年近七旬，管理教授精神不懈，是天津最早兴办女学的女校长，逝世后，被孙中山誉为“民国贤母”。1906年春，迁至鼓楼东沈宅东院，学校初具规模。后复迁往南门西板桥胡同，扩大班次，添设蒙养园，温世霖的夫人安桐君任园长。1924年温世霖之子温祖印任教务主任。1933年设立女中部。次年，改组为私立普育女子中学。1952年由政府接管，改名为天津女三中，迁于南门内大街41号（广东会馆址）。后改称天津九中（今天津中山中学）。

（《天津大辞典》）

宜兴埠即事

老妇鸡鸣起，忙具三人食。老翁率两男，刈稻淀之北。傍晚棹舟回，不载稻一撮。老妇诧而问，老翁笑而说：行到芦花湾，靠舵睡一觉。大儿摘鸡头，小儿采菱角。醒来抱膝看，老怀为之乐。遂至忘所事，空回甘受唾。明朝不吃饭，再去必多割。

（作者赵埜 摘自《北郊文史资料》第三辑70～71页）

秋八月收拾各村禾田·分得宜兴埠，作五言二首

其一

宜兴鱼稻地，地腴宜禾麦。年年夏秋交，水溢连阡陌。所以春播种，十岁九不获。兹乃荷天赐，雨旸允时若。麦既小有秋，秋田又芒熟。诸村各分任，此乡我之责。勤惰课佃人，狡黠防庄客。晨兴犹灿烂，暮归天已黑。斗室杂农具，蚊蚤卧不得。夜久群嚣寂，起坐自叹息。频年家计非，废书事刈割。嗟彼穷乡农，各自食其力。揆之欲得心，与我亦无别。岂无少匿藏，奚忍遽加罚！巧偷彼亦贪，苛察吾亦虐。况视以彼苍，有口皆得食。持之苟太急，均平变攘夺。万事无不然，此理参自昔。辗转念不释，鸡鸣窗又白。

其二

筑场依埠坡，环抱沤麻水。农人纳禾忙，往来一彴耳。日夕地洞生，沟气四围起。土膏杂草露，诸秽聚村址。粉饰作画图，人说村景美。非徒供卧游，并愿居画里。岂知入其中，趋避不停晷。我读田家诗，陶韦妙其旨。以彼冲谈心，托此村俗理。大都古性情，抒写性情止。迹如巨郭笔，画雅不画俚。我无古人怀，即事任所止。但取野境真，不泥诗家体。诵以问野人，置彼而取此。

（作者赵埜，《宜兴埠即事》注）

清丈局厘清地亩执照

因兵燹红契失迷，光绪三十年天津道督办清丈局厘清地亩执照：督办清丈局天津道王 为发给执照管业事，案照光绪二十八年奉饬清丈河防厅苇渔课地亩，已由本局饬据各业户将契串先后呈验。内有契串因乱失迷及有契无串、有串无契者，亦经开具四址加结，禀报本局各在案。兹据天津县宜兴埠村新开河南庄业户吴奎，呈缴地亩契壹纸，计地十二亩九分二厘九毫，当派委员勘丈明确，核与契内所载四至弓口亩数相符。除将原印契发还收执外，合再发给清丈执照。照永远管业。如日后将地转卖，此照务须随契而行，以凭有所稽考，毋得违误。须至执照者计开……右照给张字第一七四〇号地户吴奎收执 光绪三十年十月初八日给

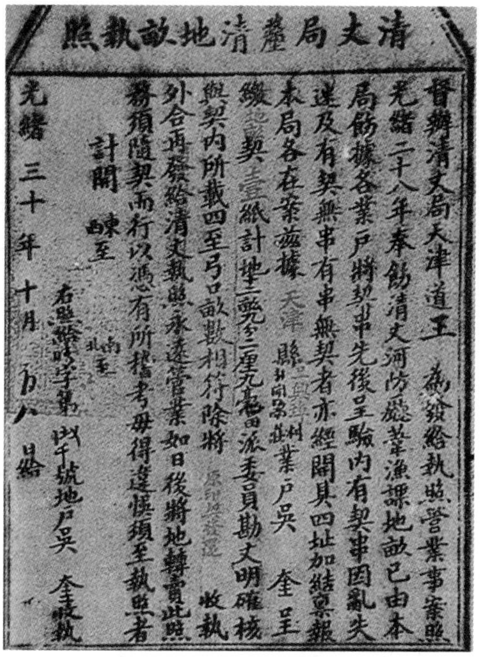
清丈局釐清地畝執照
督辦清丈局天津道王 為發給執照管業事案照
光緒二十八年奉飭清丈河防廳葦漁課地畝已由本
局飭據各業戶將契串先後呈驗內有契串因亂失
迷及有契無串有串無契者亦經開具四址加結稟報
本局各在案茲據天津縣宜興埠村新開河南庄業戶吳奎呈
繳地畝契壹紙計地十二畝九分二厘九毫當派委員勘丈明確核
與契內所載四至弓口畝數相符除將原印契發還收執
外合再發給清丈執照永遠管業如日後將地轉賣此照
務須隨契而行以憑有所稽考毋得違悞須至執照者
計開
右照給張字第一七四〇號地戶吳奎收執
光緒三十年十月初八日給

（《天津历代房地产契证》）

一　街

该街位于津围公路两侧，曾为自然村金鸡埠。东至外环线，南隔新开河与河北区相望，西邻河北区张兴庄博德花园小区，北至北环铁路与二街相邻。市级明星小康村。村民委员会位于津围公路88号。2015年，全街户籍人口2853人，长期固定资产投入9464万元。2016年，全街乡村户数1180户2853人。年人均可支配收入3万元。

一　村庄沿革

1961年12月，宜兴埠公社下设4个农业管理站，该街属第一农业管理站，辖第一、二、三、四、五5个生产队。1966年9月，第一农业管理站撤销，改称宜兴埠公社第一生产大队。1983年4月，改称宜兴埠乡第一村。1985年1月，改称宜兴埠镇第一街。

二　耕地状况

80年代初，全街有耕地1470亩，分布在孙超、北祥子、白家坟、郭家坟4块耕地地块，从事旱田、园田生产，均建有泵站等附属农业设施用于农田排灌。80年代末期始，街内相继成立工业企业和工业小区，街内部分耕地逐渐被收回。1997年，有耕地663亩。后随街内工业发展，耕地逐渐减少。

20世纪80年代宜兴埠镇一街所属耕地地块示意图

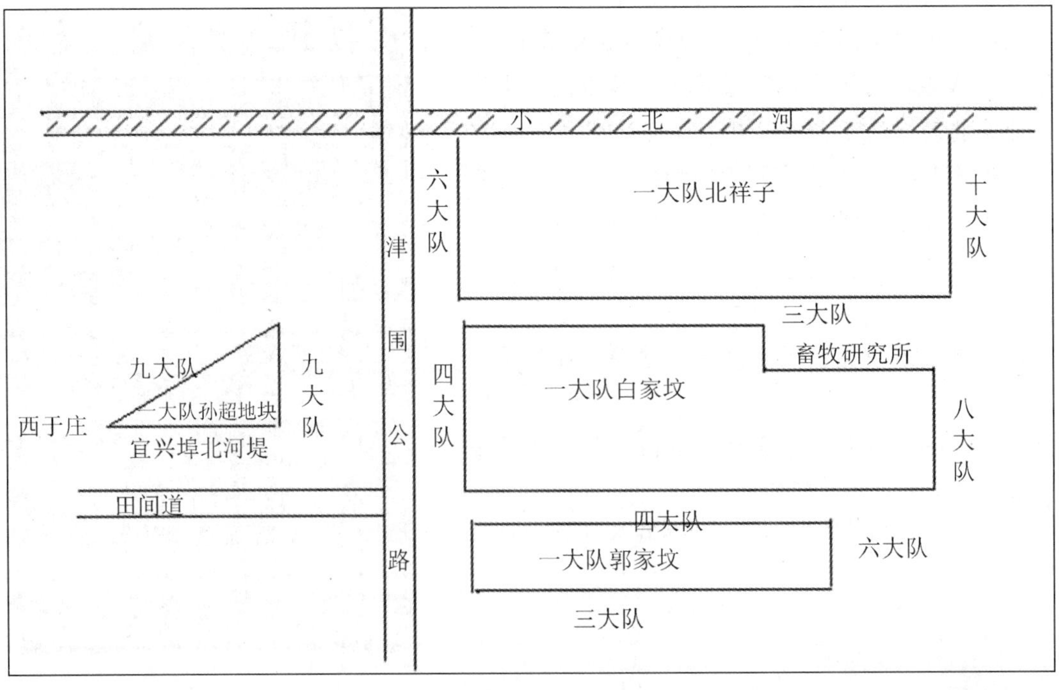

（2017年绘制）

20世纪80年代宜兴埠镇一街所属耕地地块情况表

表1　　单位：亩

地块名称	位置	面积
孙　超	西于庄东，九大队南，九大队西，北河堤北	120
北祥子	六大队东，小北河南，十大队西，三大队北	600
白家坟	四大队东，四机床畜牧研究所南，八大队西，六大队北	550
郭家坟	津围公路东，四大队南，六大队西，三大队北	200
合计		1470

三　旧村改造

该街民居多是老旧房屋，部分民居历史上百年。1991年，陆续实施平房改造工程。是年，建宏园里1号楼，建筑面积3000平方米。1992年，建宜兴南里，建筑面积4万平方米。1995年，建宏园里增1号楼，建筑面积1.5万平方米；建宏园里4号楼，建筑面积1万平方米。1997年，建翠涛里，建筑面积1.5万平方米。1999年，建翠涛东里，建筑面积3万平方米。2000年，建翠萍园，建筑面积3万平方米。2002年，建翠金园，建筑面积4万平方米。2011年，启动二餐具地块城中村改造工程，该街北环铁路以南、志成路快速路以北共拆迁2416户，占地面积20.63万平方米，建筑面积14.83万平方米；2015年7月，还房于爱贤道二餐具地块，还房692户、1016套，建筑面积7.12万平方米。2016年，二餐具地块宜景园二期工程在建，建筑面积7万平方米。是年，街内旧民居建筑仅剩348户，建筑面积4万平方米。

四　经济概况

1958年前，农民从事农业生产基本是自主经营及互助合作经营。1958年，成立人民公社，历经生产队和生产大队为基本核算单位的变革，各尽所能，实行按劳分配的原则。从60年代开始发展副业，后不断发展壮大，成为中小型企业。80年代初期，开始实行家庭联产承包责任制。80年代末期，街内集体企业逐渐壮大，并成立一批大型企业。1997年，全街企业发展到20家，主产内胎、电缆、坩埚、涂料、家具等；有商业网点91处及木材交易市场。该街注重发展第三产业，自筹资金3000万元，建成1万平方米综合商场，其中一楼为世纪联华超市、二楼为兔儿岭服装鞋帽店。

至2016年，街内有天津市万达轮胎集团有限公司、天津市银环电器厂、天津市华光线缆厂、天津市外环耐火器材厂等重点企业，形成以集轮胎、电缆、涂料等生产为主的工业格局。其中华光线缆厂占地面积1.2万平方米，固定资产1亿元，年产值10亿元，其产品敏达牌电缆销往全国各地，同时销往东南亚及北美国家；万达轮胎厂成立于1988年，占地面积20余万平方米，建筑面积20万平方米，资产总额4亿元，生产的自行车、摩托车、载重汽车、农用车、ATL各种轮胎产品居于国内先进水平。2016年年末，街内完成产值32亿元、收入30亿元。

五　历任党政负责人

1966年，宜兴埠公社成立第一大队，产生第一届党组织和大队管理机构。至2016年，共有4人任党支部书记，8人任村民委员会主任（大队长）。

1966—2016年宜兴埠镇一街党组织负责人任职情况表

表2

党组织名称	姓名	性别	职务	任职时间
第一大队党支部	赵新田	男	书记	1966—1968
	谷瑞成	男	书记	1969—1983
第一村党支部	谷瑞成	男	书记	1983—1985
第一街党支部	谷瑞成	男	书记	1985—1989
	金秋立	男	书记	1990—2007
	耿玉凤	女	书记	2008—

1966—2016年宜兴埠镇一街村政机构负责人任职情况表

表3

村政机构名称	姓名	性别	职务	任职时间
第一大队	黄守珍	男	大队长	1966—1973
	王得贤	男	大队长	1974—1979
	黄守珍	男	大队长	1980—1983
第一村村民委员会	杨福义	男	主任	1983—1985
第一街村民委员会	王民发	男	主任	1986—1986
	谷瑞成	男	主任	1987—1989
	刘桂元	男	主任	1990—2002
	金秋立	男	主任	2003—2007
	耿玉凤	女	主任	2008—

六　荣誉

1966—2016年，宜兴埠一街居民累计有8人获33项（次）天津市局级及以上先进个人荣誉。一街党政组织累计获27项（次）天津市局级及以上先进集体荣誉。

1966—2016年宜兴埠镇一街获市局级及以上集体荣誉表

表4

授予时间	荣誉名称	授予部门
1988	治安保卫先进集体	市公安局
1992	红旗党支部	中共天津市农村工作委员会
1994	红旗党支部	中共天津市农村工作委员会
1995	调解工作优秀集体	市司法局
1996	八五台阶工程立功单位	市人民政府
1996	治安先进单位	市公安局
1996	先进党支部	中共天津市委
1996	红旗党支部	中共天津市委
1997	文明村	市精神文明建设委员会
1998	红旗党支部	中共天津市委
1999	红旗党组织	中共天津市农村委员会

续表

授予时间	荣誉名称	授予部门
2002	红旗党支部	中共天津市委组织部
2003	先进村	市人民政府
2004	红旗党支部	中共天津市委
2004	民主法制示范村	中共天津市委
2004	先进村	市人民政府
2004	2003—2004年度文明村	市建委
2004	敬老文明先进单位	中共天津市委
2006	2003—2006农村卫生厕所改造先进村	市人民政府
2006	2005—2006年度文明村先进单位	市人民政府
2007	红旗党支部	中共天津市委组织部
2007	天津市文明村镇	市精神文明建设委员会
2008	2007—2008年度精神文明村	中共天津市委
2008	活动五好红旗党组织	中共天津市委组织部
2010	五好村党组织	天津市委组织部
2010	天津市妇联基层组织建设示范村	市妇联
2014	2012—2014年度精神文明村	市精神文明建设委员会

1966—2016年宜兴埠镇一街获市局级及以上先进个人荣誉表

表5

<table>
<tr><th>授予时间</th><th>姓名</th><th>荣誉名称</th><th>授予部门</th></tr>
<tr><td>1986</td><td rowspan="2">刘桂元</td><td>市级农业工作先进个人</td><td>市农业委员会</td></tr>
<tr><td>1995</td><td>市级优秀村委会主任</td><td>市民政局</td></tr>
<tr><td>1989</td><td rowspan="4">杨福义</td><td>计划生育工作先进个人</td><td rowspan="4">市人民政府</td></tr>
<tr><td>1990</td><td rowspan="3">治安工作积极分子</td></tr>
<tr><td>1991</td></tr>
<tr><td>1992</td></tr>
<tr><td>1991</td><td rowspan="10">张秀英</td><td>计划生育先进个人</td><td>市计划生育办公室</td></tr>
<tr><td>1999</td><td>先进工作者</td><td>市人民政府</td></tr>
<tr><td>2000</td><td>民政系统第三届孺子牛银奖</td><td>市民政局</td></tr>
<tr><td>2001</td><td rowspan="2">先进工作者</td><td rowspan="2">市人民政府</td></tr>
<tr><td>2005</td></tr>
<tr><td>2005</td><td>天津市劳动模范</td><td>市人民政府</td></tr>
<tr><td>2006</td><td>全国民政系统先进工作者</td><td>民政部</td></tr>
<tr><td>2008</td><td>中华孝亲敬老之星</td><td>全国敬老爱老助老主题教育活动委员会</td></tr>
<tr><td>2008</td><td rowspan="2">先进工作者</td><td rowspan="2">市人民政府</td></tr>
<tr><td>2011</td></tr>
</table>

续表

授予时间	姓名	荣誉名称	授予部门
1993	边春强	三等功	中国人民解放军第三十八集团军
1999		市级治安先进个人	市公安局
2001			
2002			
2004		2003年度市级治安积极分子	
1994	耿玉顺	第二届天津市乡镇企业家	市人民政府
1995		第三届天津市明星青年乡镇企业家	市人民政府
1997		1996年度天津市特等劳动模范	市人民政府
1998		1997年度天津市特等劳动模范	市人民政府
1998		依靠职工搞好企业的优秀经营者	市总工会
1998		市九五立功奖章	市总工会
1999		1998年度天津市特等劳动模范	市人民政府
1999		天津市第三届优秀乡镇企业家	市人民政府
2000		全国劳动模范	国务院
1996	闫克旗	天津市五一劳动奖章	市人民政府
2002	韩玉田	天津市农村先进村组财会人员	市农业局
2006	耿玉凤	天津市五一劳动奖章	市总工会
2011		全国五一巾帼标兵	中华全国总工会
2012		全国城乡妇女岗位建功先进个人	全国妇女“双学双比”领导小组
2012		天津市创先争优优秀共产党员	中共天津市委
2012		天津市廉政勤政优秀党员干部	市监察局
2013		天津市三八红旗手标兵	市妇女联合会
2014		全国三八红旗手	中华全国妇女联合会

附：媒体选录

宜兴埠公社批准第一大队的报告
给贡献大的社员发奖金

北郊区宜兴埠公社党委解放思想，最近批准了第一大队党支部关于发给贡献比较大的社员一千五百元奖金的请示报告，这个大队已于去年十二月二十五日将奖金发给了二百零九名干部和社员。

去年，宜兴埠公社第一大队的干部、社员和沥涝等自然灾害做顽强的斗争，夺得了菜、粮好收成。蔬菜亩产超过万斤，总产达五百一十八万五千多斤，比前年增加三十七万五千斤；旱田虽然受了灾，但粮食总产比修订后的计划增产了八万一千多斤。农业收入达到二十万三千多元，比前年增加收入一万一千四百多元；副业产值也比去年增加九万多元。在增产增收的情况下，大队党支部经过研究，准备拿出一千五百元，奖给在去年生产中贡献大的社员；奖金分成五个等级，根据贡献大小，分别给予不同的奖励。党支部在去年十月二十二日向公社党委打了请示报告。

公社党委接到这个报告后，起初犹豫不决，没有表态。有的成员认为，一下子拿出一千五百元奖金给社员是不是太多了？还是等一等市、区下文件，看一看兄弟社队有没有先例再批吧。于是，这个报告搁下来了。十一月十三日，公社党委召开了各大队党支部书记参加的党委扩大会议，对这件事进行了讨论。会上，大家认真学习了党中央的有关指示，第一大队党支部书记在会上也讲了一九七八年农业生产情况和奖励社员的打算。大家一致认为，一大队菜、粮增产增收了，干部、社员为农业大上快上做出了贡献，应该本着兼顾国家、集体和社员三者的利益的精神，给予奖励。公社党委书记张忠兴也说："华国锋同志号召我们思想再解放一点。咱们看准了，就不要再等待了。对那些贡献多、发挥技术才能好的社员，就要给予奖励。"公社党委于十一月六日批准了这个报告，而且把这次党委扩大会议情况写成纪要，下达到各个大队。

党委的批示下达后，一大队干部、社员非常满意，当时全大队正在修建简易菜窖，在大家努力下，提前完了工，超额五万斤完成了贮菜任务。第一生产队的社员抓紧盖阳畦，十个社员用三天时间种完二十八亩菠菜，比计划提前两天完成。第四生产队副队长陈贵明高兴地说："有了奖励，队长们心气更高了，生产一定会搞得更好!"他带领社员积极开挖排灌渠道，为夺得新丰收创造条件。

（原载于1979年1月5日《天津日报》，作者康宝禄）

二　街

该街位于津围公路两侧，其津围公路东侧片，东至东马道，北靠宫后街，南邻北环铁路；其津围公路西侧片，西至下卫道，北靠宜白路，南邻北环铁路。市级明星小康村。村民委员会位于普济河东道增1号。1994年，中共中央总书记江泽民考察宜兴埠镇，考察该街种菜能手宋克勤的蔬菜大棚，赞其为城市菜篮子工程作出贡献。2015年，全街户籍人口2278人，长期固定资产4058万元。2016年，全街乡村户数1216户2605人。年人均可支配收入28800元。

一　村庄沿革

1961年12月，宜兴埠公社下设4个农业管理站，该街属第二农业管理站，辖第六、七、八、九4个生产队，后这4个生产队分别析出第五十、五十一、六十八、七十一、七十七、九十一6个生产队，共辖10个生产队。1966年9月，第二农业管理站撤销，改称宜兴埠公社第二生产大队。1983年4月，改称宜兴埠乡第二村。1985年1月，改称宜兴埠镇第二街。

二　耕地状况

80年代，全街有耕地2421亩，分布在西地、小圈、大套子、北张套子、吴套子5块耕地地块，从事园田、旱田种植。90年代初，发展工业和第三产业，部分耕地陆续被收回。1997年，有耕地932亩。后随街内工业发展，耕地逐渐减少。

20世纪80年代宜兴埠镇二街所属耕地地块情况表

表1　　　　单位：亩

地块名称	位置	面积
西地	宜兴埠砖厂东，红旗农场南，排水干渠北	1000
小圈	排污河东，新开河北，北环铁路环绕东面及北面	1100
大套子	东面、西面、北面为八大队地，南面为九大队地	157.05
北张套子	排污河东，引滦河泵站南，小房道北、三大队地以西	109.94
吴套子	三大队地东，津围公路西，水沟北	54
合计		2420.99

20世纪80年代宜兴埠镇二街所属吴套子、北张套子耕地地块示意图

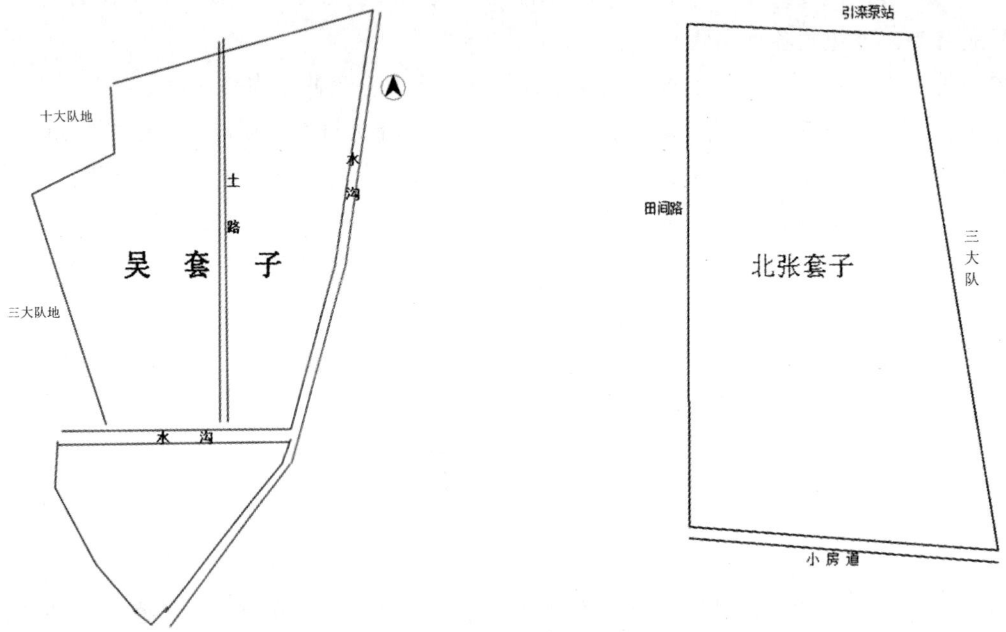

（2017年绘制）

20世纪80年代宜兴埠镇二街所属西地、大套子耕地地块示意图

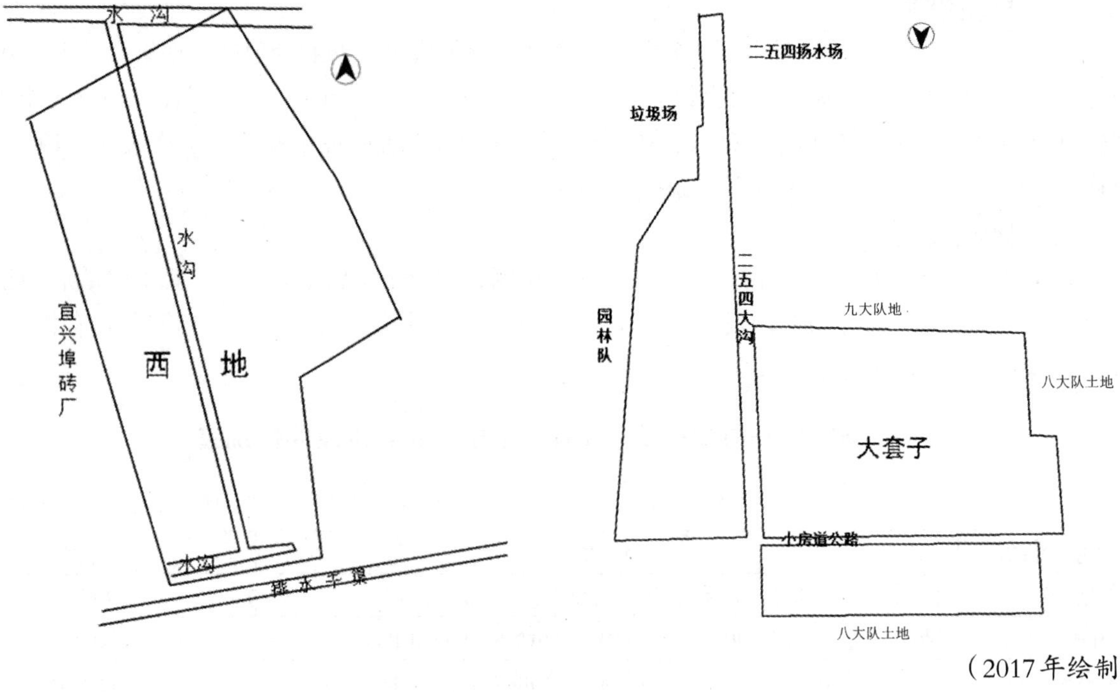

（2017年绘制）

20世纪80年代初宜兴埠镇二街所属小圈耕地地块示意图

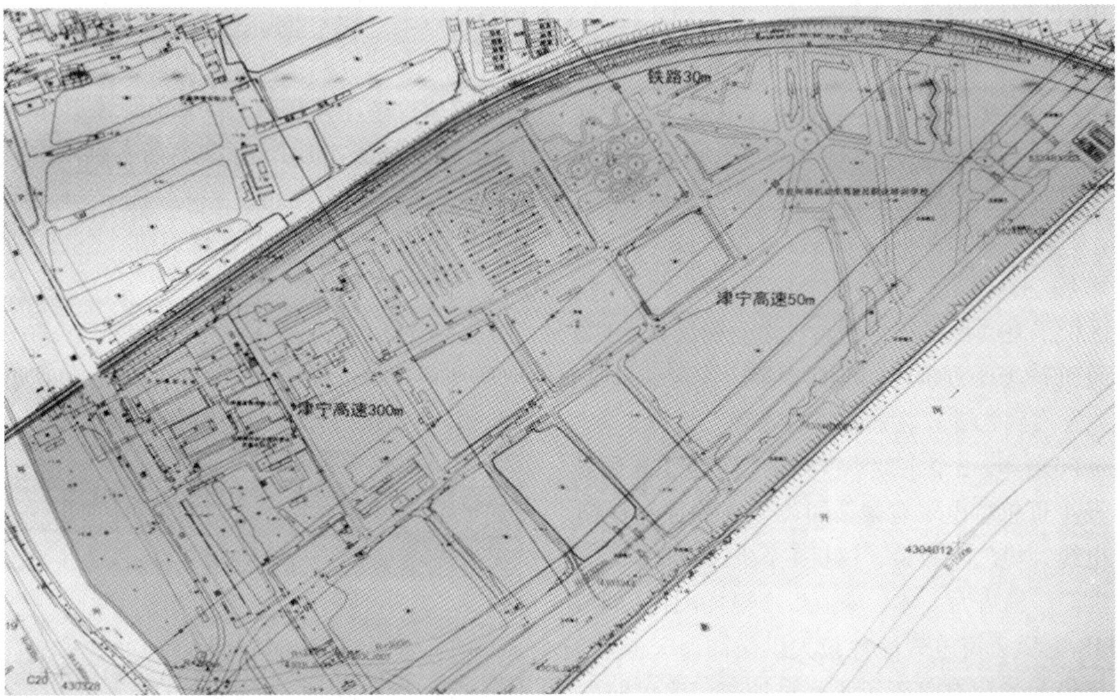

说明：图中阴影部分为该地块　　　　（2017年绘制）

三　旧村改造

该街内最早的胡同系佛堂胡同，建于明永乐年间（1403—1424年）（具体时间无考），南北走向，长约150米。后随着住户增加，相继建成宽窄不一、长短不同的众多胡同，胡同两侧逐渐建成居民住宅。至2003年旧村改造前，街内共有街道、胡同33条，居住小区1个。2014年后，该街签订拆迁协议595户，约10万平方米。

二街民居（阚文禄住宅）　　（2015年摄）

二街振西里一条胡同

二街盛荣胡同　　（2015年摄）

四　经济概况

1958年前，农民从事农业生产基本自主经营及互助合作经营。1958年，成立人民公社，实行集体经营，以生产队或生产大队为基本核算单位，自负盈亏。从60年代开始，各生产队始办工副业。70年代起，大队工副业生产发展较快，喷漆厂、皮鞋厂等相继建成投产。80年代初期，开始实行家庭联产承包责任制。1992年4月8日，成立第二农工商联合公司，注册资金700万元，集体所有制，主要经营涤纶母粒、木制家具、皮鞋、锅炉辅机、锯材加工等行业，各企业分布在北辰区科技园（宜兴埠镇）工业园、二街私营工业小区、原宜兴埠驾校3个工业区内。其中北辰区科技园（宜兴埠镇）工业园位于津围公路东、LG电子（天津）电器有限公司北，占地面积8万平方米，建筑面积5万平方米；二街私营工业小区位于宜兴埠镇小房道，占地面积近7万平方米；原宜兴埠驾校工业区位于外环线东、新开河北，占地面积73万平方米。90年代中期，实行统分结合的双层经营体制，加大集体服务功能。1997年，全街企业发展到20家，主产皮鞋、陶瓷、自行车零件、螺钉等；有农贸市场2处、商业网点75处。

至2016年，3个工业小区共进驻企业100余家。其中天津贝思特电气有限公司位于宜兴埠科技园，设有电缆、电气、钣金、门机4个生产车间，集研发、生产、销售为一体，专业生产电梯配件，为天津OTIS电梯公司电气配件最大供应商。天津晨天自动化设备工程有限公司北辰科技园厂区以研发、生产、销售和售后服务为主，设有控制系统、叠压供水系统生产基地以及不锈钢水泵、水箱组装车间，其三千工业园厂区以施工、仓储为主，主产断流水箱、管网叠压、箱式叠压、管中泵叠压等供水设备，其户外叠压为该公司专利产品。天津市富瑞泽精密机械有限公司主营工业制冷产品开发、制造，基础部件涉及钣金、制冷空调换热器、塑料、有色金属、机械加工，包装物、液压件、水暖件、电器配套及物流行业等。天津格林玻璃有限公司位于北辰科技园区高新大道31号，中外合资企业，拥有国内外先进的强制对流钢化炉和各种玻璃深加工设备，专业生产钢化、中空、夹胶、防火、防弹、抗菌纳米自洁玻璃，承接各类玻璃工程、阳光房、淋浴房等。天津市中新海天塑料制品有限公司主要为LG电子产品、大宇微波炉生产配套产品。2016年年末，全街完成生产总值5.67亿元。

天津晨天自动化设备工程有限公司外景（2015年摄）

天津格林玻璃有限公司生产车间（2015年摄）

天津市中新海天塑料制品有限公司生产车间（2015年摄）

五 历任党政负责人

1966年，宜兴埠公社成立第二大队，组建党组织和大队管理机构。1998年，街党支部改组为党总支。至2016年，有5人任党支部（党总支）书记，7人任村民委员会主任（大队长）。

1966—2016年宜兴埠镇二街党组织负责人任职情况表

表2

党组织名称	姓名	性别	职务	任职时间
第二大队党支部	刘海玉	男	书记	1966—1969
	赵新田	男	书记	1970—1973
	薄长亮	男	书记	1974—1983
第二村党支部	薄长亮	男	书记	1983—1985
第二街党支部	薄长亮	男	书记	1985—1989
	安中荣	女	书记	1989—2006
	庞　伟	男	书记	2006—

1966—2016年宜兴埠镇二街村政机构负责人任职情况表

表3

村政机构名称	姓名	性别	职务	任职时间
第二大队	陈洪藻	男	大队长	1966—1973
	庞振清	男	大队长	1974—1976
	白景通	男	大队长	1977—1983
第二村村民委员会	白景通	男	主任	1983—1985
第二街村民委员会	白景通	男	主任	1985—1986
	周学廉	男	主任	1987—1991
	张文宝	男	主任	1992—2003
	安中荣	女	主任	2003—2006
	庞　伟	男	主任	2006—

六 荣誉

1966—2016年，宜兴埠二街居民共有8人获20项（次）天津市局级及以上先进个人荣誉。二街及所属单位共获19项（次）天津市局级及以上先进集体荣誉。

1966—2016年宜兴埠镇二街获市局级及以上集体荣誉表

表4

授予时间	荣誉名称	授予部门
1997	市明星小康村	市农委
2000	天津市农村红旗党组织	市农工委
2000	天津市“星级农研会”	市科委、市科协
2004	2003—2004年度天津市村级红旗党组织	市委组织部、市农工委
2006	2004—2005年度“五个好”村民委员会	市委组织部、市农工委、市民政局
1998	村级建档工作合格单位	市档案局

续表

授予时间	荣誉名称	授予部门
2000	红旗党支部	市农工委
2000	星级农研会	市科委、市科协
2003	天津市先进社会团体	市人民政府
2004	红旗党组织	中共天津市委组织部、市农工委
2004	市民主法治示范村	天津市依法治市领导小组
2004	天津市优秀农村专业技术协会（农研会）	市科协、市农工委
2006	“五个好”村民委员会	市委组织部、市农工委、市民政局
2007	无毒明星新社区	市缉毒办、市公安局、每日新报
2008	市五四红旗团支部	团市委
2008	农村党的建设三级联创活动“五个好红旗党组织”	市委组织部、市农工委
2010	市妇联基层组织建设示范村	市妇联
2013	五个好村民委员会	市委组织部、市农工委、市民政局
2014	天津市无邪教创建工作样板社区村	市人民政府防范和处理邪教问题办公室

1966—2016年宜兴埠镇二街获市局级及以上先进个人荣誉表

表5

授予时间	姓名	荣誉名称	授予部门
1996	王运粮	1994年度天津市青年星火带头人	团市委、市科委
1996		1995年度天津市星火带头人	团市委、市科委
1999	宋惠立	1997年度天津市星火带头人	团市委、市科委
1999		1999年度天津市星火带头人	团市委、市科委
2001		文明市民	市文明委
2001		2000年度天津市杰出青年星火带头人	团市委、市科委
2001		天津市2001年度“特种蔬菜种植能手”	市科委、市农工委
2004		天津市2003年度“蔬菜种植能手”	市科委、市农工委
2004		天津市农业广播电视教育2003年度致富英才	市农业局
2006		天津市十五期间信息化和信息产业化先进工作者	市人民政府信息办、市人事局
2006		天津市农村科技致富能人	市科委
2001	鲍连芬	天津市九五残疾人工作先进个人	市人民政府残疾人工作协调委员会
2014		2014年度“热心慈善老人”	市慈善协会
2001	刘惠秀	天津市专利工作先进个人	市专利局
2008	庞　伟	天津市五一劳动奖章先进个人	中共天津市委、市人民政府
2014		天津市劳动模范	中共天津市委、市人民政府
2010	林胜利	天津市优秀复员退伍军人	市民政局
2013	曹建敏	2009—2011年度人口和计划生育先进工作者	市人民政府
2013	林月生	2012年天津市优秀平安志愿者	市综治委
2014		2013年天津市优秀平安志愿者	市综治委

三　街

该街位于宜兴埠镇东部，东临外环线，南过北环铁路临近新开河，西邻津围公路与二街相接，北与四街、六街相邻。市级明星小康村。村民委员会位于宜兴埠镇东马路57号。2015年，全街户籍人口916户1939人，长期固定资产1660万元。2016年，全街乡村户数924户1939人。年人均可支配收入23717元。

一　村庄沿革

1961年12月，宜兴埠公社下设4个农业管理站，该街属第一农业管理站，辖第十、十一、十二、十三4个生产队。后第十生产队析出第八十六、八十七生产队，第十二生产队析出第八十八、八十九生产队，第十三生产队析出第四十九生产队，共辖9个生产队。1966年9月，第一农业管理站撤销，改称宜兴埠公社第三生产大队。1983年4月，改称宜兴埠乡第三村。1985年1月，改称宜兴埠镇第三街。

宜兴埠三街村民委员会　　（1990年摄）

二　耕地状况

1990年，该街有耕地1135亩，分布在花园角、小道、张套子、吴套子、台田、条田、二百亩、大河口8块耕地地块，从事园、旱田生产。1997年，有耕地973亩。后随街内工业发展，耕地逐渐减少。

1990年宜兴埠镇三街所属耕地地块情况表

表1　　单位：亩

地块名称	位置	面积
花园角	纸箱厂东，北环铁路南，外环线西，二街地北	20
小道	家具六厂东，二街地南，一街地西，二餐具北	15
张套子	二街地东，引滦南，五街地西，九街地北	150
吴套子	外环河东，九街地南，二街地西，二街地北	50
台田	部队东，丰产河南，津围公路西，小北河北	400
条田	部队东，丰产河南，小北河西，四街地北	200
二百亩	二五四大沟东，十街地南，五街地西，部队北	200
大河口	部队东，五街地南，五街地西，八街地北	100
合计		1135

1990年宜兴埠镇三街所属部分耕地地块示意图

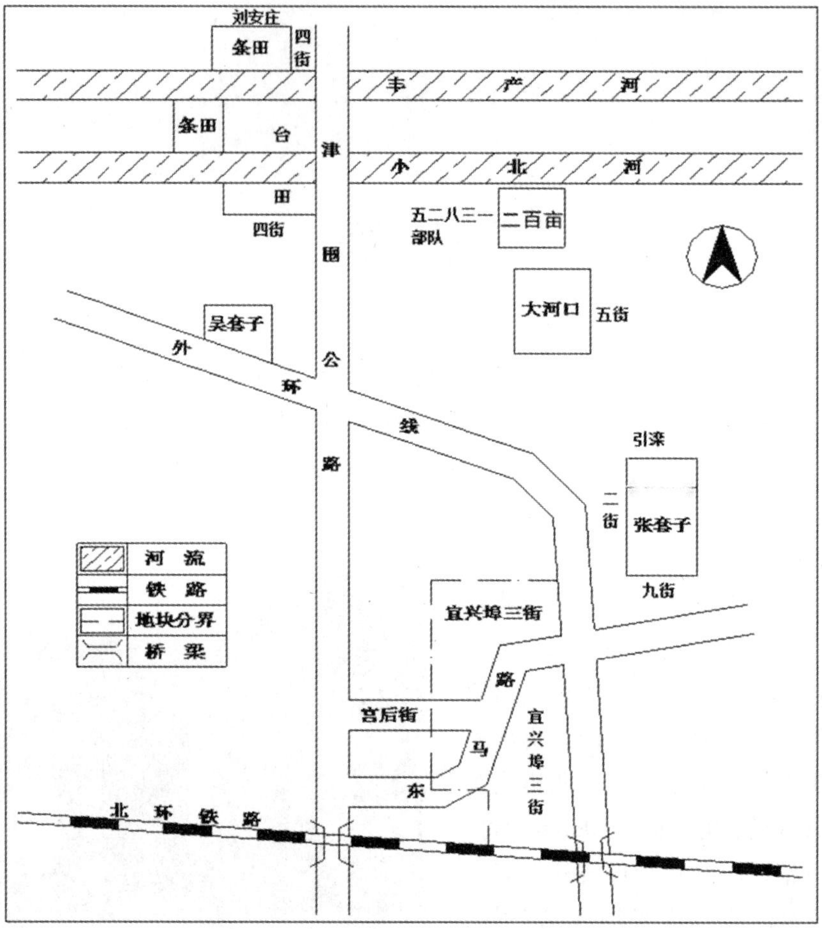

（2017年绘制）

三　街道胡同

宜兴埠镇三街旧居　（2016年摄）

该街民居基本以一间、两间或三间房一院砖混结构为主。街内最早的胡同系魏家胡同，建于清中期，东西走向，长约200米。后随着住户增加，相继建成宽窄不一、长短不同的众多胡同，纵横交错，胡同两侧逐渐建成居民住宅。该街有东西走向的宫后街、南北走向的东马路2条主要街道，呈丁字相交。宫后街界内长约200米，东马路界内长约400米。其中东马路为通至外环线的交通要道，两侧小商铺、小摊贩林立，颇为繁华。2007年始，按照镇总体规划进行旧村改造，时街内共有街道胡同15条。

四　经济概况

1958年前，农民从事农业生产基本是自主经营及互助合作经营。1958年，成立人民公社，农业生产实行集体经营模式，以生产队或生产大队为基本核算单位，自负盈亏。60年代始，通过天津市土产公司组织埽俱生产，后增加熏竹篙、竹笤埽加工生产。相继成立宜兴埠扫具厂、竹帘加工厂、喷漆厂、皮鞋厂、羊毛加工厂，发展工业项目，进行冲压件和机加工生产，组织车辆从事运输事业。80年代末，集体、私营企业齐头并进，有众多私营企业挂靠在集体名下。

80年代初期，实行家庭联产承包责任制。90年代中期，强化集体服务功能，推行双层经营。1992

年，成立宜兴埠第三农工商联合公司。1997年，全街有企业18家，主产白酒、化妆品、玻璃制品、汽车配件、避雷器等；有商业网点54处。90年代末期，集体企业由个人买断，集体建厂房，以租赁形式招商，吸引科达伟业、世阳金属、东堡电子等企业入驻。租赁收入成为街里的主要收入来源。2016年年末，全街完成生产总值7.55亿元。

2016年宜兴埠镇三街街内主要企业情况表

表2

成立年份	企业名称	主要经营项目
1995	宜北配电器材厂	避雷器生产
1997	昶昱汽配公司	汽车配件制造
2002	世延机电公司	机电设备制造
2004	科达制冷配件	冲压件生产
2008	科音自控设备	自动控制设备制造
2008	金鹏印刷公司	印刷
2008	瑞宝涂料公司	油漆涂料
2008	华涛汽车塑料	汽车塑料模具制造

五　历任党政负责人

1966年，宜兴埠公社成立第三大队，同时组建党支部及大队管理机构。至2016年，分别有5人担任党支部书记，10人担任村民委员会主任（大队长）。

1966—2016年宜兴埠镇三街党组织负责人任职情况表

表3

党组织名称	姓名	性别	职务	任职时间
第三大队党支部	张文富	男	书记	1966—1970
	马建廷	男	书记	1970—1983
第三村党支部	马建廷	男	书记	1983—1985
第三街党支部	马建廷	男	书记	1985—1990
	杜志泉	男	书记	1990—2000
	马金立	男	书记	2000—2003
	张文祥	男	书记	2003—

1966—2016年宜兴埠镇三街村政机构负责人任职情况表

表4

村政机构名称	姓名	性别	职务	任职时间
第三大队	杨恩林	男	大队长	1966—1967
	张文富	男	大队长	1968—1969
	张金宝	男	大队长	1970—1972
	李景春	男	大队长	1973—1974
	温洪彬	男	大队长	1975—1977
	杜志泉	男	大队长	1978—1983
第三村村民委员会	杜志泉	男	主任	1983—1985

续表

村政机构名称	姓名	性别	职务	任职时间
第三街村民委员会	杜志泉	男	主任	1985—1990
	马金立	男	主任	1990—2000
	王家发	男	主任	2000—2002
	马金立	男	主任	2003—2003
	王福生	男	代理主任	2004—2005
	张文祥	男	主任	2006—

四　街

该街位于宜兴埠镇中部靠北，中东部与三街相邻，西侧为津围公路，南侧与宫后街衔接，北侧与普育学校相邻。距离京津塘高速公路1千米、天津外环线500米。市级明星小康村。村民委员会位于宜兴埠镇津围公路与外环线交口。2015年，全街户籍人口1022户2337人，长期固定资产2334万元。2016年，全街乡村户数995户2209人，年人均可支配收入26591元。

一　村庄沿革

1961年12月，宜兴埠公社下设4个农业管理站，该街属第二农业管理站，下辖第十五、十六、十七、二十二4个生产队。1966年9月，第二农业管理站撤销，改称宜兴埠公社第四生产大队。1983年4月，改称宜兴埠乡第四村。1985年1月，改称宜兴埠镇第四街。

二　耕地状况

1982年，全街有土地1700亩，分别为大水罐、条田、台田、杨河湾子、下卫道、二七顷、新苇地、北园田、吴套子9块耕地地块，从事旱田及蔬菜种植。1996年后，街加大乡镇企业发展力度，集体建厂房，发展工业及第三产业，耕地逐渐减少。

20世纪80年代宜兴埠镇四街所属耕地地块情况表

表1　　单位：亩

地块名称	位置	面积
大水罐	兴淀公路东，北园田南，新苇地西，五大队地北	50
条田	刘安庄道东，三大队地南，兴淀公路西，至台田北	390
台田	刘安庄道东，条田南，兴淀公路西，磨床厂北	300
杨河湾子	兴淀公路东，小淀南，二七顷西，小北河北	450
下卫道	二大队地西东，十大队地南，十大队地东，北环铁路北	280
二七顷	兴淀公路东，丰产河南，五大队地西，小北河北	100
新苇地	大水灌东，北园田南，六大队地西，八大队地北	50
北园田	兴淀公路东，毛巾六厂南，六大队地西，大水缸北	50
吴套子	五大队地东，红旗农场南，六大队地西，南界以北	30
合计		1700

20世纪80年代宜兴埠镇四街所属耕地地块示意图

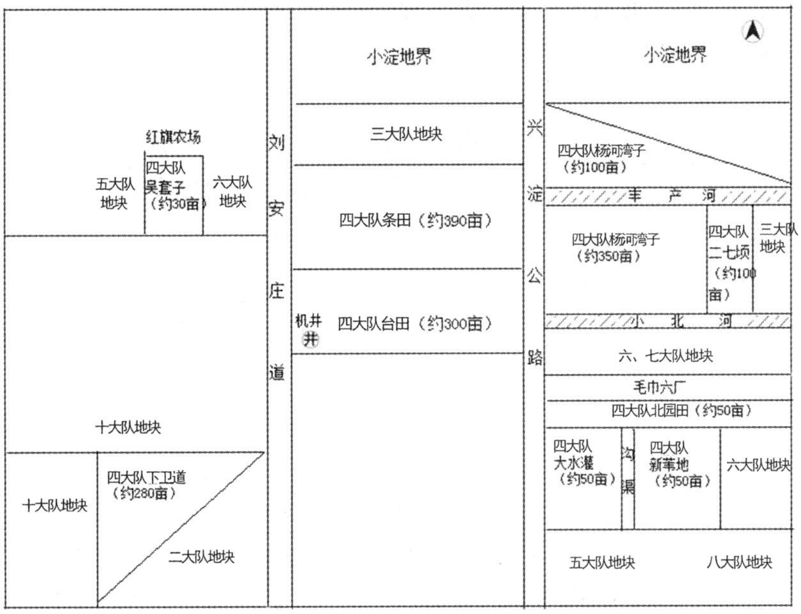

（2017年绘制）

三　旧村改造

该街内的老旧胡同历史悠久，均建成于中华人民共和国成立前，如盐巡胡同、头条胡同、肖家胡同等。街内民居亦多是老旧平房，部分民居历史上百年。2007年，实施旧村改造前，街内共有街道胡同14条。至2016年，该街域内拆迁900余户，100余户未拆迁。

四街域内的老旧胡同　（2016年摄）

四　经济概况

1958年前，农民从事农业生产基本是自主经营及互助合作经营。1958年，成立人民公社后，工农业生产以生产队或生产大队为核算单位，自负盈亏。从60年代开始，各生产队发展副业，时有捣机厂、钢厂等

天津索伦体育用品有限公司
（2016年摄）

天津市瑞普消防设备制造有限公司
（2016年摄）

副业，后在原有基础上不断发展壮大，成为中小型企业。80年代初期，开始实行家庭联产承包责任制。1995年，在北辰科技园区华盛道北建立四街工业区，以厂房出租形式进行招商引资。1997年，全街有企业16家，主产铸件、电器、药材等；有木材市场。90年代末期，街内集体企业完成产权制度改革，改为私营企业或农民股份合作。

至2016年，四街工业区先后吸引光特电子（天津）有限公司、天津市天风机械制造厂、天津索伦体育用品有限公司、天津市瑞普消防设备制造有限公司、天津捷邦电动车业有限公司、龙池公寓、天津奇海新技术有限公司等企业入驻，形成以电子、商业为主导的四街生产格局，租赁收入成为街里主要经济收入来源。2016年，该街完成生产总值4.6亿元，规模以上工业总产值6.74亿元，本级公共财政收入3322万元。

天津市天风机械制造厂　（2016年摄）

天津捷邦电动车业有限公司　（2016年摄）

2016年宜兴埠镇四街工业区企业分布图

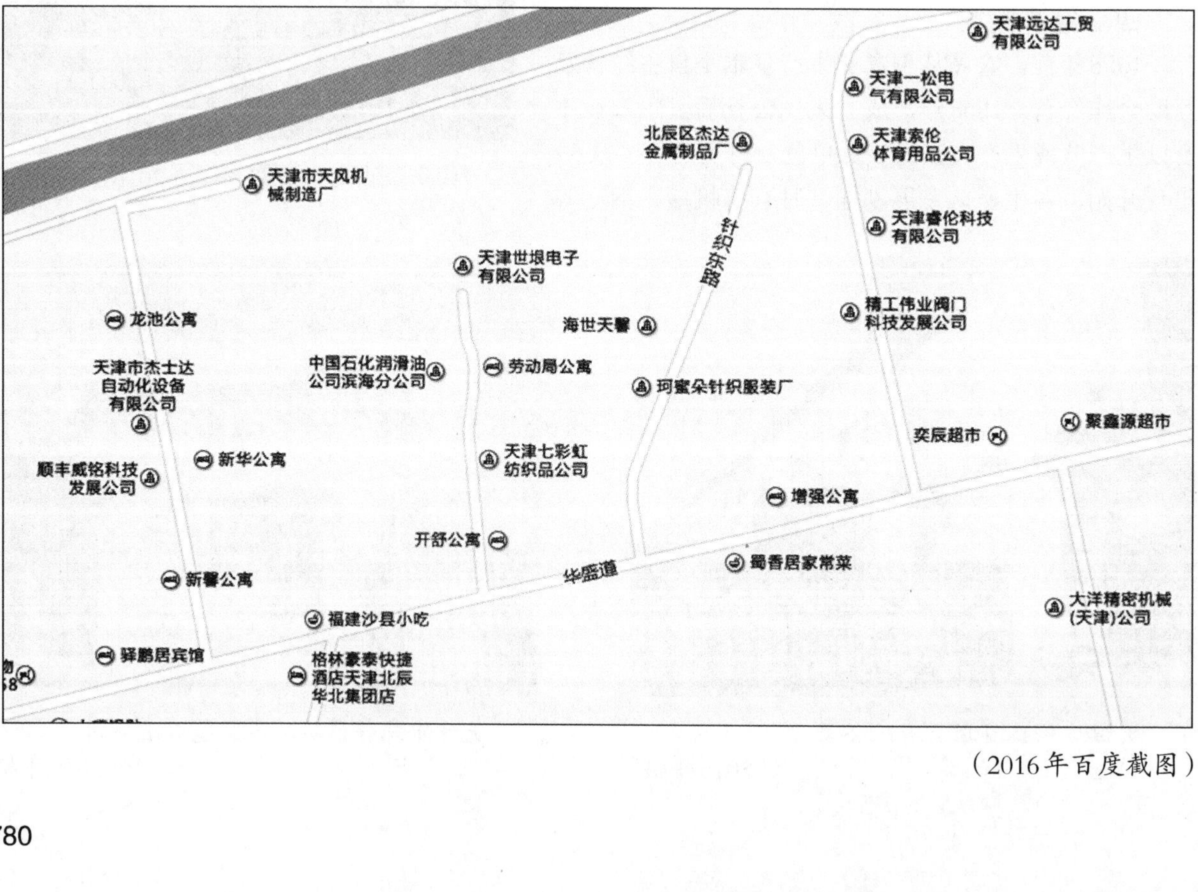

（2016年百度截图）

五　历任党政负责人

1966年，宜兴埠公社成立第四大队，同时建立党组织和大队管理机构。至2016年，该街共有8人任党支部书记，7人任村民委员会主任（大队长）。

1966—2016年宜兴埠镇四街党组织负责人任职情况表

表2

党组织名称	姓名	性别	职务	任职时间
第四大队党支部	何普仁	男	书记	1966—1974
	杨绍年	男	书记	1974—1976
	张永顺	男	书记	1976—1978
	杨绍泉	男	书记	1978—1983
第四村党支部	杨绍泉	男	书记	1983—1985
第四街党支部	杨绍泉	男	书记	1985—1998
	张怀昌	男	书记	1998—2003
	韩学琪	男	书记	2003—2012
	罗克来	男	书记	2012—2016
	吴　刚	男	书记	2016—

1966—2016年宜兴埠镇四街村政机构负责人任职情况表

表3

村政机构名称	姓　名	性别	职　务	任职时间
第四大队	王振和	男	大队长	1966—1983
第四村村民委员会	王振和	男	主任	1983—1985
第四街村民委员会	王振和	男	主任	1985—1990
	季世贵	男	主任	1990—1992
	王玉福	男	主任	1992—1997
	田树立	男	主任	1997—1998
	张家起	男	主任	1998—2006
	罗克来	男	主任	2006—2016
	吴　刚	男	主任	2016—

五 街

该街位于宜兴埠镇西北角，东靠津围公路，南以鸡鸭房胡同为界，西至建设西里，北至普济河东道。市级明星小康村。村民委员会位于普济河东道友鹏大酒店后院。2015年，全街户籍人口980户2410人，长期固定资产2631万元。2016年，全街乡村户数980户2410人。

一 村庄沿革

1961年12月，宜兴埠公社下设4个农业管理站，该街属第二农业管理站，辖第十八、十九、二十、二十一4个生产队。后析出第五十五、六十五、六十六、八十三、八十四、九十五生产队，共辖10个生产队。1966年9月，第二农业管理站撤销，改称宜兴埠公社第五生产大队。1983年3月，改称宜兴埠乡第五村。1985年1月，改称宜兴埠镇第五街。

二 耕地状况

80年代初，该街有耕地1700亩，分布在大河口（亦称二十七顷）、张套子、北大堼、西地、圈地、林地、赵家房子7块耕地地块，从事园田、旱田生产及养殖。90年代，由于国家修路、建科技园区等，耕地减少。1997年，有耕地944亩。2002年，有大河口、张套子2块耕地，共计880亩。2003年，扩建北辰科技园区，同时宜兴埠镇建科技园区，征用大河口土地750亩。后随街内工业发展，耕地逐渐减少。

20世纪80年代宜兴埠镇五街所属耕地地块示意图

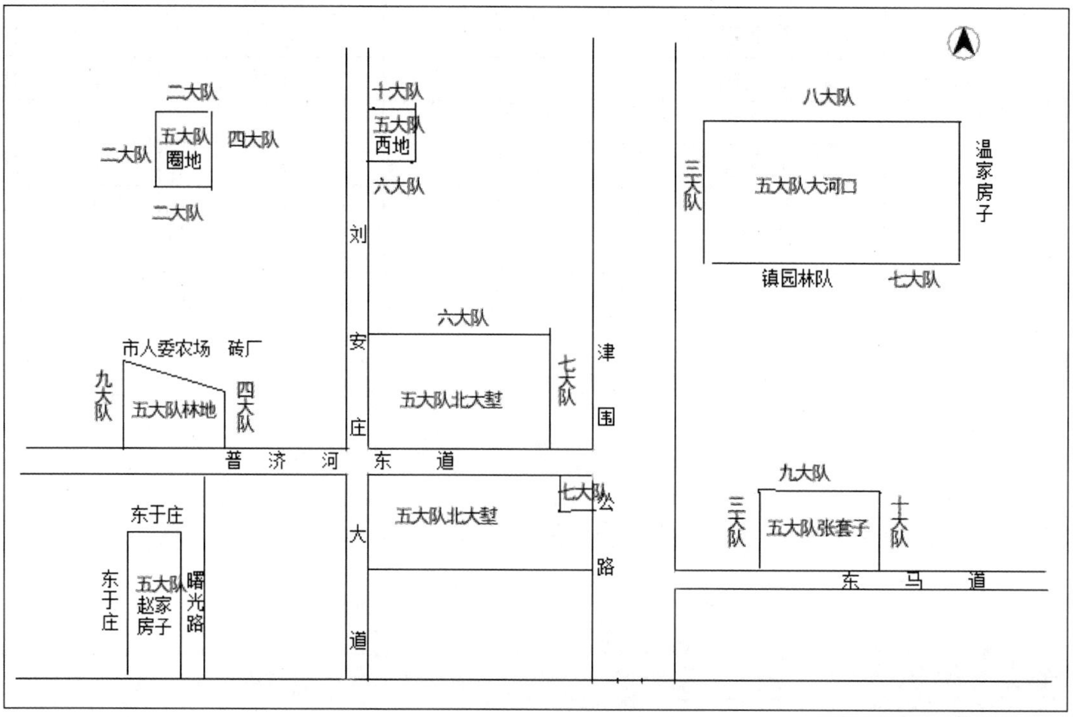

（2017年绘制）

20世纪80年代宜兴埠镇五街所属耕地地块情况表

表1　　单位：亩

地块名称	位置	面积
大河口	三大队旱田东，八大队南，温家房子西，七大队和镇园林队北	750
张套子	三大队东，十大队西，九大队南，东马道北	130
北大埝	刘安庄大道东，六大队南，七大队西，围堤道北	480
西地	刘安庄大道东，十大队南，六大队北	40
圈地	二大队东，二大队南，四大队西，二大队北	50
林地	九大队东，市人委农场南，四大队西，普济河东道北	150
赵家房子	东于庄东，东于庄南，曙光路西	100
合计		1700

三　经济概况

1958年以前，农民从事农业生产基本是自主经营及互助合作经营。1958年，成立人民公社后，农民们开始进入集体经营，以生产队或生产大队为核算单位，自负盈亏。60年代，街内一小部分人在大队副业工作，绝大部分人从事农业劳动。80年代初，实行家庭联产承包责任制，部分生产队实现分田到户。80年代中期，大多数农民脱离农业生产。1997年，该街有集体企业8家，主产汽车配件、塑胶瓶、纸盒等；有商业网点59处。1998年完成集体企业改制。1999年3月，完成土地延包工作，土地延包30年不变。2014年，出租坐落于宜兴埠镇开发区的两处厂房，每年可新增集体收入85万元。至2016年，街内入驻12家小规模企业，无支柱产业。

四　历任党政负责人

1966年，宜兴埠公社成立第五大队，组建党组织和大队管理机构。至2016年，共有3人任党支部书记、6人任村民委员会主任（大队长）。

1966—2016年宜兴埠镇五街党组织负责人任职情况表

表2

党组织名称	姓名	性别	职务	任职时间
第五大队党支部	温洪来	男	书记	1966—1976
	何长林	男	书记	1976—1983
第五村党支部	何长林	男	书记	1983—1985
第五街党支部	何长林	男	书记	1985—2013
	许顺桐	男	书记	2013—

1966—2016年宜兴埠镇五街村政机构负责人任职情况表

表3

村政机构名称	姓名	性别	职务	任职时间
第五大队	林广明	男	大队长	1966—1976
	何凤早	男	大队长	1977—1983

续表

村政机构名称	姓名	性别	职务	任职时间
第五村村民委员会	何凤早	男	主任	1983—1985
	张春疆	男	主任	1985—2000
	张金成	男	主任	2000—2009
	蒋克增	男	主任	2009—2012
	杨立元	男	主任	2012—

五　荣誉

1966—2016年，五街居民王景兰先后3次被授予天津市局级及以上先进个人称号。

1966—2016年宜兴埠镇五街获市局级及以上先进个人荣誉表

表4

获奖时间	姓名	荣誉名称	授予部门
1998	王景兰	1997—1998年度天津市计划生育协会先进工作者	市计生协
1998		1998年度计划生育药具工作先进个人	市计生委
2008		2007—2008年度人口和计划生育先进工作者	市人民政府

六　街

该街辖区较为分散，主要分为3部分：其一位于外环线以西、八十八中以北、津围公路以东；其二位于津围公路以西、小红旗路以东、北粮店道以北；其三位于农机厂西、敬老院大街北，小红旗路以东。市级明星小康村。该街村民委员会位于津围公路北239号。2015年，全街户籍人口753户1875人，长期固定资产1780万元。2016年，全街乡村户数707户1715人，年人均可支配收入25400元。

一　村庄沿革

1961年12月，宜兴埠公社下设4个农业管理站，域内属第二农业管理站。1966年9月，第二农业管理站撤销，改称宜兴埠公社第六生产大队，辖第十四、四十四、四十五、四十六、四十七、四十八、七十九7个生产小队。1983年4月，改称宜兴埠乡第六村。1985年1月，改称宜兴埠镇第六街。

二　耕地状况

1970年，域内有土地2000亩，主要分布在南祥子、新苇地、老吴套子、省委后二、三、四排、干校东等耕地地块，从事旱田、园田生产。1997年，有耕地1273亩。90年代后，由于企业不断发展，建设北辰科技园开发区，耕地逐渐减少。

1970年宜兴埠六街所属主要耕地地块情况表

表1　　　　单位：亩

地块名称	位置	面积
南祥子	二七顷大沟东，七大队地南，干校东耕地西，温家房子路北	800
干校东	干校南，温家房子西，温家房子路北，南祥子东	120
新苇地	四大队地东，老张套子道南，二五四大钩西，八大队地北	100
省委后二、三、四排	津围公路东，二五四大沟西	600
老吴套子	刘安庄道东，津围公路西	200
合计		1820

说明：该表中不含街属零星耕地地块

1970年宜兴埠六街所属老吴套子、省委后二、三、四排耕地地块示意图

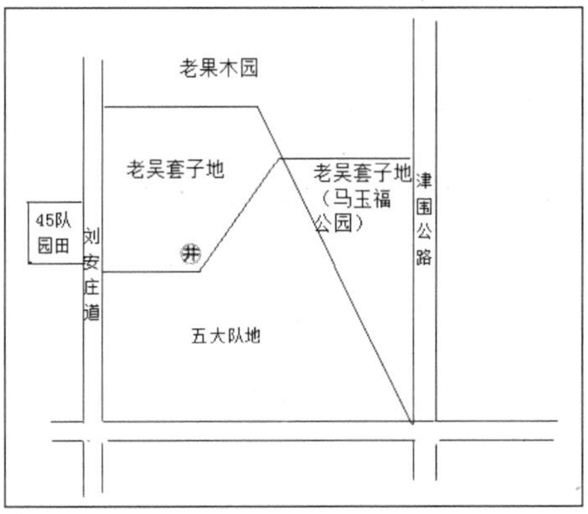

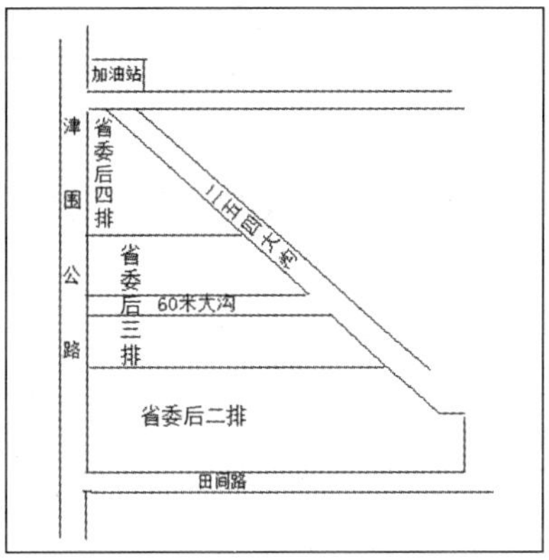

（2017年绘制）

1970年宜兴埠六街所属南祥子、干校东、新苇地耕地地块示意图

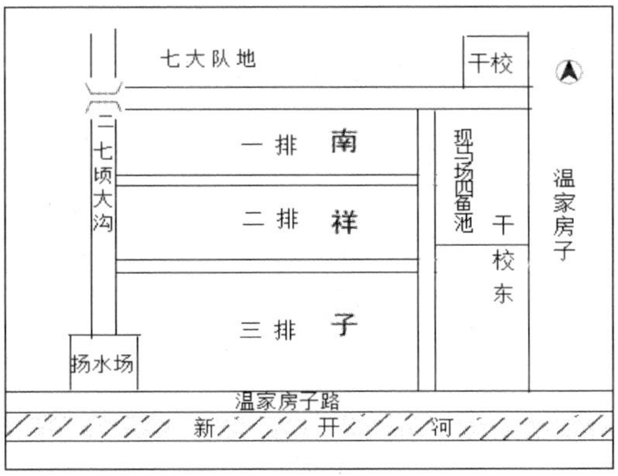

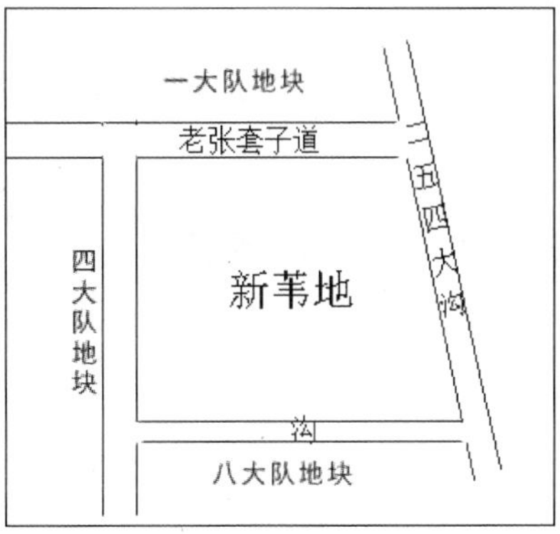

（2017年绘制）

三　旧村改造

中华人民共和国成立前，天津县盐巡官衙在位于域内的盐巡胡同办公。至2007年旧村改造前，街内有胡同22条、居住管片4处。

四 经济概况

1958年前，农民从事农业生产基本是自主经营和互助合作经营。1958年，成立人民公社，实行集体经营，以生产队或生产大队为核算单位，自负盈亏。60年代始，发展工副业企业，先后成立纸制品厂、草垫厂、家具厂、带锯加工厂、服装厂、木地板厂、桥架厂、建津机械厂、通达线缆厂、毛掸厂等10余家集体企业。70年代末至80年代初，运输业为大队的一大经济支柱，第四十五队的白恩藻、第四十七队的杨绍明在老百姓日收入0.6元～0.7元情况下，月收入达到35元～40元。80年代初期，开始实行家庭联产承包责任制。90年代初，实行统分结合的双层经营体制，强化集体服务功能。1997年，全街有企业10家，主产木地板、服装、电线、喷涂料等；有商业网点55处。

90年代末期，该街建设厂房，筑巢引凤，通过厂房租赁招商引资，吸引企业入驻，增加集体收入，用于村民统筹保险、老年人养老、学生奖学金、村镇建设、医保、扶贫等支出。1999年，街内集体企业实行产权制度改革，改为股份合作及私营企业。2016年，该街共引进注册企业11家。至2016年，街内主要以租赁厂房增加集体收入。

五 历任党政负责人

1966年，宜兴埠公社成立第六大队，组建党组织和大队管理机构。1996年，街党支部改组为党总支部。至2016年，共有4人任党支部（总支）书记、5人任村民委员会主任（大队长）。

1966—2016年宜兴埠镇六街党组织负责人任职情况表

表2

党组织名称	姓名	性别	职务	任职时间
第六大队党支部	张文庆	男	书记	1966—1978
	肖金贵	男	书记	1978—1983
第六村党支部	肖金贵	男	书记	1983—1985
第六街党支部	肖金贵	男	书记	1985—1996
第六街党总支部	薄连顺	男	书记	1996—2012
	吴　建	男	书记	2012—

1966—2016年宜兴埠镇六街村政机构负责人任职情况表

表3

村政机构名称	姓名	性别	职务	任职时间
第六大队	杨少明	男	大队长	1966—1976
	马元善	男	大队长	1976—1983
第六村村民委员会	马元善	男	主任	1983—1985
第六街村民委员会	马元善	男	主任	1985—1995
	薄连顺	男	主任	1995—1997
	王振和	男	主任	1997—2006
	薄连顺	男	主任	2006—2009
	吴　建	男	主任	2009—

六　荣誉

1966—2016年，宜兴埠镇六街居民共有2人获2项（次）天津市局级及以上先进荣誉。

1966—2016年宜兴埠镇六街获市局级先进个人荣誉表

表4

授予时间	姓名	荣誉名称	授予部门
2009	温岩	天津市五一劳动奖章	市总工会
2012	吴建	天津市五一劳动奖章	市总工会

七　街

该街位于宜兴埠镇中部津围公路两侧，分为两部分，其一津围公路西至西大街，北至鸡鸭房胡同与五街相邻，南至宫西街与十街管片相邻；其二津围公路东至首局胡同，南至宫后街，北至二条胡同与六街相邻。距市中心8千米。市级明星小康村。村民委员会位于宜兴埠大街北端与外环线交口处。2015年，全街户籍人口973户1871人，长期固定资产3263万元。2016年，全街乡村户数973户1871人，年人均可支配收入22677元。

一　村庄沿革

1961年12月，宜兴埠公社下设4个农业管理站，该街属第三农业管理站，辖第二十三、二十四、二十五、二十六、二十七5个生产队。后该5个生产队分别析出第五十四、六十四、七十、七十八、八十一5个生产队，共辖10个生产队。1966年9月，第三农业管理站撤销，改称宜兴埠公社第七生产大队。1983年4月，改称宜兴埠乡第七村。1985年1月，改称宜兴埠镇第七街。

二　耕地状况

1982年，该街有耕地1500亩，分别为北大埑、吴套子、张套子、大套子、狐仙洞、刀把子、省委后7块耕地地块，从事粮食、蔬菜种植及工业生产。1997年，该街有耕地661亩。1999年后，第二、三产业发展迅猛，建七街开发区，耕地逐渐减少。

20世纪80年代宜兴埠镇七街所属耕地地块情况表

表1　　　　单位：亩

地块名称	位置	面积
北大埑	标准件南，津围公路西	70
吴套子	高速公路东，LG集团南，三千路西，三千路北	90
张套子	引滦渠东，九大队地西，	110
狐仙洞	八大队地块东，水沟西，泵站北	80
刀把子	水沟东，六大队地南，温家房子西，部队北	500
省委后	部队东，六大队地南，部队西，一大队北	600
大套子	六大队地南，二七顷大沟西，东大道北	50
合计	1500	

20世纪80年代宜兴埠镇七街所属部分耕地地块示意图

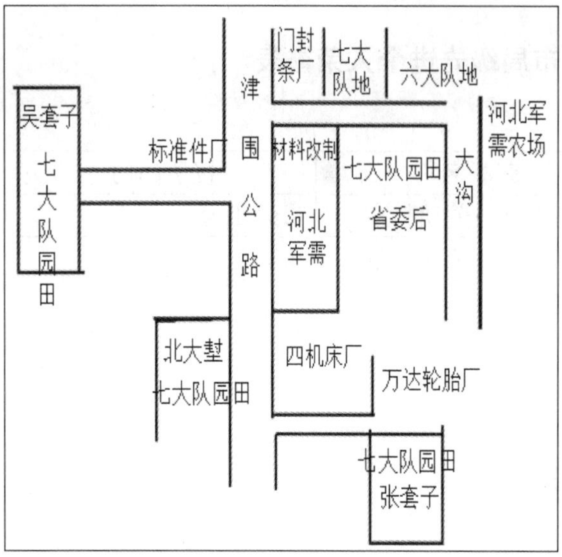

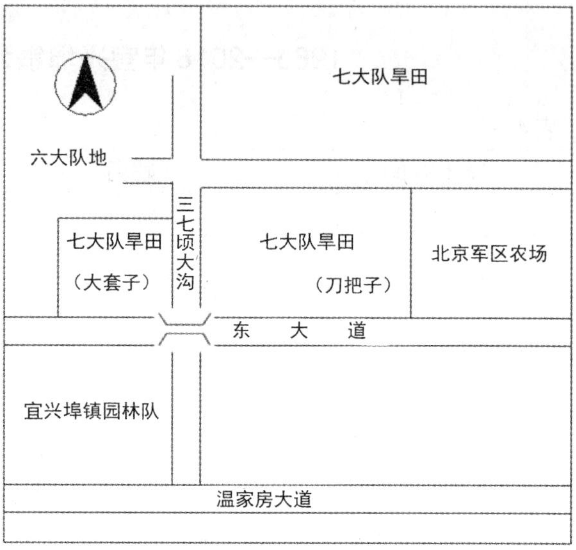

（2017年绘制）

三 旧村改造

该街民居多是老旧房屋，部分民居历史上百年。辖区内老旧街道和胡同均建成于中华人民共和国成立前，如鸡鸭房、温家胡同、宫西街、宫后街、首局东、倪家胡同等。2007年旧村改造前，街内共有街道胡同12条、居住小区1个（辖区内原毛厂平改后，建成民顺里6层小砖居民楼两栋）。2015年，镇开始在镇中心地段进行平改工作。该街涉及拆迁500余户，至2016年，拆迁400余户，100余户未拆迁。

七街域内首局胡同及其两侧住宅
（2015年摄）

七街民顺里住宅小区　（2015年摄）

四 经济概况

1958年前，该街以种植粮食和蔬菜为主。60年代起，该街始有元件厂、绒毛加工厂2个副业厂。80年代，该街集体企业蓬勃发展。90年代末，集体企业改制为股份合作制或私营企业。1997年，全街有集体企业11家，主产油漆、汽车配件、钢丝绳等；有商业网点53处。

90年代末期，该街建七街开发区，大力发展第二、三产业。天津市天奥自行车有限公司、天津亿世利能源科技有限公司、大侑机电（天津）有限公司、天津华通伟业电气有限公司、天津市天狗装饰化工有限公司等企业相继入驻，形成集餐饮、商业、制造业、加工、物流、装饰、化工于一体的开发区。2003年，该街将两个荒废的养鱼池填平，建成长喜商贸一条街。该商贸街占地面积6.66万平方米，建筑面积4万平方米，吸引30家商业企业入驻，有餐饮门脸50家，年创利税3000万元，安置2000人就业。2016年，该街工业企业完成产值5.6亿元，商业服务业完成产值12.04亿元。

长喜商贸一条街（2003年摄）

天津亿世利能源科技有限公司（2016年摄）

大侑机电（天津）有限公司（2016年摄）

天津华通伟业电气有限公司（2016年摄）

五 历任党政负责人

1966年，宜兴埠公社成立第七大队，组建党组织和大队管理机构。至2016年，共有10人任党总支书记、6人任村民委员会主任（大队长）。

1966—2016年宜兴埠镇七街党组织负责人任职情况表

表2

党组织名称	姓名	性别	职务	任职时间
第七大队党总支	温士义	男	书记	1966—1975
	王学忠	男	书记	1975—1983
第七村党总支	王学忠	男	书记	1983—1985
第七街党总支	王　刚	男	书记	1985—1986
	白恒荣	男	书记	1986—1994
	周学廉	男	书记	1994—1999
	杨学文	男	书记	1999—2000
	耿玉清	男	书记	2000—2002
	杨凤桐	男	书记	2003—2015
	周长友	男	书记	2015—2016
	毛　林	男	书记	2016—

1966—2016年宜兴埠镇七街村政机构负责人任职情况表

表3

村政机构名称	姓名	性别	职务	任职时间
第七大队	张向利	男	大队长	1966—1975
	孟兆福	男	大队长	1975—1983
第七村村民委员会	孟兆福	男	主任	1983—1985
第七街村民委员会	孟兆福	男	主任	1985—1990
	陈庆祝	男	主任	1990—1997
	杨学文	男	主任	1997—2000
	张文祥	男	主任	2000—2003
	霍文昌	男	主任	2003—2006
	杨学文	男	主任	2006—

六　荣誉

1966—2016年，七街获天津市局级及以上奖项1项：1995年，该街被天津市委农村工作委员会、市农村工作委员会评为“明星小康村”。

八　街

该街位于宫后街西北部，东临津围公路，西至民宅，南至十街，北至民宅。市级明星小康村。村民委员会位于宫后街2号。2015年，全街户籍人口1498户3629人，长期固定资产10984万元。2016年，全街乡村户数1178户2739人，年人均可支配收入26500元。

宜兴埠镇八街村委会　（2003年摄）

一　村庄沿革

1961年12月，宜兴埠公社下设4个农业管理站，该街属第四农业管理站，辖第二十八、二十九、三十、三十一、三十二、五十三、六十一、六十二、八十二9个生产队。1966年9月，第四农业管理站撤销，改称宜兴埠公社第八生产大队。1983年4月，改称宜兴埠乡第八村。1985年1月，改称宜兴埠镇第八街。

二　耕地状况

该街耕地主要分布于苏套子、吴套子、小房道等耕地地块，从事旱田、园田、林果种植及水产养殖。1997年，有耕地1241亩。2016年，全街有耕地1026.7亩，其中旱田528亩、园田498.7亩。有南一北大沟、二五四大沟2条沟渠，承担街内耕地灌溉及排涝。

2016年宜兴埠镇八街所属耕地地块情况表

表1　单位：亩

地块名称	位置	面积	所属生产队
苏套子	三十二队东，军区南，开发区西，六十二队北	204.1	二十八队
小房道	二五四沟东，三十队南，园林队西，二街地北	96.5	二十九队
苏套子	二五四大沟东，沟渠南，三十一队西，二十九队地北	108.8	三十队
苏套子	三十队地东，六十二队南，九街地西，园林队北	98.8	三十一队
苏套子	沟渠东，沟渠南，六十二队地西，沟渠北	94.6	三十二队
小房道	道路东，厂房南，二街地西，东马道北	124.4	五十三队
小房道	道路东，沟渠南，二街地西，铁道北	95	六十一队
苏套子	厂房东，厂房南，开发区西，三十一队地北	128.2	六十二队
吴套子	道路东，厂房南，LG 地西，厂房北	76.3	八十二队
合计	1026.7		

2016年宜兴埠镇八街所属耕地地块示意图

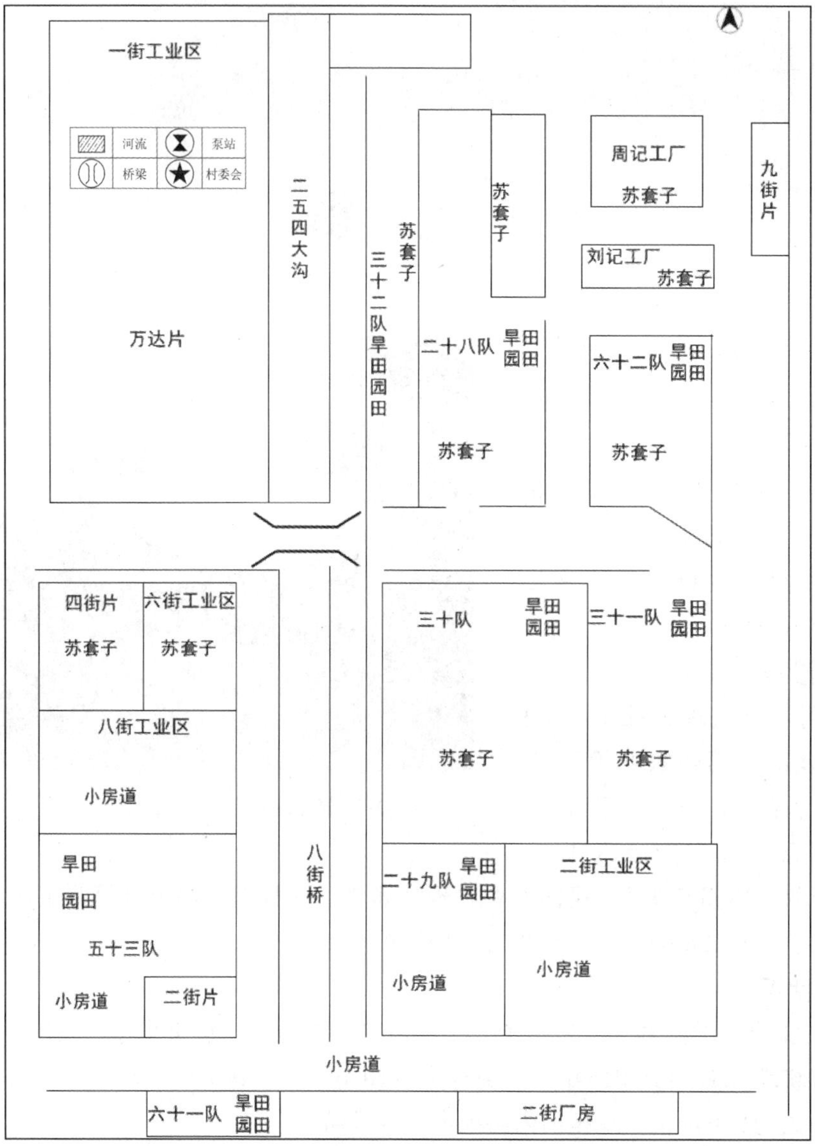

（2017年绘制）

三　旧村改造

红旗路为该街主要街道，建于中华人民共和国成立前，南北走向，长约2000米。后随着住户增加，相继建成宽窄不一、长短不同的众多胡同，两侧逐渐建成住宅。域内温家胡同内有温朋久故居。

2003年，宜兴埠镇实施旧村改造，该街有极少数民居被拆迁，2006年回迁至宜鹏园。宜鹏园为该街最早建成的居住区，位于宜赵路以北，普济河东道以南，三千路以东，红旗路以西。

建设中的宜鹏园小区　（2005年摄）

八街老旧胡同及两侧民居（2015年摄）

八街内红旗路集贸市场　（2015年摄）

四　经济概况

1958年前，农业生产基本是自主经营和合作经营。1958年，成立人民公社，实行集体经营，以生产队或生产大队为核算单位，自负盈亏。60年代始，发展工副业。1980年3月，第六十一生产队率先在全区实行“责任到劳”责任制。90年代末期，该街实行统分结合的双层经营体制，强化服务功能，发展种养殖业，引进优质农作物、优质水果及经济林木，把资源优势转变为经济优势。1997年，全街有集体企业5家，主产电缆、泡沫件、不锈钢制品等；有商业网点72处。

至2016年，该街建有2个工业小区，共引进企业60余家。其中北辰科技园区宜兴埠镇八街工业小区，引进被授予“中华老字号”称号的天津市老茂生食品有限公司，其主产大黄油饼干、苏打饼干、黄油核桃酥、芝士曲奇及椰蓉酥等20余个系列品种，产品销往国内各大超市。八街轻工业电子园引进个体针织百货项目，形成集织布、印花、加工为一体的格局，产品销售到全国各地。

老茂生食品有限公司获奖证书

老茂生食品　（2015年摄）

五　历任党政负责人

1966年，宜兴埠公社成立第八大队，组建党组织及大队管理机构。至2016年，共有4人任党支部书记、5人任村民委员会主任（大队长）。

1966—2016年宜兴埠镇八街党组织负责人任职情况表

表2

党组织名称	姓名	性别	职务	任职时间
第八大队党支部	温士义	男	书记	1966—1979
	古玉元	男	书记	1980—1983
第八村党支部	古玉元	男	书记	1983—1985

续表

党组织名称	姓名	性别	职务	任职时间
第八街党支部	古玉元	男	书记	1985—1990
	李炳琪	男	书记	1991—2008
	李利明	男	书记	2008—

1966—2016年宜兴埠镇八街村政机构负责人任职情况表

表3

村政机构名称	姓名	性别	职 务	任职时间
第八大队	古玉桥	男	大队长	1966—1975
	张锡禄	男	大队长	1975—1979
	温洪昌	男	大队长	1980—1983
第八村村民委员会	温洪昌	男	主任	1983—1985
第八街村民委员会	张富隆	男	主任	1985—2002
	张锡忠	男	主任	2003—

附：典籍选录

北郊区第一个实行大包干的宜兴埠镇

改革开放初期，我任宜兴埠公社党委书记。之前由于政策不对头，再加上“左”的思想干扰，这个公社在农业生产等方面是全市闻名的“老大难”，在中央也挂了号。1979年春，新华社内参以“一个名存实亡的生产队”为题把宜兴埠八大队六十一生产队落后的局面给通报了一下，当时像六十一队这样“草比苗高，牲畜到处跑，又没人干活”的落后生产队在全公社有30多个，占生产队总数的三分之一还多。

为尽快改变宜兴埠镇的落后局面，按照党的十一届三中全会通过的两个农村工作文件的规定，全公社开始实行农业生产责任制，但文件规定生产队实行作业组只准包工，不准包产，因此对落后的生产队指导意义不大。通过深入学习三中全会精神，我感到作为一个基层领导干部，首先要解放思想，大胆地创新。为了解决这个难题，从1979年冬开始，我们先从六十一队入手，解决落后问题。在全体社员会议上，我提议：“把地分到你们每户去种怎么样?”我说完这个建议后，发言就比较热烈了。大家认为只有这样才能把地种好，但是这个办法是个犯错误的办法，有人问：“你主得了吗?”我说：“这个办法能把地种好，我就主得了。”把地分开，农业税怎么交？每亩地向队里每年交公积金（承包费）多少？土地好坏怎么搭配？园田怎么浇水？社员就一系列问题进行了讨论。最后选举了一个临时负责人，第一次会议开得不错。

转天下午，公社召开了党委会，讨论六十一队包干到户的办法。首先由我介绍了六十一队开会讨论的情况，让党委委员提出意见。党委副书记张金宝第一个发言，他说，老郭啊，你这个办法不行，这是搞资本主义。老戴（戴国强）1962年在王秦庄搞包产到户，犯了错误，他的农工部长职务也给撤了，“文化大革命”期间被批斗了多次，这不是小事，千万别搞到户。其他委员都一言不发。这时，给党委会记录的康宝禄说：“大家对包产到户有看法，咱们改改词，不叫包干到户，叫‘责任到劳’行不行?”委员们这时展开了讨论，最后同意叫“责任到劳”。统一思想后，通知八大队帮助六十一生产队落实“责任到劳”；落实上交农业税；落实上交生产队承包费（园田每亩上交60元）；落实定产，统一抓阄，每户一块地。

新选的队长也承包地，但他得负责购买籽种、农药、化肥，安排每户浇地，每日上报蔬菜上市计划等，由生产队年终给点补贴。因队里很穷，信用社贷给了几百元钱用于购买籽种等生产资料。1979年冬做好一切准备工作，1980年开始全体总动员投入生产。到秋后，实行"责任到劳"的园田每亩收入300多元，比1978年增长8倍还多。

1980年开春，除六十一生产队外，我们又组织了比较落后的30多个生产队实行"责任到劳"责任制。1981年，全部实行了大包干"责任到劳"责任制。责任制全部实行后，到1982年，宜兴埠工农业生产总值在全区属于上中流。1982年年底全市农村工作会议上，市农委叫我介绍了经验，电台还录了音，全市进行播放。从1983年开始，由全区倒数第二变成了全区第二（第一名是天穆镇）。从1984年开始，宜兴埠镇连续三年被评为市级模范集体，由市委、市政府连续三年颁发锦旗和奖状，一个全市闻名落后的宜兴埠变成了全市先进的宜兴埠。

（作者：郭自平；时任北郊区宜兴埠公社党委书记）

（选自《北辰星迹》305～306页）

九　街

该街位于宜兴埠镇西面，东临西大街，西至三千路，南至宜白路，北至宫西街、长安道与八街相邻。距市中心7千米。市级明星小康村。村民委员会位于宜赵路9号。2015年，全街户籍人口1031户2548人，长期固定资产2325万元。2016年，全街乡村户数1023户2156人。年人均可支配收入25422元。

一　村庄沿革

该街原为清光绪三十三年（1907年）始建的自然村赵家房子。1961年12月，宜兴埠公社下设4个农业管理站，该街属第四农业管理站，辖第三十三、三十四、三十五、三十六、三十七、三十八、三十九7个生产队，后第三十七生产队析出第七十三队，第三十八生产队析出第五十九队，第三十九生产队析出第六十队，共辖10个生产队。1966年9月，第四农业管理站撤销，改称宜兴埠公社第九生产大队。1983年4月，改称宜兴埠乡第九村。1985年1月，改称宜兴埠镇第九街。

二　耕地状况

1982年，该街有耕地2100余亩，主要分布在南张套子、北张套子、小圈子、大套子、沙漠刺、林地等耕地地块，从事园田、旱田生产。90年代起，由于高速公路、津宁快速路建设及街内工业发展，耕地逐渐减少。

20世纪80年代宜兴埠镇九街所属主要耕地地块情况表

表1　　单位：亩

地块名称	位置	面积
南张套子	九大队鱼池东，小房道南，八大队西，北环铁路北	120
北张套子	四大队地东，一大队地南，四大队地西，五大队地北	120
小圈子	二大队地东，北环铁路南，八大队地西，二大队地北	200
大套子	八大队地东，二大队地南，二大队地西，245牛场北	125
沙漠刺	园林队东，镇良种场南，六大队地西，温家房子道北	830

续表

地块名称	位置	面积
林地	一大队地东，市人委农场南，五大队地西，田间道北	143
合计		1538

说明：该表不含街属零星耕地地块

20世纪80年代宜兴埠镇九街所属林地耕地地块示意图

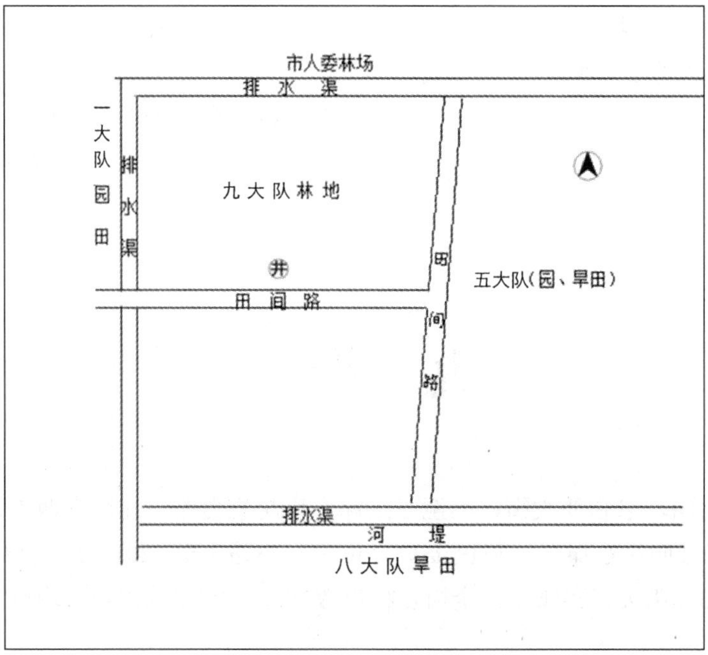

（2017年绘制）

20世纪80年代宜兴埠镇九街北张套子、南张套子、大套子、小圈耕地地块示意图

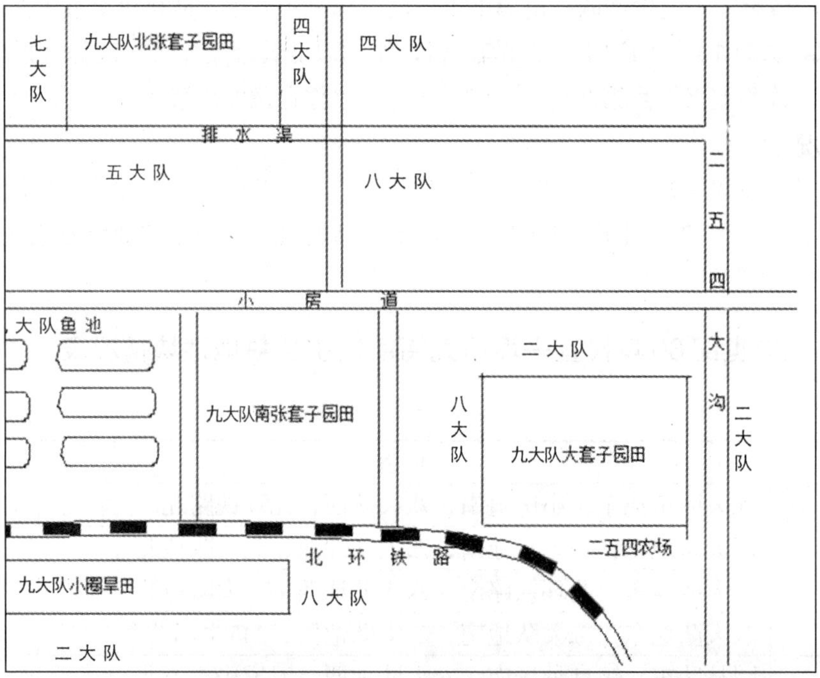

（2017年绘制）

20世纪80年代宜兴埠镇九街所属沙漠刺耕地地块示意图

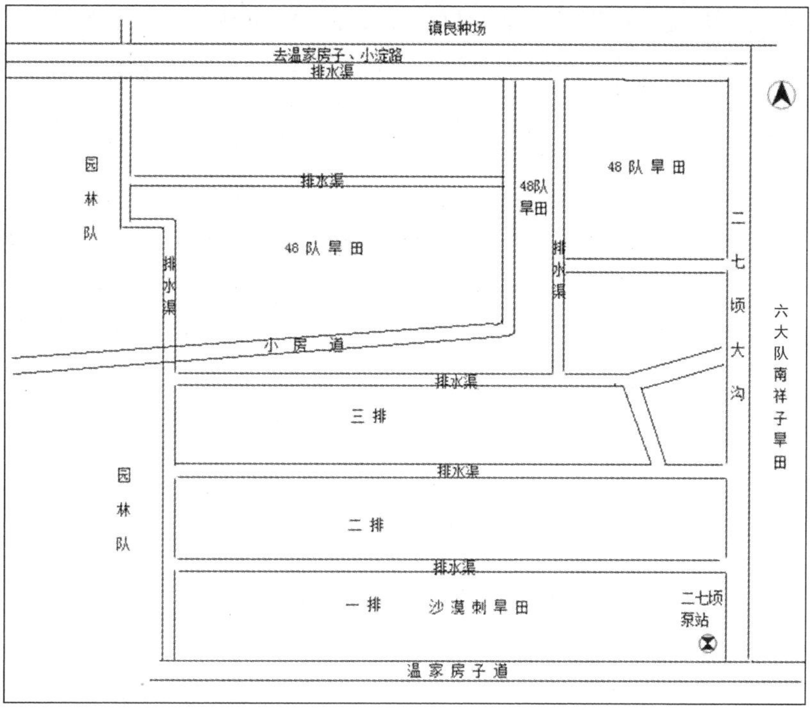

（2017年绘制）

三　旧村改造

西大街系该街最早的街道，南北走向，长约500米。后随着住户增加，相继建成宽窄不一、长短不同的众多胡同，两侧逐渐建成民居。1999年，始建宝利新苑，该小区系宜兴埠镇旧房改造项目，有住宅楼10栋，可容纳1076户居民，紧临宜白路、中环花鸟鱼虫市场，地处繁华地段。2003年，实施旧村改造。

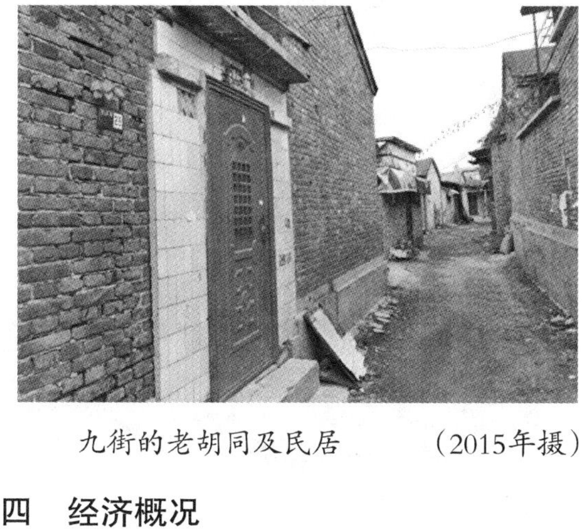

九街的老胡同及民居　　（2015年摄）

宝利新苑住宅小区

（2016年摄）

四　经济概况

1958年前，域内农业以合作经营为主，从事园田、旱田生产。1958年，成立人民公社，进入集体经营模式，以生产队或生产大队为基本核算单位，自负盈亏。60年代始从事工副业生产，时有运输、建筑行业。70年代，大队集体经营企业有电器厂、木箱厂、曙光福利五金厂、向阳五金厂、津康不锈钢制品厂、华谊橡塑厂、纸袋厂、华兴塑料制品厂、赛达轮胎厂等，获利颇丰。80年代初期，开始实行家庭联产承包责任制，兴建机加工、电烙铁、锻件厂等集体企业。90年代中期，实行统分结合的双层经营体制，加强集体层次服务功能。1997年，全街有集体企业12家，主产电器件、电缆、螺栓、家具等；有商业网点50处。90年代末期，完成产权制度改革，街集体企业改制为私营或股份合作企业。2016年，该街有150亩鱼池1个，主要养殖观赏鱼、锦鲤和草鱼，多销往南方城市，并出口至东南亚国家；园田80亩，主要种植油菜、芹菜、莜麦菜；旱田470亩，主要种植玉米、棉花等作物；有工业园1个，建于1998年，位于北辰区科技园区内，有天津奥特普斯机电设备有限公司、天津金贸盛汽车销售有限公司、盛永机电(天津)有限公司、星海泰设备制造(天津)有限公司等6家企业，主要生产电缆桥架、通风管道、五金、电子设备等产品。其中天津奥特浦斯机电设备有限公司主产电缆桥架、通信管道、镀锌板材加工，产品销往广东深圳、天津等地，与鞍山钢铁、首都钢铁、本溪钢铁、武汉钢铁等国内企业长期合作；天津金贸盛汽车销售有限公司以销售大、中型货运汽车为主，主要销售江淮、格尔发等品牌货运汽车，多销往天津市、河北省、山东省；盛永机电（天津）有限公司长期与LG合作，主产冰箱、空调、洗衣机等家电产品外壳。该街通过建设厂房进行招商引资，租赁业成为该街集体收入的重要支柱。

2016年，该街完成生产总值6.53亿元，本级公共财政收入1746万元。

九街的水产养殖水面　　（2015年摄）

九街的蔬菜大棚种植　　（2015年摄）

天津金贸盛汽车销售有限公司的格尔发汽车销售中心与JAC汽车销售中心
（2016年摄）

五　历任党政负责人

1966年，宜兴埠公社成立第九大队，组建党组织和大队管理机构。1997年，街党支部改组为党总支。至2016年，共有3人任党支（总支）部书记、4人任村民委员会主任（大队长）。

1966—2016宜兴埠镇九街党组织负责人任职情况表

表2

党组织名称	姓名	性别	职务	任职时间
第九大队党支部	韩世荣	男	书记	1967—1974
	周连有	男	书记	1974—1983
第九村党支部	周连有	男	书记	1983—1985
第九街党支部	周连有	男	书记	1985—1996
第九街党总支	刘金双	男	书记	1997—

1966—2016年宜兴埠镇九街村政机构负责人任职情况表

表3

村政机构名称	姓名	性别	职务	任职时间
第九大队	苏忠和	男	大队长	1967—1979
	张长华	男	大队长	1979—1983
第九村村民委员会	张长华	男	主任	1983—1985
第九街村民委员会	张长华	男	主任	1985—1988
	刘庆兴	男	主任	1988—1995
	韩志强	男	主任	1996—

六　荣誉

1966—2016年，九街累计获天津市局级及以上先进集体荣誉2项。

1966—2016年宜兴埠镇九街获市局级及以上集体荣誉表

表4

授予时间	荣誉名称	授予部门
1999	天津市村级建档工作合格单位	市档案局
2006	农村党的建设三级创联活动五个好村党组织	市委组织部、市委农村工作委员会

十　街

该街位于宜兴埠镇津围公路中西部，东临津围公路，西至三千路，南至宜白路，北至宫西街与八街相邻。距市中心8千米。市级明星小康村。村民委员会位于津围公路151号（宜兴埠镇宫西街17号）。2015年，全街户籍人口1161户1987人，长期固定资产3018万元。2016年，全街乡村户数1053户1862人，年人均可支配收入2.1万元。

一　村庄沿革

1961年12月，宜兴埠公社下设4个农业管理站，该街属第四农业管理站，辖第一、二、三、四4个生产队，后该4个生产队分别析出第四十一、四十二、四十三、四十四4个生产队，共辖8个生产队。1966年9月，第四农业管理站撤销，改称宜兴埠公社第十生产大队。1983年4月，改称宜兴埠乡第十村。1985年1月，改称宜兴埠镇第十街。

二　耕地状况

1982年，该街有耕地1600余亩，主要分布在张套子、吴套子、西地等耕地地块，从事园、旱田生产经营。1997年，全街有耕地722亩。之后，由于企业发展突飞猛进，个人承包的土地被逐渐收回用于建设厂房，耕地逐渐减少。

20世纪80年代宜兴埠镇十街所属主要耕地地块示意图

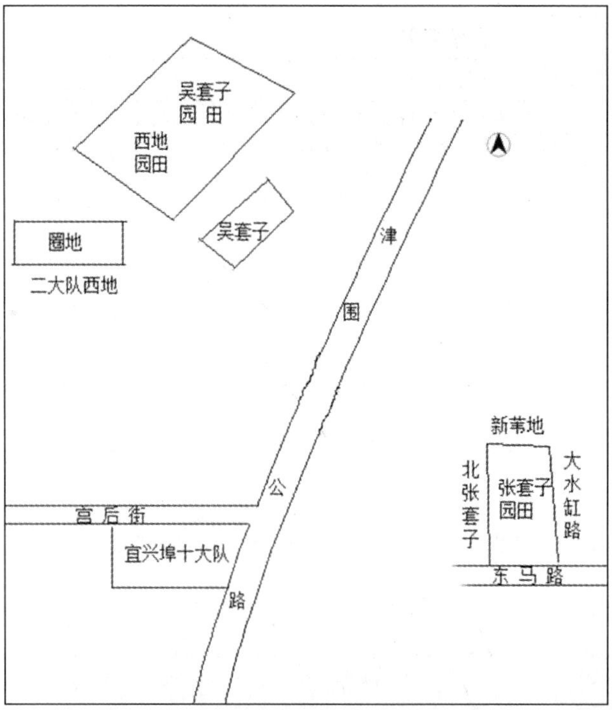

（2016年绘制）

20世纪80年代宜兴埠镇十街所属主要耕地地块情况表

表1　　　　单位：亩

地块名称	位置	面积
圈地	红旗路东，二大队西地北	10
张套子	北张套子东，新苇地南，大水缸路东，小房道北	95
吴套子	十大队西地东南，二大队西地东	410
西地	吴套子地西南，圈地东北	
合计		515

三　旧村改造

该街内最早的胡同系梁家胡同，建于中华人民共和国成立前，走向南北，长约1000米。后随着住户增加，相继建成宽窄不一、长短不同的众多胡同。十字街是该街最早的居住区，也是该街民俗文化的聚集地，建于中华人民共和国成立后。1997年，始建玉琢里，该小区系宜兴埠镇较早实行的旧村改造项目，有居民楼6栋，可容纳近700户居民，紧邻地铁3号线。1999年，始建今日家园小区。该小区系宜兴埠镇较早旧村改造项目，紧邻宜白路，地处繁华地段，建有居民楼11栋，可容纳近1000户居民，配有幼儿园、供暖站、居民服务所等公共设施。至2003年旧村改造前，街内共有街道胡同21条、居住小区5个。

今日家园小区　　（2016年摄）

玉琢里小区　　（2016年摄）

四　经济概况

1958年前，农民从事农业生产基本是自主经营及互助合作经营。1958年，成立人民公社后，实行集体经营模式，以生产队或生产大队为核算单位，实行按劳分配、多劳多得的分配原则。从60年代开始，发展工副业，搞运输和建筑。70年代起，大队工副业发展很快，电器厂、鞋业加工厂等相继建成投产。80年代初期，开始实行家庭联产承包责任制。90年代中期，实行统分结合的双层经营体制。1997年，全街有集体企业11家，主产糖精、开关柜、配电箱、电热器、冲压件等；有商业网点45处、农贸市场2处。90年代末期，街集体企业完成产权制度改革，改为私营或股份合作制企业。三千集团成立于1999年，为街集体企业改制而成。

2016年，该街有占地面积280亩果园1个、街工业园1个（2000年建）。十街工业园位于京津塘高速公路附近。有天津英业通公路设施有限公司、北京恒峰永信科技发展有限公司、天津德力塔仪表科技有限公司、天津吉隆昌模具销售有限公司、天津市科顿生物科技有限公司、天津泰西尔机电有限责任公司等12家企业入驻，主要生产电线、电缆、五金、电子设备等产品。该街通过建厂房进行招商引资，租金为街集体收入的重要来源。

天津英业通公路设施有限公司（2016年摄）

十街果园（2016年摄）

十街树林（2016年摄）

天津吉隆昌模具销售有限公司（2016年摄）

天津德力塔仪表科技有限公司（2016年摄）

五　历任党政负责人

1966年，宜兴埠公社成立第十大队，组建党组织、大队管理机构。至2016年，共有7人任党支部书记、7人任村民委员会主任（大队长）。

1966—2016年宜兴埠镇十街党组织负责人任职情况表

表2

党组织名称	姓名	性别	职务	任职时间
第十大队党支部	薄长永	男	书记	1966—1974
	苏长富	男	书记	1974—1979
	薄长起	男	书记	1980—1983
第十村党支部	薄长起	男	书记	1983—1985

续表

党组织名称	姓名	性别	职务	任职时间
第十街党支部	薄长起	男	书记	1985—1989
	孟庆贵	男	书记	1990—1993
	吴起红	男	书记	1994—1994
	袁克祥	男	书记	1995—2015
	周　立	男	书记	2015—

1966—2016年宜兴埠镇十街村政机构负责人任职情况表

表3

村政机构名称	姓名	性别	职务	任职时间
第十大队	苏长剑	男	大队长	1966—1973
	王　忠	男	大队长	1974—1979
	于　洪	男	大队长	1980—1982
	孟庆贵	男	大队长	1982—1983
第十村村民委员会	孟庆贵	男	主任	1983—1985
第十街村民委员会	孟庆贵	男	主任	1985—1990
	武国庆	男	主任	1990—1993
	吴起红	男	主任	1993—1994
	马春国	男	主任	1995—2015
	周　立	男	主任	2015—

六　荣誉

1966—2016年，十街累计获天津市局级及以上先进集体荣誉6项。

1966—2016年宜兴埠镇十街获市局级及以上集体荣誉表

表4

授予时间	荣誉名称	授予部门
2002	红旗党组织	市委组织部、市委农工部
2003	天津市社区共建先进单位	市人民政府
2005	2003—2004年度人民调节工作优秀单位	市司法局
2006	农村党的建设三级创联活动五个好村党组织	市委组织部、市委农村工作委员会
2009	2007—2008年度人口和计划生育工作先进集体	市人民政府
2009	全国民主法治示范村	司法部

小淀镇

小淀镇位于北辰区东部，环渤海经济圈高新技术产业带中心轴线上，天津市外环线东北部。东临西堤头镇，西毗北仓镇，南接宜兴埠镇，北隔津榆公路与大张庄镇交界。镇政府驻小淀村，西距北辰区政府10千米，南距天津市区4千米，东距滨海国际机场20千米，东南距天津港40千米。小淀镇域整体轮廓为矩形，东西长12.5千米，南北宽3.45千米，总面积为43.12平方千米，辖小淀、刘安庄、小贺庄、赵庄、温家房子5个村，辖嘉阳花园、秀荷园2个社区居委会。2016年，该镇实现生产总值50.6亿元，镇财政收入10883万元，农民人均可支配收入23136元。

清末设天津县第二十三乡，1941年3月改设小淀乡。1953年建小淀乡、刘安庄乡。1958年4月，刘安庄乡并入小淀乡。是年8月，小淀乡归属兴淀公社。是年10月，以原乡为基础建耕作站。1959年1月，改为小淀生产大队。是年3月，改为河北区兴淀公社小淀管理区。1961年9月，组建小淀公社。1983年5月，小淀公社改为小淀乡。1995年11月，撤乡建镇，改为小淀镇。

镇域内有高速公路3条，分别为：京津塘高速公路，该路西北起自北京，东至塘沽，北从大张庄镇南麻疙瘩村南入境，经赵庄村，南出刘安庄村入宜兴埠镇，贯穿镇西部，境内段长6.09千米；津蓟高速公路，该路从天津市区至蓟州区，西南入境经温家房子村，东北出境入芦新河村，境内段长2.5千米；津宁高速公路，从天津市区至宁河区，经温家房子村南，跨津蓟高速公路入东丽区南孙庄村，境内段长1.2千米。国道1条，省（市）道2条，分别为：津榆公路，该路西起京津公路，东至山海关，从赵庄村入境，经小贺庄村，东出小淀村入西堤头镇，境内段长9.35千米；津围公路，该路从天津市至河北省围场县，南从宜兴埠镇入境，经小淀村入大张庄镇，境内段长3.45千米；外环线，该路为环城郊公路，西北从三义村入境，经赵庄村、刘安庄村，南入宜兴埠镇，境内段长5千米。区道3条，分别为：北辰（仓）道延长线，该路西起外环线北辰道东端，经刘安庄村、小淀村至津围公路，境内段长2.45千米；温家房子路，该路西起红星桥，经宜兴埠镇一街东至温家房子村，境内段长4千米；高新大道，该路西起津围公路，经宜兴埠镇至温家房子村北景明路，境内段长4千米。还有地铁3号线1条，该线西起西青区华苑产业园，穿市区过宜兴埠镇华北集团入境，至小淀村东南小淀站，境内段长约1.5千米。

镇域内及边界有一级河道1条，新开河—金钟河，该河西起北运河耳闸，东至东丽区南孙庄村，温家房子村在其北，为北辰区和东丽区界河，境内段长3.5千米；二级河道4条，分别为：永金引河，该河西北起自永定新河大张庄闸，东南至刘快庄村南入金钟河，流经镇域东北部，境内段长2千米；淀南引河，该河西北起自新引河堵口堤闸，流经赵庄村、刘安庄村、小贺庄村、小淀村，东南汇入丰产河，境内段长9.25千米；丰产河，该河西起天穆镇阎街村南北运河，在刘安庄村西南入境，经小淀村、温家房子村流入西堤头镇至永定新河，境内段长10千米；外环河，该河围绕天津市郊，自西北从赵庄村入境，南在刘安庄村出境，流入宜兴埠镇，境内段长4千米。

民国18年(1929年)，河北省政府和整理海河委员会确定，在天津市东北部南界新开河、北界武清县南、东界筐儿港减河以西、西界京山铁路以东一带建海河放淤区，以泄永定河和北运河洪水，减轻天津市压力。时有一项工程为修筑放淤区南堤，堤筑成后，北为淀北放淤区，南为淀南放淤区。境内所辖5村尽在淀南放淤区内，为防水患，各村皆筑围村堤。民国21年（1932年）至1971年，该区多次放淤和分洪，一遇放淤，百里淤区洪水泱泱，村庄被围则成孤岛。

刘安庄村

刘安庄村位于北辰区中东部，小淀镇政府西南方向，东北距小淀村和镇政府驻地3千米，北距赵庄村1.5千米，南距宜兴埠5千米，西距北仓村6.5千米，东和王朝酒厂相邻，西南为天津职业大学。村庄近正方形，占地面积61.3万平方米。2009年，村固定资产7605万元，人均纯收入11508元。2014年，农村经济总收入267万元，农民人均所得18165元。2015年，长期固定资产4053万元，户籍人口5565人。

刘安庄村航拍图　　（2017年摄）

一　村庄沿革

相传江苏徐州周姓从尹儿湾（今北仓）圈地，派管家刘安到此看守土地并定居，后广招佃户，王姓、杨姓等迁入。明隆庆元年（1567年）成村。因先民是刘安，故名刘安庄。据清乾隆《武清县志》（1978年版27~28页）载，雍正八年（1730年）武清县划拨归天津府村庄中，已有刘安庄村名（参见《典籍中的北辰》53~54页）。据《天津通志旧志点校卷（中）• 天津县志》卷四52~53页载，乾隆元年（1736年）境内天津县属村庄有刘家庄村名（参见《典籍中的北辰》54页）。据道光二十六年（1846年）《津门保甲图说》又称刘安庄村村名至今。

清雍正八年(1730年)前属武清县，之后属天津县。光绪三十一年(1905年)隶属天津县第二十一区。日伪时期(1940—1945年)隶天津县二区小淀乡，民国34年(1945年)9月属津武县第八区，民国35年(1946年)属天津县第八区，1949年属天津县第九区，1950年属天津县三区。1953年7月，属津北郊区刘安庄乡。1958年8月，隶属北郊区兴淀人民公社；是年10月，兴淀人民公社划归河北区。1959年，隶河北区兴淀人民公社小淀管理区。1961年1月，兴淀人民公社改成宜兴埠人民公社；是年5月，属河北区小淀人民公社。1962年，隶北郊区小淀人民公社。1983年，隶属小淀乡。1995年后，属北辰区小淀镇。

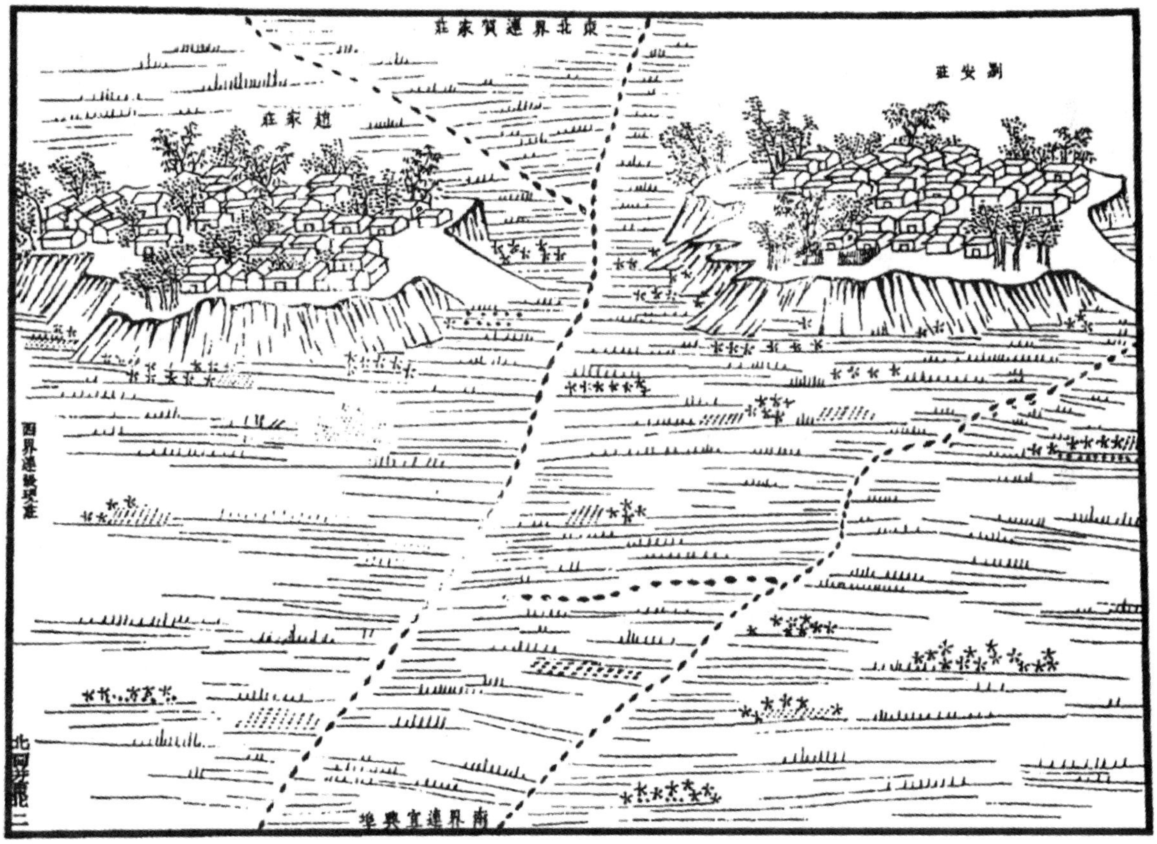

清道光二十六年(1846年)《津门保甲图说》中的刘安庄村

二　道路河流

道路　刘安庄村曾地处淀南放淤区中，有水时，汪洋一片，以舟代步，无水时土路通往邻村。截至2016年，村周边有高速公路1条、省（市）道3条、区道1条、乡间路1条。

京津塘高速公路　在村西，与外环线并行。村内段长4千米。

外环线　在村西，与京津塘高速公路并行。村内段长4千米。

刘安庄村东津围公路　（2016年摄）

刘安庄村南丰产河　（2016年摄）

津榆公路　在村北，距村2.5千米处，系省(市)道。

津围公路　在村东，距村1.5千米，系省(市)道。

北辰(仓)道延长线　东西方向穿村而过，系区道。

红旗路　北起村南，南至宜兴埠镇，系乡间路。是该村通往市区要道之一。

河流　2016年，流经刘安庄村的河流有3条，皆为二级河道。

丰产河　丰产河在村南，境内段长3千米。

淀南引河　淀南引河在村北，境内段长0.5千米。

外环河　此河在村西，境内段长4千米。

三　人口方言

人口　清道光二十六年(1846年)《津门保甲图说》载，时刘安庄、赵家庄二村共270户1066人(大口610口；小口456口)。据《典籍中的北辰》载，民国23年(1934年)，全村有276户1245人。1949年，全村有360户2470人。1980年，全村有1117户4168人。2000年，全村有1318户4193人。2016年，全村有2215户5853人。

民族　据《天津市北辰区地名志》载，1995年，该村全部为汉族。据村情调查，2016年，仍全部为汉族。

姓氏　2016年，刘安庄村共有133个姓氏，主要姓氏有王、周、杨、刘、张、李、吴、孙、殷、赵等。

王姓辈分排序：有、元、林、景、炳。

周姓辈分排序：华、福、连、曰、则。

杨姓辈分排序：奎、德、仲、金、景。

刘姓辈分排序：玉、洪、国、家、海。

张姓辈分排序：营、少、国、宝、怡。

殷姓辈分排序：景、广、洪、家、国。

吴姓辈分排序：庭、艳、立、俊。

方言　刘安庄村所属的方言片为武清方言片，该片方言与武清区杨村话相似。

旧时，村内塾师多来自山东，因此，方言多带有轻微的山东人咬字方法，但只是声母变，其他不变。

例：你怎(读nĕn)么那(读nèn)么腻歪人呢？

嘛(读mà)，是什么的意思。经常说的有：吃嘛？干嘛？

用、永、勇、泳、庸、涌……：凡是读作yong音的，都读rong，声母变，声调不变(卷舌尖儿)。例：永(rong)远活在我们心中。

刘安庄村距离宜兴埠较近，因此刘安庄人很多字的读音又近似宜兴埠的读音(一般是舌尖顶下牙尖，拼音组成的字母缺少“h”)：zh、ch、sh读成z、c、s。谁(读séi)、水(读sŭi)、传(读cuán)、船(读cuán)、穿(读cuān)、川(读cuān)、揣(读cuāi)、踹(读cuài)、拽(读zuài)、踱(读zuăi)、甩(读

suǎi)、摔(读 suāi)、帅(读 suài)、爽(读 suǎng)、霜(读 suāng)、顺(读 sùn)、栓(读 suān)、涮(读 suàn)等。

村域内随着外来人口的增多，语言也在相互影响和融合，致使大多词汇同化。

例：倍儿：副词，很、非常的意思。如：倍儿哏儿。

哏儿：有意思、风趣幽默。

寸劲儿、寸了：碰巧了。

隔色：形容人的言行特殊另类。

椽儿亮：办事大方、周到，善解人意。也作“亮嗖”。

窝脖儿：被人当面回绝，下不来台。

压(读 yà)根儿：从来、一向。“压根儿我就不同意咱闺女跟他搞对象。”也作“老起根儿”。

个头儿：身高。也作“块头儿”。

溜儿乎：表示动作或语言都很熟练。

邪门儿：反常。

四 耕地状况

据刘安庄村村情调查，1980年，刘安庄村共有耕地13块，面积6524亩，均分布于村庄四周，东和中保葡萄园土地接壤，南与宜兴埠、红旗农场土地相连，西和南仓村、北仓村土地为邻，北与赵庄村土地、小贺庄村土地临界，各地块相连成片。

围村河与灌溉沟渠贯穿全村耕地之中，用于排涝和灌溉。与赵庄村交界处有东西方向主干渠道2条，西侧与北仓镇交界处有南北方向主干渠道1条，村东南方向建有南北方向主干渠道2条。20世纪60年代中期，为灌溉农田，打机井8眼，村北淀南引河、村南丰产河建泵站3座。

刘安庄村泵站　　（2015年摄）

20世纪70年代，刘安庄村用于灌溉的干渠

1980年刘安庄村所属耕地地块情况表

表1　　　　单位：亩

地块名称	位置	面积	地块名称	位置	面积
化一	村西	80	一二站田	村南	85
化二	村西	180	三四站田	村南	136
化三	村西	410	东、西八顷	村南	3100

续表

地块名称	位置	面积	地块名称	位置	面积
西丰北	村西	559	村北八段	村北	537
西丰南	村西	550	卜四	村北	344
卜一、卜二	村西	172	大堤东	村北	141
卜三	村北	230	合计	6524	

1980年刘安庄村所属耕地地块示意图

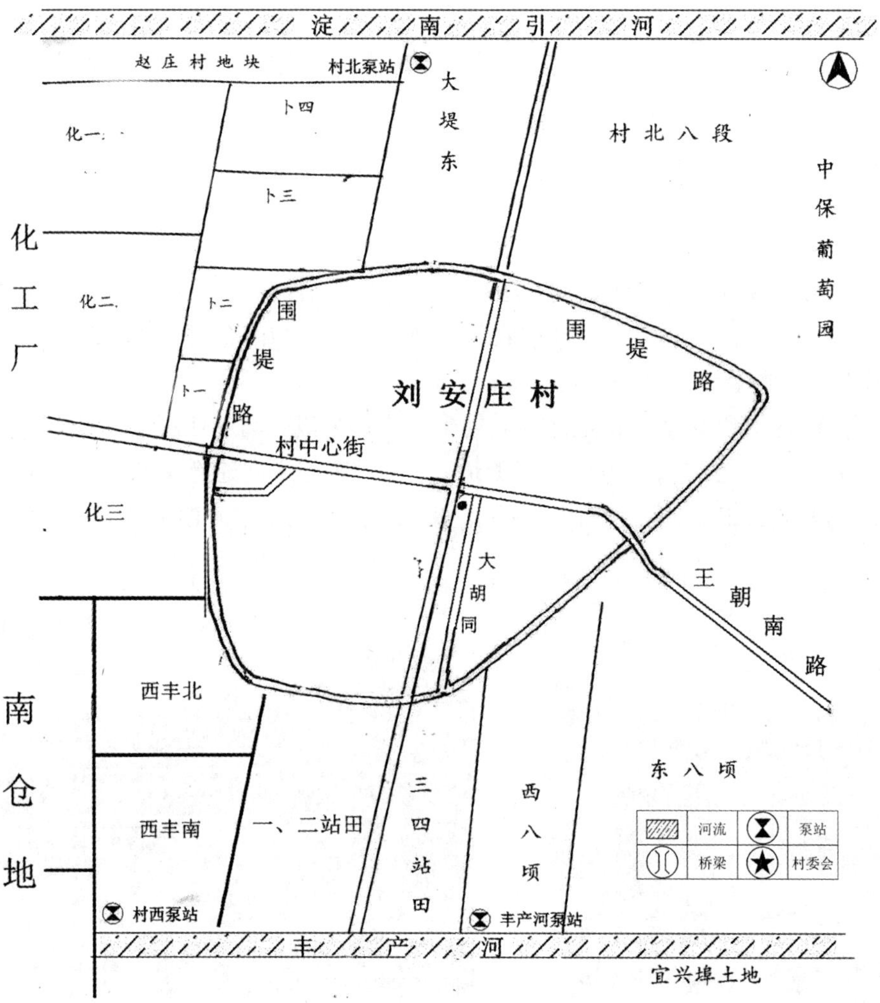

（2016年绘制）

五　街道胡同

2016年，刘安庄村有主要街道8条：村中心街，东西方向贯穿村中，后建村中心街延长路——王朝南路至津围公路。围堤路，原为围村大堤，该路长2.2千米。机电公司路，20世纪60年代村北建机电公司仓库，修该路。大胡同路，位于村东南，长432米。西新街，长约0.5千米，南北向。北新街，长约1千米，东西向。东新街，长约0.6千米，南北向。

刘安庄村成村时间较早，建房呈自然状态发展，散而无序。有小胡同分布于村中，其中较规范胡同有2条，皆为南北方向：周家胡同，约长0.9千米；洋长胡同，长约0.6千米。

2010年刘安庄村街道情况表

表2

修筑年份	街道名称	走向	长度（米）
1960	机电公司路	南北	2000
1970	村中心街	东西	1400
1970	围堤路	环村四周	2200
1970	王朝南路	东南	1200
1970	大胡同	南北	432
2010	西新街	南北	500
2010	北新街	东西	1000
2010	东新街	南北	600

刘安庄村中心街　（2015年摄）

刘安庄村内胡同　（2015年摄）

六　公共设施

中华人民共和国成立初期，村内建有完全小学，1976年地震后移在村北，2000年迁至村西，占地面积1.08万平方米，有教学班18个。2007年，建镇第二幼儿园。中华人民共和国成立后，刘安庄村曾有私营店铺出售生活日用商品。1955年至80年代末，村中有供销社、粮店；1970年前后，村中有磨坊，为社员磨面食用。1990建立农贸市场，有摊位130余个。

刘安庄村卫生室　（2016年摄）

1969年，村有红医站。1960年村中建有机井和水塔，1980年，自来水全部入户。

2016年，村内建有卫生所、文化室、老年活动中心、幼儿园、健身广场、农贸市场、超市、村民委员会办公楼等公共设施。

2015年刘安庄村街道胡同及公共设施示意图

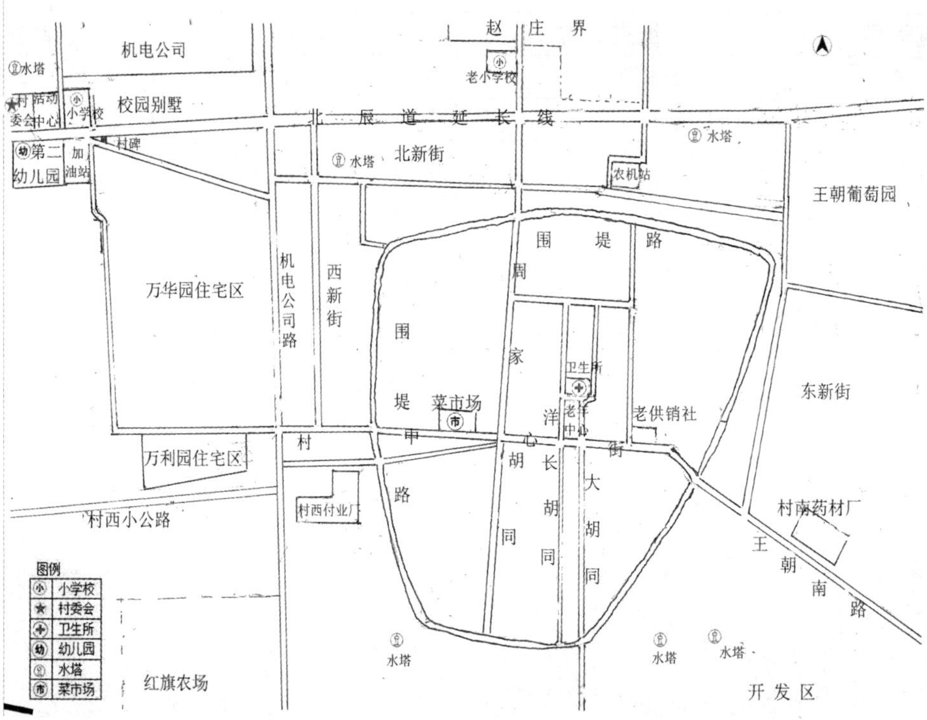

（2016年绘制）

刘安庄村水塔　（2015年摄）

刘安庄村村民委员会　（2015年摄）

七　经济概况

中华人民共和国成立前后，刘安庄村农业以种植玉米、小麦等旱田作物为主。1956年，开始试种园田；1960年，扩大蔬菜种植面积，成为半园田队，国家供应部分口粮和食油。2010年，蔬菜面积

2395.95亩，产量5379吨，为全镇第二位。1980年始种水稻，种植面积1995亩。

刘安庄村种植的大白菜（2010年摄）

刘安庄村养殖业规模在全镇处于领先地位。1958年，集体养猪，有闻名全区的“万头猪场”，1972年，在全区大会上介绍发展养猪经验。2010年，全村肉类总产量达1662.77吨，占全镇总量的63.34%。

1982年10月，刘安庄村民胡宝才试养金鱼成功，1983年，养殖水面16.05亩，建水泥池0.45亩。后与新加坡客商合资建立新发观赏鱼有限公司，投资30万元，建鱼塘120亩，孵化池100平方米，养殖热带、亚热带等114种观赏鱼600多万尾，销往日本、新加坡等地，年出口400万尾，创汇10万美元。1995年，与新加坡、马来西亚商人投资25万美元建天津水上公园五洋水族馆，占地面积280平方米，展出26个国家珍稀名贵海底观赏鱼，成为天津市第一个由个人与外商合建的水族馆。

天津市久武塑钢门窗有限公司外景（2015年摄）

2001年，天津发电设备厂两名职工下岗后到刘安庄村，与村民联合投资100万元，建立天津市联福肉犬养殖基地，养殖青龙犬、藏獒。建有网棚12排、库房5间、屠宰房2间，占地面积30亩。产品销往东北、北京、内蒙古、新疆等地，带动62户农民养犬致富。2003年，发展肉犬2000余只。2009年，肉犬出栏590只。2014年肉犬出栏80只，年收入8.4万元。

20世纪60年代刘安庄村始有集体工副业，1999年前有集体企业7家，主要产品为五金加工、铸件、药材加工等，以后全部改制为私营企业。2000年，在村东丰产河北兴建工业园，占地面积1965亩。

天津奥联钢品有限公司外景（2015年摄）

2016年，刘安庄村有工业企业30余家。其中久武塑钢有限公司、奥联钢品有限公司、天蓄通用电池有限公司为规模型企业。2009年，有注册资金2000万元以上的企业18家，年工业收入9.3亿元。

八 民间文化

清末刘安庄村建有高跷会。中华人民共和国成立初期建有评戏团。改革开放后，该村重视文化工作，恢复童子高跷会，成立中老年舞龙队等。

刘安庄中老年女子舞龙队 1998年，刘安庄村成立由30多名40～60岁的中、老年妇女组成的舞龙队。之后，该舞龙队先后参加各级各类体育比赛、花会展演、仪式庆典等活动40多场。2012年，该舞龙队参加中国首次举办的世界划水锦标赛开幕表演，得到观众好评。

刘安庄村中老年女子舞龙队表演节目（2014年摄）

刘安庄童子高跷会 清末，由上蒲口村“同乐高跷会”传入，初名“刘安庄同心高跷会”。表演的节目为“渔樵耕读”，配有主题曲《全家福》。

中华人民共和国成立后，几经改进，于1986年改由童子演出，同时更名“刘安庄童子高跷会”。该高跷会曾参加天津市首届月季花节的演出。1991年，参加“沈阳秧歌节大赛”获表演奖。1995年、1996年，参加北京西郊庙会均获表演奖。后，童子高跷会停止活动，2014年，该会恢复活动。至2016年，该会已传承到第五代。

刘安庄村童子高跷会表演节目　　　（2014年摄）

九 英烈先贤

周克强（1920—？）革命烈士，刘安庄村人，中共党员。民国30年（1941年）参加革命，曾任解放军某部连指导员，牺牲时间不详。

王起名（？—1952）革命烈士，刘安庄村人，1950年参加革命。1952年在朝鲜战争中失踪，失踪前为志愿军战士。

十 历任党政负责人

民国34年（1945年），有中共党员1人。民国38年（1949年）4月，建立党支部，有党员11人。至1995年全村有党员127人。1949—2016年，党支部共有15人任书记，其中1人2次任职。任职时间最长者为10年。

民国38年（1949年），建立村政权，成立村公所。1958年，成立人民公社，建立生产大队。至1983年村政机构历经革命委员会、管理委员会。1983年建立村民委员会。至2016年，有18人任村政机构负责人，其中有2人2次出任负责人。

1949—2016年刘安庄村党组织负责人任职情况表

表3

党组织名称	姓名	性别	职务	任职时间
党支部	周学成	男	书记	1949—1950
	刘洪运	男	书记	1950—1960
	王梓林	男	书记	1960—1965
	李玉春	男	书记	1965—1970
	王月林	男	书记	1970—1975
	马文材	男	书记	1976—1977
	周学利	男	书记	1977—1978
	郑云和	男	书记	1978—1980
	周学利	男	书记	1980—1986
	周则全	男	书记	1986—1987
	杨希臣	男	书记	1987—1991
	周则起	男	书记	1991—1994
	周乃国	男	书记	1994—1998
	刘长明	男	书记	1998—2003
	王景泰	男	书记	2003—2006
	刘克强	男	书记	2006—2013
	殷广波	男	书记	2013—

1949—2016年刘安庄村村政机构负责人任职情况表

表4

村政机构名称	姓名	性别	职务	任职时间
村公所	姚世发	男	村长	1949—1950
	王华林	男	村长	1951—1958
生产大队	刘洪运	男	大队长	1958—1960
	王梓林	男	大队长	1960—1965
生产大队、革命委员会	王华林	男	大队长、主任	1965—1970
革命委员会	王月林	男	主任	1970—1975
	马文材	男	主任	1976—1977
管理委员会	周学利	男	主任	1977—1978
	郑云和	男	主任	1978—1980
管理委员会、村民委员会	周学利	男	主任	1980—1986
村民委员会	周则全	男	主任	1986—1987
	杨希臣	男	主任	1987—1991
	王建林	男	主任	1992—1995
	杨仲保	男	主任	1995—1998
	王广军	男	主任	1998—2000
	刘克明	男	主任	2000—2003
	杨志胜	男	主任	2003—2006

续表

村政机构名称	姓名	性别	职务	任职时间
村民委员会	李宪建	男	主任	2006—2009
	王春林	男	主任	2009—

附：典籍选录

光绪十五年（1889年）刘安庄村水灾严重

光绪十五年（1889年）10月15日，李鸿章奏："讵秋阴雨连绵，山水下注，遂至永定，子牙……等河，漫溢出槽。……天津县……，刘安庄等11个村歉收三分。"

《清代海河滦河洪涝档案史料》532~533页

民国35年（1946年）刘安庄警察大队遭八路军伏击

短短的三个月时间，顽伪像疯狗一样，向我津东地区蚕食、侵扰。而我天津保安队则不断打击敌人。……刘安庄伪警察大队郭月亭，经常率领伪义勇壮丁队侵扰我解放区小淀等村，前后遭我军伏击五次，共缴获长短枪25支，子弹1300余发，毙伤俘敌官兵共35名，马一匹。

《典籍中的北辰》554页

刘安庄村贾氏等3人因年轻守寡获褒

光绪二十八年旌表境内人名表载：姓氏，贾氏；夫名，王作会；居住地，刘安庄；初寡年岁（未予写明）。姓氏，沈氏；夫名，王作恭；居住地，刘安庄；初寡年岁（未予写明）。姓氏，李氏；夫名，王作勋；居住地，刘安庄；初寡年岁（未予写明）。

《天津通志旧志点校卷（中）·天津县新志》卷二十二之三902~904页

小贺庄村

小贺庄村位于北辰区东部，地处津榆公路南侧、镇域西北部，距镇政府1.5千米。村南距小淀村约1千米，西与赵庄村相距2千米，北和朱唐庄村相距1.5千米。村呈椭圆形，占地面积18.6万平方米。2015年该村户籍人口2149人，长期固定资产238万元。

小贺庄村街道胡同俯瞰图 （2015年摄）

一　村庄沿革

津榆公路旁小贺庄村标志牌　（2015年摄）

相传明永乐初年，山西洪洞县马姓到此定居，后有刘、杨、孙姓等迁入，遂成村落。约建村于明嘉靖十三年（1534年）。明末时为北仓赵姓属地，赵姓嫁女，将村中千余亩土地作为女儿与董某结婚的陪嫁，后赵女病故，赵欲收回土地，董某不肯，经官后土地被官府充公。为表示庆贺，取名贺家庄。据《天津通志旧志点校卷（中）天津县新志》卷二十七载，雍正八年（1730年）自武清县拨来村庄中已有贺家庄村名。清光绪年间，被王府占有，称小贺家庄。据《重修天津府志》载，光绪二十一年（1895年），天津县属村庄中，该村称小贺家庄，民国后称小贺庄。据《天津商会档案》载，民国7年（1918年）该村称为小贺庄。

清顺治元年（1644年），小贺庄属顺天府武清县，雍正九年（1731年）属天津府天津县，乾隆元年（1736年）属天津县西沽巡检，光绪三十一年（1905年）隶属天津县第二十一区，民国2年（1913年）属直隶省天津县，民国17年（1928年）隶属河北省天津县，1949年10月属天津县第九区，1950年7月属天津县第三区，1953年隶津北郊区小淀乡管辖，1958年8月，属河北区兴淀公社，1962年属北郊区小淀公社，1983年隶属小淀乡，1995年11月属小淀镇，至2016年未有变更。

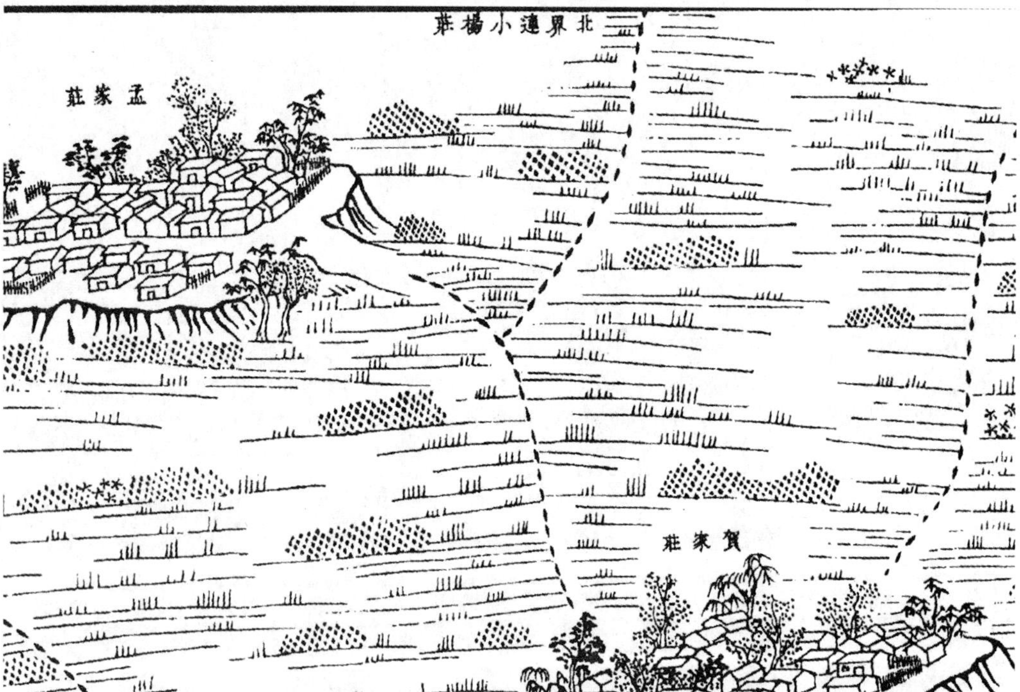

清道光二十六年（1846年）《津门保甲图说》中的贺家庄　（2016年摄）

二　道路河流

道路　历史上小贺庄皆为土路通往周围各村，交通不便。中华人民共和国成立后，随着经济不断发展，至2016年村周边有4条公路，四通八达。村东侧2千米为津围公路，北侧紧临津榆公路，南侧1.5千米为北辰道延长线，村北有南北向乡村公路小杨庄路通往朱唐庄等村。

河流 至2016年，流经和临近小贺庄村的河流和骨干渠有4条。淀南引河，距村南约2千米；小南河，位于大张庄境内，为骨干渠，东西走向，开挖于1973年，西起北麻疙瘩村扬水场，东至津榆公路一号桥北，全长3千米，宽20米；永定新河和新引河，距村北约2千米。

村西为1976年开挖的大水柜，通环村河。淀南引河、小南河和水柜，为该村灌溉土地的水源及排涝渠道。

小贺庄村西大水柜景象 （2008年摄）

三 人口方言

人口 清道光二十六年(1846年)《津门保甲图说》载，时小贺庄、小孟庄二村共181户531人。据《典籍中的北辰》载，民国23年（1934年）小贺庄村有128户691人。1950年，该村有551户1650人，1980年有376户1540人，2000年有486户1545人，2016年有875户2220人。

民族 据《天津市北辰区地名志》载：1995年，小贺庄村居民全部为汉族。2016年，小贺庄村居民有汉族、回族、满族3个民族。

姓氏 据2014年统计，小贺庄村有85个姓氏，前十大姓氏依次为刘、杨、孙、王、邵、韩、张、周、赵、陈。

刘姓辈分排序：大、仲、晋、啟、绍、成、太、永、玉、长、凤、建。

杨姓辈分排序：林、子、学、凤、海。

孙姓辈分排序：有、长、顺、汝、之。

邵姓辈分排序：德、有、凤、元、瑞。

方言 小贺庄村的方言属武清方言片。该方言与武清杨村话相似，在全国方言分区属北京官话怀(来)承(德)片。

例：三(读成sā或sán)，在回答几个的时候读："三(sán)个"。

八(bá)，在回答几个的时候读："八(bá)个"。

这(zèi或jiè)，"这"的读法有变化。例：这(音：jiè)是怎么回事?

耍单儿：一个人单独行动。

灌篓儿：房屋、洼池、鞋物等灌满了水。

一边儿：一样。例：他跟我一边儿大。

够口儿：该收束了，够程度了。例："老人儿都没了，还在的也是八十上下了，都够口儿了。"

过儿：情谊、来往。例："随大伙儿也掏十元钱算了，太多没那过儿。"

不吃劲儿：起不到应有的作用。

喏喏(ré)：起哄、瞎掺和。例：没你事别在这瞎喏喏。作名词时指喜欢喏喏的人。

巴不得儿：求之不得，巴不得。

逮小辫儿：抓住把柄。例："咱可得一清二楚，别叫人逮小辫儿。"

不觉(jiǎo)闷：不识趣。

不靠谱儿：行为乖张，语无伦次。

不拾闲儿：多动。例："这孩子一天到晚乱祸祸，手脚不拾闲儿。"

吃味儿：多心，嫉妒。例："你别找上级来压他，要不他会吃味儿。"

掰不开瓣儿：想不开之意。例："好几天了，我心里就是掰不开瓣儿。"

打水漂儿：原为儿童的一种游戏，后指把资金白白浪费掉。例："我拿了三十万元炒股啊！都打了水漂儿。"

嘛玩意儿：怎么回事，什么东西的意思。

不吐口儿：不答应，拒绝商量。例："不管怎么说，他就是不吐口儿。"

拾不起个儿：形容筋疲力尽。

打糙（cāo）儿：不是很讲究的、不是准备出门应酬穿的衣服。

家（族）谱选介

刘氏族谱《序》

我刘氏自北迁以来，已六百余年矣，先祖之荣辱兴衰未能一言所能尽也，族谱之中对我刘氏先祖之事迹只言片语不详也。北迁十六代殿儒系四门绪公之后，自对我先祖之事，稍有知晓，凭记忆笔书刘氏北迁世袭记，今复印族谱一并录入。

刘氏世袭记：我刘氏原籍湖广，从王北渡，始卜居武清县南大王村，后我祖伟羲者生四子，长门与三门失传，二门与四门迁移到刘道口居焉，二门祖伟纯者，卜葬村西北北河南岸任山丙向，四门祖伟绪者，卜葬村西二里有余，在葛渔城道北肯山坤向，西茔坟墓，列为昭然独茔，一祖居中穴，下列六坟，昭穆各一，连葬三层考之，二门祖名列位次，殊觉不合，而羲祖与绍继祖之坟墓又不知葬于何穴，遭此荒年兵变，以致祖墓失传，悲何如也，恨莫甚焉，但闻始祖迁移之初，先居上刘口，后移刘道口，今村西北阎家庄，河南即其处也。此系先人遗言，又闻王村始祖伟宽生三子伯伟、雍仲、伟羲，即我

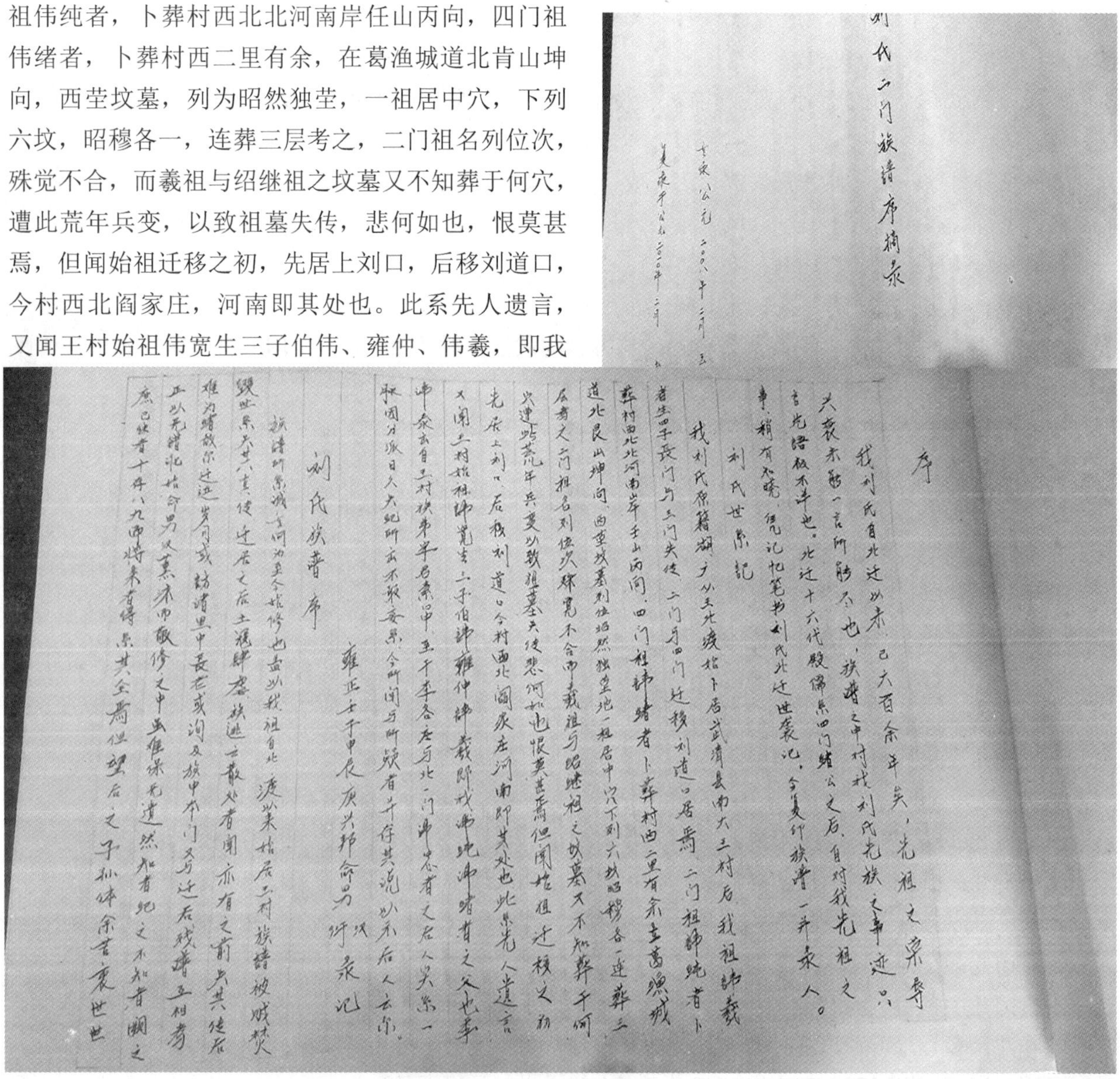
刘氏二门族谱序摘录

序

我刘氏自北迁以来，已六百余年矣，先祖之荣辱兴衰未能一言所能尽也，族谱之中对我刘氏先祖之事迹只言片语不详也。北迁十六代殿儒系四门绪公之后，自对我先祖之事，稍有知晓，凭记忆笔书刘氏北迁世袭记，今复印族谱一并录入。

刘氏世袭记

我刘氏原籍湖广，从王北渡，始卜居武清县南大王村……

刘氏族谱序

刘氏族谱图首页及序文

伟纯、伟绪者之父也，季伟泰出自王村族弟字君口中，至于李各庄与一门伟忠者之后人，实系一脉。因分派日久，失纪所出，不敢妄系，今所闻与所疑者并存，其说以示后人云尔。雍正任子申辰庚兴邦命男汉录记。

四　耕地状况

据小贺庄村情调查：1989年，全村有耕地两大部分18块3093亩。其中一部分位于村北，共9块2130亩，津围公路两侧；另一部分位于村南，共9块、963亩。村南和小淀村土地为邻，西连和平区干校和赵庄村土地，村北土地东和大张庄村接壤、西与朱唐庄村土地搭界，北至小南河。村南在淀南引河建有赵庄泵站，村北在小南河建有泵站，两个泵站分别修有涵闸，有干渠、支渠输水入农田及菜地。

1989年小贺庄村所属耕地地块情况表

表1　　　　　　　　　　　　　　　　　　　　　　　　　　　　单位：亩

地块名称	位置	面积	地块名称	位置	面积
老园田	村北	336	东洼子	村南	162
土场	村北	294	新芽子渠	村南	127
车往地	村北	290	稻田地三渠	村南	73
二份地	村北	19	稻田地四渠	村南	130
西过淀	村北	168	稻田地五渠	村南	75
东过淀	村北	147	稻田地六渠	村南	71
小淀老换地	村北	116	马贺	村南	119
鱼池复垦	村北	743	赵庄换地	村南	188
尚地	村北	17	武警三角地	村南	18
合计					3093

1989年小贺庄村所属耕地地块示意图

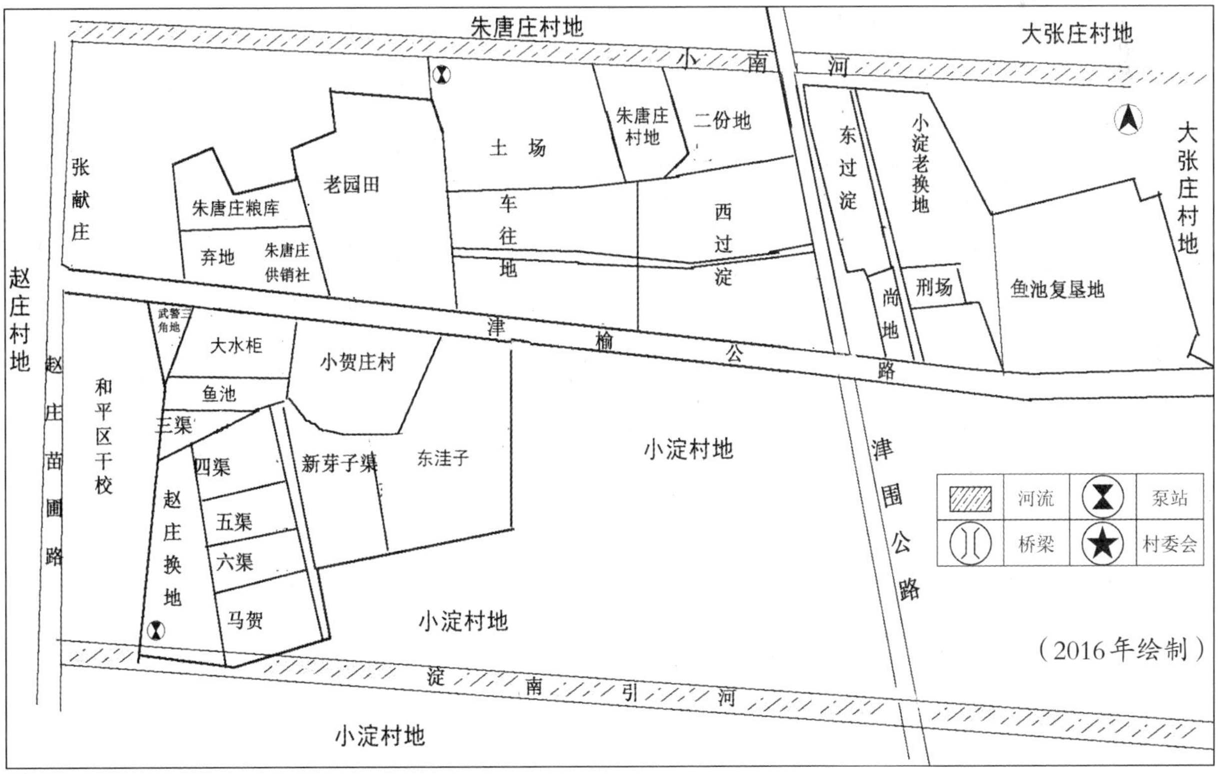

五 街道胡同

20世纪70年代前，小贺庄村有中心街一条，土路。随着经济发展，村庄扩大，至2010年，共有永安街—新大街、南围堤道、围堤东道、围堤西道4条街道。其中永安街—新大街最长，为1500米。全部道路均为沥青路面，安装路灯。

2010年，小贺庄村以永安街—新大街为中心，建有南北向胡同28条。其中永安街北12条，名称分别为永安街北一到十一条及十字胡同；街南16条，名称分别为新大街南一条、二条，永安街南一到十四条。胡同长度50米～300米不等。村内最老的胡同为老刘胡同、老杨胡同，均建于明嘉靖十三年（1534年），后分别改建为永安街南七条、永安街北六条胡同；5条胡同建立1950年前，其后又先后建立21条。所有胡同均已硬化、有路灯。

为推进城乡一体化，改变村民的居住条件。2015年1月小贺庄村启动拆迁工作，至2016年签订拆迁协议400余户。

2010年小贺庄村街道胡同情况表

表2

修筑年份	街道胡同名称	走向	长度（米）	修筑年份	街道胡同名称	走向	长度（米）
1970	围堤东道	南北	150	1970	新大街南一条	南北	230
1970	南围堤道	东西	900	1984	新大街南二条	南北	200
1970	围堤西道	南北	150	1970	永安街南一条	南北	50
1970	永安街—新大街	东西	1500	1960	永安街南二条	南北	200
1950	永安街北一条	南北	140	1960	永安街南三条	南北	200
1950	永安街北二条	南北	160	1960	永安街南四条	南北	200
1950	永安街北三条	南北	200	1950	永安街南五条	南北	200
1950	永安街北四条	南北	230	1940	永安街南六条	南北	200
1950	永安街北五条	南北	230	1954	永安街南七条	南北	200
1954	永安街北六条	南北	230	1954	永安街南八条	南北	200
1950	永安街北七条	南北	300	1954	永安街南九条	南北	200
1950	永安街北八条	南北	180	1950	永安街南十条	南北	200
1950	永安街北九条	南北	150	1950	永安街南十一条	南北	180
1950	永安街北十条	南北	140	1960	永安街南十二条	南北	180
1950	永安街北十一条	南北	100	1970	永安街南十三条	南北	100
1970	十字胡同	南北	200	1970	永安街南十四条	南北	50

2010年小贺庄村街道胡同情况示意图

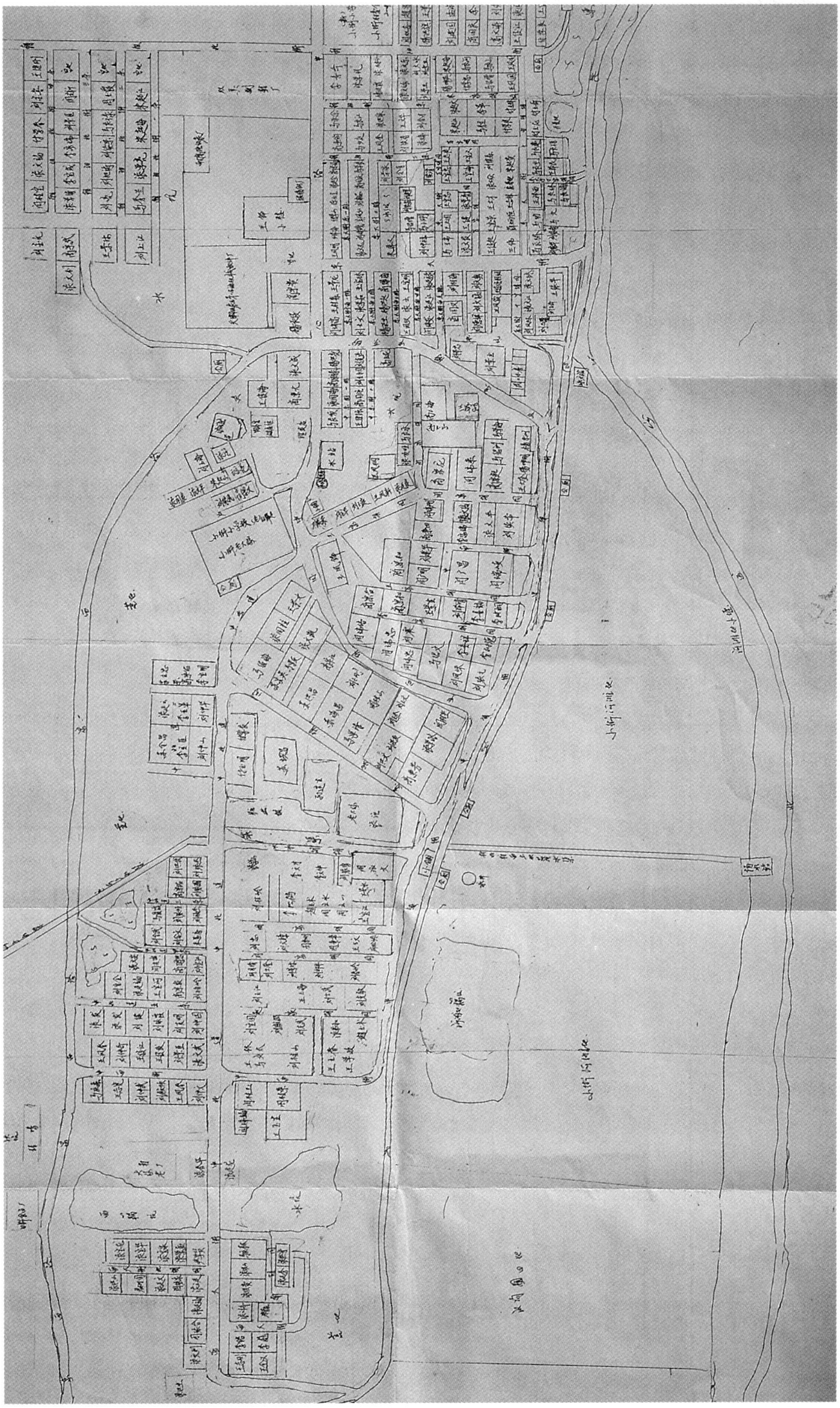

（2016年绘制）

六 公共设施

中华人民共和国成立前，小贺庄村除村公所外没有公共设施。1949年后建立小贺庄小学，1956年为小淀小学分校。1955年建立供销社。1969年建立红医站，1996年提升为卫生所。1964年打第一眼水井，建水塔，1980年自来水入户。1980—2016年，村内先后建立老年协会、公园、集贸市场、健身活动中心、超市、村党政办公地等。

2010年小贺庄村公用设施示意图

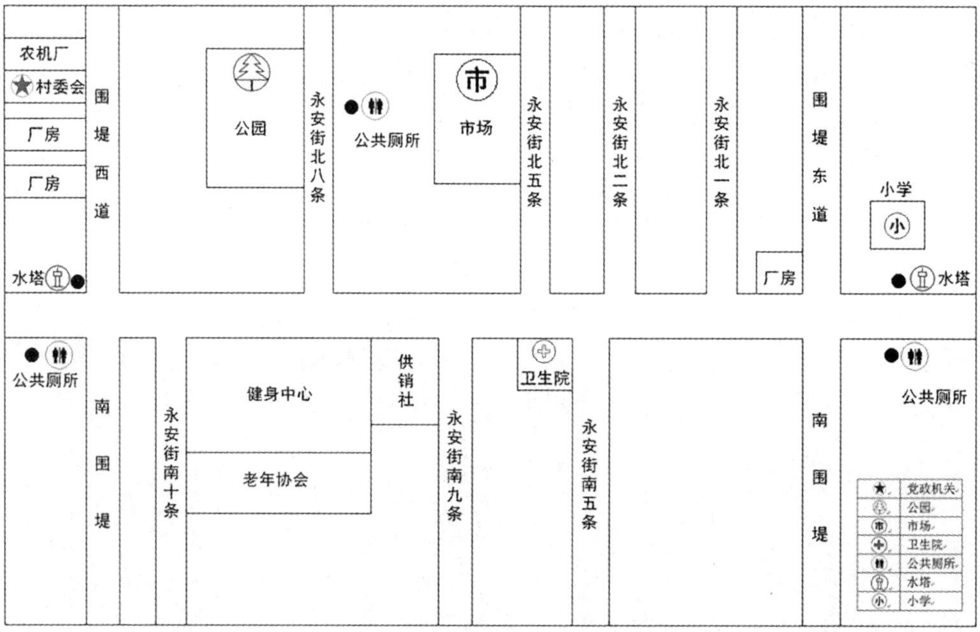

（2016年绘制）

小贺庄村水塔 （2016年摄）

小贺庄村卫生所 （2016年摄）

七 经济概况

中华人民共和国成立前，小贺庄村是纯农业经济，主要种植小麦、玉米和高粱。中华人民共和国成立后，注重兴修水利，改良种植结构。1956年从大毕庄请技术员指导始种园田，1980年达到园田队水平，种植方法为按季节露天种植，后有草苫小棚、地膜覆盖，2010年蔬菜种植面积1444.95亩、产量达3021吨。1970年始种水稻，1996年种植面积最高1579.95亩，产量为500吨。后因水源不足改种旱田。

1970年小贺庄村始有企业。1978年成立天津市光明制桶厂。改革开放后，兴办民营和外资企业。1986年成立天津市塔峰冲压件厂，1989年成立津北热挂锌厂，1990成立小贺庄链条厂，1993年成立塔峰测量工具厂。至1996年，村有集体企业5家，主要产品为制桶、冲压件、链条等，年工业总产值3015万元。后引进外资企业1家，为(天津)工艺品有限公司。2009年，企业发展到26家，其中大中型企业5家，年工业销售收入1.9亿元。

天津润业混凝土有限公司外景 (2015年)

八 历任党政负责人

1949年小贺庄村建立党支部。至2016年共有14人次任书记。

该村1948年建立村政权，成立村公所。后历经生产大队、革命委员会、管理委员会等村政机构。1983年建立村民委员会。1948—2016年村政机构共有12人次任负责人。

1949—2016年小贺庄村党组织负责人任职情况表

表3

党组织名称	姓名	性别	职务	任职时间
党支部	邵凤彩	男	书记	1949—1956
	孙顺俊	男	书记	1957—1961
	邵德玉	男	书记	1962—1966
	徐瑞忠	男	书记	1966—1970
	孙汝建	男	书记	1970—1972
	邵德玉	男	书记	1972—1978
	孙汝建	男	书记	1978—1983
	邵德玉	男	书记	1983—1985
	刘玉波	男	书记	1985—1995
	邵元栋	男	书记	1995—1996
	杨学仕	男	书记	1996—2003
	韩树元	男	书记	2003—2004
	杨学仕	男	书记	2004—2012
	刘凤和	男	书记	2012—

1948—2016年小贺庄村村政主要负责人任职情况表

表4

村政机构名称	姓名	性别	职务	任职时间
村公所	韩凤鸣	男	村长	1948—1955
生产大队	周巨林	男	大队长	1955—1962
	孙顺才	男	大队长	1962—1965
革命委员会	孙汝建	男	主任	1966—1976
	刘长华	男	主任	1976—1978
管理委员会	孙顺才	男	主任	1978—1983

续表

村政机构名称	姓名	性别	职务	任职时间
村民委员会	刘玉波	男	主任	1984—1985
	孙汝兴	男	主任	1986—1994
	杨学仕	男	主任	1995—1996
	韩树元	男	主任	1996—2003
	邵元兴	男	主任	2003—2012
	杨海泉	男	主任	2012—

九　荣誉

1950—2016年，小贺庄获市局级及以上先进集体荣誉3项。

1950—2016年小贺庄村获市局级及以上集体荣誉表

表5

授予时间	荣誉名称	授予部门
1992	全国老有所为先进集体创新奖	全国老龄工作委员会
2004	天津市民主法治示范村	天津市依法治市领导小组
2012	平安天津志愿者组织工作先进集体	天津市社会管理综合委员会

附：典籍选录

河北省天津县为小贺庄围堤占用土房、坟墓事致海河善后工程处函

案于本年1月23日，据事务员刘肇基呈称：为呈报事，查小贺庄围堤占用孙长发土房一间，梁国勋坟墓一座，除会同监工工程师卢广惠查明呈处外，理合具文呈报。伏乞，鉴核。等情。据此，相应函请贵处查照为荷。

此致　　整理海河善后工程处

陈中岳

《档案中的北辰》299页

天津市长张廷谔为报告八路军在小贺庄等地宿营事呈蒋介石等密电

重庆委员长蒋、南京何总司令、北平孙司令升官钧鉴：

5719密报：本月22日有匪人数千名由安次县开抵天津县属小淀村、小贺庄等村宿营。该匪部配有轻机大小枪支、手榴弹等。次日全部开往宝坻县境。据悉，该匪之企图拟于最近攻击武清县之大安镇。又武清县属黄后店，设有匪军办公处，并有匪县长王永驻该县属王庆坨。该匪等为八路军做宣传工作，实行抢掠行为。各等情前来。

谨报

天津市长张廷谔

《档案中的北辰》759页

天津县支队突袭小贺庄还乡团

小贺庄位于天津县东部地区中心地带，地理位置十分重要。解放战争初期，随着国民党94军侵犯北郊解放区，一些地主分子组织了小贺庄还乡团，向人民反攻倒算。此后，国民党天津县当局也向朱唐庄、刘安庄派驻了保警队。他们相互勾结，为非作歹，仅在朱唐庄就铡死无辜百姓3人。为了割除这个毒瘤，1946年2月6日，天津县支队在小淀村突袭小贺庄还乡团，给其重创。

《典籍中的北辰》547页

小淀村

小淀村位于北辰区东部，地处津围公路西侧，津榆公路南侧，居小淀镇中部，为镇政府驻地。村呈长方形，占地面积59.6万平方米；东距永金引河3500米，西距赵庄2800米，南距宜兴埠5500米，北邻小贺庄。2015年，该村户籍人口6119人，长期固定资产2234万元。

小淀村还迁房小区——秀水馨苑　　（2016年摄）

一 村庄沿革

相传明永乐年间（1403—1424年），安次县解姓落户塌河大淀西岸，后有渔坝口王姓、宝坻老牙口徐姓、杨家楼杨姓、田姓等迁入，于明嘉靖元年（1522年）成村。据清乾隆《武清县志》载，雍正八年（1730年）武清县拨归天津府村庄中，已有“小淀”村名。据《天津通志旧志点校卷（中），天津县志》卷四载，雍正九年（1731年）天津县属村庄中，“小淀”已为“小甸”。据道光二十六年（1846年）《津门保甲图说》载，“小甸”改成“小淀庄”。光绪年间（1875—1908年）复称小淀。

传宋辽时期，萧太后曾在村东小腰河处建立行宫，并把当地辟为萧太后放马场。故该村曾以萧家殿为村名。后村名沿革为“萧殿”、晓甸。

另据村里很多老人们传说小淀村名是清康熙帝所封。康熙年间（1662—1722年），康熙与王爷们出巡，路过塌河淀，得知这里的村民以捕鱼、猎野禽为生，并目睹村民们正在淀中张网打鱼、撑槽子下涡子、猎捕野禽等情景，颇有感慨地说：“这个‘小淀’鹅毛三尺厚，鱼虾上耙搂，日出斗金啊！”因皇上是金口玉言，从此村名“萧殿”改成了“小淀”。

明嘉靖年间（1522—1566年），村属顺天府通州。清顺治元年（1644年），小淀村属顺天府武清县；康熙二十七年(1688年)，属东路厅武清县；雍正三年(1725年)，属天津州武清县；雍正九年（1731年）属天津府天津县；乾隆元年（1736年）属天津县西沽巡检；光绪三十一年（1905年），属天津县北乡第二十一区。中华民国时期：民国2年(1913年)，小淀村属北京政府直隶省天津县；民国17年(1928年)，属南京国民政府河北省天津县。民国34年（1945年）属津武县八区；民国35年（1946年）属天津县第八区；1949年10月，小淀村属天津县第九区；1950年7月，属天津县第三区；1953年5月，属天津市津北郊区小淀乡；1955年6月，属天津市北郊区小淀乡；1958年8月，属北郊区兴淀人民公社；是年10月，属河北区兴淀人民公社；1961年1月属河北区宜兴埠人民公社，是年3月属小淀人民公社；1962年2月，属北郊区小淀人民公社；1983年5月，属北郊区小淀乡；1992年3月，属北辰区小淀乡；1995年11月后，属北辰区小淀镇。

小淀村南口标志牌 （2008年摄）

二 道路河流

道路 历史上，小淀村域地势低洼，且濒临塌河淀，海拔仅0.46米，道路甚少，交通不便。尤其是自20世纪30年代初，域内被辟为放淤区后，每当分洪放淤更是无路可走，村民出入村庄，全靠划船乘舟。

1959年以前，小淀村周边地区仅有土质公路；20世纪60年代，始有2条沥青路面公路。80年代开始，随着经济发展，公路建设发展迅速。至2016年，该村周边相继筑有3条公路，其中国道1条、省道1条、区道1条，南北通衢，纵横交错。

津榆公路 该路位于小淀村北，东西走向，村内段长4.5千米。

津围公路 该路为南北走向，从小淀村东部穿过，在村北与津榆公路相交，村内段长3.45千米。

北辰道延长线 该延长线位于小淀村南部，大致为东西走向，为小淀村通往京津公路的重要干线。

河流 至2016年，流经村域或村边界的河流有3条。

淀南引河 该河位于小淀村南，东西走向，是小淀等村园田水源。

丰产河 位于小淀村南，域内长4千米。

永金引河 该河位于小淀村东，村域内长2千米，南北走向。

三 人口方言

人口 据道光二十六年（1846年）《津门保甲图说》载，时小淀庄、小杨庄、大张庄3村共555户1770人。据《典籍中的北辰》载，民国23年（1934年），小淀村有207户1034人。中华人民共和国成立后，1980年有1032户4568人，2000年有1423户4280人，2016年有2620户6667人。

民族 据《天津市北辰区地名志》载：1995年，该村有汉族、回族2个民族。2016年，该村共有汉族、回族、朝鲜族、满族4个民族。

姓氏 小淀村是一个大村落，至2015年，该村共有102个姓氏。主要大姓有杨、陈、刘、孙、解、张、徐、宋、王、田等姓氏。

杨姓辈分排序：玉、树、立、国（恩）、德。

石姓辈分排序：春、茂、月、金、长、义。

徐姓辈分排序：广、春、永（连）、克、继、洪。

宋姓辈分排序：宝、玉、振、会、洪。

王姓辈分排序：奎、术、维、作、加。

田姓辈分排序：文、绍、学、志、祥。

陈姓辈分排序：会、学、振、瑞、梦、昌。

解姓辈分排序：奎、长、永、义、学。

王姓辈分排序：文、俊、加、希、继。

方言 小淀村方言在北辰区5个方言片中，属武清方言片。该片方言与武清杨村话相似，在全国方言分区属北京官话区怀（来）承（德）片。

该村典型方言词语读音的特点是，在某些韵母前置声母“n”拼读。例：“熬鱼”的“熬”字普通话读音 āo，小淀村方言读音 nāo；“按住他”的“按”字普通话读音 àn，小淀村方言读音 nèn；“安装”的“安”字普通话读音 ān，小淀村方言读音 nān；“案件”的“案”字普通话读音 àn，小淀村方言读音 nàn；“我爱你”的“爱”字普通话读音 ài，小淀村方言读音 nài；“我实在熬不下去了”的“熬”字普通话读音 áo，小淀村方言读音 náo。

四　耕地状况

据小淀村村情调查：20世纪80年代末，该村有19大块耕地，总面积12295.6亩；大部分地块分布在津围公路以东，少部分地块分布在津围公路以西；其耕地整体四至：东界姚庄子村耕地，西界葡萄园、宜兴埠土地，南隔丰产河望温家房子村耕地，北界205国道。

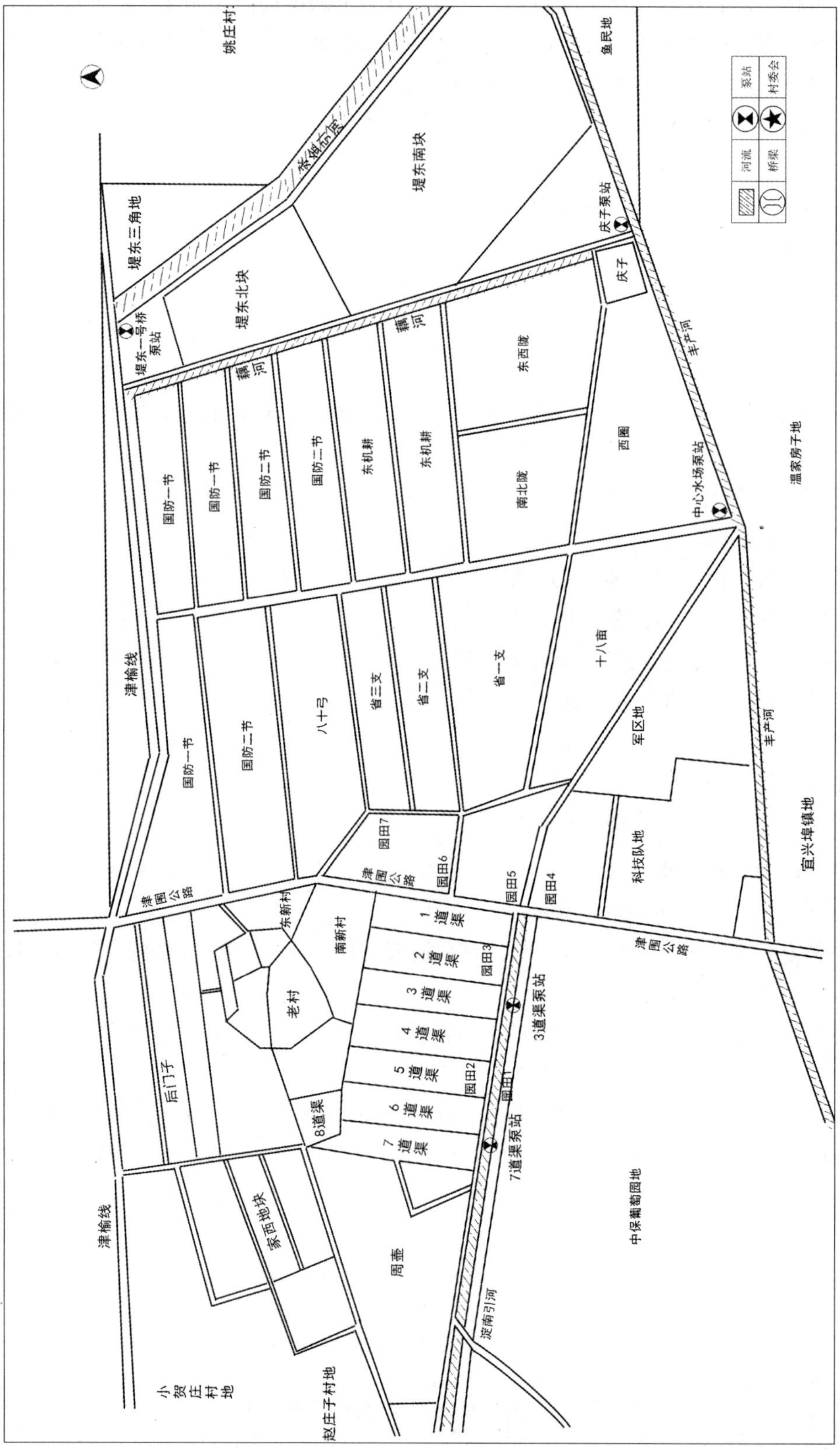

80年代小淀村所属耕地地块示意图

（2016年绘制）

小淀村在藕河堤东建有泵站2个，村东建有1个，村南建有2个泵站，有南北方向排灌渠道10条，东西方向排灌渠道13条。

1989年小淀村所属耕地地块情况表

表2　　　　单位：亩

地块名称	位置	面积	地块名称	位置	面积
国防1—2节	村东	940.1	堤东南块	大堤东	2500
八十弓	村东	127.5	家西	村西	368.07
省1—3支	村东	387.24	周壶	村西	879.8
十八亩	村东	172.48	1—8道渠	村西	710.2
东机耕	村东	500.54	军区地	村东南	369.2
南北陇	村东	575.58	科技队地	村东南	50
东西陇	村东	520.56	园田1—7块	公路两侧	1143.9
西圈(包括庆子地块)	村东	768.98	鱼民地	大堤东	270.3
后门子1—4节	村北	480.65	堤东三角地	大堤东	330.5
堤东北块	大堤东	1200	合 计	12295.6	

五　街道胡同

中华人民共和国成立前，小淀村内街道胡同不整，均为土路，夏季泥泞，冬季扬尘。20世纪50—70年代，村容街貌虽有改善，但发展变化较为迟缓。80年代后，随着该村经济的发展，主要街道逐步实行硬化。1984—1985年，该村4条东西街道与津围公路相接。其中中心大街（长1400米，宽4米）和轴承道（长1200米，宽4米）先后铺筑沥青路面，可通行各种机动车，是出入村庄的要道。据《天津市北辰区地名志》载，1992年，小淀村有东西向街道2条、南北向街道1条，均沥青路面，有路灯。至1995年，小淀村主要街道有10条，其中南北向3条，分别为北马道、南马道和广场路；东西向6条，分别为轴承道、东马道、西马道、中心大街、后街、毛衣厂道。环村围堤道1条。

小淀村主要胡同有16条，以中心大街为轴线，街南侧有9条胡同，名称为街南1—9条，长度约150米～300米不等。街北侧有7条胡同，名称为街北1—7条，长度为100米～300米。中心大街两侧胡同皆南北方向。该村另有小胡同若干条，无名。

随着旧村拆迁改造，自然村落及其街道胡同正在逐步消失。

1995年小淀村街道胡同情况表

表3

修筑年份	街道胡同名称	走向	长度（米）	修筑年份	街道胡同名称	走向	长度（米）
1995	轴承道	东西	1200	1980	东马道	东西	500
1980	北马道	南北	400	1980	环村围堤道	环村1周	1700
1980	后街	东西	600	1980	西马道	东西	2000
1980	南马道	南北	300	1980	毛衣厂道	东西	800
1980	中心大街	东西	1400	1980	广场路	南北	150
1980	街南1—9条	南北	150～350	1980	街北1—7条	南北	100～300

小淀村老街道　　　　（1980年摄）

小淀村老街道　　　　（1980年摄）

六　旧村改造

1996年，村轴承道南侧建成居民小区及公建二层和三层楼房124栋，占地面积5.4万平方米，总建筑面积4.1万平方米。1999年，云鼎置业有限公司在小淀村津围公路西侧建设云鼎小区，占地面积10万平方米，包括居民楼、底商和别墅。2003年，建成淀河园住宅小区，总占地面积4.9万平方米，建筑面积4.22万平方米。2005年，建成秀河花园小区，占地面积4.9万平方米，建筑面积7.3万平方米，入住率达100%。

2007—2012年，小淀村实施旧村改造，建设秀水馨苑住宅小区，小区位于津围公路以西500米，云鼎路北侧，是小淀镇旧村改造项目重点工程。该项工程被纳入天津市北部新城规划。2007年6月18日，秀水馨苑旧村改造一期工程建设启动，2008年年初主体工程全面建成，该小区占地面积约18.5万平方米，绿化面积6万平方米，物业、居委会、幼儿园、公园、综合服务部、饭店等各项配套设施齐全。住宅区共有楼52栋2154套住房。2010年1月15日，小淀村旧村改造秀水馨苑还迁工作全面开始。年底，80%以上村民乔迁新居。是年，秀水馨苑二期工程启动，建房8万平方米，可入住696户。2012年三期工程启动，建房3万平方米，可入住336户。

1999年建设的小淀村云鼎小区
（2015年摄）

小淀村旧村改造拆迁现场
（2008年摄）

小淀村旧村改造与村民签订协议书场景
（2010年摄）

小淀村居民新区　　　　（2015年摄）

七　公共设施

20世纪30年代，该村有公立小学1所；民国31年（1942年），始有1眼人工开凿的水井。中华人民共和国成立后，该村公共设施逐渐增多。50年代，成立联村供销社及小淀粮店，设立村政办公设施。60年代，建立小淀中学，成立村“红医站”（后改为卫生所）；在村内打机井、建水塔，完善饮用水设施。1966年后，该村先后建立小淀批发站、百货商场、供销社及生产资料部、煤店、物资回收经营部等商业设施。1996年后，随着小淀镇小城镇建设的整体推进和小淀村旧村改造的实施，该村公共设施不断更新，更加趋于规范化和现代化。至2016年，该村建有村民委员会办公楼、小淀卫生所、英杰双语幼儿园、秀水馨苑幼儿园，新建小淀小学、小淀中学、农贸市场、淀发供热中心、小淀公园、秀庭公园、老年社区餐厅及超市等公用设施。

2014年10月，小淀村投资130万元建成总建筑面积400平方米、可容纳100多人的老年人配餐中心，村内空巢老人、特殊困难户、残疾人等向村民委员会申请批准后，可到配餐中心就餐。

小淀村老年社区餐厅（2016年摄）

小淀公园　　　　（2015年摄）

小淀村村民委员会原办公大院（1980年摄）

小淀村村民委员会新办公大楼　（2015年摄）

小淀村供销社　　　　（1980年摄）

小淀村百货商店　　　　（1980年摄）

1995年小淀村街道胡同及公共设施示意图

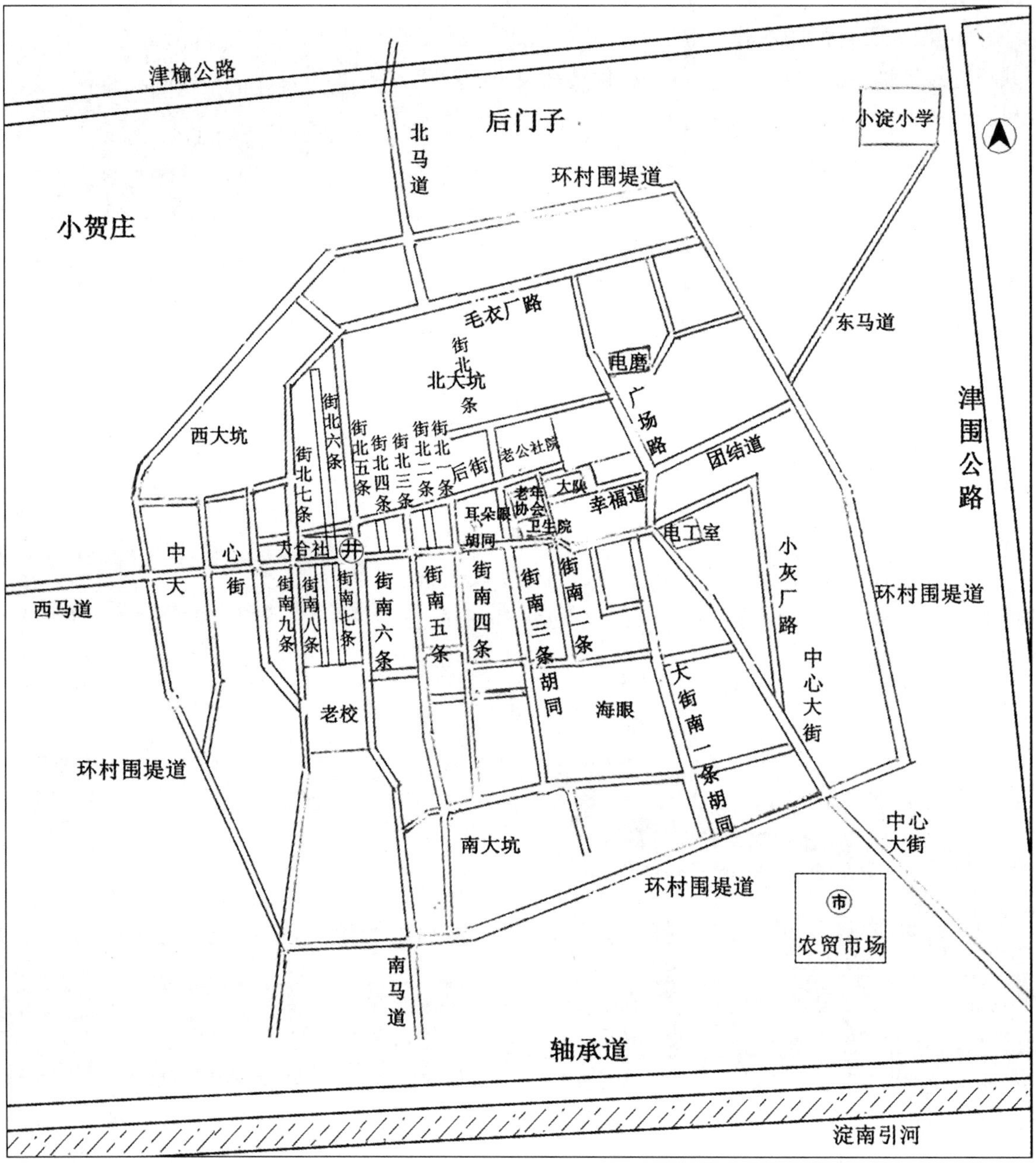

（2016年绘制）

八　经济概况

中华人民共和国成立前，小淀村主要旱田作物是小麦、玉米、高粱。中华人民共和国成立后，各级政府重视兴修水利。20世纪60年代初，该村开始种植水稻。后因水资源紧缺，水稻种植面积逐年锐减。至2004年，稻田全部改为旱田。

1956年，该村从大毕庄请来园田技术员，开始尝

淀发苗木基地　　（2013年摄）

试园田蔬菜生产。在种植方法上，按季节大面积露天种植，仅有小面积菜地在冬春季利用风障或阳畦保温。自1983年起，开始实施地膜覆盖和草苫中小棚方式保温，进行“保护地”生产。2010年，小淀村蔬菜种植面积2523亩，蔬菜产量5499吨，设施蔬菜面积92亩，设施蔬菜产量27.6吨。2013年，村建立淀发苗木基地。

2013年小淀村淀发苗木基地存有树木情况表

表4

树木品种	数量（棵）	树木品种	数量（棵）
107杨树速生	30300	毛白杨	3715
107杨树苗	27310	垂柳苗	3120
速生柳	11705	柳树	100
香花槐	2812	速生白蜡	850
国槐	3432		

1998年，小淀村村民宋玉年投资30万元，种植1000亩草皮，主要品种有美国“黑麦草”和“高羊毛”，是该村特色农业。

2000年，小淀村两户村民分别投资8000元，从事特种养殖。他们从邯郸引进36窝蚂蚁，经近5个月的精心养殖，繁殖180盒。是年4月，与邯郸一家养殖场签订回收合同，制作蚁酒，效益可观。2005年，因蚂蚁回收环节不畅，遂养蚁告终。

1956—1994年，村内建小淀化工厂、小淀五金厂、津化印刷厂、小淀制桶厂、光明汽修厂、日月电池厂6家集体企业，水泥构件厂、新光化工厂等10家个体企业。1996年，私营企业发展到32家，总收入690万元。1996年上半年，在津围公路东侧发展3家台湾独资企业。是年年底，小淀村成立工业经济功能区（包括台湾工业小区）。2009年，有投资1000万元以上民营企业8家。其中知名企业有天津市蓄电池有限公司、天津市弘亚电气机械制造有限公司、迦拿（天津）五金制造公司、久武（天津）塑钢门窗有限公司等。

九　民间文化

20世纪50年代初期，小淀村成立评剧团，为配合土地改革、扫盲运动和新婚姻法的宣传，排演相关剧目在村内及邻村演出，后剧团解散。60—70年代，小淀村篮球队在天津市小有名气，他们每天劳动之余坚持训练，80年代后篮球队员青黄不接。80—90年代，小淀村成立了花伞秧歌队，其欢快活跃的特色表演深受群众欢迎。2002年，小淀小学棒球队成立，始称天津市北辰区小淀少年棒球俱乐部。该俱乐部自成立之日起，共招收21名队员，均为小淀镇土生土长的农村娃。聘请国家原一级教练李殿英担任主教练，先后多次参加国家级、市级少年棒球队联赛，取得优异成绩。2004年，该俱乐部为国家输送6名优秀运动员。2005年4月，参加天津市少年棒球联赛，获得亚军；5月，参加全国少年棒球联赛获总成绩第七名；是月，应日本棒球协会邀请，参加日本第七届少年棒球国际邀请赛，并以总积分第一名的优异成绩摘取桂冠。2007年，该俱乐部改称小淀小学棒球队。2009年5月，小淀小学棒球队参加美国大联盟棒球联赛，在天津赛区夺得第一名；后又参加上海全国棒球赛，进入前四强。2010年棒球队解散。

十　英烈先贤

王庆堂（1850—1929）　又名王十二，小淀村人。清光绪二年（1876年）学有成就，考中清朝铁顶秀才。皇上策封其赴任知县，后因家贫未能上任，回乡开办学堂，教私塾，为小淀地区最早的办学先例。据说其家曾藏有皇家赏赐的朝服、朝帽、朝靴及奉命诰封的宝箱，传到长子孙王文英，至“文化大革命”“扫四旧”被烧毁。淀北24村的百姓对其敬佩有加，老人们都称他“秀才”，是文化名人。许多红白喜事、大事小情经过他的参与才显得有光彩。那时叫“点主官”，小淀地区都是他“点主”，但一般户请不动他。

徐厚堂（1870—1945） 小淀村人。他师从塾师王庆堂，学习到许多法律知识，属自学成才的律师。民国25年（1936年），小淀地区在水中泡制的133.33万平方米麻排被雨水冲到了日本管辖界内。小淀村村民多次前去讨要麻排，日本人不但不归还，反而蛮横地把村民轰了回来。徐厚堂得知后，很快写出诉讼书，与日本人对簿公堂，据理力争，最终打赢了官司，价值40多万元的麻排被全部索回。徐厚堂为小淀地区伸张正义，在淀北24村名声大震。

王瑞三（1891—1967） 又名王琮，号瑞三，小淀村人。他德高望重，乐于帮助平民百姓，是解放前八路军地下活动联络员。他了解并掌握小淀及周边地区情况，为八路军、区小队活动提供可靠情报和信息，帮助收缴枪支弹药，为小淀地区早日解放做出贡献。

杨德藻（1894—1947） 号彩亭，小淀村人。辛亥革命后，倡办新学，学堂均改称学校。民国初期教育日兴，乡绅杨德藻热心教育创办私立第四十二小学，亲任校长。20世纪30年代，天津县政府批准小淀私立第四十二小学为公立小学，学制4年。民国34年（1945年）后，师资力量加强，学校增办高小，改为完全小学。杨德藻还帮助学生王有林创办了四十八小学，为小淀地区早期教育做出贡献。

徐广斌（1905—1944） 号剑秋，小淀村人。民国16年（1927年）毕业于天津北洋大学土木工程系，是天津北洋大学的优等生。30岁时任工程师，先后在山西、河南、天津等地投入铁路工程勘探、设计等工作，并亲自设计陇海铁路专线，从勘探到设计都是他一人承担，成为中国铁路建设奠基者之一。徐广斌为中国铁路建设和发展做出重大贡献，民国24年（1935年），他被提拔为天津陇海铁路局局长。由于长期为工作日夜操劳，积劳成疾，于民国33年（1944年）腊月病故在河南西峡口。

王俊清（1911—1948） 小淀村人。民国34年（1945年）农历正月十五，经天津县三区区长张君和张忠云介绍加入中国共产党，参加革命。民国35年（1946年）年底调任武清县公安局，民国37年（1948年）3月在杨村被捕牺牲。

王有禄（1912—2002） 字寿亭，小淀村人。自幼随祖父王福田学医。民国25年（1936年），王有禄独家经营“松寿堂”药店，并坐堂应诊。他同情贫困患者，对经济困难的病人先治病取药，可赊欠药费，深受村民称赞。民国35年（1946年），他停办药店，专司行医。1950年，王有禄获得天津县核发的“准予执行中医业务”证书，并被选为天津县第三区医联会副主任。1952年，他在小淀村建立中西医联合诊所，并任所长。除为当地百姓医病外，还承担地区卫生防疫工作。每年义务为少年儿童接种牛痘，为成年人注射防疫针。是年，王有禄被选为天津县人民代表；1953—1965年，任北郊区卫生工作者协会副主任；1956—1958年，任天津市中医协会委员、小淀乡中西医联合诊所所长；1954—1976年，连续任8届区人大代表。1981年，任中华全国中医学会第一届理事会理事；1983年4月，获主治医师证书。

十一 历任党政负责人

民国38年（1949年）4月，小淀村建立党支部。1949—1969年发展党员49人，1966—1976年发展党员32人，1976—1995年发展党员23人。1949年，建立党支部，至2016年，共有13人任党支部书记。

民国37年（1948年），小淀村建立村政权，成立村公所。1958—1966年为政社合一的生产大队，1966—1983年建立革命委员会，大队管理委员会。1983年始建立村民委员会。至2016年，有14人任村政机构负责人。

1949—2016年小淀村党组织负责人任职情况表

表5

党组织名称	姓名	性别	职务	任职时间
党支部	王奎才	男	书记	1949—1954
	陈学普	男	书记	1954—1955
	徐文棠	男	书记	1955—1959
	徐永森	男	书记	1959—1965
	王树山	男	书记	1966—1970
	王有平	男	书记	1971—1972
	宋玉荣	男	书记	1972—1973
	王有平	男	书记	1973—1974
	王振华	男	书记	1974—1975
	王有平	男	书记	1975—1976
	王振华	男	书记	1976—1978
	王有平	男	书记	1978—1983
	王振华	男	书记	1983—2000
	田玉光	男	书记	2000—2005
	杨再魁	男	书记	2006—2009
	徐克伟	男	书记	2009—2012
	李文和	男	书记	2012—2015
	兰士全	男	书记	2015—

1948—2016年小淀村村政机构负责人任职情况表

表6

村政机构名称	姓名	性别	职务	任职时间
村公所	田文喜	男	村长	1948—1950
	徐永义	男	村长	1951—1952
	陈学贵	男	村长	1952—1955
生产大队	宋玉池	男	大队长	1956—1959
	田玉行	男	大队长	1960—1966
革命委员会	王有平	男	主任	1967—1968
	孙治政	男	主任	1969—1973
	徐永森	男	主任	1974—1980
管理委员会	徐永森	男	主任	1980—1983
村民委员会	徐永森	男	主任	1983—1984
	王树文	男	主任	1985—1992
	王泽民	男	主任	1993—1994
	解承仁	男	主任	1995—1999
	王树文	男	主任	1999—2000
	宋振英	男	主任	2000—2005

续表

村政机构名称	姓名	性别	职务	任职时间
村民委员会	宋玉年	男	主任	2006—2009
	李文和	男	主任	2009—

十二　荣誉

2003年，小淀村被天津市精神文明建设委员会评为“2001—2002年度天津市文明村”。

附：典籍选录

河北省天津县政府为小淀村围堤占用杨德香等坟墓、房间事致整理海河善后工程处函

案于本年1月23日据事务员刘肇基呈称为呈报事。查小淀村围堤占用杨德香等坟墓50座，宋发文等土房14间。除会同监工工程师卢广惠查明呈据外，理合开单，具文呈报。伏乞鉴核。谨呈。附坟墓单一纸，土房单一纸。等情。据此，相应照开坟单一纸，土房单一纸，并函请贵处照为荷。

此致整理海河善后工程处

计函送坟墓一纸、土房单一纸

附：小淀村围堤占用坟墓单计开：

杨德香坟38座，杨德谦坟4座，王文成坟1座，杨德惠坟4座，杨德清坟1座，徐清树坟1座。以上计坟50座。

小淀村围堤占用民房单计开：

宋发土房3间，宋俊1间，宋杰1间，徐庆平1间，杨德山1间，杨德承1间，王福元1间。

以上共计土房14间。

《档案中的北辰》2012年版296页

农业部在小淀建立拖拉机站

1950年5月，农业部渤海区农垦管理局天津津郊拖拉机站在北郊小淀建立，有拖拉机20余台。这是华北最早试办的拖拉机站。美国友人韩丁、苏联专家丘尔尼柯夫在该站作技术指导。1952年该站撤销，机器分散到全国各地农场。

《天津市农业机械化志》187~188页

赵庄村

赵庄村位于北辰区东部，小淀镇西北，京津塘高速公路东侧、津榆公路南、淀南引河北。东南距镇政府驻地3千米。北邻南麻疙瘩、北麻疙瘩、张献庄3村，东临小贺庄村1.5千米、隔路东为消防学校、和平看守所，南邻刘安庄2千米，西邻北仓三义村、回民公墓。村台近椭圆形，占地面积32.2万平方米。2015年，有户籍人口2548人，长期固定资产538万元。

赵庄村航拍图（2017年摄）

一　村庄沿革

清顺治元年(1644年)，有王、邵两姓(一说在王姓之前有吴姓先到此落户)到此建房居住，后有晏、秦、鲁等姓先后到此定居。因王、邵系北仓赵家管事，遂称村为赵家庄。据《天津通志旧志点校卷(中)天津县志》载，雍正九年(1731年)，天津县属村庄有赵家庄村名。据《天津市南郊区党史资料汇编》载，1950年，天津县第三区辖35个自然村中，该村称赵庄子村名，分东台、西台。1959年，称赵庄。

清康熙二十七年(1688年)属武清县，雍正九年(1731年)属天津县，光绪三十一年(1905年)隶属天津县第二十一区，民国34年(1945年)属津武县第八区，民国35年(1946年)属天津县第八区，1949年10月属天津县第九区，1950年7月属天津县第三区。1953年5月隶属津北郊区刘安庄乡，1958年隶河北区兴淀公社。1961年1月属宜兴埠公社，是年3月属小淀公社，1962年属北郊区小淀公社。1983年属小淀乡，1995年11月后隶北辰区小淀镇。

二　道路河流

道路　赵庄村历史上交通不便，有土路通往周边村庄。2016年，村边主要道路有4条。村北1千米为津榆公路，村西2千米为外环线和京津塘高速公路。村东建有赵庄路，该路北连津榆公路，南接北辰道延长线，1984年建，长3.5千米，宽4米，沥青路面。

河流　赵庄村紧邻淀南引河，距村南500米，为村提供灌溉的唯一水源。

赵庄村南淀南引河　(2016年摄)

赵庄村北津榆公路　(2016年摄)

三　人口方言

人口　据《典籍中的北辰》载，民国23年(1934年)，赵庄村有137户829人。中华人民共和国成立后，1980年该村有431户1859人，2000年有665户1987人，2016年有902户2606人。

民族　据《天津市北辰区地名志》载：1995年，该村有汉族、回族两个民族。2016年，村内居民主要为汉族，亦有回族。

姓氏　2014年统计，赵庄村有姓氏95个，前十大姓氏依次为：王、邵、晏、鲁、蒋、张、刘、李、赵、秦。

赵庄村六大姓从上往下辈分排列：

王姓：有、宝、玉、学、腾。

刘姓：树、起、宝、玉、海。

晏姓：德、长、树、福、国。

鲁姓：长、玉、文、永、宏。

蒋姓：玉、起、福、连、振。

邵姓：永、廷、奎、德、玉、凤、元、瑞。

方言 赵庄村属武清方言片，方言与武清杨村话相似，在全国方言分区属北京官话怀（来）承（德）片。

四 耕地状况

据赵庄村村情调查：1990，赵庄村所属耕地有22块4050亩，分布于淀南引河两侧，东界小贺庄土地，西界三义村耕地，北为津榆公路，南与刘安庄村土地相邻。

该村在淀南引河两侧建有泵站5处，其4处在河北、另一处位于河南。水场用于灌溉河南与河北农田。20世纪70年代初，村开始建有机井，80—90年代再建2眼机井，用于村民饮用和灌溉。

1990赵庄村所属耕地地块情况表

表1　　　　单位：亩

地块名称	位置	面积	地块名称	位置	面积
弹药库	村东	60	500泵地	村西南	100
大斜子	村东	120	贺庄北块	村西南	180
王家坟	村北	100	贺庄南块	村西南	220
大对口	村北	200	南大荒	村西南	200
小庙	村北	80	北大荒	村西南	300
西马道	村北	200	大坟地	村南	120
孟家坟	村北	40	小木塔	村南	100
排房东	村北	50	狼窝	村南	150
排房西	村北	50	一渠	村西南	600
范家地	村北	360	二渠	村西南	360
老园田	村东南	220	三渠	村西南	240
合计					4050

赵庄村淀南引河河北泵站（2016年摄）

赵庄村河南机井泵房　（2016年摄）

1990赵庄村所属耕地主要地块示意图

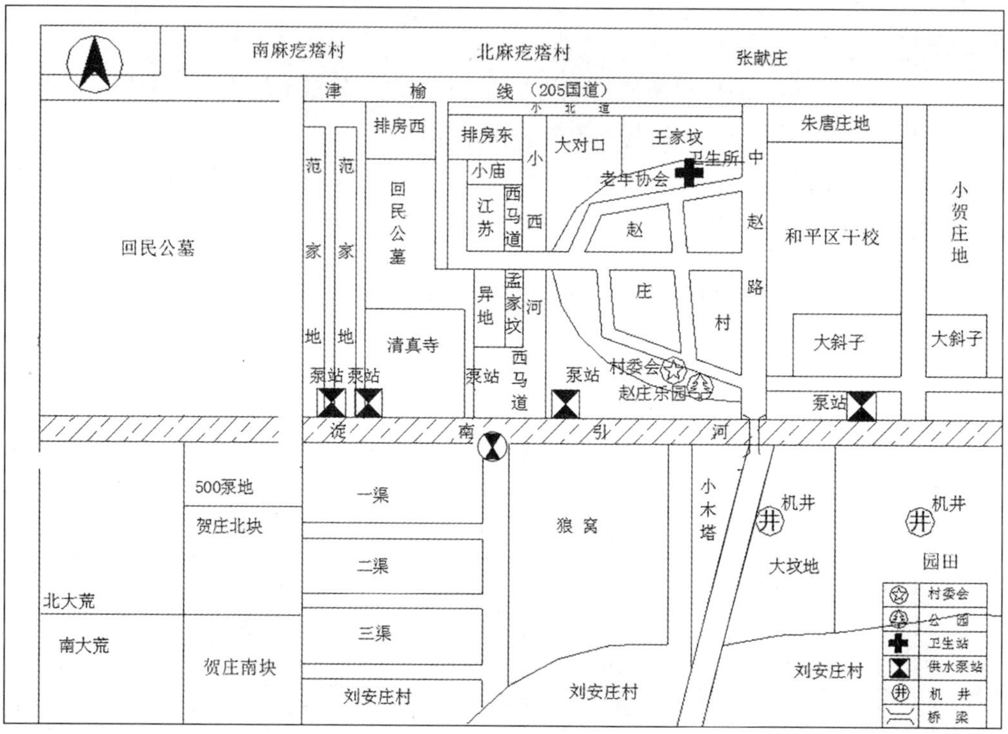

（2016年绘制）

五　街道胡同

中华人民共和国成立前后，赵庄村内道路均为土路。进入20世纪80年代，主要街道开始硬化，至2016年，全村共有街道8条，其中东西向5条、南北向3条，均为水泥路面，有路灯。

全村共有胡同40余条，其中主要胡同东西向的有7条、南北向的19条。

赵庄村副业道

（2016年摄）

赵庄村军民街

（2016年摄）

赵庄村兴业道

（2016年摄）

赵庄村团结道

(2016年摄)

2015年赵庄村街道胡同情况示意图

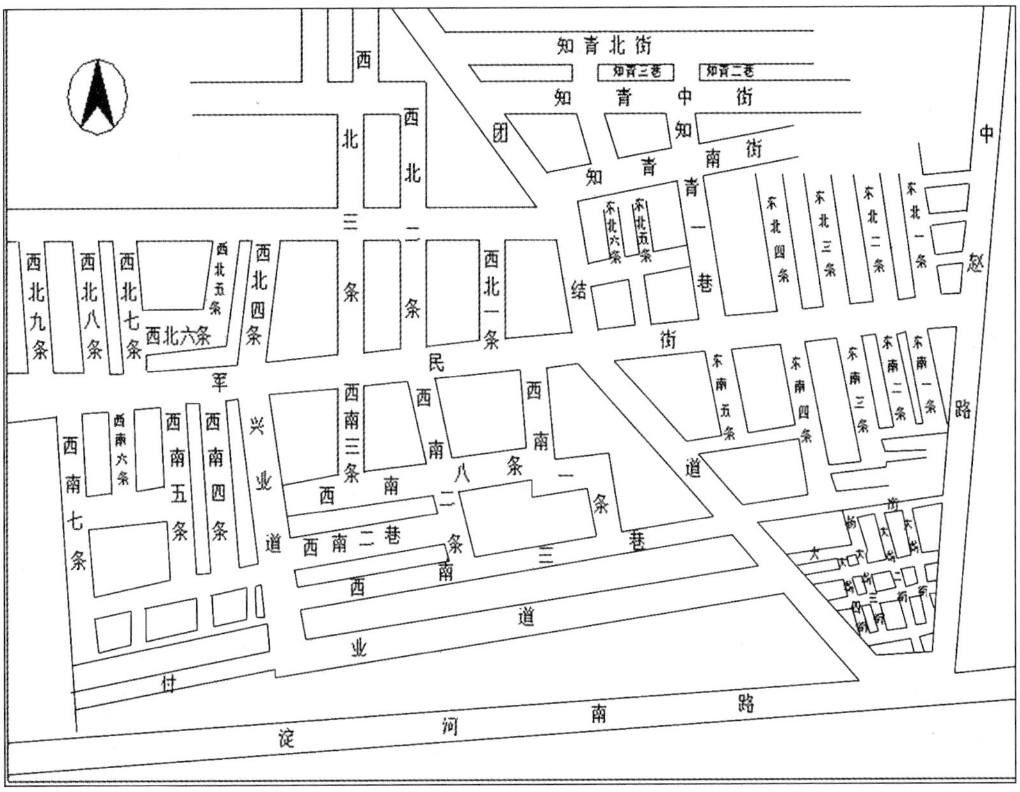

（2016年绘制）

2015年赵庄村街道胡同情况表

表2

街道胡同名称	走向	长度（米）	街道胡同名称	走向	长度（米）
军民街	东西	300	知青二巷	东西	80
团结道	南北	200	知青三巷	东西	80
副业道	东西	120	大场三条	南北	100
知青北街	东西	60	大场四条	南北	100

续表

街道胡同名称	走向	长度（米）	街道胡同名称	走向	长度（米）
知青中街	东西	60	西北一条	南北	100
知青南街	东西	60	西北二条	南北	150
兴业道	南北	150	西北三条	南北	250
中赵路	南北	500	西北四条	南北	250
东北一条	南北	100	西北五条	南北	150
东北二条	南北	100	西北六条	东西	100
东北三条	南北	100	西北七条	南北	110
东北四条	南北	100	西北八条	南北	100
知青一巷	南北	60	西北九条	南北	100
东北五条	南北	80	西南一条	南北	200
东北六条	南北	80	西南二条	南北	200
东南一条	南北	100	西南三条	南北	100
东南二条	南北	100	西南四条	南北	150
东南三条	南北	100	西南五条	南北	150
东南四条	南北	120	西南六条	南北	80
东南五条	南北	120	西南七条	南北	220
大场街	东西	200	西南八条	东西	200
大场一条	南北	150	西南二巷	东西	200
大场二条	南北	150	西南三巷	东西	200

六　公共设施

中华人民共和国成立前，赵庄村公共设施极少，抗战时有设在民房的初小1所。村民生产、生活用品靠流动商贩或到大村集市购买。中华人民共和国成立初期始建国办小学，有村公所办公地。1960年前后建有供销社、粮店。1969年成立的红医站，1980年建成卫生所。1972年添盖浴池，1978年修建水塔，自来水全部入户。此后，陆续建成老年活动中心文化室、公园、村民委员会新办公地。2006年建成贸易市场，不断满足村民生产生活需要。

赵庄村水塔
（2016年摄）

赵庄村卫生所一角
（2016年摄）

赵庄村菜市场　（2016年摄）

20世纪80年代赵庄村公共设施示意图

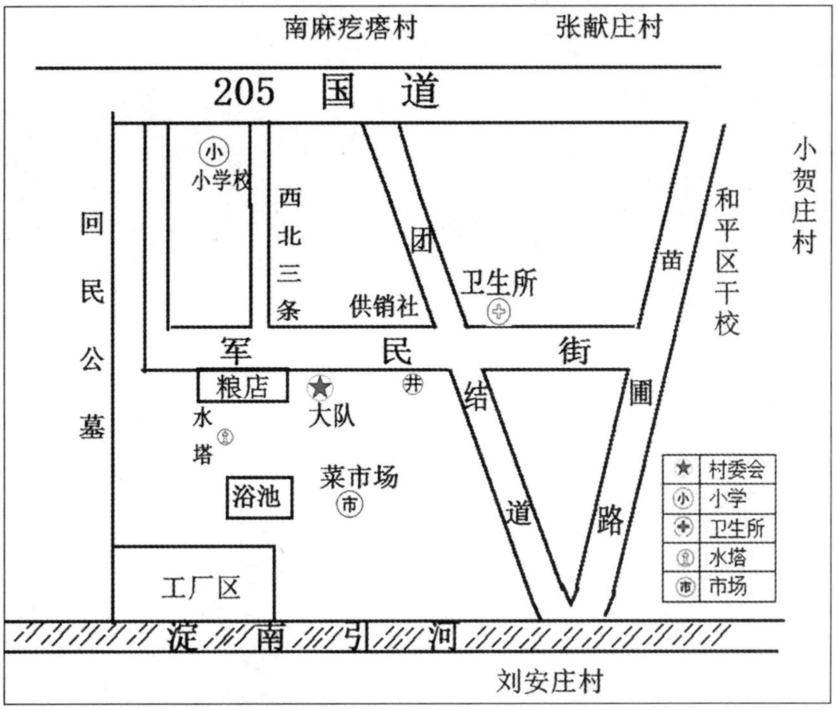

（2016年绘制）

七　经济概况

中华人民共和国成立后，赵庄村为单一的农业经济，以种植玉米、小麦等旱田作物为主。1956年，从白庙请技术员始种园田，2010年，蔬菜种植面积135公顷，总产量4323吨。赵庄村所产大白菜、冬瓜和水萝卜闻名天津市场。

赵庄村种植的蔬菜

（2010年摄）

20世纪60年代后期该村始有工业。先后建立羊毛加工厂、白莲日化厂、洪亮塑料厂、七色喷涂厂、北星化工厂等。至1996年，有村办集体企业5家、“三资”企业1家，工业总产值8189万元。2000年后，村办企业全部改制为个体企业。至2009年，发展各类企业38家，其中投资500万元以上企业2家。主要生产汽车机油、塑料制品和化工产品等，工业收入2.44亿元。

2001年，赵庄村村民秦秀义建立益民水产养殖基地。至2014年，先后投资800万元，拥有工厂化育苗生产车间6000余平方米。从鱼苗到虾苗，每年都有新品种问世，是带动周边100多个养殖大户、几千人就业的龙头企业。至2014年，扩建精品虾暂养车间和100吨速冻库，带动养殖水面357.2公顷，水产总量3296吨。该基地被命名“天津市无公害水产养殖基地”，被列为“市设施农业提升项目”，成为“龙头企业与农户，技术牵动养殖，信息平台发挥作用，带动农民致富”的典型。

赵庄村羊毛加工厂　（1990年摄）

益民观赏鱼养殖基地 （2015年摄）

白莲日化厂外景 （2015年摄）

八 民间文化

中华人民共和国成立初期，赵庄村文化生活匮乏。1966年，赵庄村成立戏曲团，排练样板戏。改革开放后排练传统戏，曾在天津人民广播电台展演。1990后成立老年协会，开展练书法、读书活动。2003年建文化广场。1990年，组建秧歌队，与邻村经常互动演出，小有名气。2013年成立广场舞队，先后多次参加区文化馆组织的表演活动。

赵庄村戏曲团排练节目 （2015年摄）

九 英烈先贤

邵德善（1929—1951） 革命烈士，赵庄村人。1950年参加革命。1951年在朝鲜牺牲，生前为志愿军战士。

十 历任党政负责人

1949年，赵庄村建立党支部，有党员11人。1949—1966年发展党员23人，1966—1976年发展党员8人。1949—1956年为村独立支部，1956—1960年属刘安庄村党支部。1961年恢复村党支部。至2016年，有15人任党支部书记，其中1人3次、1人2次出任书记。

1952年该村复建村公所。后经初级、高级合作社，实行政社合一体制，人民公社时期建立生产大队，“文化大革命”时期成立革命委员会。1983年建立村民委员会，实行村民自治。至2016年，该村共有12任村政负责人，其中1人2次任职。

1949—2016年赵庄村党组织负责人任职情况表

表3

党组织名称	姓名	性别	职务	任职时间
党支部	王玉良	男	书记	1949—1953（东村）
	尔洪斌	男	书记	1953—1955（东村）
	邵玉旺	男	书记	1949—1955（西村）
	尔洪斌	男	书记	1961—1964
	晏树本	男	书记	1965—1971
	晏树元	男	书记	1972—1976
	秦玉桥	男	书记	1976—1977
	邵玉旺	男	书记	1977—1978

续表

党组织名称	姓名	性别	职务	任职时间
党支部	邵玉锋	男	书记	1978—1979
	秦玉山	男	书记	1979—1981
	邵玉旺	男	书记	1981—1983
	王玉树	男	书记	1984—1996
	晏树庭	男	书记	1996—2003
	王秋山	男	书记	2003—2012
	王月东	男	书记	2012—

说明：1956—1960年属刘安庄村党支部

1952—2016年赵庄村村政机构负责人任职情况表

表4

村政名称	姓名	性别	职务	任职时间
村公所	韩玉叔	男	村长	1952—1955
村公所、生产大队	邵玉旺	男	村长、大队长	1955—1961
生产大队	秦玉山	男	大队长	1961—1965
生产大队、革命委员会	刘月明	男	大队长、主任	1965—1977
管理委员会	王纪兴	男	主任	1977—1981
	王玉莲	男	主任	1981—1983
村民委员会	周连兴	男	主任	1983—1987
	邵玉铎	男	主任	1987—1989
	刘月明	男	主任	1989—1996
	丁振山	男	主任	1997—2003
	王秋山	男	主任	2003—2012
	王月东	男	主任	2012—

十一　荣誉

2008年，赵庄村民委员会被天津市委组织部、天津市委农村工作委员会、天津市民政局评为“五个好村民委员会”。

附：典籍选录

1953年赵庄村分东台和西台

1953年津北郊区属乡村及乡长姓名，刘安庄乡，包括东赵庄（东台）、西赵庄（西台）（时赵庄子村分为二个台，即分为二个村），乡长王华林……

《中国共产党天津市北郊区组织史料》101~103页

民国19年（1930年）赵庄村水灾严重

入夏以来，大雨连绵，津乡各村几成泽国，天津县府截至本月19日止，计接收呈报田禾被潦，共计65村……计宜兴埠、刘安庄、小贺庄、小淀、朱唐庄、东赵庄（赵庄）、张献庄……

《典籍中的北辰》142页

温家房子村

温家房子村位于北辰区东南部、新开河北侧，东南距刘快庄村9千米，东北与芦新河村相距9.5千米，西距宜兴埠6千米，南隔新开河与东丽区南何庄相望，相距1.5千米，北依北辰科技园区，西北距小淀村和镇政府驻地6千米。村呈长方形，面积41.1万平方米。2015年，全村户籍人口3092人，长期固定资产889万元。

温家房子村航拍图 （2017年摄）

一　村庄沿革

温家房子村村民委员会 (2016年摄)

清光绪末年，境内为宜兴埠温姓地主长工看护场院的住处。光绪二十一年（1895年），山东省东昌府人张姓定居于此，后有河北青县王姓、古姓、孙姓、张姓，天津静海刘姓迁入，遂成村落。建村于民国初，民国7年（1918年），始以温家房子为村名。因处塌河淀旁，曾名淀地。据《河北省津海道天津公署天津大乡乡镇长、副名册》载，民国29—34年（1940—1945年）天津县第二区小淀乡，辖小淀、刘安庄、小贺庄，淀地。中华人民共和国成立时，分四号、前台、后台、东台4部分。

民国18年（1929年），“海河治本工程放淤区示意图”中标明“放淤区南界新开河左堤，村庄名从西至东为宜兴埠、温家房子、刘快庄”。这是民国7年（1918年）始有村名后，第一次在文献中出现温家房子村的名字。

据传，因村位于五顷五十亩处，又名“五顷五”。

民国7年（1918年）属天津县。民国29（1940年）属天津县小淀乡。民国34年（1945年），属津武县第八区。民国35年(1946年)，属天津县第八区。民国37年(1948年)属天津县九区。1950年属天津县三区，1953年属津北郊区小淀乡管辖，1955年属北郊区小淀乡，1958年属河北区兴淀人民公社，1961年属河北区宜兴埠人民公社，1962年归北郊区小淀公社，1983年属小淀乡，1992年属北辰区小淀乡，1995年后属北辰区小淀镇管辖。

20世纪60年代修建的温家房子村南新开河上的钢索吊桥　(2016年摄)

二　道路河流

道路　2016年，温家房子村周边有道路4条，其中高速公路2条、市级路1条、区级道路2条。

温家房子路　位于村南。20世纪60年代前，温家房子村原地处偏僻，只有村南新开河北堤一条土路通往宜兴埠和市内。之后，因战备需要，原河堤土路被修成铁路，专运沙石等至东堤头修筑假山。1970年，拆除铁路，修为6米宽柏油路，后称温家房子路。该路沿新开河北堤，东西走向，向西4.5千米至市区，连外环线通往各地。

津蓟高速公路　位于该村东侧，向南5千米至市区，向北110千米至蓟州，与多条高速互通。

津宁高速公路　位于该村村南，向东约40千米到宁河，向西4.5千米到市区。

高新大道　位于该村村北。向东1千米到津蓟高速路入口，向西5千米至津围公路。

河流　民国18年（1929年），该村被确定为海河放淤区，位于淀南放淤区。1954年，为缩小淀南放淤区面积，津北郊区组织民工修筑淀南隔堤，该堤从新开河左堤至津榆公路，长约6千米。与其并行有1960年北郊区组织开挖的淀北引河延长段河道，为泄永定河水所用。2000

温家房子村北丰产河　(2016年摄)

年，二者皆因经济建设被平掉。至2016年，流经村边界的河流2条。

新开河 位于该村南，东西走向，村内段长3.5千米。

丰产河 位于该村村北，村内段长1.5千米。

三 人口方言

人口 据《典籍中的北辰》载：民国23年(1934年)，全村有254户1234口人。1949年全村135户877人。1996年，全村656户2383人。2000年，全村710户2546人。2014年，全村1663户4228人。2016年，全村1198户3835人。

民族 据《天津市北辰区地名志》载：1995年，该村居民均为汉族。2016年，该村由汉族、满族、蒙古族、傣族、回族、傈僳族、土族7个民族组成。

姓氏 温家房子村共有118个姓氏，村中大姓为张、刘、王、孙、杨、田、吴姓等，其中张姓分别来自青县、博平县，吴姓来自东光县，刘姓来自静海区。

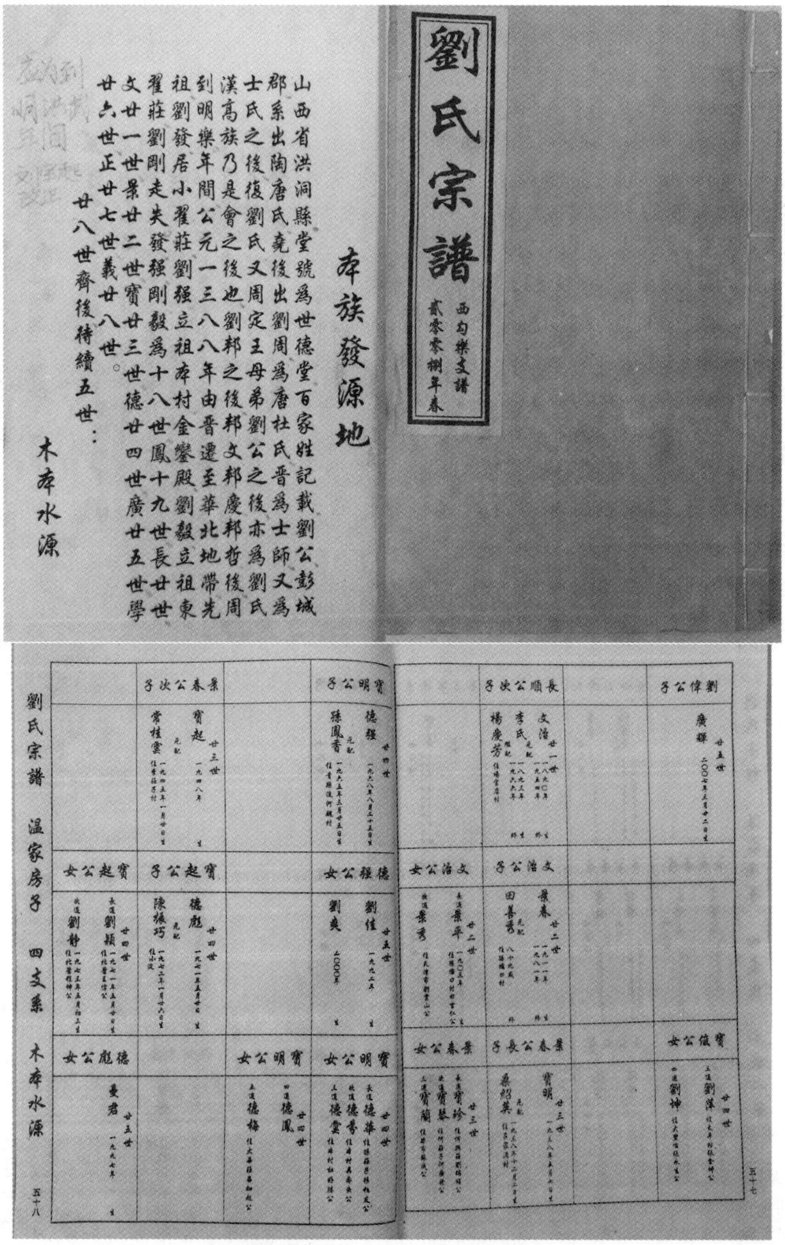

温家房子村刘氏宗谱 （2016年摄）

温家房子村大姓辈分排列一览表

表1

姓氏	辈分排列													
青县张姓	文	增	汝	桐	焕	培	钜	沣	根	烈	至	银		
东光县吴姓	连	易	寿	惠	德	坤	炳	润	树	锦	福	盛	希	祥	宏
静海区刘姓	风	长	文	景	宝	德	广	学	正	义					
博平县张姓	洪	福	秉	建	梦	广	华	顺	新	春	秋	高	俊	国	运

方言　温家房子村汇聚7个省36个县的人，读音和方言比较复杂。

例如：

堵搡：用不礼貌的话来搪塞人。

够板：够朋友、够意思、够交情。

板生：平整。例：“看你穿的衣服总是那么板生。”

族谱选介

吴氏家族，从河北省东光县迁入温家房子村。其为老户，在村中已繁衍5代，中华人民共和国成立前，家境殷实。

温家房子村吴氏族谱　　（2016年摄）

附：

河北省东光县《吴氏家谱序》：余闻先人云：我吴氏本浣【皖】南人氏也，其后不知何年月日移居于山东即墨县，又于前明永乐二年我始祖讳良圣公奉旨迁居河北省东光县城东三十五里永寿屯而安家。此地因地质瘠薄，故改名为盐场吴家也，至今约有六百余年矣，其间祖父相传，子孙相继，绵绵有二十余世。因年代久远，恐后人不知其源流，並先人名讳，亦多有未录者，余书夜图维，意坚修谱书，以备后人结录，使后世子子孙孙上结一脉之传也。

十五代孙义和

民国五年

四　耕地状况

据温家房子村村情调查：1980年，温家房子村有土地23块、面积4164亩，分为园田、旱田和稻田。村西土地与宜兴埠土地连接，村东与霍庄子村和南孙庄土地接壤，村北土地隔丰产河与小淀村土地相望，村南为新开河。

该村西为淀南排灌总渠，其南端与新开河交汇处建有扬水场1座；在淀南排干两侧，建有泵站2处。村东新开河畔建有扬水场1座。在村东小河与丰产河交汇处建有排水泵站1座。村西路口修灌溉泵站1座，上排园田打深水井1眼。为便于灌溉，适合种植水稻，在村西和村东分别修筑4千米和4.5千米高行渠2条。

2007年年底，因温家房子村与北辰科技园区合作开发，实施基础设施建设，仅保留村东新开河左堤扬水场1座，为村居和村东工业区排水使用。

1980年温家房子村所属耕地地块情况表

表2　　　　　　　　　　　　　　　　　　　　　　　　　　　　　　单位：亩

地块名称	位置	面积	地块名称	位置	面积
一至四节	村北	750	纱帽翅	村东	248
老稻地	村西	265	场后三节	村东	86
刘家房子	村西	138	场后二节	村东	72
园田	村西	140	场后一节	村东	95
十七亩	村西	40	北十五顷	村东	426
果园	村东	25	六队大块地	村东	172.5
小八家芽子丘	村南	160	五队大块地	村东	120
苇湖	村北	30	四队大块地	村东	147.5
汽车连	村北	140	三队大块地	村东	118
南十五顷	村东	298	二队大块地	村东	176.2
自留田	村东	230	一队大块地	村东	138
祠地	村东	149	合　计		4164.2

五　街道胡同

1980年温家房子村耕地地块示意图

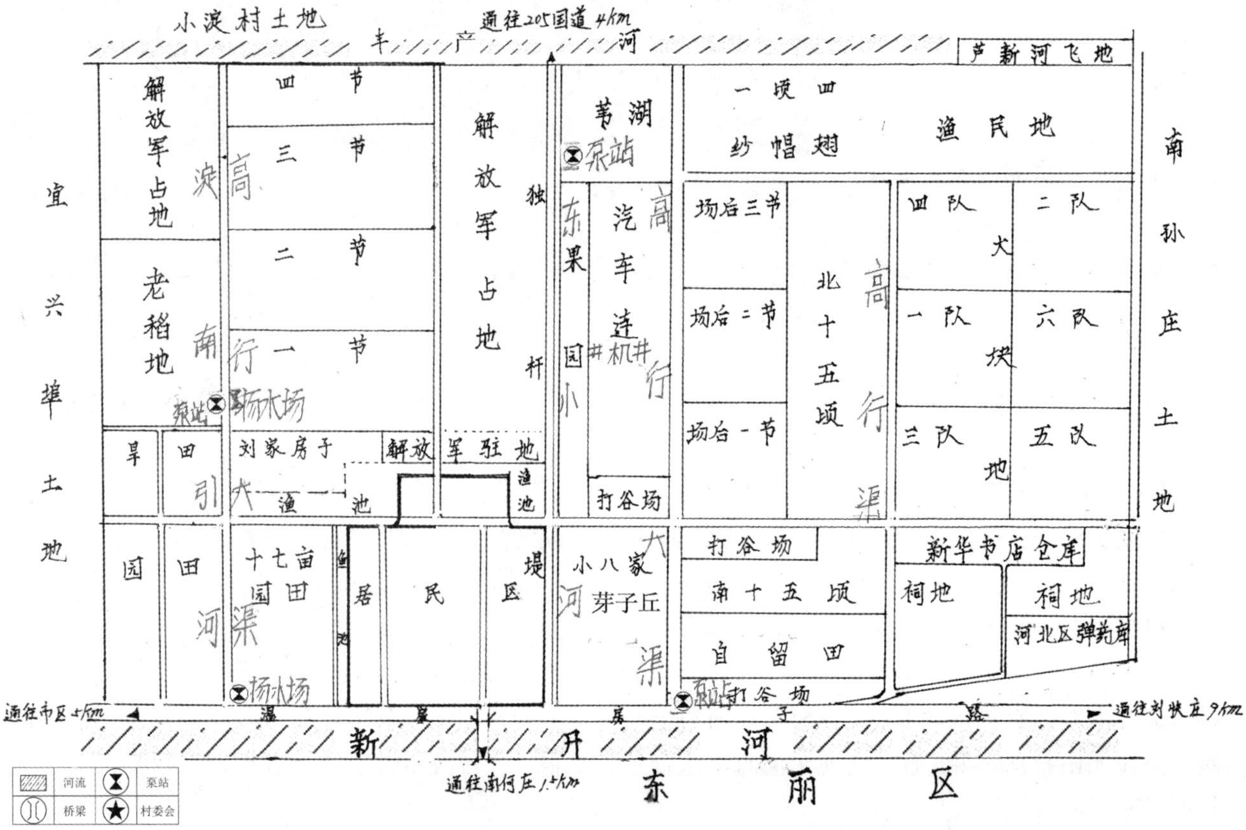

中华人民共和国成立后，村民分“四台”居住，土路相连，房屋散建，无街道、胡同。20世纪80年代，村庄建设始有规划，遂有正式街道和胡同，道路硬化。1993年，街道和胡同正式挂名牌。2000年，村内有街道7条，其中南北走向街道有5条、东西走向的街道有2条。有胡同27条。

温家房子村新村东大街（2015年摄）

1993年温家房子村街道胡同情况表

表3

街道名称	走向	长度（米）	胡同名称	走向	长度（米）
永新街	南北	420	永安大街东1-5条	南北	170
永安街	南北	480	永安大街西1-4条	南北	80
新村东大街	南北	415	永新大街东1-4条	南北	100
新村中街	南北	320	永新大街西1-5条	南北	120
独杆堤	南北	220	永安北大街1-3条	东西	150
永安北大街	东西	210	永新北大街1-2条	东西	200
永新北大街	东西	230	新村东大街1-4条	南北	100

2007年温家房子村街道胡同情况示意图

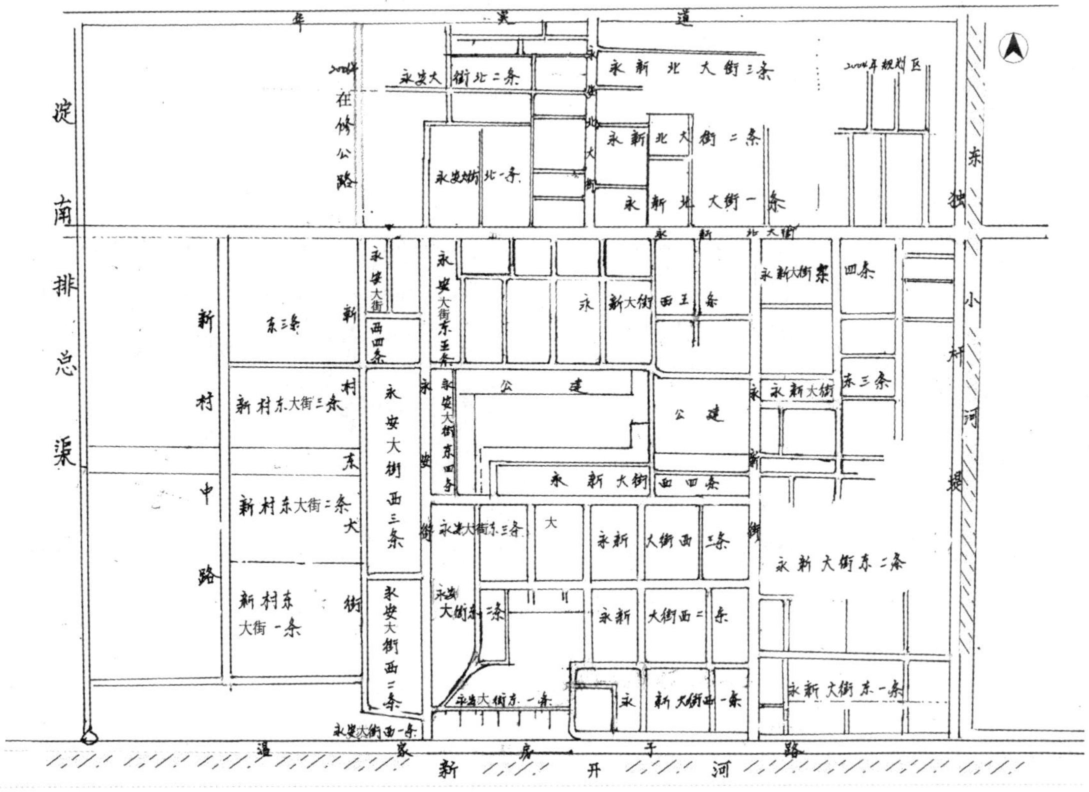

（2016年绘制）

六　旧村改造

2012年12月，实施小淀示范小城镇建设项目，温家房子安置区住宅楼在村西北约1000米名为刘家房子的地块上开始兴建；2016年年底，29栋住宅楼完成封顶，配套设施正在施工中。2015年，温家房子村因天津市修建志成道延长线，征占土地200余亩，拆除224户村民住宅，被拆迁村民分别安置于蓝岸森林、富锦华庭小区及村内居住。

温家房子村新建的还迁楼（2016年摄）

温家房子村自来水水塔　（2015年摄）

七　公共设施

中华人民共和国成立前，温家房子村因交通闭塞，农民生产、生活属于自产自销的小农经济。20世纪50—80年代，村中建有供销合作社、粮店及村政办公室。中华人民共和国成立初期建有初级小学，一个教员任教，复式班教育。60年代中期，打机井1眼，供村民生活用水；成立红医站，为社员防病治病。改革开放后，村中建有1000余米贯穿村南北的农贸市场；新建小学1所，2014年有专职教师23人、在校学生400人；打机井2眼，自来水全部入户。至2015年，村中建有公园、文化活动室、老年活动中心、卫生所、幼儿园、村民委员会，能满足全体村民文化教育卫生等需要。

温家房子村希望小学外景（2008年摄）

温家房子村卫生所　（2015年摄）

20世纪60年代温家房子村街道胡同公共设施示意图

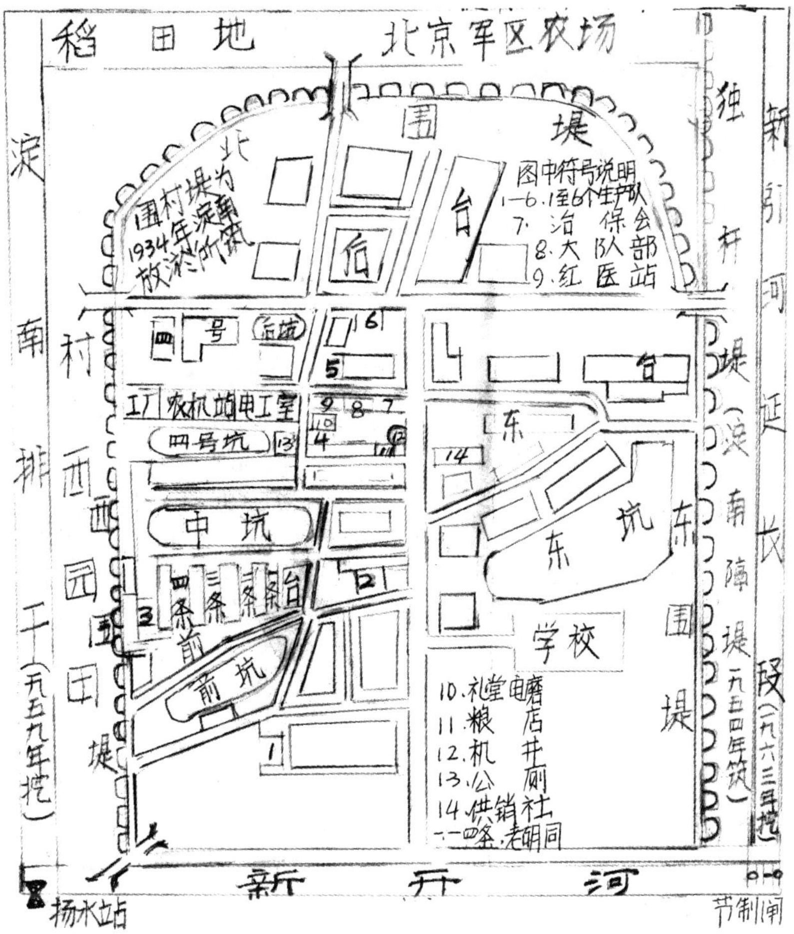

（2017年绘制）

2000年温家房子村公共设施示意图

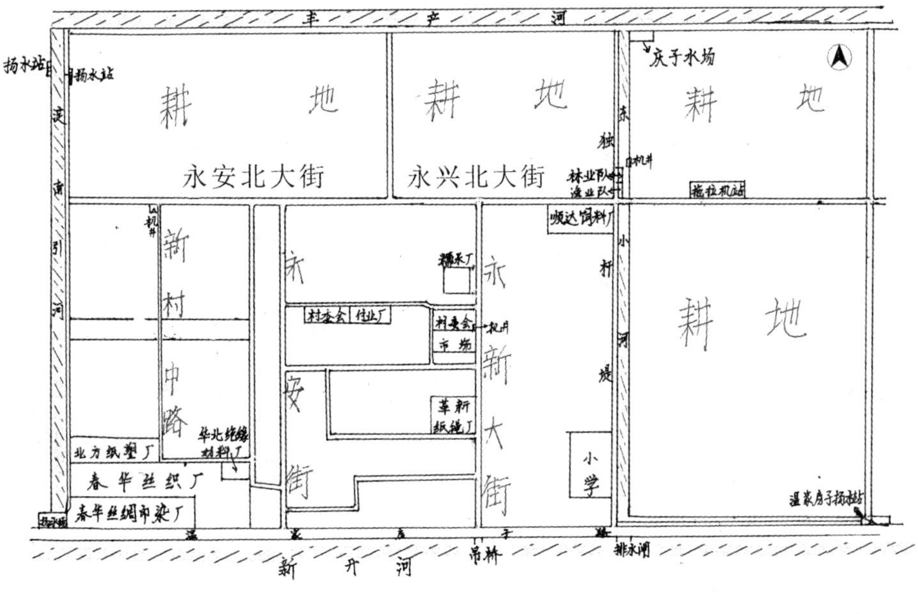

（2016年绘制）

八　经济概况

民国21年(1932年)至1954年，该村为海河放淤区，形成“一水一麦”种植方式，旱田作物以小麦、玉米、高粱为主。1956年开始开辟园田种植蔬菜，1960年扩大蔬菜种植面积，成为半园田村，国家供应部分口粮和食油；2010年蔬菜种植面积121亩，总产量288吨。1960年开始试种水稻，1996年水稻生产达最高峰，种植面积3800亩，总产1986吨，为全区水稻最高产量之村，成为有名的鱼米之乡。1993年改良部分水稻品种，增加糯稻种植，成为天津唯一的糯稻种植基地。村建糯米加工厂，年产600吨，为天津市糯米供应地。

1969—2000年，村有集体企业9家，主要产品为铸件、纸塑、纸绳、印染丝织、饲料、糯米粉等，所产布料“美丽绸”、特产糯米粉誉满津门。2003—2005年，建温东工业区，进行招商引资；又自建厂房7200平方米，对外出租；在村北建温鑫工贸园区，兴建标准厂房16个，面积3.5万平方米，年出租金收入650万元。至2009年，企业发展到90余家，其中注册资金在2000万元以上企业6家，年工业销售收入3.01亿元。

温家房子村农贸市场　　(2015年摄)

随着外来务工人员增多，村中的农贸市场带动了消费，增加了村集体和村民收入。

2003年，北辰科技园区东扩征占土地1000余亩，该村以土地入股方式与其合作开发。2010年，该村以土地入股方式与镇政府合作，每年从北辰科技园区和镇政府分红，以增加集体收入，保证村民收入来源。

九　民间文化

20世纪50年代，温家房子村成立评戏团，排练剧目有《王定宝借当》《打狗劝夫》等，逢年过节在村内演出，或应邀到邻村演出。

1991年10月，组建温家房子足球队。1994年夏天，篮球运动在村里发展，鼎盛时期，村办篮球比赛有10支球队参加。1998年，成立温家房子中老年舞蹈队，聘请专业老师编排扇子舞、腰鼓、筷子舞等。2014年，该舞蹈队在区“共建和谐美好家园”竞赛活动中获三等奖。2008年，重组温家房子足球队。2015年秋，成立“青春飞扬”舞蹈队。

温家房子村“青春飞扬”舞蹈队成员合影
(2015年摄)

温家房子村足球队队员合影　　(2008年摄)

十　历任党政负责人

1949年，温家房子村有中共党员1人。1950年建立党支部，1951年有党员4人，1949—1966年发展党员10人，1966—1976年发展党员30人，1976—1995年发展党员21人，至1995年全村有党员62人。1964—2016年，有10人任党支部书记。其中一任书记为上级党委所派。

中华人民共和国成立后，该村建立村政权，1956年前为村公所。1956—1966年建立政社合一的生产大队，1966—1976年，“文化大革命”期间称革命委员会，1977年称管理委员会，1983年建立村民委员会。1950—2016年，有13人次任村政负责人。

1964—2016年温家房子村党组织负责人任职情况表

表4

党组织名称	姓名	性别	职务	任职时间	说明
党支部	赵维祥	男	书记	1964—1965	
	孙树行	男	书记	1965—1971	
	刘宝起	男	书记	1971—1973	为公社党委委派
	崔凤德	男	书记	1974—1979	
	李田勇	男	书记	1979—1982	
	袁兆庆	男	书记	1982—1989	
	古金泉	男	书记	1989—1991	
	姚德贵	男	书记	1991—2003	
	张增海	男	书记	2003—2015	
	张鸿锋	男	书记	2015—	

1950—2016年温家房子村村政机构负责人任职情况表

表5

村政机构名称	姓名	性别	职务	任职时间
村公所	张德朋	男	村长	1950—1951
	刘维新	男	村长	1951—1956
村公所、生产大队	刘宝光	男	村长、大队长	1956—1964
生产大队、革命委员会	赵维祥	男	大队长、主任	1964—1967
革命委员会	张钟元	男	主任	1967—1970
	崔凤德	男	主任	1970—1972
革命委员会、管理委员会、村民委员会	李田勇	男	主任	1972—1984
村民委员会	张增海	男	主任	1984—1986
	姚德贵	男	主任	1986—1991
	张增海	男	主任	1991—2003
	吴存秀	女	主任	2004—2006
	张贤明	男	主任	2007—2015
	刘玉亮	男	主任	2015—

十一 荣誉

1950—2016年，温家房子村获市局级及以上荣誉1项：1996年，温家房子村民委员会被天津市文明办评为“天津市军民共建社会主义文明先进单位”。

附：典籍选录

中共天津工作委员会四市分委驻温家房子村

1945年9月1日，中共天津工作委员会宣布成立5个市分委，其中四市分委（书记宋罗岐）驻温家房子村，五市分委（书记田星云）驻双口村。9月29日，以海河为界，河北建民主天津县（书记田星云、县长郧作之，县委驻双口、县政府驻安光），河南建民主津沽县，同时改四、五市分委为三、四市分委。

《图照中的北辰》综合卷10页

1950年温家房子村被水围困

1950年8月，天津县境内发生洪水灾害。永定河、北运河、子牙河水位高涨。北运河左岸张湾、郎园两处堤坝坍塌，民工奋战7昼夜完成堵口工程；右岸穆庄子顶流处河岸崩塌160米……。温家房子村被水围困，村民先后抢险8次化危为安……。

《图照中的北辰（1949—1992）》25页

大张庄镇

大张庄镇位于北辰区东北部，东临西堤头镇，西接双街镇，南靠津榆公路，北与武清区梅厂镇接壤。东西长13千米，南北宽10千米。镇域面积98.16平方千米，辖31个自然村、1个示范镇建设小区（喜凤花园小区）。镇政府坐落于大张庄村津围公路西侧，距北辰区政府12千米，距铁路天津站15千米，距天津滨海国际机场20千米，距天津新港客货运码头45千米，距京津塘高速公路宜兴埠出入口3千米，距津蓟高速公路北辰出入口2千米，距北京市界100千米。

1949年10月，境内无乡建制，各村分属天津县和武清县。1953年5月，始建津北郊区，开始设乡。境内南部大张庄一带16村属津北郊区，设大张庄、李辛庄、二闫庄、朱唐庄4个乡。境内北部南王平一带15村属武清县，设南王平、大吕庄、大吴庄3个乡。1955年6月，津北郊区更名为北郊区。1957年5月，境内武清县的3个乡撤销，所辖15村划归梅厂乡。1958年4月，境内北郊区的4个乡合并为大张庄乡和朱唐庄乡；8月，大张庄乡和朱唐庄乡归属北郊区兴淀人民公社。是年10月，北郊区建制撤销，兴淀人民公社划归天津市河北区。后几经变革，1961年成立朱唐庄人民公社。1962年，恢复北郊区建制，朱唐庄人民公社与南王平人民公社隶属北郊区。1983年，人民公社建制撤销，改为乡。1992年3月，北郊区改称北辰区。是年5月，朱唐庄乡政府迁址到大张庄，改称为大张庄乡；1997年12月改为镇，时辖15个村。南王平乡，1997年12月改为镇，时辖16个村。2001年10月，南王平镇并入大张庄镇。合并后，大张庄镇辖31个村，分别为：南麻疙瘩、北麻疙瘩、刘招庄、刘马庄、二闫庄、张献庄、朱唐庄、小孟庄、小杨庄、大杨庄、北孙庄、大张庄、小诸庄、李辛庄、北何庄、小韩庄、高庄子、仁和营、董连庄、喜逢台、吕庄、芦庄、南王平、下殷庄、大兴庄、大诸庄、大吕庄、张四庄、张五庄、小田庄、小马庄。

2010年，北辰区大张庄镇示范小城镇——喜凤花园小区建在原喜逢台村址。至2016年年底，大张庄镇所辖31个村，已拆迁18个村，近2万村民陆续被安置在喜凤花园小区内。已拆迁的村仍具有原自然村的行政功能，村民委员会均在，仍属大张庄镇管辖。

镇域南部有横贯东西的一级河道永定新河，北部有穿境而过的二级河道杨村机场排水河（机排河），东部有引滦明渠与大兴水库，西部有森林湖和北辰郊野公园。津围、津榆、九园、京津塘高速等多条公路纵横交错，交织密布；永金引河、机排河、郎机渠等大小河渠在域内流淌，环绕四周。

2016年，大张庄镇耕地面积4790公顷，户籍人口13569户34515人，其中乡村总人口

17768人。是年，该镇实现生产总值82.21亿元，镇级财政收入1.15亿元，全社会固定资产投资53.6亿元，农村居民人均纯收入20349元。

附：

大张庄镇结合实际制定的拆迁方案

（一）本次拆迁可以保证村民现有住房水平不变，按照房产证上的平方米数和2005年镇政府下村对村民房屋的测量数据为依据。每平方米平房可换置一平方米楼房，另外每户有两代人的可保证110平方米的住房，每户有三代人的可保证130平方米的住房。

（二）凡2005年镇政府测量完原有房屋的再建新房一律不能换置楼房，给每平方米500元的补偿费。

（三）凡2005年以前的房屋前出挑梁的不算房屋的平方米数，每平方米给300元的补偿费。

（四）村内拆迁户每户有电力磁卡表的，每块表给300元的拆迁补偿费。

（五）村内拆迁户每户有电视的，每台电视给200元的拆迁补偿费。

（六）村内拆迁户每户有安装空调的，每台空调给100元的拆迁补偿费。

（七）凡拆迁户每户按有电话的，给补偿费200元。

（八）凡拆迁户选期房的，每宅每月给800元的租房费，三年保证还房，过期不能还房的租房费翻一倍发放。

（九）拆迁户院落不能按平方米计算给换置楼房数，按每平方米500元计算给付拆迁补偿费。

（十）凡拆迁已签字搬家的，每户给200元搬家费。

（十一）凡在政府规定时间及时签字的拆迁户，给拆迁奖励10000元。

（十二）凡签字拆迁户，不分男女在适龄年龄内的一律给上15年的职工养老保险金，必须是拆迁在册人员，男18至55周岁，女18至45周岁。

（十三）凡拆迁在册人员男满60周岁，女满50周岁的政府给予580元生活补贴，还可以根据生活水平的变化再增加调整。

（十四）凡拆迁在册的18岁以下的儿童，每人给发放69960元，作为今后上保险备用金。

（十五）凡签字拆迁人员一律放弃30年延包土地的使用权，将使用证上交给镇政府，按季度政府给发放土地供养费，直到2028年。发放标准：自2009年拆迁签字开始计算，第一年每亩地给供养费1278元，以后每年按6.5%比例计算递增。拆迁后村集体剩余的机动地也上交了镇政府，同样按照上述给付标准计算给土地供养费到年底一次性支付，村集体机动地的分配标准，其中80%的机动地供养费平均发放给有土地的村民，20%的机动地供养费留给村集体统一使用，该项资金必须通过镇政府批准后才能使用。2028年以后的土地供养费再另议。

（十六）凡同意拆迁签字户，必须保证自家坟茔的及时迁移，迁移每座坟茔政府给补偿款1000元。

（十七）凡签字拆迁的年轻人，政府承诺给找工作，对想上班又缺乏技术技能的给免费培训，对学习汽车驾照人员取得证书的，给予1000元学习补贴费。

刘马庄村

刘马庄村位于北辰区北部，西望汉沟、胡园两村，东与刘招庄村隔道为邻，北望武清区郎庄子村，南隔“二河三堤”为北麻疙瘩村。东南距大张庄镇政府驻地6.8千米。村呈正方形，面积24.4万平方米。2009年，刘马庄村固定资产178万元，人均纯收入6174元。2015年，该村户籍人口1364人，长期固定资产161.11万元。

刘马庄村村民居住的喜凤花园小区住宅楼　　（2016年摄）

一　村庄沿革

刘马庄村村民委员会　　（2005年摄）

明永乐二年（1404年）马大宽来此定居，始称马家庄，后有刘、王、张、李、任、杨等诸姓陆续迁入。1950年称刘马庄。

明永乐元年（1402年），属顺天府武清县；清雍正九年（1731年），属天津府天津县。光绪三十一年（1905年），由天津县北乡十一区管辖。抗日战争和解放战争时期，境内由日伪政权、抗日民主政权及国民党政权拉锯管理。民国37年（1948年）12月，属冀中武清县八区；1949年，属冀中武清县九区；1950年8月，属天津县三区；1953年5月，属天津市津北郊区；1955年6月，津北郊区更名为北郊区；1958年10月，属天津市河北区；1962年2月，复归天津市北郊区；1992年3月，属天津市北辰区。1997年12月以后，属大张庄镇。

1985年12月，该村被天津市政府批准为抗日根据地村。

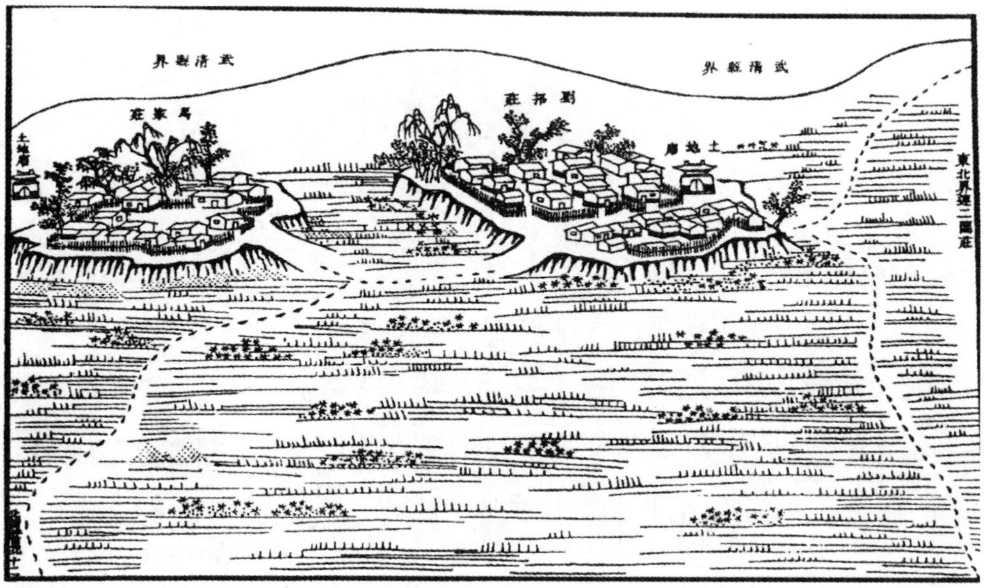

清道光二十六年（1846年）《津门保甲图说》中的马家庄（刘马庄）

二　道路河流

中华人民共和国成立前，刘马庄村周边地区仅有土质公路。自80年代开始，随着经济发展，该区域公路建设发展迅速，硬化率逐渐提高。出村沿乡村公路南行1千米到达九园公路，村西2千米有京津塘高速公路通过界内。村南有郎园引河、村西有武清河岔在界内流过。

三　人口方言

人口　据清道光二十六年（1846年）载，境内有铺户六户、烟户九十七户、佣作二十三户、负贩二十七户、船户一十九户，僧人二户，共一百七十四户（大口六百一十七口；小口四百五十一口）。

据《典籍中的北辰》载，民国23年（1934年），刘马庄村有136户726人。中华人民共和国成立后，该村1980年有275户1180人；2000年，有380户1159人；2015年，有480户1361人；2016年，有482

户1378人。

民族　据《天津市北辰区地名志》载：1995年，该村有人口1232人，均为汉族。据村情调查，2016年，该村有汉、蒙古、满3个民族。

姓氏　刘马庄村共有刘、王、马、任等14个姓氏，主要大姓字辈排序为：

刘姓：代、三、忠、起、单名、文、单字、希、兴、子、继。

王姓：元、树、振、云、学、文。

马姓：大（始祖）、永、单字、起、景、玉、凤、宝、金。

任姓：连、会、海、晓、志。

方言　刘马庄村方言属武清方言片，与武清杨村话相似，在全国方言分区上属北京官话区怀（来）承（德）片。

例如：黏屁股鬼儿，意思是久坐不走；腰歇，意思是中间短暂休息；半颤子，意思是半截、没完。

四　耕地状况

据刘马庄村上报的村情调查资料表明：该村土地原为退海地，土壤盐碱、贫瘠，民国21年（1932年）永定河放淤使土壤肥沃。由于历史原因，该村土地分布不够集中。历来土地分散，中华人民共和国成立后，几次和邻村互换地块，便于耕种。调整后的土地面积7500亩，其中耕地面积4323亩，农用地2811亩，宅基地366亩。村土地西与双街镇胡园、双街村之地为邻，东北和刘招庄村接壤，南与朱唐庄、小杨庄、北麻疙瘩村之地相连。

20世纪60年代，以改土治水为中心大搞农田基本建设，平整土地，修了数十条排水低型渠、灌溉高型渠，数百条毛渠、斗渠，修建8座扬水站，钻6眼机井。基本上保证了旱能浇、涝能排。1971—1972年，开挖郎园引河、果园大渠。90年代，开挖村西大渠，并修1万余米的防渗渠道。

20世纪90年代刘马庄村所属主要耕地地块情况表

表1　　单位：亩

地块名称	位置	面积	地块名称	位置	面积
村西地	村西	600	河沟子	村南	410
大瓜地	村西	1300	大白子	村南	410
西淀子	村西	400	小白子	村南	300
保台子地	村西	60	任坟道东	村南	100
大官地	村西	20	任坟道西	村南	200
长拐	村西	220	白豆地	村西	250
沙河	村西南	20	王福地	村西	80
坨子	村西南	600	公路东	村南	180
胡场	村西南	500	公路西	村南	100
架子地	村西	250	井子地	村西北	40
架子斜尖	村西	20	药沟子	村西北	80
小五份	村西南	160	横道	村西北	50
马义	村南	50	马坟及斜尖	村西北	140
王埜	村南	290	武清河岔	村西	300
合计					7130

1990年刘马庄村所属主要耕地地块分布示意图

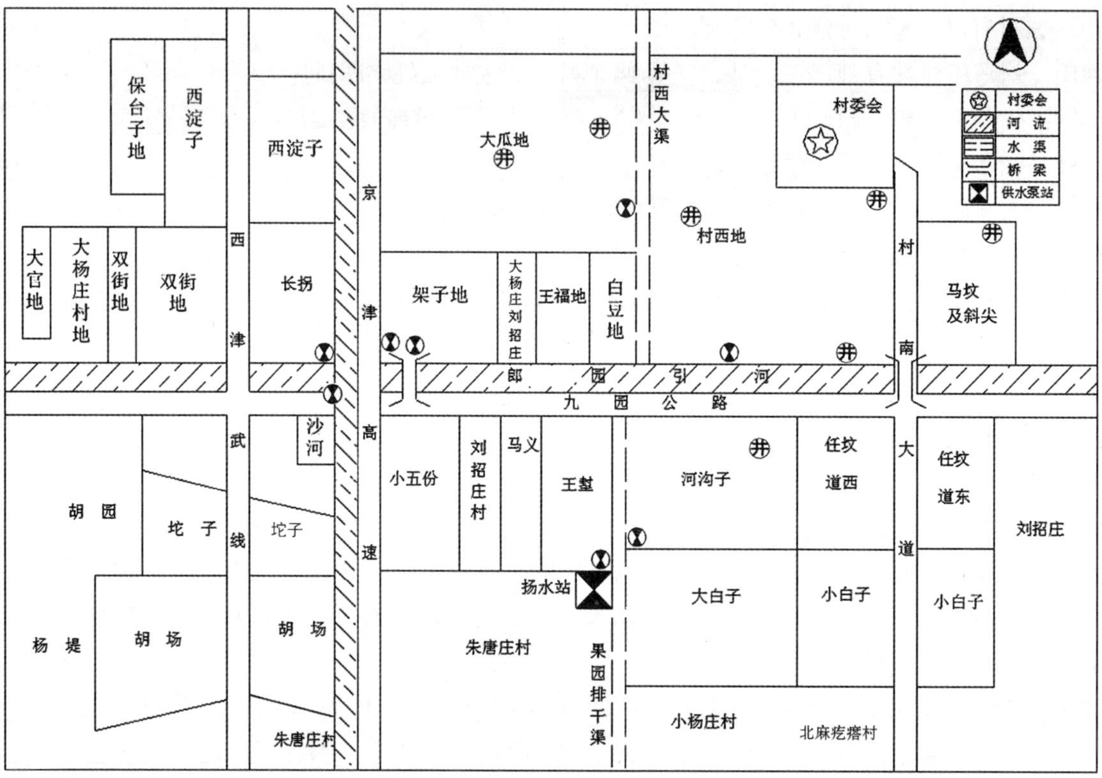

（2016年绘制）

刘马庄村泵站（2016年摄）

五 街道胡同

中华人民共和国成立前，刘马庄村街道胡同均为土路。20世纪50—70年代，村容街貌虽有改善，但发展较为迟缓，进入90年代后，随着经济的发展，按规划实施村庄改造，街道胡同拓宽调直，主要街道逐步落实硬化。1986年，乡村公路通到村口。1991—2005年，该村修筑主要街道有春光大街、霞光大街、正阳街、春晖里街、晨光大街、曙光大街，均为沥青路面，有路灯。东西向胡同18条，南北向胡同87条。

2009年前刘马庄村主要街道情况表

表2

修筑年份	街道名称	长度（米）	走向
1991	春光大街	600	东西
1991	霞光大街	600	东西
1991	春晖里街	500	东西
2005	正阳街	600	南北
2005	晨光大街	700	东西
2005	曙光大街	600	东西

刘马庄村街道 （2009年摄）

2009年前刘马庄村街道胡同及公共设施示意图

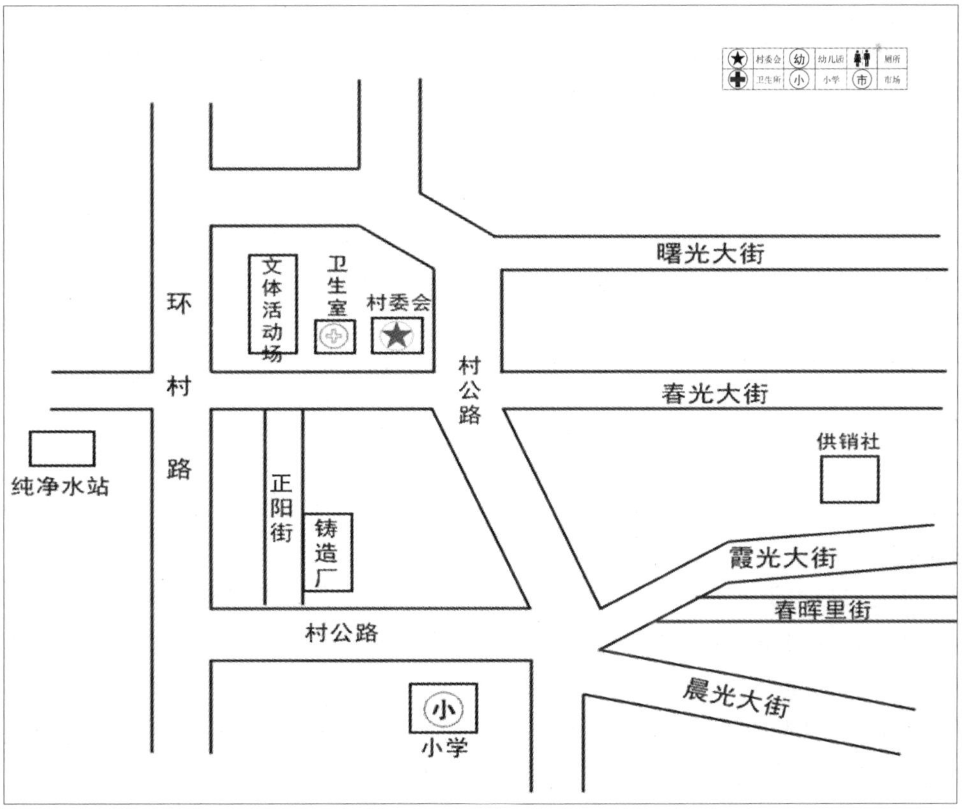

（2016年绘制）

六 旧村改造

20世纪70年代前，刘马庄村住房多为土坯房；80年代后，随着村民收入的提高，大部分改建为砖瓦房；2005年，房屋普查全村农房总面积为41000平方米。

2009年4月，刘马庄村土地租赁给大张庄镇政府经营管理，村民享受镇政府给予土地供养、城职养老保险（15年期）及老年人养老补贴待遇。2009年，根据规划需要拆除村居，从此该村落消失，村民们迁至喜凤花园，搬进楼房居住，结束了居住平房的历史。

七 公共设施

1950年，为防洪水放淤在村四周修筑围堤。1965年，与刘招庄村合打一眼水井，为村民饮水用。60年代，成立“红医站”，后改为卫生所。1970年，村打深水井，随后安装管道通水到户。1972年，建小学校一所。70年代，建村供销社。80年代，建村民委员会办公设施。2005年，修建纯净水站，全村人喝上纯净水。自2005年起，陆续修建健身活动中心及健身广场等，公共设施不断完善。

刘马庄村活动中心 （2016年摄）

刘马庄村卫生所 （2016年摄）

八 经济概况

农业 刘马庄村民世代以耕种为生。中华人民共和国成立前，种植的主要粮食作物为：玉米、高粱、小麦等；经济作物为：黄豆、棉花、西瓜、向日葵等。生产工具为：锄、镐、锹、镰、耠、犁、“倒拉驴”等。60年代前农作物施用农家肥，其后大部分使用化肥，有机肥使用渐少。70年代前粮食、经济作物种植当地品种。70年代后种植杂交及优良品种，并开始种植水稻。随后有了拖拉机、脱粒机、播种机等农用工具，逐步实现机械化。1983年年底，实行家庭联产承包责任制。2001年，粮田2404亩，亩产达408千克。农业总产值374万元。联产承包以后发展个体养殖业，主要养殖鸡、猪、肉牛、奶牛、鹌鹑等。

工业 70年代以副养农，全面发展，村集体先后建麻绳加工厂、磨光厂、五金加工厂、津北塑料厂、精密铸造厂，时为村集体创造了一定财富。后通过企业改制，诸多加工厂全部变为个体私营和股份合作制形式。90年代引进嘉利达化工厂、飞龙砼化工有限公司、致远化工、轻型材料厂、俊诚钢管厂等企业，使用村集体土地，给村交纳土地使用费及土地出让补偿费。至2016年，村内已无任何企业。

九 民间文化

1952年，由村民自筹资金成立业余评剧团（新声评剧团），团长先后由王秉义、王树功担任。时常对外演出。1996年，在村民委员会的组织下成立秧歌队，年年搞活动，曾参加过庆祝1997年香港回归活动。

龙王庙 清末至民国初，由王姓、马姓及村民捐款建龙王庙，大殿有龙王爷、财神爷、药王爷等塑像。中华人民共和国成立初期被拆除，改为村大队办公室，后被改为房基地。

古　树　村东头马姓宅前有一棵古槐树，约有200年的树龄，枝繁叶茂，成为村中一景。

十　大事纪略

1932年7月至1939年8月，八年间共在津北塌河淀放淤15次（淀南4次，淀北11次）。据测算，淀北淤沙约1.11亿立方米，淀南约3771万立方米，相当于海河挖泥船从清宣统三年（1911年）至1949年38年间挖沙总量1600万立方米的90倍！同时，淀北南麻疙瘩、刘马庄一带，均已变盐碱之地为肥沃之田。

十一　英烈先贤

周洪英（1921—1948）　烈士，女，民国37年（1948年）参加革命，是年9月18日，在刘马庄村被双街还乡团杀害，生前为村妇救会主任。

王树平（生卒年不详）　烈士，参加八路军（时间不详）任连长，在抗日战争中牺牲（时间不详）；中华人民共和国成立后，其母亲贾氏由政府赡养住进敬老院（光荣院）。

刘兴奎（生卒年不详）　20世纪30年代在西北参加红军。后任中国人民解放军师长。

王秉臣（生卒年不详）　中华人民共和国成立前参加革命，后任中国人民解放军独立团团长，转业后到天津灰堆造纸总厂武装部任职（时间不详）。

刘兴善（1932—2013）　50年代初，参加中国人民志愿军赴朝鲜作战，后复员回村，1960年任村党支部书记。

王海山（生卒年不详）　参加冯玉祥的国民革命军任团长，后辞职还乡（时间不详）。

十二　历任党政负责人

1951年，刘马庄村开始发展中共党员。是年，由党支部开展工作。至2016年，有12人次任支部书记，最长任职者为12年。

1951年，该村始有村政机构负责人情况记载，经过村公所、生产大队、革命委员会、管理委员会、村民委员会的变化，至2016年，共有14人次任职村政机构负责人，最长任职者为11年。

1951—2016年刘马庄村党组织负责人任职情况表

表3

党组织名称	姓名	性别	职务	任职时间
党支部	王云清	男	书记	1951—1959
	张连玉	男	书记	1959—1960
	刘兴善	男	书记	1960—1966
	王云贵	男	书记	1967—1973
	王树权	男	书记	1974—1975
	王云贵	男	书记	1975—1976
	刘兴善	男	书记	1976—1982
	刘兴成	男	书记	1983—1987
	李洪信	男	书记	1988—1992
	赵建军	男	书记	1992—1993
	王凤祥	男	书记	1993—2015
	杨晓琦	男	书记	2015—

1951—2016年刘马庄村村政机构负责人任职情况表

表4

村政机构名称	姓名	性别	职务	任职时间
村公所	张永泉	男	村长	1951—1952
	马凤吉	男	村长	1953—1957
生产大队	王树枝	男	大队长	1958—1961
	王云贵	男	大队长	1962—1966
革命委员会	张金泉	男	主任	1967—1971
	刘兴成	男	主任	1972—1975
	王振清	男	主任	1976—1978
管理委员会	李洪信	男	主任	1979—1982
村民委员会	王凤祥	男	主任	1983—1993
	王云贵	男	主任	1994—1999
	王云安	男	主任	2000—2002
	任顺来	男	主任	2003—2005
	杨晓琦	男	主任	2006—2011
	王云成	男	主任	2012—

附：媒体选录

淀北发现飞蝗

近来，淀北刘马庄、二闫庄等十数村发现飞蝗，蝗身健全，飞来飞去，触目皆是。蝗虫所到之处，禾稼都被蚕食一空。虽经各村乡民逐日捕打，卒以禾稼繁茂，又兼蝗又生翼，颇感困难。各村又捕捉飞蝗，均携赴津市贩售，每斤售一角，获利颇丰，故乡间妇孺，均以捕蝗为正业，希补所失云。

【摘自《天津益世报》民国25年（1936年）9月14日】

刘招庄村

刘招庄村位于北辰区北部，地处京津塘高速公路东侧，距津围公路4千米，村南是郎园引河和九园公路，村西紧连刘马庄村，村东与二闫庄村相隔1.2千米，北距小韩庄3千米，东南距镇政府驻地5.5千米。村呈正方形，面积22.2万平方米。2009年，该村固定资产107.4万元，人均纯收入12283元。2015年，户籍人口1301人，长期固定资产83.80万元。

刘招庄村村委会 （2009年摄）

一　村庄沿革

该村始建于明永乐年间（1403—1424年），时有刘招、刘唐、刘本弟兄三人到此居住，成村后以长兄刘招取村名刘招家庄。后有薛、郑、赵、杨、张、李等姓迁入。清乾隆后称现名。

清光绪三十一年（1905年），由天津县北乡二十一区管辖。抗日战争和解放战争时期，境内由日伪政权、抗日民主政权及国民党政权拉锯管理。民国37年（1948年）12月，属冀中武清县八区；1949年，属冀中武清县九区；1950年8月，天津县三区；1953年5月，属天津市津北郊区二闫庄乡；1955年6月，属天津市北郊区；1958年4月，隶属朱唐庄乡；是年10月，属天津市河北区；1961年，隶朱唐庄公社；1962年2月，复归天津市北郊区；1983年，人民公社建制撤销，改为乡；1992年3月，属天津市北辰区。是年5月，朱唐庄乡改称为大张庄乡；1997年12月，属大张庄镇管辖。

1987年12月，该村被天津市政府批准为抗日根据地村。

二　道路河流

道路　沿乡村公路南行200米可达九园公路，西接京津公路，东至津围公路。村西1.5千米有京津塘高速公路通过界内。

河流　村南郎园引河、村西武清河岔、五兴河流经界内，解决了该村农田排水与灌溉问题。

三　人口方言

人口　据《典籍中的北辰》载，民国23年（1934年），刘招庄村有143户766人。中华人民共和国成立后，1980年该村有258户1187人，2000年有340户1240人，2016年有415户1315人。

民族　据《天津市北辰区地名志》载：1995年，该村人口1252人，其中2人为满族，余为汉族。据村情调查，2016年，该村人口由汉族、满族、土家族3个民族组成，绝大多数为汉族。

姓氏　刘招庄村共有13个姓氏，其中大家族姓氏有刘、郑、赵、薛、杨5个，各大家族字辈排序如下：

刘姓：景、永、太（云）、大、茂、洪、连、春、金、宇。

郑姓：桐、俊、炳、树、洪、学。

赵姓：士、连、永、玉、学、振。

薛姓：茂、承、林、永、炳、瑞。

杨姓：復、国、有、继、晓、子、东。

方言　刘招庄村方言属武清方言片，与武清杨村话相似，在全国方言分区上属北京官话区怀（来）承（德）片。此方言又带天津用语，如"嘛玩艺""有嘛""干嘛"等，爱带"嘛"字。

四　耕地状况

据刘招庄村上报村情调查资料表明：20世纪80年代，该村耕地3438.57亩，主要分布于村台四周。1964年，从村北下坡开一条排水渠，一直到村西五兴河全长3千米，渠上口宽4米、渠底2米、深1.5米，利用挖渠的土在村"北大荒"南头修一条3千米的高型渠。1964—1970年"农业学大寨"期间，全村土地条田化，每块地不仅有排灌，总渠道还有小的泄水主渠，主渠每隔20米～30米一道，保证大雨过后不存水。其耕地整体四至为东界二闫庄村耕地，西界刘马庄村耕地，南界小杨庄村耕地，北界高庄子村耕地。

20世纪80年代刘招庄村所属耕地地块情况表

表1　　　　单位：亩

地块名称	位置	面积	地块名称	位置	面积
小四洼子	村南	223.31	九园公路南加油站	村南	120.15

续表

地块名称	位置	面积	地块名称	位置	面积
王洼子 大电杆	村东	212.73	三洼子	村北	129.87
高庄道南 芽子畦	村东	48.99	朱洼地	村北	90.28
东洼子中节	村东	93.18	东万子	村北	69.66
北台田	村北	93.98	后马店南节	村北	45
后马淀北节	村北	181.25	小马淀（南）北节	村北	171.6
东洼子	村北	37.48	北大荒北节	村北	349.25
北大荒南节	村北	314.46	大柳树	村西	143.79
河北小四洼	村东	55.63	二闫庄道南郎机渠西	村东	59.29
二闫庄道北 芽子畦	村东	48.75	大电杆南节	–	32.25
二闫庄道南 麦王地	村东	53.6	村南公路 麦王地	村南	61.85
坨子地	村西	126.32	马叉地	村南	79.45
王福地	村西	94.75	西八十	村西	11.73
北淀子	村西	69.3	鸽子淀	村西	68
小四亩	村北	10.84	北大渠北侧	村北	11.3
小四洼子	村东	40.53	西沟子 北节	村南	100
西沟子 南节	村南	150	刘茂旺鱼池	村北	40
合计					3438.57

20世纪80年代刘招庄村所属耕地地块分布示意图

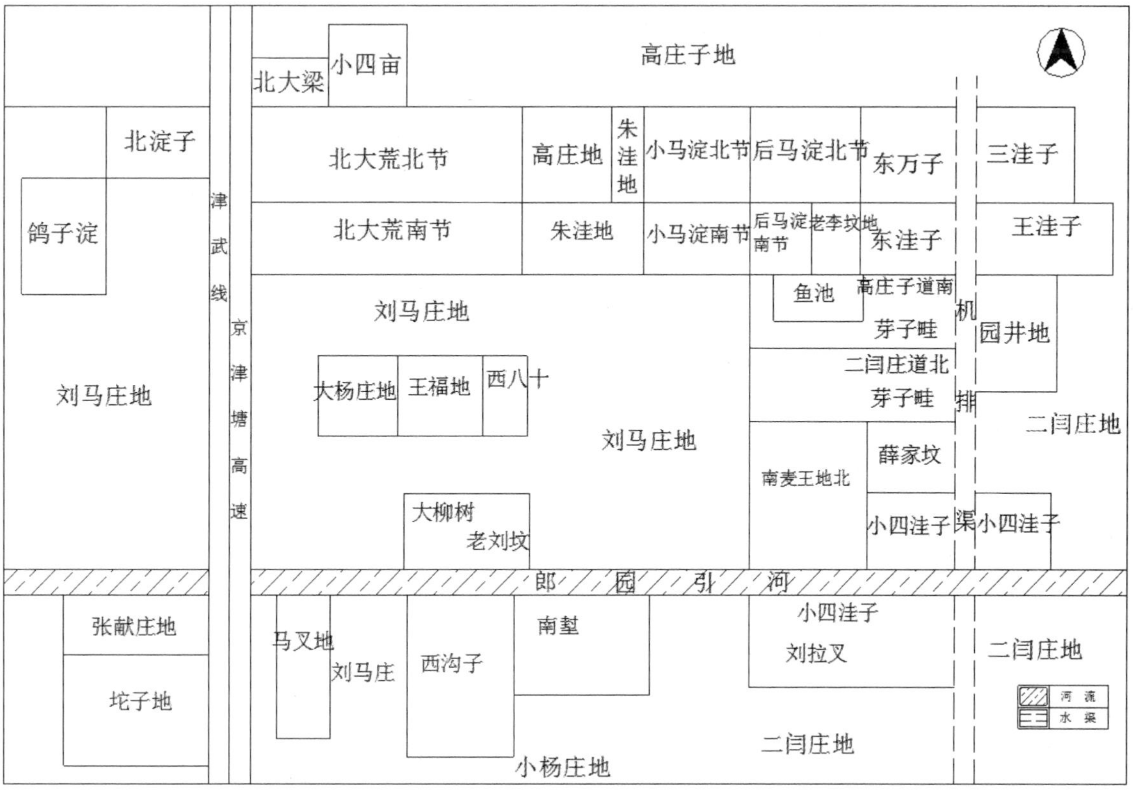

（2016年绘制）

五　街道胡同

中华人民共和国成立前，刘招庄村均为土路。中华人民共和国成立后，村容街貌虽有改善，但发展较为迟缓。1995年，村内开始修了柏油路。2003年，对村内胡同全部用红砖进行了硬化，村民们出行更加便利；2007年，对胡同进行了再次硬化，村内也做了下水道，使得雨水过后街上不见明水。村内有东西向街道6条，南北向街道2条，均为沥青路面，有路灯。东西向胡同24条，南北向胡间34条。

刘招庄村村内街道　（2009年摄）

2009年刘招庄村主要街道情况表

表2

修筑年份	街道名称	长度（米）	走向
1995	振兴路	300	东西
1995	繁荣大街	300	东西
1995	昌盛大街	300	东西
1995	中华路	300	东西
1995	文明路	750	南北
2000	村西路	450	南北
2000	旭日路	100	东西
2000	东升路	100	东西

2009年刘招庄村街道情况示意图

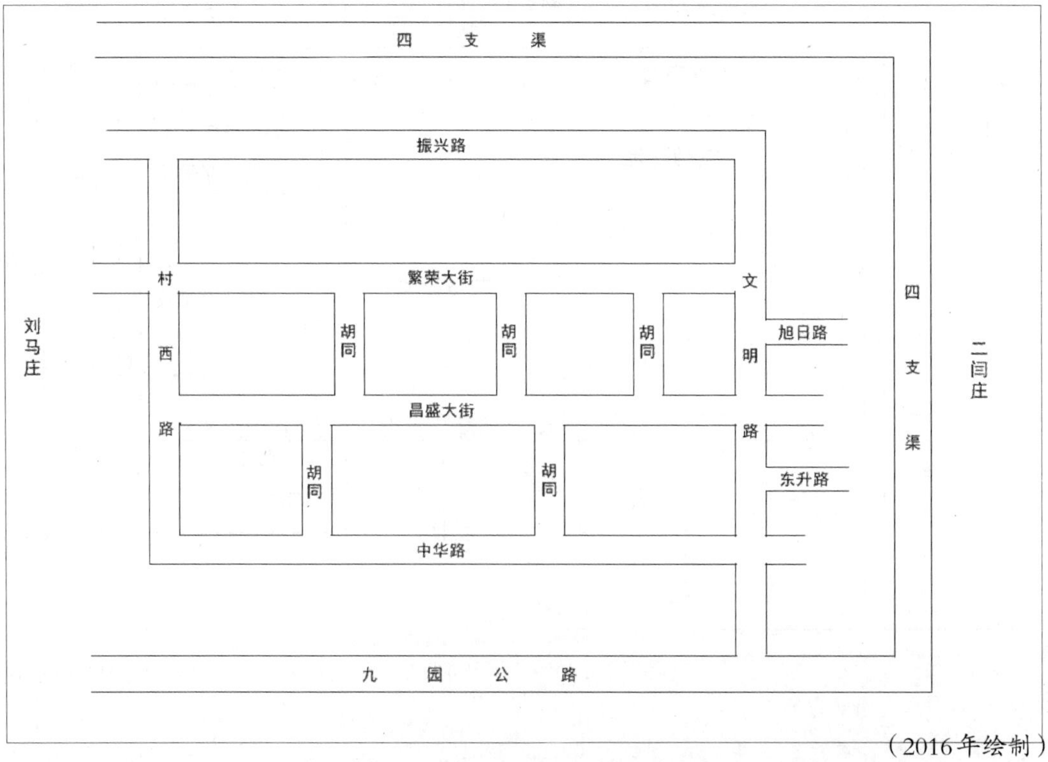

（2016年绘制）

六　旧村改造

为了经济更快的发展，加快小城镇建设步伐，北辰区委、区政府和大张庄镇党委、政府联合推行了一个综合改革试验区，在大张庄镇界内西北部的几个村的土地上实施。把试验区上的一切地上物拆除，用来规划工业基地。刘招庄村是第二批进驻的拆迁村，为了保证拆迁的顺利进行，于2009年1月，该村成立了拆迁领导小组。5月，全村402户村民的437所住宅全部拆除，建筑面积4.23万平方米，村民拆迁签字率100%。是年7月，有173户选了现房，入住喜凤花园小区，另有322套期房当时尚未交付使用。至2012年年底，刘招庄村全体村民悉数迁入楼房新居。

七　公共设施

1963年，刘招庄村与刘马庄村联合打了一眼机井，使两村村民吃水用水得到了保证。是年，刘招庄村建了1所小学，名为刘招庄中心小学；2002年后，在村东南角距九园公路100米处另外建了1所新小学校，旧址已不再使用。刘招庄村村民委员会建于村东南角。2006年，在村民委员会东侧建村民公园，内设健身器材，配有图书室1个。村内有卫生所2处，综合商店1家，老年活动中心1所。

刘招庄村老年活动中心　　（2016年摄）

2009年前刘招庄村公共设施示意图

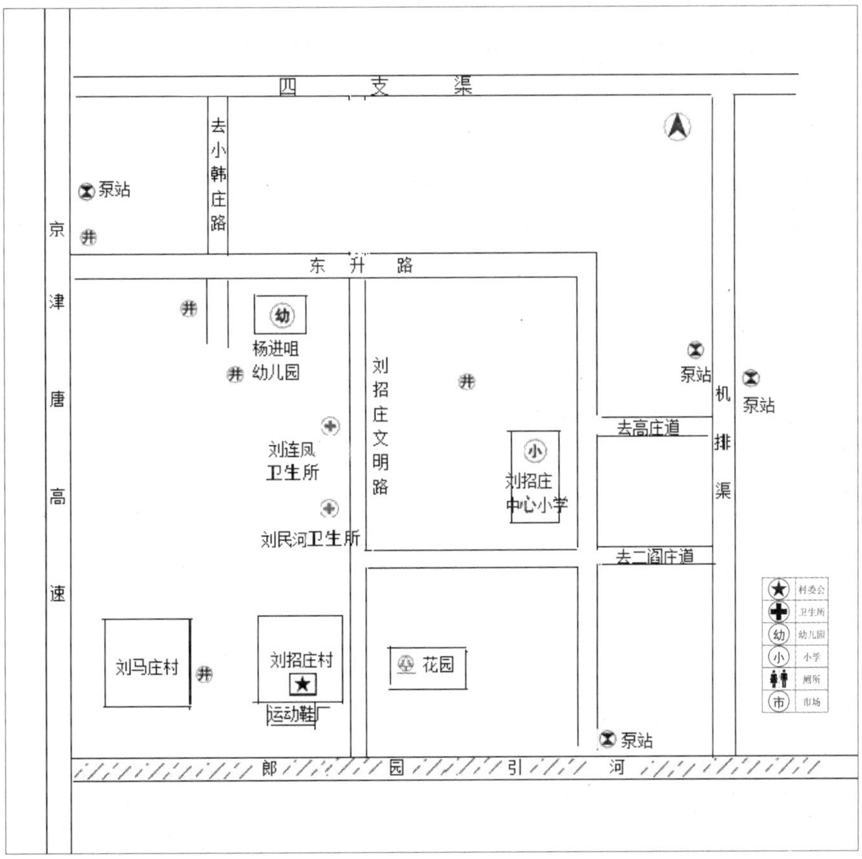

（2016年绘制）

八　经济概况

刘招庄小学　（2016年摄）

农业　刘招庄村土地较多，全村人从事的行业70%是务农。该村地势低洼，20世纪40—50年代常年沥涝，农业生产没有保障；村民为提高粮食产量，都以种植高粱和黑豆为主，在少数地势高的田里种植玉米。1964年，市、区各级政府开始重视水利建设。刘招庄村挖渠动土数十万立方米，土地耕种状况大有改观，可以种植的粮食作物有小麦、玉米，另外还有经济作物棉花、大豆等，基本达到稳产、高产，每年粮食产量达到一二千吨，村民的生活水平逐年提高。

工业　1963年，刘招庄村成立了五金电器厂，主要生产电杆用穿钉和节电变压器，企业时有员工30多人。1973年春，该厂迁移到村东堤外新建厂房，占地面积约4000平方米，职工70多人，建厂第二年产值达到10万元。1978年，与天津市运动鞋厂挂钩在村南建厂，每年加工运动鞋20多万双。1994年，天津市珍城制衣有限公司落户该村。该公司占地面积15亩，招收职工200人，生产的睡衣主要销往国外，至2000年，每年产值达2000万元人民币。1999年，天津子豪金属制品有限公司在该村落户，厂房占地100亩。自1998—2005年，先后有天津市北辰区宏达精细化工厂、纸箱厂、天马冶炼厂、青岛自行车厂落户该村。

九　民间文化

中华人民共和国成立初期，刘招庄村村民自发组织了一个小车会，每年冬季农闲时便有30多个村民参加排练，春节时在村内及周边村演出，会头叫薛茂林，其他主要成员有薛成光、薛成仲、刘连兴、刘连弟等人。1953年，村里又成立了评剧团，有演员30多人，取名和平剧团，后改名为刘招庄评剧团，团长宋思珍。该评剧团每年冬季演出，春节对外演出，多次到北郊礼堂进行会演，受到好评。1953—1970年，村里有一支篮球队，队员有刘洪贵、杨有生、刘茂生等人，这些人不误农活，闲时练习并经常与其他村球队开展比赛。2000年，村里还组织了一支秧歌队，十几年来虽有队员更替，但始终保持有20多人坚持活动。

十　历任党政负责人

刘招庄村民国35年(1946年)发展党员4人。1949年，建立党支部，并由党支部开展工作。至2016年，有15人次任支部书记，最长任职者为20年。

该村1951年始有村政机构负责人情况记载，村政机构经过村公所、生产大队、革命委员会、管理委员会、村民委员会的变化，至2016年，共有12人次任职村政机构负责人，最长任职者为24年。

1949—2016年刘招庄村党组织负责人任职情况表

表3

党组织名称	姓名	性别	职务	任职时间	说明
党支部	薛承祥	男	书记	1949—1953	
	邢立海	男	书记	1954—1960	
	薛承仲	男	书记	1961—1963	
	阎学广	男	书记	1964—1965	
	薛成仲	男	书记	1966—1968	

续表

党组织名称	姓名	性别	职务	任职时间	说明
党支部	郑炳富	男	书记	1969—1982	
	刘大正	男	书记	1983—1984	
	刘喜盈	男	书记	1984—1985	
	郑炳富	男	书记	1986—1991	
	康士亮	男	书记	1992—1993	
	刘洪珍	男	书记	1994—1997	
	吴继堂	男	书记	1998—1999	镇派
	刘春虎	男	书记	1999—2006	
	吴兴旺	男	书记	2006—	

1951—2016年刘招庄村村政机构负责人任职情况表

表4

村政机构名称	姓名	性别	职务	任职时间	说明
村公所	刘大起	男	村长	1951—1952	
	李　林	男	村长	1953—1955	
	薛炳权	男	村长	1956—1959	
生产大队、革命委员会、管理委员会	靳文通	男	大队长、主任	1960—1983	
村民委员会	吴兴旺	男	主任	1984—1990	
	薛炳来	男	主任	1991—1993	
	刘春虎	男	主任	1994—1996	
	康士厚	男	主任	1997—1999	
	赵玉恩	男	主任	2000—2002	
	吴兴旺	男	主任	2003—2005	
	郑树路	男	主任	2006—2011	
	李建锁	男	主任	2012—	

高庄子村

高庄子村位于北辰区东北部，村东邻喜逢台村2.5千米，南邻二闫庄村1.5千米，西南邻刘招庄村和刘马庄村1.5千米，北面与仁和营村和董连庄村接壤，距离约1.5千米～1.7千米，西北距离小韩庄村约1.7千米，距大张庄镇政府驻地4.6千米。村呈正方形，面积19.9万平方米。2009年，该村固定资产79.5万元，人均纯收入6060元。2015年，户籍人口1128人，长期固定资产113.79万元。

高庄村村民委员会 （2008年摄）

一　村庄沿革

高庄子村建于明永乐三年(1405年)。始有山西省洪洞县高氏兄弟八人移民到此定居，因长兄失语，故始称“高哑巴庄”；后有高姓表亲秦、张二姓迁入，村庄逐渐形成规模。高哑巴庄这个名字一直延续到1962年，该村由武清县划归北郊区时定名高庄子，称高庄村。

明永乐十四年(1416年)高庄村属武清县灰锅口里。清承明制，仍属武清县。据光绪《武清县图》，境内辖与天津县边界相邻村有高哑巴村名。民国29—34年(1940—1945年)，日伪当局设区乡，属武清县第五区大吴庄乡。民国35年(1946年)隶属民主天津县六区。民国37年(1948年)年底，隶武清县七区。1950年，隶武清县第十五区。1953年，隶属武清县三区南王平乡。1957年，撤销南王平乡，改属武清县梅厂乡。1958年，隶属武清县梅厂人民公社。1961年5月，隶天津市河北区南王平人民公社；1962年，属北郊区南王平人民公社；1983年，属北郊区南王平乡。1997年12月，乡改镇，隶属南王平镇。2001年10月，南王平镇并入大张庄镇，隶属大张庄镇管辖。

1985年，该村被天津市政府批准为抗日根据地村。

二　道路河流

道路　中华人民共和国成立前，高庄村属偏僻地，有土路通往各村。中华人民共和国成立后，1953年，修筑通往南王平村的大道。伴随经济的发展，截至2016年，高庄村临省(市)道2条，即津围公路、九园公路；乡村路1条，建于1986年，长3.2千米，沥青路通往津围公路。另有乡村土路分别通往小韩庄、刘马庄、二闫庄等村。

河流　高庄村临2条二级河道，村北距机排河2千米，村南距郎园引河约3千米。

三　人口方言

人口　据统计资料，1950年该村有205户700人；1980年，有280户980人；2000年，有300户1070人；2016年，有385户1230人。

民族　据《天津市北辰区地名志》载：1995年，该村居民均为汉族。据村情调查，2016年，该村居民仍均为汉族。

姓氏　2016年，全村有65个姓氏，主要大姓为高、秦、张、刘、李、边、邱、兰等。村内高姓、秦姓、张姓辈分排序如下：

高姓：德、广、树、玉、文、学、永。

秦姓：秉、玉、诚、学。

张姓：兰、广、继、井、洪、建、义。

方言　该村属武清方言片，与武清杨村话相似，在全国方言分区上属北京官话区怀(来)承(德)片。此方言又带天津用语，如“嘛玩艺”“有嘛”“干嘛”等，爱带“嘛”字。

四　耕地状况

据高庄村所报村情材料表明，1990年，高庄村土地分为4部分，即村东643亩，村西2645亩，村南170亩，村北100亩，共24块3558亩。村西地块与小韩庄村、刘招庄村相连，村北地块接小韩庄村，村南与二闫庄村、刘招庄村、刘马庄村相邻，村东土地与董连庄村相连。

村西有干渠4条，泵站2座。村东有干渠1条，泵站1座。

1990年高庄村所属耕地地块情况表

表1　　单位：亩

地块名称	位置	面积	地块名称	位置	面积
北马地	村东	230	道夹	村西	295

续表

地块名称	位置	面积	地块名称	位置	面积
大坟地	村东	148	瞎子坟	村西	125
东　场	村东	30	窑疙瘩	村西	120
金殿子	村东	80	梁洼子	村西	175
刘家坟	村东	60	小八亩	村西	25
大荒场	村东	95	小份子	村西	250
台　田	村南	40	麻　地	村西	375
南洼子	村南	70	小亩淀	村西	340
闫庄后	村南	60	张家坟	村西	310
房后头	村北	40	朱家洼儿	村西	100
北洼子	村北	60	西井子地	村西	380
庞庄后	村西	110	大斜尖	村西	40
合计					3558

1990年高庄村所属耕地地块分布示意图

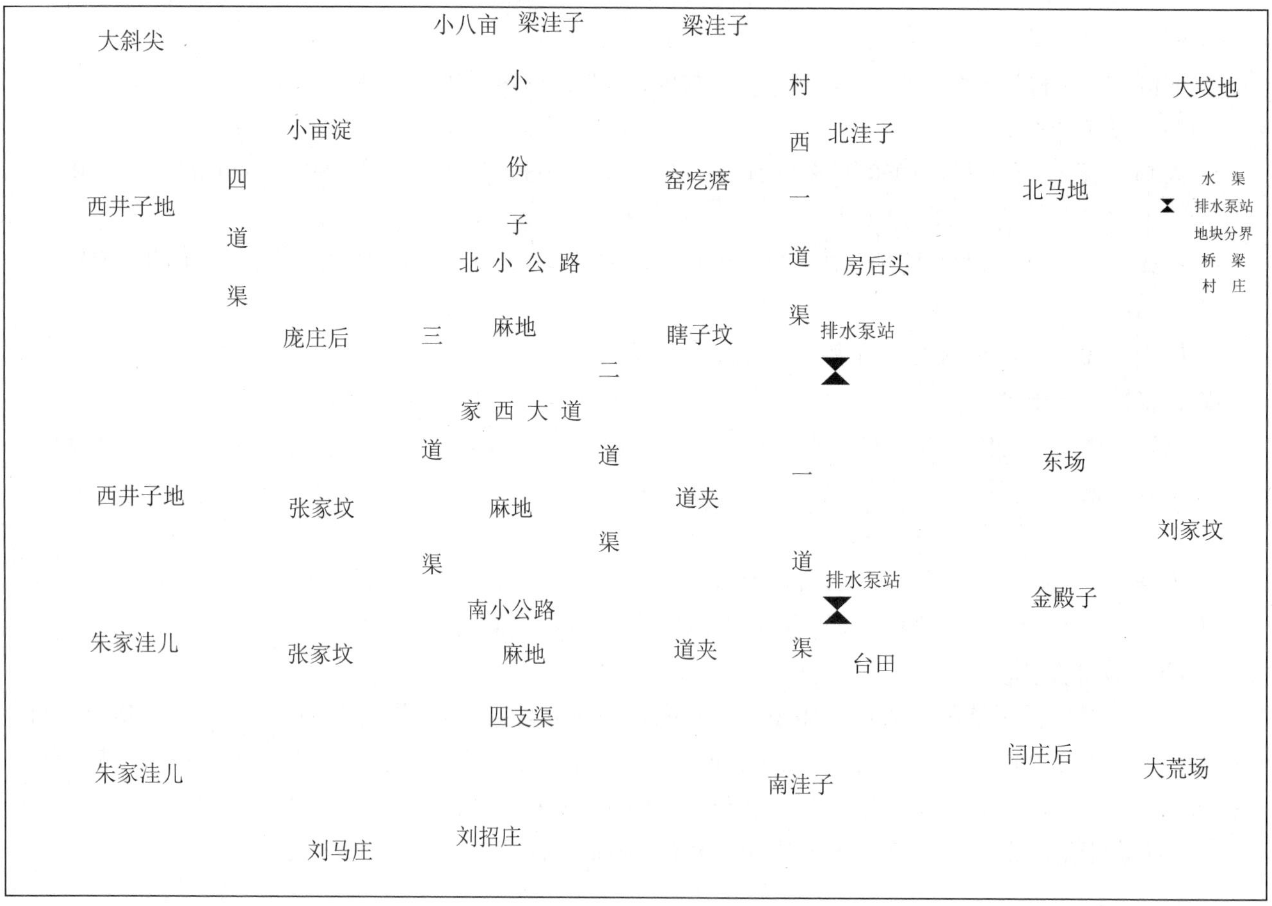

（2016年绘制）

五　街道胡同

截至2009年，全村街道共有5条，其中东西向的4条，即前街、后街、北大街、南大街，分别长350米、400米、300米、350米，南北向街道1条，即西环路，长260米，均沥青路面，有路灯。

胡同短且窄，主要胡同9条，其中南北方向的6条，名称为西胡同、小胡同、东胡同、委东胡同、委西胡同、西东胡同；东西方向的3条，名称为东南胡同、西北一排、东北一排。

2008年高庄村街道胡同情况表

表2

街道胡同名称	长度（米）	走向	街道胡同名称	长度（米）	走向
前街	350	东西	东胡同	150	南北
后街	400	东西	委东胡同	60	南北
北大街	300	东西	委西胡同	60	南北
南大街	350	东西	东南胡同	170	东西
西环路	260	南北	西东胡同	70	南北
西胡同	230	南北	西北一排	130	东西
小胡同	230	南北	东北一排	120	东西

2009年高庄村村民居住平面分布图

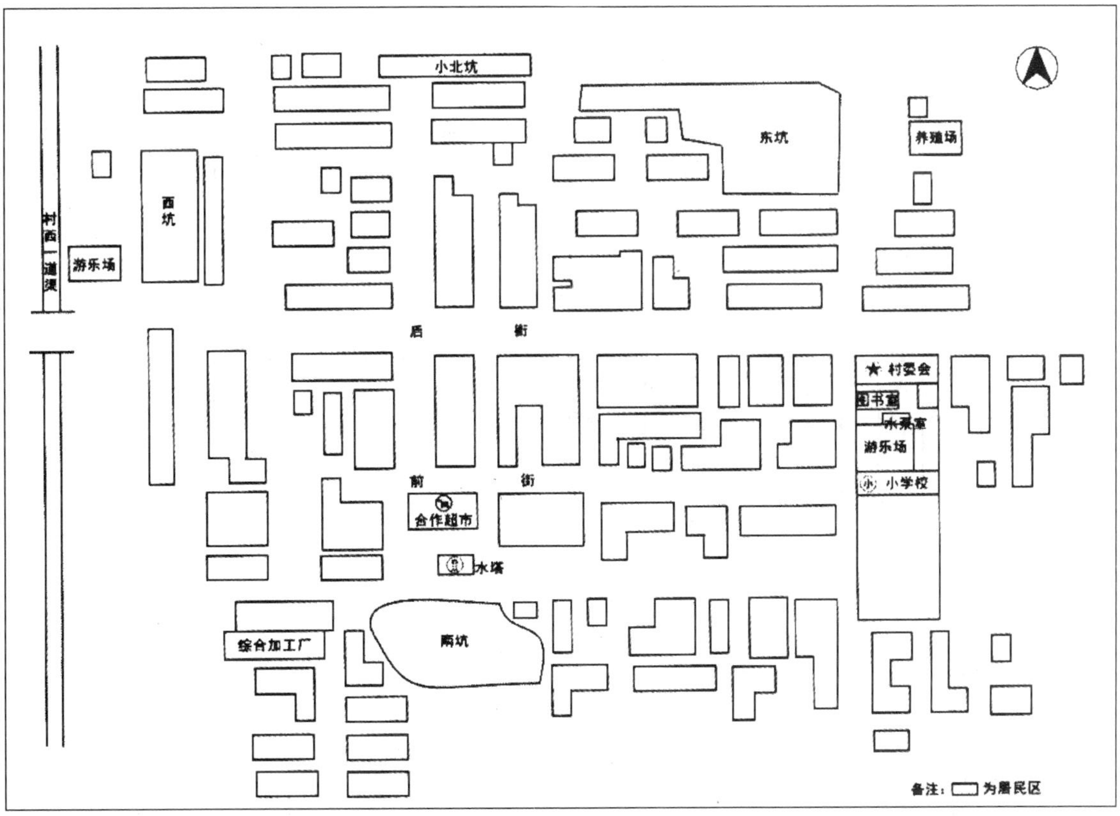

（2016年拍摄）

六　旧村改造

2008年，北辰区政府决定建立大张庄镇综合改革试验区，高庄村于2009年2月开始拆迁。经镇政府工作组召开村民代表大会，公布拆迁有关政策，解疑答难，村民心明眼亮，拆迁工作于2009年3月底基本完成。拆迁时，共有320户、1143人，其中农业人口1042人，非农业人口101人。土地面积4802亩。是年，部分村民还房，入住喜凤花园，余者于2012年还迁，入住至领雅苑、文雅苑、高雅院，全体村民结束了几百年来住草屋平房的历史。

七　公共设施

中华人民共和国成立前，高庄村公共设施甚少。清末，村有“冬三月”私塾，农家子弟学文兼修珠算。中华人民共和国成立后，1965年，创办民办小学；1972年，建高庄联校。1956年，建供销社代销店；1973年，设立门市部。1969年，成立红医站(后改卫生所)；1991年，达到甲级卫生所标准。1962年，打机井一眼，告别了喝坑水和土井水的历史。1985年，自来水全部入户；因井水含氟高，1990年，安装饮水除氟设备。90年代，各种公共设施不断增加完善。到2008年，村内有小学、卫生所各1所，综合商店、农贸市场各1处。村内小学为喜逢台小学高庄分校，三年级以下学生上学不用出村。村东村西建有两个游乐场，还建有村民委员会办公室、老年协会、图书馆、水塔、泵房等。

2008年高庄村公共设施示意图

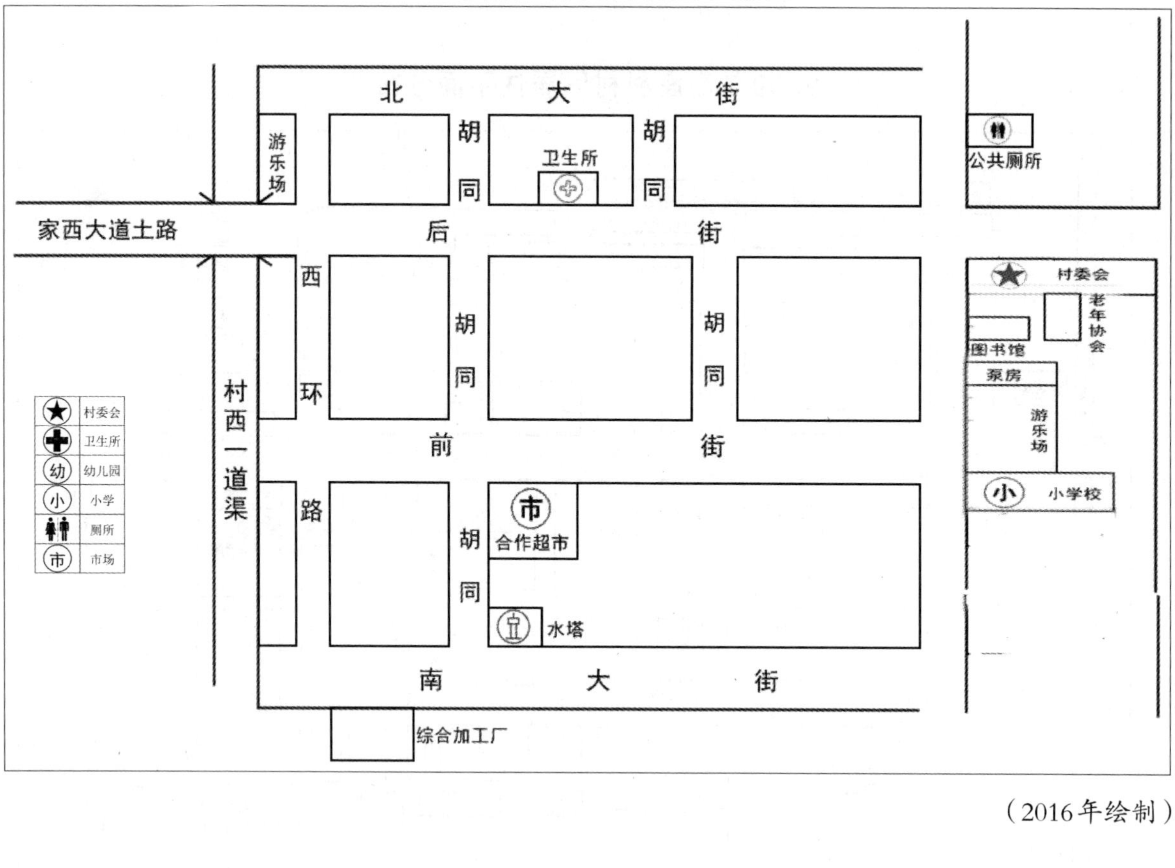

（2016年绘制）

八　经济概况

中华人民共和国成立前，高庄村有土地的村民极少，大部分村民租种地主土地，靠天吃饭。民国36年（1947年），开展土地改革，农民分得了土地，经历了互助组、合作社，到1958年成立人民公社，1982年推行家庭联产承包责任制，由于生产关系变革，促进了生产力的发展。拆迁前，高庄村农业以种粮为主，主要品种为小麦、玉米。经济作物主要种植棉花、大豆，也种植一些瓜类品种。高庄村由于兴修水利，科学种田，耕种条件甚好，粮食年年丰收，百姓称是“吃花不愁”。

20世纪70年代，该村与天津市工业缝纫机厂联营，成立五金综合加工厂，加工工业缝纫机零部件，这一企业为高庄村的经济发展起了很大作用，村民收入明显提高。90年代，由于市场竞争激烈，工业缝纫机销售不畅，该厂倒闭。

九　民间文化

50年代中期，高庄村成立小车会，活跃村民文化生活。1986年，村民开始创作农民画，主要代表作者有秦呈玉、高文亮。

1988年9月，秦呈玉创作《祥云》《春耕》《牧童》《黄鼠狼拉鸡》等农民画，分别在中国民间美术博物馆展出，并被美国、丹麦友人收藏。1990—1993年，创作《龙年盛会》《迎春花会》《赛花灯》《老鼠嫁女》《端阳》《呱呱》《麒麟送子》《冰窗花》等绘画，分别被中国美术馆收藏并刊登于《北京周报》《儿童文学》等杂志。

1987年，高文亮创作的农民画《小车会》《双鸡》在第一届中国艺术节上展出，被中国美术馆收藏，先后被《中国美术》《人民日报》《人民日报》海外版、天津美术学院的杂志登载。1988—1991年，其创作的《煤气灶》《老鼠偷油》《放鸭》《牧猪》《滑冰》《套炉子》《喜凤》等绘画作品，在中国美术馆和中国民间博物馆展出并被收藏。其画作远销美国、法国、日本、加拿大、丹麦、荷兰、澳大利亚等国家。

十　英烈先贤

高广千（1925—1950）　烈士，高庄村人，民国34年（1945年）参加革命，1950年在天津陆军医院病故，生前在解放军20兵团67军战线剧社工作。

十一　历任党政负责人

1949年，高庄村有党员3名。党支部从有记载的1953—2016年，先后11人任书记，其中有一任为女性，两任为上级所派，任职最长为15年。

该村为抗日根据地村，民国34年(1945年)春建立村政权，村干为秦玉桐。中华人民共和国成立后，1962年起，始有村政负责人记载。至2016年，有7人次任村政负责人，任职最长为13年。

1953—2016年高庄村党组织负责人任职情况表

表3

党组织名称	姓名	性别	职务	任职时间	说明
党支部	张广恩	男	书记	1953—1968	
	秦秉智	男	书记	1968—1971	
	高树岭	男	书记	1971—1972	
	高文年	男	书记	1972—1984	
	高文泰	男	书记	1985—1996	
	卢玉琴	女	书记	1996—2001	
	高玉贵	男	书记	2001—2003	
	高学闯	男	书记	2003—2008	镇派
	王振卫	男	书记	2009—2012	
	张立波	男	书记	2012—2015	镇派
	高学领	男	书记	2015—	

1962—2016年高庄村村政机构负责人任职情况表

表4

村政机构名称	姓名	性别	职务	任职时间
生产大队	秦秉智	男	大队长	1962—1968
革命委员会、管理委员会	高文章	男	主任	1968—1981
村民委员会	秦玉玦	男	主任	1982—1989
	高文泰	男	主任	1990—1991
	高玉贵	男	主任	1991—1999
	高玉勋	男	主任	2000—2005
	高文建	男	主任	2006—

董连庄村

董连庄村地处北辰区东北部，大张庄镇北部偏西，津围公路西侧，西北与仁和营村相接，南与喜逢台村、高庄村接壤，北与芦庄村隔机排河相望。距镇政府驻地5千米。该村呈正方形，面积6.3万平方米。2015年，有户籍人口240人，长期固定资产200.59万元。

董连庄村村民委员会办公楼（2009年摄）

一　村庄沿革

董连庄村建于明代永乐年间（1403—1424年），始有山西洪洞县西庄户村张姓到此定居，因为是从山西向东迁徙，人称东连庄，后演变为董连庄。据乾隆《武清县志》载，明代境内村庄隶属有董连庄村名。

明永乐十四年（1416年）高庄村属武清县灰锅口里。清承明制，仍属武清县。据光绪《武清县图》，境内辖与天津县边界相邻村有高哑巴村名。民国29—34年（1940—1945年），日伪当局设区乡，属武清县第五区大吴庄乡。民国35年(1946年)隶属民主天津县六区。民国37年(1948年)年底，隶武清县七区。1950年，隶武清县第十五区。1953年，隶属武清县三区南王平乡。1957年，撤销南王平乡，改属武清县梅厂乡。1958年，隶属武清县梅厂人民公社。1961年5月，隶天津市河北区南王平人民公社；1962年，属北郊区南王平人民公社；1983年，属北郊区南王平乡。1997年12月，乡改镇，隶属南王平镇。2001年10月，南王平镇并入大张庄镇，隶属大张庄镇管辖。

1985年，该村被天津市政府批准为抗日根据地村。

二　道路河流

道路　村南为乡村公路南韩公路，东行2千米通省（市）道津围公路，南通镇政府，及市区，北至河北省围场县。环村路绕村而修。

河流　村北紧邻二级河道机排河。

三　人口方言

人口　据统计资料载，1980年，该村有40户197人；2000年，有67户212人；2016年，有97户247人。

姓氏　董连庄村共有姓氏34个，主要大姓分别为：张、宋、赵、商、边、刘、王、沈、何。

按到村早晚各姓辈分排序如下：

张姓：万、大、瑞、树、春、建、祈。

宋姓：起、景、绍、洪、西、金、士、雅。

赵姓：德、士、长、仲、满、玉。

商姓：会、庆、宝、玉、鹏。

边姓：广、凤、绍、学、欣。

刘姓：振、海、克、建、恩。

王姓：瑞、宝、月、奕。

沈姓：学、德、宝、毅。

何姓：寿、春、继。

方言　属武清方言片，与武清杨村话相似，在全国方言分区上属北京官话区怀（来）承（德）片。此方言又带天津用语，如“嘛玩艺”“有嘛”“干嘛”等，爱带“嘛”字。

四　耕地状况

据该村所报村情调查材料表明，董连庄村耕地分布于村庄四周，主要在村南侧，南韩路以南。1980年该村土地总面积1510亩。全村耕地北与机排河相邻，东与吕庄村土地、喜逢台村土地相连，南与喜逢台村土地连接，西与仁和营村土地接壤。

1980年董连庄村所属耕地地块情况表

表1　　单位：亩

地块名称	面积	地块名称	面积
渠东地	200	大坟地	150
北台田	200	东南洼	350
家东地	50	西南洼	350
鱼塘	40	六亩地	150
场东地	20	合计	1510

20世纪80年代董连庄村所属耕地地块分布示意图

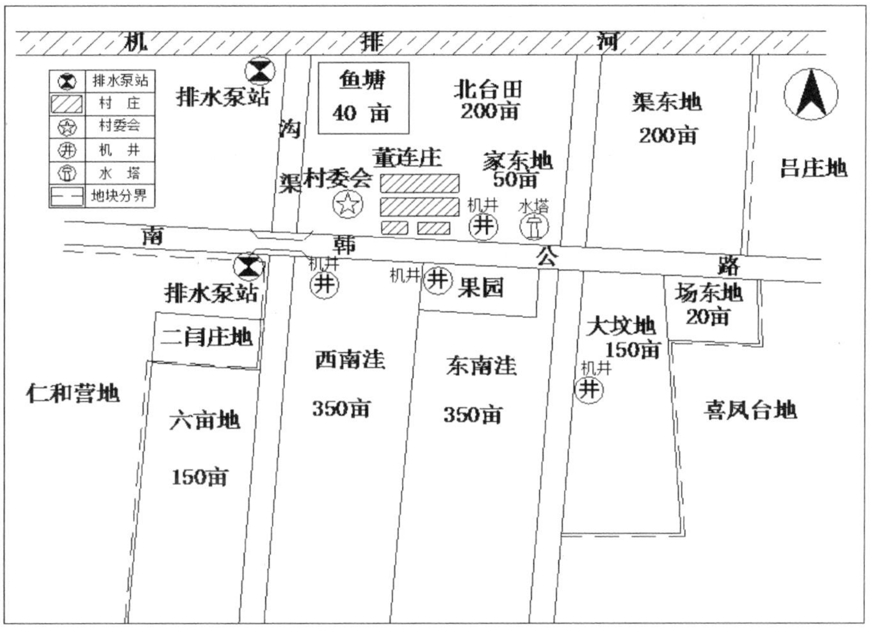

(2016年绘制)

五　街道胡同

中华人民共和国成立之初，董连庄村街道不整，村中皆为土路。60—70年代，注重街道设计，村民按规划建房。随着经济发展，80年代，街道、胡同开始硬化；至2009年，村中街道东西方向有前街、后街，连通南韩公路，沥青路面，装有路灯照明。村中胡同为南北方向，有胡同8条，名为西北胡同、高家胡同、光明胡同（南）、彩云胡同、张家胡同、朝阳胡同、富强胡同、光明胡同（北）。

2009年董连庄村街道胡同情况表

表2

街道名称	长度（米）	走向	街道名称	长度（米）	走向
前街	200	东西	彩云胡同	30	南北
后街	300	东西	张家胡同	30	南北
西北胡同	40	南北	朝阳胡同	35	南北
高家胡同	25	南北	富强胡同	25	南北
光明胡同（南）	30	南北	光明胡同（北）	35	南北

20世纪80年代董连庄村街道情况示意图

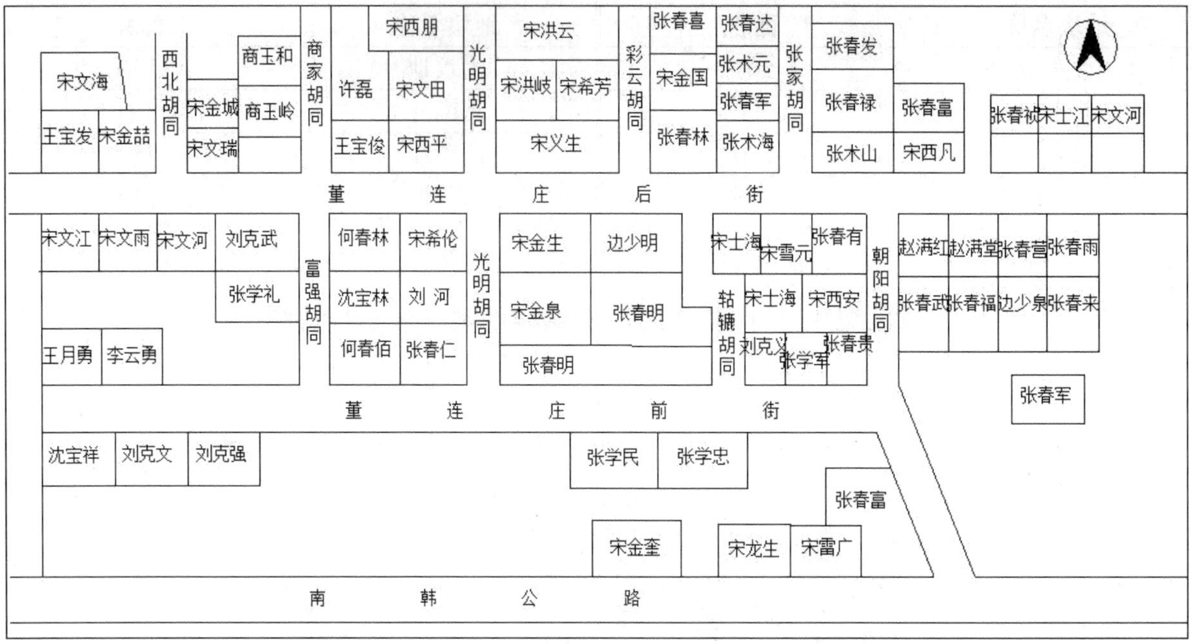

（2016年绘制）

六 旧村改造

2009年，董连庄村因实施综合改革实验区和大张庄示范镇建设开始拆迁。2010年，全村拆除。2014年，村民迁入喜风花园小区，结束了几百年居住平房的历史，全部喜居楼房。

20世纪90年代董连庄村公共设施示意图

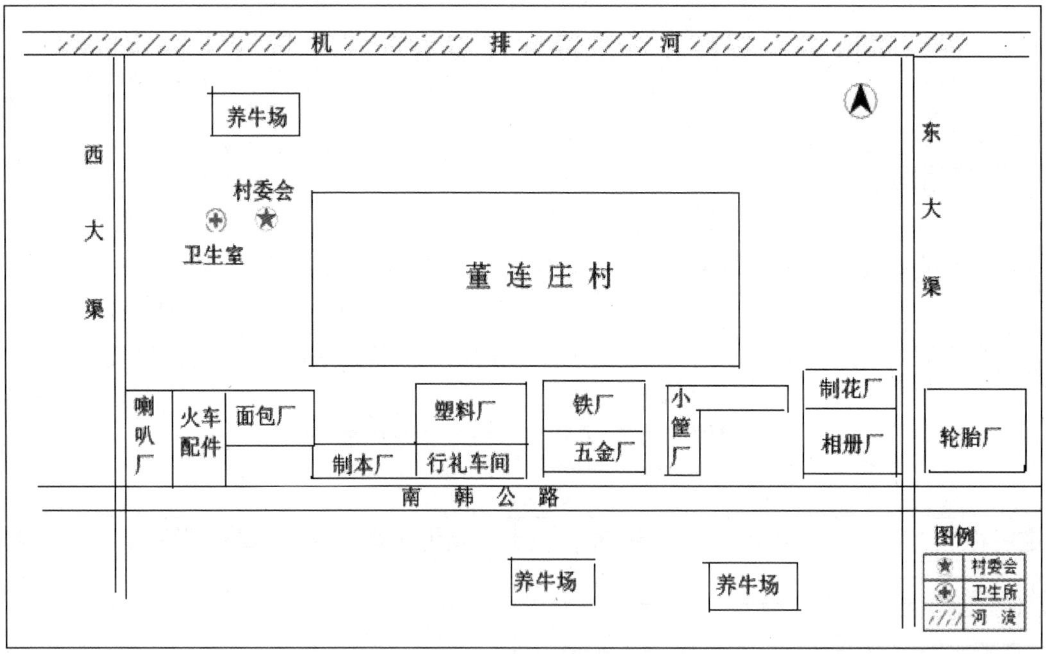

（2016年绘制）

七　公共设施

中华人民共和国成立前，董连庄村基本没有公共设施。民国31年（1942年），建有公立小学，临村仁和营（侉子营）村、尤庄子村学生也到此就读。1969年，建立红医站，打饮用水机井；1980年，自来水全部入户。至20世纪90年代，陆续建有卫生室、村民委员会办公房、水塔等。

八　经济概况

董连庄村地势较平，南面略高。村南土地有一尺多深的红胶泥，较肥沃，但地势低洼，中华人民共和国成立前十年九涝，粮食产量很低。村民历来以耕种为生，农作物以玉米、小麦、高粱为主。中华人民共和国成立初期，董连庄村粮食产量好年景亩产50千克～100千克。村民经历了互助组、合作社、人民公社等生产关系变革。集体组织生产时，注重水利建设。1957年，开挖第一道排水渠；经过不懈的努力，到1974年已是渠道纵横，排灌自如，控制了外水侵入，粮食亩产量达到290千克，全村产量达到58万千克，达到户产万斤粮，被评为“农业学大寨先进单位”。天津市委、市政府奖励铁牛55型拖拉机1台。实行家庭联产承包责任制后，采用新技术，粮食产量逐6年增加，到20世纪90年代，已达到亩产吨粮。2009年，全村粮食总产达到750吨。

董连庄村原为纯农业村，1970年，随着知识青年的到来，村集体建立了第一个企业，缝纫机零件加工厂，年收入约3万元～4万元。到1998年，村办企业年产值2055万元，全村总收入133万元，人均收入4018元。到2009年，有驻村企业12家，主要有轮胎厂、火车零件厂和五金厂，全村总收入达1000万元。人均收入15000元。

九　民间文化

中华人民共和国成立前，村内以屈姓老汉为首的几名老者，会唱皮影戏，活动在该村及周边村庄。直至“文化大革命”，一大箱皮影人受冲击，演出终止。

1997年，香港回归前夕，成立一支以青年妇女为主体的秧歌队，活跃村中文化生活。

2000年前后，村内张氏三兄弟（张春明、张春林、张春仁）作为歌手，活跃在北辰和武清地区。

十　大事纪略

董连庄村知青情况　1969年1月16日，天津市红桥区四十中学老三届学生到董连庄村接受贫下中农再教育。后有天津牡丹牌缝纫机厂职工子弟十几人到董连庄村下乡锻炼。1970年，有十几家疏散户到董连庄落户。知青和疏散户于1983年以前全部回城。

夫妻革命故事　董连庄村在民国31年（1942年）建立了公立小学，有董连庄、仁和营（侉子营）、尤庄村的孩子在此就读。教师是外地的夫妻二人，男的叫王绍华，女的叫刘蕊。他们教学生念的是进步书籍，教唱的有《大刀进行曲》《解放区的天是明朗的天》，还有《八路好八路强八路军打仗为老乡》等歌曲。他们是革命者，受地下党的派遣到此开展工作，在他俩的影响下，董连庄村不足200人的小村庄，有8个人参加革命，其中有4人参加区小队，1人随解放军南下，3人参加地方革命工作。

王绍华夫妇是河北省武强县人，王因参加革命，其前妻被日本鬼子追杀，投井自尽，后来与一回族女子刘蕊相恋，后在地下党的安排下，二人到津北武清县董连庄村。二人一边教学，一边做革命工作，他们住的地方有地道通往村外。民国36年（1947年），奉命去了石家庄。

中华人民共和国成立后，王绍华任石家庄16中学校长，刘蕊任教师，刘蕊在战备年代一次挖地道时因地道坍塌抢救工人而牺牲，被石家庄市批准为革命烈士。

十一　历任党政负责人

民国35年（1946年）董连庄村始发展党员。是年，由党支部开展工作，至2016年，有7人次任支部书记，最长任职先后累计为31年。

民国34年（1945年），该村始有村政机构负责人情况记载，经过村公所、生产大队、革命委员会、管理委员会、村民委员会的变化，至2016年，共有10人次任职负责人，最长任职为22年。

1950—2016年董连庄村党组织负责人任职情况表

表3

党组织名称	姓名	性别	职务	任职时间
党支部	宋洪太	男	书记	1950—1963
	刘　河	男	书记	1963—1978
	刘克武	男	书记	1978—1978
	张春明	男	书记	1979—1982
	刘　河	男	书记	1983—1984
	张春明	男	书记	1984—2012
	张春雨	男	书记	2012—

1945—2016年董连庄村村政机构负责人任职情况表

表4

村政机构名称	姓名	性别	职务	任职时间
村公所	宋绍连	男	村长	1945—1947
	王瑞廷	男	村长	1948—1949
	赵德俊	男	村长	1950—1957
生产大队	刘　江	男	大队长	1958—1960
生产大队、革命委员会、管理委员会	宋洪云	男	大队长、主任	1961—1983
村民委员会	张术元	男	主任	1983—1983
	宋洪云	男	主任	1991—1999
	张春瀛	男	主任	2000—2002
	张春雨	男	主任	2003—2005
	张春瀛	男	主任	2006—

十二　荣誉

1974年，董连庄村被天津市委、市政府评为“农业学大寨先进单位。”

南王平村

南王平村位于北辰区北部，津围公路两侧，与武清区交界。东与该镇大诸庄村相隔1千米，南与喜逢台村相邻，西接芦庄村，北邻武清区梅厂镇北王平村。村呈正方形，面积31.4万平方米。2009年，该村固定资产706万元，人均纯收入10120元。2015年，该村户籍人口1692人，长期固定资产758.83万元。

南王平村健身场　　（2011年8月摄）

一　村庄沿革

南王平村村民委员会　（2011年摄）

明永乐年间（1403—1424年），始有广东海丰人士沈英石到此定居，曾称王平村。那时王平村地处一片荒无人烟的退海地，到处芦苇杂草丛生。时政治经济稳定，这里有广阔土地，是开拓耕种好地方。当时皇朝贵族用跑马占圈的形式封割地块建庄园，用简易土坯盖上连山房给移民以安身之用。清初，为与武清县北王平村相别改南王平。

明弘治十五年（1502年），隶属武清县灰锅口里。民国29—34年（1940—1945年），隶属武清县第五区大诸庄乡。1953年，隶武清县第三区属南王平乡。1957年5月，改隶属武清县梅厂乡。1958年8月，建立南王平管理区，隶属武清县梅厂人民公社。1961年5月，建南王平人民公社，隶属河北区。1962年2月，隶属北郊区。1983年，人民公社改为乡，隶属南王平乡管辖；1997年，乡改为镇，隶属南王平镇。2001年，隶属大张庄镇管辖。

1987年，南王平村被天津市政府批准为抗日根据地村。

二　道路河流

南王平村曾为南王平镇政府所在地。地势较为平坦，西北部略高，东南部略低。20世纪70年代，新修的津围公路贯穿全村2500米，沥青路面，通往各村交通便利。进入21世纪以来，交通环境又有新改观，村北有滨保高速，村南3千米处是九园公路。杨村机场排水河（简称“机排河”）流经境内，位于村南50米处的机排河桥，始建于1965年，桥长30米，宽8米，高4.5米，最大负荷15吨。1989年，随着津围公路全线拓宽改造，该桥重建，重建后桥长100米，宽35米，高6米，最大负荷20吨。

三　人口方言

人口　据统计资料载，1962年，该村有194户838人；1980年，有306户1286人；2000年，有379户1324人；2016年，乡村总人口620户1678人。

民族　据《天津市北辰区地名志》载，1995年，该村居民均为汉族。据村情调查，至2016年全村居民仍均为汉族。

姓氏　南王平村主要姓氏分别是沈、郭、冯、刘、果、张。

沈姓：相传沈姓先祖沈英石（时）于清朝雍正年间从广东省海丰地区迁来（据北辰区文史资料中记载南王平建于明永乐年间），又有传说沈姓先祖是明永乐年间从苏北鲁南地区曹州府来到南王平，因年代久远、宗谱失落，沈姓自先祖至贵字辈已查无考，其后字辈为贵（曰、兆）、玉、廷、国、兴、家、立。

刘姓：为较大姓氏，该姓有六个家族。字辈排序为：

其一，先祖刘景宗于清雍正二年（1724年）由山东省海丰县刘李庄村迁来，字辈为：景、应、化、建、富、国、单字、思（毓）、树（廷）、学（伦）、中（广）、林（洪）、金（振）、庆（单字）、晟（文）、宇；

其二，克、雁、领、有、金、梓；

其三，焕、凤、世、有、建、宇（雨）；

其四，刘纯（单字）、玉、成、贵、景、洪、单字；

其五，先祖刘成义于雍正年间由山东迁来，有记载字辈为宗、明、起、有、恩、顺、树、文；

其六，先祖刘福禧200多年前由山东青岛迁来，有记载字辈为：成、全、继、淑、子。

郭姓：一族相传由山西洪洞县迁入，所知字辈为：有、伯、世、维、洪、益。

郭姓另一族字辈为：大、景、万、单字、起、成、连、天、玉、振、永、凤（文、金）、荣、单字、子。

冯姓：相传先祖冯永发于清康熙年间(1661—1722年)由江苏南京奉天县迁至，字辈为永、连、万、云、自、贵、继、德、田、学、华(洪)、志(单字)、天。

果姓：由大张庄镇吕庄村迁入，所知字辈为：永、天、自、学、有、文、立。

张姓：所知字辈为：永、广、家、振、单字。

方言　该村方言属武清方言片，与武清杨村话相似，在全国方言分区上属北京官话区怀(来)承(德)片。此方言又带天津用语，如“嘛玩艺”“有嘛”“干嘛”等，爱带“嘛”字。

四　耕地状况

南王平村耕地主要分布村台周围，北接武清区梅厂镇北王平村，村南地与喜逢台村接壤，村东与大诸庄村接壤，村西与芦庄村地接壤。

南王平村农用耕地的灌溉水源主要来自于机排河，有泵站5处，可满足耕地灌溉需求。

1980年南王平村所属主要耕地地块示意图

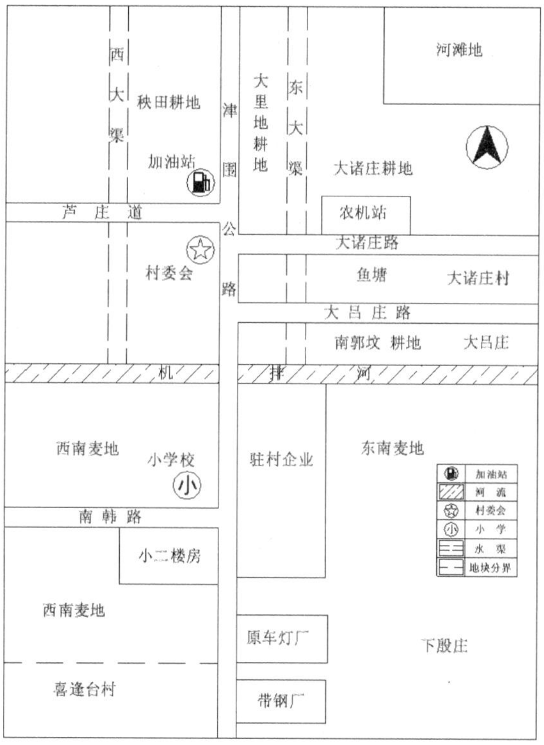

（2016年绘制）

1980年南王平村所属耕地地块情况表

表1　　　　单位：亩

地块名称	面积	地块名称	面积
西南麦地	1800	南郭坟	470
东南麦地	525	大诸地	300
养鱼池	150	大里地	300

续表

地块名称	面积	地块名称	面积
市场东	104	秧田地	90
河滩地	475.64	东大地	90
菜地	150	西桥地	150
合计			4604.64

五　街道胡同

津围公路穿村而过，将南王平村分为东西两部分，村内12条街道均可与津围公路连通；另有一条大诸庄路连接东部各村，交通便利。

2010年南王平村街道情况表

表2

街道名称	长度（米）	走向	街道名称	长度（米）	走向
村西环路	600	南北	海委至芦庄路	900	南北
同联路	600	东西	芦庄道	600	东西
东后大街	200	东西	西后大街	300	东西
西前大街	300	东西	东前大街	500	东西
围西大街	300	东西	围东大街	150	东西
海委路	350	东西	市场路	1000	东西

六　旧村改造

南王平村于2011年9月1日开始拆迁；2014年4月，村民还迁至喜凤花园富雅苑和信雅苑。

拆迁政策　养老保险　有该村户口人员享受养老保险待遇（户口迁出的不予认定，有正式工作的不予认定）。

土地供养　1999年1月1日以后迁入和迁出人员需到现户口所在地开具土地证明后可在该村享受100%土地供养；新出生的农业户口村民享受100%土地供养；与该村村民离婚但户口仍在该村并没有再婚的享受50%土地供养。

南王平村街道　　（2011年摄）

南王平村水塔　　（2011年摄）

七　公共设施

该村房屋均为砖木结构平房。村内有百货、副食、饮食、土产、生产资料等商店。有中学、小学、卫生院、幼儿园、敬老院各1所及菜市场等。由于曾经是镇政府所在地，镇内各单位人员比较集中，因此各种生活服务业发展相对较快，逐渐形成一个小集市，成为周边村民交流各种农副产品和小商品的重要场所，津围公路两侧建有餐馆、小吃店10余处。

2010年南王平村街道胡同及公共设施示意图

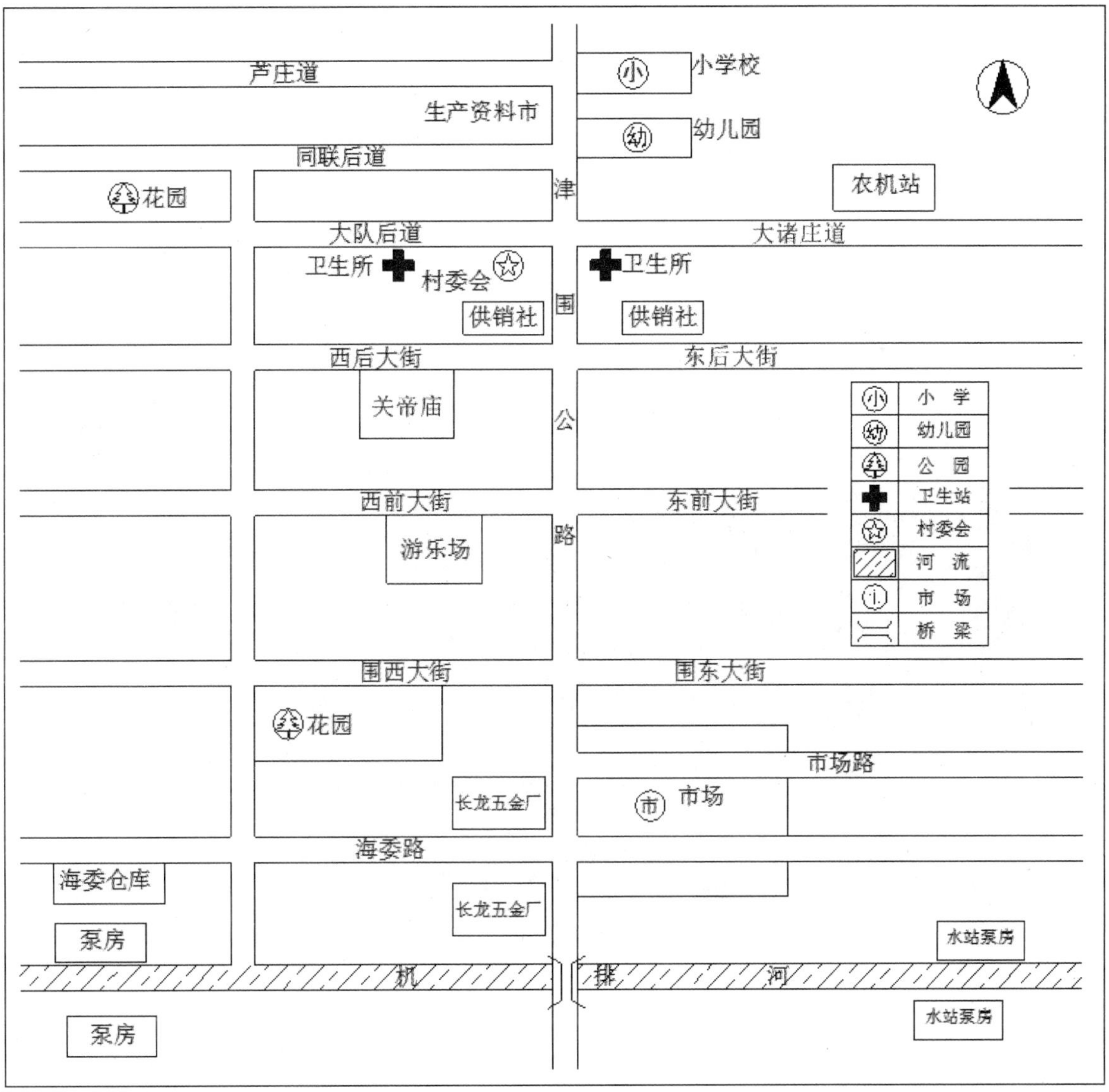

（2016年绘制）

八　经济概况

南王平村的经济发展是以农工商并举，农业用地面积4604.64亩，种植的粮食作物主要有小麦、玉米、高粱、豆类等。约100亩鱼池进行水产养殖。

1965年，村内只有一个染料加工厂（手工式分装），1996年被环保局勒令停产。1984—1997年，经过10余年的发展、滑坡、起落、整顿和再发展，村办企业有13家。

1995年始，南王平村加强招商引资；至2016年年底，有30余家企业在村中落户。

1965—2016年南王平村建厂情况表

表3

名称	建厂时间	停产时间	说明
调压器厂	1976年	1978年	
北郊区南王平五金电器厂	1979年	–	后更名为益华五金电器厂
轧花榨油厂	1983年	1985年	
宏联助剂厂	1984年	–	1986年改名为振华助剂厂，1992年合并到环宇化工厂
振兴化工厂	1988年	–	1990年合并到染料研究所实验厂
环宇化工厂	1988年	–	已改制
多彩涂料厂	1989年	1993年	
染料研究所	1989年	1993年	
染料研究所实验厂	1989年	1996年	1992年更名为腾达化工厂
振兴五交化综合门市部	1989年	1993年	
包装桶改制厂	1989年	–	1990年更名为综合福利厂，后停产

华北集团工业园　　（2016年摄）

南王平村第三产业在改革开放前只有一家，只卖一些油盐酱醋的小店铺。随着社会的发展，南王平村陆续兴建起酒店、饭店、旅店、服装鞋帽店、理发店以及经营土产、五金电料、建筑材料等50多家店铺。

九　民间文化

南王平村关帝庙　　（2016年摄）

南王平村关帝庙　据有关资料记载，该庙建于明朝永乐年间（1403—1424年），为道士募化及村民捐资建成。关帝庙占地面积824.7平方米，建筑面积500平方米。初建时位于村东，后移至村中。分成前后（即正、偏）二殿。前殿为正殿，迎门立柱镌刻一副对联，上联为“日昍（xuān）晶皛（一说念 zhào）

安天下”，下联为“月朋鼎（hǎi）朤（lǎng）定乾坤”，横批是：亘古一人。殿正中供奉着关帝关云长的座像，其身为泥塑彩绘，头为铜质。乃根据《三国演义》中故事：关羽败走麦城，被吕蒙所杀，关羽之头被吕蒙献与曹操，关羽曾托梦曹操寻头，但终未寻回，所以铸铜头以与身合。座像威武高大，高有丈许，丹凤眼，卧蚕眉，尽显风采。关帝像之左为关羽之子关平的立像，手捧关羽的佩剑——青锋宝剑；关帝之右为其麾下猛将周仓之立像，手中握着关羽的青龙偃月刀。正殿的设计突出了“忠义千秋”的主题。

正殿左右配有东西耳房，东耳房为民间消防所用各种器材的储存室，储有水桶、压水机和夜间救火用的串灯（是多个串在一起的灯笼，内置蜡烛以为灭火时照明之用）。西耳房为伙房，供居住此地的道士们饮食之用。后殿为偏殿，供奉有八尊佛像，像有真人大小，为泥塑彩绘。在五百年的历史中也享尽人间供奉。偏殿也有东西耳房，为主持教务的道士的居所和存放杂物之所。前后殿之间有青砖铺成的30米甬道相连。院内曾植有国槐12株（甬道东西各六棵），其中正殿后4株古槐有300多年的历史，于20世纪40年代被砍伐，其余槐树也在90年代被砍伐。前后殿两边各有东西厢房9间，为游方僧人所居及村民集会、教务活动、习武之所。

相传该庙建成后曾建石碑为记，碑质为花岗岩，雕刻极为精美，但被南王平武林人士铁巴掌刘六（刘永，刘克亮之父）因与人相赌一掌击为两半，确切年代无考。该庙在清朝嘉庆年间和20世纪20年代两次由村民捐资修缮。从20世纪20年代起，成为南王平村农家子弟“冬三月”的修习之所。40年代中期始，成为南王平小学的校舍，是南王平村教育的摇篮。80年代初，因择址重建南王平小学，故此殿被废弃。因年久失修，仅存后殿，被新建的南王平村灯光篮球场所代替。

十　英烈先贤

何广瑞（1922—1948）　民国36年（1947年）参加革命，民国37年（1948年）在宁河县大孙庄战斗中牺牲，生前为宁河县警卫连战士。

刘中瑞（1925—1950）　中共党员，民国34年（1945年）参加革命，1950年5月15日在解放万山群岛时牺牲，生前为解放军43军392团10连排长。

十一　历任党政负责人

该村于1950年建立党支部。至2016年，历任党支部书记沈廷均等共有11人次。

据《中共天津党史大事记》（312页）载，民国34年（1945年）4月南王平村建立村干政权，时任村干刘再伦。1949年后，该村村政机构历经生产大队、革命委员会、管理委员会和村民委员会的沿革，有记载以来，从1962年—2016年，已有8人次任村政主要负责人，其中1人连任时间最长为16年。

1950—2016年南王平村党组织负责人任职情况表

表4

党组织名称	姓名	性别	职务	任职时间
党支部	沈廷均	男	书记	1950—1953
	冯万田	男	书记	1953—1961
	郭世祥	男	书记	1962—1965
	张家祥	男	书记	1966—1968
	郭振忠	男	书记	1968—1971
	刘中发	男	书记	1971—1973
	张家祥	男	书记	1974—1976

续表

党组织名称	姓名	性别	职务	任职时间
党支部	郭凤岐	男	书记	1976—1987
	刘宝顺	男	书记	1987—2006
	刘武林	男	书记	2006—2009
	刘文义	男	书记	2009—

1962—2016年南王平村村政机构负责人任职情况表

表5

村政机构名称	姓名	性别	职务	任职时间
生产大队、革命委员会	刘中发	男	大队长、主任	1962—1973
革命委员会	郭永发	男	主任	1973—1974
	刘全发	男	主任	1975—1979
管理委员会、村民委员会	刘宝顺	男	主任	1980—1996
村民委员会	刘成林	男	主任	1997—2002
	刘文义	男	主任	2003—2005
	沈兴泽	男	主任	2006—2008
	刘文义	男	主任	2009—

十二　荣誉

1949—2016年，南王平村获市局级以上先进荣誉6项。1997年，刘中洪被天津市农普办公室评为“市级先进工作者”。

1949—2016年南王平村获市局级及以上先进集体荣誉表

表6

授予时间	荣誉称号	授予部门
1997	市级先进集体	天津市农普小组
1999	天津市文明村	天津市精神文明建设委员会
2001	天津市民主政治建设示范村	市委、市政府
2002	天津市文明村	天津市精神文明建设委员会
2002	天津市宽裕明星小康村	市委、市政府
2010	市级防范工作先进村	市防范办

喜逢台村

喜逢台村位于北辰区东北部津围公路西侧，南与北孙庄村接壤，北与南王平村相连，西距高庄村2.5千米，距大张庄镇政府驻地3.4千米。村子呈正方形，面积22.7万平方米。2009年，该村固定资产119万元，人均纯收入7780元。2015年，长期固定资产156.89万元，户籍人口1310人。2016年，该村总人口1328人，农村经济总收入995.5万元，人均纯收入7000元。

喜逢台村村民委员会 （2017年摄）

一 村庄沿革

明永乐年间（1403—1424年），始有河北省任丘县枣林庄边蒲（葡）到此定居。因其随燕王朱棣扫北而来，后朱棣成为明成祖。人称皇帝为龙，边氏自诩为“凤”，又搭铺居于高台之上，故名栖凤台。近百年间，陆续招刘、秦、宋姓为上门女婿（至今姑舅亲不断），为此又有凤（姑姑）不离台而称栖凤台之说。康熙十四年（1675年）《武清县志》载称喜丰台。1984年11月，改称喜逢台。1985年，喜逢台村被天津市政府批准为革命老根据地。

传说，一凤凰曾在此栖息故而取名“栖凤台”，后改名为喜凤台，再后改名喜逢台至今，现还迁入住后统称喜凤花园。喜凤花园碑文注：“喜凤花园处在北辰区之朔位，大张庄镇之中央，原喜逢台村之村南。千禧之初，世纪之始，应区区委府兴城镇，建小康之举，使民安其居而乐其业，辟地百十九亩，筑楼二十余幢，其间也，茵茵绿草，树木梧桐。喜凤者，喜凤也。传凤鸟曾至，谐音得名。花园位于其次，植有梧桐，以还其喜凤旧名为妥也。书曰：萧韶九成，凤凰来仪。政通人和，百业俱兴，喜赞盛世，勤石铸金，以纪其迹，传之后人。”

明弘治十五年（1502年），隶属武清县灰锅口里。民国29—34年（1940—1945年），隶属武清县第五区大诸庄乡。1953年，隶属津北郊区武清县南王平乡。1958年，隶属武清县梅厂人民公社。1962年2月，隶属北郊区。1983年，人民公社改为乡，隶属南王平乡管辖。1997年，乡改为镇，隶属南王平镇。2001年，隶属大张庄镇管辖。

二 道路河流

喜逢台村地势低洼，1949前十年九涝，1949后水利化、机械化水平有所发展，排水设施齐全，改变了过去沥涝时灾的状况。北有机排河，南有四支渠，东西主排有四支渠，高庄道—南渠；南北有二道渠，刘春河，津围公路—西渠；灌渠村南有四支北堤，东西主灌两条，每50米之间地下排灌，两用支渠9条，形成东西南北交叉井字型、棋盘式的排灌设施，确保旱涝保收格局。

三 人口方言

人口 中华人民共和国成立后，据统计资料载，1950年该村有134户670人，1980年，有316户1105人，2000年，有379户1203人。2016年，有473户1328口人。

民族 据《天津市北辰区地名志》载：1995年，该村有汉族1170人、回族3人。据村情调查，2016年，该村人口均为汉族。

姓氏 喜逢台村姓氏以边、刘为多，其余为宋、秦、王、李，后因招婿姓氏逐渐增多。边姓占38%；刘姓占45%；秦姓占7%；其余共占10%。

以居住为例，喜逢路南边姓居住占90%以上，路北刘姓居住占95%以上（传统称前台、后台）。边、刘两姓尚有家谱可追根溯源，其他姓氏无有记载，无从查询。从家谱记载，边、刘乃是表亲，以刘姓为例，始祖刘仲良，始母边氏，一直延续刘继字12代辈联姻，可称得上是一老表。喜逢台村在原南王平乡可以算得上是大村，姓氏较多。从500年前立村从未出现过单打独斗、群殴群斗现象，可算是团结、和谐之村。

边姓 始祖边复初生于明朝洪武五年（1372年），卒于天顺五年（1461年），寿90而终。此人为边印第五十八代传人。永乐二年(1404年)33岁时由河北任丘县枣林庄来此垦荒种地，传曾见凤鸟栖于宝地，故起名栖凤台。始祖茔地在村南，自第四世祖边福起茔地移至村西北方（现为芦庄村地），此人生三子即边云、边雷、边雨，分为三门，东门边云，西门边雨，中门边雷。以下为中门边雷家谱，共22代传人，始祖边复、二世边甫、三世边戎、四世边福、五世边雷、六世守字、七世尚字、八世继字、九世、十世永字、十一世宝字、十二世应字、十三世玥字、十四世玉字、十五世德字、十六世广字、十七世凤字、十八世绍字、十九世学字、二十世士字、二十一世春字、二十二世华字。

刘姓 原籍河南归德府夏邑县，传明成祖都北京连打姓实畿辅，自永乐某年始居武清县商村，娶栖凤台边氏祖母，因又移居于此，死后仍葬商村，彦字四祖亦在商村守墓，栖凤台也有墓地。边氏祖母及景夏、景秋、景荣三孙，景字以下为三门，景夏为北门，景秋为前门，景荣为东门，以下分门记录。

刘姓辈分排序——始祖刘仲良／二世彦字／三世景字／四世应字／五世尚字／六世福和成字／七世国字／八世俩字刘X/九世天字／十世五字／十一世龄字／十二世继字／十三世荣和瀛字／十四世永和明（铭）字／十五世树字／十六世志和金字／十七世岳字，下排列三十六世。

方言 喜逢台村方言属武清方言片，与武清杨村话相似，在全国方言分区上属北京官话区怀（来）承（德）片。

例如：大拿，意思是掌大权的或某方面有权威的人；画道儿，意思是出主意。

四 耕地状况

据喜逢台村上报村情调查资料表明：20世纪80年代，该村有耕地234块，总面积为4365亩。喜逢台村东耕地与下殷庄搭界；村西耕地与高庄村、二闫庄村、董连庄村搭界；村南耕地与北孙庄村搭界；村北耕地与南王平村搭界。村域有泵站3座，机井9眼，灌溉面积达95%，大型农机3台，汽车4辆。

20世纪80年代喜逢台村所属主要耕地地块分布示意图

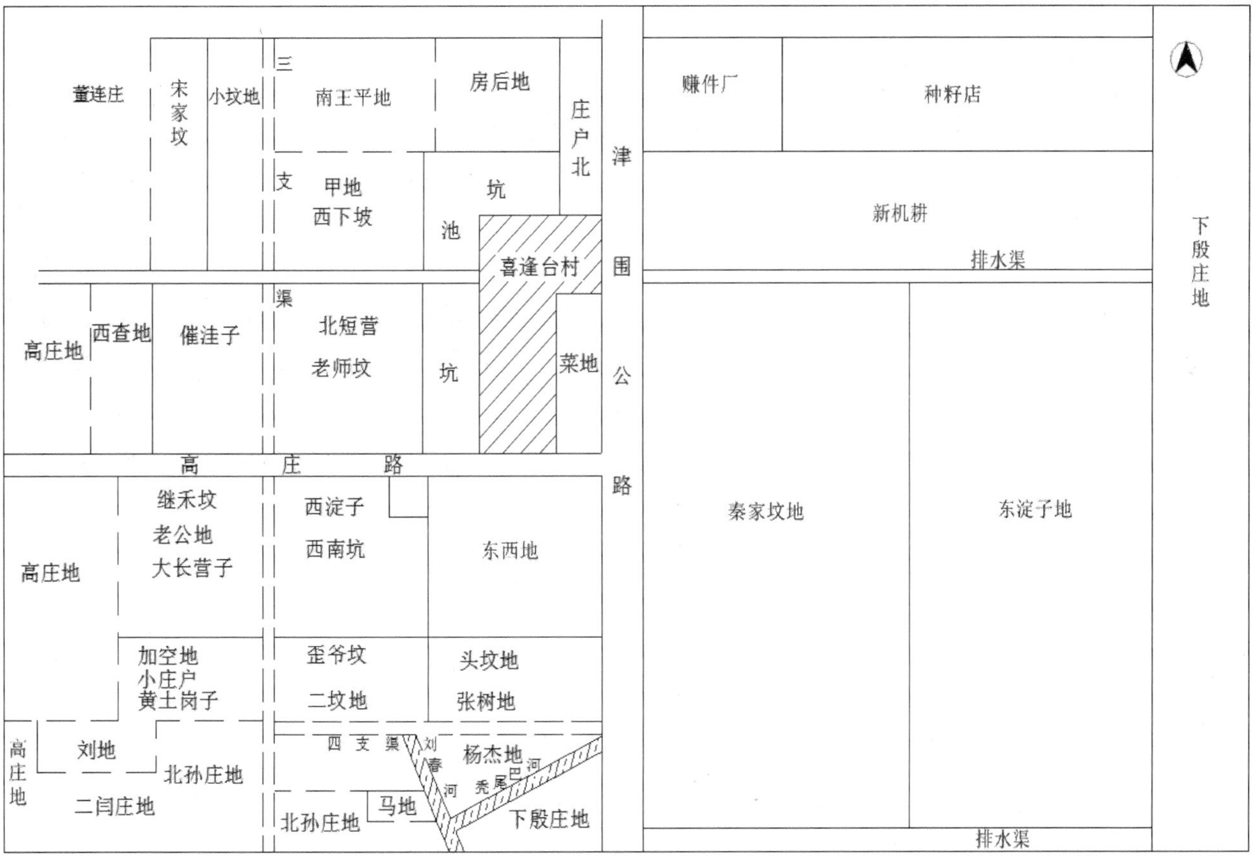

（2016年绘制）

20世纪80年代喜逢台村所属主要耕地地块情况表

表1 单位：亩

地块名称	位置	面积	地块名称	位置	面积
宋家坟	村北	51	加空地、小庄户、黄土岗子	村西	339
小坟地	村北	206	歪爷坟、二坟地	村南	317
房后地、庄户北	村北	84	头坟地、张树地	村南	346
甲地、西下坡	村北	272	刘地	村西	195
西查地	村西	150	四支南西万子地	村南	290
催洼子	村西	178	马地	村南	79
北短营、老师坟	村西	223	杨杰地	村南	158
继禾坟、大长营子、老公地	村西	389	东淀子、秦家坟	村东	346
西淀子、西南坑	村西	351	新机耕	村东	129
东西地	村南	208	种籽店	村北	54
合计					4365

五　街道胡同

中华人民共和国成立前，喜逢台村街道胡同均为土路，夏季泥泞，冬季扬尘。中华人民共和国成立后，50—90年代，村容街貌虽有改善，但发展较为迟缓。进入2000年后，随着经济的发展，按规划实施村庄改造，街道胡同拓宽调直，主要街道逐步落实硬化。喜逢台村东西主路喜逢路，后大街；主要街道有南北中街、丁字街、东环北路、东坑北一街、东坑北二街、东坑北三街、大碾子大街、东道上大街、北恒胡同、南恒胡同、南大街、东坑南一街、东坑南二街、东环南路、万达西街等。2009年，该村拆迁，街道、胡同均已不复存在。

喜逢台村万达西街（2008年摄）

2008年喜逢台村街道情况表

表2

修筑年份	街道名称	长度（米）	走向	修筑年份	街道名称	长度（米）	走向
2000	喜逢路	390	东西	2000	东道上大街	260	南北
2000	后大街	330	东西	2002	南大街	120	东西
2002	南北大街	150	南北	2002	东坑南一街	80	南北
2002	丁字街	140	东西	2002	东坑南二街	80	南北

续表

修筑年份	街道名称	长度（米）	走向	修筑年份	街道名称	长度（米）	走向
2002	东环北路	200	南北	2002	东环南路	250	南北
2002	东坑北一街	200	南北	2002	万达西街	250	南北
2002	东坑北二街	200	南北	2002	北恒胡同	50	东西
2002	东坑北三街	200	南北	2002	南恒胡同	180	东西
2000	大碾子大街	260	南北				

2008年喜逢台村街道情况示意图

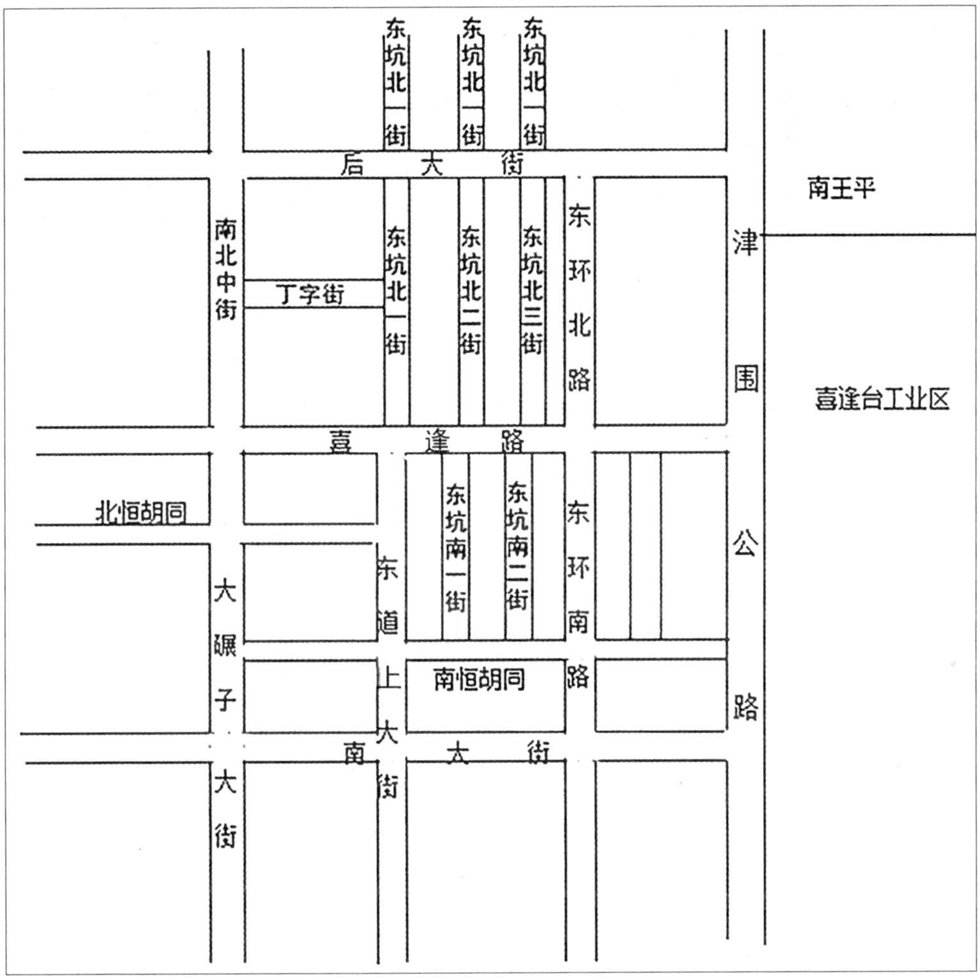

（2016年绘制）

六　旧村改造

喜逢台村2009年6月18日开始拆迁，至是年7月20日，完成拆迁户95%；8月底，拆迁全部完成。部分村民还迁居住在喜凤花园二期内，其余村民于2012年10月25日还迁新居，主要居住在高雅苑、领雅苑、文雅苑内。过去，住的是平房，土坯房，现在每户至少都分到一、二套楼房；过去喝的是砖井水、机井水，现在喝的是自来水；村民们彻底摆脱了过去脸朝黄土背朝天，晴天一身汗，雨天两脚泥，汗珠子砸脚面的生活，如今住在宽敞明亮的楼房，早晚无事遛弯，唱歌，唱戏，跳舞，打太极，悠闲无忧，自娱自乐，真正过上了小康生活。有村民作诗称赞共产党城镇化建设好“小城建设万家欢，土屋换成楼偏单，生活无忧有劳保，求医问药社区间”。

拆迁补偿 以原住房换楼房1∶1换取，院内每平方米补偿500元，楼房装修每平方米补偿100元，每户拆迁给补偿1万元搬迁费，拆迁户30个月内每月给租房费800元，超过30个月，每月1600元。

七 公共设施

中华人民共和国成立前，喜逢台村公共设施甚少。中华人民共和国成立后，公共设施逐渐增多。1962年打水井一眼。1967年建小学一所。60年代，成立“红医站”，后改为卫生所。80年代，建村民委员会办公设施。进入21世纪后，建成人学校、老年协会、游乐场、图书室、阅览室、棋牌室等。

喜逢台村水井 （2008年摄）

喜逢台村村民学校 （2008年摄）

2012年喜逢台村公共设施示意图

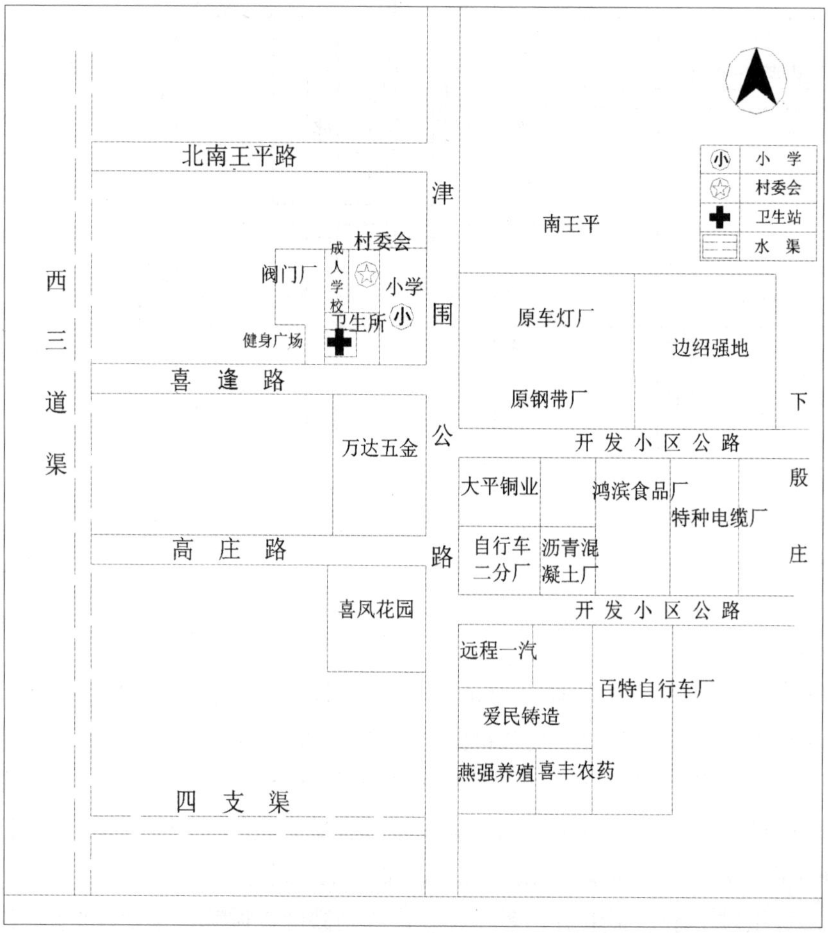

（2016年绘制）

八　经济概况

喜逢台村土质黏、碱、沙为主。中华人民共和国成立前，主要种植的农作物品种为玉米、高粱、小麦、豆类。20世纪50—80年代，各级政府重视兴修水利，推广先进技术，粮食亩产和总产不断提高。同时，注重发展果树、养殖业等多种经营。2009年，即拆迁前，喜逢台村原有果树64亩，主要品种为苹果树、梨树、桃树；鱼塘3个，面积达15亩；养猪户4户，存栏1200头；养羊户2户，有400只；养鸡户1户，有500只。喜逢台村原有像章厂、津北阀门厂、自行车二厂二分厂、万达五金厂、电镀厂、茶炉厂、卡扣厂、缝纫机零件厂、城北农贸有限公司等，后经规划为喜逢台村东工业区，主要企业有天津市自行车二厂二分厂、城北农贸有限公司、鸿滨禾盛有限公司、福川车把厂。

2015年，村集体资产169万元，年收入49万元。村农牧业收入36万元，服务业收入10465万元，民营个体工业58200万元，年利润3300万元。

喜逢台村主要服务业有：浴池2个，方便周围居民洗浴；饭店2个，均有特色菜，吸引居民品尝；理发店2个，大饼铺2个，早点摊2个，极大地满足了周边居民衣食住行需要。

九　民间文化

20世纪50年代，喜逢台村成立了高跷会、评剧团；1964年，组建了文艺俱乐部；80年代，成立了小车会、秧歌队；后又成立了腰鼓队，舞龙队。逢年过节为村民们表演节目，颇受好评。

喜逢台村秧歌队在表演　　（2010年摄）

喜逢台铜佛寺　喜逢台村铜佛寺坐落于村东约500米处，为明朝永乐年间所建。

据传，明朝永乐年间（1403—1424年）的某一年，天降大雨，造成洪水泛滥，有三个铜佛从西南方向顺水漂来。水退后，三铜佛立于喜逢台村东一华里处的一个高坡上，人皆称奇，以为是佛缘，乃于此建庙，将铜佛供于其中。每逢节日，各种民间联欢队伍皆先至此上香供奉，求佛保佑风调雨顺、物足年丰。可惜在50年代末大炼钢铁时三铜佛被投入熔炉毁掉，庙亦无踪。（北辰区政协委员郭振驹口述，南王平中学教师郭永生整理）

十　英烈先贤

刘荣禄（1922—1946）　烈士，民国35年（1946年）春参加革命。是年9月8日，在武清县六大庄牺牲。

刘树瀛（1925—？）　大学学历，民国33年（1944年）参加远征军赴缅甸抗日，后又参加了抗美援朝。

边广喜（生卒年不详）　曾参加抗美援朝上甘岭战役。

十一　历任党政负责人

喜逢台村发展党员较早，民国35年（1946年）至1949年共发展党员9名。民国35年（1946年）始由党支部开展工作。至2016年，有11人次任支部书记。

民国34年（1945年）春该村建立村干政权，村干为王文合。民国35年（1946年）始有村政机构负责人情况记载，村政机构经过村公所、生产大队、革命委员会、管理委员会、村民委员会的变化，至2016年，共有10人次任职村政机构负责人。

1946—2016年喜逢台村党组织负责人任职情况表

表3

党组织名称	姓名	性别	职务	任职时间
党支部	秦贵清	男	书记	1946—1952
	刘继仲	男	书记	1953—1956
	边广喜	男	书记	1957—1957
	刘继领	男	书记	1958—1960
	秦贵清	男	书记	1961—1975
	刘永久	男	书记	1976—1987
	刘永昌	男	书记	1987—2006
	刘永来	男	书记	2006—2015
	刘明顺	男	书记	2015—

1946—2016年喜逢台村村政机构负责人任职情况表

表4

村政机构名称	姓名	性别	职务	任职时间
村公所	边绍元	男	村长	1946—1952
	秦桂清	男	村长	1953—1956
	刘永忠	男	村长	1957—1957
生产大队	刘永忠	男	大队长	1958—1960
	刘永忠	男	大队长	1961—1971
革命委员会	刘永旺	男	主任	1972—1975
管理委员会、村民委员会	边绍岐	男	主任	1975—1987
村民委员会	边绍岐	男	主任	1987—2002
	边凤立	男	主任	2003—2011
	边绍强	男	主任	2012—

下股庄村

下股庄村位于北辰区东北部，津围公路东400米处。东与该镇大兴庄村隔东大渠相望，南与北孙庄村接壤，南距镇政府驻地2.5千米。该村呈正方形，面积14.6万平方米。2009年，固定资产205万元，人均纯收入5021元。2015年，户籍人口798人，村固定资产1982.8万元。

下股庄村健身广场　　（2010年摄）

一　村庄沿革

明永乐年间(1403—1424年)，由山西洪洞县殷姓建村，名为殷庄子，后有阎姓四兄弟(阎龙、阎虎、阎猱，阎豹)迁入。为与武清县北殷庄相别曾称南殷庄，民国34年(1945年)，依照当地风俗习惯，以北为上、南为下，改称下殷庄。

民国29—34年(1940—1945年)，该村隶属武清县第五区大诸庄乡。1953年，隶属武清县南王平乡。1958年，隶属武清县梅厂人民公社。1962年2月，隶属北郊区。1983年，人民公社改为乡，隶属南王平乡管辖。1997年，乡改为镇，隶属南王平镇。至2001年，隶属大张庄镇。

1987年，下殷庄村被天津市政府批准为抗日根据地村。

二　道路河流

道路　下殷庄村连通村外有乡间公路，交通便利。村南600米达九园公路，村西400米接津围公路。

河流　郎园引河从村南经过，主要解决农田排灌问题。

三　人口方言

人口　中华人民共和国成立后，据统计资料载，该村1980年，有155户680人；2000年，有194户626人；2016年，乡村总人口266户695人。

民族　据《天津市北辰区地名志》载 :1995年，该村村民均为汉族。据村情调查，2016年，该村村民仍均为汉族。

姓氏　下殷庄村主要有三大姓，分别是闫姓、王姓、刘姓。

闫姓人口最多，近几代字辈分别为：井、善、辅(作)、恩(富、振)、贵(之、寿、书)。

王姓居第二，近几代字辈为：永、庆、振、文、单字、学、子。

方言　该村属武清方言片，与武清杨村话相似，在全国方言分区上属北京官话区怀(来)承(德)片。此方言又带天津用语，如“嘛玩艺!”“有嘛!”“干嘛”等，爱带“嘛”字。

四　耕地状况

据下殷庄村上报村情调查资料表明：20世纪80年代，该村耕地主要集中在津围公路东侧，北与小田庄村、大吕庄村接壤，南与北孙庄村地接壤，东隔东大渠与大吕庄村地相望。基本农田主要分布为7块，约1763亩。三条大渠(东大渠，北大渠，四支渠)贯穿域内，为村内农田排涝灌溉的主渠道。1998年，农田全部兴修防渗渠道，极大提高了灌溉效率。又先后打了三眼水井，主要供村民和企业使用。

下殷庄在建的四支渠涵桥　（2013年摄）

20世纪80年代下殷庄村所属耕地地块情况表

表1　　单位：亩

地块名称	位置	面积
四支北	村西	300
四支南	村西	260
田间公路南	村西	120
小长身	村北	430
北大渠东	村北	260

续表

地块名称	位置	面积
北大渠西	村北	300
小洼	村南	93
合计	1763	

20世纪80年代下殷庄村所属耕地地块分布示意图

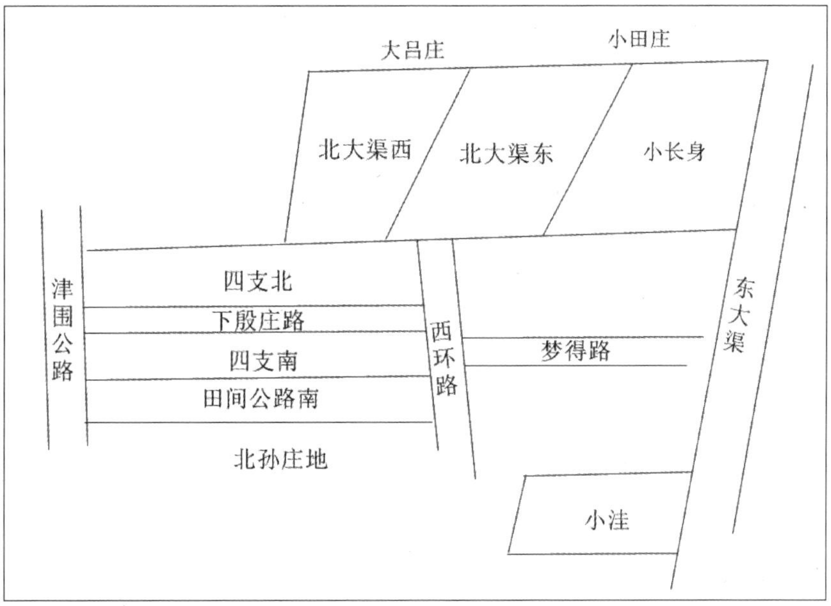

（2016年绘制）

五　街道胡同

村内有街道4条、胡同10条，西环路、南环路、下殷庄路通往养殖场路。

2010年下殷庄村街道情况表

表2

街道名称	长度（米）	走向	街道名称	长度（米）	走向
中环街	1200	东西	中环街北	420	南北
中环街南	600	南北	下殷庄中心路	700	南北

六　公共设施

下殷庄村早先多为土坯房，20世纪80年代后，随着村民生活水平不断提高，住房条件逐渐改善，过去的土坯房均为砖木结构平房所替代。进入21世纪，公共设施日趋完善，主要有小学、卫生所、代销店、水塔、健身场、农贸市场等。

下殷庄村村民委员会　　（2010年摄）

2010年下殷庄村主要街道及公共设施示意图

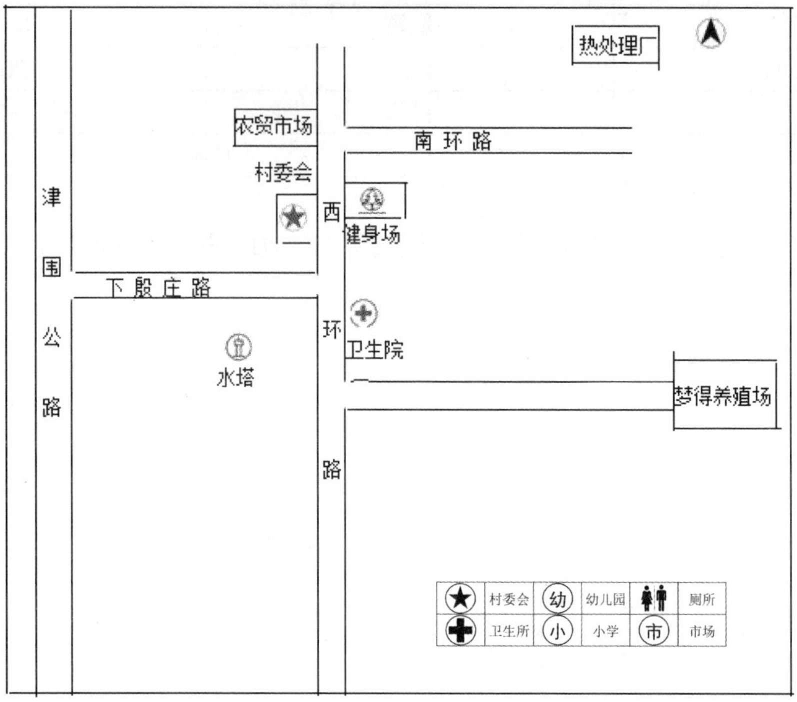

（2016年绘制）

七　经济概况

下殷庄村域古为退海地，农业以种植玉米、大豆为主。其后经村民不断改良和整治土地，有600亩耕地发展了新型农业、蔬菜大棚及果树种植。

该村小五金工艺已有百年历史，技艺精湛。20世纪70年代，建立村内五金加工厂。1994年，又发展了现代模具制造业、钢铁热处理加工等。

下殷庄村蔬菜大棚　（2010年摄）

下殷庄村果树基地　（2010年摄）

八　民间文化

80年代，村里组建高跷队、秧歌队，农闲时间练习，节假日为群众演出，村民的精神生活丰富多彩。

九　英烈先贤

刘维如（1919—1947）　革命烈士，民国35年（1946年）2月参加革命，民国36年（1947年）11月在武清县梅厂遭敌伏击牺牲，生前为天津县第六区武委会干部。

十　历任党政负责人

下殷庄村于1954年建立党支部，至2016年，历任党支部书记共有12人。

中华人民共和国成立后，该村村政机构历经村公所、生产大队、革命委员会、管理委员会和村民委员会的沿革。有记载以来，自1954年始至2016年先后共有9人任村政机构负责人。

1954—2016年下殷庄村党组织负责人任职情况表

表3

党组织名称	姓名	性别	职务	任职时间
党支部	刘维荣	男	书记	1954—1971
	阎恩贵	男	书记	1971—1974
	刘维荣	男	书记	1974—1976
	刘宝山	男	书记	1976—1979
	闫德善	男	书记	1979—1982
	闫恩贵	男	书记	1983—1985
	闫恩祥	男	书记	1985—1987
	李金钊	男	书记	1987—1996
	张学勤	男	书记	1996—2004
	王学文	男	书记	2004—2005
	张庆顺	男	书记	2005—2006
	王文利	男	书记	2006—2015
	王文跃	男	书记	2015—

1954—2016年下殷庄村村政机构负责人任职情况表

表4

村政机构名称	姓名	性别	职务	任职时间
村公所	闫辅立	男	村长	1954—1957
生产大队	王庆江	男	大队长	1957—1961
革命委员会	张宝龙	男	主任	1961—1976
管理委员会	李金召	男	主任	1976—1982
村民委员会	刘长义	男	主任	1982—1986
	王印才	男	主任	1986—1996
	王学文	男	主任	1997—2005
	闫学利	男	主任	2006—2011
	闫阿伟	男	主任	2012—

大杨庄村

大杨庄村位于北辰区东北部。地处津围公路和大张庄镇政府西侧1千米，南面为永定新河，过永定新河为小杨庄村；西侧与二闫庄村排灌站相邻，北与北孙庄村相距1千米，铁路大北环线从村北通过。该村呈正方形，村域面积约14.7万平方米。2009年，固定资产142万元，人均纯收入4830元。2015年，户籍人口1389人，长期固定资产104.81万元。

大杨庄村鱼池 （2014年摄）

一　村庄沿革

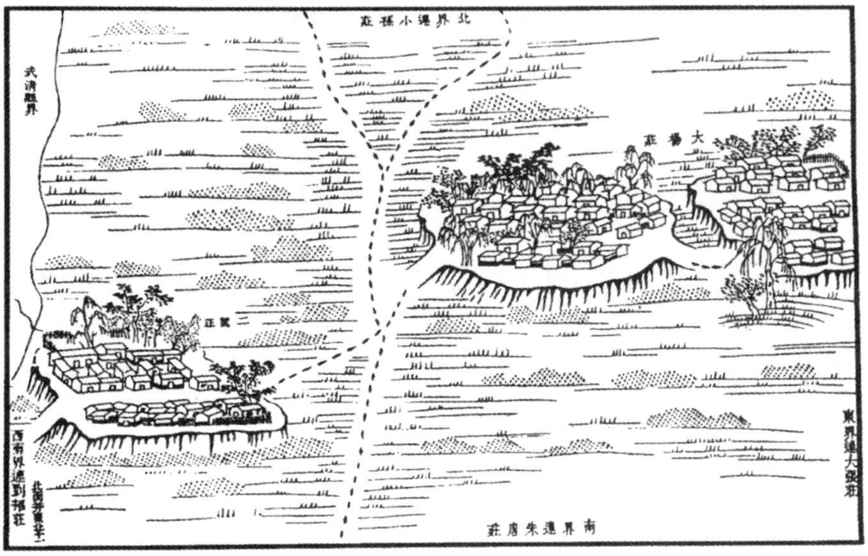

清道光二十六年(1846年)《津门保甲图说》中的大杨庄村

明永乐年间(1403—1424年)，山西洪洞县人杨禾农移居此处建村于东台，以烧窑为生。其表侄王大川投亲立村于西台，统称大杨家庄村。清道光年始，历民国迄今称大杨庄。一说明永乐年间，山西洪洞县人王大川始建，立村时称王料庄，后其表弟投亲，立村于村东，村称杨找庄，后两村合并称大杨庄。民国26年(1937年)之前，陆续迁入李、马、陈、于、冯、闫等姓(载于《典籍中的北辰》374页)。

北辰郊野公园大杨庄村段　　(2012年摄)

清雍正八年(1730年)，隶属天津县。光绪三十一年(1905年)，隶属天津县北乡第二十一区。民国29—34年(1940—1945年)，日伪当局设区乡，大杨庄村隶属天津县第二区朱唐庄乡。1953年7月，属津北郊区二闫庄乡。1955年6月，津北郊区更名北郊区，隶属朱唐庄乡。1959年3月，隶属兴淀人民公社朱唐庄管理区。1961年5月，隶属朱唐庄人民公社。1983年，人民公社改为乡；1992年，隶属北辰区大张庄乡。1992年3月，北郊区改称北辰区，1997年12月，乡改为镇，隶属大张庄镇。

二　道路河流

大杨庄村南是并列的新引河和永定新河，永定新河大堤向西直通京津公路，向东可达津围公路。村北1千米处有九园公路，公路以北为郎园引河。村西为二闫庄村排干水渠，北通郎园引河，南边有扬水场，排泄农田积水。

三　人口方言

人口　据清道光二十六年(1846年)境内村庄辖属北面并东北一带村庄图说：

大张庄镇、大杨庄—第十一　大杨庄民舍颇稠，树亦丛茂，其下村曰二阎庄。两村间多歧径。图内无庙，村二，西南界刘招庄。绅衿二户、烟户九十七户、佣作三十一户、负贩二十一户、船户六户，僧人二户，共一百五十九户(大口四百八十七口；小口二百六十四口)。(载于《典籍中的北辰》60页。)

据《典籍中的北辰》载，民国23年(1934年)，大杨庄村有103户574人。1980年，有268户1340人；2000年，有324户1073人；2016年，有524户1371人。

民族　据《天津市北辰区地名志》载：1995年，该村人口均为汉族。据村情调查：2016年，该村人口仍均为汉族。

姓氏 大杨庄村共有10个姓氏。主要姓氏为：杨、王、马、于、李5家。

杨姓辈分排序为：永、士、金、松、春、新、鈺。

王姓辈分排序为：文、春、井、建、凤、东。

马姓辈分排序为：登、士、宝、金、立、泽。

于姓辈分排序为：子、金、俊、得、宏、顺。

李姓辈分排序为：化、长、克、宝、少、益。

方言 大杨庄村方言属武清方言片，与武清杨村话相似，在全国方言分区上属北京官话区怀（来）承（德）片。例如：一边儿大，意思是年龄相仿；愣子，意思是比较蛮横的人；病秧子，指身体不好。

四 耕地状况

据大杨庄村上报村情调查资料表明：20世纪80年代，该村土地分为五块：一是村周围地块，约1550亩；二是村东津围公路小诸庄村地域内约110亩；三是村西北刘马庄村西约140亩；四是津围公路东大张庄村南约70亩；五是大张庄村北约30亩，总计约1900亩。一条主干渠贯穿东西，西起二闫庄村泵站，东至津围公路。村西设有泵站，主要用于村周围地块灌溉。随着集体经济的不断发展壮大，村东、村西、村北分别打了五眼机井，用于菜园和部分大田地的灌溉及村民饮用。其他四块土地属外圈插花地，灌溉问题均由邻村帮助解决。

20世纪80年代大杨庄村所属耕地地块情况表

表1 单位：亩

地块名称	位置	面积	地块名称	位置	面积
大关地	刘马庄村西	140	北短管	村北	80
大台子	大张庄村北	30	于 坟	村北	60
炮 沟	刑场东	70	西大份	村西	40
小诸庄	小诸庄村西南	110	牛肚子	村西	40
大 滩	村西	110	大块田地	村西	50
胡 坟	村西	200	斜子地	村东	120
北小份	村北	80	弃土地	村西	600
大块子	村北	120	合计		1850

五 街道胡同

中华人民共和国成立前，大杨庄村均为土路。20世纪50—70年代，村容街貌虽有改善，但发展较为迟缓。进入80年代后，随着经济的发展，按规划实施村庄改造，街道胡同拓宽调直，主要街道逐步落实硬化。该村有主街5条，东西方向有：中心大街、南街、北街；南北方向有：村东街、村西街各1条。全村分为四个台，即东北台、东南台、西北台和西南台。全村有胡同20余条，多为无名胡同，方便村民出行。

2010年大杨庄村街道情况表

表2

修筑年份	街道名称	长度（米）	走向
1989	中心大街	550	东西
1989	南街	450	东西
1989	北街	390	东西

续表

修筑年份	街道名称	长度（米）	走向
1989	村东街	350	南北
1989	村西街	260	南北

20世纪80年代大杨庄村所属主要耕地地块分布示意图

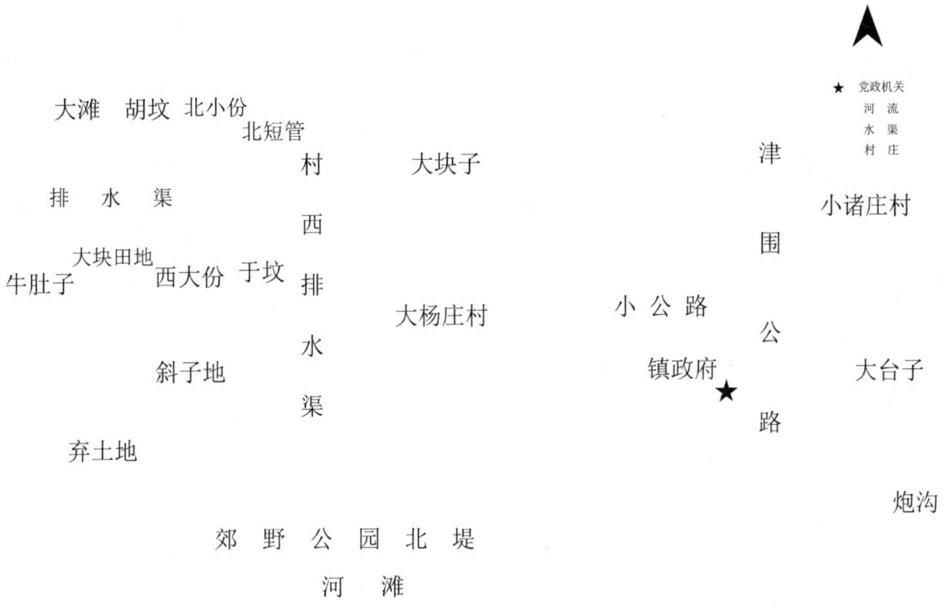

（2016年绘制）

2014年大杨庄村街道胡同及公共设施示意图

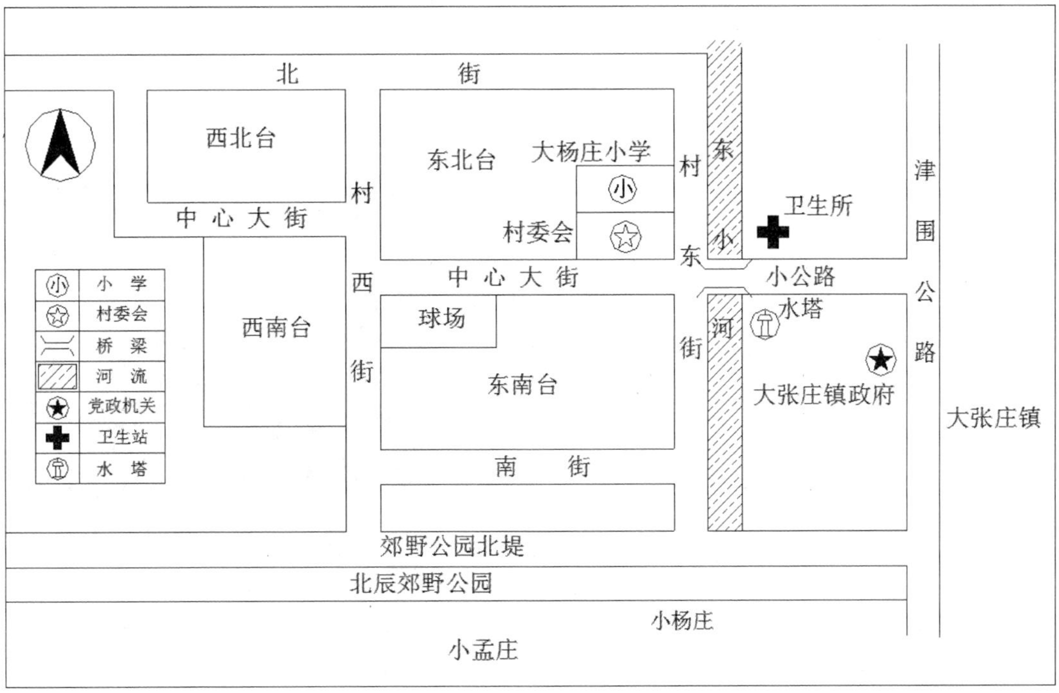

（2016年绘制）

六　旧村改造

按大张庄镇按总体规划，大杨庄村纳入综合改革试验区。2014年11月20日，开始启动拆迁工作。于2015年3月村民迁出，500户房屋全部拆除。

七　公共设施

中华人民共和国成立前，该村公共设施甚少。20世纪60年代成立“红医站”，后改为卫生所；70年代建村小学一所，建饮用水塔一座；80年代建村民委员会办公设施；90年代建村文化活动室、篮球场；2000年后，建健身公园等。

大杨庄村卫生室　（2014年摄）

大杨庄村东水塔　（2009年摄）

八　经济概况

农业　大杨庄村村民世代以耕种为生。20世纪50年代，村南有一条大河可以灌溉全村所有土地，并为稻田提供水源，旱田种植玉米、杂粮和向日葵等经济作物。村东有园田300余亩，种植蔬菜供应市区，国家补助粮食和食油，成为园田队。后来由于水质问题，失去了灌溉条件，农业主要以种植玉米、高粱、大豆为主。1979年，粮食产量为384吨，为历史上最高产量。经济作物向日葵产量1980年达到30吨，为历史最高。蔬菜生产1992年达峰值，总产为1800吨。90年代后，伴随工业占地和基本建设占地扩大，粮菜产量逐渐减少。

工业　1958年，大杨庄村成立五金厂。1982年，成立了永胜压铸件厂。至2001年，该村有企业7家，工业总产值达2281万元。随着集体企业改制，成为个体、私营或股份制企业。2015年，大杨庄村有企业20余家，年产值8000余万元。天津市怡彩针织有限公司生产的儿童服装销往全国各地；天津宏大汽动有限公司生产的汽缸畅销全国。

大杨庄村怡彩针织厂正门（2015年摄）

大杨庄村怡彩针织厂生产车间（2015年摄）

附：

王春明和他领导的红五星农业社

大杨庄，地处北郊区东北部。全村近200户，3000亩耕地。

解放前，地主、富农占有全村耕地的60%，中农占有30%，而广大贫农却只占有10%的耕地。

1949年4月，大杨庄开始土地改革。村长王春明带领穷兄弟们斗地主、分田地，动员大家“组织起来”，发展生产，重建家园。

1950年，王春明率先组织起大杨庄第一个互助组，有贾立才、李兴汉两户贫农参加，耕地40亩。

互助组遇到的困难大。贾立才是残疾人，腿脚不便，李兴汉是拉洋车出身，缺少种地经验，而王春明又要忙于全村的工作，但他们心齐、团结。王春明在组里，既指导农活，又带头实干，合理计工，互助互利。他因公开会，只要用了他人的工就付5000元（旧人民币）工钱。他们的行为令人心服口服。在王春明的带领下，全组男女齐出工，实干苦干，两天的活一天完。由于耕得细、种得好、锄得勤，一年下来，互助组获得亩产300斤的好收成，高产地达到500斤，比单干户高出一倍还多。贾立才入组前，家里缺吃少穿，六口人只盖一床被。入组一年，家里有了玉米囤，并添上了棉被、棉袄、棉裤。

王春明互助组的成功，使贫苦农民认识到组织起来的好处。1951年春，于子玉、秦玉堂等4户贫农申请入组，互助组扩大到7户，耕地增加到110亩。王春明和大家商量，决定拿出一块约10亩的耕地做试验田。由于采取深翻、肥足、适当密植等措施，这10亩试验田单产超过500斤。全组土地平均亩产达到200斤。为此，县政府在大杨庄召开经验交流会，总结推广王春明互助组玉米实验田高产的经验。生产搞得好，组员分得多，家家户户喜笑颜开。互助组的优越性吸引了广大农民，王春明趁热打铁，宣传党的路线、方针，号召广大农民跟党走，结果连李长发、李长荣等5户中农也申请进入互助组。王春明看到了这种情况，心情无比高兴，他带领大家前进步子迈得更大了。

1952年秋后，国家农业部召开的全国农业工作会议要求大力发展互助合作组织，王春明受到极大鼓舞。同时，他参加了市委举办的互助合作训练班。通过学习，王春明对基层党组织如何发展互助合作运动有了更明确的认识，当时他就打算在全区做出个样子，把互助组转为农业社。回村后，王春明立即召开支部会，统一思想，提高认识，委员们认识到：要建设社会主义，共产党员就要带头走互助合作道路。

根据支部的这一决定，王春明先找互助组长于子玉商量，然后让全组讨论，结果7户贫农5户一致同意转社。就这样，王春明的农业生产合作社有了雏形。可是在“四评”中（劳力、土地、产量、牲口），李长发等中农顾虑自己土地多、有牲口和农具，入社后都归集体所有，不合算，于是5户中农先后退了社。社里只剩7户贫农。

这件事对王春明震动很大，可他并不灰心，号召大家一定要下决心把农业社搞起来，用成绩让退社的人看到入合作社才是过好日子的途径。

王春明不断学习别人的经脸，取他人之长，完善社内各项管理制度。1953年，王春明制定了社章和生产计划，并号召全体社员宣传条款，全体社员需遵守执行。就这样王春明农业生产合作社有条不紊地前行。

1953年12月9日，王春明领导的农业生产合社正式命名为“红五星农业生产合作社”。

要耕种大面积土地就要有牲口，大家却拿不出钱投资。王春明不顾家人反对，决定把家中准备盖房用的10根檩条卖了，可是四处托人就是卖不出去。区委听说这一情况后，立即通知银行，向他们发放300万元（旧币）。王春明和社员喜出望外，他们用这笔钱买了两头驴。

党的关怀，温暖了社员们的心。在王春明的带动下，他们采用“窄垄均播”法播种春麦，7天任务，只用5天即完成。他们又选出25亩地做玉米实验田，学习后丁庄劳动模范周绍俊大垄密植经验，采用“翻土点种法”种植玉米，余下的土地种上青麻、花生、棉花等。在缺少粪肥的情况下，王春明大胆来用灰坡土做肥料，这些做法遭到个别人的讥笑，可是红五星社的庄稼一天比一天长得壮。秋收时，一般单干户亩产玉米220斤，互助组平均亩产250斤，而王春明红五星社每亩收玉米360斤；单干户的玉米长了虫子，可是红五星合作社的玉米由于遵照科学办法种植并喷洒了“六六六”粉，又发动社员勤除草，结果籽粒颗颗饱满。

红五星社分粮时，全村的人都到场上观看，当他们看到红五星社社员喜气洋洋地把一堆粮食拉回家去时，心中既羡慕又后悔，结果又有24户农民提出入社申请，原来退社的中农李长发等纷纷要求回社。红五星社不断发展壮大，到1954年底已发展到39户。贫农、中农加强了团结。

1955年，他们响应党的号召，向高级社迈进。

红五星社在王春明的带领下，通过自身努力，创造出令人信服的成就，是当时北郊区东北部跃出的一朵奇葩。

九　民间文化

村中有桐树一棵，2人合抱，树龄100余年，枝叶茂盛。

十　历任党政负责人

1949年大杨庄村发展党员，并成立党支部。至2016年，有17人次任支部书记，最长任职为18年。

1949年始该村有村政机构负责人情况记载，村政机构经过村公所、生产大队、革命委员会、管理委员会、村民委员会的变化，至2016年，共有16人次任职村政机构负责人，最长任职为17年。

1949—2016年大杨庄村党组织负责人任职情况表

表3

党组织名称	姓名	性别	职务	任职时间
党支部	王春明	男	书记	1949—1966
	王春吉	男	书记	1966—1970
	于子太	男	书记	1971—1978
	于子元	男	书记	1979—1982
	马士福	男	书记	1983—1984
	杨贵明	男	书记	1985—1986
	乔炳秀	男	书记	1987—1987
	贾金贵	男	书记	1988—1989
	梁永照	男	书记	1990—1991
	马士福	男	书记	1992—1993
	王振柱	男	书记	1994—1995
	王春强	男	书记	1996—1997
	王春跃	男	书记	1997—2000
	杨松华	男	书记	2000—2003
	陈洪波	男	书记	2003—2003
	杨松华	男	书记	2003—2006
	王春跃	男	书记	2006—2016
	李国安	男	书记	2016—

1949—2016年大杨庄村村政机构负责人任职情况表

表4

村政机构名称	姓名	性别	职务	任职时间
村公所、生产大队	于子玉	男	村长、大队长	1949—1966
生产大队、革命委员会	王文才	男	大队长、主任	1966—1971
管理委员会	王文才	男	主任	1971—1982
村民委员会	于子元	男	主任	1982—1983
	王景仁	男	主任	1983—1984
	梁永照	男	主任	1985—1986
	于德长	男	主任	1987—1987
	梁永照	男	主任	1988—1989
	王春跃	男	主任	1990—1991
	王景仁	男	主任	1991—1993
	王春强	男	主任	1994—1996
	梁永照	男	主任	1997—2002
	杨松生	男	主任	2003—2008
	阎子成	男	主任	2009—2011
	杨松生	男	主任	2012—2014
	杨新军	男	主任	2016—

附：典籍选录

天津县动员加强抗美援朝

1月上旬，中共天津县委相继组织召开县、区、村干部会议。结合春节前拥军优属工作动员全县农民加强抗美援朝斗争。至2月3日，全县20多万人受到教育。组织大杨庄全体党团员和宣传员组成60多人的宣传队，召开群众会、片座谈会；妇女宣传员乔炳秀每天带着针线活，到不常参加社会活动的青年妇女家中宣传；全村很多农民重新修订了爱国公约。

载1953年2月17日《天津日报》戴国强报道

天津郊区农民积极赶种冬小麦

至10月2日，北郊区大力推广密植、铺施底肥以及麦子和其他作物间作等先进经验，已播种冬小麦13000亩。二闫庄乡大杨庄村联星农业社种麦150亩，已完成计划的一半。

载1955年10月9日《天津日报》

1949年10月4日，天津县委总结大杨庄村党支部积极开展生产自救，解决种麦困难，胜利超额完成种麦任务的典型经验并把经验材料下发各区。指示各区和党支部很好地学习。

《沽北晨光》33-34页

大诸庄村

大诸庄村位于北辰区东北部，距大张庄镇政府5.5千米。该村呈正方形，面积18.9万平方米。西行1千米直达南王平村，东与张四庄村、张五庄村隔七支渠相望，南与大吕庄村相邻，北接武清区梅厂镇蔡庄村。1990年第四次人口普查时，该村222户758人。据大诸庄村上报村情调查资料表明：2009年，该村固定资产261.9万元，人均纯收入6100元。2015年，户籍人口810人，固定资产265.05万元。

大诸庄村航拍图　　（2017年摄）

一　村庄沿革

大诸庄村建于明朝永乐年间(1403—1424年)。先有刘荣者由杨村诸葛大楼迁此定居，始称诸葛庄，为与小诸葛庄区别称大诸葛庄，后称大诸庄。

该村明代属武清县灰锅口里所辖，清代沿袭明代区划。民国29年(1940年)，武清县公署实行乡制，以千户为单位，大诸庄归大诸庄乡所辖。1953年，武清县第二区划分南王平、大吕庄等11个乡，大诸庄属大吕庄乡所辖；1958年，属武清县梅厂人民公社南王平管理区辖；1961年，隶属河北区南王平公社。1962年，划归北郊区；1979年，隶属南王平人民公社；1983年，公社改为乡，辖属依旧。1997年12月，乡改为镇。2001年10月，南王平镇并入大张庄镇，自此隶属大张庄镇管辖。

大诸庄村村碑　（2016年摄）

1985年，大诸庄村被天津市政府批准为老革命根据地，享受三年税收优惠待遇。

二　道路河流

大诸庄村向西1千米为津围公路，村北、村东1千米有杨北公路，滨保高速从村北经过。通往村外的乡间公路均已硬化，出行方便。

东西两侧有六支渠和七支渠，两条镇域大渠向南通入杨村机场排水河，为该村灌溉和排涝河道。

津围公路　（2016年摄）

六支渠　（2016年摄）

七支渠　（2016年摄）

三　人口方言

人口　中华人民共和国成立后，据统计资料载，1980年，有204户799人。2001年版《南王平镇志》记载：1988年，全村共有218户，总人口766人，其中农业人口732人，非农业人口34人。2000年，有241户751人；2016年，乡村总人口802人。

民族 据《天津市北辰区地名志》载：1995年，该村居民均为汉族。据村情调查，2016年，该村居民仍为汉族1个民族。

姓氏 大诸庄村全村共有58个姓氏，主要姓氏为：诸葛、李、刘、金、陈、白、王等，字辈分别排序如下：

诸葛姓：鄂、钧、伟、瑚、淳、模、烨、经、士、中、福、秉、大、永、振、臣、增、建。

李姓：元、山、洪、士、生、树。

刘姓：惠、佳、天、广、瑞、乃、国、兴、玉、树、仲、东。

金姓：盛、守、明、良、文、国、永、廷、克、孟、凤、贵、树、万。

陈姓：祥、万、有、景、全、生。

白姓：列、万、进、守、文、自、希、连、君、明、绍、玉、志、学。

王姓：国、大、永、志、润、少、全。

方言 属武清方言片，与武清杨村话相似，在全国方言分区上属北京官话区怀（来）承（德）片。此方言又带天津用语，如“嘛玩艺”“有嘛”“干嘛”等，爱带“嘛”字。

四 耕地状况

大诸庄村耕地分布在村庄四周，约2880亩。村北土地与武清土地相连，村南土地与大吕庄村土地接壤，村西隔六支渠和南王平村土地为邻，村东土地和张四庄村、张五庄村土地为邻。为全村农田灌溉，村东和村北于七支渠和秃尾巴河各建泵站一座，20世纪80年代修筑防渗渠道连接两个泵站间，2014年重修。

1990年大诸庄村所属耕地地块情况表

表1　　　　单位：亩

地块名称	位置	面积	地块名称	位置	面积
小南洼	村东	120	西六分	村北	52
白家坟	村东	60	六分地	村北	100
合子地	村东	50	里七分	村北	50
杜家坟	村东	100	外七分	村北	400
珠子甸	村东	100	西七分	村北	60
菜地	村东	50	南北地	村北	40
东横	村东	100	长身地	村北	80
老道坟地	村东	100	后洼子	村北	30
大块地	村东	100	土牛坟地	村西	80
李家坟	村东	30	西大块	村西	100
小河沟	村东	60	门家坟	村西	40
二分地	村北	44	陈家坟	村南	50
三分地	村北	44	横道南	村南	300
四分地	村北	44	诸家坟	村南	50
五分地	村北	44	周洼子	村南	100
西五分地	村北	52	央田地	村南	250
合计					2880

1990年大诸庄村所属耕地地块分布示意图

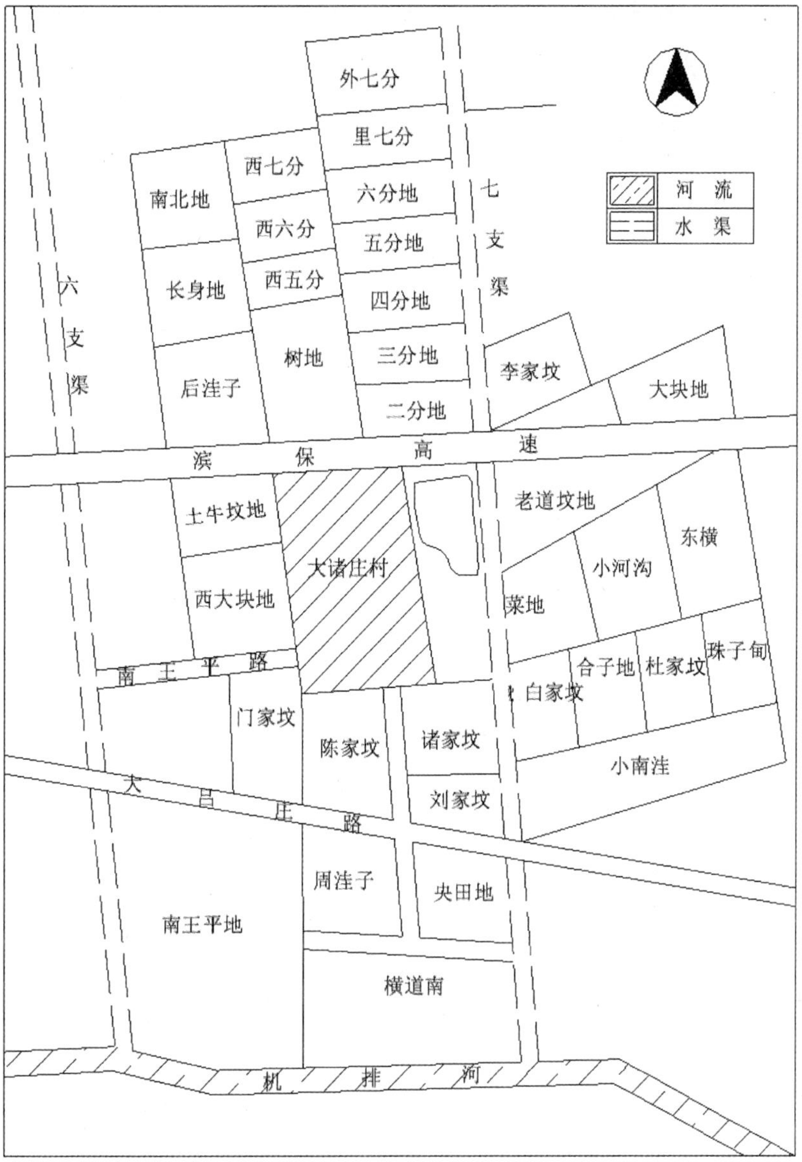

（2016年绘制）

五 街道胡同

大诸庄村村型小，主要街道有前街、中街和后街三条，皆为东西方向。村中民宅较散，没有规范的胡同。村西北有一片住宅相对独立，仅10余户，故村民称之为“小台”。

2015年大诸庄村街道情况表

表2

街道胡同名称	长度（米）	走向
前街	400	东西
中街	300	东西
后街	300	东西

2015年大诸庄村街道情况示意图

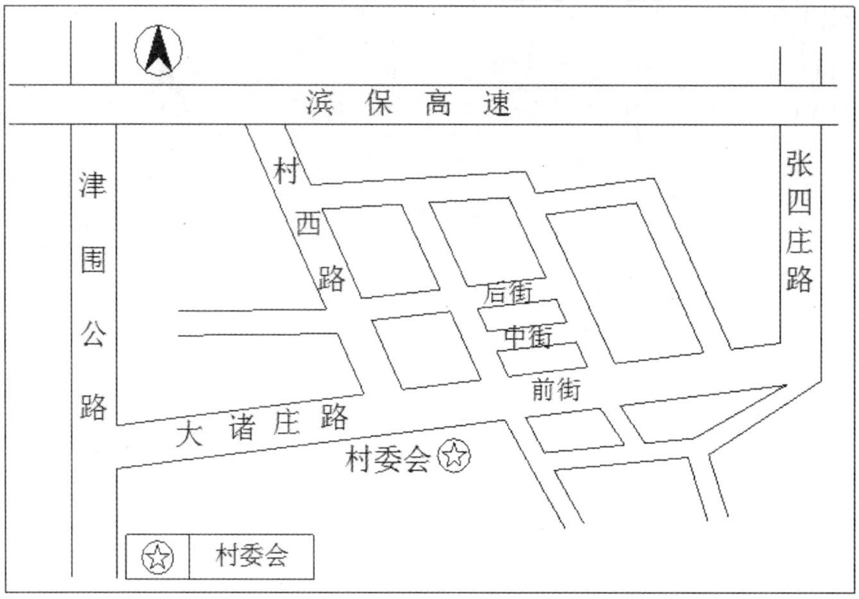

（2016年绘制）

大诸庄村前街 （2016年摄）

大诸庄村中街 （2016年摄）

大诸庄村后街 （2016年摄）

大诸庄村小台 （2016年摄）

六　公共设施

中华人民共和国成立前，大诸庄村公共设施甚少。中华人民共和国成立后，公共设施逐渐增多。至2016年，大诸庄村所建公共设施有村民委员会、药王庙、机井水塔、游乐场、卫生所、小超市、净水站等。村东、西、西南各有坑塘一个（后做养殖用），依次按方位取名为东坑、西坑，西南坑。

2016年大诸庄村公共设施示意图

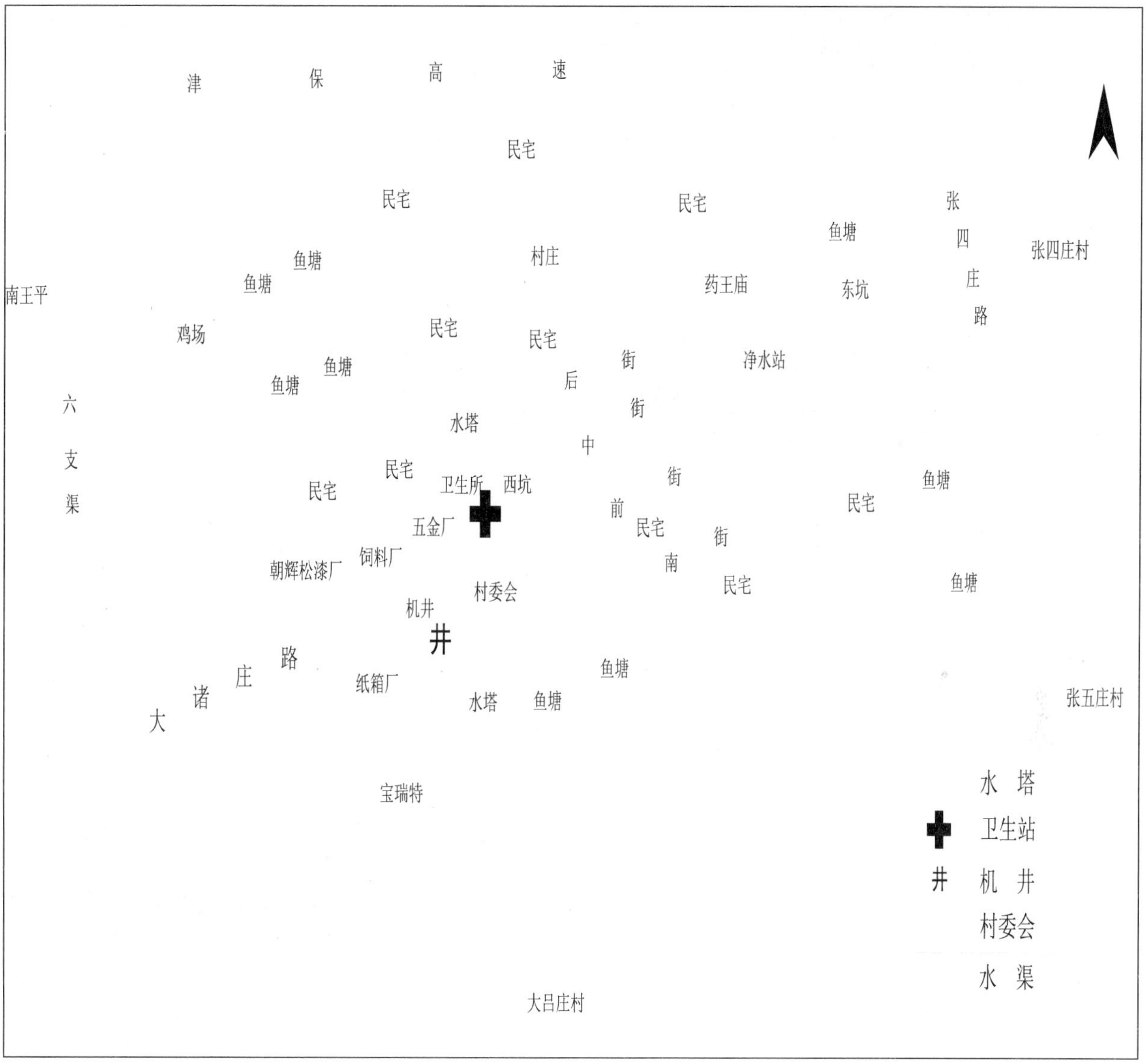

（2016年绘制）

大诸庄村水塔　（2016年摄）

大诸庄村村民委员会　（2016年摄）

大诸庄村卫生所　（2016年摄）

大诸庄村游乐场　（2016年摄）

七　经济概况

大诸庄村农业经济以种植玉米、小麦、豆类等粮食作物为主，其次种植向日葵、芝麻等经济作物，蔬菜主要种植大路菜，村民自食。养殖业以养鱼为主。1998年，粮食总产量1021吨。90年代末有集体企业2家，即消防器材厂和自行车零件厂，后改制为私营企业或倒闭。2015年，村中有3家民营企业：永大纸制品厂、鑫泰饲料厂和天津欧德百诺机械有限公司，主要产品为纸制品、饲料和机械零件。工厂全部自营，向村集体交纳土地使用费等。

大诸庄村永大纸制品厂　（2016年摄）

八　民间文化

药王庙　民间历来不乏信奉佛道两教之人。位于大诸庄村东的药王庙建于明永乐年间，分为前后两殿。前殿为偏殿，供奉二郎神。二郎神为立像，泥塑彩绘，手持三尖两刃枪，三眼炯炯有神，膝前有吠天犬相伴（一说供奉为姜子牙，手托打神鞭）。殿有大门，门前有探海夜叉，阎罗殿小鬼把门，令胆虚者不敢入内。后殿为正殿，供奉药王——唐代名医孙思邈。药王像为坐像，铜质彩绘。前后殿间有东西厢房，供奉的各种神像为《封神演义》中姜子牙所封的全神。

据说，此庙为北京西某大寺捐资兴建，建成后所余钱款购置田地，租给农民耕种。20世纪40年代曾为伪大诸庄乡乡公所，也曾为村私塾和小学的旧所。

大诸庄药王庙于2013年被列入天津市第四批市级文物保护单位名录。

古槐 该村前街有古槐两株，树龄百年以上，干径120厘米，至今枝繁叶茂。

九 英烈先贤

金树芳（1925—1946） 民国35年（1946年）参加革命，为武清县第七区小队战士，是年9月8日，在武清县六大庄战斗中牺牲。后被追认为革命烈士。

十 大事纪略

民国35年（1946年）4月上旬，天津县六区在下殷庄召开区位会议，分析对敌斗争形式，将全区干部分成若干小组，定向活动，会后召开了20余村长参加的会议，部署了村政权进一步开展工作事宜。与此同时，摧毁了国民党大诸庄、大吴庄、西三村等大乡公所，争取了梅厂区区长。

民国35年（1946年）9月8日，发生“六大庄事件”，天津县六区小队战士金树芳（大诸庄人）、崔宝起（小韩庄人）、刘荣禄（喜逢台人）等牺牲。

1950年7月24日，据武清县南王平等村统计，建立党支部的村还有大诸庄、张四庄、小韩庄、芦吕庄、下殷庄、小田庄。其中南王平、大诸庄两个支部已公开。

十一 历任党政负责人

大诸庄村于1950年建立党支部，首任党支部书记陈景林。至2016年，先后有15人次任党支部书记，有2人任过两届以上，1人连续任职时间最长为17年。

中华人民共和国成立后，该村村政机构历经生产大队、管理委员会和村民委员会的沿革，有记载以来，从1962年始至2016年已有11人次任村政负责人，其中1人任两届，任期时间最长者为14年。

1950—2016年大诸庄村党组织负责人任职情况表

表3

党组织名称	姓名	性别	职务	任职时间
党支部	陈景林	男	书记	1950—1961
	白玉华	男	书记	1962—1963
	李士臣	男	书记	1963—1964
	陈景林	男	书记	1964—1968
	金贵旺	男	书记	1968—1977
	陈景林	男	书记	1978—1979
	刘树清	男	书记	1980—1982
	李林生	男	书记	1983—1984
	刘学勤	男	书记	1985—1987
	李士春	男	书记	1987—1988
	李林生	男	书记	1988—1991
	米文有	男	书记	1992—1993
	刘学林	男	书记	1993—1994
	李士鹏	男	书记	1995—2002
	李　杰	男	书记	2002—2004
	李士鹏	男	书记	2004—2012
	金树岳	男	书记	2012—

1962—2016年大诸庄村村政机构负责人任职情况表

表4

村政机构名称	姓名	性别	职务	任职时间
生产大队	李士臣	男	大队长	1962—1964
	刘福仁	男	大队长	1964—1977
管理委员会	白玉君	男	主任	1978—1981
村民委员会	刘乃召	男	主任	1981—1985
	诸葛美臣	男	主任	1985—1987
	白志友	男	主任	1988—1996
	金树亮	男	主任	1997—1999
	李　杰	男	主任	2000—2002
	刘学平	男	主任	2003—2008
	李　杰	男	主任	2009—2011
	金　超	男	主任	2012—

大兴庄村

大兴庄村位于北辰区东北部，村北2.5千米为大吕庄村，村南1千米为小诸庄村，村东3千米为辛侯庄村，村西1.5千米为北孙庄村，西南至镇政府3.5千米。村南紧邻郎园引河和九园公路，村西为津围公路。村呈正方形，村域面积13.2万平方米。2009年，村固定资产162万元，人均纯收入6971元。2015年，户籍人口845人，长期固定资产161.59万元。

大兴庄村航拍图 （2017年摄）

一 村庄沿革

元朝时该村原址曾有村庄，称“朱庄户”，明征元时被毁。明永乐年间（1403—1424年），有刘栾兰夫妇携四子召、起、良、志从山西洪洞县迁此处定居。因村水淀多鱼虾，始名黑鱼淀。明万历年间（1573—1620年）有门、阎二姓迁入，人丁开始兴旺。为表庆贺，改村名为老虎村，意为兽中之王，因遭邻村反对改名大兴庄至今。

大兴庄村村碑　　（2015年摄）

据清乾隆《武清县志》（1987年版25—26页）载，大兴庄村明弘治十五年（1502年）属武清县灰锅口里辖。清时沿袭明代隶属。据《畿辅通志》第七册卷四十六，光绪《武清县图》境内辖与天津县边界相邻村有大兴庄村名。民国29年（1940年）至中华人民共和国成立前，属武清县第五区大诸庄乡；1953年，属武清县第三区大吕庄乡；1957年，属武清县梅厂乡；1958年，属武清县梅厂人民公社南王平管理区。1961年，隶属河北区。1962年，属北郊区南王平人民公社；1983年，属北郊区南王平乡；1992年，属北辰区南王平乡；2001年，属北辰区大张庄镇。

1985年，大兴庄村被天津市政府批准为革命老根据地，享受税收优惠政策3年。

二 道路河流

道路 截至2016年，村边有省（市）道路2条：第一条为穿村而过的九园公路，西通京津公路，东至宝坻区；第二条为村西2.5千米的津围公路，南至天津市区，北至河北省围场县。有乡间路2条，分别通达村北大吕庄村及村南小诸庄村。

河流 截至2016年，村邻2条二级河道，村东有东北、西南向的机排河流过，村南有东西向的郎园引河穿村而过，此2条河流为大兴庄村灌溉和排涝提供了保障。

三 人口方言

人口 据统计资料载，1980年，该村有134户642人；2000年，有196户693人；2015年，全村共有309户，户籍人口826人；2016年，有318户871人。

民族 据《天津市北辰区地名志》载：1995年，该村681人均为汉族。据村情调查，2016年，该村仍为汉族1个民族。

姓氏 全村共有55个姓氏，主要姓氏为刘姓和门姓。两姓辈分排序如下：

刘姓：栾、良、万、朝、应、三、文、自。

门姓：百、得、龙、辅、廷、士、可。

方言 该村方言与普通话基本一致，语音特点四声鲜明，元辅音相间，抑扬有致，节奏感强。加上声调的变化、儿化音和轻声等变化，双声、叠韵、叠音等语言形式，使语言富于音乐感。该村方言属武清方言片，与杨村话相似，在全国方言分区上属北京官话区怀（来）承（德）片。

四 耕地状况

据该村上报村情材料，大兴庄村耕地分为村南、村北两大块，共15小块，总面积为3350.38亩。村北土地和大吕庄土地为邻，西与北孙庄村土地为界，东和辛侯庄村土地接壤，南为郎园引河。村南土地东和大吕庄村土地相连，南和北何庄村土地为邻，西和小诸庄村土地接壤，北为郎园引河。村北耕地1800余亩，其中有580亩为冬小麦种植区，旱能浇、涝能排，其余田块种植玉米、棉花、西瓜等。村北建有水站两座，一座为浇灌农田所用，另一座为排涝所用，20世纪60年代明渠浇灌，90年代修建

4000余米防渗渠道，用于村北农田浇灌。村南耕地1500亩，水源充足，400余亩耕地种植水稻，其余种植玉米、高粱等大田作物。村南建有泵站一座。

村民在刚建成的泵站前合影留念（1970年摄）

大兴庄村北灌溉麦田使用的泵站（2015年摄）

大兴庄村郎园引河边泵站（2015年摄）

1980年大兴庄村所属耕地地块情况表

表1　　　　单位：亩

地块名称	位置	面积	地块名称	位置	面积
北大荒	村北	179	西南弓	村北	302.3
大吕庄道东东段	村北	188.57	河甸子	村南	339
大吕庄道东西段	村北	205	芦沟地	村南	192
大吕庄道西东段	村北	268.78	秧田地	村南	37.11
大吕庄道西西段	村北	314.69	菜地	村南	40.83
东甸子	村北	294.55	朱庄户	村南	257
猪场北东段	村北	56	南埑	村南	635
猪场北西段	村北	40.55	合计	3350.38	

1980年大兴庄村所属耕地地块分布示意图

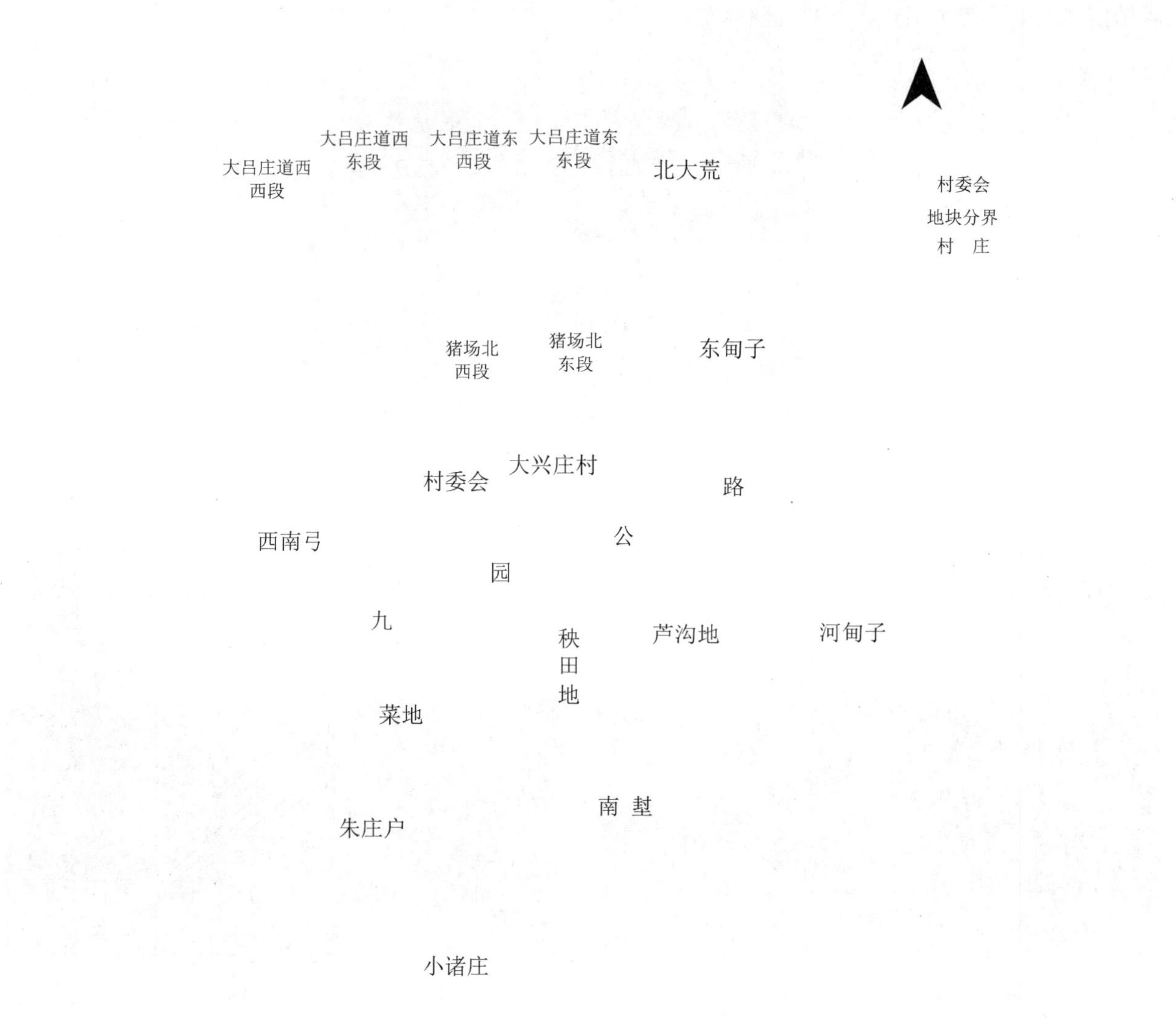

（2016年绘制）

五 街道胡同

大兴庄村历史虽长，但村子不大，村民居住分散没有规范的胡同。中华人民共和国成立后，逐渐有了街道。20世纪90年代，大兴庄村南修建九园公路，过桥即入村内。村中街道共7条：东西方向有前进、兴旺、幸福、朝阳4条大街；南北方向有西环路、东环路、市场路3条大街。上述各路皆为沥青路面，有路灯。

1999年大兴庄村街道情况表

表2

修筑年份	街道名称	长度（米）	走向	修筑年份	街道名称	长度（米）	走向
1985	前进大街	350	东西	1986	西环路	400	南北
1985	兴旺大街	350	东西	1986	东环路	300	南北
1985	幸福大街	350	东西	1990	市场路	80	南北
1980	朝阳大街	400	东西				

2016年大兴庄村街道及公共设施示意图

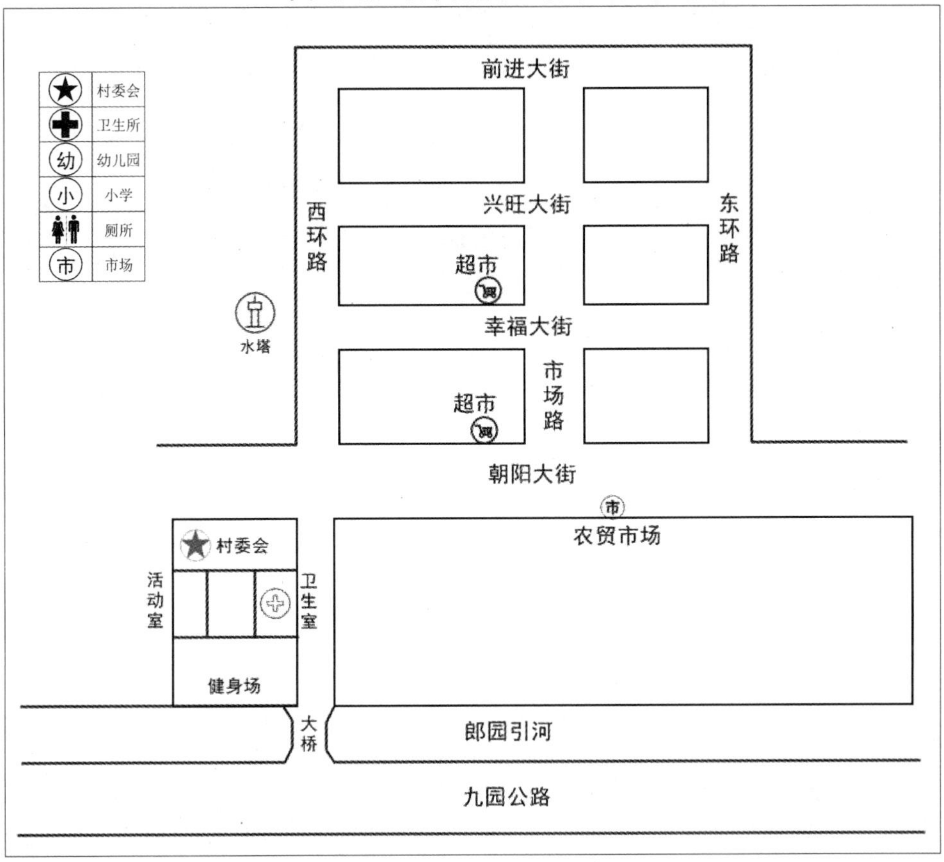

（2016年绘制）

大兴庄村西环路 （2015年摄）

六 公共设施

中华人民共和国成立前，大兴庄村基本没有公共设施。清末开办的“冬仨月”私塾，农家子弟学文兼修珠算。中华人民共和国成立后，1965年，建民办小学；1972年，建大吕庄联校大兴庄小学；1994年，为喜逢台小学大兴庄分校。大兴庄村于1960年末打第一眼饮用水机井，后又于80年代、90年代和2014年分别打井3眼。1985年前后，自来水全部入户。1969年，建村卫生所。到2016年，村中建有文化活动室、健身广场、卫生室、水塔、集贸市场、小超市等，村民委员会建在村西南郎园引河桥西侧。

大兴庄村村民委员会办公地点　　（2015年摄）

大兴庄村卫生室　　（2015年摄）

大兴庄村健身广场　　（2015年摄）

七　经济概况

中华人民共和国成立前，大兴庄村村民以耕种地主土地为主，少数农民有少量土地。中华人民共和国成立后，广大村民分得土地，成为土地主人。1954年，成立初级社和高级社，1958年，成立人民公社，实行“政社合一”体制。1982年，实行家庭联产承包责任制。经过几次生产关系变革，生产力有了很大提高。大兴庄村经济发展以农业为主，种植农作物为小麦、水稻、玉米、大豆等。20世纪60—80年代，大兴水利建设，改造土地，逐步达到旱能灌、涝能排。村北有600亩小麦种植田，稳产高产。1990年，依靠近河优势，建700亩水稻种植区，最高亩产500千克，总产达350吨；1998年，全村粮食产量为1239吨。经济作物种植棉花、向日葵等。蔬菜种植白菜、萝卜等，全部自食。

大兴庄村工副业发展缓慢，20世纪90年代，村有集体企业照相器材厂，产值为1038万元，后倒闭。

八　民间文化

20世纪50年代，该村建有业余评戏团，逢年过节在村内或到外村演出。90年代，成立秧歌队。进入21世纪，村建文化活动室丰富了村民文化生活。

九　历任党政负责人

大兴庄村发展党员较早，民国35年(1946年)即有党员2人。1950年，有党支部开展工作。至2016年，有15人次任支部书记，有3人任职两届，最长任职者超过12年。

该村自1958年始有村政负责人情况记载，村政机构经生产大队、革命委员会、管理委员会、村民委员会的变化，至2016年，有8人次任村政负责人，任职最长者为17年。

1950—2016年大兴庄村党组织负责人任职情况表

表3

党组织名称	姓名	性别	职务	任职时间
党支部	刘万廷	男	书记	1950—1954
	刘宝文	男	书记	1955—1958
	刘仲明	男	书记	1958—1960
	阎洪田	男	书记	1960—1970
	刘千孚	男	书记	1971—1975
	刘国屯	男	书记	1976—1978
	刘谦孚	男	书记	1979—1982
	刘国俊	男	书记	1983—1984
	刘国屯	男	书记	1985—1988
	刘希廷	男	书记	1989—1990
	刘国岐	男	书记	1990—1991
	刘占廷	男	书记	1991—1997
	刘宝刚	男	书记	1997—2002
	刘占延	男	书记	2002—2009
	刘宝刚	男	书记	2009—

1958—2016年大兴庄村村政机构负责人任职情况表

表4

村政机构名称	姓名	性别	职务	任职时间
生产大队	刘宗廷	男	大队长	1958—1971
革命委员会	刘作廷	男	主任	1971—1979
管理委员会	刘希廷	男	主任	1979—1988
村民委员会	刘春廷	男	主任	1988—1990
	刘希廷	男	主任	1991—1999
	门东财	男	主任	2000—2005
	门树槐	男	主任	2006—2008
	刘升廷	男	主任	2009—

十　荣誉

该村村民牛秀敏在“双学双比”活动中，种植棉花，取得优异成绩，在生活中献爱心，争做文明市民，受到有关部门多次表彰。

1992—1999年大兴庄村获市局级及以上先进个人荣誉表

表5

授予时间	姓名	荣誉称号	授予部门
1992、1993、1997	牛秀敏	双学双比先进女能手	天津市妇联
1994	牛秀敏	全国“三八”红旗手	全国妇联
1994	牛秀敏	全国先进女能手	全国农村妇女双学双比竞赛活动领导小组
1995	牛秀敏	种植棉花能手	天津市妇联
1996	牛秀敏	东西互动献爱心	天津市妇联
1997、1999	牛秀敏	市级文明市民	天津市文明委

附：典籍选录

光绪时大兴庄村属武清县管辖

光绪《武清县图》境内辖村图载：武清县（东南）所辖的村庄为：大兴庄、张五庄、田庄、张四庄、大朱庄、大吕庄、高哑巴、喜逢台、南王平、郑庄。

（《畿辅通志》第七册卷四十六，35页）

1946年大兴庄村属天津县管辖

1946年1月，（天津县）新六区区委建立后，为了巩固原有的革命成果，区委决定从三个方面着手开展工作，一是……动员群众揭露国民党反动派。二是……改造保甲组织，三是积极发展，扩大人民武装力量，开展多种形式的游击活动，到3月，30余村的保甲制基本被摧毁，20余村被控制。区委先后在下殷庄、大兴庄……喜逢台17个村建立了村民主政权。……在县委和路东工委的领导下，……六区南王平……大兴庄等村发展党员10名，建立了一批党支部。

（《天津县革命史》40-41页）

张五庄村

张五庄村位于北辰区东北部，津围公路东侧，南与该镇大吕庄村相连，北与张四庄村相接，东与小马庄村隔八支渠相望，西与大诸庄村隔七支渠相望。村呈长方形，村域面积5.4万平方米。有民房370间，住房为砖木结构。2009年，村固定资产120万元，人均纯收入6492元。2015年，户籍人口279人，村固定资产128.18万元。

张五庄村航拍图 （2017年摄）

一　村庄沿革

明永乐年间（1403—1424年），有张姓建村，后有刘、崔、邱等姓迁入，因近张四庄村且村小于它而得名。

明朝时该村属武清县灰锅口里所辖。清时沿袭明代隶属。光绪《武清县图》张五庄临天津县界，筐儿港减、大兴庄、张五庄、田庄、张四庄、大诸庄、大吕庄、高哑巴、喜逢台、南王平、郑庄（参见《典籍中的北辰》76页）。

张五庄村村牌　　（2016年摄）

民国29年（1940年），属武清县第五区大诸庄乡辖。1949年后，属武清县第三区大诸庄乡辖。1953年4月26日至6月23日，武清县二区划分为南王平、大吕庄、大吴庄等11个乡，该村隶属大吕庄乡管辖。1962年，隶属天津市北郊区南王平公社。1983年，人民公社改为乡，隶属南王平乡；1997年，乡改为镇，隶属南王平镇。2001年，属北辰区大张庄镇。

1987年，张五庄村被天津市政府批准为抗日根据地村。

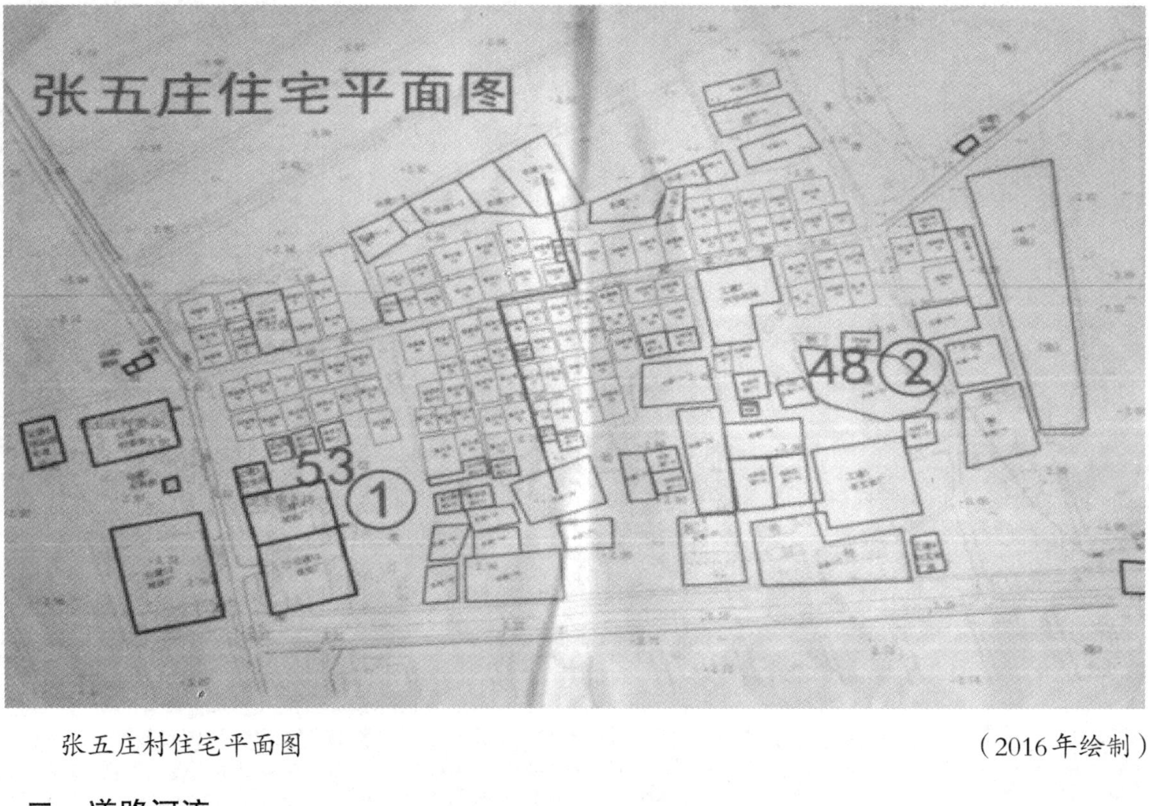

张五庄村住宅平面图　　（2016年绘制）

二　道路河流

张五庄村北为杨北公路，西侧为津围公路，村北有滨保高速公路穿过。2014年，新修乡村公路，通往邻村张四庄村、小马庄村、大诸庄村及大吕庄村。

三　人口方言

人口　中华人民共和国成立后，据统计资料载，1980年，该村有55户242人。1990年第四次人口普查，该村82户283人；2000年，有80户264人；2016年，乡村总人口101户279人。

民族 据《天津市北辰区地名志》载：1995年，该村村民均为汉族。据村情调查，2016年，该村村民仍为汉族。

姓氏 村内共有36个姓氏，主要姓氏有4大家，分别为崔、刘、邱和闫姓。未见有文字记载族（家）谱。

崔姓辈分排序为：福、德、绍、学。

刘姓辈分排序为：连、广、树。

邱姓辈分排序为：永、树、宝。

闫姓辈分排序为：玉、万、宝、宏。

方言 张五庄村方言属武清方言片，与武清杨村话相似，在全国方言分区上属北京官话区怀（来）承（德）片。

四 耕地状况

张五庄村共有耕地近500亩，大部分土地分布在家西、家南和家北。家西土地和大诸庄村土地相邻，家北土地与张四庄村土地相连，家南土地和大吕庄村土地为界，少部分村东地与小马庄村土地接壤。

2015年张五庄村所属耕地地块情况表

表1 单位：亩

地块名称	面积	地块名称	面积
村 西	56.26	宽河地	61
村 南	143.01	狼沟地	38
村 北	89.41	河东地	27
梨星地	70	村 东	10.57
合 计			495.25

2015年张五庄村所属主要耕地地块分布示意图

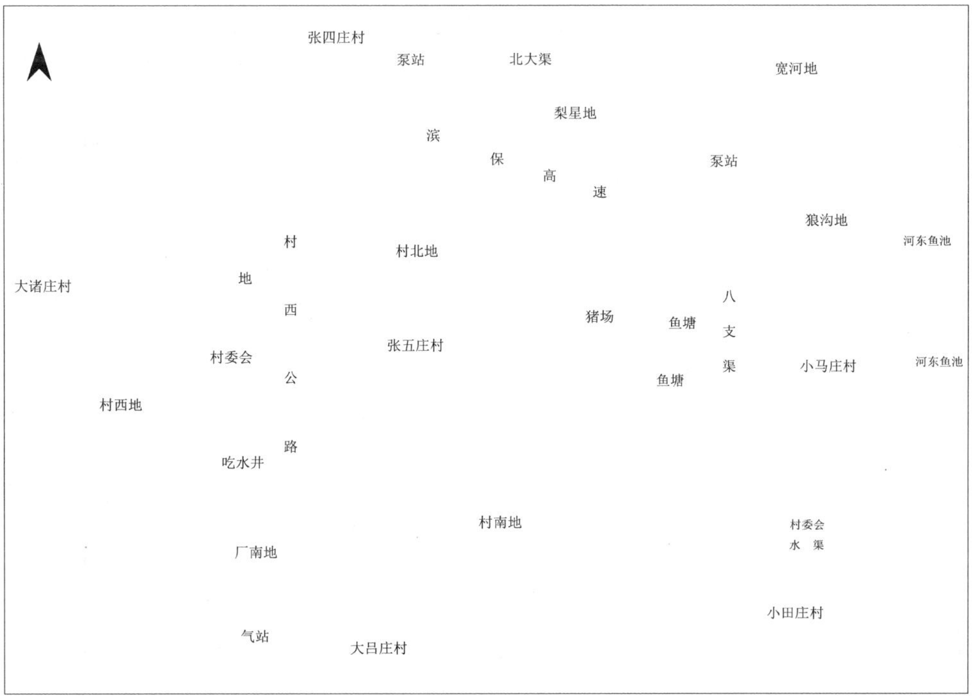

（2016年绘制）

五　街道胡同

20世纪70年代以前，村里路面条件不好，大多为土路，少部分胡同铺有炉灰。80年代以后环境建设发展较快，有贯穿全村的东西向街道1条，长400米宽8米，沥青路面，有路灯。胡同有富强、富贵等共17条。

2015年张五庄村街道胡同情况表

表2

街道名称	长度（米）	走向	街道名称	长度（米）	走向
和平路街	400	东西	富盛胡同	30	南北
富强胡同	100	南北	富民胡同	30	南北
富贵胡同	100	南北	东安大街	200	南北
富兴胡同	100	南北	新开胡同	40	南北
富旺胡同	80	南北	新开胡同	50	南北

六　公共设施

张五庄村村型小，2016年年底之前，公共设施分别为村民委员会、公共健身广场、社区服务中心、饮用水机井、卫生所等。

张五庄村街道　　（2015年摄）

2015年张五庄村公共设施示意图

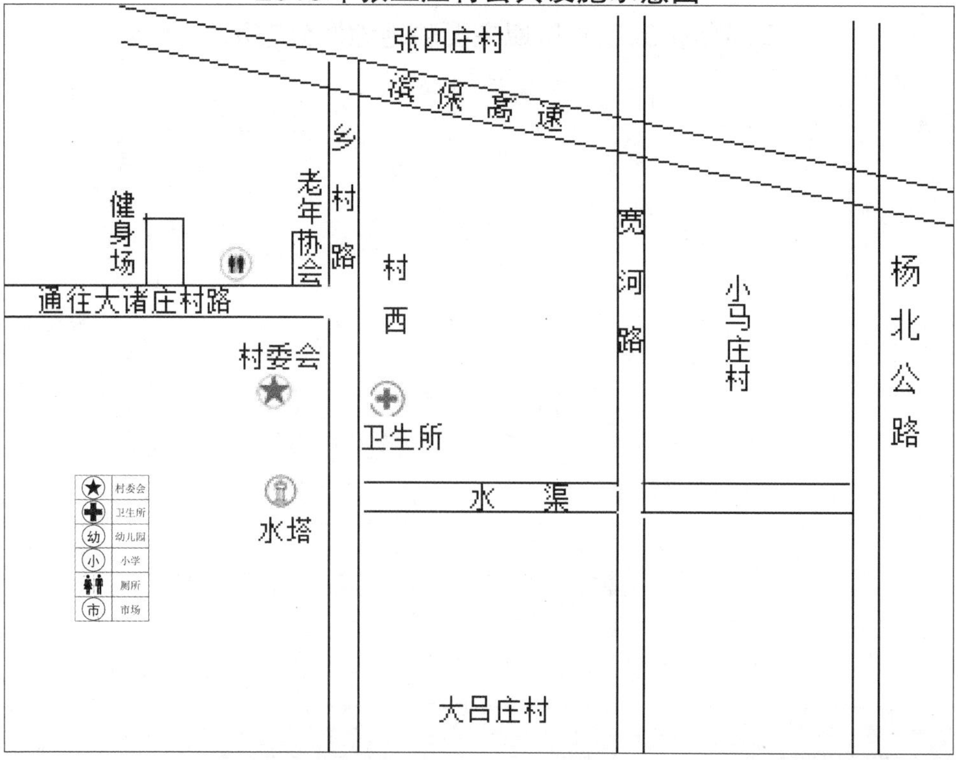

（2016年绘制）

张五庄村饮水机井及水塔　（2015年摄）

张五庄村社区综合服务中心　（2015年摄）

张五庄村健身园　（2015年摄）

张五庄村村民委员会　（2015年摄）

七　经济概况

张五庄村的耕地以种植大田作物为主，主要作物为小麦、玉米和大豆。2015年，小麦亩产达475千克，村周边25亩坑塘承包个人进行水产养殖。

1990年以前，村内有集体企业3家，分别为五金厂、兴华机械厂、木器厂，后陆续倒闭。2015年，村内有民营企业1家，为宏康工贸有限公司，主营五金制品加工，年收入1000万元。

张五庄村农田　（2016年摄）

八　历任党政负责人

据武清县南王平等村统计，1950年1月24日建有党支部的有南王平、喜逢台、大兴庄、大吕庄、张五庄……董连庄等10个村（《沽北辰光》）。张五庄村首任党支部书记是刘广来；至2016年，共有5人次任村党支部书记，其中崔绍刚任职时间为35年。

张五庄村养鱼池　（2016年摄）

据《中共天津党史大事记》载：民国34年（1945年）4月，张五庄村即实行村干制，时任村干刘连化。该村村政机构历经村公所、生产大队、革命委员会、管理委员会和村民委员会的沿革，有记载以来，从1956年始至2016年，有8人次任村政负责人，其中2人次任两届以上，任期时间最长者为27年。

1950—2016年张五庄村党组织负责人任职情况表

表3

党组织名称	姓名	性别	职务	任职时间
党支部	刘广来	男	书记	1950—1961
	崔德玉	男	书记	1962—1968
	邱永利	男	书记	1968—1979
	崔德亮	男	书记	1979—1981
	崔绍刚	男	书记	1981—

1956—2016年张五庄村村政机构负责人任职情况表

表4

村政机构名称	姓名	性别	职务	任职时间
村公所、生产大队	刘广来	男	村长、大队长	1956—1962
生产大队、革命委员会	邱永利	男	大队长、主任	1962—1971
革命委员会	崔德亮	男	主任	1971—1974
	刘广来	男	主任	1974—1975
革命委员会、管理委员会	崔德亮	男	主任	1975—1979
管理委员会	崔绍刚	男	主任	1979—1981
管理委员会、村民委员会	崔绍忠	男	主任	1981—2008
村民委员会	刘玉湖	男	主任	2009—

九　荣誉

2009年，张五庄村被天津市司法局评为“民主法治村”。

2007年，张五庄村刘玉海家被天津市文明办、市妇联评为“十佳和谐家庭”。

北麻疙瘩村

北麻疙瘩村位于北辰区东部，村北紧靠新引河、永定新河，东南为张献庄村，西南为南麻疙瘩村，村东为朱唐庄村。村子呈正方形，面积20万平方米，有民房700间，为砖木结构。2015年，户籍人口1643人，长期固定资产111.01万元。

北麻疙瘩村村民委员会　　（2016年摄）

一 村庄沿革

该村建于明永乐年间（1403—1424年）。始有刘、张两姓。因住地有土疙瘩且周边多长麻，故称麻疙瘩。1970年，因与前麻疙瘩相别而冠方位“后”。村民习惯以“北”为后，今称北麻疙瘩。（载于《典籍中的北辰》376页）

清雍正八年（1730年），属天津县。光绪三十一年（1905年），属天津县北乡二十一区辖。日伪时期，属朱唐庄伪大乡辖。中华人民共和国成立后，属天津县九区；1953年7月，属津北郊区朱唐庄乡；1961年5月，属河北区朱唐庄乡；1992年5月，属北辰区大张庄乡，1997年12月，属北辰区大张庄镇管辖。

二 道路河流

村北新引河堤建有防洪公路，东达津围公路。村南行1.5千米为津榆公路（205国道），西为京津公路。有乡间公路西通南麻疙瘩村，东至朱唐庄村。

村北为新引河和永定新河，村南为小南河，新引河及小南河均为该村农田灌溉水源及排涝河道。

三 人口方言

人口 据《典籍中的北辰》载，民国23年（1934年），该村有121户522人。据统计资料载，1980年，有331户1392人；2000年，有419户1519人；2016年，有547户1648人。

民族 据《天津市北辰区地名志》载：1995年，该村有人口1434人，均为汉族。据村情调查，2016年，该村人口依旧均为汉族。

姓氏 北麻疙瘩村共有5个姓氏，主要姓氏为韩、王姓。

韩姓辈分排序：常、宗、凤、恩、文、春。

王姓辈分排序：荣、明、祖、德、允。

方言 该村属武清方言片，与武清杨村话相似，在全国方言分区上属北京官话区怀（来）承（德）片。例如：大了（读 liǎo），意思是红白喜事的操持办理人；折饼儿，意思是来回翻身；鼻等，意思是鼻涕；隔色，意思是特殊；不落（读 lào）忍，意思是过意不去。

四 耕地状况

据北麻疙瘩村上报村情调查材料表明：20世纪80年代，全村耕地总面积3000余亩，分为两部分，一部分在村周围，约1000亩。该部分土地西和西南与南麻疙瘩村土地接壤，东和东南与张献庄村土地为邻，北为新引河，南为205国道。该村另一部分土地为2300亩，在永定新河以北，北面与刘招庄村、刘马庄村土地相连，西为武清河、东为二闫庄大道，东南土地与朱唐庄村土地接壤，南边为永定新河。2011年，流转北辰郊野公园1200亩。其耕地整体四至为，东界朱唐庄村、张献庄村耕地，西界南麻疙瘩村耕地，南界205国道，北界刘招庄村、刘马庄村耕地。村南土地和小南河边建有泵站，进行排灌。河北土地在武清河岔和果园排河建有泵站进行排灌。

20世纪80年代北麻疙瘩村部分耕地地块情况表

表1　　单位：亩

地块名称	位置	面积
斜子地	永定新河北，刘马庄道西	60
南留地	永定新河北，刘马庄道西	75
北留地	永定新河北，刘马庄道西	80
张三顷	永定新河北，刘马庄道西	116
二十四亩地	永定新河北，刘马庄道西	495

续表

地块名称	位置	面积
北间地	永定新河北，刘马庄道西	90
二十七亩地	永定新河北，刘招庄道东	280
鸡厂	永定新河北，刘招庄道东	110
双方地	永定新河北，刘招庄道东	364
淤泥地	刘马庄道东，刘招庄道西	340
大堤	永定新河北	290
合计		2300

20世纪80年代北麻疙瘩村所属主要耕地地块分布示意图

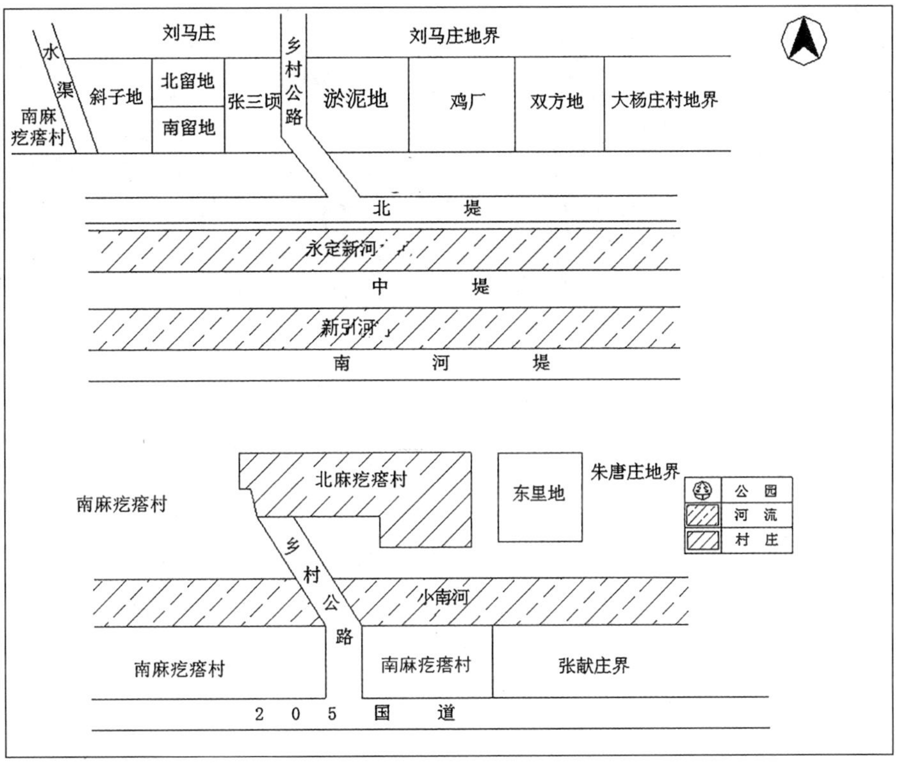

（2016年绘制）

五　街道胡同

中华人民共和国成立前，北麻疙瘩村均为土路。20世纪50—70年代，村容街貌虽有改善，但发展较为迟缓。进入80年代后，随着经济的发展，按规划实施村庄改造，街道胡同拓宽调直，主要街道逐步落实硬化。随着经济发展和人口的增长，村庄不断扩大外延。2000年后，村形从长方形变成正方形。全村共有街道7条，其中南北方向街道2条，名称为南北大街和西马道；东西方向街道5条，名称为北道、北大街、中大街、南大街、南道。南北大街和西马道分别长900米、800米，东西方向的5条街道长均为400米。村内主要街道为沥青路面。

1988—2015年北麻疙瘩村街道情况表

表2

修筑年份	街道名称	长度（米）	走向	修筑年份	街道名称	长度（米）	走向
1988	南北大街	900	南北	1988	中大街	400	东西
1988	西马路	800	南北	1988	南大街	400	东西
1988	北道	400	东西	1988	南道	400	东西
1988	北大街	400	东西				

北麻疙瘩村东西向南道 （2016年摄）

北麻疙瘩村中大街 （2016年摄）

六　旧村改造

北麻疙瘩村因外环线扩圆，根据大张庄镇政府的安排部署，于2015年11月20日，全村开始拆迁。

该村共547户，至2016年还剩90余户未拆。拆迁补偿以2015年房屋确权置换。拆迁后的村民分散租住在喜逢花园、景瑞阳光尚城小区、小淀村等地方。

2015年北麻疙瘩村街道及公共设施示意图

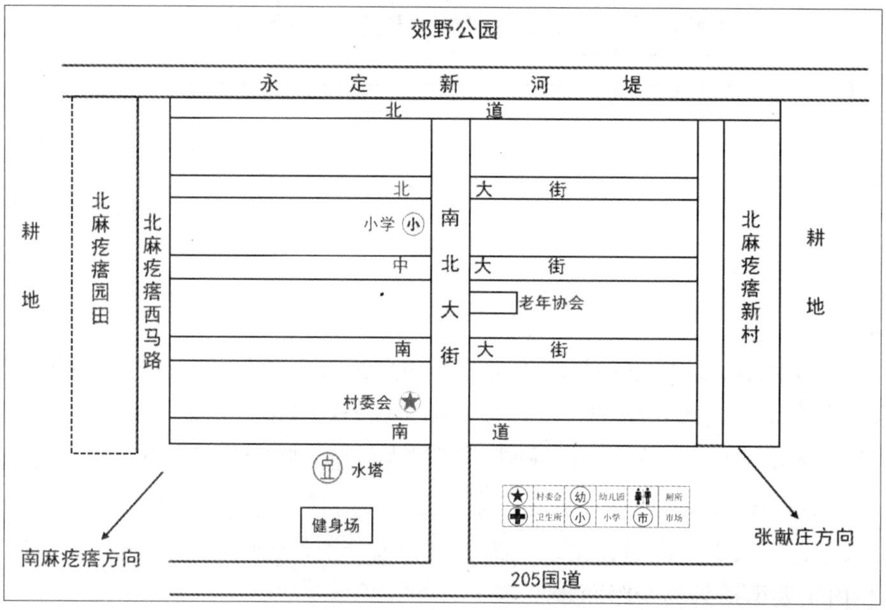

（2016年绘制）

七　公共设施

北麻疙瘩村属中型村，公共设施较齐全。1949年后即建有村政办公地点，人民公社时有村大队办公室。20世纪60年代，建北麻疙瘩小学一所；建红医站一所，后改为卫生所。60年代打饮水机井，筑有水塔，全部自来水入户。70年代，村中建供销合作社门市部。1983年后建村民委员会。90年代，建老年活动中心、健身场等。

八　经济概况

中华人民共和国成立前，北麻疙瘩村主要旱田作物是小麦、玉米、高粱。中华人民共和国成立后，各级政府重视兴修水利。20世纪60年代，开始种植蔬菜。80年代，部分土地开始种植水稻。粮食作物主要品种为小麦、玉米、大豆，经济作物为芝麻、向日葵等。粮食总产量1978年、1984年、1995年分别为469吨、369吨和523吨。

60年代至2000年，村兴办集体企业7家，新河粉碎厂、新河熔炼厂、液化件厂、皮鞋厂、五金制品厂、塑料厂、印业公司，年产值达507万元。企业改制后，集体企业全部变为个体、私营和股份合作企业。村集体兴建工业园，吸收企业入园，村集体取得收入。至2016年，村共有企业17家，主要产品为泡沫板、自行车、代工原料等。

九　历任党政负责人

1949年，北麻疙瘩村发展党员2人。1957年，由党支部开展工作；至2016年，有13人次任支部书记，最长任职者为24年。

该村1949年始有村政机构负责人情况记载，村政机构经过村公所、生产大队、革命委员会、管理委员会、村民委员会的变化。至2016年，共有10人次任村政机构负责人，最长任职者为26年。

1957—2016年北麻疙瘩村党组织负责人任职情况表

表3

党组织名称	姓名	性别	职务	任职时间
党支部	韩学文	男	书记	1957—1979
	王祖祥	男	书记	1979—1981
	王祥华	男	书记	1981—1984
	赵玉清	男	书记	1985—1986
	韩学文	男	书记	1986—1988
	王祖华	男	书记	1988—1989
	韩恩来	男	书记	1989—1994
	韩文月	男	书记	1995—1996
	赵玉清	男	书记	1996—1997
	韩文月	男	书记	1997—2000
	刘学兵	男	书记	2000—2002
	王祖丰	男	书记	2002—2006
	赵学忠	男	书记	2006—

1949—2016年北麻疙瘩村村政机构负责人任职情况表

表4

村政机构名称	姓名	性别	职务	任职时间	说明
村公所	韩金德	男	村长	1949—1954	
生产大队、革命委员会	韩学文	男	大队长	1955—1980	
管理委员会	赵玉清	男	主任	1981—1982	
村民委员会	韩学文	男	主任	1983—1984	
	韩恩来	男	主任	1985—1988	
	赵玉明	男	主任	1989—1993	
	王登标	男	主任	1994—1999	
	韩恩仲	男	主任	2000—2005	
	韩廷刚	男	主任	2006—2011	
	王树强	男	主任	2012—	

附录：典籍选录

雍正八年（1730年）武清县拨归天津府村庄：赵家场、河北、望海寺……南麻疙疸（瘩）、北麻疙疸（瘩）金家窑、李明庄……上蒲口、丁家庄（凡七十村庄）。乾隆《武清县志》1987年版，27-28页。

1930年天津县水灾，入夏以来，大雨连绵，津乡各村几成泽国，天津县府截至本月十九日至，斗接受呈报田禾被潦，共斗六十五村，……小淀、朱唐庄、东赵庄、张献庄、孟家庄、二闫庄、大杨庄、小杨庄、南麻疙疸（瘩）、北麻疙疸（瘩）……等六十五村。

（《益世报天津资料点校汇编》（二）1441页 1930年8月25日）

北麻疙瘩大队党支部领导社员发展集体经济，努力增产粮菜。1958年，北麻疙瘩首辟园田80亩，1959年收入21.8万元，超计划1.8万元。两三年间在村北"北大荒"开荒300多亩。为供应市场，1960年种胡萝卜600多亩。1962年秋涝，1500亩集体玉米丰收，个人种的100多亩却遭灾。1962年如数交公粮15万斤后，又售余粮5万斤，1961年全队收入21万多元，1962年全队收入33万元，人均分配200元，比1957年增长近3倍。章崇昭报道。

（载1963年1月13日《天津日报》）

南麻疙瘩村

南麻疙瘩村位于北辰区东部，地处津榆公路北侧，村北侧是北辰郊野公园，村东与张献庄村接壤，村西与双街镇毗邻。距大张庄镇政府4.4千米，村子呈正方形，面积27.6万平方米。2015年年末，有户籍人口2458人，经济总收入75538万元，长期固定资产642.56万元，人均纯收入18476元；2016年，该村总人口2494人，农村经济总收入75945万元，人均纯收入18920元。

南麻疙瘩村村民委员会办公楼　　（2015年12月摄）

一 村庄沿革

南麻疙瘩由刘姓建村于明永乐年间（1403—1424年），宅院位于土台上。时台上遍生野麻，取名麻疙瘩。清康熙八年（1669年），始有河北献县卧佛堂人氏张玉在该地定居，为与邻村北麻疙瘩相别冠方位“前”。因村民习惯称前为南，中华人民共和国成立后定村名为南麻疙瘩（载于《典籍中的北辰》377页）。

清雍正八年（1730年），属天津县；光绪三十一年（1905年），属天津县北乡二十一区辖。日伪时期，属朱唐庄伪大乡辖。中华人民共和国成立后，属天津县九区；1953年7月，属津北郊区朱唐庄乡；1961年5月，属河北区朱唐庄乡；1962年2月，复归北郊区。1992年5月，属北辰区大张庄乡。1997年12月，大张庄乡改为大张庄镇，隶属大张庄镇管辖。

二 道路河流

道路 中华人民共和国成立前，南麻疙瘩村周边仅有土质公路。自20世纪80年代开始，随着经济发展，域内公路建设发展迅速。至2016年，津武线、京津塘高速、外环调整线、津榆公路（205国道）穿村而过，区位优势明显，交通便利。南麻疙瘩村北侧是永定新河和新引河，紧邻天津最大的郊野公园——北辰郊野公园。

南麻疙瘩村南205国道　　（2016年摄）

北辰郊野公园永定新河南堤　　（2016年摄）

津榆公路 205国道的一段，位于南麻疙瘩村南，该路在北辰区域内长29.5千米，西起外环线京山铁路立交桥，东至东堤头村三号桥——进入宁河县。多年来，该路面几经改造修筑；至2012年，已拓宽至16米。

京津塘高速公路 位于南麻疙瘩村西，北京和天津之间直达的高速公路，全长147千米。

津武线 津武线南起外环线，北到武清下朱庄。位于南麻疙瘩立交桥（路口），在津榆路立交桥附近（西方向107米左右）。

外环调整线 位于永定新河南侧，西起外环北路东至规划志成道延长线，规划道路红线宽度50米。途经大张庄镇南麻疙瘩村、北麻疙瘩村、朱唐庄村、小孟庄村、小杨庄村、大张庄村、李辛庄村。

河流 至2016年，流经村域或村边界的主要河流有3条（含新引河）。

永定新河 该河于1971年开挖，东西走向，西起屈家店水利枢纽工程进洪闸，沿新引河北侧至大张庄与新引河汇流，经东堤头纳入北京排污河，至宁车沽汇潮白河，于北塘注入渤海，全长62千米，区内段长29千米。(新引河长14.5千米，与永定新河为“两河三堤”)

该河位于南麻疙瘩村北部，是流域面积较大、河床较宽的一级河道。

小南河 位于南麻疙瘩村北，东西走向，西起北麻疙瘩村扬水站，东至津榆公路一号桥北，长3千米，宽20米。该河开挖于1973年，系大张庄境内南部的排水干渠。

三 人口方言

人口 据清道光二十六年(1846年)《津门保甲图说》载，时南麻疙瘩村共78户300人。据《典籍中的北辰》载，民国23年(1934年)，南麻疙瘩村有136户683人。中华人民共和国成立后，据统计资料载，该村1950年，有200户850人；1980年，有550户1850人；2000年，有699户2176人；2016年，有881户2494人。

民族 据《天津市北辰区地名志》载：1995年，该村有2092人均为汉族。据村情调查，2016年，该村人口依旧均为汉族。

姓氏 南麻疙瘩村共有3个姓氏，主要有两大姓氏：张姓、轧姓。其中张姓现居村中以秀字辈为多。张姓在村中分为两个家族。

大姓辈分由上往下排序如下：

张姓：起、恩、秀、桂、继。

张姓：凤、玉、振、永、怀、庆。

轧姓：良、林、乃、宗、佳。

方言 南麻疙瘩村方言属武清方言片，与武清杨村话相似，在全国方言分区属北京官话区怀(来)承(德)片。

例如：上亮子，意思为门上方的玻璃窗；拾不起个儿，意思形容筋疲力尽；吃饱了撑的，意思为无事生非；腻歪，意思为讨厌；暴腾，意思为尘土飞扬。

四 耕地状况

据南麻疙瘩村上报村情调查材料表明：20世纪80年代，南麻疙瘩村耕地分为8个地块，主要分布在永定新河北侧及村庄周围。全村共有耕地3375亩，主要种植小麦、玉米等作物。灌溉方式为排灌渠统一灌溉。其耕地整体四至为东界北麻疙瘩村耕地，西界双街村耕地，南界205国道，北界刘马庄村耕地。

南麻疙瘩村农田灌溉水资源丰富，永定新河、新引河等为村园田、稻田、麦田的浇灌提供了便利条件，村南小南河能够引灌排涝。与二闫庄村接壤的二闫庄干渠于1972年开挖，也承担村内耕地灌溉任务。村北建有武清河岔泵站，2016年重新修建，防涝标准为百年一遇。

20世纪80年代南麻疙瘩村所属耕地地块情况表

表1 单位：亩

地块名称	位置	面积	地块名称	位置	面积
宁白子	武清河岔东	150	赵洼子	武清河岔西	525
大河沟	武清河岔西	600	六十亩	武清河岔东	150
大李沟子	武清河岔西	525	穆　地	武清河岔东	600
小李沟子	武清河岔西	375	金花地	武清河岔东	450
合计					3375

20世纪80年代南麻疙瘩村所属耕地地块分布示意图

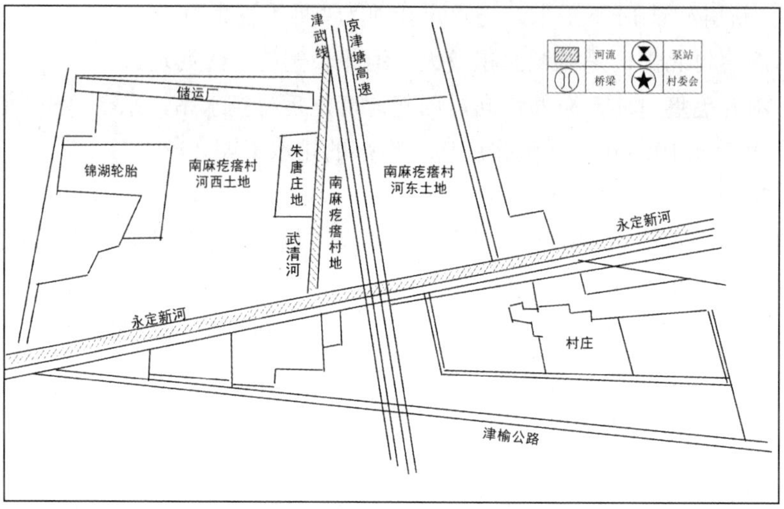

（2016年绘制）

附：

《天津历代房地产契证》曾记载：光绪二十九年南麻疙瘩村民地契

官契契文：

立补契投税人邢国荣，缘有淀北渔苇课地，坐落天津南麻疙疸。于咸丰元年，经中殷洪荣、高玉田买自李全其地，计共一段合地十七亩六分。原置之契因遭庚子兵灾遗失，今邀同四邻等查明四至，照章出具保甘，各结存案备查。并查照原契价值计津平足色银拾伍两正，理合补契投税，并准给发清丈执照，永远为业，立此补契存照。计开……合地拾肆亩叁分伍厘贰毫

立补契人邢国荣邻右李贵刘元地方杨坤

光绪29年正月日

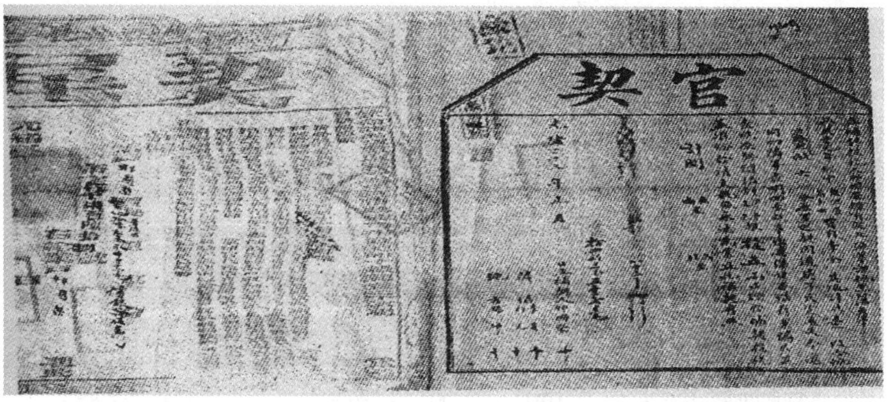

清光绪二十九年（1903年）直隶布政使司补契官及契尾

五　街道胡同

中华人民共和国成立前，南麻疙瘩村均为土路。中华人民共和国成立后，20世纪50—70年代，村容街貌虽有改善，但发展较为迟缓。进入80年代后，随着经济的发展，按规划实施村庄改造，主要街

道逐步落实硬化。南麻疙瘩村南临205国道，村中红旗大街贯穿南北，中心大道连接东西，工业区大道、北大道、向东街环绕村庄。有东西街4条、南北街2条，均为沥青路面，有路灯。东西向胡同27条，南北向胡同47条。至2015年，该村有主要街道19条。

2015年南麻疙瘩村街道情况表

表2

修筑年份	街道名称	长度（米）	走向	修筑年份	街道名称	长度（米）	走向
1971	永定新河南大堤	1000	东西	1985	村北养殖道	800	东西
1985	西柏坡北道	800	东西	1985	村北公路	600	东西
1985	南昌道	500	东西	1985	农贸市场北路	100	东西
1985	农贸市场南路	300	东西	1985	村中公路	500	东西
1985	遵义里北道	300	东西	1985	遵义里南道	300	东西
1985	村南工业路	500	东西	1985	红旗大街	500	南北
1985	村东公路	300	南北	1985	西柏坡西道	500	南北
1985	进村路	1000	南北	1985	进北麻疙瘩村公路	1000	南北
1985	会宁街	1000	东西	2008	工业区水泥路	600	南北

2015年南麻疙瘩村街道胡同示意图

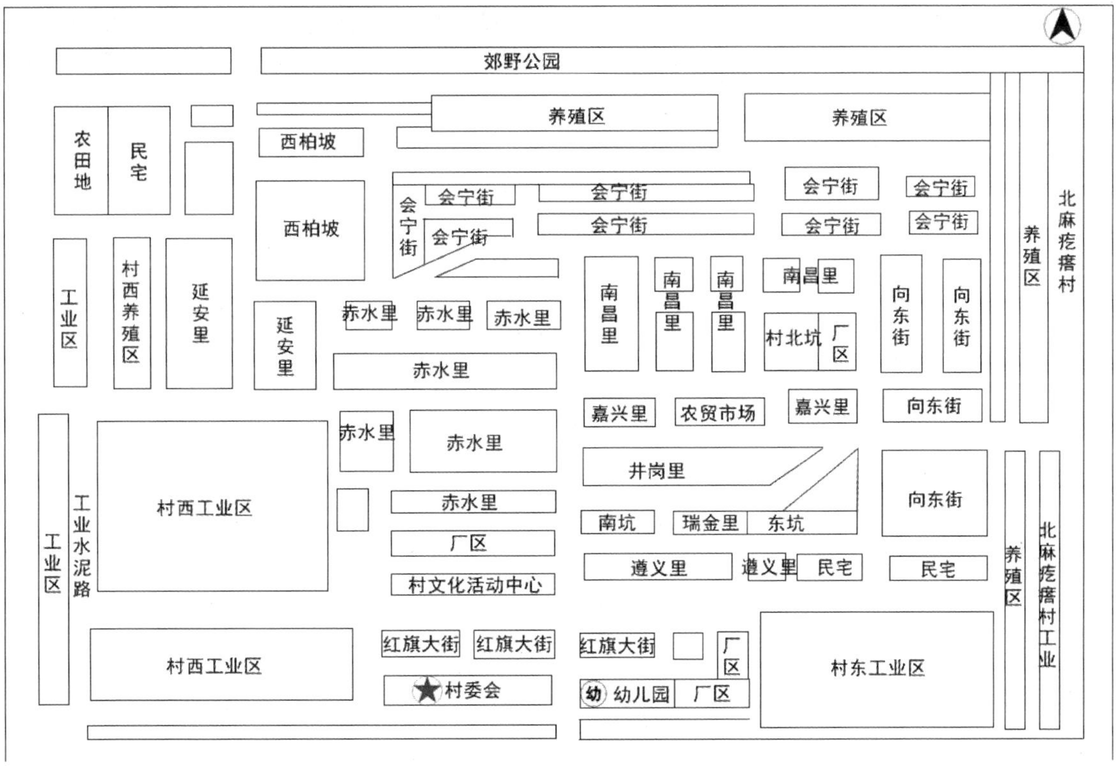

（2016年绘制）

南麻疙瘩村红旗大街道　　　　（2011年摄）

六　旧村改造

南麻疙瘩村因外环线扩圆，根据大张庄镇政府的安排部署，于2015年11月，全村开始拆迁。

需拆迁民宅1070宅。至2016年，已拆迁完毕1010宅，还有60宅未拆迁。拆迁补偿以2015年房屋确权置换。拆迁后的村民分散租住在喜凤花园、景瑞阳光尚城小区、小淀村等地方。

七　公共设施

中华人民共和国成立前，南麻疙瘩村公共设施甚少。20世纪60年代，村内建有小学、卫生所、综合商店1处。1994年，建成两层楼的村民委员会、建成中心幼儿园等公共设施。1995年，新建小学教学楼。2000年，建成农贸市场。

大张庄镇中心幼儿园　　　　（2016年摄）

2015年南麻疙瘩村公共设施示意图

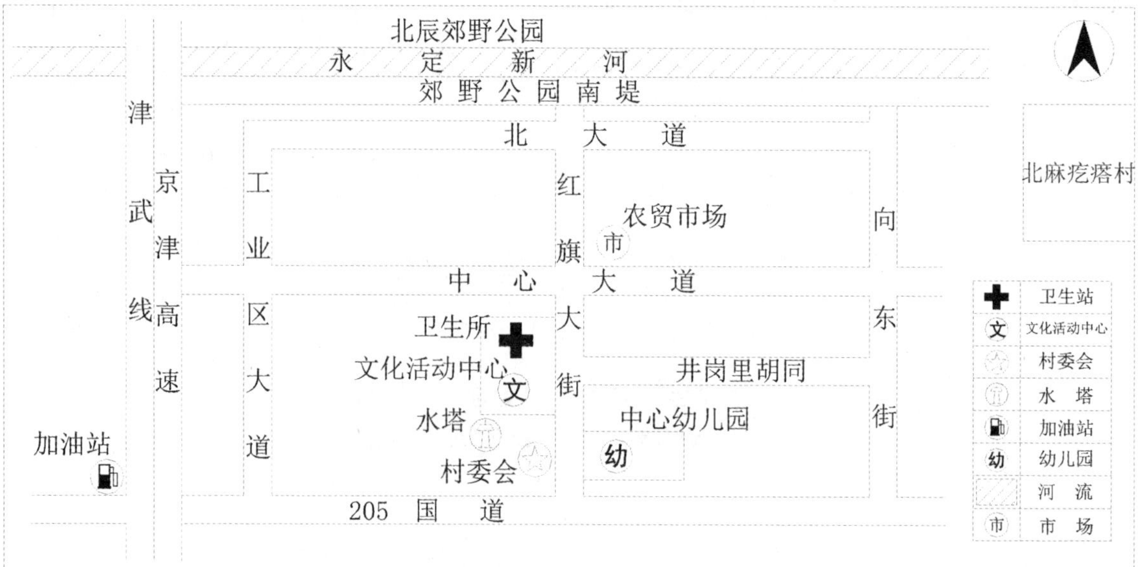

（2016年绘制）

八　经济概况

中华人民共和国成立前，南麻疙瘩村以旱田作物耕种为生。20世纪60年代，政府重视兴修水利，开始种植蔬菜。80年代，部分耕地开始种植水稻。粮食作物主要品种为小麦、玉米，经济作物为芝麻、向日葵等。全村耕地总面积3375亩。2011年，流转用于建设北辰郊野公园。

20世纪90年代，有企业6家，主产生产运动衣、皮鞋、二萘酚等，年产值17437万元。固定资产原值3408万元。2016年，有企业20家，主要生产黏合剂、纸制品、电动车、自行车、儿童车等；加工金属制品，各种钢材加工、静电喷涂、金属表面渗锌处理等。

九　历任党政负责人

1949年，南麻疙瘩村发展党员3人；是年，由党支部开展工作。至2016年，有7人次任支部书记，最长任职者为20年。

1964年始该村有村政机构负责人情况记载，村政机构经过生产大队、革命委员会、管理委员会、村民委员会的变化，至2016年，共有4人次任职村政机构负责人，最长任职者为30年。

1949—2016年南麻疙瘩村党组织负责人任职情况表

表3

党组织名称	姓名	性别	职务	任职时间
党支部	惠学发	男	书记	1949—1950
	张恩元	男	书记	1950—1951
	张玉规	男	书记	1951—1964
	王　泉	男	书记	1964—1975
	刘治安	男	书记	1975—1995
	张振树	男	书记	1995—2006
	张秀河	男	书记	2006—

1964—2016年南麻疙瘩村村政机构负责人任职情况表

表4

村政机构名称	姓名	性别	职务	任职时间
生产大队、革命委员会	张国忠	男	大队长、主任	1964—1973
管理委员会	轧乃文	男	主　任	1974—1983
村民委员会	轧乃文	男	主　任	1983—2005
	张振军	男	主　任	2005—

十　荣誉

1987—2016年，南麻疙瘩村共获国家级奖1项，天津市级奖3项。

1987—2016年南麻疙瘩村获市局级及以上先进集体荣誉表

表5

授予时间	荣誉称号	授予部门
1987	共青团中央全国十面红旗	团中央
1997	市级明星小康村	市政府
2007—2011	天津北辰区先进工作单位	市档案局
2008	五个好红旗党组织	市委组织部、市委农工委

附：媒体选录

万朵红花一根藤
——记南麻疙瘩大队社员制订“三爱”公约的故事

河北区朱唐庄公社南麻疙瘩大队，家家户户的门旁都挂着一块白色的小木牌，上面写着“三爱公约”四个字，以下列着一行行的条文。在每一个公约里都贯彻着一条红线，那就是爱国、爱社会、爱劳动。这里的人们在订“三爱”公约的过程中，讲述着许多动人的故事，我记下了几个片段。

讲清道理　全家欢喜

村子北头有一户人家，5口人，户主叫张玉和，50多岁，老人家生产上有一套经验，是大队的“参谋”。他为人厚道，办事公平，大伙又选他当了社员代表。说起来，全大队的人们和他的关系一般都挺好。也怪，就是老伴和他有点合不来。论说，老头可没有大不了的不是，别说平时为了队上和大伙的事成天早起贪晚不辞辛苦，就连过年过节也很少在家里闲一会儿。去年春节前夕，社员们都欢欢喜喜在家团聚，老头本来不负责温室的生产，可是，他却让别人回家，自己在温室里看管着蔬菜。老伴并不是不了解老头的辛苦，也常常听到队里表扬，大伙夸奖，听到这些心理也美滋滋的。可是，当看到别的社员趁休息，或放假的日子料理家务，搞点家庭副业生产什么的，心理就对老头不满意起来。每当老头回到家，就絮叨个没完。再说，老头对老伴只在家里忙活，不大爱参加集体劳动，本来就有意见，当听到老伴埋怨自己的时候，就更加不高兴。

那些日子，各家各户都制订“三爱”公约，张玉和打算趁这个机会在家里定个“规矩”，也叫老伴尽可能参加点集体生产。同时，老伴也想定个规矩，管管老汉。有一天，吃过晚饭，张玉和对全家人说：“现在咱们村上，各家都定‘三爱’公约，咱们也该定一个。”老伴赞同说：“我看也该定一个。”正在高小上学的孩子张振满接着说：“对，我们老师还告诉同学们，让帮助家里定‘三爱’公约哩，来，你们说我记。”老伴对老头说：“你是一家之主，你先说吧。”老头想了想，首先提了一条：“听党的话，积极参加集体劳动。”然后，他对老伴平时不到队里劳动提出了批评。这一下，老伴可不乐意了，她有点生气地说“你这真是得了便宜卖乖。你黑天白日的不进家，俺在家忙活家务容易吗。你不干家里的活，俺还没说啥哩，你到批评起人来啦。”

党支部书记张玉规是他本家的弟弟，早知道这两口有点小矛盾。这天听说他家定“三爱”公约，特地来看一看。张玉规刚一进门，张玉和的老伴就抢先把老头批评她的事说了一遍，又申诉了自己不参加集体劳动的道理。然后，她向张玉规说：“兄弟，谁是谁非，你给评评吧。”张玉规笑着说：“我既不向潘，也不向杨，我看你们俩各有道理，也都不太全面。玉和哥做得对。他全心全意为大伙，应该表扬，家里人应该鼓励他。当然，玉和哥今后也应该在不影响集体生产和工作的情况下，利用休息时间和假日帮助帮助嫂嫂料理料理家务。这样，嫂嫂也可以腾出更多的时间到队里干活。论说，嫂嫂年纪大，不在劳力数，可是，你也不是不能参加集体劳动，现在咱们大队的生产比往年更发展了，大伙忙不过来的时候自动地到队里做点能做的活也是应该的……”上初中的孩子张振英接着说：“大叔说得对，咱们应该先关心集体，积极参加集体劳动。家里的活，抽个空，全家动手，一会儿不就做完了吗？”他以动员的口吻对弟弟和妹妹说：“爸爸成天在队里忙活，挺累的，以后妈妈又要到队里去参加生产，咱们也要更多地帮助爸爸、妈妈料理家务，搞好家庭副业。”9岁的老闺女张振鲜高兴地说：“对，我也帮妈妈干活。”大家说得老太太高兴起来，脸上出现了笑容。全家人欢欢喜喜地写下了“三爱”公约的具体条文。张玉和高兴地对老伴说：“大家讲得在理，家里立了规矩，咱们以后可得依着办。”老伴笑着说：“放心吧，用不着你交代。我不光照着办，谁遵守的好坏，我还要负责批评表扬哩。”

数今忆昔　更爱集体

大队办公室斜对过，路东，是第三生产对队长张秀安的家。张秀安今年28岁，高高的身材，面色黑红，头发剪得挺短，看样子像个运动员似的。她干活真是一个顶俩，对全队的工作更是认真负责。平时，老早就起床和社员一起下地干活，晚上，在队里研究，安排各项工作，挺晚才回家休息。她的这种为公忘私的行为，在家里常常受到母亲郭秀云的支持、夸奖。可是，父亲张恩凤却不大喜欢。他常常对张秀安说：“20多岁的大闺女啦，黑天白日的往外头跑，也不怕别人笑话。再说又不是小孩子啦，家里的事也该操点心。”他嘴里虽然这样说，实际上是嫌女儿当队长，把功夫都花费在队里的工作上，要是不当干部一定多挣些工分，也能多抽些时间帮助自己种自留地。

张恩凤说话，女儿不听，日久天长，次数多了，张恩凤就干脆不言语了，只暗地里打自己的主意。每天把不少时间和精力花费在自留地上，而参加集体生产的劲头越来越小，经常完不成基本劳动日和劳动额。秀安感到应该耐心地帮助父亲提高认识，积极地参加集体劳动。她又想到父亲也是受过苦的人，只不过眼光短浅，过好小日子的心切，如果耐心地帮助帮助，他是会转变的。在制订“三爱”公约的前夕，秀安和母亲商定，要趁这个机会把道理很好地给父亲摆清楚。

一天晚上，全家人坐在一起，母亲和颜悦色地从1961年的收成好、收入增加，扯到解放以后生活逐年提高的情况，联系对比解放前的生活。她深切地说：“咱可别忘了过去的苦日子啊！”张秀安心平气和地接着说：“要不是党领导得好，人民公社搞得好，咱家的收入也不会年年增加。如果大伙都不积极参加集体生产，只搞自己的自留地，队里的生产也不可能搞好。队里的生产搞不好，自留地的庄稼长的再好，也顶不了大事。俗话说大河没水小河干，大河有水小河满。看清国家、集体和个人的关系，积极参加集体生产。”

娘儿俩摆事实、讲道理，说了大半夜。张恩凤虽然不说话，脑子里却展开了激烈的斗争。夜里，张恩凤翻来覆去地睡不着，往事一幕幕地在眼前演映。他想起18岁就给地主扛活的痛苦；回忆起寒冬腊月饿着肚子在荒洼拾柴打草，挑着到市里叫卖的艰辛，全家老小盖着锅等待他换回米面下锅的困难。当想到解放后的生活的时候，他不由自主地拉开了电灯，悄悄地环视着室内的桌、椅、板凳、钟表、茶具、暖水瓶等等家具用品。特别是看到盖着新做的花被，正在熟睡的孩子们的红朴朴的脸，耳边又响起妻子和女儿的话音：“不要忘记过去的苦日子啊！要看清国家、集体和个人之间的关系，积极参加集体生产……”

第二天，张恩凤和全家人一起老早就吃了早饭，默默地到队里干活去了。秀安娘俩看着张恩凤干活积极了，晚上特地给他做了些好吃的。吃完饭，郭秀云笑着对丈夫说：“她爹，你看人家都在订‘三爱’公约，你说咱家订吗？“订，咱还能落后吗！”张安凤闷声闷气的说了这句话以后，默默地坐在了炕沿上，张秀安忍着笑，快活地说：“爸爸，那您先提个条件吧！”张恩凤抬起头来，看了看女儿，又低下头说：“你们先提吧。”郭俊云提出：“听党的话，积极参加集体劳动生产。”张秀安提出：“摆正国家、集体、个人三者之间的关系，保证完成基本劳动日，保证出全勤，有事先请假……”。张恩凤不住地点头说着：“好，好好，同意，同意。”

葵花向阳　众心向党

“热爱共产党，感谢毛主席”，这是千家万户的共同心情。大队木工组组长张凤海一家，对党和毛主席真是爱的深，感激的切，全家人把“热爱共产党，感谢毛主席”列为“三爱”公约的头一条。

提起来，话儿长。1956年张凤海全家7口人，五个孩子年龄小，老婆身体不好，只有他一个人参加劳动，生活过得很紧巴。真不巧，当年，他老婆又得了严重的心脏病。张凤海一天到晚伺候老婆、照料孩子，还要经常陪着老婆到市内或外地诊治，根本不能参加生产了，收入不能维持生活，只有依靠国家救济和农业社补助。第二年，老婆的病还没好转，正在学校读书的大女儿张淑英，只好退学在家伺候母亲，帮助父亲料理家务，张凤海才腾出点功夫参加劳动。这样，生活虽然好了一些，但还是需要依靠国家救济和农业社补助。特别是他老婆的病仍然不见好转，张凤海每日满怀忧愁。1958年成立人民公社以后，卫生所的医生每天到家里给他老婆医治，不但减轻了张凤海的精力和开支，而且老婆经过两年的治疗，病症大有好转，一般的不再用人扶持了。张凤海和女儿张淑英都可以整日参加劳动了。其他几个上学的孩子一早一晚放学回家也能帮助搞些家务劳动，在放假的时候也能下地参加劳动。去年，张凤海提前四个月完成了全年的基本劳动日。张凤海每天乐呵呵地对人说：“要不是共产党、毛主席，要不是人民公社，我那老伴早没命了。要是在旧社会，别说孩子们能上学，还不知落个嘛下场哩。”

在制订“三爱”公约的那天，全家七口人怀着激动的心情，一致表示要用实际行动报答党的关怀。久病初愈的母亲，深切的嘱咐孩子说：“我不能去干活，你们可千万要好好劳动，好好学习，为国家、为大伙多多地办些好事。”张凤海也对孩子们说：“这几年国家和队里为咱花了不少钱啦，咱们一定要积极劳动，增加国家和社里的收入！”

这样的故事，在南麻疙瘩大队还有很多。每段故事都同样反映了农民们爱国、爱社、爱劳动的思想。这种思想，定会在农业战线上变成推动生产的巨大力量。

（载于1962年1月11日《天津日报》）

朱唐庄村

朱唐庄村位于北辰区东部，永定新河以南，205国道以北。西望北麻疙瘩村，西南紧邻张献庄村，东侧为小孟庄村，村南为小淀镇小贺庄村。东北距镇政府2.1千米。村呈近正方形，村面积24.7万平方米。2009年，村固定资产154万元，人均纯收入10701元。2015年，户籍人口1983人，长期固定资产186.97万元。2016年，该村总人口2098人，农村经济总收入86万元，人均纯收入12000元。

朱唐庄村航拍图 （2017年摄）

一　村庄沿革

朱唐庄村村民委员会　　　　（2016年摄）

建于明永乐年间（1403—1424年）。始有朱、唐两将领兵随燕王朱棣扫北，在该地建村，故名。清时，李姓秀才（号少堂）占地百余顷，称西大号；又有商人刘东桥置地十余顷，称东大号。居民柴、齐、王、尤、刘、崔等姓多为两大号佃户。又说：该村由山东李姓建村于明永乐年间，因村边多朱红色野花并有苇塘，始名为朱塘河子。因村子贫穷，算命先生说村名不吉利，遂改称朱塘庄，1953年建乡时定村名为朱唐庄。（载于《典籍中的北辰》376页）

立村时属武清县灰锅口里。清雍正八年（1730年），从武清县划归天津县。光绪三十一年（1905年），属天津县北乡。民国7年（1918年），属天津县第二十一区。日伪时期属天津县朱唐庄大乡。中华人民共和国成立后，属天津县九区，后为三区。1953年7月，属津北郊区朱唐庄乡；1961年5月，属河北区朱唐庄人民公社。1962年2月复归北郊区；1983年7月，公社改乡；1992年3月，北郊区改称北辰区；是年5月，朱唐庄乡改称大张庄乡；1997年12月乡改镇，隶属大张庄镇。

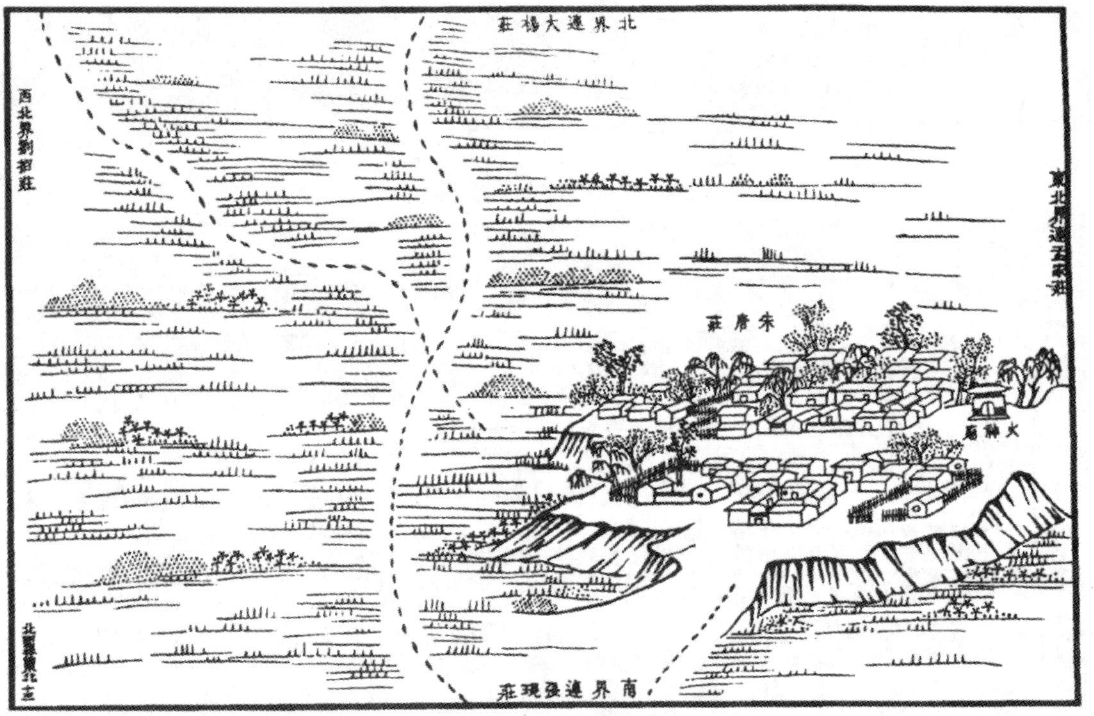

清道光二十六年（1846年）《津门保甲图说》中的朱唐庄村

二　道路河流

朱唐庄村东有乡间路，通往小孟庄村和小杨庄村；村南有乡村公路贺杨路，通往津榆公路；村西有乡间路通往南、北麻疙瘩村；村北新引河堤上有防洪公路，村边还有扩圆后的外环线通过。村北300

朱唐庄村旁的永定新河泵站 （2016年摄）

米是永定新河和新引河，是为“两河三堤”，已成为天津市最早的郊野公园。村南有小南河，为该村灌溉水源及排涝泄洪河道。

三　人口方言

人口　据清道光二十六年（1846年）《津门保甲图说》载，境内村庄辖属北面并东北一带村庄图，朱唐庄—第十三：朱唐庄以两姓者始居。久而成聚故名。村外多淤泥，势亦闲旷。图内庙一，村一，南界张现庄。绅衿一户、铺户一十五户、烟户一百四户、佣作一十六户、负贩一十一户、僧人一户，共一百四十八户（大口五百一十二口；小口三百九十八口）。

据《典籍中的北辰》载，民国23年（1934年），朱唐庄村有256户1232人。中华人民共和国成立后，据统计资料载，1980年该村有378户1668人；2000年，有529户1739口人；2015年，村户籍人口1983人，常住人口数2116人；2016年，有890户2094口人。

民族　据《天津市北辰区地名志》载：1995年，该村1759人为汉族，4人为满族。据村情调查，2016年，该村人口均为汉族。

姓氏　朱唐庄村为中等村庄，全村共有10个姓氏，主要姓氏是李姓和刘姓，李姓占村人口数的85%，刘姓占人口数的10%，其余的为赵、王、柴、周等姓。

李姓辈分排序为：宗、广、永、凤、学。

刘姓辈分排序为：兆、振、文、国、士。

方言　该村属武清方言片，与武清杨村话相似，在全国方言分区上属北京官话区怀（来）承（德）片。此方言又带天津用语，如：“嘛玩艺”“有嘛”“干嘛”等，爱带“嘛”字。

四　耕地状况

据朱唐庄村上报的村情调查资料表明：20世纪90年代，该村共有耕地3204亩。分为两大块，一块在村庄周围，约有2200亩，其中800亩菜田，其余为大田地。村西土地与北麻疙瘩、张献庄村相连，村南地至205国道，村东地和小孟庄、小杨庄、小贺庄村接壤，村北为新引河。另一块土地在村西北7千米处天津炭黑厂附近，面积为1004亩。

20世纪90年代朱唐庄村所属耕地地块情况表

表1　　单位：亩

地块名称	位置	面积	地块名称	位置	面积
王白子	村东南	420	林洼地	村西北	320
西过淀	村东南	260	西催念	村西北	28
二坟地	村东南	320	郝地	村西北	122
条道地	村东	160	李沟子	村西北	108
东小份	村东	280	大长拐	村西北	200
四亩地	村东	122	黑洼地	村西北	158

续表

地块名称	位置	面积	地块名称	位置	面积
南埝地	村西南	130	六十亩	村西北	68
东坟地	村西	104	大南地	村西北	308
草渠	村北	96	合计		3204

20世纪90年代朱唐庄村所属主要耕地地块（北部耕地）分布示意图

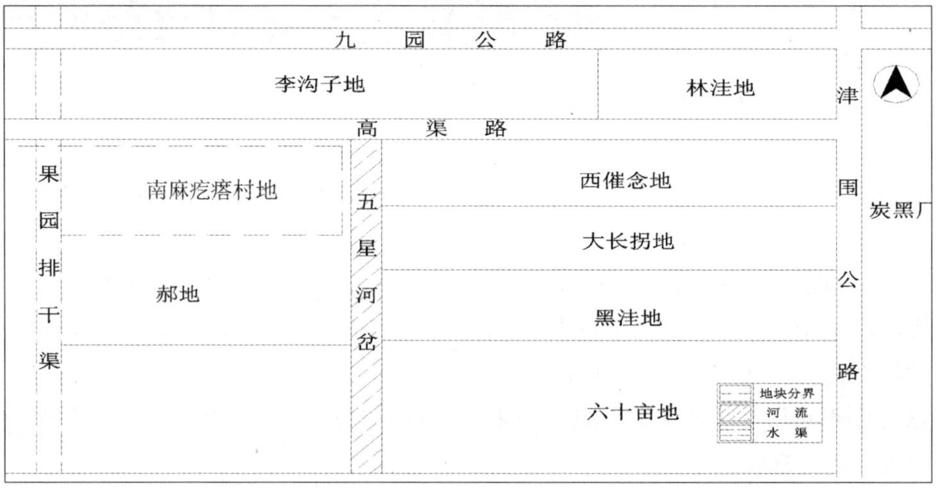

（2016年绘制）

20世纪90年代朱唐庄村所属耕地地块（南部耕地）分布示意图

（2016年绘制）

五　街道胡同

中华人民共和国成立前，朱唐庄村内街道胡同均为土路。中华人民共和国成立后，村容街貌虽有改善，但发展变化较为迟缓。自60年代末，实行村庄改造，街道胡同拓宽调直，主要街道逐步落实硬化。该村南北向大街主要有光荣道，东西向大街主要有贺杨路、和平大街等，均为沥青路面。胡同共114条，东西向胡同52条，南北向胡同62条，主要胡同名称，南北向为：前进、向阳、团结等；东西向主要胡同名称为新村一至十四排（新胡同）。

村内贺杨路　　　　（2016年摄）

2015年朱唐庄村主要街道胡同情况表

表2

修筑年份	街道胡同名称	长度（米）	走向	说明
1968	光荣道	350	南北	
1968	贺杨路	1500	东西	
1968	和平大街	260	东西	
1968	朱南路	1500	东西	
1968	前进胡同	200	南北	主要胡同
1968	向阳胡同	200	南北	主要胡同
1968	团结胡同	200	南北	主要胡同

2015年朱唐庄村街道情况示意图

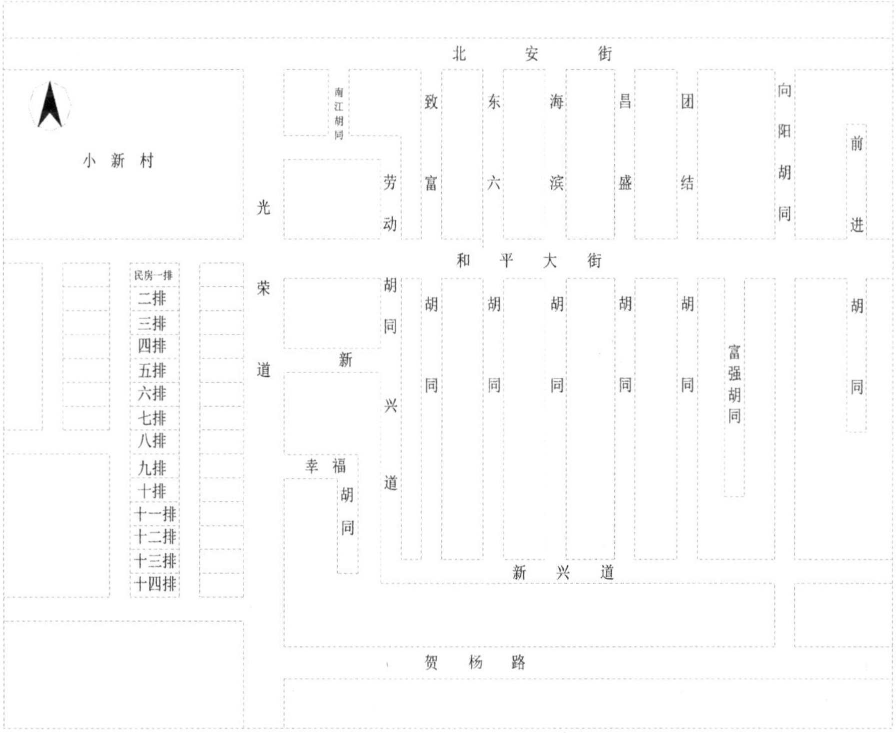

（2016年绘制）

六　公共设施

中华人民共和国成立前，朱唐庄村公共设施甚少。20世纪40年代，开凿了第一眼人工水井。50年代，成立供销社，设立村政办公设施，建朱唐庄中学。60年代，成立“红医站”，后改为卫生所。70年代，建百货店、副食店、生产资料门市部和小学1所。80年代，建村民委员会办公设施。90年代，建村文化活动室。进入21世纪后，建农贸市场、健身公园等公共设施。

朱唐庄村农贸市场　（2016年摄）

朱唐庄中学　（2016年摄）

2015年朱唐庄村公共设施示意图

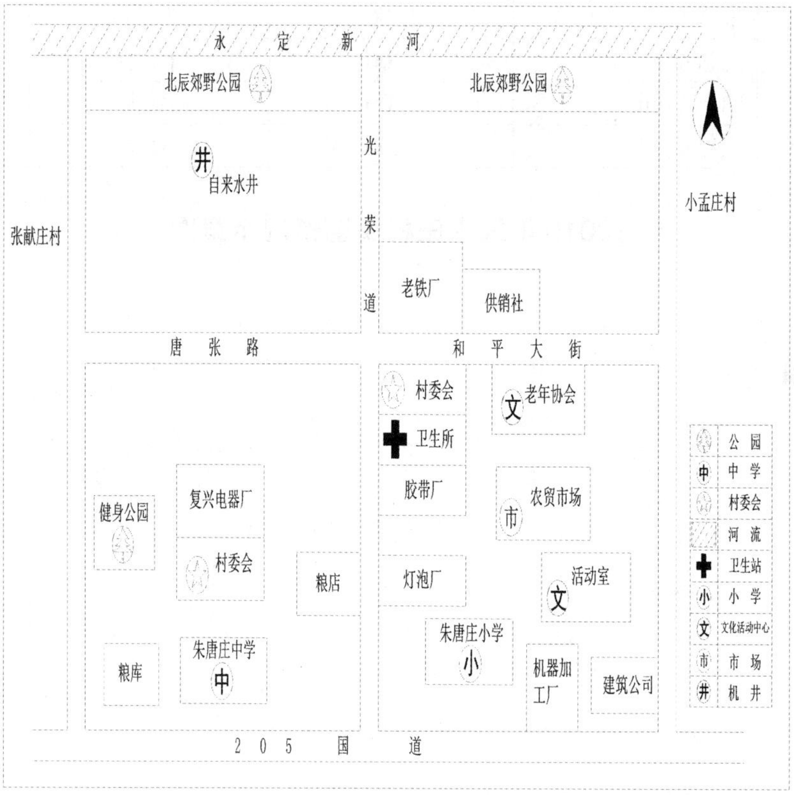

（2016年绘制）

七　经济概况

中华人民共和国成立前，朱唐庄村种植粮食作物有玉米、高粱、小麦。1949年后，各级政府重视兴修水利。20世纪60年代，该村开始种植水稻。经济作物有向日葵、大豆、芝麻、瓜类等。70年代，有800亩的蔬菜园田，主要蔬菜品种有白菜、冬瓜、萝卜、西红柿、菠菜等。80年代，村成立复兴电器厂，年产值400多万元，年利润60多万元。乡镇企业14家，生产胶木件、吸顶灯、清洗剂、氯化锌、灯架、整流器等。至2016年，村内已无企业。

八　民间文化

中华人民共和国成立初期，朱唐庄村有民间乐队；70年代，又成立秧歌队、小剧团。近年，秧歌队常在春节期间到邻村进行演出，颇受好评。

朱唐庄村村秧歌队队员合影（2010年摄）

九　英烈先贤

李永辉（？—1989）　出生于大地主家庭。早年留学日本，在早稻田大学金融系就读。回国后投身于革命，在延安工作。中华人民共和国成立后一直从事金融工作。1989年，病逝于北京。

李学明

李学明（1998—2015）　朱唐庄村人，中专毕业后到天津港公安消防大队四中队，成为一名专职消防员。在2015年“8·12”爆炸事故中不幸牺牲，被市政府批准为烈士，年仅17岁。

十　大事纪略

民国21年（1932年）6月30日晚，永定河涨水。7月1日晨，在屈家店闸测试河水含沙量为6%，超标数倍。当日上午10时，首次开启进水闸、关闭节制闸，用新引河放水：12时水达京山铁路桥注入放淤区；7月6日，淀内清水流入芦新河泄水闸；8月2日，放淤区水位达到4.2米，于是开启节制闸、关闭进水闸。9月10日，永定河再次来水，再次放淤。9月20日以后，永定河流量减少到每秒20立方，已到汛期尾声，始关进水闸、开节制闸。当年经过进水闸过水总量为54750万立方，淀内积沙17918570立方米；京山铁路以东附近淤高平均1米，朱唐庄附近淤高0.1米～0.2米。

由于启用放淤工程，使海河上游来水减少，海潮上溯海河，将河道平均刷深1米以上，使吃水14呎（4.37米），以下的轮船能自由驶返天津城区。

十一　历任党政负责人

朱唐庄村发展党员较早，民国34年（1945年）至1949年共发展党员12人。1950年，由党支部开展工作。至2016年，有13人次任支部书记，最长任职者为15年。

1949年，该村始有村政机构负责人情况记载，村政机构经过村公所、生产大队、革命委员会、管理委员会、村民委员会的变化，至2016年，共有14人次任职村政机构负责人，最长任职者为14年。

1950—2016年朱唐庄村党组织负责人任职情况表

表3

党组织名称	姓名	性别	职务	任职时间
党支部	崔振邦	男	书记	1950—1950
	王福元	男	书记	1950—1951
	刘树功	男	书记	1952—1957
	刘振生	男	书记	1957—1965

续表

党组织名称	姓名	性别	职务	任职时间
党支部	霍焕荣	男	书记	1966—1969
	刘振生	男	书记	1970—1977
	刘克起	男	书记	1978—1978
	李永培	男	书记	1979—1984
	李广君	男	书记	1984—1994
	李永斌	男	书记	1995—2002
	刘　发	男	书记	2003—2005
	李宗来	男	书记	2006—2012
	刘　发	男	书记	2013—

1949—2016年朱唐庄村村政机构负责人任职情况表

表4

村政机构名称	姓名	性别	职务	任职时间
村公所	李宗智	男	村长	1949—1949
	崔振邦	男	村长	1950—1951
	史海兰	男	村长	1951—1954
	刘振生	男	村长	1955—1956
	李广健	男	村长	1956—1957
村公所、生产大队	刘振生	男	村长、大队长	1957—1960
生产大队	李永勤	男	大队长	1961—1965
革命委员会	李永培	男	主任	1966—1979
管理委员会	李宗成	男	主任	1980—1983
村民委员会	李宗来	男	主任	1984—1993
	李凤祥	男	主任	1994—1999
	刘　发	男	主任	2000—2008
	李永禄	男	主任	2009—2011
	李志洪	男	主任	2012—

十二　荣誉

1983年，李广珺被天津市政府评为“引滦入津工程先进个人”。

附：典籍选录

朱唐庄等58个村水灾

津四乡今夏被水淹没庄禾，县府据报请求赈济或蠲缓钱粮者，现经屈数，共计五十八村，昨已派钱粮征收主任张光照下乡勘验，各村受灾成分，以凭核办，兹录受灾村庄如下：

整理海河委员会提闸防淤被淹村庄，朱唐庄、张献庄、北麻疙瘩、大张庄、李辛庄、何家庄、姚家庄、小诸庄、小马庄、辛侯庄、孟家庄、小杨庄、大杨庄、小孙庄、二闫庄、刘招庄、马家庄、北仓等三十四村。

子牙河漫溢被淹各村，杨柳青、韩家墅、刘家码头、杨家嘴、刘家房子、沟尾堡、李家房子等七村。

浑河水涨被淹各村，庞家嘴、上蒲口、下蒲口、达家辛庄、屈店等五村。

经雨积水淹没各村，于家台、辛家院、邓家店、边家村、武家台、蔡家台、贾家台、陈家台、王家台等九村。

永定河水暴涨淹没各村，平安庄、前丁庄、后丁庄等三村。

（《益世报天津资料点校汇编》二）

小杨庄村

小杨庄村位于北辰区东部，距区政府15千米，距镇政府1.5千米。坐落于津榆公路北侧，永定新河南堤边，村庄呈长方形，面积12万平方米。村北为新引河，与大杨庄村隔河相望，村西和小孟庄村、朱唐庄村为邻，村东1千米为津围公路，村南乡村公路通往205国道，过路为小贺庄村。2009年，固定资产118万元，人均纯收入8806元。2015年，户籍人口975人，长期固定资产124.09万元。2016年，该村总人口998人，农村经济总收入122万元，人均纯收入9900元。

小杨庄村航拍图　　（2017年摄）

一　村庄沿革

小杨庄村历史悠久，明成祖永乐二年（1404年），由李姓李祥从山西洪洞县大槐树村到此处定居建村，得到大杨庄杨姓帮助并与其女儿结亲。为感谢岳父杨员外救助之恩，将村名称为小杨家庄，后称小杨庄。

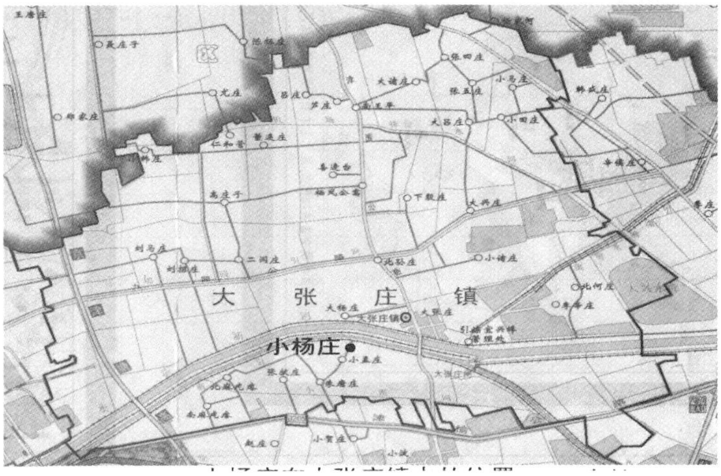

小杨庄村在大张庄镇中的位置 2006年版

小杨庄村所在地属顺天府武清县管辖。清雍正九年（1731年），属天津府天津县；民国35年（1946年）11月，归武清县；1953年5月，属天津市津北郊区；1958年10月，属天津市河北区；1962年，属天津市北郊区。1992年，北郊区改称北辰区后所属未变。

二　道路河流

小杨庄村北为1970年开挖并行的永定新河和新引河，当地人称此段为“两河三堤”。南堤为市防洪堤，堤上防洪路西通外环线，东连津围公路。村南乡村公路南连205国道，乡村公路以南为小南河。小南河通新引河，既能灌溉又可排涝。

三　人口方言

人口　据清道光二十六年（1846年）《津门保甲图说》载，境内村庄辖属　北面并东北一带村庄图说：

小杨庄—第四　小杨庄在塌河淀西，故其连村曰小淀庄，稍北曰大张庄。庐舍颇伙。图内庙一，村三，北界小朱庄。绅衿二十九户、铺户二十四户、烟户四百四十四户、佣作二十九户、船户一十八户，乞丐九户、僧道二户，共五百五十户（大口一千六十七口；小口七百三口）。（载于《典籍中的北辰》57页）

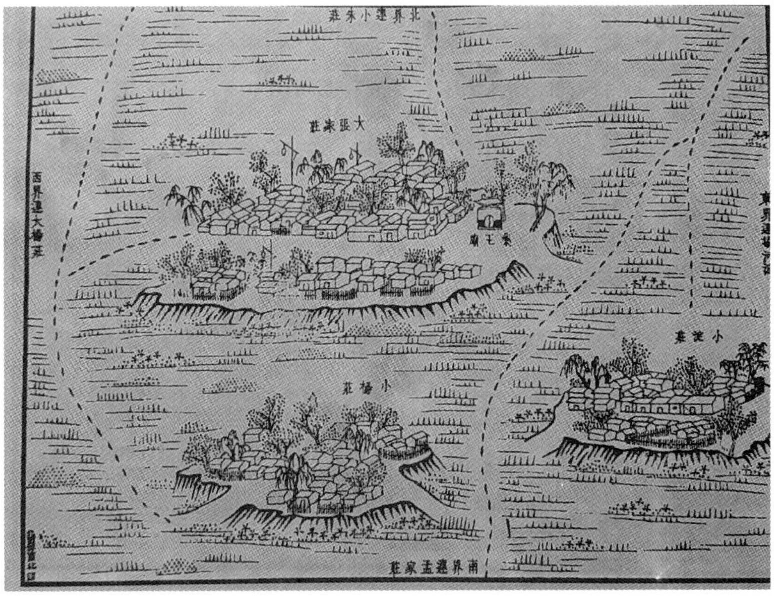

清道光二十六年（1846年）《津门保甲图说》中的小杨庄村

据《典籍中的北辰》载，民国23年（1934年），小杨庄村有100户461人。中华人民共和国成立后，据统计资料载，1950年，该村有87户434人。1980年，有160户841人。2000年，有245户811人。2016年，全村户籍人口有388户998人。

民族　据《天津市北辰区地名志》载：1995年，该村845人均为汉族。据村情调查，2016年，该村人口仍均为汉族。

姓氏　2011年9月统计，小杨庄村共有村民912人（在读大学生人数未计算在内），其中男性443人，女性469人，有70个姓氏，每个姓氏拥有的人数见如下统计表：

2011年小杨庄村主要姓氏情况表

表1

姓氏	人数	姓氏	人数	姓氏	人数
李	337	霍	4	单	1
王	95	何	4	轧	1
张	84	于	3	董	1
吴	46	谢	3	金	1
赵	39	边	3	果	1
刘	37	季	3	范	1
孙	25	吕	3	康	1
丁	23	姜	2	屈	1
杨	20	任	2	国	1
邱	19	田	2	葛	1
孟	18	吉	2	罗	1
魏	14	郑	2	丰	1
袁	11	兰	2	岳	1
闫	8	荀	2	邵	1
韩	8	苏	2	门	1
陈	7	原	2	庞	1
姚	7	贾	2	郎	1
宋	7	沈	2	石	1
高	7	侍	2	邢	1
诸葛	6	周	2	史	1
马	5	薛	1	荣	1
靳	5	左	1	路	1
郭	5	谭	1		
曹	4	朱	1		

村内主要大姓有李、王、张、吴等姓氏，其家族字辈排序如下：

李姓：景、宝、殿、振、作。

王姓：溪、贵、东、梓。

张姓：启、书、福、玉、开。

吴姓：存、士、巨、玉、顺。

方言　该村属武清方言片，与武清杨村话相似，在全国方言分区上属北京官话区怀（来）承（德）片。如：掰开揉碎，意指仔细分析；白话蛋，指不切实际，能说的人；白吃饱，指什么事都不做的人。

四　耕地状况

据小杨庄村上报的村情调查资料表明：20世纪80年代，该村有8块耕地，总面积为1478.5亩。其耕地整体四至为，东界大张庄村耕地，西界北麻疙瘩村耕地，南界小贺庄村与朱唐庄村耕地，北界二闫庄村耕地。

20世纪80年代小杨庄村所属耕地地块情况表

表2　　　　单位：亩

地块名称	位置	面积	地块名称	位置	面积
下马地	村东南	129.206	返租倒包地（河北地）	村西北	560.90
河北地	村西北	218.03	零散园田地	村东	138.41
稻田地	村西	172.059	下四合	村东	75
园田地	村南	132.898	过淀地	村东南	52
合计					1478.5

20世纪80年代小杨庄村所属主要耕地地块分布示意图

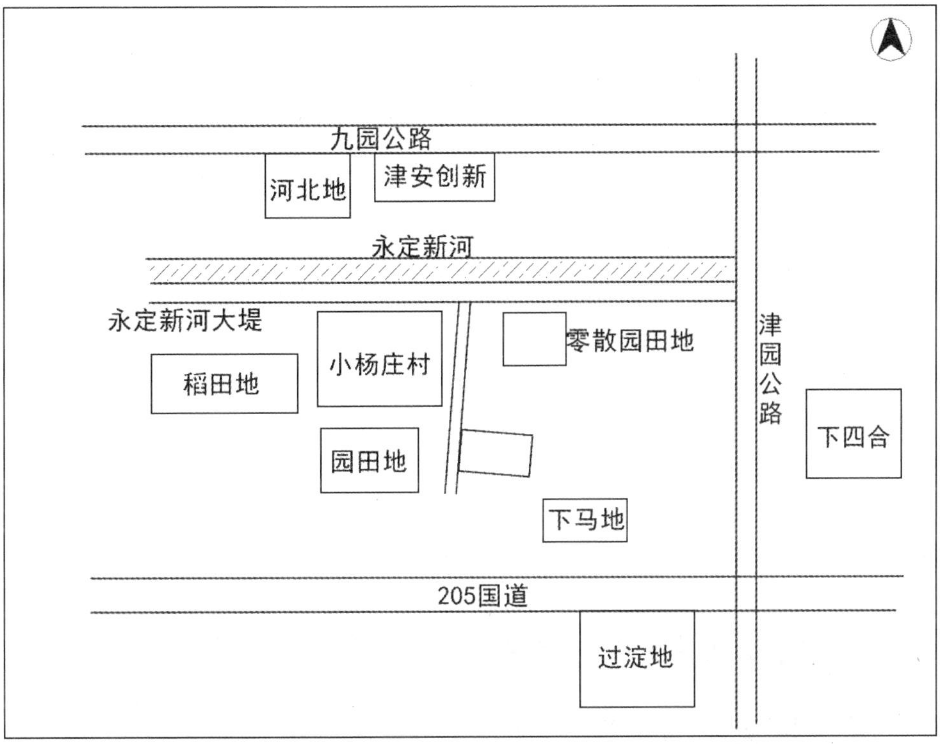

（2016年绘制）

五　街道胡同

中华人民共和国成立前，小杨庄村均为土路。中华人民共和国成立后，20世纪50—70年代，村容街貌虽有改善，但发展较为迟缓；进入80年代后，随着经济的发展，按规划实施村庄改造，街道胡同拓宽调直，主要街道逐步落实硬化。至2016年，村内有南北大街2条，东西大街2条，胡同40条。

2016年小杨庄村街道情况表

表3

修筑年份	街道名称	长度（米）	走向
1996	杏园路	330	南北
1996	小杨庄路	385	南北

续表

修筑年份	街道名称	长度（米）	走向
1996	北大街	270	东西
1996	南大街	280	东西

2016年小杨庄村街道及公共设施示意图

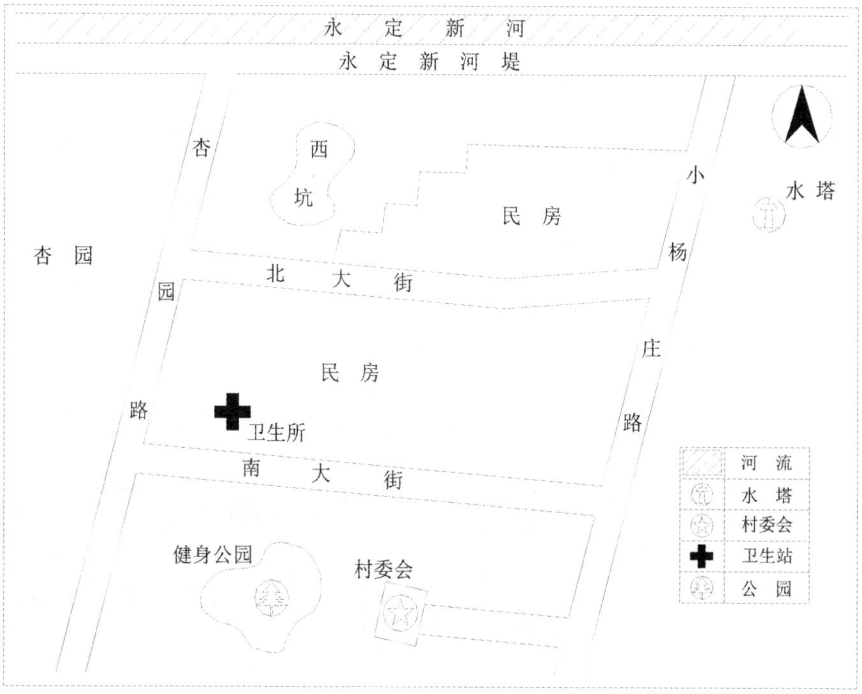

（2016年绘制）

2010年邱振友根据卫星拍摄整理的小杨庄村村民住宅分布图

小杨庄村村北路口 （2010年摄）

小杨庄村村南路口 （2000年摄）

六 公共设施

中华人民共和国成立前，小杨庄村内公共设施甚少。20世纪50年代，设立村政办公设施。60年代，建立村小学，成立“红医站”，后改为卫生所。80年代，建立供销社。90年代，建村民文化活动中心、篮球场。2000年后，建健身公园等公共设施。

小杨庄村篮球场 （2012年摄）

小杨庄社区卫生服务站行政上受村民委员会领导，村民委员会主任是其法人代表；业务上受大张庄镇社区卫生服务中心的领导。从2011年5月1日始，该社区卫生服务站完全实行药品统一网上采购、统一药价。小杨庄村社区卫生服务站协助上级卫生机构，每年坚持给老年人免费体检，检查科目包括血流变、血常规、血糖、肝功能、尿常规等。

小杨庄社区卫生服务站 （2008年摄）

2012年5月31日，在小杨庄村开展义诊活动现场 （2012年摄）

七 经济概况

中华人民共和国成立前，小杨庄村农业以种植大田作物为主，主要有玉米、高粱、小麦、向日葵等。1949年后，各级政府重视兴修水利。1964年，村西200亩低洼盐碱地种植水稻。1967年，主要种植蔬菜，变为园田队。2003年始，种植果树，所产的“太阳杏”名誉津门。1960年，小杨庄村开始兴办集体企业；到1995年，先后建起日用品厂、阀门厂、磨光厂、齿轮厂、铆钉厂等。90年代末，企业改制，全部改为个体或股份制企业。2011年，该村共有企业及店铺42家。

小杨庄村种植的“太阳杏”（2011年摄）

村民在修剪杏树　　（2011年摄）

2011年小杨庄村企业及店铺一览表

表4

负责人	名称	负责人	名称
王东发	天津富方建筑工程有限公司	赵建亮	建亮副食品店
孟宪明	天津凯伟建筑工程有限公司	张开运	开运新立食品店
李作起	天津永发起五金制品有限公司	邱桂民	莉强饭店
袁桂新	源泽工贸有限公司	张开平	小吃部
张开文	天津长盈机械有限公司	李春艳	便利店
赵艳利	广源兴业包装有限公司	李淑芹	李淑芹小店
李作林	天津佳林伟业五金制品有限公司	李国建	福顺饭店
李振三	天津松源伟业精密机械有限公司	李作常	大肉部
张成国	天津市北辰区三星家电城	李殿文	大洋平价超市
丁雪松	北辰东跃运输队	李振伟	五金加工厂
李作桐	北辰东跃运输队	王东升	车床机加工厂
李作森	安达加油站	李作春	车床机加工厂
王东起	恒达建设集团	李作亮	车床机加工厂
李晓方	个体运输	李振林	车床机加工厂
李殿强	煤气站	李　明	车床机加工厂
赵艳华	华兴粉碎厂	李作兴	车床机加工厂
李殿锁	天津市鑫锁百货商店	张凤凯	车床机加工厂
李治军	电动车、电器店	李永强	车床机加工厂
李作更	百货、渔具、修车店	李治国	车床机加工厂
张开武	个体吊车服务户	李鑫	车床机加工厂
李旭东	物品回收	李彦	车床机加工厂

附：特色农产品选介

小杨庄村的“太阳杏”

小杨庄村于2003年从山东引进并种植了180亩的美国“太阳杏”（也称“金太阳杏”），是年5月12日，该村成立了“天津市北辰区金阳种植合作社”，2004年6月，向国家工商总局商标局申请的“家口福”品牌商标（注册号：4126288）办理完毕。

小杨庄生产的“太阳杏”，果实较大，平均单果重66.9克，最大果重87.5克；近圆球形，果面光洁，底色金黄色，阳面着红润，外观美丽；果肉黄色，离核，肉质细嫩，纤维少，汁液多，有香气，品质上等，果实完熟时可溶性固形物含量高达14.7%，风味甜，抗裂果；较耐贮运，常温下可放5天～7天，在0℃～5℃条件下，可贮藏20天以上。

八 民间文化

20世纪60年代，小杨庄村成立业余评剧团，至今已有50年。几十年来，该村业余评剧团排练的剧目有：《刘巧儿》《应征前夕》《新事新办》《小女婿》《罗汉钱》《杨三姐告状》《会计姑娘》《三世仇》《半篮花生》《打井抗旱》《燕归巢》《杜十娘》《花为媒》等。2008年3月15日，在北辰区晨光影剧院演出的剧目得到好评。

评剧《杜十娘》剧组演职员与引滦工程驻津部队领导合影（1983年摄）

《杜十娘》剧照 李作华饰演孙福

2011年，贾金兰在春节联欢会上演唱评剧选段（2011年摄）

评剧《杨三姐告状》在晨光影剧院演出时的剧照（2008年摄）

九 英烈先贤

李散人（1897—？） 祖居小杨庄，清光绪二十三年（1897年）1月（农历为光绪二十二年（1896年）腊月初一）出生于小杨庄，按祖辈排名叫李殿伦。14岁时，到市内估衣街万寿胡同广立德学徒。民国9年（1920年）24岁时，以商界爱国青年代表名义参加了“五四”爱国运动，改名李散人。是年1月24日，与周恩来一起被捕，被关押于天津警察厅营务处，4月7日转入地方检察厅，后经不断斗争，于民国9年（1920年）7月17日被释放，释放后与周恩来等24人合影留念（此照片“周恩来邓颖超纪念馆”有收藏）。

李散人与周恩来等24人合影　　　　（2015年翻拍）

张克勤(？—1970)　民国35年(1946年)4月，在村中秘密加入中国共产党。中华人民共和国成立后，任村救济会会长，村农会主任；1950—1951年，担任小杨庄村党支部书记；1953年7月至1958年4月，担任朱唐庄乡党总支书记；1956年9月至1958年4月，兼任朱唐庄乡乡长。1956年，担任朱唐庄乡第二届人民代表。1970年逝世。

十　历任党政负责人

小杨庄村民国34年（1945年）有党员6人。1950年建立党支部；至2016年，有17人次任支部书记，最长任职者为15年。

该村1949年始有村政机构负责人情况记载，村政机构经过村公所、生产大队、革命委员会、管理委员会、村民委员会的变化，至2016年，共有12人次任职村政机构负责人，最长任职者为14年。

1950—2016年小杨庄村党组织负责人任职情况表

表5

党组织名称	姓名	性别	职务	任职时间
党支部	张克勤	男	书记	1950—1951
	张福来	男	书记	1951—1959
	孙万春	男	书记	1960—1963
	赵德永	男	书记	1963—1976
	王贵平	男	书记	1976—1978
	赵德永	男	书记	1978—1980
	李祥瑞	男	书记	1980—1982
	张开明	男	书记	1982—1984
	孙万春	男	书记	1984—1986
	李作光	男	书记	1986—1990
	李祥瑞	男	书记	1990—1991
	李振友	男	书记	1991—1994
	张开明	男	书记	1994—1995
	赵艳华	男	书记	1995—2003
	孟宪明	男	书记	2003—2009

续表

党组织名称	姓名	性别	职务	任职时间
党支部	邱振友	男	书记	2010—2012
	李旭东	男	书记	2012—

1949—2016年小杨庄村村政机构负责人任职情况表

表6

村政机构名称	姓名	性别	职务	任职时间
村公所	吴玉山	男	村长	1949—1955
	李振智	男	村长	1956—1958
生产大队	李振秀	男	大队长	1959—1963
	李祥瑞	男	大队长	1963—1977
革命委员会	李振友	男	主任	1977—1979
管理委员会	孙万春	男	主任	1979—1983
村民委员会	邱振常	男	主任	1983—1986
	孙万春	男	主任	1986—1990
	邱振常	男	主任	1991—1993
	李　刚	男	主任	1994—2005
	李　清	男	主任	2006—2011
	王东发	男	主任	2015—

仁和营村

仁和营村位于北辰区东北部，津围公路西侧，东与董连庄村相接、距南王平村3千米，西距小韩庄村1千米，南与高庄村接壤、相距1千米，北与武清区尤庄村隔机排河相望，东南距大张庄镇政府驻地5.1千米。村呈正方形，占地面积6.8万平方米。2015年，全村98户、户籍人口273人，长期固定资产112.02万元。

仁和营村村民委员会　　　　（2009年摄）

一　村庄沿革

仁和营村建于明永乐二年（1404年）。始有山西洪洞县张大汉、张士立、石某到此定居，为起村名三人掷骰子分胜负，结果张大汉赢了，因他口音难懂，人称“侉子赢”，后谐音为“侉自营”村；因原村名不雅，1984年11月改为仁和营村，取“仁义和气”之意。

据乾隆《武清县志》，明弘治十五年（1502年），武清县所辖村庄中有侉自营村名，属灰锅口里管辖。清雍正九年（1731年）承明制，属武清县。民国29年（1940年），隶属武清县第五区大吴庄乡管辖。中华人民共和国成立后，1953年，属武清县第三区南王平乡；1957年，南王平乡撤销，改属梅厂乡；1958年8月，隶属武清县梅厂人民公社；1961年5月，属河北区南王平人民公社；1962年，属北郊区南王平人民公社。1979年，隶属南王平人民公社。1983年，隶属南王平乡。1997年12月，属南王平镇。2001年10月后，南王平镇并入大张庄镇，隶属大张庄镇管辖。

1985年，该村被天津市政府批准为抗日根据地村。

二　道路河流

道路　至2009年，该村临乡村路1条，省（市）道1条。连接小韩庄村与南王平村的乡村公路——南韩公路在村南穿过，东距省（市）路——津围公路2千米。

河流　至2009年，村北邻二级河道——机排河，河上有仁和营桥。始建于1969年，位于仁和营村北200米处，整桥为木结构，桥长21米，宽5米，载重量5吨。过桥可通往武清县聂庄子乡、梅厂镇。1980年重新修建，改为水泥结构。

三　人口方言

人口　据统计资料载，1998年仁和营村有69户226人，2016年，有98户275人。

民族　据《天津市北辰区地名志》载，1995年，该村居民全部为汉族。据村情调查，2016年，该村居民仍均为汉族。

姓氏　仁和营村村型较小，截至2015年年底，全村共有30个姓氏，主要有张姓和石姓两大姓氏，且以张姓为主，占全村人口姓氏的90%。

张姓辈分排序：克、广、瑞、凤、子。

石姓辈分排序：景、俊、绍、国。

方言　该村方言属武清方言片，该片方言与武清区杨村话相似，在全国方言分区上属北京官话区怀（来）承（德）片。此方言又带天津用语，如“嘛玩艺”“有嘛”“干嘛”等，爱带“嘛”字。

四　耕地状况

据仁和营村上报村情调查资料，至2010年，村内所属耕地北邻梅厂镇尤庄村，西界小韩庄村，东接董连庄村，南临高庄村，共有12块920亩。在机排河上建有泵站，通过董仁大渠和西大渠进行排灌。

2010年仁和营村所属耕地地块情况表

表1　　　　单位：亩

地块名称	位置	面积	地块名称	位置	面积
马地	村南	220	大渠西地	村西	140
马贺地	村西	160	大西盘地	村西	60
铁架子地	村西	90	家东地	村东	30
犁耕地	村南	80	机排河堤地	村北	20
自留田地	村西	50	井洼地	村北	20
南坟南地	村东	40	大蒲地	村北	10
合计	920				

2010年仁和营村所属耕地地块分布示意图

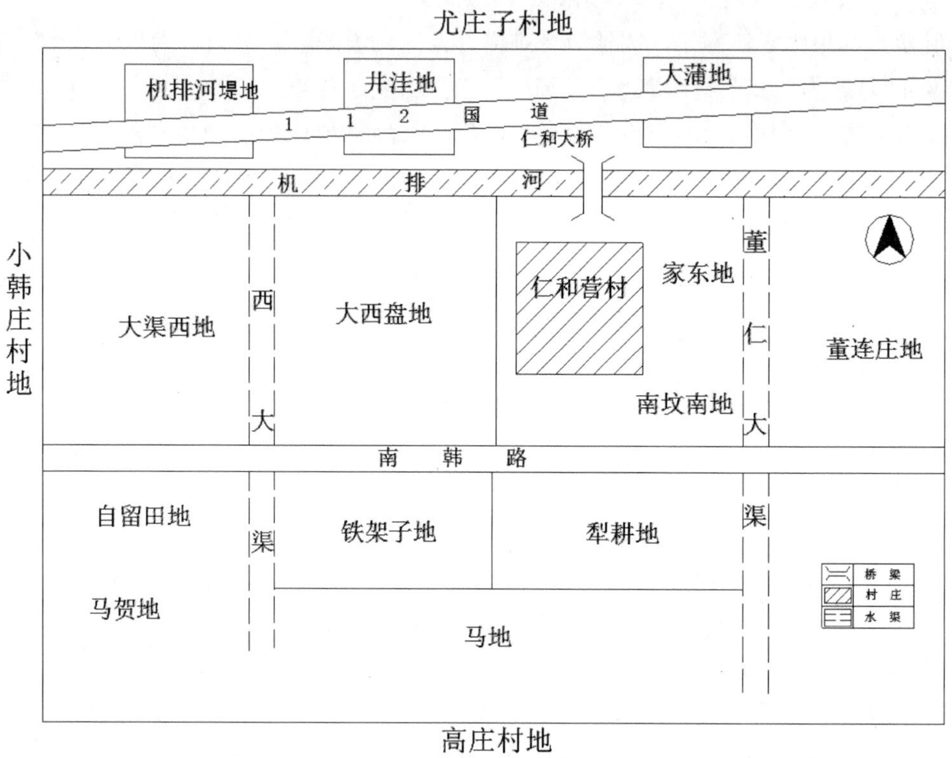

（2016年绘制）

五 街道胡同

仁和营村型小，中华人民共和国成立前皆为土路，中华人民共和国成立后街道尚整齐。进入80年代，随着经济发展，街道开始硬化。截至2009年，村中有东西向街道3条，其名称依次为小后街、光明大街、仁和大街，南北方向胡同共有4条，其名称为幸福胡同、起生胡同、宏祥胡同、和顺胡同。

2009年仁和营村街道胡同情况表

表2

修筑年份	街道名称	长度（米）	走向	修筑年份	胡同名称	长度（米）	走向
1985	仁和大街	400	东西	1988	起生胡同	500	南北
1985	光明大街	300	东西	1988	宏祥胡同	500	南北
1985	小后街	300	东西	1988	和顺胡同	500	南北
1988	幸福胡同	500	南北				

六 旧村改造

仁和营村因修筑112线道路占地，实施大张庄镇综合改革实验区建设，2009年11月，全村进行整体拆迁，仅用20天完成全村拆迁工作。拆迁涉及73户，建筑面积8654.11平方米，迁移坟茔179座。房屋拆后村民临时租房暂住，至2012年10月，村民还房于喜凤花园，分别居住在风雅苑、高雅苑、领雅苑和文雅苑，结束了几百年住土房的历史。

七　公共设施

中华人民共和国成立前，仁和营村没有公共设施，后设有一般公共设施。1966年始，有生活和照明用电；1969年，建立红医站；1972年，与高庄村共建仁和营小学；1991年，新建小学为仁和营村和董连庄村共用。1985年后，自来水全部入户。至2009年，村有小学、卫生所、代销店各1处。建有机井和水塔，设有礼堂、村民委员会办公用房，有健身广场和老年活动室。

2009年仁和营村街道胡同及公共设施情况示意图

（2016年绘制）

八　经济概况

仁和营自建村以来，大部分村民以租地耕种为生，中华人民共和国成立后，农民分得了土地，逐步走上集体道路。1980年后，实行家庭联产承包责任制促进了生产发展。种植作物以玉米、小麦和高粱为主，兼种向日葵等油料作物。1998年，粮食总产量达到522吨。

1973年，村集体成立电器厂，有50%的劳动力在村办厂上班，90年代后期改为个人经营。村中另有两家私营工厂，名为石机加工厂和木器厂，厂里工人主要来源该村村民。

九　民间文化

仁和营村注重文化事业，支持民间绘画发展，培养民间画师，其代表为村民张凤玲。

1987年3月，张凤玲的10余幅民间绘画作品作为北郊农民画进京，参加中国美术馆展览，其中《农家理发店》《高空喷药》被中国民俗博物馆、中国美术博物馆收藏。1988年，参加全国农民书画大赛，获绘画三等奖。是年，作品《中秋月》在天津市田野艺术节中获二等奖，并将《农家理发店》等作品代表全市人民送给日本友人。张凤玲的作品多次参加出国展览，并有大量作品为外国友人收藏，作品曾被报刊采用，出版了个人画册。电视台、广播电台、《天津日报》曾多次采访她，作专题报道。

十 历任党政负责人

1950年，该村建立党支部。至2016年，历经13任书记，有2人曾3次任职。1992—1993年书记为上级党委所派。任职时间最长者为首任书记，任职21年。仁和营村为抗日根据地，民国34年（1945年）即建立村政权，村干为张五桐。1950年，成立村会所，后经生产大队，革命委员会、管理委员会到1983年建立村民委员会。该村村政机构领导人一般任职时间较长，第一任村长任职时间长达近30年。

1950—2016年仁和营村党组织负责人任职情况表

表3

党组织名称	姓名	性别	职务	任职时间
党支部	张广生	男	书记	1950—1971
	张士武	男	书记	1971—1976
	张广义	男	书记	1976—1977
	张士武	男	书记	1977—1980
	张广义	男	书记	1980—1981
	张士武	男	书记	1981—1983
	张瑞文	男	书记	1983—1987
	张广义	男	书记	1987—1992
	郭维生	男	书记	1992—1993
	张万录	男	书记	1993—1996
	张万忠	男	书记	1996—1998
	张文起	男	书记	1998—2009
	张万宏	男	书记	2009—

1950—2016年仁和营村村政机构负责人任职情况表

表4

村政机构名称	姓名	性别	职务	任职时间
村公所、生产大队、革命委员会	张士武	男	村长、大队长、主任	1950—1979
村民委员会	张万宏	男	主任	1983—1988
	石俊德	男	主任	1989—1992
	郭维生	男	主任	1992—1993
	张万录	男	主任	1994—1996
	张万录	男	主任	1996—1999
	张万录	男	主任	2000—2008
	张凤立	男	主任	2009—

附：典籍选录

津武58村请行整理海河计划中有仁和营村

津武58村村总代表李汉荪、郑同俭、王心茹等，为请实行海河整理计划，昨上呈当局，其文如下：呈为恳请实施整理海河计划以利民生事，窃村民等鉴于海河失治，影响华北之经济民生甚巨，以为海河新道若能北移，津武两地低碱之地，均可变成淤田，曾呈请扩大塌河淀水库在案，当经派员调查，认为于工程及经济双方，裨助甚大，业经市政府准予采纳，足见关怀，地方建设及民生，村民等无任感激，且海河公债业已发行，工程计划之调查及测量，……唯查近日情形，似又转趋沉寂，……务请早日实行，庶不使此一大政，变成画饼，则不仅村民等之幸矣。

谨呈，天津县淀北乡小杨村，……韩盛庄等24村，天津县沿北运河小街村，……赵家庄等11村，武清县北辛庄、藕店，……小吕庄、董连庄、侉子营(仁和营)，……大朱村等23村。

（摘自《益世报天津资料点报汇编》二）

张四庄村

张四庄村位于北辰区东北部，距大张庄镇政府6.3千米，是北辰区东北方向最为边缘的一个村庄。西南距南王平村2千米，南与张五庄村为邻，北与武清区梅厂镇东陈庄村隔杨北公路相界，东隔杨北公路与武清区上马台镇杨家河村相距1千米，西与大诸庄村隔渠相望。村呈正方形，占地面积14.6万平方米。2009年，该村固定资产151万元，人均纯收入5320元。2015年年末，全村常住人口805人、户籍人口818人，长期固定资产159.61万元。

张四庄村航拍图　　（2017年摄）

一　村庄沿革

张四庄村建于明永乐年间(1403—1424年)。由山西洪洞县张姓四兄弟到此居住而建，故名张四庄。后又有刘、孟、王等姓迁入。

据乾隆《武清县志》(1987年版)25—26页载，明弘治十五年(1502年)，灰锅口里卢家庄、张四庄……(共62村)，张四庄隶属武清县灰锅口里。日伪统治时期属武清县第五区。民国35年(1946年)后，据《天津县革命史》载，张四庄隶属天津县第六区。1949年后，属武清县；1962年始，隶属天津市北郊区南王平公社；2001年后，隶属北辰区大张庄镇管辖。

1987年，张四庄村被天津市政府批准为抗日根据地村。

二　道路河流

张四庄村西南2千米为津围公路，村东北紧邻杨北公路，有乡间公路与该镇张五庄村、大诸庄村和武清区东陈庄村、杨家河村相通。该村不靠河流，村民饮用水及农田灌溉主要为地下水。

张四庄村防渗渠道　　(2016年摄)

三　人口方言

人口　据统计资料载，1980年，该村有184户830人；2000年，有218户826人；2016年，乡村总人口322户838人。

民族　据《天津市北辰区地名志》载，1995年，该村村民均为汉族。据村情调查，2016年，该村仍只有汉族。

姓氏　张四庄村主要姓氏有6个，分别为王、张、陈、董、孟、刘，其中王姓、张姓、陈姓是大姓。

王姓：始祖王进孝，其后字辈依次为仲、弘、单字、国、世(左)、文、振(大、永)、广(莫、俊)、景(金、玉)、绍(志)、建(守、春)、海、宇。

张姓：字、天、万、景、志、广、瑞、兆、庆、西、淑、春、恩、连、少、光、国、振、永、兴，以上20个字循环使用。

陈姓：大、文、单字、德、万、永、保(宝)、兴、宗、宗、振、启、发、兆、国、栋。

方言　张四庄村方言属武清方言片，与武清区杨村话相似，在全国方言分区上属北京官话区怀(来)承(德)片。此方言又带天津用语，如"嘛玩艺""有嘛""干嘛"等，爱带"嘛"字。

家庭称呼：大爷(ye，读轻声)(父之兄)，伯伯(bai，读一声)(父之弟)，大伯(bai，读一声)子(夫之兄)，小叔子(夫之弟)，老闺女(最小女儿)，老疙瘩(一般指最小儿子)。

生活常用方言：宽绰(富裕)、窄瘪(不宽裕)、夹细(会过日子)、抠门儿(吝啬)、成家(结婚)、包缘儿(全要)、一杆亮(中间不休息)、朦糊亮(黎明)、擦黑儿(日暮)、热天(夏)、头一摸儿(初次)、不点儿(少)、崴泥了(糟了)、闹呼(吵闹)、晌午头(中午)、真哏儿(有趣)、海了(很多)、后晌(傍晚)。

四　耕地状况

张四庄村的耕地主要分为两大块，一块为村庄周围，另一块位于杨北公路两侧，共约1729亩。村北土地与武清区杨家河村相连，村东土地与张五庄村土地为邻，村南土地和大诸庄村连界，村西土地和南王平村接壤。

2015年张四庄村所属耕地地块情况表

表1　　　　单位：亩

地块名称	位置	面积	地块名称	位置	面积
培庄地	村东	222	上坟地	村南	60
窑　上	村东	121	大　埑	村西	94
南斜坝	村北	128	小　埑	村西	42
北老河	村北	140	北东地	村北	85
小河子	村北	260	开荒地	村北	28
宽　河	村东	109	北下坡	村北	31
大河沟子、西上桥	村东南	66	吴坟、支井	-	200
二坟地	村南	135	马甸子	村南	8
合计					1729

2015年张四庄村所属耕地地块分布示意图

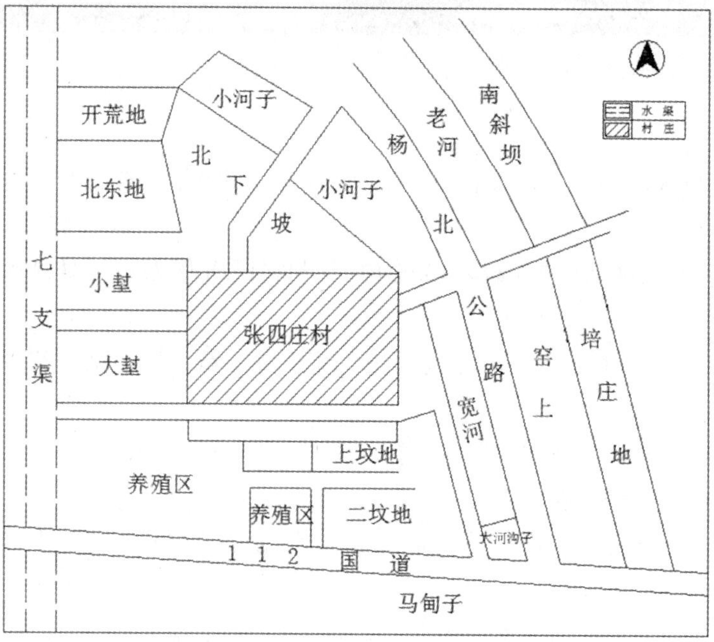

（2016年绘制）

五　街道胡同

中华人民共和国成立前，张四庄村均为土路。中华人民共和国成立后，村容街貌虽有改善，但发展较为迟缓。1995年，村内开始修了柏油路。2003年，对村内胡同用红砖进行了全部硬化，村民们出行更加便利；2007年，对胡同进行了再次硬化，村内也做了下水道，使得雨水过后街上不见明水。21

世纪，张四庄村内街道有4条，东西方向的两条分别为创业大街、建村大街，南北方向的两条分别为致富大街、改革大街。全村共有胡同10条，主要为东胡同，西胡同。

张四庄村街道 （2016年摄）

张四庄村胡同 （2016年摄）

2016年张四庄村街道及主要胡同情况表

表2

街道名称	长度（米）	走向
致富大街	300	南北
创业大街	400	东西
建村大街	300	东西
改革大街	300	南北
东胡同	150	南北
西胡同	150	南北

六　公共设施

20世纪50年代前，张四庄村村民生活比较艰苦，村内公共设施非常简陋。中华人民共和国成立后，随着社会的不断进步和发展，村民物质生活有了明显改善，同时也越来越追求丰富多彩的精神生活。截至2016年年底，村内公共设施有学校、卫生所、水塔、健身园、村民委员会等。

张四庄村村民委员会 （2016年摄）

张四庄村第一口井和水塔 （2016年摄）

张四庄村卫生所 （2016年摄）

2016年张四庄村主要街道胡同及公共设施示意图

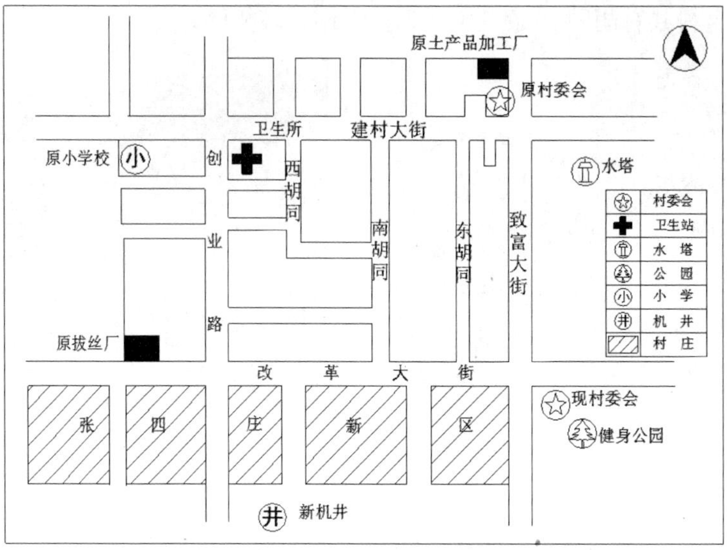

（2016年绘制）

七　经济概况

张四庄村民主要以耕种为生。粮食作物为玉米、高粱、小麦和豆类，经济作物为向日葵、芝麻等。20世纪50年代后，粮食作物种植以两年三熟为主，多采用大垄种麦，春季套种玉米。60年代末，小麦种植为“三密一稀”“四密一稀”方式。70年代，推广优良品种和新技术，小麦种植推广“混垄”种植方式，冬小麦收获后播种玉米或黄豆、向日葵等。自盛行小麦、玉米两茬平作方式后产量大增。1998年，粮食总产1050吨。

1966年开始，村集体建综合加工厂，后陆续建弹簧厂、管厂、拔丝厂、灯具厂、土产品加工厂。1998年，村工业产值达到58万元。乡镇集体企业实行产权制度改革后，村办集体企业改为股份合作制企业或个体私营企业。至2015年，企业全部倒闭。

八　英烈先贤

王玉楼（1925—1946）　张四庄村人，烈士。民国35年（1946年）参加革命。民国35年（1946年）年底在武清县聂庄乡小吴庄村作战时牺牲，生前为武清县第七区小队战士，牺牲后被政府追认为烈士。

九　历任党政负责人

据《中国共产党天津市北辰区大事记》载，1950年7月24日，据武清县南王平等村统计，建有党支部的村10个，张四庄村为其中之一。至2016年先后有15人次任党支部书记，有2人任过两届，另有2人同时担任一届。1人连续任职时间为9年。

据《中共天津党史大事记》（193～194页）载，民国34年（1945年）4月，冀中武宝宁联合县第二区在南王平一带建立一批村干政权，南王平村干刘再伦……张四庄村陈永志……。1949年后，该村村政机构历经村公所、生产大队、革命委员会、管理委员会和村民委员会的沿革，有记载以来，从1956—2016年，有11人次任村政机构负责人，其中4人任两届以上，任期时间最长者为14年。

1950—2016年张四庄村党组织负责人任职情况表

表3

党组织名称	姓名	性别	职务	任职时间
党支部	张兆祥	男	书记	1950—1958
	王金生	男	书记	1958—1964
	张兆敏	男	书记	1965—1968
	张兆元	男	书记	1968—1971
	张兆敏	男	书记	1971—1973
	张庆贵	男	书记	1974—1978
	王建中	男	书记	1979—1980
	张庆贵	男	书记	1981—1984
	张庆顺	男	书记	1985—1990
	王广贺	男	书记	1990—1998
	王景树	男	书记	1998—2003
	王志海	男	书记	2003—2003
	王志津	男	书记	2003—2009
	王守亮	男	书记	2009—2012
	王少云	男	书记	2012—

1956—2016年张四庄村村政机构负责人任职情况表

表4

村政机构名称	姓名	性别	职务	任职时间
村公所、生产大队	张兆俊	男	村长、大队长	1956—1964
生产大队、革命委员会	张兆元	男	大队长、主任	1964—1977
革命委员会、管理委员会	陈兴太	男	主任	1978—1981
管理委员会	王建中	男	主任	1981—1984
村民委员会	王建中	男	主任	1985—1990
	王广贺	男	主任	1991—1996
	王志海	男	主任	1997—2002
	王建中	男	主任	2003—2005
	王志海	男	主任	2006—2008
	陈宗泽	男	主任	2009—2011
	王志胜	男	主任	2012—

大吕庄村

大吕庄村地处北辰区东北部，西距津围公路2.5千米。东邻小田庄村和西堤头镇辛侯庄村，西接南王平村、大诸庄村，北靠张五庄村，南与下殷庄村、大兴庄村、北何庄村接壤。距大张庄镇政府4.8千米。村呈正方形，占地面积23万平方米。2009年，该村固定资产244万元，人均纯收入5133元。2015年，该村户籍人口866人，长期固定资产322.89万元。

大吕庄村航拍图 （2017年摄）

一 村庄沿革

大吕庄村村牌 （2016年摄）

大吕庄村始建于明永乐十八年（1420年）。据资料记载，时有山西洪洞县人氏吕福三随两兄自江苏扬州迁徙，长立吕家桥（隶静海县），次居小海北（隶宁河县），唯其到此定居，称吕庄。后为与村西吕庄相区别，称大吕庄。民国32年（1943年），邻村张八庄并入。

民国29—34年（1940—1945年），日伪当局设区乡，该村隶属武清县第五区大诸庄乡管辖。1958年8月，始建人民公社。武清县建南王平管理区，遂隶属武清县梅厂人民公社。

1962年，属北郊区南王平公社。1979年，隶属南王平人民公社。1983年，公社改为乡，隶属南王平乡。1997年12月，乡改为镇，隶属南王平镇。2001年10月后，南王平镇并入大张庄镇，隶属大张庄镇管辖。

1985年，大吕庄村被天津市政府批准为抗日根据地村。

二 道路河流

道路 历史上大吕庄村皆为土路，随着经济不断发展，道路环境建设得到极大改善，至2016年，通往村外道路完全硬化，出行便捷：一条向西通往津围公路；一条向南经大兴庄村与九园公路相接；一条向北经张五庄村、张四庄村连接杨北公路，另有向东通往小田庄村的乡村公路。

河流 该村村南有机场排水河和郎园引河，村外有引自机排河的七、八、九支渠、东大渠等。

三 人口方言

人口 中华人民共和国成立后，据统计资料载，1962年，该村有133户530人。1980年，有179户789人；2000年，有253户768人；2016年，村总人口356户875人。

民族 据《天津市北辰区地名志》载，1995年，该村居民均为汉族。至2016年，仍均为汉族。

姓氏 大吕庄村主要姓氏为吕、闫、夏、李。

夏姓字辈：继、良、宏、泽、飞、振、国、祖、天、昊、志、伯、培、瑞、晨、景、永、长、宝、庆。

吕姓字辈：福、文、单字、九（谱）、万（宗）、芳（应）、天（从）、可（进）、得（成）、国、连、永、广、凤、家、继、常、作、鸿、世、存、怀、宝、贵、学、芝、孟、友、金。

方言 属武清方言片，与武清杨村话相似，在全国方言分区上属北京官话区怀（来）承（德）片。此方言又带天津用语，如把“什么”说成“嘛”，比如“嘛玩意儿”“有嘛”“干嘛”等，某些字的读音也有变化，习惯在ai、ao、an，e、en等字的前面加n，如：矮（nai）个子、棉袄（nao）、安（nan）装、天鹅（ne）、报恩（nen），此外还有，上学（xiao）、厕（che）所等等。

家（族）谱选介 **大吕庄《吕氏家谱》** 据记载，吕氏远祖一出神农氏，因居姜水，以姜为姓，其后代封吕国，子孙以国为氏；二出姬姓，从魏氏分出；三出北魏鲜卑族复姓叱吕，后周鲜卑族三字姓俟吕陵所改。郡望出河东（今山西黄河以东）东平（今山东泰安东平一带）。明洪武年间，吕氏先祖从山西洪洞县迁居江苏扬州仪征县慕（穆）家坑，后有吕福三随两兄北徙，自己在此建庄。长子文通，次子文达，后世代相传至今。

又序 盖闻天地初分，乾坤始判，万代帝王教以人伦孝弟为先、宗嗣为大。礼义廉耻，人之德也。而今所立账（帐）为明支派、知其远近，立谱为其后人。恭敬如有重名、注帐不上谱，凡有补书故人名讳者，千万留神细看。分两门，而注查其有无再书矣。勿前以注名，懵然拿过又书而重矣，以至紊乱之极。

原籍本系山西平杨（阳）府洪洞县，迁移江苏杨（扬）州府仪征县慕（穆）家坑，寄居一厘二甲，立村开垦，遗留家谱，后世传续。

吕姓家谱内页　　（2016年摄）

四　耕地状况

1952年，《河北省武清县土地房产所有证》中记载土地名称如下：

村东：村东地、黄花地、黑淀子、大胡窝、东满子、东小园、东头地、东万子、田庄前、大份子、东河子、高楼地；村东北：北狼窝、东北地、黄花地；村东南：大东岗、白马地、香河地、东河子、马道、小马道、堤坡地、老仙地、杨白地、北门转、庄户地、南狼窝地、下堤坡、杨白子、大安地、东白子地、李家口地、黑渔淀、黑间子、小黑畝地、河洵子、张万地、庄户顶地、门转地、大口子、小口子、伙悄地、道甲地、牛圈地、大工岗、小台子、大台子、大南地、沙帽地、东万子地、小庄户地、短管地、东满子地、小树地、李家坟；村西：西坑咀、北增口、西场地、西坟前、大吕地、养老地、西坑坡、十畝地；村南：家南地、长身地、十畝地、小洼地、大南地、十某地、南埑地、白马地 烧酒地、小南埑、庄户东、大道东地、窑火地、李口地、老艺地、马白地、赵扎眼、棋盘地、庄户南 大道边、南洼地、小恒头、南截地、培種地；村西南：长身地、老坟地、西南埑、大李地、小李地、养老地、老坟前地；村北：北小淀子、村后地、村后地、北坑地、小淀子地、北园子地、房后地。

1980年，该村有耕地3597亩，分为11块，其土地北邻张五庄村，东邻小田庄村，南接大兴庄村、北何庄村，西接南王平村、大诸庄村。村建有机场排水河桥、七支渠桥、八支渠桥、九支渠桥。七支渠、八支渠、九支渠、东大渠建有泵站，承担着村内土地的排灌任务。据2008年北辰区国土资源分局公告，该村土地面积7022.65亩。

1980年大吕庄村所属耕地地块情况表

表1　　　　　　　　　　　　　　　　　　　　　　　　单位：亩

地块名称	面积	地块名称	面积
王家地	291	北狼窝	38
河里	640	小洼	560
张洼子	193	南堤	900
叠道南	420	老稻地	65
增口	55	场下坡	275
大兴庄道东	160	合计	3597

1980年大吕庄村所属耕地地块示意图

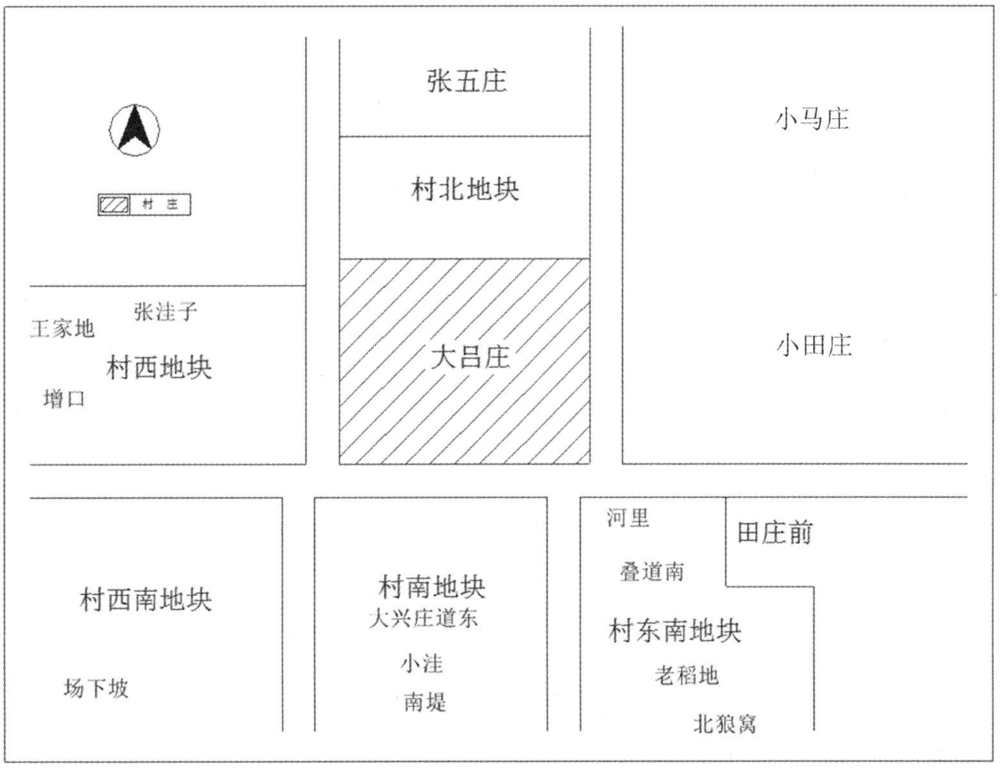

（2016年绘制）

改革开放前，村民饮水主要由后街西的西井和东台子东的东井提供。1983年，在村西修建了新井，并接通了通往各户的自来水管道，村民从此彻底告别了喝水靠挑的历史，此后东井只供工业用水，西井停止使用。

1983—2015年，大吕庄村民使用的饮用水水井

（2016年摄）

大吕庄村八支渠泵站　　　　（2016年摄）

大吕庄村东大渠泵站　　　　（2016年摄）

大吕庄村九支渠泵站　　　　（2016年摄）

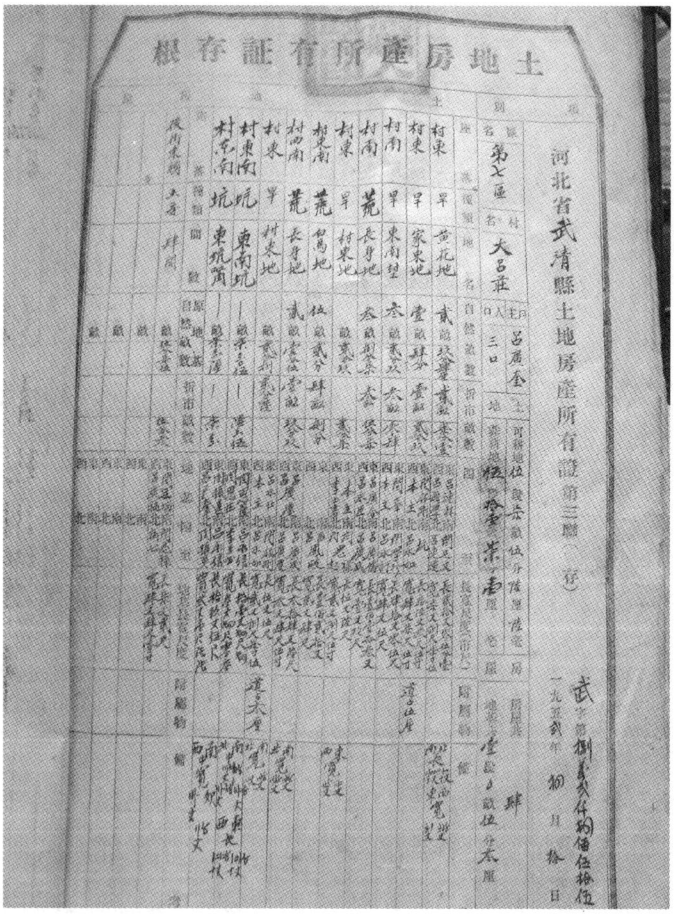

土地房產所有証存根

河北省武清縣土地房產所有證第三聯（存）

大吕庄村停用的西井　　　　（2016年摄）

1952年的土地房产所有证存根　　　　（2016年摄）

五　街道胡同

20世纪80年代前，村内街道胡同均为土路，每逢雨季泥泞不堪。随着该村经济的发展，按规划实施村庄改造，街道胡同拓宽调直，主要街道逐步落实硬化。7条主街分别为东西走向的华夏大街、新开大街、振兴大街、前进大街、长青大街和南北走向的荣昌大街、胜利大街，另有南横道和村东的南田公路通往村外。

2016年大吕庄村街道胡同情况表

表2

街道名称	长度（米）	走向	胡同名称	长度（米）	走向
前进大街	150	东西	吉祥胡同	120	南北
振兴大街	350	东西	华翔胡同	80	南北
新开大街	300	东西	华明胡同	100	南北
华夏大街	200	东西	华春胡同	50	南北
长青大街	200	东西	华荣胡同	50	南北
荣昌大街	200	南北	华吉胡同	70	南北
胜利大街	500	南北	华昌胡同	70	南北
吉利胡同	100	南北	庆旺胡同	130	南北
吉顺胡同	100	南北	荣兴胡同	50	南北
吉庆胡同	120	南北	荣吉胡同	50	南北

六　公共设施

中华人民共和国成立前，大吕庄村几乎没有公共设施。1949年，建小学；1965年，建立红医站。至2016年，建有村党政办公地点、卫生室、农家书屋等公共设施。

2016年大吕庄村街道及公共设施示意图

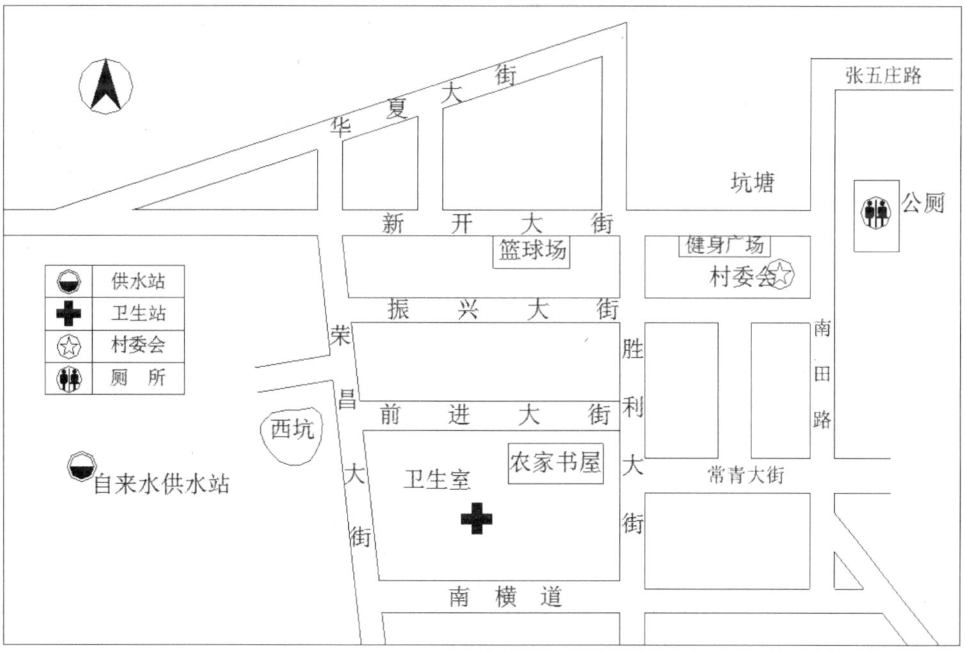

（2016年绘制）

大吕庄村村民委员会 （2016年摄）

大吕庄村农家书屋 （2016年摄）

大吕庄村卫生室 （2016年摄）

大吕庄村内300余年树龄的古槐 （2016年摄）

七 经济概况

大吕庄村农作物为小麦、玉米、高粱、棉花、各种豆类等；种有苹果、梨、桃、李子、枣、柿子、红果等果树；水产养殖以鱼虾为主。

1966年，建大吕庄村电镀厂；1977年，建新华邮电器材厂；1990年，建天津市兴果农药厂。2015年均告停产。

八 民间文化

大吕庄村有古槐一棵，位于村南原村民委员会院中，有300多年的树龄，干径100厘米，树干中空以硬物支撑，现枝叶繁茂。

市园林管理局确定为A0682号天津古树名树大树。

九 历任党政负责人

1962年，该村建立党支部，首任书记吕连舫。至2016年，曾有14人次任支部书记，其中闫振发任职时间最长为14年。

该村村政机构历经生产大队、革命委员会、管理委员会和村民委员会的沿革，据载，从1962—2016年有11人次任村政机构负责人，其中吕家武任期时间最长为14年。

1962—2016年大吕庄村党组织负责人任职情况表

表4

党组织名称	姓名	性别	职务	任职时间
党支部	吕连舫	男	书记	1962—1964
	阎恩德	男	书记	1964—1968
	吕广间	男	书记	1968—1970
	夏宝贵	男	书记	1970—1976
	吕凤光	男	书记	1976—1978
	吕广郡	男	书记	1978—1979
	闫振英	男	书记	1980—1982
	吕家武	男	书记	1983—1984
	阎振发	男	书记	1985—1998
	吕广强	男	书记	1998—1999
	夏庆祥	男	书记	1999—2006
	吕永刚	男	书记	2006—2007
	吕永桐	男	书记	2008—2012
	吕凤亮	男	书记	2012—

1962—2016年大吕庄村村政机构负责人任职情况表

表5

村政机构名称	姓名	性别	职务	任职时间
生产大队	闫振英	男	大队长	1962—1967
革命委员会	闫学斌	男	主任	1968—1978
管理委员会	吕广焕	男	主任	1978—1979
	闫振发	男	主任	1979—1980
	吕永章	男	主任	1981—1982
村民委员会	吕家武	男	主任	1983—1996
	闫振发	男	主任	1997—1999
	吕永刚	男	主任	2000—2005
	吕凤泽	男	主任	2006—2008
	吕凤建	男	主任	2009—2011
	吕凤千	男	主任	2012—

十　荣誉

2014年，该村农家书屋被天津市新闻文化局评为市级示范书屋。

吕庄村

吕庄村位于北辰区东北部，大张庄镇西北，津围公路以西1千米处。西与武清区尤庄村相距2千米，北距武清区陈标庄村3千米，南隔机排河与董连庄村相望，东与芦庄村隔道相连，距大张庄镇政府5.1千米。村呈长方形，占地面积5.4万平方米。2009年，该村固定资产101万元，人均纯收入4450元。2015年，户籍人口306人，长期固定资产93.61万元。

吕庄村民还迁居住的小区周边环境 （2016年摄）

一　村庄沿革

该村建于明正统五年（1440年），时有河南荥阳人郑文登、果文春迁入，为当地吕姓佃户，成村后称吕官庄，后称吕家庄、小吕庄。据《北辰区志》（2000年版89页）载，明弘治十五年（1502年），武清县将30个里社并为15个，其中有吕家庄。天津《益世报》民国18年（1929年）6月25日载，津武58村请行整理海河计划中，有小吕庄村名列其中。民国27年（1938年）与芦庄合并，称芦吕庄。1955年又称小吕庄。是年，两村分开称吕庄。

小吕庄路标（此路标为错称，应为吕庄路）　　（2009年摄）

明弘治十五年（1502年），隶属武清县灰锅口里管辖。清承明制，雍正九年（1731年）属武清县。民国29年（1940年），隶属武清县第五区大诸庄乡管辖。1953年，为武清县第三区南王平乡管辖。1958年8月，隶属武清县梅厂人民公社南王平管理区。1962年，属北郊区南王平公社。1979年，隶属南王平人民公社。1983年，公社改为乡，隶属南王平乡。1997年12月，乡改为镇，隶南王平镇。2001年10月后，南王平镇并入大张庄镇，隶属大张庄镇管辖。

1985年，吕庄村被天津市政府批准为抗日根据地村。

二　道路河流

道路　建村以来，吕庄村有小路通往各村。清末，有天津至宝坻的大道经过村边。1970年，有天津至围场的柏油公路从村东经过。至2008年，村东有几经改建的省（市）道津围公路1条，南去镇政府至天津市区，北通蓟州区至河北省围场县。

河流　村南1.5千米处有一条二级河道——机排河。

吕庄村津围公路入口　　（2009年摄）

三　人口方言

人口　中华人民共和国成立后，据统计资料载，1949年，该村有60户290人；1980年，有70户285人；2000年，有80户275人；2016年，有75户260人。

民族　据《天津市北辰区地名志》载，1995年，村内居民全部为汉族。至2016年，村内居住的村民仍全部为汉族。

姓氏　截至2015年，吕庄村共有38个姓氏，主要姓氏为果、刘、苗、张、郑等。其中果姓占全村人口50%以上。

主要姓氏辈分排序如下：

果姓：自、学、有、文、立。

刘姓：学、仲、林、金、大。

苗姓：振、林、山、野、建。

张姓：克、玉、广、瑞、心。

郑姓：玉、永、希、卫、海。

方言　吕庄村属武清方言片，与武清区杨村话相似，在全国方言分区上属北京官话区怀（来）承（德）片。此方言又带天津用语，如“嘛玩艺儿！”“有嘛！”“干嘛”等，爱带“嘛”字。

四　耕地状况

据吕庄村上报村情调查材料表明：2010年，吕庄村全村耕地共分为9块，耕地总面积1000亩。分别为村南家南地和后台地120亩，村西郑坟地(分防渗渠南北地块)260亩，西北方邻武清界五分地130亩，正西道南侧果坟地230亩，果坟地西大河地80亩、果坟地南机排河地80亩，机排河以南河南地100亩。吕庄村耕地东与芦庄村相连，西与武清尤庄村接壤，南和董连庄村耕地连界，北和芦庄村耕地为邻。

村西大渠南与机排河相连，为全村1000余亩耕地的主要灌溉水源。机排河为全村水源的命脉。

灌溉配套设施齐全，泵站、防渗渠道完整，村西南果坟、机排河、大河地灌溉水泵为水务部门提供的高压节能高效水泵。

吕庄村西大渠(南)　　（2010年摄）

吕庄村西大渠(北)　　（2010年摄）

吕庄村泵点　　（2010年摄）

吕庄村泵房　　（2010年摄）

2010年吕庄村所属耕地地块情况表

表1　　　　　　单位：亩

地块名称	位置	面积	地块名称	位置	面积
家南地	村南下坡	55	后台地	村南家南地东	65
郑坟地(南)	村西	120	郑坟地(北)	村西	140
果坟地	村西	230	机排河地	村西	80
大河地	村西	80	五分地	村西	130
河南地	机排河以南	100	合计		1000

2010年吕庄村所属耕地地块分布示意图

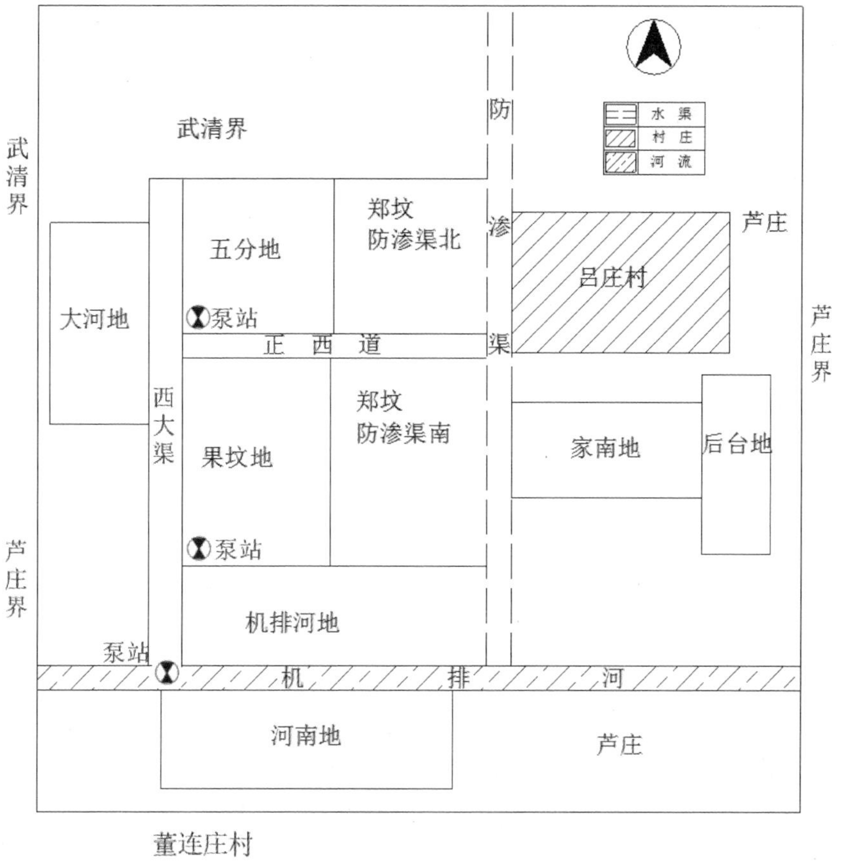

（2016年绘制）

五　街道胡同

中华人民共和国成立前，吕庄村街道不整，皆为土路。20世纪50—70年代，村容有所改变。80年代后，随着经济发展主要街道开始平整。2005年8月，村集体自筹资金对村主要街道、胡同进行了硬化。截至2010年，村内有街道3条：东西向街道2条，即前大街和后大街，南北方向的村东路1条，均为沥青路面，设有路灯照明。

吕庄村村型小，有无名小胡同22条，极短，沥青铺路。

吕庄村胡同　　（2009年摄）

2010年吕庄村街道情况表

表2

修筑年份	街道名称	长度（米）	走向
1987	前大街	350	东西
1987	后大街	350	东西
1987	村东路	350	南北

2010年吕庄村街道及公共设施示意图

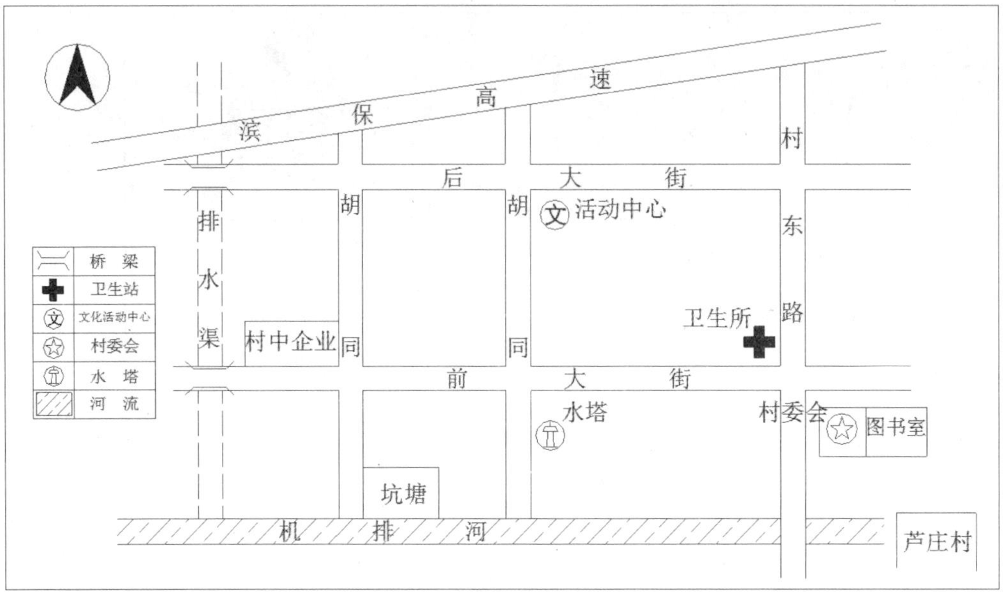

（2016年绘制）

吕庄村前大街　（2009年摄）

吕庄村后大街　（2009年摄）

六　旧村改造

2008年，北辰区委、区政府在大张庄镇域内实施“综合改革试验区”建设。在“以人为本 和谐拆迁”原则指导下，依法依规制定了系列相关惠民政策和方案，对该试验区内的一些自然村实施拆迁，并以此为契机推进大张庄示范镇城镇化建设，改造旧村、兴建新型居住社区。2010年10月8日，吕庄村启动拆迁，2011年1月基本完成拆迁工作。2014年4月26日，该村村民全部还迁到大张庄示范镇信雅苑和富雅苑社区楼房，结束了几百年来住土房和平房的历史。

吕庄村拆迁后村民居住的小区
（2016年摄）

七　公共设施

中华人民共和国成立前，吕庄村因村小，几乎没有公共设施，只有在大户人家的私塾屋供农家子弟学习。中华人民共和国成立后，逐渐有了公共设施。1965年，建民办小学；1969年，建红医站；1980年，打机井；1983年，自来水入户；2007年，打新井，全天候高压供水；同时建立卫生所，成立文化室。进入21世纪后，新建了村民委员会办公楼、健身广场、党员活动室、老年活动中心、阅览室等。村西排水渠上建有农用桥。

吕庄村村民委员会办公楼　（2010年摄）

吕庄村社区卫生服务站　（2010年摄）

吕庄村老年活动中心　（2010年摄）

吕庄村建全天候高压供水水井（2007年摄）

八　经济概况

1949年以前，吕庄村村民以租种地主土地为生，靠天吃饭，种植的粮食作物为小麦、玉米、高粱等。中华人民共和国成立后，走上集体道路。1980年后，实行家庭联产承包责任制，促进了生产发展。20世纪50—80年代，各级政府重视兴修水利，推广先进的生产技术。2009年，全村耕地全部为水浇地，灌溉设施配套齐全。21世纪初，粮食亩产和总产创历史最高水平。在种植粮食作物的同时，注重发展向日葵、芝麻等经济作物，抓住时机发展养鸡、养鱼等养殖业，实现多种经营全面发展。

村工业经济发展薄弱，1998年前，有村集体组建的福利橡塑制品加工厂企业1家，2000年后，有私营企业彩钢厂、磨光厂2家。2010年，因拆迁原因企业不再生产。

废旧的橡塑制品加工厂景象（2010年摄）

吕庄村私营企业彩钢厂外景（2010年摄）

九　民间文化

吕庄村村民中热爱文艺和健身运动者较多。20世纪末，随着经济的发展，村民文化生活更加丰富多彩。1997年，由村集体牵头群众自发组建了“同乐秧歌队”，业余时间自娱自乐。该秧歌队逢年过节除在村内演出，还多次参加由镇政府组织的正月十五花会表演活动，颇受好评。另外，村内还有抖空竹、轮滑、篮球队等文体组织。

吕庄村同乐秧歌队全体队员（2000年摄）

吕庄村篮球队队员　　（2008年摄）

吕庄村同乐秧歌队在演出　（2000年摄）

十　历任党政负责人

吕庄村为抗日根据地村。民国35年（1946年），即发展党员1人；1949年，又发展党员2名。中华人民共和国成立后、芦吕庄分开前，1953年成立党支部。至2016年，共有11人次任书记，其中2人任职3次。任职最长者为首任书记，任职时间长达19年。

民国34年(1945年)，吕庄村即建立村政权，村干为刘仲庆。中华人民共和国成立后，历经村公所、生产大队、革命委员会、村民委员会等村政机构。1983年成立村民委员会，至2016年，有7人次任村民委员会主任。

1953—2016年吕庄村党组织负责人任职情况表

表3

党组织名称	姓名	性别	职务	任职时间
党支部	果学富	男	书记	1953—1972
	郑永顺	男	书记	1972—1979
	果友利	男	书记	1979—1981
	郑永顺	男	书记	1981—1985
	果友利	男	书记	1985—1986
	郑永顺	男	书记	1986—1987
	果友利	男	书记	1987—1989
	郑希仁	男	书记	1989—1994
	褚世贤	女	书记	1994—2001
	果文顺	男	书记	2001—2009
	果育新	男	书记	2009—

1945—2016年吕庄村村政机构负责人任职情况表

表4

村政机构名称	姓名	性别	职务	任职时间
村公所	郭学勇	男	村长	1945—1955
	郑永祥	男	大队长	1955—1961
生产大队	郑永顺	男	主任	1962—1972
	果有同	男	主任	1973—1978
管理委员会	果学海	男	主任	1979—1982
村民委员会	郑希仁	男	主任	1983—1990
	刘金茂	男	主任	1991—1999
	苗作山	男	主任	2000—2002
	果有文	男	主任	2003—2005
	果文杰	男	主任	2006—2008
	郑希江	男	主任	2009—2011
	果文亮	男	主任	2012—

十一　荣誉

1950—2016年，吕庄村获市局级及以上集体荣誉2项。

1950—2016年吕庄村获市局级及以上先进集体荣誉表

表5

授予时间	荣誉称号	授予部门
1998	市级小康村	天津市政府
2007	市级卫生村	天津市爱国卫生办公室

芦庄村

芦庄村位于北辰区东北部，大张庄镇政府所在地西北方津围公路27千米处西侧。东以六支渠与南王平村相界，南临机排河和喜逢台村相望，西同武清区梅厂镇尤庄子村接壤，北与武清区梅厂镇梅厂村毗邻。村呈正方形，占地面积为7.5万平方米。2009年，该村固定资产133.7万元，人均纯收入5770元。2015年，户籍人口384人，长期固定资产134.86万元。

原芦庄村村民委员会　　（2005年摄）

一　村庄沿革

芦庄村建于明朝弘治年间（1488—1505年）。始有山西省洪洞县邢大宽和母亲迁此定居，时为邻村佃户。后有王姓、孟姓、蒋姓、冯姓、沈姓迁入，因住处多芦苇而取名芦庄。民国后称小芦庄，民国27年（1938年）与吕庄合并称芦吕庄，1955年两村分开，复称芦庄。民国29年（1940年），属武清县第五区大诸庄乡。中华人民共和国成立后，属武清县第十五区。1953—1957年，属南王平乡（小乡），1962年，属天津市北郊区南王平公社。2001年后，划入北辰区大张庄镇管辖。

1985年，芦庄村被天津市政府批准为革命老根据地。

二　道路河流

芦庄村东紧靠津围公路，北通河北省围场县，南通天津市区。村北500米处为滨保高速公路天津段大张庄出入口。村北3千米为杨北公路，西北通杨村，东南通北塘。村西乡村路通往武清聂庄子乡。村南500米有机场排水河。

三　人口方言

人口　据统计资料载，1980年，该村有75户350人。2000年，有98户348人。2016年，乡村总人口135户386人。

民族　据《天津市北辰区地名志》载，1995年，该村有汉族1个民族。据村情调查，2016年，该村仍有汉族1个民族。

姓氏　该村主要姓氏为邢、蒋、王、孟、冯、沈等。

邢氏家族自邢大宽三代单传，邢大宽曾孙邢自科生三子，长子邢仲仁、次子邢仲义、三子邢仲贵。此后，邢氏家族分三支。至今，邢氏家族有大、万、佰、自、仲、可、智、起、文、国、立、德、永、福、继、学、玉十七代人。20世纪80年代后，邢氏家族不再按辈序排字。

蒋氏家族由武清县沙古堆迁入，字辈有玉、瑞、万、树、顺等。

王氏家族由武清县鸭徐庄迁入，字辈有万、庆、士等。

孟氏家族由武清县下朱庄迁入，字辈有广、昭、宪、庆、繁等。

冯氏家族由南王平迁入，字辈有德、田、学、洪等。

沈氏家族由南王平迁入，字辈有国、兴等。

方言　该村方言近似武清区杨村话，又有点天津市用语，使用最多的词汇，如“嘛玩艺”“有嘛”“干嘛”“嘛事”“有嘛了不起”等，爱带“嘛”字。

四　耕地状况

据该村所报村情调查材料表明：2000年芦庄村有耕地1300亩，分布在10个地块，其中村南2块，名为西南角和东南角；村北7块，名为大息地、井北地、小坟地、江氏地、北兆地、南兆地、南大洼；西南1块，取名大河地。这些土地东与南王平为邻，北、西和武清区连界，南为机排河。全村共有土地1300亩，可以利用泵站，将机排河水引入六支渠对耕地进行灌溉。

2000年芦庄村所属耕地地块情况表

表1　　　　单位：亩

地块名称	位置	面积	地块名称	位置	面积
西南角	村南	170	北兆地	村北	170
东南角	村南	130	南兆地	村北	190
井北地	村北	190	南大洼	村北	40
小坟地	村北	110	大河地	西南	180

续表

地块名称	位置	面积	地块名称	位置	面积
江氏地	村北	90	合计	1300	
大息地	村北	30			

2000年芦庄村所属主要耕地地块分布示意图

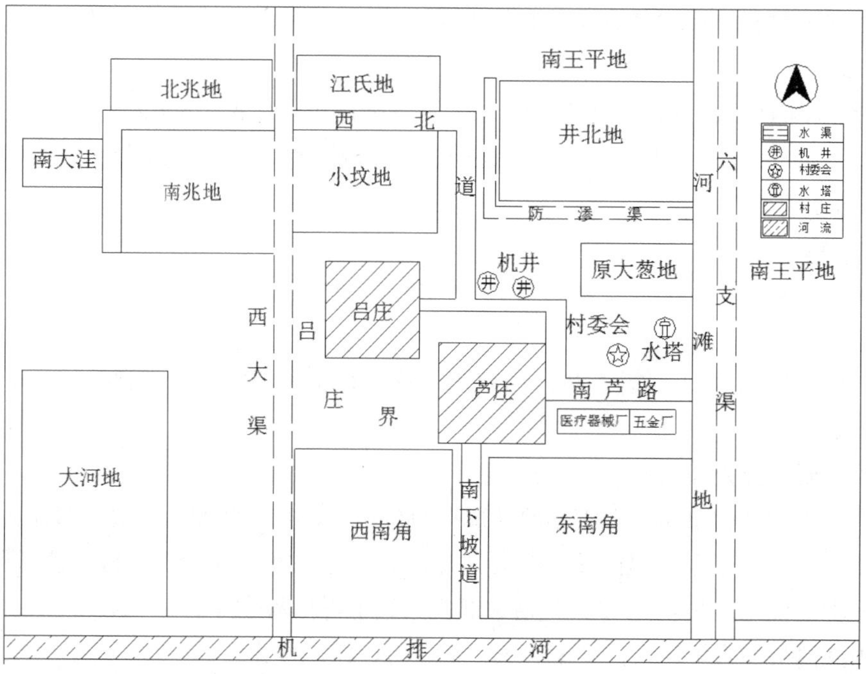

（2016年绘制）

五　街道胡同

芦庄村村型小，仅有一条主街——芦庄大街，南芦小桥是连接该村与南王平村的纽带，村北有路通往吕庄村。有9条胡同，分别命名为文明胡同、蒋家胡同、围堤南胡同、邢家胡同、兴旺胡同、南通胡同、王家胡同、团结胡同和围堤西胡同。

2000年芦庄村街道胡同情况表

表2

街道胡同名称	走向	长度（米）	胡同名称	走向	长度（米）
芦庄大街	东西	500	王家胡同	南北	60
文明胡同	南北	110	兴旺胡同	南北	150
蒋家胡同	南北	110	邢家胡同	南北	160
围堤西胡同	南北	270	围堤南胡同	南北	200
团结胡同	南北	160	南通胡同	南北	150

六　旧村改造

2010年，随着大张庄镇示范小城镇的建设，该村开始拆迁。2014年5月，村民迁入喜凤花园还迁小区富雅苑和信雅苑楼房。老年人按月领取养老金，村民按季度领取土地供养，生活有了保障。还迁房小区环境优美，辰风小学、镇社区卫生服务中心、镇文化活动中心、第二实验幼儿园等配套设施完善。有5条公交线路供村民们选乘。

七 公共设施

中华人民共和国成立前，该村公共设施甚少。中华人民共和国成立后，1964年，与吕庄村一起打了深水井，村民们从此喝上了甜水。1975年，村上打了深500米的水井，1976年又建了水塔，并铺设管道将井水引入户，村民们用上自来水。水塔上刻有“饮水思源”四个大字，以教育村民不忘本。80年代，建村民委员会办公房。进入21世纪，建卫生室、休闲广场等公共设施。

2000年芦庄村街道胡同及公共设施示意图

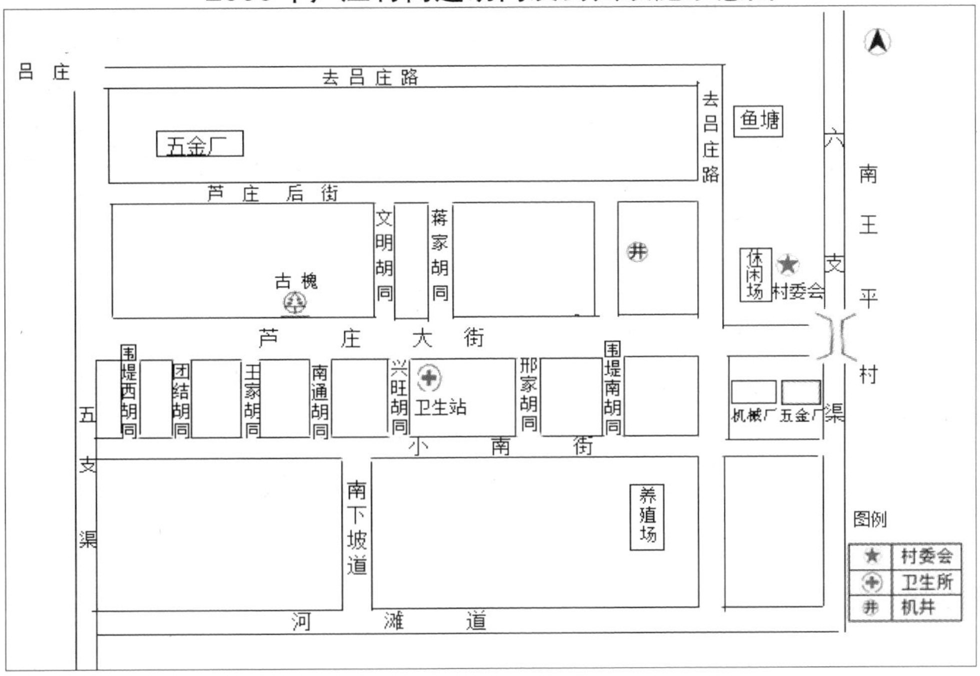

（2016年绘制）

八 经济概况

芦庄村民历来以耕种为生，农业种植的主要粮食作物为高粱、玉米和小麦，经济作物为向日葵、芝麻、蓖麻等。种植蔬菜瓜果一般为自种自食。

中华人民共和国成立以前，芦庄村地势低洼，属黑土地区，主要生产高粱、玉米、小麦，历代居住和生活条件很差，基本上靠天吃饭，十年九涝，遇到干旱就是颗粒不收，几乎全村都要逃荒要饭。如：民国28年（1939年）一场洪水淹没了半个村庄，家家户户屋子上了水。1948年12月，天津周边获得解放，芦庄村民生活开始有了好转。1950年，为了挡住洪水，村里修筑了围堤。1952年，村民分了土地成立了互助组，解决了劳动力不足的问题。粮食从亩产几十斤的小麦、高粱增长到500斤。1954年陆续成立了初级社、高级社、人民公社。1958年，村中有了副业厂，从最初的一个小厂，逐步发展成五金厂、烘干机厂、橡胶厂，人均收入达到分值每劳动日1.5元，成为远近闻名的富裕村。至2000年，村办集体企业有调压器厂、五金厂、橡胶厂和医疗机器厂4家，工业总产值达101万元。集体企业产权制度改革后，全部变为股份合作制及私营企业。企业租用集体土地、付租金给村集体经济组织。

进入21世纪，该村调整农业种植结构，开展多种经营，养猪、养鸡、养羊等养殖专业户不断增加，个体私营企业有所发展，村民生活水平逐渐提高。

九 民间文化

古树 芦庄村街中有一棵古槐树，树龄已有300余年，干径140厘米，木质已干。1969年因遭雷击，树冠被击断，剩余2米树干。后来，树皮又生新绿，再放新枝，现已有6米多高。根深叶茂，已成为芦庄村的标志。

芦庄村古槐树
（2010年摄）

古井 村里还有一眼古井，约有150年，一直以来水旺不衰。

十 大事纪略

民国33年（1944年）9月始，武宝宁联合县二区派刘宪华、王喜民和季忠组成武清工作队（后称南区队），以霍（庄）赵（庄）季（庄）为根据地向西北各村发展。是年12月下旬，联合县又组成武清武工队北区队，由二区助理员普光（张成遵）任组长，带东升、爱民突击梅厂以南各村，至民国34年（1945年）1月，北区队与南区队在郎庄子村汇合。经过艰苦工作，到是年春建立一批村政权：南王平（村干刘再伦）、喜逢台（村干王文合）、芦庄（村干邢立增）等。一批"村干"政权的建立，使抗日游击区不断变大，抗日斗争形势蓬勃发展。

十一 历任党政负责人

1951年，芦庄村建立党支部。至2016年，65年间只有5人次任支部书记，首任书记邢德会任职时间最长，为21年。

该村村政机构历经生产大队、革命委员会、管理委员会和村民委员会的沿革，从1962—2016年，有7人次任村政负责人，蒋树贵任期时间最长，为17年。

1953—2016年芦庄村党组织负责人任职情况表

表3

党组织名称	姓名	性别	职务	任职时间
党支部	邢德会	男	书记	1953—1974
	王庆丰	男	书记	1975—1986
	邢永志	男	书记	1987—1992
	邢福留	男	书记	1992—2006
	邢　伟	男	书记	2006—

1962—2016年芦庄村村政机构负责人任职情况表

表4

村政机构名称	姓名	性别	职务	任职时间
生产大队	邢德才	男	大队长	1962—1973
革命委员会、管理委员会	蒋树贵	男	主任	1973—1990
村民委员会	孟庆成	男	主任	1991—1993
	邢永良	男	主任	1994—2002
	邢春祥	男	主任	2003—2005
	邢　杰	男	主任	2006—2008
	邢春祥	男	主任	2009—

附：典籍选录

津武58村请行整理海河计划

津武58个村总代表李汉荪、郑同俭、王心如等，为请行海河整理计划，昨上呈当局，其文如下：呈为恳请实行海河整理计划以利民生事……务请早日行，庶不使此一大要政，变成画饼，则不仅村民等之幸矣。

谨呈……武清县北辛庄、藕店……小卢（芦）庄……大朱（诸）庄等23个村。

（摘自《益世报天津资料点校汇编》（二）1360—1361页，1929年6月25日）

芦庄大队女知青积肥树新风

在深入开展农业学大寨运动中，芦庄大队去年粮食亩产过黄河。今春，由邢福文、尹桂荣、杜俊英等11名城里女知识青年组成的芦庄积肥队在1名干部、1名社员“顾问”带领下，起猪圈、掏厕所、收垃圾、铡秸秆、和泥、封肥、沤肥，很快成为行家里手。半年多积肥700多立方米，66个猪圈，几个公共厕所和几十个垃圾点的卫生状况得到根本改善。

（摘自北郊区委报道组，载于1975年11月30日《天津日报》）

小诸庄村

小诸庄村位于北辰区东北部，津围公路东侧，西南距大张庄镇政府2.5千米，西北距北孙庄村2千米，北距大兴庄村1千米，东南距北何庄村2千米。该村呈正方形，占地面积3.74万平方米。2009年，该村固定资产162万元，人均纯收入11900元。2015年，户籍人口432人，长期固定资产157.22万元。2016年，农村经济总收入68万元、人均纯收入2.4万元。

小诸庄村航拍图　　(2017年摄)

一 村庄沿革

小诸庄村村碑 (2015年摄)

小诸庄村始建于明弘治年间(1488—1505年)，一说是明永乐年间(1403—1424年)。据《天津市北辰区地名志》121页载，传明弘治年间有武清县杨村诸葛兄弟分家，其幼弟迁此定居，故名。清乾隆《武清县志》(1987年版)27—28页，雍正八年(1730年)，武清县拨给天津府村庄中有朱家庄(小诸庄)村名。清道光二十六年(1846年)，天津县属村庄中称小朱庄。光绪三十一年(1905年)，属天津县东乡7区辖。日伪时期属何家庄乡。中华人民共和国成立后，改名小诸葛庄，后改称现名。1950年，属天津县三区。1953年，属津北郊区大张庄乡。1958年10月，隶属河北区兴淀人民公社。1959年3月，属大张庄管理区。1961年11月，属朱唐庄公社。1983年4月，隶朱唐庄乡。1992年，属大张庄乡辖。1997年12月，隶大张庄镇。

二 道路河流

道路 至2016年，小诸庄村临省(市)道2条，铁路1条。村西1.5千米为津围公路，村北1千米为九园公路，村南、村东有乡间路通往大张庄村、北何庄村。大北环铁路从村东穿过。

河流 小诸庄村临2条河流。村北为二级河道郎园引河，村东南1.5千米处为引滦明渠。

小诸庄村村西乡间小公路 (2015年摄)

小诸庄村村西之津围公路 (2015年摄)

三 人口方言

人口 据清道光二十六年(1846年)《津门保甲图说》载，时小朱庄(小诸庄)、何家庄(北何庄)、李辛庄3村共299户1382人。中华人民共和国成立后，据统计资料载，1980年该村有87户423人；2000年，有99户343人；2016年，有168户422人。

民族 据《天津市北辰区地名志》载，1995年，该村人口367人均为汉族。据村情调查，2016年，该村人口仍为汉族1个民族。

姓氏 至2016年，全村共有诸葛、马、樊、吴、张、王、陈、刘、李、周等33个姓，主要大姓为诸葛、吴、樊、马四大姓氏。

诸葛姓从建村至今已有二十四代，其家谱在1966年流失。有记载的字辈排序为思、源、再、井、永、宝、德、世(文)、梦。

吴姓约在清嘉庆年间(1796—1820年)从大张庄村迁入，繁衍至今为第十一代。有记载的字辈排序为玉、连、士、俊、国。

樊姓于清光绪年间（1875—1908年）从大张庄迁入，至今为五代，前四代辈分排序为永、金、广、雅、单字。

马姓为建村后的第二姓，约在清康熙年间从武清县王三庄迁入，至今为十二代，字辈排序为九、常、有、自、成、广、玉、瑞、俊、洪。“洪”字以下，不再统一排辈。

方言　小诸庄村属武清方言片，与武清区杨村话相似，在全国方言分区上属北京官话怀（来）承（德）片。

四　耕地状况

据小诸庄村所报村情调查材料表明，1977年，国家建天津地区最大变电站征地100亩，1990年，全村共有土地7大块，1118亩。

村东北土地和大兴庄村土地为邻，村东土地与北何庄村土地接壤，村西土地和北孙庄村土地连界。村南、村西各建有泵站、防渗渠道，村北郎园引河为灌溉土地的主要水源。

20世纪90年代小诸庄村所属耕地地块分布示意图

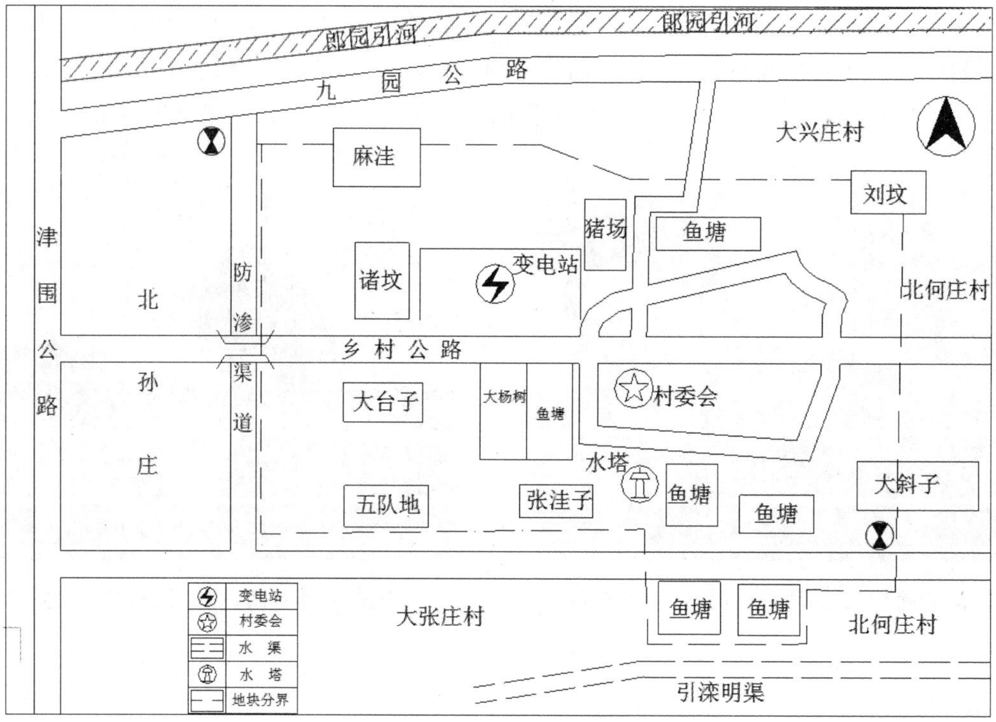

（2016年绘制）

1990年小诸庄村所属耕地地块情况表

表1　　　　单位：亩

地块名称	位置	面积	地块名称	位置	面积
麻洼地	村西	140	张洼子地	村西	120
诸坟地	村西	40	大斜子地	村东	572
刘坟地	村东	53	五队地	村西	50
大台子地	村西	143	合计	1118	

小诸庄村北排干河公路中间小桥（2015年摄）

大北环铁路从小诸庄村村东大斜子地块穿过（2015年摄）

五　街道胡同

小诸庄村呈正方形，村型整齐。中华人民共和国成立前后，村内皆为土路，雨季泥泞，秋后多扬尘。进入20世纪80年代，村中路开始硬化。至2015年，村有南北向利华道1条，东西街2条，名称为兴复大街和新建大街，均沥青路面，有路灯。兴复大街两侧有南北方向胡同15条，名称分别为兴复大街北1—7条和兴复大街南1—8条。

2015年小诸庄村街道胡同情况表

表2

修筑年份	街道名称	长度（米）	走向	修筑年份	胡同名称	长度（米）	走向
1980	兴复大街	850	东西	1990	兴复大街北1—7条	300	南北
1980	新建大街	650	东西	1990	兴复大街南1—8条	300	南北
1990	利华道	420	南北				

2015年小诸庄村街道胡同示意图

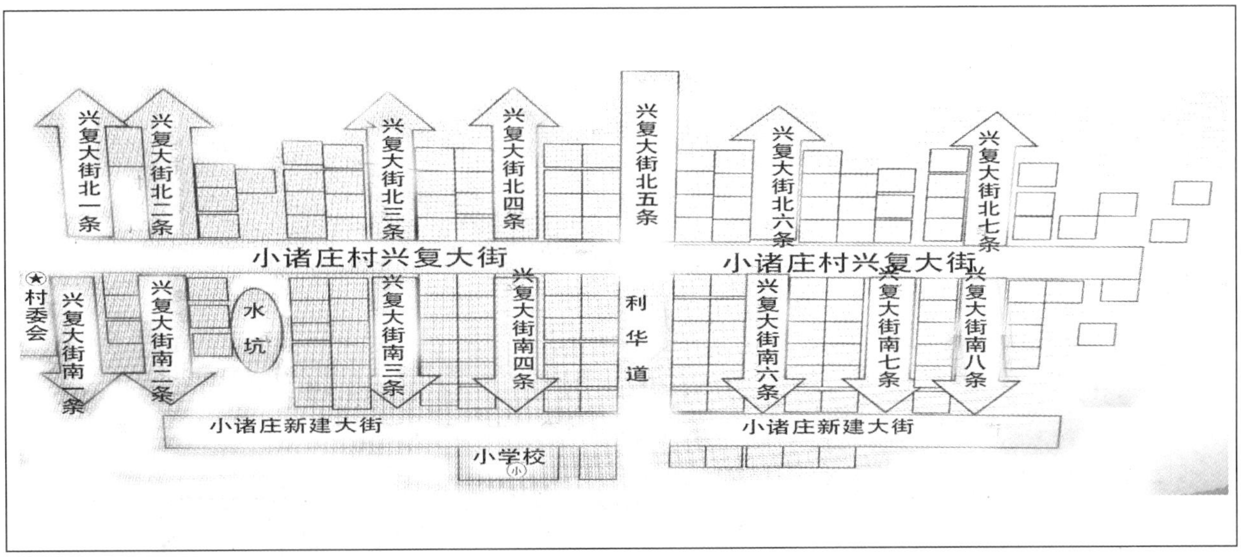

（2016年绘制）

小诸庄村兴复大街西入口 （2015年摄）

小诸庄兴复大街东出口 （2015年摄）

小诸庄村兴复大街东端 （2015年摄）

小诸庄兴复大街北胡同 （2015年摄）

六　公共设施

中华人民共和国成立前，该村基本没有公共设施。1958年，由宜兴埠镇引进10千伏线路，途径该村，并安装变压器，村民开始用电。20世纪60年代中期，村内建“红医站”，1978年后称为卫生所。1970年，打深水井，村民告别饮用井水、坑水的历史。1990年后，村中公共设施逐步完善。至2016年，该村公共设施有村民委员会、小学校、警务室、农家书屋、机井、水塔、卫生室、超市等。

小诸庄村村民委员会 （2015年摄）

21世纪初小诸庄村公共设施示意图

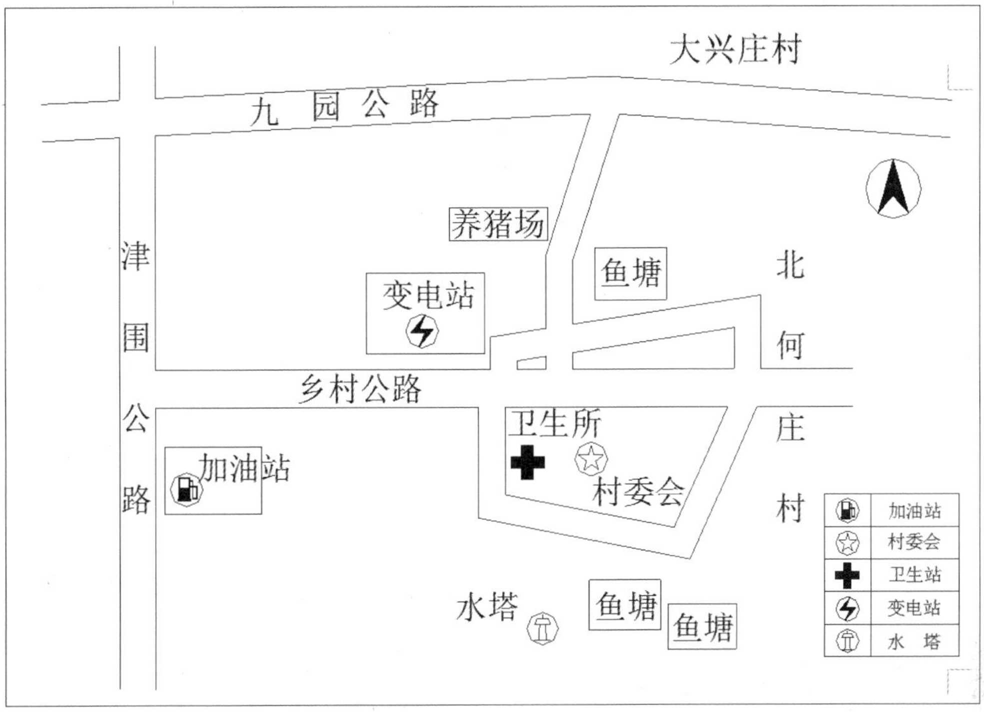

（2016年绘制）

小诸庄村农家书屋（2015年摄）

小诸庄村卫生室（2016年摄）

小诸庄村村民生活用的水塔（2015年摄）

20世纪60年代小诸庄村村南的机井水塔（2015年摄）

七　经济概况

中华人民共和国成立前，小诸庄村村民以耕种为生，种植大田作物玉米、红梁、大豆、小麦及各种杂粮。1949年后，各级政府重视农业生产工作，小诸庄村注重兴修水利，引进新的种植技术，于1979年开始栽种水稻，粮食产量不断提高，2001年，粮食总产量为60.28万千克，农业总收入为217万元。

小诸庄村于1970年后开始兴办村集体企业，先后建精工五金福利厂等2家企业。1990年后，企业改制为农民股份合作和私营企业。1991年4月1日，建立农民股份制合作企业——天津市北辰区精工五金福利厂。至2015年，村内有企业4家，工业总产值2920万元。这4家企业为天津市北辰区精工五金福利厂，主要生产装载机配件，有色金属铸造等，有职工40人。1998年7月建立的天津市大陆化学试剂厂，主要生产氢氧化钠、氢氧化钾。天津市北辰区松源实木家具厂和天津市成居家具制造有限公司，主要生产家具和门。

小诸庄村精工五金福利厂外景
（2015年摄）

小诸庄村大陆化学试剂厂　（2015年摄）

小诸庄村松源实木家具厂外景
（2015年摄）

小诸庄村成居家具制造有限公司外景
（2015年摄）

八　民间文化

该村村民漫塑大师王玉荣自幼酷爱绘画、泥塑。少年时期曾与“泥人张”的第五代传人张乃英学习泥塑。1978年，开始漫画创作，后成为《天津日报》通讯员，在全国几十家报刊上发表漫画作品，出版连环画及儿童漫画几十本。经过几十年的不断努力，漫画及泥塑作品有独特的艺术风格，泥塑作品尤为突出，其作品豪放大气洒脱，受到了专家及同行们的好评。

王玉荣和他的作品　（2015年摄）

九　历任党政负责人

中华人民共和国成立前，小诸庄村已有共产党员2人。1949年，建立党支部，有党员5人。至2016年，先后有10人次任党支部书记，任职时间最长为13年。

中华人民共和国成立后，该村即建立村政权。至2016年，先后有14人次任村政机构负责人，有1人两次任职，任职时间最长为9年。

1949—2016年小诸庄村党组织负责人任职情况表

表3

党组织名称	姓名	性别	职务	任职时间
党支部	诸葛宝文	男	书记	1949—1956
	诸葛德林	男	书记	1957—1965
	诸葛德香	男	书记	1966—1967
	吴世兴	男	书记	1968—1975
	樊广庆	男	书记	1976—1980
	诸葛士龙	男	书记	1981—1986
	马俊发	男	书记	1987—1988
	吴俊友	男	书记	1988—1999
	诸葛士瀛	男	书记	1999—2012
	诸葛文才	男	书记	2012—

1949—2016年小诸庄村村政机构负责人任职情况表

表4

村政机构名称	姓名	性别	职务	任职时间
村公所	王宝棠	男	村长	1949—1956
生产大队	马俊荣	男	大队长	1957—1965
革命委员会	吴士兴	男	主任	1966—1967
	诸葛士田	男	主任	1968—1972
	樊广庆	男	主任	1973—1975
管理委员会	诸葛德贵	男	主任	1975—1982
村民委员会	马俊发	男	主任	1983—1986
	吴俊友	男	主任	1987—1989
	诸葛德林	男	主任	1989—1993
	诸葛士沄	男	主任	1994—1999
	诸葛德刚	男	主任	2000—2002
	诸葛德友	男	主任	2003—2005
	吴俊友	男	主任	2006—2011
	张　腾	男	主任	2012—

十　荣誉

1950—2016年，小诸庄村获市级文明村和市级卫生村集体荣誉2项。

1950—2016年小诸庄村获市局级及以上先进集体荣誉情况表

表5

授予时间	荣誉称号	授予部门
2006	市文明村	天津市文明委
2008	市级卫生村	天津市爱卫委

附一：典籍选录

小诸庄战国遗址 1978年，在小诸庄村南400米处，发现战国遗址。暴露物有夹砂红陶釜口沿，灰陶罐、釜、盆等（部分遗址被水淹没）。

（摘自《北辰区志》2000年10月第1版，1060页）

党的发展情况 在我的印象里，解放前韩盛庄、辛侯庄、卢（芦）新河建有党的支部。小诸庄有个别党员。

（摘自《典籍中的北辰》1000页，吕志东《天津市九区的几点回忆》）

附二：传说故事

对于历史研究而言，传说亦有其积极的意义，尤其对于那些没有文字资料记载的村庄来说，除了一个村名和祖坟之外，我们几乎找不到多少直接与其有关的文字资料。因此单纯从文字记载来说，我们小诸庄没有多少“历史”。但是通过世代相传在村民中的诸多传说弥补了这一缺陷，又把“历史”给了村庄。虽说不能有完全的真实性，但是谁又能保证文字记载的就完全等同于历史吗？我们能够通过传说对小诸庄的建村历史，及村中的四大姓氏之间的关系，有一个总体的了解，而不至于缺乏历史感。

早在明朝初年，明太祖朱元璋在南京称帝后，封他的四子朱棣为燕王，在洪武初期为彻底消灭残余的元军，朱棣率兵北上，攻打元军，民间称这次北征为燕王扫北。同时朱棣也从江淮一代，带过来一些百姓在京津之间，建立村庄，开垦荒地。诸葛氏的先人，也是这个时期从河南丹徒来到武清杨村居住下来，夫妻二人有三个儿子，老大名诸葛雪，老二诸葛水，老三诸葛雨，一家五口在这里开荒种地。日出而作，日落而归。日子过得倒也充实快乐，光阴荏苒，日月如梭。一晃已过去三十来年了，这时已是“永乐”年间，有山东、山西等各地百姓纷纷来到津北一代居住开荒。这时诸葛氏的三个儿子早已娶妻生子，老妻也早已去世。老人自己知道已是风烛残年，嘱咐三个儿子：我已时日不多，现在家里人多地少，我死后，你们哥三个，只留一人守家业和祖坟，其他二人迁往他处。据说从咱们这往东南方向走，那边地广人稀，可去那边看看寻吉地居住。老人说完遗嘱后，没出百日就寿终正寝了，料理完后事，过了百日哥三个商量后决定由老二诸葛水留下。老大诸葛雪和老三诸葛雨迁往他乡。一日兄弟三人，依依不舍，洒泪而别。老大和老三各带一份老父留下的遗产出杨村往东南方向走去。大约走出三十多里路程，看到此处地广，没有村庄，老大决定在此住下。此时已是深秋时节，两家人迅速建起了几间土坯房，居住下来。开始称大诸葛庄。冬天过后转眼已是花红柳绿的季节，老三向大哥提出，咱们要有远虑，称这一带还没有村庄，我何不再走出几里外占一片地，以免多年后他人来占，而我们又要面临人多地少的局面。经大哥同意，老三诸葛雨带着家小往南又走出大约不到十里处，忽然看到一处圆形水塘，里面的水清澈而不见底。此时是春天，池塘四周芳草萋萋，星星点点的野花散发着醉人的芬芳，晴朗的早晨水上飘着一层水雾，好像到了仙境一般，诸葛雨看到此景，心里感到无比的兴奋。于是决定在此居住。就在坑塘的东边开始建房，开始称诸家庄。再说这个坑，因在住房的西面，所以一直叫“西坑”关于这个“西坑”传说是天上星星掉下来砸的一个坑（现在称陨石坑），就是这个坑几百年来，旱而不枯，涝而不泛，清水长存。供居住在此的人饮用。这个古迹至今尚存。直到解放后才停止使用。

起初就是沿着坑的东边一直往东建了一排房，随后繁衍的人多了，就又在第一排的北面留了一条街，街北又建了一排房。但是没从坑边开始建，是从坑东边留出大约五六十米才开始建的。在这一点上说明诸葛雨应该是非常智慧的，在栖息地的选择上，是特别讲究的，他先靠水而居，为的是用水方便，坑边留有一条东西向的大街。街北建房临坑留有余地，这样即用水方便，又避免围坑建房易污染水源的弊端。再说诸葛氏的家族们，在朝霞与暮霭中，早而作，幕而息，时而耕，安于织。日子过得红红火火。不知不觉中又过了三十多年，诸葛雨已是将近暮年，一天他把儿孙们叫在一起，对他们说：我百年后，要在老家的方向走出一里外立祖坟。另外记住，咱们这个村永不留外人居住，有外人求住，宁可帮他别处盖房也不要留，要代代相传。不久老人去世，儿孙们遵遗嘱，确实把诸葛雨埋在了去杨村方向一里外处。近600个春秋坟地至今尚存。诸葛氏的后代们也确实没有忘记祖先的遗嘱，从明朝永乐年间一直到大清朝的灭亡，这500年的时间里，村内没有收留一家外姓人家。就在明朝“崇祯”年间从山西过来两家姓何的人家，要求在小诸葛庄居住。诸葛家的人好言相劝，让他们往东南方向走出三里外开荒居住。于是诸葛家组织一部分人帮助何姓家人走出三里外建房，开荒垦地，史称何家庄。以后两家就成为好朋友了。经常往来。也就是现在的北何庄。两村的友好代代相传，直到20世纪60年代的“文化大革命”时期，两村还是同一派的。还相当友好呢！

再说小诸庄比周围的村子早建几百年，可是现在还是最小的村庄。这也充分证明了诸葛后人谨遵遗嘱。同时也暴露了固执的性格。可是话又说回来了，即不招外姓人，那村里的其他三大姓(马、吴、樊)是怎么进村里来的？听我慢慢讲来：在清朝康熙年间，是风调雨顺，五谷丰登，人民大众过着丰衣足食的生活，村内更是路不拾遗，夜不闭户，家家的日子蒸蒸日上，可是诸葛家族有两家是哥俩，在街北中间东西两院各有一家，大哥无儿无女，二弟有女无儿，哥俩决定让小女儿招上门女婿，经媒人介绍武清地界有个王三庄一户马姓人家有九个儿子，愿将小儿子马九云许配给诸葛家为婿。两家选良辰，择吉日为他们完婚。婚后马九云吃苦耐劳，日子过得红红火火。很多年后儿孙满堂，其乐融融。后来，这诸葛家的老哥两相继去世，这两处宅院早已成了马家。马家以后人丁兴旺，马九云带领儿孙们，从街北五十米外取土，在临街北那排房后垫地基，又盖起了三四处房屋。而且地基垫的很高，说明当时马家即有远见，也积累了一定的经济实力。直到现在原马家集居的地方在村里还是最高的。时过境迁，到了清朝“嘉庆”年间，住在街北中间的马家也有一家有女无儿，决定招上门女婿。经媒人介绍，村西南三里外的张家村有一户吴姓人家，有五个儿子，吴家愿将三子吴大成许给马家为婿，这吴大成长的一表人才，气宇轩昂，心灵手巧，马家看在眼里，喜在心间，两家选良辰择吉日给他们完婚，传说马家的喜事办得很是体面，那日是天朗气清，诸葛家和马家原本就是老表亲，所以全村的人都参加了婚礼，据说当时马家很富裕，在大街上搭上喜棚，吹吹打打，请全村人连续吃了两天。大家举杯共贺，欢聚一堂，都夸一对新人郎才女貌，天作之合。一年后生育一子取名吴小成，几十年后吴小成已是儿孙满堂。吴氏家族在村中延续至今已是200多年的时间了，已有10代人了。

再说诸葛家族，由于贫穷和清晚期时闹瘟疫人丁一直不太兴旺。到了光绪末年有一家有女无儿，想招上门女婿，经媒人介绍，从村南三里外的张家村招来一位樊姓的年轻人，这个年轻人，心灵手巧，并懂音律，有眼儿的便能吹响，有弦的便能弹响。又能说会道，生活也算美满。多年后也是儿孙满堂。繁衍至今也有5代人了。

至此村中的四大姓氏之间的关系，和进村的时间都以交代清楚了，虽说这些并没有文字记载，但这是祖祖辈辈一代一代相传的，这就是史实。

从诸葛氏在明永乐年间建村到现在，又经历了大清王朝和中华民国的灭亡，一直到中华人民共和国的成立，历史就这样延续着。江山有代谢，往来有古今。小诸庄伴随着那些逝去的时代，演绎了近600年的沧桑历史。为我们留下了不尽的流风遗韵。村落将越走越远。但记忆和传说将永存。

（村知情者口述资料）

小田庄村

小田庄村位于北辰区东北部，津围公路东侧。东与西堤头镇韩盛庄村隔杨北公路相望，南与西堤头镇辛侯庄村接壤，西连大吕庄村，北邻小马庄村。距大张庄镇政府驻地5.1千米。村呈圆形，占地面积11.1万平方米。2009年，该村固定资产139.5万元，人均纯收入5065元。2015年，该村户籍人口515人，长期固定资产141.62万元。

小田庄村航拍图 （2017年摄）

一　村庄沿革

小田庄村村碑　　（2016年摄）

明弘治年间（1488—1505年）〔一说明永乐年间（1403—1424年）〕，始有山西洪洞县田姓人氏迁此定居，后有卢姓、周姓迁入，因田姓迁入在先，故而取村名田庄。1961年后称现名，延续至今。

民国29—34年（1940—1945年），日伪当局设区乡，该村隶属武清县第五区大诸庄乡管辖。1958年8月，始建人民公社。武清县建南王平管理区，隶属武清县梅厂人民公社。1979年，隶属南王平人民公社。1983年，公社改为乡，管辖村依旧。1997年12月，乡改为镇。2001年10月后，南王平镇并入大张庄镇，隶属大张庄镇管辖。

1987年，小田庄村被天津市政府批准为抗日根据地村。

二　道路河流

道路　小田庄村有乡村公路通往村外，交通便利，西接津围公路，东接杨北公路，北靠津滨高速公路，南有九园公路。

河流　该村不靠河流，西侧八支渠、东侧九支渠接村南机场排水河，是该村灌溉农田的主要水资源。

小田庄村西侧八支渠　　（2016年摄）

小田庄村东侧九支渠　　（2016年摄）

三　人口方言

人口　据统计资料载，1980年，该村有109户511人；2000年，有162户460人；2016年，乡村总人口220户558人。

民族　据《天津市北辰区地名志》载，1995年，该村村民均为汉族。据村情调查，2016年，该村村民仍均为汉族。

姓氏　小田庄村有卢姓、周姓、陈姓、杜姓、崔姓5个姓氏。

卢姓字辈：景、万、进、单字、士、永、单字、仲、玉、宝、绍、建。

周姓字辈：廷、景、文、云、自、贵、得、广、万、永。

方言　该村属武清方言片，与武清区杨村话相似，在全国方言分区上属北京官话区怀（来）承（德）片。此方言又带天津用语，如“嘛玩艺”“有嘛”“干嘛”等，爱带“嘛”字。

四　耕地状况

小田庄村的耕地主要分为五大块。一块为村周围地块，约有800亩。两条排灌用支渠（八、九支渠）

贯穿南北。有三块地集中于郎园引河与机场排河的交汇处，约有900亩，在郎园引河与机场排河上均设有排灌泵站。20世纪60年代为明渠灌溉，70年代末期修为水泥防渗渠道。60年代末期打了第一眼机井，村民从此告别喝土井水的历史。随着经济的不断发展和集体经济实力的不断壮大，分别于80年代、90年代又打了3眼机井，用于村民的饮用与灌溉。另有一地块，约有190亩，位于村西南1.5千米下殷庄附近，紧邻津围公路，水利配套设施齐全。

20世纪90年代小田庄村所属耕地地块情况表

表1　　单位：亩

地块名称	面积	地块名称	面积
村 北	54	沙 帽 头	189
村 南	180	大 块 头	142
道北地	195	马公坟地（养鱼池）	450
道南地	110	淀 坡 子	120
三 大 份	144	下 殷 庄	190
六大份、北狼窝	121	合计	1895

20世纪90年代小田庄村所属主要耕地地块分布示意图

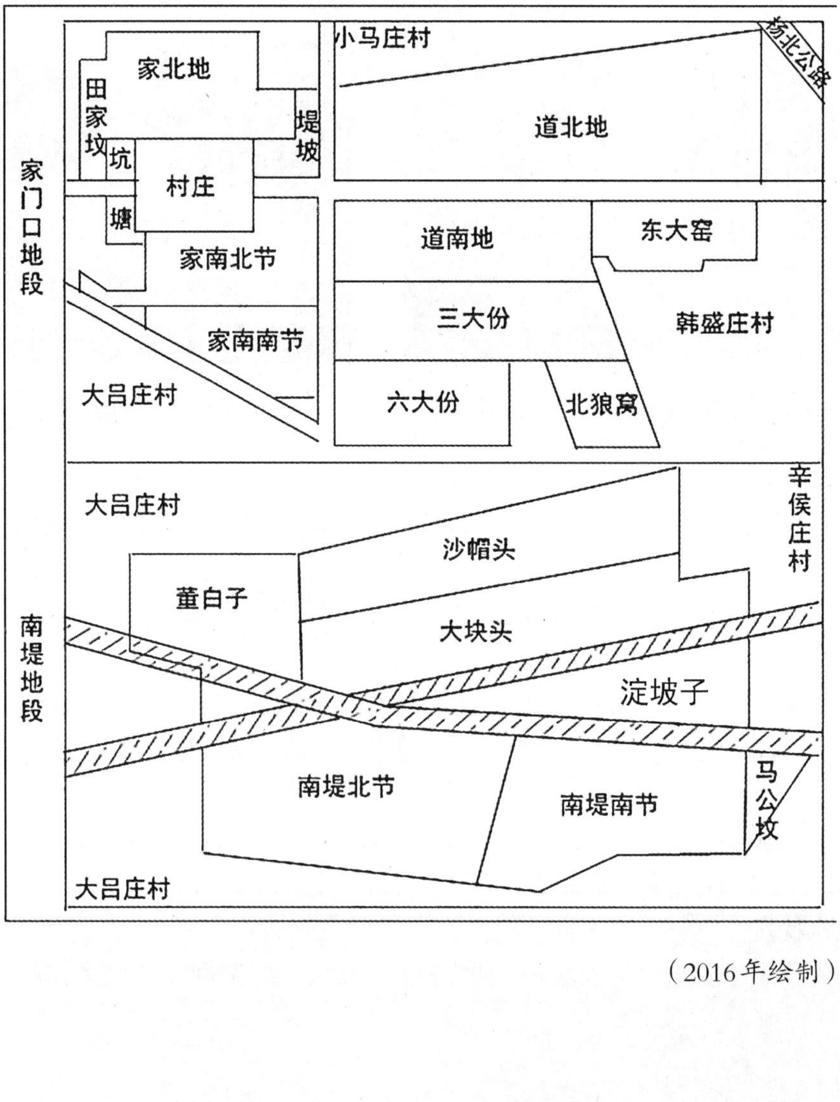

（2016年绘制）

小田庄村东侧九支渠泵站（2016年摄）

小田庄村东侧九支渠　（2016年摄）

五　街道胡同

小田庄村只有一条东西向主街道和一条村内环形街道，均沥青路面，有路灯。南北向胡同33条。

小田庄村兴田大街　　（2016年摄）

小田庄村环形街道　　（2016年摄）

小田庄村胡同（银国道）（2016年摄）

20世纪80年代小田庄村主要街道胡同情况表

表2

街道胡同名称	长度（米）	走向	街道胡同名称	长度（米）	走向
兴田大街	300	东西	北环路	400	东西
南环路	400	东西	东环路	300	南北
智利胡同	55	南北	祥荣胡同	60	南北
龙华胡同	55	南北	兴春胡同	60	南北
忠国胡同	55	南北	安军胡同	60	南北

续表

街道胡同名称	长度（米）	走向	街道胡同名称	长度（米）	走向
田利胡同	55	南北	奎祥胡同	60	南北
仁贵胡同	40	南北	祥清胡同	40	南北
双军胡同	40	南北	海路胡同	40	南北
西海道	40	南北	彬山胡同	40	南北
巨元胡同	60	南北	银国道	40	南北
春林胡同	60	南北	有华胡同	80	南北

六　公共设施

截至2016年年底，小田庄村相继建成的主要的公共设施有：健身公园、卫生所、水塔、村民委员会驻地等。

2016年小田庄村主要街道胡同及公共设施示意图

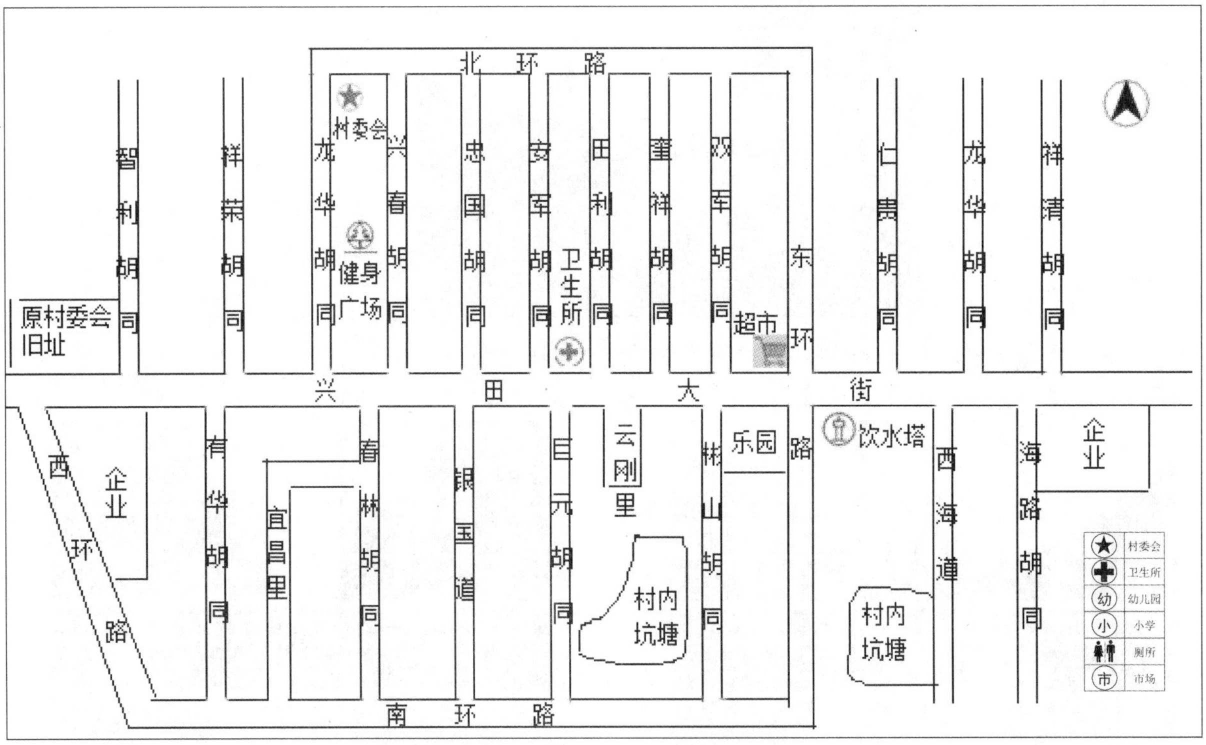

（2016年绘制）

小田庄村村民委员会　（2016年摄）

小田庄村社区卫生服务站　（2016年摄）

小田庄村健身公园（2016年摄）

小田庄村水塔（2016年摄）

七　经济概况

20世纪70年代以前，小田庄村农作物以种植玉米、大豆、高粱、小麦为主。后来经过土壤改良以及大力改造土地，村境内大堤南约有450亩的土地改为水产养殖，约有120亩（淀坡子）的土地种植苗木。另外还有经济林种植（枣粮间作），（村北八支渠西侧）约有50亩，以及生猪养殖场（村东九支渠西侧）一个约有5亩、肉鸡养殖场（村东九支渠西侧）二个约有10亩、肉羊养殖场（村西八支渠东侧）一个约有5亩。

小田庄村水产养殖区域（2016年摄）

小田庄村经济林（枣粮间作）种植基地（2016年摄）

该村1962年建有五金厂，1985年建有田庄印刷厂，1986年建有田庄机针厂，1988年建有田庄村久久染料厂。企业年总产值在180万元左右。

八　民间文化

1996年，小田庄村成立秧歌队。2013年，又成立“舞动人生”广场舞表演队，极大地丰富了村民的业余文化生活。

小田庄村“舞动人生”广场舞表演队队员（2016年摄）

九　历任党政负责人

1953年该村建立党支部，首任党支部书记周广成。至2016年，先后有8人次任党支部书记，其中第二任书记卢少康一人连续任职时间长达28年。

中华人民共和国成立后，该村村政机构历经生产大队、革命委员会、管理委员会和村民委员会的沿革，有记载以来，从1962年开始至2016年有12人次任村政机构负责人，其中有2人任两届。

1953—2016年小田庄村党组织负责人任职情况表

表3

党组织名称	姓名	性别	职务	任职时间
党支部	周广成	男	书记	1953—1961
	卢少康	男	书记	1962—1989
	周吉文	男	书记	1989—1995
	卢少明	男	书记	1995—1999
	杜克江	男	书记	1999—2003
	卢宝友	男	书记	2003—2006
	周万银	男	书记	2006—2016
	杜克江	男	书记	2016—

1962—2016年小田庄村村政机构负责人任职情况表

表4

村政机构名称	姓名	性别	职务	任职时间
生产大队	杜元明	男	大队长	1962—1963
生产大队、革命委员会	周广礼	男	大队长、主任	1963—1968
革命委员会	杜元明	男	主任	1973—1979
管理委员会	卢宝宜	男	主任	1979—1982
村民委员会	周万德	男	主任	1982—1990
	周吉文	男	主任	1990—1996
	周永安	男	主任	1997—1999
	周顺义	男	主任	2000—2002
	周永春	男	主任	2003—2005
	周会军	男	主任	2006—2008
	杜志刚	男	主任	2009—2011
	周会军	男	主任	2012—

说明：1968—1973年，小田庄村村政机构负责人空缺

小韩庄村

小韩庄村位于北辰区东北部，西与武清区郎庄村相邻，东与仁合营村接壤，南与高庄村相接，北与武清区梅厂镇瓦房村隔机排河相望。距大张庄镇政府6.6千米，村南为南韩公路，向东4千米为津围公路。村北机排河为土地灌溉和排涝河道。村呈长方形，占地面积为9.2万平方米。2009年，该村固定资产96.4万元，人均纯收入8261元。2015年，户籍人口375人，长期固定资产145.83万元。

小韩庄村民居住的富雅苑小区　　（2014年摄）

一 村庄沿革

元代该处有“四户庄”村，明征元（燕王扫北）时被毁。明嘉靖年间（1522—1566年），有明将跑马圈地，其后韩氏由武清县韩家营村到此认佃，后又有刘姓、崔姓、安姓、马姓、徐姓迁入，因韩姓先至，便举韩氏为庄头，定名韩家庄，又称韩庄子，后称韩家营。日伪统治时期为与区内韩盛庄（当时亦称韩庄子）相区别而改称小韩庄。

小韩庄村村牌　　（2009年摄）

小韩庄村村民委员会　　（2009年摄）

该村明代属顺天府武清县灰锅口里所辖。清乾隆《武清县志》载：明弘治十五年（1502年），归并一十五里屯，灰锅口里(灰一灰二灰三并入)：卢家庄、韩家营(小韩庄)、小高家庄、董连庄、侉子营、喜逢台、王平庄、大张庄、郎家社、张四庄、田家庄、吕家庄……（共62村）。

清代，武清县仍沿袭明代区划。民国29年（1940年），隶武清县第五区大吴庄乡。1950年，属武清县第十五区。1953年，属武清县三区大吴庄乡。1958年，小韩庄属武清县梅厂人民公社王塘庄管理区。1961年，划入梅厂人民公社南王平管理区。1962年，隶属北郊区南王平人民公社。1983年，公社改乡，属南王平乡。2001年后，因合乡并镇，属大张庄镇管辖。

1985年，小韩庄村被天津市政府批准为革命老根据地村。

二 道路河流

道路 截至2009年，小韩庄村周边有高速公路和乡村公路。一条是路经该村西北地界东起滨海新区，西至保定的滨保高速公路，该路在村地界建小韩庄服务区。第二条为乡村公路，连接南王平村和小韩庄村，即南韩公路，此路1985年铺成柏油路面，东至津围公路，途经董连庄村、仁和营村，全长5千米。

河流 村北紧邻二级河道机排河，该河1954年开挖，西起杨村飞机场，自小韩庄村入境，经芦庄村、南王平村、董连庄村、仁和营村、大吕庄村、小田庄村，至芦新河村闸入永定新河，全长13.2千米。桥梁村北有桥1座，长30米、宽4米，载重4吨，1965年时为木结构，1974年改为水泥桥。

三 人口方言

人口 据统计资料载，1980年，该村有74户350人；2000年，有95户286人；2015年，全村总户数为133户，总人口为378人，其中农业人口301人，非农业人口77人。2016年，有135户381人。

民族 据《天津市北辰区地名志》载，1995年，该村人口307人，均为汉族。据村情调查，2016年，该村人口仍为汉族1个民族。

姓氏 截至2015年，小韩庄村共有8个姓氏，主要姓氏为刘、崔、陈、王、付、石。

小韩庄村主要姓氏辈分排序情况表

表1

姓氏	辈分											人口
刘	可	起	仲	刘	天	恩	林	永	广	少	建	69
崔	邦	万	振	崔	庆	成	郁	宝	希	忠	厚	73
陈	–	嘉	大	世	泰	從	国	宝	兴	宗	陈	26
付	–	–	–	–	–	年	有	希	忠	会	吉	48
石	–	–	–	–	–	–	大	德	宝	东	永	8
王	–	–	–	–	–	–	永	树	维	作	家	41
王	–	–	–	–	–	–	富	树	振	宝	玉	41
王	–	–	–	–	–	–	自	德	凤	建	立	40

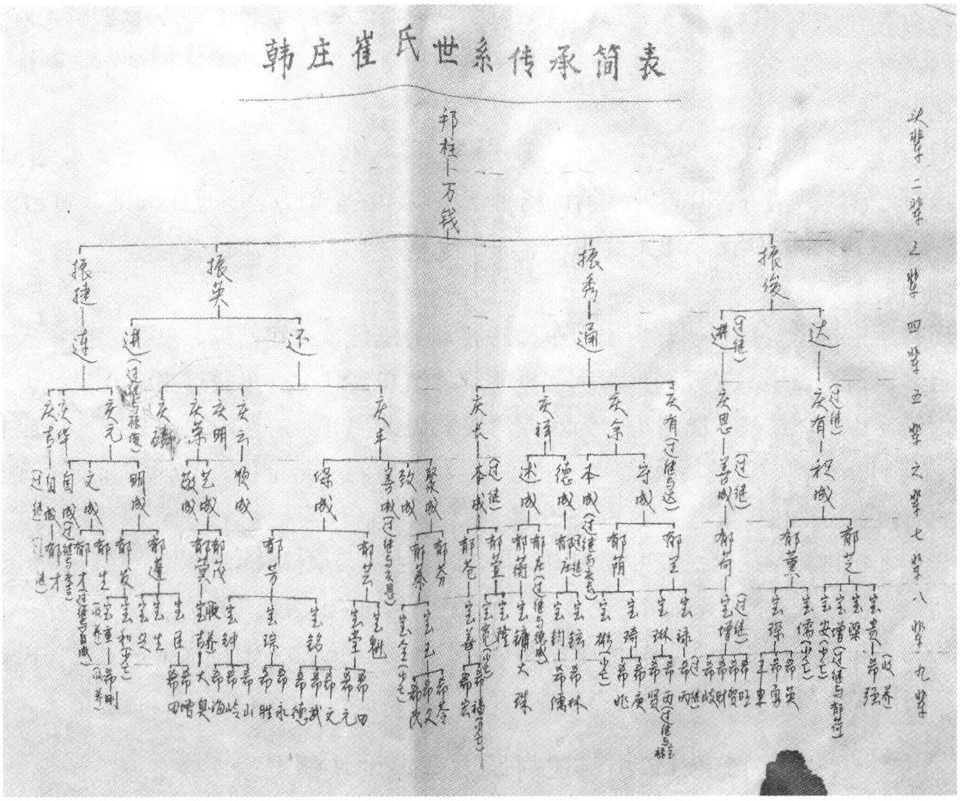

崔氏世系传承表　　　　（2016年摄）

家（族）谱选介　该村崔氏家族为村中大姓，传至2006年已有十二世。1992年曾修《崔氏族谱》，2006年又续订家谱。序言如下：

附：崔氏族谱序言（续订）

吾族源於霸州崔氏，而系辛庄崔氏之支脉。明永乐年间。霸州崔氏之一脉迁至武清南北辛庄，生息繁衍，改成辛庄崔氏。清康熙年间，吾族始祖讳邦柱公迁出辛庄定居於小韩庄，韩庄崔氏由此繁衍，葳蕤繁祉，瓜瓞绵绵，今已至十二世。

吾族族谱实久有之，然夙以《崔氏先茔塍册》冠名，且经数次转抄而存漏误。八十年代以来，族人返故里寻亲问祖者日多，以旧之"先茔塍册"为据常难如愿。况名之以"先茔塍册"，则未辞世者不便谱入，以至族中未入谱者多焉。先父讳宝铭公有感於此，乃经数年多方查证，将旧本增删补订，终至一九九二年九月完稿《崔氏族谱》。

此谱体例一如旧本，重在明了世系血缘，以简明醒目为要。自始祖起，族中男丁每人立一名目，按辈份不同分列，排序由高至低，一辈列全，方列下一辈。同一辈中，不论支脉远近，依年齿大排行，由长及幼。个人名目之下，夫妻二位并列，注明配偶籍贯姓氏；未婚者配偶之位空缺。育有子女者，注明子女序次名字，所出之女注明嫁往何方何氏。不论婚否，年未长而亡者，注明少亡。名目之下，不显父名母姓。另制"世系传承简表""血缘脉络简表"，与谱互为参照，便於寻根溯源，族人间支脉远近亦可一目了然。

族人取名夙依祖制。除第四辈外皆取双字之名，而以辈名用字作为己名之首字，故同辈昆仲名中首字皆同，见某人之名即知其所属辈份，长幼之序遂即了然。自第十辈以下，辈份之名亦早经族中长者议定，依次为忠、厚、传、家、久、诗、书、继、世、长各字，以各辈后人遵循。近年渐兴单字之名，则识名知辈难矣！鉴於此，后辈族人更须知晓己为何辈，否则，必致辈份失序、血缘不明矣！后之修谱者，岂不难哉?

九辈希文序2006年3月

方言　该村方言属武清方言片，与武清区杨村话相似，在全国方言分区上属北京官话区怀（来）承（德）片。此方言又带天津用语，如"嘛玩艺""有嘛""干嘛"等，爱带"嘛"字。

四　耕地状况

据小韩庄村所报村情资料表明，历史上小韩庄村地势低洼，土壤盐碱、贫瘠。中华人民共和国成立后，与邻村多次调整土地，又经兴修水利，更便于种植和管理，产量较过去又有提高。1981年，在上级水利部门的支持下，修建了防渗渠。为农业的发展提供了可靠的保障。到1993年，全村共有耕地总面积1500亩。村东土地与武清区瓦房子村和北辰区仁和营村土地连接，村西和村北土地与武清区相邻，村南土地与镇内高庄村接壤。

1954年，村北机排河初挖时很窄很浅。1965年，武清县民工重新加深加宽，每到雨季能顺利排洪。1964—1978年，两次掀起"农业学大寨"的高潮，平整土地，改土治碱，增强了防御旱涝等自然灾害能力。1981—1993年与邻村调换土地，所有耕地得以连片，之后开挖主干排水渠，兴建灌溉高型渠，形成了配套成网的排灌体系。

1993年小韩庄村所属耕地地块情况表

表2　　　　单位：亩

地块名称	位置	面积	地块名称	位置	面积
村西头地	村西	40	方田	村南	145
果园西地	村西	410	二坟地	村南	155
郭河地	村西	90	西南地	村西南	320
果园地	村南	340	合计		1500

1993年小韩庄村所属耕地地块分布示意图

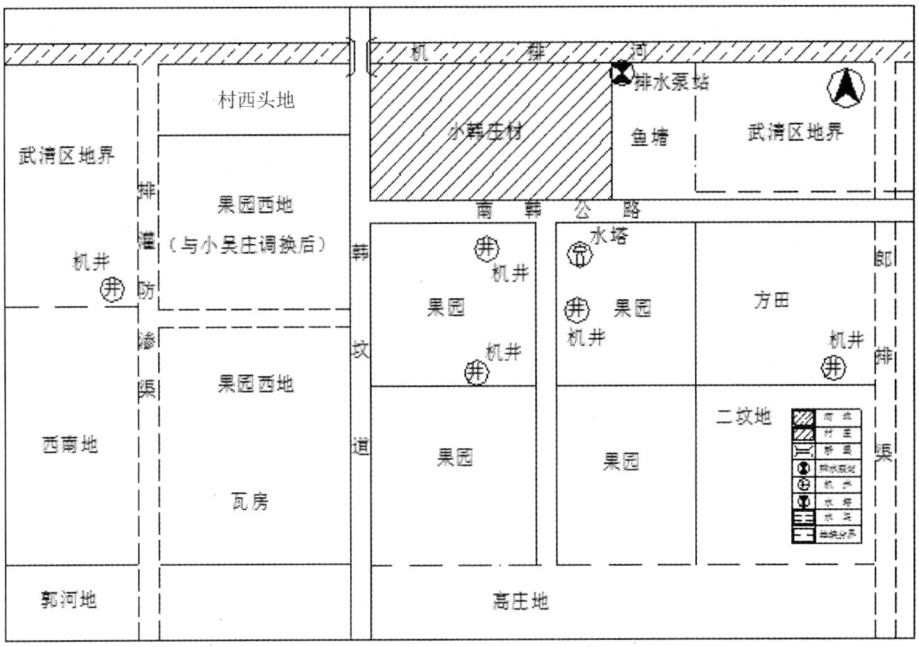

(2016年绘制)

五　街道胡同

2009年前，小韩庄村共有街道6条，其中东西方向的街道名称为村北街、村中街、村前街和村南街，南北方向的街道名称为村西公路和村东公路。皆为柏油路面，有路灯。

中华人民共和国成立前，小韩庄村比较散乱。中华人民共和国成立后，开始只有主街道，主街两端较低，从街道东头望不到西头，形成弧形的村中街道。1952年，因防洪水淹没村庄而修建了土围堤，随着历史变迁，时间推移，人口增长，土围堤被整平建房，进而形成村前街，以后又把机排河南堤修成了村后街。最后在村南打谷场上建小前街，遂成村街道整体布局。小韩庄村东西走向的后街、中街各长330米，前街长260米。南北方向的村西公路和村东公路各280米长。

小韩庄村有胡同9条，南北方向名称为王家胡同2条，崔家胡同3条，刘家胡同2条，南北中心胡同各1条。

2005年小韩庄村主要街道胡同情况表

表3

街道名称	长度（米）	走向	胡同名称	长度（米）	走向
村后街	330	东西	北中心胡同	80	南北
村中街	330	东西	南中心胡同	80	南北
村前街	260	东西	崔家胡同西1	75	南北
村西公路	280	南北	崔家胡同西2	75	南北
村东公路	280	南北			

21世纪初小韩庄村街道胡同及公共设施示意图

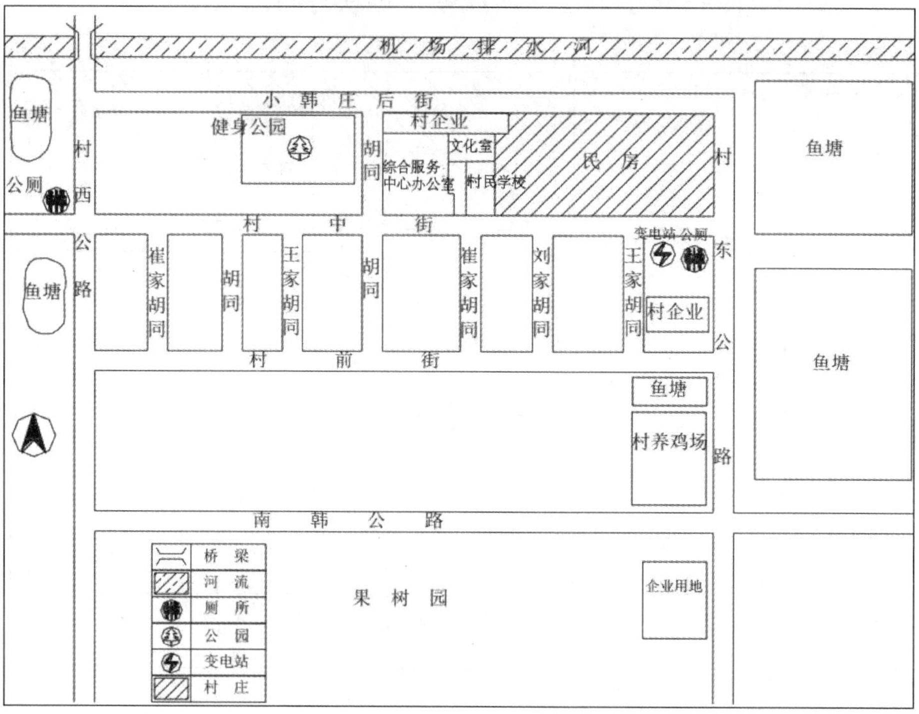

（2016年绘制）

小韩庄村前街（2009年摄）

小韩庄村后街（2009年摄）

六　旧村改造

2008年，北辰区政府决定建立大张庄镇综合改革试验区。2010年11月，实施大张庄示范镇建设，小韩庄全体村民仅用10天拆迁完毕。拆迁后的居民享受着相关待遇：村集体土地按每年种植收入逐年递增，为村民发放土地供养金；60岁以上村民每月发放固定生活费；60岁以下村民全部上了养老保险，老有所养、老有所依，生活有可靠的保障。

2014年4月，大张庄示范镇喜凤花园二期还迁房建成，该村村民分别被安置在喜凤花园的“信雅苑”和“富雅苑”小区，从此告别世代居住平房的历史。

七　公共设施

小韩庄村饮水用的甜水井　（2010年摄）

中华人民共和国成立前，小韩庄村地处北辰区与武清县交界处，交通闭塞，村里基本没有公共设施。据传，清末只有一位王先生在村内开设私塾。村民看病求医，购置生产、生活用品，皆到外村。人们世代居住在冬不保暖、雨季漏雨的低矮小土坯房里，生活十分艰苦。当时村民编有顺口溜：“小韩庄两头长，除了小庙没瓦房。”村民饮水十分艰难，最早喝位于村西北500多米的土井水（土井俗称西北井）。后来吃砖井水、坑水，水质咸苦。

中华人民共和国成立后，1964年，聘请河北唐山地区人工打井队在村前街南面打压把机井一眼。村民此时喝上了甜水，告别了吃咸苦水的历史。1980年，在村东南角，请天津市自来水公司打400米深甜水井一眼。后请河北玉田县自来水安装队在村内铺设管道，自此，家家户户用上自来水，彻底解决了几百年来村民饮水难的问题。

1985年，镇里修建南韩公路（南王平——小韩庄），交通更加便捷，同时村中街道胡同全部铺成柏油路面，从此村民告别泥泞不平的土路日子。1980—1990年，村民家家户户盖起砖瓦房，改变了几百年来村民住土屋茅舍的旧面貌。2005年，村民委员会为村民们安装了秸秆燃气设施，改变了村民烧柴做饭的传统习惯，既方便又卫生。

2005年5月，实施“五个一”工程，建村服务中心60平方米，村民学校60平方米，文化活动中心室172平方米，装修原村民委员会150平方米，建村中心花园2000平方米，绿化三条主街道，路旁栽树2200棵。2009年，村庄拆迁前公共设施有村民委员会、文化室、村民学校、综合服务中心、健身公园、水井水塔、公厕等。

小韩庄村社区综合服务中心（2010年摄）

小韩庄村所建秸秆燃气设施（2005年摄）

八　经济概况

自建村以来，小韩庄村民曾常年以租地种田为生，由于当时生产条件差，村民基本上靠天吃饭，种植小麦、玉米、高粱等旱田作物，收成低下。中华人民共和国成立后，农民分得土地，成为土地的主人，生产有了发展。1956年，村开始建立互助组，每组5户～6户，自愿结合，一起种植，一起收获。1957年，村成立了星火初级社，村民把牲口、车辆、农具全部入社，生产资料统一使用。1958年，成立高级社，是年8月，成立梅厂人民公社，人民公社实行政社合一制。1962年，以生产队为核算单位，1978年，推行以生产大队统一经营下的包产到组责任制。1983年，实行家庭联产承包责任制。村经济以种植业为主，主要粮食作物为玉米、高粱、冬小麦等，兼种棉花、芝麻、花生、大豆等经济作物。

小韩庄村果树园　　（2009年摄）

1993年，为发展经济，在村南种植富士苹果、早酥梨300亩，每年收获鲜果700吨，全部出售，增加了农民收入，提高了村民生活水平。

1984年，开始兴办养殖业，村办集体养鸡场，带动了全村80%农民成了养鸡专业户，全村养鸡达到3万多只，每年向市场提供鲜蛋300多吨，成为当时远近闻名的养鸡专业村。同时发展养羊专业户，围栏饲养100多只，年出栏80多只。1998年后，村建养猪场两个，饲养生猪200头，年出栏360头。1982年，开发鱼池，养殖水面121亩，养殖鲫鱼，鲤鱼、鲢鱼，并培育各种鱼苗，每年向市场供应鲜鱼70吨。

1964年，村开始兴办工副业，首先办起了土产品制造厂，主要生产打包用的卡扣、土簸箕等，工业总产值16万元。1970年，成立五金厂，冲压缝纫机零件。1986年，成立三宝化油器厂，后改为远程汽车配件厂。1987年，成立输送机链条厂。2002年，成立天津市聚林文体用品制造有限公司。至此，工业总产值达到500万元。1994年，该村被天津市政府评为市级小康村。

九　民间文化

1952年，小韩庄村成立业余剧团，演出话剧《书香人家》和《忠烈千秋》等剧目，后又组建了村秧歌队。2005年后，村民组织篮球队，丰富了村民体育活动。

十　英烈先贤

崔宝起（1924—1946）　烈士，小韩庄村人，民国35年（1946年）参加革命。是年，在武清六大庄战役中牺牲，生前为天津县六区小队战士。

十一　历任党政负责人

民国35年(1946年)，小韩庄村已发展党员3人。1950年，建立党支部。至2016年，有9人次任书记。任职最长者为25年。

小韩庄村为老革命根据地，据《中共天津党史大事记》载，民国34年（1945年）即建立村政权，村干王树森。1950—2016年，有17人次任村政机构负责人，其中有3人任职2次，任职最长者为8年。

1950—2016年小韩庄村党组织负责人任职情况表

表4

党组织名称	姓名	性别	职务	任职时间
党支部	崔宝玉	男	书记	1950—1975
	王凤祥	男	书记	1975—1976
	刘广玉	男	书记	1976—1989
	刘少清	男	书记	1989—1992
	崔希德	男	书记	1992—1998
	刘少俊	男	书记	1998—2003
	刘广江	男	书记	2003—2009
	崔希德	男	书记	2009—2015
	刘少俊	男	书记	2015—

1950—2016年小韩庄村村政机构负责人任职情况表

表5

村政机构名称	姓名	性别	职务	任职时间
村公所	刘永安	男	村长	1950—1958
生产大队	王振坤	男	大队长	1958—1960
	王凤来	男	大队长	1960—1972
革命委员会	付希良	男	主任	1972—1974
	付希武	男	主任	1974—1976
	刘少青	男	主任	1976—1980
	崔希田	男	主任	1980—1983
村民委员会	崔希德	男	主任	1983—1987
	崔希田	男	主任	1987—1989
	崔希德	男	主任	1989—1991
	刘广江	男	主任	1991—1996
	付中秋	男	主任	1997—1999
	刘广江	男	主任	1999—2000
	付中林	男	主任	2000—2006
	王作祥	男	主任	2006—2008
	王建生	男	主任	2009—2011
	王玉龙	男	主任	2012—

十二　荣誉

1983年，小韩庄村刘广玉被天津市政府评为“市劳动模范”；1985年，当选为市人大代表。1994年，小韩庄村被天津市政府评为“市级小康村”。

北孙庄村

北孙庄村位于北辰区东北部，津围公路以西，郎园引河以南。村南为大张庄村和大杨庄村，东为小诸庄和大兴庄村；西为二闫庄村；北为下殷庄村和喜逢台村。村东距小诸庄村1.5千米，东南距大张庄镇政府0.9千米，南距大杨庄村1千米，西距二闫庄村2.5千米，北距喜逢台村2.5千米，北偏东距下殷庄村1.5千米，偏东距大兴庄村2.5千米。村呈正方形，占地面积33.5万平方米。2009年，该村固定资产132.9万元，人均纯收入5992元。2015年，该村户籍人口2085人，长期固定资产111.78万元。

北孙庄村村民新居住区　　（2013年摄）

一 村庄沿革

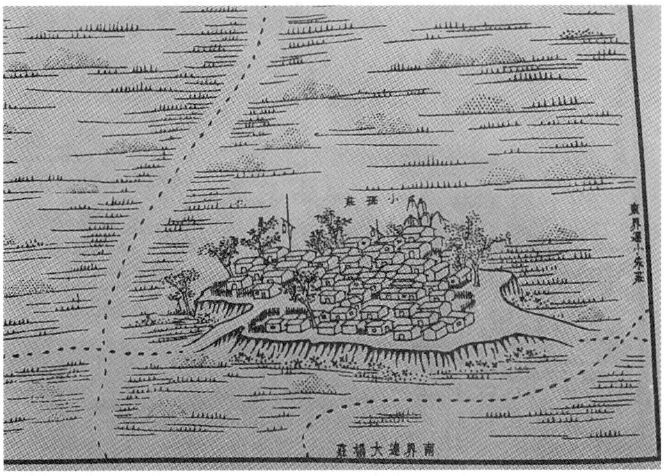

清道光二十六年(1846年)《津门保甲图说》中的北孙庄(小孙庄)

建村于明弘治三年（1490年）。原为退海地，时有郑姓来此定居，后有孙姓迁入，以姓氏得名，始称孙庄。明万历年间（1573—1620年），又有陈、高、曹姓迁入，称孙家台。后分成东台（小孙庄）和西台（王料庄）。据《天津县新志》卷二十七1060页载，雍正八年（1730年），自武清县拨来71个村庄中有孙家庄村名。清道光二十六年（1846年），(天津县）境内辖属村庄图说中有小孙家庄村。光绪二十一年（1895年），境内天津县属村庄有大孙庄村名。1953年，为与津东南孙庄相别而称北孙庄。

清道光二十六年（1846年）至清雍正八年（1730年）隶属天津县。光绪三十一年（1905年），隶属天津县北乡第二十一区。民国29—34年(1940—1945年)，日伪当局设区乡，隶属天津县第二区朱唐庄乡。1953年5月，属津北郊区二阎庄乡。1955年6月，属北郊区朱唐庄乡，1958年3月，隶属河北区兴淀人民公社朱唐庄管理区。1961年11月，隶属朱唐庄人民公社，1983年，属朱唐庄乡。1992年3月，隶属北辰区大张庄乡，1997年12月后，属大张庄镇。

1987年，北孙庄村被天津市政府批准为抗日根据地村。

二 道路河流

道路 北孙庄村临省（市）道2条，村东为津围公路，村北为九园公路。域内郎园引河上有桥三座。

河流 村北为二级河道郎园引河，村南与小诸庄村邻界有南北向小河一条，村东南与大张庄村临界有东西向小河一条。

三 人口方言

人口 据清道光二十六年（1846年）《津门保甲图说》载，境内村庄辖属：北面并东北一带村庄图说……小孙庄在小马庄之南。地势微高，庐舍颇聚。图内无庙，村一，南界大杨庄。绅衿三户、铺户五户、烟户一百九十户、佣作一百八户、负贩一百一十一户、僧人一户，共四百一十八户（大口七百五十一口；小口五百五十四口）。时北孙庄等3村共有418户1303人。据统计资料载，1980年，有373户1733人；2000年，有515户1842人；2016年，乡村人口870户105人。

民族 据《天津市北辰区地名志》载：1995年，该村均为汉族。据村情调查，2016年该村仍均为汉族。

姓氏 该村主要姓氏有陈、曹、高、马等。

陈姓从武清汉沽港迁入，已有十五辈，辈分排序为：应、仲、柏、大、延、单名、文、太、景、桂、广、振、兴、东、英。

曹姓从武清王庆坨迁入，已十六辈，辈分排序为：文、应、桂、守、单名、福、单名、敬、玉、兴、凤、德(是第三字，为辈)、士、春、单名、新。

高姓十一辈，辈分排序为：延、单名、文、玉、永、凤、德、单名、兆、云、洪。

马姓十五辈，辈分排序为：单名、守、福、应、腾、天、自、单名、有、蓬、宝、骏、月、单名、梦。

方言 该村属武清方言片，与武清区杨村话相似，在全国方言分区上属北京官话区怀（来）承（德）

片。此方言又带天津用语，如“嘛玩艺”“有嘛”“干嘛”等，爱带“嘛”字。

百岁老人　陈桂鹏（1891—1995）幼年丧父，随母务农。养育2男5女，有重孙37名，儿孙满堂，性情随和，遇事豁达，忠厚本分，家庭和睦，邻里融洽，不近烟酒，不挑食。平时热爱劳动，100岁时，不戴花镜尚能穿针引线，读书看报，生活自理，享年104岁。

四　耕地状况

20世纪80年代，该村有耕地3625亩，分为18块，东北耕地与大兴庄村土地接壤，东南耕地与小诸庄村土地接壤，西南土地与大杨庄村土地接壤，西北土地与喜逢台村土地接壤。

20世纪80年代北孙庄村所属耕地地块分布示意图

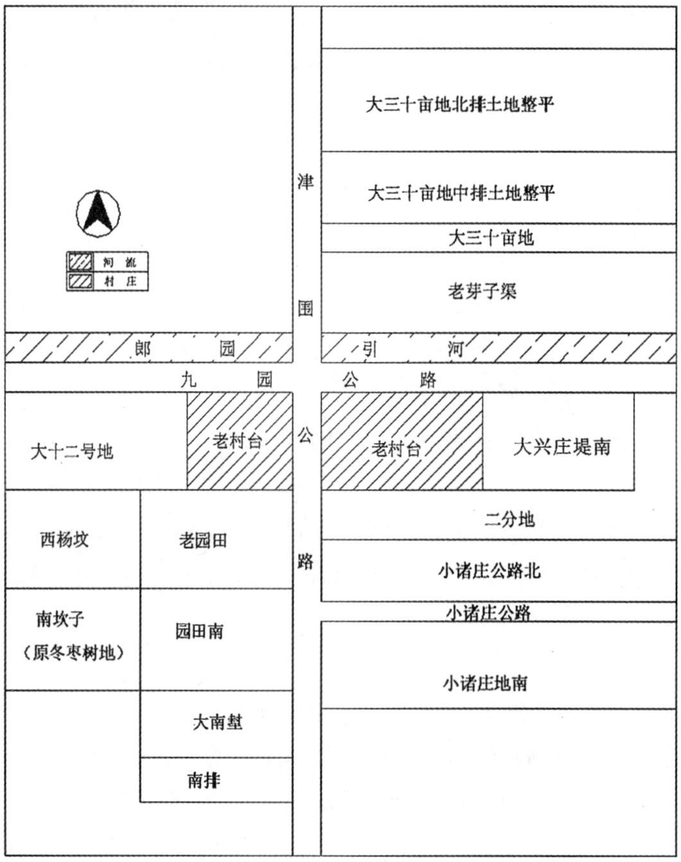

（2016年绘制）

20世纪80年代北孙庄村所属耕地地块情况表

表1　　　　单位：亩

地块名称	位置	面积	地块名称	位置	面积
大南埝	村南	247	张坟和西里地	–	175
园田及大杨庄地	村南	72	东里地	–	316
工厂南和工厂东	村南	242	大八十亩地	–	93
大兴庄堤南二分地	村东南	252	小八十亩地	–	52
小诸庄公路北	村南	162	南坎子枣树地	村西南	262
大三十亩地	村北	573	陈坟地	–	395
殷八十	村北	240	大兴庄堤南北坡	村东	45

续表

地块名称	位置	面积	地块名称	位置	面积
西杨坟	村西南	142	麻洼	–	85
大十二号地	村西南	175	张四洼子	–	97
合计					3625

五　街道胡同

至2009年，该村有东西长安大街和南街共3条街道，东西方向，分别长500米、700米和1200米，均沥青路面，有路灯。有东西向胡同21条，南北向胡同44条，其中主要胡同10条。

2009年北孙庄村主要街道胡同情况表

表2

街道名称	长度（米）	走向	街道名称	长度（米）	走向
东长安大街	500	东西	跃进胡同	500	南北
西长安大街	700	东西	胜利胡同	500	南北
南街（幸福街）	1200	东西	高家胡同	400	南北
和平胡同	500	南北	陈家胡同	400	南北
幸福胡同	500	南北	碾子胡同	400	南北
曹家胡同	500	南北	丰收胡同	400	南北
平安胡同	500	南北			

六　旧村改造

该村自2010年3月19日启动拆迁工程，至2012年10月22日，全体村民迁入喜凤花园南端的风雅苑高层小区。

村民们享受着比较好的拆迁待遇。至2016年，男60岁、女50岁以上的村民每人每月能领取630元生活费；政府给青壮年劳动力发放土地补偿金、上养老保险，工作上能双向选择。

七　公共设施

2010年拆迁之前，该村房屋均为砖木结构平房，公共设施有村民委员会、小学、卫生所、综合商

2009年北孙庄村公共设施示意图

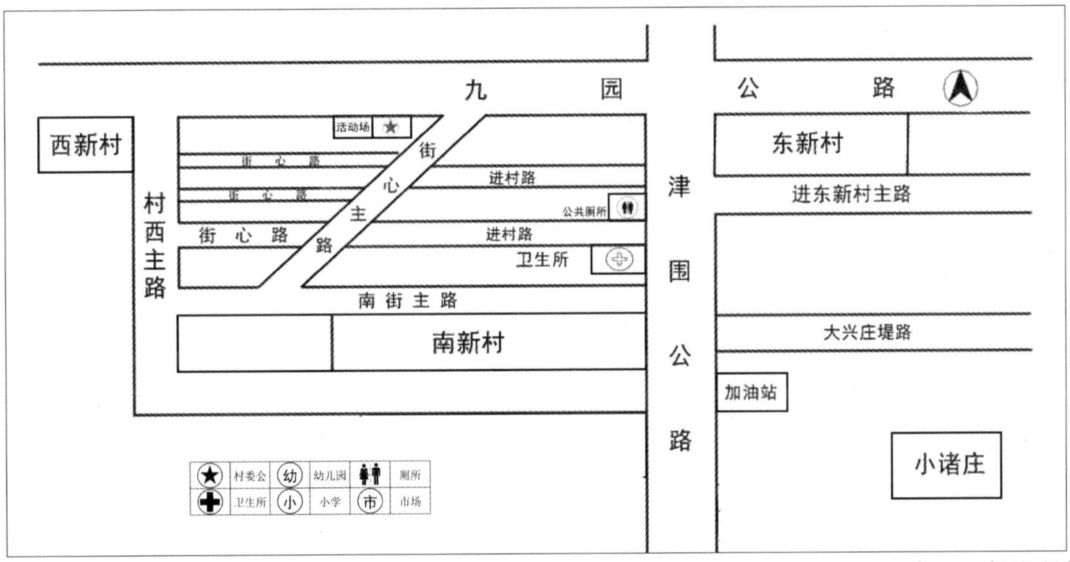

（2016年绘制）

原北孙庄村村民委员会　　（2008年摄）

现北孙庄村民委员会大楼　　（2015年摄）

店、水塔等。新小区风雅苑东临津围公路，内设有凉亭、露天广场、跳舞健身等休闲运动场地。周边有菜市场、社区卫生院、小学校、幼儿园、银行、邮政局等公共设施，配套齐全。

八　经济概况

中华人民共和国成立前后，北孙庄村村民以耕种为生，以种植玉米、小麦、高粱、豆类为主。1970年开始，部分土地改种稻田、向日葵、蔬菜等。20世纪80年代开辟园田200亩，2000年后，村西南坎子种植冬枣树262亩。养鸡户发展到近10户。村四周有养鱼池9个。

1958年，8个生产队各购置运输大车一辆，以后逐渐增加。1969—1972年，先后购置一批农用机械，有手扶拖拉机、小20型拖拉机、55型拖拉机、东方红拖拉机，以及小麦脱粒机、打稻机等。

自1958年起发展村办企业，先后建厂11家。至2009年，企业全部停产。

1958—2009年北孙庄村集体企业情况表

表3

企业名称	建厂时间	停产时间
北孙庄工农印刷厂	1958年	2009年
北孙庄无线电厂	1958年	1960年
北孙庄磨光厂	1961年	1993年
北孙庄纸盒厂（后改为工艺纸制品厂）	1963年	2000年
北孙庄造纸厂（改为工艺纸制品厂）	1979年	2000年
北孙庄剪刀厂	1985年	2000年
华北钢材改制厂	1990年	1994年
北孙庄盆架厂	–	–
北孙庄喷漆厂	–	–
北孙庄苔布厂	–	–
北孙庄鞋带厂	–	–

20世纪40年代，村东西两台各开一家小店，主要经营一些生活必需品；50年代建立供销社，商品较为齐全；至80年代改革开放以来，陆续有商店10余家。

80年代初，两家档次较高的饭店开业，随后又有四五家小型饭店开业。

80年代村里建立烘炉，打制和维修农具；建立马掌铺，为牲畜钉掌；组建基建队，逐步发展成有60多人的建筑队伍。还有个体电气焊2处，汽车修理部1处，理发店1处。这些设施为村民的生产生活提供了方便。

九　民间文化

北孙庄评剧团演出剧照　（2016年翻拍）

1957年时的北孙庄篮球队（2016年翻拍）

20世纪50年代初，村内成立评剧团，队员白天劳动，晚上排练，先后排演了《穷人恨》《小女婿》《捉妖记》《刘巧儿》。后又排演了《小二黑结婚》《沙家浜》《夺印》等剧目。逢年过节在村里演出，也经常应邀去外村演出，当年的评剧团在周边村庄名噪一时。

1953年前，始建津北郊区北孙庄“北北篮球队”，当时能统一的服装只有背心、短裤。比赛通常把号码用布剪成数字然后缝在队员衣服的后背上。建队以后村内经常组织活动，还经常外出与二十四中校友队、二闫庄工农联盟厂队、李辛庄针织厂队、梅厂红队等单位开展友谊赛。

1969年，篮球队重组，命名“北篮”；是年，北郊区举行职工篮球联赛，“北篮”受区武装部邀请，以基干民兵的身份参赛。

1971年冬天，北郊区组织首届农民篮球联赛，“北篮”队以全胜的战绩获得全区冠军，随后代表北郊区参加天津市联赛，获天津市亚军。此后又代表公社参加北郊区第二届、第三届农民篮球联赛，都取得很好的战绩。

区体育局曾多次把天津男篮二队和天津女篮请到北孙庄村进行友谊比赛。

十　英烈先贤

曹凤云（1912—1966）　字翰章，八卦掌高手，少年师从瓦房的周玉祥，曾在天津开镖局，后经师荐投北京程延华习武。回津后，当时曹为第五的华北地区十八罗汉在津集体拜八卦掌黄歧山为师。受天津国术馆馆长赵道新聘任，做八卦掌教师，兼给劝业场天华景看场子。40年代末回乡务农，热心为武术爱好者传授技艺。他一生酷爱武术，为村体育、武术事业做出了贡献。

高德元（1928—2005）　民国33年（1944年）3月，在河北沧州入伍从军。曾在部队参加近两年抗日。日本投降后，整编为一野十九兵团六十三军一一八师警备连一排战士，任通讯员，1952年退役。回原籍北孙庄务农，曾任第七生产队队长。

陈广仁（1934—2015）　1952年参加工作，青年时期要求进步，热爱文学，曾任北郊区广播站负责人，区委区政府秘书，市农委处级干部，曾任北辰区委副书记，区人大常委会主任等职。

十一　能工巧匠

木匠　陈广林、边广荣、陈振玉。20世纪60—80年代，农村家庭木制家具特别是新婚家具，都是自己购买木料然后请木匠师傅加工制作，以上3位都是北孙庄村很有名气的木匠。

瓦匠　陈广江、陈广祥、陈振廷、陈广钍。他们精于建筑，修建公共设施，为群众修筑房屋，颇受村民称赞。

十二　历任党政负责人

1950年该村建立党支部，首任党支部书记陈广成。至2016年，有11人次任党支部书记，有2人次任两届以上，其中陈兴昶先后任职时间长达24年。

该村村政机构历经村公所、生产大队、革命委员会、管理委员会和村民委员会的沿革，据载，从1950年始至2016年，有12人次任村政机构负责人，其中韩金荣任期时间最长为28年。

1950—2016年北孙庄村党组织负责人任职情况表

表4

党组织名称	姓名	性别	职务	任职时间
党支部	陈广成	男	书记	1950—1955
	苏仁旺	男	书记	1956—1960
	高德义	男	书记	1961—1962
	陈振标	男	书记	1963—1965
	曹兰德	男	书记	1966—1966
	陈振标	男	书记	1966—1969
	陈兴昶	男	书记	1970—1973
	郭居玉	男	书记	1974—1975
	陈兴昶	男	书记	1976—1997
	杨宝玉	男	书记	1997—2009
	陈振柱	男	书记	2009—

1950—2016年北孙庄村村政机构负责人任职情况表

表5

村政机构名称	姓名	性别	职务	任职时间
村公所	陈振山	男	村长	1950—1951
	陈振廷	男	村长	1952—1954
	高德义	男	村长	1955—1957
生产大队	陈振廷	男	大队长	1958—1959
	陈振朝	男	大队长	1960—1961
	高德义	男	大队长	1962—1964
革命委员会、管理委员会	韩金荣	男	主任	1965—1983
村民委员会	韩金荣	男	主任	1983—1993
	杨宝玉	男	主任	1994—1996
	陈振柱	男	主任	1997—2002
	曹余德	男	主任	2003—2005
	陈振维	男	主任	2006—2008
	高兆龙	男	主任	2009—

附：典籍选录

1937年北孙庄村蝗祸

1937年淀北蝗祸仍烈，津县北孙庄等7村蝗祸，自本月初发生后，势甚猖獗，近经县治蝗总会派指导员杨松涛、杨捷三前往会同各村支会会长及各村警察，督饬各村民众捕杀以来，迄今尚未肃清净尽，各庄旱稻、高粱、玉米等禾苗均受害甚重，收成将告绝望……县府并令各该支会长认真督捕，短期内肃清净尽，以维农业云。

1937年6月17日

（摘自《益世报天津资料点校汇编》（三）1452页）

北何庄村

北何庄村位于北辰区东北部，西距大张庄村2.5千米，距镇政府3千米，南邻李辛庄村，北望大兴庄村，东与姚庄子村接壤。村呈正方形，占地面积5.75万平方米，民居为砖混结构。2009年，该村固定资产166.2万元，人均纯收入4950元。2015年，户籍人口1921人，长期固定资产137.32万元。

北何庄村航拍图　　（2017年摄）

一 村庄沿革

北何庄村村牌　（2015年摄）

明万历年间（1573—1620年），何教敬、何教爱从沧州到此开荒定居，始称何家庄。中华人民共和国成立初期，为与天津东郊南何庄相别而称北何庄。

清光绪三十一年（1905年），隶属天津县东乡第七区。民国29—34年（1940—1945年），日伪当局设区乡，隶属天津县第二区何家庄乡。1953年，隶属津北郊区。1961年，隶属朱唐庄人民公社。1983年，隶属朱唐庄乡。1992年5月，朱唐庄乡更名大张庄乡，所辖村依旧。1997年12月后，乡改镇，故此隶属大张庄镇管辖。

二 道路河流

道路　村西2.5千米有津围公路，村北接九园公路，大北环铁路经过村西北。

河流　该村农田水利排灌比较方便，村北有郎园引河，西北有引滦明渠，村东有大兴水库，村南有永定新河。

三 人口方言

人口　据《典籍中的北辰》载，民国23年（1934年），该村有573户857人。中华人民共和国成立后，据统计资料载，该村1980年，有411户1700人；2000年，有421户1483人；2016年，有639户1918人。

民族　据《天津市北辰区地名志》载，1995年，该村有汉族1个民族。据村情调查，2016年，该村仍为汉族1个民族。

姓氏　北何庄村有何、魏、方、黄、刘、赵、李、王、杨、侯、闫等姓。四大姓分别为何、方、黄、魏。

何姓字辈：教、万、大、祯、三、天、文、桂、东、宗、兆、继、云、之、子、富、裕。

方姓字辈：万、自、唯、成、天、文、庆、广、贵、守、树、建。

黄姓字辈：万、国、士、应、志、庆、鹏、永、学、福、立。

魏姓字辈：玉、进、文、永、作、振、绍、家、树、士、国。

四大姓中何姓已传十七世，方姓和黄姓已传十二世，魏姓有记载的有十一世。

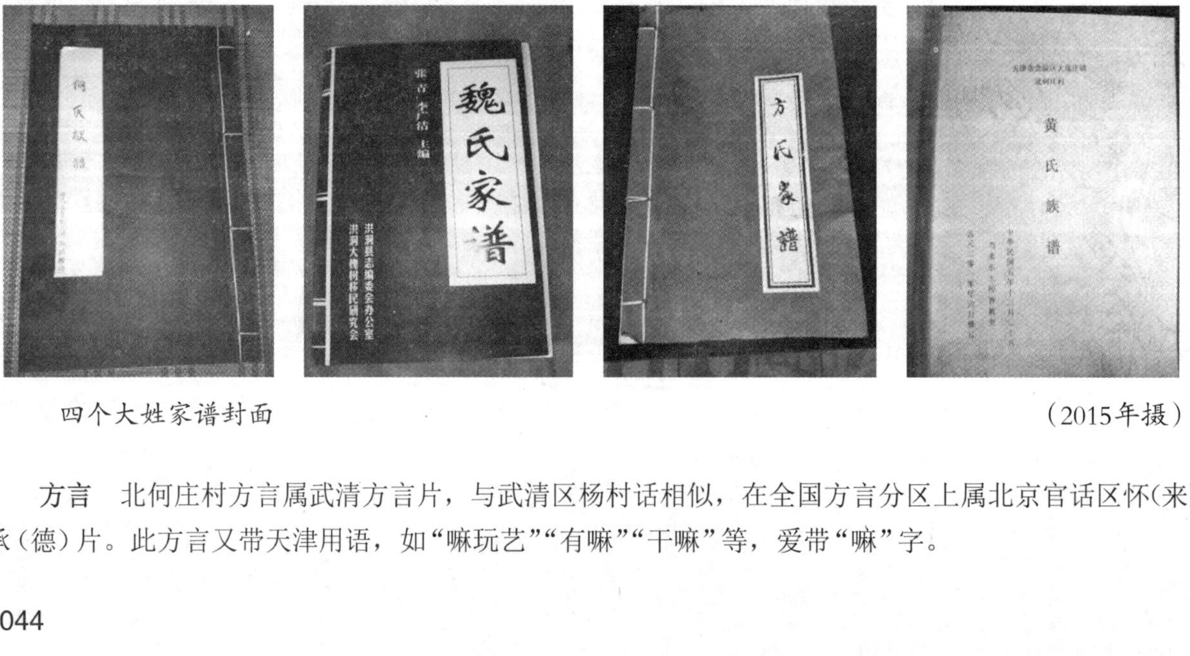

四个大姓家谱封面　（2015年摄）

方言　北何庄村方言属武清方言片，与武清区杨村话相似，在全国方言分区上属北京官话区怀（来）承（德）片。此方言又带天津用语，如“嘛玩艺”“有嘛”“干嘛”等，爱带“嘛”字。

四　耕地状况

北何庄村耕地主要为村北、村东、村南三大块，2015年年底共有土地3350亩，其中村北1226亩，村东789亩，村南1336亩。村北土地西与小诸庄村接壤，北与大兴庄村、大吕庄村土地相连，东和辛侯庄村土地连界；村东土地东为大兴水库，南为永定新河，北为大吕庄村工业厂房；村南土地一部分在永定新河以南，西、东土地与大张庄村和李辛庄村土地为邻，南为205国道，另一部分土地在205国道以南，东、西、南分别和李辛庄村、小淀村、芦新河村土地相连。

2015年北何庄村所属耕地地块情况表

表1　　　　单位：亩

地块名称	位置	面积	地块名称	位置	面积	地块名称	位置	面积
白房北	村北	72	北开荒	村东	160	外淀	村南	402
白房南	村北	127	南开荒	村东	171	棋盘	村南	42
大窑	村北	54	北大堼	村东	45	何地	村南	592
园田东	村北	17	南大堼	村东	104	清淤地	村南	300
福田地南	村北	448	科技组	村东	91	合计		3350
福田地北	村北	408	新园田	村东	102			
园田	村北	100	芦河道	村东	115			

2015年北何庄村所属主要耕地地块分布示意图

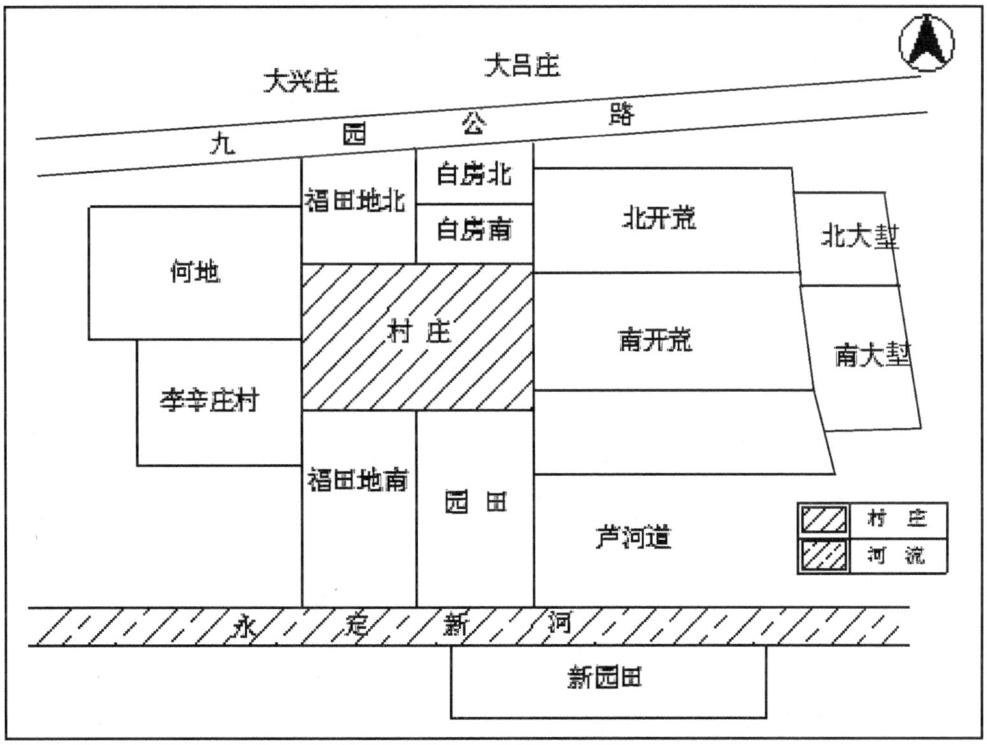

（2016年绘制）

20世纪60年代，北何庄村打第一眼机井，村民们从此喝上了清澈、甘甜的机井水。80年代后，又打3眼机井，用于村民饮用。北何庄村两条主干渠贯穿东西，90年代改造为防渗渠道。

建于1976年的北何庄排灌站单眼河泵站（2015年摄）

建于1991年的北何庄排灌站，位于205国道一号桥北永金引河东堤　（2015年摄）

建于1983年的北何庄排灌站，位于北京排污河西岸大窑地东（2015年摄）

建于1986年的北何庄村排灌站，位于北何庄村北（2015年摄）

五　街道胡同

该村南北向大街2条，名为新星路和西单路；东西向大街5条，分别为振兴街、新华大街、春华大街、小南街和春华南街。胡同20多条，皆为沥青路面。

北何庄村扒秸胡同　（2015年摄）

北何庄村志远堂胡同　（2015年摄）

2015年北何庄村主要街道情况表

表2

街道名称	长度（米）	走向	街道名称	长度（米）	走向
振兴街	500	东西	春华南街	700	东西
新华大街	700	东西	新星路	400	南北
春华大街	700	东西	西单路	300	南北
小南街	600	东西			

六　公共设施

中华人民共和国成立前，北何庄村公共设施甚少。中华人民共和国成立后，公共设施才陆续建起。至2016年，该村有村民委员会、机井、老年协会、篮球场、阅览室、幼儿园、花园、卫生所、菜市场等公共设施。

2015年北何庄村街道胡同及公共设施示意图

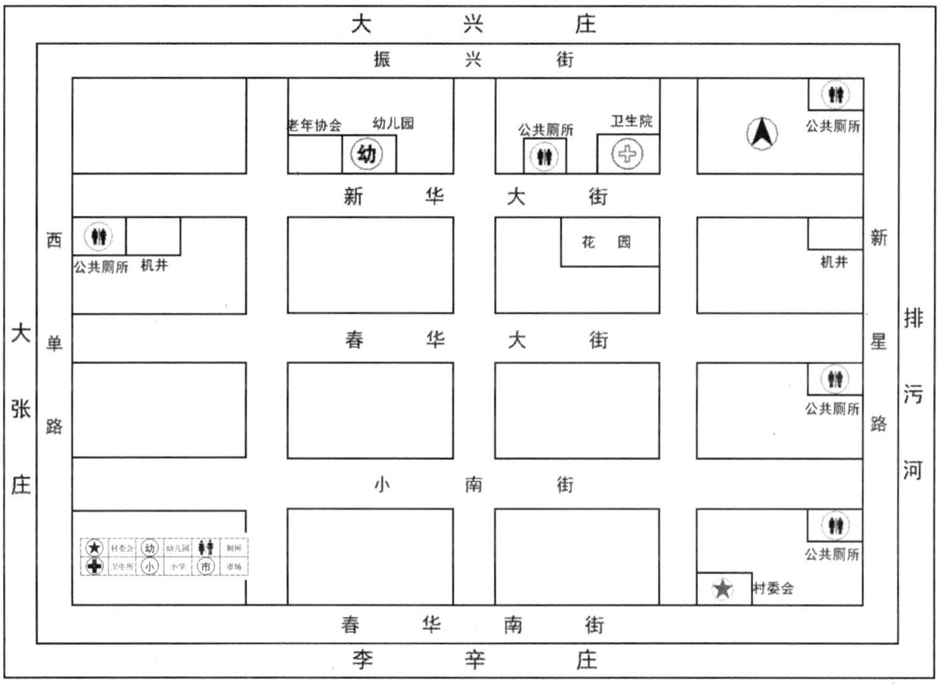

（2016年绘制）

建于2012年的北何庄村防水闸
（2015年摄）

北何庄村村民委员会（20世纪90年代摄）

北何庄村幼儿园及阅览室　（2015年摄）

北何庄村篮球场　（2015年摄）

北何庄村花园凉亭　（2015年摄）

北何庄村新华大街菜市场　（2015年摄）

七　经济概况

北何庄村以发展农业为主，兼顾其他。种植粮食作物玉米1800亩，平均亩产450千克，总产为81万千克。养殖业主要养殖南美白对虾，养殖面积400亩，总产量为6万千克。饲养肉鸡3万只，总产7.5万千克。

2015年，企业以股份制、私营业为主，主要为制造汽油缸机加工及缝纫加工业，并解决了村上劳动力就业问题。

八　民间文化

古槐　村内原有建于明崇祯十一年（1638年）的古庙一座，1958年拆除，改为村综合大院，院内有古槐一棵。至2016年，树龄292年，依旧根深叶茂。

古槐　（2015年摄）

九　英烈先贤

王永义（1917—1984）　北何庄村人。民国15年（1926年）在村内读私塾，民国26年（1937年）随父在北平玉器行学徒。40年代初回村务农，1951年加入中国共产党。1955年组建同乐社，任社长；1956年与李辛庄村合并成立红星社，任社长。1957年2月，被评为“全国农业劳动模范”，并赴京参加全国代表大会，受到毛泽东、周恩来、邓小平等中央领导人的接见并合影留念。1958年，在兴淀公社大张庄管理区负责生产工作。1984年病逝，享年67岁。

魏世俊（1967—1981）　女，北何庄村人。1978年就读于北何庄小学。长期为五保户做好事。校级“三好学生”。1981年7月4日，在村北水柜为抢救溺水同学牺牲，年仅14岁。天津市人民政府授予其

“革命烈士”、团中央授予“全国优秀五少年（之一）”称号。

十　大事纪略

民国37年(1948年)入夏，冀东武清县八区小队组织了一个突击小组，活动在南麻疙瘩、北麻疙瘩、大张庄、北何庄、李辛庄、北孙庄、小诸庄一带。组长史绍忠，副组长王景芳，组员刘振国、于春辉、吴世平等。突击小组的任务是筹备军粮，破坏敌交通，利用一切方式骚扰敌人，迎接大反攻的到来。

8月的一天，突击小组驻北何庄。上午，史绍忠、吴世平到县里办事，王景芳、刘振国、于春辉去北孙庄、小诸庄等村催办公粮。下午，王景芳同北何庄地下党支部书记侯廷旺继续到李辛庄开展工作。只剩下刘振国、于春辉二人留守。

天气闷热得使人透不过气来，他们驻地正房传来了劈里啪啦的打牌声。身体疲惫的刘振国、于春辉在厢房抱枪睡了。忽然觉得有人拉怀中的枪，刘振国、于春辉睁眼一看，原来是村民黄学孟、何兆怡。二人见他们醒了，便说长期没玩枪了，想拿来看看。刘振国、于春辉也没在意，只是责怪了几句，就让他们出去了。

黄学孟、何兆怡曾在小贺庄还乡团当过团丁，后来向区小队表示悔过。可万没想到这是他们的障眼法，在他们心中无时不在寻机报复。此刻，他们见没能下手，就来到正房，装作看打牌。过了一会儿，二人再次冲进厢房。黄学孟突然抓起于春辉的“三八大盖”，朝刘振国胸部就是一枪。于春辉惊醒了，翻身一滚到了屋门口。但黄学孟手里的枪又击中于春辉头部，于春辉也倒在了血泊之中。二人行凶后，携枪盗马逃回小贺庄据点，酿成北何庄反革命杀人案。

刘振国、于春辉就这样倒下了。区小队赶来，将他们的遗体抬到韩盛庄安葬。

十一　历任党政负责人

1949年北何庄村建立党支部。至2016年，历任党支部书记共有侯庭旺等10人。中华人民共和国成立后，该村村政机构历经生产大队、革命委员会、管理委员会和村民委员会的沿革，有记载以来，从1961—2016年，已有12人次任村政机构负责人，其中2人连任，时间最长的任职为10年。

1949—2016年北何庄村党组织负责人任职情况表

表3

党组织名称	姓名	性别	职务	任职时间
党支部	侯廷旺	男	书记	1949—1961
	方广礼	男	书记	1962—1973
	何继宝	男	书记	1973—1975
	何继侠	男	书记	1976—1979
	魏淑云	男	书记	1980—1984
	杨梦江	男	书记	1985—1992
	杨士恩	男	书记	1993—2002
	何之旺	男	书记	2003—2004
	杨泽勇	男	书记	2005—2009
	黄福增	男	书记	2009—

1961—2016年北何庄村村政机构负责人任职情况表

表4

村政机构名称	姓名	性别	职务	任职时间
生产大队	黄永茂	男	大队长	1961—1963
	吴士明	男	大队长	1964—1964
革命委员会	杨梦庚	男	主任	1965—1970
	方广礼	男	主任	1971—1974
	何继侠	男	主任	1975—1976
管理委员会	方守友	男	主任	1977—1982
村民委员会	杨会恩	男	主任	1983—1984
	何继侠	男	主任	1985—1993
	何云岭	男	主任	1994—1996
	韩春生	男	主任	1997—2005
	方贵波	男	主任	2006—2009
	方贵波	男	主任	2009—

附一：典籍选录

1936年淀北发现飞蝗，津淀北何家庄各村曾于日前发现蝗蝻，经扑灭后，近来淀北刘马庄等十数村发现飞蝗，蝗身健全，飞来飞去，触目皆是。蝗之所到地方，禾稼被蚕食一空。

（摘自《益世报天津资料点校汇编》1451页）

附二：媒体选录

丰收不忘支援国家建设北何庄大队积极交售余粮

北郊区朱唐庄公社北何庄大队党支部，深入开展“农业学大寨”运动，带领群众战胜了严重干旱，夺得了丰收。1972年，粮食总产量比丰收的1971年增产27500斤，除完成10万斤征购任务外，还向国家交售了余粮48万斤，比1971年多交了30万斤。

北郊区广播站报道

（载于1973年1月18日《天津日报》）

小孟庄村

小孟庄村位于北辰区东北部，东北距大张庄镇政府2.2千米。东邻小杨庄村，距津围公路约2千米，西邻朱唐庄村，距京津塘高速约4千米，距地铁3号线丰产河站约6千米。南距205国道3千米，北邻永定新河约500米。村呈南北锥形，占地面积8.4万平方米。2009年，该村固定资产31万元，人均纯收入7320元。2015年，户籍人口430人，长期固定资产30.49万元。2016年，农村经济总收入50万元。

小孟庄村村民委员会　　（2009年摄）

一 村庄沿革

明永乐年间（1403—1424年），由河北盐山孟千、孟万弟兄建村，以姓氏取名为孟家庄。后有王姓、孟姓、赵姓、秦姓、张姓等依次落户。为与武清县大孟庄村相别称小孟庄。

清雍正八年（1730年）隶属天津县。光绪三十一年（1905年）隶属天津县北乡第二十一区。民国29—34年（1940—1945年），日伪当局设区乡，隶属天津县第二区朱唐庄乡。1955年6月，津北郊区更名北郊区，属朱唐庄乡。1959年3月，隶属兴淀人民公社朱唐庄管理区。1961年11月，隶属朱唐庄人民公社。1983年，人民公社改为乡。1992年3月，北郊区改称北辰区；是年5月，隶属大张庄乡。1997年12月后，乡改镇，隶属大张庄镇。

二 道路河流

该村南通205国道，东至山海关，西至京津公路。外环线通过村边，村西有乡间路通南北麻疙瘩村，村东有乡间路通小杨庄村（孟杨公路南北走向）。村北新引河堤上有防洪公路，向西通往京津公路，向东可达津围公路。村北300米是永定新河和新引河，是为“两河三堤”。已成为天津市最早的郊野公园的一部分。村南有小南河，为该村灌溉水源及排涝泄洪河道。

三 人口方言

人口 据《典籍中的北辰》载，民国23年(1934年)，小孟庄村有98户299人。中华人民共和国成立后，据统计资料载，1950年，该村有30户200人。1980年，有100户420人。2000年，有113户356人。2016年，有170户419人，其中非农业85人。

民族 据《天津市北辰区地名志》载，1995年，该村有379人，均为汉族。据村情调查，2016年，该村有汉族、满族（1人）2个民族。

姓氏 小孟庄村较小，村内的主要姓氏有孟姓、王姓和赵姓。

孟姓字辈：传、继、广、昭、宪、庆。

王姓字辈：连、文（兆）、年（树）、建（加）、红。

赵姓字辈：学、克、宗、福、春、云、淑。

方言 该村属武清方言片，与武清区杨村话相似，在全国方言分区上属北京官话区怀（来）承（德）片。此方言又带天津用语，如“嘛玩艺”“有嘛”“干嘛”等，爱带“嘛”字。

四 耕地状况

据小孟庄村上报村情调查资料表明：20世纪90年代，该村耕地有634亩，主要分为三大块：第一块为村子周围地块；第二块位于永定新河北约2千米左右；第三块位于小淀镇赵庄村北205国道南侧。其中牛沟索98亩，北邻205国道，南邻小淀镇赵庄村，东邻赵庄村乡村公路；永定新河北小白子地128亩，北邻刘马庄村地，南邻苗圃，东西相邻北麻疙瘩村地；下四河南头14亩，北邻小南河，东邻小杨庄地，南邻朱唐庄村地，西邻小淀镇小贺庄村地；园田90亩位于小孟庄村南，村南园田100亩，村南小五份园田4亩，村南旱田地200亩。20世纪60年代末，小孟庄村打了供村民饮用的第一眼机井，随着经济的发展和集体经济的不断壮大，至70年代初，又打了两眼机井，用于村民饮用和园田灌溉。

20世纪90年代小孟庄村所属耕地地块情况表

表1 单位：亩

地块名称	位置	面积
牛沟索	小淀镇赵庄村北	98
小白子地	永定新河北	128
下四河	小南河南侧	14
园田	村南	100
园田	村南	90
小五份园田	村南	4
旱田	村南	200
合计		634

20世纪90年代小孟庄村所属耕地地块分布示意图

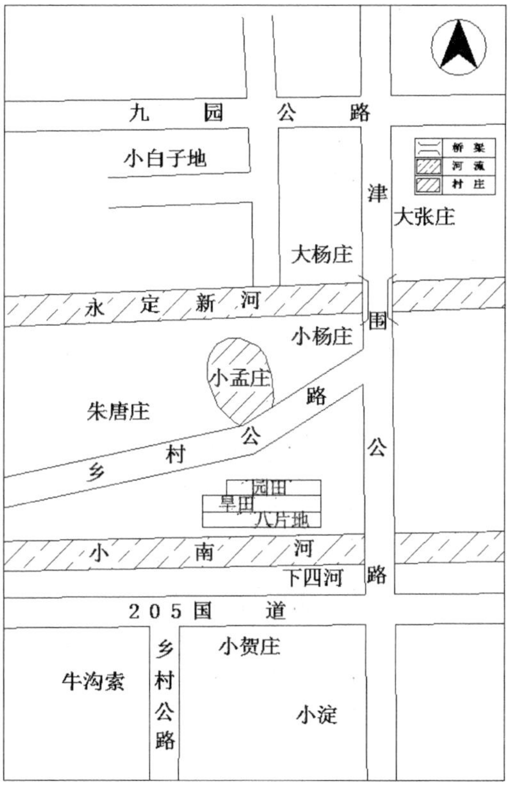

（2016年绘制）

五 街道胡同

中华人民共和国成立前，小孟庄村街道胡同均为土路。中华人民共和国成立后，街道虽有改善，但并不明显。自进入2000年后，随着该村经济的发展，街道胡同拓宽调直，逐步落实硬化。至2016年，村内街道整齐，有东西向和南北向街道共3条，均沥青路面，有路灯。东西向胡同13条，南北向胡同28条。

2013年小孟庄村主要街道胡同情况表

表2

修筑年份	街道名称	长度（米）	走向
2004	小孟庄村大街	300	东西
2004	环村公路	1200	南北
2004	村北一条	100	南北
2004	村北二条	110	南北
2004	村北三条	110	南北
2004	村北四条	110	南北
2004	村北五条	120	南北
2004	村北六条	130	南北
2004	村南一条	30	南北
2004	村南二条	10	南北
2004	村南三条	150	南北
2004	村南四条	200	南北
2004	村南五条	150	南北
2004	村南六条	60	南北
2004	小孟庄村南路	150	东西
2004	海燕胡同	50	南北

2013年小孟庄村主要街道胡同情况示意图

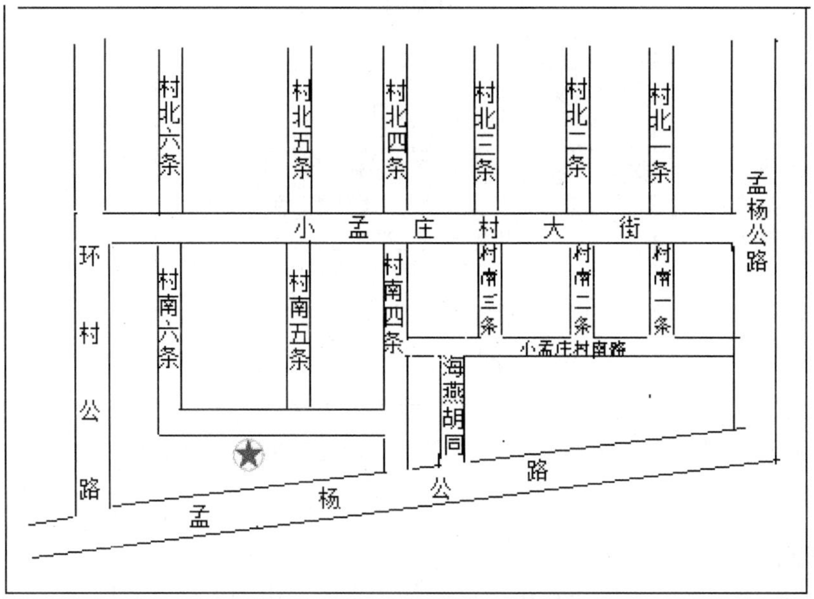

（2016年绘制）

六　旧村改造

小孟庄村因外环线扩圆，根据大张庄镇政府的安排部署，该村分别于2014年2月25日、5月30日、6月10日、8月25日参加由镇政府组织的大张庄示范镇建设拆迁方案研讨会，初步形成了村拆迁政策方案。后经村两委班子成员走访、征求部分党员、村民代表、群众的意见，基本拥护。于9月2日，召开村民代表大会进行讨论。有村民代表21人，其中党员15人，占代表总数的71%。会议由村党支部书记王月年主持，镇有关领导参加，驻村联络员记录。会上，就村民养老、还迁房建设、住房租金补贴等一系列相关问题向领导提出意见和建议，镇领导给予了全面解答。经过全体村民代表表决，一致同意大张庄示范镇建设拆迁政策，同意启动拆迁。

2014年11月14日，拆迁工作组进村，进行为期3天的拆迁宣传工作，17日正式与村民签订搬迁协议，期限为35天。

村登记有证房产159户，至12月19日，有144户签订搬迁协议，达到应拆迁户的90.56%。2015年，又有10户签订了搬迁协议，至此，该村整体拆迁计划已完成97%，尚有5户未搬迁。

搬迁后的村民分散租住在喜逢花园、景瑞阳光尚城小区，小淀村、朱唐庄村、小杨庄村等地方。

七　公共设施

小孟庄村村落较小，中华人民共和国成立初，该村公共设施甚少。20世纪60年代，村内打机井、建水塔、完善饮用机井水设施，成立村“红医站”后改为村卫生所。70年代，建代销店1处。2004年，建村政办公设施。2007年，建村老年活动中心。2008年，建村健身广场1处，建筑面积500平方米。

2013年小孟庄村公共设施示意图

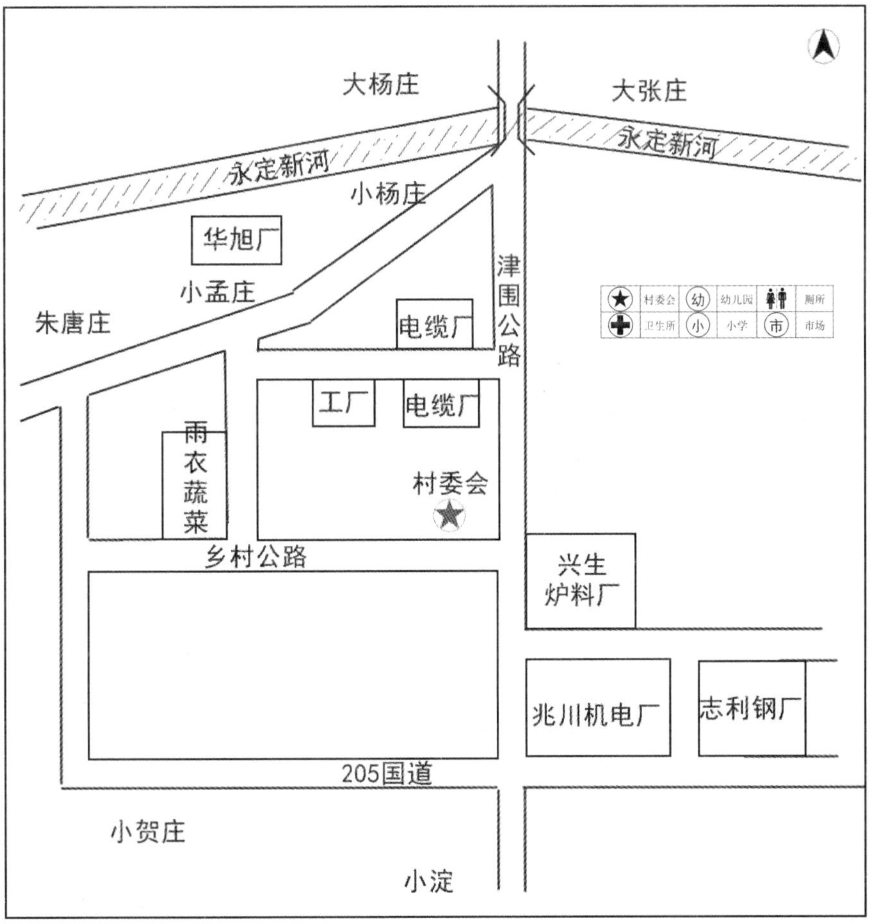

（2016年绘制）

八 经济概况

农业 中华人民共和国成立前，小孟庄村农业以种植玉米为主。中华人民共和国成立后，各级政府重视兴修水利，一直至70年代以前，小孟庄村兼种蔬菜。进入70年代，村子周围约190亩土地全部种植蔬菜。70年代初期，引进新品种，种植小茄子（形状如乒乓球大小）和天鹰椒，经腌制后统一送塘沽外贸出口。为发展高效农业，该村在2011年8月始建雨农蔬菜种植专业合作社，投资建设50个温室大棚，不仅给合作社成员带来效益，也为村民们提供了工作机会。

工业 1961—1965年，村成立小孟庄钢锉厂。1969—1970年，成立小孟庄铸造厂。1971年，成立小孟庄药材加工厂、小孟庄曙光胶木厂，负责人分别是孟昭起和王忠平。1995年和1998年，村民王兆和、王利年分别建兆川机电厂和胶管厂（后改成小猫电缆厂）。

九 民间文化

中华人民共和国成立前，该村组织过皮影戏演出，后因管理不当解散。此时期亦演过评剧。2000年，村两委班子置办了音响，爱好唱歌的人到村民委员会点歌唱歌。每年年底，两委班子号召村内各企业拿出一部分资金，请外村高跷队、小车会等来村演出，丰富了村民们的业余文化生活。

十 历任党政负责人

自1960年小孟庄村党组织有记载以来，至2016年，有14人次任支部书记，最长任职者达18年。

1960年始，该村有村政机构负责人情况记载，经过生产大队、革命委员会、管理委员会、村民委员会的变化，至2016年，共有11人次任职村政机构负责人，最长任职者达22年。

1960—2016年小孟庄村党组织负责人任职情况表

表3

党组织名称	姓名	性别	职务	任职时间
党支部	孟继元	男	书记	1960—1966
	王文华	男	书记	1966—1967
	罗云海	男	书记	1967—1970
	赵永乐	男	书记	1970—1973
	孟继元	男	书记	1973—1983
	王德年	男	书记	1983—1984
	赵云江	男	书记	1984—1987
	王忠年	男	书记	1988—1990
	孟宪宗	男	书记	1991—1992
	李　强	男	书记	1992—1994
	孟宪宗	男	书记	1994—1997
	孟昭福	男	书记	1997—2005
	王月年	男	书记	2006—

1960—2016年小孟庄村村政机构负责人任职情况表

表4

村政机构名称	姓名	性别	职务	任职时间
生产大队	王兆起	男	大队长	1960—1966
生产大队	王少祥	男	大队长	1966—1967

续表

村政机构名称	姓名	性别	职务	任职时间
革命委员会	–	男	主任	1967—1970
	–	男	主任	1970—1973
革命委员会、管理委员会	王兆起	男	主任	1973—1983
村民委员会	王兆起	男	主任	1983—1987
	赵风亭	男	主任	1988—1996
	赵云起	男	主任	1997—2005
	孟宪海	男	主任	2006—

十一　荣誉

1960—2016年，小孟庄村获市局级奖项2项。

1960—2016年小孟庄村获市局级及以上先进集体情况表

表5

时间	单位	荣誉	授予部门
2003	小孟庄村	市级卫生村	市市容委
2011	小孟庄村	市级平安村	市政法委

附：媒体选录

小孟庄温室大棚春意融融

正月初十，快到六九的天气，却突然变得寒冷。但在大张庄镇小孟庄村的蔬菜大棚里却温暖异常。寒气被塑料薄膜挡在了外面，阳光却能照射进来，温湿的空气让刚进大棚的记者眼镜上蒙上一层哈气，待在里头有一种春天的感觉。

大棚里，七八个妇女正在有说有笑地干着农活儿。其实这活儿也挺简单：把一尺来高的茼蒿连根拔起，再将带着泥土的根部切掉，整齐地打好捆，放到箱子里。不要小看这些菜，这样的新鲜蔬菜放到超市里就能卖七八块钱一斤，一捆捆菜就是一把把的钱呢！

不说你肯定想不到，这一排排的大棚在五个月前还是一片平地。小孟庄村为了发展高效农业，在区农发办的支持下，村雨农蔬菜种植专业合作社投资兴建了50个温室。去年8月开始建设，今年的正月初四，头茬儿蔬菜就出棚。

雨农蔬菜种植专业合作社经理孟宪明是这些温室从无到有，从建设到见效的亲历者。他拿着一捆刚刚收下来的茼蒿告诉记者："第一茬种的主要是茼蒿，另外还有一些菠菜、生菜、油麦菜之类的叶菜，生长期短，45天左右就能出菜了。赶上今年叶菜有价，再加上咱种的实心茼蒿口感好、无农药，价格都在三、四块呢，一个棚的收入最少能到4500多块钱，50个棚收入多少，您算算?"

温室大棚的快建快用，不仅能给合作社成员带来效益，也给村民们提供了工作的机会。温室管理员介绍说："这茬菜出棚后，紧接着再种两茬黄瓜和西红柿，最少得需要20几个人来帮忙，到时候有种植经验的村民就有用武之地了!"

（摘自2012年2月9日《天津日报》，记者：李富强，通讯员：宣晓军）

小马庄村

小马庄村坐落于北辰区东北部，位于南王平村正东2.5千米处，距大张庄镇政府驻地5.8千米；北临滨保高速公路天津段，东倚杨北公路与韩盛庄村隔路相望，西隔八支渠为张五庄村，南连小田庄村，北接张四庄村。村呈正方形，占地面积7.5万平方米。2009年，该村固定资产136.9万元，人均纯收入6207元。2015年，该村户籍人口数325人，长期固定资产375万元。

小马庄村航拍图 （2017年摄）

一　村庄沿革

小马庄村村牌　　（2015年摄）

小马庄村于明崇祯七年（1634年）由武清县蔡杨庄刘富花建村(一说建于清初，由喜逢台村刘姓所建)，后有吕姓、马姓、王姓、吴姓、徐姓、崔姓迁入，因马姓族旺，称马庄，后因村小冠以“小”字。

《天津通志旧志点校卷（下）• 津门保甲图说》载，“清道光二十六年（1846年）（天津县）境内村庄辖属，北面并东北一带村庄图说，津邑北面为大道所经者，既入西北图矣，而由东北折赴，村经联络，人亦繁庶，因绘北面并东北一带村庄。第九，韩盛庄连村曰小马庄。村外为武清县界。图内庙已、村二”。

清顺治元年(1644年)，隶属顺天府武清县；雍正九年(1731年）属天津府天津县。据《天津通志旧志点校卷（上）• 重修天津府志》卷载，清光绪二十一年（1895年）天津县属村庄，北乡（以子牙河分西与北）：安光、郝家铺……小马庄、韩盛庄……。光绪三十一年（1905年），属天津县东乡第七区。据《天津商会档案》1912—1928(2)1954-1957页载，民国7年(1918年）天津县境内村庄所属，东乡：第六区，警察第一分署：大毕庄、徐家庄……小马庄、韩盛庄、新（辛）侯庄、姚家庄、芦新河。民国29—34年（1940—1945年）属天津县第二区何家庄乡。1950年，属天津县第三区；1953年，属津北郊区，曾隶属韩盛庄乡；1961年，属芦新河人民公社（1963年改为霍庄子人民公社）；1979年，划属南王平人民公社。2001年后，划属大张庄镇。

1987年，小马庄村被天津市政府批准为抗日根据地村。

二　道路河流

小马庄村东紧邻杨北公路，村北界滨保高速公路，西行3千米为津围公路。有乡间公路东通西堤头镇韩盛庄村，西往大张庄镇张五庄村，北达张四庄村、南至小田庄村。该村于民国21年（1932年）曾修有环村护村堤和护村河（村民称之为“围堤”“围河”），东南西北四条路通往村外，堤坡两侧绿树成荫，后围堤大部分损毁，围河再度经过人工改造部分作为水产养殖场。该村有主干渠道八支渠引机排河水灌溉农田及排水防涝。

三　人口方言

人口　据统计资料载，1962年，该村有61户268人；1980年，有65户283人；2000年，有80户290人。2016年，乡村总人口128户324人。

民族　据《天津市北辰区地名志》载，1995年，该村均为汉族。据村情调查，2016年该村仍均为汉族。

姓氏　小马庄村久居姓、迁入姓和婚入姓共有40余姓氏，主要大姓为刘姓和吕姓。

刘姓又分三大家族，其辈分排序分别为：刘姓一：富、仕、利、国、相、玉、万、凤、学、文、有、得；刘姓二：廷、广、桂、振、建；刘姓三（与张五庄村刘姓同宗）：连、春、树、世。

吕姓（与大吕庄村吕姓同宗）：国、连、永、广、凤、家、继、常、作、鸿、世、存、怀、宝、

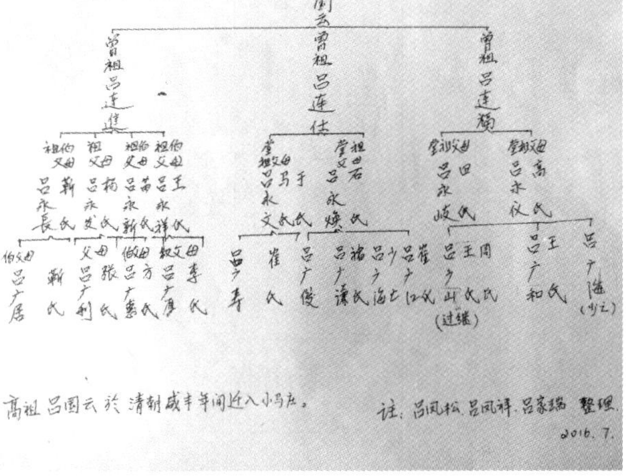

吕姓部分族谱　　（2016年摄）

贵、学、芝(习)、孟、友、金。

方言 小马庄村方言属武清方言片，与武清区杨村话相似，在全国方言分区上属北京官话区怀(来)承(德)片。

四 耕地状况

20世纪90年代，小马庄村有耕地650亩。所有土地分为杨北公路东西两部分。杨北公路以西村北土地与张五庄村土地为邻，村南土地和小田庄村土地为界。杨北公路以东土地皆与西堤头镇韩盛庄村土地相连。

20世纪90年代小马庄村所属耕地地块情况表

表1 单位：亩

地块名称	位置	面积	地块名称	位置	面积
家西地	村西	60	南老河地	村南	30
家南道西地	村西	70	老河地	村东	70
家南地	村南	95	北老河地	村北	60
火勾地	村南	130	家北地	村北	30
东腿地	村北	95	家北稻田地	村北	10
合 计	650				

20世纪90年代小马庄村所属耕地地块分布示意图

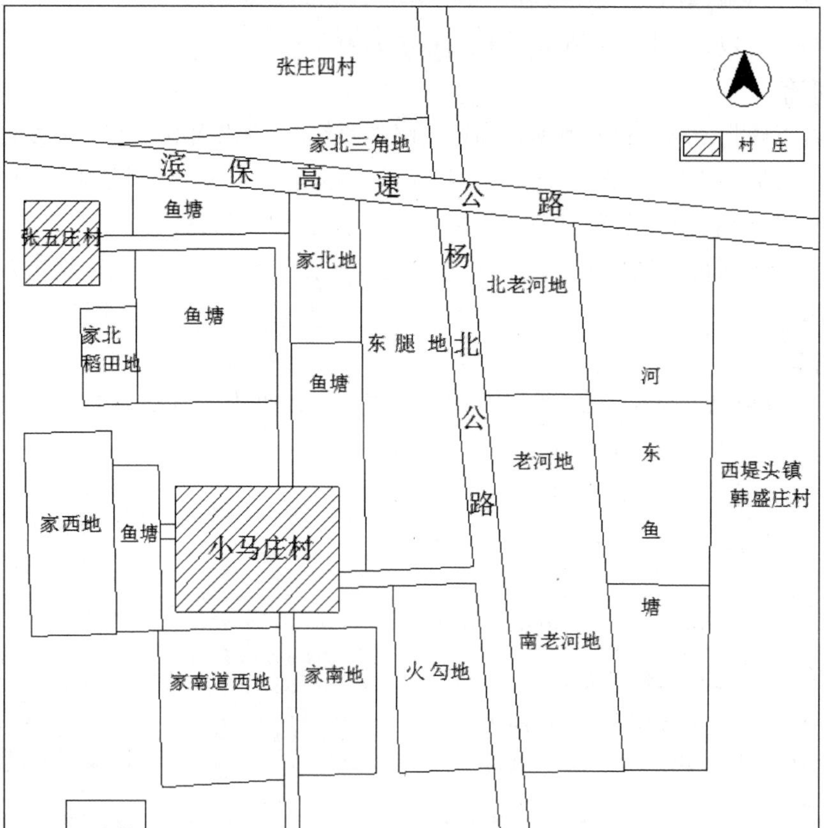

(2016年绘制)

五　街道胡同

中华人民共和国成立前，小马庄村均为土路。1980年以后，政府加大了村容街貌建设力度，至2016年，该村有东西方向的北安大街和南安大街2条，南北方向大街1条。均安装路灯，铺沥青路面。全村共有大小胡同14条，其中3条较短，属于无名胡同。主要胡同名为南康胡同、南祥胡同、北华胡同、北祥胡同、北明胡同、北顺胡同、东一条胡同、东二条胡同、东三条胡同。

小马庄村街道　　（2016年摄）

2016年小马庄村主要街道胡同情况表

表2

胡同名称	长度（米）	走向	胡同名称	长度（米）	走向
南安大街	100	东西	南祥胡同	50	南北
北安大街	200	东西	南康胡同	50	南北
建设路	300	南北	北明胡同	50	南北
北顺胡同	50	南北	东一条胡同	80	南北
北华胡同	40	南北	东二条胡同	80	南北
北祥胡同	50	南北	东三条胡同	80	南北

2016年小马庄村主要街道胡同情况示意图

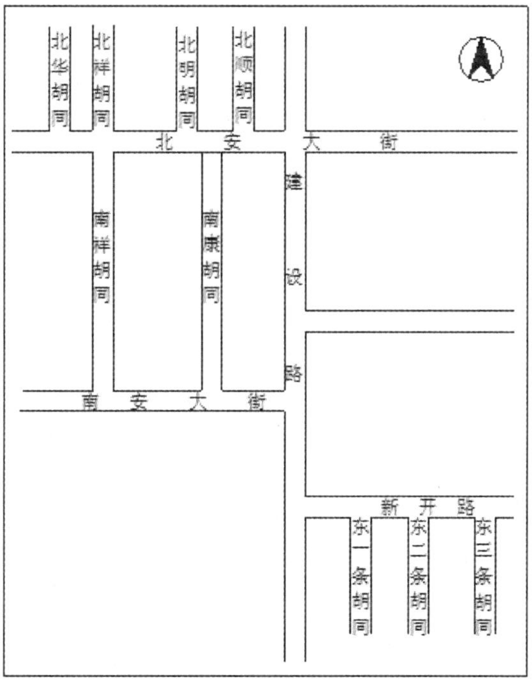

（2016年绘制）

六　公共设施

小马庄村自建村以来直到20世纪80年代，村内住房多为土坯房。80年代后随着经济发展，村民都盖起砖瓦房。到2015年，村内公共设施齐备，有村民委员会、小学校、游乐场、卫生所、水塔等。

小马庄村村民委员会　　（2016年摄）

2015年小马庄村公共设施示意图

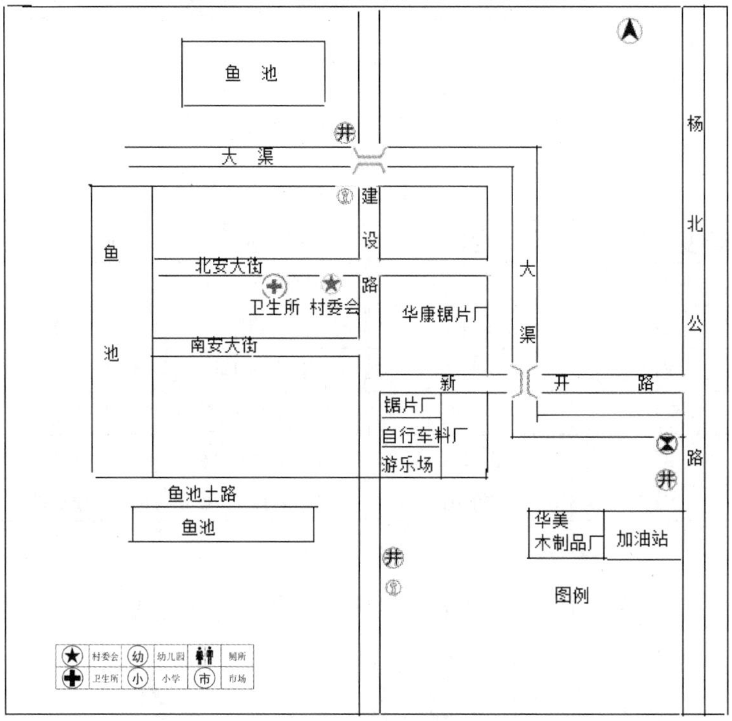

（2016年绘制）

七　经济概况

小马庄村民世代以耕种土地为生。农业生产以种植业为主，粮食作物主要生产小麦、玉米、豆类等。

20世纪60—90年代，村里曾先后开办磨光厂、围巾厂、华美木制品厂，后依据相关政策，不再经营。至2015年，该村无企业。

八　民间文化

小马庄村村民文化生活一直比较丰富多彩。20世纪50—60年代，该村组建了一支拥有队员20余人的男子篮球队，他们利用农闲和工余时间练习或比赛，经常与邻村篮球队进行友谊比赛。1960年，村成立评剧团，约30人，逢年过节既在村内展示，也去邻村巡演，有传统评剧，也有自编的剧目，《王二婶劝夫》就是曾给一代人留下了深刻记忆的剧目之一。团支部有乐队、合唱团，经常开展活动。改革开放后，村里组织了三四十人的秧歌队，活跃了村民们的业余文化生活。

九　历任党政负责人

民国37年（1948年）小马庄村建立党支部，首任党支部书记刘万胜。至2016年，曾有11人次任党支部书记，有2人次任过两届以上，其中1人次先后任职时间长达25年。

该村村政机构历经村公所、生产大队、革命委员会、管理委员会和村民委员会的沿革，有记载以来，从1948—2016年，有10人次任村政机构负责人，其中有1人任两届，任期时间最长者为14年。

1948—2016年小马庄村党组织负责人任职情况表

表3

党组织名称	姓名	性别	职务	任职时间
党支部	刘万胜	男	书记	1948—1963
	刘凤和	男	书记	1963—1966
	刘学义	男	书记	1966—1985
	刘凤才	男	书记	1985—1987
	刘学义	男	书记	1987—1990
	王子明	男	书记	1990—1991
	刘凤才	男	书记	1992—1998
	刘学奎	男	书记	1998—2000
	刘学起	男	书记	2000—2006
	刘学义	男	书记	2006—2009
	刘学印	男	书记	2009—

1948—2016年小马庄村村政机构负责人任职情况表

表4

村政机构名称	姓名	性别	职务	任职时间
村公所	刘万成	男	村长	1948—1952
村公所、生产大队	吕广厚	男	村长、大队长	1952—1963
生产大队、革命委员会	刘凤武	男	大队长、主任	1963—1977
管理委员会	刘凤和	男	主任	1977—1983
村民委员会	刘连祥	男	主任	1983—1986
	刘学义	男	主任	1986—1993
	刘学起	男	主任	1994—2002
	刘文军	男	主任	2003—2005
	刘跃军	男	主任	2006—2011
	刘文军	男	主任	2012—

附：媒体选录

1929年天津县灾情。天津县政府呈，今将县属秋禾被水被蝗各村庄查勘情形，分别灾歉分数，理合开具请折，呈请鉴核，计开。

甲、(东北乡淀北)小贺庄、小甸(淀)、朱唐庄、李辛庄……何家庄、小马庄、韩盛庄、新侯庄、姚家庄、芦新河；(西北乡)西于庄……(西南乡)侯家台……。以上一百零四村，地多盐碱洼下，田园稀少，所种禾苗，春被旱蝗所灾，入秋又因雨水过渡，以致并无收获，稍有园田，所种菜蔬，皆复被虫伤损，最洼少地，尚有积水，无法疏消，明春能否播种，尚难预料，灾情严重，约计成灾七分。

(摘自《益世报天津资料点校汇编》(二) 1436页)

大张庄村

大张庄村位于北辰区东北部，津围公路两侧，为镇政府驻地。东邻该镇李辛庄村，南至永定新河，西接大杨庄村，北界小诸庄村，村呈正方形，占地面积43.2万平方米。2015年，该村户籍人口3783人，长期固定资产191.41万元。2016年，农村人均纯收入13000元。

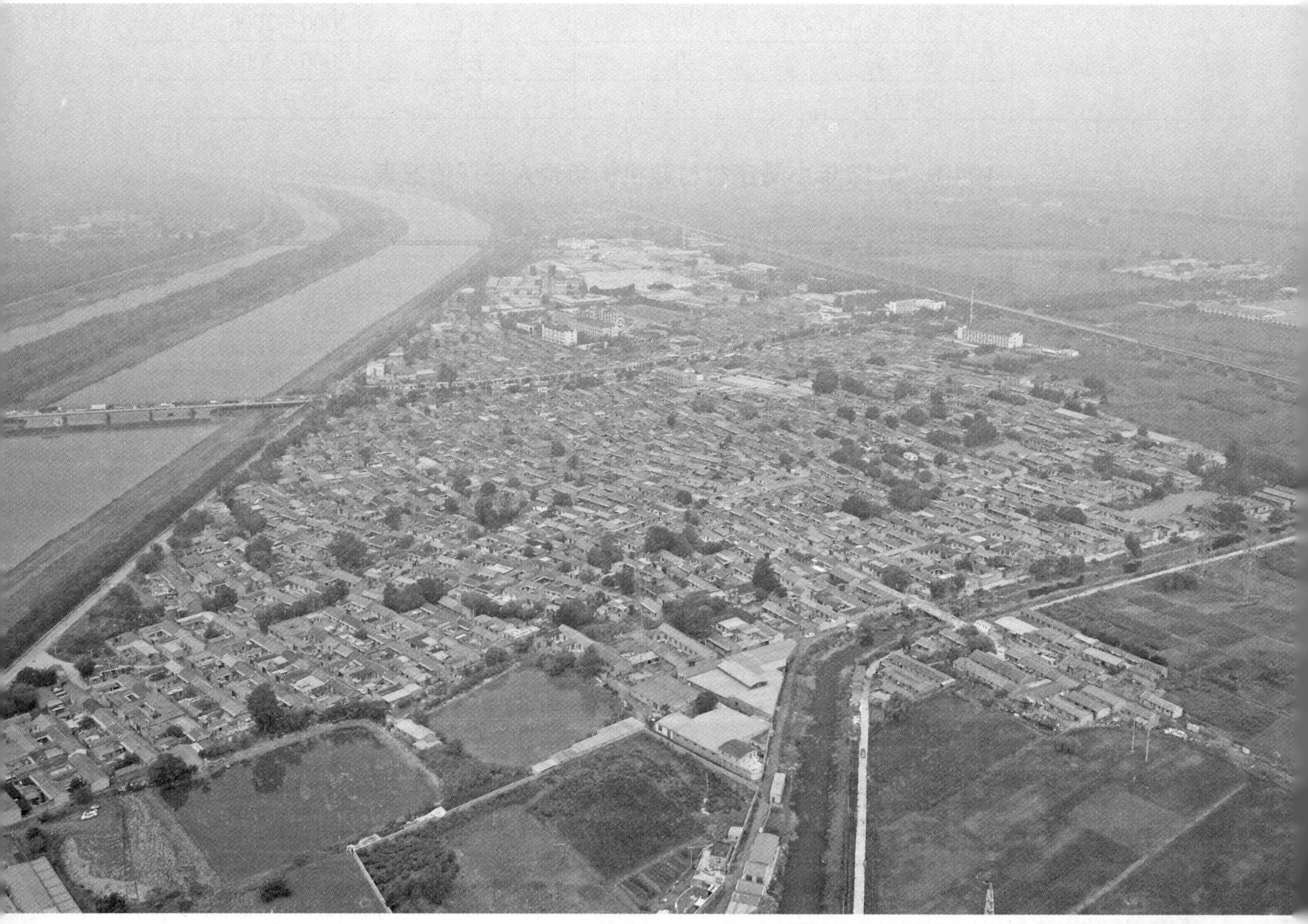

大张庄村航拍图 （2017年摄）

一　村庄沿革

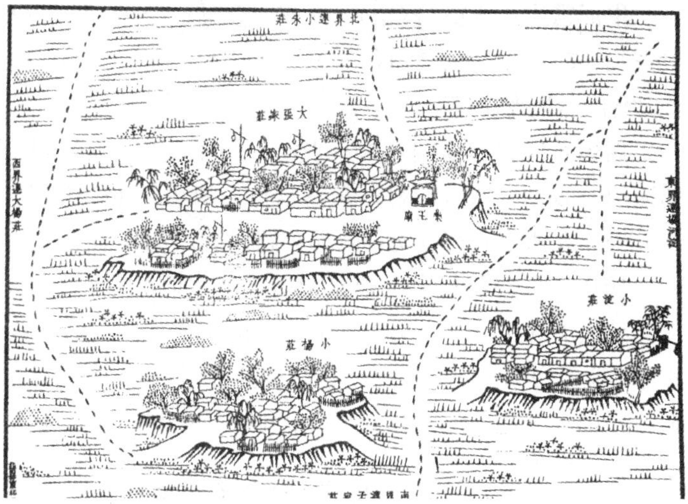

清道光二十六年(1846年)《津门保甲图说》中的大张庄村

清顺治年间(1644—1661年)，由张、吴二姓迁此建村。因张乃大户，故名大张家庄。光绪年间(1875—1908年)，始称大张庄。一说始称大盲庄，张姓主事人提议更改村名为大张庄。

清雍正八年(1730年)，属天津府天津县。光绪三十一年(1905年)，隶属天津县东乡第七区。1940—1945年，日伪当局设区乡，隶属天津县第二区何家庄乡。1953年，隶属津北郊区。1961年，隶属朱唐庄人民公社。1983年，隶属朱唐庄乡。1992年5月，朱唐庄乡改称大张庄乡，所辖村依旧。1997年12月后，乡改为镇，隶属大张庄镇管辖。

1987年，大张庄村被天津市政府批准为抗日根据地村。

二　道路河流

道路　大张庄村交通便利。津围公路从村中穿过，大张庄桥横跨永定新河，南行过桥1.5千米可至津榆公路，北往不足千米可达九园公路。

河流　永定新河和新引河是流经该村的主要河流。

三　人口方言

人口　据《典籍中的北辰》载，小杨庄在塌河淀西，故其连村小淀庄，稍北曰大张庄。庐舍颇伙。图内庙一，村三，北界小朱庄。绅衿二十九户、铺户四百四十四户、佣做二十九户、船户一十八户、乞丐九户、僧道二户，共五百五十五户(大口一千六十七口；小口七百三口)。

据统计资料载，1950年，该村有360户1300人；1980年，有708户3133人；2000年，有1970户3268人；2016年，有1500户3986人。

民族　据《天津市北辰区地名志》载，1995年，该村有汉族、满族、蒙古族3个民族。据村情调查，2016年，该村只有汉族1个民族。

姓氏　大张庄村姓氏可追溯至清代顺治年间(1644—1661年)，据说当时只有张、吴两姓，人口稀少，而后陆续发展壮大，特别是中华人民共和国成立后，有近400户人家。据村情调查表明，久居姓、迁入姓和婚入姓100个，主要大姓有吴、赵、李、周、张姓。

大姓辈分排序如下：

吴姓：玉、振、世、伯、宗。

赵姓：永、万、立、学、成、一。

李姓：永、学、俊、长、文。

周姓：德、国、广、宝、继、立。

张姓：茂(冒)、永、建、宝、洪。

方言　该村方言与武清区口音相似，方言带“嘛”字，如：嘛玩意，干嘛，嘛事。

家庭称呼：大爷(ye读轻声，父之兄)、伯伯(bāi读一声，父之弟)、大伯子(bāi读一声，夫之兄)、小叔子(夫之弟)。

生活常用：宽裕（富裕）、夹细（会过日子）、抠门（小气）、包了（全要）、海了（很多）、套近乎（拉关系）、成心（故意）、较真（认真）。

四　耕地状况

据大张庄村村情调查材料表明：20世纪80年代该村有耕地4633亩。一部分分布在永定新河以北，郎园引河以南，大张庄村以东，东与二闫庄村土地邻界，西与大杨庄村土地接壤，面积1940亩；另一部分分布在永定新河以南，津榆公路以北，面积2693亩。

1970年，在该村东南建永金引河分水闸1座，将新引河水引向永金引河，用于农田灌溉，兼冲淤泥，该闸有9孔，设计流量200立方米／秒。1971年，在该村建排水站1处。1979年9月，在村南建排水站1处。1983—1984年间，在村南建灌溉扬水站1个，按水泵6台；1984年，作为引滦入津配套设施，拆除原闸，重建大张庄节制闸。是年，又在村东兴建蓄水排水站1处。

20世纪80年代大张庄村所属耕地地块情况表

表1　　　　　　　　　　　　　　　　　　　　　　　　单位：亩

地块名称	位置	面积	地块名称	位置	面积
东曹洼	永定新河以北	960	大份地	永定新河以南	200
大台河子	永定新河以北	120	八份地	永定新河以南	268
二闫庄地	永定新河以北	220	张庄地	永定新河以南	300
刘坟地	永定新河以北	500	大碱沟	永定新河以南	290
村西放淤地	永定新河以北	140	20排	永定新河以南	85
园田地	永定新河以南	600	包沟	永定新河以南	150
丰产田		800	合计		4633

20世纪80年代大张庄村所属耕地地块分布示意图

（2016年绘制）

五　街道胡同

中华人民共和国成立前，大张庄村均为土路，晴天扬尘，下雨存水，雪后结冰。20世纪50—70年代，村容街貌虽有改善，但发展较为迟缓。进入80年代后，随着经济的发展，按规划实施村庄改造，街道胡同拓宽调直，主要街道逐步落实硬化，并且修建了排水系统。村有东西向街道5条，南北向街道4条，均沥青路面，有路灯。东西向胡同85条，南北向胡同140条。

20世纪80年代大张庄村主要街道胡同情况表

表2

街道胡同名称	长度（米）	走向	街道胡同名称	长度（米）	走向
关胡同	2000	南北	围村路	5000	环村
南北大街	3000	南北	东西大街（中心街）	1200	东西
文明胡同	300	南北	四友胡同	240	东西
中嵩胡同	200	东西	志慧里	240	东西
王家胡同	150	南北	白草园	150	东西

大张庄村街道　　（2016年摄）

大张庄村内胡同　　（2016年摄）

六　公共设施

20世纪50年代，大张庄村建有供销社，始有村民王树贵开私人药铺（私人诊所）一家，其后村建联合诊所，时有村医4人，负责给村内和周边村庄的村民看病，地点设在自己家中，医疗条件和行医水平十分有限，以至于无人会使用注射器。60年代建“红医站”（后改称卫生所），至2000年，村级卫生所晋升为甲级卫生所。1992年，镇政府迁移到大张庄村，在镇政府北侧建镇卫生院，为二层楼房，占地2861.4平方米，使用面积664平方米。

民国37年（1948年）12月，由村民吴振古出资打第一眼深水井，用至1962年，后由村队负责新打一眼深水井。80年代，自来水管道安装到各家各户，村民从此告别了挑水吃的历史。

1985年，村内通电，公共场所安装照明灯，街道安装路灯。随着经济发展，90年代对路灯进行改装，每50米1个路灯。

1971年，大张庄村在村南永定新河岸南下坡菜园打第一眼农用机井，受益面积70亩～80亩。1983年，在大张庄村东南始建引滦河节制闸，翌年竣工，闸分13孔，排水流量每秒380立方米。

1982年4月25日，位于村东800米、永定新河左岸的大张庄泵站开工，1983年8月15日竣工，是引滦入津明渠输水系统末端提水泵站。设计输水流量30立方米每秒，扬程4.11米，排洪涝流量20立方米每秒，扬程6.01米。

1958年始，建大张庄变电站，1965年投运；初有主变1台，容量3200千伏安，1968年增容至5600千伏安；1975年，改造新增变压器1台，容量7500千伏安。至1997年，总容量13100千伏安，有10千伏出线3条，供电范围包括大张庄镇大部地区、小淀镇部分地区。

民国元年（1912年），大张庄村办小学堂。民国6年（1917年）始，建大张庄中心小学。1954年，实行联校制，大张庄中心小学下设3个分校。1958年，再建小学校；1970年，建第二个小学校；1994年，重建中心小学。

1958年，该村成立“娃娃组”，1960年停办。60年代末，建“育红班”；70年代始，小学校开办学前班。

大张庄村卫生室（2016年摄）

大张庄村水塔（2016年摄）

20世纪80年代大张庄村主要街道及公共设施示意图

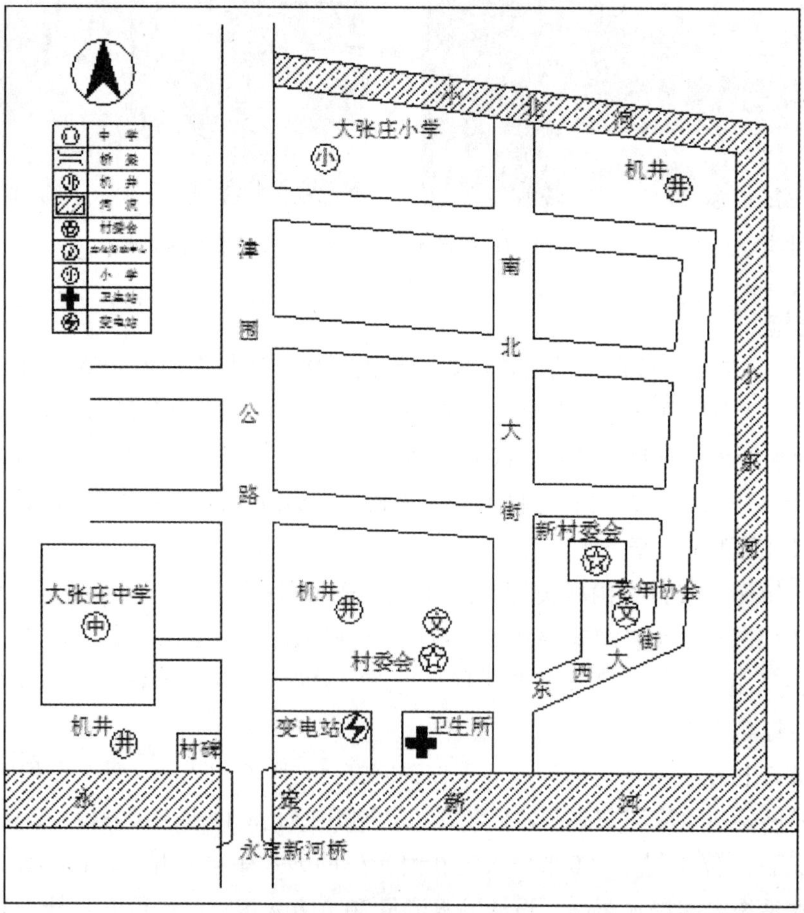

（2016年绘制）

七　经济概况

农业　自建村以来，村民多以垦荒种田，捕鱼摸虾为业，养有少量畜禽。清朝中期开始农业生产缓慢发展。中华人民共和国成立后，农民得到土地，极大地调动了农民的积极性，解放了生产力，促进了农业生产的发展。

进入21世纪，村内农业经济大体可分为粮棉区、水产区、养殖小区、菜田区四部分。

粮棉区：早年间，种植小麦、玉米、水稻、高粱等作物。后种植棉花，租外乡人3000亩地，亩产皮棉200千克，较过去有了较大提升，比种粮食增加收入1倍以上。

水产区：在村东边的低洼处，划拨土地240亩，从最初养鱼，发展到养虾，生产形势较好，一般亩产收入3000元～5000元。

养殖小区：在村东边界划拨土地200亩，建造养殖小区。15户农民在小区从事养殖生产。村民委员会在水、电、路等方面给予支持帮助。

菜田区：根据农民自报给地，全村有31户自报种菜，划拨土地62亩，主要为保障群众吃菜，安排生产。

工业　中华人民共和国成立前，村内没有工业。1956—1958年，该村先后兴办皮带油厂、磨光厂。60年代建大张庄村电镀厂和麻花厂。1982年，在原来工业的基础上，划出170亩地（土地经上级批准）招商引资，有星地电子和五金工具等20家企业在此落户，年增加上交租金120万元。改造旧厂炼钢和五金加工2家，另外2家制砖厂年上交租金由1993年的5万元到1998年的35万元。至2007年，两厂上交村民委员会110万元，所建的新厂租金增加到40万元。至2009年，各企业共上交村民委员会租金270万元。

八　英烈先贤

吴振才（？—1946）　民国34年(1945年)加入中国共产党，为党从事地下工作。民国35年(1946年)，不幸被小贺庄还乡团抓捕，将其绑在马车上游街示众，后到村西南二里处被杀害。

吴世平（生卒年不详）　民国35年（1946年）加入中国共产党，又参加区队从事革命活动。

吴振峰（生卒年不详）　民国21年（1932年）办学堂，解决了农民子女求学难的问题，为社会培养出有用人才做出一定贡献。

吴振古（生卒年不详）　民国37年（1948年），吴振古在大张庄筹粮200石，打出深48丈的机井，是淀北24村中唯一的甜水井。是年，机井交付使用，当夜解放军进驻大张庄，20日大张庄解放，所以又称解放井。

九　历任党政负责人

1949年，大张庄村成立党支部。至2016年，历任党支部书记11人次，其中任职最长者为17年。

中华人民共和国成立后，该村村政机构历经村公所、生产大队、革命委员会、管理委员会和村民委员会。自1949—2016年，有10人次担任村政负责人，任职时间最长者为18年。

1949—2016年大张庄村党组织负责人任职情况表

表3

党组织名称	姓名	性别	职务	任职时间
党支部	赵立泉	男	书记	1949—1954
	赵同伦	男	书记	1955—1960
	赵金禄	男	书记	1961—1965
	刘玉忠	男	书记	1966—1983

续表

党组织名称	姓名	性别	职务	任职时间
党支部	陈俊文	男	书记	1984—1986
	吴德明	男	书记	1987—1989
	吴继堂	男	书记	1990—1991
	郭永祥	男	书记	1991—1999
	吴德明	男	书记	1999—2003
	吴伯凯	男	书记	2003—2006
	王宝禄	男	书记	2006—

1949—2016年大张庄村村政机构负责人任职情况表

表4

村政组织名称	姓名	性别	职务	任职时间
村公所	赵立宗	男	村长	1949—1954
生产大队	赵同伦	男	大队长	1955—1960
	赵金录	男	大队长	1961—1965
革命委员会、管理委员会、村民委员会	刘玉忠	男	主任	1966—1983
村民委员会	陈俊文	男	主任	1984—1986
	吴德明	男	主任	1987—1989
	吴之发	男	主任	1990—1993
	陈俊文	男	主任	1994—1999
	吴之和	男	主任	2000—2005
	吴广华	男	主任	2006—

李辛庄村

李辛庄村位于北辰区东北部，津围公路东侧3千米处。东临大兴水库1千米，西距镇政府3千米，南距永定新河1千米，北与北何庄村相连。村呈马蹄形，占地面积15.2万平方米。2009年，该村固定资产202万元，人均纯收入8550元。2015年，户籍人口1232人，长期固定资产185.57万元。2016年，农村经济总收入132.14万元，人均纯收入10070.85元。

李辛庄村航拍图　　（2017年摄）

一 村庄沿革

李辛庄村村碑　　（2016年摄）

李辛庄村建于清雍正年间（1723—1735年）。相传时有李姓迁此建房，因取土垫基辛苦，故名。曾称李新（辛）台（庄）。乾隆年间（1736—1795年）称辛庄。道光年间（1821—1850年）称李辛庄。光绪后称李新庄。民国后复称李辛庄。《典籍中的北辰》377页记载，李辛庄村建于清康熙年间（1662—1722年）。由李、周、王姓为始，村名李新台，后改李辛台，再改李辛庄。

清光绪三十一年（1905年），隶属天津县东乡第七区。民国29—34年（1940—1945年），日伪当局设区乡，隶属天津县第二区何家庄乡。1953年，隶属津北郊区。1961年，隶属朱唐庄人民公社。1983年，隶属朱唐庄乡。1992年5月，朱唐庄乡改称大张庄乡，所辖村依旧。1997年12月后，乡改为镇，隶属大张庄镇管辖。

二 道路河流

李辛庄村村南的永定新河　　（2016年摄）

李辛庄村水利资源丰富，东有大兴水库水面约3000亩，南有永定新河，北邻引滦明渠，淠水。交通便利，村东有张何公路（由村北北何庄村通往大张庄桥头）与津围公路相接，全长3千米，为柏油路面。村西有一条土路，过引滦河桥直通大张庄村。引滦河桥于1982年修建，全长55米。在村张何公路以南与永定新河交界处有一座南北方向的永定新河桥，建于1970年，全长208米、宽5米，桥南有一条南北走向的水泥公路，长2千米、宽5米。此公路由永定新河南堤直通205国道，当地人称之为正南公路。

三 人口方言

人口 据清道光二十六年（1846年）《津门保甲图说》载，境内村庄辖属北面并东北一带村庄图说：李辛庄——第五，与小朱庄相近曰何家庄，曰李辛庄。三村相错，蹊径多歧。图内庙二，村三，东界姚家庄。绅衿四户、铺户三十七户、烟户一百七十一户、佣作二十七户、负贩一十九户、船户三十九户、僧道二户，共二百九十九户（大口八百九十九口；小口四百八十四口）。

据统计资料载，1980年，该村有275户1197人；2000年，有314户1157人；2016年，有473户1228人。

民族 据《天津市北辰区地名志》载，1995年，该村有1152人均为汉族。据村情调查，2016年，该村有汉族、蒙族（1人）、壮族（1人）3个民族。

姓氏 李辛庄村有470多户人家，主要姓氏四大家分别是东李、西李、周、王四家。

西李：始祖李天科，清雍正年间（1723—1735年）从河西务搬来，建村之初由西李始迁，当时他有钱有势，大多数房、地产都在西李姓，以经商做买卖居多，生活富足，救济百姓、开设粥场远近闻名。

东李：始祖李秉善，清雍正年间（1723—1735年）从小杨庄迁此，村周围有地，经商做买卖，在包头有金店铺生活无忧。

周姓：后居其村，是佃户，多为做小买卖，租种土地，为地主扛活、讨饭维持生活，被称为穷周。

王姓：也是后居其村，是佃户。同样为地主扛活，做小买卖，讨饭维持生活，为穷王。

四大姓氏辈分排序如下：

东李：秉、士、景、长、宗、振、俊、益、海、文。

西李：天、国、文、得、荣、广、单字、树、连。

周姓：永、殿、单字、巨、风、玉、学、金。

王姓：国、存、单字、有、景、元、克、洪。

方言 该村方言与武清区口音相似，方言带“嘛”字，如：嘛玩意，干嘛，嘛事。

家庭称呼：大爷（父亲兄）、伯伯（父亲弟）、大伯子（夫之兄）、小叔子（夫之弟）。

生活常用：宽裕（富裕）、夹细（会过日子）、抠门（小气）、包了（全要）、海了（很多）、套近乎（拉关系）。

四　耕地状况

据李辛庄村上报村情调查资料表明：20世纪80年代，村内耕地地块分为三大块，第一大块在永定新河以北约1500亩，改革开放前约为基本农田，主要种植玉米、高粱和水稻。至1993年，因受水库拖地及大河污水的影响导致作物减产，所以改为鱼塘。第二大地块在永定新河以南至205国道以北面积约1900亩，分五个地段。第三大地块在205国道以南有可耕地400亩与各村地混在一起，没有排灌设施，分别称之为牛圈地、饽饽地和花花地。

20世纪80年代李辛庄村所属耕地地块情况表

表1　　　　单位：亩

地块名称	位置	面积	说明
鱼塘	永定新河以北地块	1000	该1000亩鱼池，占用的原地名叫郎结子、小仓郭、西连万、刀把子、大淀地、东连万
小东地	永定新河以北	500	基本农田
清淤地	永定新河以南205国道以北地块	400	其中养殖小区200亩，农田200亩
大咸水沟	永定新河以南205国道以北地块	400	基本农田
二百四北节	永定新河以南205国道以北地块	400	基本农田
二百四南节	永定新河以南205国道以北地块	400	基本农田
废河地	永定新河以南205国道以北地块	300	基本农田
牛圈地	205国道以南地块	65	

续表

地块名称	位置	面积	说明
饽饽地	205国道以南地块	55	
花花地	205国道以南地块	280	
合计		3800	

20世纪80年代李辛庄村所属耕地地块分布示意图

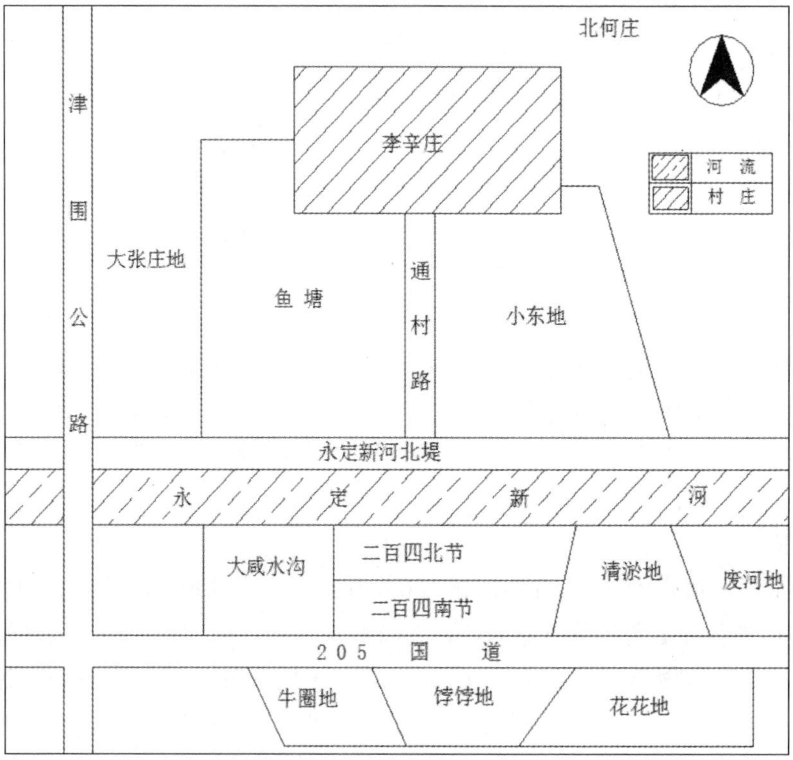

（2016年绘制）

五 街道胡同

中华人民共和国成立前，李辛庄村街道胡同均为土路。中华人民共和国成立后，街道虽有改善，但并不明显。自进入80年代以来，随着该村经济的发展，街道胡同拓宽调直，逐步落实硬化。至2016年，村内街道整齐，东西方向有大街4条，村北的1条叫幸福大街（旧称后街）；村中有中心大街（旧称前街）；再往南有向阳路和永安路。南北方向有道路2条，村西是新兴路，村东是张何路，与东西走向的大街相通，大街又均与20多条南北方向的胡同连通。

21世纪初李辛庄村主要街道情况表

表2

修筑年份	街道名称	长度（米）	走向
1985	幸福大街	500	东西
1985	张何路	4000	南北
1995	中心大街	500	东西
2002	向阳路	200	东西

续表

修筑年份	街道名称	长度（米）	走向
2002	永安路	300	东西
2002	新兴路	300	南北

2016年李辛庄村街道及公共设施示意图

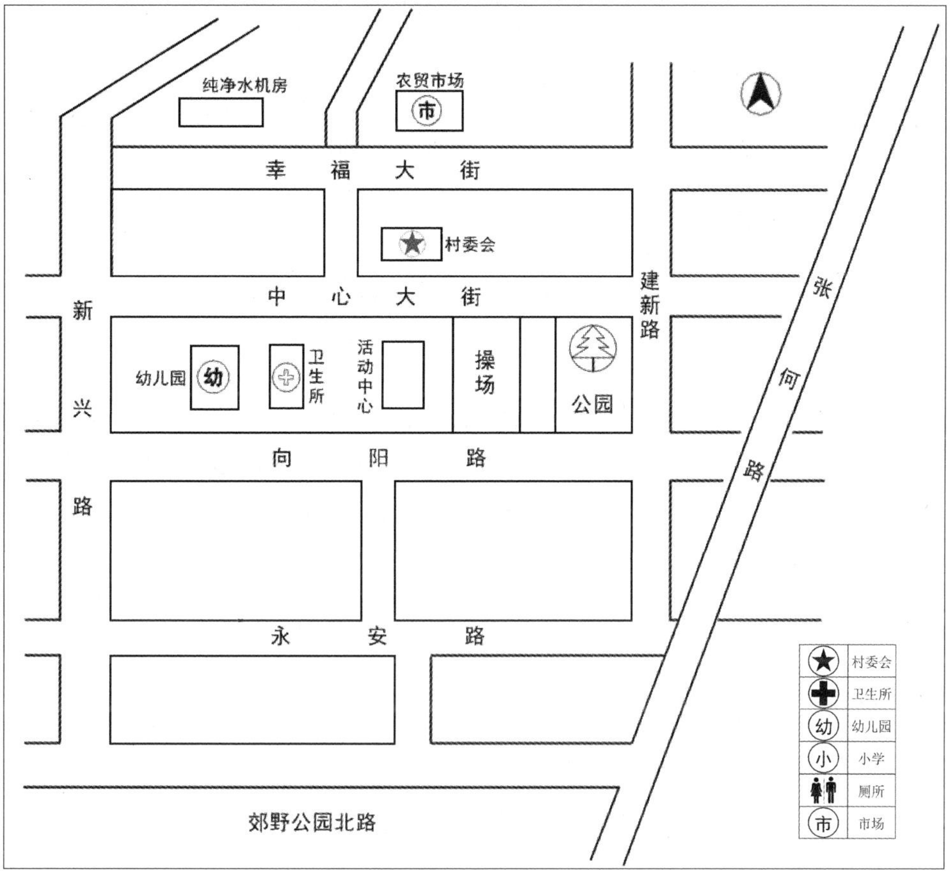

（2016年绘制）

六　公共设施

中华人民共和国成立前，李辛庄村公共设施甚少。中华人民共和国成立后，公共设施逐渐增多。1996年，在中心大街以南建操场，建筑面积约2000平方米，操场内设有篮球场和各种健身器材。操场西面有一座连体的建筑设施，包括老年活动中心、卫生所、图书室、会议室和幼儿园，建筑面积1000多平方米。2005年，在市场西侧设有纯净水机房，供全村村民无偿使用。是年，在村东中心大街以南建设有村中心公园1处，建筑面积约2100平方米。2007年，在村幸福大街南侧建农贸市场1处，面积约1000平方米。2012年，在市场南侧靠中心大街以北建村民委员会1座，为二层小楼。

七　经济概况

李辛庄村主要种植高粱、玉米、大豆、棉花。自改革开放后土地承包到户，因种地收入不高，家中青壮年劳力都外出打工，有的建厂经商，大部分土地都承包给外来户，每亩承包费二三百元。2014年以后，村民因国家工程占地和等待平改，大河以南2000多亩承包地都种了树木和建了大棚。部分大棚种植葡萄、西红柿，面积约15亩。果树种植有枣树、桃树、杏树、梨树等品种，成林面积90亩。养殖户有养羊2户，存栏为200只；养猪6户，存栏为200头；养鸡4户，存栏为3000只；养虾3户，水面约40亩。村内有散养鸡1户，在20亩枣林内散养土鸡2000多只，因鸡蛋品质极佳，《天津日报》曾报道。

李辛庄村工业发展分为三个阶段：1956年，成立集体企业，有拉花厂、皮带油厂、打苇帘、打稻草帘和麻绳加工厂，还有大车运输队。到1961年，又先后成立集体企业，有锻件厂、卷铁厂、标牌厂、制鞋厂、托光厂和木箱厂等，为村民带来可观的经济收入。改革开放后，集体企业逐渐倒闭。随后，村民又成立了多家个体企业。

1990—2010年李辛庄村个体企业情况表

表3

厂　名	建厂时间	从业人口	产值（万元）	利润（万元）	收入（万元）
凌铠商贸有限公司	1990年	8人	300	20	280
宏达兴业包装制品厂	2000年	10人	180	10	145
宏祥五金工具厂	2002年	80人	520	300	460
伟业五金加工厂	2003年	20人	300	30	200
宏源纸制品厂	2010年	6人	50	25	30

八　民间文化

民国19年（1930年），李辛庄村成立佛学音乐会，俗称“老道”。该会有声乐、器乐，器乐有笙管笛箫、打锣鼓等各种打击乐，器乐用的是传统的尺、工谱。声乐即念佛（也称念经），此活动虽说有些迷信色彩在当时也是百姓的一种精神享受。1952年，成立话剧团，经常到周边村落演出。1970年，周凤文为剧团负责人，成立了毛泽东思想宣传队，排练和演出现代剧《智取威虎山》；还有他创作的时代歌曲《抗旱战歌》《挥起打铁铣》；在周边村落活跃几年，名噪一时。后村里又成立秧歌队，丰富了村民们的业余文化生活。

九　历任党政负责人

1949年，李辛庄村有党员4人，党支部建立并开展工作。至2016年，有12人次任支部书记，最长任职者达16年。

1949年始，该村有村政机构负责人情况记载，村政机构经过村公所、生产大队、革命委员会、管理委员会、村民委员会的变化。至2016年，共有12人次任职村政机构负责人，最长任职者达19年。

1949—2016年李辛庄村党组织负责人任职情况表

表4

党组织名称	姓名	性别	职务	任职时间
党支部	李景云	男	书记	1949—1954
	李宗见	男	书记	1955—1960
	王克勤	男	书记	1961—1965
	阎德山	男	书记	1966—1966
	李振标	男	书记	1966—1973
	李振雄	男	书记	1974—1977
	李振友	男	书记	1978—1982
	王洪祥	男	书记	1983—1984
	周玉宝	男	书记	1985—1993
	周金明	男	书记	1993—1994

续表

党组织名称	姓名	性别	职务	任职时间
党支部	周玉深	男	书记	1994—2000
	周学厚	男	书记	2000—

1949—2016年李辛庄村村政机构负责人任职情况表

表5

村政机构名称	姓名	性别	职务	任职时间
村公所	王克生	男	村长	1949—1954
生产大队	李泽云	男	大队长	1955—1961
	李景云	男	大队长	1962—1965
革命委员会	王克勤	男	主任	1966—1977
管理委员会	李振雄	男	主任	1978—1982
村民委员会	王克勤	男	主任	1983—1984
	李俊正	男	主任	1985—1993
	李益福	男	主任	1994—1996
	李振雄	男	主任	1997—1999
	周学厚	男	主任	2000—2005
	周学江	男	主任	2006—2011
	周学厚	男	主任	2012—

十　荣誉

至2016年，李辛庄村共获集体荣誉1项，即1997年李辛庄村被市政府授予市级小康村；个人获国家级荣誉1人、获市局级荣誉2人（3项）。

1950—2016年李辛庄村获市局级及以上先进个人荣誉表

表6

授予时间	姓　名	荣誉称号	授予部门
1975	王永义	全国劳动模范	国务院
1998	周凤文	天津市科技周先进个人	市科技周活动组委会
1994	李俊标	天津市城市建设先进工作者	市建委
1995		国家日常地籍管理应用科学技术一等奖	市土地局

张献庄村

张献庄村位于北辰区东北部，津围公路西侧，距镇政府驻地2.9千米。坐落在205国道北侧约700米，北麻疙瘩村东侧约1000米，朱唐庄村西侧约1000米，永定新河南侧约2500米。村呈长方形，占地面积11.7万平方米。2009年，该村固定资产41万元，人均纯收入7724元。2015年，户籍人口479人，长期固定资产23.15万元。

张献庄村村民委员会 （2016年摄）

一　村庄沿革

清雍正年间(1723—1735年)，由王大金、王大银兄弟建村，又说明永乐年间(1403—1424年)建村。清雍正九年(1731年)称张宪庄，后曾称张现庄。光绪时始称张献庄至今。(载于《典籍中的北辰》377页)

清雍正八年(1730年)，属天津县。光绪三十一年(1905年)，属天津县北乡二十一区辖，日伪时期属朱唐庄伪大乡辖。中华人民共和国成立后，属天津县九区，1953年，属津北郊区朱唐庄乡；1962年，属北郊区朱唐庄乡。1992年，属北辰区大张庄乡；1997年后，属大张庄镇管辖。

二　道路河流

张献庄村南侧与津榆公路(205国道)相邻，村东1.5千米处是省道津围公路。乡村公路西通北麻疙瘩村，东通朱唐庄村。

村北有新引河和永定新河，俗称“两河三堤”，以及永定新河北辰郊野公园。小南河位于村南，东西走向，西起北麻疙瘩村扬水站，东至津榆公路一号桥北，长3千米，宽20米。该河开挖于1973年，是该村之灌溉水源及排涝河道。

三　人口方言

人口　据道光二十六年(1846年)《津门保甲图说》载，境内村庄辖属北面并东北一带村庄图说：

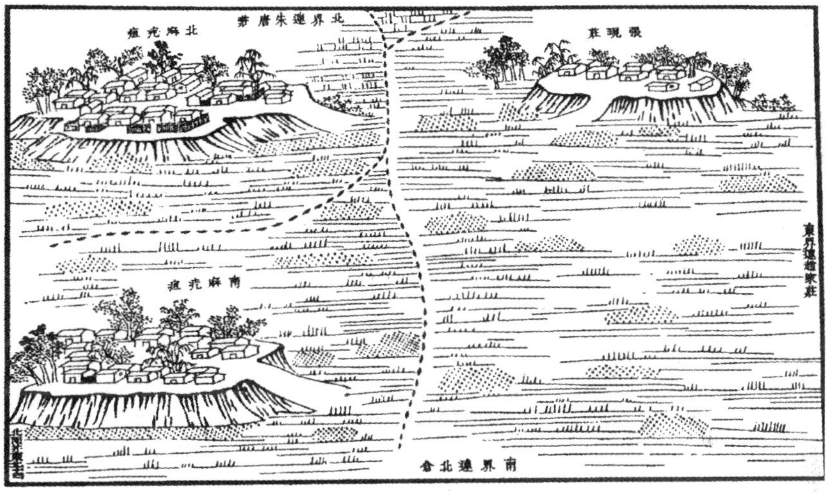

清道光二十六年(1846年)《津门保甲图说》中的张现庄(张献庄)村

张献庄—第十四　张现庄民舍无多。其对村曰北麻疙瘩。下村曰南麻疙瘩。差成聚落，三村相错处也。图内无庙宇，村三，南界北仓。北面并东北一带止此。绅衿二户、烟户二十六户、佣作一十九户、负贩二十一户、捕鱼一十八户、船户一十一户，乞丐三户。共一百户(大口三百三口；小口一百六十口)。

据《典籍中的北辰》载，民国23年(1934年)，张献庄村有35户322人。中华人民共和国成立后，据统计资料载，1950年，该村有60户340人。1980年，有150户412人。2000年，有200户460人。2015年末，户籍人口数479人。2016年，有222户502人。

民族　据《天津市北辰区地名志》载，1995年，该村有448人，均为汉族。据村情调查，2016年，该村人口仍均为汉族。

姓氏　据说李辛庄的王氏家族、刘马庄的王氏家族、双口村的王氏家族都是早年从张献庄村迁走的。后有王氏哥俩，由宝坻迁到此地建村，所以王姓占全村人数的50%。

村里的其他姓氏，如吴氏家族、李氏家族，方氏家族、史氏家族共占村民数量的50%。

各姓氏辈分排序如下：

王：士、玉、子、景、凤、怀。

吴：凤、玉、广、顺。

李：树、学、振、艳。

方：连、振、鸿。

史：仁、学、鸿。

赵：各、永、立。

张：克、玉、广。

孙：子、建、宝。

方言 该村属武清方言片，与武清区杨村话相似，在全国方言分区上属北京官话区怀（来）承（德）片。

例如：眼力见儿，意思是见机行事的能力；大果仁，指花生；擦黑儿，指傍晚。

四 耕地状况

据张献庄村情调查资料表明：20世纪90年代，该村有14块耕地，总面积为1347亩，其中包括150亩园田，耕地分布在小南河以南约600亩，小南河北侧约200余亩，西北约397亩。耕地东至朱唐庄村，南至205国道，西至北麻疙瘩村，北至永定新河。

20世纪90年代张献庄村所属主要耕地地块分布示意图

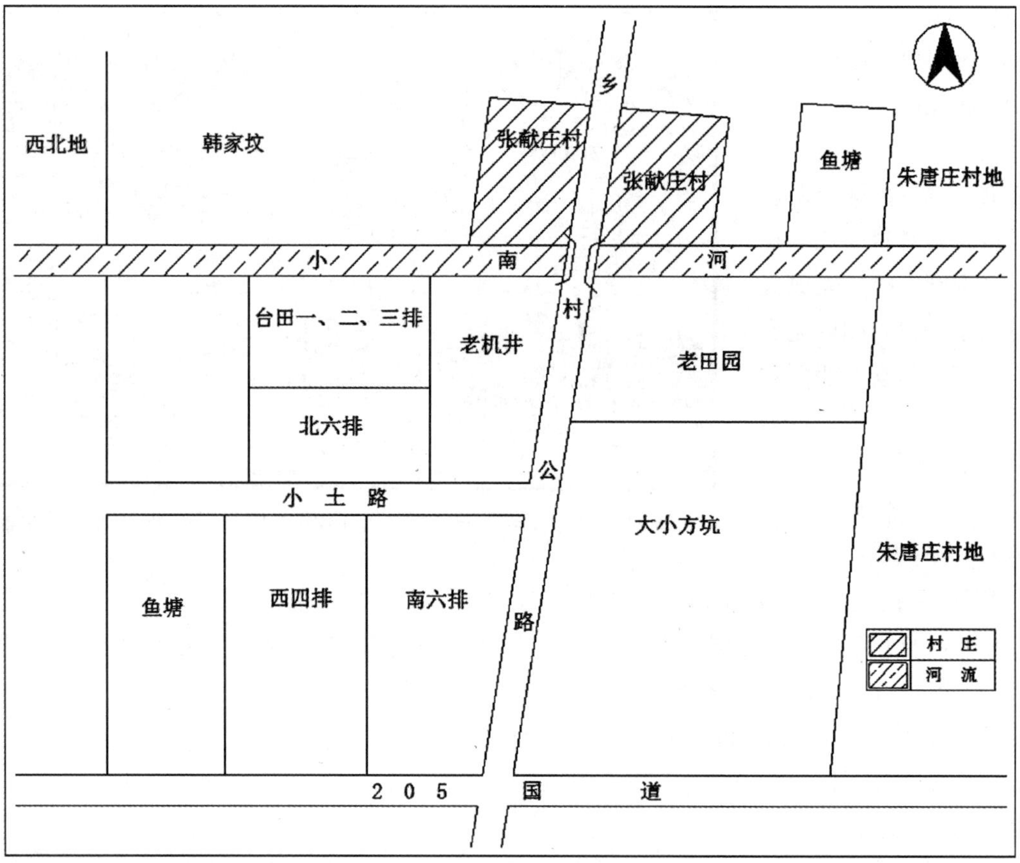

(2016年绘制)

20世纪90年代张献庄村所属耕地地块情况表

表1 单位：亩

地块名称	位置	面积	地块名称	位置	面积
南六排	村南	70	韩家坟	村西	240
北六排	村西	65	皮刚地	–	230

续表

地块名称	位置	面积	地块名称	位置	面积
西四排	村南	40	棋盘子	–	230
老田园	村东	45	菜畦	–	230
老机井	村南	45	西台田一排	村西	28
大小方坑	村东	50	西台田二排	村西	28
科技队	–	18	西台田三排	村西	28
合计					1347

五 街道胡同

中华人民共和国成立前，张献庄村均为土路。中华人民共和国成立后，20世纪50—70年代，村容街貌虽有改善，但发展较为迟缓，进入80年代后，随着经济的发展，按规划实施村庄改造，街道胡同拓宽调直，主要街道逐步落实硬化。至2016年年初，该村有东西向和南北向街道各2条，均沥青路面，有路灯。东西向胡同20条，南北向胡同24条。

2016年张献庄村主要街道胡同情况表

表2

修筑年份	街道胡同名称	长度（米）	走向
1988	北大街	300	东西
1988	中心街	200	东西
1988	牡丹胡同	300	南北
1988	玫瑰胡同	200	南北
1988	桂花胡同	400	南北

2016年张献庄村主要街道及公共设施示意图

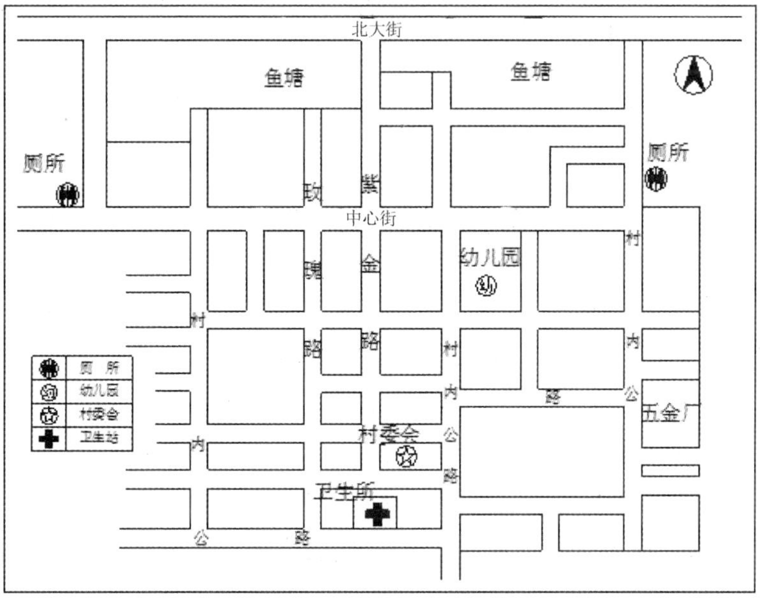

（2016年绘制）

六　旧村改造

2016年1月10日，按照大张庄镇党委、政府的拆迁部署，由镇党委、政府派驻村拆迁工作组实施拆迁工作。经过30天，完成拆迁任务的80%，后又进行30天的扫尾工作，全村222户全部拆迁完毕，并全部搬出张献庄村。

七　公共设施

张献庄村较小，中华人民共和国成立前，村内公共设施甚少。20世纪50年代，设立村政办公设施。60年代，成立"红医站"，后改为卫生所。80年代，建村民委员会和幼儿园一所。

张献庄村卫生所　（2016年摄）

八　经济概况

20世纪60年代，市、区给张献庄村定性为菜田队，当时的口号是以菜为纲，种菜主要供应市民，到70年代，改为粮菜兼做队，一直到改革开放。

张献庄村小南河南北两侧共有园旱田土地800余亩，在20世纪70—80年代配有机井6眼，小南河南北两岸，共配有大小水点6处，是旱能浇、涝能排的村队，后由于工业的发展，均遭到破坏。80年代，村内有钟鸣五金厂等企业4家。后，材料厂、塑料厂关闭，加油站承包给中国石油化工集团公司（简称中石化）。

九　历任党政负责人

1955年，张献庄村党支部开展工作。至2016年，有14人次任支部书记，最长任职者达13年。

1949年始，该村有村政机构负责人情况记载，经过村公所、生产大队、革命委员会、管理委员会、村民委员会的变化，至2016年，共有9人次任职村政机构负责人，最长任职者达19年。

1955—2016年张献庄村党组织负责人任职情况表

表3

党组织名称	姓名	性别	职务	任职时间
党支部	王景胜	男	书记	1955—1957
	杨少琴	男	书记	1958—1963
	王景明	男	书记	1964—1965
	赵福成	男	书记	1965—1966
	王子强	男	书记	1966—1972
	何铁山	男	书记	1972—1972
	张德恩	男	书记	1972—1973
	王景明	男	书记	1974—1979
	王子跃	男	书记	1979—1982
	王景春	男	书记	1983—1995
	史学林	男	书记	1995—1997
	王凤先	男	书记	1997—2000
	吴广起	男	书记	2000—2009
	王怀光	男	书记	2009—

1949—2016年张献庄村村政机构负责人任职情况表

表4

村政机构名称	姓名	性别	职务	任职时间
村公所	王子珍	男	村长	1949—1956
生产大队	李学文	男	大队长	1957—1963
	赵福成	男	大队长	1963—1966
革命委员会	王景龙	男	主任	1966—1978
管理委员会	王井春	男	主任	1978—1982
村民委员会	王景义	男	主任	1982—1989
	王凤明	男	主任	1989—2008
	王凤仁	男	主任	2009—2011
	王凤德	男	主任	2012—

二阎庄村

二阎庄村（当地称二闫庄村）位于北辰区东北部，东南距大张庄镇政府3.5千米。东距北孙庄村与津围公路3千米，西距刘招庄村1.2千米、刘马庄村1.7千米，北距高庄村2千米。该村呈长方形，南北长550米、东西宽450米，占地面积24.8万平方米。2009年，该村固定资产163万元，人均纯收入8050元。2015年，该村户籍人口1107人，长期固定资产122.75万元。

二闫庄村村委会 （2009年摄）

一　村庄沿革

二闫庄村始建于清嘉庆年间（1796—1820年）〔一说建于明永乐年间（1403—1424年）〕，赵氏先祖到此定居。道光年间（1821—1850年），又有闫姓两家迁入；因闫姓人家有些文化，故取名“二闫庄”。

清光绪三十一年（1905年），由天津县北乡二十一区管辖。抗日战争和解放战争时期，境地内由日伪政权；抗日民主政权及国民党政权拉锯管理。民国37年(1948年)12月，属冀中武清县八区；1949年，属冀中武清县九区；1950年8月，属天津县三区；1953年，属天津市津北郊区；1958年10月，属天津市河北区；1962年2月，属天津市北郊区；1992年3月，属天津市北辰区。1997年12月后，属大张庄镇管辖。

二　道路河流

郎园引河从二闫庄村南10米处东西向经过，全长23.5千米，河面宽32米。郎园引河于1971年10月开挖，是二闫庄的主要灌溉和排涝河道，西起永定新河，东至北京排污河。郎园引河南岸为九园公路，1986年修建，路基宽12米，路面宽7米，为柏油路面。1999年翻修，因综合改革试验区建设的需要对九园公路进行拓宽改造，改造后为双向八车道，中间设有隔离绿化带，两侧辅路，公路两侧设有人行便道，路基两侧为绿化带，公路总宽度为60米。西从京津公路加宽至北孙庄津围公路东侧200米处，于2012年5月31日建成通车。东通宝坻区九王庄村，西至京津公路。自该村沿九园公路东行3千米至津围公路，南通往天津市区、北至河北省围场。

三　人口方言

人口　据《典籍中的北辰》载，民国23年(1934年)，二闫庄村有96户459人。据统计资料载，1980年，该村有216户983人。2000年，有308户994人。2015年，全村有375户，常住人口1107人。2016年，有375户1131人。

民族　据《天津市北辰区地名志》载，1995年，该村人口1002人，均为汉族。据村情调查，2016年，该村人口仍均为汉族。

姓氏　村内有赵、闫、刘、王、吴、郑、李等姓。

赵姓辈分为：广、金、庆、月、俊。

闫姓辈分为：年、桂、玉、树、海。

刘姓辈分为：玉、士、汉、志、会。

王姓辈分为：永、学、绍、桂（连）、单字。

吴姓辈分为：单字、顺、凤、玉（常）、崇。

吴姓辈分为：天、玉、庆、云、树。

此吴姓传说以前姓马，马姓曾有一人在朝中为官，不知犯了何事，要行满门抄斩，因其女人娘家姓吴，即躲回娘家，因而逃此一劫，已有身孕，繁衍后代以防不测更为吴姓。

方言　二闫庄村方言属武清方言片，与武清区杨村话相似，在全国方言分区上属北京官话怀（来）承（德）片。该村方言带天津用语，如“嘛玩意”“有嘛”“干嘛”等。

四　耕地状况

据二闫庄村上报村情调查资料表明：20世纪90年代，村有耕地3469亩，分三部分。第一部分为九园公路以北，村北和高庄子村土地接壤，村东和喜逢台村、北孙庄村土地相邻，村西和刘招庄村土地为界。第二部分为九园公路以南，西与刘招庄村、小杨庄村土地接壤，南与北麻疙瘩村、大杨庄村土地相邻，东与北孙庄村土地为界。第三部分为“外圈地”，离村较远，在周边村耕地界内，小韩庄村西北、高庄子村西北、董连庄村边、刘马庄村西南小块土地。土地分布在郎园引河两侧，永定新河以北。

20世纪90年代二闫庄村所属耕地地块情况表

表1　　　　　　　　　　　　　　　　　　　　　　　　　　　　单位：亩

地块名称	位置	面积	地块名称	位置	面积
北三顷	村　西	210	新　地	村　南	120
二十五弓地	村　西	165	马　圈	村　南	300
五福洼	村西北	150	大　荒	村　南	473
家北地	村　北	303	小　洼	村　南	258
刘　地	村东北	410	外圈地	–	110
孟　地	村　东	300	村台子	–	400
耙子念	村　东	270	合计		3469

20世纪90年代二闫庄村所属主要耕地地块分布示意图

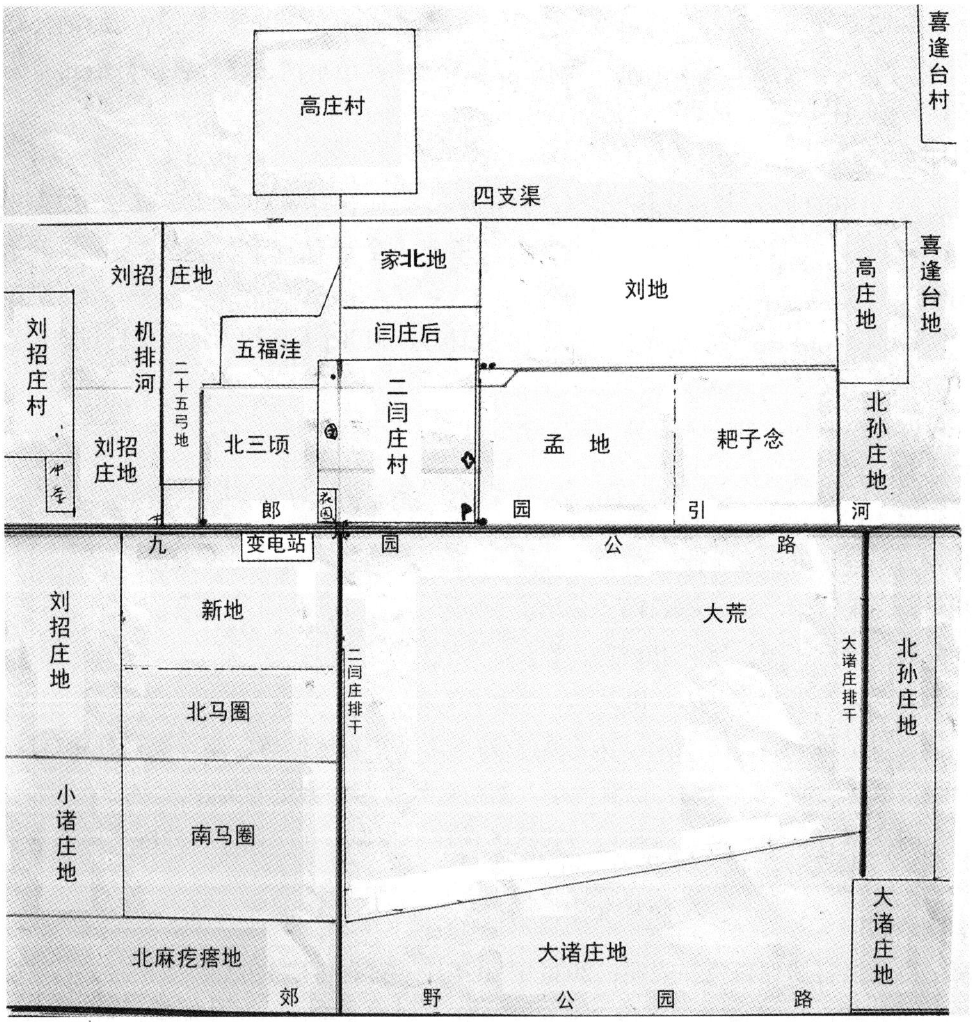

（2016年绘制）

五　街道胡同

中华人民共和国成立前，二闫庄村街道胡同均为土路，夏季泥泞，冬季扬尘。中华人民共和国成立后，20世纪50—70年代初，村容街貌虽有改善，但发展较为迟缓。1994年，村内修建道南北长550米，宽4米的乡村公路1条，随后修建东西向长400米～450米，宽4米的道路3条。该村中心大街贯穿南北，东西街3条，胡同50条，为红砖结构路面。2003年11月，村内街道全部进行路面硬化,，均为沥青路面。2008年，村庄全部拆迁，按总体规划兴建大张庄镇综合改革试验区。该村及其街道胡同拆除，已不复存在。

2003年二闫庄村主要街道情况表

表2

修筑年份	街道名称	长度（米）	走向
1994	村北大街	450	东西
1994	建委大街	400	东西
1994	中心大街	550	南北
1994	村南路	400	东西
2003	村东路	450	南北

六　旧村改造

2008年10月，按总体规划兴建大张庄镇综合改革试验区，二闫庄村启动村庄拆迁工作。二闫庄村为大张庄镇首个拆迁村，10月24日，拆迁工作进入与村民签字阶段，时共有人口1088人，拆迁面积约为3.35万平方米，占地面积约7.5万平方米。2012年10月16日，还迁户全部领到新房钥匙，还迁工作全部结束，村民搬入新居——大张庄示范镇喜凤花园小区。

七　公共设施

中华人民共和国成立前，二闫庄村公共设施甚少。1952年，该村成立小学校，校址原大瓦房内，

2008年二闫庄村街道及公共设施示意图

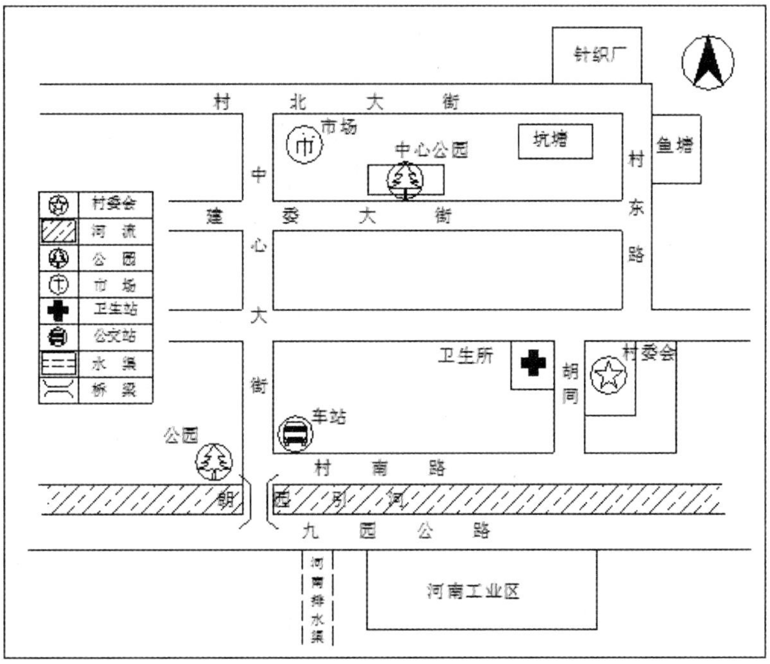

（2016年绘制）

1954年，小学搬入村北民房，一独门小院内。1963年，在村西打饮用水机井1眼，自此村民们告别了多年来饮用坑塘水、土井水时代。1965年，建立红医站（后改称卫生所）。1984年，小学重建，建筑面积272.87平方米，包括院子面积为1482.3平方米。1994年，原村西饮用水机井报废，在村东北角重新打饮用水机井一眼，并建水塔一座。20世纪80年代，建村民委员会办公设施。1995年，重建村民委员会办公室共140平方米。2002年，村原机井因含沙量大，又在原机井西侧50米处，新打饮水用机井一眼。2006年，在郎园引河北5米处建公园一座，占地面积800平方米。2008年12月，村民委员会搬入喜凤花园46号楼2门101办公。2015年9月，村民委员会搬入文雅苑物业公司二楼办公。

八　经济概况

中华人民共和国成立前，二闫庄村主要粮食作物为玉米、小麦，主要经济作物为向日葵和一些豆类。1949年后，开始种植西瓜。该村属淀北放淤区，土壤为沙质潮土，菜园潮土等土种。此类潮土有机质含量71.5%，既能种旱田亦可种园田。至土地被征用前，所种西瓜以口甜、皮薄、籽小、水多享誉津门，年产量达1000吨，销售天津市内，深受市民赞誉，为二闫庄村一大特色农产品。

20世纪末，二闫庄村有集体企业8家，名称为针织厂、宏大福利厂、氨基酸厂、电器厂、旅游用品厂、树脂胶厂、综合制品厂、磁性材料厂，主要产品为背心、秋衣针织品，机加工帐篷等。2001年，工业产值2183万元，村民人均收入2185元。21世纪初，集体企业改为股份合作或出售给个人。村集体建立工业小区，土地租给私营、股份制企业使用，有工业和商贸企业入驻，主要企业有汽车配件厂、纸箱厂、电子厂、制钉厂、食品厂等20余家。

2002年二闫庄村工业区平面图

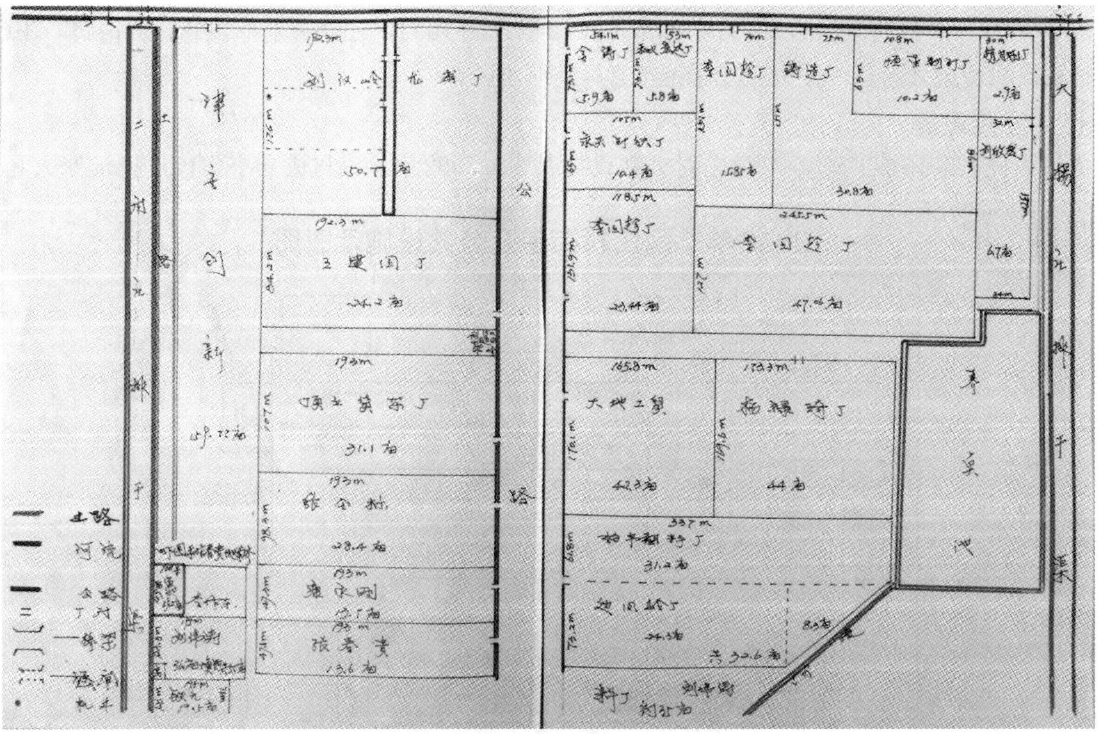

（2016年绘制）

九　民间文化

二闫庄村建有秧歌队，队员40余人，多次参加区镇文化展演活动，活跃村民业余生活。

十 英烈先贤

赵勇(2016年翻拍)

赵勇（1973—2015） 烈士，二闫庄村人，生前为天津港公安局消防支队战训科科长。2015年8月12日，在天津滨海新区发生的重大爆炸事故中牺牲，被天津市政府批准为烈士。

十一 历任党政负责人

1949年，二闫庄村建立党支部。至2016年，有22人次任支部书记，最长任职者为15年。

1951年始，该村有村政机构负责人情况记载，村政机构经过村公所、生产大队、革命委员会、管理委员会、村民委员会的变化，至2016年，共有14人次任职村政机构负责人，最长任职者为17年。

1949—2016年二闫庄村党组织负责人任职情况表

表3

党组织名称	姓名	性别	职务	任职时间	说明
党支部	王少斌	男	书记	1949—1951	
	吴顺祥	男	书记	1951—1953	
	王学常	男	书记	1953—1955	
	李宝树	男	书记	1955—1956	
党支部	赵广森	男	书记	1956—1966	
	赵庆先	男	书记	1966—1967	
	赵金凯	男	书记	1967—1982	
	吴庆才	男	书记	1982—1983	
	吴顺通	男	书记	1983—1984	
	吴凤起	男	书记	1984—1985	
	吴顺通	男	书记	1985—1986	
	赵金凯	男	书记	1986—1987	
	王桂江	男	书记	1987—1990	
	韩卫国	男	书记	1990—1992	区派
	刘士祥	男	书记	1992—1994	
	赵金强	男	书记	1994—1995	
	赵庆富	男	书记	1995—2001	
	吴凤军	男	书记	2001—2003	
	赵庆福	男	书记	2003—2004	
	王桂江	男	书记	2004—2006	
	刘伟涛	男	书记	2006—2015	
	刘汉岭	男	书记	2015—	

1951—2016年二闫庄村村政机构负责人任职情况表

表4

村政机构名称	姓名	性别	职务	任职时间
村公所	赵广森	男	村长	1951—1955
	赵金熬	男	村长	1956—1957
生产大队	吴顺德	男	大队长	1957—1959
	吴顺忠	男	大队长	1959—1965
	赵金凯	男	大队长	1965—1966
革命委员会、管理委员会	赵庆先	男	主任	1966—1982
村民委员会	吴庆才	男	主任	1983—1984
	王桂江	男	主任	1984—1987
	吴云凯	男	主任	1988—1990
	赵月星	男	主任	1991—1993
	赵庆富	男	主任	1994—1996
	赵金强	男	主任	1997—2002
	赵月江	男	主任	2003—2005
	吴云锁	男	主任	2006—

十二　荣誉

1995年，二闫庄村被天津市政府评为“市级小康村”。

附一：媒体选录

1929年天津县灾情

天津县政府呈：今将县属秋末被水被蝗各村庄查勘情形，分别灾歉分数、理合开具清析，呈请鉴核，计开。甲（东北方淀北）小贺庄、小淀……二闫庄……芦新河……约计成灾五分。

（摘自《天津盖世报》1929年11月29日）

附二：典籍选录

解放初期的二阎庄党支部

我是天津市北辰区二阎庄村人。1949年3月，天津郊区农村普遍开展了四十天运动。地委的一个土改工作团来到我村，组织了农会，我被推举为第一任农会主任。四十天土改运动旨在没收200亩以上大地主土地。我们村没有大地主，只是在党领导下搞了废租工作。

1949年4月，四十天运动将要结束时，区委指派我参加了县委在韩家墅举办的培训班。记得这次培训班由县委宣传部长李平同志负责。学员大约有三百余人，时间是半个月。讲授的内容主要是社会发展史、党的基本知识、党员应具备的条件等。在培训期间我被吸收入了党。

培训班结束后，我在二阎庄很快又发展党员4人，建立了二阎庄支部，我任第一任支部书记兼民兵指导员。当时，党支部的工作主要有两项：一是组织群众搞生产，二是组织民兵队伍维护社会秩序。

1949年8月，北郊闹大水。位于放淤区的二阎庄三面是水一面是岸。区委发给我们村10支大枪，民兵担负了防匪、防盗、护村、护路、护堤的值勤巡逻任务。我带领民兵每天吃住在村公所，以便应付可能发生的突然情况。民兵们在夜间轮流放哨，一炷香时间换岗一次。民兵们大多是扛活出身，很能吃苦。记得一天夜里，本村赵家小店遭到抢劫。我们民兵立即行动，到第二天就破了案。

村里的生产救灾工作主要是拾柴、打草、治鱼等。记得我曾领人在靠近市区的金钟河岸边搭了个窝棚，日夜加工劈柴，把加工好的劈柴挑到市场去卖。这段时间正赶上中华人民共和国开国大典。庆典这天，全市普遍举行了庆祝活动，夜晚灯火通明，非常热闹。我们几个人站在堤岸上，心情很激动，欢呼新中国的诞生，憧憬美好的未来。

1949年冬，区委指示各村支部对党员开展宣传教育活动。我参加过培训，就让我兼任联村教育干事，我负责的村有：二阎庄、北孙庄、大杨庄、小杨庄、小孟庄、朱唐庄、张献庄。轮流到各村给党员们讲党课。讲的基本内容是社会发展简史和党的章程。这一教育活动持续了一冬春时间。

1950年冬，区委在放淤区组织修筑围村堤埝，我带河工在工地上工作了一段时间。大约是1951年3月，区委把我选调到区委机关，脱产当了宣传干事。

（作者王少斌，退休前任天津市北辰区农机局局长）

（摘自《奋斗的历程 北辰区卷》280～281页）

西堤头镇

西堤头镇位于北辰区东部，始建于明代永乐年间（1403—1424年），古时有“京师门户”“盛京（沈阳）古驿”“津榆古驿”之称，有600余年悠久历史。东与宁河区接壤，西与大张庄镇、小淀镇为邻，南与东丽区毗邻，北邻武清区。2016年，镇域面积89.47平方千米，耕地2820公顷，辖西堤头、东堤头、刘快庄、韩盛庄、芦新河、东赵庄、霍庄子、姚庄子、辛侯庄、季庄子10个行政村。2016年，实现生产总值73.57亿元，本级财政收入9000万元。完成固定资产投资53亿元，到位内资22.9亿元，规模以上工业总产值194.2亿元。实现农村居民人均可支配收入23389元。

明永乐二年（1404年），属直隶顺天府宝坻县。明永乐七年（1409年），设顺天府通州，东堤头村、西堤头村、霍庄子村、东赵庄村、季庄子村隶属直隶顺天府通州宝坻县；刘快庄村、芦新河村、姚庄子村、韩盛庄村隶属顺天府通州武清县所辖。清顺治元年（1644年），居域仍属宝坻县、武清县所辖。康熙二十七年（1688年），顺天府始设四路厅，增辛侯庄村，隶属直隶顺天府东路厅通州宝坻、武清所辖。清雍正九年（1731年），划宝坻县二百四十村建宁河县。划武清县一百四十二村与静海、沧州两地一百二十五村建天津县，韩盛庄、辛侯庄、姚庄子、芦新河、刘快庄、西堤头刘辛台由武清县划出，隶属天津县东路，季庄子、霍庄子、东赵庄、西堤头村陈家台属宝坻县所辖。时析宝坻县建宁河县，东堤头隶属宁河县辖。乾隆元年（1736年），天津县实行巡检辖村制，韩盛庄、辛侯庄、姚庄子、芦新河、刘快庄、西堤头村刘辛台等辖于西沽巡检97村中。清光绪三十一年（1905年），清政府在天津县设四乡三十四区，东镇部分属村韩盛庄、辛侯庄、姚庄子、芦新河、刘快庄、西堤头刘辛台隶属于天津县东乡第七区（以金钟河为界，分北乡与东乡）。天津县遂属直隶省津海道。民国17年（1928年），南京政府改直隶省为河北省，宝坻县、天津县隶属之，时霍庄子、东赵庄村、季庄子、西堤头陈家台属宝坻县第七区大贾庄乡；东堤头、西堤头东属宁河县三区；天津县改称特别市，刘快庄、芦新河、姚庄子、辛侯庄、韩盛庄、西堤头、刘辛台村等隶属特别市东乡所辖。民国24年（1935年），通县成立伪组织“冀东防共自治政府”，冀东道宝坻县、宁河为其所辖。民国25年（1936年），设行政督察专员区，设天津区，隶属天津区宁河县三区。民国27年（1938年），河北省公署成立于天津，设四道，隶属河北省冀东道宁河县三区。民国29年（1940年），河北省复分八道，隶属河北省津海道宁河县三区。民国31年（1942年），芦新河第一个建乡，辖芦新河、姚庄子、刘快庄3村。韩盛庄、辛侯庄、小马庄等辖于北何庄乡，同隶属于天津县第二区。民国32年（1943年）7月，中共武（清）、宝（坻）、宁（河）、工委和武、宝、宁联合办事处成立。属抗日民主政府领导下的冀热边（辽）区，辖区境东部地区。霍庄子、东赵庄、季庄子及东堤头一带均属一区管辖。民国33年（1944年）9月，武宝宁联合办事处下设八个区，原一区（霍庄子等村）改为六区。民国34年（1945年）9月，中共天津县民主政府成立，联合县制撤销，恢复单一县制。东堤头一带，霍庄子、赵庄、季庄子村隶属天津县一区；芦新河、姚庄子、辛侯庄、韩盛庄、刘快庄等属天津县三区，冀中九专署领导。民国35年（1946年），实行武清、宁河分制（各县实行单一县制）霍庄子、东赵庄村、季庄子、东堤头、西堤头（包括刘辛台、陈家台）划归宁河县。民国38年（1949年）2月，冀东武清县八区移交给冀中天津县（天津县于1948年12月恢复建置）韩盛庄、辛侯庄、姚庄子、芦新河、刘快庄等二十三个村属天津县九区领导。中华人民共和国成立，西堤头、东堤头、霍庄子、东赵庄、季庄子隶属河北省天津专署宁河县四区；韩盛庄、辛侯庄、姚庄子、芦新河隶属河北省天津专署九区；刘快庄属天津县三区。1950年7月，原天津县七、八、九区合并为天津县三、四区。1953年7月，域内建东堤头、芦新河、霍庄子、韩盛庄4乡。1957年8月，霍庄子乡、东堤头乡与造甲城乡合并为东堤头乡（隶属宁河四区）。1958年，撤乡建制，建立大公社，下设管理区，改行县统公社，公社辖 管理区，管理区辖村。是年8月，韩盛庄乡、芦新河乡隶属天津市河北区兴淀公社（期间东堤头乡改为堤头公社）。1959年2月，堤头公社由汉沽区划归和平区畜牧场，建霍庄子公社。是年3月，改霍庄子、芦新河、韩盛庄公社为管理区。1960年，韩盛庄管理区隶属天津副食品局。是年10月，改和平畜牧场为和平卫南公社堤头管理区，辖霍庄子、东赵庄、季庄子、东堤头、西堤头5村。1961年1月，兴淀公社改为宜兴埠公社，辖芦新河管理区。是年3月，和平堤头管理区改为堤头公社；5月宜兴埠公社划分为芦新河等6个公社。1962年，芦新河公社和堤头公社划归北郊区。是年8月，芦新河公社更名为霍庄子公社。1963年，刘快庄大队归堤头公社；霍庄子、东赵庄、季庄子3村由堤头公社划归霍庄子公社。1983年，霍庄子公社改为霍庄子乡，东堤头公社改为东堤头乡。1985年，东堤头乡改为西堤头乡。1995年，西堤头乡撤乡建镇；1997年，霍庄子乡撤乡建镇。2001 年10月霍庄子镇并入西堤头镇。

至2016年，域内有高速公路4条，国道1条，省道3条，区道2条。高速公路有津蓟高速公路，境内段长13千米；京津塘二线，境内段8千米；津宁高速公路，位于刘快庄村西，西堤头村南界内，境内路段长10.5千米；蓟汕高速公路，途径东堤头村东南界内，在境内与京津塘二线并线，与京津塘二线并线段建有立交桥。国道有津榆公路（205国道），境内段长12.5千米，自津榆公路1号桥芦新河地界入境，经芦新河、刘快庄、西堤头至永定新河大桥东1.5千米东堤头地界出境。省道有九园公路，境内段1.8千米；杨北公路，境内南北走向，南起塘沽区北塘镇，北到武清区杨村镇与京津公路相接，境内15千米；天津外环线，途径刘快庄、芦新河界内，境内段长2.5千米。区级道路有芦新河后道，位于芦新河村北，西起津榆公路，东至杨北公路，全长2.51千米；郎辛路，西起朗园，东过京津公路、京哈铁路、京津塘高速公路、津围公路至辛侯庄东南杨北公路交口，途径境内2.3千米。

至2016年流经境内主要河流有9条：即永定新河、北京排污河、郎园引河、引滦河明渠、郎定引河、机场排水河、永金引河、丰产河、金钟河。金钟河，流经境内长约4千米，河槽宽90米，流量为300立方米/秒；杨村机场排水河，自南王平乡流入界内，境内长约5千米；北京排污河（华北新河），境内河段长约7.5千米；永定新河，境内长8.5千米；永金引河，由大张庄镇段流入界内。途径四合堂地、刘快庄地界留入金钟河，全长5千米；郎园引河，境内长4千米；丰产河，境内长约7千米；郎定引河（霍赵季引水渠），全长约4.8千米；引滦河明渠，境内长约4千米。

西堤头村

西堤头村位于北辰区东部，坐落在津榆、杨北公路交会处东南，东1.5千米与东堤头村相邻，西1千米与刘快庄村相连，北6千米倚永定河与霍庄子村相望，南5千米隔金钟河与东丽区北于堡相望。村呈半圆形，面积37.4万平方米。2015年，西堤头村长期固定资产5344万元，户籍人口6893人。农业产值1.5亿元，村内服务业年产值2420万元。

西堤头村航拍图　（2017年摄）

一　村庄沿革

西堤头村建于明代永乐二年（1404年），由山西省洪桐县大槐树李姓始祖移民到此占地建村，后又有陈、边、刘等姓携眷迁至。西堤头村分成李家台、边家台、刘辛台和陈家台4个居民点。明代隶属宝坻县海滨乡兴保里三保所辖。清雍正八年（1730年）析武清县，建天津县。清雍正九年（1731年）清政府析宝坻县建宁河县，清乾隆元年（1736年）冠以方位为西堤头。为天津、宝坻、宁河3县界。由于作为县界的古驿道和塌河淀通七里海小河从村中纵横穿过，便出现了一村跨三县情况，即李家台和边家台属宁河县，刘辛台属天津县，而陈家台属宝坻县。素有”一村纳三界，鸡鸣闻三县”之说。至同治九年（1870年），村中翻修成“双通盛桥”，即从通州经天津到盛京（沈阳）的两座石桥，村民郭长发的先人定居在桥畔。到宣统三年（1911年）形成新的居民点郭家庄，为天津、宁河、宝坻三县界内。后来，随着民居增多，庄台界线模糊，人们便只称西堤头村。村址原为东西走向的古海岸贝壳堤的西头，故而得名。民国32年（1943年），抗日民主政权武宝宁联合县设置区划时，打破了延续数百年的县界，将整个西堤头村划归一个区。民国35年（1946年）联合县分家，西堤头村划归宁河县，“地跨三县”的历史从此结束。

民国37年（1948年）12月解放后，西堤头村属宁河县第四区。1953年属东堤头乡。1958年属潘庄公社东堤头管理区。1959年属天津市和平区。1962年属北郊区东堤头公社。1984年属东堤头乡。1985年属西堤头乡。1995年为西堤头镇辖。

二　道路河流

道路　旧时，村民出行多走旱路，遇到水灾，大水围村，居民坐船出行。清代末期，村中发展漕运，船舶增多，村民出行以船为主。村中街道原为旧时驿路，素有“京师门户，津门古驿”之称，东西走向，居民建房分布在道路南北两侧。主街道是村民出行的主要道路。还有东南、西北走向的筐儿港引河河堤，往北通向姚庄子、霍庄子、季庄子等村。顺着河堤往南可到赵温庄、田辛庄等村。道路均为土路。中华人民共和国成立初期，开始修筑公路，至2016年，村北有国道津榆公路，村西有省（市）道杨北公路，村南有津宁高速公路、津蓟高速公路、大北环铁路，村东有京津高速公路。

河流　西堤头村地处九河下稍，地势低洼，上游河水涨发，流入境内，常年如此，形成河形。后经人工开挖，形成河道，即筐儿港引河。筐儿港引河（村民称为小东河）西北、东南走向，穿村而过。清乾隆十一年（1746年）沿旧河道开挖疏通。宣泄塌河淀和筐儿港上游之水。经宁河县赵温庄、造甲城至大王台入七里海。乾隆二十九年（1764年）奉文重浚。民国时期，为村中发展漕运起到重要作用。现村中河段已成街道，村东段河道遗迹尚存。小西河，位于村西，开挖年代无考。据史料记载，康熙三十五年（1696年），在河上建木桥。每年夏秋上游河水涨发，村中筐儿港引河宣泄不及，故以小西河分流，绕村流入七里海。中华人民共和国成立后，为避免水患，兴修水利，开挖新河道。至2016年，村南有金钟河、村北有永定新河和丰产河。

三　人口方言

人口　据《典籍中的北辰》载，民国23年（1934年），西堤头村有户数66户242人。据统计资料载，1982年人口普查，西堤头村有居民1320户5189人，其中男2781人、女2822人。1992年，有居民1797户5794人。1994年，有居民1768户5798人。1997年，有居民1769户5831人。2015年，有居民2667户、常住6848人，男3559人、女3289人。2016年，有乡村总户数2703户6921人。

民族　据《天津市北辰区地名志》载：1995年，该村有汉族、满族、回族3个民族。据村情调查，2016年该村有汉族、满族2个民族。

姓氏　该村共有姓氏19个，其中大姓有边姓、李姓、张姓。

边姓辈分排序：高祖边继美，后为永、自、文、仁、福、玉、德、广、凤、绍、学、士、峙。

方言　该村属津北方言片，该片方言像天津话，又带有邻近武清方言，宁河话，静海方言的一些特点，有4个声调，阴平调为降调，阳平调高升或中升，去声调高降，有类似天津话齿音字多的特点。在全国方言分区上属冀鲁官话区保（定）唐（山）片天津小片。西堤头村的方音、方言，在声母、韵母、声调方面大致相同，接近普通话。声调和天津话相似，最主要的是语音和声调的差异，具体表现为齿音字较多和四个声调中阴平声的调值降低。而齿音字则由于普通话中舌根后音 zhchsh 分别读成 zcs。因此境内语音和天津话一样有“折”“则”不分，“册”“撤”不分，“伞”“闪”不分的现象。因声母 i 和舌尖音 r 混用，又有“人”“银”“肉”“又”不分的情况。另外从韵母和声母组合的变化看也带有某些特有的规律，开口韵母和声母自成音节时，前面必加声母（n），因而“爱”读作“耐”，“暗”则读成“难”“袄”读成“脑”等变音情况，这也是境内方音上习惯特点。在方言方面，词汇丰富、生动、刻画鲜明。富有地方情趣，代表了境内的乐观、爽朗的性格和求实肯干的优良传统。列举比较典型的例子如下表：

普通话与西堤头村方言的区别

表1

类别	普通话	方言	类别	普通话	方言
称代	自己	自个儿、本人、个人	动物	蜘蛛	蛛蛛
	我们	uén们		壁虎	蝎了虎子
	大家	大伙儿		蟾蜍	癞蛤蟆
	炊事员	做饭的、大师傅		牛虻	瞎蠓
人体	头	脑袋、脑瓜子		黄鼠狼	黄鼬
	额	脑门子、脑门儿		螳螂	刀螂
	乳房	个个儿	植物	向日葵	转莲
	腋	夹肢窝、胳肢窝		棉花	苗花
	臀	屁股、屁股蛋儿		玉米	棒子
	膝盖	拨灵盖儿		蓖麻	大麻籽
	脚	脚丫子		西红柿	洋柿子
动物	蟋蟀	蛐蛐	时间	今天	今儿个
	老鼠	耗子		明天	明儿个
	蝼蛄	拉拉蛄		前天	前儿个
	蛇	长虫		中午	晌午
	青蛙	蛤蟆		早晨	早起、清早儿
	猫头鹰	夜猫子		上午	早半晌儿
	麻雀	家雀 qiǎo儿		下午	后半晌儿
	蝉	知了、吉利儿		傍晚	黑儿晌儿
	蝗虫	蚂蚱		昨天	昨个儿、夜个儿

四　耕地状况

据西堤头村上报村情调查资料表明：20世纪80年代，该村有8块耕地，面积为4423亩。耕地四至：东邻东堤头村土地，南邻东丽区，西邻刘快庄村土地，北邻霍庄子村土地。

1994年，村内有排灌站2处，农用机井20眼。2016年，建有排灌站2座，农用机井8眼，灌溉干渠5000米，涵闸20个。

20世纪80年代西堤头村所属耕地地块情况表

表2　　　　　　　　　　　　　　　　　　　　　　　　　　单位：亩

地块名称	位置	面积	地块名称	位置	面积
北贾河	村西北	150	大河东	村南	600
大头地	村西北	50	园田	村南	800
范家洼子	村东	280	胡地	村北	473
张家坟	村东	70	合计		4423
庄南大田地	村南	2000			

20世纪80年代西堤头村所属耕地地块示意图

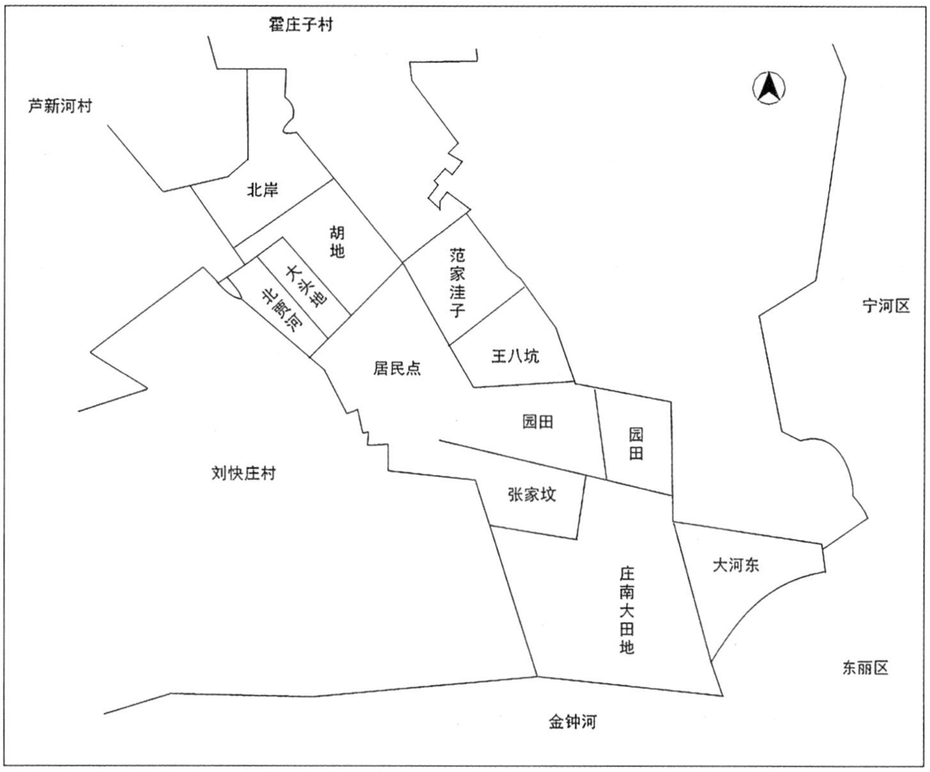

（2016年绘制）

五　街道胡同

中华人民共和国成立前，西堤头村大街小巷均为土路，晴天坑坑洼洼，凹凸不平，尘土飞扬，遇雨后泥泞难行。村中主要街道为东西走向，是古代驿路，长1000米。1972年，进行一次较大的修整，主要街道铺垫炉灰，但因雨水冲刷，泥土淤积，不久又恢复原状。1979年，拓宽津榆公路，由天津市政工程公司把村中主要街道修成柏油路。路面宽4米～6米。从此结束走泥土路的历史。家家门前通公路，街道干净整洁，彻底改变了居民的生活环境。1992年，村中街道又改筑成水泥混凝土路，总长度为9780米。2006年，村投资将通往大田、园田的主要道路修成柏油路面，总长度近万米。至2016年，村内有主要街道13条，胡同161条。

2016年西堤头村主要街道情况表

表3

街道名称	走向	长度（米）	街道名称	走向	长度（米）
振兴北大街	南北	500	新兴街	东西	201
振兴南大街	南北	800	广场街	东西	240
兴华路	东西	1800	兴业大街	东西	452
南小街	东西	92	兴旺大街	南北	346
普乐街	东西	870	复兴大街	南北	530
耀华大街	南北	880	振华街	东西	1000
新开路	东西	670			

2016年西堤头村胡同情况表

表4

胡同名称	走向	长度（米）	胡同名称	走向	长度（米）
振兴北一条	南北	310	兄弟	南北	50
振兴北二条	南北	350	四新	南北	70
振兴北三条	南北	320	振兴东四条	南北	200
幸福二排	南北	10	昌盛	南北	230
幸福一排	南北	10	永久	南北	230
振兴西一条	南北	443	永红街	南北	230
振兴西二条	南北	443	曙光北一条	南北	105
振兴西三条	南北	137	曙光北二条	南北	105
振兴西四条	南北	137	曙光北三条	南北	105
振兴西五条	南北	137	南一条	南北	115
振兴西增一条	南北	65	南二条	南北	115
广源	南北	40	南三条	南北	115
万春	南北	90	永康北	南北	115
球场	南北	84	吉祥北	南北	50
北下坡	南北	170	永康南	南北	115
新开路	南北	620	吉祥南	南北	115
集贤里	南北	60	增产	南北	117
永安里	南北	60	胜利	南北	117
勤劳	南北	60	新城街	南北	117
快乐	南北	50	利兴	南北	117
平安	南北	50	健康	南北	63
丰收里	南北	60	兴辰	南北	63
西桥	南北	110	春光	南北	80
欢乐	南北	50	利民	南北	80
永安	南北	90	永新	南北	70
兴乐	南北	100	永华	南北	70

续表

胡同名称	走向	长度（米）	胡同名称	走向	长度（米）
善德里	南北	50	迎春	南北	70
光华里	南北	60	和平	南北	66
民主里	南北	50	同声	南北	66
永恒里	南北	50	宏声	南北	66
大胡同	南北	138	星光	南北	50
中心楼	南北	40	同乐里	南北	50
健美	南北	70	向阳里	南北	50
友好	南北	30	聚贤里	南北	120
振兴东一条	南北	80	环宇里	南北	70
振兴东二条	南北	80	红雨里	南北	70
振兴东三条	南北	220	花园里	南北	120
东升	南北	60	义昌里	南北	70
华强	南北	80	彩虹里	南北	75
飞腾里	南北	50	华达里	南北	70
升平里	南北	50	华润里	南北	70
复善里	南北	50	丹凤里	南北	80
保善里	南北	50	三羊里	南北	100
彩云里	南北	50	企明里	南北	80
瑞祥里	南北	50	民友里	南北	100
怀仁里	南北	40	山河里	南北	40
光明里	南北	30	福善里	南北	40
重善里	南北	35	振昌里	南北	40
忠信里	南北	40	五合里	南北	40
光辉里	南北	40	顺昌里	南北	40
同善里	南北	40	爱国里	南北	40
红岩里	南北	160	兴业	南北	50
奎星里	南北	160	平安里	南北	160
多福里	南北	160	民主里	南北	160
永庆里	南北	50	群生里	南北	160
风华里	南北	40	重庆里	南北	260
华茂里	南北	30	文明北	南北	126
明善里	南北	30	文明南	南北	50
双喜里	南北	30	幸福道	南北	40
前进里	南北	60	赤城里	南北	70
广仁里	南北	70	长明	南北	70
青竹里	南北	75	东海	南北	70
校东里	南北	95	东升里	南北	60
校北里	南北	70	重阳里	南北	80
喜明	南北	30	双阳里	南北	110
志成里	南北	30	崇文里	南北	110

续表

胡同名称	走向	长度（米）	胡同名称	走向	长度（米）
毛厂	南北	50	长青里	南北	110
井房	南北	30	清洁里	南北	110
普善里	南北	30	富贵里	南北	110
青山里	南北	40	民族里	南北	110
百合里	南北	40	万通里	南北	110
欢庆里	南北	40	益康里	南北	110
祝福里	南北	40	晨光里	南北	110
向东里	南北	45	昌盛里	南北	50
喜迎里	南北	45	玉光里	南北	45
和睦	南北	80	善德里	南北	30
真理	南北	90	育英里	南北	30
真诚	南北	90	霞光里	南北	50
荣吉北	南北	220	安德里	南北	50
建新	南北	90	华昌里	南北	50
新源	南北	90			

20世纪60—70年代，西堤头村房屋结构大体分为三种：一是“篱笆蹬”，即四框用木料支撑，四周用芦苇或秫秸连同木料夹在一起，留有门窗，抹上几层泥作为墙体，上面置放房檩，上铺芦苇或秫秸，抹上几遍泥即可居住。二是土坯垛，即用茅草和泥制成长一尺四寸，宽一尺，厚两到三寸的土坯，土坯垒墙，留有门窗，在山尖上置放房檩，再铺上用芦苇或秫秸扎成的把子，成为两坡式，上面和墙体四周抹上几遍泥即可居住。三是穿鞋戴帽，即用石料或砖从地面垒到二尺多高，中间用土坯，用砖砌檐，房顶建法与土坯相同。总之，旧式住房因条件所限，格局结构多种多样。1980年后，该村房屋结

西堤头村民居　　（2016年摄）

西堤头村新民居　　（2016年摄）

2016年西堤头村街道胡同情况示意图

（2016年绘制）

构格局有很大变化，砖混结构淘汰了土木结构。并且具有多功能的平房和楼房。铝合金门窗取代了传统的木结构门窗，室内装饰也较豪华，大理石、地板砖取代以往的土、砖、水泥地面。

六　公共设施

清朝末年，西堤头村有李芝兰（宁河区芦台人）和张先生（名字不详，人称饽饽张）二人在村中设馆教书，民国时期有闫学培和储振礼（东丽区范庄人）等人设馆教书，期间村中有塾馆4～5个不等。民国23年(1934年)，村中始建小学校，由宁河县国民政府派4名教师。从此境内旧式教育（私塾）宣告结束。1958年，村内办起幼儿园。幼儿教师（时称阿姨）未受过专门培训，文化素质低，只能教些歌谣。1970年，在小学校开办育红班。1979年后，教育工作步入正轨，育红班改为学前班，增加了算术、汉语拼音等内容。1980年后，随着改革开放后乡镇企业的崛起，双职工户逐渐增多，依靠学校办学前班满足不了需求，村内有私人开办幼儿园2所。

西堤头村社区卫生服务站　（2016年摄）

西堤头村中心公园　（2015年摄）

1951年11月，组建东堤头供销合作社，村内设分销店。1985年村中建农贸市场，2001年建集市，每星期五为集市贸易日。

1958年，村内打人工井1眼。1974年，打深450米的机井1眼。1990年，打深480米的机井1眼。1980年，自来水全部入户，由于地下水含氟高，建成集中除氟设施。

1960年以前，村内厕所普遍为秫秸或芦苇在村边编排的篱笆厕所。后用土坯盖的厕所，卫生条件极差。1980年后，建成砖混结构标准公厕，每天有专人打扫。1967年，村内建红医站，医务人员称“赤脚医生”。1970年，村内实行合作医疗。后因基金短缺，

2016年西堤头村公共设施示意图

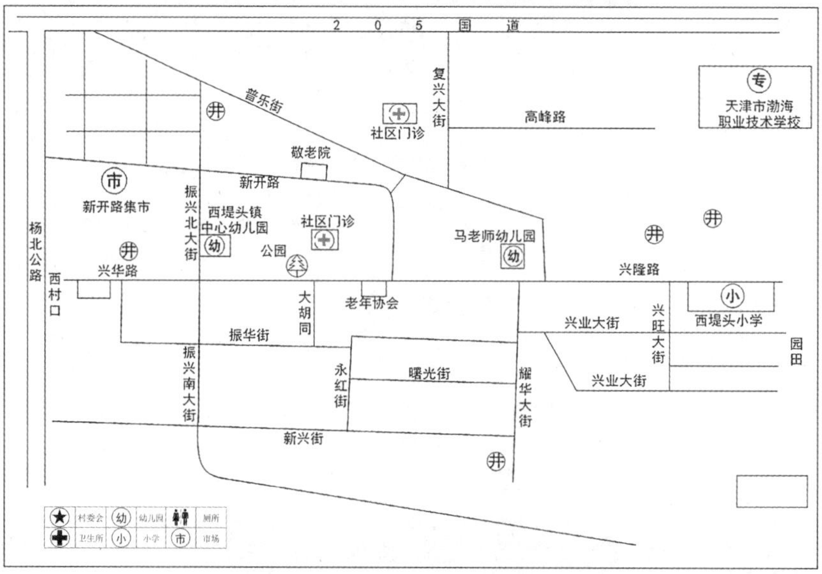

（2016年绘制）

合作医疗停止。1991年。红医站解体，村医自立诊所，改为个体行医。2016年，村中有个体诊所5个。

1976年，村内始办敬老院。改革开放后建立老年活动中心。1980年后，为丰富群众生活，建文化站，内设有图书室，乒乓球室、台球室、棋类室等各种文化设施。修建公园1座，园中种植花草树木，安装健身器材。1980年后，村里成立清洁队，建立垃圾点，配有专用车辆。为净化环境，每年在河道堤埝和村公路两旁栽种各种树木植树，面积300亩。

中华人民共和国成立前后，农村实行土葬。1986年，在村北丰产河堤建骨灰堂一座，占地面积700平方米。1993年，在村东土山旁重建骨灰堂一座，占地面积1200平方米，有专人看护管理。

七　经济概况

旧时，筐儿港河穿村而过，村内居民多有以漕运为生计。民国23年（1934年），西堤头村有养船户128户，有船舶近百对，有500余人从事航运业。每对船舶长7丈～8丈，每对船上用船工4～5人。每只船载重为50吨～60吨。民国时期，村内有舶船近百艘，因此商贾舟楫云集境内，成为各类商品的集散地，来往客商络绎不绝。

中华人民共和国成立前，村内种植农作物主要有棉花、玉米等。1964年，村南种植苗圃5亩。1992年，年产粮767吨。饲养猪、鸡、奶牛、鱼等。年产猪2400头、牛奶1200吨、鸡蛋350吨、鱼300吨。拥有农用汽车171辆，拖拉机42台。1997年，农业总产值1077万元。

进入21世纪，根据村内人多地少之特点，又地处205国道与杨北公路交会处，地理位置得天独厚，农业生产形式向多元化发展。充分利用园田设施，将农事生产活动、农村美好环境等，建设成集景观、生态、采摘、度假等为一体的农业旅游项目。吸引附近、过往及周边城市游客在周末及节假日作短期旅游，实现农业增效。2016年，村有水产养殖500亩，养鸡1000只，养猪1800头，植树3000亩。

1958年，始建村办企业。1995年，有村办企业30余家，其中个体3家。以冶金、化工、食品为主，产品47个。产值1000万元以上的企业有锻件厂、刨花碱厂、津海植物油厂、华晨通讯设备厂、振兴化工厂。1997年，有企业38家，主要生产邮电器材、锻件、拔管、皮鞋、食品等，年产值65278万元。固定资产原值14868万元，农村经济总收入47195万元，人均纯收入3914元。

2016年，村内服务业有餐馆、旅店、美容、牌匾印刷、副食、百货、五金建筑材料、汽车修理、加油站、出租车客运等。

八　民间文化

清朝末年至民国期间，村内自发地组织小车会、高跷会、秧歌队等文艺活动。每到年节聚集大庙左右，围观者可达数千人。中华人民共和国成立前，村民们茶余饭后，几人围坐在一起，谈谈各自的生活景况，聊聊奇闻轶事。有的围坐在粗通文化者的周围听书，内容有《三国演义》《水浒传》《三侠剑》《七侠五义》《济公传》《西游记》等传奇章回小说。有点文化的人看看书等。部分青年在劳作之余或农闲时，拜师学艺，借此怜弱济贫，举义护村，增强生存的底蕴。群体文化活动集中在春节，正月初一至十五，由乡绅牵头组织，各户摊钱，请民间戏班子演出，剧种以地方戏曲为主。

20世纪50—80年代，电影业盛行。村上每隔一段时间都为村民放映一场露天电影，丰富村民的业余文化生活。80年代后期，电视机、卡拉OK机、电子游戏机，以及后来电脑的普及，极大地丰富了村民的业余生活。进入21世纪，村内先后建有中心花园，健身广场、图书室、老年协会等公共设施，有效地发挥了它们休闲、健身、增知、娱乐的功能与作用。

遗迹　据史料记载，西堤头村村址原为海岸线防海水浸入的湾堤。古海岸线遗迹——贝壳堆积带尚存。贝壳堆积带从西堤头村起经东堤头和宁河区造甲城、西塘坨、大海北、马鞍子等地至丰南县大关庄一线。大约形成于距今3000～4000年之间。

碑碣　西堤头村内有2块碑碣。

附：

重修西堤头金钟石桥碑记 宁西南九十里许，曰西堤头者，界与津毗，盖车马衢也。先是总河太保高，少保刘，因三次水利案内，相其处设桥，饬前津尹张，宁尹董厥成事。在乾隆十一年嗣连蹇沉澹，塌淀流涨，桥竟圮。逅余有南仓堤工之役，过其地，父老张奉禄、马俊、张杰、李守基、张奉相、李大才、陈九鹏等，环马首请曰，昔诸葛武候治蜀，道路桥靡不举，君子韪之。近奉恩旨，诏天下桥梁应修者，地方官勘实，动帑兴修。兹桥之废，公得毋恻然乎？因持募簿上，余用是移商津候怀，谋所以复之者，两邑绅士，义民胥踊跃。共输白镪五百六十余两，代石鸠工规制较辟，且益固。不数月工竣，成之日，向记於余，爰识其略云。

新建西堤头双通盛桥碑记 天津东四十里，接宁河界，有村曰西堤头。西有大木桥，中有小石桥，捐建不记年，皆通舟车。西自天津三叉河东接芦台洵河。长百数十里，日随潮会七里海间，旋随潮落，弗能浮大舟，往往非潮，舟莫送，旧名小河。西北又受永定河下游溻河淀，亦曰淀河，夏秋水至，环堤头远近为泽国，行旅幸有舟可通。同治二年春，余补蓟永分司缺时，由芦台赴天津，舟过桥下仰窥，见大车轧桥木，互相轩轾，每遇车翻于河，牲畜折足横桥间，咸视为畏途，奚可不治？村人言：境为九河下稍，岁恒不登，以鱼蟹草子为活，奚力之能治。且非易木为石，即治亦易坏，奚力之能易？陷者可悯，拯过多忘，弗见者，漠然也。余念徒杠舆梁，为政之急，乃商旅病而贫黎嗟，奚可以不治？自顾职不任地方，人俸又薄，无以治此桥。闻村人李维训、李芳等，尝有志于斯，因呼之励以善，动以义，捐资以倡，为文以述，今劝四方人，期大助厥工。弃木更石，取材于盘山，一水可运，村民欣然依而行。五年集有资，六年旱且潦，七年有匪警，八年工兴而资弗继。村人聒余，若余事，余愧无以对。弗暇避嫌，为之寻捐士，复言于津宰许，募及舟车，九年春石桥成。齿石密以立，唇石厚以坚，腹石复以坦。复辅两端，俾宽以固。车过若砥，舟过若洞。驼者、担者、推者、步者，每息于桥，或维舟桥边，皆不知有昔日患。余亦过桥而喜，将以嘉村民，而民侯于桥咸颂不置。余赧然曰；出资既微，又无手足之劳，微众力桥奚成？且奚成以石。民曰：吾侪先世来，未闻有劝治此桥如分使者。向亦欲诉诸官，惧斥为好事，将以桥为利。否则是究是亟，民且因桥扰不然，无岂不不知桥之久患哉？今分使爱人而好善，四方知分使者，素读劝修桥文，无不感激而乐输。不然，夫岂易成哉！桥无名，请分使名，并贾力以起小石桥，使相同。余喜斯人多义，尤喜李维训等之不辞劳怨，而双石桥竟成也。为纪书碑以彰之。桥为通州天津达盛京之要路，因皆名：通盛桥。其村众及捐资姓氏，皆详志于碑。

运判：王钟霖（山东人）

九　大事纪略

由于境内历代均属交通要冲，西堤头、东堤头2村的街道是通往山海关的驿路，久为兵家必争之地。民国27年（1938年），日军侵占境内，派警备队在西堤头驻防。

民国34年（1945年）2月20日，武、宝、宁联合县六区组织委员林哲与区干部刘振芳二人在霍庄子村宣传抗日，发动群众组织抗日武装。因敌人内线告密，警备队包围了霍庄村，林哲、刘振芳二人被捕。后被带到警备队关押。4月，情报得知敌人要把林哲、刘振芳二人押往潘庄这一消息，中共六区区委研究决定组织六区小队在西堤头村东酸枣树一带伏击敌人，解救林哲、刘振芳二人。酸枣树一带坟茔杂乱，草木丛生，地形复杂，有利于隐蔽。区小队埋伏在道路两侧。上午10点左右，警备队一个班押解着林哲、刘振芳二人向东堤头方向缓缓走来。当进入伏击圈后，枪声大作，敌人被这突然袭击打得惊慌失措，到处乱窜。区小队趁机救出林哲、刘振芳二人。警备队2人被击毙，余者逃散。

十　英烈先贤

商文才（1926—1945）　烈士，西堤头村人。民国34年（1945年）3月，参加天津县一区小队。是年8月，到东村执行任务，在村西与敌人遭遇，在战斗中不幸牺牲。

十一　历任党政负责人

该村于1949年建立党支部，刘在勤任支部书记。1995年建立党总支。2009年建立党委。至2016年，共有10人次任书记职务，任职时间最长者达17年。

该村村政机构历经村公所、生产大队、革委会、管委会和村委会的沿革，1944—2016年，共有11人任村政机构负责人，任职时间最长者达25年。

1949—2016年西堤头村党组织负责人任职情况表

表5

党组织名称	姓名	性别	职务	任职时间
党支部	刘在勤	男	书记	1949—1954
	李柏松	男	书记	1954—1960
	刘春山	男	书记	1960—1966
	张义沛	男	书记	1966—1983
	刘玉荣	男	代书记	1983—1985
	李万祥	男	书记	1985—1995
党总支	王庆金	男	书记	1995—2002
	张春元	男	书记	2003—2005
	赵相国	男	书记	2006—2008
党　委	边绍东	男	书记	2009—2016
	王庆华	男	书记	2016—

1944—2016年西堤头村村政机构负责人任职情况表

表6

村政机构名称	姓名	性别	职务	任职时间
村公所	李福太	男	村长	1944—1947
	刘长恩	男	村长	1947—1949
	魏金荣	男	村长	1949—1954
	李柏松	男	村长	1955—1960
生产大队	李春喜	男	大队长	1960—1962
革命委员会、管理委员会、村民委员会	张义茂	男	主任	1962—1986
村民委员会	张春元	男	主任	1986—2003
	张俊山	男	主任	2003—2005
	边绍东	男	主任	2006—2012
	张春洪	男	主任	2012—2015
	张虎林	男	主任	2016—

十二　荣誉

1950—2016年，西堤头村共有3人获天津市市局级及以上先进个人称号。

1950—2016年西堤头村获先进个人荣誉情况表

表7

授予时间	姓名	荣誉名称	授予部门
1980	张义沛	市农业系统劳动模范	天津市委、市人民政府
1985	李志才	市农业系统劳动模范	天津市委、市人民政府
1987	李加善	乡镇企业优秀农民企业家	天津市人民政府

东堤头村

东堤头村位于北辰区东部，永定新河南，西南距镇政府1.5千米，北距205国道300米处。村近正方形，面积32.7万平方米。2009年，农业生产总值1121万元，企业25家，产值37294万元，农村经济总收入16558万元，人均收入3475元。2015年，东堤头村长期固定资产6159万元，户籍人口6149人。2016年，乡村户数2343户，乡村人口6244人，其中乡村从业人员3101人。

东堤头村航拍图 （2017年摄）

一　村庄沿革

东堤头村建于明永乐二年（1404年）。始有山西洪洞县枣林庄人氏于立明、李宝文到此定居，又请来刘振恒同住成村，人称“东李、西于、邀来的刘”。因居古海岸贝壳堤头东侧故名。（参见《典籍中的北辰》374页）

明代隶属宝坻县海滨乡兴保里3保。到清雍正九年（1731年）始隶属宁河县儒林里3保所辖（时行政区划属宁河县，户籍人口由宁河县管辖，村北的部分土地仍归宝坻县管辖，交税、交粮由宝坻县征收）。民国20年（1931年）属宁河县第三区潘庄区公所。民国31年（1942年）属宁河县第三区造甲城乡。民国37年（1948年）底解放后至1953年属宁河县第4区。1953年建东堤头乡。1958年属潘庄公社。1959年属天津市和平区。1962年属北郊区东堤头公社。1984年属东堤头乡，1985年属西堤头乡，1995年属西堤头镇管辖。

东堤头村委会办公楼　　（2015年摄）

东堤头村村碑　　（2016年摄）

二　道路河流

道路　中华人民共和国成立前，东堤头村外界交通道路有3条土路。第一条是天津到沈阳的大驿路从村中经过。第二条是村南通往赵温庄村的土路。第三条是村东北方向通往宁河造甲镇方向土路。雨天泥泞不堪，出行不便。20世纪50年代，村北0.5千米处修205国道，双向单车道。80年代，拓宽双向双车道。2015年，又拓宽为双向三车道，方便村内百姓出行。2016年，村东修建京津塘高速复线。

河流　东堤头村西大石桥一座，昔为木桥，清雍正六年（1728年）合庄捐建，乾隆四十二年（1777年）合庄捐资，易之以石。又庄东大桥一座，康熙三十二年（1693年）合庄捐建，乾隆三十八（1773年）年合庄捐修（宁津分界处）。（摘自《宁河县志译注》143页《典籍中的北辰》362页）

中华人民共和国成立前，村原始水源来自金钟河，东堤头张氏先人开挖一条沟渠，后人俗称张家沟子，通往卫河子，由卫河子连通至金钟河变为潮汐河流，后在村南又开挖大王濠、二王濠、鲁家坑、兰台坑、东台坑、北水柜、西大井，形成东堤头村独有的特有水系，为农业灌溉、人畜饮用和防火。中华人民共和国成立后，在村东0.5千米处开挖华北河，流经村域3.4千米。方便了渔业、农业、防旱、排涝，促进了村经济发展。1970年，在该村1.5千米处开挖永定新河。将原华北河切断，老华北河大桥拆除，在永定新河上架新桥一座，名东堤头大桥。1975年，在村北开挖丰产河。

三　人口方言

人口　据《典籍中的北辰》记载，民国23年（1934年），该村有178户714人。据统计资料载，1982年有居民1231户4898人。1992年，有居民1685户5275人。1995年，有居民1750户5369人。1997年，有居民1758户5352人。2016年，有居民2343户6244人。

民族　据《天津市北辰区地名志》载：1995年，该村有汉族1个民族。据村情调查，2016年该村有汉族、朝鲜族、满族、布依族4个民族。

姓氏 2016年，东堤头村主要姓氏有李、于、田、刘、张等姓。主要姓氏辈分排序如下：

李姓辈分排序：德、瑞、永、忠、景、宝、桂、玉、昆、山。

于姓辈分排序：德、大、洪、士、凤、广、太、福 、志、恒。

田氏辈分排序：始祖田花，二十四世依次为田花、明、应、存、起、义、得、庆、文、景、广、洪、秀、桂、宝、佳、尚、祥、乾、兆、国、民、兴、华。

刘氏辈分排序：一世祖：刘臣、刘皋；二世祖：刘文澄、刘文汉；三世祖：刘万良、刘万苍、刘万礼。三代以下依次为：万、邦、应、继、自、永、德、士、佩、玉、广、泽、卿、昭、金、国、恩、祥、长、顺。

张姓家谱辈分排序情况表

表1

辈分	东支	西支
一世	成公	天翔、天千
二世	秉心	从株
三世	梦奇、梦贵、梦前	志惠、志安、志然
四世	凤仪	有金、有银、有德、有宝
五世	继铎、继尧	继贤、继儒、继建、继福、继爱
六世	珺、琦、琳、焕	玉、礼、勇、仁、昆、仑
七世	国佩、国顺、国杰、国成、国志、国相	国安、国和、国然、国通、国达、国运、国美
八世	维忠、维孝、维双、维正、维佐、维良、维弼、维聪、维祥、维瑞、维亮、维平、维明、维升、维经	维翰、维训、维浩、维性、维漠、维誓、维典、维浩、维清、维淇、维滨、维茂
九世	广彬、广闻(谱上广彬、广闻应为张彬、张闻)、广泰、广清、广信、广聚、广盛、广域、广兴、广发、广才、广顺、广珍、广乾、广权、广居、广基、广闻、广福、广德、广来、广堂	广芳、广艺、广萼、广云、广兰、广田、广运、广聘、广厚、广怒、广柱、广隣、广贵、广富、广荣、广辉、广善
十世	万秋、万仲、万春、万龄、万钧、万举、万会、万邦、万苍、万箱、万秩、万魁、万元、元钟、万床、万卷、万书、万第、万平、万友、万禄、万群、万程、万秀、万贵、万丰、万俊、万和	万爽、万行、万英、万华、万全、万选、万兴、万年、万升、万顺、万宝、万洪、万彩、万才、万琪、万恒、万足、万汉、万镒、万发、万修、万循、万隆、万聚、万江、万进、万福、万盈、万聚、万山、万岗、万祥、万金、万领、万生、万清、万德、万荣、万里、万杰、万瑞、万永、万馥
十一世	辈字：学(未修谱)	-
十二世	辈字：怀(未修谱)	-
十三世	辈字：洪(未修谱)	-
十四世	辈字：永(未修谱)	-
十五世	辈字：德(未修谱)	-
十六世	辈字：祥(未修谱)	-

方言 东堤头村属津北方言片，该片方言像天津话，又带有邻近武清方言，宁河话，静海方言的一些特点，有4个声调，阴平调为降调，阳平调高升或中升，去声调高降，多数村镇都有类似天津话齿音字多的特点。在全国方言分区上属冀鲁官话区保（定）唐（山）片天津小片。

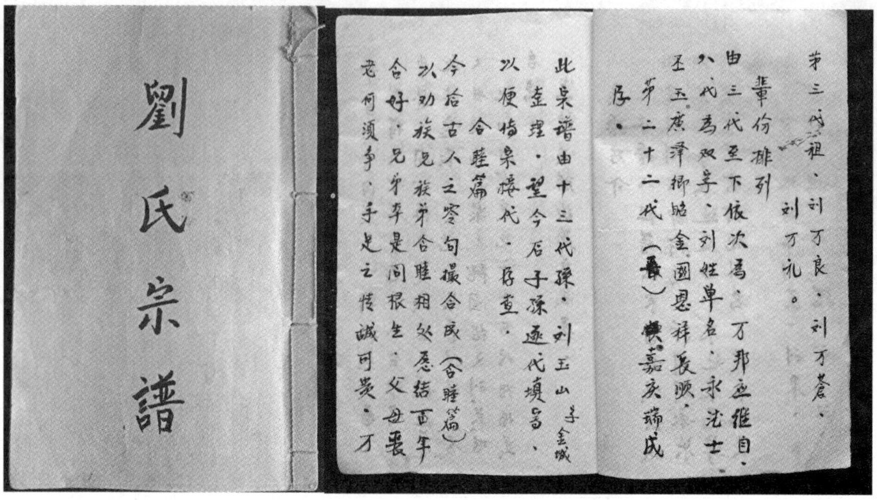

刘氏宗谱　　（2016年摄）

家（族）谱选介　刘氏族谱简介：本谱人祖籍山东省诸城县，城九湾胡同大柳树院。于明朝永乐二年（1404年）由山东迁来此定居。

刘氏族谱和睦篇：今拾古人之零句，撮合而成（和睦篇）以劝族兄族弟和睦相处，愿结百年和好。兄弟本是同根生，父母丧老何须争，手足之情诚可贵，万事皆念骨肉亲。一朝相见一番老，能得几进为弟兄，人生难得兄弟爱，同心协力变成金。谦让尊敬情意长，天伦之乐喜洋洋，为人当效孔让梨，桃园结义刘关张，上山打虎亲兄弟，历代相传美名扬。乌鸦反哺报养育之恩，鹿得肥草而聚其群，蜜蜂见花而聚其众，羊羔跪乳马不欺母，蝼蚁防雨挖其洞，蜘蛛落网为其食，鸡不鸣而天不晓，雁不叫而时不至，禽兽乃知五常，何况人乎。日月轮回终有老，兄弟子侄不能伤，今朝父母床前孝，免去世人论短长。

四　耕地状况

据东堤头村上报村情调查资料表明：20世纪90年代，该村有10块耕地，总面积为4263亩。地块分布在东距宁河造甲城村6千米，杨建庄2千米，赵温庄2.5千米；西距西堤头村1.5千米；南距北于堡村（东丽区）6千米；北距霍庄子村6千米，赵庄子村6千米。

1964年，在华北河上东堤头科技组北侧，建东堤头村第一座扬水站，装机3台直径500水泵。解决东堤头村近7000亩土地的浇灌、排涝、种植水稻。1973—1974年，挖排水干渠，由华北河、永定新河扬水站，至东堤头土地界内三道沟子全长4千米，受益面积4000亩。

1975年，在永定新河建一座扬水站，装机直径900水泵一台，直径600水泵一台，直径500水泵一台，将老扬水站废除，做到旱能浇、涝能排，沟渠网络交织有序，闸涵配套设施齐全。90年代，陆续建扬水站4座，金钟河扬水站、河南大坝扬水站，直径500水泵一台，丰产河扬水站直径600、500水泵各一台，华北河、刘坟扬水站直径500水泵一台，配属扬水站为大田和园田稳产高产打下基础。

20世纪90年代东堤头村所属耕地地块情况表

表2　　单位：亩

地块名称	位置	面积
骆驼脖子	村东南	40
盆窑小河滩、三道沟子	村东南	366
南牛角地	村东	1280
冯家洼子、农路东西、赵温庄房后	村东	980
高地东坝、张老洼子	村东	830
北牛角地	村东北	460
卫河滩	村东南	95

续表

地块名称	位置	面积
南洼子、李家坟	村西南	212
合计		4263

20世纪90年代东堤头村所属耕地地块示意图

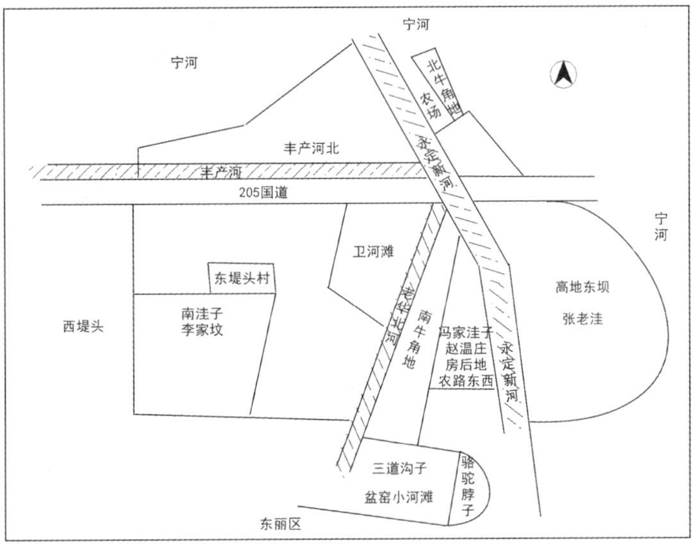

（2016年绘制）

五　街道胡同

中华人民共和国成立前，东堤头村街道均为土路。1980年，村内主要街道修筑柏油路面。1992年，有东西向街道3条，南北向街道1条，均沥青路面，有路灯。东西向胡同5条，南北向胡同124条。2009年，为发展农业，修建农用柏油路4条，全长8千米。

东堤头村村中街道　　（2016年摄）

2016年，东堤头村主要街道有工农大街、兰台街、东台街、小南街、环村路、育才路共6条。东堤头老村台有工农大街，居住以张姓、李姓、于姓、周姓等为主。方位、大庙以西，小南街以北至村西头。小南街位于大街以南所以称小南街，主要居住有于姓、李姓、张姓、鲁姓、郭姓、刘姓等。兰台居住的兰姓人口较多，所以取名兰台，主要居住有兰姓、田姓、吴姓、刘姓等。东台位于村东故名东台，主要居住有刘姓、王姓、胡姓、倪姓、魏姓、赵姓等。有胡同114条。

2016年东堤头村街道胡同情况表

表3

类别	名称	走向	长度（米）	类别	名称	走向	长度（米）
街道	工农大街	东西	600	街道	小南街	东西	450
	兰台街	东西	400		环村路	环形	3000
	东台街	东西	450		育才路	南北	560

续表

类别	名称	走向	长度（米）	类别	名称	走向	长度（米）
胡同	育才路	南北	80	胡同	民族	南北	69
	长青	南北	80		繁荣	南北	69
	水柜	南北	80		李家	南北	38
	康乐	南北	80		永明	南北	38
	健美	南北	80		张家北	南北	30
	展新	南北	80		文明	南北	160
	安乐	南北	80		井西	南北	160
	治安	南北	80		井东	南北	160
	改进	南北	80		光明	南北	160
	北道大街	南北	80		长虹	南北	160
	红星	南北	400		互助	南北	160
	福星	南北	140		胜利	南北	160
	五星	南北	140		南阳	南北	160
	喜乐	南北	140		如意	南北	160
	金生	南北	140		敬老院西	南北	160
	东兴	南北	40		市场北	南北	160
	前进	南北	58		富民	南北	120
	永恒	南北	58		同兴	南北	120
	平安	南北	58		新华	南北	120
	上康乐	南北	58		红心	南北	120
	进步	南北	58		永久	南北	120
	加强	南北	58		永乐	南北	120
	同了	南北	48		永康	南北	120
	致长	南北	48		吉祥	南北	120
	泰康	南北	48		敬老院东	南北	160
	路南三	南北	98		至诚	南北	120
	路南二	南北	98		耀华	南北	120
	路南三	南北	98		永爱	南北	120
	福利	南北	126		大同	南北	120
	改革	南北	126		校前	南北	120
	宏光	南北	76		校西	南北	88
	兴华	南北	76		校东	南北	88
	曙光	南北	76		井东	南北	88
	民族	南北	76		广旺	南北	88
	增产	南北	76		富强	南北	80
	华美	南北	76		丁横	南北	88
	长红	南北	76		刘家	南北	88
	向荣	南北	76		王家	南北	120
	欣欣	南北	76		建新	南北	120

续表

类别	名称	走向	长度（米）	类别	名称	走向	长度（米）
胡同	四化	南北	76	胡同	中华	南北	120
	建设	南北	76		振兴	南北	120
	阳光	南北	76		拐弯	南北	120
	阳光路	南北	120		跃进	南北	120
	鲁坑	南北	80		团结	南北	120
	西井	南北	96		和平	南北	120
	新春	南北	140		东升	南北	120
	青春	南北	140		旭日	南北	120
	太平	南北	140		新开	南北	120
	致新	南北	140		和睦	南北	120
	春园	南北	140		致富	南北	120
	满园	南北	140		顺丰	南北	120
	同心	南北	140		朝阳	南北	120
	齐心	南北	140		通达	南北	120
	刘家	南北	58		友谊	南北	120
	张家湾	东西	125		建新一	南北	330
		南北	106		建新二	南北	330
	阳光	南北	65		建新东	南北	330
	光辉	南北	65				

2016年东堤头村街道胡同情况示意图(一)

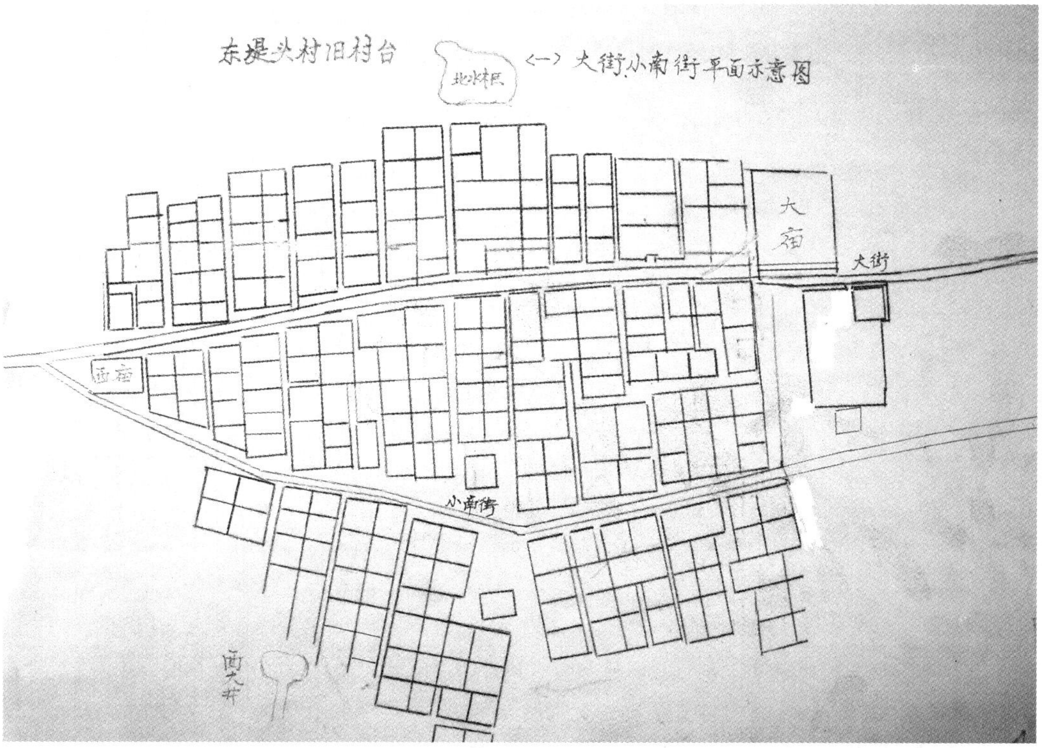

2016年东堤头村街道胡同情况示意图（二）

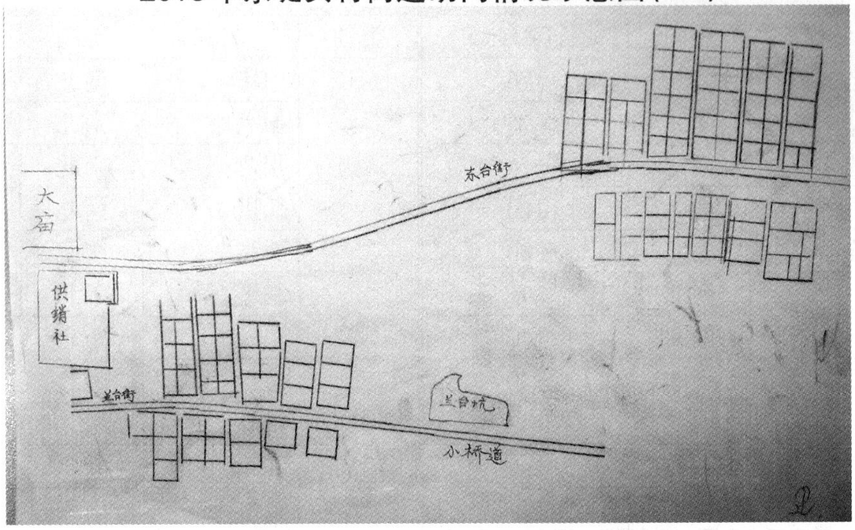

2016年东堤头村街道胡同情况示意图（三）

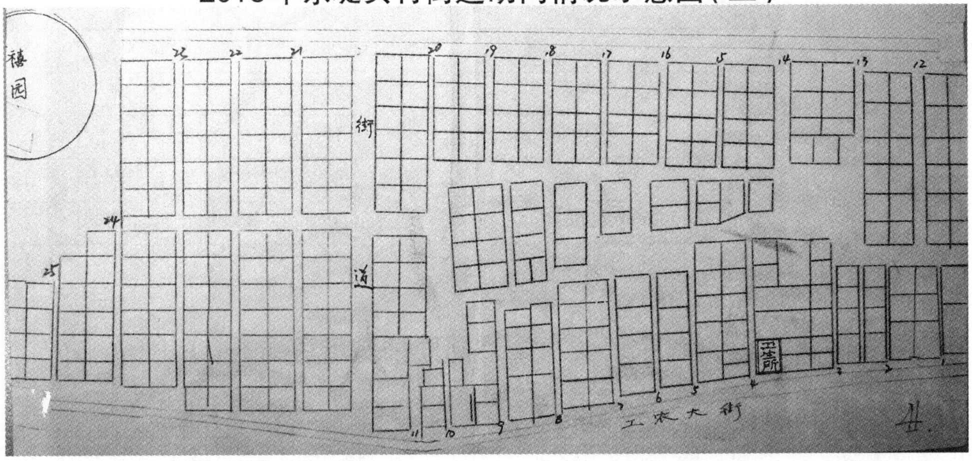

2016年东堤头村街道胡同情况示意图（四）

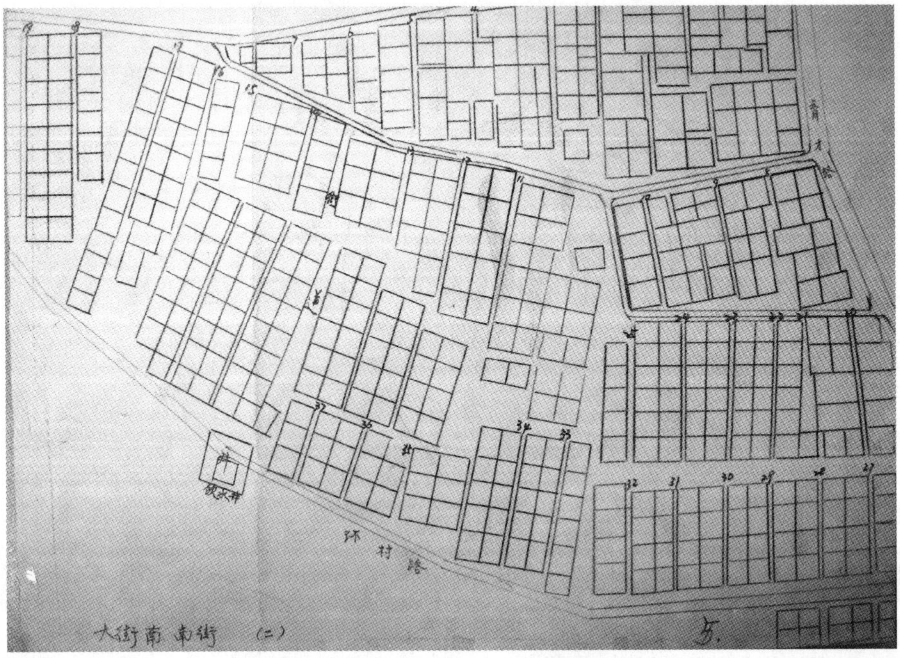

2016年东堤头村街道胡同情况示意图（五）

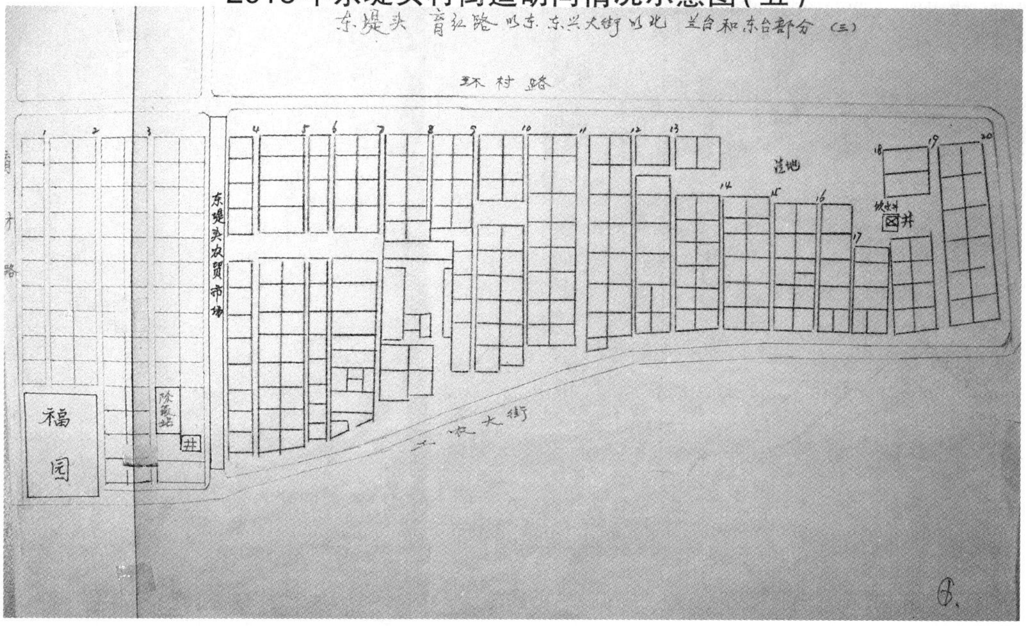

2016年东堤头村街道胡同情况示意图（六）

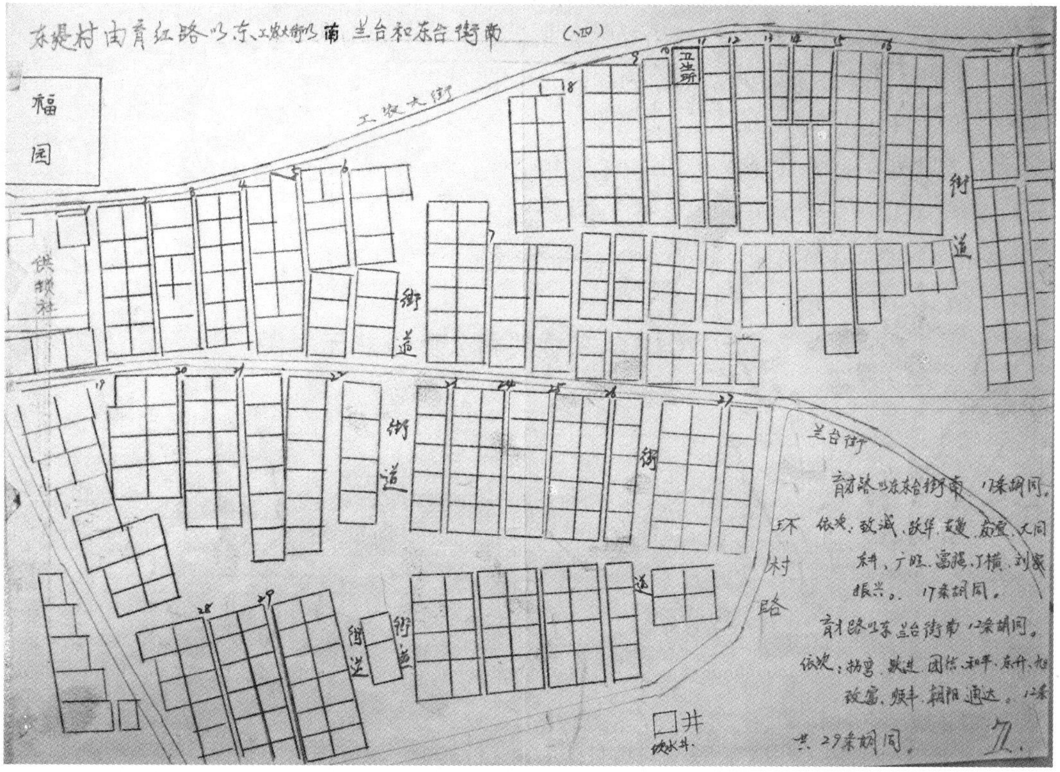

（2016年绘制）

中华人民共和国成立前，东堤头村村民居住均为土坯房。20世纪80年代，随着经济的发展，村民生活水平提高，村民建房均为砖木结构的瓦房。1997年，开发商品房，建设枫水湾小区（东海园）。一期建筑面积1.6玩平方米，共计8栋195户。2005年，二期建设建筑面积7.84万平方米，共计21栋800户。京津塘二线修建出口，拆迁东堤头村174户民房；2016年，被拆迁村民还迁枫水湾小区。是年，村民人均居住面积30平方米左右。

东堤头村民住宅　（20世纪80年代摄）

枫水湾小区　（2015年摄）

六　公共设施

东堤头村公园　（2016年摄）

20世纪80年代初期，东堤头村建液化气供应站，成为西堤头镇居民生活用气基地。建砖混结构标准公厕19个。1988年，该村在村东建骨灰堂1座，占地面积600平方米，配专人看护。1992年，建小学教学楼。1995年，村内有六年制小学校、村办甲级卫生所各1所，粮站、蔬菜批发市场、集市场各1处，信用社储蓄所2处。21世纪初，村内先后建起5座花园，依次为福园、禄园、寿园、禧园、枫水湾带状公园。

至2016年，村内有小学1所，总占地面积1万平方米，中学1所、幼儿园1所、社区卫生服务中心3处、农贸市场1处、饮水机井5眼、水塔5座、饮水设施1处。

2016年东堤头村公共设施示意图

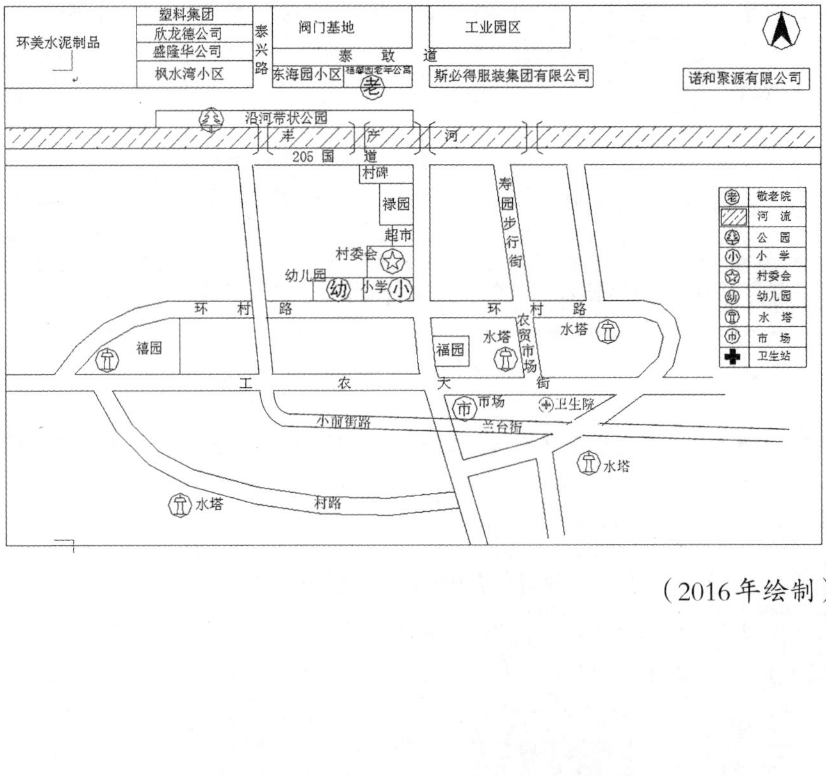

（2016年绘制）

七　经济概况

中华人民共和国成立前，村内农作物种植主要有玉米、小麦、高粱、豆类等。1958年，始种植水稻，1995年，水稻种植面积1757亩。蔬菜种植有萝卜、黄瓜、豆角、白菜、茄子、西红柿、辣椒、圆白菜、芹菜、韭菜等50多个品种，其盛产的青萝卜，为天津一绝，是村特色产品。20世纪80年代始，村里发展设施农业，开发中小棚种植蔬菜，经济效益逐步提高。

1997年，开始水产养殖，华北河养鱼面积250亩。2015年，养鱼水面1000亩，南牛角地养鱼230亩。所养鱼主要品种有鲤鱼、鲢鱼、草鱼、鲫鱼等。

1959年，始建村办企业。1995年有村办企业25家，其中个体企业6家。产品以服装、机械、机电为主，共35个产品。华峰制衣厂生产的夹克衫被农业部命名为名牌产品，销售全国大部分地区。产值1000万元以上的企业有华峰制衣厂、天兴农药厂、光华热压件金属械机厂。此外，还有振兴车架厂、宏业金械厂、东贵模具厂、五金厂、金华清洁用具厂等。

至2016年，村共有重点企业38家，其中市办企业3家，即天津塑料集团第二塑料厂、天津市阀门基地、天津市色织十七厂。镇办企业3家，电磁厂、饮料厂、金钢氧气。村服务业主要以运输、餐饮为主，其中有大型汽车279部、出租车60辆、大型饭店3家、小吃部15家。

八　民间文化

东堤头村业余剧团　始建于1954年，演唱剧种以评剧为主。剧团演职员共40人左右，利用业余时间排练，春节或有庆祝活动时演出，无工资报酬，以在村内演出为主，有时被邻村邀请去演出。演员来自村内文艺骨干。排练时请天津市内艺术名人或教师给予艺术指导。行头和锣鼓家什等均由村中集资购买。主要演出剧目有《梁山伯与祝英台》《茶瓶计》《王定保借当》《王少安赶船》等和一些折子戏。1960年停止活动。

小车会　东堤头村小车会始于清代中叶，盛行于中华人民共和国成立前后。是农村中流行的一种民间歌舞。每逢农闲时组织排练，到农历正月和二月庙会期间出会演出。小车会有20多人，演员以胡友利老先生为主。形式以跑车为主，欢快起舞。主要表现农民对丰收的喜悦，反映乐观向上的精神。

高跷会　东堤头村高跷会鼎盛时期在20世纪40年代末至50年代初，有会员30余人。以门秀荣老先生为代表的会员，在出会期间装扮成八仙、唐僧、孙悟空、猪八戒、青蛇、白蛇、许仙等角色。他们在高跷上表演富有戏剧性，技艺高超。翻、转、腾、挪、跳跃、劈叉如履平地，轻松自如。配有锣、鼓、笛、萧等乐器伴奏，欢快滑稽、幽默风趣。每次演出都引来广大村民前去观看，热闹非凡、津津乐道。1954年停止活动。

秧歌队与广场舞　改革开放后，东堤头村成立秧歌队。至2000年，秧歌队发展到40余人。每天利用业余时间开展活动。该村秧歌队在附近村庄小有名气。参加过区、镇组织的各项秧歌大赛，并取得荣誉。进入21世纪，响应国家全民健身的号召，自发组成广场舞队，随着各种流行音乐的伴奏翩翩起舞、整齐划一，强身健体自娱自乐。

九　大事纪略

明、清时期，东堤头村曾设有营房。传递军事情报和指令，并派有兵丁驻守。

民国27年（1938年），日军侵占境内，在东堤头村驻扎。

民国32年（1943年），在中共地下党的领导下，东堤头村成立抗联小组。

民国34年(1945年)6月，麦收刚刚结束，盘踞在天津的日军经常出动进行扫荡，抢夺人民的劳动果实。根据情报得知，21日，日军到宝坻抢粮，为了打击日寇，保卫夏收，冀东军分区的一个连配合6区小队，在东堤头村西的西庙、民房及道路两侧埋伏，伏击敌人。敌人渐渐进入伏击圈，双方开火交战。

1968年5月25日，龙卷风从东堤头村东界内经过，袭击宁河县大王台村，东堤头村民刘恩波、范玉荣恰在大王台卖菜，龙卷风将二人畜、车辆从后街卷到前街，俱受伤。风到之处，大树连根拔起，房屋揭盖，庄稼俱损。

1978年，在西堤头乡东堤头村东1.5千米处，发现战国及汉代遗址，面积30000平方米。遗物有夹砂红陶三足器、灰陶盆、罐、甑、板瓦等。

十　英烈先贤

张国杰（生卒于乾隆年间）　幼读私塾，17岁因其兄与淀北二十四村护堤人员发生口角被打致伤。为讨公道，遂与对方代理人于龙耀（宝坻区人，乾隆年间举人）对簿公堂。发誓官司不胜决不完婚。历尽艰辛历时18年后胜诉。官府令淀北二十四村为东堤头村树碑立传，并公开道歉。

兰成春（1920—1944）　民国32年（1943年）参加武宝宁县支队，任班长。民国33年（1944年）秋，在宁河县朱头淀村与日军作战取得胜利后，清理战场时，被潜藏在秫秸垛后的日军冷枪击中牺牲。

刘玉美（1920—1947）　民国35年（1946年）参加革命工作，在土地改革运动中任区联络员。民国36年（1947年）10月，东堤头村还乡团勾结国民党三区队，欢坨壮丁队到东堤头讨伐，在村中被捕，惨遭毒打，伤势严重。在西堤头村东被国民党三区队杀害。

兰长吉（1921—1947）　民国35年（1946年）参加革命工作，在土地改革运动中任村联络员。民国36年（1947年）冬，因被村中叛徒出卖，被还乡团秘密杀害。

田广来（1921—1985）　民国34年（1945年）5月在天津宁河县参军入伍。民国37年（1948年）8月加入中国共产党。当年参加辽沈战役，于所在部队华北九纵二十七师五十八团一营二连任副排长。民国38年（1949年）1月参加平津战役，在第四野战军46军138师警卫三连任排长。平津战役结束后，随"四野"南下，参加了多次战斗，一直随部队打到广东。1955年被授予大尉军衔。1956—1965年，被授予少校军衔。

刘玉振（1929—1947）　烈士，民国35年（1946年）参加革命，为冀东十五军分区某部战士。民国36年（1947年）11月，在玉田县小林口村战后休整训练时，因手榴弹意外爆炸，掩护战友时不幸牺牲。

于士文（1931—1951）　1950年参加中国人民志愿军赴朝鲜作战。1951年4月在朝鲜战场牺牲。

十一　历任党政负责人

民国36年（1947年），该村王全友经宁河县3区农会主任李宝玉介绍加入中国共产党，在东堤头、西堤头两村开展土地改革运动。同时，不断地发展党员壮大党组织。民国38年（1949年）7月，东堤头村建立党支部，王全友任支部书记。1973年，建立党总支。2000年，建立党委。至2016年，共有10人次任书记职务。

该村村政机构历经村公所、生产大队、革委会、管委会和村委会的沿革，1950—2016年，共有10人次任村政机构负责人职务，任职时间最长者达17年。

1949—2016年东堤头村党组织负责人任职情况表

表4

党组织名称	姓名	性别	职务	任职时间
党支部	王全友	男	书记	1949—1953
	鲁荣贵	男	书记	1953—1962
	李宝文	男	书记	1962—1964
	刘广金	男	书记	1964—1969
	郭连江	男	书记	1969—1971
	兰成合	男	书记	1971—1973

续表

党组织名称	姓名	性别	职务	任职时间
党总支	刘广金	男	书记	1973—1999
	张永超	男	书记	1999—2000
党　委	于广龙	男	书记	2000—2006
	田秀林	男	书记	2006—

1950—2016年东堤头村村政机构负责人任职情况表

表5

村政机构名称	姓名	性别	职务	任职时间
村公所	张怀兰	男	村长	1950—1957
生产大队	付加才	男	大队长	1958—1965
革委会	范树明	男	主任	1965—1977
管委会	付加才	男	主任	1977—1983
村民委员会	张永贵	男	主任	1983—1984
	周宝刚	男	主任	1984—2000
	于广龙	男	主任	2000—2006
	田秀林	男	主任	2006—2009
	刘广民	男	主任	2009—2016
	刘喜强	男	主任	2016—

十二　荣誉

1950—2016年，东堤头村获天津市市局级及以上先进集体荣誉7项，其中国家级1项、市级6项；1983—2015年，该村获市局级及以上先进个人荣誉19项，其中国家级1项、市级18项。

1950—2016年东堤头村获市局级及以上先进集体荣誉情况表

表6

授予时间	荣誉名称	授予部门
2003	天津市民主法治示范村	天津市依法治市领导小组
2004	天津市生态村	天津市环保局、天津市农业局
2007	天津市市级卫生村	天津市爱国卫生运动委员会
2008	天津市第二次农业普查先进单位	天津市第二次农业普查领导小组办公室
2009	天津市巾帼示范村	天津市妇女联合会
2010	优秀半边天家园	天津市妇女联合会
2013	全国城乡妇女岗位建功先进集体	全国妇女联合会

1950—2016年东堤头村获市局级及以上先进个人荣誉情况表

表7

授予时间	姓名	荣誉名称	授予部门
1983	马云霞	市农业系统劳动模范	天津市委、市人民政府
1984	周宝祥	天津市村镇建设先进个人	天津市建设委员会

续表

授予时间	姓名	荣誉名称	授予部门
1987	周宝刚	社会支持教育、改善办学条件先进个人	天津市教育委员会
1990	鲁荣瑞	嘉奖一次	天津市公安局
1992		三等功	天津市公安局
1994		三等功	天津市公安局
1997		三等功	天津市公安局
1975		优秀治保工作者荣誉称号	中华人民共和国公安部
2005	于广龙	天津市劳动模范	天津市人民政府
2005	兰恩良	市级调解工作优秀个人	天津市人民政府
2007		治安防范市级先进个人	天津市综治委
2008		优秀治保人员市级先进	天津市综治委
2009	刘洪军	天津市劳动模范	天津市委、天津市人民政府
2009		嘉奖证书	天津市公安局
2010	王宝红	2007—2010年市级妇联系统先进个人	天津市妇女联合会
2013		市级“三八”红旗手	天津市妇女联合会
2013	刘广民	天津市农村党的建设“三级联创”活动优秀村民委员会主任	天津市委组织部、天津市委农村工作委员会、天津市民政局
2015	兰起建	天津市劳动模范	天津市委、天津市人民政府

附：

东堤头废堤（东堤头村北1千米处）

堤以防水患也。不能防患，反而以害之。欲其趋事赴功，难矣。查此地康熙年间，曾筑堤一道，后因挑挖引河，众流奔注，附近田庐，屡遇淹没。乾隆十七年，蒙恩减赋，时钦差查勘，以金钟河宣泄不及，特将筐儿港东堤，王家务西堤毁坏，使水势散漫，以便疏泻，自是水患消息，民赖以安。迩年来屡经宝坻移催修筑，奈合庄涕泣苦陈，势难强逼。屡次亲行勘验，察看情形，乃知此堤有益于宝，而实害于宁也。盖该庄地最低洼，一筑此堤，每遇涨发，宝坻固可免患，而水势直冲，其不至胥吾民而鱼鳖之不止，宜其哓哓渎诉也。夫春秋重民力，兴作必书，无益而为之，君子忧饥焉。况强民为害己之事乎，故特书之，以为将来者吉。此堤嗣于乾隆四十四年（1779年），经东路分府沈勘明，仍照旧废弃，不许复行修筑。详道行县有案，并准给示勒碑，永远遵行。

【载于《宁河县志》清光绪六年（1880年版）】

刘快庄村

刘快庄村位于北辰区东部，村东面是杨北公路，北面是205国道（津榆公路），村南为津宁高速公路，与东丽区欢坨村隔河相望，西望温家房子村。村呈三角形，面积39.88万平方米。1999年，农业总产值1068万元，农村经济总收入47130万元，人均收入4454元。2015年，刘快庄村长期固定资产2536万元，户籍人口6691人。

刘快庄村航拍图 （2017年摄）

一　村庄沿革

明永乐二年（1404年），时有刘、赵、焦3姓共起龙票占地建村。刘家来自山东省青州府诸城县庞各庄。由刘门赵氏带领胞弟及两个儿子（刘公、刘快）迁此居住，因刘家孤儿寡母，以次子刘快名为村名。据《天津府志》载，光绪二十四年（1898年）称“刘状庄”，并注“状前作快”。后复称刘快庄。明代隶属武清县灰锅口里。康熙《武清县志》（影印本）卷三130～133页载：康熙十四年境内村庄，里十三庄：刘快庄、西堤头。《典籍中的北辰》52页载，清雍正九年（1731年），隶属天津县东路。清乾隆元年（1736年）隶属天津县西沽巡检。清光绪三十一年（1905年），隶属天津县东乡6区。民国31年（1942年），隶属天津县二区芦新河乡。民国37年（1948年）12月解放，隶属天津县三区。1953年，属津北郊区芦新河乡。1958年，属天津市河北区兴淀公社芦新河管理区。1959年，属河北区宜兴埠公社芦新河管理区。1962年，属北郊区芦新河公社。1963年，归属东堤头公社。1984年，属东堤头乡。1985年，属西堤头乡。1995年为西堤头镇辖。

刘快庄村村碑

（2016年摄）

附：

钱官房传说

据《天津府志》记载，清光绪二十一年（1895年）前，刘快庄村西一千米处有一地名叫钱官房。钱官房也叫钱家房子，占地面积约为8000多平方米。据称，钱家住天津城里，在塌河淀西南方购置上百顷苇地。当初只建有看护苇地房屋，后扩建大片青砖瓦房，院内有三棵大杨树（为死后无棺木之穷人伐而用之）。钱家是天津城里有名的财主。偶尔同天津县官员、商贾、亲友、家人在此小住。也有称避暑、躲兵乱之说。从遗址土台上堆积的青砖和碗、碟、盆等碎片上看，均属细瓷制作，甚是高级，非一般平民所用。民国初期，钱官房归了广仁堂（也叫娃娃堂），成了专门收留弃婴和穷人无力抚养之子女的慈善机构。具体详情无从可考。现遗址虽有，但遗迹已荡然无存。

二　道路河流

道路　截至2016年，经过该村的公路4条。国道1条，为205国道（津榆公路），在村北1.5千米。省（市）路2条，一为杨北公路，在村东通过；二为津宁高速公路，在村西南通过。乡村路一条，西起该村，东至东提头村，水泥路面。

民国21年（1932年），建泄水河刘快庄木桥，该桥位于刘快庄村东，横跨泄水河。

河流　截至2016年，经过该村的河流3条。一条为一级河道金钟河，流经村南，另两条为永金引河和丰产河，系二级河道，分别居村西南和村北。

民国23年（1934年）初，增辟淀南为第二放淤区，在刘快庄设泄水闸。民国年间，筐儿港减河流至刘快庄村入金钟河。1950年伏汛，仅经刘快庄、欢坨两泄水闸泄出的积水即达19.58亿立方米。

三　人口方言

人口　据统计资料载，该村1950年有168户1058人；1980年，有1027户4751人；2016年，有2575户6757人。

民族　据《天津市北辰区地名志》载，1995年该村有汉族、回族、满族3个民族。据村情调查，

2016年，该村有少数民族2个，回族5人，朝鲜族2人，其余为汉族。

姓氏 2016年，该村大姓有刘、赵。

赵姓辈分排列为：自、国、有、永、起、怀、春、凤、润（俊）。

刘姓辈分排列为：九、国、瑞、起、士、旭、有、敬、俊。

方言 属津北方言片，该片方言像天津话，又带有邻近武清方言、宁河话、静海方言的一些特点，有4个声调，阴平调为降调，阳平调高升或中升，去声调高降，有类似天津话齿音字多的特点。在全国方言分区上属冀鲁官话区保（定）唐（山）片天津小片。

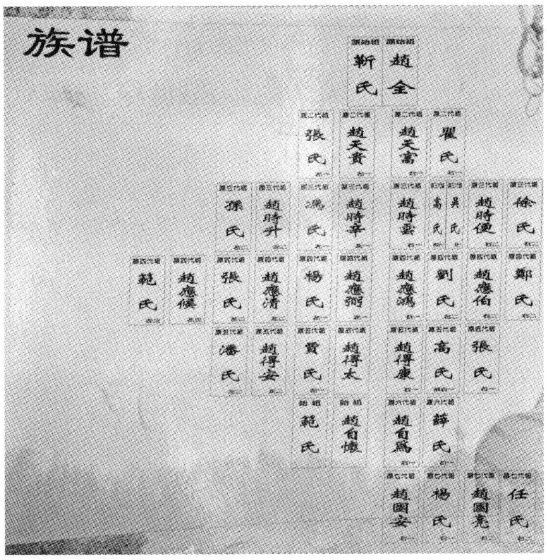

赵氏族谱 （2015年摄）

四 耕地状况

20世纪90年代该村有土地10320亩，耕地西北至芦新河村，东南至西堤头村，南至永金引河和金钟河。村淀地由于区开挖丰产河把刘快庄村部分土地切到河西，芦新河村部分土地切到河东，给种植和排灌带来困难，经协商于1979年春进行调换，该村耕地面积313.5亩兑换芦新河可耕地面积367.3亩，不足部分由机排河滩调约20亩补偿给芦新河，兑换后产权及所有权归各方所有。

金钟河南可耕地面积783.86亩，因离村较远耕种不方便，1978年年底与东丽区欢坨村协商调换，永金引河东西圈地可耕地面积839亩，进行调换，以利于双方耕种。永金引河南老淀南扬水站至欢坨闸河中间土地没有调换，其土地所有权为刘快庄所有。

永金引河南刘快庄四合堂，小芦台，约500亩（包括东堤头100亩），因开挖永金河后耕种排灌解决难度较大，1972年与东丽区南孙庄协商调换西圈地600余亩，以利于双方种植。由刘快庄村家东5段100亩土地拨给东堤头，兑换后产权归双方各自所有。

20世纪90年代刘快庄村所属耕地地块情况表

表1 单位：亩

地块名称	位置	面积	地块名称	位置	面积
大荒地	村西	370	牛角地	村北	1000
饲料地	村西	380	荒地	村南	730
西圈	村西	580	家东	村东	600
三十五顷	村南	900	贯槽	村南	160
大舞台	村西	1200	家东	村东	2300
淀地	村北	1300	合计	10320	
五一八	村南	800			

1959年，建家东扬水站，建筑面积125.1平方米。1968年，建淀南扬水站，建筑面积172.15平方米。1970年，建牛角地一号扬水站，建筑面积43.2平方米。1973年，建西圈扬水站，建筑面积82.8平方米。1990年，重新翻建建筑面积116平方米。1990年，建丰产河一号扬水站，建筑面积116平方米，2010年重建。2011年，建机排河（新河门）扬水站。

建有家东一段机井、家东二段机井、“贯槽子”一段机井、“贯槽子”二段机井、“牛角地”一段机井、

“牛角地”三段机井、“牛角地”五段机井。

20世纪90年代刘快庄村所属耕地地块示意图

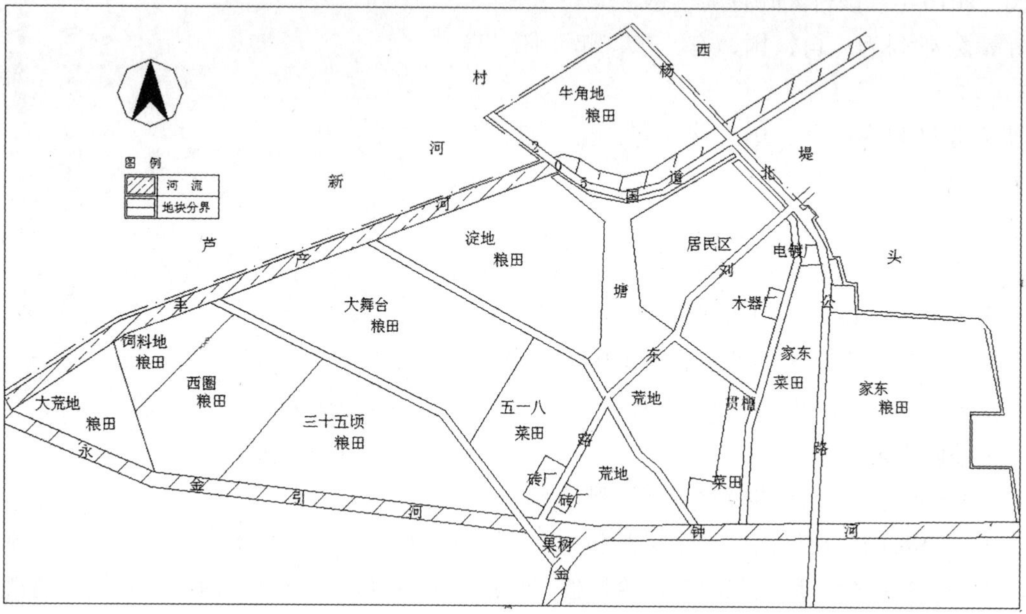

（2016年绘制）

2016年刘快庄村农田泵站机井位置示意图

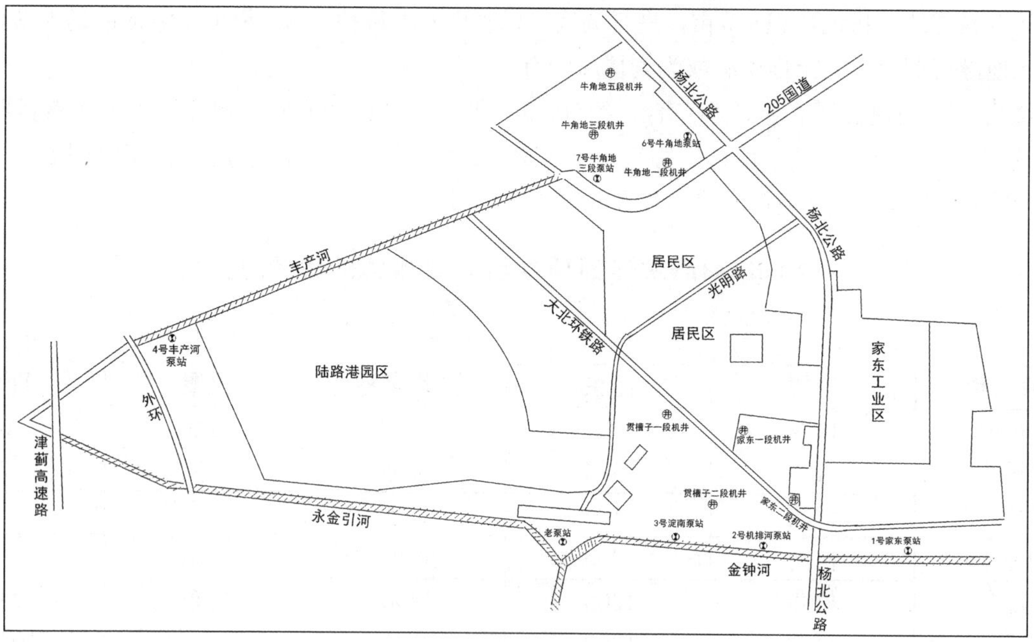

（2016年绘制）

五　街道胡同

旧时，村里街道狭窄。20世纪80年代，村主街道有3条，各为25米宽，次干道14条，各15米宽，胡同里巷宽6米～8米。主次街道全部修建为水泥路面或柏油路面，3条主街道水泥路面宽为10米，厚为20厘米，面积为1.5万平方米，14条次干道为柏油路面宽为4米，面积为2.08万平方米。90年代，每条街道一侧相隔50米，竖水泥电线杆，杆上安有霓虹路灯。街道两侧分别栽有梧桐、合欢、绿篱、侧柏、冬青和龙爪槐等树木950棵。主街道两侧，建有造型各异花坛30个，街中心和街头景点7个。花坛中种植花木2100棵，夏天，绿树成荫花香四溢。村内东西方向的主街道一侧还修建花墙1171米，美化绿化了村容。至2016年，刘快庄有25条街道，6条胡同。

2016年刘快庄村街道情况示意图

（2016年绘制）

2016年刘快庄村街道胡同情况表

表2　　　　单位：米

类别	名称	长度	走向	类别	名称	长度	走向
胡同	兴华	129	南北	街道	虎跃道	394	南北
	幸福	59	南北		腾飞道	367	南北
	水塔里	183	南北		龙腾道	663	南北
	思源	215	南北		振生道	250	南北
	成才	230	南北		兴华道	358	南北
	育才	200	南北		中山道	340	南北
街道	平安道	558	南北		尖山道	175	南北
	致富路	785	南北		海丰道	212	南北
	跃进道	355	南北		华夏道	291	南北
	光明路	1300	东西		兴业支路	1100	东西
	小街	216	东西		兴业路	470	南北
	晨伟道	233	东西		水塔北里	165	东西
	南小街	149	东西		水塔南里	144	东西
	广场道	130	东西		广场南道	144	东西
	建新道	388	东西		营房道	311	东西
	复兴道	388	东西				

六　旧村改造

1949年前后，村民多居住土坯房。1976年唐山大地震，刘快庄村房屋受损严重，有的民宅倒塌，大部分房屋四壁裂缝。1977年开始建设新房。至20世纪90年代，全村民宅按新要求建设全部为砖木或砖混结构，实现了三统一，即统一规划，统一标准，统一尺寸，8户为一排，排与排之间间隔6米，两旁为街道，每户宅基地尺寸为10.73×16.61米，统一为一明两暗三间样式，高度为3米。

建于20世纪50年代刘快庄村的民居（2015年摄）

1996年，建永川小区，占地90亩，840户村民入住。位于兴业路南侧，致富路以北，小区分南、北两个出入口，楼房均为南北朝向，通风采光良好，为景观、绿化预留了足够的空间。小区内大部分的管网均采用地埋方式敷设，还天空于居民。给水管由村供水站接入，小区排水系统采用雨、污分流制排放。公园、存车处、超市等配套设施齐全。小区采取地热集中供暖。

20世纪90年代刘快庄村的民居（2015年摄）

七　公共设施

1958年，刘快庄村打第一眼人工井，随着人口的增加，1978年和1990年，分别打两眼深水井，井深500米以上。1978年，建60吨水塔1座。1980年，自来水入户，由于地下水含氟高，增建集中除氟设施。

永川小区（2015年摄）

1980年始，根据村镇规划，建成砖混结构标准公厕29个。1986年，刘快庄村于村西500米处建“劳动人民纪念堂”1座，占地面积1134平方米，配有专人看护，骨灰盒按片编号排列在盒架上，实现规范化管理。1991年，建老年活动中心，建筑面积117.2平方米。

至1997年，村里有封闭市场，带状公园、液化气站、灯光球场。村口千里马村碑成杨北公路一景。有六年制小学、村办甲级卫生所各1所。有供销社门市部1个，粮站1个，信用社储蓄所2个，大型封闭农贸市场1个。村

刘快庄小学（2016年摄）

刘快庄村公园（2016年摄）

民饮用自来水，使用煤气。2014年，建成日间照料中心，建筑面积117.2平方米。

2016年刘快庄村公共设施示意图

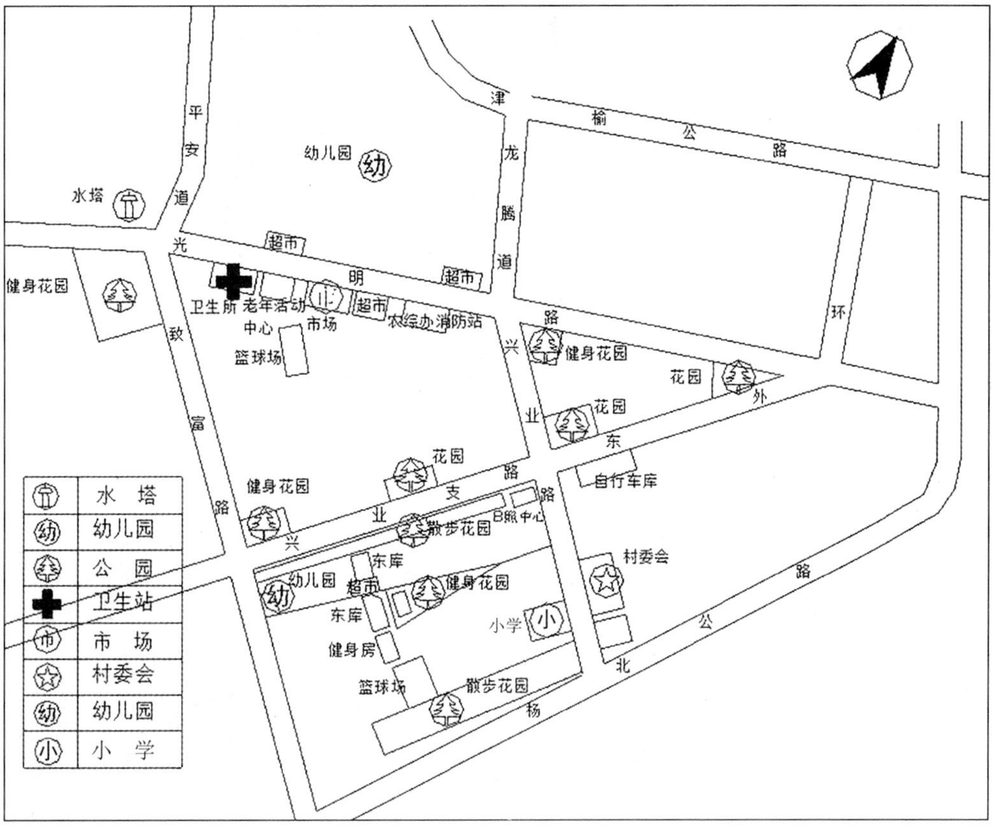

（2016年绘制）

八　经济概况

刘快庄村改革开放前是以农业为主，企业为辅的经济结构，农业大田以种植水稻、玉米、高粱为主，园田种植各种蔬菜供应天津市场。该村所产韭菜、大白菜为天津市知名品种，粮食交国家，全村村民吃商品粮。

改革开放后，生产队解体，园田转入个人经营，进入市场经济，所生产的蔬菜自由销售。主要品种有芹菜、西红柿、黄瓜、豆角等。旱田以大户承包的方式经营，主要品种有棉花、玉米、高粱等。部分农田种植果树，以苹果、梨树、枣树为主。养殖业以养虾、鱼为主，畜牧业以养殖猪、鸡为主。

90年代，村建光辉集团、东源化工、津北油漆、振兴轧钢、英大加油站等集体企业近百家。70%的劳动力在企业工作。90年代末至21世纪初，集体企业进行改制，全部改为股份合作或私营企业。随着改革开放的不断深入，国家加大环保治理力度，一些企业迁至别处，一些企业停产或接近停产。

2016年，该村重点企业有英大加油站、恒邦物流、鹏英化工、辰昊酒店、东达铸业、新星气体有限公司、雪红族酒店、刘快庄木材城等。

九　民间文化

刘快庄村业余剧团　始建于1954年。演出剧种以评剧为主，利用业余时间排练，通常在春节或有庆祝活动时演出，没有工资报酬，演员来自该村文艺骨干，基本在该村演出，偶尔被邀请到邻村。排练时请天津市内艺术名人或教师给予艺术指导。行头和锣鼓家伙等均由村中集资购买。演出剧目有《梁山伯与祝英台》《茶瓶计》《王定保借当》《王少安赶船》等。1960年停止活动。

民间体育 清光绪二十四年（1898年），河北深洲形意拳三世传人李存义顺北运河而下，慕名落脚刘快庄，撂场传授武艺。两年培养出了一批形意拳高手，有被后人称为云大爷的刘云集（刘瑞云，字云集）、门二爷的门广兴、三爷吕鸿兴、姬四爷（哑巴）、韩五爷（韩子衡）等。此为李存义收的第一批弟子。中华人民共和国成立后，随着人们生活水平不断提高，习武之人越来越多，形意拳普及率越来越高，全村习武者千余人，成为天津练习形意拳的第一村。刘快庄小学成立武术班。

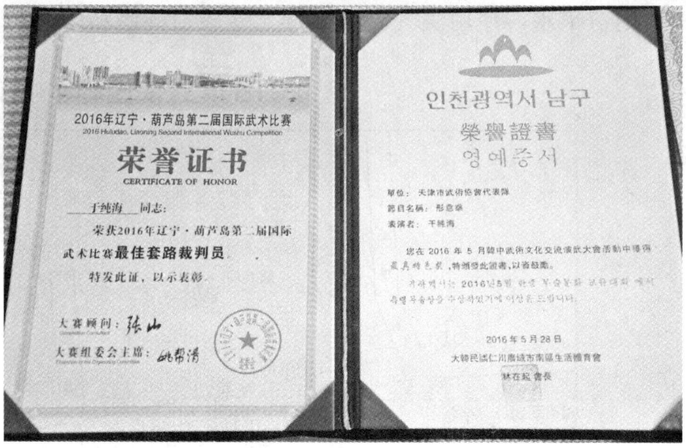

于纯海获得的荣誉证书 （2016年摄）

刘快庄村人于纯海，1958年出生，自幼随宋氏形意拳大师张贵良学艺，后拜河北形意拳大师张玉林继续深造。2002年，于纯海获深圳形意拳散手擂台赛一等奖；2005年，在河南录制“武林风”；2007年，获中国石嘴山国际武术邀请赛一等奖；2010年，应邀参加海峡两岸传统武术大赛获金牌金奖；2013年，获国家非物质文化遗产中国深洲形意拳研讨一等奖；2016年，获第二届国际武术比赛最佳套路裁判员。

于纯海在形意拳的基础上又发扬了子母拳，传授武艺徒弟遍布全国各地及海外。

泥塑艺人 刘快庄村民刘运东酷爱泥塑艺术，虽右手食指伤残，但他的泥塑作品惟妙惟肖，以笑见长。他塑的八仙过海、姜太公钓鱼、仕女个个面带笑容，喜气洋洋，人见人笑，人见人爱。刘运东的泥塑作品被天津、广东、福建等收藏者收藏达一千多件。其作品底部都有一个“九指”款印。

刘快庄村泥塑艺人刘运东 （2016年摄）

文物 1957年，刘快庄村在金钟河以南界内出土鳁鲸骨遗骸一具，据考古学家鉴定，距今已有五六千年。

十 大事纪略

日伪时期，在境内设有军用通信线路（潘庄—西堤头—赤土）。在刘快庄村界内金钟桥旁设据点修炮楼。

民国37年（1948年）12月，东北野战军八纵进驻境内，以备平津战役。八纵指挥部设在刘快庄村。

1966年，解放军某团，修筑军事设施，团指挥部设在刘快庄村。

1966年，刘快庄村自筹机砖120万块、白灰、沙子、水泥等材料，动员村属各单位和基干民兵在街道、胡同地下挖地道，并用砖砌成拱形，人站立弯腰可行。村中构成地道网。1976年唐山大地震后，房屋震损严重，因统一规划重建，老村台拆除，地道无存。

十一 英烈先贤

李德培（1901—1991） 原名殿元。幼随父迁今东丽区仁慈庄，在天津天主堂修道学习。民国14年（1925年）毕业于北京文声学院神学系，后晋升为神甫。民国27年（1938年），因涉嫌国民党特务被侵华日军拘捕月余，后调回天津，因通日语，负责管理日本教徒。中华人民共和国成立后，任天津教区管家神甫。1963年，晋升主教。先后任天津市天主教友爱国会主任委员、河北省天主教友爱国会常务委员，中国第一、第二、第三、第四届天主教爱国会副主席，中国第一、第二届天主教委员会副主任等职，曾当选河北省人大代表，被聘为天津市政协常委会委员。

兰成春（1920—1944） 烈士，民国33年（1944年）在宁河县（宁河区）朱头淀牺牲，生前为武宝宁联合县支队班长。

魏立海(1928—1948) 民国35年(1946年)参军。民国37年(1948年)，在解放河北省献县战斗中牺牲。

门振镒（1928—2012） 民国30年（1941年）就读于山西师范学校，民国33年（1944年）毕业后，到天津河东中学任教。1949年，入华北人民革命大学学习。次年参加中国人民解放军。1953年毕业于第一海军学校第二分校蒸汽系。历任华东军区海军港湾处参谋，海军舰船大队机电业务长，海军后勤技术装备研究所工程师、高级工程师。1981年，加入中国共产党。组织科研组于1982年研制成功安全除垢剂，其性能居国内领先水平。

刘有兴（1961—1983） 烈士，1981年1月应征入伍，生前为87405部队战士。1983年8月17日，在山西代县执行任务时，因公牺牲。

十二　历任党政负责人

民国34年（1945年），中共天津县委派刘健到刘快庄村开展地下工作。民国35年（1946年），建立刘快庄党支部，刘士军任党支部书记。1946—1952年，村支部都直接受区委领导。1966年，成立党总支部。1995年，成立党委。

民国34年(1945年)刘快庄村建立村政权，成立村公所。1954年，建立生产大队，负责人称大队长。1983年，成立村民委员会。

1946—2016年刘快庄村党组织负责人任职情况表

表3

党组织名称	姓名	性别	职务	任职时间
党支部	刘士军	男	书记	1946—
	刘敬贤	男	书记	1964—1964
	赵玉山	男	书记	1964—1966
党总支	赵怀秀	男	书记	1966—1983
	刘有光	男	书记	1983—1985
	李增坤	男	书记	1985—1995
党委	李增坤	男	书记	1995—2009
	孙玉增	男	书记	2009—

1945—2016年刘快庄村村政机构负责人任职情况表

表4

村政机构名称	姓名	性别	职务	任职时间
村公所	魏如珍	男	村长	1945—1946
	赵玉成	男	村长	1946—1947
	刘巨丰	男	村长	1947—1948
	魏庆林	男	村长	1948—1949
	吕连荣	男	村长	1949—1952
	吴绍基	男	村长	1952—1954
生产大队	吕文顺	男	大队长	1954—1964
革委会、管委会	张玉成	男	大队长	1964—1983
村民委员会	孙玉增	男	主任	1983—1992
	王德新	男	主任	1992—2006
	孙玉金	男	主任	2006—

十三　荣誉

1992—2012年，刘快庄村获先进集体荣誉15项。1995—2014年，该村获先进个人荣誉4项。

1992—2012年刘快庄村获先进集体荣誉情况表

表5

授予时间	荣誉名称	授予部门
1992	市级红旗党支部	天津市委组织部
1992	市级镇村建设样板村	天津市委农村工作委员会
1994	市级红旗党支部	天津市委组织部
1995	市级明星小康村	天津市委农村工作委员会
1996	市级红旗党支部	天津市委组织部
1998	市级红旗党组织标兵	天津市委组织部
2004	2003年度市级治安先进集体	天津市公安局
2006	天津市2003—2006年农村卫生户厕改造先进村	天津市人民政府
2006	2005—2006年度文明村	天津市精神文明建设委员会
2006	天津市市级卫生村	天津市爱国卫生运动委员会
2008	2007年度市级治安先进集体	天津市公安局
2008	“五个一”创建活动先进村镇	天津市精神文明建设委员会
2008	农村党的建设三级联创活动五个好红旗村党组织	天津市委组织部、市委农村工作委员会
2009	村务公开民主管理示范村	天津市村务公开协调小组
2012	市级一级治保会	天津市公安局

1995—2014年刘快庄村获先进个人荣誉情况表

表6

授予时间	姓名	荣誉名称	授予部门
1995	李增坤	天津市劳动模范	市人民政府
2000		全国劳动模范	中共中央、国务院
2011	孙玉增	天津市劳动模范	市人民政府
2014	王德新	市级治保积极分子	天津市公安局

附：

刘快庄刘氏墓碑

刘姓建村石碑立于1933年。刘快庄村西约百米处，有一个古老的墓群。墓群中葬有村中刘氏始祖和夫人赵氏，其右为长子刘公墓，左为次子刘快墓。墓前有1933年族人立的“万古流芳”墓碑一通。该碑把刘快庄的建村时间，始祖和村名来历及含义，记述得一清二楚。碑由青石制成，高丈余，宽约80厘米。碑额刻有“永垂不朽”四字，其下正中方格内有“万古流芳”字样，再下碑文为：木本水源慎终追远此古圣先贤之垂训也，生事死葬神存乎祭先灵归依厥在于墓故墓者乃我子我孙所尊崇者也，我族户大人众迁移靡定深，恐岁月久无从追循爰建碑铭以示后昆溯我刘祖母赵太君率二子公快二公于明永乐二年来自山东青州府诸城县庞各庄卜居于斯已五百余载历世廿代虽不能备录先灵之讳字德功亦可借此以求本源故仅就原始而为之志云巍巍我祖来自山东，刘赵太母实止芳蘐躬率二子公快二公有典有型贻厥聚风贤齐山斗德比太空自斯之后郁郁葱葱五百余载爰戴恩洪谨勒墓志以表曲衷在天圣灵降福无穷孙孙子子世世隆丰。

中华民国二十二年岁次癸酉夏月　族人等公立

芦新河村

芦新河村面积12.66平方千米，位于北辰区东部，距镇政府所在地3.5千米，距北辰区政府所在地20余千米。东面距霍庄子村1千米，南与西堤头村接壤。2015年，芦新河村户籍人口4679人。长期固定资产526.97万元，全村生产总值2.5725亿元，其中农业4745万元（种植业860万元、牧业825万元、渔业3060万元），工业6718万元，第三产业1.4262亿元（建筑业640万元、运输业4575万元、商饮业8472万元、服务业575万元）。村民人均纯收入近2万元。2016年，乡村户数2026户4947人，从业人员2291人。

芦新河村航拍图（2017年摄）

一 村庄沿革

该村建于明永乐二年（1404年）。始有山西陈姓定居此处土台上，称陈家台。因村外遍生芦苇且多河沟，人称芦新河。明代隶属武清县。后陈姓亲戚杨姓迁入，村庄扩大，清乾隆元年（1736年）改为芦新河。（见乾隆七年《武清县志》）（详见《典籍中的北辰》374页）

芦新河村村碑 （2015年摄）

清乾隆元年（1736年），天津县实行巡检辖村制，芦新河辖于西沽巡检97村中。清光绪三十一年（1905年），清政府在天津县设4乡34区，隶属天津县东乡第7区。民国31年（1942年），芦新河在当地第一个建乡，辖芦新河等3个村。民国34年（1945年），中共天津县民主政府成立，芦新河隶属天津县三区。民国35年（1946年），该村属津武县九区。1949年，该村隶属河北省天津专属天津县第九区。1950年，芦新河属天津县三区辖。1953年，撤销天津县制，建立津北郊区。是年7月，芦新河建乡，辖芦新河等3村。1958年，芦新河乡划归河北区兴淀公社。1961年，兴淀公社分解成几个公社，其中有芦新河公社，辖村未变。

1963年，芦新河公社更名为霍庄子公社。1983年，公社改乡，该村属霍庄子乡辖。1997年，霍庄子乡改镇，该村隶属霍庄子镇。2001年，霍庄子镇并入西堤头镇，芦新河村隶属西堤头镇。

芦新河村村域划界拐点情况表

表1

序号	地界拐点号	地界标志物	划界说明
1	2—3	永金引河东堤	东下坡脚1米为界，东属芦新河
2	3—60	东西渠	北上口为界，南属芦新河，北属霍庄子
3	60—61	南北渠	西上口为界，东属芦新河，西属霍庄子
4	61—6	南北渠	西上口为界，东属芦新河，西属姚庄子
5	6—7	南北渠	西埂下坡脚为界，渠埂属芦新河，西属李辛庄
6	7—8	东西渠	渠北南上口为界，南芦新河，北属李辛庄
7	8—9	东西渠	南上口为界，南属芦新河，北属李辛庄
8	9—10	南北渠	以西埂下坡脚为界，东属芦新河，西属李辛庄（渠埂属芦新河）
9	14—15	东西渠	北上口为界，南属芦新河，北属李辛庄
10	15—16	南北渠	渠中心为界，东属芦新河，西属李辛庄
11	16—17	东西渠	渠中心为界，南属芦新河，北属李辛庄
12	17—18	南北渠	渠中心为界，东属芦新河，西属李辛庄
13	18—19	永定新河南堤	南下坡脚1米为界，南属芦新河
14	19—20	杨北公路	西下坡脚1米为界，西属芦新河
15	20—22	杨北公路	东下坡角1米为界，西属芦新河，东属霍庄子
16	22—23	东西渠	南上口为界，南属芦新河，北属霍庄子
17	23—24	新星兽药厂	北墙外东西道南边为界，南属新星兽药厂，北属霍庄子
18	24—25	同上	东墙外南北道西边为界，西属新星兽药厂，东属霍庄子
19	25—26	同上	南墙外东西渠南上口为界，北属新星兽药厂，南属霍庄子

续表

序号	地界拐点号	地界标志物	划界说明
20	26—28	南北渠	渠西上口为界，西属芦新河，东属霍庄子
21	28—29	东西渠	渠中心为界，南属芦新河，北属霍庄子
22	29—30	南北道	道西为界，西属芦新河，东属霍庄子
23	30—31	东西渠	渠北上口为界，北属芦新河渠属霍庄子
24	31—32	南北渠	渠西口为界，西属芦新河，渠属霍庄子
25	32—33	东西渠	渠北上口为界，渠属芦新河，北属霍庄子
26	33—34	南北渠	渠西上口为界，西属芦新河，渠属霍庄子
27	34—35	南北渠	渠西上口为界，西属芦新河，渠属西堤头
28	35—36	东西渠	渠南上口为界，南属西堤头，渠属芦新河
29	36—37	南北道	道中心为界，西属芦新河，东属西堤头
30	37—38	东西道	道中心为界，北属芦新河，南属西堤头
31	38—39	杨北公路	路东下坡脚1米为界，东属芦新河，西属杨北公路
32	39—40	东西渠	渠中心为界，北属芦新河，南属刘快庄
33	40—41	南北土埂	东属芦新河，西属刘快庄
34	41—42	东西渠	渠南上口为界，渠属芦新河，南属刘快庄
35	42—12	津渝公路	东下坡脚为界，西属芦新河，东属刘快庄
36	12—13	丰产河	河中心为界，北属芦新河，南属刘快庄
37	13—59	南北渠	渠西上口为界，东属芦新河，西属霍庄子
38	59—58	东西渠	南上口为界，北属芦新河，南属霍庄子
39	58—2	东西渠	南上口为界，北属芦新河，南属霍庄子

二　道路河流

道路　芦新河村西依津榆公路，东依杨北公路。附近主要道路有省（市）道杨北公路、津保高铁、津蓟高速，津榆公路为国道。杨北公路北起杨村穿芦新河村东部到北塘。津蓟高速公路，其东比邻津保高铁，在芦新河村地域内，这两条路基本上是并行的，从村的西部通过。另有津榆公路（205国道），西自永金引河处渐入芦新河村地段，至津保高铁处从芦新河村西穿过。津榆公路在永金引河处建有一座大桥，名为一号桥；穿越津蓟高速公路处建有一座立交桥。津榆公路自西向东穿越津保高铁处有一条津榆公路延长线，东接杨北公路，因位于芦新河村北，也称芦新河北路。

河流　芦新河村附近主要河流为永定新河、丰产河、永金引河。永定新河位于芦新河村北，为一级河道，河的对面为姚庄子村、霍庄子村。村的东北处建跨河大桥一座，名为霍庄子大桥。丰产河为二级河道。河的对面是刘快庄村。永金引河为二级河道，位于村子西侧，是淀南淀北主要水源之一，排涝、泄洪至金钟河的重要途径。

三　人口方言

人口　据清道光二十六年（1846年）《津门保甲图说》载，姚庄子村和芦新河村484户2015人。据统计资料载，1950年，有402户2283人。1980年，有830户3651人。1992年，有1158户3850人。2016年，有乡村户数2026户，人口4947人。

民族　据《天津市北辰区地名志》载，1995年，芦新河村居民均为汉族。至2016年，村内居民有汉族、满族、回族、壮族、蒙古族5个民族。

姓氏　村中姓氏统计以户为单位。芦新河村姓氏有52个。其中100人以上的大姓是王、于、唐、荣、刘、陈、张、杨、付、顾。10个大姓中王、于、荣3姓氏家族已繁衍至16代。

王氏家族（长门）辈分（字辈）排序表

表2

辈分	辈字	长者名讳	辈分	辈字	长者名讳
始祖	浩	浩义	十一世	单字	浩
二世	得	得山	十二世	辉	辉友
三世	单字	宣	十三世	单字	书
四世	单字	举	十四世	得	得寿
五世	单字	才	十五世	单字	悦
六世	单字	江	十六世	文	文吉
七世	九	九思	十七世	凤	凤岗
八世	进	进禄	十八世	守、怀	守义、怀章
九世	应	应考	十九世	树	树海
十世	国	国良			

说明：王氏家族第十九代（树字辈）以下又见两代人，至今已繁衍至21代；王氏一族自第六世起从武清区鱼坝口村迁徙芦新河，到该村后繁衍了16代，两地合计21代

荣氏家族辈分（字辈）排序表

表3

辈分	字辈	长者名讳	辈分	字辈	长者名讳
始祖	万	万金	七世	单字	庆
二世	单字	广	八世	宝	宝清
三世	自	自得	九世	昌（昌字落底）	世昌
四世	进	进才	十世	绍	绍曾
五世	单字	梁	十一世	恩	恩元
六世	得可	得寿可宗	十二世	培	培伦

说明：荣氏家族第十二代后又见4代人，从始祖算起已繁衍至16代

于氏家族辈分（字辈）排序表

表4

辈分	字辈	长者名讳	辈分	字辈	长者名讳
始祖	天	天锡	八世	得	得胜
二世	代	代成	九世	单字	源
三世	文	文昌	十世	在	在淚
四世	自	自亮	十一世	宗	宗祥
五世	单字	旺	十二世	有	有敏
六世	存	存强	十三世	广	广海
七世	单字	岐	十四世	宝	宝剑

方言 该村属津北方言片，该片方言像天津话，又带有邻近武清方言，宁河话，静海方言的一些特点，有4个声调，阴平调为降调，阳平调高升或中升，去声调高降，有类似天津话齿音字多的特点。在全国方言分区上属冀鲁官话区保（定）唐（山）片天津小片。

四　耕地状况

20世纪70年代，芦新河村耕地有10530亩。属于老渤海的退海之地，盐碱度高，尤其是低洼地块，如遇干旱年景收成甚微，有的地块颗粒无收。

1963年，开展盐碱地改土治碱活动。开挖东西走向排水渠三道，长度11250米，开口6米，底宽3米，渠深2米，总土方量33750立方米。为了排灌配套，用土筑起三条灌水渠，和东端连接三大排干并直达扬水场的总排水渠。人工挖掘小毛渠，全村男女劳力全部参加。两年时间，三排土地分别被毛渠分割成一条条，时称条田。因挖出毛渠的土覆盖于条田之上，使条田高出平地，故又称之为台田。1966年，改造外淀土地，即以津榆公路为标志物，东称（台田）；西称外淀（也叫塌河淀）。挖掘公路河和东西向四条排水渠。大队按实际耕地重新分配给各生产队，然后各生产队按队与队之间形成的地界开挖毛渠，因排干之间距离达400余米，完工后从空中眺望如同地图上的经纬线一般。解决了防汛排涝和冬灌问题。1995年，改造河北地段，南起秋家洼，至北依次为大井地、锁头地。因一大堤（东起芦新河大闸西至引河桥）相隔，堤南称为大淀，堤北称之河北(新河之北之意)。挖掘大排干东三条、西两条，中间为地上灌水码头；二配套完成东三排西两排灌水渠和相关农田道；三大排干之间按五亩地块为标准挖掘毛渠。

至2016年，农田设施有芦新河泵站2座，分别坐落在津榆公路一号桥南，永金引河东堤和芦新河村南台田三排东。月牙河涵闸一座，坐落在杨北公路东自芦新河路口起至西100余米处。坨地涵闸一座，芦新河村东坨地三排。

21世纪初芦新河村所属耕地地块情况表

表5　　　　单位：亩

地块名称	位置	面积	地块名称	位置	面积
高速东1排	津渝公路西	40	台田4排	村南津渝公路东	136
高速东2排	津渝公路西	42	台田5排	村南津渝公路东	170
西万子	津渝公路西	230	医大北排	村南津渝公路东	126
大淀1排	津渝公路西	300	医大南排	村南津渝公路东	120
大淀2排	津渝公路西	336	王顺来种植区	村南津渝公路东	380
大淀3排	津渝公路西	351	津渝公路东	西邻津榆公路	160
大淀4排	津渝公路西	332	坨地4排	村台以东	76
大淀5排	津渝公路西	331	坨地3排	村台以东	76
大淀6排	津渝公路西	375	坨地2排	村台以东	76
埝上北排	津蓟高速西	298	坨地1排	村台以东	68
埝上南排	津蓟高速西	286	偏坡地	新兴西路南	144
刘孟地	津蓟高速西	246	河北北排	津蓟高速东	120
西万子北排	津蓟高速西	147	河北中排	津蓟高速东	110
西万子南排	津蓟高速西	90	河北南排	津蓟高速东	110
大五嘴、西圈	津蓟高速西	1007	河北1～4排	津蓟高速西	1583
海军地	津蓟高速西	260	河北三尖地	河北地东端	140
小齐地鱼池	津蓟高速西	964	老河	杨北公路以东	360
公路河鱼池	津蓟高速西	240	北大洼	杨北公路以东	60
门前	村南津渝公路东	60	南大洼	杨北公路以东	160
台田1排	村南津渝公路东	167	台田4排	村南津渝公路东	136

续表

地块名称	位置	面积	地块名称	位置	面积
台田2排	村南津渝公路东	130	台田5排	村南津渝公路东	170
台田3排	村南津渝公路东	123	合计	10836	

21世纪初芦新河村所属耕地地块示意图

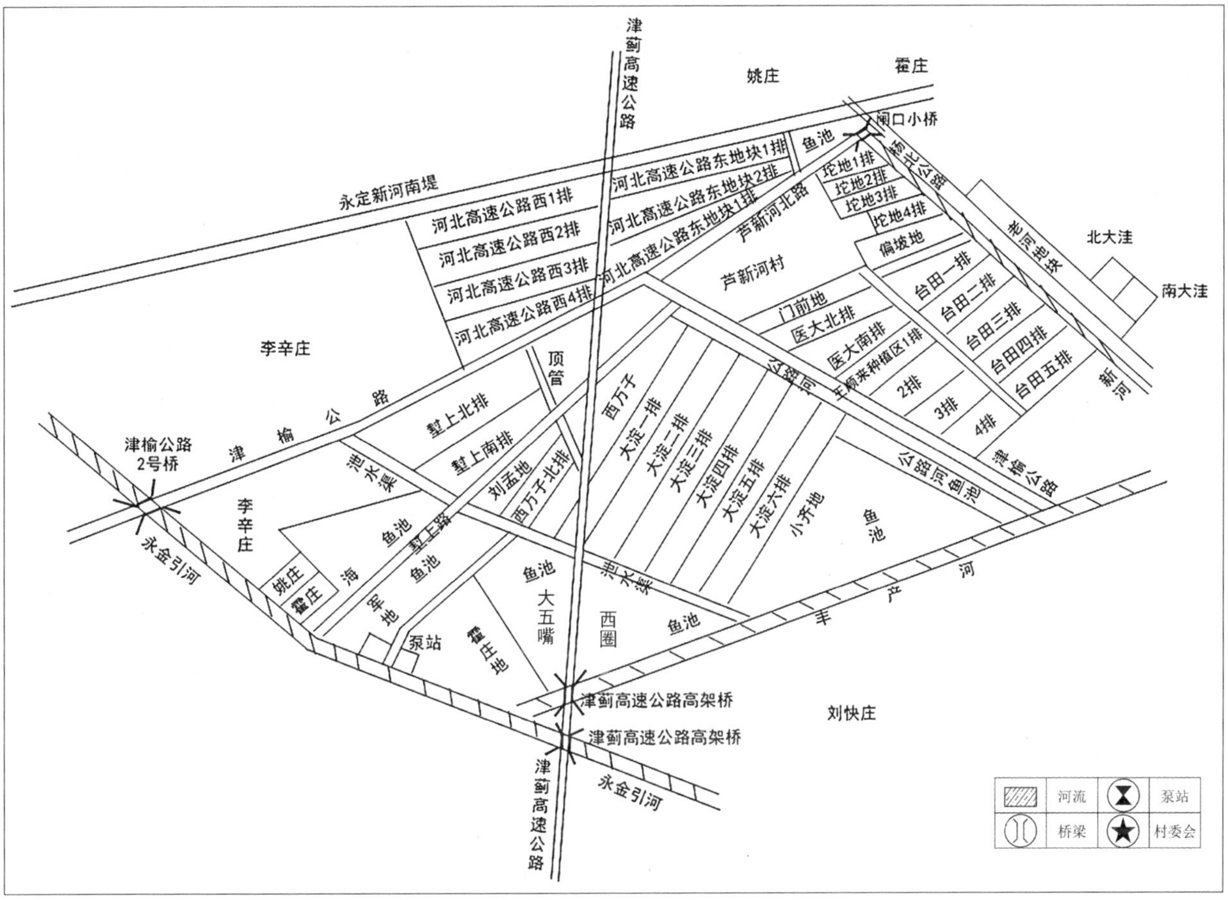

（2016年绘制）

五　街道胡同

中华人民共和国成立前，村中道路均为土路。1992年，有环村路1条，东西向主街1条，均沥青路面，有路灯。除村委会建二层办公楼外，余皆砖木结构平房。2016年，村里有23条街道，胡同56条。

2015年芦新河村街道胡同情况表

表6

街道胡同	走向	长度（米）	胡同	走向	长度（米）	胡同	走向	长度（米）
幸福西路	南北	550	5条	南北	198	丰收里	南北	98
芦新河北路	东西	1724	6条	南北	204	安顺里	南北	20
新兴西路	东西	630	7条	南北	204	吉祥	南北	75
幸福东路	南北	637	8条	南北	210	健康	南北	82
幸福南路	东西	512	9条	南北	210	北兴	南北	324
幸福中路	东西	588	10条	南北	210	长青	南北	45

续表

街道胡同	走向	长度（米）	胡同	走向	长度（米）	胡同	走向	长度（米）
农田路	南北	234	万年	南北	310	康乐	南北	33
红旗路	南北	96	金财	南北	310	泰山	南北	155
于台老道	南北	36	金明	南北	310	兴旺	南北	128
待建道	南北	166	银河	南北	310	庆丰里	东西	11
致富路	南北	52	和平	南北	310	新成	南北	193
黄河西道	南北	314	有水	南北	310	安泰	南北	113
长春道	南北	48	直通	南北	310	增寿	南北	132
增福道	东西	160	青春	南北	310	一条	南北	60
创造道	南北	333	待成	南北	290	二条	南北	60
市场道	东西	501	大库	南北	234	三条	南北	60
新兴东路	南北	880	顺心	南北	227	四条	南北	60
黄道	东西	358	如意	南北	227	五条	南北	60
北极道	东西	232	向阳	南北	227	六条	南北	60
唐台道	南北	123	吉庆	南北	227	七条	南北	60
红星道	东西	30	有余	南北	220	八条	南北	60
于台道	南北	28	振华	南北	201	九条	南北	60
中学道	南北	310	吉祥里	东西	25	十条	南北	60
1条	南北	102	新兴南	南北	92	十一条	南北	60
2条	南北	102	增产	南北	78	解放	南北	89
3条	南北	198	胜利	南北	81	爱心	南北	193
4条	南北	198						

芦新河村旧民宅（2016年摄）

芦新河村新住宅（2016年摄）

六　公共设施

中华人民共和国成立前，村中公共设施很少。1994年，村内有小学、中学、卫生所各1所；私人诊所3处；敬老院、农贸市场、驻村国营供销社、粮店、储蓄所、畜禽饲料研究所各1处。其他各种商业服务网点40余处。1994年，有饮水井3处。2002年，建村委会办公楼和武术馆。拆除敬老院和卫生所，在原址上建老年协会、评剧团活动室、诊所。2004年，建除氟站。拆除农贸市场，在原址建花园体育设施。村南建新型农贸市场，门脸房96间，半封闭摊位，6400平方米。2006年，建医疗卫生服务中心。

至2016年，芦新河村有民用饮用井3眼、幼儿园4处、个体医疗诊所4处、以及小学校、评剧团、医疗卫生服务中心、农贸市场、体育设施花园、老年协会、武术馆、除氟站等公共设施。

芦新河村体育花园　　（2015年摄）

2016年芦新河村街道胡同及公共设施情况示意图

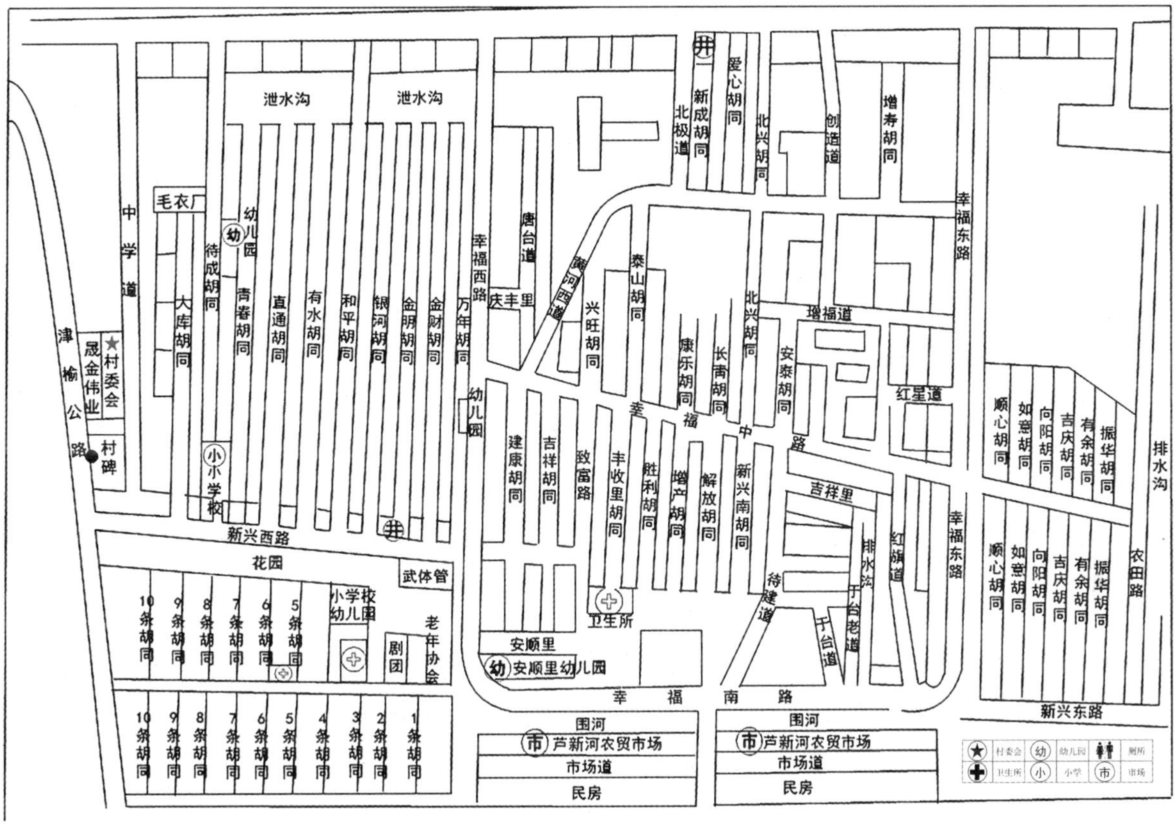

（2016年绘制）

七　经济概况

1961年，芦新河村设立12个生产队，主产小麦、玉米、高粱、向日葵、豆类等农作物。因土地盐碱程度高，沥涝灾害频发，农民生活困难。20世纪70年代，在玉米地里套种黄豆、黑豆等杂粮作物。1982年，芦新河村以户为单位实行联产承包责任制，解决了村民们的温饱问题。90年代开始种植经济作物，棉花、向日葵、瓜类等。1997年，粮食单产335千克。2001年始，规模栽植果树，品种有葡萄村、枣树、苹果树、梨树等。2005年，新增棉花种植面积480亩。2008年，组建金山农机专业合作社，机械化完成耕、种、收。至2015年，经济作物播种面积5800.05亩，占耕地总面积77%。

1984年，村组织开挖大水面鱼塘，分散管理。进入21世纪，农业机构调整，利用对养殖业的扶持政策，建成3个养殖小区。又相继建立3个畜牧、水产专业养殖机构，即腾特畜牧水产公司、盛世畜牧水产销售中心、荣亿养殖厂。2014年，腾特畜牧水产公司（后更名为天津海利水产养殖公司）自筹资金800万元，建工厂化养殖（养虾）车间4个，共13000平方米，亩产2700千克。

改革开放前，芦新河村企业甚少，生产队解体前有天津市利必达金属设备制造厂，主要产品为电器控制箱、保温控制箱等；有玛钢厂，产品为玛钢铸件；有毛围巾厂，产品为毛衣、围巾等毛纺制品。改革开放后，村集体企业公开拍卖，村民参加投标，相继改制为民营企业。招揽贤人，开办工厂。首先注册的厂家是天津市津北建强板焊冲压件厂（即后来的天津市晟金伟业电梯有限公司），致力于研究、开发、制造各种电梯零部件，是天津最大的电梯零部件生产厂家。至2016年，村里有企业18家，其中销售收入达500万元以上的2家，2000万元以上的3家。天津市晟金伟业电梯有限公司、恒华溢金有限公司、通顺植物油厂、天津韩城工贸有限公司为村里的骨干企业。

服务业自改革开放后发展迅速，成为农村经济发展的增长点。有规模的饭店4家、电话安装工程服务队近20个，安排村民就业200余人。道路维修施工队有4个，安排村民就业百余人。

八　民间文化

武术　芦新河村振兴武体馆，俗称芦新河拳房，于20世纪初由开山祖师刘兴安传艺给荣恩会、王周、荣少业、唐文汉等人，他们既是组织者又是习武的指导者，至2016年传承第6代。该武体馆继承和发展少林长拳的武术技艺。改革开放后，农村各业振兴，故改名为芦新河“振兴武体馆”。自2004年开始，小学生陆续加入，至2015年，招男、女生学徒20余人。

第一代宗师：刘学安（1881—1954），男，东丽范庄子村人，学艺于河南嵩山少林寺，曾在天津洋行护院，晚年到芦新河任教。第二代传人：荣恩会（1913—2008）、唐文汉（生辰与荣恩会相仿），年青时务农、习武。于民国8年（1919年），两人拜刘学安为师，由于刻苦学习，钻研技艺，得以真传，技艺精湛，得到拳房弟子的尊敬。第三代传人：王守德，民国24年（1935年）生，自幼酷爱武术，8岁入拳房习武，拜荣恩会、荣少业为师，得到刘兴安的传授和指点。由于自己的刻苦学习和锤炼，深得要领，悟性极高，继承和发扬了少林长拳门类技艺，收徒十余人，并创办了村狮子会，培养年轻人舞狮、习武，每逢年节出演。第四代传人：荣恩合，初中文化，受其父荣少业的熏陶后拜王守德为师，自幼喜好武术，其悟性极高，深得要领，身手不凡，并传艺徒弟多人。第五代传人：荣培勇，从小受父辈祖辈影响，热爱中华武术，堪称武术世家传承人。

芦新河武体馆（少林寺长拳门）于民国15年（1926年）参加天津武协举办的赛事，被定为第七十六位，为天津市第96国术馆。民国35年（1946年）在宁河地区性武术赛事中夺得第一名。2012年参加天津市第三届“体彩杯”比赛，于广博获得器械武术（单刀）第七名；王立娟获双刀女子组第二名。2015年，第三届华北地区“双街杯”武术大赛，冯国庆获男子儿童组八卦拳二等奖；陈玥获女子儿童组八卦拳一等奖。

芦新河村评剧班　中华人民共和国成立以后，芦新河村评剧班上演过《秦香莲》等剧目，1975年上演的《夸夸咱们庄》获市级表演二等奖。1981年3月，芦新河评剧团赴宝坻县参加天津市郊县农村社队业余剧团调演，演出剧目《夸夸咱们庄》（编剧鲁德润）获二等奖。

高跷会　旧时，村中有喜好者不计报酬，自愿参加活动。高跷会活动由村政和乡绅组织，出资添置器具、行头等。排练时请师傅指导，要求非常严格。活动主要集中在正月、二月、三月、九月庙会上。表演《唐僧取经》《白娘子》《傻柱子娶亲》等剧目。表演时，高跷艺人们脚穿高跷腿子，扮成各种人物。表演时按鼓乐击打的节奏，按扭秧歌的形式，缓缓而行。

遗址　**五嘴子遗址**　1978年4月，在芦新河村西南2千米处发现元代、明代遗址，面积1万平方米，发现遗物有青花瓷片，褐釉瓷片，磁窑残片和三彩釉。

芦新河杨举人匾 芦新河村杨家有一块道光年间的举人匾，柏木质，长146厘米、宽69厘米、厚5厘米。上书“文元”两个颜体楷书空心大字，每个字长45厘米、宽40厘米。因故刨掉部分内容。

主考经筵讲官[兼]兵部尚书加三级[许乃普]，礼部尚书兼管鸿胪[寺事]务厢蓝旗都统总管[龚守正]，大主考管理清漪园等(处事]务武英殿总裁文游举阁事务[×××]，翼四旗右官学籍[查]仓大臣查城大臣署总理钦天监，事[务加三]级[×××]，大主考国子监祭酒[兼]都察院左副都御史加三级花沙纳，左侧为竖写宋体字：道光二十三年顺天癸卯乡试中式一百二十二名举人杨鸿钧。

芦新河村苦节堪褒匾 匾存西堤头镇芦新河村王作泉家中，长113厘米、宽46厘米、厚3厘米，正中横排黑底金字“苦节堪褒”。右上竖写“钦命大学士阁爵督部正堂李、提督顺天等处学政钱汇奏奉”，中上书“旨”，左下竖写“旌表例封孺人张孺人王老太太节孝”，背有“官中扬鞭策马吹吹打打送至家中，民人大喜，奔走相传，彰扬乡里”字样。

该匾是清代道光皇帝钦赐王氏第九代太祖母（人称匾老太太）的贞节匾。匾老太太21岁守寡，数十年修行医道，义务为乡民解除疑难杂症之痛。清道光二十三年（1843年），同村举人杨一飞家人久病求治，匾老太太施“神术”治愈。举人为其医术之高、苦节之诚所感动，即上书朝廷请求旌表，遂得皇上钦封赐匾。

九 英烈先贤

王应明（生卒年龄不详） 芦新河村王姓第七世祖。族中兄弟四人，排行第四，亦族称四爷。明朝中叶，在朝为侍，任左擦衣。

杨一飞（生卒年龄不详） 约系咸丰年间举人（一说嘉庆年间举人）。据传：降生时，院中梧桐树上飞来一只吉鸟，故起名“一飞”。曾任山东济宁州河道，后调任安徽某县任县令。同治初年，因讼案与人结怨，被仇家暗取首级，死于非命。时，其家乡正筑厅堂，因之被迫中途停建，俗有“杨家盖大厅，后力不搭”之说。

杨一鸣（生卒年龄不详） 约系咸丰年间秀才，一飞之弟。其人仗义豪放，乐于助贫济世。某年，西河洪汛难支，为护王府地，准备泄洪水淹淀北24村。为保一方，一鸣呈文，亲赴上方，陈喻此况，百受唇舌，终取允诺，救一方百姓免于水火。百姓感此功德，为其树一匾额：“一方保障”。

刁振德（1913—1946） 民国34年（1945年）秋参加革命工作，年底加入中国共产党，任村党支部组织委员。民国35年（1946年）2月，任村农会主任。民国35年（1946年）6月被捕后在村南被敌人杀害。

刘大奎（1916—1946） 民国34年（1945年）10月参加革命工作，是年年底加入中国共产党，任村农会小组长，以跑买卖为掩护，多次到刘安庄敌人据点执行侦察任务。民国35年（1946年）3月，被刘安庄据点的敌人逮捕，受尽了酷刑，胳膊折断，但始终没有屈服于敌人，后不幸被杀害。

十 历任党政负责人

芦河新村民国34年（1945年）建立党支部。1984年建立党总支。2016年建党委。

1957年以前，为村公所，设正副村长。1958—1967年，政社合一，称大队管委会，设正副大队长。1966—1981年为革委会，设正副主任。1981年，撤销革命委员会，恢复生产大队建制，设正副生产大队长。1984年后，实行村民自治，建村民委员会，设正副主任。

1945—2016年芦新河村党组织负责人任职情况表

表7

党组织名称	姓名	性别	职务	任职时间
党支部	吴从德	男	书记	1945—1946
	顾元普	男	书记	无考
	景万喜	男	书记	无考
	纪长生	男	书记	1960—1963
	于友昌	男	书记	1963—1973
	王福森	男	书记	1974—1981
党总支	刘永年	男	书记	1981—1981
	于宗福	男	书记	1982—1983
	于有昌	男	书记	1983—1984
	王福森	男	书记	1984—1986
	荣培础	男	书记	1986—1989
	王玉林	男	书记	1992—1992
	王福森	男	书记	1992—1994
	陈俊岭	男	书记	1995—1995
	陈祥龄	男	书记	1995—1995
	刘富有	男	书记	1995—1996
	荣恩玉	男	书记	1996—1999
	荣恩武	男	书记	1999—2001
	王树江	男	书记	2001—2016
党委	王树江	男	书记	2016—

1944—2016年芦新河村村政机构负责人任职情况表

表8

村政机构名称	姓名	性别	职务	任职时间
村公所	吴从德、刁振德	男	村长	1944—1946
	王品	男	村长	1946—
	王文早	男	村长	无考
	刘大智	男	大队长	无考
	荣恩祥	男	大队长 主任	—1958
生产大队	于宗营	男	大队长	1960—1963
	刘殿祥	男	大队长 主任	1964—1966
	王风玉	男	主任	1966—1968
革命委员会	于有昌	男	主任	1968—1974
	王福森	男	主任	1974—1978
生产大队	顾继合	男	主任	1978—1981
	王怀茂	男	主任	1981—1983

续表

村政机构名称	姓名	性别	职务	任职时间
村民委员会	王怀茂	男	主任	1984—1988
	刘殿祥	男	主任	1989—1992
	荣恩和	男	主任	1992—1992
	荣守成	男	主任	1993—1996
	唐有年	男	主任	1996—1996
	荣恩武	男	主任	1996—2000
	王福华	男	主任	2000—2001
	王树江	男	主任	2001—2015
	唐长江	男	主任	2015—

十一　荣誉

1950—2016年芦新河村获集体荣誉4项。1950—2016年该村获先进个人荣誉5项。

1950—2016年芦新河村获先进集体荣誉情况表

表9

授予时间	荣誉名称	授予部门
2003	2001—2002年度天津市文明村	天津市精神文明建设委员会
2006	五个好村民委员会	中共天津市委组织部中共天津市农村工作委员会 天津市民政局
2008	天津市创“四无”社区 优秀人民调解委员会	天津市司法局
2008	五个好村民委员会	中共天津市委组织部中共天津市农村工作委员会 天津市民政局

1950—2016年芦新河村获先进个人荣誉情况表

表10

授予时间	姓名	荣誉名称	授予单位
1986	刘振民	治安积极分子	天津市公安局
2007	唐长江	新长征突击手	共青团天津市委员会
2007	胡宗会	天津市文明家庭	天津市精神文明建设委员会
2010	张树满	天津市治保工作先进个人	天津市公安局
2013		优秀平安志愿者	天津市社会管理综合治理委员会

霍庄子村

霍庄子村位于北辰区东部，东临东赵庄子村，西与姚庄子村毗邻，北为季庄子村，南隔永定新河望西堤头村。村西有杨北公路，津蓟高速、京保铁路穿境而过，村南有永定新河与镇政府隔河相望，村东有津塘二线和华北大河(北京排污河)，形成拱捧之势。村呈正方形，面积27.2万平方米。2015年，霍庄子村长期固定资产847.7万元，户籍人口2803人。2016年，该村乡村从业人员982人，常住人口3182人，人均收入1.36万元。

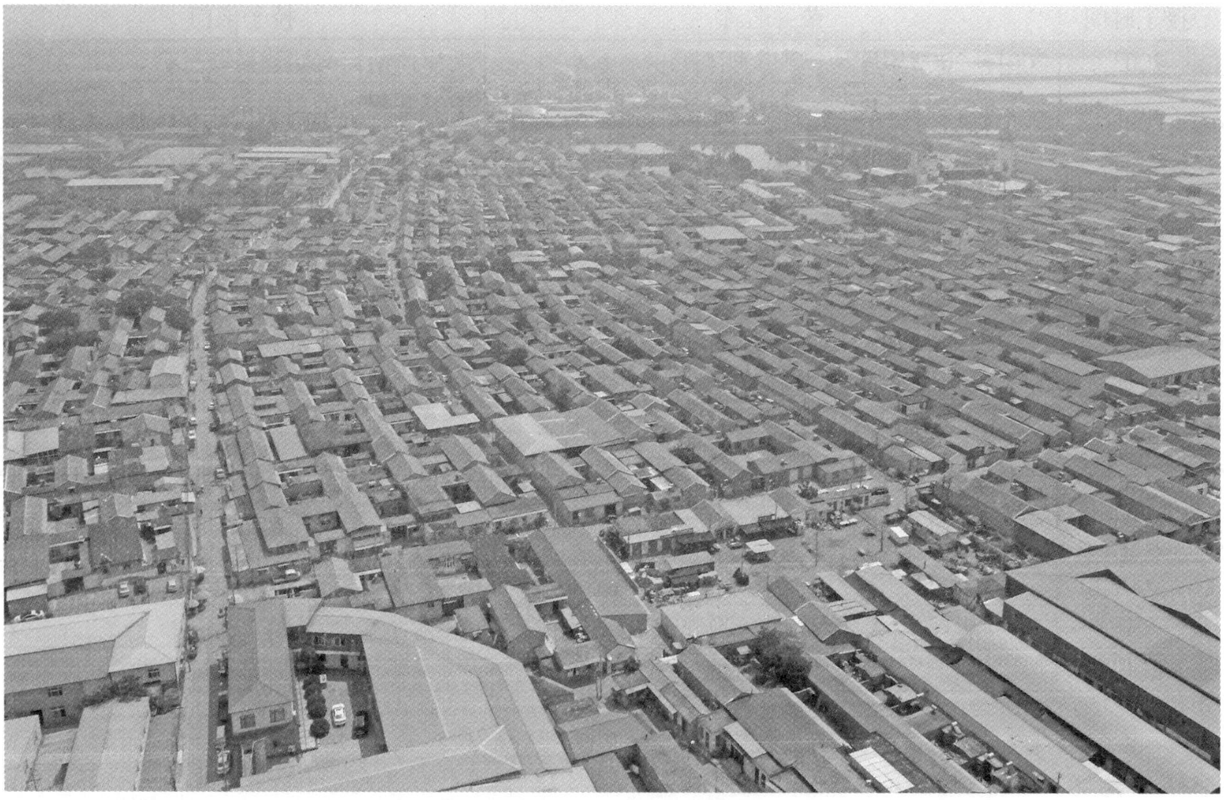

霍庄子村航拍图 （2017年摄）

一　村庄沿革

霍庄子村委会　　　　　　　　（2015年摄）

霍庄子村建于明永乐二年（1404年）。始有山西洪洞县人霍景芳到此定居，后有魏姓魏代金迁入，两家结亲，遂以霍姓称庄，为霍庄子（参见《典籍中的北辰》374页）。明永乐年间（1403—1424年），霍庄子隶属宝坻县。至嘉靖时期（1522—1566年），属宝坻县海滨乡兴保里第三保。清初，沿明制。乾隆十年（1746年），该村属宝坻县海滨乡兴保里第三保。民国17年（1928年），该村属宝坻县第七区贾庄乡。民国32—35年（1943—1946年），武（武清）宝（宝坻）宁（宁河）联合县在宝坻境内设5个区，实行区统乡镇，乡镇统保制，该村属第七区尔王庄镇公所。民国35年（1946年），该村划入宁河县管辖。1949年，隶属河北省天津专属宁河县第四区潘庄区公所。1953年，霍庄子建乡，霍庄子村属宁河县四区霍庄子乡辖。1957年8月，该村属宁河县东堤头乡；1958年，属汉沽区东堤头公社。1959年3月，属和平区畜牧场霍庄子管理区。1960年10月，属和平区卫南公社堤头管理区。1961年9月，属和平区堤头公社。1962年2月，属北郊区东堤头公社；1963年，属北郊区芦新河公社。1963年10月，属北郊区霍庄子公社。1983年，属北郊区霍庄子乡；1992年，属北辰区霍庄子乡。1997年，属北辰区霍庄子镇。2001年后，属北辰区西堤头镇。

二　道路河流

霍庄子大桥　　　　　　　　（2015年摄）

道路　中华人民共和国成立前，该村只有水路，村民出行不便。中华人民共和国成立后，党和政府治理水患，修建公路。1972年建霍庄大桥，位于杨北公路霍庄子村南，横跨永定新河，是双桥双行桥，桥总长500米，桥宽12米。2008年修霍季乡村路，原是乡村土路，由霍庄子和季庄子村投资改为沥青路，走向南北，南起霍庄中学，北至季庄子村内，全长2.5千米，路面宽4米，霍庄子村境内1千米。2014年，修河西小农路，位于杨北公路西侧，机排河东侧，全长1.5千米，路面宽4米，水泥路面，由区和村投资改建；修霍庄子河东小农路，位于霍庄子村北侧，华北大河东侧，全长2.5千米，路面宽4米，原是土路；修郎定河乡村路，南起赵庄子小桥北至季庄子北九园公路，路面宽4米，全长3.5千米，霍庄子村境内700米，占用霍庄子耕地10亩。霍庄子村北高速桥，位于杨北公路和津蓟高速交叉处，桥长200米，桥宽30米。2016年，霍庄子村西有省（市）级杨北公路，津蓟高速公路、京保铁路穿境而过，村东有津塘二线高速公路，村西有北环铁路等。

河流　霍庄子村自建村以来，河流纵横，水力资源非常丰富，据考有霍家河子、筐儿港河。霍家河子西起塌河淀，从芦新河村穿村而过至霍庄子村西大坑。清道光年间（1821—1850年）为了方便村中漕运往来，由村民霍文相弟兄出资买下此河的使用权，后改为霍家河子。现已无迹。

筐儿港引河，康熙年间开挖，上下50余千米河由杨村堤固。至雍正六年（1728年），经怡亲王允祥申奏，筐儿港减河石坝宽至200米，以后筐儿港减河多次维修、疏浚，在分泄北运河洪水、保证漕运畅通方面起很大作用。筐儿港引河最初自滚水坝东南流至杨家河附近，入麦子淀韩盛庄村以北，经腰河霍庄子村北（已淤废）汇入塌河淀。塌河淀水可由贾家沽道（今月牙河）泄入海河，亦可向东入七里海，由北塘入海。至同治年间(1862—1874年)，筐儿港引河下游淤涸，遂于同治十三年(1874年)重开新河，有朱家码头折向东北，再转东南至宁河县造甲城附近入七里海。

至2016年，村南有一级河道永定新河，村东有一级河道华北大河（北京排污河）。

三　人口方言

人口　据统计资料载，霍庄子村1950年有居民208户1285人；1980年，有居民520户2179人；1999年，有居民704户2372人；2009年，有居民895户2608人；2016年，有乡村总户数1154户2831人。

民族　据《天津市北辰区地名志》载：1995年，该村有汉族、壮族、朝鲜族3个民族。据村情调查，2016年，该村有汉族1个民族。

姓氏　据《霍庄子镇志》载，20世纪90年代末，该村姓氏主要有霍、张、刘、李、陈姓。2016年，村内共有13个姓氏，其中大姓氏是霍、陈、石、张、魏、王。

霍姓族谱辈分排序表

表1

辈分	字辈	辈分	字辈	辈分	字辈
霍姓始祖	霍景芳	三世祖	单名	五世祖	单名
二世祖	代字	四世祖	从字	六世祖(自此分三门)	应字

辈分	字辈		
七世祖	单名	单名	单名
八世祖	九	九	九
九世祖	单	单	单
十世祖	国	文	文
十一世祖	单	天	天
十二世祖	有	长	长
十三世祖	学、成	昌、树、兆	茂
十四世祖	永、广字	绍、元、家、凤、会	德、廷、振
十五世祖	焕、宋、仕、文	恩(单字)	兴、明、炳
十六世祖	洪、宝、晓、玉	汉、宜、之、安	祥、太、连、生

说明：六世祖后分三门，即东门、西门、北门

魏氏家族辈分排序：魏氏家族始祖魏代金、二世祖奎、三世祖守、四世祖彦、五世祖成、六世祖玉、七世祖进、八世祖文、九世祖明、十世祖发、十一世祖永、十二世祖作、十三世祖连、十四世祖绍、十五世祖家、十六世祖树。

霍姓、石姓源于山西省洪洞县；门姓由西堤头镇刘快庄移入；杨姓源于宝坻区大套村；崔姓源自东丽区赤土村；于姓为1960年青海省返城移民迁入；李姓，子民一支来自静海县良王庄村，其他一是由西堤头镇刘快庄移入，二是由1960年青海返城移民迁入；张姓，一部分源自山东，其他人于1960年由青海省返城移民；魏姓，荣全一支源自东丽区欢坨村，其他则源于河南省魏奎府苦树洼村；刘姓，志学一支源自山东省乐陵县大孙庄乡刘背津村，其他则由西堤头镇刘快庄移入；陈姓、王姓无考。

方言　霍庄子地区方言，从语音角度划分为两类：一类是属冀鲁官话区保唐片的天津小片；二类是属北京官话区，与北京的普通话差异不大，用字读音和语法结构与普通话不尽相同。对别地人来说，略有“土味”。

霍庄子村常用方言情况表

表2

方言	释义	方言	释义
清早儿起	早晨	后个儿	后天
头晌儿	上午	前个儿	前天
晌火儿	中午	日头爷儿	太阳
后晌儿	下午或晚上	俩么、仨么	二、三
明儿个	明天	夜儿个	昨天
揍饭	做饭	拍呱呱	鼓掌
焐被	铺床	落（音 lao）道帮子	行为不端的人
坐月子	分娩	死狗不钻门	与别人没有来往
筹衣裳	洗衣服	梆头	后颇部特别突出
拔闯（音 chu à ng）	替别人出气	争嘴窝儿	后颈窝
洋火	火柴	瘫（音 t ǎ n）活儿	瘫痪病
拐棍儿	手杖	白眼儿	外孙子
电匣子	收音机	火柿子	西红柿
调歪	正经的话不听	酸了红	红果
顶钱（音 qiang）	管用，能解决问题	山芋	红薯
二把刀	不内行	蚂蛉	蜻蜓
家贼	麻雀	半落不落	事情干半截就停止
招欠	无事惹人	二唬	马虎
轴实	壮实	加佛的	行乞
腻歪	不喜欢	狗蹦子	跳蚤
抓瞎	遇事忙乱无办法	转莲	向日葵
撺掇	怂恿	茅房	厕所
憋闷	心情不舒畅	数落	责备
坐蜡	为难	糊弄	欺骗
包原儿	都要了	老肉	行动迟缓不爱说话
拆兑	想办法解决	老鼻子了	很多的意思
落草儿	分娩	没揆成	没标准
磨不开	不好意思	崴泥了	糟糕了
吊儿郎当	办事不认真	下仨烂	品格卑下
当么间儿	中间	隔（音 ge）应	讨厌
拨了盖儿	膝盖	胰子	肥皂
伏蝶儿	蝴蝶	抚迷三道	让事情弄得迷迷糊糊
吃劲儿	有用	掉号（音 hao）子	要哭了
成色（音 sh ǎ i）	出息	平屉	锅箅子
展布	抹布	钥听子	钥匙

四　耕地状况

据霍庄子村上报村情调查资料表明：20世纪90年代，该村有耕地24块，5023.6亩。耕地较分散，有部分地块北邻九园公路，西邻机排河，南邻永定新河，东邻杨北公路、京塘二线。部分地块北邻205

国道，东邻津蓟高速和杨北公路。

20世纪90年代霍庄子村所属耕地地块情况表

表3　　　　单位：亩

地块名称	位置	面积	变更调整情况
弓亩地	永华农场东	7.6	–
北河滩	霍庄子村中学北	86	–
芽子丘	华北大河西堤侧	120	为了调整地块统一改为新地名称
台　田	京塘二线高速西侧	20	–
东河北排	郎定河以东华北大河西	460	–
大头地	永金引河堤东	64	东是芦新河鱼池，南是芦新河鱼池，西是永金引河东堤，北是姚庄子耕地
东河北排南节	郎定河以东华北大河西	280	为统一管理原老地名改为新地名
东河南排北节	郎定河以东华北大河西	380	为统一管理原老地名改为新地名
东河南排南节	郎定河以东华北大河西	380	为统一管理原老地名改为新地名
引淀子	华北大河东侧	86	东是华北大河西堤，南是赵庄子地界，西是赵庄地界，北是霍庄子排
六块	郎定河东侧	120	东是华北大河西堤，南是赵庄子界，西是赵庄地界，北是霍庄子排水河
北大荒北排	霍庄子村村北	150	1975年改造后另起名北大荒
北大荒南排	霍庄子村村北	140	1975年改造后另起名北大荒
东小沟	杨北公路西	200	–
西小沟	杨北公路西	220	–
大沟子	杨北公路西	260	–
大沟子小块	杨北公路西	96	–
曹地	杨北公路西	160	–
东大地	杨北公路西	240	–
西大地	杨北公路西	240	–
五百八	杨北公路西	56	–
磁地	欢坨村北	56	–
四合堂	永金引河堤东	689	–
大三尖	村东	513	
合计	5023.6		

20世纪90年代霍庄子村所属耕地地块示意图

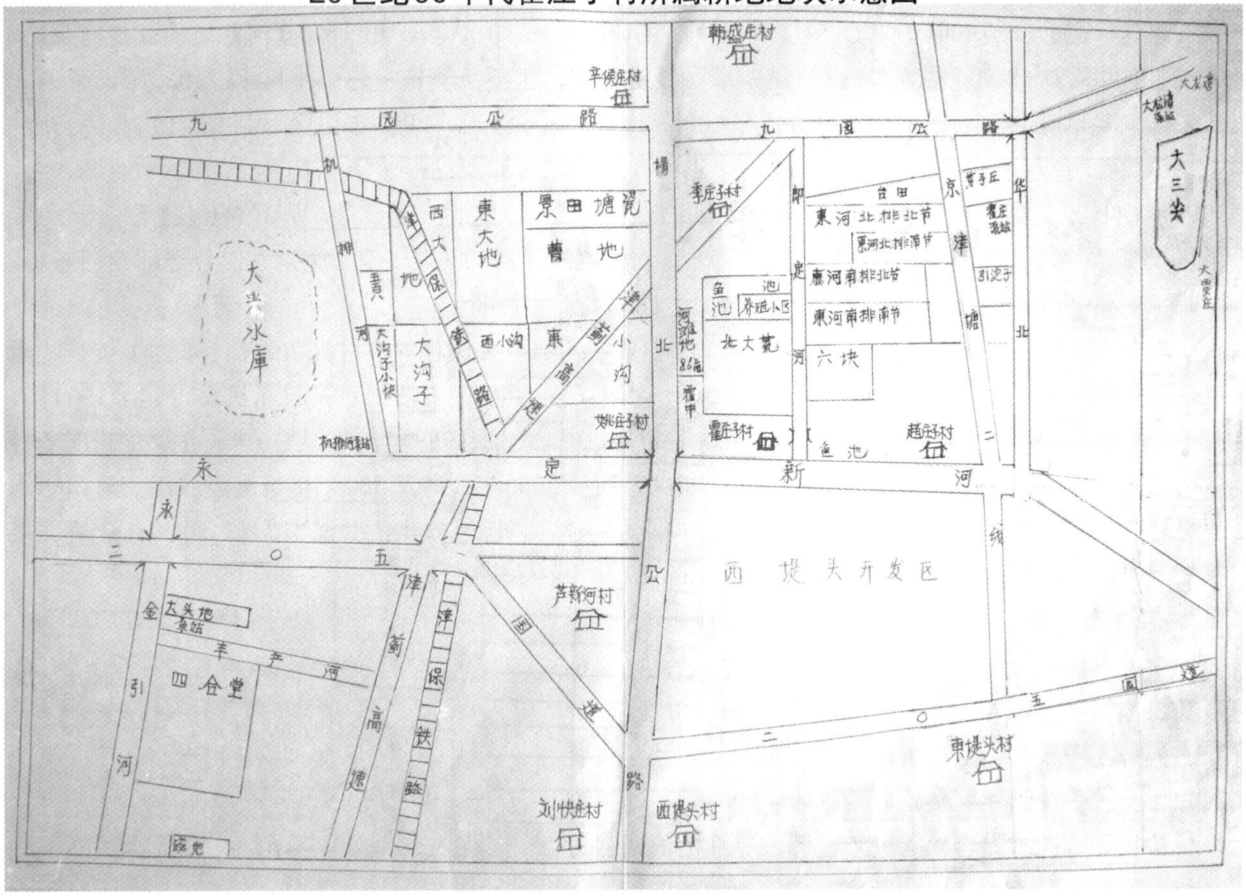

（2016年绘制）

农业基础设施　干渠　1998年，村投资修建河东干渠，主干渠1条、支渠6条，供1800亩土地灌溉使用。主干渠从东河泵站至引淀子，全长850米，宽2米，高1米，主要分流各支渠灌溉。整体结构是水泥板；修建芽子丘支渠1条，全长500米，宽1.2米，高0.8米，主要供芽子丘地块灌溉；修建东河北排北节支渠1条，全长2000米，宽1.2米，高1米，结构水泥板；修建东河北排南节支渠1条，全长1200米，宽1.2米，高1米，结构水泥板；修建东河南排北节支渠1条，全长800米，宽1米，高0.8米，水泥板结构；修建东南排南节支渠1条，全长1000米，宽1米，高0.8米，结构水泥板。

该村因长年旱涝不保，村决定修建河西干渠。由镇和村两级投资。2000年，兴建主干和支干渠共7条，均水泥结构。由河西泵站至东小沟道，主渠1条，全长800米，宽2米，高1.3米，水泥结构，用于向支渠分流灌溉；由东大地南至东大地北1条支渠，供东大地13条，曹地6条灌溉使用，全长700米，宽1.5米，高1米，水泥结构；由西大地南侧至西大地北侧1条支渠，水泥结构，全长700米，高1米，宽1.5米，供13条农田灌溉使用；五百八支渠1条，水泥结构，全长60米，宽1米，高0.8米，供2条地灌溉使用；大沟子小方块支渠1条，水泥结构，全长700米，宽1.2米，高0.8米，供17条地块灌溉使用；大沟子支渠1条，水泥板结构，全长700米，宽1.2米，高0.8米，供15条地块灌溉使用；东西小沟支渠1条，水泥板结构，全长700米，宽1.2米，高0.8米，供东小沟7条地，东小沟三尖5条地，西小沟15条地灌溉使用。

涵闸　该村河西建涵洞4个，涵闸3个。为了沟渠配套，用于农田排灌，农业增产增收。河东建涵洞5个，涵闸1个。北大荒建涵洞2个。

泵站 1975年，在位于永定新河南堤建河南泵站，卧式泵，500泵2台，2015年12月由区水利局投资改建，重新安装400潜水泵4台，负责霍庄工业区排水；1976年，建永定新河北堤的郎定河泵站，卧式泵900泵2台，600泵1台，由原霍庄子乡投资兴建，主要负责霍、赵、季排水；1973年，建东大河泵站，坐落在华北大河堤西，原卧式泵600泵1台，500泵1台，2007年由区水利投资改建，更新潜水泵500泵1台，400泵1台，用于排灌河东农田；河西机排和泵站，建于1975年，卧式泵500泵2台，1998年由村投资翻建，主要用河西耕地农田排灌；1975年，建北大荒泵站，卧式500泵1台，于2000年村投资改造修建。卧式400泵1台，用于排灌北大荒农田；1996年，建1座泵站，位于郎定河东堤，卧式300泵1台，用于120亩耕地灌溉。至2016年该村有泵站6个。

机井 1982年，在河东、芽子丘南排，从东第三条地南头建机井，井深200米，是为了抗旱，灌溉使用；村西机井，建于1989年，井深200米，用于霍庄子村民生活用水；村东机井，建于1994年，井深360米，用于霍庄子村民生活用水；北大荒村北机井，建于1998年，井深450米，主要供霍庄子村生活用水；河西大沟子小方块北第二条东头机井，建于2006年，井深360米用于灌溉农田；河西东沟三见地南一块地机井，建于2011年，是中铁十四局兴建，供职工吃水，井深370米，于2015年底交接霍庄子村使用，所有权归属霍庄子村。至2016年，该村共有机井6眼。

五 街道胡同

中华人民共和国成立前，村内房屋布局杂乱，大小不等，高矮不一，街巷窄小，道路不通畅，每逢雨季，积水为患。中华人民共和国成立后，50—70年代，村容村貌虽有改善，但发展变化较为迟缓。1989年春，根据乡整体规划，该村出台建设规划蓝图。村住宅的式样近乎北京的四合院。正房坐北朝南，或三间，或四间，或五间，也有八间以上。两边则是厢房，有条件的建有南房。南房一般与北房对称，仅比正房入身窄一些。临街留正门。胡同里留东西门。村中心东西走向为大街，南北走向为胡同。街与胡同把村民房宅连接起来，成为一个有机的整体。1992年，东西向胡同3条，南北向胡同51条。至2016年，全村共有主要街道3条，主要胡同26条，民房1261所，住房建筑面积138221.6平方米。人均住房面积近43.19平方米。

霍庄子村大街 （2016年摄）

2016年霍庄子村主要街道情况表

表4

修筑年份	街道名称	走向	长度（米）
1465—1487	市场街	东西	200
2000	育新路	东西	300
2003	幸福大街	南北	460

20世纪40年代霍庄子村老村示意图

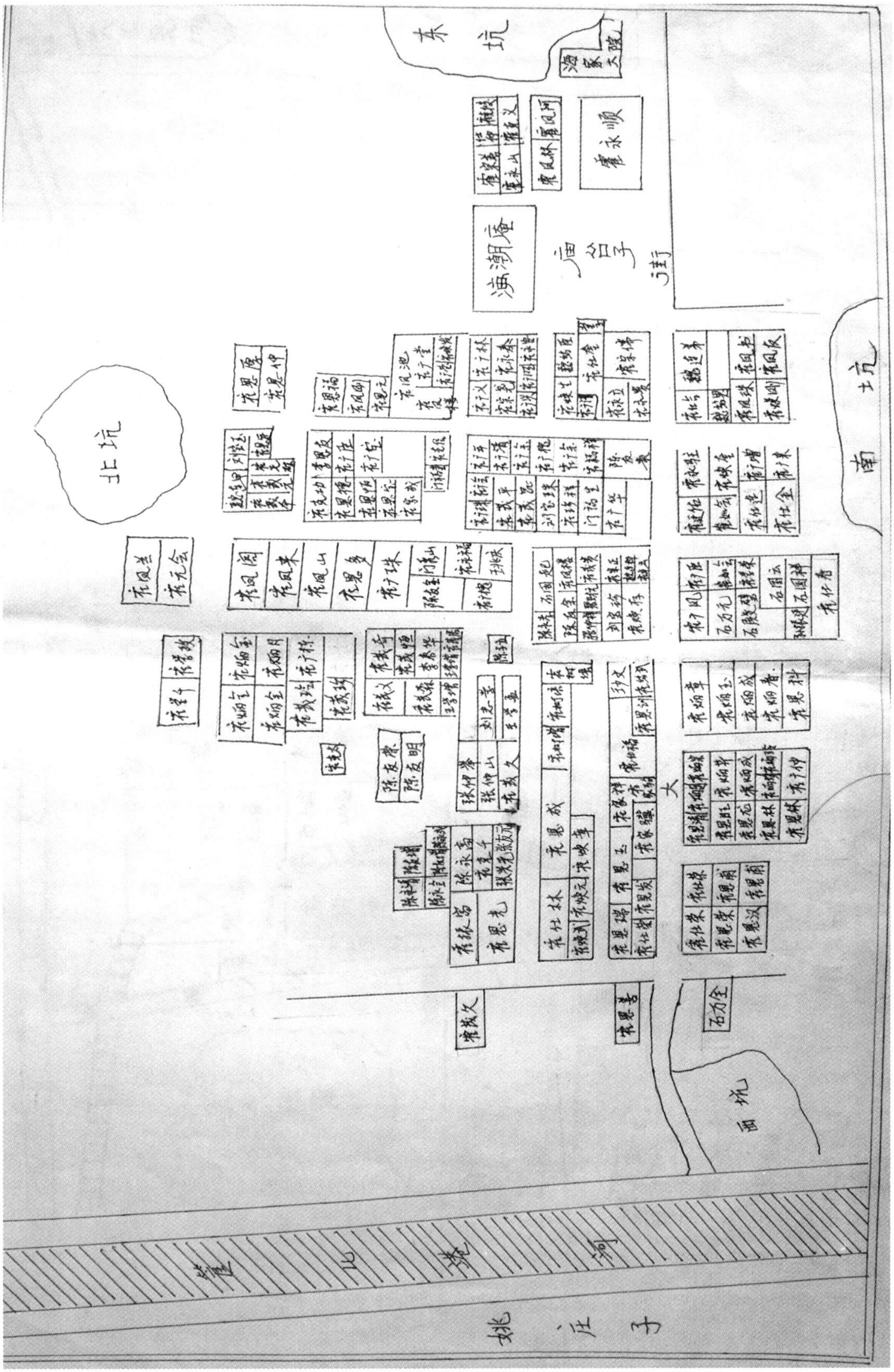

（2016年绘制）

2016年霍庄子村街道胡同及公共设施情况示意图(一)

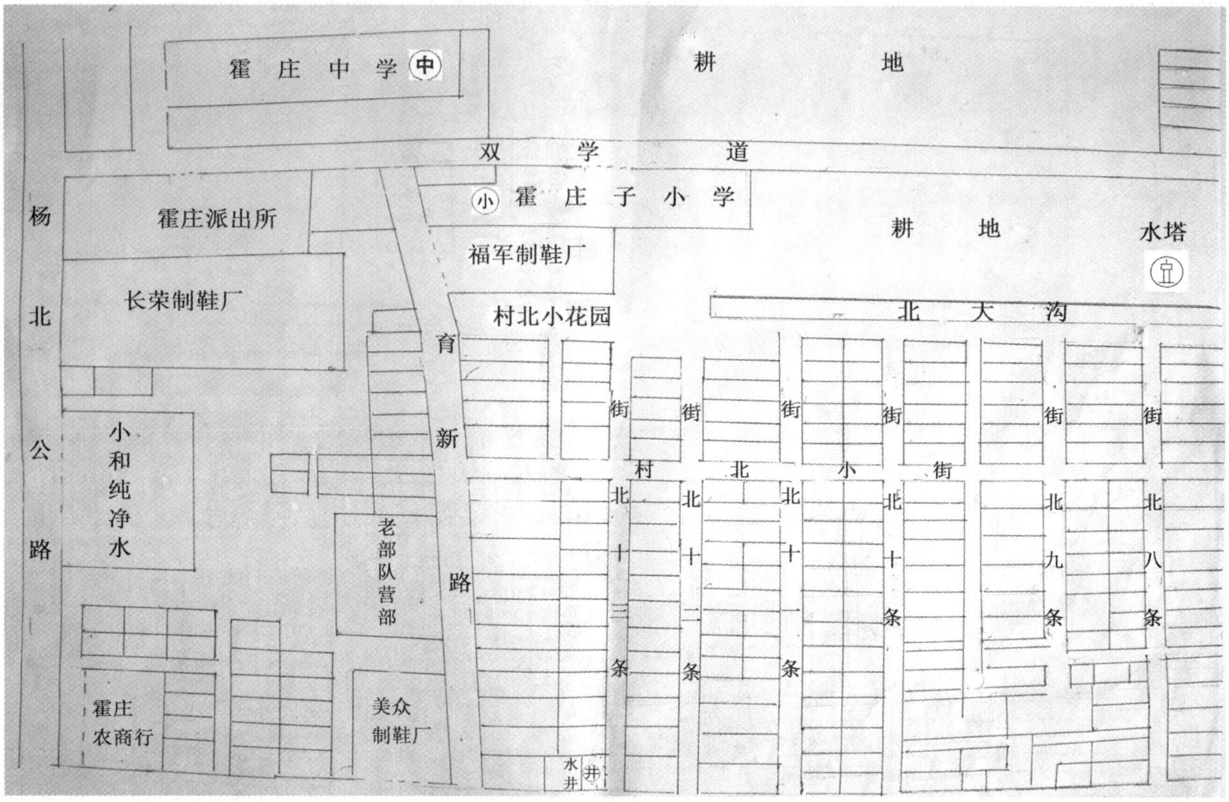

(2016年绘制)

2016年霍庄子村街道胡同及公共设施情况示意图(二)

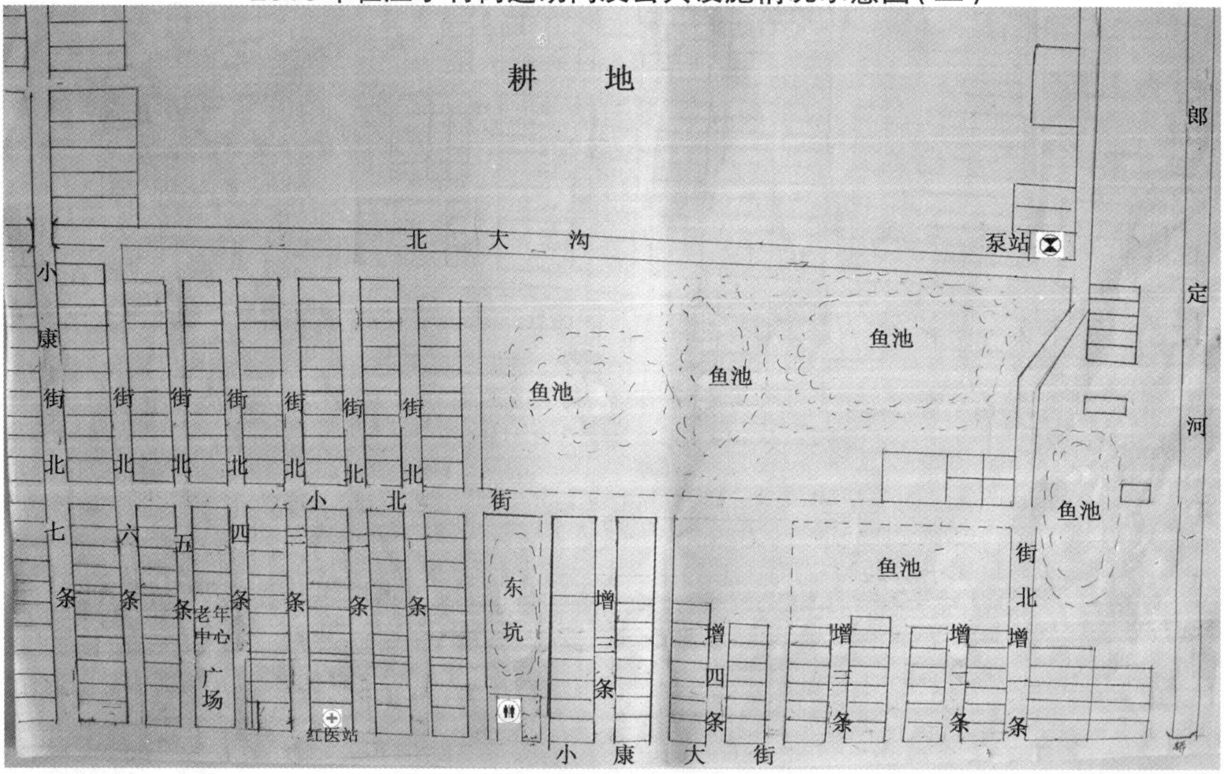

(2016年绘制)

2016年霍庄子村街道胡同及公共设施情况示意图(三)

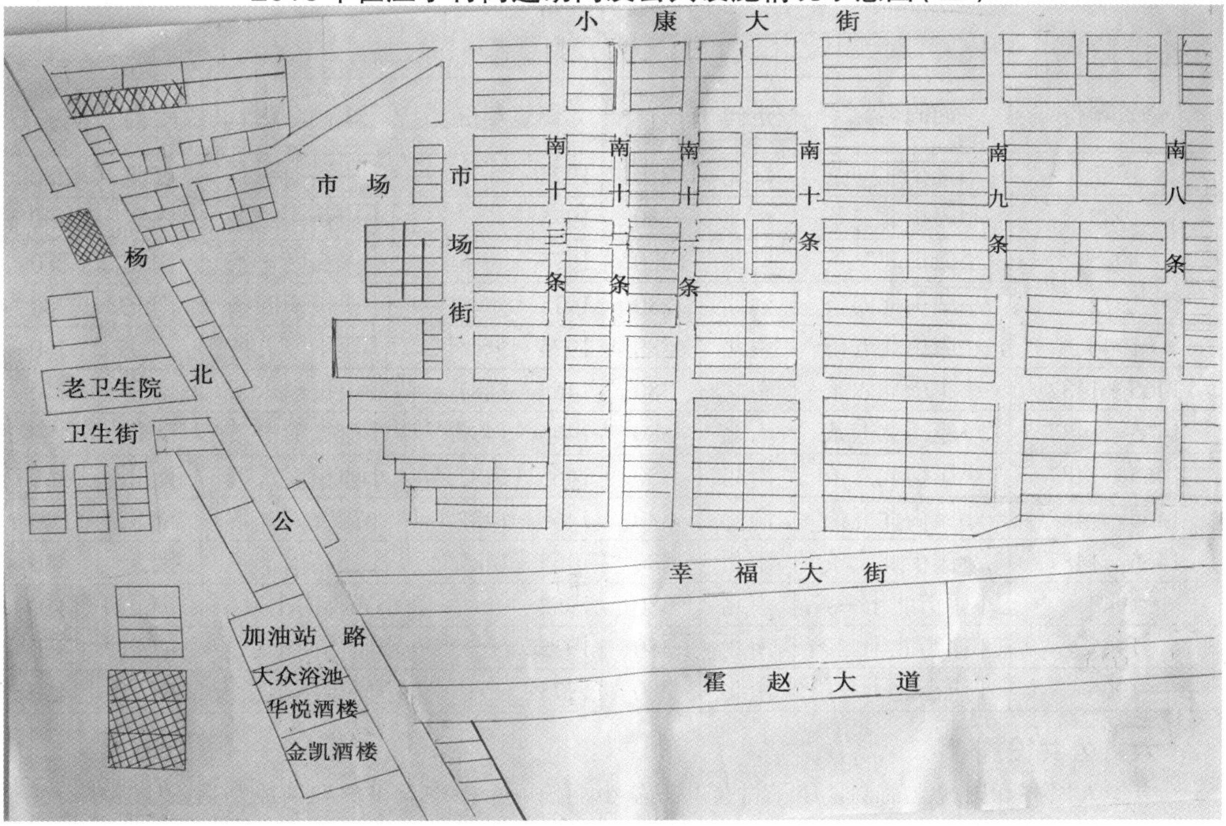

(2016年绘制)

2016年霍庄子村街道胡同及公共设施情况示意图(四)

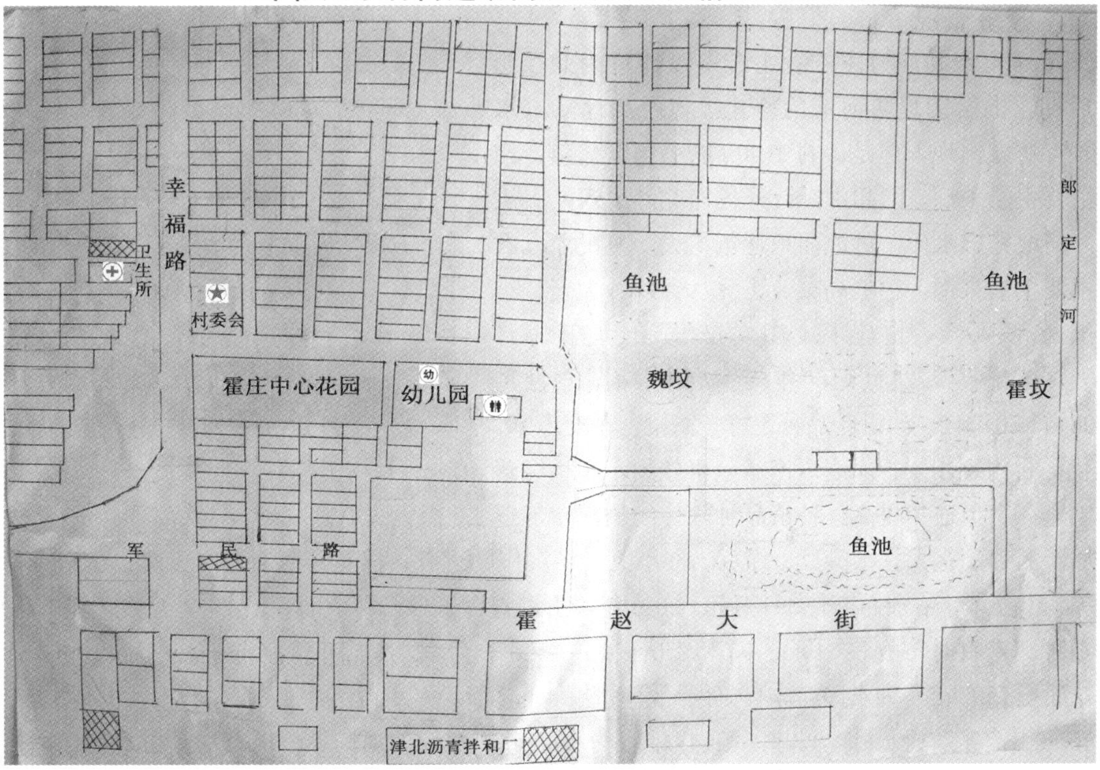

(2016年绘制)

2016年霍庄子村主要胡同情况表

表5

修筑年份	胡同名称	走向	长度（米）	修筑年份	胡同名称	走向	长度（米）
1988	小康街北一条	南北	280	1975	小康街南一条	南北	280
1988	小康街北二条	南北	280	1975	小康街南二条	南北	280
1985	小康街北三条	南北	280	1975	小康街南三条	南北	280
1972	小康街北四条	南北	280	1975	小康街南四条	南北	280
1946	小康街北五条	南北	380	1975	小康街南五条	南北	280
1465—1487	小康街北六条	南北	380	1465—1487	小康街南六条	南北	150
1465—1487	小康街北七条	南北	380	1465—1487	小康街南七条	南北	150
1465—1487	小康街北八条	南北	380	1465—1487	小康街南八条	南北	300
1465—1487	小康街北九条	南北	380	1465—1487	小康街南九条	南北	300
1465—1487	小康街北十条	南北	380	1465—1487	小康街南十条	南北	450
1948	小康街北十一条	南北	380	1962	小康街南十一条	南北	450
1965	小康街北十二条	南北	380	1975	小康街南十二条	南北	450
1966	小康街北十三条	南北	380	1975	小康街南十三条	南北	450

六　公共设施

中华人民共和国成立前，霍庄子村公共设施少而简陋。中华人民共和国成立后，1992年，建有百货、副食、饮食等商店、农贸市场，小学、卫生所各1所。2004年，建中心花园和重建村委会。至2016年，村内公共设施有村委会、老年协会、卫生服务站、水站、农贸市场、小学、中学、卫生院、派出所、中心花园、幼儿园等。

七　经济概况

霍庄子村农贸市场　（2015年摄）

公元14世纪初，村民衣食主源多以捕鱼为业。明朝中后期，上游因堤防河流的修建，境内高地露出水面，才有耕农出现。但是，村中90%以上仍以捕鱼、漕运为主要生活来源。清朝中叶，开挖筐儿港引河，引洪入海，高地露出水面，耕地面积逐年扩大，村民才以农业为主要生活来源，种植高粱、黑豆、青蔴、大麦、小麦、玉米（黄马牙、白马牙），其单产“丰年可打一石，涝年五斗或绝收”。20世纪60年代，始种水稻，村西种植1000亩。70年代，始引新品种歪脖子高粱，杂交玉米。80年代，村内逐步实行家庭联产承包责任制，多种经营发展迅速，产量连年提高。种植品种除传统的粮食，逐年增加新品种，有大豆、黑豆、绿豆、红小豆。经济作物青蔴、棉花、蓖麻、向日葵、芝麻、青玉米、胡蔴等。1997年，农业总产值391万元。2007年，引进青食玉米，种植面积270亩，后发展到199.95亩，早春播种，麦收时节收获。每亩单产1250千克～1500千克（收获前可套种晚玉米）。2010年，村内种植棉花面积1500亩，为农民带来良好的经济收益。

80年代，养殖业在村内兴起，相继办起养牛场、养猪场、养鸡场等。1984年，市政府“菜篮子”工程提出：“苦战三年，吃鱼不难”的口号，村内利用荒废地开挖鱼池，至2016年，开发上千亩，产值达

1000万元。

60年代，农业生产力有新的发展和提高，劳动力过剩。为解决劳动力过剩和增加村民收入，改善村民生活，开始发展村办企业。先后办起霍庄子铁厂、化工厂和蕨刀厂。1986年，村建起制鞋厂，其性质为集体企业。1994年，成立炒油厂，其性质为村集体企业。1995年，村属集体企业改制，分别将霍庄子铁厂、霍庄子鞋厂、霍庄子蕨刀厂、霍庄子炒油厂等企业招标出让给个人经营。改革开放以来，村镇企业兴起和发展，民营企业也随之崛起。1997年，建霍庄子工业小区，先后有20余家民营企业入驻。

80年代始，村内个体商业发展较快。1989年，在霍庄中学以南建农贸市场，2010年扩建改建成全封闭式，占地面积2600平方米，从业人员100余人。2000年，修建商业一条街，沥青路面，宽10米、长500米，占地5000平方米，容纳商贩摊位260个。至2016年，村内个体商业有100余户。

餐饮业建有东风餐厅、喜来登饭店、喜悦饭店、金元宝大酒楼、华悦酒楼等，逐渐形成了餐饮一条街。

八　民间文化

旧时，村民们茶余饭后，围坐在街头，津津有味地听“说书”。说书人一般是村中精通文墨并有一定口才的人，有《三侠五义》《济公传》《三国演义》《水浒传》《狄公案》等长篇评书，也有深受喜爱的奇闻逸事。表演者眉飞色舞，倾听者津津乐道。每到高潮时，说者伴有身段表演和用唱词来表现，观者也已忘掉一切，进入了情节之中。这种场面每晚连接，直至一部书说完，再说下一部。

清同治至民国年间，村中以“青云坛”名义先后组织法鼓会、吹班、小车会、高跷会等群众文艺组织。利用拜坛时排练。年节庙会时进行表演，谓为出会。每至出会时，围观者众多，热闹非凡。其他地方庙会也特请出会。讲究“五里喝茶，十里吃饭”。

文物　霍庄子村魏树森完整保存了自康熙六十年（1721年）至中华人民共和国成立后的房契地契分家文书等，对于研究清代以来土地权属及社会、经济、民俗等都具有较高的文物价值。

魏氏所存清康熙六十年（1721年）的房契，属于民间房屋买卖凭证。从契中言明六两五钱价银来看，该处庄宅不是很大，但契中除卖方霍氏2人签押，还有立字文约人张氏3人、霍氏8人、霍氏同（族）8人以及魏氏6人总计25人签字画押，可见当时农村房屋买卖之郑重。

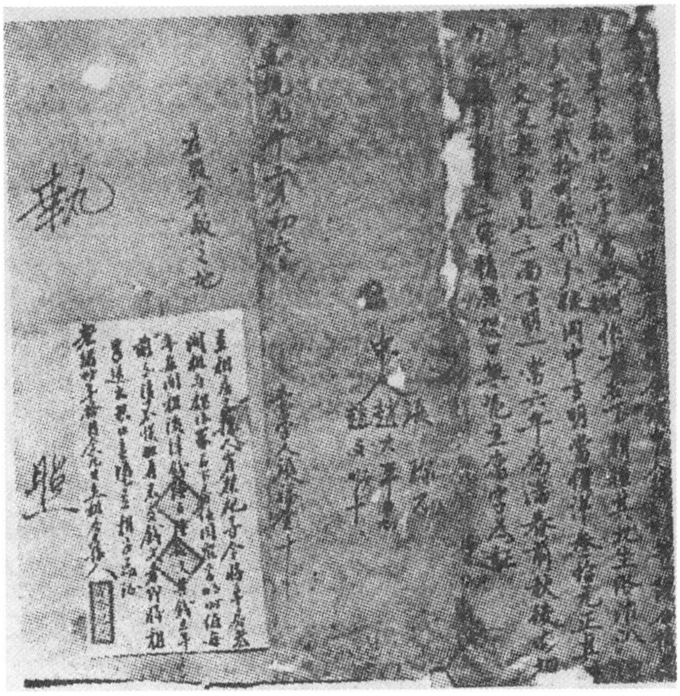

清康熙六十年（1721年）地契

附：

契文

立卖契文约人霍都名下，因为无钱使用，有庄窠一处，同（族）中人霍九发、秀说合，有（又）同地主前后言明，价银六两五（钱），同（族）中人卖与（予）魏成选名（下）。四至言明：东至官道，南至霍枝，西至霍九濮南北场里，下（北？）顶官到（道）。弟南（嫡男）子侄日久年身（深）如有追悔，卖主一面承管同（族）中人有同乡亲价（银），笔下交完，在（再）不许返（反）悔。如有返（反）悔者，其罚（罚其）白米十石入官公用。空(恐)后无凭，立字存照。

立卖契文约人(25人，略)

康熙六十年二月十六日

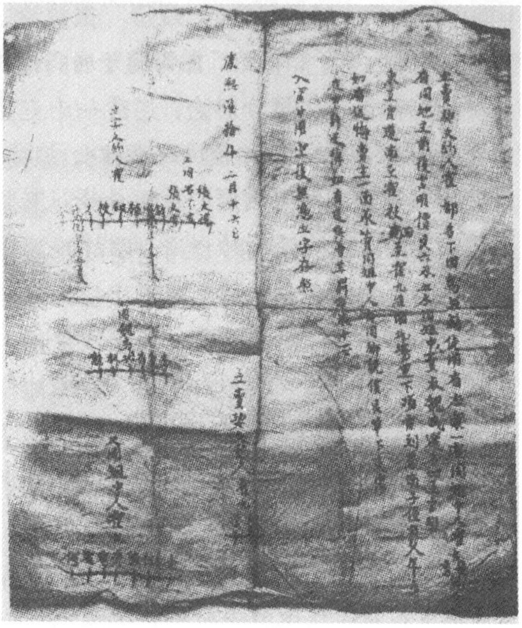

清康熙六十年(1721年)房契

九　英烈先贤

霍九村(生卒年不详)　霍庄子村霍姓第八世祖。清朝初年，北京某王府仗势在该村占圈夺地。为维护村民利益，九村愤然出面，与王府对簿公堂，后胜诉。故与王府设在该村之庄头结怨。霍九村难居故土，被迫迁移宝坻小白庄其岳父家居住。其后代现已在那里定居。

霍文相(1806—？)　少时聪颖好学，成年粗通文理，精明强干，家境殷实，有车船。壮年时随父兄漕运，往来大江南北，于水陆两栖运送皇粮，并夹带土产，互通商贾，盈利可观。于故里广置地产，豪壮门庭。发迹后，修缮村庙“海朝庵”。于庙中立大钟一口，钟文铭记村中地亩事宜。村中集会等，均以撞钟为信。该钟于1958年被毁。现无存，别无他记。

霍永顺(1876—1948)　幼读孔孟，明理达人。家境殷富，以农为业。村中偶有断炊者求之，其无不资助；组织火会儿，操办打井，无不积极向前，解囊以助之。一生善公道，恪守儒家之礼，好公益。

霍培修(1897—1982)　原名茂生。幼读私塾，民国元年(1911年)入天津究真中学。民国2年(1918年)入燕京大学。民国10年(1921年)入南京金陵协和神学院。民国15年(1926年)立为基督教牧师。中华人民共和国成立后，历任天津市第一、第二、第三、第四、第五、第六届基督教“三自”爱国运动委员会副主委，天津市第二、第三、第四、第五、第六届政协委员。1981年，当选天津市基督教教务委员会名誉主席。

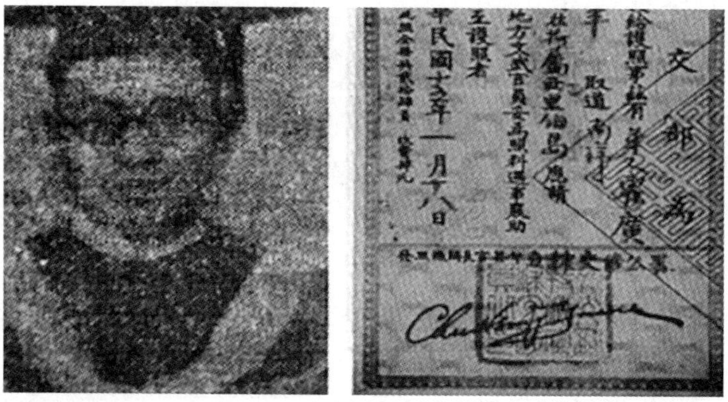

民国15年(1926年)，霍广华出国护照

霍广华(1900—1929)　5岁入塾，出入学馆就显露出聪颖的天赋，不到半年就完成了幼学的全部课程。17岁考入燕京大学，20岁留学日本，曾与郭沫若同窗。回国后在岭南大学任教。民国15年(1926年)到荷兰，任育才学校校长。民国18年(1929年)，委任其为天津县首任县长。

霍广槐(1913—2008)　民国32年(1943年)参加革命，先后任宁河六区区小队战士，区武委会主任和区队队长等职。参加了平津战役。1949年随大军南下，后到湖南省湘潭滨洲地区交通部门工作。历任养路队队长、段长和县交通局局长等职。

石　岩(1915—1989)　又名万德。民国23年(1934年)入天津究真中学，后考取通县潞河高中。民国28年(1939年)经中共天津地下党组织介绍赴延安，就读于鲁迅艺术学院。后历任华北联大文工团及晋察冀军区抗敌剧社演员、导演、队长、编导、研究员等职。民国33年(1944年)加入中国共产党。1950年加入中国戏剧家协会，曾任戏协河北省分会理事。1951年参加抗美援朝。1953年入中央戏剧学院导演进修班。1956年毕业后，调任南京军区前线话剧团导演。曾执导《东进序曲》《雷锋》《我是一个兵》

《我们的队伍向前进》等影片。

霍焕生（1919—2000） 民国36年（1947年）参加革命，是年加入中国共产党。民国37年（1948年）任民兵队队长。是年8—11月，奉命组织支前担架队，并任队长率队参加远征团，支援辽沈和平津战役，转战四平、密云、张家口等地。1953年任霍庄子乡副乡长、乡长。1960—1966年任霍庄子生产大队党支部书记。1970—1972年再任书记。其一生理事公道，赢得广大村民的尊重和爱戴。

霍恩祥（1920—1945） 民国34年（1945年）初，参加武宝宁联合县六区小队。是年6月，在东堤头村西与天津到宝坻抢粮的日军作战时牺牲。

霍宝祥（1921—1945） 民国34年（1945年）初，参加武宝宁联合县六区小队。是年6月，在东堤头村西与天津到宝坻抢粮的日军作战时牺牲。

霍汉明（1922—1946） 民国32年（1943年）参加革命，民国35年（1946年）春，在营口战斗中牺牲，时为中国人民解放军第四野战军某部战士。

霍永祥（1923—1945） 民国30年（1941年）参加革命，为武工队员。后转入冀东十三旅某部为战士。民国33年（1944年），加入中国共产党。民国34年（1945年）秋，在河北省迁西县同国民党军队战时，为掩护团长而牺牲，时年22岁。

石国起（1925—1979） 1956年加入中国共产党。1958年参加密云水利工程而落下残疾。1960年担任村公安员。1960—1966年担任霍庄子村生产大队长。在其主持下制订农田基本建设蓝图，兴修水利，发展农业生产。同时创办副业生产，开村办企业之先河。使该村通电，结束了石墨和油灯照明的历史。

霍振合（1926—1999） 曾用名起文。民国32年（1943年）参加革命，任宁河七区秘密交通员。参加过崔黄口、下武旗、辛集、石各庄等战斗。民国33年（1944年）入伍，在冀热辽司令部给司令李运昌将军当警卫员。民国36年（1947年）4月，任四军汽车大队第一中队队长兼指导员。民国37年（1948年），在汽车连任连长兼指导员。此间参加辽沈战役。民国37年（1948年）10月，参加平津战役。1951年调天津市委工作，任小车队队长。1978年，调天津市皇宫饭店工作。

霍焕智（1926—2009） 民国34年（1945年）参加革命，民国35年（1946年）加入中国共产党。民国36年（1947年），调宁河县四区政府工作，翌年调冀东汉族政治部民政科任干事。1951年4月，参加“抗美援朝”战争。1954—1987年，在国务院地质矿区部及地质科研院任野外地震勘探队队长，科学研究室主任、党支部书记、党委书记等职。

霍恩泉（1927—1997） 民国36年（1947年）参加革命，1949年加入中国共产党。1947—1952年期间，分别在石家庄东站运输段和铁路分局任团委副书记。1953—1958年，为支持边疆建设调内蒙古自治区工作，曾任第三工程局党委委员等职。1957年，参加共青团第三次全国代表大会，受到毛泽东、周恩来、朱德、刘少奇、邓小平等党和国家领导人接见。1982年，赴伊拉克修建巴格达玉约旦高速公路任代表。1984年回国后，任铁道部地方铁路协会常务副秘书长。1987年底离休，享受厅局级待遇。并获三级国旗勋章。

高云鹏（1927—2010） 曾用名霍恩洲。民国35年（1946年），在宁河县教育科任科员。是年7月，参加中国人民解放军，先后在46军团部和师部任干事，曾参加辽沈、平津和衡宝战役。1949年加入中国共产党。1952年入朝参加抗美援朝战争，曾任志愿军军部干事并接受朝鲜政府授予的三级国旗勋章。1954年回国。1955年，授予共少校军衔。

霍洪雨

霍洪雨（1977—2003） 2001年7月，加入中国共产党，时为公安北辰分局防暴支队民警。2003年4月1日晚，霍洪雨与支队民警执行巡逻任务时，与犯罪嫌疑人搏斗中壮烈牺牲，年仅26岁。天津市人民政府批准其为“革命烈士”，公安部追授其“全国公安系统二级英雄模范”，共青团天津市委追授其“市级共青团员标兵”称号，天津市公安局为其追记一等功。市公安局、北辰区委、天津体育学院等分别作出向霍洪雨烈士学习的决定。

十 历任党政负责人

该村于民国34年(1945年)建立党支部，霍凤楼任支部书记。1995年建立党总支。1997年建立党委。至2016年，共有19人次任书记职务。

该村村政机构历经村公所、生产大队、革委会、管委会和村委会的沿革，1943—2016年，共有15人次任村政机构负责人职务。

1945—2016年霍庄子村党组织负责人任职情况表

表6

党组织名称	姓　名	性　别	职　务	任职时间
党支部	霍凤楼	男	书记	1945—1946
	霍广桐	男	书记	1946—1947
	霍广举	男	书记	1948—1959
	霍焕生	男	书记	1960—1966
	霍焕儒	男	书记	1966—1970
	霍焕生	男	书记	1970—1972
	霍仕齐	男	书记	1973—1974
	霍俊儒	男	书记	1975—1978
	霍振民	男	书记	1978—1987
	霍春祥	男	书记	1987—1989
	霍宜义	男	书记	1990—1991
	霍春生	男	书记	1991—1993
	霍广武	男	书记	1993—1994
党总支	霍俊伟	男	书记	1995—1997
	周立祥	男	书记	1997—1997
党　委	霍振民	男	书记	1997—2002
	霍玉俊	男	书记	2003—2006
	霍太昆	男	书记	2006—2012
	霍华安	男	书记	2012—

1943—2016年霍庄子村村政机构负责人任职情况表

表7

村政机构名称	姓　名	性　别	职　务	任职时间
村公所	霍克俊	男	村长	1943—1945
	陈永元	男	村长	1945—1947
	霍家良	男	村长	1947—1948
	霍广仲	男	村长	1948—1953
	霍凤楼	男	村长	1953—1959
生产大队	石国起	男	大队长	1960—1966
	霍春祥	男	大队长	1966—1970
革命委员会	霍焕生	男	主任	1970—1977
管理委员会	霍俊儒	男	主任	1978—1987
村民委员会	霍广武	男	主任	1988—1990
	霍洪友	男	主任	1990—1996
	霍玉俊	男	主任	1997—2006
	霍安友	男	主任	2006—2009
	霍华安	男	主任	2009—2012
	霍顺生	男	主任	2012—

十一　荣誉

1950—2016年，霍庄子村获市级以上村集体荣誉3项，其中获国家级荣誉1项；1950—2016年，获市级个人荣誉2项。

1950—2016年霍庄子村获先进集体荣誉情况表

表8

授予时间	荣誉名称	授予部门
1990	全国红旗大队	国家少工委
2008	民主法治村	市人民政府
2008	“五个一工程”先进单位	天津市文明办

1950—1993年霍庄子村获先进个人荣誉情况表

表9

授予时间	姓名	荣誉名称	授予部门
1989	霍汉雄	基层水利先进个人	天津市水利局
1993	张希凤	巾帼能手	天津市双学双比领导小组

姚庄子村

姚庄子村位于北辰区东部，地处杨北公路西侧，居西堤头镇中部。该村呈井字形，面积22.3万平方米。东与霍庄子隔杨北公路相邻；南界永定新河，与芦新河相距1.5千米；西连北何庄，相距6千米；北至霍庄子村界沟，与季庄子村相距3千米。村口立有姚庄子村碑。1995年，农业总产值839.5万元，其中工业485万元、农业354.5万元，人均收入1298元。2015年，姚庄子村长期固定资产480.26万元，户籍人口2593人。2016年，农业产值210万元，工业产值5200万元，服务业营业收入185万元，农民人均可支配收入2.3万元。

姚庄子村航拍图　　（2017年摄）

一　村庄沿革

姚庄子村村委会　　　　　　　　（2015年摄）

传明永乐二年（1404年）建庄。始有姚姓三户定居，故名；后有周、左、傅、韩、李姓迁入。（参见《典籍中的北辰》374页）（一说该村始有姚胜文与其长子姚虎、次子姚豹居此，以姓氏得名，称姚家庄）。

据乾隆《武清县志》（1978年版27～28页）载，雍正八年（1730年）武清县拨归天津府村庄中，有“姚家庄”村名（参见《典籍中的北辰》53～54页）。据《天津通志旧志点校卷（中）•天津县志》（卷四52～53页）载，乾隆元年境内天津县属村庄中，亦称“姚家庄”（参见《典籍中的北辰》54页）。据道光二十六年（1846年）《津门保甲图说》中载，村名亦为“姚家庄”。中华人民共和国成立后称姚庄子至今。

明永乐年间，姚庄子村属顺天府通州。清雍正九年（1731年），姚庄子属天津县东路；乾隆元年（1736年），属天津县西沽巡检；光绪三十一年（1905年）隶属天津县东乡第七区。民国29—34年（1940—1945年），属天津县二区。1949年，该村隶属河北省天津县九区。1953年，撤销天津县制，姚庄子隶属津北郊区芦新河乡；1958年，隶河北区兴淀公社；1959年3月，属河北区兴淀公社芦新河管理区；1961年，属河北区宜兴埠公社芦新河管理区；1962年2月，属北郊区芦新河公社；1963年6月，属北郊区霍庄子公社；1983年，属北郊区霍庄子乡；1992年3月，属北辰区霍庄子乡；1997年6月，属北辰区霍庄子镇；2001年10月，霍庄子镇并入西堤头镇，姚庄子为北辰区西堤头镇所辖。

二　道路河流

道路　历史上，姚庄子村民出行的道路仅为古河道大堤和自然形成的车马土路。由于村域地处塌河淀北、筐儿港下游，屡遭水患，道路被淹，交通不便。中华人民共和国成立后，将筐儿港引河右堤修筑成土石公路，南与津榆公路，北与津围公路相连接。80年代，道路以沥青路面为主。随着经济的发展，道路交通越来越便捷。至2016年，该村村东有（省）市道杨北公路，西有津蓟高速公路，大北环铁路穿行境内。

河流　南有一级河道永定新河横跨东西，西有二级河道机排河流经界内。大兴水库坐落村西界内。村西原有机排河木桥一座，1964年建，1986年拆除。

三　人口方言

人口　据《津门保甲图说》载：姚家庄外即宝坻县界，其下村曰芦新河。地势微高，民居繁庶。图内庙一，村二，南界塌河淀。绅衿二户、铺户一百二十四户、烟户一百九十九户、应役二户、佣作五十二户、负贩九十四户、船户九户、僧道二户，共四百八十四户（大口一千二百五十一口；小口七百六十四口）。据统计资料载，1950年，该村有183户1322人；1980年，有454户2037人；2016年，姚庄子村有户籍户数1117户，其中农业998户，非农业119户。户籍人口2597人，其中农业人口2307人，非农业人口290人。在户籍人口中，男1296人、女1301人。

民族　据《天津市北辰区地名志》载：1995年，该村有汉族2307人、满族4人、彝族1人。2016年，该村有汉族2596人，彝族1人。

姓氏　村内有姓氏18个。即姚、周、左、付、崔、米、李、韩、张、刘、陈、宋、祁、赵、董、杜、彭、霍，其中周、付、米姓为村中大姓，均在村内居住500余年。至2016年，周姓已传十八代，人口逾千；付姓传十六代，人口600余人；米姓传十七代，人口400余人。由于分支较多排字不同，排序复杂，加之有分支搬迁失散难以考察，仅将村内居住者辈分排序。其中“□”表示名字为单字。( )内为同辈。

周姓字辈排序：□、可、□、世、守、九、□、希、廷（□）、永（□、□）、贵（有、□）、广（连、文）、洪(德、学、汉、秉、继)、国(绍、家、振、庆、墨、玉、朝)、俊（宜、建、兆、海、□、福、秀、金、同、再、从、景、瑞）、茂（增、□、志、立、雪、润）、月（子、□）、靖。

付姓字辈排序：□、登、天、明、兰、□、万、□、大（象、文）、宝（长、□）、洪（如、双、治）、国（在、玉、子）、守(凤、立、春、军)、金(广、明、□、晓、铁、继)、成、家。

米姓字辈排序：□、在、□、品、应、有（仁、国）、九、□、永（万）、贵、景、文、如（守）、庆（秀）、洪（建、□、转、茂）、□、逸。

周氏族谱 （2015年摄）

家（族）谱 村内尚存周氏族谱一册。谱序记载：周氏始祖周亲，字明山，原籍山西平阳府洪洞县城里喜鹊窝居住。明成化五年(1469年)，二十二岁离山西到直隶武清县东张安庄(今武清县张辛安庄）觅汉（做佃农）十年，明成化十六年(1480年)，祖三十三岁，妻二十四岁，迁至姚家庄。

方言 属武清方言片，该片方言与武清区杨村话相似，在全国方言分区片上属北京官话区怀（来）承（德）片。

姚庄子村常用方言情况表

表1

方言	释义	方言	释义	方言	释义
罗罗缸	出意外麻烦	矫情	不吃亏	没识闲儿	闲不住
攮松香	挑拨是非	抓瞎	准备不充分	勺了光机	做事不认真
掯财奴	舍不得花钱的人	牵的	挑斗	腰歇	休息
拵不动	不通窍	勾欠	招惹	吹猪	生气
堆沽	瘫软在地上	献潜儿	讨好	不觉闷	不识趣
航乎	胆怯	央给	恳求	死门逃户	不与别人来往
狼乎	不整洁	叨登	翻找	瘟都神	凡人不理的人
实心财黑	爱占便宜、不舍财	半颤子	做事只做一半	鸟食罐	事儿多不好接触的人
蔫坏损	背地里捉弄人	覆头儿	表面	看笑声儿	幸灾乐祸
气肚子狗	见别人比自己强就生气	念讪音	说风凉话	扎猛子	水中潜泳

四　耕地状况

姚庄子村耕地分堤东、堤西和外淀3部分。堤西耕地于1985年开挖大兴水库占用。堤东耕地北邻霍庄子村耕地，南邻永定新河，东邻杨北公路，西邻机排河。外淀（淀南放淤区）部分北邻津榆公路，东至芦新河村，西与北何庄村土地相连。20世纪50年代之前，姚庄子村有耕地7000余亩。70年代有耕地6215.55亩。50—80年代，开挖机排河、永定新河、永金引河、丰产河、永金水库、大兴水库，2000年建设津蓟高速公路、大北环铁路，先后占压耕地5400余亩。至2016年，有耕地1545亩，其中堤东（村北）耕地1065亩，外淀（津榆公路南侧）耕地480亩。

20世纪50年代，姚庄子和平社社员在锄麦

1970年姚庄子村所属耕地地块情况表

表2　　　　单位：亩

地块名称	位置	面积	地块名称	位置	面积
后小沟	村北	750	王白子	村西	290
大田化	村北	315.9	宋淀子	村西	180
七亩园子	村北	124.95	香火地	村西	290
四亩园子	村北	54.9	二坟地	村西	320
东前白子	村南	261.9	大头地	村西	300
西前白子	村南	258	裤衩地	村西	140
米家疙瘩	村西	279.9	北地	村西	300
刘木匠地	村西	240	头节地	村南	240
二节地	村西	320	四合堂	村南	300
王万子	村西	300	小芦台	村南	50
南赵地	村西	450	合计		6215.55
北赵地	村西	450			

1970年姚庄子村所属外淀耕地地块示意图

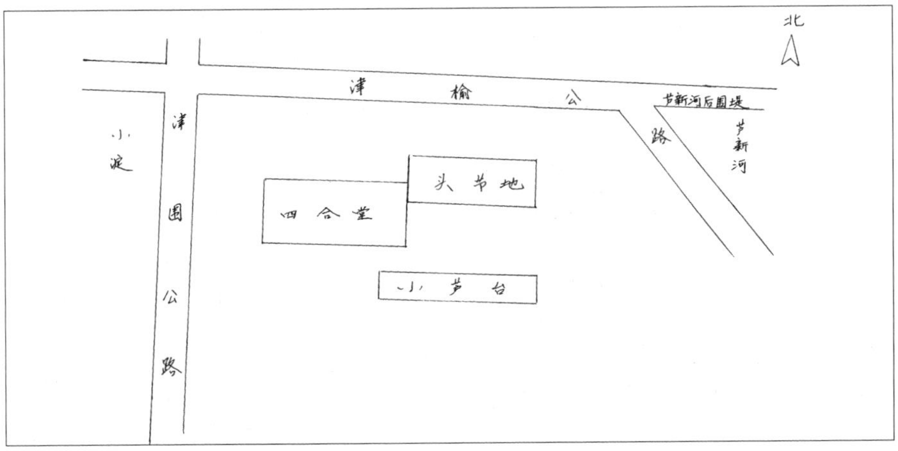

（2016年绘制）

1970年姚庄子村堤东堤西所属耕地地块示意图

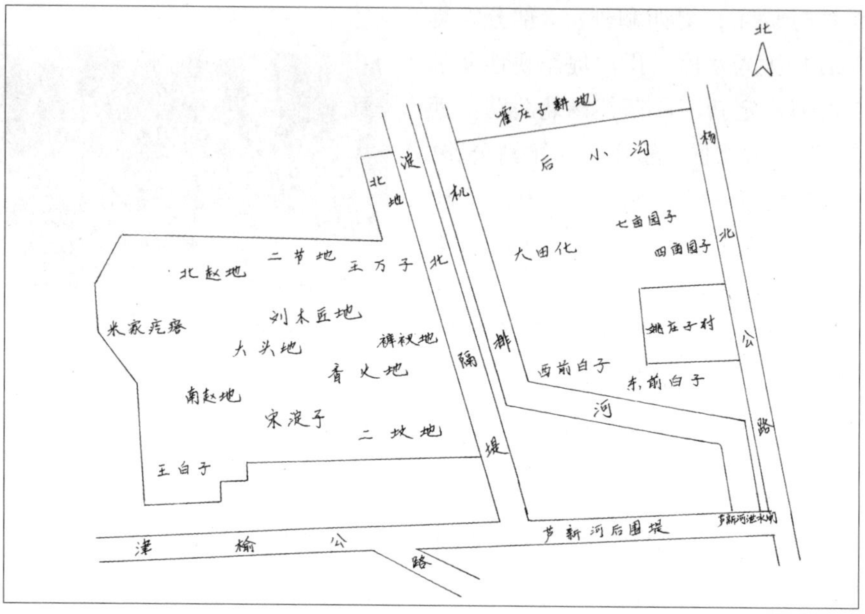

（2016年绘制）

泵站涵闸　2016年，姚庄子村有一座泵站，坐落后小沟横道西端，机排河东岸。灌溉机井3眼，其中2眼位于东小沟蔬菜种植大棚，1眼位于大田化北排北端，机排河泵站东侧。灌溉防渗渠道4条，位于后小沟横道南侧1条，东小沟与东小沟二块之间1条，西小沟与西小沟二块之间1条，四亩园子与七亩园子之间1条。涵闸4座，分别位于后小沟道南端排水沟过道涵洞口1座，后小沟道东侧排水沟过后小沟横道涵洞口1座，后小沟横道北侧排水沟东端1座，后小沟横道北侧排水沟西端过道涵洞1座。

70年代，姚庄大队社员积极挖沟排水

五　街道胡同

20世纪90年代以前，村里多为土路。后主要街道铺设沥青路面，方便村民出行。1992年，有东西向和南北向街道各2条，均沥青路面，有路灯。南北向胡同60条。2001年，改铺水泥路面。2016年，村内有街道9条，其中东西街道6条，南北街道2条，双联路1条，胡同78条，全部用红砖硬化。

2016年姚庄子村街道胡同情况表

表3

类别	街道名称	走向	长度（米）	类别	街道名称	走向	长度（米）
路	双联路	南北	574	胡同	振兴街北四条	南北	48
街道	荣昌街	东西	476		振兴街北五条	南北	48
	新生街	东西	353		振兴街北六条	南北	36
	振兴街	东西	665		振兴街北七条	南北	60
	丰收街	东西	514		振兴街北八条	南北	60
	胜利街	东西	484		振兴街北九条	南北	60

续表

类别	街道名称	走向	长度（米）	类别	街道名称	走向	长度（米）
街道	幸福街	东西	385	胡同	振兴街北十条	南北	60
	十字街	南北	455		振兴街北十一条	南北	60
	粮店街	南北	430		振兴街北十二条	南北	60
胡同	荣昌街南一条	南北	72		振兴街北十三条	南北	60
	荣昌街南二条	南北	72		振兴街北十四条	南北	60
	荣昌街南三条	南北	72		丰收街北一条	南北	60
	荣昌街南四条	南北	72		丰收街北二条	南北	60
	荣昌街南五条	南北	72		丰收街北三条	南北	60
	荣昌街北一条	南北	48		丰收街北四条	南北	60
	荣昌街北二条	南北	48		丰收街北五条	南北	72
	荣昌街北三条	南北	48		丰收街北六条	南北	48
	荣昌街北四条	南北	48		丰收街北七条	南北	48
	新生街南一条	南北	96		丰收街北八条	南北	60
	新生街南二条	南北	96		丰收街北九条	南北	60
	新生街南三条	南北	96		丰收街北十条	南北	6
	新生街南四条	南北	96		丰收街北十一条	南北	60
	新生街南五条	南北	96		丰收街北十二条	南北	60
	新生街南六条	南北	84		胜利街北一条	南北	60
	新生街南七条	南北	84		胜利街北二条	南北	60
	新生街南八条	南北	72		胜利街北三条	南北	60
	新生街南九条	南北	72		胜利街北四条	南北	60
	新生街南十条	南北	72		胜利街北五条	南北	60
	振兴街南一条	南北	42		胜利街北六条	南北	60
	振兴街南二条	南北	96		胜利街北七条	南北	60
	振兴街南三条	南北	96		胜利街北八条	南北	60
	振兴街南四条	南北	96		胜利街北九条	南北	60
	振兴街南五条	南北	96		胜利街北十条	南北	60
	振兴街南六条	南北	42		胜利街北十一条	南北	60
	振兴街南七条	南北	42		胜利街北十二条	南北	60
	振兴街南八条	南北	108		胜利街北十三条	南北	60
	振兴街南九条	南北	108		幸福街北一条	南北	72
	振兴街南十条	南北	108		幸福街北二条	南北	72
	振兴街南十一条	南北	108		幸福街北三条	南北	72
	振兴街南十二条	南北	48		幸福街北四条	南北	72
	振兴街南十三条	南北	36		幸福街北五条	南北	60
	振兴街北一条	南北	48		幸福街北六条	南北	60
	振兴街北二条	南北	48		幸福街北七条	南北	48
	振兴街北三条	南北	48				

2016年姚庄子村街道情况示意图

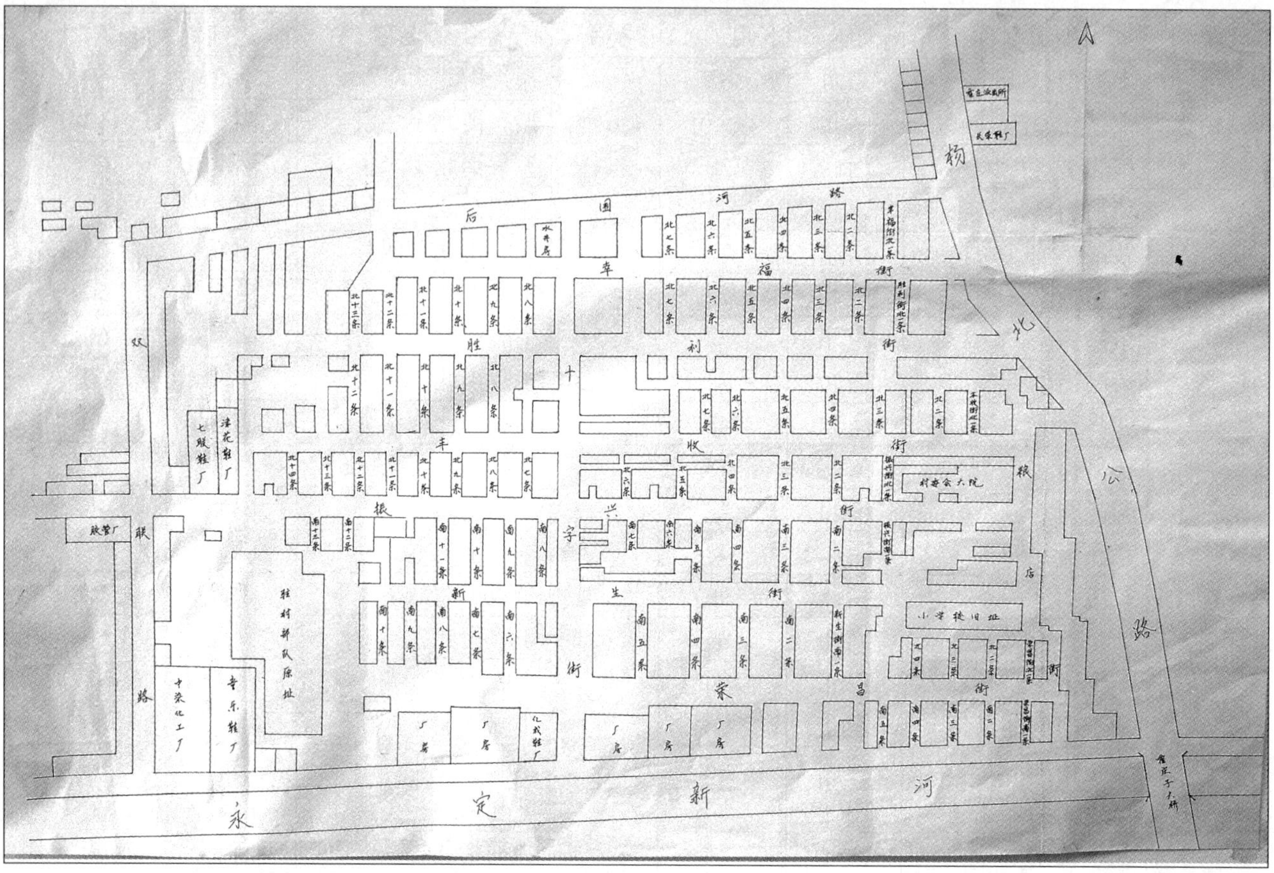

（2016年绘制）

六　旧村改造

中华人民共和国成立初期，姚庄子村保留下来百年以上的村民老宅，均系土坯房屋。20世纪60年代，村集体根据民需规划宅基地，每宅三间，一明两暗，坐北朝南，利用面积，长宽均为12米。两宅连山，两侧留胡同，南北每隔5宅留街道，民居建设统一规范。70年代，村民始有用土窑烧青砖建房屋。改革开放后，村民富裕起来，将土坯房翻建成砖瓦房，从此告别了建村以来居住了600余年的土坯房。砖瓦房的特点是檐头抬高，进深加大，造型多样，宽敞

姚庄子村村民新居

（2015年摄）

尚存的60年代姚庄子村房屋

（2015年摄）

明亮。房屋内卧室、客厅、厨房分设，居住生活更加舒适。2016年，村内东大坑、前大坑、后大坑、南河子、南大沟5个污水坑塘全部填埋，用水泥彩石去硬化。

七　公共设施

中华人民共和国成立以前，姚庄子村公共设施很少。1950年，村内建立小学。1964年，打第一眼饮水机井。1965年，建红医站。1984年，自来水入户。至2016年，村内有饮水机井两眼，健身公园两座，卫生所1家，幼儿园1所，公厕7座，街道安装路灯170盏，视频监控摄像头26个。

姚庄子村健身公园　　（2015年摄）

2016年姚庄子村公共设施示意图

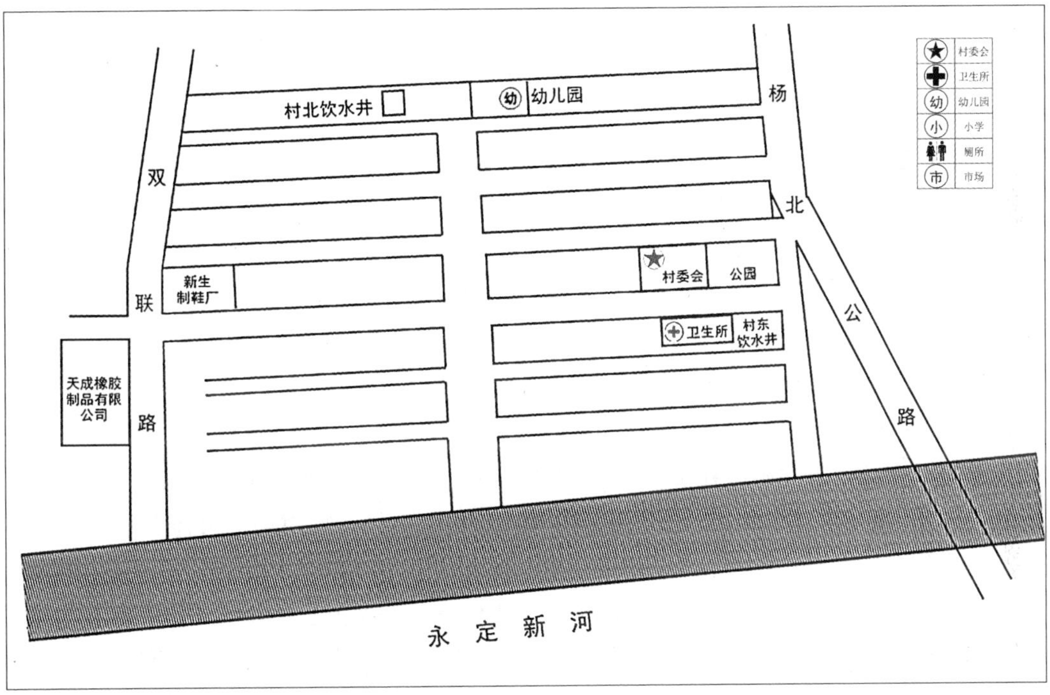

（2016年绘制）

八　经济概况

20世纪70年代以前，姚庄子村以农耕经济为主。70年代末始，姚庄子村人多地少，人均可耕地0.5亩。村民多以从事工业、养殖业、餐饮服务业、建筑业、电讯施工、捕河中红虫面虫为主，非农收入是村民经济收入的主要来源。

农业以种玉米、大豆、蔬菜为主。2016年，种植面积1545亩，其中粮田1240亩，蔬菜（设施农业）150亩，果树、经济林155亩，另有水产养殖水面170余亩。粮食产量60万千克，蔬菜产量7.5万千克，农业产值210万元。

工业以鞋类、机械刺绣、木制品、金属制品、橡胶制品加工制造等劳动密集型行业为主。90年代初，有村集体企业9家。2016年有工业企业13家，主要有天津市天成橡胶制品有限公司（建于1994年）、天津市盛吉祥制鞋厂（原七联鞋厂）、天津市天民鞋业有限公司等，该村工业企业从业人员300余人，工业产值5200万元，销售收入3950万元，利润305万元。

服务业以生活日用品、小食品、五金建材、医药、家用电器、通信器材等零售为主。2016年，有服务业企业12家，其中主要企业6家，即家家乐超市、鼎新烟酒店、启东金象大药房、金家美装饰材料门市部、千喜鹤冷鲜肉市场、橘子红了通信器材经营部。营业收入185万元，利润74万元。

九 民间文化

姚庄子村评剧团 20世纪50年代，姚庄子村建评剧团，上演过《绣鞋记》《茶瓶记》《闹闫府》《御河桥》《刘巧儿》等11个剧目。剧团有演职人员34人，其中演员21人，乐队11人，工作人员2人。设兼职正副团长3人，导演2人，化妆师2人，剧务1人，幕后提词1人，道具行头管理1人。1963年，剧团解散。

农民画 村内土壤为黏质土，幼童多爱玩泥巴。泥土把孩子们带入了艺术境界。他们在嬉戏中用泥巴捏出各种简单的形状，打下了泥塑的基础。姚庄子村现代农民画家陈家岐，1969年学习美术，初学水粉画，1972年改学工笔重彩画，1976年研习雕塑艺术，1983年主攻农民画合作。他创作出300余幅农民画作品，其中《合家欢乐》在首届中国农民画展上获二等奖，《掐蔓》《中幡》《歌舞升平》被中国民间美术馆收藏。其他绘画和雕塑作品，或选入各级美术展，或在国家、省市级报刊上发表，或被收入画册出版，或远销海外，被国外爱好者收藏。陈家岐所创作品色彩强烈、构图广阔、选材新奇、手法多样，具有浓厚的乡土气息，开创了"北辰农民画之先河"，成为北辰农民画起步阶段的主要代表作者。1995年，他被联合国教科文组织授予"民间工艺美术家"称号。

十 英烈先贤

米文有（1873—1919） 出身殷实人家。幼读私塾，15岁考入保定武备学堂，18岁赴唐山军营中任教头。后调任湖南北洋军六营统领，后继任混成旅游长。后任护国司令时，战事又起，米在指挥作战中身先士卒，勇猛非常。他为人豪爽重义，乡亲有事相求，都会尽力而为。

傅万和（1923—1945） 民国34年（1945年）初参加武宝宁联合县六区区小队。是年6月，在东堤头村东南，与天津去宝坻县抢粮的日伪军作战时牺牲。

周德财（1922—1992） 16岁当徒工学绱鞋。民国29年（1940年）7月在河北省十六团三营当兵。翌年被日本俘虏，押解到东北矿山开矿。民国34年（1945年）8月，参加东北抗日联军，任杨靖宇一团警卫连副班长。翌年，任2团警卫连班长。民国35年(1946年)4月在辉南县松树林沟子加入中国共产党。民国36年（1947年）5月担任独立师二团侦察排任侦察员。民国37年（1948年）3月至1950年6月先后在中国人民解放军第四野战军5纵队42军125师373团侦察排任副排长、排长、通讯连副连长。参加作战8次，负伤3次。在辽沈战役辽西会战和张德府战斗中各立功一次。1950年在朝鲜作战时负伤，医学诊断一等残疾，后在疗养院疗养。1956年回村。回村后曾担任兴淀公社芦新河管理区党总支委员，姚庄子大队分支部副书记，大队餐具磨光厂厂长、大队党支部委员、姚庄子小学学校贫管小组组长等职，1992年4月因病逝世，终年70岁。

十一 历任党政负责人

1949年，姚庄子村建立党支部，1996年改称党总支，2016年建党委。至2016年，共19任书记。

1949—2016年姚庄子村党组织负责人任职情况表

表4

党组织名称	姓名	性别	职务	任职时间
党支部	付宝臣	男	书记	1949—1961
	周德惠	男	书记	1962—1966
	韩福明	男	书记	1966—1971
	赵子文	男	书记	1971—1976

续表

党组织名称	姓名	性别	职务	任职时间
党支部	米如发	男	书记	1977—1978
	周德惠	男	书记	1978—1981
	付守新	男	书记	1982—1984
	周绍志	男	书记	1985—1985
	周德惠	男	书记	1986—1987
	米如发	男	书记	1988—1989
	付守新	男	书记	1990—1996
党总支	崔凤文	男	书记	1996—1998
	周庆友	男	书记	1998—2000
	周德良	男	书记	2000—2006
	周绍志	男	书记	2006—2009
	刘振明	男	书记	2009—2010
	付金良	男	书记	2010—2015
	韩宝国	男	书记	2015—2016
党委	韩宝国	男	书记	2016—

民国35年（1946年），天津县三区区长王选到姚庄子村秘密建立村级民主政权，民国35—37年（1946—1948年）村长李洪起。1950—2016年，姚庄子村共有18人次先后任村政机构负责人。

1950—2016年姚庄子村村政机构负责人任职情况表

表5

村政机构名称	姓名	性别	职务	任职时间	说明
村公所	周德义	男	村长	1950—1951	
	周德明	男	村长	1953—1961	1952年没有村长，只有村副
生产大队	周德裕	男	大队长	1961—1966	
	李宝才	男	农业大队长	1963—1965	
	赵子文	男	大队长	1966—1971	
	周德瑞	男	大队长	1971—1973	
	米如发	男	大队长	1974—1983	
村民委员会	米如发	男	主任	1983—1984	
	姚景河	男	主任	1985—	
	米如发	男	主任	1986—1987	
	付守新	男	主任	1987—1989	
	周德瑞	男	主任	1990—1995	
	周庆有	男	主任	1995—2000	
	米庆刚	男	主任	2000—2006	
	韩宝国	男	主任	2006—2012	
	周绍水	男	主任	2012—	

十二　荣誉

2013年，姚庄子村被天津市爱国卫生运动委员会评为“2012年度市级卫生先进单位”。1950—2016年，该村获先进个人荣誉7项。

1950—2016年姚庄子村获先进个人荣誉情况表

表6

授予时间	姓名	荣誉名称	授予部门
1983	周德惠	拥军优属、拥政爱民活动先进代表	市人民政府、天津警备区
1998	崔凤文	天津市科技进步成果三等奖	天津市农业科学院
2001	米庆起	市级文明家庭	天津市精神文明建设委员 会
2003	周秀荣	2001—2002年度文明市民	天津市精神文明建设委员会
2005		2003—2004年度文明家庭	天津市精神文明建设委员会
2010	崔凤文	天津市第一次全国污染源普查工作先进个人	天津市污染源普查领导小组办公室
2012	于有茹	2010—2011年度文明家庭	天津市精神文明建设委员会

韩盛庄村

韩盛庄村位于北辰区东北部，杨北公路东侧，村庄呈东西长方形，面积32万平方米。北与武清区接壤。村东北邻武清区王三庄村，距离3千米。村南邻辛侯庄村，距离1.5千米。村西北邻武清区杨河村，距离2.5千米。村西邻大张庄镇小马庄村，距离1.5千米。1995年，该村工农业总产值2345.3万元，其中工业产值1791万元，农业产值554.3万元，人均收入1854元。2015年，韩盛庄村长期固定资产846.28万元，户籍人口2058人。2016年，农业生产总值148万元，工业生产总值750万元，人均纯收入1.2万元。

韩盛庄村航拍图 （2017年摄）

一　村庄沿革

韩盛庄村入村口　　（2011年摄）

韩盛庄村建于明永乐二年（1404年）。始有靳、刘两家定居，来自山西洪洞县大槐树下，后有赵、芦、崔、傅、陈、李等姓迁入。清雍正九年（1731年）称韩胜家庄，日伪统治时曾称韩庄子，后称韩盛庄（参见《典籍中的北辰》374页）。

清雍正九年（1731年）划武清县142村与静海、沧州两地125村建天津县，韩盛庄辖于天津县东路。清乾隆元年（1736年），天津县实行巡检辖村制，在西沽巡查97村中。光绪三十一年（1905年），隶属天津县东乡第七区。民国31年（1942年），韩盛庄为何庄子乡辖。民国35年（1946年）初，为民主政权天津县政府驻地。1953年，属韩盛庄乡辖。1963年，属霍庄子公社。1997年，属霍庄子镇。2001年，韩盛庄村为西堤头镇管辖。

二　道路河流

道路　村西为省（市）路——杨北公路。村东9.5千米为京津塘二线高速公路。村北1千米为滨保高速公路。东大道（水泥路面）直通武清王三庄，长度为3千米。韩盛庄村西有柏油马路通小马庄，长度1.5千米。

河流　清修建筐儿港引河。该河经韩盛庄入麦子淀，由腰河入塌河淀。

至2016年，村北有一级河道北京排污河。

三　人口方言

人口　据《津门保甲图说》载，清道光二十六年（1846年），韩盛庄村有铺户14户、烟户73户、佣作25户、负贩14户、船户20户，僧人1户，共154户916人。据统计资料载，1950年该村有564户1080人，1980年，有382户1724人。1997年，有居民528户1898人，时村民小组10个。2016年，有868户2058人。

民族　据《天津市北辰区地名志》载：1995年，该村有汉族1个民族。据村情调查，2016年，该村仍为汉族1个民族。

姓氏　2016年，全村共有8个姓氏，大姓有刘、靳2个。

刘姓辈分排序为：思、应、炳、景、果、文、德、成、俊（云）、少（昌）、学（焕）、兆。

靳姓辈分排序为：逢、一、廷、从、存、目、文、福、永、怀、立、克、景。

方言　韩盛庄村属武清方言片，该片方言与武清区杨村话相似，在全国方言分区片上属北京官话区怀（来）承（德）片。

四　耕地状况

据韩盛庄村上报村情调查资料表明：1994年，该村有耕地4360亩，人均耕地2.29亩；另有鱼池21个，养殖水面879亩。1997年，有耕地4360亩，特产棉花。2015年，有耕地3766亩，北邻北京排污河、112高速路，南邻辛侯庄村土地，西邻田庄和辛侯庄村土地。

1966年，韩盛庄村大搞农田基本建设，推广科学种田。1982年，根据坝南坝北的地形，建塑料管防渗渠道全长2600米。1994年，新修水泵1座，村民浇地省时省力。1995年，为解决坝南麦地浇地难的问题，修小型水站1座。

2015年韩盛庄村所属耕地主要地块情况表

表1　　　　　　　　　　　　　　　　　　　　　　　　　　　单位：亩

地块名称	位置	面积	地块名称	位置	面积
老河滩	村南	124	宝岐坟地	村西	28
大堤北	村东	331	辛侯庄小学后	村西	5
大堤南	村东	306	坝南	村南	144
王三庄道北	村东	117	坝北	村西	310
王三庄道南	村东	163	新台田	村东	494
房后地	村北	126	养鱼池复耕	村东	523
田字地	村北	88	河西地（南五十、上辛河、小六庄户、大六庄户等）	村西	490
稻田地	村北	254	辛侯庄加油站对过	村东	18
北岗子	村北	74	牛角尖	村北	37
肖家坟	村北	134	合计		3766

2015年韩盛庄村所属耕地地块示意图

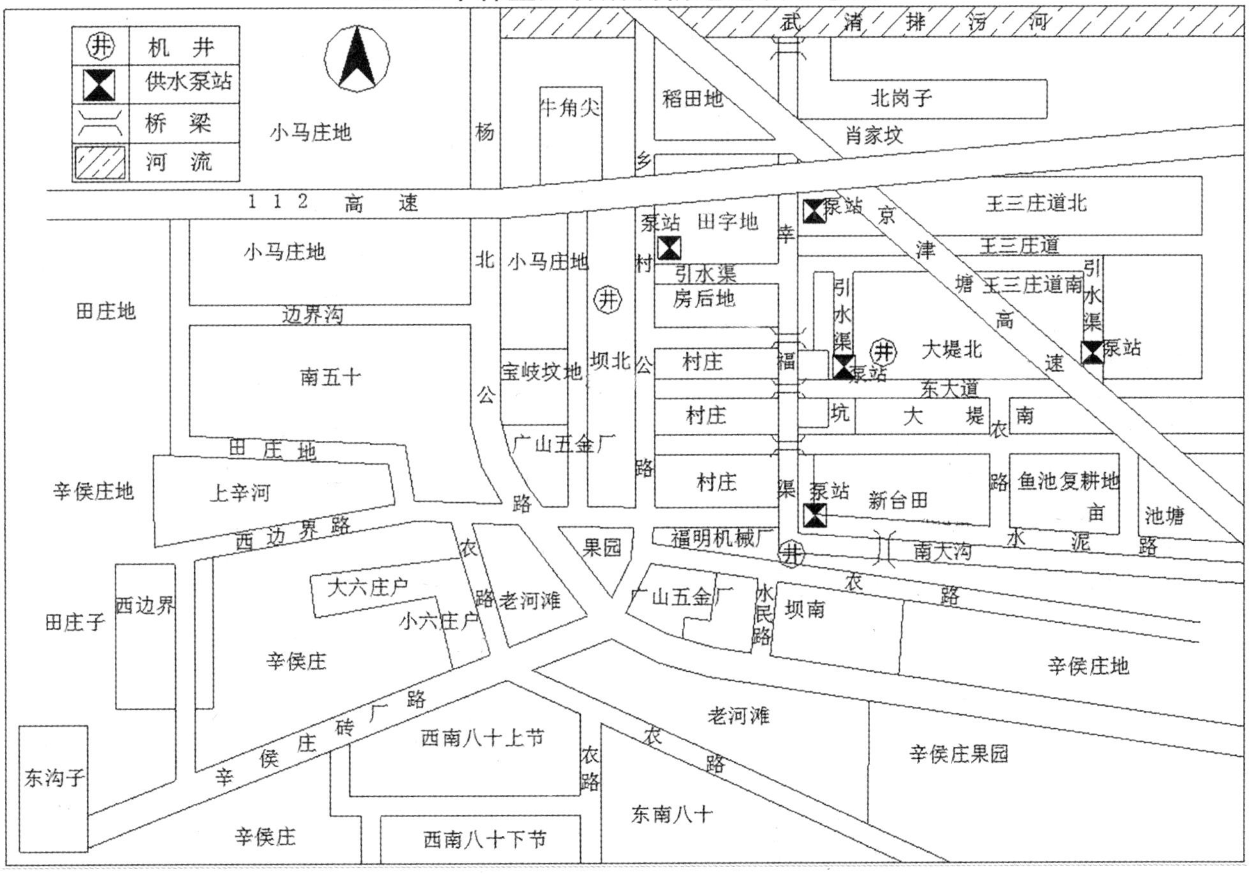

（2016年绘制）

2009年，重建龙窝道水站、购置2台新水泵，修桥涵闸1处，解决村南1200米土地的抗旱、防汛排涝等问题。2012年，把“王三庄道”原防渗渠改造为管道化渠道，全长2900米，废除旧泵站，新建泵站1座，购置3台水泵，修过桥涵1座。2014年，为改造村西7000亩土地，由韩盛庄村至辛侯庄村边界开挖大渠1条，建水站1座，开挖支毛渠，平整土地。同时，改、扩建泵站6座、配套变压器3个，修建管道式防渗渠道8000余米，开挖沟渠800余米，修水泥农路3000余米。

至2016年，该村有泵站7座，涵闸2座，机井3眼。

五　街道胡同

20世纪80年代前，韩盛庄村内道路均为土路，街道高低不平。1981年，建成两街四路，均沥青路面，有路灯。街中设花园1座，街道两旁植树种花，胡同砖砌，乡村建设成为市级重点村和“样板村”。1984年，村内主要街道修成柏油路面，宽3米～5米，总长为1000米。1992年，有东西向和南北向街道各2条，南北向胡同48条。1998年，以柏油路面为路基修筑长为1200米，宽5米的水泥路面。

2000年，修筑长为1000米的水泥路面。2006年，铺设村内三条水泥路面，全长1400米，56条胡同全部用红砖硬化，街道两旁全部绿化。组建卫生队清理垃圾、坚持责任到人。卫生条件彻底改观。2010年，由村西头到高速公路桥下修路1条，全长1624米，约6500平方米均硬化。2016年，该村有街道12条，胡同29条。

韩盛庄村街道一角　　（2011年摄）

韩盛庄村街道　　（2011年摄）

2016年韩盛庄村街道胡同情况表

表2

胡同名称	走向	长度（米）	胡同名称	走向	长度（米）	街道胡同名称	走向	长度（米）
奇林胡同	南北	200	安顺胡同	南北	200	明河胡同	南北	200
福顺胡同	南北	200	亭山胡同	南北	200	京海大街	东西	793
文山胡同	南北	200	江月胡同	南北	200	北大街	东西	464
双林胡同	南北	200	利山胡同	南北	200	北环路	东西	464
利华胡同	南北	200	亭森胡同	南北	200	南大街	东西	464
平江胡同	南北	200	民生胡同	南北	200	南环路	东西	464
亭林胡同	南北	200	孟香胡同	南北	200	农路	东西	1000
成光胡同	南北	200	景明胡同	南北	200	丰收路	南北	200
林江胡同	南北	200	华青胡同	南北	80	建设北路	南北	400
福山胡同	南北	200	怀兴胡同	南北	80	致富北路	南北	300
洪新胡同	南北	200	顺江胡同	南北	60	建设南路	南北	400
昌树胡同	南北	200	良树胡同	南北	20	建才路	南北	60
奇怀胡同	南北	200	瑞江胡同	南北	40	金帅路	南北	300
明尧胡同	南北	200	华顺胡同	南北	60			

2016年韩盛庄村街道胡同示意图

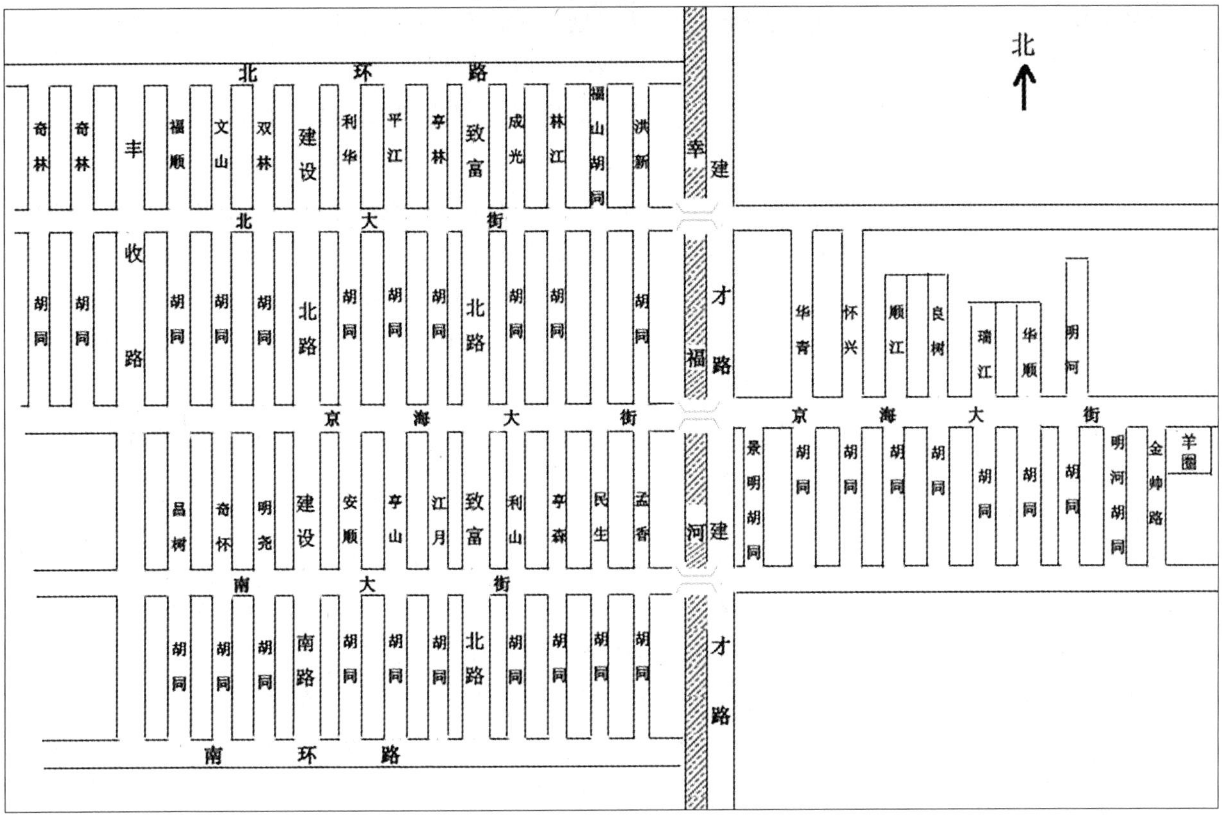

（2016年绘制）

2016年韩盛庄村公共设施示意图

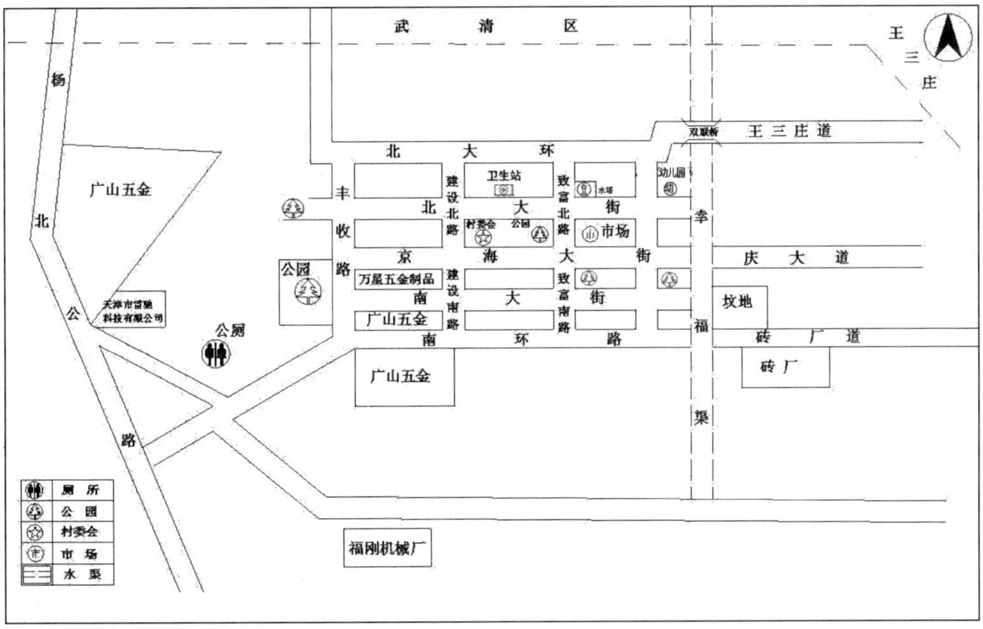

（2016年绘制）

六　旧村改造

1976年，韩盛庄村受唐山大地震波及，亡3人，毁房900间，大部分房屋震损。1981年，建民宅五排，红色砖房。至1986年完成震后新村建设，共建砖木结构民房1600余间，按照每家每户人口、辈分进行分期分批分配，然后按房质、作价归个人所有。1992年，村内建二层楼房2幢。

七　公共设施

中华人民共和国成立前，韩盛庄村公共设施很少。中华人民共和国成立后，公共设施建设不断增加。至1992年，村中有小学1所，供销社、敬老院、农贸市场各1处。1994年，建全镇第一个甲级卫生所。2000年，在村中心建农贸市场一处。2002年，打饮水井1眼，深度315米，水质经验收为“优”。2003年，建老年活动中心、青少年活动中心、党员活动中心。2010年，争取资金，将村南臭水沟填平，建带状公园，并建立公共厕所。铺设管道全长450米，地平面铺设面包砖，设专人管理。2011年，村内绿化，种植西府海棠、余叶栢碧桃、金叶栢等观赏树木共1500株。至2016年，村中有公园5座、幼儿园2所、社区卫生服务站1所、农家书屋1个。

八　经济概况

中华人民共和国成立前，村民以捕鱼为生。中华人民共和国成立后，村民们在认识、利用、改造自然的长期实践中发展农业。耕地面积逐年扩大，村民才以种植农作物为主要生活来源。传统种植农作物有高粱、黑豆、青麻、大麦、小麦、玉米。20世纪60年代，引新品种“歪脖子”高粱，杂交玉米。70年代，村内成立科技站。1980年后，村内基本实现了优种化，亩产普遍在400千克以上。是年，开始种植水稻，单产在400千克以上的品种有津华10号等。经济作物种植面积较小，主要有青麻、棉花、蓖麻、向日葵、芝麻、青玉米、胡麻等。2007年，引进青食玉米，当年种植270亩，2016年发展到799.95亩。2010年，种植棉花形成规模，种植面积达1500亩。

改革开放后，主要工业企业有韩盛庄制砖厂、旭东羊毛衫厂、红星化学试剂厂、童乐玩具厂、兴利配件厂、成源机械配件厂。村域内有土特产菊芋、工艺葫芦。进入90年代后期，农村企业体制改革，集体所有制企业向民营企业转型，民营企业得到发展。2016年，村内有企业9家。

九　民间文化

民国36年（1947年），村成立高跷会。1953年，村里成立评剧团，演出的节目有《忆海深仇》《二兰纪》等。1975年4月，韩盛庄村文艺宣传队参加了天津市文化局举办的“阶级教育”文艺调演，演出的节目《社员喜摘丰收棉》，获市级创作奖和演出奖，并登上了天津市“中国大戏院”售票演出，当时同台演出的有著名歌唱家关牧村，成为“工农兵占领文艺舞台”典型。1996年，群众自发成立秧歌队。2010年，重新组建秧歌、健身舞队伍。

十　大事纪略

民国33年（1944年），发展10名党员，建立村政权。是年11月，韩盛庄村民10余人，被日军抓走，逼他们指认黑名单上的干部，被打得遍体鳞伤，但这些人未吐一字真情。

民国34年(1945年)，天津县三区政府设在韩盛庄。随着斗争形势的发展，还乡团勾结国民党军队，于12月骚扰韩盛庄，被区小队击退。区委、区政府把韩盛庄建成天津县的游击根据地，韩盛庄村为堡垒村。此后，以韩盛庄村为中心的天津县游击根据地逐步形成。

民国35年（1946年）8月3日，天津县县长赵国平发布建集布告在韩盛庄村建立集市。

附：

布告

天津县政府通知

各区长、村长：

为了繁荣经济，便利商民交易起见，兹决定本县三区在韩盛庄建立集市，日期规定为一、六（旧历初一、十六），自旧历七月十一日即开始赶集，希我各村商民务于该日前来赶集是荷。

此致

敬礼

县长赵国平

民国卅五年八月三日

民国36年（1947年）初，小贺庄还乡团赶着10余辆大车到韩盛庄抢年货，腊月二十九，老百姓都准备过年，全村民兵知情后，用“土枪”、大套筒、独橛枪，虽没有正式武器，还是打伤敌2人，其他敌人被全部击退。

民国38年（1949年）1月，天津攻城战役开始，韩盛庄村组织70多人担架队，从宜兴埠将伤员抬至欢坨或潘庄的后方医院医治。

十一　英烈先贤

靳凤岚（1903—1986）　霍庄子地区早期共产党员之一，自幼家境贫寒，13岁入塾，15岁务农，19岁离家去天津石印局学徒，后回家务农。41岁加入中国共产党。民国34年（1945年）1月，担任村党支部宣传委员，民政主任；民国38年（1949年）7月至1962年5月，担任韩盛庄乡党总支书记；1962年5月至1966年8月，担任村党支部书记；1966年8月后，在村副业厂担任保管员。

刘振国（1926—1948）　烈士，民国35年（1946年）3月参加革命工作。民国37年（1948年）8月被敌人杀害。牺牲前为武清第八区武委会干部。

十二　历任党政负责人

民国34年(1945年)，韩盛庄村建立党组织。发展党员6人，成立党组织，当时第一任书记是刘俊岩，刘俊岩病故于1949年。1988年，韩盛庄村建立党总支委员会。下设4个分支部。至2016年，韩盛庄村有8人任党组织书记。

1945—2016年韩盛庄村党组织负责人任职情况表

表3

党组织名称	姓名	性别	职务	任职时间
党支部	刘俊岩	男	书记	1945—1949
	靳凤岚	男	书记	1949—1966
	靳玉宽	男	书记	1966—1969
	靳克起	男	书记	1969—1972
	刘树森	男	书记	1972—1976
	刘全昌	男	书记	1976—1988
党总支部	刘学亮	男	书记	1988—2006
	赵兴泉	男	书记	2006—

民国33年(1944年)，韩盛庄村建村公所。1958年，建生产大队。1966年，成立革委会，更名为“东风”大队。1983年，建立村民委员会。至2016年，韩盛庄村有14人次任村政负责人

1944—2016年韩盛庄村村政机构负责人任职情况表

表4

村政机构名称	姓名	性别	职务	任职时间
村公所	靳玉瑄	男	村干	1944—1950
村公所	靳永前	男	村长	1951—1953
村公所	靳怀聪	男	村长	1953—1958
生产大队	赵玉田	男	大队长	1959—1960
生产大队	靳怀元	男	大队长	1960—1966
革命委员会	靳学斌	男	主任	1966—1968
革命委员会	靳玉宽	男	主任	1968—1979
管理委员会	刘少仁	男	主任	1979—1983
村民委员会	刘学亮	男	主任	1983—1988
村民委员会	靳怀元	男	主任	1988—1991
村民委员会	杨孟兰	男	主任	1991—1994
村民委员会	靳占林	男	主任	1994—2006
村民委员会	刘怀河	男	主任	2006—2009
村民委员会	刘月成	男	主任	2009—

东赵庄村

东赵庄村位于北辰区东北部，西堤头镇域中间，永定新河以北，东隔北京排污河与宁河区大贾庄村相望，西接霍庄子村，北毗季庄子村，村呈长方形，南北长3.1千米，东西宽2.5千米，总面积7.75平方千米。2015年，东赵庄村长期固定资产4934万元，户籍人口1203人。

东赵庄村内圆梦湖 （2016年摄）

一　村庄沿革

东赵庄村建于明永乐八年(1410年)(传说辽时“胡人”曾辟该地居住垦荒，无史料可考)。当时徐州赵姓居尹儿湾，曾在该地跑马占圈，亦有山东惠民人赵明和卢姓到此认佃，始名卢赵庄，后卢姓迁出改称赵家庄。1983年11月，为与区内西赵庄（双街乡辖）相别称东赵庄。(详见《典籍中的北辰》374页)。清康熙二十七年(1688年)，属直隶顺天府东路厅通州宝坻县。《天津通志旧志点校卷(中)•天津县志》(卷四，51-52页)载：雍正九年(1731年)境内天津县属村庄。(参见《典籍中的北辰》54页)

东赵庄村村委会　　　　(2015年摄)

民国3年(1914年)，属京兆尹宝坻县。民国17年(1928年)，属河北省宝坻县第七区大贾庄乡。民国32年(1943年)7月，属武宝宁联合县一区。翌年，改为六区。民国34年(1945年)9月，天津县民主政府成立，属天津县一区。民国35年(1946年)1月，属宁河县，由冀东行署第十八专署领导。是年9月8日，属津武县十区；11月，津武县十区划归宁河县四区。1949年10月，属河北省天津专署宁河县四区。1953年7月，霍庄子立乡，辖该村。1957年8月，霍庄子乡与东堤头乡、造甲城乡并为东堤头乡，其间隶属关系未变，至1958年底撤辖。1958年5月，宁河县划归唐山专区；8月14日，东堤头乡隶属汉沽区，亦改为东堤头公社。1959年2月，属天津市和平区畜牧场霍庄子公社；1960年10月，改隶和平区卫南公社堤头管理区。1961年3月，属堤头公社。1962年2月，隶天津市北郊区东堤头公社。1963年10月，属霍庄子公社。1983年4月，属霍庄子乡。1992年3月，属北辰区霍庄子乡。1997年4月，霍庄子乡改镇。2001年10月，霍庄子镇并入西堤头镇，属西堤头镇辖。

二　道路河流

道路　西行1.5千米至省(市)道杨北公路。从村东起西行，穿霍庄子村至姚庄子西，有乡村公路一条。

河流　中华人民共和国成立前，东赵庄村周围没有河流，常遇大雨成灾。至20世纪60年代，村东兴修北京排污河，亦称华北河水患得以遏制。至2016年，村南面是一级河道永定新河，东面是一级河道北京排污河，村西有朗定引河。

三　人口方言

人口　据《典籍中的北辰》载，民国23年(1934年)，东赵庄村有居民137户829人。据统计资料载，1950年该村有98户601人。1980年，有233户1069人。1997年，有居民305户1097人。2016年，全村乡村总户数**户人口1221人。

民族　据《天津市北辰区地名志》载，1995年，该村全部为汉族。据村情调查，至2016年，仍均为汉族。

姓氏　至2016年，全村大姓有一个，即赵姓。赵氏家族始祖赵明，二世祖赵起、赵富，其后字辈排序为德、天、如、从、九、三、一、国、应(程、成、庆)、佩(有、开)、文(春、广)、永(中、俊、金、恩)、振(廷、怀、亭、恩、秀)、万(祥、忠、志、尔、宝、绍、亚、桂、德、泉、树、瑞)、景(炳、自、学、阳、东、长、玉、军、付、瑞)。

方言　属武清方言片，该片方言与武清区杨村话相似，在全国方言分区片上属北京官话区怀(来)承(德)片。

四　耕地状况

20世纪90年代，东赵庄有村耕地1745亩（不包括鱼塘1600亩），东邻北京排污河，西邻郎定引河，南为永定新河。

20世纪90年代东赵庄村所属耕地地块情况表

表1　　　　　　　　　　　　　　　　　　　　　　　　　　　　　单位：亩

地块名称	位置	面积	地块名称	位置	面积
北节子	村北	153	东沟子	村西北	284
后淀道西北、东北段	村北	92	麦洼子	村东	300
后淀道西南、东南段	村北	185.5	大围、前淀	村东	300
大四码	村东	68.5	门前地	村南	300
房后地	村北	142	合计		1745

20世纪90年代东赵庄村所属耕地地块示意图

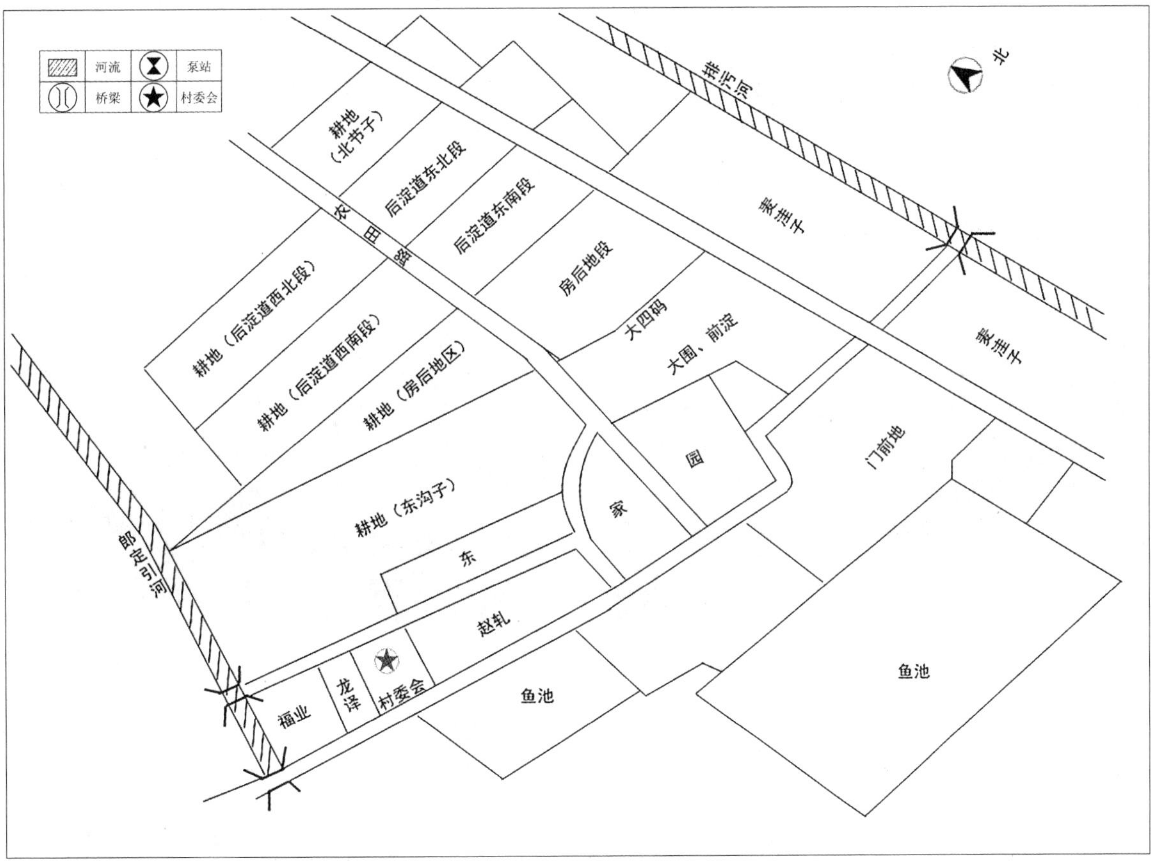

（2016年绘制）

五　街道胡同

中华人民共和国成立前，有4条胡同，南北各2条。20世纪80年代改为7片，有繁荣南街、繁荣北街、平安南街、平安北街、朝阳西街1～6排、朝阳南街7～12排、朝阳东街。1992年，有东西向和南北向街道各1条，均沥青路面，有路灯。东西向胡同2条，南北向胡同28条。2003年8月，修建村南公路（从郎定引河——除氟水站）全长1200米。2004年9月，村内硬化胡同41条1.5万米。2016年，有街道4条。

2016年东赵庄村街道情况表

表2

街道名称	长度（米）	走向	街道名称	长度（米）	走向
东赵路	1500	东西	环湖路	5000	东西南
农田路	1500	东西南北	霍赵路	1000	东西

六　旧村改造

旧时，东赵庄村被周边村村民戏称为“台湾岛”，是因为地处边远、经济落后、信息闭塞。2000年以后，国家提出社会主义新农村建设，东赵庄村走在了时代的前沿，成了周边村的领军村。

东赵庄村旧村居　　（20世纪50年代摄）

2005年初，该村开始平房改造工程。村两委多次召开村民代表会议，深入群众展开调研，征求村民意见，制定房屋置换方案，村民砖木结构的平房按1∶1.5比例兑换楼房，厢房和土坯房按1∶1比例置换楼房。首先是村庄四分之一村民搬出。由村委会安排分散租住在该村未拆迁的村民家中，2006年4月，第一批6幢大楼拔地而起，每幢5层，单元楼层高3米，有60平方米、85平方米、99平方米、135平方米四种户型。建筑面积为31560平方米。2008年10月，完成第二批楼房的建筑，建筑面积为10520平方米。

东赵庄村村居　　（20世纪80年代摄）

东赵庄村村民新居　　（2015年摄）

至2012年年底，全村村民均乔迁新居。人均居住面积约70平方米。共有楼房48栋，别墅600余栋，底商29栋。为新家园和天赐园两个园区。至2016年年底，已达到住户4000余户。除该村村民还迁，还有村外居民购买居住。

东赵庄村幼儿园　　（2015年摄）

楼房间距为26米，楼宇间路面全部硬化、绿化、亮化，楼下绿草茵茵，花木繁多。整个小区整洁、美丽、古朴、典雅，吸引城市市民纷纷入住。东赵庄村通过旧村改造，村庄形象和品位发生了翻天覆地的变化，园区功能齐全，服务良好，环境优美，设备完善。

七　公共设施

1988年始，在村中心建农贸市场，2006年，建成全封闭式的市场。2003年2月，为了解决村民饮用水问题，修建除氟水站。是年9月，对村内饮用水管道进行改造，同时给村菜地改成用自来水，结束用水斗打水的历史。2005年5月，修建两个街心花园。2008年，村出资26万元将公交车站点延伸至村民楼下。至2016年，村里公共设施有村委会、物业公司、绿化管理站、卫生服务站、净化水站、锅炉房、幼儿园、煤气转换站、卫生所、垃圾回收站、永寿寺老年活动中心、图书阅览室、健身广场，建筑面积23000平方米。

2015年东赵庄村街道及公共设施情况示意图

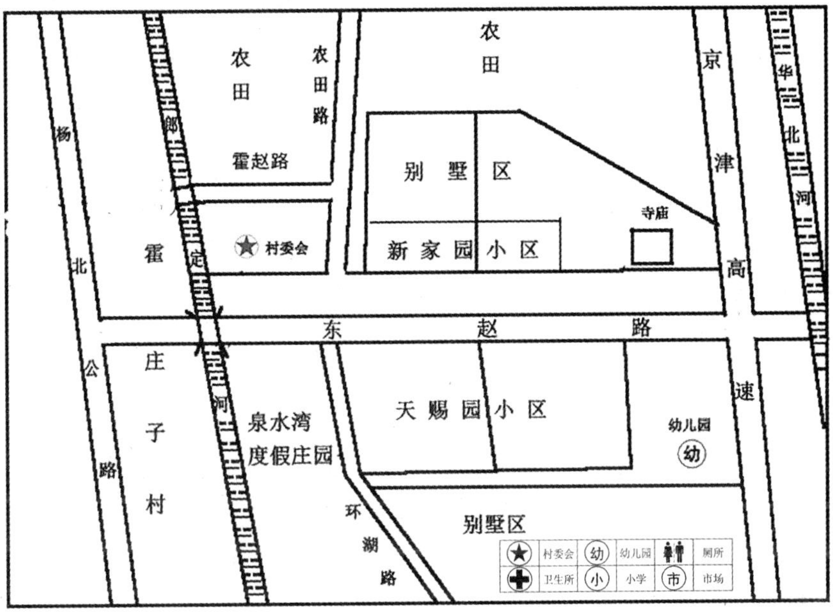

（2016年绘制）

八　经济概况

20世纪60年代前，村内地势低洼，生产条件差，绝大多数农民靠种田维持生活。60年代末期，生产条件逐步完善，开始引进新品种。80年代以后，全村基本实现优种化，高粱、玉米全是杂交新品种，亩产普遍在400千克以上。

由于受土壤和水源条件制约，村内经济作物品种很少，主要有棉花、向日葵、芝麻。时进21世纪，棉花种植面积扩大，2010年，种植棉花850.05亩。

1984年，村内开始淡水养殖，初时利用天然河塘，后开挖闲散荒地。养殖坑塘的开挖，充分地利用土地，提高地的产出率，增加了土地的经济效益。1994年，建鱼池、蟹池15个，水面99.47亩，养殖蟹成为该村一大特产。

20世纪80年代，政府推行“对外开放，对内搞活”的方针，村内个体商业发展迅速，从事个体商业的农户10余家。村内有饭店3家，早点部及流动摊位数家。通信专卖店2家，超市4家。2013年，村内建起多功能游泳馆——泉水湾洗浴中心。

1997年，有工业企业9家，主要产品为通信器材、炊事用具、工艺礼品等，年产值1219万元。1999年，建立工业园区。至2016年入驻企业4家，有天津市华方幕墙装饰工程有限公司，占地面积1590平方米，固定资产958万元，年产值1.78亿元。主要生产隔热铝合金门窗、铝板门窗、玻璃幕墙、

泉水湾洗浴中心　　（2016年摄）

绿林圣水温泉度假庄园（2013年摄）

石材幕墙以及各类钢结构件，从业人员90人。福业金属管业有限公司，民营企业，始建于1997年6月，公司占地面积43.05亩，固定资产6000万元，年产值3500万元以上，主要生产汽车配件，从业人员70多人。天津市华旭金属结构有限公司，民营企业，始建于1999年5月，固定资产800万元，年产值1200万元以上，主要产品有变电箱、油箱等，从业人员35人。天津龙泽电力设备安装有限公司，民营企业，公司始建于2008年8月，固定资产600万元，年产值3000万元，主要承揽电力设备安装等业务，从业人员30人。

九　民间文化

七神庙及古树　东赵庄村七神庙建于明弘治三年（1490年），为赵姓三世祖（德字辈）和四世祖（天字辈）所建。已有500余年历史。庙内两棵槐树种植于明正德十六年（1521年）。即建庙31年后才种植，至今500年依旧根深叶茂。两棵槐树，被村民称之为“神树”。2003年重修七神庙。每年的农历四月二十八日有庙会，农历九月九日重阳节也有活动。

东赵庄村七神庙内古槐树（2015年摄）

东赵庄村七神庙外景　　（2015年摄）

高跷会　旧时，村中有喜好者，不计报酬，自愿参加活动。高跷会活动由村政和乡绅组织，一应添置器具、行头等都由他们出资。排练时请师傅指导，要求非常严格。活动主要集中在正月、二月、三月、九月庙会上。表演剧目有《唐僧取经》《白娘子》《傻柱子娶亲》等剧目。表演时，艺人们脚绑高跷腿子，扮成各种人物，按鼓乐击打的节奏，按扭秧歌的形式，缓缓而行。

篮球队　村内篮球运动始于20世纪50年代，先是赵瑞祥、赵树祥等几位篮球运动爱好者组织活动，后参加这项运动的人越来越多。村里提供场地、球架、篮球等。60年代发展为几十人，每当举行篮球赛事时，周围村的男女老少像赶庙会一样，把篮球场围得水泄不通。70年代末期，成立篮球队，队长赵瑞祥、赵怀渤。各村篮球队定期或不定期在该村举行赛事。

十　大事纪略

东赵庄的战斗　民国36年(1947年)7月26日，还乡团勾结宜兴埠国民党一个营的兵力包围了韩盛庄，妄图一举歼灭正在开会的武清县八区100多名村干部。此次讨伐抓捕了村长靳怀怡等40余人，给当时解放区人民的生命财产造成重大损失。为打击这股凶残的敌人，韩盛庄解围后，八区区委书记、区长王选前往宁河支队，请子弟兵为民除害。县支队队长武宏等领导，立即召开军事会议，制定出了“引蛇出洞，关门打狗”的作战方案。8月2日，还乡团强征村民大车20辆，准备到东赵庄去抢粮。支队立即出发，分别在季庄子、霍庄子和东赵庄各埋伏一个连，隐蔽待机。8月3日，周迎祥带领小贺庄据点之敌150人，奔东赵庄村，并以大龙湾还乡团打头阵，敌人行进时，不停地鸣枪，以报告平安无事。敌人全部进入东赵庄村后，队长武宏一声令下，顿时枪声大作，杀声四起。还乡团当即死伤一片，余敌一看不好，四散奔逃。战斗结束，宁河支队共击毙敌20人，俘敌24人，余敌部分跑散、部分逃回据点。经俘敌辨认，其中17名是一般分子，经教育释放。宋宝霖等7名骨干分子移交武清八区严惩。

十一　英烈先贤

赵佩喜（生卒年龄不详）　村中头面人物，一生尚武，好管不平事，常为村民之利益出面，倍受父老之尊敬。在村中威望极高。村庙中两株古槐为其人先人所植。大约道光初年，村中地亩被夺，他与王府对薄公堂，官司直到刑部，历时6年，历尽艰辛，终取胜。

赵振元（1908—1962）　少时，每每见到有患疾者，倍感难过，遂立志从医。始集民间验方，后就学于达仁堂和乐仁堂。返乡后行医治病。治疗广泛：儿科、妇科、跌打损伤，痰迷之症，无一不精，所有药物个人采集，不论穷富从不收取半文，致使家道一贫如洗。多年来全家寄居于祖遗三间土坯房中，因其人医术精湛、医德高尚，被当地百姓尊崇为“仙医”。

赵福泽（1936—1950）　又名赵怀军。中共党员。民国34年（1945年）参加革命工作。1950年5月8日，在湖南某地的战斗中牺牲。生前曾任十二兵团某部排长，供给股股长等职。

张云桥（1971—1989）　烈士，1989年4月入伍，服役于63集团军564团炮兵营当战士。1989年6月15日，在军事训练中遭歹徒袭击，不幸牺牲，年仅18岁。

十二　历任党政负责人

民国34年（1945年）1月，武清武工队武宝宁工委书记石青、六区委林哲发展该村赵洪儒、赵俊青、赵树深等加入共产党，建立东赵庄党支部。这是冀东地下党在北辰地区建立的第一个党支部。1945—2016年，东赵庄村共有14人次任党支部书记。

东赵庄村1943年成立村公所。1945—2016年，该村有11人次历任村政机构负责人。

1945—2016年东赵庄村党组织负责人任职情况表

表3

党组织名称	姓名	性别	职务	任职时间
党支部	赵洪儒	男	书记	1945—1956
	赵振洲	男	书记	1956—1958
	赵怀贤	男	书记	1958—1964
	赵恩峰	男	书记	1964—l964
	赵振绪	男	书记	1965—1966
	赵万昌	男	书记	1967—1980

续表

党组织名称	姓名	性别	职务	任职时间
党支部	赵振环	男	书记	1981—1984
	赵振杰	男	书记	1985—1987
	赵万昌	男	书记	1987—1994
	赵景泉	男	书记	1995—1995
	赵运祥	男	书记	1995—1995
	赵付国	男	书记	1996—1999
	赵自祥	男	书记	2000—2002
	赵绍军	男	书记	2003—

1945—2016年东赵庄村村政机构负责人任职情况表

表4

村政机构名称	姓名	性别	职务	任职时间
村公所	赵洪儒	男	村长	1945—1956
	赵振洲	男	村长	1956—1958
生产大队	赵怀贤	男	大队长	1958—1964
	赵绍发	男	大队长	1964—1964
村民委员会	赵怀贤	男	主任	1985—1987
	赵秀山	男	主任	1987—1994
	赵景泉	男	主任	1995—1996
	赵付连	男	主任	1997—1999
	赵自祥	男	主任	1999—2002
	赵绍军	男	主任	2002—2016
	赵亚民	男	主任	2016—

十三　荣誉

1950—2016年，东赵庄村获集体荣誉8项。1950—2016年，该村获先进个人7项。

1950—2016年东赵庄村获先进集体荣誉情况表

表5

授予时间	荣誉名称	授予部门
2004	天津市民主法治示范村	天津市依法治市领导小组
2007	创建文明村五个一活动先进村	天津市精神文明建设委员会
2008	全国科学素质行动 科普活动示范站	市人民政府、市科协
2010	全国绿色小康村	中共中央宣传部、中央文明办、全国绿化委员会、国家林业局
2010	天津市农村妇女双学双比示范基地	天津市农村妇女“双学双比”竞赛活动协调小组
2011	市级卫生村	天津市爱国卫生运动委员会
2011	文明村镇	天津市精神文明建设委员会
2013	全国巾帼英雄现代农业科技示范基地	中国妇女联合会、科技部、农业部

1950—2016年东赵庄村获先进个人荣誉情况表

表6

授予时间	姓名	荣誉名称	授予部门
2000	赵绍军	天津市青年星火带头人标兵	天津市委、市科协
2000—2005		连续6年被评为天津市科教兴农先进工作者	天津市委、市科协
2002		天津市劳动模范	天津市委、市人民政府
2002		全国农村青年创业致富带头人	农业部
2004		天津市优秀党组织书记	天津市委
2004		天津市劳动模范	天津市委、市人民政府
2010		天津市2008—2010年优秀村党组织书记	天津市委

季庄子村

季庄子村位于北辰区东部，西堤头镇中北部，杨北公路东，村呈正方形，面积170万平方米。东与宁河区大贾庄、大龙湾，宝坻区小董庄接壤，南与霍庄子村接壤，西与大张庄镇北何庄接壤，北与武清区王三庄及西堤头镇辛侯庄接壤，距北辰区政府22千米。1995年，村工农业总产值12132.1万元，人均收入3177元。2015年，季庄子村户籍人口2403人，长期固定资产478万元，农业产值950万元，工业产值3.638亿元，村民人均收入20247元。2016年，乡村户数1012户2436人，乡村从业人员960人。

季庄子村航拍图　　　　（2017年摄）

一　村庄沿革

季庄子村村委会　　　　　　（2017年摄）

该村建于明万历二年（1574年）。据《典籍中的北辰》376页记载，始有山东潍县季从堡村人季文宝到此定居，后有刘、韩等姓迁入成村，起名季庄子。

当时村中最高处，建一所茅屋草舍，栽了一颗大槐树，安了一个碾子，古称大树小碾子，凡是从季家庄搬走的人都知道从大树小碾搬走的。明、清代隶属宝坻县。民国17年（1928年），隶属宝坻县第七大队贾庄乡。

民国32年（1943年），中共武（武清）宝（宝坻）宁（宁河）工委和武宝宁联合办事处成立。季庄子村隶属武宝宁联合县统管辖。民国34年（1945年），中共天津县民主政府成立，季庄子隶属天津县一区。民国35年（1946年），抗日民主政府撤销联合县，恢复单一县制，该村划入宁河县。1949年，该村隶属河北省天津专区宁河县第四区。1953年，霍庄子建乡，季庄子村属宁河县四区霍庄子乡管辖。1963年，划归北郊区芦新河公社。是年10月，芦新河公社更名霍庄子公社。1983年，撤社建乡，建立霍庄子乡。1997年，霍庄子乡改镇，该村隶属霍庄子镇。2001年霍庄子镇并入西堤头镇，季庄子村隶属西堤头镇。

二　道路河流

村东有一级河道北京排污河，北有引滦明渠和二级河道郎园引河，西有二级河道机排河。省（市）道杨北公路沿村西而过，村东南有津蓟高速，村东北有京津塘高速，村北有省（市）道九园公路。

三　人口方言

人口　据统计资料载，1950年该村有163户1058人，1980年，有468户2067人，1994年，有618户2118人（男1064，女1112）。1997年，有居民633户2145人。

2016年，有乡村总户数1012户2436人，其中男1256人、女1180人。流动人口178人。

民族　据《天津市北辰区地名志》载，1995年，季庄子村有汉族1个民族。2016年，季庄子村有满族和汉族两个民族。

姓氏　全村有姓氏季、刘、韩、李、赵、张、靳、孙王9个，其中大姓主要是季、韩、刘姓。

方言　属武清方言片，该片方言与武清区杨村话相似，在全国方言分区片上属北京官话区怀（来）承（德）片。

家（族）谱选介　季氏家（族）谱　谱序：族之有谱，家之有传，犹国之有史，史以记事，谱用溯源，传重笃情，使后世子孙不敢忘其所出，人之有祖，如山之有基，木之有根，水之有源，山有基则千岩

季氏族谱封面
（2015年摄）

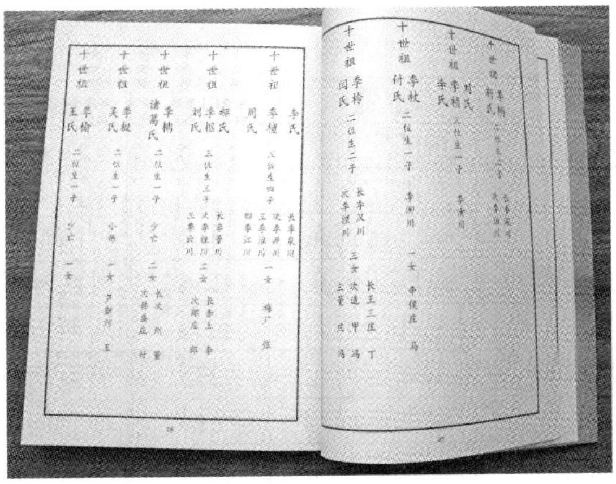

季氏族谱　　　　　　（2015年摄）

万壑屹立不倒，木有根则能枝叶繁茂，水有源而三江之水浩浩不竭，人有祖则亿万子孙绵绵可久，知本必续谱，敬祖需读传，固本自清源，有明训，落叶归根，饮水思源，树族谱，立家传，意之深，义之远，非一言所能尽也。

四　耕地状况

1992年，季庄子村有耕地5077亩。人均耕地2.38亩。据季庄子村村情调查资料表明，该村2016年耕地面积为4131亩。耕地西邻辛侯庄村地块，南接霍庄子村地块，东靠北京排污河，北至郎园引河。

2016年，季庄子村有泵站5座，沟渠290条，涵闸8个。

2016年季庄子村所属耕地地块示意图

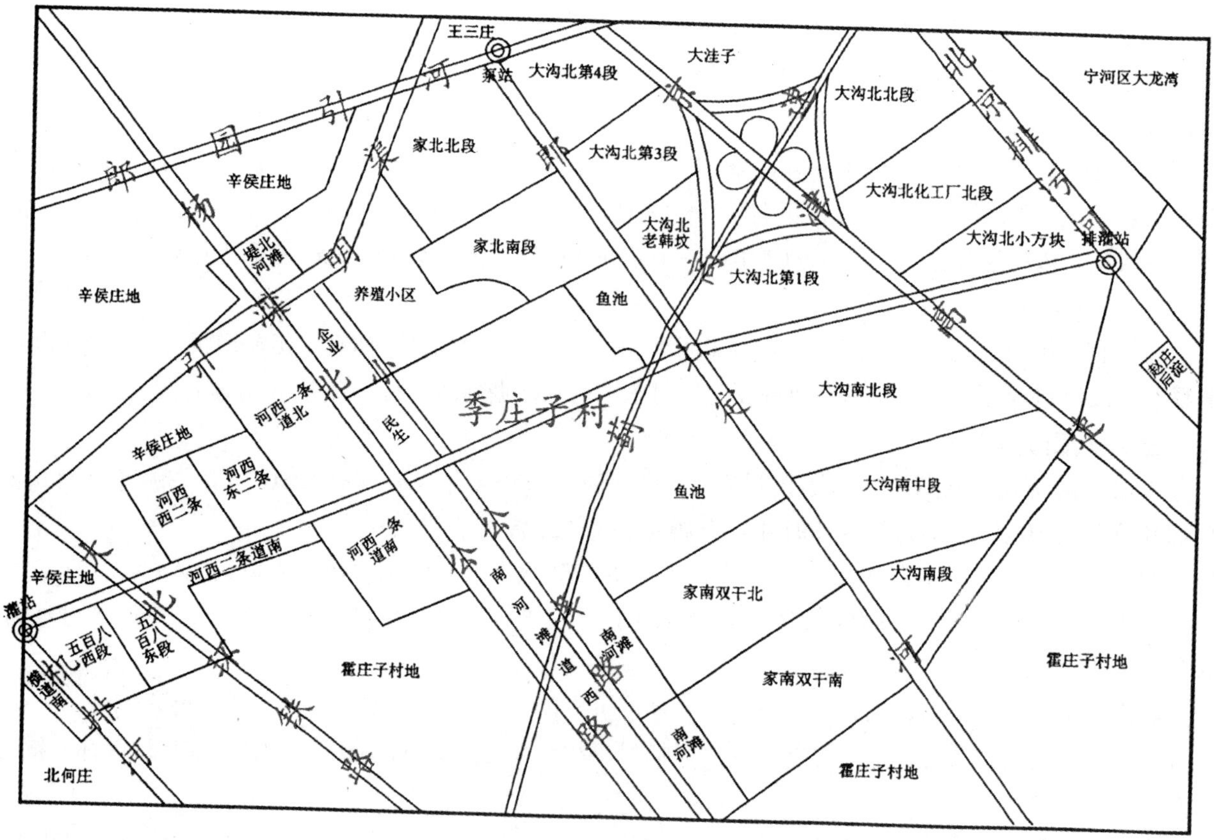

（2016年绘制）

2016年季庄子村所属耕地地块情况表

表1　　　　单位：亩

地块名称	位置	面积	地块名称	位置	面积
大沟南段	村东郎定河东	78	家南双干北段	村北郎定河西	308
大沟南中段	村东郎定河东	287	家南双干南段	村北郎定河西	221
大沟南北段	村东郎定河东	463	村南河滩	东段河机井南	76
大沟北一段	村东郎定河东	166	村南河滩	东段河机井北	126
大沟北小方块	村东郎定河东	92	河西五百八西段	杨北公路西	87
大沟北化工厂北段	村东郎定河东	235	横道南	杨北公路西	25
大沟北东段	村东郎定河东	214	坝北河滩	杨北公路东侧	11
大沟北老韩坟	村东郎定河东	60	河西一条道南	杨北公路西	58
大沟北北段三	村东郎定河东	123	河西一条道北	杨北公路西	257

续表

地块名称	位置	面积	地块名称	位置	面积
大沟北四段	村东郎定河东	145	河西东二条	杨北公路西	111
大洼子	村东郎定河东	134	河西西二条	杨北公路西	116
家北北段	村北郎定河西	209	河西二条道道南西段东段	杨北公路西	35
家北南段	村北郎定河西	224	南河滩道西	南河滩道西	112
赵庄后淀	赵庄村北	70	河西五百八东段	杨北公路西	88
合计					4131

五　街道胡同

季庄子村街道　　（2016年摄）

旧时，常年水患，村民出入没有旱路，只有水路。1957年以前，村民是乘“摆渡”出行。1980年，村里修东西走向街道。1984年，村民陈以宁个人投资为村大街和东西横街修建了沥青路面，结束村大街土路历史，当时称“致富路”。 1992年，村民韩景田资助，大街和东西横街改铺水泥路面。2001年，村里把所有的胡同都砌了砖。2004年，大街和东西横街重新修缮，从0.7千米延长至1.2千米。2007年，九园公路至霍庄中学的小公路修成沥青路面。2013年，从郎园引河到赵庄子东堤为水泥道路。村里的主要道路安装路灯。村内建有公共厕所若干。2016年，季庄子村有3条街道，32条胡同。

2016年季庄子村街道胡同情况表

表2

类别	名称	长度(米)	走向	类别	名称	长度（米）	走向
街道	中心街	1300	东西	胡同	大街南16条胡同	420	南北
	东横街	900	南北		大街南17条胡同	400	南北
	西横街	950	南北		大街南18条胡同	410	南北
胡同	大街南1条胡同	420	南北		大街北1条胡同	300	南北
	大街南2条胡同	420	南北		大街北2条胡同	340	南北
	大街南3条胡同	450	南北		大街北3条胡同	320	南北
	大街南4条胡同	400	南北		大街北4条胡同	360	南北
	大街南5条胡同	450	南北		大街北5条胡同	385	南北
	大街南6条胡同	430	南北		大街北6条胡同	390	南北
	大街南7条胡同	450	南北		大街北7条胡同	380	南北
	大街南8条胡同	480	南北		大街北8条胡同	370	南北
	大街南9条胡同	500	南北		大街北9条胡同	340	南北
	大街南10条胡同	510	南北		大街北10条胡同	370	南北
	大街南11条胡同	520	南北		大街北11条胡同	380	南北
	大街南12条胡同	500	南北		大街北12条胡同	350	南北
	大街南13条胡同	550	南北		大街北13条胡同	340	南北
	大街南14条胡同	560	南北		大街北14条胡同	320	南北
	大街南15条胡同	520	南北				

2016年季庄子村街道胡同情况示意图

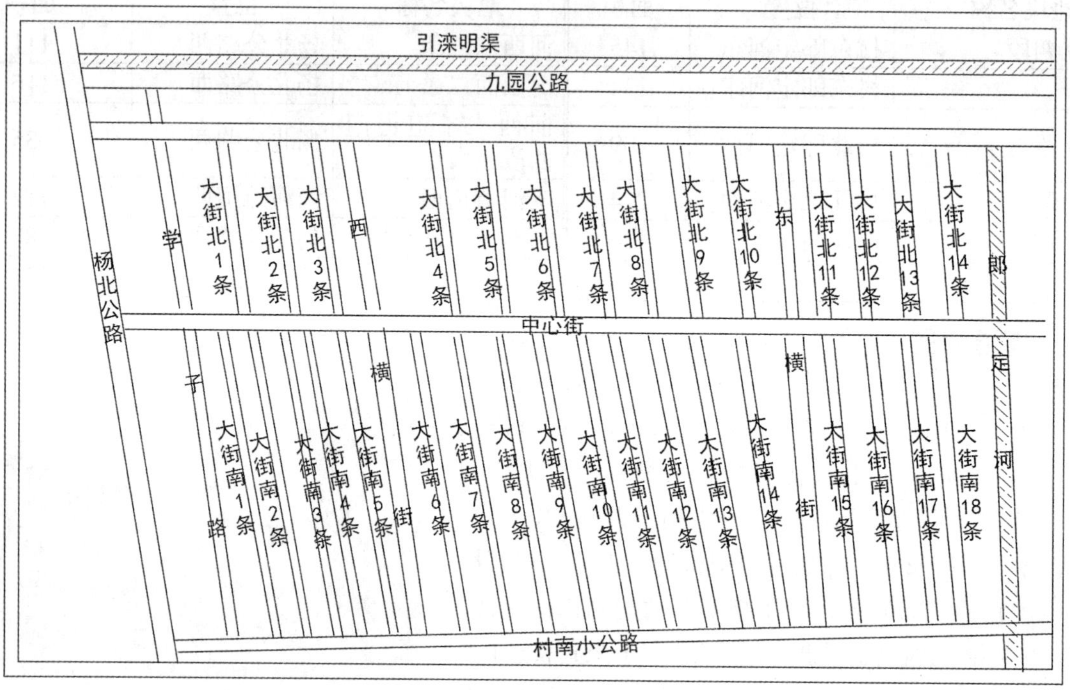

（2016年绘制）

旧时，因为是退海之地，有碱砖不碱土的说法，所以盖的房子都是土坯房，土坯房冬暖夏凉。住宅的样式近似北京的四合院。正房坐北朝南，或3间、4间、5间不等，院内东西两面有厢房。中华人民共和国成立前，所造房屋大小不齐，高低不等。到80年代，开始有了规章。宅基地发放给18岁以上的男性，宅基地长度限制在15米范围之内。80年代后期，村民们开始兴建瓦房、楼房。90年代后，房宅内部结构和设施也有很大的变化。房体下打地梁，上打围梁，中间钢筋，房内设计有客厅、厨房、卫生间等。

六　公共设施

中华人民共和国成立前，季庄子村公共设施很少。1991年，建了村委会二层楼的办公室。之后兴建老年协会、卫生服务站、幼儿园、农贸市场等。1986年，村成立了林业队，境内的堤埝河坡都种上了树。2003年，驻村部队官兵抽调数十人帮助村里在东北堤植树，改善了村的绿化环境。至2016年，有文化活动室、卫生所、公厕、超市、农贸市场、幼儿园、垃圾站等。

季庄子村农贸市场　（2015年摄）

自来水　旧时，村民用水于坑塘。民国32年（1943年），村民季凤岐操办，打了村中第一口深水井，时称“洋井”，村民都用水桶到洋井去挑水。1984年，全村通了自来水。2004年，重新铺设自来水管。2013年、2014年，村内打了两眼600米的深水井，安装了除氟设备，村民的吃水条件得到改善。

公共交通 20世纪70年代，村民外出只能乘坐由东北角开往杨村的长途运输客车。进入80年代，有个体户开通韩盛庄到天津市区和北仓的路线。2014年，公交公司开通通往北仓的726路和727路公交车。个体的“的士”全村发展到20余辆，方便村民出行，促进村里的交通发展。

季庄子村公厕 （2016年摄）

照明 旧时村内是“公共照明靠天上的月亮”，户内照明靠小煤油灯。明清时期，人们夜间行走用的是纸糊的灯。民国后期开始用桅灯、手电筒等。1960年开始通电，村内主要街道和各家各户都安上了电灯。

厕所 旧时村中无厕所，女人方便不出户，男人方便在背人的地方。民国初期，用的是秫秸夹的篱笆厕所。1960年前后，村内出现土坯厕所。1980年后，公厕的质量提高，加强了粪便管理，环境卫生得到改善。进入21世纪，村里的公厕改为抽水式。

学校设施 村里家庭富裕的子女上私塾。一般达到半饥半饱的家庭，孩子们上学可以读“冬三月”的学。1952年，村里建初级小学，1961年，建高级小学，办学条件非常艰苦。借破庙为学堂，每当雨天，外面大下，屋里小下。学生课桌是由土坯木板搭成，学生要从家自带凳子。1970年年初，村里成立育儿班。80年代，育儿班改称为学前班，由小学校代管。90年代，成立幼儿园，学习内容更为丰富，教学设备齐全，达到国家规定的标准。

2016年季庄子村公共设施示意图

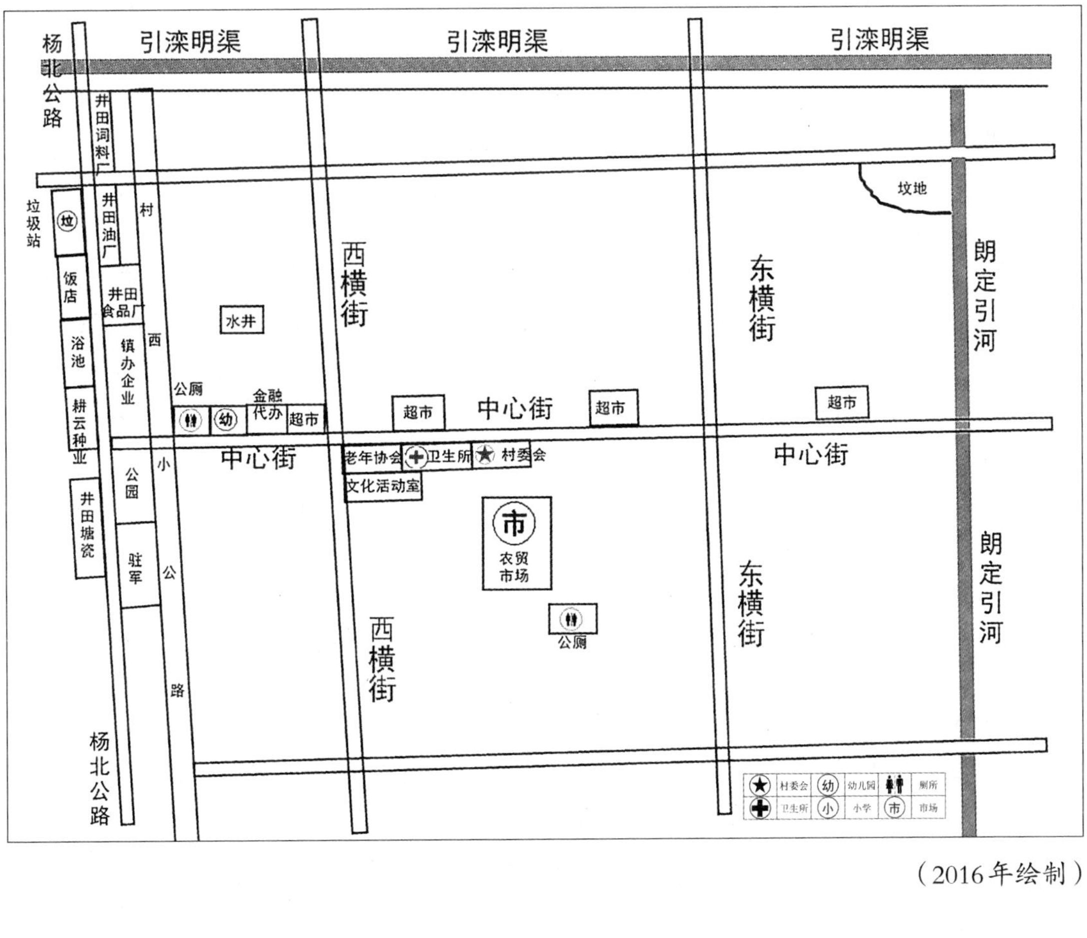

（2016年绘制）

卫生设施 1965年，村建红医站实行合作医疗，后终止。1990年，红医站医务人员在家中诊病，为村民服务。2008年，村建立卫生服务中心，集防病、治病、妇幼保健于一体，为村上60岁以上老人定期检查身体，实行了新型农村合作医疗制度。

七　经济概况

旧时，村民衣食之源多以捕鱼为业。明朝中后期，因上游河流防护堤的修建，使境内高地露出水面，才有了耕农出现，村中90%以上的村民还是以捕鱼，漕运为生。清朝中叶，开挖筐儿港引河，引洪入海，高地大部露出水面，耕地面积逐年扩大。1958年以前，由于水患和沥涝，农作物种植只限于高粱、黑豆和少量玉米，其单产“丰年一石”“涝年五斗或绝收”。1976年，霍（庄）赵（庄）季（庄）开展大洼会战，改变农业生产条件，农业设施齐全，沟渠纵横，成龙配套，形成了涝可排、旱可灌的水利体系，农业先进技术的推广，搞科学种田和农业机械化，粮食产量逐年提高。粮食作物的主要品种有玉米、高粱、水稻、小麦、谷子、豆类等。经济作物品种有棉花、芝麻、胡麻、向日葵、玉米等。

1978年初，村内建立养猪场。80年代，养殖业在村内兴起，建立两个养殖小区。养殖业的发展，使经济效益业出现可喜势头。划出村内养殖小区，使村内鸡、猪、羊、牛等专业养殖形成规模。

1984年，村内开始淡水养殖。初时利用天然河塘，后开挖利用闲散荒地，提高地的产出率和土地的经济效益。鱼的品种有：鲫鱼、鲢鱼、草鱼等。1995年起，村内养殖池承包给个人，由承包者放养和管理。2000年，水产品销往唐山、廊坊、北京、内蒙古及国外。

进入90年代，村内工业企业增多。主要有新生福利印刷厂、凯生化工厂、东方蓄电池厂，天津井田集团公司亦设于此，下辖井田搪瓷制品有限公司，野田国际搪瓷有限公司、华辰植物油总厂、通田联营化工厂、凯田食品厂、井田对虾饲料厂、面粉厂、运输队、渔业公司、津财城市信用社、房产开发公司。2015年，村有8家制鞋加工厂。

中华人民共和国成立后，第三产业主要以商业为主，出现了沿街叫卖的小商贩，小手工业者。1980年以后，第三产业得以大发展。2015年，村里有批发站1个、百货店10个、饭店5个、美容美发店2个、自行车电动车维修3个、农机汽车维修部2个、电器维修部1个、电气焊加工点1个、浴池2个、手机店2个、通信店3个、基建队2个，村内商贸出现繁荣景象。

井田集团 1980年，村民韩景田，带领十几个人靠集资2000元，以经营运输业起家。1982年，创办井田养殖场。1985年，开办饲料厂。1992年，投资2800万元成立华辰植物油总厂和通田化工厂。是年投资金融业，成为天津市商业银行津财支行的参股企业。1994年，筹建天津井田搪瓷制品有限公司、天津野田国际搪瓷制品有限公司和凯田食品厂。1997年1月6日，井田集团有限公司正式注册成立，1998年8月24日，获得自营进出口权。至此，该企业发展成为集运输，生产加工制造，房地产开发于一体的综合性企业集团。井田集团有限公司拥有全资控股企业12家，参股企业4家，员工2000余人。公司生产的部分产品被评为天津市名牌产品，产品畅销全国各地且远销日本，东南亚，欧美70余个国家和地区。韩景田致富不忘国家，不忘教育。几年间，捐献社会公益事业的善款和实物价值150万元以上，受到中央和市区领导的赞扬。

八　民间文化

1954年，村里成立农丰评剧团，每到年节都为村民义务演出，演出的节目有《刘巧儿》《小二黑结婚》《秦香莲》《三节烈》等。

九　大事纪略

1984年8月25日，由季庄子村村民韩景田捐资1.76万元，兴建的季庄子少年活动室落成。霍庄子乡党委、政府在季庄子小学举行落成典礼。市委宣传部有关负责人参加典礼。

1991年1月12日，举行季庄小学教学楼落成典礼仪式。市委、市政府、市区教育局、乡党政有关负责人共50余人出席。

十　英烈先贤

季光壁（生卒年不详）　字伯双，出生于清朝时期季庄村富裕家庭，为了维护家庭的财产，他从小拜各家武术高师习武，聪明好学，又非常刻苦，深得师傅喜爱，得到真传。县里举行武秀才科举，季光壁得了第一名，考中了武秀才。村里有什么难处都找他去办，县太爷也给他面子。方圆百里的地痞流氓和土匪都不敢胆大妄为，为附近百姓过上安稳的日子立下汗马功劳。

季宗洲（？—1945）　民国33年（1944年）7月参加革命。民国34年（1945年）6月，在宁河县新村作战时牺牲。生前为武宝宁联合县六区小队战士。

季墨林（1912—1947）　烈士，民国35年（1946年）6月参加革命工作。民国36年（1947年）8月被敌人杀害。生前为冀东军分区武清县第七区管理员。

季增禄（1920—1948）　烈士，民国36年（1947年）5月6日参加革命工作，为宁河县县支队战士。民国37年（1948年）4月，在玉田县孙家甿村作战时负伤后牺牲。

十一　历任党政负责人

民国35年（1946年），季庄子村建立党支部，季连清任支部书记。1997年建立党总支。2007年建党委。至2016年，共有17人次任书记职务。

该村村政机构历经村公所、生产大队、革委会、村委会的沿革。至2016年，共有16人次任村政机构负责人职务。

1946—2016年季庄子村党组织负责人任职情况表

表3

党组织名称	姓名	性别	职务	任职时间
党支部	季连清	男	书记	1946—1947
	季连华	男	书记	1947—1953
	刘国祥	男	书记	1953—1957
	季连华	男	书记	1957—1960
	季崇阁	男	书记	1960—1961
	刘国祥	男	书记	1962—1964
	韩玉荣	男	书记	1965—1966
	刘玉伶	男	书记	1966—1975
	李宝山	男	书记	1975—1976
	季恩宽	男	书记	1976—1980
	季金山	男	书记	1981—1988
	韩景义	男	书记	1989—1995
	韩宝生	男	书记	1995—1996
党总支	季金山	男	书记	1997—2005
	季绍森	男	书记	2006—2007
党委	韩丙锁	男	代理书记	2007—2008
	季绍青	男	书记	2009—

1946—2016年季庄子村村政机构负责人任职情况表

表4

村政机构名称	姓名	性别	职务	任职时间
村公所	季万友	男	村长	1946—1948
	刘国祥	男	村长	1948—1959
生产大队	刘玉柱	男	大队长	1960—1965
生产大队	季绍仲	男	大队长	1966—1975
管理委员会	李宝山	男	主任	1976—1980
村民委员会	刘国凯	男	主任	1981—1982
	刘金生	男	主任	1983—1988
	刘国凯	男	主任	1989—1992
	刘金生	男	主任	1993—1995
	刘国方	男	主任	1995—1996
	季恩明	男	主任	1997—1998
	刘金生	男	主任	1998—1999
	韩景义	男	主任	2000—2002
	韩宝生	男	主任	2003—2005
	韩宝武	男	主任	2006—2008
	季景利	男	主任	2009—

辛侯庄村

辛侯庄村位于北辰区东北部，西堤头镇西北方向，杨北公路西侧，距镇政府驻地10千米。东距季庄子村1.5千米，南邻北何庄村3千米，西距大兴庄村3千米，北邻韩盛庄村3千米。村呈正方形，面积33万平方米。1995年，工农业总产值3780.7万元，其中工业产值3315万元，农业产值465.7万元，人均收入3211元。2015年，辛侯庄村长期固定资产259.17万元，户籍人口2146人，外来人口280人，人均收入2万元。2016年，该村乡村总户数908户2175人，从业人员770人。

辛侯庄村航拍图 （2017年摄）

一 村庄沿革

辛侯庄村村委会 （2016年摄）

辛侯庄村建于清康熙六年（1667年），始有马、魏、王、刘四姓由津东赤碱滩（今赤土）小台子村迁此定居，为侯姓佃户村，故称侯家新庄。乾隆年间（1736—1796年）又由赤土、宝坻王三官庄、北孙庄迁入齐、周、郭等姓，请来韩盛庄靳姓当庄头。以后又有霍、朱、冯姓迁入。（详见《典籍中的北辰》377页）

据有关史料载，该村原为退海之地。清康熙年间（1654—1722年），一位侯姓王爷年老辞官，朝廷赐给土地48顷，作为放马场。从赤土招来魏九星为他经营放马场，魏姓成为第一个佃户。后从宁河大王台子搬来马、王、刘姓，从武清王三庄搬来齐姓，从邻近村韩盛庄请来靳作林当庄头，靳姓也陆续搬入村庄，从赤土搬来周姓，从北孙庄搬来郭姓，从此有魏、马、王、刘、靳、齐、周、郭姓成为侯家佃户，定居此地，逐渐形成村落。据清道光二十六年（1846年）载：由芦新河而北曰侯新庄。村落颇巨，地亦高塽。其北即武清县界。乾隆《武清县志》1987年版27～28页载：雍正八年（1730年）武清县拨归天津府村庄中有侯家庄。后曾称侯家新庄、侯新家庄、侯辛庄、侯新庄，民国始称新侯庄。后改称辛侯庄。民国18年（1929年）《津武58村请清行整理海河计划》中有辛侯庄村名出现。（详见《典籍中的北辰》213页）

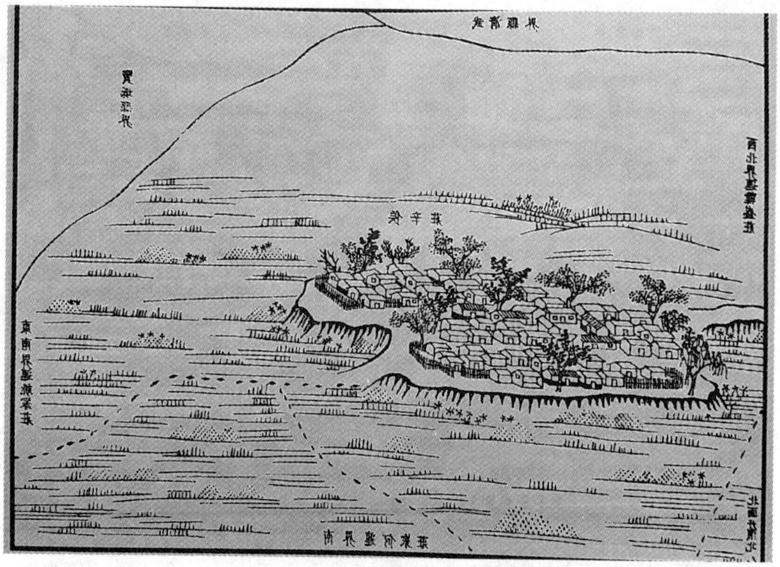

清道光二十六年（1846年）《津门保甲图》中的辛侯庄村

成村后隶属武清县。清雍正九年（1731年）属天津县。清乾隆元年（1736年）辖于西沽巡检。清光绪三十一年（1905年），该村隶属天津县东乡第七区。民国31年（1942年），隶属天津县第二区何家庄乡。民国34年（1945年），中共天津县民主政府成立，该村隶属天津县第三区。民国35年（1946年），天津县和武清县合并为津武县，辛侯庄村隶属该县九区。中华人民共和国成立后，辛侯庄村隶属河北省天津专区天津县九区。1950年，该村为天津县三区辖。1953年，撤销天津县制建立郊区，辛侯庄隶属津北郊区。是年7月，属韩盛庄乡。1958年，隶属河北区兴淀人民公社韩盛庄管理区，1960年，隶属天津市副食品局，1962年，隶属天津市北郊区。1963年，隶属霍庄子公社。1983年隶属霍庄子乡。1997年，隶属霍庄子镇。2001年，霍庄子镇与西堤头镇合并，隶西堤头镇。

二 道路河流

道路 至2016年，该村临省（市）道2条：一条为杨北公路村居其西侧；另一条九园公路，村居其北侧。该村交通便利，地理位置优越。

河流 至2016年，辛侯庄村周围有二级河道2条。一条为1954年开挖的机排河，在村西约2千米处。另有郎园引河、引滦明渠在村南。辛侯庄村边有桥3座，为杨北公路上的辛侯庄桥、九园公路旁的辛侯庄桥，两桥均于郎园引河上。另一座桥架于是引滦明渠大堤去往北何庄的机排河上。

三　人口方言

人口　据清道光二十六年(1846年)《津门保甲图说》载，全村347户1630人。据统计资料载，1950年，该村有161户998人。1980年，有371户1705人。1994年，有510户1956人，其中男1017人、女1017人。2016年，有908户2175人。

民族　据《天津市北辰区地名志》载：1995年，该村居民全部为汉族。2016年，据村情调查，全村居民皆为汉族。

姓氏　至2016年，全村的主要大姓为魏、王、靳、刘、马、齐。

魏姓原籍山西省平阳府洪洞县城东40里魏家堡村。清康熙七年（1668年）迁入辛侯庄。魏姓始祖魏九柱、魏九旺，后辈排字辈：好、世、文、德、景、金（俊）、贺、乃、凤、子。

王姓是从宁河县大王台迁入辛侯庄，王姓始祖王碧、王莉。后辈排字辈：者、恒、绪、永（廷）、克、凤（景、守、艳、长）、学（占）、建、（书）。

靳姓是从韩盛庄迁入辛侯庄。靳姓立祖人靳象志，后辈排字辈：万、福、永、长、绍、玉（润）。

马姓是从宁河王台子迁入辛侯庄，立祖人马永龙，后代辈分排字：仲、学、德、马漇（洪）、树（勲）、鼎（云）、基（兆）、希（世）、会（占）。

齐姓是从武清王三庄迁入辛侯庄。齐府立祖人齐国龙、齐国虎，后代辈分排字：明、守、鸿、振、怀、学、月。

刘姓是从宁河王台子和王家同时迁入辛侯庄，立祖人刘文洪、刘文通，后代辈分排字：起、天、刘许（宗）、继、玉、东、宝、连、学。

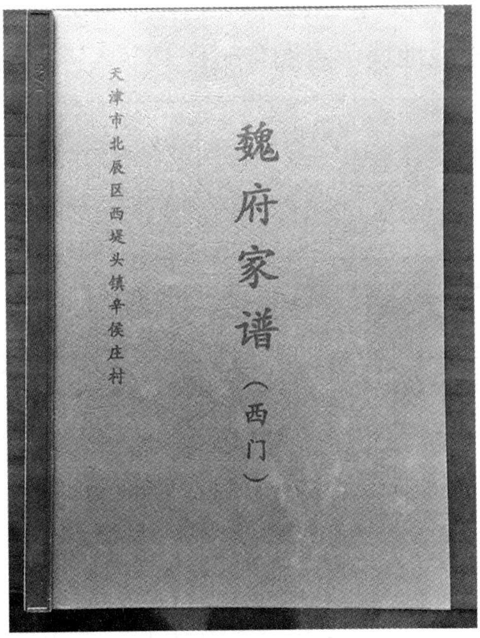

辛侯庄村魏姓家谱

（2016年摄）

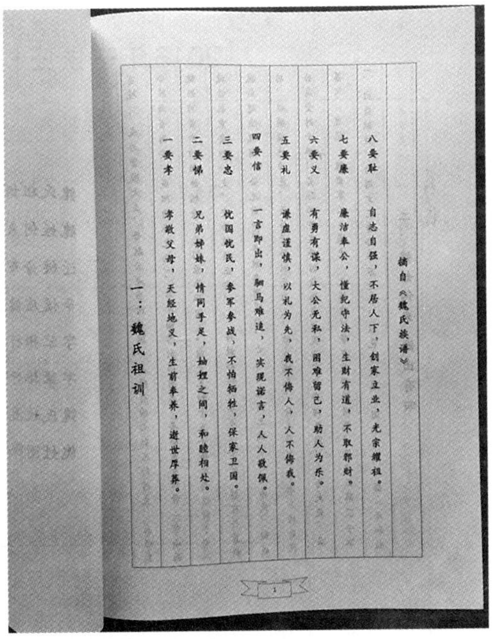

辛侯庄村魏姓家谱祖训

（2016年摄）

方言　属武清方言片，该片方言与武清杨村话相似，在全国方言分区片上属北京官话区怀（来）承（德）片。

四　耕地状况

2016年，辛侯庄村耕地分为28块，共2966亩。分布于杨北公路两侧，郎园引河南北。北邻韩盛庄村，南与季庄子村土地为界，西与大张庄镇小田庄村土地相连，东与季庄子村土地相连。

2016年辛候庄村所属耕地地块情况表

表1　　　　　　　　　　　　　　　　单位：亩

地块名称	位置	面积	地块名称	位置	面积
张万子地	村南	61	马希亚承包地	村东南	10
南汪地上节	村南	163	引滦暗渠	村东南	26
南汪地下节	村南	146	小瓦窑	村东北	90
中节白淀子	村南	301	六庄户	村东北	68
五七沟	村南	118	九亩地	村东北	80
齐怀平承包	村南	16	窑道下节	村东北	75
大南埝西段	村南	81	缸叉子	村东北	34
大南埝东段	村南	127	果园	村东北	40
五百八地	村南	175	秋基猪场地	村东北	26
东洼子	村东南	202	北汪地上节	村西北	210
东淀子	村西南	192	北汪地下节	村西北	239
五七沟（牛场）	村东南	120	独杆堤	村西北	50
长顺地	村东南	105	果园	村东北	65
王凤龙承包地	村东南	16	河套地	村东北	130
合计					2966

2016年辛候庄村所属耕地地块示意图（一）

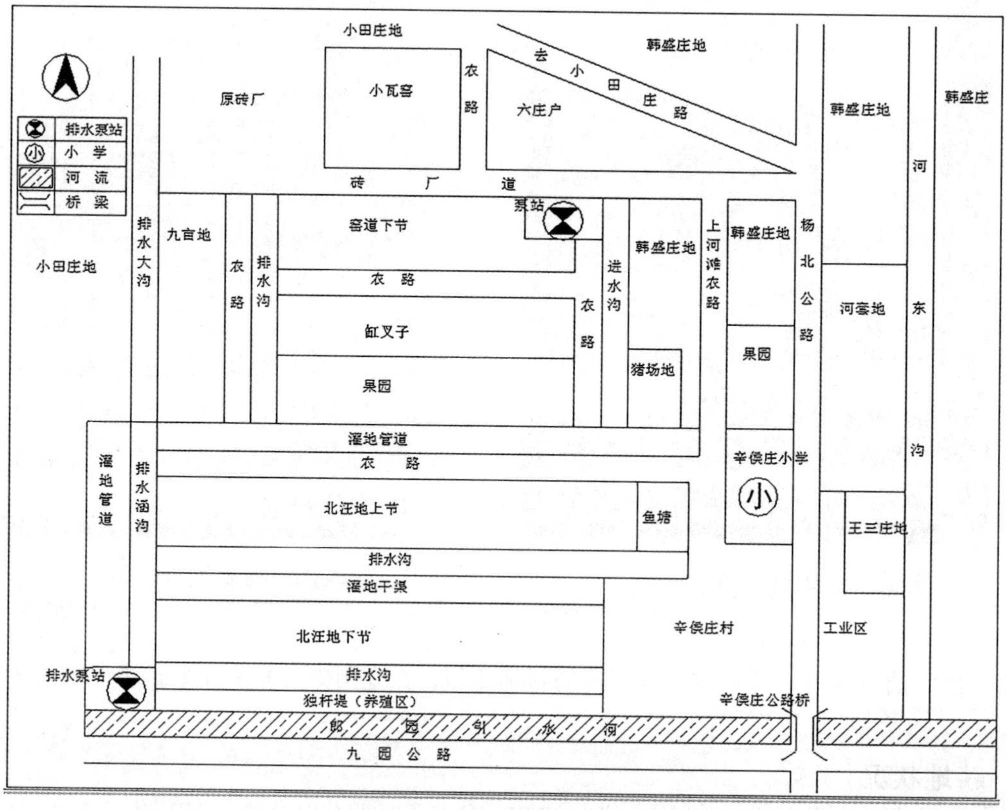

（2016年绘制）

2016年辛侯庄村所属耕地地块示意图（二）

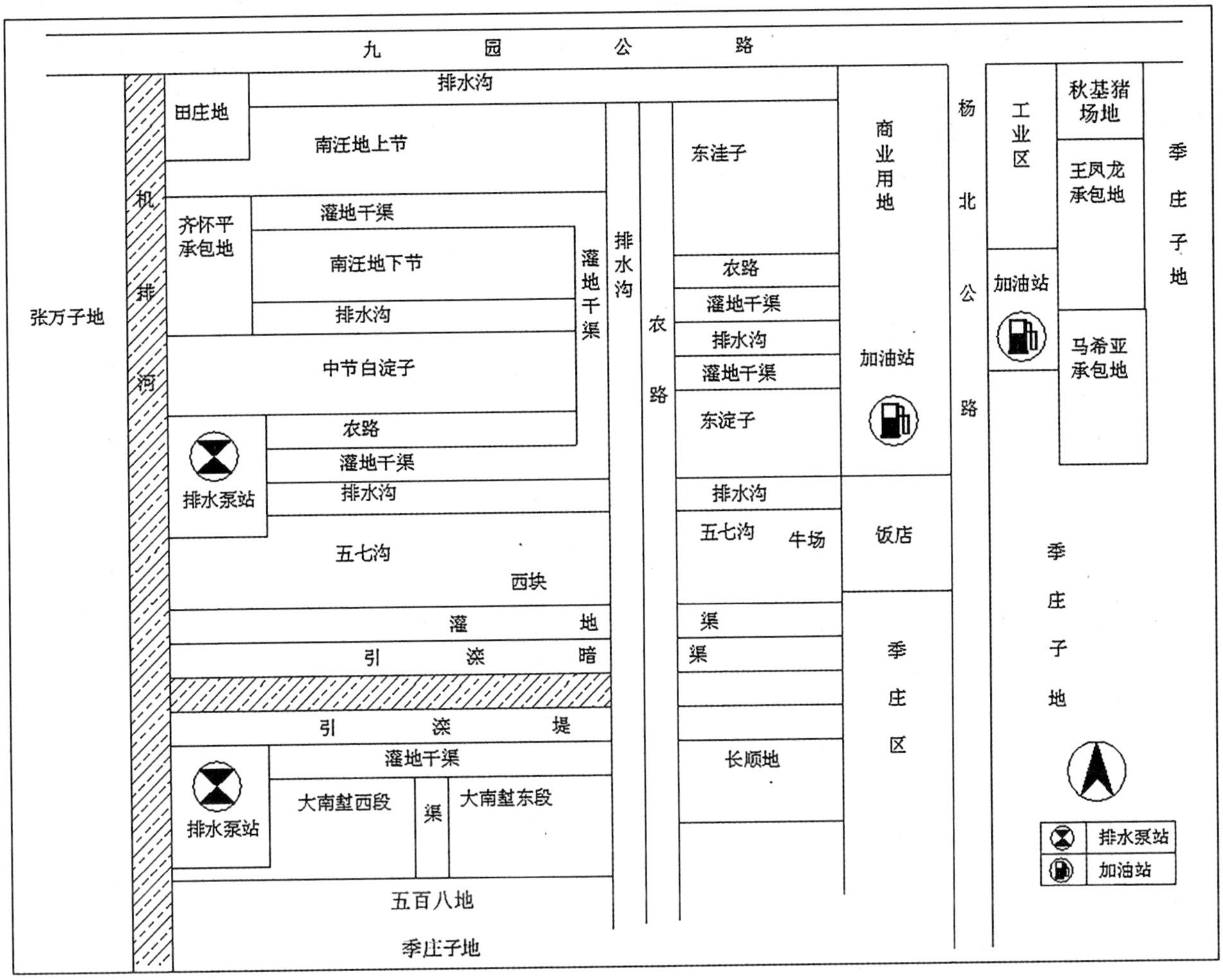

（2016年绘制）

1996年，建成干渠3条，即由村西南五七沟水站至中节、南汪地、东洼子、东淀子，全长3163米；从大南彗水站至五七沟东西段的全长987米；从大南彗水站至大南彗东西段、长顺地全长850米。2015年建成，从独杆堤泵站至北汪地上下节，全长1100米的水泥管道。

2010年，改建五七沟泵站，可供东洼子、东淀子、五七沟、南汪地上节、南汪地下节、中节白淀子土地灌溉及排涝使用。2012年，改建大南彗泵站，可供大南彗西段、大南彗东段、长顺地313.05亩田地灌溉及排涝使用。2015年，建成的六庄户泵站，位于村北，泵站有150千伏变压器一个，一个16寸水泵，可供六庄户、小瓦窑、窑道下节、缸叉子、猪场等333亩田地灌溉及排涝使用。2016年，改建独杆堤泵站，泵站有180千伏变压器一个，两个500流量水泵，可供北汪地上节、北汪地下节等449亩田地灌溉及排涝使用。

辛侯庄村东西大街　　（2016年摄）

五　街道胡同

中华人民共和国成立前，辛侯庄村的街道胡同非常狭窄，村里大街宽7米，长约120米，是泥泞土路。

中华人民共和国成立后，街道胡同及民房建设都发生很大变化，有胡同17个，每个胡同两边的人家10余户。1980年，建成东西南北十字街。全为红砖民宅，村东建立公共区，街心设花坛，中路设绿带。成为霍庄子乡村建设市级重点村和“样板村”。1984年，辛侯庄村内有长1180米、宽20米的新华东西、南北十字大街铺设沥青路面，至2015年，翻修了3次。东西大街翻修为长533米的水泥路面。20世纪90年代，胡同逐步修成红砖地面。2013年，往五七沟（耕地名）的土路铺上了长1415米，宽3米水泥路面。2016年，辛侯庄村有街道4条，胡同34条。

2016年辛侯庄村街道胡同情况表

表2

街道胡同名称	走向	长度（米）	胡同名称	走向	长度（米）
新华东街	东西	220	海江胡同	南北	165
新华西街	东西	313	海明胡同	南北	306
新华北街	南北	347	全贵胡同	南北	304
新华南街	南北	300	梧桐胡同	南北	289
广东胡同	南北	90	义德胡同	南北	274
粮店胡同	南北	244	义善胡同	南北	274
荣光胡同	南北	306	富华胡同	南北	274
华顺胡同	南北	353	瑞全胡同	南北	244
吉顺胡同	南北	353	明山胡同	南北	214
桐贺胡同	南北	353	全兴胡同	南北	199
荣昌胡同	南北	462	华兴胡同	南北	199
茂才胡同	南北	462	华生胡同	南北	199
富强胡同	南北	462	仁和胡同	南北	199
富全胡同	南北	246	文明胡同	南北	182
宝全胡同	南北	246	小康胡同	南北	152
边江胡同	南北	214	美丽胡同	南北	152
和谐胡同	南北	214	繁荣胡同	南北	122
幸福胡同	南北	137	长青胡同	南北	60
兴旺胡同	南北	45	永胜胡同	南北	60

1976年，唐山大地震，大部分房屋被震毁，剩下小部分房屋被震裂成危房。村重新规划南北东西大街宽20米，民房建成排房，房基宽15米（含房基和院落），胡同宽4米，6～8间为一排。统一尺寸和高度，由村里统一建筑，建成后按各户人口分给村民。后根据各户需要将房地基分给各户自己建房，村委会给予部分补贴，房屋必须按村里统一规定建设。改革开放后，村民建房标准有所提高，房屋比过去高大。至2016年，村内住房达到3500间，面积7万平方米，人均居住面积33平方米。

20世纪50年代辛侯庄村街道胡同情况示意图

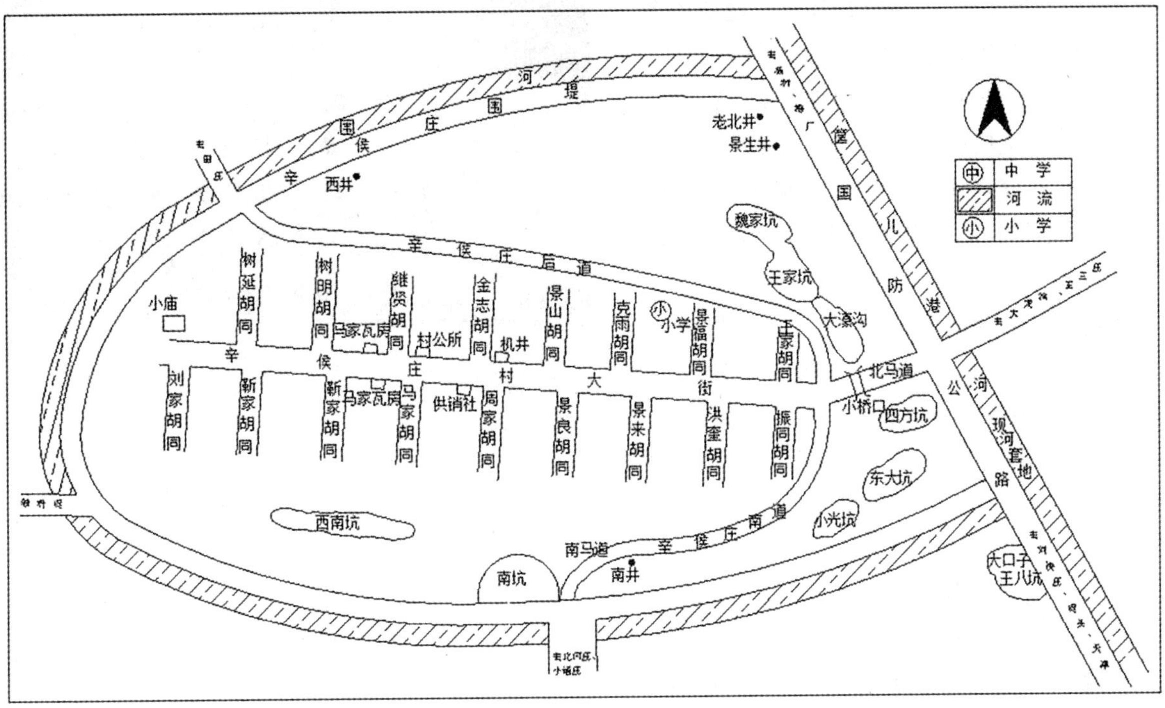

（2016年绘制）

2016年辛侯庄村街道胡同情况示意图

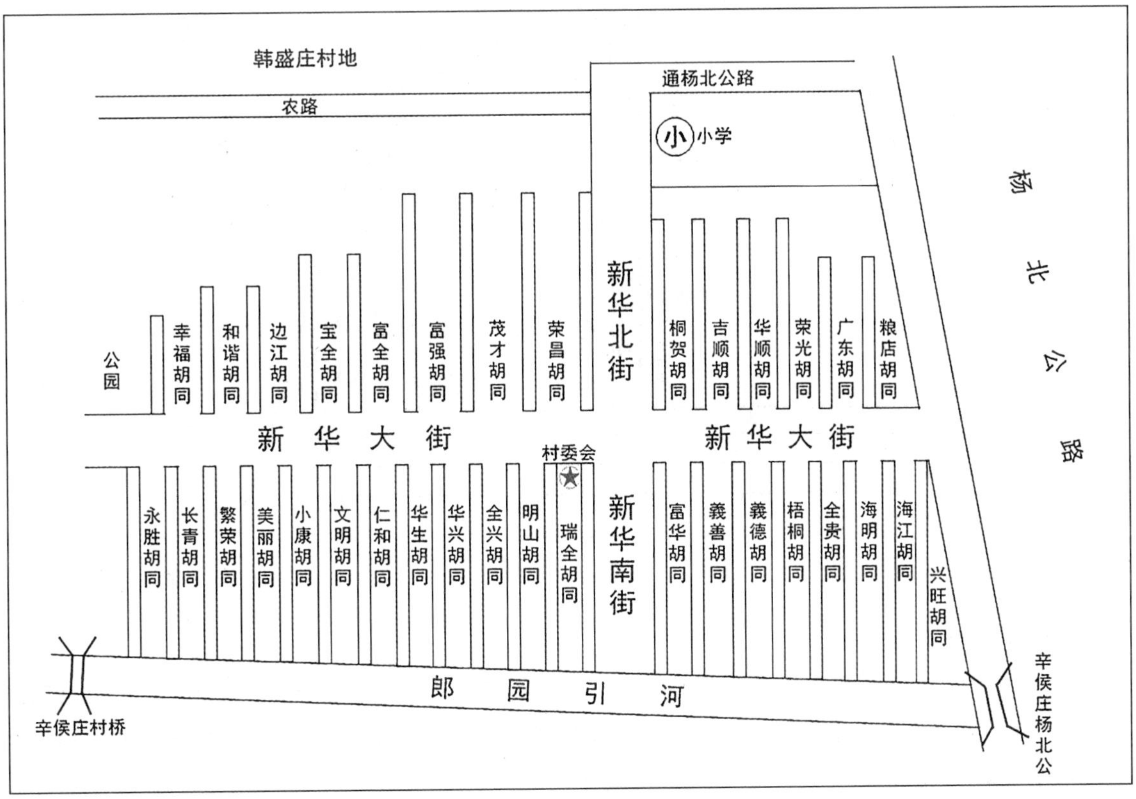

（2016年绘制）

六 公共设施

辛侯庄小学 （2015年摄）

1949年，建辛侯庄小学。1970年，建新校舍。位于村东北，紧靠杨北公路，占地面积25346平方米，操场设有200米环形跑道、2个篮球场。1994年，改扩建校园及教学楼，并接收韩盛庄分校、季庄分校六年级学生。2006年，辛侯庄小学扩建教学楼，同时撤并季庄、韩盛庄分校到辛侯庄主校。

1986年，建成老年活动室，位于村中心，建筑面积110平方米。1992年，村内有小学、中学、甲级卫生所各一所，有供销社、粮店、农贸市场、代销店、敬老院（益寿园）各一处。村民饮用自来水，百分之二十的住户使用煤气。2004年，建成村西健身公园，占地面积6亩，园内有各种健身器材供村民健身活动。2010年，建成供水水塔，位于村西，塔高25米。是年，建成村卫生服务站，位于村中心，建筑面积140平方米，有医务人员2名，从事治疗、防疫等项服务工作。在新华南街设立农贸市场。主要经营蔬菜、海鲜、肉、水果、干货、五金杂品、衣裤鞋帽及土特产等。2015年，建供水泵房一座，位于村西，机井深600米，供村里生活用水。

2016年辛侯庄村公共设施示意图

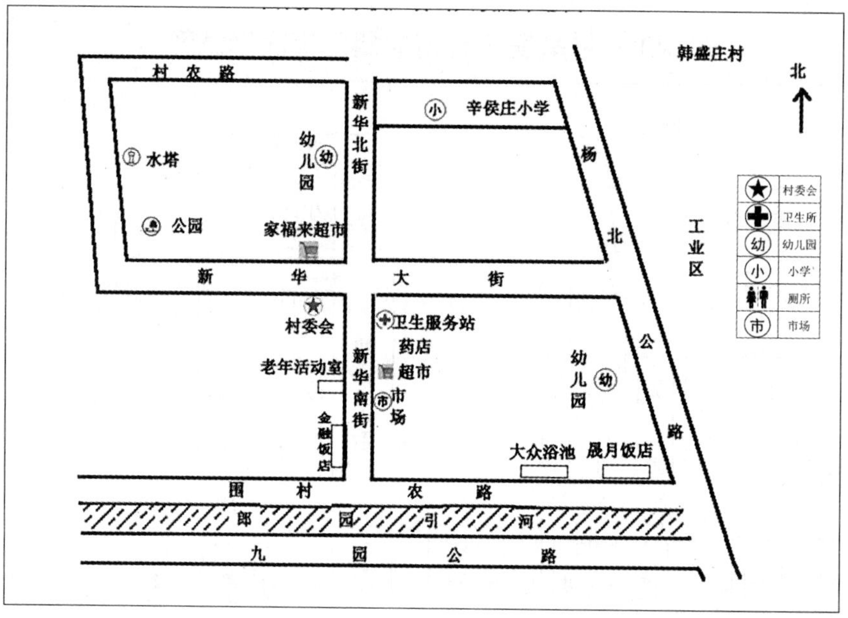

（2016年绘制）

七 经济概况

该村粮食作物为小麦、玉米、高粱、豆类，经济作物为向日葵、芝麻等。1992年，产粮722吨、油料40吨、菜40吨。1995年，粮食总产141.95万千克，油料总产6.51万千克。全村农业人口人均占有粮食739千克。养殖业方面，1985年以养鱼为主，21世纪以养虾为主。2015年，全村养殖面积为313.95亩，其中河东259.05亩（益多利水产）。

1992年，有乡镇集体企业10个，生产铁桶、阀门、纸箱、塑料制品等。主要工业企业有新星工具厂、振兴福利印刷厂、长征合线厂、光明五金工具厂、辛侯庄制砖厂。工农业总产值3780.7万元，其中工业产值3315万元，农业产值465.7万元，人均收入3211元。1997年，年产值2883万元。固定资产原值2114万元，人均纯收入3590元。

1998年，企业改制，所有集体企业改制为私营企业。是年，该村共有私营企业28个。重点企业是天津市通港灯具有限公司，坐落在村东、杨北公路东侧，建筑面积6400平方米。主要产品：路灯杆、灯具，有职工30人。2013年10月建成投产，年产值7000万元。运输业有大型汽车4部，总吨位150吨，出租车20部。

八　民间文化

高跷会　1951年，村成立高跷会，由魏金友、马兆兴、刘玉奎、马崇基、刘玉佩、魏金苓、靳润生、刘玉钊、刘东明、魏景生、霍焕岐、齐振玺、齐怀旺、郭廷森等共16人组成。高跷的木料和制作费用开支群众自行解决。每年春节，高跷会演出，角色有老渔翁、捧子和尚、轿夫、傻子妈妈、傻儿子，又蹦又跳又劈叉，高跷会成为村里的文体活动亮点。

辛侯庄村高跷会表演　　（1952年摄）

评剧团　1952年，村成立评剧团，有评剧爱好者和年轻人参加。演出资金由各户自愿捐献。结合新婚姻法的颁布，宣传新婚姻法，反对包办买卖婚姻，提倡婚姻自由、自主。首选评剧是《刘巧儿》，还有《赵连毕借粮》《兄妹开荒》《刘云打母》《小姑贤》《刘胡兰》《小二黑结婚》等剧目。观众有来自韩盛庄、小马庄、季庄子、霍庄子、芦新河以及武清的甘庄子、董庄子、杨河村的村民。当时发布演出信息的方式是，节目演出前评剧团的两面红旗升上高空，周边群众看到后，知即将演戏，于是就纷纷到辛侯庄，观看精彩演出。

辛侯庄村评剧团演出剧照（1954年摄）

秧歌队及广场舞　改革开放以后，随着人民物质生活不断丰富，人们开始追求精神生活。辛侯庄村成立广场舞和秧歌队，村民根据自己喜好参加活动。

九　英烈先贤

齐鸿鸣（1880—1953）　号风山，官称齐三爷。军阀混战时期，齐鸿鸣在天津成立军需被服厂。他发财不忘乡亲，当时村里常因水灾，庄稼被淹，缺吃少穿，齐鸿鸣曾三次解囊放赈，救济乡亲们。时至今日，只要人们一提起齐鸿鸣，乡亲们就会把大拇指一挑，那就是发财不忘乡亲，水灾三次放赈的齐三爷。

靳长林（1903—1948）　民国35年(1946年)，任农会主任，是年加入中国共产党。民国37年(1948年)10月11日，他为八路军购买军需物品，从天津途经小淀村时被朱唐庄乡伪乡长马隆基抓捕，被杀害于小淀村村南的玉米地里。

沈洪才（1905—1948）　民国35年（1946年）任村治安委员，是年加入中国共产党。民国37年（1948年）8月11日，为八路军购买军需物品，从天津途经小淀村时，被朱唐庄乡伪乡长马隆基抓捕，被杀害于小淀村村南的玉米地里。

季友文（1931—1954）　烈士，民国34年（1945年）3月参加革命工作。1954年1月15日在朝鲜战争中牺牲。生前为中国人民志愿军某部检查员。

十　历任党政负责人

1947年该村发展党员3名，1949年发展党员2名，1950年，建立党支部。1951年，有中共党员13名，其女党员2人。至2016年共9任书记。村政机构自1958年始有记录，至2016年，有9人任负责人。

1950—2016年辛侯庄村党组织负责人任职情况表

表3

党组织名称	姓名	性别	职务	任职时间
党支部	马树亭	男	书记	1950—1966
	魏金鹏	男	书记	1966—1969
	刘玉柱	男	书记	1970—1970
	马兆凤	男	书记	1971—1977
	靳润明	男	书记	1977—1977
	马兆凤	男	书记	1972—1982
	马凤基	男	书记	1983—1987
	王凤柱	男	书记	1987—1999
	魏贺义	男	书记	2000—2006
党总支	刘东胜	男	书记	2006—

1958—2016年辛侯庄村村政机构负责人任职情况表

表4

村政机构名称	姓名	性别	职务	任职时间
生产大队	靳绍先	男	大队长	1958—1965
	魏金甲	男	大队长	1966—1980
	王凤柱	男	大队长	1980—1983
村民委员会	靳润珠	男	主任	1984—1986
	王凤龙	男	主任	1986—1988
	魏贺义	男	主任	1988—1999
	靳润茂	男	主任	2000—2006
	刘东胜	男	主任	2006—2009
	刘宝寨	男	主任	2010—

十一　荣誉

1958—2016年，辛侯庄村获先进集体荣誉2项。2006年，该村村民齐振兴被天津市文明委评为“文明家庭”。

1958—2016年辛侯庄村获先进集体荣誉情况表

表5

授予时间	获奖单位	荣誉名称	授予部门
2006	辛侯庄村	市级文明村	天津市精神文明建设委员会
2007	辛侯庄村	市级民主法治村	天津市依法治市领导小组

编修始末

《北辰村落简志》系北辰区志分志丛书之九，是北辰区首部记述乡村发展变迁的专业志，由中共北辰区委党史研究室（以下简称区委党研室）、北辰区地方志编修委员会办公室（以下简称区地志办）共同编修。

传统村落保留着丰富多彩的文化遗产，是中华民族最古老的家园，是承载和体现中华民族传统文明的重要载体。它体现了各个历史时期的文化传承，也体现着乡村居民生活习俗的具体变迁。但随着工业化、城镇化的快速发展，一些传统村落已经消失或即将消失，及时对这些村庄进行详细调查并准确记录其发展演变便迫在眉睫。为此，区委党研室、区地志办决定编修《北辰村落简志》。

2016年年初，区委党研室、区地志办着手编修准备工作。刘秋香、杨爱荣、刘秀玲、张天敏、张恩毅、刘风雷、颜昌栋、韩玉梅、赵菁、祁莉莉等编修老师和区地志办工作人员，从《典籍中的北辰》《档案中的北辰》《北辰区志》《北辰区志（1979—2009）》《天津市北辰区地名志》《津门保甲图说》《海河志》《畿辅通志》以及区委党研室、区地志办出版的典籍志书和各镇出版的首部志书中全面收集各村资料。

2016年6月6日，北辰区地志办召开镇街志编修推动会，印发《关于全面开展北辰区村情专项调查的安排意见》，全面启动村情专项调查。调查内容包括：基本情况、村庄建设、经济发展、社会文化四大类20个子项，要求草绘耕地地块示意图、街道胡同示意图、公共设施示意图。各村分别成立3～7人的调查小组，全力做好专项调查工作。各镇修志办积极组织推动协调相关事项。

2016年7月12日，北辰区委党研室、区地志办主任霍贵兴为大张庄镇各村培训村情调查

2016年7月，区委党研室、区地志办主任霍贵兴分别到9个镇，就村情专项调查开展方法以及收集资料内容、重点事项等进行逐一培训。

2016年8月始，区地志办安排9位编修老师和区地志办干部包干负责，深入各镇实地调研走访，辅导制图，收集资料，撰写初稿。其中汤建中、赵菁负责天穆镇，刘风雷、杨爱民、赵景秋负责北仓镇，苗泽玉、祁莉莉负责青光镇，张恩毅、董学清、赵丽萍、郑秀娜负责双口镇，杨爱荣、霍金荣负责双街镇，刘宝起、刘秀玲、刘奇负责小淀镇，王雪艳、刘秋香负责西堤头镇，刘宝起、刘秀玲、刘家继、庄倩倩负责大张庄镇，张天敏、韩玉梅负责宜兴埠镇。

2017年1月，区地志办以各镇为单位，实施例会制度，每月听取村落志编修进展情况，及时研讨商议难点问题。

2017年6—8月，区地志办与区新闻中心紧密合作，对9个镇共59个尚未拆迁的村庄进行航拍，为该书留存了珍贵的历史资料。

2017年7月，召开《北辰村落简志》编修推动培训会，苗泽玉老师以小淀村编修为例，围绕如何收集以及甄选资料做专题辅导，并提供小淀村示范稿。会后，区地志办全体人员分成9个编写小组，全力推进《北辰村落简志》编修。

2017年7月27日，北辰区地志办召开《北辰村落简志》编修培训推动会

2017年9月中旬，《北辰村落简志》进入总纂阶段。是年10月，区地志办组织召开研讨会，对该志篇目再次做详尽调整，进一步统一行文规范。

2017年10月，按照地域范围，将北辰村落分成东片、西片、中片，9个镇相应被调整为3个组，将9位编修老师和区地志办干部重新分成3组，组内相互审稿，以提高志稿的整体质量与水平。

2018年4月，区地志办在完成该志总纂基础上，安排各村核对该村志稿内容，审核内容的准确性、图片与示意图的规范性、重要事项是否缺漏等，并要求村党组织负责人和村委会负责人签字把关。但个别村因各种原因，致该村内容较为单薄，且有缺漏之处。

在该志编辑过程中，霍贵兴主任全程把关篇目设计、入志资料、版面设计以及志稿校审；刘秋香负责协调安排及行文规范；董学清、刘宝起、杨爱荣、张天敏、刘秀玲、王雪艳等对9镇126村内容进行终审；刘奇、韩玉梅负责图片和示意图的编辑与版面设计；霍金荣、庄倩倩、赵菁、赵丽萍、郭雅丽、姚婷等负责收集资料、核对史实、行文规范等。

2018年11月，北辰区地志办对《北辰村落简志》做出版前部署

在此，还要感谢天津社会科学院历史所原所长罗澍伟先生，拨冗作序，为该书增光添色。

在编修过程中，志书编辑人员虽兢兢业业、竭尽所能，但因学识水平有限，编纂时间仓促，难免出现错漏，敬请读者予以指正。

编者

2018年11月

供稿人名单

天穆镇

天穆镇：张志霞　周　跃
柳滩村：刘　涛　郑春华
阎街村：夏学成　王振华
马庄村：徐秀江　张　莹
王庄村：朱　刚　王全钢　闫　磊
南仓村：王凤强　陈淑红　陈　娟　王树桐　赵　坤　梁　媛
霍嘴村：张玉才　汪桐玲　陈国祥
白庙村：赵桂明
东于庄村：闫志广　陈国茹　陈宝文　戴秀利
吴嘴村：赵学境　裴长龙　倪旭祥　裴延祥　赵宝义
天穆村：穆瑞波　马俊发
郭辛庄村：刘德仁　杜洪娟
西于庄村：韩广发　轩史顺　唐俊玲
刘房子村：靳万禄　高学光　周建新　张新生　于金城　王瑞芬
张兴庄村：梁　霞　李文荣　苏子民　王志明
勤俭村：徐富喜　田喜发

北仓镇

北仓镇：刘凤雷　杨爱民　王纪雪　屈翠婷
北仓村：赵润发
桃口村：秦学宝　刘万良
王秦庄村：李宝丰　宋洪吉
桃花寺村：孟广太
李嘴村：汪连盈　袁玉玲　侯宝明
周庄村：苗杏元　于生龙
阎庄村：阎俊岭
丁赵庄村：郑子荣
赵虎庄村：赵庆智
屈店村：李春英
董新房村：周立生
刘园村：沈建新
三义村：王晓罡　张　婧

双街镇

双街镇：郭维生　宋子铭　赵艳华　张耐朋　赵坤
下辛庄村：贾树林　田福金　许克平
常庄村：刘殿明　常景武　王书利　常宝华
小街村：张鸿抒　李松鹤　马绍文　马长禄　刘燕春　马长桥
汉沟村：李瑞苓　陈玉恒　刘鸿钧　孙守智
庞嘴村：刘少祥　庞志稳　庞志文　吕文红　石建军
　　　　庞志强　闫学甫　刘　伟　曹希正　刘少森
胡园村：师俊华　岳庆桐　邵凤岑　陈树华　柴忠森
　　　　岳礼清　刘庆新　刘　宇　张　军　陈树光
郎园村：王风泉　宋志勇　张儒林　王学山　宋其仕　郎家华
上蒲口村：李尚荣　李玉明　王会泉　朱永山　刘学洪
　　　　　王殿昌　庞　妍　冯立华　朱德春　李学平
张湾村：张志江　张留成　王树发　王秉成　王凤清　张玉旺　王　辉
柴楼村：李庭光　柴守亮　李庭亮　赵金敢　曹　贵　李长青　柴竹金　李俊琪
双街村：刘洪玉　刘春森　郭　华
下蒲口村：张德光　韩师善　郑永喜　张德光　闫文静
西赵庄村：李学瑞　贾树贵
沙庄村：殷洪恩　杨淑芳　王来禄　张国义
杨堤村：杨洪秋　房永峰　贾秀梅　刘金秀

双口镇

双口镇：王庆河　韩良桂　赵　洋　吴玲玲　孙　雪
平安庄村：庞留群　陈少东　陈家铭　祁万春
双口一村：林景义　刘彩庆　王长江　赵全廷　赵理廷　郭凤芹　刘　勇
双口二村：赵乃吉　张文荣　赵大均　丰爱东　胡同前
　　　　　夏金锋　张默海　赵文廷　李宁安　井孝彬
双口三村：赵玉友　郭兆利　赵瑞廷　赵素荣　王玉发　朱柏兴
安光村：张庆江　张成录　孟祥东
前丁庄村：周广波　孙尚春　王宝祥
后丁庄村：张立江　张文武　张继光　张　强　张恩来　张恩君
　　　　　张忠侠　程绍贵　张恩铜　张文卜　姜恩永
杨家河村：李绍堂　郑雨祥　安玉庆　安玉同　刘树廷
线河一村：张继胜　刘月星　赵俊祥　计文生　邱向群
上河头村：刘维贞
中河头村：安同聚　孟庆友　安玉海　胡学来　梁兆发　于长江

下河头村：安玉刚　郝海青　李福新　万国富　颜士荣
郝家堡村：李作福　高素华　高润来
东堤村：孙学海　赵德旺　梁百发　梁世仁　安忠富　李少作　张久兴　李克海
赵家圈村：张子政　张福泉　李志加
岔房子村：李荣厚　乔广群
前常家堡村：安志德　张作鹏　寇成贵
后常家堡村：林子忱　王庆武　林子福　王作章　冯庆臣
徐家堡村：李培军　韩纪福　柏淑芹　燕启善　李元江　王　会　李德荣　李元清
双河村：郑云泉　聂兴斌　马立木
线河二村：王洁生　耿盛茂　尚来清　王广艳

青光镇

青光镇：祁永宏　吴玉慧　于广欣　柴守忠　闫学立
青光村：王树林　张文博　马连义　张建景　孟庆萍
韩家墅村：付洪仁　郑永旺　刘振刚
刘家码头村：任连义　刘　勇　时学贤　杨礼发　刘景珍
赵传印　王清会　于　娜　于金钟
铁锅店村：赵文忠　史宝起　杜学祥　于海志　杨发成
赵留常　史宝林　顾家祥　于万荣　林逢水
李家房子村：闫树群
杨家嘴村：王传勇　郑百庆　李建喜

宜兴埠镇

宜兴埠镇：孟宪冬　王春森　段海娇
一街：刘桂元　杨福义　韩卫田
二街：王运粮　曹建敏　崔建素　温秀琴　王　磊　常有正　左志刚　付战国
王志华　周学正　李恩庆　秦绍华　李恩元　阚文禄　刘惠秀
三街：张文喜　杜志忠　马文焕
四街：吴广英　罗克来　张家起　张善福
五街：张春疆　蒋克增　马　群　温洪来　张玉友
六街：薄连顺　吴庆桂
七街：苏宝年　白少光　王金明　陈富荣　杨学文　刘　城
八街：张锡忠　李炳光　李利明　李立民　李立强　王金良　郭春来　李炳友
九街：鲁德志　林　强
十街：杨胜奎　周乃旺

小淀镇

小淀镇：陈芹玲
刘安庄村：周曰发　杨希连　王景福　刘　勇　史赫楠　周庆江　杨仲梁
小贺庄村：刘玉波　孙汝兴　刘长石　杨凤姝　宋振平　邵　宁
小淀村：杨雅文　王维臣　徐连锁　徐淑琴　王宝利　宋学程　刘会茹　宋振林
赵庄村：王月东　邵风和　王玉胜　王　谨　王月旺
王玉林　邵元顺　王　帅　贾　燕
温家房子村：张增海　杨植栋　张鸿桥　李　慧

大张庄镇

大张庄镇：王建生　邢永波　康士明　刘　健
刘马庄村：杨晓琦　张桂荣　张树江　王云成　李柏林　刘兴良　王景森　刘子富
刘招庄村：杨有林　靳文通　康士厚　李建和　康士要　吴兴旺　李建锁
高庄子村：高学岭　高玉贵　高文泰　高文建　高文安　高学涛
董连庄村：梁洪云　张树山　沈德奎　王金俭　张春雨　张春明　张春瀛
南王平村：刘庆明　刘魁林　沈国仲　刘金燕　郭维安
郭　明　冯建华　果学亮　刘永顺　刘有仁
刘景义　刘继森　张振全　冯家歧　杨　军
喜逢台村：边绍宏　刘彬瀛　刘永成　刘明顺
下殷庄村：王文月　闫阿伟　李金召
大杨庄村：李国安　王春跃　李克杰　梁永照　曹学荣　王文祥
大诸庄村：陈明生　陈全禄　诸葛秀臣　刘乃召　白玉珍　李士海　李士荣
大兴庄村：刘千吉　刘国义　门东财　门树山　刘宝刚　刘升廷
张五庄村：崔绍刚　刘树忠　崔绍祥　刘云海
北麻疙瘩村：韩金義　王祖华　韩文国　赵学忠
南麻疙瘩村：张秀河　张振军　轧乃全　张秀民　张振杰　张君　张振城　张永党
朱唐庄村：李永岐　李永禄　李宗来　李广军　王福印
小杨庄村：李作桐　邱振常　李作祥　孙万春　赵德永
仁和营村：张瑞文　张万宏　张万录　张凤云　张瑞录　张金贵
张四庄村：王少云　孟广芝　张庆仕　王志胜　王春生　王建生
大吕庄村：吕凤亮　吕凤干　吕凤光　吕家武　闫振发
吕凤起　吕家骥　吕永铁　夏庆祥
吕庄村：果有利　褚世贤　果育新　果文亮　郑卫东
芦庄村：邢福生　王士贵　邢福全
小诸庄村：诸葛德刚　樊广庆　诸葛文才
小田庄村：卢少明　卢少良

小韩庄村：陈兴华　崔希德
北孙庄村：陈振柱　陈东生　陈兴宏　韩文才　高兆龙　兰学红
北何庄村：黄福增　方贵波　黄玉芬　何兆金　黄福江
小孟庄村：王月年　孟先宗　赵子正　孟昭恩　陈兴琴　赵宝松　孟宪海
小马庄村：刘学义　刘凤全　吕凤祥
大张庄村：吴　洽　吴世洋　冷如梅　郭会生
李辛庄村：周玉涤　周玉标　李树贤
张献庄村：王井春
二阎庄村：刘汉岭　闫玉春　何芝红　吴云锁　吴凤军　王连营　帅秀艳
小韩庄村：崔希英　陈兴华　崔希德
北孙庄村：陈振柱　陈东生　陈兴宏　韩文才　高兆龙　兰学红
北何庄村：黄福增　方贵波　黄玉芬　何兆金　黄福江
小孟庄村：王月年　孟先宗　赵子正　孟昭恩　陈兴琴　赵宝松　孟宪海
小马庄村：刘学义　刘凤全　吕凤祥
大张庄村：吴　洽　吴世洋　冷如梅　郭会生
李辛庄村：周玉涤　周玉标　李树贤
张献庄村：王井春
二阎庄村：刘汉岭　闫玉春　何芝红　吴云锁　吴凤军　王连营　帅秀艳

西堤头镇

西堤头镇：王桂霖　魏树森　鲁德林
西堤头村：唐宝方　李振华　边绍芳　李庆洪
东堤头村：周宝祥　田秀芬　刘泽明　刘广金　霍德喜
刘快庄村：李立民　孙玉彬　吕洪宝　魏正才　孙学忠
　　　　　刘士增　刘敬涛　李　强　孙玉增　张玉成
芦新河村：王凤雨　于有光　唐效成　陈俊明　张振发　荣培礎
霍庄子村：魏树森　霍仕财　刘国良　霍涣江　霍俊儒
姚庄子村：周国成　周建利　韩秀清
韩盛庄村：刘学亮　刘少仁　刘少义
东赵庄村：赵自祥　赵万华　赵海元　孟宪惠
季庄子村：刘国访　韩历春　刘玉发　季世宏　韩广发　李明兴　季文佐　李奎生
辛侯庄村：刘东胜　王凤柱　齐振兴　魏贺桐　马兆富　魏俊生